D1751798

Adenauer
Rhöndorfer Ausgabe

Adenauer
Rhöndorfer Ausgabe

Stiftung Bundeskanzler-Adenauer-Haus

Herausgegeben
von Rudolf Morsey und
Hans-Peter Schwarz

Siedler Verlag

Adenauer
Teegespräche 1961-1963

Bearbeitet
von Hans Peter Mensing

Siedler Verlag

Inhalt

Vorbemerkung	VII
Verzeichnis der Teegespräche	1
Teegespräche	5
Bildteil	469
Kommentar	497
Abkürzungen	629
Quellen- und Literaturverzeichnis	633
Personenregister	645
Sachregister	655

Vorbemerkung

Konrad Adenauers »Teegespräche 1961–1963« geben die vertraulichen Hintergrundgespräche wieder, die der erste Kanzler der Bundesrepublik Deutschland in seinen beiden letzten Amtsjahren mit einem kleinen Kreis maßgeblicher Hauptstadt-Journalisten und international renommierter Publizisten führte. In den 36 nun erstmals veröffentlichten amtlichen Wortprotokollen kommen – freimütig, informativ und mit großer thematischer Spannweite – alle wichtigen Fragen der Innen- und Außenpolitik zur Sprache, die beim Ausklang der Ära Adenauer dominierten. Dies gilt zunächst für die Auswirkungen des Mauerbaus vom 13. August 1961, für die vielfältigen Probleme der Lebensfähigkeit und des Überlebens West-Berlins unter massivem östlichem Druck und für die damit unabdingbar verknüpfte nationale Schicksalsfrage. Daneben wird immer wieder die Diskussion um die Kanzlernachfolge aufgegriffen und werden die letzten Regierungsbildungen Adenauers vom Herbst 1961 und vom Spätherbst 1962 intensiver erörtert: Letztere als Auswirkung der »Spiegel«-Affäre, die zeitgleich mit der Kuba-Krise vom Oktober/November 1962 das besondere Interesse der Gesprächsrunden beansprucht.
Breiten Raum nehmen Adenauers Begegnungen und Verhandlungen mit den Präsidenten *Kennedy* und *de Gaulle* ein, desgleichen die lebhaften Bündnisdiskussionen (sowohl in der NATO wie in den Europäischen Zusammenschlüssen) und der deutsch-französische Freundschaftsvertrag vom Januar 1963 (»...das Fundament überhaupt«; 11. März 1963[1]). Stärker als in den bisher erschienenen Bänden dieser Editionsreihe[2] werden berücksichtigt: die Entwicklung des politisch-parlamentarischen Systems und das wirtschafts- und sozialpolitische Erscheinungsbild der Bundesrepublik nach 1960 (das u. a. in einem ausnahmsweise gemeinsam mit den Bundesministern *Ludwig Erhard* und *Heinz Starke* geführten Teegespräch vom März 1962 beleuchtet wird[3]).
Zu den regelmäßig wiederkehrenden Themen gehört ebenfalls das sensible Sujet der »Bewältigung« nationalsozialistischer Vergangenheit (»Wir haben die schweren Hitler-Lasten zu tragen«, Adenauer, selbst einst Verfolgter des Hitler-Regimes[4], am 11. März 1963). Macht doch der damals weltweit registrierte Eichmann-Prozeß bewußt: »...wir Deutschen bilden uns ein, wir wären schon wieder ganz hoch oben. Sind wir

ja gar nicht!« (14. Dezember 1961). So wird, wenig mehr als anderthalb Jahrzehnte nach dem Ende des Dritten Reiches, nach den Lebensumständen und Anpassungszwängen unter dem Totalitarismus gefragt: »Hat man etwas getan, um das berühmte Schlimmere zu verhüten? Alles das sind hochaktuelle Dinge...« (27. Juli 1962) – aktuell nicht nur, wie die Deutschen seither erfahren haben, für die Republik der frühen 60er Jahre.

* * *

Auch für die politische Biographie Konrad Adenauers sind diese Aufzeichnungen von erheblicher Aussagekraft, da zu seinen eigenen »Erinnerungen« an jene Jahre nur noch Fragmente erscheinen konnten[5] und keine andere Quellenveröffentlichung das Ende der Adenauerzeit so dicht und authentisch dokumentiert.

Zudem geht es im neuen Band der »Rhöndorfer Ausgabe« um einen Zeitraum, in dem das Abschiednehmen für Adenauer sehr persönlich an Bedeutung gewann (auch wenn dies nur zwischen den Zeilen anklingt und genauer erst mit zukünftigen Publikationen aus seinem Nachlaß – vor allem aus dem umfangreichen Briefwerk – belegt werden kann): 1962 stirbt erst sein amerikanischer Freund *Dannie N. Heineman*, dann *Robert Pferdmenges*, im Jahr darauf auch *Robert Schuman*, wenig später sein Wegbegleiter *Theodor Heuss*. Die mit dem Rücktritt des 87jährigen Bundeskanzlers am 15. Oktober 1963 erreichte Zäsur wird in jenen Tagen und Wochen noch dadurch verstärkt, daß in Großbritannien der schwer erkrankte *Harold Macmillan* als Premierminister abdanken muß und die Vereinigten Staaten *John F. Kennedy* durch das Attentat von Dallas verlieren.

Eigene Empfindungen aber und besinnliche Resümees über die 1949 begonnene und sich nunmehr dem Ende zuneigende Kanzlerzeit finden sich in diesen Niederschriften seltener. Die internationale Politik und die innenpolitischen Entwicklungen erlaubten Adenauer nur hin und wieder, im ruhigen Gedankenaustausch Hauptereignisse und wesentliche Ergebnisse seiner vierzehnjährigen Amtszeit noch einmal Revue passieren zu lassen[6].

Ohnehin war solch ein »Kanzlertee« nur dem Namen nach jener gepflegte Nachmittagsdialog, in dem sich – wie man meinen könnte – der große Akteur der deutschen Nachkriegsgeschichte für ein Weilchen den Alltagsverpflichtungen entzog, um im vertrauten Zirkel die Aktualität zu überdenken – gewissermaßen in einer Atempause des nationalen und des internationalen Geschehens.

Solche Pressekontakte gab es durchaus auch: »Fünf-Uhr-Tee beim Kanzler. Adenauer meditiert am Comer See über seine Nachfolge«; »Melancholie in Cadenabbia. Der Bundeskanzler sinnt über seinen Ruhestand nach«[7]. Doch waren derartige Stimmungsberichte, waren die lancierten, je nach Zeitung und Zeitpunkt geschickt plazierten Interviews des alten Staatsmannes von vornherein für Veröffentlichung und breites Publikum bestimmt. Mit ihnen wurden Schlagzeilen und Meinungen gemacht; für diese zeitgeschichtliche Quellenedition aber sind sie, wie übrigens auch die regulären Pressekonferenzen, ohne Belang – es sei denn, sie wurden ihrerseits zum Politikum (im Mai 1962 mit besonderer Brisanz[8]!) und dann beim nächsten »Tee« thematisiert.

Anders als Hofberichterstattung und kalkulierte Informationspolitik nehmen sich die jetzt publizierten Hintergrundgespräche aus, wie bereits ihre Einbindung in die Terminpläne des Bundeskanzlers zeigt[9] und wie häufig genug auch in den Protokollen zum Ausdruck kommt. Da wurden Notizen oder neueste Nachrichten hereingereicht, wurde zur Klärung strittiger Details ein Kanzlerberater telefonisch befragt[10], und kam es sogar vor, daß Adenauer ein gerade eingetroffenes vertrauliches Telegramm verlas[11].

Direkt in den politischen Tagesablauf einbezogen – oft unmittelbar vor oder nach Konferenzen, Kabinettsberatungen oder auch Vorstandssitzungen seiner Partei und der CDU/CSU-Bundestagsfraktion geführt –, dienten diese Unterredungen der aktuellen Positionsbestimmung, der Überprüfung des ›hier und heute‹ gebrauchten Arguments im Austausch der Informationen und Meinungen. Nicht selten drehte der Kanzler im Frage-und-Antwort-Spiel den Spieß um, holte seinerseits Erkundigungen ein, übte sich in der Kunst des Zuhörens und nutzte so das Hintergrundwissen seiner publizistischen Partner, zumal der weitgereisten aus dem Ausland. Dabei kam ihm, nicht zuletzt, die geschickte Regie seiner Regierungssprecher *Felix von Eckardt* und *Karl-Günther von Hase* zugute.

Wißbegierig, auf das do *ut des* bedacht, zeigte sich Adenauer insbesondere in den »off the record«-Gesprächen mit einflußreichen Korrespondenten und Publizisten aus dem anglo-amerikanischen Raum (*Joseph Alsop, Sidney Gruson, Charles Hargrove, Kurt Lachmann, Flora Lewis Gruson, James Reston, Daniel Schorr* und *Cyrus L. Sulzberger*). Die dazu überlieferten Protokolle machen ca. Zweidrittel der edierten Texte aus und bilden somit den Schwerpunkt dieses Bandes. Sie verdeutlichen zum einen Adenauers Bemühungen, die ab 1962 immer zielstrebiger betriebene Aussöhnung mit Frankreich, die im Elysee-Vertrag gipfelte, auch den anderen Verbündeten im Westen verständlich zu machen und ihre Skepsis zu überwinden. Zum anderen aber – und darauf kommt es hier an – ergriff Adenauer in diesen Gesprächen gerne die Gelegenheit, sich ergänzend zu den internen Beratungsprozessen Klarheit zu verschaffen über die ihm zeitweise undeutlichen oder nicht nachvollziehbaren Beweggründe und Entscheidungen der britischen und amerikanischen Politik, besonders gegenüber der Sowjetunion (»Weil niemand den Kurs der Vereinigten Staaten kennt!«; 20. August 1962).

Eine gewisse Fremdheit und auch Befremden gegenüber der 1961 neu etablierten demokratischen *Kennedy*-Administration (nach der republikanischen *Eisenhower-Dulles*-Ära), mangelnde Vertrautheit mit ihren Mechanismen und ihrem politisch-diplomatischen Personal, waren sein Anlaß, im Gespräch mit einem *Max Ascoli, Charles D. Jackson* oder *Gaston Coblentz* in die Rolle des Fragestellers zu schlüpfen (»Fangen wir einmal umgekehrt an: Was gibt es Neues in der Welt?«; 6. Juni 1963). Auch und gerade dieser Aspekt hebt den Wert der neu erschlossenen Quellen hervor; er macht zudem auf ein bisher weniger gewürdigtes Merkmal der Kanzlerdemokratie und des erfolgreichen Regierungsstils Adenauers aufmerksam.

Der Befund wird dadurch erhärtet, daß Adenauer in der engeren, eigentlichen Teerunde mit versierten Kennern der Bonner Szene zusammensaß, die ihn und seine Pressepolitik seit langen Jahren kannten, die im kritischen Vergleich aber auch aus anderen Informationsquellen schöpften. Diese erfahrenen Kommentatoren (*Ludwig von Danwitz, Alfred Rapp, Max Schulze-Vorberg* und *Robert Strobel* zum Beispiel) ließen sich nicht zu Statisten und Stichwortgebern degradieren und begnügten sich nie mit vorgefertigten Statements, sondern hakten beharrlich nach und blieben nicht zuletzt ihrer eigenen politisch-publizistischen Position treu, die mit den Auffassungen des Kanzlers nicht konform gehen mußte.

Was für Adenauers Teegespräche auch generell so charakteristisch und reizvoll ist, wird auf diese Weise noch einmal präzisiert: »...das ist vielleicht der Unterschied zwischen Ihrer Arbeit und meiner Arbeit. Sie sind Journalist. ›Jour‹ heißt ›der Tag‹. Sie müssen sofort schreiben, am selben Tage geht die Sache los. Ich darf das nicht machen. Ich muß sich das bei mir setzen lassen, und wenn sich das gesetzt hat, dann treten vielleicht die wichtigen Züge anders hervor als an dem Tage, wo ich etwas getan habe« (15. August 1963).

* * *

In der »workshop«-Atmosphäre dieser Informationsgespräche wurden keine selbstgefälligen Erfolgsbilanzen gezogen. Eher im Sinne sorgenvoller Situationsanalyse und des kritischen Rechenschaftsberichts stellte Adenauer auch die großen Fortschritte und Erfolge, namentlich den deutsch-französischen Vertrag, immer gleich in den Zusammenhang neuer Gefahrenmomente und unbewältigter anderer Aufgaben.

Fragmentarisch war nach Mauerbau und Zementierung der Zweistaatlichkeit vor allem der deutschlandpolitische Ertrag der späten Adenauerzeit. Mußte die nationale Frage unter den damaligen Bedingungen unbeantwortet bleiben, so beeindrucken Beharrlichkeit und Weitblick um so mehr, mit denen Adenauer gerade hierzu die erst der zukünftigen Politik mögliche, grundlegende Problemlösung umschrieb:

»Jeder, der realistisch denkt, sagt sich, daß es jahrelang dauern wird, ehe es zur Wiedervereinigung kommt, es sei denn, es würde sich plötzlich alles ändern. Das ist aber nicht wahrscheinlich« (13. Dezember 1961). – »... daß die Wiedervereinigung Deutschlands eine Frage ist ..., die erst akut wird, wenn wirklich eine kontrollierte Abrüstung effektiv in Gang gesetzt wird; vorher wird sie keinesfalls kommen« (14. Dezember 1961). – »Deswegen geben wir Deutsche die Wiedervereinigung auch nicht auf, auch wenn man sagt, jetzt darüber zu verhandeln, ist sicher ergebnislos. Dann haben die Russen es sehr leicht, die Konferenz nachher an der Berlinfrage scheitern zu lassen, und dann ist für Berlin wieder eine innere Prüfung da. Darum bin ich für eine Konferenz über die Berlinfrage, sobald die Situation es ermöglicht, um den Berlinern den Mut wiederzugeben, damit sie ausharren. In zehn Jahren sieht die Welt vielleicht anders aus« (16. Dezember 1961). – »... wenn es gelänge, die Lage der dort lebenden Menschen erträglicher zu machen, dann könnte man mit der Lösung des politischen Problems länger warten. Dann wird das politische Problem schon im Laufe der Zeit auch seine Lösung finden, aber die ganze Sache ist dann entschärft« (8. Februar 1962). – »Daß die Wiedervereinigung nicht nächste Woche kommt, darüber glaube ich, brauchen wir kein Wort zu verlieren, und daß man da Geduld haben muß, das habe ich auch immer gesagt. ... Das ist ein menschliches Problem, das bei mir sogar noch vor dem nationalen Problem steht, daß die Menschen ein menschenwürdiges Leben führen sollen« (2. März 1962). – Die Wiedervereinigung »wäre nicht möglich gewesen seit 1949. Aber wenn wir klug sind und Geduld haben, wird es eines Tages nach meiner Überzeugung doch dazu kommen. ... Ich habe wiederholt erklärt, ich bin für die Wiedervereinigung nicht in erster Linie aus nationalen Gründen, sondern aus menschlichen Gründen, und ich bin bereit zu verzichten auf jede Stärkung unseres Potentials durch die Wiedervereinigung, wenn nur die Menschen dort so leben können, wie sie wollen« (13. August 1963). – »Ich möchte nur, daß endlich einmal Deutschland vereinigt würde und frei wäre« (11. Oktober 1963).

* * *

Für die Bearbeitung und Präsentation der »Teegespräche 1961–1963« waren die Auswahlkriterien und editionstechnischen Prinzipien maßgeblich, die von Hanns Jürgen Küsters in den drei vorangegangenen Bänden erläutert wurden[12]. Dies gilt auch für seine quellenkundlichen Informationen zur Provenienz der Materialien (aus dem Nachlaß Konrad Adenauers, aus dem Archiv des Presse- und Informationsamtes der Bundesregierung sowie – vereinzelt – aus dem Nachlaß *Felix von Eckardts*) und zu den besonderen Merkmalen der Druckvorlagen. Der enge Zusammenhang mit den von Küsters betreuten Teileditionen ist neben der Detail- und Grundsatzabstimmung, für die der Bearbeiter ihm zu kollegialem Dank verpflichtet ist, auch aus dem umfassenden und zusammenfassenden Sachregister dieser Veröffentlichung ersichtlich, das die komplette Reihe erschließt.

Im Gesamtkonzept der »Rhöndorfer Ausgabe« (die nunmehr den Zeitraum 1933–1963 dokumentiert: einen 30jährigen Lebensabschnitt von tiefster Erniedrigung bis hin zum größten Erfolg) ging es weiterhin darum, durch den Kommentar den Kontext mit den anderen Adenauer-Editionen herzustellen: Auch mit denen seiner Lebenszeugnisse 1933–1945[13], seiner Nachkriegsbriefe (1945–1953)[14] und seiner Korrespondenz mit *Theodor Heuss* (1948–1963)[15]. Biographische Angaben und sachthematische sowie bibliographische Verweise, die die früheren Zeiträume betreffen und hier aus Platzgründen nur verkürzt wiedergegeben bzw. oft nur angedeutet werden können, finden sich dort ausführlicher.

Dokumente aus den Jahren 1961–1963 unterliegen noch zum größten Teil der 30-Jahres-Sperrfrist und den Verschlußsachen(VS)-Bestimmungen. Für das beim daher erforderlichen Freigabeverfahren gezeigte Verständnis und die Aufgeschlossenheit gegenüber den Interessen der Adenauer-Forschung sei den zuständigen Stellen im Bundeskanzleramt und im Bundesarchiv besonders herzlich gedankt. Abschließend ist die großzügige Unterstützung der Editionsarbeit der Stiftung Bundeskanzler-Adenauer-Haus durch die Volkswagen-Stiftung hervorzuheben, die die Publikation der vierbändigen »Teegespräche 1950–1963« erst möglich machte.

Rhöndorf im August 1992

Hans Peter Mensing

1 Vgl. Nr. 27. – Zu den Zitaten und Auszügen aus einzelnen Teegesprächen werden im nachfolgenden nur die Datumsangaben benannt, nicht aber die Dokumentennummern und Seitenzahlen, da diese Zuordnung aus dem Verzeichnis der Dokumente auf S. 1 f. ersichtlich ist.

2 In der »Rhöndorfer Ausgabe« 1984, 1986 und 1988 publiziert, jeweils bearbeitet von Hanns Jürgen *Küsters*: Adenauers Teegespräche für die Zeiträume 1950-1954, 1955-1958 und 1959-1961. Dazu ergänzend die Dokumentation: *ders.*, Kanzler in der Krise, passim.

Aufschlußreich für den informationspolitischen Stellenwert der Hintergrundgespräche: Karl-Günther *von Hase* (Hrsg.), Konrad Adenauer und die Presse, passim. Zu dieser Thematik jetzt auch Frank Andreas *Buchwald*, Adenauers Informationspolitik und das Bundespresseamt. Strategien amtlicher Presse- und Öffentlichkeitsarbeit in der Kanzlerdemokratie, Diss. phil. Mainz 1991.

3 Vgl. Nr. 13.

4 Hierzu die 1991 erschienene Edition: Adenauer im Dritten Reich, passim.

5 Vgl. Konrad *Adenauer*, Erinnerungen 1959-1963; zum Zeitraum September 1961-Oktober 1963 die Seiten 115-231. – Das dort verwendete Adenauer-Material wertet im wissenschaftlichen Vergleich aus: Hans-Peter *Schwarz*, Adenauer. Der Staatsmann, S. 627-868. Hintergrundinformationen und interne Lagebeurteilungen aus unmittelbarer Kanzler-Nähe auch bei Heinrich *Krone* (Aufzeichnungen, S. 163-182) und Horst *Osterheld* (»Ich gehe nicht leichten Herzens...«, S. 67-270). Auf eine auch für diese Jahre ergiebige Parallelüberlieferung, den Nachlaß von Ludwig Erhard, stützt sich Daniel *Koerfer*, Kampf ums Kanzleramt, S. 555-751.

6 Diesem Typus der Teegespräche entsprechen am ehesten die Unterredungen mit Klaus *Epstein* und Daniel *Schorr* vom 13. und 15. 8. 1963 (Nr. 34, 35).

7 Dies die Überschriften zweier Berichte von Claus Heinrich Meyer, die die »Stuttgarter Zeitung« am 6. 4. und 7. 9. 1963 veröffentlichte.

8 Vgl. Nr. 15.

9 Auszüge aus den in StBKAH 04.12-04.16 archivierten Besucherlisten des Bundeskanzlers bei Nr. 1, 3, 8, 13, 23, 35, 36.

10 Vgl. Nr. 15 (bei Anm. 18).

11 Vgl. Nr. 6 (bei Anm. 32).

12 Dafür beispielhaft die Einführung in die Edition der »Teegespräche 1950-1954«, S. XII-XXVII.

13 S. oben Anm. 4.

14, 15 Dazu im einzelnen die bibliographischen Angaben im Quellen- und Literaturverzeichnis auf S. 635. Vgl. a. Hans Peter *Mensing*, Die Edition der Adenauer-Briefe im Rahmen der »Rhöndorfer Ausgabe«. Ein Unternehmen der Stiftung Bundeskanzler-Adenauer-Haus, in: Jahrbuch der historischen Forschung in der Bundesrepublik Deutschland. Berichtsjahr 1987, München-New York-London-Paris, S. 57-60.

Rhöndorf, September 1962

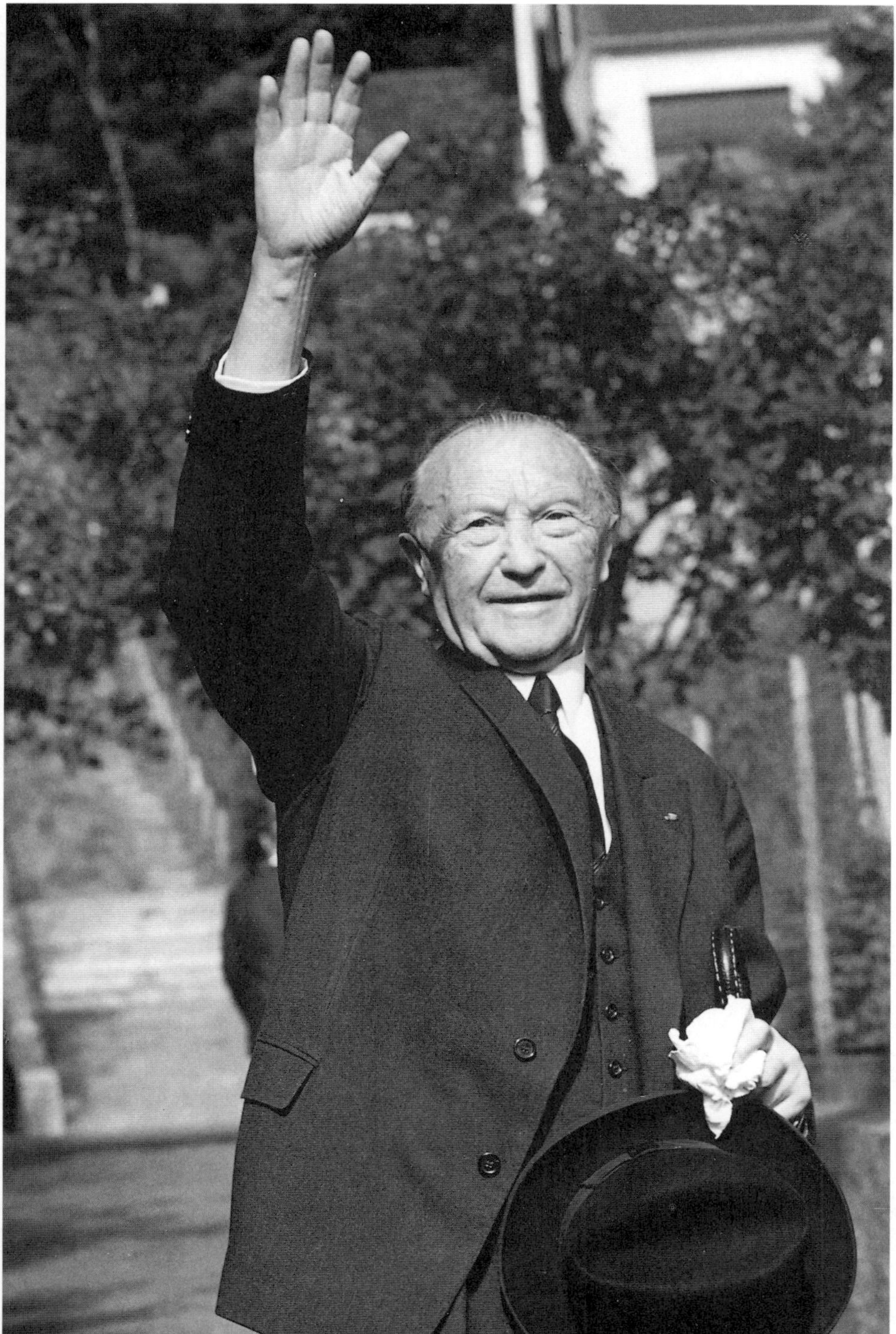

Verzeichnis der Teegespräche

Nr.	Datum	Dokument	Seite
1	20.9.1961	Informationsgespräch mit Charles Hargrove (Aufzeichnung)	9
2	22.9.1961	Informationsgespräch mit Robert Harley Estabrook und Flora Lewis Gruson (Aufzeichnung)	17
3	8.11.1961	Informationsgespräch mit Joseph Alsop (Wortprotokoll)	24
4	16.11.1961	Informationsgespräch mit amerikanischen Journalisten (Wortprotokoll)	29
5	13.12.1961	Informationsgespräch mit Charles Hargrove (Wortprotokoll)	36
6	14.12.1961	Kanzler-Tee (Wortprotokoll)	45
7	16.12.1961	Informationsgespräch mit James Reston (Wortprotokoll)	60
8	8.1.1962	Presse-Tee mit britischen Journalisten (Wortprotokoll)	76
9	8.2.1962	Informationsgespräch mit James Bell und Otto Fuerbringer (Wortprotokoll)	92
10	20.2.1962	Informationsgespräch mit Sidney Gruson und Flora Lewis Gruson (Wortprotokoll)	101
11	2.3.1962	Kanzler-Tee (Wortprotokoll)	120
12	2.3.1962	Informationsgespräch mit Kurt Lachmann (Wortprotokoll)	135
13	16.3.1962	Kanzler-Tee (Wortprotokoll)	152
14	13.4.1962	Informationsgespräch mit Gardner Cowles und Edward Korry (Wortprotokoll)	171
15	11.5.1962	Informationsgespräch mit Joseph Alsop (Wortprotokoll)	176
16	17.5.1962	Informationsgespräch mit René Lauret (Wortprotokoll)	188
17	8.6.1962	Informationsgespräch mit Frank H. Bartholomew und Thomas Raphael Curren (Wortprotokoll)	196
18	18.6.1962	Kanzler-Tee (Wortprotokoll)	204

19	28.6.1962	Informationsgespräch mit James Bell, Klaus Dohrn und Charles D. Jackson (Wortprotokoll)	220
20	20.7.1962	Informationsgespräch mit Charles Hargrove (Wortprotokoll)	237
21	27.7.1962	Kanzler-Tee (Wortprotokoll)	248
22	20.8.1962	Informationsgespräch mit Max Ascoli (Wortprotokoll)	266
23	12.11.1962	Informationsgespräch mit amerikanischen Journalisten (Wortprotokoll)	277
24	19.12.1962	Kanzler-Tee (Wortprotokoll)	297
25	29.1.1963	Informationsgespräch mit Kurt Lachmann (Wortprotokoll)	320
26	11.2.1963	Informationsgespräch mit James Bell (Aufzeichnung)	334
27	11.3.1963	Informationsgespräch mit Joseph Alsop (Wortprotokoll)	336
28	30.5.1963	Informationsgespräch mit James Bell und Hedley Williams Donovan (Wortprotokoll)	346
29	6.6.1963	Informationsgespräch mit Lorenz Stucki (Wortprotokoll)	353
30	1.7.1963	Informationsgespräch mit John M. Hightower (Wortprotokoll)	376
31	2.7.1963	Kanzler-Tee (Wortprotokoll)	387
32	22.7.1963	Informationsgespräch mit Cyrus L. Sulzberger (Wortprotokoll)	401
33	5.8.1963	Informationsgespräch mit Gaston Coblentz (Wortprotokoll)	411
34	13.8.1963	Informationsgespräch mit Klaus Epstein (Wortprotokoll)	416
35	15.8.1963	Informationsgespräch mit Daniel Schorr (Wortprotokoll)	430
36	11.10.1963	Informationsgespräch mit Franz Hange und Erich Eggeling (Wortprotokoll)	455

Notizen für die Wahlkampfrede vom 5. September 1961 in Wiesbaden:
I. Die Bundeswahl findet in einer recht ernsten Zeit statt.
Ostberlin abgeriegelt, brutal u. grausam.
Atomteststopp von S[owjet]U[nion] gebrochen.
Befristete Aufforderung US[A] u. G[roß]B[ritannien], unkontrollierten Atomstopp einzuführen; im Hintergrunde Forderung SU, Status Westberlins zu ändern, ebenso den Status der Ostzone. Was noch kommt, wissen wir nicht.

Teegespräche

Bonn, den 8. September 1961

Dem
Herrn B u n d e s k a n z l e r
vorzulegen.

Der Vertreter der TIMES, Herr Charles Hargrove, hat den Herrn Bundeskanzler gebeten, ihn erneut zu einem Informationsgespräch zu empfangen. Bei dem letzten Informationsgespräch, das vor einigen Monaten stattgefunden hat, hatte der Herr Bundeskanzler gesagt, dass Herr Hargrove gerne noch einmal zu ihm kommen könne. Herr Hargrove hat die beigefügten Fragen vorgelegt, die in der Übersetzung wie folgt lauten:

1. Welchen Standpunkt vertritt die Bundesregierung hinsichtlich des Wunsches auf alsbaldige Ost-West-Verhandlungen?

2. Worin unterscheidet sich die Auffassung der Bundesregierung von der des Präsidenten de Gaulle, dass Verhandlungen nicht stattfinden sollten, bevor Russland seine Bereitschaft hat erkennen lassen, auch seinerseits Konzessionen zu machen?

3. Sollten Verhandlungen das Deutschlandproblem insgesamt erfassen oder auf Berlin beschränkt werden?

4. Ist der Bundeskanzler der Auffassung, dass der Westen schneller und energischer auf die Abriegelung Westberlins hätte reagieren können? Welche Gegenmassnahmen sollten nach der Auffassung des Herrn Bundeskanzlers jetzt ergriffen werden ausser Protesten? Hält der Bundeskanzler die formale Einbeziehung Berlins in die Bundesrepublik für einen zweckmässigen Schritt?

5. Im Ausland sind Besorgnisse laut geworden über die mangelnde Standfestigkeit der deutschen öffentlichen Meinung und darüber, dass sie so schnell ihr Vertrauen in die westlichen Alliierten verloren hat. Welches ist die tiefere Ursache dieses Vertrauensschwundes und wie kann ihr begegnet werden?

6. Ist der Bundeskanzler der Auffassung, dass die Kritik an der Haltung der Bundesregierung während der Berlin-Krise zu einem Stimmenverlust für die CDU geführt hat?

Vorlage von Heinrich Barth
(zu Dok. Nr. 1)

7. Hat der Bundeskanzler den Eindruck, dass angesichts der Berlin-Krise ein gewisser Grad von politischer Gemeinsamkeit trotz des derzeitigen Wahlkampfes wünschenswert wäre?

Das Presse- und Informationsamt schlägt vor, dass der Herr Bundeskanzler sich mit Herrn Hargrove während einer der nächsten Wahlreisen kurze Zeit unterhält. Dies sollte nach Auffassung des Presse- und Informationsamtes in der Form eines Informationsgespräches geschehen, ohne dass die von Herrn Hargrove gestellten Fragen im einzelnen beantwortet werden.

Kann ein solches Informationsgespräch mit Herrn Hargrove vorgesehen werden?

(Dr. Barth)

Mittwoch, den 20. September 1961

10.00 Uhr	Kabinett
ab 10.45 Uhr	nur Minister
11.15 Uhr	BM v. Brentano
11.20 Uhr	dazu StS Globke
12.35 Uhr	Mr. H a r g r o v e , TIMES - Informationsgespräch - Dolm. Weber
16.30 Uhr	Pater Gypkens, Dr. Barth
17.10 Uhr	Venezolanischer Botschafter RIVAS, - Abschiedsbesuch - H. v. Holleben Dolm. Frl. Engling
17.30 Uhr	Prälat Wissing
18.00 Uhr	Arbeitnehmergruppe der CDU - 3 Herren -
18.35 Uhr	StS Globke
18.40 Uhr	dazu Dr. Krone

Zu Dok. Nr. 1

Nr. 1
20. September 1961: Informationsgespräch
(Aufzeichnung vom 20. September 1961)
StBKAH 02.25[1], mit ms. Vermerk »115-93 A / 61«, hs. unterzeichnet »Weber«[2]

Teilnehmer: Charles Hargrove[3] – Heinz Weber

Beginn: 12.35 Uhr   Ende: 13.30 Uhr

Der Herr *Bundeskanzler* sagte, er sei sehr froh, daß Herr Hargrove als Vertreter der »Times« gekommen sei. Er habe mit Herrn von Herwarth[4] über ihn gesprochen, und sein persönlicher Eindruck sei, wie er gehört habe, richtig gewesen. Er lege sehr großen Wert auf die Haltung seines Blattes zur Bundesrepublik. Diese Haltung sei nicht immer freundlich gewesen und manchmal wirklich etwas einseitig.

Herr *Hargrove* bemerkte, die Haltung seines Blattes werde vielleicht auch in Zukunft nicht immer freundlich sein.

Der Herr *Bundeskanzler* erwiderte hierauf, daß ein Brite, der in manchen Dingen tiefere Gefühle habe, gewisse Geschehnisse nicht vergessen habe, die leider passiert seien. Davon abgesehen, glaube er aber, daß die Berichterstattung manchmal wirklich einseitig sei. Der Herr Bundeskanzler sagte auch, er stehe Herrn Hargrove von Zeit zu Zeit immer zur Verfügung. Wenn es jetzt so lange gedauert habe, dann sei es wegen der Wahl[5] gewesen. Die heutige Begegnung solle kein Interview, sondern ein Informationsgespräch sein.

Herr *Hargrove* sagte, dies sei ihm bekannt, doch könnte der Herr Bundeskanzler vielleicht einige allgemeine Gedanken darlegen, die er dann in indirekter Rede, d. h. nicht als Zitat, wiedergeben könnte.

Der Herr *Bundeskanzler* bat sodann um Fragen.

Herr *Hargrove* sagte, der Herr Bundeskanzler wisse sicher, an welche Frage er vor allem denke.

Der Herr *Bundeskanzler* sagte, es gebe so viele Fragen.

Herr *Hargrove* bat den Herrn Bundeskanzler, offiziell zu sagen, wie er den Ausgang der Wahl beurteile.

Der Herr *Bundeskanzler* antwortete, er habe soeben mit Herrn von

Brentano[6] und Herrn Globke[7] über dasselbe Thema gesprochen. Er wolle zwei Hauptpunkte hervorheben: Der Hauptgegner der CDU, die SPD, habe den erhofften Erfolg nicht erzielt. Das zweite sei, daß die CDU in dieser sehr schwierigen Zeit, bei der die Berlin-Frage[8] eine sehr große Rolle gespielt habe, 48 Prozent der Sitze gewonnen habe. 51 Prozent zu bekommen, sei immer Glückssache. Daß diese Partei nach 12 Jahren der Regierung 48 Prozent der Sitze erhalten habe, sei nach seiner Meinung ein gutes Ergebnis.

Herr *Hargrove*, der, wie er sagte, als Journalist gelegentlich auch die Rolle des Advocatus Diaboli spielen müsse, fragte, ob der Herr Bundeskanzler glaube, daß die von der CDU gegenüber 1957 erlittenen geringen Verluste mit der persönlichen Rolle zusammenhingen, die der Herr Bundeskanzler in der Politik gespielt habe.

Der Herr *Bundeskanzler* erwiderte, er glaube das nicht. Zweierlei habe eine gewisse Rolle gespielt: zunächst eine gewisse Enttäuschung über das Verhalten der westlichen Partner gegenüber dem Vorgehen von Ulbricht[9]. Er teile diese Enttäuschung nicht. Aber dadurch sei vor den Augen vieler Deutscher ein Vorhang weggezogen worden, und sie hätten jetzt die Lage gesehen, wie sie wirklich sei. Ein zweiter Grund bestehe darin, daß im Wahlkampf von der FDP gesagt worden sei, der linke Flügel der CDU sei zu stark und es müsse ein Gegengewicht geschaffen werden[10]. Im Gegensatz zu den angelsächsischen Ländern sei der Deutsche nicht daran gewöhnt, daß eine Partei die absolute Mehrheit habe. Das komme ihm undemokratisch vor.

Herr *Hargrove* sagte, in Deutschland gebe es aber doch eine Tradition, die sich mehr auf eine Einparteienregierung als auf eine Mehrparteienregierung stütze.

Der Herr *Bundeskanzler* widersprach dieser Auffassung und wies darauf hin, daß in Deutschland meistens mehrere Parteien die Regierung gebildet hätten. Das sei schon so in Weimar und auch noch früher gewesen. Den Deutschen stecke auch noch die nationalsozialistische Einheitspartei-Diktatur etwas in den Knochen[11].

Herr *Hargrove* kam auf die Äußerung zurück, daß den Deutschen durch die jüngsten Ereignisse ein Vorhang vor den Augen weggezogen worden sei. Manchmal werde gesagt, daß auch die Regierung einen Teil Schuld daran habe, weil zuviel an den Wohlstand gedacht und nicht genug von der Härte der Situation gesprochen worden sei.

Der Herr *Bundeskanzler* sagte, vielleicht habe man damit nicht ganz unrecht. Was die Berliner Situation angehe, so sei in den Viermächte-Abkommen[12] der ungehinderte Zugang vom Ostsektor in die Westsektoren festgelegt worden. Wie stark dieser Zugang gewesen sei, gehe daraus hervor, daß in West-Berlin jährlich 12 Millionen Kinokarten an Leute aus dem Ostsektor verkauft worden seien. 62 000 Menschen aus dem Ostsektor hätten in West-Berlin zu den dortigen Löhnen gearbeitet. Daß dieses Schaufenster der freien Welt, als das West-Berlin von der Zone betrachtet wurde, von den Leuten aus dem Ostsektor angesehen werden konnte, habe Ulbricht geärgert. Vor einigen Monaten sei ein Botschafter eines Landes, das man nach dem heutigen Sprachgebrauch neutral nenne, bei ihm gewesen[13] und habe ihn gefragt, ob die Unterschiede zwischen den beiden Sektoren tatsächlich auf die Regierungsform zurückzuführen seien. Er habe ihm geantwortet, daß in beiden Sektoren Deutsche wohnten, die die gleichen Gaben und gleichen Eigenschaften hätten und von denen die einen nicht besser seien als die anderen. Die einen, im Westen, könnten jedoch in Freiheit schaffen, die anderen, im Osten, jedoch nicht. Der Zugang von dem Osten nach dem Westen sei also eine ständige Propaganda für die Freiheit und gegen die Unfreiheit gewesen.

Herr *Hargrove* sagte, wenn er den Herrn Bundeskanzler richtig verstanden habe, habe die Bundesregierung vielleicht zuviel Nachdruck auf die wirtschaftliche Stärke und den wirtschaftlichen Wiederaufbau gelegt.

Der Herr *Bundeskanzler* erwiderte, dies habe er nicht gesagt und nicht gemeint. Was er jetzt sage, sei nicht zur Veröffentlichung bestimmt. Man hätte in den vergangenen Jahren vielleicht etwas weniger Geräusch machen können.

Auf die Frage von Herrn *Hargrove*, wie er das meine, erwiderte der Herr Bundeskanzler, dies sei eine sehr diffizile Sache. Er denke an Tagungen des Bundestages und des Bundesrates in West-Berlin[14] und an andere Dinge.

Herr *Hargrove* sagte, er verstehe den Herrn Bundeskanzler nicht ganz, und der Herr Bundeskanzler könne ruhig offen sprechen, da darüber nichts veröffentlicht werde.

Der Herr *Bundeskanzler* vertrat die Ansicht, daß die SED mit Ulbricht an der Spitze durch manches vielleicht zu stark gereizt worden sei, so daß sie geglaubt hätten, sich stärker sichern zu müssen. Man übersehe dabei, daß es den Westberlinern jahrelang schlecht gegangen sei und daß die Westberliner nur mit sehr großen Schwierigkeiten aus dem engen Gebiet herausgekonnt hätten. Dies seien alles die Nachteile, die gegenüber den Vorteilen häufig vergessen würden. Wenn er dies sage, so sehe es fast aus, als ob er für die SED spreche. Das tue er aber nicht. Er wolle vielmehr versuchen, die psychologische Situation klarzumachen. Ihm sei

immer klar gewesen – anderen offenbar nicht –, daß da plötzlich etwas kommen werde. Dann habe die deutsche Öffentlichkeit geärgert, daß die Militärkommandanten in Berlin 60 Stunden gebraucht hätten[15], bis sie etwas gesagt hätten, und selbst dann hätten sie etwas gesagt, was in Wirklichkeit nichts gewesen sei. Das habe die Leute aufgeregt.
Auf die Frage, ob sich die Bundesregierung an den Dingen nicht schuldig fühle, antwortete der Herr Bundeskanzler: »Peccatur intra muros et extra«.[16]. Er legte auch dar, warum er nicht sofort nach Berlin gegangen sei[17]. Am 13. August habe Herr Lemmer[18] um 1/2 6 Uhr aus Berlin bei Herrn Globke und nachher um 1/2 7 Uhr bei ihm angerufen und gesagt, daß die Gefahr eines Aufstandes in der Zone sehr ernst zu nehmen sei. Ein Aufstand wäre sehr schlecht gewesen. Es habe auch Stimmen gegeben, die gesagt hätten, deutsche ‹ Truppen ›[a] müßten dann in die Zone einmarschieren. Er habe das für falsch gehalten, weil das nur Tausende von Menschenleben gekostet hätte und völlig nutzlos gewesen wäre. Man habe ihm gesagt, daß sein Erscheinen an der Grenze das Signal zu einem Aufstand geben würde. Dies habe er nicht verantworten können.
Herr *Hargrove* kam sodann auf die Lage nach den Wahlen zu sprechen sowie auf Äußerungen, daß der Herr Bundeskanzler im Amt bleiben werde.
Der Herr *Bundeskanzler* sagte, der Vorstand seiner Partei habe ihn gestern darum einstimmig ersucht[19].
Herr *Hargrove* sagte, das werde natürlich Schwierigkeiten geben.
Der Herr *Bundeskanzler* sagte, wenn er dabei an die [Freien] Demokraten denke, so werde es gewiß Schwierigkeiten geben[20], aber Koalitionsverhandlungen seien immer schwierig.
Herr *Hargrove* bemerkte, die Tatsache, daß der Herr Bundeskanzler im Amt bleiben wolle – und um ihn gehe es schließlich –, könne sich als ein gewisses Hindernis auswirken.
Der Herr *Bundeskanzler* sagte, es würden noch mehr Hindernisse kommen, doch glaube er, daß man eine Lösung finden werde. Es sei unmöglich, daß einer Partei, die ‹ 242 ›[b] Sitze habe, von einer anderen, die nur ‹ 67 ›[c] habe, vorgeschrieben werde, daß der Parteivorsitzende, der 12 Jahre lang die Regierung geleitet habe, nicht mehr Bundeskanzler sein könne. Die Partei im Lande würde dies einfach nicht verstehen und ertragen.
Herr *Hargrove* fragte, was geschehe, wenn keine Einigung erzielt werde.
Der Herr *Bundeskanzler* entgegnete, soweit solle man die Dinge in ihrer Entwicklung noch nicht vorausnehmen wollen, und empfahl Herrn Hargrove, die weitere Entwicklung ruhig abzuwarten.

Auf die Frage nach einer Minderheitenregierung [sic!] antwortete der Herr *Bundeskanzler,* darüber wolle er nicht sprechen. Man solle die Verhandlungen, die noch nicht einmal begonnen hätten, nicht erschweren.

Herr *Hargrove* zitierte im Zusammenhang mit gewissen Äußerungen der FDP das Bismarck[21]-Zitat, daß nie soviel gelogen werde wie vor einer Wahl und nach einer Jagd.

Der Herr *Bundeskanzler* bemerkte, das habe er auch oft gesagt, und nun müsse sich erst einmal das Wahlfieber beruhigen.

Herr *Hargrove* fragte sodann, ob der Herr Bundeskanzler glaube, daß er die Pflicht habe, im Amt zu bleiben.

Der Herr *Bundeskanzler* bejahte die Frage. Er habe diese Pflicht gegenüber seiner Partei, und es wäre für seine Partei eine wirklich sehr böse Sache, wenn man auf Verlangen einer kleineren Partei von ihm absehen würde und wenn er das mitmachte. Außerdem glaube er, daß er aufgrund seiner bisherigen Tätigkeit viel Erfahrung gesammelt habe, die namentlich in den außenpolitisch kritischen Zeiten, denen man entgegengehe, gebraucht werden dürfte[22].

Herr *Hargrove* fragte, ob der Herr Bundeskanzler wirklich glaube, daß er sich in dieser schwierigen Zeit opfern sollte.

Der Herr *Bundeskanzler* antwortete, es würde sonst wie eine Flucht aussehen. Das habe man ihm auch gesagt.

Herr *Hargrove* wies darauf hin, daß der Herr Bundeskanzler gesagt habe, die neue Regierung werde vor wichtigen und schwierigen Entscheidungen stehen.

Der Herr *Bundeskanzler* vertrat die Auffassung, daß die nächsten Monate für uns alle schwierige und wichtige Entscheidungen bringen würden. Rusk[23] sei beauftragt, mit Gromyko[24] Fühlung zu nehmen. Chruschtschow[25] erkläre immer wieder, es müßten Verhandlungen stattfinden. Diese Auffassung teilten auch die Bundesregierung, Großbritannien und die Vereinigten Staaten, wogegen sich Frankreich noch etwas zurückhalte. Er glaube, daß es zu sehr wichtigen Verhandlungen kommen werde.

Herr *Hargrove* sagte, die Entscheidungen seien für Deutschland so wichtig, daß viele Leute glaubten, nur der Herr Bundeskanzler könnte sie treffen.

Der Herr *Bundeskanzler* erklärte, die letzte Entscheidung treffe das Parlament. Sie werde aber vorbereitet durch Verhandlungen, die man beeinflussen könne, um die Entscheidung tragbar zu machen.

Herr *Hargrove* vertrat die Auffassung, daß im Hinblick darauf nur sehr wenige Kandidaten die Verantwortung für die Politik der Zukunft übernehmen wollten.

Der Herr *Bundeskanzler* sagte, er habe diese Politik eingeschlagen und 12 Jahre lang gegen den Widerstand der Opposition geführt, und er glaube, daß es auch seine Aufgabe sei, wenn man jetzt zu einem sehr wichtigen Abschnitt gelange, seinen Mann zu stehen.

Herr *Hargrove* sagte, er könne sich nicht vorstellen, daß sich der Nachfolger in diesem Augenblick nach dieser Verantwortung sehne.

Der Herr *Bundeskanzler* sagte, sein Nachfolger, möge er heißen wie er wolle, lebe nicht in dieser Atmosphäre, in der er lebe und die ganzen 12 Jahre gelebt habe. Er habe heute den Brief einer Dame erhalten, die ihm geschrieben habe, sie hätte CDU gewählt, damit er in diesen schwierigen Jahren die Verantwortung trage, und wenn das nicht der Fall sei, würde sie aus der CDU austreten[26].

Herr *Hargrove* sagte, er glaube, der Herr Bundeskanzler halte es nicht für richtig, die Pferde mitten im Strom zu wechseln.

Der Herr *Bundeskanzler* stimmte dem zu. Er betonte, daß ein Politiker nicht aus einer plötzlichen Eingebung urteile, vielmehr müsse seine politische Meinung und sein politisches Geschick wachsen und sich entwickeln.

Herr *Hargrove* fragte, ob der Herr Bundeskanzler damit die politische Erfahrung meine.

Der Herr *Bundeskanzler* sagte, Erfahrung als solche sei nur ein Teil davon. Es müsse vielmehr Erfahrung in weitestem Sinne des Wortes sein. Dazu gehöre auch die Kenntnis von Persönlichkeiten anderer Länder sowie die Kenntnis der Entwicklung.

Herr *Hargrove* fragte, ob die Entscheidungen, vor denen die neue Regierung stehen werde, nicht eine Wendung der jetzigen Politik mit sich bringen werde.

Der Herr *Bundeskanzler* sagte, dies sei ein zu gefährliches Thema, und er könne nichts dazu sagen.

Herr *Hargrove* fragte sodann, ob der Herr Bundeskanzler glaube, daß das deutsche Volk eine Regelung, an der der Herr Bundeskanzler an der Spitze der Regierung mitgearbeitet habe, eher annehmen würde, als wenn sie ohne ihn zustandegekommen wäre.

Der Herr *Bundeskanzler* sagte, es sei etwas sehr selbstbewußt, wenn er diese Frage bejahe. Er glaube aber, daß seine Autorität beim deutschen Volk so groß sei, daß es von ihm eher etwas annehmen würde als von einem anderen.

Herr *Hargrove* hielt dies für unumstritten und sagte, dies wäre vielleicht noch mehr der Fall, wenn der Herr Bundeskanzler gesagt hätte, er wolle nach dieser schwierigen Periode sein Amt niederlegen.

Der Herr *Bundeskanzler* antwortete, er habe nie daran gedacht, etwa noch vier Jahre hierzubleiben[27].
Auf die Frage, warum nicht, entgegnete der Herr *Bundeskanzler*, weil er gern wolle, daß die nächsten Wahlen[28] von einem anderen geführt würden. Er müsse doch immer mit seinem Alter rechnen, und da müsse man doch Vorsorge treffen.
Er denke dabei daran, daß es, wie er höre, Winston Churchill[29] so schlecht gehen solle.
Herr *Hargrove* sagte, das Alter sei immer eine subjektive und nie eine objektive Sache.
Der Herr *Bundeskanzler* erinnerte daran, daß ihm Brian Robertson[30] gesagt habe, es gebe Zeiten, in denen Churchill niemand erkenne. Er wolle sich selbst keineswegs mit Churchill vergleichen. Er sei mit ihm sehr befreundet gewesen, und das alles tue ihm sehr leid. Er habe auch soviel Kummer in der Familie.
Herr *Hargrove* fragte sodann, ob der Herr Bundeskanzler angesichts dieser schwerwiegenden und die Zukunft des deutschen Volkes bestimmenden Entscheidungen nicht glaube, daß alle politischen Kräfte in der Regierung vertreten sein sollten.
Der Herr *Bundeskanzler* wiederholte, daß das Parlament die Entscheidung zu treffen habe und daß dort alle politischen Kräfte vertreten seien. Er hoffe dann sehr, daß eine einmütige Meinung zutage trete, wie es in Großbritannien und den Vereinigten Staaten auch sicher der Fall wäre.
Auf die Frage nach einer Allparteienregierung antwortete der Herr Bundeskanzler, davon halte er überhaupt nichts.
Dem Hinweis von Herrn *Hargrove*, daß sich dann aber eine Legendenbildung ergeben könnte, begegnete der Herr *Bundeskanzler* mit der Aufforderung, er möge doch abwarten, da er das alles doch selbst noch erleben werde. Es müßten in der Öffentlichkeit verschiedene Meinungen zur Geltung kommen, das gehöre zu einer Demokratie. Diese verschiedenen Meinungen seien vorhanden und sollten also auch ausgesprochen werden. Das schließe nicht aus, daß man sich in schicksalsschweren Fragen zu einer Einmütigkeit bekenne.
Dem Hinweis auf das Kabinett Churchill im Jahre 1940[31] begegnete der Herr Bundeskanzler mit der Bemerkung, daß damals Krieg gewesen sei.
Herr *Hargrove* fragte, ob die Entscheidungen, die jetzt auf das deutsche Volk zukämen, demnach nach Auffassung des Herrn Bundeskanzlers nicht vergleichbar mit den Entscheidungen seien, die im Krieg hätten getroffen werden müssen.
Der Herr *Bundeskanzler* antwortete, die Umstände, unter denen die Entscheidungen getroffen würden, seien ganz anders.

Herr *Hargrove* fragte abschließend, ob der Herr Bundeskanzler noch etwas über die deutsch-englischen Beziehungen sagen könne.
Der Herr *Bundeskanzler* verwies auf die beginnenden Verhandlungen mit Großbritannien[32] und teilte mit, daß er morgen Präsident Hallstein[33] zur Erörterung dieser Frage empfangen werde. Er habe seit langem den Wunsch, daß eine Verständigung herbeigeführt werde.
Die Frage, ob Meinungsverschiedenheiten bezüglich des Ost-West-Verhältnisses bestünden, beantwortete der Herr Bundeskanzler mit der Bemerkung, daß man vollkommen übereinstimme.
Herr *Hargrove* sagte, er habe oft den Eindruck, daß in Deutschland die englische Neigung, Verhandlungen bis zur letzten Möglichkeit auszuschöpfen, nicht verstanden werde.
Der Herr *Bundeskanzler* sagte, dies sei darauf zurückzuführen, daß die Engländer in ihrer Art etwas anders seien. Er habe darüber auch mit Robertson gesprochen, der ihm gesagt habe, das englische Volk würde die Gefahr nicht immer sehen, sobald sie sie aber einmal erkannt hätten, seien die Engländer zur Stelle.
Herr *Hargrove* sagte, er sei vor einiger Zeit in London gewesen, und wenn auch die Lage nicht mit der Stimmung von 1938[34] zu vergleichen sei, so hätten die Leute doch gefragt, ob es wegen Berlin wirklich einen Krieg geben müsse.
Der Herr *Bundeskanzler* sagte, er habe gehört, daß die Wiederaufnahme der russischen Atombombenversuche[35] in Großbritannien einen sehr großen Eindruck gemacht habe. Herr Hargrove bestätigte dies.

Nr. 2
22. September 1961: Informationsgespräch
(Aufzeichnung vom 26. September 1961)
StBKAH 02.25, mit ms. Vermerk »115-95 A/61«, hs. unterzeichnet »Kusterer«[1]

Teilnehmer: Robert Harley Estabrook[2], Flora Lewis Gruson[3] – Felix von Eckardt[4], Hermann Kusterer

Beginn: 10.10 Uhr[5]　　　　　　　　　　　　　　　　Ende: 11.15 Uhr

Mr. Estabrook fragte zunächst, welche Punkte die schwierigen Entscheidungen der nächsten Zukunft betreffen würden, denen sich das deutsche Volk nach den Worten des Herrn Bundeskanzlers gegenübersieht.
Der Herr *Bundeskanzler* erwiderte, es handle sich um das Deutschland-Problem und die kontrollierte Abrüstung.
Mr. Estabrook bemerkte, er habe aus den kürzlichen Äußerungen des Herrn Bundeskanzlers entnommen, daß das deutsche Volk in der Außenpolitik vielleicht einen schweren Weg gehen müsse[6].
Der Herr *Bundeskanzler* verneinte diese Auslegung seiner Bemerkungen und fügte hinzu, Chruschtschow dränge darauf, daß etwas im Zusammenhang mit seinen Forderungen vom November 1958[7] geschehe. Seither habe Chruschtschow aber noch zu seinen Forderungen die Anerkennung der SBZ[8] hinzugefügt, die er weder 1958 noch in Genf 1959[9] verlangt habe. Diese Frage sei natürlich sowohl für Deutschland als auch für die USA sehr wichtig. Außerdem bestehe die Frage der kontrollierten Abrüstung[10]. Er sei der Meinung, daß ohne Bemühungen beider Seiten um eine Behandlung dieser Frage die Welt nicht zur Ruhe kommen werde.
Miss *Lewis* bemerkte, sie habe gehört, daß Spaak[11] aus Moskau eine neue Art Disengagement-Vorschlag mitgebracht habe[12]. An der Oberfläche in Washington habe es auch gewisse Anzeichen dafür gegeben, daß einige Leute der Meinung seien, eventuell könnte eine regionale Rüstungsbeschränkung ein mögliches Verhandlungsthema mit Rußland darstellen. Sie fragte, ob dies Teil der »schwierigen Entscheidungen« sei und ob der Herr Bundeskanzler sich irgend etwas davon verspreche.
Der Herr *Bundeskanzler* erwiderte, er glaube nicht, daß Spaak und Chruschtschow über diese Frage gesprochen hätten. Weder der Bericht des deutschen Botschafters aus Brüssel[13] über sein Gespräch mit Spaak noch Spaaks Bericht an die NATO deuteten darauf hin. Er selbst könne diese Frage nur mit der Definition de Gaulles[14] beantworten, daß ein solches Gebiet nur denkbar sei, wenn es vom Atlantik bis zum Ural reiche[15].

Der Herr *Bundeskanzler* fuhr fort, die Sowjetunion sei so bewaffnet und mächtig (wenn letzteres auch für die russische Wirtschaft nicht zutreffe), daß die ausschlaggebenden Gegner in der Welt heute die Sowjetunion und die Vereinigten Staaten seien. Soweit er wisse, sei die Sowjetunion den Vereinigten Staaten in der Entwicklung interkontinentaler Raketen voraus. Aufgrund dieser technischen Entwicklung befänden sich die Vereinigten Staaten nunmehr in der direkten Schußlinie. In der zukünftigen Welt gebe es also drei Faktoren: Rußland, Amerika und Rot-China. Sowjetrußland fürchte Rot-China[16]. Im Hinblick auf alle diese Erwägungen sei es lachhaft, von einem Disengagement in Europa zu sprechen, denn darum gehe es ja gar nicht. Das eigentliche Problem liege darin, daß es, auch im Interesse Sowjetrußlands, notwendig sei, daß Rußland und Amerika, und damit der Westen und der Ostblock, zu einer Rüstungsverständigung kommen müßten, damit Rußland seinem östlichen Nachbarn Rot-China gebührende Aufmerksamkeit zuwenden könne. Rot-China sei der präsumtive Gegner aller Weißen. Dagegen halte er die kontrollierte Abrüstung für absolut notwendig, um die Menschheit zur Ruhe kommen zu lassen und sie von Furcht zu befreien. Diese Abrüstung sei, kühn gesagt, notwendig, damit Sowjetrußland als Wache der Weißen gegen den Fernen Osten fungieren könne. Er halte es nicht einmal für ausgeschlossen, daß Chruschtschow die Dinge ebenso sehe.

Mr. Estabrook stellte dann die Frage, wieweit der Westen klugerweise Konzessionen an Rußland machen könnte im Austausch gegen sowjetische Konzessionen, um einen Atomkrieg abzuwenden.

Der Herr *Bundeskanzler* erwiderte, Chruschtschow sei ein Erpresser. Er stellte dann die Frage, ob Mr. Estabrook glaube, daß ein Erpresser aufhöre, solange er noch mehr herausholen zu können glaubt. Chruschtschow fürchte aber sowohl Amerika als [auch] Rot-China. Natürlich verwende er das Bestehen Rot-Chinas in seinen Erpressungsversuchen. Gewisse Unsicherheit herrsche natürlich darüber, wer Chruschtschows Nachfolger werde, denn die Armee sei heute sehr viel stärker als zu Stalins[17] Zeiten.

Mr. Estabrook fragte dann, welche Bedeutung der Herr Bundeskanzler dem Ergebnis der Bundestagswahlen[18] zuweise.

Der Herr *Bundeskanzler* erwiderte, es interessiere Mr. Estabrook vielleicht, daß er gestern ein Glückwunschschreiben des jetzigen japanischen Ministerpräsidenten Ikeda[19] und des früheren Ministerpräsidenten Yoshida[20] erhalten habe. Parteipolitisch könne er sagen, daß die CDU mit dem Wahlergebnis sehr zufrieden sein könne. Das komplizierte und typisch gründlich deutsche Wahlgesetz[21] habe der FDP ‹67›[a] Sitze eingebracht, obwohl sie keinen einzigen Kandidaten in der direkten Wahl durchgebracht habe. Die FDP glaube daher, das Zünglein an der Waage spielen zu können[22]. Die CDU habe eine ganze Reihe von Direktmandaten verloren, nur weil ihr rund 200 Stimmen gefehlt hätten. Mit bloß sechs weiteren Sitzen hätte die CDU die absolute Mehrheit errungen, und damit wären natürlich Koalitionsgespräche sehr viel einfacher geworden. Grundsätzlich bewerte er das Wahlergebnis jedoch wie folgt: Die SPD habe – verständlicherweise – einen großen Sieg erreichen wollen, um endlich aus der Opposition herauszukommen. Dies sei ihr keineswegs gelungen. Die CDU hätte noch besser abschneiden können, aber das Ergebnis sei zum Teil wohl auch darauf zurückzuführen, daß die deutschen Parlamentarier zwischen den Wahlen sich nicht genug um ihre Wahlkreise kümmerten. Natürlich hätte er gerne eine absolute Mehrheit gehabt. Nach 12 Jahren Regierung jedoch wieder genauso viele Sitze zu erringen wie 1953[23], sei schon eine gute Leistung.

Mr. *Estabrook* fragte dann, ob der Herr Bundeskanzler das Wahlergebnis als ein Mandat der Wähler auffasse, irgend etwas an seiner Politik zu ändern.

Der Herr *Bundeskanzler* verneinte dies.

Auf die Frage von *Miss Lewis*, ob der Herr Bundeskanzler ein Minderheitenkabinett [sic!] für möglich halte, erwiderte der Herr *Bundeskanzler*, die Verhandlungen hätten noch nicht einmal angefangen. Er habe Zeit und viel Geduld. Leicht seien Koalitionsgespräche nicht.

Miss Lewis sagte, nach der gestrigen Fraktionssitzung habe Herr Strauß[24] unter anderem gesagt, es sei vereinbart worden, daß die CSU auch getrennte Verhandlungen mit der FDP führen könnte[25].

Der Herr *Bundeskanzler* erklärte, daß keine getrennten Verhandlungen in Frage kämen, sei so selbstverständlich, daß man darüber nicht einmal gesprochen habe. Dies schließe natürlich gewisse Fühlungnahmen nicht aus. Er könne im Augenblick jedem Journalisten nur zur Geduld raten, denn jedes Essen müsse gargekocht sein, ehe man es verzehren könne.

Auf die Frage von *Miss Lewis*, ob der Herr Bundeskanzler mit der Festigkeit zufrieden sei, mit der seine Fraktion hinter ihm stehe, erwiderte der Herr *Bundeskanzler*, er habe keinen Grund, mit seiner Fraktion unzufrieden zu sein, mit Ausnahme der Tatsache, daß er gewünscht hätte, daß die Fraktion über das Wahlergebnis erfreuter gewesen wäre.

Staatssekretär *von Eckardt* wies darauf hin, die einzige Kritik, die man an der CDU üben könnte, wäre, daß sie in ihrer Organisation nicht so festgefügt sei wie die SPD.

Der Herr *Bundeskanzler* bemerkte hierzu, die SPD sei eine alte Partei, die nach dem Krieg viel Geld bekommen hätte als Entschädigung für Enteignungen während des Nazi-Regimes[26]. Die CDU als neue Partei habe weder über Organisationsansätze noch über Geld verfügt[27]. Im übrigen hätten auch die Amerikaner der SPD viel geholfen. Die Washingtoner Entscheidung, daß er Johnson[28] nicht nach Berlin begleiten dürfe, sei falsch gewesen.

Mr. Estabrook fragte, ob diese Entscheidung wirklich endgültig in Washington gefällt worden sei, und warum.

Der Herr *Bundeskanzler* erwiderte, diese Entscheidung sei in Washington gefallen mit der Begründung, der Besuch Johnsons in Berlin solle als rein amerikanische Angelegenheit aufgezogen werden[29].

Miss Lewis fragte dann im Hinblick auf den baldigen 86. Geburtstag des Herrn Bundeskanzlers [5. Januar 1962], ob er zu der Verpflichtung bereit sei, nicht auf volle 4 Jahre Bundeskanzler zu bleiben, und ob eine solche Verpflichtung verfassungsmäßig und politisch möglich sei.

Der Herr *Bundeskanzler* erwiderte, er habe immer erklärt, wenn er wieder Bundeskanzler würde, habe er nicht die Absicht, volle 4 Jahre in diesem Amt zu bleiben[30]. Im übrigen könne der Bundeskanzler jederzeit zurücktreten. Die Gründe, die ihn zu einer erneuten Kandidatur bewegt hätten, seien zunächst einmal die Sorge um seine Partei, denn wenn er nach den Wahlen nicht wieder Bundeskanzler würde, würde es die Partei als ein Eingeständnis einer Niederlage auffassen. Zweitens kämen sehr wahrscheinlich in den nächsten 1—1 1/2 Jahren entscheidende internationale Fragen auf das deutsche Volk zu. Er habe seit 12 Jahren die Außenpolitik maßgeblich beeinflußt und meine daher, daß es gut wäre, wenn er da sei, wenn die Entscheidung in der einen oder anderen Richtung fallen müsse.

Miss Lewis fragte dann, wie groß der Herr Bundeskanzler die Gefahr einer Reaktion gegen den Westen und gegen die 12jährigen Bemühungen um einen möglichst engen Anschluß der Bundesrepublik an den Westen bewerte, falls das deutsche Volk Enttäuschungen hinsichtlich irgendeiner Form einer De-facto-Anerkennung der Zone oder einer Änderung des Status von Berlin und damit eine Verringerung der Hoffnung auf Wiedervereinigung erleben müßte.

Der Herr *Bundeskanzler* nahm zunächst Bezug auf die Reden des Regierenden Bürgermeisters Brandt[31] in den ersten Tagen nach dem 13. August, in denen er dem Westen schwere Vorwürfe gemacht habe[32]. Man dürfe auch nicht vergessen, daß das deutsche Volk in den vergangenen Jahrzehnten so viel durchgemacht habe, daß es immer noch unnatürlich

Durchdruck
BUNDESREPUBLIK DEUTSCHLAND
DER BUNDESKANZLER

Bonn, den 8. November 1961

1.

Sehr geehrter Herr Dr. Krone !

Den Wahlkampf 1965 beabsichtige ich nicht, für meine Partei zu führen. Ich werde daher mein Amt als Bundeskanzler so rechtzeitig niederlegen, dass mein Nachfolger in diesem Amte eingearbeitet ist, dies zu tun.

Mit besten Grüssen
Ihr ergebener

gez. Adenauer

(Adenauer)

An den
Vorsitzenden der
Bundestagsfraktion der CDU/CSU
Herrn Dr. Heinrich Krone

Bonn

Bundeshaus

2.) Ein Durchdruck obigen Schreibens an Herrn Dr. Mende
3.) Z. d. A.

Am 8. November 1961 an Heinrich Krone
(zu Dok. Nr. 1, Anm. 28; Dok. Nr. 3, Anm. 3)

Mittwoch, den 8. November 1961

9.40 Uhr	Herr Bundeskanzler von Rhöndorf nach Wahn, begleitet von StS Carstens
ca. 10.15 Uhr	Eintreffen in Wahn
10.30 Uhr	Eintreffen des Staatspräsidenten von Senegal, SENGHOR, in Wahn
11.15 Uhr	Herr Bundeskanzler zurück, wieder begleitet von StS Carstens
11.30 Uhr	Besprechung mit Dr. Krone, StS Globke BM Lücke, BM Blank, BM Lemmer, BM v. Merkatz - Hallstein-Räume -
ca. 12.00 Uhr	dazu BM Stücklen
12.50 Uhr	Mr. Alsop - Informationsgespräch - StS v. Eckardt, Dolmetscher Weber, Stenograf Hilgendorf
13.55 Uhr	StS Globke, StS Westrick
16.05 Uhr	Fortsetzung der Besprechung mit Dr. Krone, StS Globke, BM Lücke BM Blank, BM Lemmer, BM Stücklen BM v. Merkatz, BM Strauß - Hallstein-Räume -
17.35 Uhr	Ende der Besprechung
17.55 Uhr	StS Globke
18.55 Uhr	Herr Bundeskanzler zum Abendessen, gegeben von dem Herrn Bundespräsidenten für Staatspräsident SENGHOR im Hause des Bundespräsidenten

Zu Dok. Nr. 3

emotional sei. Eine Gefahr bestehe also, wenn dieser Zustand von der Sowjetunion ausgenutzt würde.

Miss *Lewis* fragte, wie man einer solchen Gefahr begegnen könnte.

Der Herr *Bundeskanzler* sagte, seine Antwort könne verwegen klingen, aber in einer so ernsten Angelegenheit müsse man die Dinge beim Namen nennen. Er glaube, einen großen Einfluß auf das deutsche Volk zu haben, und er würde diesen Einfluß voll geltend machen, um eine solche antiwestliche Reaktion zu vermeiden. Er glaube auch, daß die Mehrheit der Deutschen verständig sei, und wenn einige ihnen bekannte Persönlichkeiten, in die sie Vertrauen hätten, die Stimme erhöben, könne damit viel getan werden. Man müsse aber die Volkspsychologie berücksichtigen. Es sei einfach nicht wahr, daß das deutsche Volk militaristisch sei. Aber es sei empfindlich. Man brauche sich nur das Auf und Ab seit 1918 ins Gedächtnis zu rufen, um dieses Phänomen zu verstehen. Man dürfe auch nicht vergessen, daß das Ausland zu dem Erfolg des Nazismus ein gut Teil beigetragen habe[33]. Das deutsche Volk sei durch diesen ganzen Wirbel gegangen, und es sei verständlich, wenn dieses Volk noch nicht wieder zu sich selbst gefunden habe.

Nr. 3
8. November 1961: Informationsgespräch (Wortprotokoll)
BPA, Pressearchiv F 30, mit ms. Vermerk »*Unkorrigiertes Manuskript*«, »*Streng vertraulich!*« und Paraphe »Hi[lgendorf]«[1]

Teilnehmer: Joseph Alsop[2] – Felix von Eckardt, Fritz Hilgendorf, Heinz Weber

Beginn: 12.50 Uhr   Ende: 13.26 Uhr

Adenauer: Sie haben die Wahl des Präsidenten, und dann ist alles fertig. Aber die Deutschen sind ja ein merkwürdiges Volk! Wir haben bei uns mehrere Parteien, wir müssen Koalitionen bilden[3], und da muß man wirklich Gott danken, wenn man seinen Verstand nachher noch hat.

Alsop: Aber es ‹sieht›[a] nicht so aus, als ob es Sie auch nur ein bißchen mitgenommen hätte, Herr Bundeskanzler.

Adenauer: Der Schein trügt! Ich zweifle aber manchmal am Verstande der Menschheit. Wissen Sie, Mr. Alsop, als Gott den Menschen erschaffen hat, da hat er nicht aufgepaßt.

(Heiterkeit)

Beim Gehirn hat er nicht aufgepaßt. – Aber das wollen Sie nicht von mir hören – theologische Wahrheiten!

Alsop: Herr Bundeskanzler, ich wollte gerne einmal hören, was Sie von der augenblicklichen Lage im Zusammenhang mit dieser entsetzlichen Berlinkrise halten, die uns jetzt schon so lange Zeit begleitet.

Adenauer: Ja, Mr. Alsop, ich glaube, man muß dabei ausgehen von der Lage in Rußland. Chruschtschow hat diese Berlin-Note[4] vor drei Jahren losgelassen, und er muß ja nun auch sein Gesicht wahren. Ich versuche objektiv zu sein und meine Meinung ganz objektiv zu sagen. Nach meiner Meinung ist in Sowjetrußland irgend etwas los. Diese Stalinsache[5] wird entweder eine Entwicklung dort begünstigen, oder sie ist ein Zeichen dafür, daß diese Entwicklung schon im Gange ist. Es gibt sehr beachtenswerte Leute, die glauben, daß es von Chruschtschow ein Aushilfsmittel gewesen wäre, um die Entstehung einer ihm unangenehmen Bewegung zu kupieren.

Nun die Berlinfrage in diesem Zusammenhang gesehen. Wir müssen uns ja wohl nachher verständigen, Mr. Alsop, was Sie bringen. Ich möchte mit Ihnen mal wirklich ein Gespräch haben, das aber nicht in allen Teilen in die Öffentlichkeit kommt.

(Adenauer bittet Herrn von Eckardt um entsprechende Veranlassung.)

Alsop: Es wird nichts zitiert, es ist nur für meine eigene Information.

Adenauer: Sehen Sie, Mr. Alsop, wenn man von draußen her die NATO betrachtet, wie sieht es denn da aus? Die Türkei – namentlich die türkische Armee – war in unserer Vorstellung immer ein ganz fester Pfeiler da drüben nach Osten hin in der NATO-Front. Die türkische Armee braucht nach meiner Meinung Jahre, ehe sie wieder diese innerliche Zuverlässigkeit und Festigkeit bekommt[6].
In Griechenland hat Karamanlis[7] Gott sei Dank einen großen Sieg erfochten[8]. Ich war sehr in Sorge auch wegen Griechenland, weil bei der letzten Parlamentswahl in Griechenland die Kommunisten schon 23 Prozent der Stimmen hatten.
Nehmen wir Frankreich! Frankreich ist ja in einer sehr großen Krise. Ein Unglück ist das für uns als Deutsche, als Nachbarn, für Europa, aber auch für NATO. Sehen Sie mal, das Leben von General de Gaulle ist ständig gefährdet[9]. Wenn da was passierte, dann würde das eine ganz böse Angelegenheit sein, von allem Menschlichen abgesehen. Aber wegen der Algierfrage[10], die doch seit all den Jahren jetzt schwebt, war es nicht möglich, die französische Armee modern auszurüsten, und es war de Gaulle auch nicht möglich, sie der NATO zu unterstellen.
Italiens zukünftige Politik ist sehr unsicher[11]. Aber vor allem: Es gibt nur ganz, ganz wenige italienische Divisionen, die modern ausgerüstet sind. Wir werden jetzt unter den Waffen haben zwischen 370 000 und 380 000 Mann, modern ausgerüstet und – wie ich glaube sagen zu können – gute Truppen. Dahinter kommt – ziffernmäßig – die amerikanische Armee hier. Die britische Armee ist nicht groß und muß auch umgerüstet werden. Die Benelux-Länder sind klein. Sie tun, was sie können, aber das zählt nicht. Die beiden Machtfaktoren in Europa sind also jetzt die amerikanische Armee und die deutsche Armee. Deswegen versucht ja Chruschtschow mit allen Mitteln, in der ganzen Welt gegen uns zu hetzen, als Militaristen, als Revanchisten. Mich hat er in einer Rede – ich weiß nicht, ob Sie das gelesen haben – einen Erzdämon genannt[12].
Dazu kommt nun die Entwicklung der nuklearen Waffen[13]. Keiner weiß ganz genau, wie weit der andere schon gekommen ist in der Entwicklung, also wie weit Amerika ist, wie weit Sowjetrußland ist.
Nun kommt die Berlinfrage also, die ja für Chruschtschow ein sehr willkommener Anlaß ist, alles auseinanderzusprengen (die Westmächte). Wie die Westalliierten seinerzeit dazu gekommen sind, Berlin allein liegen zu lassen in der großen russischen Zone, das ist ja ein Rätsel, daß sie sich nicht von vornherein einen festen Landkorridor zu ihren Positionen in Berlin haben geben lassen[14]. Ich habe noch eins vergessen, über NATO zu sagen. Das ist das folgende: die Tatsache, die ich beklage, daß

de Gaulle mit den Schritten der anderen Berliner Besatzungsmächte sich nicht einverstanden erklärt hat und sich zurückhält[15]. Ich hoffe, daß es gelingt, ihn wieder in die Reihe zu bringen. Denn auf nichts hofft ja Chruschtschow mehr, als auf eine Uneinigkeit der drei großen Mächte. Mr. Alsop, ich habe Ihnen das Bild gezeichnet, so wie ich es sehe, ohne daran einen Tadel für diesen oder jenen zu knüpfen, sondern rein realiter. Nun glaube ich nicht, daß Chruschtschow Krieg will. Die russische Wirtschaft hat sich lange nicht so entwickelt, wie das Chruschtschow versprochen hat. Wenn ich recht unterrichtet bin, hat Sowjetrußland in Kanada sehr viel Weizen gekauft[16]; es hat eine sehr schlechte Ernte gehabt, mit Ausnahme der Ukraine. Chruschtschow weiß auch ganz genau, daß er in einem großen Krieg auch ein großes Risiko für Sowjetrußland eingeht. Aus alledem ergibt sich folgendes: Es muß eine Einigung erreicht werden über Berlin, die den Berlinern gerecht wird und die auch den Verpflichtungen insbesondere der Vereinigten Staaten gerecht wird, damit die Vereinigten Staaten auch ihr Gesicht behalten in der ganzen Sache. Das heißt, es muß auf allen Seiten ein Fuß zurückgesteckt werden.

Alsop: Aber das ist das, was mich etwas beunruhigt und wo ich noch nicht weitersehe. Wo besteht denn noch Raum für Verhandlungen, nachdem diese Tatsache der Mauer geschaffen wurde? Ich will es ganz brutal sagen: Die Errichtung der Mauer hat zwar das Flüchtlingsproblem von der Tagesordnung gestrichen. Das ist vielleicht ein Vorteil. Aber der Nachteil der Mauer ist doch der, daß meiner Ansicht nach keine Möglichkeit für Verhandlungen mehr bleibt.

Adenauer: Der Ansicht bin ich nicht. Ich bin auch der Ansicht, daß die Mauer nicht ewig bleiben wird. Die Errichtung der Mauer ist in dem ganzen diplomatischen Spiel Sowjetrußlands ein Zug.

Alsop: Aber wo sehen Sie Möglichkeiten, Raum für Verhandlungen?

Adenauer: Ja, Mr. Alsop, sehen Sie mal, da müssen Sie verstehen, wenn ich Ihnen keine Antwort darauf gebe. Ich habe aber eben gesagt: Erhalten bleiben muß die Freiheit Berlins, die Freiheit der Verbindung mit dem Westen; das muß unter allen Umständen erhalten bleiben, und Amerika darf gegenüber Sowjetrußland nicht als Unterlegener erscheinen. Das heißt also, die gegenseitigen Konzessionen müssen gemacht werden in Fragen, die an sich nebensächlicher Natur sind, auch von den Russen, mit der Mauer, die aber zusammengenommen dann doch allen die Möglichkeit geben, Berlin zu retten und aus der ganzen Sache herauszukommen, wobei ich Ihnen natürlich das eine nicht verschweigen darf: Die Zange Berlin – Zange in der Hand der Russen – wird so lange bleiben, bis eine wirkliche Entspannung durch eine kontrollierte Abrüstung Faktum geworden ist.

Alsop: Herr Bundeskanzler, zur taktischen Frage möchte ich folgendes sagen: Es gibt einige Leute, darunter auch einige sehr wichtige Leute innerhalb der amerikanischen Regierung, die die Ansicht General de Gaulles teilen, daß wir im Westen nicht versuchen sollten, unbedingt zu Verhandlungen mit den Russen von unserer Seite aus zu kommen. Das Argument ist bekannt, d. h., die Russen wollen die Verhandlungen, also soll man die Russen kommen lassen. Ich glaube, die Zahl der Leute, die in der amerikanischen Regierung zu dieser Auffassung neigen, ist im Wachsen begriffen, nicht zuletzt auch wegen der ganzen Nadelstichpolitik, die sich im Augenblick in Berlin abspielt. Das mögen, für sich allein genommen, einzelne Episoden sein. Aber dahinter steckt doch mehr, da geht es doch eigentlich um eine Machtprobe, um eine Willensprobe.

Adenauer: Soviel ich weiß, wird Botschafter Thompson[17] diese Unterredungen in Moskau ja nicht fortführen[18].

Alsop: Sind Sie darüber erfreut?

Adenauer: Ja, der arme Kerl! Nichts hat er hinter sich da in Moskau und soll dort verhandeln!

Alsop: Herr Bundeskanzler, welche Ergebnisse versprechen Sie sich von Ihrer Begegnung mit Präsident Kennedy[19]?

Adenauer: Ich möchte zunächst Präsident Kennedy auch mündlich sagen[20], daß die ganzen Vorschläge, die er wegen Verstärkung der militärischen Macht der NATO gemacht hat[21], von uns durchgeführt werden. Wir werden die Dienstzeit verlängern[22], wir werden die anderen Forderungen auch erfüllen. Denn dem Russen imponiert am meisten ja doch die Macht, und alles andere macht keinen großen Eindruck auf ihn. Dann werde ich auch mit ihm sprechen über die Verhältnisse in NATO. Ich werde natürlich über Berlin mit ihm sprechen, das ist ganz klar, und ich werde ihm dazu meine Ansichten sagen. Er wird mir auch allerhand zu sagen haben, und ich verspreche mir doch von einer Aussprache mit ihm auch eine Stärkung der Verbindungen zwischen den Vereinigten Staaten und Europa.

Alsop: Herr Thompson kommt nun in diesen Gesprächen in Moskau nicht mehr recht weiter. Wenn diese Verhandlungen tatsächlich wiederaufgenommen werden sollten, mit welchem Zeitpunkt würden Sie dann rechnen?

Adenauer: Das kann ich Ihnen jetzt nicht sagen. Ich lasse von Zeit zu Zeit unseren Botschafter von Moskau[23] hier herüberkommen und habe gerade heute morgen die Anordnung gegeben, daß er mal rüberkomme,

damit ich einmal von ihm einen Bericht höre über diese Stalin-Angelegenheit und über die inneren Verhältnisse in Sowjetrußland[24]. Ich glaube, das ist eine sehr wichtige Sache.
Und ein Zweites ist noch sehr wichtig: Wie kommt es, daß Chruschtschow sich den Widerstand Albaniens[25] gefallen läßt? Anscheinend, weil Rot-China hinter Albanien steht. Über all diese Dinge möchte ich gern mal mündlich von unserem Botschafter unterrichtet werden. Dann kann man viel besser die ganze Situation, auch in anderen Sachen, überschauen, auch die Sache mit Finnland[26].
Unser Botschafter dort hat eins für sich: er kann perfekt Russisch. Er braucht also zu Besprechungen mit den Russen keinen Dolmetscher. Und Dolmetscher da, die sind interessante Leute, so will ich mich mal ausdrücken. Der Botschafter hier, der Russe[27], kann auch Deutsch, aber er hat immer einen Dolmetscher bei sich, der jedes Wort aufschreibt.

Alsop: Eine letzte Frage, Herr Bundeskanzler: Es wurden offensichtlich Herrn Botschafter Kroll gegenüber gewisse Andeutungen gemacht, daß eine Zusammenkunft zwischen Ihnen und Chruschtschow doch vielleicht nicht unerwünscht wäre. Was halten Sie denn davon?

Adenauer: Dem liegt folgendes zugrunde: Ich habe vor einer Anzahl von Wochen unserem Botschafter, als er hier war[28], gesagt: Sagen Sie bitte Herrn Chruschtschow von mir, seine Politik sei mir restlos unverständlich. Das hat er getan, und darauf hat Chruschtschow gesagt: Sagen Sie dem Bundeskanzler, ich würde gerne mit ihm zusammenkommen, um ihm mal die russische Politik klarzulegen. – Ob daraus was wird, das kann ich Ihnen jetzt nicht sagen. Keinesfalls würde ich eine solche Unterredung haben, ohne daß ich mit unseren Verbündeten vorher darüber gesprochen hätte.

Alsop: Würden Sie gern mit ihm zusammentreffen?

Adenauer: Och, wir würden wahrscheinlich großen Krach bekommen.

(Heiterkeit)
Aber das nimmt er nicht übel!

Alsop: Ein solches Treffen wäre vielleicht auch nützlich?

Adenauer: Das müssen wir mal abwarten[29]. Aber nicht herandrängen, das ist völlig falsch; das würde er als Furcht ansehen.

Nr. 4
16. November 1961: Informationsgespräch (Wortprotokoll)
StBKAH 02.25, mit ms. Vermerk »*Unkorrigiertes Manuskript*«, »*Vertraulich!*«
und Paraphe »Z[ie]h[e][1]/Mr.«

Teilnehmer: Richard Bailey[2], James Bell[3], Gaston Coblentz[4], Peter Forbath[5], John Gibson[6], Sydney Gruson[7], Samuel Iker[8], Jack Koehler[9], Dr. Kurt Lachmann[10], Wellington Long[11], Jesse Lukomski[12], David Nichol[13], Larry Rue[14], J. Emlyn Williams[15] – Dr. Heinrich Barth[16], Felix von Eckardt, Professor Dr. Wilhelm G. Grewe[17], Heinz Weber, Theodor-Paul Ziehe

Beginn: 18.05 Uhr[18]   Ende: 18.53 Uhr

Adenauer: Meine Damen und Herren, Sie wissen, daß ich am Sonntag nach Washington zu den Verhandlungen mit Präsident Kennedy und Staatssekretär Rusk fliege und daß den Beratungen zwei bis drei Tage gewidmet sein werden[19]. Ich werde auch mit der Presse sehr in Verbindung kommen und bitte Sie, mich Ihren Kollegen von der Presse bestens zu empfehlen. Im übrigen stehe ich Ihnen jetzt für Fragen zur Verfügung.
Lachmann: Was hat Herr Kroll dem Herrn Chruschtschow gesagt?
Adenauer: Ich möchte zunächst feststellen, daß von Herrn Kroll keine Indiskretionen begangen worden sind. Herr Chruschtschow hat Herrn Kroll zu sich gebeten[20]. Daß Herr Kroll dem folgen mußte, ist wohl ohne weiteres klar, denn Chruschtschow ist nicht immer für jeden Botschafter zu sprechen. Er ist also hingegangen in Begleitung eines Dolmetschers, obgleich er perfekt Russisch spricht. Es hat eine Unterredung stattgefunden, die etwa damit begann, daß Chruschtschow ihm gesagt hat: Nun sagen Sie doch mal, wie wir aus dieser ganzen Geschichte herauskommen! Daß Kroll dann nicht sagen konnte: Entschuldigen Sie, Herr Chruschtschow, ich muß jetzt erst das Auswärtige Amt in Bonn fragen, ehe ich diese Frage beantworte, ist ja eigentlich selbstverständlich. Dann hat die Unterredung stattgefunden, die Sie ja kennen, und noch am selben Tag hat Herr Kroll die drei westlichen Botschafter – den amerikanischen, den britischen und den französischen Botschafter[21] – über den Verlauf der ganzen Angelegenheit unterrichtet.
Dann – ich sage »dann« als zeitlichen Begriff, es kamen in der Folge allerhand Unklarheiten in der Presse hoch – haben wir Herrn Kroll hierhergebeten, um von ihm selbst direkt mündlich eine Darstellung der ganzen Unterredung und des Ablaufs der Sache zu hören[22]. Die Unterredung und was wir da auch sonst gehört haben, war nicht uninteressant. Sie wissen, daß Chruschtschow auch schon früher Herrn Kroll auf seine

Besitzung am Schwarzen Meer eingeladen hat. Dann wird Herr Kroll in den nächsten Tagen wieder nach Moskau zurückfahren.

Journalist: Herr Bundeskanzler, darf ich ein wenig klarer fragen: Hat Botschafter Kroll etwas getan, was nicht gewöhnlich ist bei einem Botschafter?

Adenauer: Meine Damen und Herren, ungewöhnlich ist, daß der Staatschef einen Botschafter zu sich kommen läßt, ihn zu sich bittet und diesen fragt, wie kommen wir nach Ihrer Ansicht aus diesem ganzen Knäuel der Verwicklungen heraus. Das ist ungewöhnlich, meine Damen und Herren. Nun stand Herr Kroll vor dieser Situation, und ich bin überzeugt, wenn Kroll darauf gesagt hätte, ich gebe Ihnen darauf keine Antwort, Herr Chruschtschow, dann würde er vom Auswärtigen Amt einen Rüffel bekommen haben; das ist ganz sicher und mit Recht. Er wird in der Öffentlichkeit auch getadelt, weil er eine Antwort gegeben hat und weil die Antwort mit gewissen Ansichten, die wir haben, nicht übereinstimmte. Kroll wußte aber gar nicht, daß er sich da in Gegensatz zu anderen Ansichten stellt. – Ich möchte aber auch folgendes betonen: Ich habe nicht den Eindruck, als wenn Chruschtschow den Botschafter Kroll aufs Glatteis hätte führen wollen, sondern er hat eine Unterhaltung über diese schweren Themen mit ihm gewollt. Ich habe weiter nicht den Eindruck, daß Herr Kroll bewußt eine Antwort gegeben hat, die an irgendeiner Stelle von uns oder von England oder von Washington oder von Paris aus als nicht ganz richtig angesehen wird. Er hat nach bestem Wissen und Wollen gehandelt.

Lachmann: Zwei Punkte hätte ich gern noch geklärt. Hat Botschafter Kroll vorgeschlagen, daß ein Berlin-Status neu, ohne Rückgriff auf die originären Besatzungsrechte, geschaffen wird? Zweitens, hat er wiederum den Vorschlag eines Besuches von Chruschtschow in Bonn gemacht?

Adenauer: Das letztere hat er bestimmt nicht getan. Das erstere – ich weiß es wirklich nicht, meine Herren, ich habe tatsächlich dem ganzen Gespräch – [...]

(*Grewe:* Das war nicht drin!)

Frage: Herr Bundeskanzler, wenn wir einmal nun zugrunde legen Ihre Kenntnis des Gesprächs zwischen Botschafter Kroll und Herrn Chruschtschow, also Ihre Kenntnis dessen, was Herr Chruschtschow dem Botschafter Kroll sagte, ferner zugrunde legen Ihre volle Kenntnis der amerikanischen Haltung – was wären dann Ihrer Ansicht nach die Dinge, die Punkte, die Faktoren, über die Sie und Präsident Kennedy verhandeln und eine Übereinstimmung erzielen müßten?

Adenauer: Meine Herren, ein Punkt der Besprechung mit Präsident Kennedy ist Berlin, aber nicht der einzige Punkt; es gibt auch noch andere Fragen, über die gesprochen werden muß, die ich mit der Überschrift NATO-Fragen kennzeichnen möchte: Verstärkung der militärischen Kraft der europäischen Völker und auch der Amerikaner. Über die Berlinfrage werden wir uns zu unterhalten haben. Ich sehe in der Tatsache, daß Chruschtschow den Herrn Kroll zu sich gebeten hat, doch ein Anzeichen dafür, daß auch Chruschtschow noch nach Möglichkeiten sucht, mit dem Westen in dieser Frage übereinzukommen, in der Berlinfrage – aber wie, das müssen wir abwarten.

Frage: Sind Sie damit einverstanden überhaupt und bereit zuzustimmen, daß die exploratorischen Gespräche, die Botschafter Thompson in Moskau führt[23], unmittelbar nach Ihren Gesprächen in Washington wiederaufgenommen würden?

Adenauer: Ich wäre dafür, daß möglichst bald eine Konferenz, zunächst der Außenminister, stattfindet, und auch in Anwesenheit des französischen Außenministers[24], damit diese drei Besatzungsmächte und die Bundesrepublik am selben Strang ziehen[25].

Frage: Herr Bundeskanzler, im »Rheinischen Merkur« von heute schreibt man, daß von möglichen westlichen Konzeptionen dabei weniger die Rede sein dürfte als von unerläßlichen Minimalforderungen an die Sowjets[26]. Später heißt es: Adenauers Minimalbedingung für reguläre Verhandlungen kann nur lauten: Die Mauer muß weg! Können Sie uns etwas dazu sagen?

Adenauer: Meine Damen und Herren, Sie müssen verstehen, daß ich nicht in der Lage bin, bevor ich zu Präsident Kennedy gehe, jetzt Ihnen hier darzulegen, was ich ihm sagen werde. Aber das eine möchte ich doch sagen: das Vorhandensein der Mauer ist ein großes Unglück.

Frage: Herr Bundeskanzler, lege ich Ihre Äußerungen richtig aus, daß Sie nicht für Wiederaufnahme der exploratorischen Gespräche in Moskau durch Thompson sind, solange sich die vier Mächte nicht auf eine gemeinsame, einheitliche Linie abgestimmt und geeinigt haben?

Adenauer: Ich bin der Auffassung, daß das vordringliche Ziel ist, die Einheit unter den Vieren wiederherzustellen. Denn Chruschtschow lebt doch von der Hoffnung, daß die Vier nicht einig sind, und deswegen sollte die Einigkeit zunächst wiederhergestellt werden. Wenn es zu einer solchen Konferenz – um die Einigkeit wiederherzustellen – kommt, wird dabei die Frage, ob diese Verhandlungen durch Thompson in Moskau fortgeführt werden oder nicht, sicher eine Rolle spielen. Sie kennen ja den Standpunkt Frankreichs dazu.

Frage: Glauben Sie, Herr Bundeskanzler, daß das Gespräch, das Botschafter Kroll mit Ministerpräsident Chruschtschow hatte, zu dieser Uneinigkeit unter den Westmächten beigetragen haben könnte?
Adenauer: Nein, das glaube ich nicht.
Frage: Herr Bundeskanzler, wird Botschafter Kroll nach Moskau zurückkehren mit der Weisung, diese Gespräche mit Herrn Chruschtschow fortzusetzen, oder sind Sie dafür, daß der amerikanische Botschafter Thompson im Namen aller Westmächte spricht?
Adenauer: Kroll wird nicht mit der Weisung nach Moskau zurückkehren. Was die zweite Frage angeht, so habe ich sie ja eben schon beantwortet. Ich hielte es wirklich jetzt für nötig, daß der Versuch gemacht würde, die vier Mächte wieder zusammenzubringen. Sie wissen doch, daß Frankreich gegen diese exploratorischen Gespräche war. Nun sind diese exploratorischen Gespräche in Washington abgeschlossen. Jetzt kommt die Frage, ob sie in Moskau fortgesetzt werden sollen, und ich halte es für richtig, daß jetzt einmal der Versuch gemacht wird, wieder die Einigkeit der Vier herzustellen. Dabei wird – ich wiederhole das nochmal – die Frage, ob diese exploratorischen Gespräche mit Moskau fortgesetzt werden sollen oder nicht, sicher eine Rolle spielen. Sie wissen ja, daß ich am 30. November nach Paris gehe[27], und einer der Gründe, warum ich nach Paris gehe, ist, den Versuch zu machen, nun wieder die Einheit herzustellen.
Frage: Haben Sie auch schon ein Zusammentreffen mit Herrn Macmillan[28] vereinbart?
Adenauer: Ich stehe mit Herrn Macmillan auch in Briefwechsel, und ich nehme an, daß ich im Dezember auch mit Herrn Macmillan zusammentreffe.
Frage: Es gibt eine Theorie, die zum Teil auch in amerikanischen Regierungskreisen verbreitet ist, wonach das Regime in der sowjetischen Besatzungszone unterminiert und gar gestützt werden könnte, wenn die Kontakte zwischen der Bundesrepublik und der SBZ vertieft würden. Was halten Sie von dieser Theorie, glauben Sie daran?
Adenauer: Das ist eine völlig falsche Theorie[29], völlig unbegründet. Ich bitte Sie: In der Zone stehen über 20 russische Divisionen. Was will die arme Bevölkerung, die keine Waffen hat, da machen; wenn sie das könnte mit Erfolg, würde sie sicher – der größte Teil von [ihr] – das gern wollen. Aber die Zone ist derartig mit Waffen besetzt, und dazu kommen noch neun sowjetzonale (Divisionen), so daß da kein Aufstand Aussicht auf Erfolg hat. Der würde blutig niedergeschlagen, und zwar sofort, in ganz kurzer Zeit.

Frage: Ich wollte fragen, ob in dem Briefwechsel, den Sie mit Präsident Kennedy führten[30], irgendwelche Punkte zur Sprache gekommen sind, die sich als so schwierig erwiesen haben, und ob sich da so große Meinungsverschiedenheiten gezeigt hätten, daß Sie in späteren Briefen noch einmal auf diese Punkte hätten zurückkommen müssen?

Adenauer: Ich bin der Auffassung, daß gewisse Meinungsverschiedenheiten zwischen den Verbündeten überhaupt nicht so schwerwiegend sind, daß sie sich nicht aus der Welt schaffen lassen, und zwar ohne erhebliche Mühe.

Frage: Herr Bundeskanzler, was ist Ihrer Ansicht nach der positivste Beitrag, den jetzt die Bundesrepublik leisten könnte, um zu einer Lösung der Krise beizusteuern und möglicherweise die Wiedervereinigung herbeizuführen?

Adenauer: Zunächst glaube ich – [das] hat Präsident Kennedy richtig gesehen vor einigen Monaten –, daß die westlichen Völker ihre militärischen Kräfte verstärken müssen[31]. Das werden wir auch tun, das ist Ihnen bekannt. Denn so ist nun mal der Russe: er verhandelt nicht ernstlich mit einem schwachen Gegner, er verhandelt nur ernstlich mit einem starken Gegner – und dann muß man versuchen, in Verhandlungen zu kommen.

Frage: Weiter nichts? Und zur Lösung der weiteren Schwierigkeiten und Wiedervereinigung?

Adenauer: Ich weiß nicht, wie Sie sich eine internationale Konferenz vorstellen: Das ist also nicht wie in der Schule, wo ein Lehrbuch aufgeschlagen wird, und dann fängt man an auf Seite 10, Ziffer I, und geht dann so weiter. Das ist ganz anders. Zuerst muß die Atmosphäre vorbereitet werden, es muß diplomatisch vorgefühlt werden, über welche besonderen Punkte man nun eine Einigung herbeiführen muß. Die freien Völker haben es ja sehr viel schwieriger als Sowjetrußland, weil hier doch alle wieder unter einen Hut gebracht werden müssen, und das ist nicht immer so leicht, während bei einem diktatorischen Regime wie in Sowjetrußland nicht lange gefackelt wird; da wird entschieden, das und das ist unsere Meinung, und dann muß man sich an den Verhandlungstisch setzen und muß verhandeln. Das wird sicher Monate dauern. Ehe die ganze Sache mal aus der Welt geschafft ist, der Knäuel, unter dem wir jetzt leiden, wenn wirklich auch mit gutem Willen verhandelt wird, darüber werden Jahre vergehen.

So ist es immer in der Geschichte gewesen. Wenn Sie mal in der Geschichte zurücksehen: Wenn große Wirren in der Welt gewesen sind, dann haben die Friedensverhandlungen sehr, sehr lange gedauert. Nur immer schrittweise, sogar manchmal noch weniger als schrittweise, kam man sich allmählich näher.

Frage: Unter Punkt eins Ihrer Antwort betr[effend] die Leistungen der Bundesrepublik, haben Sie gesagt: stärkere militärische Vorbereitungen. Bedeutet das atomare Waffen für die Bundeswehr?

Adenauer: Nein, ich denke jetzt zunächst daran, daß wir die Dienstzeit ja verlängern werden auf 18 Monate, während sie jetzt 12 Monate beträgt[32]. Das bedeutet also, daß die Schlagkraft der Truppen, sowohl ziffernmäßig wie auch, was ihre Ausbildung anbelangt, verstärkt wird. Ich dachte jetzt noch nicht einmal an die atomaren Waffen[33]. Das ist wieder eine Frage für sich.

Frage: Herr Bundeskanzler, dürfen wir diese andere Frage, von der Sie zuletzt gesprochen haben, an Sie stellen: Sind Sie zufrieden über das gegenwärtige Verfahren, nach dem die Bundeswehr mit solchen Waffen – derartigen atomaren Sprengköpfen – ausgerüstet wird, oder möchten Sie das Verfahren umgeändert, abgewandelt sehen, und wenn ja, in welcher Form?

Adenauer: Ich habe meinen Standpunkt in dieser Frage schon vor 18 Monaten in der Öffentlichkeit mitgeteilt[34], und Sie wissen, wie es jetzt ist, daß der amerikanische Präsident die Anordnung geben muß, um nukleare Waffen einzusetzen. Und aus militärischen Gründen, nicht aus politischen oder Prestigegründen, aus militärischen Gründen, die sich stützen auf ein Gutachten des Generals Heusinger[35], der mir damals sagte, es kann eine Situation kommen, daß eine Stunde das Schicksal entscheidet und daß der Präsident dann in der Stunde nicht erreichbar ist, muß dafür gesorgt werden, daß bei der NATO die Möglichkeit besteht, auch nukleare Waffen einzusetzen, ehe der Präsident gehört worden ist[36]. Norstad[37] hat, ich glaube im September/Oktober 1960, der damaligen Administration eine entsprechende Vorlage gemacht[38]. Aber da die Wahlen ja nun in den Vereinigten Staaten im November kamen[39], hat die Administration Eisenhower[40] diesen Antrag von Norstad liegenlassen, und soweit ich unterrichtet bin, liegt dieser Antrag jetzt bei der Administration Kennedy.

Frage: Herr Bundeskanzler, wie legen Sie die jüngsten Ereignisse im Zusammenhang mit dem Moskauer Parteikongreß[41] aus? Was halten Sie von der Möglichkeit, daß innerhalb des kommunistischen Lagers Meinungsverschiedenheiten, Differenzen auftauchen, und inwieweit könnten diese Chruschtschows Haltung im Hinblick auf Verhandlungen mit dem Westen beeinflussen.

Adenauer: Nach der Ansicht unseres Botschafters in Moskau ist die persönliche Stellung von Chruschtschow nie so fest und stark gewesen wie jetzt nach dem Kongreß.

Frage: Ich wollte mal fragen: Wie fühlen Sie sich, wie geht es Ihnen?

Adenauer: Ich bin nicht so mächtig wie Chruschtschow – aber, wie ich mich fühle? Erstens einmal bin ich froh, daß die Bildung einer Regierung hinter mir liegt[42]. Das ist immer eine schwere Sache und auch eine etwas anstrengende Sache. Zweitens hoffe ich sehr, daß nun die Verhandlungen mit Sowjetrußland wirklich in absehbarer Zeit in Gang kommen, damit diese ganze Verknotung in der Welt doch gelockert und möglichst beseitigt wird. Aber Geduld, Geduld und nochmals Geduld, meine Herren!

Frage: Welche Elemente der westlichen Position, sowohl hier in Deutschland wie auch in Berlin, dürften nach Ihrer Auffassung unter keinen Umständen Gegenstand von Verhandlungen bilden?

Adenauer: Also: Die Freiheit Berlins muß bleiben, die Mauer muß wieder weg, und die Verbindungen zwischen Berlin und der Bundesrepublik müssen gesichert sein. Denn ohne diese Verbindungen kann Berlin nicht leben, und ich bitte Sie, dabei zu berücksichtigen: Es handelt sich dabei nicht um eine deutsche Sache allein, sondern es handelt sich um eine Sache derjenigen Völker, die die Freiheit in der Welt wollen. Berlin ist einer der Hauptpunkte der Gegensätze zwischen der kommunistischen Welt auf der einen und der freien Welt auf der anderen Seite.

Frage: Könnte über Disengagement verhandelt werden?

Adenauer: Nein, es sei denn, daß das Disengagement – ich folge hier dem Wort de Gaulles – sich vom Atlantik bis zum Ural erstreckt[43].

Sprecher der am[erikanischen] Journalisten: Herr Bundeskanzler, wir danken sehr und wünschen Ihnen eine gute Reise.

Nr. 5
13. Dezember 1961: Informationsgespräch (Wortprotokoll)
StBKAH 02.25, mit ms. Vermerk »*Unkorrigiertes Manuskript*« und Paraphe »Z[ie]h[e]«

Teilnehmer: Charles Hargrove – Felix von Eckardt, Heinz Weber, Theodor-Paul Ziehe

Beginn: 16.40 Uhr[1] Ende: vor 17.35 Uhr[2]

Hargrove: Herr Bundeskanzler, darf ich fragen, was ist das Resultat Ihres Treffens mit de Gaulle in Paris?

Adenauer: Nun, Sie werden ja verstehen, daß ich, wenn ich mit Herrn de Gaulle ungefähr vier Stunden unter vier Augen sprach[3], nun nicht das dem Vertreter der »Times« mitteilen kann. Aber ich will Ihnen sagen, was mich hauptsächlich bewogen hat, nach Paris zu fahren und mit de Gaulle zu sprechen. Mir machte und macht jetzt wieder etwas Sorge, daß unter diesen drei Mächten doch eine Meinungsdifferenz ist, die beiden angelsächsischen Mächte auf der einen und Frankreich auf der anderen Seite. Frankreich und die Bundesrepublik sind kontinentaleuropäische Mächte, und es ist wünschenswert, daß in dem Viererkollegium keine Spaltung kommt. Ich sehe auch gar nicht ein, warum Spaltungen kommen sollen. Sehen Sie einmal, de Gaulles Ansicht war folgende: Eine Konferenz mit den Russen hat nur dann ein positives Ergebnis, wenn man mit einer gewissen Wahrscheinlichkeit annehmen kann, daß auch der andere – also Sowjetrußland – die Konferenz wünscht, um positive Ergebnisse zu erzielen. Ich meine, dagegen kann man nichts sagen; das gilt von jeder internationalen Konferenz. Dem Chruschtschow nachlaufen wegen einer Konferenz, wenn man vorher weiß, es kommt nichts dabei heraus, ist schädlich.

Diese Explorationen, oder wie Sie es nennen wollen, die zwischen Rusk und Gromyko gewesen sind[4], und die Besprechungen, die dann stattgefunden haben unter den Botschaftern[5], haben wenig Erfolg erzielt. Das war nach meiner Meinung fast – jetzt gehe ich vielleicht etwas zu weit! – verlorene Zeit. Ich halte es für nötig, daß, wenn irgendwie erfolgversprechend, eine Konferenz stattfindet, schon damit nicht in der Berliner Bevölkerung die Enttäuschung und die Mutlosigkeit weiter um sich greift – das ist für mich das Wichtigste. Die Berliner haben nicht vergessen, daß am 13. August nichts geschehen ist seitens der Besatzungsmächte, und der Besuch von Johnson hat nur einen vorübergehenden Eindruck gemacht. Darum halte ich es für sehr wünschenswert – um den

Berlinern wieder Mut zu machen –, daß eine Berlin-Konferenz stattfindet, die Erfolg hat. Wenn sie von vornherein zur Erfolglosigkeit verurteilt ist, würde sie die Berliner weiter deprimieren; dann ist es besser, nun mal weiter zu warten. Man muß also versuchen festzustellen, ob eine Konferenz, die man in naher Zeit zustande bringen möchte, Aussicht auf Erfolg hat.

Nun hat Chruschtschow jetzt gerade in diesen Tagen ja einen Donnerschlag nach dem andern gemacht. Das fing an mit Finnland[6], dann ging es weiter zu Österreich[7]; jetzt Dänemark[8], dann die Rede Chruschtschows vor dem Gewerkschaftskongreß[9]; dann die Rede des russischen Botschafters[10] in Washington im Nation[al] Press-Club; dann jetzt die Note betr[effend] Auslieferung des Generals Heusinger[11], 16 Jahre, nachdem der Krieg zu Ende ist. Das sind doch alles Donnerkeile, um den Westen zu schrecken und um die Spaltung des Westens weiter zu vertiefen.

Was de Gaulle angeht, so hat er ja diesen Standpunkt – es hat sonst gar keinen Zweck! – schon lange vertreten. Infolgedessen hat auch der französische Botschafter[12] in Washington an all den Besprechungen nur als Beobachter teilgenommen. Das, glaube ich, wird in Zukunft nicht mehr der Fall sein, sondern Frankreich wird sich bei den ganzen Beratungen, auch den internen, aktiv beteiligen. Und wenn das der Fall ist, dann ist das insofern ein Fortschritt, als damit einem Weiterfressen der Gegensätze innerhalb der Westalliierten nun in etwa ein Damm entgegengesetzt wird.

Wer soll nun jetzt erkunden, ob die Russen geneigt sind, an einer Konferenz teilzunehmen, die eine gewisse Aussicht auf Erfolg hat? Von Frankreich kann man das nicht verlangen, nachdem es bisher diesen Standpunkt eingenommen hat. England glaubt das, was es glauben will. Wir kommen nicht in Frage dafür – also muß es Amerika machen. Und das ist wohl auch das Ergebnis der Sitzung in der vergangenen Nacht der vier Außenminister[13].

Und jetzt ist die Sitzung des NATO-Rates[14]! Wissen Sie, die »Times« könnte sich ein großes Verdienst erwerben, wenn sie die Meinungsverschiedenheiten, die sicher da waren, die zum Teil auch jetzt noch vielleicht etwas vorhanden sind, nicht vergrößert, sondern verkleinerte. Da würden wir Ihnen alle dankbar dafür sein, wenn Sie dazu beitragen. Denn Chruschtschow lebt doch von der Hoffnung auf die Uneinigkeit des Westens, und gerade diese Serie, die jetzt gekommen ist – Finnland, Österreich, Dänemark, Deutschland (Heusinger), die Rede Chruschtschows, die Rede des Botschafters im National Press Club – zeigt doch, daß das eine gewollte Serie ist.

Hargrove: Herr Bundeskanzler, darf ich annehmen, daß – selbst bei Ihren Besprechungen mit Präsident de Gaulle und auch bei dem Außenministertreffen gestern in Paris – man diese Sondierungen weiterführen wird?
Adenauer: Das ist sehr wahrscheinlich.
Hargrove: Und mit Beteiligung Frankreichs?
Adenauer: Nicht gleich bei der Sondierung – bei der Beratung, bei der Wertung!
Hargrove: Wäre es übertrieben oder falsch ausgedrückt zu sagen: Bei Ihrem Besuch in Paris sind Sie vielleicht mehr zur Meinung Präsident de Gaulles übergegangen als er zu Ihrer Meinung?
Adenauer: Nein. Ich will Ihnen sagen, wie das gekommen ist. De Gaulle ist im Laufe der Besprechung mehr zu meiner Meinung übergegangen, und als wir am Schluß waren, da kam das Telegramm von der Rede Chruschtschows vor dem Gewerkschaftskongreß, und jetzt diese Sache Heusinger! Das zeigt mir doch auch vollkommen klar, daß Rußland bösen Willens ist. Ich meine, wenn ich so eine Atmosphäre schaffen will, wie das Sowjetrußland tut, für eine Konferenz, dann will ich doch eine schlechte Atmosphäre schaffen. Und infolgedessen stehe ich jetzt mehr auf dem Standpunkt: Vorsicht! Vorsichtig! –
Noch ein Wort: Sehen Sie, ich beobachte ja die russische Politik und insbesondere das, was Chruschtschow tut, sehr: Sie sind nie vor Überraschungen sicher!
Hargrove: Was ich nicht sehr gut verstanden habe, ist: Sind Sie bei Ihren Besprechungen mit Präsident Kennedy in Washington[15] zu der Meinung gekommen, daß man nur über Berlin sprechen sollte?
Adenauer: Ja, bin ich auch jetzt noch!
Hargrove: Das war für mich eine große Änderung in der bisherigen Politik!
Adenauer: Darf ich Ihnen das erklären: Die Note Chruschtschows ist ja vom November 1958[16]. Wenn Sie das Kräfteverhältnis zwischen Sowjetrußland und dem Westen im November 1958 ⟨mit⟩*a* dem heutigen militärischen Kräfteverhältnis vergleichen, dann hat sich das zugunsten Sowjetrußlands verschoben. Die Zeit arbeitet einstweilen für Rußland – seine Macht wird immer größer.
Nun hat man im Jahre [19]59 mit der Berlinfrage andere Fragen verknüpft mit dem Ergebnis, daß aus der ganzen Sache nichts geworden ist[17]. Seit [19]59 sind wieder zwei Jahre ins Land gegangen, und Rußland ist wiederum noch stärker geworden. Ich bin der Auffassung, wenn man die Berlinfrage mit anderen weltbewegenden Fragen verknüpft, dann

macht man es dem Russen viel leichter, die Sache hinauszuziehen und schließlich sie platzen zu lassen an irgendeiner Frage – das braucht nicht die Berlinfrage zu sein.
Nun war in diesem Jahr der 13. August, und dieser 13. August hat – das sagte ich ja eingangs – dem Vertrauen der Berliner auf den Westen einen starken Stoß gegeben. Die Berliner brauchen, um wieder Mut und Hoffnung zu bekommen, bald irgendeine Stabilisierung der Berlinfrage. Eine endlose Konferenz – sie würde zeitlich endlos sein, wenn Sie z. B. die Frage der deutschen Wiedervereinigung damit verknüpfen oder die Frage der kontrollierten Abrüstung – würde die Mutlosigkeit der Berliner nicht beseitigen. Andererseits: Das Verhältnis zwischen Sowjetrußland und den freien Ländern ist sehr schlecht geworden. Wenn man über Berlin allein verhandeln würde, und man käme da bald zu einer Verständigung, dann würde das einmal den Berlinern helfen, und es würde zweitens die Westmächte ermutigen, auf einer neuen Konferenz auch andere große Fragen mit Sowjetrußland zu verhandeln. Das ist der Grund, warum ich auch gesagt habe: eine Konferenz allein mit dem Thema Berlin. Das soll also einmal schnell den Berlinern helfen, und zweitens würde das ein Test sein, ob die Russen wirklich geneigt sind, in vernünftige Verhandlungen auch über andere Fragen einzutreten.
Hargrove: Herr Bundeskanzler, wäre es unrichtig zu sagen, daß es auf Ihrer Seite vielleicht auch gewisse Hemmungen gibt, eine Diskussion über solche Fragen wie Wiedervereinigung oder Verdünnung oder so etwas zu vermeiden, wenn man nur die Diskussion auf Berlin beschränken sollte?
Adenauer: Nein – ich will Ihnen sagen: Jeder, der realistisch denkt, sagt sich, daß es jahrelang dauern wird, ehe es zur Wiedervereinigung kommt, es sei denn, es würde sich plötzlich alles ändern. Das ist aber nicht wahrscheinlich.
Sehen Sie, ich bin durchaus der Überzeugung, daß eine definitive Lösung der Berlinfrage ohne die Wiedervereinigung nicht möglich ist. Denn dank der Klugheit derjenigen, die das auf Malta[18] beschlossen haben, liegt Berlin in einem kommunistischen Meer und die Landbrücke dahin, die man damals vielleicht bekommen hätte [sic!]. Denn vergessen Sie nicht, daß doch die Vereinigten Staaten den Russen einen großen Teil von Sachsen, Pommern, Mecklenburg und Thüringen übergeben haben für einen kleinen Teil von Berlin, den die Russen eroberten. Das war sehr großzügig. Das hat auch Winston Churchill gesagt, und Roosevelt[19].
Hargrove: Herr Bundeskanzler, wenn ich das anders formulieren darf: Was ich mit dieser Frage auch noch bezweckte, war folgendes: Ob eine

Einschränkung des Verhandlungsthemas ausschließlich auf Berlin nicht möglicherweise auch auf die Befürchtung zurückzuführen ist, daß, wenn überhaupt ein weiteres Thema besprochen wird, beispielsweise über die Wiedervereinigung, daß dann derart gefährliche Ideen vielleicht diskutiert und aufgegriffen würden, vielleicht auch vom Westen, wie beispielsweise Anerkennung in einer gewissen Hinsicht der Ostzone, eine Entfernung der Nuklearwaffen aus einem bestimmten Gebiet, so daß die Art und Weise, wie dem auch vorgebeugt werden soll, die war, indem das Thema nur auf Berlin beschränkt werden soll?

Adenauer: Nein, das war nicht. Die jetzige Mehrheit im Bundestag, die ja nun für vier Jahre gilt, die würde so etwas nicht machen; das ist ausgeschlossen. Und ich denke, daß diese Mehrheit auch die nächsten Bundestagswahlen gewinnen wird. Aber sehen Sie mal, die Welt war im Jahre 1959 anders als sie jetzt im Jahre 1961 ist, und was im Jahre [19]59 richtig war, ist bei dieser rapiden Entwicklung in der Welt [19]61 vielleicht nicht richtig.

Hargrove: Aber mit dem Prinzip sind Sie, Herr Bundeskanzler, einverstanden, daß es besser wäre, wenn man eine gewisse Absicht für erfolgreiche Besprechungen mit den Russen hätte?

Adenauer: Ja, sicher!

Hargrove: Diese Besprechungen durchzuführen...?

Adenauer: Wenn eine gewisse Aussicht auf Erfolg da ist – durchführen! Das ist übrigens auch die Ansicht von de Gaulle und die Ansicht von Kennedy. – Also, die Presse macht viel mehr Wesens aus Meinungsverschiedenheiten, als das wert ist. Das gilt aber nicht nur von der deutschen, das gilt von der gesamten Presse.

von Eckardt: Die französische – sehr stark heute morgen!

Adenauer: Welche französische Zeitung?

von Eckardt: »France Soir« und »Figaro« heute morgen[20]!

Hargrove: Und »Die Welt« von heute[21].

Adenauer: Ich bin objektiv genug zu sagen: Ich war am Samstag in Paris – heute ist Mittwoch –, und schon heute, schon gestern abend sah die außenpolitische Situation anders aus als in Paris am Samstag. Denn seitdem ist der neue Vorstoß gekommen, die Rede vor dem Gewerkschaftskongreß, die Rede des russischen Botschafters in Washington, und es ist das Verlangen auf Auslieferung Heusingers gekommen – das ist ja eine Unfreundlichkeit nach der andern!

Hargrove: Glauben Sie, Herr Bundeskanzler, daß diese Serie von Vorstößen auf Chruschtschows Seite nicht der Versuch ist, zu einer besseren Ausgangsposition zu gelangen?

Adenauer: Sie hat den Zweck, die Meinungsverschiedenheiten, die Uneinigkeit im Westen zu vergrößern.

Hargrove: Aber ich meine, wie kann man das vereinbaren mit dem Bericht von Herrn Kroll[22] – wie man in der Presse gelesen hat –, daß auf russischer Seite eine gewisse Absicht bestehe, eine Vereinbarung zu erreichen?

Adenauer: Nein – Herr Kroll hat das nicht gesagt. Herr Kroll hat gesagt – und darin stimme ich mit ihm überein –, daß der Russe keinen Krieg will, das ist auch meine Meinung. Aber je mehr er den Westen durcheinanderbringt, desto besser ist seine Position. Und die Leute im – ich will keine Namen nennen –, die machen sich nach meinem Empfinden alles unnötig schwer. Für mich ist die Sache ganz klar.

von Eckardt: In Paris war es furchtbar, wie schwer man es sich gemacht hat!

Adenauer: Ja, ich weiß gar nicht, warum. Das ist doch ganz klar, daß Chruschtschow jetzt diese Serie macht, um den Westen durcheinanderzubringen. Jetzt muß der Westen sich erst recht nicht durcheinanderbringen lassen und die Sache nicht so schwer nehmen.

Hargrove: Also, Herr Bundeskanzler, die Absicht für eine Ost-West-Verhandlung im Frühjahr ist jetzt vielleicht fast hoffnungslos.

Adenauer: Ich denke nicht daran, das zu sagen. Ich habe Ihnen gesagt, daß von Samstag bis heute sich das Klima verschlechtert hat. Es kann sein, daß er sich jetzt losgelassen hat und denkt, jetzt wollen wir mal wieder eine andere Flöte spielen. Sehen Sie, Chruschtschow ist ja ein unberechenbarer Mann, ein Choleriker, ganz unberechenbar. – Haben Sie übrigens über seinen Gesundheitszustand etwas gehört?

(*von Eckardt:* Es wird gemunkelt, es soll ihm schlecht gehen.)

Es war eine Meldung in der »Kölnischen Rundschau«: Auf diesem Gewerkschaftskongreß habe er einzelne Worte und einzelne Sätze gar nicht aussprechen können[23].

(*von Eckardt:* Es ist aber nicht gelungen, eine Bestätigung zu bekommen – im Moment!)

Das ist auch sehr schwer – eine Bestätigung!

Hargrove: Aber wie die Dinge jetzt stehen, ist die Aussicht nicht so gut?

Adenauer: Welche?

Hargrove: Für Ost-West-Verhandlungen!

Adenauer: Na warum? – Nun mal mit der Ruhe! – Je ruhiger die Westmächte sind und je einiger, desto eher wird die Konferenz stattfinden. Aber wenn sie alle wie die Hühner, wenn der Habicht über ihnen kreist, durcheinanderlaufen und gackern – aber das dürfen Sie auch nicht sagen –, desto mehr freut sich der Habicht!

Hargrove: Herr Bundeskanzler, hinsichtlich der Europapolitik: Es gibt jetzt zwei Probleme – das eine ist das Agrarproblem, das andere ist der politische Zusammenschluß, der von den Franzosen vorgeschlagen ist. Auf englischer Seite hat man gewisse Hemmungen gegenüber diesem französischen Projekt, weil man nicht verstehen kann, warum so früh – gleich in der Mitte dieser sehr komplizierten Besprechung zwischen England und den Sechs – diese Sache vorgeschlagen wird.

Adenauer: Also wann war die Besprechung hier in Bonn? Im Oktober?

von Eckardt: Im Spätsommer[24].

Adenauer: Mit den Sechs – da haben wir in Aussicht genommen, im späten Herbst zusammenzukommen. Nun haben die Franzosen einen Vorschlag gemacht[25], dem wir im allgemeinen zustimmen; die anderen auch – nur nicht Holland. Holland sagt: Nein, darüber darf man erst sprechen, wenn England dabei ist[26]. Wissen Sie, die Holländer sind ja englischer als die Engländer.

von Eckardt: Die Engländer sagen das nämlich gar nicht!

Adenauer: Die Holländer sind komische Leute. – Ich habe mit de Gaulle auch darüber gesprochen, und ich bin durchaus der Meinung, daß die nächste Zusammenkunft der Sechs im Januar/Februar [1962] – wahrscheinlich Februar – stattfinden soll[27]. Wir können nicht warten, bis Großbritannien nun diese ganzen Verhandlungen durchgestanden hat, sondern wir wünschen, daß Großbritannien die Verhandlungen beschleunigt, damit es möglichst bald dabei ist.

Hargrove: Aber Sie glauben, Herr Bundeskanzler, ehrlich, daß diese politische Beschleunigung nicht die Sache für Großbritannien erschweren kann?

Adenauer: Nein, das ist keine Beschleunigung. Im Gegenteil, wir sind rückständig dabei gegenüber unseren Beschlüssen im August. Aber Sie müssen nicht glauben, daß, wenn wir nun im Februar zusammenkommen, ein neues Kapitel der Weltgeschichte sofort beginnt. So schnell geht das nicht.

Hargrove: Aber im Prinzip wären Sie einverstanden mit diesem französischen Projekt?

Adenauer: Ja!

Hargrove: Ich habe gehört, daß man von deutscher Seite glaubt, daß es vielleicht nicht genug europäisch war – ich meine im ursprünglichen Sinn.

Adenauer: Ja, da ha[ben] auch Macmillan und de Gaulle geholfen, und in all diesen Sachen sage ich: Nun, dann machen wir es etwas langsamer. Es ist eine große und schwere Aufgabe, sie muß erfüllt werden. Sehen Sie, das habe ich bei allen europäischen Beratungen bei der Schaffung der Institutionen gesehen: Wenn man bei solchen Beratungen mal nach großen Mühen einen gewissen Punkt erreicht hat, dann geht der Rest sehr schnell. Deswegen darf man die Geduld da nicht verlieren, wenn man in erster Hälfte der Arbeit ist.

Hargrove: Ein anderes Thema: Ich glaube, daß Sie und der Verteidigungsminister [Franz Josef Strauß] sich sehr stark ausgedrückt haben über die Notwendigkeit, eine NATO-Macht herzustellen. Die Amerikaner haben gewisse Hemmungen demgegenüber, wenn man die Lage richtig versteht, oder jetzt zur Zeit wenigstens.

Adenauer: Also, eine NATO-Atommacht hat Norstad schon der Administration Eisenhower im Oktober des vergangenen Jahres vorgeschlagen[28]. Ich kannte sie, Stikker[29] kannte sie auch, und ich war durchaus dafür. Die Administration Eisenhower hatte vor der Wahl dieses heiße Eisen nicht anfassen wollen, weil ja dazu wahrscheinlich eine Änderung des amerikanischen Gesetzes nötig war. Jetzt ist Kennedy zehn oder sogar elf Monate im Amt; infolgedessen kann man die Sache wieder anpacken, und dieses Projekt von Norstad ist weder abgelehnt noch angenommen.

Hargrove: Wurde dieses Projekt von Ihnen mit Präsident Kennedy in Washington diskutiert?

Adenauer: Wir haben über Atomwaffenfragen gesprochen, aber dieses Projekt nur vorsichtig berührt[30].

Hargrove: Aber die Amerikaner scheinen davon jetzt nicht so begeistert zu sein?

Adenauer: Ich weiß es nicht – z.B. könnten sie die ja auch mit den Polaris-U-Booten[31] geben.

Hargrove: Herr Bundeskanzler, darf ich noch eine andere Frage stellen? – Man sagte, daß sich gewisse Schwierigkeiten ergeben würden bei den Auswirkungen dieses Vertrages zwischen Ihrer Partei und der FDP, und auch bei der Bildung des Koalitionsausschusses[32]?

Adenauer: Bisher haben sich keine Schwierigkeiten ergeben. Daß natürlich Schwierigkeiten kommen könnten, ist ganz klar. Die FDP war lange in der Opposition, und sie hat ja auch eine andere Wählerzusammensetzung als wir. Aber ich glaube, die FDP ist sich – von ganz wenigen Leuten abgesehen – ebenso klar wie wir darüber, daß ein Scheitern dieser Koalition den beiden Koalitionsparteien schweren Schaden zufügt. Das hält sehr gut zusammen!

Hargrove: Und Sie glauben, daß das von der FDP ebensogut realisiert wird?

Adenauer: Sicher – die ist auch davon überzeugt, die weiß das genau. – Ich weiß aber nicht, ob Sie gehört haben, was Herr Ollenhauer[33] im Bundestag gesagt hat.

(*Hargrove:* Nein – ich war in London.)

Sie haben nicht viel verloren. Aber er hat gesagt, nach seiner Überzeugung hätte eine Koalition zwischen SPD und FDP kommen müssen[34]. Wie Herr Ollenhauer auf so eine Idee kommt! –, so daß sich daraus ergibt: Es war richtig, daß wir diese Koalition gemacht haben.

Hargrove: Über die Europapolitik gibt es keinen bestimmten Unterschied zwischen den beiden Parteien?

Adenauer: Nein!

Hargrove: Ich habe den Eindruck: Die FDP ist ganz zur Meinung der CDU übergegangen.

Adenauer: Das darf man nicht sagen!

Hargrove: Aber wäre es nicht ein kleines bißchen wahr?

Adenauer: Sie beurteilen das schon richtig, nehme ich an. Aber man muß doch auch folgendes sehen: Wenn eine Partei in der Opposition ist, dann äußert sie manche Ansicht, um der Regierungspartei Schwierigkeiten zu machen, die sie aber nicht beibehält, wenn sie selbst in der Regierung ist.

Nr. 6
14. Dezember 1961: Kanzler – Tee (Wortprotokoll)
StBKAH 02.25, mit ms. Vermerk »*Unkorrigiertes Manuskript*«, »*Streng vertraulich!*« und Paraphe »Hi[lgendorf]«

Teilnehmer: Ludwig von Danwitz[1], Hugo Grüssen[2], Dr. Alfred Rapp[3], Georg Schröder[4], Dr. Max Schulze-Vorberg[5], Dr. Robert Strobel[6], Dr. Wolfgang Wagner[7], Hans Wendt[8] – Dr. Heinrich Barth, Felix von Eckardt, Fritz Hilgendorf, Werner Krueger[9]

Beginn: 12.05 Uhr[10]   Ende: 13.00 Uhr

Adenauer: Also, meine Herren, jeder ladet ab, was ihm am Herzen liegt. Da darf ich vielleicht mit einer Sache anfangen – ich weiß nicht, ob das der Presse schon bekanntgegeben worden ist –, daß es Bischof Bengsch[11] von der sowjetzonalen Regierung verboten worden ist, auf der Rom-Reise die Bundesrepublik zu berühren. Bischof Spülbeck[12] mußte über Prag fahren und durfte ebenfalls die Bundesrepublik nicht berühren. Bischof Bengsch hat sich mit seinem Vorgänger Kardinal Döpfner[13] in Salzburg treffen müssen. Sie ersehen daraus, daß die Sowjets uns gegenüber auf der ganzen Linie sehr feindlich sind, und ich glaube, es wäre gut, wenn Sie das auch mal bringen.

von Eckardt: Ich wußte das auch noch nicht.

Adenauer: Am Montag oder Dienstag dieser Woche ist in den Morgensendungen um 8 Uhr – ich habe es nicht selbst gehört – mitgeteilt worden, daß die tschechoslowakischen Bischöfe ein Schreiben losgelassen hätten, in dem sie gegen die Aufrüstung der B[undes]r[epublik] protestieren[14]. Sämtliche tschechischen Bischöfe sitzen im Gefängnis, und die tschechische Regierung hat nun sogenannte Kapitularvikare eingesetzt, die aber von der Katholischen Kirche nicht anerkannt werden[15]. Wenn solche Nachrichten kommen, muß man immer sehr vorsichtig sein, wie das anscheinend der Rundfunk hier nicht gewesen ist.
Dann, meine Herren, wissen Sie – die Außenministerkonferenz[16]! Ich weiß gar nicht, worüber die sich da so lange unterhalten. Ich spreche immer sehr offen, das dürfen Sie aber nicht so bringen. Aber ich weiß es wahrhaftig nicht. Sehen Sie mal: Alle wollen eine Konferenz über Berlin.

(*Strobel:* Auch Couve de Murville[17]?)
Ja selbstverständlich! Auch Frankreich! Die einzige Frage ist folgende, und darüber kann man sich meiner Ansicht nach unmöglich zwei Tage unterhalten: Ist jetzt der Zeitpunkt da, um auf diplomatischem Wege zu erkunden, ob eine solche Konferenz kommt mit einer Haltung, die die

Möglichkeit eines Übereinkommens nicht ausschließt? Es ist eine solche Selbstverständlichkeit, meine Herren, wenn feststeht, daß der andere Konferenzbesucher augenblicklich in der Laune oder in der Stimmung ist, gar nichts zu konzedieren, daß man dann besser nicht erst anfängt. Denn wenn eine Konferenz auseinanderkracht, dann ist es ja schlimmer als vorher. Dann würde die Entmutigung der Berliner – was mir besonders am Herzen liegt – wieder neue Nahrung bekommen, wie ich überhaupt als das Wichtigste bei dieser ganzen Berlinfrage und der Konferenz über Berlin betrachte, die Hoffnung der Berliner lebendig zu halten. In der vorigen Woche hat im Hause Verein Berliner Kaufleute eine Besprechung stattgefunden[18], über die Senator Klein[19] mir berichtet hat. Da haben die Herren erklärt: Was wir brauchen, ist nicht Geld, was wir brauchen, ist Hoffnung! Eine Berliner Konferenz, die fruchtlos auseinandergeht, ist natürlich wieder ein Druck, ein geistiger und seelischer Druck auf die Berliner. Daher glaube ich, daß wir, jeder, auf diese Weise oder auf jene Weise etwas tun müssen, um den Berlinern die Hoffnung zu erhalten.

Es hat ja auch früher schon in Berlin Krisen gegeben. Ich erinnere Sie an die damalige Blockade Berlins. Sicher, das liegt jetzt Jahre zurück, und damals hatte man vielleicht noch mehr Kraft und Hoffnung, daß das bald zu Ende gehe. Wenn Sie sich aber einmal zurückversetzen in die Zeit der Blockade Berlins – ich weiß nicht, ob einer von Ihnen damals in Berlin war, ich war da[20] –, als überhaupt keine Straßenbeleuchtung da war u. a., aber trotzdem Mut und Hoffnung da waren. Dabei sah damals die ganze Lage mindestens so schlecht aus wie sie jetzt aussieht. Wenn die Berlin-Konferenz nicht im Januar kommt, dann kommt sie vielleicht im Februar. Ich glaube, wenn man eine Frage mit Geduld und manchmal – ich spreche das Wort ruhig aus – mit gewolltem Optimismus betrachten kann, dann ist es die Berlinfrage in der gegenwärtigen Zeit.

Wie Sie wissen, war ich Samstag [9. Dezember 1961] bei de Gaulle[21]. Übrigens waren wir uns direkt einig. Gerade als ich abfuhr, kam die Depesche über die Rede, die Chruschtschow vor dem Gewerkschaftskongreß gehalten hat[22]. Das war nun wieder ein neuer Tiefschlag. Und was ist dann noch weiter passiert! Dann kam die Rede, die der russische Botschafter in Washington gehalten hat, dann kam die Attacke gegen Dänemark, die Attacke gegen Österreich, und zu guter Letzt kam die Note an die US, General Heusinger auszuliefern. Eine Unverschämtheit ersten Ranges! Sie hatten ja schon lange Zeit dazu, wenn sie die Note an Amerika richten wollten; Herr Heusinger ist jetzt über ein Jahr da.

Das alles zeigt, daß da ganz offenbar im Augenblick für den Westen sehr

schlechtes Wetter herrscht für unsere Arbeit und Hoffnung bezüglich Berlin. Aber das muß man nun mal in Geduld abwarten. Ich wiederhole nochmals: Was im Januar nicht ist, das ist vielleicht im Februar, es kann auch März werden. Nur nicht so überpessimistisch!
Damit komme ich auf ein Thema, das mir sehr am Herzen liegt: der pessimistische Ton unserer Zeitungen. Ich nehme gar keine Zeitung aus. Im Durchschnitt schreiben unsere Zeitungen doch immer sehr pessimistisch. Ich weiß nicht, wie Herr von Eckardt das beurteilt; es würde mich sehr interessieren, das einmal von Ihnen zu hören.
von Eckardt: Paris ist ein sehr deutliches Beispiel dafür. Wenn man die Dinge genau betrachtet, ist es ja so, daß es in Paris, wenn man es hart ausdrücken will, sehr kontrovers ist in Fragen, die die Basis der Allianz und den Zusammenhalt und das alles gar nicht berühren. Das ist doch eine Frage der Prozedur. Aber darin stimme ich mit Ihnen überein, Herr Bundeskanzler, ich weiß auch nicht, wie man so lange über eine Sache reden kann. Es gibt solche Sachen, die eigentlich schwerwiegender sind. Aber es gibt eine Tendenz, einen alten Spruch, so möchte man sagen: Schlechte Nachrichten sind die besten Nachrichten für die Presse. Wenn es etwas Günstiges zu berichten gibt, wird das von den Leuten wenig beachtet.
Schröder: Ich möchte trotzdem protestieren. Ich will nicht sagen, die Presse, aber die Leute bei uns in Deutschland, unsere Leser, warten doch darauf, daß wir ihnen etwas Konkretes, Positives, Gutes sagen können. Meine Kollegen werden es bestätigen, daß wir lieber positive Schlagzeilen machen, daß wir in dem und dem Punkt weitergekommen sind, daß die Politik der Einigkeit des Westens zu Erfolgen geführt hat, daß wir mit unserer Politik weiterkommen. Aber wir suchen uns ja die Meldungen nicht aus!
Adenauer: Erlauben Sie mal, lieber Herr Schröder, ich sprach nicht von der »Welt«...
Schröder: Aber in diesem Falle werden Sie erlauben, daß ich davon spreche, wie wir es in der »Welt« halten.
Adenauer: Sie wissen, daß ich neulich bei Kennedy war[23]. Kennedy hat sich bei mir beschwert über die Haltung eines Teiles unserer Presse; das war mir noch nie irgendwo passiert.
Schröder: Wie oft müßten wir uns über die Haltung der amerikanischen Presse beschweren.
Schulze-Vorberg: Das muß nicht unbedingt negativ sein!
Adenauer: Doch, das ist sogar dumm, denn wir sind von Amerika und anderen Ländern ja außerordentlich abhängig. Aber wir Deutschen bil-

den uns ein, wir wären schon wieder ganz hoch oben. Sind wir ja gar nicht! Das ist eben das Fehlurteil, das spüre ich immer wieder, meine Herren. Man behandelt mich sehr gut, das möchte ich Ihnen sagen, auch Kennedy hat mich ganz hervorragend behandelt. Aber Sie müssen nicht glauben, daß das deutsche Volk als solches beliebt wäre. Da denkt kein Mensch dran. Dieser Eichmann-Prozeß[24] hat uns ganz gewaltig geschadet, auch wenn es die Menschen nicht so hinausschreien.

von Danwitz: Ist das nicht der Grund für einen gewissen pessimistischen Unterton, daß wir das eben wissen und daß wir deshalb in Sorge sind, daß es letzten Endes, wenn es ganz hart auf hart geht, überhaupt nicht die deutschen Interessen sind, die die Weltpolitik entscheiden?
Ich war jetzt in Paris. Eins, was ich da empfunden habe, war: Ich glaube, daß unsere deutschen Interessen nur als deutsche Interessen in der Welt erscheinen, wenn es nicht doch diese europäische Lösung gibt, so daß deutsche Probleme europäische Probleme werden, und dann kann man nicht den Eindruck haben, daß auch unsere Verbündeten bis zum letzten zu unseren Fragen stehen werden. Ist das nicht auch zum Teil die Sorge General de Gaulles?

Adenauer: Meine Herren, ich habe hier diese negative Haltung einmal zur Sprache gebracht. Den Zug zum Negativen in der deutschen Presse finde ich immer wieder, für den Herr von Eckardt eine sehr einfache Erklärung gab. Er hat gesagt, eine negative Nachricht verkauft sich besser als eine positive.

Grüssen: Aber das ist etwas zu einfach. Ich glaube, Herr von Eckardt wird mir in dem einen Punkte zustimmen, daß es doch in den Redaktionen heute Sorgen gibt, die nicht von der Gier nach Nachrichten, sondern von der Angst bestimmt werden vor dem, was auf uns zukommt.

von Eckardt: Ich darf etwas hinzufügen. Ich habe schließlich ein bißchen Erfahrung darin, was man alles gefragt wird. Ich habe vielfach die Erfahrung gemacht, daß, wenn eine Sache sehr gut geht, ich den ganzen Tag bestürmt werde – in Paris oder wo es gerade ist – von den Journalisten, die sagen, es kann doch nicht sein, daß alles gutgeht, irgendwo muß doch ein Ärger stecken. Und dann wird gebohrt und gesucht – ich übertreibe ein wenig –, bis man schließlich doch einen Punkt gefunden hat, der kontrovers ist, und dann eilt man beschwingt ans Telefon und sagt in der Redaktion Bescheid, denn es kann ja nicht sein, daß alles gut geht, irgendwo muß eben ein Ärger stecken.

von Danwitz: Das ist aber nicht die Erklärung für die jetzige Situation.
von Eckardt: Daß wir alle Sorgen haben, kann man nicht bestreiten.
Adenauer: Daß das Jahr 1962 nicht unter guten Vorzeichen anfängt,

weder politisch noch wirtschaftlich, darüber sind wir uns wohl einig. Aber wenn jetzt noch schwierigere Zeiten kommen, dann meine ich, man braucht die Schwierigkeiten und man soll sie nicht verkleinern, aber wenn ein Lichtblick da ist, soll man ihm auch mal eine Schlagzeile gönnen. Denn wir kommen ja doch nur weiter, und das ist jetzt das akuteste Problem, und wir bewahren die Berliner vor der inneren Auszehrung nur dann, wenn sie Hoffnung haben.

Wagner: Es ist das eine zweischneidige Sache. Ich darf vielleicht etwas erzählen, was mir selbst passiert ist in diesem Sommer. Nach der Außenministersitzung im August[25] ist uns eine sehr optimistische Schilderung gegeben worden, daß man sich ja einig geworden sei über Gegenmaßnahmen des Westens gegen alles, was die Sowjets im Zusammenhang mit Berlin tun könnten. Ich habe darüber geschrieben und dieses optimistische Bild wiedergegeben. Dann kam der 13. August und die folgenden Ereignisse, und alle Leute, für die ich geschrieben habe, haben mir gesagt: Was haben Sie uns da bloß erzählt! Der Schock ist dann um so größer.

Adenauer: Ich gebe zu, daß das natürlich entmutigend sein kann, das verstehe ich.

Strobel: Es könnte ja ruhig gesagt werden, wir sollten die Dinge ruhig anschauen. Aber die Furcht, wir könnten wieder durch eine Art 13. August überrumpelt werden, könnte die psychologischen Vorbereitungen zu Handlungen bis dahin trüben. Das ist das, was man in Gesprächen mit den Redaktionen hört.

Rapp: Was für Handlungen?

Adenauer: Darauf wollte ich gerade etwas sagen. Ein Staatchef – ich nenne den Namen nicht – hat mir jetzt gesagt: Wenn wir am 13. August dem Verlangen nachgegeben hätten zu handeln, dann wäre Berlin jetzt russisch[26]. Ich wollte Ihnen das nur so wiedergeben, wie er es mir gesagt hat. Seien Sie sich bitte über eines klar – jetzt spreche ich negativ –: Wenn Sie die Anzahl der russischen Divisionen, die in der Zone, in den Satellitenstaaten, die daran anstoßen, und in den westlichsten Teilen Sowjetrußlands stehen, von wo sie im Verlauf von 8 bis 10 Tagen nach Berlin geschafft werden könnten, betrachten, so ist sie ganz überwältigend. Wenn Sie die russischen Divisionen vergleichen mit denen der NATO, so sind die russischen der Kopfzahl nach kleiner als die NATO-Divisionen, aber sie sind in der Bewaffnung noch viel stärker. Die russischen Divisionen haben viel mehr Panzer als die NATO-Divisionen. Sie können alle Panzer der NATO zusammenfahren, die jetzt da oben rumstehen, dann sieht es noch immer verdammt schlecht aus.

Aber soll man nun vor diesem düsteren Hintergrund – und es ist wirklich ein düsterer Hintergrund, das leugne ich gar nicht vor Ihnen – [...]. Ich gebe zu, die Außenminister haben es mitgemacht, diese Kleinigkeit der Meinungsverschiedenheit, von der Herr von Eckardt gesprochen hat, d. h., die Frage, ob man jetzt eruieren soll, ob die Russen trotz alledem, was vorgekommen ist, doch Zeichen von sich geben, daß sie vernünftig über Berlin verhandeln wollen, während Frankreich sagt: Es hat gar keinen Zweck, Ihr seht, daß die jetzt nicht vernünftig verhandeln wollen; das ist die Meinungsverschiedenheit, und darüber wird in Paris 1 1/2 Tage geredet, und darüber regt man sich auf. Dabei ist es wirklich nur die eine Frage: Soll man das im Dezember machen, im Januar oder im Februar? Daß es gemacht werden muß, darüber sind sich alle einig.

Schulze-Vorberg: Dann kann man Herrn Kroll und seiner zugegeben unorthodoxen Methode manches abbitten?

Adenauer: Wir wollen hier jetzt keine Parallelen zu Kroll ziehen: Kroll ist vielleicht doch ein bißchen zu heftig da vorgegangen[27].
Die Herren haben recht mit dem, was sie eben sagten. Ich gebe auch ohne weiteres zu, daß die Diplomatie des Westens, wie Sie sie zeigten [...] – wenn dafür in tiefer Nacht ein Telefongespräch zwischen de Gaulle und Kennedy nötig ist[28], dann, meine Herren, kann man nur die Hände zum Himmel emporrecken. Im Grunde genommen besteht in den entscheidenden Fragen überhaupt kein Gegensatz.

Strobel: Auch in den militärischen Fragen nicht?

Adenauer: Nein.

von Eckardt: Wenn ich noch etwas hinzufügen darf: Wenn man aus Paris kommt, hat man eher den Eindruck, daß diese gewisse Differenz mit Herrn de Gaulle auch sein Gutes hat. Denn die Gesamteinstellung der Vier, einschließlich uns, ist durch dieses Bremsen und die etwas harte Haltung von de Gaulle eher etwas nach der härteren Richtung hingedreht worden, die uns ganz recht sein kann. Die Gesamtsituation ist gar nicht schlecht, und die Grundsätze der Allianz sind überhaupt nicht berührt worden durch diese Frage. Das wird auch von keinem Menschen behauptet im Sitzungssaal; aber sie rennen sich da fest.

Wagner: Darf ich einmal dieses Wort »Hoffnung« aufgreifen, das Sie vorhin ausgesprochen haben, Herr Bundeskanzler. Haben Sie denn die Hoffnung, daß man, wenn es einmal zu Verhandlungen mit den Russen kommt, wirklich auch eine neue Lösung für Berlin findet?

Adenauer: Die muß gefunden werden.
Ich glaube, ich muß Ihnen auch mal erklären, warum ich dafür bin, daß im Gegensatz zu den Verhandlungen im Jahre 1959[29] die Berlinfrage gesondert behandelt wird.

Sie wissen, daß man damals auf dem Standpunkt stand, auch von unserer Seite, man sollte die Berlinfrage nur im Zusammenhang mit der Wiedervereinigungsfrage behandeln.

Zunächst ist das Rußland des Jahres 1962 viel stärker als das Rußland des Jahres 1958 und auch des Jahres 1959. Der Unterschied in der militärischen Leistung zwischen Ost und West ist geringer geworden seit jener Zeit.

Zweitens hat sich nun doch herausgestellt, daß die Wiedervereinigung Deutschlands eine Frage ist – ich habe das, vielleicht erinnern Sie sich dessen, immer gesagt –, die erst akut wird, wenn wirklich eine kontrollierte Abrüstung effektiv in Gang gesetzt wird; vorher wird sie keinesfalls kommen.

Drittens: Durch das Setzen dieser Mauer am 13. August sind die Berliner zutiefst erschüttert worden, mit Recht, und die Hoffnung der Berliner und das Vertrauen in die Zukunft muß gehalten werden, das kann man nicht durch Geld ersetzen, das kann man durch nichts ersetzen. Die Berliner müssen diese Hoffnung behalten.

Wenn man nun jetzt wie im Jahre 1959 sagte, die Frage Berlin kann nur im Zusammenhang mit der Frage der Wiedervereinigung erörtert werden, dann würde wahrscheinlich gar keine Konferenz zustande kommen, oder wenn eine mit den Russen zustande käme, würde sie jetzt ganz sicher eines Tages zerplatzen, nach einem halben Jahr, oder wie lange es dauert. Daher halte ich es für so notwendig, daß die Frage Berlin möglichst bald und möglichst für sich behandelt wird, damit bald eine Entscheidung getroffen werden kann, die den Berlinern innerlich helfen soll. Gleichzeitig würde eine im großen erfolgreiche Berlin-Konferenz auch alle ermutigen, sowohl den Westen wie den Osten, nun die anderen großen Fragen auch in Angriff zu nehmen.

Das ist der Grund, warum ich es nicht wie im August 1959 für richtig halte, die Berlinfrage nur zusammen mit der Wiedervereinigungsfrage zu erörtern. Daß es sich dabei um eine relativ provisorische Lösung handelt, das ist ganz klar. Daß die Berlinfrage definitiv nur geregelt werden kann, wenn die Frage der Wiedervereinigung positiv gelöst wird oder gelöst ist, das ist ganz klar. Aber bei der Frage Berlin handelt es sich jetzt darum, den Berlinern mal wieder für zehn Jahre, wenn möglich, eine Hoffnung zu schaffen, damit die Stadt innerlich lebendig bleibt.

Strobel: Nun haben sich aber die Russen mit dieser Mauer so viel vorweggenommen, daß unser Verhandlungsspielraum sehr klein geworden ist.

Adenauer: Durch die Mauer haben sie an dem Verhandlungsspielraum

nicht sehr viel weggenommen. Sie haben da auch wieder gegen den Vertrag gehandelt, den sie mit den Alliierten haben. Es handelt sich im wesentlichen um folgenden Komplex – Herr Rusk hat das gestern in Paris gesagt[30]:
Erstens: Bleibt es beim Besatzungsrecht? Der Russe will das Besatzungsrecht weg haben, die drei andern nicht. Unseren Standpunkt kennen Sie. Zweitens: Politische Verbindung zwischen Berlin und der B[undes]r[epublik]. Da, meine Herren – bitte, weisen Sie in diesem Augenblick nicht darauf hin –, stehen ja alle gegen uns. Sie wissen, daß im Grundgesetz Berlin angeführt wird als zu uns gehörig, und Sie wissen, daß wir damals noch unter Besatzungsrecht standen. Das Grundgesetz mußte von den drei Besatzungsmächten genehmigt werden, und sie haben es genehmigt, aber nicht den Passus über Berlin. Das ist also eine sehr schwierige Situation für uns Deutsche. Das sind die Punkte, die wahrscheinlich die Hauptrolle spielen, wenn es zu einer Berlin-Konferenz kommt oder sobald es zu einer Berlin-Konferenz kommt.

von Danwitz: Welchen Grund soll eigentlich Chruschtschow in diesem Augenblick haben, sich auf eine Vereinbarung über Berlin einzulassen, die die Berliner ermutigen könnte?

Adenauer: Welchen Grund er haben soll? Ich bin zunächst überzeugt, daß er keinen Krieg will, nicht weil er von Hause aus ein friedlicher Mensch wäre, sondern weil Sowjetrußland aus wirtschaftlichem Interesse keinen Krieg brauchen kann, auch aus innenpolitischen Gründen nicht. Also er will keinen Krieg, und Chruschtschow muß, wenn er halbwegs bei Verstand ist – und das ist er schon –, auch auf einen Modus vivendi mit dem Westen hinaus. Ich sage ausdrücklich Modus vivendi, er nennt es Koexistenz. Das ist ja der Unterschied gegen die frühere amerikanische Haltung: Bei Dulles[31] existierte das Wort Koexistenz nicht, während jetzt die amerikanische Administration zu einer wirklichen Koexistenz bereit ist, d. h., daß der eine dem andern nicht das Wasser unter den Füßen wegholt, sondern daß wirklich dann eine friedliche Koexistenz ist. Das braucht auch Chruschtschow, und deswegen ist die Berlinfrage auch für Sowjetrußland, auch für Chruschtschow, eine Frage, die er gern geregelt sehen möchte.

Strobel: Er könnte sich aber bessere Verhandlungen von seinem Standpunkt aus vorstellen. Sie sagten vorhin selbst, wenn die amerikanischen Panzer diesen widerrechtlichen Drahtverhau am 13. August weggeräumt hätten, wäre Berlin jetzt russisch.

von Eckardt: Das hat nicht der Herr Bundeskanzler gesagt, er hat jemand anders zitiert.

Adenauer: Das hat ein Staatschef gesagt.

Rapp: Das ist natürlich mit Risiken verknüpft, und auf friedliche Art weniger zu bekommen, ist dann immer noch angenehmer.

von Eckardt: Das Risiko ist doch für Herrn Chruschtschow auch enorm groß, das weiß er auch.

Adenauer: Er hat ja gesagt, in einem Kriege wird Westeuropa weggeputzt werden, die Hälfte von Rußland und die Hälfte von Amerika und auch die Hälfte von China.

Schröder: Er hat natürlich die Möglichkeit, diese Krise jahrelang fortzuführen. Er ist ja in einer ganz anderen Lage als wir. Bei der geographischen Lage Berlins sind wir geradezu gezwungen, zu irgend etwas zu kommen, während er sich ausrechnet, das würde politisch für ihn viel wertvoller, wenn er es nicht regelt, es nicht nimmt, keinen Krieg macht und nicht einmal in der Salamitaktik so weit geht, daß es zu einer Verwicklung kommt. Aber er kann uns über 10, 15 Jahre hinweg damit hinhalten und belasten, während sich die westlichen Außenminister dauernd streiten, ob wir gewillt sind, die Tochter des Zaren zu heiraten, obwohl wir gar nicht wissen, ob der Zar die Tochter geben will, obwohl darüber angeblich die ganzen Gespräche schon erfolgt sind. Die Nerven melden sich, nicht nur in Berlin und in der B[undes]r[epublik], sondern auch in Frankreich, in England und in den USA, wenn Chruschtschow das zwei, drei Jahre weiterführt.

Darf ich mir eine Frage erlauben, Herr Bundeskanzler: Sie meinten, es ginge praktisch darum, daß die Herren Außenminister sich darüber einigen sollen, ob man exploratorische Gespräche in Moskau führen wolle?

Adenauer: Ich weiß nicht, ob Sie das Telegramm schon haben, das ist heute nacht aus Paris eingegangen[32]. Die Viermächte-Außenministerkonferenz in Paris am 11. und 12. Dezember hat nach langen und mühevollen Verhandlungen schließlich zu einer Übereinstimmung insoweit geführt, als alle vier Partner im NATO-Rat einen Vorschlag machen werden, demzufolge diplomatische Kontakte mit der S[owjet]u[nion] mit dem Ziel aufgenommen werden sollen, festzustellen, ob möglicherweise eine Grundlage für Verhandlungen gefunden werden kann. Die Franzosen sträuben sich gegen irgendeine Erklärung, die von den Sowjets als Verhandlungsangebot interpretiert werden würde. Sie vertreten den Standpunkt, daß die sowjetische Haltung weiterhin drohend sei und keinerlei Kompromißbereitschaft erkennen lasse. Das ergäbe sich insbesondere aus den jüngsten Reden von Chruschtschow und Menschikow. Verhandlungen in einem solchen Zeitpunkt würden entweder ergebnislos abgebrochen werden müssen oder zu schwer vertretbaren Kompro-

missen führen. Durch solche Kompromisse würde nicht nur die Stellung Berlins, sondern damit [auch die] der Bundesrepublik, Europas und des ganzen freien Westens in Mitleidenschaft gezogen.
Die Amerikaner und die Briten betonen ebenfalls, wie auch wir – das sind die Deutschen –, daß man in der gegenwärtigen Lage einen Versuch machen müsse, um festzustellen, ob es eine Basis für Verhandlungen gebe, auch wenn man sich hinsichtlich der Chancen solcher Verhandlungen keine Illusionen machen kann. Rusk sprach sich wegen der außerordentlich ernsten politischen und militärischen Situation sehr entschieden für Verhandlungen aus. Das amerikanische Volk verlange, daß alles versucht werde, bevor ein Konflikt, dessen Risiko die Amerikaner bewußt auf sich nähmen, ausbräche. Die amerikanische Regierung sehe nur eine sehr geringe Chance, auf dem Verhandlungswege eine Lösung zu finden. Sie werde auch keine Konzessionen machen, die mit den ... westlichen Zielen und Interessen unvereinbar seien. Die Briten unterstützen die Amerikaner. Sie sehen von allen vier Partnern wohl die relativ größte Chance zu einer Verständigung mit der Sowjetunion.
Ich kann mir nicht helfen, wenn man das so bekommt – dafür kreißen die Berge, und geboren wird eine lächerliche Maus! Schreiben Sie das aber bitte auch nicht!
Schröder: Aber dafür ist das alles geheim, was Sie uns da vorgelesen haben, und darüber wird seit einem halben Jahr geredet!
Adenauer: Das ist streng geheim!
(Allgemeine Heiterkeit)
von Eckardt: Wenn ich etwas erzählen darf – unter Diskretion! –, was die Lage eigentlich ganz klar macht.
(*Adenauer:* Streng geheim!)
Es war eine private Unterhaltung mit Herrn Rusk[33]. Ich habe ihn gefragt: Was ist nun eigentlich los? Er sagte: Die Sache ist anders. In der Beurteilung der politischen Lage mit der schlechten Bereitschaft der Russen, jetzt etwas Vernünftiges zu tun, hat Herr de Gaulle vollkommen recht; das ist auch unsere Überzeugung. Aber, so sagte er, es gibt einen Unterschied. Unser Präsident – es war, wie gesagt, eine ganz private Unterhaltung – ist der Mann, der dann, wenn die Sache ganz hart kommt, auf diesen Knopf drücken muß, die anderen alle nicht, er allein muß es tun. Jetzt möchte er noch einen Versuch in Moskau machen, und jetzt sagen die anderen, obwohl er der Mann ist, der letztlich die Verantwortung für eine große Katastrophe trägt, er darf es nicht. Das ist das ganze Gespräch: Er soll es nicht.
Adenauer: Erlauben Sie, wenn nun diese Explorationen in Moskau

ergeben, daß die Russen sagen: Jetzt eine Konferenz? Wir denken gar nicht daran! – Wird dann auf den Knopf gedrückt?
von Eckardt: Nein, es wird sicher nicht der Krieg ausgelöst werden. Auch nach dem, was ich von Herrn Kennedy gehört habe, heißt es, wir müssen es darauf ankommen lassen, was die Russen tun; wir werden dann mit äußerster Härte reagieren.
Schröder: Das ist doch schon zehnmal gesagt und angekündigt worden!
Adenauer: Nicht so schnell! Da ist auch Rusk zu schnell gewesen. Ich bin der Auffassung, das amerikanische Volk muß überzeugt davon sein, daß das, was wir tun, unvermeidlich ist. Ich glaube nicht, daß eine exploratorische Erkundung des Wetters in Moskau, die schlechtes Wetter anzeigt, so daß man jetzt noch keine Konferenz abhält, das amerikanische Volk davon überzeugt, daß der Krieg unvermeidlich ist. Das kann doch erst dann kommen, wenn wirklich eine Konferenz gewesen ist, die gezeigt hat, daß es so nicht geht, und dann werden die Russen wieder weitere Geschichten machen.
(Zuruf)
Also, meine Herren, lassen wir uns hier nicht als große Diplomaten vorkommen, ich bitte Sie darum.
Schröder: Jetzt frage ich ganz undiplomatisch: Ich war über eine Bemerkung überrascht. Sie sagten, bei Ihrem Besuch bei General de Gaulle waren Sie sich einig, daß Sie für eine Konferenz sind, für Verhandlungen. Wie kann man sich aber einigen, wenn de Gaulle sagt, er will nicht? Deswegen bin ich ein wenig überrascht.
Adenauer: Es ist aber ein Irrtum!
Schröder: Aha!
Adenauer: Ich will Ihnen sagen, zum Schluß standen wir auf dem Standpunkt, eine Konferenz ist nötig, ist bald nötig, sobald wie möglich. Aber es soll vorher festgestellt werden, ob das Wetter nun entsprechend ist. Dann kam also die Rede Chruschtschows vor dem Gewerkschaftskongreß, es kam die Rede in Washington, und dann kam die Attacke auf Dänemark, es kam die Sache mit Heusinger, und das genügte mir für die Feststellung, daß einstweilen das Wetter dafür schlecht ist.
Schröder: Das Wetter ist wohl nicht unbedingt gut!
von Eckardt: Es kann sich aber ändern.
Adenauer: Natürlich kann sich das ändern.
Schröder: Ich hatte gestern einen Besucher, den engsten Mitarbeiter von Herrn Monnet[34], aber nicht Franzose, Holländer[35]. Der fragte mich nach diesem sich ergebenden Spiel, auf der einen Seite Herr de Gaulle,

der sehr hart und skeptisch sei, auf der anderen Seite Sie als der Mann, der ja längst vor dem Besuch in Washington immer gesagt hat: Wir müssen zu Verhandlungen kommen. Ich habe ihm gesagt: Ich kann mir nicht gut denken, daß die beiden großen Herren das geradezu verabredet haben; aber wenn man Taktik verabreden wollte, könnte sie zur Zeit gar nicht besser sein. Das war aber eine private Auslegung von mir.

Adenauer: Sehen Sie, Herr Schröder, die Taktik Chruschtschows ist wirklich gut. Was hat der Mann alles gemacht, um wieder Uneinigkeit im Westen hervorzurufen oder die vorhandene Uneinigkeit weiter bestehenzulassen! Die ganzen Sachen, die ich eben aufgezählt habe, und vorher liegen auch noch einige Sachen! Und jetzt streitet man sich im Westen darüber: Ist gutes Wetter, oder ist nicht gutes Wetter? Auch gutes Wetter für eine exploratorische Feststellung? Das hat Herr Chruschtschow glänzend fertiggekriegt. Ich muß Ihnen sagen: Diese Forderung, Heusinger auszuliefern, ist eine Unverschämtheit, ist wirklich eine Unverschämtheit.

Schröder: Herr Bundeskanzler, was Sie eben sagten, daß Chruschtschows Taktik in der von Ihnen skizzierten Richtung geht, läßt doch ganz klar darauf schließen, daß zunächst mindestens der Verdacht besteht, daß er daran interessiert ist, die Berlinkrise möglichst lange hinzuziehen, oder?

Adenauer: Ich weiß nicht, ob Sie das Schlußkommuniqué nach meinem Besuch bei de Gaulle genau gelesen haben, auch den Satz, der etwa so lautet: Die Einigkeit...[36].

von Eckardt: Die Solidarität der Allianz.

Adenauer: Es war der entscheidende Satz des Ganzen und das Ergebnis der Aussprache zwischen de Gaulle und mir, die sich nicht auf die Berlinfrage beschränkt hat, sondern sich auch auf europäische Fragen, auf landwirtschaftliche Fragen erstreckt hat. Übrigens, die Verhandlungen in Brüssel scheinen gut voranzugehen. Das wäre auch eine große Sorge weniger. Im Augenblick sieht es so aus, und jetzt sollte man wirklich an den Tisch klopfen, damit nichts passiert, damit am 19. Dezember die Sache – die Landwirtschaft – zustande kommt[37]. Das wäre eine politische Sache von sehr großer Bedeutung.

von Eckardt: Das sind die positiven Dinge.

Adenauer: Vor dem Lauf der Landwirtschaftsverhandlungen habe ich ehrlich Sorge gehabt, und es geht nun viel besser, als ich gefürchtet habe. Da kann ich Ihnen auch noch ein geheimes Telegramm vorlesen.

(*Zuruf:* Nein, nur »streng geheim« oder »ganz besonders streng geheim«.)

Es gibt da verschiedene Stufen.

Rapp: Die höchste Stufe ist nicht einmal für den Herrn Bundeskanzler!

von Eckardt: Ich habe die höchste Stufe der Geheimhaltung so bezeichnet: Vor der Kenntnisnahme zu vernichten.

Adenauer: Über Brüssel also nicht voreilig gackern, bevor die Eier wirklich gelegt sind. Es scheint über Erwarten gut zu gehen, daß im beiderseitigen Einvernehmen die Sache zustande kommt.

Wagner: Können Sie uns etwas Näheres sagen über diese Verhaftungen in den letzten Tagen[38].

Adenauer: Ich kann Ihnen nur sagen, daß sie mir Sorge machen, daß sie mich sehr sorgen. Als ich vor zwei bis drei Wochen die Meldung von der Verhaftung dieses Obersten bekam, habe ich gebeten, einmal aufzuklären, wie es denn möglich gewesen ist, daß die Verbindungen dieses Mannes mit verdächtigen Leuten nicht früher wahrgenommen worden sind. Auf den Bericht warte ich noch.

von Eckardt: Es muß ja unheimlich sein, was der östliche Dienst einschleust und macht. Man hat immer das Gefühl, daß die Verhaftungen schließlich nicht das Bedenkliche sind, sondern man fragt sich, wer nun nicht verhaftet wurde, was alles rumläuft, was man nicht kriegt.

Adenauer: Jetzt sind Sie noch negativer als die Herren, die über die Verhaftungen berichten!

Schulze-Vorberg: Wenn die deutsche Presse so negativ berichtet wie Sie meinen, würden Sie sagen, daß die Regierungserklärung[39] insbesondere im außenpolitischen Teil optimistischer ist als die deutsche Presse? Ich würde sagen, das deckt sich doch irgendwie.

Adenauer: Ja und nein. Sehen Sie mal, ich weiß nun nicht, ob die deutsche Presse schon in der Lage war, über die Verhandlungen in Brüssel etwas zu bringen.

von Eckardt: Wenig. Es ist wenig herausgekommen.

Adenauer: Aber wenn das rauskommt, dann wäre es doch sehr gut, wenn gegenüber den Schwierigkeiten vom Osten her hier die Fortschritte in Europa, auch unter dem politischen Gesichtspunkt, einmal sehr stark herausgestellt würden. Heute morgen war Herr Hallstein bei mir[40], und ich habe mit ihm ein längeres Gespräch darüber gehabt. Wenn es uns jetzt gelingt, zunächst unter den Sechs – England kommt später – die gesamte Wirtschaft so eng miteinander zu verknüpfen, dann ist das der denkbar beste Untergrund für einen politischen Aufbau, und dann kann Europa erst wieder wirklich auch in den Fragen der großen Politik ein Wort mitsprechen.

von Danwitz: Darüber haben Sie ja auch mit Präsident de Gaulle gesprochen. Ist schon vorgesehen, daß im kommenden Jahr Verträge gemacht werden in Richtung Konföderation?

Adenauer: Als ich mich noch als Student mit Völkerrecht abgab[41], da war Föderation ein Staatenbund und Konföderation ein Bundesstaat. In der Zwischenzeit, weil das alles so fließt, haben die Völkerrechtler die Sache umgekehrt, man nennt jetzt Föderation das Engere und Konföderation das Weitere. Das sage ich nur, damit Sie sehen, wie in dieser Frage alles fließt und sich entwickelt. Wir müssen uns vor Augen halten, daß die wirtschaftliche Zusammenarbeit mit eiserner Konsequenz die politische Zusammenarbeit erzwingt. Deswegen ist diese Frage der Landwirtschaft eine politische Frage allererster Ordnung. Wenn das gelingt, dann kann ich als Deutscher und als Europäer nur sagen: Wir sind einen großen Schritt weitergekommen, um auch zu der politischen Entwicklung zu gelangen. Die sechs Regierungschefs werden in den ersten Monaten des neuen Jahres wieder zusammenkommen.

von Eckardt: Das ist angesichts der Schwierigkeit dieser Frage relativ schnell gegangen – wirtschaftlich!

Adenauer: Wenn Sie bedenken, daß die wirtschaftliche Kraft der sechs EWG-Länder in sehr vielen Dingen stärker ist als die amerikanische wirtschaftliche Kraft, dann muß man doch sagen: Respekt davor, daß das geschaffen werden konnte in verhältnismäßig wenigen Jahren. Das ist also das Positive.

Strobel: Sind die Franzosen jetzt in der Frage des Generalsekretärs für die Kommission unseren Vorstellungen zugänglicher?

Adenauer: Die Franzosen haben ein Papier entworfen für die nächste Zusammensetzung der Regierungschefs-Konferenz – wahrscheinlich begehe ich jetzt eine Indiskretion, daß wir dafür sind, aber Holland widerspricht[42].

Schröder: Das ist doch bekannt. Ich habe gerade etwas geschrieben, um den Holländern zuzureden, weil mich jemand gebeten hatte.

Strobel: Die wollen mehr als die Engländer.

von Eckardt: Sie sind viel englischer als die Engländer.

Rapp: Das ist ein ganz kleiner Kreis. Warum und aus welchen Gründen das so ist, ist nicht ganz klar.

Adenauer: Im Zweifel sind es immer geschäftliche Gründe.

Wagner: Rotterdamer Leute.

Adenauer: Wenn ich Ihre Aufmerksamkeit auf die Sachen lenken darf, die in Afrika vor sich gehen: Ich meine, ob das der Beruf der UNO ist, da kann man doch ein großes Fragezeichen dahintersetzen.

(*Zurufe:* Uran! Katanga!)[43]

Das gefällt mir gar nicht. Gott sei Dank hat sich England jetzt aus seiner bisherigen Haltung zurückgezogen.

Strobel: Amerika spielt da doch auch eine etwas mysteriöse Rolle.

Adenauer: Mir wurde von zuverlässiger Quelle gesagt, daß 80 konservative Abgeordnete absolut gegen das bisherige Handeln Macmillans seien[44].

von Eckardt: Man kann das hinterher ja ruhig erzählen: Am ersten Verhandlungstag in Paris haben die Engländer erwartet, daß Lord Home[45] sofort wieder abreisen würde, daß der ganze Kram platze wegen eines Mißtrauensantrages im Parlament. Es hat sich dann anders ergeben, und Home ist auch dageblieben. Dahinter stand das aber.

Adenauer: Was haben Sie mich sonst noch zu fragen, meine Herren? Es ist jetzt ein Uhr – viele Neuigkeiten habe ich Ihnen nicht geben können.

Rapp: Ja, was Sie uns verlesen haben, war ein »streng geheimes« Dokument.

Adenauer: Und Sie meinen, das ist immer nett, wenn man das tut? Ich bringe jetzt jedesmal ein »streng geheimes« Dokument mit, damit Sie sehen, wie offen ich bin.

Nr. 7
16. Dezember 1961: Informationsgespräch (Wortprotokoll)
StBKAH 02.25, mit ms. Vermerk »*Unkorrigiertes Manuskript*«, »*Vertraulich!*« und Paraphe »Hi[lgendorf]«

Teilnehmer: James Reston[1], dessen Sohn[2] – Felix von Eckardt, Fritz Hilgendorf, Heinz Weber

Ort: Wohnhaus des Bundeskanzlers, Rhöndorf[3]

Beginn: 17.00 Uhr   Ende: 18.26 Uhr

Reston: Ich wußte zwar, daß Sie bei guter Gesundheit sind, Herr Bundeskanzler, aber nicht, daß Sie in so guter Gesundheit sind, daß Sie täglich diese Treppen erklimmen können. Ich weiß nicht, wie Sie das aushalten; uns hat es jedenfalls zum Schnaufen gebracht.

Adenauer: Das ist ein sehr gutes Mittel und hat mich davor bewahrt, daß weder die Amerikaner noch die Briten, als sie nach hier kamen[4], mir das Haus genommen haben.

Reston: Die waren zu faul, da raufzuklettern?

Adenauer: Die konnten nicht mit dem Auto da rauffahren.

Reston: Ich war zunächst in London gewesen, bin dann nach Paris gegangen, um dort der Konferenz der Außenminister[5] beizuwohnen und darüber zu berichten. Ich hatte in London ein Gespräch mit Herrn Macmillan und dann in Paris ein Gespräch mit Herrn de Gaulle[6], und so ist es wohl verständlich, daß mir auch sehr viel daran lag, hierherzukommen, um Sie zu sehen und mit Ihnen zu sprechen, bevor ich wieder in die US zurückreise.

Ich war am Ende dieser Gespräche in Paris doch etwas beunruhigt, insbesondere über meine Unterhaltung mit Herrn de Gaulle, denn es schien doch mehr, daß wir hier eine grundlegende Differenz bezüglich der künftigen Entwicklung haben. Macmillan sprach über den Atlantik, über die Welt; de Gaulle sprach über Europa und über Frankreich. Als de Gaulle über Europa sprach, über den Gemeinsamen Markt, hatte ich den Eindruck, als ob er über eine Beziehung innerhalb der Allianz, innerhalb des Bündnisses sprach, das ein ganz andersartiges Bündnis sei. Er sprach von der Stärkung Europas, aber er dachte wohl nur an eine sehr lockere Beziehung zwischen Europa und Washington; mit anderen Worten: Es ist doch eine ganz andere Art von Allianz als die, die wir heute haben.

Adenauer: Ich glaube, da liegt ein Irrtum vor, oder de Gaulle war verstimmt. Ich war heute vor einer Woche bei de Gaulle[7], wie Sie wissen, und möchte Ihnen gern darüber einmal erzählen. Ich nehme an, daß das

nur zu Ihrer besonderen Information ist. Sie wissen, daß zwischen de Gaulle und mir auch ein enges persönliches Verhältnis ist und daß wir beide in aller Offenheit und in allem Freimut miteinander sprechen. Diese Besprechung zwischen de Gaulle und mir heute vor einer Woche fand unter vier Augen statt, vormittags gute zwei Stunden, nachmittags zweieinhalb Stunden. Dann kamen für einige Minuten die Herren Debré[8], Couve und Schröder[9] dazu und dann etwa 10 Minuten noch ein etwas größerer Kreis[10].
Die Themen waren in der Hauptsache: eine Berlin-Konferenz, dann das Verhalten Frankreichs bei den Besprechungen in Washington und Europa.
Nun muß ich Ihnen sehr offen sagen: Ich verstehe ja weder Washington, noch verstehe ich die Pariser Konferenzen; also das geht über meinen Horizont.
Reston: Wir haben sie auch nicht verstanden.
Adenauer: Ich werde sie auch nie verstehen. Ich finde das Ganze so komisch, aber schlimm, weil es den Russen natürlich sehr gefällt. Sehen Sie: die ganzen Besprechungen in Washington zuerst zwischen Rusk und Gromyko, dann in der Botschafterkonferenz[11] – wofür? Es ist nichts dabei herausgekommen, oder was herausgekommen ist, ist so wenig wie ein Stäubchen, mehr nicht. Und die Pariser Konferenz ist mir noch ein vollkommenes Rätsel, das muß ich Ihnen ja sagen. Diese vier Außenminister blieben mir unverständlich – ich nehme keinen aus!
Daß eine Konferenz über Berlin stattfinden muß, ist doch so klar wie etwas, und daß eine solche Konferenz nur Aussicht auf Erfolg hat, wenn von russischer Seite eine gewisse Neigung dazu gezeigt wird, ist doch auch so selbstverständlich.
Daß Frankreich bei den Besprechungen in Washington den Botschafter Alphand gewissermaßen nur als Beobachter gelassen hat, ist völlig falsch, weil dann doch die Spur einer Spaltung da ist und solch eine Spaltung eventuell weitergehen kann, auf alle Fälle aber die Hoffnung Chruschtschows, daß der Westen doch auseinanderfällt, wieder bestärkt.
Das Ende meiner Besprechung mit de Gaulle war: Es muß eine Berlin-Konferenz stattfinden, sie muß stattfinden so bald wie möglich, aber die Russen müssen zeigen, daß sie gewillt sind, an einer Konferenz wirklich teilzunehmen. Das muß am besten auf diplomatischem Wege erkundet werden, und Frankreich, der französische Botschafter, darf nicht mehr nur als Beobachter dastehen, sondern muß, auch wenn Frankreich anderer Meinung ist, mit agieren. Dem stimmte de Gaulle zu.

Natürlich kann man nicht von de Gaulle verlangen, daß er öffentlich bekennt: Ich ändere meine Ansicht, meine frühere Ansicht war nicht richtig. Das kann man doch am wenigsten von de Gaulle bei der Lage de Gaulles in Frankreich verlangen. Deswegen enthält das Schlußkommuniqué der Besprechung zwischen de Gaulle und mir einen Satz, den de Gaulle selbst geformt hat. Im zweiten Absatz des Kommuniqués heißt es, daß die Verbündeten in allen Angelegenheiten fest zusammenarbeiten müssen[12].

[(*Weber* (ergänzt): Die Notwendigkeit der Solidarität in der Allianz.)]
Als ich abflog von Paris – ich war noch im Elysee –, kam die Depesche über die Rede, die Chruschtschow vor dem Gewerkschaftskongreß gehalten hat, die ja sehr unfreundlich war, und in den nächsten Tagen kam dann die Rede, die der russische Botschafter Menschikow in Washington gehalten hat. Dann kamen die Attacken gegen Dänemark, gegen Österreich, und es kam die Note an die US wegen Heusinger[13]. Da war es ja nun ganz klar, daß das einfach eine gezielte Reihe von Schwierigkeiten war, über die der Westen auseinanderstolpern sollte. Das muß man doch sehen, und deswegen hätte ich, wenn ich in Paris gewesen wäre bei der Außenministerkonferenz, dafür gesorgt, daß das alles in kürzester Frist erledigt worden wäre. Jetzt nach dieser Serie in Moskau vorstellig zu werden: Bist du bereit, eine Viererkonferenz über Berlin abzuhalten? – das halte ich für falsch. Ich habe es heute vor acht Tagen noch für richtig gehalten; aber nach dieser gezielten Serie würde ich ruhig mal zwei oder drei oder vier Wochen verstreichen lassen, ehe ich in Moskau anfrage.

Das ist meine Meinung von der ganzen Situation, mit der jeder verständige Mensch übereinstimmen sollte. Das ist keine große Weisheit, es ist nur ganz selbstverständlich.

Nun will ich aber auch etwas über den Teil meines Gespräches mit de Gaulle über Europa sagen. Ich muß folgendes vorausschicken:
Die EWG hat sich ausgezeichnet entwickelt, und die Wirtschaft in den EWG-Ländern hat große Vorteile dadurch bekommen. Die sechs EWG-Länder sind in manchen Zweigen der Wirtschaft stärker als die Vereinigten Staaten.

Jetzt kommt aber ein kritischer Moment in der EWG. Dabei handelt es sich um die Überführung der Landwirtschaft in den Gemeinsamen Markt[14]. Daran sind vornehmlich Frankreich und wir beteiligt. Unsere Interessen sind entgegengesetzt. Alle Landwirte – das wissen Sie – schreien sehr laut. Die Landwirtschaft in Frankreich hat eine größere soziologische Bedeutung als die Landwirtschaft in Deutschland, weil

Frankreich nicht so industrialisiert ist wie Deutschland. Wir haben uns lange und ausführlich darüber unterhalten, wie wir es fertigkriegen, diese Frage der Überführung der Landwirtschaft in den Gemeinsamen Markt so zu lösen, daß das gemeinsame Beste dabei gewahrt bleibt. Ich habe de Gaulle gesagt, ich schlüge ihm vor, daß wir nicht über die Einzelheiten sprechen, die kenne weder er noch ich. Aber wir wollten unseren Beauftragten sagen, daß sie sich ruhig kräftig auseinandersetzen könnten, aber daß sie immer das gemeinsame Beste im Auge behalten sollten, und er und ich wollten nur dann eingreifen, wenn wir sehen, daß Gefahr ist, daß keine Einigung zustande kommt.

Diese Frage beschäftigt zur Zeit de Gaulle und die französische Regierung sehr stark, und ich kann mir sehr gut vorstellen, daß er davon erfüllt ist – denn davon hängt das Schicksal des politischen Europa ab – und daß er viel von Europa gesprochen hat; er hat zu mir auch viel von Europa gesprochen.

Die Verhandlungen sind nun über alles Erwarten gut verlaufen, und wahrscheinlich wird am 19. oder 20. Dezember – also nächste Woche – in der landwirtschaftlichen Frage die Entscheidung fallen, und zwar positiv.

Der politische Zusammenschluß der sechs Länder wächst langsam. Voraussichtlich im Februar werden die sechs Regierungschefs zusammenkommen, um sich über den politischen Zusammenschluß weiter auszusprechen[15]. Das Wichtige ist aber, daß durch die wirtschaftliche Gemeinsamkeit ein Fundament geschaffen wird für den politischen Aufbau, das absolut unzerbrechlich ist. Denn der dümmste Politiker kann nachher die Wirtschaft nicht mehr auseinanderkriegen.

Dieser Zusammenschluß der Wirtschaft im Gemeinsamen Markt und, darauf aufgebaut, auch der politische Zusammenschluß ist ja von den US schon unter Foster Dulles außerordentlich begrüßt worden.

Wenn also de Gaulle jetzt mit Ihnen über Europa viel gesprochen hat – das beschäftigt ihn im Augenblick außerordentlich, weil diese landwirtschaftliche Frage für die Stimmung in Frankreich außerordentlich wichtig ist –, dann glaube ich, dürften Sie daraus nicht die Folgerung ziehen, daß er sich von den atlantischen Fragen und Vorgängen distanziert; das ist nicht der Fall.

Reston: Herr Bundeskanzler, es ist vielleicht zweckmäßig, wenn wir uns um eine Klärung dessen bemühen, worüber gesprochen wurde. Ich darf mal meinen Eindruck über dieses Gespräch mit de Gaulle zusammenfassen. Was er über die Engländer gesagt hat, war sehr gut. Ich bin mit einem sehr viel besseren Eindruck weggegangen von dem Gespräch mit de Gaulle, als ich ihn je erwartet hätte. Er war keineswegs feindlich gegenüber den Engländern eingestellt. Er sagte, wir wollen, daß die Engländer teilnehmen am Gemeinsamen Markt, und zwar sollen sie Vollmitglieder sein mit allen Pflichten und mit allen Rechten. Wir wollen zwar nicht die Australier und die Kanadier, aber wir wollen die Engländer als vollberechtigte Mitglieder haben.

Als er dann auf Europa zu sprechen kam, sagte ich ihm, ich bin vor allem aufs stärkste beeindruckt durch zwei Leistungen von ihm: die Wiederherstellung Frankreichs und die Aussöhnung mit Deutschland, die Sie ja auch mit herbeigeführt haben.

Dann fragte ich ihn nach seinem Plan für die Zukunft. Ich sagte: Was soll damit verfolgt werden? Wo stehen in diesem Plan die US? Handelt es sich nun darum, daß hier ein unabhängiges Europa geschaffen werden soll, das ganz locker mit den US verbündet ist, etwa über eine getrennte Kommandostruktur, oder handelt es sich darum, daß der Anfang für eine größere, stärkere atlantische Allianz geschaffen werden soll? De Gaulle hat in seiner Antwort keinen Zweifel darüber gelassen, daß ihm eine dritte Kraft vorschwebt. Er hat diesen Ausdruck »dritte Kraft« nicht benutzt, aber das war das, was aus seiner Antwort herausklang. Er hat auch von der wirtschaftlichen Grundlage für einen politischen Zusammenschluß gesprochen und davon, daß dieses geeinte Europa dann eine eigene Politik verfolgen sollte, auch in Verbindung mit England, wie die Amerikaner ja ihre eigenen Probleme in Südamerika und in Asien hätten. Das ist das, was mich sehr beunruhigt hat, vor allem, weil die amerikanischen Vorstellungen ganz anders sind und auch ein fundamentaler Unterschied zu Ihrer Auffassung besteht. Deswegen habe ich auch gebeten, selbst an einem Samstag Sie zu sehen, um mit Ihnen über diese Dinge zu sprechen.

Adenauer: Ich weiß nicht, ob Sie Herrn de Gaulle ganz richtig verstanden haben. Ein Punkt der Meinungsverschiedenheit zwischen de Gaulle und den Vereinigten Staaten, zwischen de Gaulle und mir ist die Integration in der NATO.

Nun möchte ich Ihnen etwas sagen, das ich Sie bitten muß zu vergessen. Ich habe über dieses Thema wiederholt mit de Gaulle gesprochen, nicht jetzt, sondern früher. De Gaulle hat mir einmal einen Satz gesagt, den ich damals nicht verstanden habe; ich habe ihn später verstanden. Er hat mir gesagt, wenn man seine Truppen einer jenseits des nationalen Bereichs bestehenden Konstruktion unterwirft – also der NATO –, dann gehen einem die Generale ganz aus der Hand. – Den Satz müssen Sie vergessen! – Auf die Generale muß er aufpassen, er muß sie in der Hand behalten, damit da nichts passiert wegen der Algerienlösung[16].

Dann muß ich Ihnen aber offen sagen: Die US haben 1959 unter Eisenhower und unter Dulles sich gegenüber Frankreich in der Algeriensache nicht sehr freundschaftlich benommen. Eine Sache hat sich da ereignet, die war nicht schön. Im Jahre 1959 hat nicht de Gaulle, sondern Freunde von de Gaulle haben mir gesagt: Die Algerienfrage ist sehr schwierig geworden, und wenn jetzt die französische Regierung durch die UNO getadelt wird – damals lag ein Tadelsantrag vor[17] – wegen ihres Verhaltens, dann besteht die Gefahr, daß die Armee meutert. Deswegen, wenn Sie an irgendeiner Stelle etwas tun können, damit dieser Antrag in der UNO abgelehnt wird, dann bitten wir Sie darum, das zu tun. Damals kam Eisenhower hierher nach Bonn[18], und ich habe mit ihm in meinem Zimmer sehr lange über diese Lage Frankreichs, über den Tadelsantrag und über die Gefahren, die darin steckten, gesprochen und habe ihn gebeten, doch dafür zu sorgen, daß der Vertreter der Vereinigten Staaten in der UNO[19] gegen diesen Tadelsantrag stimme. Eisenhower hat sich zuerst etwas dagegen gewehrt, hat aber nachher gesagt: Gut, ich werde dafür sorgen. Dann habe ich Eisenhower gefragt, weil die Sache in Frankreich so furchtbar brennend war: Darf ich in Ihrer Gegenwart jetzt nach Frankreich das telefonieren, was Sie gesagt haben? Da hat Eisenhower mir zugestimmt. Dann habe ich in seiner Gegenwart mit Paris telefoniert und das gesagt – und nachher hat der amerikanische Vertreter doch nicht dagegen gestimmt, sondern er hat sich der Stimme enthalten. Und sehen Sie: De Gaulle ist ein Mann, der nicht leicht vergißt; er vergißt weder Freundschaft noch nicht-freundschaftliche Handlungen, er hat dafür ein sehr gutes Gedächtnis, und dies war eine nicht sehr gute Sache. Aber ich bin der festen Überzeugung – ich kenne de Gaulle wirklich, seine politischen Ansichten und auch den Mann –, wenn er Ihnen das so gesagt hat, dann hat er das – verzeihen Sie den Ausdruck – aus erzieherischen Gründen für Amerika gesagt. Aber diesen Ausdruck dürfen Sie auch nicht übelnehmen.
Nun will ich Ihnen noch etwas sagen, Mr. Reston: Ich habe in diesem Sommer, bis in den Herbst hinein sehr große Sorge gehabt, ob Amerika wirklich ein guter Bundesgenosse sei. Ich weiß nicht, ob Sie wissen, was Botschafter Bruce[20] nach Washington geschrieben hat. In diesem Schreiben...
[(]*von Eckardt:* Er hat es mir gezeigt, und ich habe Ihnen das gesagt, Herr Bundeskanzler.[)]
[...] hat er nach Washington geschrieben: Vergeßt Ihr ganz Eure Verpflichtungen aus dem Deutschlandvertrag[21]? – Ich habe große Sorgen gehabt über das Hin und Her in Washington.

Nun war ich vor einigen Wochen drüben, und die Gespräche, die ich mit Kennedy unter vier Augen gehabt habe[22], sind sehr gut verlaufen. Aber vorher haben wir wirklich sehr ernste Sorge gehabt, ob Amerika wirklich so zuverlässig ist – und Sie hören ja, welche Ansicht Bruce gehabt hat!

von Eckardt: Er hat die Passagen aus dem Deutschlandvertrag, die sich auf Berlin und die Wiedervereinigung beziehen[23], wörtlich zitiert.

Reston: Ich gebe Ihnen durchaus recht: Es unterliegt keinem Zweifel, daß in Washington in dieser Zeit ein – wie Sie sagen – großes Hin und Her war. Ich bin davon überzeugt, daß das eine Periode war, in der diese junge, neue Administration einmal die Lage analysiert hat, daß das ein gewisses Durchgangs- oder Übergangsstadium war, und ich glaube, vor Ihrem Besuch wurde diese Analyse zu einem Abschluß gebracht und damit auch diese Gefahr, diese Besorgnis, von der Sie sprachen, beseitigt. Denn nach Abschluß dieser Analyse – ich habe das auch geschrieben – hat Präsident Kennedy bestimmt seine Politik auf dieses Land hier abgestellt und nicht auf dieses Eintagsfliegengeschäft, von dem mal im Laufe dieses Sommers die Rede war.

Adenauer: Da könnte ich mir ja denken, wie ich Ihnen eben schon sagte, daß das eben auch de Gaulle vorgeschwebt hat und er infolgedessen auch Ihnen gegenüber diese Meinung etwas vergrößert hat [sic!]. Aber ich glaube, Sie brauchen da keine Sorge zu haben.

Reston: Ich möchte Ihre Zeit heute nicht zu lange in Anspruch nehmen, Herr Bundeskanzler; aber da ist noch eine Frage, die mich interessiert und die ich ganz gerne geklärt hätte.
In meinen Gesprächen in Paris wurde über Europa in der Art gesprochen, wie in unserer Schulzeit über Europa gesprochen wurde: Europa ist ein Gebiet, das sich von Gibraltar bis zum Ural erstreckt. So wurde dieses Thema behandelt. Die Russen, so hieß es, sind auf lange Sicht gesehen eigentlich gar nicht der Feind, sondern es handelt sich bei Rußland nur um einen entfremdeten Bruder, der im Augenblick von der europäischen Gemeinschaft entfremdet ist. Der große Feind ist China, und die Chinesen werden den Russen mal eine Lektion erteilen, bis dann der entfremdete Bruder zur europäischen Gemeinschaft zurückfindet. Das ist dann der eigentliche Kampf. Im Grunde genommen geht es um den Aufstand der gelben Rasse und der schwarzen Rasse. Die Sache mit Rußland ist zwar im Augenblick beschwerlich und unerträglich; aber im Grund genommen haben die Russen doch das, was sie wollten, in der letzten Zeit, im Kriege bekommen. Wenn also jetzt Verhandlungen aufgenommen würden, dann wären es Verhandlungen, die aus Furcht, aus Schwäche geführt würden, und das Ergebnis wäre nur eine erhebliche

Intensivierung der Angst. Die Norweger würden eingeschüchtert, die Dänen, vielleicht auch die Schweden, und das würde zu einer Lähmung des Westens führen, und genau das wolle Chruschtschow, um eben in der Lage zu sein, sich mit den Chinesen auseinandersetzen zu können. Scheint Ihnen diese Analyse, diese Überlegung sinnvoll zu sein, Herr Bundeskanzler?
Adenauer: Wer hat Ihnen das gesagt?
Reston: Ich glaube nicht, daß ich hier den Namen dessen nennen sollte, der mir das gesagt hat. Aber immerhin, ich möchte so viel sagen: Das wurde mir von Leuten erzählt, die sehr hohe Positionen in der Regierung bekleiden, und Sie werden verstehen, Herr Bundeskanzler, daß das wohl genug war, um mir einen Schreck einzujagen.
Adenauer: Ich habe über diese Probleme mit Kennedy gesprochen, und ich habe darüber mit de Gaulle gesprochen.
Ich war ja 1955 im Herbst in Moskau[24]. Sechs Tage lang war ich täglich dreimal mit Chruschtschow und Bulganin[25] damals zusammen. In einer Unterredung, an der Chruschtschow, Bulganin und ich teilnahmen und mein Außenminister [Heinrich von Brentano], sagte mir Chruschtschow: Was soll mit Rot-China einmal werden? Rot-China hat jetzt schon 600 Millionen Einwohner und bekommt jährlich 12 Millionen mehr Leute, die, wie man so sagt, von einer Handvoll Reis leben. Was soll daraus einmal werden? Helfen Sie uns!
Er sagte gleichzeitig: Helfen Sie uns auch gegen die Vereinigten Staaten, die bedrohen uns auch.
Ich bin natürlich nicht darauf eingegangen, aber ich habe mir doch die Worte Chruschtschows sehr gemerkt. Er hat das in einem solchen Ernst gesagt, daß mir damals im Jahre 1955 der Gedanke kam: Rußland wird eines Tages einmal froh sein, wenn die Länder westlich von ihm und auch Amerika nicht seine Gegner sind, damit es sich gegen das viel stärkere China zur Wehr setzen kann. Wenn Sie einmal die Karte zur Hand nehmen und sich das alles in Ruhe überlegen, dann werden Sie auch, glaube ich, zu der Überzeugung kommen, daß Rot-China für Sowjetrußland ein sehr unangenehmer Nachbar werden kann[26]. Wann diese Entwicklung einsetzt, so habe ich mir damals gesagt, ob nach 10 Jahren, ob nach 20 Jahren, das kann kein Mensch wissen.
Nun scheint die Entwicklung rascher vor sich zu gehen als ich das damals geglaubt habe. Die Russen bauen Ostsibirien sehr stark aus, sie erstellen industrielle Anlagen, Städte usw. in diesem sehr großen Gebiet, das sehr menschenarm, aber sehr reich an Bodenschätzen ist, das bisher für eine Infiltration oder einen Einbruch Rot-Chinas sehr offen lag. Über

diese Bauten, die die Sowjets da machen, hat der »Figaro« im September drei sehr lesenswerte Aufsätze geschrieben[27]. Es scheint so, daß die Besorgnis Sowjetrußlands gegen seinen Nachbarn Rot-China immer größer geworden ist. Ich brauche Ihnen nur von Albanien auch zu sprechen und von diesen ganzen Auseinandersetzungen über die wahre Lehre des Kommunismus.

Aber diese Entwicklung kann und muß uns den Mut und die Kraft geben, gerade stark gegen Sowjetrußland zu sein, auch in diesen Auseinandersetzungen hier. Wenn es Sowjetrußland gelingen würde, Westeuropa auf irgendeine Weise in seine Atmosphäre [sic!] zu bekommen, politisch und wirtschaftlich, dann würde es Rot-China viel weniger zu fürchten brauchen als jetzt. Meine Folgerung aus der Situation ist also gerade umgekehrt wie die Ihres Gewährsmannes: Weil die Russen sich von Rot-China bedroht fühlen, können wir um so entschiedener dem Russen gegenübertreten, um unsere Situation zu retten gegenüber Sowjetrußland.

Daß aber de Gaulle etwa der Ansicht sei, Rußland sei ein Bruder, der augenblicklich mal böse Sachen macht, das ist vollkommen ausgeschlossen. De Gaulle hat mir, als wir uns zuerst getroffen haben[28], aus sich heraus gesagt, er sei ursprünglich der Auffassung gewesen – nach dem deutschen Zusammenbruch –, Deutschland werde sich wieder erholen und dann Revanche an Frankreich nehmen, und deswegen habe er die Anlehnung an Rußland gesucht. Er habe sich dann aber überzeugt, daß Deutschland anders geworden sei, daß es nicht revanchelüstern sei, und deswegen habe er mit Sowjetrußland gebrochen. Ich glaube nicht, daß de Gaulle irgendeine Neigung hat, Sowjetrußland im Hinblick auf eine vielleicht nach zehn oder wieviel Jahren kommende Entwicklung jetzt mit Samthandschuhen anzufassen.

Sehen Sie mal: De Gaulle, Frankreich ist gegenüber Sowjetrußland sehr viel besorgter, sehr viel vorsichtiger und sehr viel ablehnender als etwa Großbritannien oder einige amerikanische Politiker.

Reston: Ja, das ist das Paradoxe!

Adenauer: Ja, wir Europäer kennen die Russen! Wir wissen doch, wie es in der Zone zugeht. Das glaubt uns ja keiner, wie es da in Rußland und in der Zone zugeht; in Amerika glauben das viele Leute nicht. Im Grunde genommen hat sich in Rußland die Situation gegenüber der zaristischen Zeit verschlimmert. Ich weiß nicht, ob Sie das Buch kennen »Das russische Perpetuum mobile«[29]?

(Mr. *Reston* verneint.)

Das schenke ich Ihnen.

(*Von Eckardt* wendet ein, er wisse nicht, ob dieses Buch in englischer Sprache erschienen sei.)
Auf Deutsch, auf Englisch gibt es das nicht. Ich habe es Kennedy auch geschenkt. Es ist die beste Darstellung der russischen Geschichte, die ich kenne. Dann müßten Sie sich eigentlich auch mal übersetzen lassen »Der Sowjetmensch« von Mehnert[30]. Darüber ersehen Sie, daß sich das kommunistische Rußland eigentlich gar nicht verändert hat gegenüber dem zaristischen: Eine Oberschicht, die alles hat, und eine große Masse von Menschen, die nichts hat. Auch das Buch möchte ich Ihnen schenken.
(*Von Eckardt* will beides veranlassen.)
Reston: Zu Hause ist manchmal die Tendenz zu beobachten, daß man sagt: Gott, mit der Lage in Berlin ist es doch in den letzten Jahren seit dem Kriege immer weiter abwärts gegangen, und selbst einige der großen Gesellschaften ziehen ihre besten und tüchtigsten Ingenieure aus Berlin zurück; die Möbelspeditionsunternehmen sind auf 18 Monate hinaus belegt. Das alles hat nun eine sehr deprimierende Wirkung, die wahrscheinlich noch größer werden wird, wenn es nicht gelingt, im Wege von Verhandlungen der Berliner Bevölkerung neuen Auftrieb zu geben. – Halten Sie Herr Bundeskanzler diese Darstellung für richtig?
Adenauer: Im Kern ja. Die größte Gefahr für Berlin besteht in der inneren Auszehrung, von der Sie da ja gesprochen haben. Deswegen ist es gut, wenn möglichst bald durch Verhandlungen mit Sowjetrußland ein Zustand hergestellt wird, der wenigstens für eine Reihe von Jahren den Berlinern den Mut gibt auszuharren. Darum bin ich auch im Gegensatz zum Jahre 1959[31] der Auffassung, daß man eine Konferenz auf die Berlinfrage beschränken solle, daß man die Verhandlungen über die Berlinfrage jetzt nicht verknüpfen sollte mit der Frage der Wiedervereinigung. Die Wiedervereinigung wird so bald nicht kommen; ich meine, so realistisch muß man sein.
Wenn ich hier folgendes einfließen lassen darf: Die Franzosen haben 1871 Elsaß-Lothringen verloren und haben es 1918 wiederbekommen; das sind also fast 50 Jahre! Deswegen geben wir Deutsche die Wiedervereinigung auch nicht auf, auch wenn man sagt, jetzt darüber zu verhandeln, ist sicher ergebnislos. Dann haben die Russen es sehr leicht, die Konferenz nachher an der Berlinfrage scheitern zu lassen, und dann ist für Berlin wieder eine innere Prüfung da. Darum bin ich für eine Konferenz über die Berlinfrage, sobald die Situation es ermöglicht, um den Berlinern den Mut wiederzugeben, damit sie ausharren. In zehn Jahren sieht die Welt vielleicht anders aus. Ich habe immer gesagt, auch öffentlich, daß eine Wiedervereinigung nach meiner Meinung nicht kommen

wird, ehe eine kontrollierte Abrüstung wirklich, effektiv begonnen hat, eine solche Entspannung; früher kommt sie nicht. Das ist noch eine schwere Aufgabe, an die man herangehen muß, wenn die Berlinfrage wirklich so gelöst wird, daß beide Teile, die Russen und der Westen, wieder etwas Vertrauen zueinander bekommen, so daß die Berlinkonferenz auch ein Testfall sein würde für Verhandlungen überhaupt, über noch größere Probleme, mit den Russen.

Wenn Sie noch fünf Minuten Zeit haben, Mr. Reston, dann möchte ich Ihnen noch etwas sagen, was mir sehr am Herzen liegt.

Ihnen ist bekannt, daß in Washington ein Plan ausgearbeitet wurde, welche Schritte getan werden sollen, wenn die Russen irgendwelche tatsächlichen Hindernisse der Verbindung mit Berlin entgegensetzen[32]. In der Zwischenzeit haben die Russen in der Zone, in Polen, in der Tschechoslowakei und in den daran anschließenden russischen Gebieten insgesamt 90 bis 100 Divisionen bereitgestellt, ohne die Divisionen der Satellitenstaaten. Wenn alles so kommt, wie der Westen will, wird die NATO am 1. April [1962] 30 Divisionen haben. Die russischen Divisionen sind zwar, was die Kopfstärke angeht, an Zahl geringer als die NATO-Divisionen, aber waffenmäßig, insbesondere was die Panzer angeht, sind sie besser, viel besser. Die Russen haben an Tanks fast zehnmal soviel wie die NATO haben wird, und sie haben die Amphibien-Tanks, wie der Westen sie nicht hat. Sie sind neulich mit einer großen Menge von Panzern durch die Elbe geschwommen und auf der anderen Seite wieder weitergefahren[33].

Also, man muß sich darüber klar sein, wenn es zu tätlichen Auseinandersetzungen kommt, dann kann der Westen nur oben bleiben, wenn sofort der große nukleare Krieg kommt; mit konventionellen Waffen kann der Westen gegenüber den Russen nichts ausrichten.

Deswegen bin ich seit einer ganzen Reihe von Monaten immer wieder dafür eingetreten, daß man doch dieser möglicherweise kommenden Auseinandersetzung mit Waffen zu Lande die Seeblockade gegenüber dem ganzen Ostblock vorausschicken solle[34].

Die Vorzüge der Seeblockade brauche ich Ihnen gar nicht zu sagen. Man kann sie strenger, strammer machen, man kann mit den Russen verhandeln, man kann sie lockern. Aber wenn mal der Landkrieg angefangen hat, dann kann man nicht mehr stoppen.

Die Bundesrepublik hat den größten Handelsverkehr mit Sowjetrußland und der Zone; dahinter kommt England. Amerika ist jetzt für die Seeblockade, wir sind für die Seeblockade; Großbritannien ist dagegen. Seine Gründe sind nicht überzeugend, deswegen will ich gar nicht darauf eingehen.

Aber ich halte es für so dringend notwendig, daß diese Maßnahme, die Seeblockade, gegenüber dem Landkrieg in den Plänen vorgeschoben wird, so daß ich sehr froh darüber wäre, wenn Sie sich meiner Meinung anschließen und sich dafür einsetzen, daß das vorgeschoben werden muß. Die Seeblockade ist für die Oststaaten, insbesondere für Sowjetrußland, sehr unangenehm, weil es dann lebensnotwendige Güter aus den anderen Ländern nicht mehr bekommt.

Reston: Ich würde das sehr gerne tun. Ich habe darüber auch schon mit Herrn Grewe wegen der ersten Verhandlung über eine Eventualplanung gesprochen, und ich danke Ihnen, daß Sie dieses Thema nochmals aufrollen.

Adenauer: Ich habe auch mit Kennedy darüber gesprochen und auch mit de Gaulle. Die Sache ist sehr wichtig, sehr viel wichtiger, als wenn man ein paar Divisionen hier zusammenstellt.

Reston: Ich habe jetzt wirklich Ihre Zeit zuviel in Anspruch genommen, gerade an einem Wochenende. Ich freue mich aber, daß ich Sie hier so gut aussehend angetroffen habe. Ich habe gehört, Sie hatten eine ziemlich böse Erkältung seit Washington.

Adenauer: Die oberen Luftwege bis in die Ohren hinein waren nicht in Ordnung.

[(]Verabschiedung mit gegenseitigen Wünschen zum bevorstehenden Weihnachtsfest.[)]

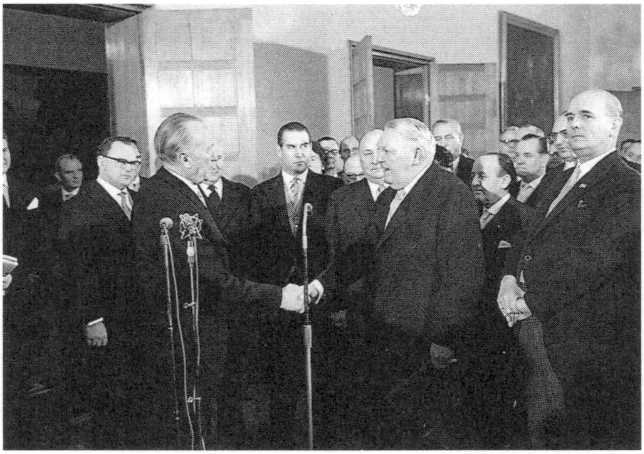
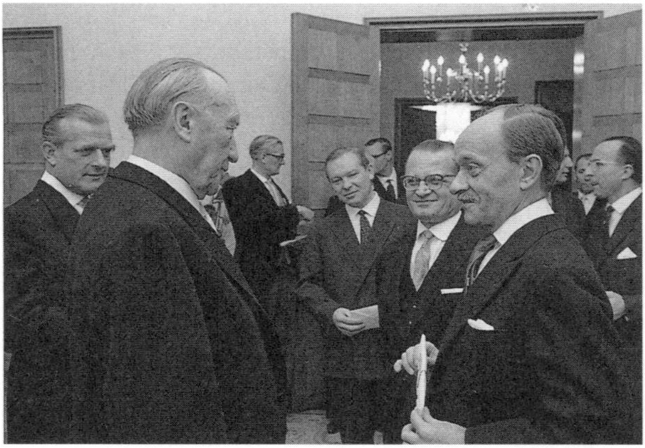
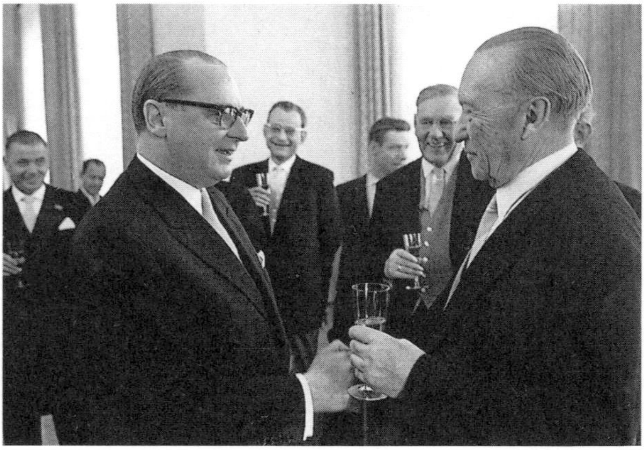

86. Geburtstag Adenauers (5. Januar 1962)
links: Mit Ludwig Erhard (oben),
Werner Krueger und Felix von Eckardt (Mitte)
und Heinrich von Brentano (unten)
rechts: Im Familienkreis

Presse- und Informationsamt Bonn, den 2. Januar 1962
der Bundesregierung

Dem Herrn Bundeskanzler

Zur Pflege der deutsch-englischen Beziehungen darf ich empfehlen, dass Sie vor dem Besuch von Premierminister Macmillan einen kleinen Kreis britischer Korrespondenten zum Tee bei sich empfangen. Als Teilnehmer schlage ich die Vertreter folgender Zeitungen vor:

TIMES (Mr. Ch. Hargrove)
GUARDIAN (Mr. T. Prittie)
GUARDIAN (Mr. R. Knox)
DAILY TELEGRAPH (Mr. B. Baker)
REUTERS (Mr. D. Sells)
DAILY MAIL (Mr. G. Vine)
DAILY EXPRESS (Mr. C. Lawson)
DAILY MIRROR (Mr. D. Martin)
ECONOMIST (Mr. K.S. Robson)
SUNDAY TIMES (Mr. A. Terry)
SUNDAY TELEGRAPH (Mr. G. Peck)
BBC (Mr. F.D. Walker)

Im Falle Ihres Einverständnisses werde ich den Termin mit Ihrem Büro vereinbaren.

(v. Eckardt)

Zu Dok. Nr. 8

Dienstag, den 9. Januar 1962

10 Uhr	Eintreffen von Premierminister Macmillan - Presse und Fernsehen im gr. Kab.-Saal
10 Uhr 15	Arbeitsbesprechung im Arbeitszimmer des Herrn Bundeskanzlers
	Premierm. Macmillan, Herr de Zulueta, Dolm. Weber
12 Uhr 15	Ende der Arbeitsbesprechung unter vier Augen
12 Uhr 30	Herr BK zum Frühstück im gr. Kab.-Saal gegeben für Premierm. Macmillan
14 Uhr 30	Ende des Frühstücks
15 Uhr 20	Fortsetzung der Besprechungen mit Premierminister Macmillan im größeren Kreise - Kl. Kabinettsaal -
15 Uhr 25	dazu StS Hettlage
ca. 16 Uhr 50	Abfahrt von Lord Home
	- Fortsetzung der Besprechung im kl. Kabinettsaal mit Permierm. Macmillan und Herrn BK -
von 16 Uhr 50 bis 17 Uhr 10	Pause
17 Uhr 30	Ende der Besprechungen
18 Uhr 15	Abfahrt vom Hause des Herrn BK
	Herr BK begleitet Herrn Premierm. Macmillan zum Flugplatz Wahn
gegen 19 Uhr 15	Abflug von Premierm. Macmillan nach London

Nr. 8
8. Januar 1962: Presse – Tee (Wortprotokoll)
StBKAH 02.26, mit ms. Vermerk »*Unkorrigiertes Manuskript*« und Paraphe »Hi[l]gendorf] / Z[ie]h[e]«

Teilnehmer: B. Baker[1], Charles Hargrove, R. Knox[2], Colin Lawson[3], Kingsley Martin[4], Reginald Peck[5], Terence Prittie[6], Karl Robson[7], David James Sells[8], Anthony Terry[9], George Vine[10], F. D. Walker[11] – Günter Diehl[12], Felix von Eckardt, Fritz Hilgendorf, Heinz Weber, Theodor-Paul Ziehe

Ort: »Hallstein-Räume«[13]

Beginn: 16.35 Uhr[14]   Ende: vor 17.30 Uhr

Adenauer: Meine Herren, ich habe mir gedacht, daß Sie vor dem Besuch Ihres Premierministers die eine oder andere Frage an mich zu richten hätten, und deswegen habe ich Sie gebeten, hierherzukommen[15]. Ich möchte Ihnen sagen, daß ich mich sehr freue, daß Ihr Premierminister kommt[16]. Ich hatte etwas Sorge wegen seiner Erkältung. Aber wie er mir mitgeteilt hat, darf er das Haus wieder verlassen, und er wollte sich nicht abhalten lassen, zu kommen. Darüber freue ich mich, denn es gibt ja allerhand Fragen, die man gern wieder mal miteinander bespricht. Bei der Besprechung mit Premierminister Macmillan ist eine Tagesordnung nicht vorgesehen. Wir werden uns wahrscheinlich in mehrere Gruppen aufteilen. Ich werde sicher eine längere Besprechung mit Herrn Macmillan allein haben, die Außenminister auch für sich. Auf diese Weise spart man ja Zeit, und nachher kommt man wieder zusammen. Da eine Tagesordnung nicht vorgesehen ist, kann jeder das sagen, was ihm am Herzen liegt.
Journalist: Wird Herr Verteidigungsminister Strauß hinzugezogen?
Adenauer: Herr Strauß ist in Urlaub.
Journalist: Wird er vertreten?
Adenauer: Wenn das nötig ist, sicher.
Journalist: Ist das im Moment nicht vorgesehen?
Adenauer: Doch, meine Herren, es ist alles vorgesehen; aber Sie wollen etwas hören über die Belastung durch die Rheinarmee[17]?
Journalist: Ja, ich wollte konkreter fragen: In den letzten Tagen ist über die falsch benannten »Stationierungskosten« geschrieben worden, ob sie ein wesentlicher Bestandteil der Gespräche sein werden und ob vielleicht eine Einigung zu erwarten ist?
Adenauer: Sehen Sie, meine Herren, das Wort Stationierungskosten...

Journalist: Ich sagte doch: falsch benannte, wenn Sie eine bessere Bezeichnung haben, nehme ich es gern an.
Adenauer: Also Ihre Frage nach Herrn Strauß galt weniger seiner Person?
Journalist: Viel weniger!
(Lachen)
Adenauer: Nun, meine Herren, ich weiß, daß Großbritannien auf dem Gebiet Sorgen hat. Wir haben übrigens auch Sorgen, und wir werden beide noch mehr Sorgen bekommen. Soweit das möglich ist, werde ich mich dafür einsetzen, daß die Sorgen Ihres Premierministers vermindert werden. Aber bitte, schreiben Sie nichts von Stationierungskosten! Das macht bei den Deutschen keinen guten Eindruck.
von Eckardt: Darf ich einen Vorschlag machen: Es wird ab und zu auch »Schwierigkeiten der Zahlungsbilanz« genannt.
Adenauer: Das ist etwas anderes. Es gibt zwei Probleme. Das eine Problem ist die Devisenfrage, und das andere Problem ist die Etatfrage, wobei Großbritannien wünscht, seine Haushaltsbelastung zu vermindern. Das sind zwei ganz verschiedene Dinge, die man nicht mit demselben Namen nennen kann, es sei denn, daß man sagte »Portemonnaie-Sorgen«. Aber das kann man nicht gut sagen.
Journalist: In der Presse ist außerdem geschrieben worden, daß die englischen Kosten für die Rheinarmee viel zu hoch, unnötig hoch sind. Sind Sie, Herr Bundeskanzler, auch der Meinung, daß diese Kosten vermindert werden können?
Adenauer: Sehen Sie mal, nun kommt Ihr Premierminister als ein wirklich willkommener Besucher, da können Sie doch nicht von mir verlangen, daß ich wenige Stunden vorher sage, daß das zuviel Geld dafür ist.
Journalist: Das sagen Sie bestimmt nicht so unverblümt!
Adenauer: Sie sind ja als ein Mann der Öffentlichkeit hier, und was ich Ihnen sage, das werden Sie nicht im Herzen verbergen, das ist für die Öffentlichkeit bestimmt. Über dieses Thema wird sicher gesprochen werden, aber warten Sie mal ab, was dabei herauskommt!
Baker: Herr Bundeskanzler, man hat von deutschen Beiträgen zu Entwicklungsarbeiten oder von Waffenkäufen gesprochen. Können Sie sagen, was die Deutschen anbieten werden?
Adenauer: Seien Sie mir nicht böse, aber wenn wir etwas anbieten können, bieten wir es dem Premierminister zuerst an. Sie sollen aber die ersten sein, die danach etwas hören.
Journalist: Herr Bundeskanzler, Sie haben von Sorgen gesprochen. Dürfen wir wissen, welche Sorgen an Ihrem Herzen liegen?

Bundestagssitzung am 17. Januar 1962

Erklärung

Der Ministerrat der Europäischen Wirtschaftsgemeinschaft hat in der Nacht vom 13. zum 14. Januar 1962 in Brüssel eine Reihe von wichtigen Beschlüssen gefasst. Er hat zunächst 15 Verordnungen und Entscheidungen im landwirtschaftlichen Bereich verabschiedet, durch die die Grundlage für eine gemeinsame Landwirtschaftspolitik der Europäischen Wirtschaftsgemeinschaft gelegt wird. Nach wochenlangen zähen Verhandlungen ist es gelungen, in den zunächst strittigen Fragen zu einer Einigung zu kommen, die sowohl dem europäischen Gemeinschaftsgedanken, wie den Interessen der Landwirtschaft und der Verbraucher jedes der sechs Mitgliedstaaten Rechnung trägt. Zugleich haben sich die europäischen Minister bemüht, die wichtigen Interessen dritter Staaten, die mit der EWG Handel treiben, auf dem Gebiet der landwirtschaftlichen Erzeugnisse zu wahren. Unsere deutsche Landwirtschaft wird jetzt die Möglichkeit haben, allmählich auf gleicher Wettbewerbsgrundlage mit den anderen Landwirtschaften der Gemeinschaft in Konkurrenz zu treten und auch ihre Erzeugnisse auf den Märkten der anderen Mitgliedsländer verstärkt abzusetzen. Sie wird sich in verstärktem Masse auf den kommenden Gemeinsamen Markt einstellen müssen und die Bundesregierung wird ihr hierbei behilflich sein.

Unserer Verhandlungsdelegation, die von Bundesminister Schwarz geführt wurde, und der die Staatssekretäre Müller-Armack und Lahr angehörten, gebührt für das Geschick, die Zähigkeit und die Ausdauer, die sie bei diesen Verhandlungen bewiesen hat, der Dank der Bundesregierung.

Mit der Verabschiedung des Verordnungswerks über die europäische Landwirtschaftspolitik in den frühen Morgenstunden des 14. Januar 1962 sind die Voraussetzungen für den Übergang in die zweite Etappe des Gemeinsamen Marktes erfüllt worden. Der Ministerrat hat auf derselben Sitzung diesen Übergang beschlossen und damit ein wichtiges, vielleicht

Aus dem Entwurf der Regierungserklärung vom 17. Januar 1962 (zu Dok. Nr. 8, Anm. 20): [oben eingefügt] Über sie wird Herr Bundesminister Schwarz in der nächsten Woche hier berichten. [unten eingefügt] ... zur 2. Phase der Europäischen Wirtschaftsgemeinschaft festgestellt.

[handschriftlich oben:] Der Eintritt in -tig 2. [Phase] (ausergew.)

[handschriftlich am Rand:] [der] letzter Jahrhunderte

das wichtigste Ereignis in der Geschichte, ~~der Europäischen Wirtschaftsgemeinschaft~~ eintreten lassen. Von nun ab läuft die Übergangszeit, die noch 8 Jahre betragen wird, ihrem Ende zu, ohne dass es zum Eintritt in die dritte Phase eines neuen besonderen Beschlusses des Ministerrats bedarf. Wir können also jetzt sagen, dass der Europäische Gemeinsame Markt im Jahre 1970 verwirklicht sein wird. Die einheitliche europäische Volkswirtschaft, die das Ziel der Römischen Verträge darstellt, wird sich ~~also jetzt~~ unaufhaltsam bilden, mit den bedeutenden wirtschaftlichen Folgen, die aus dieser umwälzenden Erscheinung entstehen werden. Auch für die Gemeinschaftsorgane ist der Übergang in die zweite Etappe ein wichtiger Markstein. Von nun ab werden zahlreiche Beschlüsse, die bisher nur einstimmig gefasst werden konnten, mit qualifizierter Mehrheit zustandekommen. Der Gedanke, dass sich in dieser Gemeinschaft das einzelne Land dem Gesamtinteresse einordnen muss - ein Grundsatz, auf den die Bundesregierung von jeher besonderen Wert gelegt hat - verwirklicht sich damit in zunehmendem Masse. Nur in einigen besonders empfindlichen Bereichen, darunter auch für wichtige Grundsatzentscheidungen auf landwirtschaftlichem Gebiet bleibt das Erfordernis der Einstimmigkeit bestehen.

Mindestens ebenso wichtig wie die im wirtschaftlichen Bereich auftretenden Folgen der Brüsseler Beschlüsse sind die Wirkungen im politischen Bereich. Die Bestrebungen Grossbritanniens, der EWG als Mitglied beizutreten, werden gefördert. Dies lässt sich schon auf Grund der ersten Nachrichten, die aus London vorliegen, erkennen. Wir können also mit Sicherheit annehmen, dass dank der gefassten Beschlüsse die Beitrittsverhandlungen mit Grossbritannien erleichtert werden. Ebenso werden die Verhandlungen mit anderen europäischen Staaten, die teils den Beitritt, teils die Assoziierung mit

-3-

[oben eingefügt] Der Eintritt in die 2. Phase ist das wichtigste Ereignis in der europäischen Geschichte der letzten Jahrhunderte.

[Ergänzung zu Seite 2] Das Ziel der europäischen Arbeit ist nicht nur wirtschaftlich, das Endziel ist politisch. Es ist die Schaffung einer zunächst westeuropäischen politischen Union. – Ich glaube, daß es klug und richtig war, die wirtschaftliche Einheit zuerst herzustellen. Sie bietet die beste, die solideste, die widerstandsfähigste Grundlage für die politische Einigung.

Adenauer: In dem Augenblick dachte ich an finanzielle Sorgen, und die finanziellen Sorgen bei uns liegen ja klar zutage. Wir müssen die Kosten für die deutschen NATO-Truppen doch um mehrere Milliarden erhöhen, und diese Kosten werden der höchste Posten in unserem ganzen Haushaltsplan sein[18]. Daran muß man auch immer denken. Ich will kein Prophet für schlechte Dinge sein, aber der Himmel bleibt doch nicht immer wolkenlos, es kommen auch mal Wolken, und die Wolken werden dann die Wirtschaft und damit auch die Steuereinnahmen irgendwie berühren. Das sind also Sorgen, die jeder haben muß.
Dazu kommen dann die großen Sorgen um die Verhandlungen über Berlin[19] und die Sorgen um die Verhandlungen in Brüssel[20]. Ich würde sehr wünschen, daß man in Brüssel zu einem positiven Ergebnis kommt; ich hoffe es auch jetzt noch. Eine Schwierigkeit ist dadurch entstanden, daß die Italiener erklärt haben, sie könnten nur bis zum 13. Januar bleiben. Das sind nur wenige Tage, und ob diese Tage ausreichen, daß alle so müde werden, daß sie nachgeben, das weiß ich nicht. Ich hatte gehofft, sie könnten sich etwas länger über ihre sehr interessanten Themen unterhalten und auseinandersetzen. Das ist also auch eine Sorge für mich, denn es ist wirklich schlecht, wenn diese Verhandlungen in Brüssel nicht so ausgingen, wie wir das als Europäer wünschen müssen. Der Osten, Herr Chruschtschow, würde das ganz sicher wünschen. Er würde sagen: Ich habe wieder mal recht! Daß diese Leute einig sind, das ist doch nicht drin! – Das ist wieder mal seine große Spekulation: die Uneinigkeit der freien Mächte.
Off the record
Was ich Ihnen jetzt sage, meine Herren, das sage ich Ihnen ganz persönlich, das bringen Sie, bitte, nicht!
Seit ich hier tätig bin, habe ich immer das Gefühl, daß die Angehörigen eines Volkes, die nie unter einer Diktatur gelebt haben, gar nicht die Mentalität des Volkes verstehen, das unter einer Diktatur gelebt hat. Weil wir ja leider eine Reihe von Jahren unseres Daseins unter einer Diktatur haben verbringen müssen, kann ich mir vorstellen, daß Chruschtschow sagt: Wenn Meinungsverschiedenheiten entstehen, dann ist die Sache faul. – Bei ihm spielen Meinungsverschiedenheiten, die da ganz sicher auch sein werden, keine Rolle, denn er entscheidet ja doch. Was gehen ihn infolgedessen Meinungsverschiedenheiten im Grunde an. So fürchte ich, wenn die NATO-Partner und überhaupt die freien Völker des Westens Differenzen haben, an sich berechtigte Differenzen – denn jeder sieht auch in der Außenpolitik und in der Wirtschaftspolitik die Sache zunächst unter dem Gesichtspunkt seines Landes an, das ist

selbstverständlich, es ist nicht so, als wenn bei internationalen Konferenzen um den Tisch herum nur Menschenfreunde säßen, das ist nicht mal hier der Fall –, dann schließt ein Diktator wie Chruschtschow aus Meinungsverschiedenheiten auf eine in die Tiefe gehende Uneinigkeit. Das ist nach meiner Meinung sogar ein Hauptfaktor in seiner Kalkulation[21].
Jetzt kommen wir auf Brüssel zurück. Ich würde es daher außerordentlich bedauern, wenn es in einer so außerordentlich entscheidenden Situation, wie sie jetzt in der Welt ist, in einer so ungeheuer wichtigen Frage, wie sie in Brüssel verhandelt wird, keine Einigkeit gäbe. – Das sind einige der Sorgen; ich habe aber noch viel mehr.
Meine Herren, ich weiß ja nicht, ob Sie alle so perfekt in der deutschen Sprache sind, daß Sie alles verstehen. Es entstehen sonst zu leicht Mißverständnisse über das, was ich gesagt habe. Wäre es nicht doch besser, wenn übersetzt würde?

(Dolmetscher *Weber* schlägt vor, dann zu übersetzen, wenn jemand etwas nicht verstanden habe.)

Meine Herren, das erinnert an das Beispiel des Diktators. Herr Weber hat gesagt, die Herren, die glauben, etwas mißverstanden zu haben, sollen das sagen, sie sollten dann fragen. Aber das ist es ja gerade, wenn man etwas mißversteht, dann glaubt man doch nicht, daß man mißversteht! Woher sollen die Herren das denn wissen!

(Auf die Frage von St[aatssekretär] *von Eckardt* wird ein Bedürfnis zur Übersetzung allgemein verneint.)

Also ich wasche meine Hände in Unschuld, wenn ich nachher dementieren muß.

Journalist: Was Sie bisher gesagt haben, ist off the record?

Adenauer: Wenn Sie darüber etwas bringen wollen, ich habe nichts dagegen.

(Auf Vorschlag von Herrn *Diehl* und einiger Teilnehmer soll von jetzt an *übersetzt* werden.)

Adenauer: Ich habe es so lieber. – Ich habe versucht, die Mentalität des Diktators zu erklären. Wie lange ist es bei Ihnen zurück bis Cromwell[22]? Das war doch Ihr letzter Diktator. Das sind doch über 300 Jahre her. Aber wir haben jetzt Hitler gehabt. Dann habe ich versucht klarzumachen, daß in den Augen eines Diktators Meinungsverschiedenheiten der anderen Seite den Eindruck einer tiefgehenden Spaltung machen und in ihm die Hoffnung lebendig halten, daß die anderen doch eines Tages auseinanderfallen. Ich bin überzeugt, meine Herren, daß er das ganz sicher annimmt.

Journalist: Zum ersten Thema: Sie sagten soeben, daß Sie hofften,

daß Sie die Sorgen, die Macmillan habe, verringern könnten. Dann gliederten Sie das Problem auf in Devisenschwierigkeiten und in Portemonnaie-Schwierigkeiten. Bezieht sich Ihr Wunsch, daß diese Sorgen vermindert werden, auf beides?
Adenauer: Das bezieht sich auf uns beide, auf Macmillan und mich. Da ist, glaube ich, ein kleines Mißverständnis entstanden. Ich sprach von Sorgen. Wir hätten genug Sorgen, um Grund zu einer Aussprache zu haben. Das war der Ausgangspunkt. Dann sagte einer von Ihnen: Was haben Sie denn für Sorgen? Und dann ging die Sache los mit dem verdammten Geld, und so kamen wir in die Sache hinein über die Sorgen. Aber ich bin überzeugt, meine Herren, die ganze Weltsituation ist doch wahrhaftig schwierig – ich will mich mal sehr vorsichtig ausdrücken –, aber sie ist sehr schwierig.
Wenn Sie dabei weiter noch berücksichtigen, daß diese Situation sich im Laufe von Jahren entwickelt hat, also nicht durch ein plötzliches Ereignis eingetreten ist, sondern durch langwierige Politik, die auf der einen und auf der anderen Seite verfolgt worden ist, dann kann man um so eher sagen, das sind Sorgen, die nicht von heute auf morgen aus der Welt geschafft werden können, sondern die wirklich ernstgenommen werden müssen, wie eine langwierige Krankheit, die nur durch fortgesetzte Bemühungen aus der Welt geschafft werden kann. Ich bin überzeugt, daß ich über diese Fragen auch mit Ihrem Premierminister sprechen werde. – Aber entschuldigen Sie bitte, ich hatte Sie in Ihrer Frage unterbrochen.
(Journalist verneint.)
Baker: Herr Bundeskanzler, möchten Sie ein paar Worte sagen zu der Marschrichtung, die in der Berlinfrage zu entwickeln sein wird?
Adenauer: Einstweilen sehe ich keine großen Fortschritte bei den Unterhaltungen, die gewesen sind. Sie müssen ja die Besprechungen, die jetzt in Moskau zwischen Thompson und Gromyko stattfinden[23], als eine Fortsetzung der Gespräche betrachten, die in Washington zwischen Rusk und Gromyko und dem verflossenen Botschafter da stattgefunden haben[24]. Wenn man diese ganzen Gespräche kennt, dann kann man nicht sagen, daß bisher nennenswerte Fortschritte oder Annäherungen der Anschauungen der beiden Seiten erzielt worden sind. Wobei es ja bei den Gesprächen mit den Russen doch immer so geht: Sie sind sehr zäh, und wenn man gerade so zäh ist wie sie [...] – daß schließlich doch was rauskommt.
Journalist: Sind Sie über die Gespräche auf dem laufenden gehalten worden? Sind Sie über alles informiert?

Adenauer: Ja. – Sehen Sie, meine Herren, dann die russische Taktik auch während der Verhandlungen. Wir beobachten sie natürlich seit Jahr und Tag mit der denkbar größten Aufmerksamkeit und Genauigkeit. Während dieser ganzen Verhandlungsserie hat Chruschtschow doch – ich glaube innerhalb von sechs Tagen folgendes gemacht[25]: erstens, die Rede vor dem Internationalen Gewerkschaftskongreß, die sehr böse war; zweitens, die Rede, die der jetzt abberufene russische Botschafter in Washington vor dem National Press-Club gehalten hat, auch wieder eine sehr böse Rede. Dann hat die russische Regierung Dänemark angepackt wegen NATO und des Ostseeraums, dann hat sie Österreich angepackt, weil es mit der EWG was wolle, und hat erklärt, das sei mit seiner Neutralität nicht vereinbar. Dann kam die Note an die Vereinigten Staaten wegen der Auslieferung des Generals Heusinger. Das alles hat sich jetzt abgespielt – ich habe das sehr genau verfolgt, und es hat sich mir sehr eingeprägt –, innerhalb von sechs Tagen, so daß man also bei Verhandlungen mit den Russen nie sicher ist, wenn sie einigermaßen normal, also ohne positives Ergebnis, aber doch wenigstens in einer annehmbaren Atmosphäre verlaufen, daß nicht plötzlich Herr Chruschtschow wieder dazwischenschlägt wie mit den Dingen, die ich eben aufgezählt habe. Bei solchen Verhandlungen muß man also viel Geduld haben. Ich glaube, Kennedy hat gesagt – ich glaube das heute mittag gelesen zu haben –, er wolle die Berlinfrage in diesem Jahr erledigen[26]; nun, wir haben heute den 8. Januar, also es ist noch etwas Zeit!

Journalist: Die Verhältnisse zwischen Deutschland und England haben sich offenbar in letzter Zeit verbessert?

Adenauer: Ja.

Journalist: Was sind Ihrer Meinung nach die Gründe für solche Verbesserungen?

Adenauer: Ja, meine Herren, die Gründe sind wohl, daß man größeres gegenseitiges Verständnis für die Situation des anderen aufbringt. An sich waren ja auch vorher keine ausgesprochenen Schwierigkeiten zwischen Großbritannien und uns; aber man spricht sich besser aus und klärt gegenseitig die Meinungen, und ich glaube, gerade Ihr Foreign Minister Lord Home ist darin sehr gut, er hat eine sehr klare Einstellung zu den verschiedenen Problemen und spricht sie sehr klar aus.

Vine: Herr Bundeskanzler, wenn Sie eben sagten, Lord Home spräche klarer, wollten Sie damit sagen, daß seine Ansichten mit den Ihrigen eher übereinstimmen als beispielsweise die Ansichten seines Vorgängers[27]?

Adenauer: Das wollte ich nicht sagen. Aber wenn die Ansichten klar ausgesprochen werden – auch wenn sie andere sind als man selbst hat –,

dann kann man sich auch gut auseinandersetzen und aussprechen, und ich glaube, Lord Home hat wirklich die Gabe, sehr klar das zu sagen, was er meint – und Sie sind nicht böse über das, was ich jetzt sage: Das ist bei einem britischen Staatsmann eine gewisse Seltenheit.
(Zustimmung – Heiterkeit)
Journalist: Darf ich noch einmal auf das Verhältnis England–Deutschland zurückkommen. Existiert nicht die Gefahr, wenn keine erfolgreichen Besprechungen über die Rheinarmee zustande kommen, daß das Verhältnis zwischen England und Deutschland wieder schlechter wird?
Adenauer: Meine Herren, wissen Sie, die gemeinsame Gefahr ist doch viel klarer geworden, als sie noch vor ein, zwei Jahren war, und ich glaube, daß diese gemeinsame Gefahr – selbst wenn über irgendeinen Punkt noch Meinungsverschiedenheiten sind, ich denke jetzt gar nicht an die Kosten der Rheinarmee – diese Nationen so zusammenhält, daß sie über solche Meinungsverschiedenheiten viel leichter hinwegkommen.
Journalist: Die Schlußfolgerung scheint zu sein: Wo wären wir ohne Chruschtschow?
Adenauer: Dann würden wir uns wahrscheinlich zanken!
(Lachen)
Baker: Glauben Sie an eine Berlin-Lösung in absehbarer Zeit?
Adenauer: Was würden Sie an meiner Stelle antworten?
Journalist: Ich würde »nein« sagen.
Adenauer: Würden Sie das dann auch *sagen*?
Meine Herren, in Berlin – das möchte ich Ihnen bei der Gelegenheit sagen – ist eine große Gefahr. Das ist die Gefahr der inneren Auszehrung, das ist die Gefahr, daß die Menschen den Mut verlieren, und das ist wirklich eine sehr große Gefahr. Man darf nicht vergessen, es sind doch jetzt präterpropter 16 Jahre, und die Berliner haben manche schwierige Situation in der Vergangenheit sehr tapfer erledigt. Aber man muß ihnen Hoffnung und Mut lassen. Deshalb fand ich auch die Rede, die Herr Brandt, der Regierende Bürgermeister, jetzt gehalten hat[28] – sie stand heute in der deutschen Presse –, ganz gut, d. h. ganz gut, daß er es gesagt hat, abgesehen davon, was jeder davon hält. Er meint, es wäre eine Stabilisierung bezüglich Berlin eingetreten; daran glaube ich ja nicht, meine Herren; aber es ist gut, daß er es gesagt hat, damit die Berliner Mut behalten. Hoffentlich werden sie nicht enttäuscht!
Vine: Herr Bundeskanzler, es ist kein Geheimnis, daß seit langer Zeit die Engländer hier in Deutschland, daß Großbritannien von der deutschen Öffentlichkeit und auch von gewissen Kreisen in der Regierung so

betrachtet wurde, als ob sie einer Beschwichtigungspolitik gegenüber Moskau in der Berlinfrage und auch in der Deutschlandfrage ganz allgemein das Wort reden. Offensichtlich ist dieser Verdacht, dieser Argwohn heute nicht mehr so tiefsitzend wie noch vor einem Jahr. Was, glauben Sie, ist geschehen, um das Vertrauen wieder zu festigen?
Adenauer: Ich fürchte, die Meinung ist noch da. Ich meine, es hat keinen Zweck, daß ich Ihnen etwas Falsches sage, meine Herren, aber ich fürchte, diese Meinung ist noch da.
Journalist: In der Öffentlichkeit, oder?
Adenauer: Nicht nur bei den Deutschen. Aber auf der anderen Seite nähert sich doch England immer mehr Europa, und das wird wahrscheinlich dann auch so bei der Meinung der Menschen als ein Gewicht nach der anderen Seite hin gewertet werden. Es ist ja auch sehr schwer zu sagen: Woher kommt eine verbreitete Meinung? Aber ich glaube, weil England sich jetzt auch offensichtlich Europa nähert – ich denke an EWG –, ist vielleicht das Gefühl zurückgetreten, daß England für eine Beschwichtigungspolitik der Russen zu haben sei.
Journalist: Ist dieses Gefühl jetzt weniger begründet als zuvor, und beschränkt es sich nur auf die deutsche Öffentlichkeit?
Adenauer: Es beschränkt sich nicht auf die Öffentlichkeit, sondern die Menschen, auch wenn sie nicht öffentlich auftreten und reden, haben eine gewisse Sorge; aber ich glaube, das ist zurückgetreten.
Baker: Um das ganz klarzustellen, Herr Bundeskanzler – es sind Gefahren, daß Sie mißverstanden werden –: Können Sie sagen, was Ihre Auffassung zu dieser Frage ist?
Adenauer: Das will ich Ihnen sehr offen sagen. Es ist ganz zweifellos, daß Großbritannien nach dem Zusammenbruch doch den Europafragen sehr distanziert gegenübergestanden hat. Ich weiß nicht, ob Sie wissen, daß Frankreich damals England angeboten hat, in die Montanunion einzutreten, und daß England das abgelehnt hat[29]. Das hat mir seinerzeit Herr Schuman[30], der Initiator, selbst gesagt. Und auch jetzt noch, meine Herren, nach dem, was ich so höre, sind diese ganzen Fragen England–Europa in England ein Generationsproblem. Mir wurde gesagt, daß die ältere Generation, in deren Vorstellungswelt das Commonwealth noch eine bedeutende Rolle spiele, etwas zurückhaltend sei, daß aber die jüngere Generation, die sich unter Commonwealth sehr wenig mehr vorstellen könne, mehr zu Europa hinneige, und Hinneigung zu Europa verträgt sich nicht mit einem Appeasement gegenüber Sowjetrußland. Also, das sind Ideen, und die laufen sehr nahe nebeneinander.
Journalist: Herr Bundeskanzler, der Labour-Leiter, Mr. Gaitskell[31], hat

vorgeschlagen, daß man eine internationale Kontrolle der Autobahn und vielleicht auch der Eisenbahn irgendwie zustande bringen könnte zwischen der sogenannten DDR und der Bundesrepublik, und man könnte dann eine Anerkennung von Pankow nur insoweit zugeben, als Pankow an dieser Kontrolle teilnehme[32]. Was halten Sie von diesem Plan?

Adenauer: Sie werden ja gelesen haben, daß Gaitskell damit in Berlin auf Ablehnung gestoßen ist, daß die Berliner davon nichts wissen wollen. Ich gehe nun nicht so weit. Ich glaube, die »Welt« hat gesagt: Ein Mann ohne Eigenschaften[33]. Das heißt mit anderen Worten, nicht gehauen und nicht gestochen, nicht kalt noch warm. Da wird nichts draus, meine Herren. Sehen Sie mal, es besteht der Deutschlandvertrag[34], und ich bitte wirklich, einmal den Deutschlandvertrag durchzulesen. Im Deutschlandvertrag haben sich die drei damaligen Besatzungsmächte Amerika, Großbritannien, Frankreich verpflichtet, die Wiedervereinigung als ihre Politik...

von Eckardt: Als eine der Grundlagen...

Adenauer: [...] ihrer Politik anzusehen, und wenn man nun Pankow, d. h. die Zone, völkerrechtlich irgendwie – und das lag in dem Vorschlag Gaitskells – anerkennt, dann ist es nach meiner Meinung direkt ein Verstoß gegen den Deutschlandvertrag, wie überhaupt wir Deutschen – ich habe das auch für richtig gehalten – auch gegenüber Ansichten, die in den Vereinigten Staaten im Laufe des Sommers laut geworden sind, sehr zurückhaltend gewesen sind in der Überzeugung, daß von selbst eine Remedur eintreten würde; denn da waren auch Ansichten – nicht von Kennedy, aber solche Ansichten waren jedenfalls da –, die sich nicht mit dem Deutschlandvertrag vertrugen.
Meine Herren, damit kein Mißverständnis entsteht: In meinen Augen ist Gaitskell nicht »Ein Mann ohne Eigenschaften«. Ich habe vor mehreren Jahren eine Besprechung mit dem Labour-Schattenkabinett über die Berlinfrage und die Deutschlandfrage gehabt[35]. Gaitskell führte auf der anderen Seite den Vorsitz, und es waren fünf bis sechs Herren da. Da war dieses Labour-Schattenkabinett durchaus gut. Einer der Herren sagte sogar – ich möchte den Namen nicht nennen[36] –, er sei ausersehen als Kriegsminister, wenn sie an die Macht kämen, und dann würde er mehr Truppen nach Deutschland schicken, als es jetzt die Konservativen täten.

Journalist: Ich glaube nicht, daß Mr. Gaitskell eigentlich gegen den Deutschlandvertrag verstoßen wollte. Aber gibt es nicht einen gewissen Vorteil in seiner Idee? Er will den ganzen Verkehr zwischen Berlin und

Westdeutschland unter internationale Kontrolle stellen. Er steht gegenwärtig zu 95 Prozent unter kommunistischer Direktion. Wäre das nicht ein gewisser Vorteil?
Adenauer: Ich gebe zu, ich habe das Ganze nur überflogen, aber ich meine, er hätte auch Pankow mit dareingebracht.
von Eckardt: Ja, als einen der kontrollierenden Staaten.
Journalist: Aber Pankow steht jetzt bei Helmstedt und kontrolliert etwa 95 Prozent des deutschen Verkehrs nach Berlin!
Adenauer: Das ist etwas anderes, das Beispiel ist nicht sehr gut. Ich darf einmal sagen: Sehen Sie mal, ein Omnibusschaffner, der die Billette kontrolliert, ist deswegen nicht Besitzer des Omnibusses. Ich meine das so: Wenn dann auch Angestellte von Pankow kontrollieren, ob ein Vertrag erfüllt wird, zu dessen Partnern Pankow nicht gehört, dann wird dadurch Pankow nicht ein Vertragspartner. Ich glaube, Gaitskell hat hier übersehen, daß bei seiner Konstruktion vorgesehen ist, daß Pankow ein Vertragspartner ist, und damit würde dann anerkannt sein, daß Pankow ein Staat ist, was bisher ja nicht geschehen ist.
Baker: Glauben Sie, daß es vielleicht jetzt möglich wäre, einen Vertrag über Kontrollen, wie Sie es andeuteten, ohne Pankow abzuschließen?
Adenauer: Der Gedanke ist ja bekannt, daß man gehofft hat und vielleicht auch noch hofft, daß ein Vertrag mit Sowjetrußland geschlossen wird, und wenn Sowjetrußland in dem Friedensvertrag anhängt die Verpflichtung, für eine freie Kommunikation zu sorgen [...].
Journalist: Eine solche Konstruktion wäre für Sie akzeptabel?
Adenauer: Das muß man sich durch den Kopf gehen lassen. – Also jetzt bin ich vorsichtiger!
Vine: Herr Bundeskanzler, darf ich fragen: War in der letzten sowjetischen Denkschrift[37] irgend etwas neues?
Adenauer: Also, meine Herren, das ist das komischste Ding von der Welt, das muß ich Ihnen zunächst mal sagen. Man hat den Herrn Kroll in das Außenministerium in Moskau gebeten. Dann hat ihm ein stellvertretender Ministerpräsident ein Schriftstück überreicht[38], das weder eine Adresse hat noch eine Unterschrift. Nun werden im diplomatischen Verkehr ja Aide-mémoires manchmal hinterlassen, wenn eine Besprechung stattgefunden hat; aber die hat nicht mehr stattgefunden. Also ein ganz merkwürdiger Vorgang, meine Herren! Ich wiederhole: weder eine Adresse noch eine Unterschrift! Neues steht nicht darin, das kann ich Ihnen sagen. Aber: Uns will man aufhetzen gegen Amerika, gegen Großbritannien und gegen Frankreich. Aber es ist kein Entgegenkommen irgendwie...

Vine: Kein Köder an der Leine?
Adenauer: Natürlich sind Köder an der Leine, aber für mich nicht!
(Heiterkeit)
von Eckardt: Wir beißen nicht!
Adenauer: Wir Deutschen müssen nach vorwärts blicken – das ist der gute Rat – und müssen das große Geschäft sehen, das man mit Sowjetrußland machen könnte. Das ist der Köder.
Vine: Aber ein bißchen so für die Zukunft?
Adenauer: Ein bißchen sehr dumm! (Unter uns – das schreiben Sie bitte nicht!)
Journalist: Sind irgendwelche Angaben gemacht, daß das inhaltlich mitgeteilt werden darf?
Adenauer: Sehen Sie mal, warum sollen wir davon so ein Aufsehen machen? 22 Seiten, die gehen an die Öffentlichkeit, und wer ist verantwortlich dafür? Der Russe? Der hat es ja gar nicht unterschrieben, der kann nachher sagen, das war irgendein Schriftstück, das hat irgend jemand dem Kroll gegeben. Aber stellen Sie sich das doch mal vor! Und das sollte ich verwenden?
Journalist: Also Sie glauben, daß das der Grund für das Fehlen einer Unterschrift war, weil das ein Hindernis für Sie sei, es zu veröffentlichen?
Adenauer: Nein, nein! Das ist doch sehr klar. Ich nehme an, daß Sowjetrußland ähnliche Dokumente auch an die drei Westmächte schon gerichtet hat[39] und denen gesagt hat – ich weiß es sogar, meine Herren, neulich hat de Gaulle es mir sogar noch gesagt[40] –: Wie könnt Ihr diesem Deutschland zur Seite stehen, das Derartiges auf sich geladen hat, usw. Nun macht er es hier umgekehrt. Er sagt hier, die Franzosen haben uns in die NATO gebracht aus dem und dem Grunde, die Briten aus dem und dem Grunde und die Amerikaner aus dem und dem Grunde. Er hat das aber nicht unterschrieben. Nun soll er es mal unterschreiben, damit das unterschrieben wäre von einem Manne, der Verantwortung trägt in Sowjetrußland. Dann kann man es auch veröffentlichen und sich damit auseinandersetzen. Aber, meine Herren, ein Schreiben, das weder eine Adresse noch eine Unterschrift hat, ist nicht an mich gerichtet und auch nicht an den Außenminister. Keine Adresse! Keine Unterschrift!
Journalist: Waren die Punkte, die in dem Memorandum stehen, nicht schon von Botschafter Kroll mündlich entgegengenommen worden?
Adenauer: Nein. Aber das ist in früheren Noten auch schon gesagt worden. Also, es ist gar nichts Neues drin.
Baker: Ich möchte wieder zurückkommen auf den Verdacht, der noch gewissermaßen besteht, daß die Engländer weich werden oder eine

Appeasementpolitik betreiben könnten. Glauben Sie, daß dieser Verdacht auch für die englische Regierung besteht oder von der deutschen Öffentlichkeit nur auf das englische Volk und verschiedene Schichten gerichtet ist?

Adenauer: Ich glaube, diese Meinung besteht nicht bezüglich der britischen Regierung, keinesfalls, das möchte ich ausdrücklich betonen; ich glaube, das kann ich allgemein sagen. Aber diese Meinung – Meinung ist schon ‹fast›[a] zuviel gesagt –, diese Besorgnis, daß eventuell mal ..., bezieht sich mehr auf das englische Volk. Kennedy hat doch auch gesagt, ehe ein großer Krieg ausbrechen dürfe, müsse erst das amerikanische Volk darüber aufgeklärt werden, was das bedeutet. Das hat er wiederholt gesagt[41], und ich kann das verstehen.

Wissen Sie auch, wie das ganze Unglück gekommen ist? In der Geschichte gibt es so viel Dummheiten, das können Sie sich gar nicht vorstellen! – Die Russen waren [bei Kriegsende 1945] schneller vorgerückt und hatten ein Stück von Berlin besetzt; die Amerikaner waren schneller vorgerückt und hatten Pommern, Thüringen, die Hälfte von Sachsen und Teile von Mecklenburg besetzt, die den Russen zur Besetzung in einem Abkommen zugedacht waren. Dann hat man den Russen Pommern, Thüringen, Mecklenburg und alles das gegeben, ohne sich einen Zugang nach Berlin zu sichern. Wäre damals ein Zugang nach Berlin – natürlich nicht nur auf dem Papier, sondern ein Landkorridor – in amerikanischer Hand geblieben, brauchten wir uns nicht die Köpfe zu zerbrechen, und die ganze Entwicklung wäre nicht so spitz geworden wie sie heute ist.

Vine: Das wäre eine Frage des Vertrauens zu unseren Alliierten?

Adenauer: Auf Jalta[42] waren aber auch Leute von Ihnen dabei! – Nun noch eine oder zwei Fragen, dann habe ich eine Vorbesprechung mit meinen Herren für morgen[43].

Baker: Herr Bundeskanzler, können Sie zu dem Beitritt Großbritanniens zur EWG, den Sie ja immer gefördert haben, etwas sagen?

Adenauer: Ich hoffe sehr – und ich glaube, man hat auch jetzt Anlaß zu der Hoffnung –, daß es dazu kommt. Gerade auch die britische Presse hat sich sehr interessiert gezeigt heute an dem guten Ausgang in Brüssel, der für Großbritannien bei dem Eintritt in die EWG sehr wichtig sein würde.

Vine: Welches Thema wollen Sie von Ihrer Seite aus morgen am ausführlichsten diskutieren?

Adenauer: Ich habe mir das gerade notiert, und zwar steht an der Spitze: Einigkeit! Glauben Sie mir, meine Herren, Chruschtschow zehrt davon, lebt von der Hoffnung auf die Uneinigkeit. Aber – nun, das steht ja morgen noch nicht in der Zeitung.

von Eckardt: Die englischen Zeitungen mit den Berichten der anwesenden Journalisten würden heute nacht gedruckt.

Adenauer: Meine Herren, haben Sie die Bücher »Geschichten aus der Zachurei« gelesen[44]? Die müssen Sie lesen, damit Sie auch was zum Lachen haben! Es ist jetzt ein zweiter Band[45] erschienen.

Nr. 9
8. Februar 1962: Informationsgespräch (Wortprotokoll)
BPA, Pressearchiv F 30, mit ms. Vermerk »*Unkorrigiertes Manuskript*«, »*Streng vertraulich!*«, »*Nicht zur Veröffentlichung bestimmt!*« und Paraphe »Hi[lgendorf]«

Teilnehmer: James Bell, Otto Fuerbringer[1] – Günter Diehl, Fritz Hilgendorf, Heinz Weber

Beginn: 16.15 Uhr   Ende: 17.15 Uhr

Adenauer: Ich stehe Ihnen also zur Verfügung – aber kein Interview!
Bell: Ist Ihnen lieber, Herr Bundeskanzler, wenn ich keine Notizen mache?
Adenauer: Ganz wenige! Was ich sage, das können Sie Ihren Leuten ruhig sagen, es ist nur nicht für die Öffentlichkeit bestimmt[2].
Fuerbringer: Herr Bundeskanzler, ich bin jetzt etwas in Europa herumgereist und bin von allem sehr beeindruckt, vor allem von der Aktivität und der Entwicklung des Gemeinsamen Marktes und von der Tatsache, daß im Zusammenhang damit sehr viel und sehr häufig von der Möglichkeit eines vereinten Europas gesprochen wird. Ich wäre sehr dankbar, Ihre Meinung hören zu dürfen, wie Sie glauben, daß hier weitere Entwicklungen einsetzen könnten und welche Schritte und Maßnahmen zu diesem Ziel führen könnten.
Adenauer: Das Ziel der ganzen wirtschaftlichen Maßnahmen war, auf der Verklammerung der Wirtschaften in Europa einen politischen Oberbau zu errichten. Wir gingen dabei davon aus, daß ein solches politisches Gebäude viel leichter wieder abzubrechen ist, als Wirtschaften, die aneinander gebunden und ineinander verklammert sind, wieder auseinanderzuziehen. Das war der Gedanke, von dem man schon ausging, als die Montanunion gemacht wurde, das war auch der Gedanke Robert Schumans und meiner auch[3].
Nun fragen Sie, was man tun könnte. Ich weiß nicht, ob Sie die Rede de Gaulles vom letzten Montag (5. Februar 1962) gehört oder gelesen haben[4]. De Gaulle hat ja seinen Landsleuten da ein wunderbares Bild gemalt von einem Europa, stärker als alles andere in der Welt und besser als alles andere in der Welt, aber nicht integriert, d. h., daß jeder Staat seine politischen Einheiten alle für sich haben sollte. Dabei befindet er sich im Gegensatz zu den anderen Mächten und auch im Gegensatz zu der Mehrzahl der Franzosen.
Ich nehme an, daß etwa im April die Staatschefs und Regierungschefs

dieser sechs Länder zusammenkommen werden⁵. Es wird daran gearbeitet – in unserem Sinne, nicht im de Gaulleschen Sinne –, einen Vorschlag für diese Besprechung auszuarbeiten, und wir müssen dann sehen, ob man de Gaulle dazu bekommt, auf diesen Boden zu treten. Das wird schwer sein. Wie ich überhaupt der Auffassung bin – wenn ich einmal von dem großen Problem zwischen Ost und West sprechen darf –, daß die ganze Situation für den Westen seit Jahren nicht so schwierig war, wie sie jetzt ist, und zwar aus einem ganz klaren Grunde: Wenn der Westen einig und geschlossen ist, kann Rußland nichts machen. Chruschtschow lebt von der Überzeugung, daß der Westen auseinanderfällt, und augenblicklich ist der Westen so uneinig, wie er seit Jahren nicht gewesen ist. Zuerst hat sich Frankreich absentiert von den Vereinigten Staaten und von England, weil es die Verhandlungen in Moskau⁶ für falsch hielt. Jetzt haben da die drei Unterredungen stattgefunden zwischen Thompson und Gromyko⁷ – Ergebnis: Null-Komma-Null! Im Gegenteil, der Russe hat allerhand für sich dabei eingesackt, und jetzt – das ist die neueste Entwicklung – weiß Amerika nicht, ob Thompson weiter verhandeln soll, und jetzt schiebt sich Großbritannien vor und will durch seinen Botschafter, Sir Frank Roberts, verhandeln⁸, und jetzt überlegen Sie, ob wir durch unseren Botschafter [Hans Kroll] verhandeln lassen sollen. Das ist ein Durcheinander! Gromyko und vor allem Chruschtschow müssen ja den Eindruck haben, daß alles hinter ihnen herliefe. Das ist die schlechteste Methode, mit den Russen fertigzuwerden, dafür haben sie gar kein Verständnis. Ich muß Ihnen sagen: Ich bin in diesen Sachen ja jetzt drin seit 1953⁹, aber so ein Durcheinander habe ich noch nicht erlebt. Das ist ein sehr hartes Urteil, aber sehr offen – und wahr!

Frage: Was soll nun geschehen?

Adenauer: Zunächst mal eine Pause, damit wieder mal alle klare Köpfe bekommen und damit der Chruschtschow nicht meint, alles liefe knieend und betend hinter ihm her. Dann muß man sich einmal zusammensetzen und sehen, wie die Geschichte nach den Unterredungen aussieht. Aber wenn ich Ihnen das noch einmal sagen darf: Der oberste Grundsatz gegenüber Chruschtschow muß sein: Einigkeit! Ich war im Jahre 1955¹⁰ sechs Tage in Moskau. Ich war jeden Tag dreimal mit Chruschtschow zusammen, Bulganin war auch noch da. Wie oft hat er mir gesagt: Ihr aus dem Westen fallt ja alle auseinander, Ihr könnt ja gar nicht mehr zusammenspielen. – Ich muß sagen, der Mann hat zum Teil recht. Ich bin wirklich sehr unzufrieden mit dieser ganzen Entwicklung, die für den Westen so schädlich ist wie nur denkbar. Dadurch kriegt man den Russen wirklich nicht zur Vernunft, daß man hinter ihm herläuft.

Frage: Glauben Sie, Herr Bundeskanzler, wenn irgend etwas Dramatisches, irgend etwas Ernstes wieder geschehen würde, beispielsweise eine neue Bedrohung Berlins, daß sich das als einigende Kraft zugunsten des Westens herausstellen wird?

Adenauer: Ich will Ihnen mal sagen, wie es mit den drei Kommandanten[11] bisher aussah in Berlin. Meine Nachrichten stammen nicht aus deutscher Quelle, sondern aus amerikanischer Quelle – aus allerbester Quelle. Der amerikanische Kommandant hat noch am meisten Mut. Der Brite hat ein ganzes Stück weniger, und der Franzose, der jetzt zurückgeholt ist, hatte am allerwenigsten. Die drei Kommandanten waren absolut uneinig. Wir wissen auch, daß Clay[12] schon ein paarmal laufengehen wollte. Das alles weiß der Russe doch auch, der weiß doch alles, was da vor sich geht.

Frage: Glauben Sie, wenn es de Gaulle erst einmal gelungen ist, das Algerienproblem[13] zu lösen, er dann eher bereit sein wird, an einer echten Einigung Europas mitzuwirken?

Adenauer: Diese Rede, die er jetzt gehalten hat und in der er nur immer von dem Europa der Vaterländer sprach, war ja zum großen Teil eine für die französische Seele abgestimmte Geste, um sie wieder hinter sich zu bringen. Aber wann wird denn die algerische Frage gelöst sein?

Frager: Diesen Monat!

Adenauer: Ich war am 9. Dezember [1961] in Paris[14] und habe de Gaulle damals gefragt: Wann wird die Algerienfrage in Ordnung sein? Ich habe gehört, es stehe bald bevor. – Darauf hat er mir gesagt: In ganz, ganz kurzer Zeit wird die Periode der Gewalt, der Terrorakte zu Ende sein. – Wir haben heute den 8. Februar, sie ist nicht zu Ende[15]. Wenn Sie die französische Presse von gestern sehen, zum Teil auch die amerikanische, die »New York Times« z. B., dann werden Sie lesen können, daß auch dann, wenn zwischen dem Mutterland, zwischen de Gaulle und den Aufständischen ein Abkommen geschlossen sein würde, das keine Ruhe in Algerien bedeute, weil in Algier die OAS das Heft in der Hand habe, und die OAS wolle auch mit den Aufständischen verhandeln, aber nur als Sieger. Wenn nun die französischen Truppen von de Gaulle aus Algerien zurückgezogen sind..., ich weiß ja nicht, ob die Truppen und ihre Offiziere gehorchen werden; auch unsere Militärs haben ja als Offiziere untereinander doch mehr – wie wir sagen – ein Gespür voneinander, und die sagen, der Geist sei schlecht in der französischen Armee, und zwar nicht nur bei den Generalen, sondern bis tief runter! Nach dem, was ich z. B. gestern hörte – aber ich weiß nicht, ob es richtig ist –, hätten französische Offiziere und Soldaten am Neujahrsabend in Berlin in ihrem Haus »Frankreich« am Kurfürstendamm die OAS-Hymne gespielt und gesungen und sich so benommen wie die OAS'ler[16]. Das habe ich nur vom Hörensagen, aber von einem Berliner, der im allgemeinen die Dinge sehr gut kennt. Sie seien dann aber bald abgelöst worden. Also ich fürchte, ich fürchte, es wäre ein großes Unglück für Europa und für die Welt, wenn de Gaulle nicht das Heft wieder in die Hand bekäme, und ich wünsche nur, daß er es wieder in die Hand bekommt. Aber ob er es wieder in die Hand bekommt und wann, das weiß der liebe Himmel, die Frage kann Ihnen kein Mensch beantworten.

Frage: Das, was Sie vorhin sagten, wurde in etwas ähnlicher Weise auch von Herrn Monnet zum Ausdruck gebracht, der auch sagte, das französische Volk stehe eigentlich mehr und stärker hinter der Idee einer europäischen Einigung als de Gaulle. Aber wenn dann erst einmal die Entscheidung über die Algerienfrage getroffen ist, dann wird auch die Mehrheit des französischen Volkes hinter dieser Entscheidung stehen. Selbst wenn es zunächst einige Schwierigkeiten geben sollte, wird doch die Mehrheit des französischen Volkes hinter de Gaulle stehen, und das könnte dazu beitragen, daß er das Heft in der Hand behält.

Adenauer: Ich hoffe es! Herr Monnet ist ein guter alter Freund von mir. Er war auch diese Woche bei mir[17], und wir sprachen über das politische Europa. Er ist immer sehr optimistisch gewesen. Ich wünschte, er hätte recht, aber ich weiß nicht, ob er recht hat. Er war auch jetzt optimistisch. Er ist ein großartiger Mann, aber ein bißchen sehr optimistisch. Damit da kein Mißverständnis bei Ihnen entsteht: Die großen und maßgebenden französischen Zeitungen von gestern sagen, die Franzosen und Algier und die Truppen, die dort unter OAS-Führung stehen, würden einem Abschluß, den de Gaulle mit der FLN macht, nicht anerkennen; das Mutterland wahrscheinlich ja; aber wie es dann in Algerien sein wird, das muß man abwarten. Wissen Sie, wenn Generale mal politisch geworden sind, dann sind sie gefährlich!
Wissen Sie, bei diesem Durcheinander in der Welt müssen nach meiner Meinung die US ihre Führerrolle viel stärker betonen, als sie das jetzt tun.

Frage: Glauben Sie also, daß die Vereinigten Staaten in jüngster Zeit zu viel Ouvertüre dem Kreml gegenüber gemacht haben?

Adenauer: Ja! Sehen Sie mal, auch z. B. die Sache mit dem Schwiegersohn von Chruschtschow[18] und die Sache mit Salinger[19] in Paris!

Diehl: Herr Salinger will Herrn Adschubei im April/Mai besuchen. Das telegraphierte Herr Kroll heute[20].

Adenauer: Dann läuft er dem jetzt in Moskau nach!

Diehl: Herr Bundeskanzler, Herr Leontiev[21], der Chefredakteur der »Literaturzeitung« in Rußland, möchte Sie sprechen. Er ist zur Zeit hier und hat uns gefragt, ob wir vermitteln können, daß Sie ihn kurz empfangen.
Adenauer: Ja, aber kein literarisches Gespräch!
Fuerbringer: Warum nicht?
Diehl: Über die großen Russen!
Adenauer: Nein, die habe ich nie gemocht; die ganzen Rußlandschwärmer, von Dostojewski[22] angefangen, habe ich nie verstanden.
Diehl: »Literaturzeitung« ist doch ein Tarnname!
Adenauer: Ich weiß, das ist natürlich eine politische Zeitung. – Wie lange bleibt er hier?
Diehl: Er kommt am Montag [12. Februar 1962].
Adenauer: Da wird sich sicher eine halbe Stunde Zeit finden. Aber nicht unter vier Augen! Riskiert er denn, ohne den Botschafter[23] zu kommen?
Diehl: Er ist ein Herr von etwa 65 Jahren, der den Eindruck macht, daß er sich durchaus allein bewegen kann.
Adenauer: Also warten wir mal ab!
Frage: Ich gehe davon aus, das, was Sie eben sagten, Herr Bundeskanzler, bedeutet nicht, daß Sie Chruschtschow einladen würden?
Adenauer: Ich fürchte, dann wäre der morgen da! Nein, den möchte ich nicht einladen. Ich möchte überhaupt nichts tun, was auch nur die Möglichkeit in sich schlösse, den Russen irgendeine Divergenz unter den westlichen Verbündeten zu zeigen. Das ist nach meiner Meinung das oberste Gebot für alle Vertreter der verbündeten Staaten.
Frage: Herr Bundeskanzler, ich teile natürlich Ihre Befürchtungen hinsichtlich der Uneinigkeit, die im Augenblick überall zu beobachten ist. Aber sieht es nicht so aus, als ob auf lange Sicht gesehen, auf die Zukunft gesehen, im Augenblick sich sehr viele Dinge vollziehen oder anbahnen, die dazu angetan sind, Europa stärker in sich zu festigen, die europäischen Staaten stärker aneinander zu binden?
Adenauer: Sie gingen nach meiner Meinung zuviel davon aus, daß jeder allein ist. Man kann sich aber ein Urteil über die ganze Entwicklung nur erlauben, wenn man das Ganze sieht, von Europa über Sowjetrußland zu Rot-China und Amerika. Ich der Überzeugung – und ich habe gute Gründe für diese Überzeugung –, daß Chruschtschow sich völlig darüber klar ist, welche Gefahr Sowjetrußland durch Rot-China entsteht[24], nicht heute oder morgen; aber die Entwicklung scheint sich schneller zu vollziehen, als wir es erwartet haben, und es kann sehr gut

sein, daß dadurch schließlich auch Rußland genötigt wird, seine ganze Kraft gegenüber dem Osten aufzubauen und nicht mehr gegenüber dem Westen. Ich glaube, James Reston hat darüber im Dezember auch geschrieben. Er kam damals von Paris aus zu mir[25], ehe er zurückfuhr. Er sagte mir, daß er in Paris die Ansicht vertreten gefunden habe, Sowjetrußland sei ein irregeleiteter europäischer Bruder, den man gut behandeln müßte, damit er wieder in die Familie zurückkäme, und er fragte, ob das auch meine Ansicht wäre. Ich habe Reston gesagt, ehe dieser europäische Bruder sich nun auf Europa besinnen würde, würde er zuerst versuchen, möglichst viel aus Westeuropa in seine Atmosphäre [sic!] zu bekommen, damit er kräftiger wäre gegenüber Rot-China, und erst wenn er einsähe, daß ihm das nicht gelinge, dann könne die Periode kommen, wo dieser irregegangene europäische Bruder zu der Überzeugung komme, daß er sich mit Europa und Amerika verständigen müsse, damit er nicht von Rot-China verschluckt werde. In der Periode sind wir jetzt. Jetzt versucht er, Amerika eine Niederlage zu bereiten in Berlin. Nicht wegen der Stadt Berlin, sondern er versucht, Amerika in den Augen der ganzen Welt dadurch zu erniedrigen, daß er ihm in Berlin eine Schlappe zufügt, weil er damit rechnet, daß sich Westeuropa dann mehr nach Rußland wenden wird. Das ist, glaube ich, die Periode, in der wir jetzt leben. Nehru[26] hat doch nur diese Sache gemacht[27], weil er jetzt der Überzeugung ist, daß Rußland stärker ist als Amerika. – Darüber sind Sie erstaunt?

Frage: Nein, ich bin keineswegs erstaunt, Herr Bundeskanzler, im Gegenteil, ich würde sagen, so wie Sie die Situation geschildert haben, ist es ausgezeichnet dargelegt. Als Sie davon sprachen, daß die Russen versuchten, den Vereinigten Staaten in Berlin eine Schlappe beizubringen, dachten Sie dabei an kleinere Maßnahmen, oder dachten Sie daran, daß es plötzlich um große entscheidende Fragen gehen könnte, derentwegen die Vereinigten Staaten kämpfen müßten? Glauben Sie, daß die Vereinigten Staaten dafür kämpfen würden, wenn es beispielsweise um das Zugangsrecht nach Berlin ginge?

Adenauer: Also, nehmen Sie es mir nicht übel, aber das sind Überlegungen, die in Amerika angestellt werden, da kann ich nur mit den Achseln zucken. Tatsächlich! Rußland hat in der Gegend von Berlin, in der Zone, in Polen, in der Tschechoslowakei und in Teilen von Westrußland doppelt soviel Truppen, die mit konventionellen Waffen besser ausgerüstet sind als die amerikanischen und die deutschen Truppen, die bessere und mehr Panzer haben, die also doppelt so stark sind wie sämtliche Truppen der NATO zusammengenommen, so daß, wenn es da zum

Kampf kommt, dieser Kampf sofort nuklear werden wird. Darüber muß man sich klar sein, denn sonst wird der Kampf von Sowjetrußland glatt gewonnen werden mit konventionellen Waffen, weil es den anderen, allen zusammen, haushoch überlegen ist.

Daher ist es ja mein Ziel – daran arbeite ich jetzt seit Juni, da habe ich mit Rusk darüber gesprochen[28] –, daß man doch Maßnahmen zur See vorbereitet: ein Embargo, eine Sperre usw. gegen den ganzen Ostblock. Zur See sind die Westmächte zusammen viel stärker als Sowjetrußland. Das soll man vorbereiten. Aber das ist ungeheuer schwer, das zuwege zu bringen. Großbritannien möchte es nicht. Dann hat die Sache ein paar Monate gelegen; dann will Kanada nicht, seine Gesetzgebung erlaubt ihm das nicht. Aber die einzige Möglichkeit nach meiner Überzeugung – ich habe mich mit dem Problem sehr eingehend beschäftigt –, die Russen davon abzuhalten, böse Sachen in Berlin zu machen, sind solche Maßnahmen zur See[29]. Die kann man zurücknehmen, ohne das Prestige zu verlieren. Aber sie ersehen z. B. aus dieser Vorbereitung, wie entsetzlich schwierig das gemacht wird, wie wenig die Führung da ist.

Frage: Unter Führung der Amerikaner denken Sie?

Adenauer: Wer soll das sonst führen?

Frage: Wenn Sie an Maßnahmen zur See denken, an Blockade, Embargo usw., denken Sie an die ganzen Nordseehäfen?

Adenauer: An alles. Blockade auf der ganzen Linie gegen den ganzen Ostblock. Wenn die Russen wissen, daß das vorbereitet ist, dann werden sie in ihrem ganzen Vorgehen schon wieder ein bißchen maßvoller, davon bin ich überzeugt.

Frage: Mit anderen Worten: Eine solche Seeblockade sollte schon jetzt aufgenommen werden?

Adenauer: Die muß vorbereitet werden, damit sie zur Verfügung steht, wenn man will, in dem Augenblick.

Frage: Ich darf noch eine letzte Frage an Sie richten, wenn ich von dem Berlin-Thema nun mal schnell zur Frage der Wiedervereinigung Deutschlands überspringen darf: Glauben Sie, daß – rein emotionell gesehen – eine Zeitfrist gesetzt ist, über die hinaus einfach die Teilung Deutschlands nicht weiter bestehen kann und darf?

Adenauer: Die Teilung Deutschlands, wie sie jetzt ist, ist ein politisches Problem und ein menschliches Problem. Wenn die Menschen in der Zone wieder anständig behandelt würden, dann würde das politische Problem viel leichter zu tragen sein als es jetzt zu tragen ist, wo die Menschen da geknetet und geknechtet werden. Die Hälfte der Zuchthäuser und der Gefängnisse in der Zone ist gefüllt mit politischen

Gefangenen. Daraus können Sie schließen, welche Zustände da herrschen. Also wenn es gelänge, die Lage der dort lebenden Menschen erträglicher zu machen, dann könnte man mit der Lösung des politischen Problems länger warten. Aber so, wo die Deutschen wissen, wie es da zugeht – täglich erfahren sie das neu –, wird auch das politische Problem spitzer und schärfer. Da sollten vielleicht auch die Vereinigten Staaten mal ansetzen und dafür sorgen, daß in der Zone nun wirklich menschenwürdige Verhältnisse geschaffen werden. Dann wird das politische Problem schon im Laufe der Zeit auch seine Lösung finden, aber die ganze Sache ist dann entschärft.

Sehen Sie mal, in welch verrückter Welt wir leben[30]: Wenn Neger am Kongo oder im Inneren Afrika so behandelt würden wie jetzt die Deutschen mitten in Europa, dann würde ein Aufstand in der Welt sein, die UNO würde Gott weiß was für Spektakel machen, und man brächte sich um. Aber an der Tatsache, daß nun mitten im Herzen Europas deutsche Menschen – 16 Millionen sind es jetzt noch – derartig schmachvoll behandelt werden, nimmt keiner mehr Anstoß.

Frage: Sie sprachen vorhin von Berlin und im Zusammenhang damit über das Prestige, daß man Truppen, wenn einmal ein Kampf ausgebrochen sei, nicht zurückziehen könne, ohne an Prestige zu verlieren. Im letzten Herbst war man nun in den US der Auffassung, wenn Kennedy nicht bereit gewesen wäre, in dieser Sache zu kämpfen, er zu Hause sehr viel an Ansehen eingebüßt hätte, auch im Zusammenhang mit dem Ablauf der Dinge in Kuba[31] und dann mit der Mauer in Berlin. Glauben Sie, daß diese Zeit jetzt vorüber ist?

Adenauer: Die jetzige Administration bei Ihnen hat so ungeheure innenpolitische Probleme in Angriff genommen[32], auf sozialem Gebiet, auf dem Schulgebiet, auf wirtschaftlichem Gebiet und auf landwirtschaftlichem Gebiet, so daß sich, soweit ich das beurteilen kann, das Interesse in den Vereinigten Staaten sehr stark diesen innenpolitischen Vorgängen zugewendet hat. Natürlich wird aber auch das Ansehen des Präsidenten in den US schwer Schaden leiden, wenn die US in Berlin von Sowjetrußland gedemütigt werden. Einen Kampf herbeizuführen, wäre falsch; aber Vorsorge zu treffen durch die Vorbereitungen der Blockade und des Embargos, daß es gar nicht zu so etwas kommt, das ist nach meiner Meinung die richtige Politik.

Lassen Sie mich noch einen Blick in das Buch werfen.

(Mr. *Fuerbringer* hatte dem Bundeskanzler eingangs ein großformatiges Buch »Germany«[33] überreicht.)

Das scheint ja sehr interessant zu sein.

[(]Herr *Diehl* weist darauf hin, daß der Text von Mr. Prittie, dem Korrespondenten des »Guardian« in Deutschland, den der Kanzler auch sehr gut kenne, geschrieben worden sei. Mr. *Fuerbringer* betont, es sei vor allem sehr gut geeignet für nach Deutschland kommende Touristen, die sich schnell über das unterrichten wollen, was sich nach dem Kriege hier zugetragen hat.
Nochmals betonter Hinweis des Bundeskanzlers auf den Informationscharakter des Gesprächs. Er habe sehr offen gesprochen – keine Veröffentlichung!

Bell: Er habe seine Notizen lediglich zur Gedächtnisstütze für Mr. Fuerbringer gemacht.[)]]

Nr. 10
20. Februar 1962: Informationsgespräch (Wortprotokoll)
StBKAH 02.26, mit ms. Vermerk »*Unkorrigiertes Manuskript*«, »*Streng vertraulich!*« und Paraphe »Z[ie]h[e]«

Teilnehmer: Sydney Gruson, Flora Lewis Gruson – Felix von Eckardt, Heinz Weber, Theodor-Paul Ziehe

Beginn: 11.25 Uhr[1]   Ende: 12.45 Uhr

Adenauer: Ich habe Sie warten lassen müssen. Es war ein Telegramm angekündigt über einen Artikel, den Sie geschrieben haben, und zwar ist es der Leitartikel vom 18. 2.[2] Darin heißt es: Der Bundeskanzler habe ursprünglich die Absicht gehabt, die sowjetische Anregung[3] zu zweiseitigen Gesprächen Bonn/Moskau sofort und entschieden abzulehnen. Aber Umstände und politische Gesichtspunkte hätten dann zur Abfassung einer milderen Antwort geführt[4]. Gruson erwähnt den FDP-Vorsitzenden Mende[5] als Befürworter direkter Gespräche. Für die Milderung der Antwort an die Sowjets sei außerdem der Einfluß der westlichen Alliierten maßgebend gewesen, vor allem Großbritannien hätte gern gesehen, wenn Bonn die Aufgabe übernommen hätte, den russischen Minimalpreis zu erhöhen. Die Amerikaner hätten bisher keine Meinung geäußert; darin sei eine stillschweigende Andeutung zu sehen, daß Washington keine Einwendungen gegen direkte Gespräche habe. Dann kommt zum Ausdruck, auf lange Sicht würden sowjetisch-deutsche Gespräche nicht zu vermeiden sein, wenn die Sowjetunion wirklich an solchen interessiert sein sollte. –
Na – Wahrheit und Dichtung!
Gruson: Sie wissen ganz genau, was in den Zeitungen steht, ist immer ein bißchen Wahrheit und ein wenig Dichtung...
Adenauer: Da will ich Ihnen sagen, wie es war. Diese Sache, die unserem Botschafter Ende Dezember in Moskau übergeben worden ist, enthielt meiner Meinung nach von direkten Verhandlungen gar nichts.
(*von Eckardt:* Nein, kein Wort!)
Die Sache mußten wir nachher bekanntgeben, weil die sowjetische Botschaft Teile veröffentlichte[6]. Dann haben wir eine Antwort verfaßt. Das ursprüngliche Papier ist ja wirklich an Dumme gerichtet: Es wird gesagt, die Franzosen betrügen Euch, zweitens die Engländer betrügen Euch, drittens die Amerikaner betrügen Euch. Wir sind diejenigen, die Euch nicht betrügen. Kommt zu uns, Ihr kriegt Aufträge, soviel Ihr wollt. Ich glaube, sie wollen aber gleichzeitig eine Anleihe von uns...

(*von Eckardt:* Das steht allerdings nicht drin!)
Doch – zehn Jahre – die Fragestellung, der Preis auf zehn Jahre – das ist doch dasselbe. Wenn ich Sie erinnern darf an die Anleihen, die Frankreich früher an Rußland gegeben hat, und wenn ich daran erinnere, was die wiederbekommen haben, und wenn Sie mir einen Gerichtsvollzieher nennen würden, der in der Lage ist, bei den Russen das Geld zu holen, daß es dann zurückgegeben wird, dann sind Sie ein großer Mann – ich kenne keinen!
Nun, unsere Antwort ist, so glaube ich, ganz gut ausgefallen, und sie wird jetzt in Moskau zu übergeben sein. Sie ist den Westalliierten noch vor der Übergabe mitgeteilt worden. Da ist unser Standpunkt dargelegt und manches gesagt an die Adresse Ulbrichts, was Chruschtschow aber auch auf sich selbst beziehen kann. Wir haben in Deutschland ein Sprichwort: Man haut auf den Sack, und den Esel meint man!
– Wir haben ja kein Interview, sondern ein Informationsgespräch! –
Was nun die direkten Gespräche angeht, so denke ich nicht an direkte Gespräche...
Gruson: Nicht heute und nicht morgen?
Adenauer: Nein – überhaupt nicht. Ich denke nicht an direkte Gespräche mit Rußland, denn bisher hat keiner – auch von Deutschen, die daran naiv glauben, dadurch etwas zu erreichen – mir sagen können, warum Chruschtschow uns mehr geben sollte als den Amerikanern.
Lewis Gruson: Glauben Sie wirklich, daß er helfen würde? Wenn die Russen der Zone etwas wegnehmen sollten oder eine wirkliche Liberalisierung dort garantieren würden, würden sie das eben nicht ohne einen Preis tun? Das wäre eine Frage, gibt es eine Möglichkeit?
Adenauer: Wenn in der Ostzone ein Regime wäre wie in Rußland oder wie in Polen oder der Tschechoslowakei, dann würde dadurch die Bitterkeit sehr viel gemildert werden. Denn die Frage der Ostzone ist auch ein sehr menschliches Problem. Ich habe das immer als ein menschliches Problem in erster Linie aufgefaßt, nicht als nationales Problem, sondern daß den Menschen dort geholfen wird. Wenn sich Chruschtschow dazu entschließen könnte, dann glaube ich, daß ein sehr viel besseres Klima geschaffen würde, und dann würde man auch schon sehen, wie man weiterkommt.
Lewis Gruson: Würde das dafür eine Anerkennung in sich bergen können?
Adenauer: Dann wären wir bereit, dafür einen Preis zu bezahlen; aber dann müßte man sehen, was man dafür gibt.
Gruson: Welchen Zweck verfolgt Herr Mende mit diesem ständigen Druck, den er doch ausübt, diese Gespräche zu führen?

Adenauer: Ich habe gestern noch mit Mende gesprochen[7]. Sie kennen ja Herrn Dehler[8]. Wenn Herr Dehler in die Trompete stößt, dann nimmt Herr Mende eine Flöte. – Aber, bitte, schreiben Sie das nicht! – Herr Mende, der sich sehr korrekt benimmt, tut mir aufrichtig leid. Gestern habe ich die Rede Dehlers bekommen, die er in Berlin gehalten hat[9], die ist unerhört. Er hat gesagt, wir sollten die vereinbarte Außenpolitik jetzt endlich in Angriff nehmen. Dabei ist die Außenpolitik bei den Gesprächen schriftlich niedergelegt, und zwar die Außenpolitik und Verteidigungspolitik. Außenpolitik nach einer Niederschrift in einem Entwurf von Brentanos[10], der damals Außenminister war; die Verteidigungspolitik nach einem Entwurf von Strauß[11] – und die Quintessenz: Beide bleiben unverändert.

Wenn dann Herr Dehler weiter sagt, wir hätten zugesagt, die Initiative zu ergreifen mit Sowjetrußland, dann ist das wenig klug. Nun sagt er das aber, und das Gros der Abgeordneten ist anderer Ansicht – ich meine, auch von der FDP.

Gruson: Kann die Koalition eigentlich reibungslos und glatt funktionieren, solange Herr Mende diese Töne spricht?

Adenauer: Sie meinen Dehler?

Gruson: Ach, Dehler ist doch der Trompeter, wie Sie sagen. Aber dann bläst er etwas weicher!

Adenauer: Sehen Sie, Herr Mende hat ja Leute in seiner Fraktion – das ist schauderhaft.

Lewis Gruson: Ich möchte doch die Frage stellen über die Möglichkeit, daß zu einem gewissen Zeitpunkt doch mit den Sowjets gesprochen werden könnte über die Möglichkeit einer Verbesserung der Zustände in der Sowjetzone, Verbesserung der Regierungsform, und in diesem Zusammenhang wollte ich auch fragen, ob nicht in den Gesprächen zwischen Thompson und Gromyko[12] gerade diese Frage – Verbesserung der Bedingungen in der Sowjetzone – einmal erörtert werden könnte? Und in diesem Zusammenhang die weitere Frage, wie Sie überhaupt diese Gespräche zwischen Thompson und Gromyko beurteilen?

Adenauer: Ich möchte bei der letzten Frage anfangen. Mir sagte dieser Tage ein Amerikaner[13], solange gesprochen wird, wird nicht geschossen. Das würde ich gar nicht so ohne weiteres meinen, denn wenn die Russen jetzt diese Schwierigkeit in den Luftkorridoren machen[14] – wenn sie dieses amerikanische Transportflugzeug angeflogen haben und das Flugzeug des englischen Botschafters[15] –, so ist das doch eine sehr grobe Antwort auf die Frage nach den Gesprächen.

Wie die Gespräche fortgesetzt werden sollen, das ist ein Preisrätsel, das möchte ich nicht zu lösen haben. Deswegen möchte ich mich nicht in diese Gespräche einschalten. Das sind zwei Gründe. Einmal bin ich überzeugt, Chruschtschow ist doch Amerika gegenüber viel konzilianter als uns gegenüber. Man soll sich doch nichts einbilden! Der zweite Grund ist der: Ich sehe nicht ein, warum wir – nachdem Thompson nichts erreicht hat, nachdem die Amerikaner selbst nicht wußten, was machen wir jetzt weiter, nachdem dann Großbritannien gesagt hat, unser Botschafter soll dann jetzt reden, nachdem dann Amerika gesagt hat, nein, dann gehen aber wieder beide –, ich sehe also nicht ein, daß wir da als Dritter mitmarschieren.

(*Lewis Gruson:* Das hatte ich nicht gemeint.)

Das wollte ich Ihnen erklären: Ich glaube, das wird schwer möglich sein. Die drei Westmächte – die Vereinigten Staaten, Großbritannien und Frankreich – sprechen ja als Mitbesitzer von Gesamtberlin, nicht wahr? Ich glaube, wenn sie dann über die Verhältnisse in der Zone sprechen, dann würden sie dazu kaum ein legitimes Recht haben. Nein, sie müssen jetzt in der Geschichte weitergehen. Aber ich hoffe, es kommt mal eine Pause, und dann kommt eine, wie ich denke, Außenministerkonferenz. Ich bin überzeugt, daß Kennedy richtig handelt, wenn er versucht, was möglich ist, um mit den Russen sich friedlich zu verständigen. Denn ein nuklearer Krieg wäre ja entsetzlich. Aber ich meine, man müßte die Mentalität der Russen mehr berücksichtigen, als das bisher der Fall gewesen ist.

Um nur ein Beispiel zu sagen: Im Dezember habe ich Dowling[16] gesagt: Bitte, sagen Sie Ihrer Regierung, nach meiner Meinung solle sie Thompson ruhig die Weihnachtsferien in [Garmisch-]Partenkirchen gönnen, um eine gewisse Pause da hineinzubringen. Stattdessen wurde Thompson festgehalten in Moskau, damit er jederzeit zur Verfügung steht. Das fassen die Russen als Schwäche auf! Ich meine, das ist nur ein Beispiel, auch für andere. Auch z. B. in dem Gespräch Kennedys mit dem Schwiegersohn Chruschtschows[17] sind doch einige Sätze von amerikanischer Seite gefallen, die haben hier ein gewisses Aufsehen erregt, die aber auch wieder vom Russen aufgefaßt werden als ein Zeichen dafür, daß doch in der amerikanischen Regierung ähnliche Meinungen über Deutschland bestünden wie in Sowjetrußland – Sie wissen, was ich meine. Der Schwiegersohn Chruschtschows hat gesprochen, es wäre schrecklich, wenn die Deutschen nukleare Waffen in den Händen hätten, und da hat Kennedy gesagt, auch ihm sei das unangenehm, oder so ähnlich.

(*von Eckardt:* Unbehaglich!)

Daraus entnimmt nun der Russe, daß im Grunde genommen die amerikanische Administration ihren eigenen Standpunkt hart vertritt!

Lewis Gruson: Noch eine Frage in diesem Zusammenhang: Finden Sie, daß bisher die Russen etwas aus den Thompson-Gromyko-Besprechungen oder aus der Kennedy-Besprechung, die vorher stattgefunden hat, bekommen haben, davon etwas aufgenommen haben? Aber was denn?

Adenauer: Sie wissen, daß mit Duldung der Westalliierten politische Verbindungen bestehen zwischen Berlin und uns, z.B., daß Berliner, wenn auch ohne Stimmrecht, im Bundestag sind und auch andere solche Sachen. Thompson hat diese Frage angeschnitten und hat gesagt, daß wir kein Recht darauf hätten oder daß Berlin kein Recht darauf hätte, daß das geduldet würde von den Westalliierten. Das ist richtig, was er gesagt hat; aber man braucht das doch nicht zu sagen! Sehen Sie, auch

Bei der Begegnung mit Charles de Gaulle in Baden-Baden (15. Februar 1962) – Adenauer begrüßt den französischen Außenminister Couve de Murville (zu Dok. Nr. 10, Anm. 18)

das faßt der Russe sofort auf als eine Freundlichkeit ihm gegenüber, und der Russe hat aber für diese Freundlichkeit nichts bezahlt!

Gruson: Wurde sonst noch irgend etwas den Russen gegeben, oder hält sich das alles mehr oder weniger in der Richtung dieses Beispiels?

Adenauer: Ja, es war noch etwas anderes; ich habe es augenblicklich nicht so im Kopf, man kann gar nicht alles behalten. Aber es waren auch noch andere Sachen, die im Grunde richtig waren, aber die man vielleicht in einer späteren Lage der ganzen Situation den Russen sagt als Konzession, aber nicht von vornherein sagt, so ist das.

Lewis Gruson: Wenn Sie sagen, Sie glauben, daß irgendwann so eine Außenministerkonferenz kommen würde – meinen Sie in diesem Zusammenhang der Thompson-Gromyko-Besprechungen oder später so in einem jetzt nicht absehbaren Zeitpunkt, in einem anderen Zusammenhang?

Adenauer: Man kann solche Gespräche nicht endgültig festlegen. Der Russe sagt nichts, konzediert nichts, und der westliche Vertreter konzediert irgend etwas. Ich meine, das hat keinen Sinn.

Lewis Gruson: Machen die Franzosen mit? Werden sie mitmachen, wenn man in nicht zu ferner Zeit zu einem Außenministertreffen kommen würde?

Adenauer: Ach, das glaube ich doch...

Gruson: Haben Sie bei Ihrer Begegnung mit de Gaulle in Baden-Baden[18] mit ihm über diese Antwort gesprochen, die er gestern gegeben hat über die Viermächte-Abrüstungskonferenz[19]?

Adenauer: Das Gespräch mit de Gaulle – ich darf da etwas weiter ausholen – war eine Folge eines Ansinnens de Gaulles, daß wir zusammenkämen, um die ganze Situation in der Welt zu besprechen. De Gaulle bat, das möglichst bald zu tun. Unser Gespräch war eigentlich eine Tour d'horizon über alle möglichen Sachen; darüber möchte ich nicht sprechen. Der zweite Teil betraf dann die Europäische Union. Und nun hole ich vielleicht etwas zu weit aus; aber Sie werden die jetzige Situation, wie sie sich voraussichtlich heute auch entwickeln wird, nicht verstehen, wenn Sie die vorangegangenen Dinge nicht kennen.

Im letzten Sommer – im Juli, glaube ich – ist hier in Bonn der Beschluß gefaßt worden, Schritte in Richtung einer Europäischen Politischen Union zu tun, und es ist ein Ausschuß eingesetzt worden, der das beobachten sollte[20]. In diesem Ausschuß hat es Schwierigkeiten gegeben zwischen den Franzosen einerseits und den fünf andern andererseits. Der Hauptgegenstand der Meinungsverschiedenheiten war die Frage, ob diese Politische Union, die geschaffen werden soll, die wirtschaftlichen

Dinge umfaßt oder nicht. Sie wissen, daß darüber in Frankreich Reden gehalten worden sind, auch von de Gaulle, Reden, die Aufsehen erregt haben, auch in Frankreich. Man fürchtete, daß Frankreich die EWG einschränken wolle in ihren Befugnissen, in ihrer Arbeit usw.
Nun kann man ja nicht bestreiten, daß schließlich in einer Zeit wie der unsrigen jede Wirtschaft auch politisch ist. Aber in der EWG sind ja dieselben sechs Staaten, die auch diese Union darstellen wollten, und diese sechs Staaten haben durch die oberste Leitung der EWG, durch den Ministerrat, genügend politischen Einfluß auf wirtschaftliche Dinge. Und das hat de Gaulle anerkannt, so daß also als Objekt der Tätigkeit der Union auch die Wirtschaft bestehenbleibt. Denn die Wirtschaft dieser sechs Länder erschöpft sich ja nicht in der wirtschaftlichen Tätigkeit der EWG. Es gibt auch andere Wirtschaftsgebiete, die für alle sechs von Interesse sind, z. B. die Energieversorgung oder irgend so etwas, oder wenn einer gern möchte, Nehru noch einmal 100 [Millionen] oder sonstwas zu geben[21] – das ist auch eine wirtschaftliche Sache, aber das würde [die] EWG nicht interessieren.
Es wird, wie ich annehmen kann, heute in dem Fouchet-Ausschuß[22] eine Einigung erfolgen: Wirtschaft kommt als Aufgabengebiet mit herein. Aber gleichzeitig wird gesagt: EWG und Montanunion werden nicht irgendwie berührt.
Ich habe gerade, während Sie schon hier waren, einen Auszug aus der niederländischen Presse bekommen, die sagt, es wäre alles Schwindel usw. Die Niederländer können ja sehr schwierig sein, die auch behaupten, daß ich mit de Gaulle über Beteiligungen an den französischen atomaren Waffen gesprochen hätte. Das Wort ist nicht einmal gefallen! Ich habe mit keiner Silbe darüber gesprochen. Schon deswegen nicht, weil de Gaulle ganz genau weiß, daß es keinen Sinn hat, immer zehn Jahre hinter der Entwicklung von Amerika und Rußland zurückzubleiben und sein Geld dafür auszugeben.
Gruson: Herr Bundeskanzler, wie Sie richtig sagten: Sie haben nicht auf irgendeine Zusammenarbeit zwischen Frankreich und Deutschland auf diesem Gebiet gedrängt, und daß die aber wissen, daß Sie und Minister Strauß immer wieder den Gedanken vertreten und aufgegriffen haben, daß die NATO in gewisser Hinsicht mit atomaren Waffen ausgerüstet wird. Sind sie jetzt davon überzeugt und glauben Sie, daß die Vereinigten Staaten nun etwas unternehmen werden, um das zu verwirklichen und der NATO gewisse nukleare Mittel zur Verfügung zu stellen.
Adenauer: Aus militärischen Gründen bin ich immer dieser Auffassung gewesen, und im Spätsommer des Jahres 1960 hat Norstad mir

seine Gedanken und seine Pläne darüber vorgetragen[23]. Sowohl Stikker wie ich – es war im Hause von Stikker am Comer See – haben den Plänen zugestimmt. Norstad fuhr damit nach Washington[24]. Aber in Washington hatte man schon Wahlfieber und wollte in den letzten Monaten vor der Wahl diese Sache nicht in die Hand nehmen. Nach der Wahl kam die neue Administration, und diese wollte sich nicht sofort mit demselben heißen Eisen beschäftigen – für Amerika heißes Eisen, denn der Kongreß muß ja da zustimmen. Aber ich glaube, Stikker, der ein sehr wahrheitsliebender Mann ist, war mit dem Erfolg seiner Aussprache in Washington sehr zufrieden[25].

Gruson: Ich habe auch gehört, er sei zufrieden gewesen. Aber warum war er sehr zufrieden?

Adenauer: Er kann nur sehr zufrieden gewesen sein, weil die Idee, die auch er seit 1960 hat, offenbar jetzt eine Förderung erfahren würde, denn sonst hätte er keinen Anlaß gefunden.

Lewis Gruson: Aber man spricht über solche Dinge, und auch die amerikanische Regierung hat mehrmals im letzten Jahr darüber gesprochen und die Idee unterstützt, aber nur mit Worten – nichts weiter. Wird es jetzt ein Zeichen geben, daß es weitergeht?

Adenauer: Ich glaube ja.

Gruson: Kissinger[26] hat uns gesagt, es geht weiter!

Lewis Gruson: Oder braucht man einen Vorschlag?

Adenauer: Na – die Amerikaner sind darin sehr klug!

Gruson: Sie sind der erste Staatsmann, von dem ich gehört habe: Die Amerikaner sind sehr klug!

Adenauer: Das habe ich nicht so allgemein gesagt. In dieser Sache NATO z. B. ist ja ganz klar, daß die Meinungen – das wissen Sie auch – von Norwegen und Island andere sind als die Meinung von Frankreich, Deutschland und Italien. Und jetzt sagen die Amerikaner – und das ist richtig! –, macht Ihr einmal einen Vorschlag, wie Ihr Euch das in NATO so vorstellt. Mit anderen Worten: Jetzt schieben sie dieses heiße Eisen an NATO zurück.

Lewis Gruson: Aber es wird doch einen Begriff geben?

Adenauer: Ich hoffe es. Wirklich, die Situation ist so, es handelt sich nicht um Prestige, sondern um eine politische Sache. Es handelt sich um eine für Ihren Kontinent wie für unseren Kontinent gleich wichtige Angelegenheit. Denn wenn ein nuklearer Krieg ausbricht und die Amerikaner warten dann den ersten Schlag ab, der ihren Kontinent treffen wird, dann kann Europa schon vernichtet sein, ganz Europa!

(*Lewis Gruson* unterbrechend, spricht Adenauer weiter:)

Wenn ich noch ein Wort sagen darf, damit Sie mich nicht mißverstehen: Ich betrachte alle diese Sachen, alle diese Fragen unter dem Gesichtspunkt: Wie kann man einen nuklearen Krieg verhüten und schließlich dann zu einer Abrüstungskonferenz kommen? Und man kann einen nuklearen Krieg nur dann verhüten – und Gott wolle, daß wir es dadurch verhüten! –, wenn man in den Augen der Russen als stärker und schlagfertiger erscheint als der Russe selbst. Unter dem Gesichtspunkt betrachte ich das: keine Prestigefrage, keine politische Frage!

Gruson: Und Sie glauben, daß eben gerade diese Entwicklung, von der wir eben sprachen, eine wesentliche Voraussetzung dafür ist, um in den Augen der Russen als stärker und schlagkräftiger zu erscheinen?

Adenauer: Ja!

Gruson: Ich habe gehört, daß Herr Minister Strauß bereit gewesen sein soll, im Dezember 1961 einen entsprechenden Vorschlag in der NATO einzubringen[27], daß dann aber wieder davon Abstand genommen wurde. Wären Sie damit einverstanden, daß in der NATO ein solcher Vorschlag von der Bundesrepublik Deutschland eingebracht wird, oder wäre es Ihnen lieber, wenn ein derartiger Vorschlag von einem anderen NATO-Mitglied käme?

Adenauer: Man muß sich doch darüber klar sein, daß die Deutschen bis auf weiteres verdächtig erscheinen wegen dem, was in der Vergangenheit geschehen ist, und man muß sich darüber klar sein, daß das bei den anderen Völkern – und ich verstehe das – noch gar nicht vergessen ist. Darum bin ich die ganzen Jahre hindurch, seitdem ich Bundeskanzler bin, ängstlich bemüht, nichts zu tun, was Deutschland irgendwie in solchen Fragen als führend erscheinen lassen könnte.

Lewis Gruson: Ich darf zuerst noch diese Europafrage zu Ende bringen. Sie haben gesprochen über die wirtschaftliche Seite, die wollen Sie erledigt haben. Aber es kam ein zweites Problem, das war die militärische Seite, also wie die militärischen Besprechungen innerhalb eines Europäischen Bundes im Zusammenhang der NATO stehen sollten. Sind Sie auch zufrieden, was Sie auf diesem Bereich erreicht haben?

Adenauer: Nein, darüber haben wir aber auch nicht gesprochen, und zwar aus verständlichen Gründen. Sie müssen bedenken, in welcher Lage sich Frankreich und speziell de Gaulle auch augenblicklich befindet: Erstens die Verhandlungen mit Algier – über diese Verhandlungen haben wir gesprochen, das Thema hat er angeschnitten[28] –, und dann OAS, also: die französische Armee, die ist vielleicht doch ziemlich tief herunter zersetzt. Und ob es in dem Augenblick sehr gut wäre, wenn diese Armee unter NATO-Kommando kommt? – Ich meine, wir müßten da Geduld haben. Die Algierfrage muß so oder so gelöst werden, so oder so, weil man damit rechnen muß, daß in Algerien selbst sehr große Unordnung kommt. Sie wissen, daß da 400 000 Mann französische Truppen stehen; die in NATO unterbringen? – Lieber nicht! Und man kann nicht übersehen, wie die Aufständischen, die, wie ich von französischer Seite unterrichtet worden bin, nicht etwa eine einheitliche geschlossene Partei darstellen, sondern in alle möglichen Gruppen – territorial geteilt, nach Ansichten geteilt – zerfallen, wie die reagieren werden; ob es der neuen algerischen Regierung[29] gelingt, die alle unter einen Hut zu bringen, das müssen wir jetzt mal abwarten, und wir müssen dann auch Frankreich und de Gaulle eine gewisse Pause lassen, bis man die Frage NATO wieder anschneiden kann.

Lewis Gruson: Aber inzwischen wird man die Frage im Fouchet-Ausschuß anschneiden. Vorher war es, daß die militärischen Besprechungen in der Europäischen Union, die kommen soll, in Zusammenhang mit der NATO stehen sollen, und dann haben die Franzosen das weggenommen. Wird das nun wieder hineingestellt?

Adenauer: Ich glaube, daß man da eine Formel findet. Sehen Sie, in der Westeuropäischen Union werden ja auch militärische Sachen besprochen.

Lewis Gruson: Das scheint Ihnen nicht mehr die so große Schwierigkeit?

Adenauer: In diesem Augenblick nicht!

Gruson: Ich hatte in Baden-Baden den Eindruck, de Gaulle sah doch sehr müde und sehr abgespannt aus. Haben Sie den Eindruck, daß er wirklich gegenüber früher, also seit Ihrer letzten Begegnung, gealtert ist, müde und abgespannt ist?

Adenauer: Als er ankam, sah er sehr müde und angegriffen aus, das kann man verstehen nach allem, was in Paris gewesen ist. Aber ich fand, daß er sich nachher doch wieder erholt hatte davon. Sie dürfen nicht vergessen, daß, wenn man nicht geschminkt ist im Scheine der Jupiterlampen, jeder etwas anders aussieht als sonst. Wir stehen doch da wie zwei Schüler, de Gaulle und ich; Sie meinen doch das Bild, das da aufgenommen ist?

Gruson: Nein, ich war da im Hotel, als Sie mit de Gaulle fotografiert wurden. Er ist meiner Ansicht nach sehr gealtert.

von Eckardt: Ich denke gerade darüber nach, daß de Gaulle in den letzten Jahren keinen Erholungsurlaub gehabt hat. Er geht höchstens mal übers Wochenende in sein Haus nach Colombey. Aber ich meine – er ist ja kein Kind mehr –, eigentlich müßte er bei diesen Anstrengungen endlich mal vierzehn Tage oder drei Wochen überhaupt ausspannen. Er ist überanstrengt.

Adenauer: Sie haben recht, er sah im Dezember anders aus als jetzt. Aber stellen Sie sich bitte vor, diese Demonstrationen in Paris und etwa 100 000 Menschen bei der Beisetzung der acht Erschossenen[30], daß das den Mann auch innerlich packt, und dann dürfen Sie nicht vergessen, auch diese Algierfrage packt den Mann innerlich, er wird von der Sorge gequält, was macht die OAS? Sie haben recht, er sah sehr schlecht aus, aber nachher war es besser.

Gruson: Herr Bundeskanzler, Sie sind immer für eine stärkere Betonung der amerikanischen Führungsrolle innerhalb des Bündnisses eingetreten. Ist die amerikanische Führung jetzt stärker geworden, bekommen wir von Amerika diese Führung jetzt?

Adenauer: Ich wollte, sie wäre noch stärker!

Gruson: In welcher Hinsicht soll sie noch stärker sein?

Adenauer: Also – (hinweisend auf die Notizen des Fragers) das sind ja nur Gedächtnisstützen, weiter nichts! –, sehen Sie: Um neue Freunde zu gewinnen, darf man nicht alte Freunde vor den Kopf stoßen. Das ist keine Führung.

Gruson: Fürchten Sie, daß wir das tun?

Adenauer: Ja, das glauben Sie doch auch?!

Gruson: Aber was ich glaube, das spielt hier keine Rolle. Was Sie glauben, spielt eine Rolle.

Adenauer: Nehmen Sie Holland/Indonesien[31]. Fragen Sie die Belgier wegen des Kongo[32]. Gehen Sie mal nach Frankreich und fragen Sie, nicht wahr, und bei uns – das kann man nicht übersehen – hat der 13. August [1961] – ob mit Recht oder nicht mit Recht, das lasse ich ganz dahingestellt – doch eine Reaktion gegen die Vereinigten Staaten hervorgerufen. Ich glaube, man hat auch in der Regierung der Vereinigten Staaten die Bedeutung dieses Vorgangs nicht richtig erfaßt.

Lewis Gruson: Weil Washington gar nicht reagiert hat?

Adenauer: Ja!

Lewis Gruson: Was war in Berlin?

Adenauer: Man sagte mir, es habe 60 Stunden gedauert, bis der amerikanische Kommandant dann eine Note veröffentlicht hätte[33], in der nichts drin gestanden habe. – Aber glauben Sie, daß die führende Macht des Westens in Südamerika sehr glücklich operiert hat?

Gruson: Bisher nicht!

Adenauer: Nicht bis jetzt. Das ist eine sehr wichtige Geschichte.

Lewis Gruson: Ich glaube, es verbessert sich. Es war vorher schlimmer, aber nicht bemerkt [worden], und jetzt ist es so, daß man hört, daß es nicht viel schlechter ist, aber daß es mehr bemerkt wird.

Adenauer: Sie wissen, daß ich ein Freund der Vereinigten Staaten bin und daß ich immer wieder nur als ein Zeichen wirklicher Größe anerkennen kann, daß die Vereinigten Staaten nach dem Krieg den geschlagenen Völkern in dieser Weise geholfen haben. Da war nach meiner Meinung die große Gefahr, daß Amerika sehr stark versagen würde. Das ist nicht der Fall gewesen. Aber wenn Sie sich mal z. B. die Macht der kommunistischen Staaten im Jahre 1958 vor Augen halten, als die Berlin-Note im November 1958 kam[34], und die Macht des freien Westens damit vergleichen – die Macht der Vereinigten Staaten im Jahre 1962 und die Macht der kommunistischen Staaten im Jahre 1962 –, dann werden Sie, glaube ich, mit mir darin übereinstimmen, daß die Macht der kommunistischen Staaten unverhältnismäßig mehr gewachsen ist als die Macht der Vereinigten Staaten. Das liegt auch mit an dem Verhalten der Vereinigten Staaten nach dem Ausscheiden von Foster Dulles.

Gruson: Vielleicht wird in einer halben Stunde die amerikanische Position besser sein, denn in einer halben Stunde soll Herr Glenn[35] zu seinem Flug um die Welt starten.

Adenauer: Der Arme!

(*von Eckardt:* Ich glaube, das Schlimmste war das Warten!)

Gerade deswegen! Jetzt sagen die Ärzte, er dürfe nicht mehr fliegen.

(*von Eckardt:* Es scheint aber doch!)

Ich möchte hier noch einiges sagen. Zunächst habe ich einen Bericht bekommen über eine Besprechung, die unser Botschafter Grewe am Montag [19. Februar 1962] nachmittag mit Kennedy in Gegenwart von Rusk gehabt hat, ein sehr langes Gespräch, das anderthalb Stunden gedauert hat[36]. Dann von der niederländischen Presse, darüber habe ich eben gesprochen – also was Sie da lesen, das ist einfach nicht wahr. Ich habe auch von de Gaulle gesprochen. – Aber nun möchte ich mal von der »New York Times« sprechen.

Gruson: Oh, bitte nicht – dieses Ding über Tetens[37]! Herr Bundeskanzler, ich habe selbst einen sehr scharfen Brief an die »New York Times« geschickt über diesen Artikel von Mitgang.

Adenauer: Was ist da eigentlich los?

Gruson: Das ist ein Buch – das ist schwierig zu erklären –, das Buch kommt in die Redaktion, wird von der Redaktion irgend jemandem zur Besprechung zugeschrieben, es findet da keinerlei Koordinierung statt zwischen dem, der das Buch bespricht, und der Auslandsredaktion; das ist rein zufällig. Dann passiert noch folgendes: Vier Tage später wird das

Buch noch einmal besprochen, und zwar in der Sonntagsbeilage. Da findet man eine ganz andere Besprechung als in der Tagesausgabe.

Adenauer: Ich habe einmal an einem Lunch in Ihrer Redaktion teilgenommen, und ich kann nur sagen, alle Redaktionsmitglieder haben mir den Eindruck einer geistigen Höhe gemacht. Da war noch der Sulzberger sen. da, und der Sulzberger[38], der aus Paris kam, und der war immer etwas anders.

Lewis Gruson: Die haben nichts damit zu tun.

Adenauer: Es ist nicht nur die Buchbesprechung; ich will Sie aber nicht damit aufhalten; die Buchbesprechung ist auch drin. Aber hier – ich darf das vorlesen: Die Berichterstattung des Ehepaars Gruson über Deutschland ist gründlich, aber kühl. – Also, ich bin sehr offen, Sie dürfen nicht böse sein.

Lewis Gruson: Das ist nicht das erstemal, daß ich das gehört habe, und ich weiß nicht...

(*Adenauer:* Das habe ich von Herrn von Eckardt!)
Haben Sie wirklich das so gesehen, oder nehmen Sie hier einen und dort einen Artikel, den Sie besonders schwer finden...?

von Eckardt: Nein, das wird jeden Tag gelesen, das wird sehr sorgfältig gemacht; so sind wir nicht! »Kühl« ist ja auch noch kein Vorwurf.

Adenauer: Aber auch keine Schmeichelei.

Gruson: Herr Bundeskanzler, ich kann Ihnen nur sagen, was ich gehört habe, und ich habe jeden Grund zur Annahme, daß das der Wahrheit entspricht. Mir ist jedenfalls zu Ohren gekommen, daß Präsident Kennedy sehr wenig glücklich ist über das, was er als eine zu herzliche Berichterstattung der Grusons über Deutschland bekäme. Nach dem, was mir mein Informationsmann gesagt hat, soll Präsident Kennedy gesagt haben: Die beiden Grusons berichten zu häufig und zu ausführlich über den westdeutschen Standpunkt in alliierten Fragen[39].

Adenauer: Wann soll er diesen Standpunkt eingenommen haben? – Warum ich diese Frage stelle, will ich Ihnen sagen: Die Administration unter Kennedy hat uns letzten Sommer große Sorge gemacht; da war eine schwankende Haltung, die nicht richtig, nicht gut war. Ich habe darüber mit Kennedy gesprochen, als ich im November in Washington war[40]. Ich habe ja mehrere Stunden an zwei Tagen unter vier Augen mit ihm und sehr oft darüber gesprochen. Seit der Zeit hat, glaube ich, das Verhalten der amerikanischen Administration – ich spreche möglichst unpersönlich – gegenüber uns sich doch klarer entwickelt, und zwar zu unserer Befriedigung.
Aber darf ich nicht mal bei dem Bruder Kennedys[41] antippen?

Gruson: Worüber wollen Sie mit dem Bruder sprechen?
Ja, ich habe nichts dagegen, wenn Sie mit ihm sprechen.
Adenauer: Sehen Sie, Herr Rusk hat eine Rede gehalten[42] – ich glaube im Oktober –, in der er gesagt hat: Amerika hat ja gar nichts mit Sowjetrußland; das sind die Deutschen wegen Berlin, und das sind die Nationalchinesen wegen Formosa; aber wir haben gar nichts mit Rußland! – Das war nicht sehr klug.
(*Gruson:* Das hat Herr Rusk gesagt?)
Das hat er in öffentlicher Rede gesagt. Das verrät doch eine solche fundamentale Unkenntnis der ganzen Weltlage, daß man erschüttert ist. – Ich war ja im Herbst 1955 einige Tage in Moskau[43]; wir haben da Krach gehabt, aber wir haben auch sehr offen miteinander gesprochen, und dann hat mir Chruschtschow in einer sehr vertrauten Unterhaltung – wir waren zu vier Personen – gesagt: Ich werde nicht fertig mit den Vereinigten Staaten und mit Rot-China, helfen Sie uns! – Nun können Sie sich denken, was ich ihm gesagt habe. Aber ich sage das nur – und das gilt auch jetzt noch –: Sowjetrußland erblickt zur Zeit seinen Hauptgegner in den Vereinigten Staaten! Und dieser kalte Krieg hier in Europa und um uns, der hat doch nur, vom russischen Standpunkt aus, den Zweck und das Ziel, Sowjetrußland stärker zu machen gegenüber den Vereinigten Staaten und gegenüber Rot-China. – Also, ich war über die Rede von Rusk damals wirklich entsetzt.
Gruson: Glauben Sie, daß unsere Politik innerhalb der NATO den Russen noch hilft, dieses Ziel zu erreichen?
Adenauer: Wie meinen Sie das, woran denken Sie?
Gruson: Ich dachte an das, was Sie vor ein paar Minuten gesagt haben, daß man, um neue Freunde zu gewinnen, doch nicht die alten vor den Kopf stoßen darf. Schwächen wir durch diese Haltung unseren alten Freunden gegenüber das Bündnis?
Adenauer: Ja natürlich. Ich meine, zu einem Bündnis gehört doch nicht nur ein Blatt Papier, sondern auch eine Erfüllung des Bündnisses, und zwar eine Erfüllung mit Überzeugung. Aber ich bedaure das hier, ich bedauere das wirklich! Aber wissen Sie, woran das liegt? Vor einigen Wochen war ein christlicher Gewerkschafter aus Belgien, Vanistendael[44], bei mir, ein ausgezeichneter, guter Mann. Wenn Sie einmal nach Brüssel kommen, sprechen Sie mit ihm. Ich wünschte, wir hätten mehr so kluge Leute, wie er es ist, in Deutschland. Der kam von Washington, er war im Weißen Haus, hat auch mit dem Präsidenten Kennedy gesprochen. Ich kenne ihn auch schon seit Jahren, und dann und wann kommt er zu mir, um sein Herz auszuschütten und mit mir zu sprechen. Der war

auch erschüttert wegen der Haltung der Vereinigten Staaten gegenüber Südamerika. Er und seine Leute arbeiten in Südamerika in einer ganzen Reihe von Stellen im Sinne der westlichen Freiheit, und die kennen das Land. Er hat nun mit Kennedy gesprochen und auch mit einigen Herren im State Department. Er sagte mir – und dasselbe hat mir kurze Zeit darauf ein führender südamerikanischer Politiker aus Venezuela[45] gesagt –: Die Vereinigten Staaten haben uns erstens – also die Südamerikaner – auf dieser Konferenz[46] wie Kolonialvölker behandelt, und das lassen wir uns nicht gefallen; zweitens meinen sie, man könnte alles mit Geld machen, und das ist nicht wahr; bei uns kann man nicht alles mit Geld machen; sicher brauchen wir auch materielle Hilfe, aber wir haben noch mehr zu verlangen, das ist eine Ideologie; wir können den Kampf gegen den Kommunismus, der auch ein ideologischer Kampf ist, nur in Südamerika bestehen, wenn wir auch eine Ideologie haben – und dafür haben die Amerikaner einfach kein Verständnis.

Gruson: Werden Sie die Gelegenheit am kommenden Samstag [24. Februar 1962] benutzen und mit dem Bruder von Präsident Kennedy die Haltung Amerikas innerhalb des Bündnisses besprechen?

Adenauer: Und auch gegenüber Südamerika, daran sind wir ungefähr genauso interessiert wie Nordamerika. Wenn Rußland den südamerikanischen Kontinent in die Hände bekommt – man muß sich einmal vorstellen, was das für die ganze Welt bedeutet! Wie mir scheint, verstehen die Amerikaner zu wenig oder legen zu wenig Wert auf die Mentalität auch der ihnen befreundeten Völker, und damit gewinnt man sich keine Freunde. Aber ich muß Ihnen sehr offen sagen, was der Vanistendael mir über Südamerika gesagt hat, die Haltung Nordamerikas gegenüber Südamerika auch jetzt noch, und auch was dieser südamerikanische Politiker mir gesagt hat über das gleiche Thema, das hat mich sehr beeindruckt, und nicht gut beeindruckt.

Lewis Gruson: Aber wir haben wirklich eine Hilfe zu bekommen, und wir bitten, helfen Sie uns, stellen Sie die Ideologie und was daraus kommen kann. Bei uns sagen sie, jeder hat seine eigenen direkten Interessen, sie sagen unsere Kolonien, unser Geschäft und so weiter. Wer hat dort etwas weiteres vorzuschlagen?

Adenauer: Nun, von den Europäern können Sie das nicht sagen. Wir haben doch eine Ideologie, wir Europäer, die Ideologie des christlichen Humanismus, auf dessen Boden ja die Freiheit der einzelnen Person und auch der ganzen Staaten steht. Und die Südamerikaner sagen, sie seien Abkömmlinge von Europäern, und sie wünschten auch eine Ideologie. Aber die ganzen Angelsachsen – auch die Engländer – machen denselben Fehler, sie haben keine Ideologie. Sehen Sie mal in Großbritannien: die Konservativen, was wollen die? Nehmen Sie die Liberalen, was wollen die? Da ist doch nirgendwo mehr ein wirklich tragender Gedanke. D. h., der Widerstand und der Kampf gegen den Einbruch des totalitären Atheismus von Rußland her und evtl. auch später von Rot-China [...] – und ich betrachte die ganze Zeitepoche, in der wir leben, als eine Auseinandersetzung zwischen diesen im Grunde einander gegenüberstehenden Weltanschauungen.

Gruson: Herr Bundeskanzler, sind Sie jetzt zufrieden mit Ihrem Auswärtigen Amt?

Adenauer: Das ist aber eine nichtsnutzige Frage, das ist eine solche Gewissensfrage[47].

Lewis Gruson: Ich wollte nochmal zurückkommen auf die Pressegeschichte und die Berichterstattung. Sie haben gesprochen über Ihre Reise nach Washington und [darüber,] daß die Schwierigkeiten etwas geklärt worden waren. Wir haben auch in den letzten paar Monaten viel größere Schwierigkeiten gehabt als früher, und dieses Urteil stimmt, aber für beide Seiten. Ich glaube wirklich, wenn Sie darüber wieder nachdenken würden, daß Ihre Arbeit im November nicht nur von der Presse, nicht nur von uns, aber von der Auslandspresse her erleichtert war und nicht in den Monaten vorher, da war das vielleicht etwas schwerer, gegen Ende des Jahres, diese Politik in Washington zu erklären, und natürlich sind im Moment die Schwierigkeiten nicht ganz angenehm für beide Seiten. Aber das ist nicht die Frage. Wenn in einem etwas leichteren Text die ganze Sache wirklich zu besserem Verständnis kommen könnte, und dabei zu helfen, dann wäre es ein falsches Urteil zu sagen, hier sollen wir unsere Meinung nicht mehr geben, weil das nicht nützlich ist, daß das aufkommt. Das kann für den Moment irgendeine Schikane machen, aber auf längere Sicht ist es nutzbar, und ich sage das jetzt, weil ich wirklich sehr dankbar für diese heutige Besprechung bin, und das ist für uns selbstverständlich. Wir könnten das wirklich – ich verlange vielleicht etwas zuviel – regelmäßig machen, eine größere, tiefere Erklärung des deutschen Standpunktes würde unsere Arbeit erleichtern.

Adenauer: Ich habe also aufgeschrieben für mein Sekretariat: Ich möchte regelmäßig Besprechungen haben mit den Vertretern der »New York Times«, mit dem Vertreter der »Times«, mit dem Vertreter einer französischen Zeitung – ich weiß jetzt nicht welche –, aber ich möchte regelmäßig persönliche Besprechungen haben mit den Vertretern der größeren maßgebenden Blätter[48]; es sind nur sechs oder sieben etwa.

Gruson: Herr Bundeskanzler, ich erwarte gar nicht von irgendwelchen Regierungen, als Journalist geliebt zu werden. Aber ich glaube doch andererseits sagen zu dürfen, daß bei einer genauen Prüfung die Berichterstattung in unserer Zeitung über Deutschland wahrscheinlich in der ganzen Nachkriegszeit nie so herzlich und positiv war wie in den letzten dreieinhalb Jahren.

Adenauer: Das bestätige ich Ihnen – nur, es ist ja das Traurige, daß überhaupt zwischen den Vereinigten Staaten und uns – ich meine jetzt nicht die Regierung – eine gewisse Abkühlung eingetreten ist. Wir haben das z. T. zurückgeführt auf den Eichmann-Prozeß[49]. Ich fürchte immer wieder, daß dieser Eichmann-Prozeß – und ich könnte es verstehen – doch in den Vereinigten Staaten manchen erschreckt hat. Mich hat es auch erschreckt; da habe ich Dinge gelesen in den Berichten, die ich gar nicht gewußt habe; und umgekehrt in Amerika, da empfindet man, daß wir Deutschen gegenüber Amerika doch zurückhaltender geworden sind und daß man uns nicht mehr für so zuverlässig hält wie früher. Ich glaube, wir sollten uns bemühen, daß das Verhältnis zwischen den Vereinigten Staaten und Europa insgesamt, insbesondere zu uns, wieder so wird, wie es zu Zeiten von Foster Dulles gewesen ist, als Foster Dulles noch im Amt war, und auch bei Eisenhower dasselbe – aber Foster Dulles war die Persönlichkeit, mit der man zu tun hatte –, da war das menschliche Vertrauensverhältnis – im Laufe der Zeit hat es sich natürlich entwickelt – ausgezeichnet.

Gruson: Herr Bundeskanzler, glauben Sie, daß damals diese Dinge vielleicht in der einen Richtung übertrieben worden sind wie heute vielleicht in der anderen Richtung, und daß sich aus diesen beiden Extremen nun ein natürlicheres und gesünderes Verhältnis ergibt?

Adenauer: Soll ich jetzt sagen, zu Foster Dulles' Zeiten war es übertrieben? Das können Sie nicht von mir verlangen.

Gruson: Aber in der letzten Zeit hat zweimal der Zentralrat der Juden in Deutschland gewarnt vor der erhöhten Verbreitung von neonazistischen Zeitschriften und hat auch darauf hingewiesen, daß in der Presse doch auch ein gewisses Ansteigen des antisemitischen Tones zu beobachten sei[50]?

Adenauer: Ich habe das nirgendwo gefunden.

von Eckardt: Es gibt immer wieder periodisch erscheinende Schriften; die sind aber immer nach sechs Monaten spätestens wieder gestorben, die haben keine Resonanz, es kauft sie auch niemand – und in der Tageszeitung habe ich das nicht gefunden.

Adenauer: Nun seien Sie mir nicht böse, aber der Antisemitismus ist in den Vereinigten Staaten sehr viel größer als bei uns.

Gruson: Das kann vielleicht durchaus zutreffend sein, ich weiß es nicht genau. Aber es nützt nichts, es wirkt sich nicht aus hinsichtlich einer Verbesserung der Beziehungen.

Lewis Gruson: Ich möchte auch ein kleines Beispiel geben, daß es nicht so ist. Das ist ein Prozeß in Münster – ich habe nur die Agenturmeldung gesehen –, wenn das wahr ist: Zwei SS-Ärzte vom Konzentrationslager Sachsenhausen wurden von dem Gericht verurteilt als Mörder und sofort freigelassen[51]!

von Eckardt: Ich habe es auch gelesen, ich verstehe diese Sache nicht.

Lewis Gruson: Und sie dürfen wieder praktizieren!

Adenauer: Ich habe nichts darüber gelesen.

von Eckardt: Man hat die Strafe als verbüßt angesehen.

Adenauer: Ich kann nichts darauf sagen, ich weiß nichts davon, aber ich werde das prüfen.

Lewis Gruson: Man kann das nicht verstecken und sagen, darüber sprechen wir gar nicht und berichten nur darüber, wieviel gebaut wird, und was da so geschrieben wird.

Adenauer: Mit anderen Worten: die Deutschen seien etwas trotzig.

Lewis Gruson: Nein, das meine ich nicht. Ich meine, man kann nicht nur etwas Schönes berichten, wenn etwas Unschönes geschieht.

Adenauer: Sicher, das ist klar; aber andererseits werden Sie verstehen, daß ich mich mit Ihnen gern darüber ausspreche, liegt irgend etwas vor? [Was] Sie z. B. mir klar gesagt haben mit diesen beiden Ärzten, das stimmt mich auch nachdenklich, und der Sache muß man nachgehen.

von Eckardt: Ich darf noch sagen, daß diese Ansichten, es bestünde noch Antisemitismus hier, in ganz weitem Maße auf die Urteile der Gerichte zurückgehen. Ich bin kein Jurist, ich verstehe das auch nicht; einmal wird gesagt, der Tatbestand ist erwiesen, Beihilfe zum Mord geleistet in 8, 10 oder 15 Fällen, und da gibt es 5 Jahre, und dann auch noch verbüßt durch die Untersuchungshaft. Das sind immer Sachen – ich kann ja kein juristisches Urteil darüber abgeben –, aber propagandistisch nach außen ist es ganz schlecht, und wir haben damit die größte Mühe, auch im Amt, damit fertigzuwerden.

Adenauer: Ich bin betroffen gerade über das, was Sie eben gesagt haben.

Gruson: Herr van Dam[52] hat sich kaum geäußert...

Adenauer: Mit van Dam stehe ich sehr gut; Sie wissen, mit Goldmann[53] auch, und Sie wissen, daß ich mit Ben Gurion[54] ausgezeichnete Unterredungen gehabt habe, und wenn ich daran denke, wie wir den Vertrag mit Israel abgeschlossen haben[55], das haben wir doch getan –

jetzt darf ich auch mal von uns hier sprechen – aus moralischen Gründen: Wir wollten einen Akt des Bekenntnisses damit abgeben. Und das war für meinen Gegenpartner gefährlicher als für mich; denn wir haben damals unterzeichnet in Luxemburg, und auf meinen Wunsch wurde angegeben, in der und der Schule um 10 Uhr morgens. Wir haben dann aber in einer anderen Schule morgens um 8 Uhr unterzeichnet, weil er für sich fürchtete.

von Eckardt: Die israelischen Nationalisten machen auch Attentate.

Lewis Gruson: Ich finde, das ist nicht nur eine Frage des »Antisemitismus«; das ist auch eine Frage der Gerechtigkeit und eines moralischen Urteils.

von Eckardt: Wir haben unerhörte Schwierigkeiten damit bei unserer Arbeit im Ausland, weil uns das immer präsentiert wird!

Adenauer: Es ist sicher, daß dann mal ein Fehlurteil vorkommen wird. Aber ich kann das nicht anerkennen, daß unsere Justiz wirklich in weiterem Maße parteiisch wäre, das glaube ich nicht; höchstens sind sie gegen *uns* eingestellt.

von Eckardt: Unter anderem auch!

Nr. 11
2. März 1962: Kanzler – Tee (Wortprotokoll)
StBKAH 02.26, mit ms. Vermerk »*Unkorrigiertes Manuskript*« und Paraphe
»Z[ie]h[e]«

Teilnehmer: Ludwig von Danwitz, Hugo Grüssen, Dr. Alfred Rapp, Dr. Max
Schulze-Vorberg, Dietrich Schwarzkopf[1], Dr. Robert Strobel, Dr. August
Wegener[2], Hans Wendt – Dr. Heinrich Barth, Felix von Eckardt, Theodor-Paul
Ziehe

Beginn: 12.10 Uhr[3]   Ende: 13.02 Uhr

Adenauer: Also, meine Herren, ich habe angeordnet, daß Herr Kroll sofort nach hier kommen und die Sache hier geklärt werden muß[4]. Sie wissen – Sie wissen vielleicht mehr als ich! –, daß er vor acht Journalisten, mit denen er zu Abend gegessen hat – das ist der Kreis von Herrn Appel[5], ich weiß nicht, ob einer von Ihnen dabei war, ich will es auch nicht wissen – vier Stunden geredet hat. Das ist schon eine Gefahr, ich weiß nicht, ob da einer besinnungslos hinausgetragen worden ist, ich könnte das nicht vertragen. Da sind nun Notizen von Herren, die dabeigewesen sind, die sind nun der Auffassung, ihre journalistische Berufspflicht verböte es ihnen, diese Notizen uns zu geben. Deswegen muß Herr Kroll hierherkommen, und dann muß eben festgestellt werden, was gewesen ist.

Daß das eine ganz unmögliche Sache ist, ist klar; ein Botschafter darf nicht zwei Zungen haben, er darf nicht da die Politik vertreten und hintenherum eine andere Politik. Dadurch verlieren wir Kopf und Kragen und jedes Vertrauen in der Welt – also, das ist vollkommen unmöglich. Das wollte ich sagen, und nun hat Herr Luchsinger[6] in der »Neuen Zürcher Zeitung«[7] einen Artikel geschrieben, der kennt natürlich genau, was da gesagt worden ist. Sie kennen es doch auch?

Rapp: Ich war nicht dabei. – Aber ich würde sagen, es ist merkwürdig, denn aus diesem Kreise direkt kann eigentlich nichts in die Öffentlichkeit gekommen sein.

Adenauer: Nun, ich kenne einen Herrn, der einen Durchschlag einer Niederschrift hat, die einer der Herren nach dem Gespräch gemacht hat. Andere haben auch Niederschriften gemacht; davon gibt es auch Durchschläge, und jetzt ist mir auch klar, meine Herren, daß diese Niederschriften nicht so genau übereinstimmen. Denn wenn man aus vier Stunden niederschreiben soll, was ausgerechnet Herr Kroll – der doch sehr schnell spricht – gesagt haben soll, da hat erstens Herr Kroll am Ende etwas anderes gesagt als am Anfang, und zweitens ist dem einen das im Ohr geblieben und dem andern jenes – aber das ist doch ein unmögliches Verhalten von einem Botschafter.

Schulze-Vorberg: Ist es nicht verwunderlich, daß das A[uswärtige] A[mt] diesen Abend heranzieht? Herr Kroll war doch hier auf der Botschafterkonferenz[8], hat da ausführlich gesprochen und hat auch – was man daraus gehört hat – Thesen vertreten, die auch damals schon die Vermutung rechtfertigten, er würde unsere Politik des Westens nicht mehr loyal vertreten können, nach dem, was er gesagt hat. Diese Vermutung gab es doch bei der Botschafterkonferenz schon, nicht erst nach diesem Abendgespräch?

Adenauer: Seien Sie nicht so zurückhaltend. Sagen Sie nicht, was Sie vermutet haben, sondern was Sie gehört haben! Ich habe das gestern abend gehört[9], daß er auch da schon – nicht so wie hier, aber doch Bemerkungen gemacht hat, die dahin gingen. Aber mir wurde gesagt, daß ihm dann Herr Minister Schröder entschieden gesagt hätte, was unsere Politik ist, nicht wahr. Und er hat – die Botschafterkonferenz war, glaube ich, am 9. [Februar 1962], und dieses Abendessen in der »Montagsgesellschaft«, wie Sie das nennen, war, glaube ich, am 13. [Februar 1962] ...

(*Zuruf:* Die Konferenz war [am] Wochenende und das war am Montag abend.

von Eckardt: Die Konferenz war Sonnabendnachmittag 3 Uhr zu Ende gegangen.)

Aber sie hat mehrere Tage gedauert!

Strobel: Was er in Moskau erklärt hat[10], stimmt doch zum großen Teil überein damit; er sagt, es müsse das Regime in der Zone gelockert werden, Berlin müßte eine Lösung bekommen, die seine Freiheit sichert; nur von den 10 Milliarden [DM] sagte er nichts; und dann die Möglichkeit der Wiedervereinigung auf ganz lange Sicht.

Adenauer: Das ist ja nicht das Entscheidende, sondern das Entscheidende ist, daß er gesagt hat: keine nukleare Bewaffnung der Bundesrepublik, nicht wahr. Denn sogar Herr Lange[11], der [Außen-] Minister von Norwegen, und sogar Schweden – ausgerechnet Schweden – sind jetzt von der These, die sie früher mal vertreten haben – daß man in Mitteleuropa eine minderbewaffnete Zone etablieren könnte, d. h. vor allem [bei] uns –, abgerückt[12], und wenn dann der deutsche Botschafter sagt, das müsse man den Russen offerieren – da habe ich überhaupt keine Worte für, meine Herren.

Daß die Wiedervereinigung nicht nächste Woche kommt, darüber glaube ich, brauchen wir kein Wort zu verlieren, und daß man da Geduld haben muß, das habe ich auch immer gesagt. Ich habe gesagt: Erst wenn die kontrollierte Abrüstung effektiv begonnen hat, dann wird der Russe geneigt sein, mit sich reden zu lassen über die Freigabe der Zone. Das habe ich seit Jahr und Tag gesagt. Wenn er das also alleine gesagt hätte, dann würde er die Lage durchaus richtig beurteilt haben, wenn er verlangt hätte, daß dem Menschen in der Zone mehr Freiheit gegeben würde. Das habe ich auch früher schon gesagt: Das ist ein menschliches Problem, das bei mir sogar noch vor dem nationalen Problem steht, daß die Menschen ein menschenwürdiges Leben führen sollen. Nein – aber andere präzise Punkte, z. B. das mit den Atomwaffen. Hat er das gesagt, nach Ihrer Notiz, Herr Rapp?

(*Rapp:* Ich habe keine Notiz.)

Nein, aber die Sie bekommen haben?

(*Rapp:* Das habe ich eigentlich weniger gehört.)

Strobel: Es ist nicht ganz klar, ob er gesagt hat, das sei eine sowjetrussische Forderung, [oder] ob er persönlich glaube, daß wir vielleicht nicht daran vorbeikommen würden?

Adenauer: Das ist doch dasselbe!

Rapp: Ich wundere mich etwas, daß das A[uswärtige] A[mt] sich hier so stark abhebt. Der Artikel, der alles eingeleitet hat, erschien dann aber am Samstag.

Adenauer: Sie meinen die Sache [Georg] Schröder[13]!

Rapp: Warum stellt man das nur darauf ab? Sicher haben die Kollegen Durchschriften gemacht. Aber von denen, die dabei waren, hat ja keiner etwas veröffentlicht, soweit ich übersehen kann. Deswegen sagen sie mit Recht, wir wollen nicht Kronzeugen sein, denn wir haben das Gespräch vertraulich behandelt. Die Kampagne in der Öffentlichkeit ging doch von anderen aus, nicht von den Teilnehmern dieses Kreises.

Adenauer: Also, Herr Schröder, der heute ja nicht hier ist –

(*von Eckardt:* Er ist verreist, wirklich verreist!)

der war ja nicht bei dem Kreis. Ob nun Herr Kroll nicht mal mit Herrn Schröder gesprochen hat, weiß ich nicht. Unter den acht war ein anderer Herr von der »Welt« da, lassen wir den Namen weg. Dieser Herr behauptet, daß er Herrn Schröder nichts gesagt hat.

(*Rapp:* Das möchte ich aber annehmen!)

Nun weiß ich nicht, wie man das von Journalisten verstehen soll: Wenn zwei Herren von derselben Redaktion sind, und einer weiß etwas, darf er das den anderen vorenthalten, wenn er über dasselbe Thema schreibt?

(*Strobel:* Das wird man nicht verhindern können!)

Dann wird der zweite das ein bißchen natürlich auch ändern. – Also, wir wollen aber jetzt einmal abwarten. Die Situation ist derartig, daß Herr Kroll hierher muß und daß hier die Sache geklärt wird, und zwar so schnell wie möglich.
Ja, was haben wir nun sonst – fragen Sie doch.
(*Rapp:* Sie wollten uns sagen, was Herr Luchsinger geschrieben hat.)
Ich nehme eigentlich an, daß Herr Luchsinger etwas in Händen gehabt hat, als er das geschrieben hat.
(*Rapp:* Das ist möglich!)
Ich weiß es doch!
(*Strobel:* Der ist gewissenhaft, der denkt sich so etwas nicht aus.)
Und hier steht das alles drin, das kann man ruhig nehmen als das, was Herr Kroll da gesagt hat. Nur hat er unrecht, wenn er meint, das Bundeskanzleramt habe ein besonderes Interesse daran, Kroll zu halten. Meine Herren, damals, als diese andere Sache war – Sie wissen, um was es sich handelt, als er zu Chruschtschow bestellt worden ist[14] –, da gab es Beamte im Auswärtigen Amt, die sagten, der muß sofort abberufen werden, und ich habe gesagt, nein, jetzt nicht, denn wenn ein Botschafter zu Chruschtschow bestellt wird, dann kann der betreffende Botschafter nicht dem Herrn Chruschtschow mitteilen: Ich muß erst anfragen, ob ich zu Dir gehen darf. Das ist ganz klar. Also, deswegen konnte man ihn nicht gehen lassen.
Strobel: Ist nicht zu befürchten, daß die das in Moskau propagandistisch ausnutzen werden?
Adenauer: Sicher werden sie das tun. Aber noch wichtiger ist, daß der Kreml einmal weiß, daß die Bundesregierung nicht auf dem Boden steht [sic!], und ebenso wichtig ist, daß man bei unseren Bündnispartnern weiß, daß wir nicht doppelgleisig fahren, daß wir ihnen gegenüber diese Politik verfolgen und einen Botschafter haben, der eventuell da andere Ansichten hat. Das ist wichtig.
Rapp: Am besten wäre die Sache gar nicht in die Öffentlichkeit gekommen!
Adenauer: Da haben Sie wohl recht. Es gibt auf alle Fälle Staub und einen Wirbel, der nicht angenehm ist.
Strobel: Jetzt stehen in Kürze die neuen amerikanischen Atomwaffenversuche bevor[15].
Adenauer: In der Luft? – Was heißt stehen bevor?
Strobel: Heute noch will der Präsident mitteilen, daß er sich entschlossen hat dazu, weil es die Sicherheit des Landes erfordert, als Antwort auf die sowjetrussischen, von denen die Russen ja nicht sprechen wollen.

Adenauer: Sie wissen doch, daß Herr Rusk nach Genf geht[16], und was da alles besprochen werden wird, weiß ich auch nicht. Meine Herren, daß sich die Amerikaner nicht endlos an der Nase herumführen lassen können, das ist doch vollkommen verständlich. Sehen Sie, die großen Bomben, die die Russen neulich zur Explosion gebracht haben in der Atmosphäre[17], haben nach dem Urteil von Sachverständigen mindestens ein halbes Jahr der Vorbereitung benötigt, so daß also in der Tat, trotz des Stopps, die Russen daran gearbeitet haben, neue Explosionen in der Luft vorzubereiten – und Amerika muß dem folgen; das ist schrecklich, aber es geht nicht anders.

Strobel: Es heißt, daß die Russen bei der Entwicklung der Anti-Rakete Fortschritte gemacht haben.

Adenauer: Es gibt ein Kölsches Sprichwort: Worte sind keine Stüber[18]. Die behaupten viel mit der Rakete, aber natürlich, das ist das Ziel. Aber ich glaube, es ist nicht soweit, und dann noch die unangenehme Sache, wo das Ding dann krepiert.

von Danwitz: Wenn in Genf alle möglichen Themen behandelt werden sollen, wird der Westen doch wohl vorher noch mal alles besprechen, bevor man mit den Russen ein solches Gespräch anfängt?

Adenauer: Zunächst wird Herr Thompson nochmals versuchen, zunächst ein Gespräch mit Gromyko zu erreichen[19], und über den von Amerika gewünschten Gang dieses Gespräches sind wir unterrichtet. Aber ich nehme an, wenn das in Genf wirklich etwas Ernsthaftes wird, werden wir ganz sicher unterrichtet sein. Wir werden auch einen Herrn nach Genf schicken, nicht zu der Konferenz, aber er wird sich dort aufhalten, damit er uns immer zur Verfügung steht[20].

Rapp: Also eine westliche Außenministerkonferenz vor dem Treffen in Genf ist nicht vorgesehen?

(*Adenauer:* Worüber?)

Nun, es wird doch sicher in Genf die Deutschlandfrage nicht nur am Rande besprochen werden?

Adenauer: Ja, über Deutschland ist ja die ganze Zeit dort gesprochen worden. – Die Amerikaner kennen unseren Standpunkt, daß wir uns unter gar keinen Umständen mit einer Sonderstellung abfinden können. Wir sind für die allgemeine kontrollierte Abrüstung, aber unbedingt gegen eine weniger bewaffnete mitteleuropäische Zone, d. h. der Bundesrepublik. Erstens würde es keinem nützen, meine Herren, denn die heutigen Raketen sind so, daß man über Deutschland beliebig hinwegschießen kann. Aber das würde eine Kontrolle mitbringen für uns, die für uns unerträglich ist, und wir können uns auch nicht in den Stand eines Staates zweiter Klasse runterdrücken lassen. Das wissen aber die Amerikaner, und die werden unsere Ansicht vertreten.

Strobel: Wie deuten Sie das Gespräch Ulbrichts mit Chruschtschow[21]? Da sind verschiedene Versionen.

Adenauer: Ich kann mir nicht denken, daß Chruschtschow alles gefällt, was Ulbricht tut, und Ulbricht wird auch nicht alles gefallen, was Chruschtschow tut. Die Mauer z. B. hat doch Chruschtschow erfunden; ob das dem Ulbricht gefällt? – Aber auf alle Fälle wird Chruschtschow doch unzufrieden damit sein, daß die Zone vor der ganzen Welt gezeigt hat, einmal, daß sie nicht kommunistisch werden will, und zweitens, daß eben die wirtschaftlichen Verhältnisse unter dem Kommunismus nicht gut entwickelt werden. – Nun, passiert nicht mehr? – Sind Sie müde?

Wendt: Was macht der Fouchet-Ausschuß[22]?

Adenauer: Ich nehme an, daß der Fouchet-Ausschuß jetzt einen Beschluß faßt, der es uns gestattet, weiterzuarbeiten.

Wendt: Und dann kommt im März die Außenministerkonferenz?

Rapp: In Rom!

Adenauer: Nein, in Rom ist die der Regierungschefs. Das wird wohl April werden[23]. – Meine Herren, erst muß Frankreich einmal zur Ruhe kommen – mit der OAS[24].

Rapp: Da wird wahrscheinlich das Fieberthermometer noch etwas höher gehen!

Adenauer: Ach, eine derartige Geschichte wie jetzt, die kann nicht endlos dauern. Damals in Frankreich war auch de Gaulle darauf gefaßt, daß unmittelbar danach eine Explosion kommt, aber ich hoffe doch, daß Ruhe kommt, für das Mutterland wenigstens.

Strobel: Wenn in Algerien aber die Unruhe weitergeht, ist der eigentliche Zweck doch nicht erreicht!

Adenauer: Ich kann nur nochmals wiederholen, meine Herren, wie ich weiß, hat man damit gerechnet, daß in Algerien dann katastrophale Zustände eintreten würden; das muß man in Kauf nehmen, was soll man sonst machen?

von Eckardt: De Gaulle rechnet seit langen Monaten mit einer sehr schweren und auch länger dauernden Explosion in Algerien; das ist in seinem Kalkül mit drin. Aber er glaubt, daß die gewichtige Tatsache des Waffenstillstandes, daß also eine Lösung auf dem Tisch liegt, schließlich doch das Übergewicht gegen die extremen Elemente bekommt.

Adenauer: Das hat er doch hinter sich – im Mutterland.

Strobel: Es müßte den Franzosen doch eigentlich leicht sein, diese 1,3 Millionen [Menschen] rüberzubringen ins Mutterland. Wir haben doch 11 Millionen hier.

Adenauer: Wer sagt denn, daß die Leute kommen wollen? Die andern bei uns waren von grausamen Menschen vertrieben, aber hier...

Rapp: Sie sagten, der Fouchet-Ausschuß wird so arbeiten, daß wir weitermachen können. Aber kommt in dem jetzigen Rahmen wirklich etwas sehr Wichtiges dabei heraus, oder nicht mehr, nur eine fassadenähnliche Institution?

Adenauer: Alle Institutionen müssen eine Fassade haben, daran kann man nichts ändern. Nein, es wird aber erstens der Wille abgesteckt und bekräftigt, das zu machen, und weiter wird bekannt und gesagt werden, welche Gebiete – nicht örtlich, sondern der Arbeit – die Union umfassen soll. Es wird weiter gesagt werden, daß die bestehenden Gemeinschaften ungestört und unberührt weiterarbeiten. Das wird kommen, und Sie haben recht, dadurch ist das wesentlichste Hindernis für eine Weiterentwicklung der Union beseitigt.

Rapp: Zunächst auch eine Weiterentwicklung der Integration – ich meine, die Zusammenlegung, die weitere Straffung der europäischen Behörden scheint doch etwas aufgeschoben zu sein[25]?

Adenauer: Ach, lassen Sie doch die Leute mal ein bißchen in Ruhe; ich muß wirklich sagen: Stellen Sie sich vor, was die Kommission auf sich [genommen] hat. Sie hat die landwirtschaftliche Geschichte, da müssen alle die Verhandlungen kommen[26], sie hat die Verhandlungen mit Großbritannien[27]; drüben hat Kennedy ja angemeldet, daß die Vereinigten Staaten nun zur EWG ein gewisses Verhältnis haben müßten[28]. Da möchte ich einschieben, meine Herren: Es ist von manchen deutschen Politikern und auch von manchen deutschen Zeitungen dann das Wort von [der] »Atlantischen Union« gesprochen worden[29]. Daran denkt kein Mensch! Wenn man zuviel zusammenbringt, platzt manchmal die ganze Geschichte.

Wir wollen mit den Vereinigten Staaten – ich spreche jetzt von EWG – eine Partnerschaft, aber nicht ein allgemeines Gemengsel – das können wir gar nicht machen. Und da ist so groß die Arbeit jetzt; wenn die Montanunion und EURATOM nun bisher all die Jahre ruhig gearbeitet haben, lassen Sie die doch ruhig noch ein Jahr weiterarbeiten.

Es ist noch eine viel wichtigere Frage da, die ist wohl noch nicht gelöst: die Frage des europäischen Parlaments[30]. Das ist eine sehr wichtige Frage; da müssen sich die Meinungen auch klären. Wir haben ganz wilde Europäer, wir haben gemäßigte Europäer, und wir haben Anti-Europäer. Ich gehöre zu den gemäßigten, ich bin kein ganz wilder Europäer.

(*Rapp:* Und zu den gemäßigten Parlamentariern!)
(Heiterkeit)

Ja, also – halten Sie für richtig, durch direkte Wahlen jetzt ein europäisches Parlament zu schaffen? Das hat doch keinen Sinn! Das muß sich alles erst auch in der Phantasie und in den Köpfen der Menschen zu einem Bild aufbauen, dann kann man erst zu allgemeinen Wahlen schreiten. Nun, alles in allem: Wenn Sie bedenken – wir haben jetzt das Jahr 1962 –, was in den 16 Jahren, die hinter uns liegen, in Europa aufgebaut worden ist, so ist das ganz kolossal. Am besten bekommen Sie da einen Maßstab, wenn Sie sich vorstellen, wie es in Europa und in der Welt aussähe, wenn das nicht gemacht worden wäre. Was wäre dann Europa? Nichts wäre es! Deswegen hat gerade die Tatsache, daß es diesen kapitalistischen Staaten gelungen ist, eine wirtschaftliche Institution wie EWG aufzubauen, den Sowjetrussen einen sehr großen Eindruck gemacht.

von Eckardt: Vielleicht den allergrößten überhaupt in der Nachkriegszeit. Man hat den Eindruck, daß die Russen das eigentlich am stärksten beschäftigt, daß es möglich ist, eine solche wirtschaftliche Kraft hier zu etablieren und zu konzentrieren.

Strobel: Hoffen Sie, daß dabei in Frankreich oder Italien etwas passieren wird? Wie beurteilen Sie die Lage in Italien[31]?

Adenauer: Na – ich habe etwas kalte Füße, nicht wahr! Oder lassen Sie mich so sagen: Die Entwicklung muß man sehr sorgfältig beobachten, sehr sorgfältig! Schließlich sind natürlich die Italiener für sich selbst verantwortlich, aber man muß doch jetzt abwarten, welchen Einfluß da die Tolerierung durch die Kommunisten bringen wird, wenn sie überhaupt tolerieren, was auch noch nicht ganz feststeht. Aber man kann sich ein definitives Urteil darüber nicht erlauben; jedenfalls ist es aber doch nötig, daß man die Entwicklung sehr sorgfältig beobachtet.

Rapp: Wie beurteilen Sie die Entwicklung in der Koalition?

Adenauer: Sie meinen in unserer Koalition?

Strobel: Die »kalten Füße« haben ihn angeregt!

Adenauer: Die Entwicklung beurteile ich gut. Ich halte den Herrn Starke[32] – aber bitte, bringen Sie das nicht! – für einen kenntnisreichen, außerordentlich fähigen Mann, der die Sache sehr ernst nimmt. Ich wünsche und hoffe nur, daß er sich nicht totarbeitet, in allem Ernst, nicht gerade totarbeitet, aber daß sein körperlicher Zustand das durchhält. Auch mit den andern neuen Herren, den neuen Ministern, kann man durchaus sagen, läßt sich sehr gut zusammenarbeiten.

Strobel: Sind da die Störenfriede nicht mehr?

Adenauer: Die sind draußen[33].

Wegener: Und auf sozialpolitischem Gebiet – fürchten Sie da etwas?

Adenauer: Auf sozialpolitischem Gebiet ist bisher kein Hindernis entstanden. Bei den Koalitionsverhandlungen ist von der CDU/CSU-Seite aus gesagt worden: Wir wissen, daß Sie an diesem oder jenem Gesetz etwas auszusetzen haben; wir wollen dahin übereinkommen, wir warten einmal die Ergebnisse dieser Gesetze ab – z. B. der Lohnfortzahlung in Krankheitsfällen[34] –, dann setzen wir uns hin und werden darüber befinden, wie der Tatbestand ist. Also: Darüber brauchen Sie keine Sorge zu haben.

Schulze-Vorberg: Was halten Sie von dem Gedanken Ihres Sohnes Paul[35]?

Adenauer: Ich habe das nicht gekannt. Ich wußte, daß er aufgefordert war, da im ... zu schreiben. Ich habe folgende Frage: Darf »Die Welt«, ohne irgendwelche Rechte zu verletzen, so einfach das abdrucken?

(*Rapp:* An sich ist das richtig, so mit Zitat, das steht ja dabei; normalerweise ist das ein stillschweigendes Recht, mit vollem Zitat kann man das machen.)

Das war jedenfalls die erste Frage, die ich mir gestellt habe. Und dann möchte ich ausdrücklich erklären: Mein Sohn ist 37 Jahre alt, also lange über die Großjährigkeit hinaus, und ich bin sehr tolerant; er kann seine Ansicht ruhig vertreten. Ich bin überzeugt, er wird sehr mäßige Ansichten vertreten. Er behauptet aber, es sei gar nicht wahr, daß Herr Erhard[36] denselben Gedanken ausgesprochen hätte, und daß ich dem entgegengetreten sei – das schreibt nämlich »Die Welt«.

Aber meine Herren, ich sehe mit Sorge der Entwicklung zu, wie sie sich jetzt vollziehen wird in diesen Monaten, mit sehr ernster und großer Sorge, denn die Sozialpartner in allen Ehren – über den Sozialpartnern steht das Wohl des Staates.

Schreiben Sie nicht, ich wäre dagegen! Vielleicht, daß ich mich mal dazu durchringe, ich weiß es nicht.

Aber darin werden Sie mir doch zustimmen: Über den Sozialpartnern steht das Wohl des Staates; ich will nicht sagen, das Wohl des Konsumenten, aber des Staates – und ich hoffe, daß die Sozialpartner das auch einsehen. Herr Böckler[37] hat es eingesehen.

von Danwitz: Wie wird sich denn der Staat – in weitestem Sinne Bund, Länder und Gemeinden – verhalten bei den Ansprüchen, die die Beamten stellen[38]?

Adenauer: Da werden Sie mir nun erlauben zu sagen: Da kann ich keine Antwort geben. Die Verhandlungen finden im März statt, und ich soll jetzt sagen, wie wir uns verhalten – das können Sie nicht verlangen.

von Danwitz: Das ist doch eine gewisse Gefahr, wenn die Beamtengehälter erhöht werden?

Adenauer: Die Gefahr kenne ich durchaus. Aber Sie können nicht von mir verlangen, daß ich jetzt sage, was wir tun.

Strobel: Es sind keine Reserven da, im Gegenteil, Löcher!

Adenauer: Es ist eine große Gefahr bei der ganzen Geschichte; bei solchen Auseinandersetzungen – auch die Angestellten des öffentlichen Dienstes sind dabei – sind eine Anzahl von Kommunen diejenigen, die am bereitwilligsten nachkommen. Ich will mich vorsichtig ausdrücken, auch die Länder sind zum Teil etwas anfällig gegenüber Streikandrohungen. Wir haben das ja auch gesehen bei den Verhandlungen in Baden-Württemberg[39]. Also, das ist ein sehr schwieriges Kapitel.

Strobel: Es gibt Abgeordnete der CDU, die meinen, wenn man die Urlaubsfrage früher, also vor Jahren, in Angriff genommen hätte, hätte man vielleicht diese gefährliche Entwicklung, die Arbeitszeit zu verkürzen, abbremsen können.

Adenauer: Ach, meine Herren, wer das glaubt..., nein, das ist sehr harmlos. Aber, meine Herren, weiter: Ich kann nur wiederholen, daß die Frage der Entwicklung der Preise, die ja identisch ist mit der Frage des Wertes der [D-]Mark, und die Frage der Exportfähigkeit, gerade was die Preise angeht, ist eine Reihe von miteinander zusammenhängenden sehr ernsten Fragen, die einem wirklich Sorge machen können[40].

von Danwitz: Ist es nicht so, daß man von den breiten Schichten sicherlich verlangen müßte, Einsicht für die Unmöglichkeit einer weiteren Arbeitszeitverkürzung zu haben; das wäre ein weiterer Rückgang der Produktivität. Aber es gibt doch bei uns eine gewisse Oberschicht, die führt ein aufreizendes Leben und erschwert es außerordentlich, in der Bevölkerung Sinn für solche Gedanken zu entwickeln. Ich meine: Der Hirsch, der [in Ungarn][41] geschossen wird für 20 000 [DM], und all diese Geschichten, das führt zu unerträglichen Spannungen, und ist es nicht möglich, dagegen etwas zu unternehmen? Ganz abgesehen von der Frage, ob Steuern oder fiskalische Erwägungen – nur [um] diesen übertriebenen Aufwand, der bei uns zum Teil getrieben wird, abzustoppen, namentlich auch im Ausland.

Adenauer: Ja, meine Herren, daß ich den übertriebenen Aufwand lieber heute wie morgen stoppen möchte, ist klar. Aber wie wollen Sie das machen? Z. B., daß Herr Schmitz sich nicht in Spanien ein Grundstück kauft, wie das verhüten? Das können wir nicht; dann müßten wir wieder zur Devisenwirtschaft übergehen mit allem, was daran hängt. Gewisse Exzesse, meine Herren, sind da, kein Mensch kann sie leugnen; aber Sie müssen dann wählen zwischen zwei Dingen: Entweder man läßt wirtschaftliche Freiheit – dazu gehört auch die Freiheit der Devisen – oder man bewirtschaftet. Ein Appell hat überhaupt keinen Zweck.

Schulze-Vorberg: Ich glaube, daß der Arbeiter das Gefühl verloren hat – da sind z. B. Krankmeldungen, die einfach erfunden werden. Das Gefühl ist verlorengegangen, weil der Arbeiter sieht, wie seine Direktoren z. B. Steuern hinterziehen.

Adenauer: Nun lassen Sie uns aber auch nicht sagen, jeder Arbeitnehmer ist ein Heiliger; die sind doch alle vom selben Fleisch und Blut, all die neuen Deutschen in unserer Zeit.

von Eckardt: Eine andere Erscheinung, die bedenklich ist, weil das ja miteinander kooperiert. Ich habe doch da oben in Cuxhaven gewirkt, habe da manches gesehen[42]. Da hat mir ein kleiner Unternehmer – eine kleine Fabrik –, der ziemlich viel produziert, gesagt: Ich brauche zehn Leute, ich habe ständig zu tun. Es ist sicher so, daß mal eine [Mitarbeiterin] krank ist. Wenn aber keine krank ist, dann haben die untereinander ausgemacht, wer krank wird. Das geht so weit – das ist äußerst amüsant –: Wenn nun eine auf Verabredung krank ist, und es wird eine andere wirklich krank, dann kommt die erste kameradschaftlich sofort wieder. Es wird also immer eine elfte gehalten werden müssen für den Fall, daß eine krank ist.

Adenauer: Ich habe Ärzte gesprochen, die mir gesagt haben: Bei den Nachtanrufen bei den Ärzten sind gerade die Krankenkassenmitglieder am stärksten beteiligt. Also das Ideal des braven, fleißigen, tüchtigen Arbeiters, der gern eine Stunde länger arbeiten möchte, wenn es ihm nur gegönnt würde, den gibt es nicht mehr.
Aber etwas anderes: Hier am Niederrhein ist eine große Fabrik gebaut worden[43]. Das Unternehmen hat eine Reihe deutscher Firmen aufgefordert und ein großes holländisches Unternehmen, Angebote auf schlüsselfertige Herstellung zu machen. Das holländische Unternehmen war 20 Prozent billiger als das billigste deutsche Unternehmen und hat den Zuschlag auch bekommen. Das Ding steht jetzt da. Die Holländer arbeiten eben sechs Tage in der Woche, 48 Stunden, die haben noch den Achtstundentag.
Wir haben Italiener in Unternehmungen hier[44], z. B. im Volkswagenwerk, weil die darauf bestehen, sechs Tage zu arbeiten, acht Stunden pro Tag zu arbeiten. Da sind die Italiener in einer besonderen Abteilung untergebracht, wo sie ganz allein unter sich sind, die nun die sechs Tage arbeiten; ja, die wollen Geld verdienen und sich dann etwas sparen. Also, ich muß leider dieses Bild zerstören.

Rapp: Etwas differenzierter: Es ist, glaube ich, so, diese Krankfeiernden und nicht viel arbeiten Wollenden sind in der Hauptsache die jugendlichen ungelernten Arbeiter. Den alten Arbeitsmann trifft das weniger, aber die Jüngeren. Nun ja, sie sind aufgewachsen immer in der Vollbeschäftigung, die können sich das gar nicht anders vorstellen.

Adenauer: Da kann ich nicht drauf antworten, das mag wohl sein. Das ist auch ein Generationsproblem; da mögen Sie recht haben. Das ist wie so vieles – auch in der Politik – ein Generationenproblem, nicht nur bei uns, auch in anderen Ländern.

Aber ich darf zurückkommen auf den Export. Sie werden gelesen haben, daß im Januar der Exportüberschuß unter 40 [Millionen DM] geblieben ist, und das ist doch ein sehr ernstes Zeichen, das habe ich schon seit langer Zeit befürchtet[45].

Schulze-Vorberg: Professor Erhard hat uns gesagt, das wäre ein statistischer Zufall.

Adenauer: Ich hätte lieber gehabt: Der Zufall wären 700 [Millionen DM] gewesen!

Schulze-Vorberg: Er meinte, das würde sich wieder heben.

Adenauer: Es kommt darauf an, wieviel; das müssen wir sehr aufmerksam beobachten, meine Herren. Aber ich kann nur sagen, einen derartigen Niedergang habe ich nicht erwartet. Aber daß ein Rückgang kommen wird, mußte doch klar sein. Es ist doch selbstverständlich, die andern arbeiten mehr und produzieren mehr. Auch in der Schweiz; ich habe das gelesen. Da ist im Baugewerbe einfach zwischen den Arbeitgebern und den Arbeitnehmern vereinbart worden, die Preise und die Löhne bleiben, wie sie sind, und da wird auch viel gearbeitet. Ich muß sagen, das hat mir von den Schweizern sehr imponiert, diese Klugheit und die Abgewogenheit, die darin liegt. Bei unserem Volk ist es so, wir haben erstens den Krieg hinter uns und mit dem Krieg verbunden diese furchtbare Trümmergeschichte, und dann geht es auf einmal gut, und die guten Deutschen sind so ein bißchen, ich will nicht sagen in Karnevalsstimmung, aber etwas verrückt.

Rapp: 1955/56 kam dieser plötzliche Bruch. Auf einmal war es aus. Früher hat jeder gesagt: selbstverständlich viel arbeiten, viel verdienen; und ab 1956 kam auf einmal: viel verdienen und weniger arbeiten. Das ging sehr rasch. Allerdings auch mit Hilfe der Presse. Die Zeitungen haben doch in diesen Jahren immer geschrieben: Wir armen Irren, der Deutsche arbeitet viel zuviel.

von Eckardt: Er macht sich unbeliebt, weil er so viel arbeitet!

von Danwitz: Und mit Hilfestellung mancher Ärzte, wie das in der »Welt« beschrieben wurde: Ein Redakteur ist zum Arzt gegangen, hat sich krank schreiben lassen wollen. Da kam die Schwester ins Wartezimmer und fragte gleich, wer seinen Krankenschein verlängern lassen will; das wurde gesammelt verlängert!

Adenauer: Die junge Generation hat sich aber nun in Hamburg[46], sowohl was die Soldaten wie auch was die jüngeren Elemente angeht, neulich tadellos benommen. Erstens unsere Soldaten, das waren die jungen Leute. Herr Nevermann[47] war ja bei mir und hat mir das ausdrücklich erklärt: Geradezu großartig hätte sich die Bundeswehr benommen, und ohne die hätte man das gar nicht machen können. Zweitens sagte er, aber auch die Halbstarken in Hamburg hätten sich bei der Gelegenheit gut benommen. Das ist nun wieder ein gewisser Trost vielleicht, daß doch in der jungen Generation noch Elemente sind, die dann, wenn sie etwas älter geworden sind und wir mal Arbeitslose gehabt haben, dann einsichtiger werden.

von Danwitz: Die Verkürzung der Arbeitszeit ist auch nicht von der Jugend erfunden worden, sondern von den Funktionären.

Adenauer: Ja, die müssen etwas bieten, da haben Sie recht; aber die Arbeiter folgen den Funktionären.

Rapp: Arbeit des Parlamentes – das Jugendarbeitsschutzgesetz[48] ist doch grotesk!

Adenauer: Ich glaube, da haben Sie recht. Wenn Sie mal mit einem Arzt sprechen, das ist ganz unmöglich, das durchzuführen; es handelt sich nicht um die Bezahlung des Arztes, sondern überhaupt eine vernünftige Untersuchung wirklich durchzuführen bei dieser unendlich großen Zahl [...]

Strobel: Sie haben uns Ihren Pessimismus in bezug auf die wirtschaftliche und innere Entwicklung dargelegt, Herr Bundeskanzler. Wie sehen Sie denn die außenpolitische Situation im Hinblick auf die Thompson-Gespräche, die ergebnislos geblieben sind?

Adenauer: Also, viel herausgekommen oder überhaupt etwas herausgekommen ist bisher nicht. Aber, meine Herren, ich möchte glauben, oder ich hoffe es wenigstens, daß durch dieses unermüdliche Dringen der Amerikaner, besonders Kennedys, auf Aussprache mit den Russen doch bei den Russen etwas, wenn auch langsam, schwindet von dem Argwohn, den sie unbedingt gegenüber den Vereinigten Staaten hatten, nämlich von dem Argwohn, daß die Vereinigten Staaten als führende kapitalistische Macht die neu aufkommenden kommunistischen Mächte kaputtmachen wollen. Und wenn diese Gespräche da etwas Erfolg haben, dieses Mißtrauen in Sowjetrußland gegenüber den Vereinigten Staaten abzubauen, dann wäre das schon ein großer Gewinn.

Strobel: Sie glauben, daß die Berlinfrage in der Schwebe bliebe?

Adenauer: Ja sicher – aber bitte denken Sie mal darüber nach, was ich eben gesagt habe. Ich sage nicht, solange man redet, schießt man nicht –

das lasse ich mal weg –, sondern ich hoffe, daß eben die Russen doch auch erkennen, daß die Vereinigten Staaten mit den kommunistischen Staaten einen Modus vivendi herbeiführen wollen, und wenn diese Überzeugung in Sowjetrußland wirklich mal anfängt, dieses Mißtrauen, von dem ich sprach, abzubauen, dann kommen wir in einer ganzen Reihe von wirklich außenpolitischen Fragen ein großes Stück vorwärts. Insofern glaube ich, ist es der Mühe wert, daß der Versuch gemacht wird – denn ein nuklearer Krieg wäre schrecklich.

Strobel: Sind Sie auch der Ansicht des Herrn Blumenfeld[49], daß die Behandlung des Falles Bucerius[50] in der Vorstandssitzung der CDU im Kommuniqué nicht richtig wiedergegeben worden sei[51]?

Adenauer: Ich glaube, Herr Blumenfeld hat darin recht. Herr Blumenfeld hat mir einen Brief geschrieben[52] und ganz präzise gefragt: Das ist der Vorstandsbeschluß und das ist das Kommuniqué, und da ist ein gewisser Unterschied drin. Er hat die Frage gestellt: Stehen Sie auf dem Beschluß des Vorstandes oder auf dem Boden des Kommuniqués? Ich habe geantwortet: Auf dem Beschluß des Vorstandes. – Aber so groß ist der Unterschied auch wieder nicht.

Strobel: Ich habe in der Depesche die psychologische Wirkung erwähnt.

Adenauer: Mir hat im »Stern« viel mehr mißfallen; ich habe die betreffende Nummer[53] nicht gelesen, lese überhaupt den »Stern« im allgemeinen nicht. An sich ist der ganze Inhalt des »Stern« doch wirklich politisch und in anderer Beziehung sehr minderwertig; das ist nicht zu bestreiten, und es ist den CDU-Leuten von sehr guten Leuten immer vorgehalten worden, wie könnt Ihr es denn ertragen, daß der Verleger, der Inhaber vom »Stern«, in der CDU ist? Das sagt Ihnen der einfache Mann, das haben sie früher schon gesagt.

Strobel: Gerade dieser Artikel – ich empfand ihn nicht so provokativ; so aufregend war er nicht; da gab es viele andere.

Adenauer: Ja, ich meine die ganze Sache...

von Eckardt: Die ganze Vermischung mit Politik...

Grüssen: Es heißt doch, daß auf Initiative von Bucerius das noch einmal besprochen werden soll mit Herrn von Brentano und Dr. Krone[54].

Adenauer: Ich habe so etwas gehört. Abg[eordneter] Blumenfeld hat auch neulich sehr scharf Stellung genommen.

von Eckardt: Herr Blumenfeld hat auch eine ein bißchen andere Situation innerhalb Hamburgs, und es ist kein Zweifel darüber, daß Bucerius in Hamburg als guter Wahlkämpfer gelitten wurde; daran denkt natürlich Herr Blumenfeld auch, weil die ihm nicht in Massen zur Verfügung stehen.

Adenauer: Aber Herr von Eckardt, wie sind die Erfolge der CDU in Hamburg? Die sind doch systematisch abgebaut[55]!

(Eine Sekretärin bringt eine Nachricht.)

ADN meldet, daß Mikojan[56] morgen in Ost-Berlin eintrifft!

von Eckardt: Die schlechte Wirtschaftslage! Dafür ist er ja zuständig.

Adenauer: Ach, der ist für vieles zuständig! – Der arme Mann! Wie er vor ein paar Jahren hier war[57], habe ich mich mit ihm unterhalten. Er war im Priesterseminar, das hat er absolviert. Das hat er mir erzählt, und wie er das absolviert gehabt hätte, da hätte er auf einmal gemerkt, daß er gar nicht an Gott glaube, und da sei ihm Karl Marx[58] in die Hände gekommen. Da habe er das gelesen, und da habe er sich dann dazu bekannt. Darauf habe ich ihn gefragt: Haben Sie es denn verstanden, was Sie gelesen haben? Da sagte er: Ich habe es zweimal gelesen.

(Heiterkeit)

Worauf ich sagte: Ich habe versucht es zu lesen, bin aber nicht weit gekommen.

Nr. 12
2. März 1962: Informationsgespräch (Wortprotokoll)

StBKAH 02.26, mit ms. Vermerk »*Unkorrigiertes Manuskript*« und Paraphe »Z[ie]h[e]«

Teilnehmer: Dr. Kurt Lachmann – Günter Diehl, Theodor-Paul Ziehe

Beginn: 16.25 Uhr[1]   Ende: 17.40 Uhr

Lachmann (nach einleitender Unterhaltung, ob Interview oder Inf[ormations-]Gespräch): Wenn es nun doch Informationsgespräch sein soll, dann würde ich natürlich aktuelle Dinge fragen. Ich will nicht gleich mit Herrn Kroll[2] »in die Tür fallen«, aber wie beurteilen Sie die Absichten Chruschtschows heute? Glauben Sie, daß ein Druck auf ihn ausgeht von den Spannungen mit China[3] oder ob ihn das unbehelligt läßt?

Adenauer: Ich weiß nicht, ob Sie sich mal den 20-Jahresplan[4] von Chruschtschow angesehen haben, den er vorgelegt hat. Ich meine, wenn man das in Ruhe liest, dann – mir wenigstens geht es so – merkt man ja doch ganz deutlich, wo es der russischen Wirtschaft wirklich fehlt. Gerade diese Vorplanung, die ja nach meiner Meinung unmöglich ist – kein Mensch kann in der heutigen Zeit auf 20 Jahre vorausplanen –, die soll Chruschtschow, glaube ich, die Möglichkeit geben zu sagen, ja wartet doch mal ab, ich habe doch für 20 Jahre alles eingeplant. Dann ist sehr interessant – darauf lenke ich immer die Aufmerksamkeit –, was die Russen in Ostsibirien machen. Da bauen sie große industrielle Anlagen und Wohnanlagen, nach Rot-China hin. Das ist, glaube ich, nur zu verstehen aus der Sorge, daß, wenn das ganze Land dort unbewohnt bliebe oder spärlich bewohnt bliebe, dann eine Infiltration viel leichter möglicher ist, als wenn da industrielle Werke und Wohnräume sind[5].

Dann liegt das ja doch in der Natur der Dinge, daß ein Nachbar, der dreimal soviel Menschen hat, wie man selbst hat, immer unangenehm ist, und die Chinesen sind ja keine wilden Horden. Außerdem wird auch bei uns die Hungersnot, von der immer gesprochen worden ist, sehr übertrieben. Soviel ich weiß, hat jeder Chinese soviel bekommen, daß er arbeiten kann, und Rot-China hat ja doch Getreide, das es von Kanada gekauft hat[6], an Rußland weitergegeben.

(*Lachmann:* Oder an Albanien[7]!)

Also auch ein Beweis dafür, daß es mit der Hungersnot nicht so sehr schlimm gewesen ist. Diese Schwierigkeiten zwischen den beiden Nachbarn hatte ich gar nicht so schnell erwartet. Albanien haben Sie eben erwähnt; Sie wissen, daß die Russen dort, ich glaube auf einer Insel, [einen] U-Boot-Hafen und alles mögliche angelegt haben, und das haben sie geräumt[8]. Also Albanien stört doch sehr ihre Pläne; aber sie tun nichts dagegen.

Lachmann: Ist daraus vielleicht auf eine Milderung des Drucks auf Berlin und den Westen zu schließen?

Adenauer: Nein, im Gegenteil. So sagt man in Frankreich – ich meine jetzt nicht de Gaulle –, aber in Frankreich sagt man...

(Unterbrechung: Sekretärin bringt eine Nachricht herein.)

Also um 18.00 Uhr wird Kennedy bekanntgeben, daß die Amerikaner die Atomversuche Ende April im Südpazifik wiederaufnehmen[9], es sei denn, daß bei den bevorstehenden Abrüstungsverhandlungen neue Vereinbarungen zustande kommen. – Na, das war wohl anzunehmen.

(*Lachmann:* Es war die Frage, ob sofort...?)

Ende April – also in sechs Wochen...

(*Lachmann:* Technisch war es Ende März möglich...)

War es möglich – es gibt also noch eine Gelegenheit, er schiebt es hinaus, damit der Russe bei den Verhandlungen Entgegenkommen zeigt. Aber daß Chruschtschow sich klar ist über die Gefahren, die von Rot-China drohen, das weiß ich, und damit hat er ganz recht. Das hat mit verschiedener Auffassung und kommunistischem Verhältnis wenig zu tun, denn unter kommunistischen Staaten herrscht keine Brüderlichkeit, da spielt die mehr oder weniger große Macht eine große Rolle.

Nun hat er also diesen Nachbarn, und er hat im Westen Schwierigkeiten mit Europa, also auf beiden Seiten. Mir hat Reston, als der im Dezember hier war[10], gesagt, in Paris hätte er gehört, daß man die Russen behandeln sollte wie einen irregegangenen Europäer, der zurückkommt. Ich bin der Auffassung, daß Chruschtschow, ehe er sich entschließt, seine Front ganz oder in der Hauptsache nach Osten gegen Rot-China zu drehen, versuchen wird, im Westen möglichst viel Terrain – nicht nur Boden, sondern auch Einfluß und Macht – zu gewinnen. Und ehe er diese Schwenkung vornimmt, werden wir wahrscheinlich noch eine Periode starken Drucks bekommen[11], vielleicht sind wir da schon drin.

Lachmann: Ist das auch die Auffassung von Herrn Kroll?

Adenauer: Das weiß ich nicht, das kann ich nicht sagen.

Lachmann: In der aktuellen Frage, wenn Deutschland und die Sowjetunion zusammentreffen, also auch wegen Berlin, sehen Sie da, Herr Kanzler, eine Möglichkeit, daß Konzessionen gemacht werden, die zu einer Lösung führen, z. B. Geldzahlungen, Anleihen usw.?

Adenauer: Nein! Sehen Sie mal, es war ja eine Riesendummheit von den andern – England, und namentlich von Amerika –, daß sie damals Berlin selbst als Hauptstadt bestimmten und verkündeten in Deutschland, und daß sie den Russen die ganzen Gebiete, die sie da besetzt hatten, angefangen von Sachsen bis Pommern, ohne weiteres abgaben, ohne sich eine feste Landverbindung mit Berlin zu schaffen[12]. Infolgedessen ist Berlin für Chruschtschow unbezahlbar, Chruschtschow hat jederzeit in der Hand, aus irgendwelchen sonstigen Gründen in Berlin Schwierigkeiten zu machen. Das ist also wie eine Schraube; er kann sie stärker anziehen, er kann sie weniger stark anziehen, und er wird das nicht aus der Hand geben. Das ist wirklich eine große Verständigungserschwerung. Deswegen kann man in Berlin-Verhandlungen im großen [und] ganzen nur mit verbrämten Worten den Status quo belassen.

Lachmann: Wenn das für Chruschtschow unbezahlbar sein soll, müßte er doch interessiert sein, daß es nicht verschluckt wird.

Adenauer: Von wem?

(*Lachmann:* Von der Sowjetzone.)

Das will er auch nicht, das ist vorbei. Nein, das ist für Chruschtschow politisch unbezahlbar.

Lachmann: Und Status quo, was ja im Grunde genommen seit zehn Jahren ungefähr die einzige Möglichkeit ist – glauben Sie, daß man das jetzt für eine etwas längere Zeit als sechs Monate...?

Adenauer: Das halte ich für möglich. Nachdem er nun von Amerika doch so entschiedene Erklärungen bekommen hat, wird er das nicht aufs Spiel setzen können. Warum sollte er das tun? Sehen Sie, Berlin ist an sich für den Russen ja keine Stadt von besonderem Wert, ist nur wertvoll, weil es da wie ein Pfahl im Fleische steckt, also umgeben von der Sowjetzone, und weil er da immer Schwierigkeiten machen kann. Wenn Sie übrigens da einmal nachblättern, diese Auffassung von Berlin hat sich ja auch entwickelt in den fünfziger Jahren. Die Russen haben ja doch auch einmal ganz verständige Ansichten gehabt; aber dann haben sie bemerkt, wie wertvoll das für sie ist.

Lachmann: Haben sie nicht einmal gedacht, daß sie doch mal raus müssen und das Ganze als Ausbeutungsobjekt...?

Adenauer: Ach, als Ausbeutungsobjekt, das lohnt sich doch nicht. Damals haben doch die Alliierten wirklich an die Schaffung eines vereinten Deutschlands, wenn auch unter Kontrolle, gedacht mit Berlin als Hauptstadt.

Lachmann: Und nun eine Lösung, sagen wir Status quo, für längere Zeit, würde da eine internationale Autorität...?

Adenauer: Das würde eine gewisse Erleichterung bringen.
Lachmann: Mit so einer internationalen Aufsichtsbehörde für die Zufahrtswege?
Adenauer: Das wird der Russe nicht tun, das glaube ich nicht.
Lachmann: Es hieß, daß Mißverständnisse bestanden hätten zwischen Washington und Ihnen bezüglich der Besprechungen, die Thompson mit Gromyko geführt hatte[13]?
Adenauer: Wir werden davon immer unterrichtet, auch von dem geplanten Gespräch.
(Einwurf *Lachmann* ...)
Das hat der Russe ja sofort abgelehnt; er wäre ja dumm, wenn er das aus der Hand gibt.
Lachmann: Das ist überhaupt nicht mehr im Gespräch?
Adenauer: Nein! Ich meine, man muß sich doch immer fragen, was hat der Russe davon, daß das so bleibt? Davon hat er sehr viel, er kann jeden Tag Schwierigkeiten machen.
Lachmann: Gut. – Andererseits ist doch ziemlich klargeworden, daß er keinen Krieg darüber anfangen will.
Adenauer: Nein, dann ist es ja auch weg; das glaube ich auch nicht. Eine große Rolle, möchte ich sagen, spielt nach meiner Meinung bei den Russen das Mißtrauen gegenüber den Vereinigten Staaten. Die Russen glauben tatsächlich daran, daß die kommunistischen Länder eine höhere Stufe bedeuten. Sie fürchten von den kapitalistischen Staaten nur Amerika, und sie haben deswegen ein großes Mißtrauen gegen Amerika, weil sie glauben – von sich auf andere schließend –, dieser führende kapitalistische Staat will das kommunistische Regime tödlich treffen. Sie glauben nicht, daß Amerika eine friedliche Koexistenz eingehen wird. Sie dürfen auch nicht übersehen, daß die Vereinigten Staaten doch während der Administration Eisenhower davon gesprochen haben, alle Satellitenstaaten vom kommunistischen Joch zu befreien.
Lachmann: Freilich – genau gesagt, aber wie?
Adenauer: Aber als Ziel hat er es gesagt, und das wird nicht vergessen sein; das glaube ich nicht. Wenn es also gelingt – und insofern sind ja vielleicht die ewigen Verhandlungen ganz gut –, den Russen davon zu überzeugen, daß es den Vereinigten Staaten wirklich Ernst ist mit der Herbeiführung einer Koexistenz, und daß sie sich deswegen soviel Mühe geben, dann ist das vielleicht auch ein Fortschritt.
Lachmann: Haben Sie nicht den Eindruck, Herr Bundeskanzler, daß die Sowjetunion auch besorgt ist, daß sie von dem europäischen Reservoir an wirtschaftlichen Möglichkeiten abgeschlossen würde durch den

Fortschritt des Gemeinsamen Marktes, und daß da vielleicht eine Möglichkeit liegt?

Adenauer: Die Russen sind ja sehr beeindruckt von den Fortschritten des Gemeinsamen Marktes, und wenn Sie sich einmal vorstellen, wie es in Europa aussehen würde, wenn die Zusammenschlüsse nicht gekommen wären, dann können Sie sich denken, daß die europäischen Staaten, von denen keiner mehr eine Großmacht ist, dem Zugriff der Russen eigentlich preisgegeben dalägen. Und nun ist da eine wirtschaftliche Großmacht entstanden!

Lachmann: Gibt es da Möglichkeiten des »do ut des«?

Adenauer: Nein, das glaube ich nicht; ich wüßte nicht, wie.

Lachmann: Na, Öl ist ja das Hauptzahlungsmittel der Sowjets.

Adenauer: Wir danken für russisches Öl. Ich will keines, weil das ja jeden Augenblick auch aufhören kann zu fließen. Wenn man seine Industrie auf russischem Öl aufbaut, begeht man eine große Dummheit und kommt in eine große Gefahr.

Lachmann: Ja. – Nun hat es hier in Deutschland in der letzten Zeit immer wieder Äußerungen gegeben, die auf eine aktivere deutsche Außenpolitik hindrängen.

Adenauer: Das ist eine Redensart; ich meine, wenn man die Dinge unvoreingenommen betrachtet – und das müssen wir doch tun –, da sind die großen Mächte, und da ist ein großer Gegensatz, meiner Meinung nach, weil Rußland Furcht vor Amerika hat. Es stellt sich einen kapitalistischen Staat als einen Raubstaat vor; es hat also Sorge. Aber wir andern alle, was sind wir denn? Und was sollen wir denn für eine aktive Außenpolitik machen?

Lachmann: Ich weiß es nicht – es gibt doch eine Menge...

Adenauer: Sie wissen doch, daß mit so viel Schlagworten gearbeitet wird.

Lachmann: Das erweckt immer den Eindruck, daß es eine Möglichkeit gäbe.

Adenauer: Warum? – Denn wenn wir dem Russen sagen würden, hier..., würde er uns danken, aber er gäbe uns auch noch nichts; aber das wäre für ihn etwas wert.

Lachmann: Sie glauben nicht, Herr Bundeskanzler, daß dort eine Gefahr für die deutsche Entwicklung in der weiteren Zukunft liegt, daß diese Stimmung die Vorhand gewinnt?

Adenauer: Welche Stimmung?

Lachmann: Daß Deutschland wieder, sagen wir, zu Bismarck zurückkehren sollte.

Adenauer: Die Zeiten haben sich ja doch so verändert. – Wenn Sie von Bismarck sprechen – wie sah denn die Welt da aus? Da lag die ganze Macht bei den Russen. Die Vereinigten Staaten hatten doch vor 1900 gar keine Außenpolitik.

Lachmann: Ich sagte Bismarck, um nicht Rapallo[14] zu sagen!

Adenauer: Sie können ruhig von Rapallo sprechen, da müssen die Deutschen doch auch mit rein, und auch damals waren die Machtverhältnisse anders als jetzt. Jetzt ist es doch tatsächlich so: Wenn man von Rot-China absähe, sind es eigentlich zwei wirkliche Großmächte, das sind Amerika und Sowjetrußland; die andern haben doch alle nicht viel zu bestellen!

Lachmann: Ja – daß Sie davon überzeugt sind, schien mir immer klar. Aber ob es nicht in der CDU und vor allem in der FDP Kreise gibt, die sich Illusionen machen[15]?

Adenauer: Ja sicher – das muß man getrost ertragen. – Jetzt war das Thema aufgekommen, wir sollten mit Rußland direkt verhandeln. Ich habe den Herren gesagt: Wenn Sie mir etwas sagen können, warum Sowjetrußland uns mehr geben sollte als den Vereinigten Staaten, dann wollen wir mal über die Sache sprechen. Keiner hat nur irgend etwas dazu sagen können. Warum sollen wir das tun? Weshalb?

Lachmann: Ich sehe es auch nicht; aber es hat immer solche Vorstellungen gegeben, und es ist auch von…

Adenauer: Ich will Ihnen mal etwas sagen: Ich habe seit vielen Jahren immer gesagt, Gott ist eigentlich ungerecht gewesen; er hat der menschlichen Dummheit keine Schranken gesetzt, wohl aber der menschlichen Klugheit. – Damit kann man sich manchmal trösten. Nein, ich meine, die Situation ist für mich ganz klar. Wir müssen unendliche Geduld aufbringen, müssen sorgen, daß wir stark bleiben, so, wie wir jetzt sind, und wir müssen uns anlehnen an den Westen. Und ich bin überzeugt, daß die Vereinigten Staaten auch in ihrem Interesse die Politik weiterverfolgen, die wir jetzt seit Jahren eingeschlagen haben, manchmal mit etwas größerem Nachdruck, manchmal mit etwas weniger, das kommt immer auf die leitenden Persönlichkeiten an; aber auch für die Vereinigten Staaten ist die jetzige Politik zwangsläufig.

Lachmann: Und die Mißverständnisse, die Mißstimmungen, die es da gegeben hat? Wie sind die eigentlich zu erklären?

Adenauer: Ach, ich fürchte, es werden dem Präsidenten Kennedy zu viele Zeitungsausschnitte vorgelegt – nichts kann nämlich mehr verwirren als Zeitungen. Aber ich will Ihnen ein Beispiel nennen, wie leichtfertig das heutzutage alles ist. Ich habe in meiner Fraktion niemals gesagt, eine Ost-West-Konferenz, auch nie daran gedacht, nicht im entferntesten daran gedacht, sondern ich habe gesagt: Wenn die Gespräche aufhören, dann müßte eine Außenministerkonferenz kommen, damit man eine Bilanz des Ganzen zieht, und dabei hatte ich auch noch etwas anderes im Kopf – das habe ich nicht gesagt. Ich hoffte, daß dadurch wieder Frankreich mit den anderen Westmächten zusammenkäme; es steht ja jetzt etwas abseits. Aber was ist daraus geworden? Das wissen Sie! Da ist gesagt worden, das habe Kennedy sehr geärgert, daß ich das gesagt habe! Robert Kennedy hat mir jetzt gesagt[16], sein Bruder habe es nie anders aufgefaßt, als daß ich gemeint hätte eine Außenministerkonferenz der Westmächte.

Lachmann: Ich bin der Sache sehr nachgegangen, bevor ich berichtet habe. Aber das Merkwürdige ist, daß der Sprecher der Fraktion[17] es richtig gesagt hat: »Außenministerkonferenz«, ohne ein Attribut, daß aber keiner der zuhörenden CDU-Journalisten es anders verstanden hat als eine Ost-West-Konferenz, und zwar guten Willens.

Adenauer: Ja, der gute Wille ersetzt nicht den Verstand. Sehen Sie, wenn ich sage, wenn diese Phase der Besprechungen zu Ende geht, dann muß eine Außenministerkonferenz stattfinden, um die ganze Sache zu besehen, dann ist das doch klar.

Lachmann: Ich finde es auch logisch – aber merkwürdig ist...

Diehl: Mindestens die Hälfte hat es mißverstanden!

Lachmann: Ich bin nachgegangen, wo eigentlich die Fehlerquelle lag.

Diehl: Wir auch; es ist ein interessanter Fall von der Arbeit her. Wie ist das möglich – und was mich verblüfft hat: daß auch die Korrektur nicht geglaubt wird, sondern man sagt, das ist passiert, weil man sich in Washington geärgert hat.

Adenauer: Ich habe gesagt, wenn diese Besprechungsperiode zu Ende gegangen ist, dann wird man zusammenkommen müssen in einer Außenministerkonferenz, das ist doch ganz klar.

Lachmann: Und eine Pause eintreten –

Adenauer: Das habe ich auch gesagt, und ich finde, das macht ja die amerikanische Politik nicht immer richtig, daß z. B. dem Thompson nicht gestattet worden ist, seinen Winterurlaub in [Garmisch-] Partenkirchen zu verleben, sondern daß der in Moskau bleiben mußte, damit er jeden Augenblick bereitstand für Gromyko. Das war psychologisch falsch. Ich habe damals auch dem amerikanischen Botschafter gesagt[18]: Tun Sie mir den Gefallen und berichten Sie bitte nach Washington, ich hielte es für das klügste, psychologisch, gegenüber den Russen, jetzt mal eine Pause eintreten zu lassen. Aber nicht, daß der arme Thompson da nun warten muß – das ist nicht richtig.

Aber andererseits, ich habe mich – das sage ich Ihnen ganz offen – zu der Erkenntnis durchgerungen, daß es doch, glaube ich, sein Gutes hat, daß Kennedy immer und immer wieder den Thompson da hinschickt, und zwar aus dem Grunde, den ich Ihnen eben anführte: Weil das vielleicht bei den Russen doch den Eindruck hervorruft, es ist den Vereinigten Staaten Ernst, mit uns eine Verständigung herbeizuführen.

Lachmann: Nun kommt ja jetzt dieses Treffen von Gromyko und Rusk in Genf[19]. Wird dann dazu oder während der Abrüstungskonferenz so eine neue Besprechung der westlichen Partner stattfinden?

Adenauer: Thompson ist doch drauf und dran, jetzt wieder zu Gromyko zu gehen[20]. Wir haben doch jetzt das Memorandum, das er übergeben hat, und auch seine Anweisung, wie er verhandeln soll.

Lachmann: Dann wird das wohl weitergehen?

Adenauer: Noch eine Stufe weiter – heute haben wir den 2. [März]; in Genf beginnt das am 18. [März], also besteht die Möglichkeit noch.

Diehl: Ich sah eine Nachricht – weil Sie von der internationalen Kontrollbehörde für den Zugang sprechen –, daß man unter Umständen überlegt, da von amerikanischer Seite nochmals etwas zu publizieren.

Adenauer: In dem Gespräch, das jetzt kommen wird, ist davon keine Rede.

Lachmann: Zum europäischen Gemeinsamen Markt: Wenn es nicht zu einer weiteren politischen Integration kommt, wie jetzt ja evtl. zu befürchten ist...

Adenauer: Nein, das ist nicht zu befürchten, das glaube ich nicht. Ich glaube, auch da liegt wieder ein ganz dummes Mißverständnis vor. De Gaulle ist in dem Gespräch mit mir[21] ganz klar geworden, daß er die Arbeit und das Weiterbestehen der schon geschaffenen europäischen Institutionen nicht irgendwie beeinträchtigen will. Das war ja mit eine Schwierigkeit, aber die ist ausgeräumt. Aber man muß sich natürlich klar sein – so schnell geht so etwas nicht.

Lachmann: Sie glauben aber, daß man doch, wenn auch langsamer, Fortschritte machen kann?

Adenauer: Ja, und zwar kann ich immer nur hinweisen auf die Entwicklung in Deutschland. Wir hatten ja den ersten Norddeutschen Zollverein[22], der wurde gegründet in den dreißiger Jahren des vorigen Jahrhunderts, d. h. ein Zollverein zwischen den Staaten und Stäätchen [sic!] hier in Deutschland, und aus dem wurde dann nachher der Norddeutsche Bund; das war der politische Bund, und daraus wurde dann das Kaiserreich. Also, da ist auch die wirtschaftliche Verklammerung vorangegangen, und das Politische ist nachher gekommen. Das halte ich auch für richtig und klug. Das war auch die Absicht Robert Schumans, als er mit dem Vorschlag der Montanunion kam[23]. Schuman hat mir selbst das damals gesagt, daß das zwar ein wirtschaftlicher Vorschlag war, der aber hochpolitischen Untergrund hatte.

Lachmann: Wird de Gaulle, wenn er mal die Algeriensache[24] bereinigt hat, nicht doch schwieriger sein?

Adenauer: Nein, im Gegenteil! Die Algeriensache beschäftigt ihn jetzt natürlich sehr, und die innere Lage in Frankreich beurteile ich so, daß zwar das Gros der Bevölkerung nach wie vor zu de Gaulle steht und auch das Gros der Bevölkerung im Mutterland – die Abtrennung muß ja einmal sein –, und dadurch wird dann sein politischer Einfluß, wenn dann Wahlen kommen, wahrscheinlich noch größer werden. Er wird sich dann – de Gaulle ist ja eine dynamische Natur – gerade diesen europäischen Angelegenheiten besonders widmen. Daß dann evtl. Schwierigkeiten kommen werden, weil er zuviel für Frankreich verlangt, oder was da kommen wird, das mag sein; das ist aber ein so großes Werk, daß man die Schwierigkeiten mit Geduld überwinden muß.

Lachmann: In der atomaren Politik – sind da nicht immer wieder auch Schwierigkeiten zwischen den Vereinigten Staaten und der Bundesregierung entstanden, oder – das ist mir nie ganz klar geworden – Strauß sagt immer, es sei alles in Ordnung?

Adenauer: Das ist es nicht. Aber bitte denken Sie auch da zurück. Der Vorschlag ging davon aus – er war gemacht worden von Norstad, und Norstad hat im Hause von Stikker am Comer See im August 1960 mir das Ganze auseinandergesetzt[25]. Einer der Hauptgründe war: Weil nach amerikanischem Gesetz ja der Präsident allein das Signal geben kann, von den Nuklearwaffen Gebrauch zu machen, daß doch eine militärische Lage denkbar sei, bei der der Präsident drüben in den Vereinigten Staaten nicht rechtzeitig genug das Signal geben könnte. Mir hat General Heusinger einmal gesagt, es kann ja in [einem] solchem Krieg auf die erste Stunde ankommen, eine Stunde, und um da nun ganz sicher zu gehen, kam der Vorschlag Norstads. Aber die Administration Eisenhower hatte keine Zeit mehr so kurz vor der Wahl – eine solche Sache muß ja an den Kongreß gehen –, das durchzubringen; dann ist es liegengeblieben. Dann hat die Administration Kennedy es bekommen; die hat sich nun zögernd verhalten, die kam ganz neu heran an die Frage, aber ich glaube – ich habe auch mit Kennedy verschiedentlich darüber gesprochen –, da wird sich auch eine Lösung anbahnen, die den Interessen aller gerecht wird.

Lachmann: Eine Lösung auf der NATO-Basis?

Adenauer: So ungefähr.
Lachmann: Nicht eine Beteiligung an der französischen Atomerzeugung?
Adenauer: Das, glaube ich, würden die Vereinigten Staaten uns sehr übelnehmen, und darauf beruht ja auch das Mißtrauen in den Vereinigten Staaten gegen Strauß, weil man glaubt, daß Strauß dazu neige[26]. Ich glaube es nicht; ich weiß es nicht; er kann es ja gar nicht forcieren.
Lachmann: Das würde sehr viel kosten.
Adenauer: Und die französische Atomwaffe würde ja immer in ihrer ganzen Entwicklung, auch qualitativ – nicht nur quantitativ –, hinter der amerikanischen und russischen Entwicklung zurückbleiben.
Lachmann: Also diesen Verdacht hat Strauß eigentlich bei mir nicht geweckt, daß er eine Beteiligung an der französischen Atomerzeugung wünschte.
Adenauer: Nein, nein. Man hat z. B. in Washington aufgehorcht, als neulich der französische Verteidigungsminister hier war, Messmer[27] bei Strauß; derartige Aussprachen finden immer von Zeit zu Zeit statt.
Lachmann: Sie haben also das Gefühl, daß jetzt keine besonderen Mißstimmungen herrschen, oder wenn welche herrschten, daß sie bereinigt sind?
Adenauer: Wenn welche geherrscht haben, sind sie bereinigt. Aber warum soll ich Ihnen das nicht sagen: Die amerikanische Politik erschien uns im vergangenen Sommer etwas unsicher, und wir haben damals große Sorge gehabt, sehr große Sorge.
Lachmann: Das war also nach Kuba?
Adenauer: Ja, im Sommer. Diese ganzen Fragen sind aber zwischen Kennedy und mir damals im November eliminiert worden, und das war ein sehr gutes Gespräch[28]. Eine Zeitlang war es eben [...]; sehen Sie, eine neue Administration muß sich auch erst orientieren, die kann nicht alles ohne weiteres übernehmen, was der Vorgänger gemacht hat.
Lachmann: Waren das die Besorgnisse im Zusammenhang mit dem Gespräch mit McCloy[29]?
Adenauer: Sie meinen das Gespräch in San Franzisko[30]? Aber ich bin nie dahintergekommen, ob McCloy das aus sich heraus gemacht hat, weil er annahm, die Administration Kennedy würde das gern haben, oder ob er von dort einen Anstoß bekommen hat. Jedenfalls ist diese ganze Sache versunken und vergessen.
Lachmann: Er war inzwischen hier?
Adenauer: Da haben wir über so etwas gar nicht mehr gesprochen[31].
Lachmann: Bei all diesen Dingen war das das einzige, wo ich feststel-

len konnte, daß wirklich mal von einem Mitglied der Administration etwas gesagt worden war [...], diese Gespräche von McCloy mit Berg[32] und Abs[33].
Adenauer: Ja – aber spurlos ist das verschwunden.
Lachmann: Das war das Zentrum der Besorgnisse?
Adenauer: Das gehörte zum Kreise der Besorgnisse.
Lachmann: Bezüglich eines möglichen Nachgebens gegenüber Sowjetrußland?
Adenauer: Ja, gegenüber Sowjetrußland. Sie wissen ja, was McCloy damals gesagt hat?
Lachmann: Ja, ungefähr das, was als Ansichten von Kroll jetzt erscheint.
Adenauer: Nein, noch viel mehr; nein, ach, das war schon sehr massiv!
Lachmann: Ich habe nur von Berg so allgemein gehört, der kam auch da zurück.
Adenauer: Berg war ja ganz außer sich!
Lachmann: Waren da nicht auch diese zehn Milliarden [DM] drin?
Adenauer: Nein, die Sache war ganz scharf. McCloy sagte, Amerika will mit Sowjetrußland in Ordnung kommen und Frieden machen, und meinte, erkennt ihr die DDR an, damit auch Amerika [die] DDR anerkenne, und derartige Sachen. Und er hat gesagt, das liege alles in den Intentionen der Administration Kennedy. Darauf haben die Herren gesagt, das können wir nicht glauben; sie sagten, dann rufen Sie doch mal an im Weißen Haus, ob das richtig ist. Da hat er gesagt, das würde er tun – aber getan hat er es nicht.
Lachmann: Das war ein paar Tage, bevor er sein Amt aufgab?
Adenauer: Ja.
Lachmann: Aber diese Sachen sind doch wohl seit der Rede von Kennedy[34] erledigt?
Adenauer: Das ist vorbei. – Da ist mir folgendes gesagt worden: Die Stimmung gegenüber den Deutschen sei in New York etwas verschlechtert und vielleicht auch in Washington, aber im ganzen Lande nicht, insbesondere nicht im Westen, auch nicht in der Mitte.
Lachmann: Ich war zuletzt im Sommer drüben, ich habe nichts davon gemerkt, nicht die Spur. Ganz im Gegenteil: ein geradezu übermäßiges Attachement zu Berlin speziell. Aber es gibt Leute, die meinen, in New York sei die Stimmung nicht ganz günstig.
Adenauer: Jawohl – aber wie so Mutmaßungen kommen: Mir hat ein Mann von der Lufthansa gesagt, daß infolge des Eichmann-Prozesses[35]

die Flugzeuge der Lufthansa weniger von den Amerikanern benutzt würden; er meinte, das darauf zurückführen zu können, und sie sagten mir noch: Wir können nichts dagegen tun, wir müssen eben auf die Zeit hoffen, daß sie das wieder mehr zurücktreten lassen. Der Eichmann-Prozeß war eine sehr üble Sache; das hat doch wieder Erinnerungen wachgerufen. Da habe ich auch Sachen gehört, die ich nicht wußte – Grausamkeiten.

Lachmann: In dem Zusammenhang: Für jemand, der versucht, diese Dinge objektiv darzustellen, ist es schwer tragbar, wenn nun ein alter Nazi – Oberländer[36] – wieder so aufgefordert wird, sich politisch zu betätigen.

Adenauer: Oberländer meinen Sie – also Oberländer. Oberländer war Nazi, ja, das stimmt; ich habe sogar mal gesagt, er war ein sehr intensiver Nazi. Das hat er mir übelgenommen. Nun waren aber Oberländer ganz bestimmte Grausamkeiten vorgeworfen worden, ganz bestimmte Sachen. Und Oberländer sagte, ich habe Kinder, die meinen Namen tragen und die doch ins Leben hereingehen, und mir werden hier wirklich zu Unrecht sehr böse Sachen nachgesagt, und ich möchte mich rehabilitieren. Dann hat er eine ganze Reihe von Prozessen geführt, und die sind alle zu seinen Gunsten ausgelaufen.

Nun hat er mir als Vorsitzendem meiner Partei gesagt: Können Sie nicht in einer Vorstandssitzung oder sonstwo erklären, daß durch diese Prozeßverfahren festgestellt sei, daß diese Sachen mir zu Unrecht nachgesagt worden sind? Das ist die ganze Sache, und da habe ich mich – das sage ich Ihnen ganz offen – aus Gerechtigkeitsgefühl bewogen gefühlt zu sagen[37]: Was dem Manne da und da und da nachgesagt worden ist, das hat sich als falsch herausgestellt; damit hat er kein politisches Amt bekommen, das ist ein einfaches Gebot der Gerechtigkeit.

Lachmann: Es war in der Erklärung noch ein Satz drin: daß der Wunsch geäußert wurde, daß er auch politisch wieder aktiv würde.

Adenauer: Wissen Sie, worauf sich das bezog? Zum Beispiel in Nordrhein-Westfalen wollte man ihn nicht in politischen Versammlungen der CDU reden lassen, weil er so ein gemeiner Kerl sei, und das sollte damit auch klargestellt werden, daß man ihn ruhig wieder reden lassen kann. Sehen Sie mal, Herr Oberländer ist ein wichtiger Mann für die Vertriebenen. Sie müssen wirklich mal versuchen, das mit unsern Augen zu sehen, aber auch mit menschlichen Augen. Der Oberländer war ein Nazi. Daß ich kein Freund der Nazis bin, nie gewesen bin, brauche ich Ihnen nicht zu sagen. Als früherer Nazi war er mir suspekt; das würde ich ihm auch ins Gesicht sagen. Er wurde dann von den Vertriebenen – die damals noch mehr zu bedeuten hatten als jetzt, weil sie sich jetzt immer mehr hier einrichten und dann nicht mehr so als Partei der Vertriebenen dastehen –, wurde er präsentiert und ist dann Minister gewesen. Dann kamen diese Anschuldigungen. Er hat das Ministeramt nicht mehr behalten. Aber es waren eben keine Anschuldigungen, er sei Nazi oder hätte den und den Rang – so etwas nicht –, sondern ganz bestimmte Verbrechen zu einer bestimmten Zeit und an bestimmten Orten, die wurden ihm zur Last gelegt; und dann ist durch die richterlichen Urteile geklärt worden, daß das nicht der Fall war.

Lachmann: Bitte, ich habe den Fall sehr genau verfolgt –

Adenauer: Sagen Sie ruhig offen, was Sie davon halten!

Lachmann: Die Anschuldigung, daß er dort an dem Pogrom in Lemberg am 11. Juni [1941] teilgenommen hat, hat sich nicht erwiesen. Eine Kompanie des Bataillons Nachtigall hat sich beteiligt, angeblich nicht unter seinem Befehl.

Adenauer: Sie sagen »angeblich« – das ist durch das Gericht festgestellt!

Lachmann: Ein Prozeß, den sein Unterführer Middelhauve[38] angestrengt hat gegen Paul Wilhelm Wenger[39], ist niedergeschlagen worden, weil das Gericht nicht festgestellt hat, daß die Beschuldigungen nicht zu Recht erhoben worden seien [sic!]. Das bezieht sich allerdings auf einen etwas weiteren Kreis von Verantwortlichkeiten. Abgesehen von dem Pogrom von Lemberg[40] hat aber Oberländer sich sehr aktiv an der Austreibungspolitik und an der Vorbereitung dieser Schrecken beteiligt. Ich meine, er war zwar immer für die Ukraine, für die verschiedenen Rassen im Kaukasus, aber immer gegen die Polen und gegen die Juden, und in dem Sinne hat er sich auch schriftstellerisch und rednerisch betätigt im Dritten Reich vor dem Krieg, nicht wahr, und seine Alibis stammen alle aus der Zeit der Kriegführung im Kaukasus mit Rußland, wo er dann russische Minderheiten der Sowjetunion in Schutz genommen hat; das ist zweifellos richtig. Aber seine Aktionen richteten sich gegen Polen und Juden, und dann seine Verbindung mit Bandera[41] und Nachtigall. Und von Bandera, das ist doch Beweis genug, denn der wurde ja auf seine Veranlassung hin aus dem Gefängnis herausgeholt.

Adenauer: Also, von all den Dingen – Sie werden das verstehen – weiß ich nichts. Ich habe keine Zeit, um die Prozesse von Oberländer zu verfolgen. Ich hörte da nur, daß deshalb der Prozeß angestrengt war und daß das Gericht das festgestellt hat.

Lachmann: Ja, ich wollte auch nur meine allgemeine Meinung sagen.

Adenauer: Aber ich möchte Ihnen sagen, ich bin eigentlich überrascht und angenehm überrascht, daß doch nach 1945 diese nationalsozialistische Richtung in Deutschland so rapide verschwunden ist – daß da hier und da mal einer steckt, glaube ich gern –, aber das hätte ich nicht für möglich gehalten, so schnell.

Lachmann: Das scheint mir auch eine glückliche Wendung. Wenn so etwas wieder hochkommt, ist das natürlich eine starke Belastung im Ausland, wo man auf solche Dinge wartet; sobald sich etwas ereignet, was darauf hindeuten könnte, daß die Nationalsozialisten wieder emporkommen könnten, ergreift man diese Gelegenheit,

(*Adenauer:* Das halte ich für absolut ausgeschlossen!)

und in dem Zusammenhang hatte ich Oberländer erwähnt.

Diehl: Aber gerade da ist auch ein Anspruch auf Gerechtigkeit. Der Oberländer hat mich aufgesucht als den Mann für Information Ausland und hat gesagt: Ich weiß, daß der Osten rund eine Million ausgegeben hat, um diese Sache – konkrete Greuel, die er begangen haben soll – überall in der Welt zu verbreiten. Und ich habe es ja erlebt, z. B. in Rangun, da fragte man, was ist eigentlich mit Oberländer? Ich habe das oft gehört, weil der Osten diese Propaganda mit diesem Prozeß getrieben hat, nicht mit dem – das ist ja unbestritten –, daß er führendes Mitglied war in der Nationalsozialistischen Partei, aber hier ist mit diesem Prozeß eine Kampagne aufgebaut worden. Und er hat mich auch gefragt: Das muß man doch korrigieren? Ich finde auch – ich hätte sicher keine Million ausgegeben –, aber ein gewisser Anspruch ist da, der Gegner hat das doch auch in unfairer Weise benutzt.

Lachmann: Also, ich fühlte mich nur persönlich auch sehr unangenehm berührt durch diese offizielle Rehabilitierung.

Adenauer: Erlauben Sie mal, das interessiert mich sehr, daß Sie sagen, das hat mich unangenehm berührt. Sie können nicht sagen, das ist eine offizielle Rehabilitierung; das würde falsch sein. Sie können lediglich sagen, daß die und die und die Behauptungen nicht zutreffen, daß ihm die nicht zur Last gelegt werden.

Lachmann: Ich dachte an den letzten Satz dieser Mitteilung, der seine politische Tätigkeit betrifft.

Adenauer: Das bezieht sich auf das Reden; aber weiter geschieht nichts, nicht wahr. Ja, ich will Ihnen das sagen, Herr Lachmann: Es waren viele Deutsche Nazis. Es war eine schreckliche Zeit, ganz schrecklich, und mir war vom ersten Tage an klar, welcher Zusammenbruch in Deutschland kommen würde. Aber worüber ich mich geärgert habe, will ich Ihnen auch einmal sagen[42]. Ich habe mich schwer geärgert darüber, daß auf den Olympischen Spielen 1936 in Berlin die ganzen Länder – England, Frankreich, Amerika – diesem Hund gehuldigt haben. Sehen

Sie mal, dadurch sind sie uns hier im Lande, die wir das nicht wollten, geradezu in den Rücken gefallen – und das habe ich nie verstanden. Ich war empört, daß z. B. die Engländer englische Pfadfinder viele Wochen lang mit der Hitlerjugend haben hier kampieren lassen in Berlin. Sehen Sie, wie hat man den Kerl behandelt, der war doch einfach ein Verbrecher; ich will keinen Namen nennen, aber wie haben Botschafter den in Berlin behandelt!

Lachmann: Ich weiß es. Damals war ich noch nicht Amerikaner, war noch Deutscher, und war sehr tätig und habe auch so darunter gelitten.

Adenauer: Ich habe schwer darunter gelitten, und ich will Ihnen etwas von mir sagen. Sie wissen, daß ich Oberbürgermeister war. Ich stand plötzlich da, ich bekam kein Gehalt mehr, mein Bankkonto war gesperrt; ich hatte nichts[43]. Wir lebten von dem Verkauf von Bildern, die wir hatten; und dann haben wir es als ein großes Glück betrachtet, daß meine Frau[44] von einem Fassadenkletterer der Schmuck gestohlen wurde, weil der nämlich versichert war und wir einen realen Wert dafür bekamen. Und der erste, der gekommen ist und mir gesagt hat: Ich könnte mir denken, daß Sie in Not sind, ich habe Ihnen hier 10.000 [Reichsmark] mitgebracht – das war mein Freund Dannie Heineman[45], den ich seit Jahren schon kannte; das war der erste.

Lachmann: Heineman ist ein ganz alter Bekannter von mir. Ich war [19]24 in Brüssel, und als er starb, dachte ich daran. Ist da eigentlich ein geistiger Zusammenhang zwischen dieser Hilfe von Dannie Heineman und Ihrem Eintreten für das Israel-Abkommen, die Wiedergutmachung[46]?

Adenauer: Nein, gar nicht, nein; wir waren gute Freunde, lange ehe es [den] Nationalsozialismus gab, und zwar sind wir zusammengeführt worden durch einen damaligen Direktor der AEG namens Hamspohn[47]. Heineman ist ja als junger Mann in den Diensten der AEG gewesen, und der Hamspohn kannte ihn und hat uns zusammengeführt. Er (H[amspohn]) ist geborener Kölner und war in Berlin; er hat die AEG im Ausland immer repräsentiert – ein sehr guter Mann; durch den sind wir zusammengekommen.

Lachmann: Was Heineman anstrebte war das, was dann Montanunion und Gemeinsamer Markt später versucht haben[48]!

Adenauer: Heineman habe ich schon während des ersten Weltkrieges gekannt. Er war ja ein guter Freund von – wie hieß der bekannte Amerikaner in Brüssel[49], der nachher seinen Sitz hier hatte, der für Roosevelt geschrieben hat? Heineman war Republikaner, er war nicht Demokrat[50]. Dann will ich noch etwas sagen. Der zweite Mann, der kam und mir Geld anbot, das war auch ein Jude, ein deutscher Jude, der sogar nach

Amerika ging[51]. Er war Universitätsprofessor hier, und die Tochter hatte ich bei der Stadt Köln angestellt; die ist weggegangen. Er wollte zur Tochter mit seiner Frau und sagte, ich will das nicht vergessen; da sagte er, ich habe mir etwas gespart, darf ich Ihnen das geben? Ich habe es natürlich nicht angenommen[52]. – Aber keiner von meinen Freunden hat mir etwas angeboten.

Lachmann: Darf ich zum Abschluß fragen: Diese etwas reminiszierenden Betrachtungen, die ich für ein Interview Sie gern fragen wollte, könnten wir das vielleicht mal machen, wenn Sie sich die Fragen angesehen haben?

Diehl: Wir hatten sie, um es offen zu sagen, nicht mehr zur Bearbeitung vorgelegt, weil Sie, Herr Bundeskanzler, sagten, mir ist zu diesem Zeitpunkt ein Informationsgespräch lieber.

Adenauer: Ja, da ist man freier.

Lachmann: Meine Kollegen in Washington wollten von Ihnen gern mal so Ausblicke auf Ihr Leben, politische Altersweisheiten usw.

Adenauer: Dieser Tage hat mir jemand gesagt[53]: Sie haben drei Leben gelebt. Das ist richtig. Das erste Leben war das, als ich in Köln bei der Kommunalverwaltung war, Oberbürgermeister war, das war schön. Das zweite war die Nazizeit, da war es schlecht, und dann kam die politische Geschichte nachher. Als ich nun Bundeskanzler werden sollte, vor mehr als zwölf Jahren, bin ich hier zu Professor Martini[54] gegangen und habe den gefragt: Glauben Sie, daß ich es noch 1 1/2 Jahre mache, so lange muß es wenigstens noch halten! – Damit will ich nur sagen, man hat sein Leben sehr wenig in der Hand. Das ist sehr selten, daß man sein Leben wirklich selbst dirigieren kann. Sehen Sie, die Nazis, die mich aus meiner Arbeit herausgeworfen haben – ich bin nicht schuld daran, daß sie gekommen sind; aber ich flog heraus aus meiner von mir sehr geliebten Tätigkeit. Dann waren die ganzen zwölf Jahre sehr schwere Jahre – das habe ich auch nicht freiwillig herbeigeführt. Und dann kam die dritte Phase, daß ich ins politische Leben hineinging – das habe ich auch nicht freiwillig getan, sondern mehr oder weniger, weil man eben mußte.

Lachmann: Vielleicht wäre es schön, wenn Sie mir die Gelegenheit geben würden, darauf noch einmal zurückzukommen, solche allgemeineren Betrachtungen zur Veröffentlichung, die eben nicht an den Tag gebunden sind und nichts mit der unmittelbaren Gegenwart zu tun haben.

(Das weitere Gespräch geht dann auf sehr persönliche Dinge über, vor allem Erinnerungsaustausch aus der Zeit zwischen den beiden Weltkriegen, über gemeinsame Bekannte in Deutschland, Politiker usw.)

Freitag, den 16. März 1962

9 Uhr 50	Frau Piper
11 Uhr 25	Presse-Tee
	Herr Grüssen
	Herr Dr. Rapp
	Herr Wagner
	Herr Wegener
	Herr Wendt
	Herr Strobel
	Herr v. Danwitz
	BM Erhard
	BM Starke
	StS Globke
	Mdg Selbach
	StS von Eckardt
	Stenogr. Ziehe
	- kleiner Kab.-Saal -
12 Uhr 25	BM Erhard
12 Uhr 35	dazu: StS Globke
13 Uhr 15	Fortsetzung ohne BM Erhard
ca. 16 Uhr	Dienstliches Telefonat mit Präsident Kennedy (erstmalige Benutzung der Direkttelefonverbindung)
16 Uhr 15	Friseur Werner
ca. 16 Uhr 30	Kabinett
18 Uhr 20	- nur Minister - außer StS Globke StS Hopf StS von Eckardt
19 Uhr 35	StS Globke, BM Krone

Zu Dok. Nr. 13

Nr. 13
16. März 1962: Kanzlertee (Wortprotokoll)
StBKAH 02.26[1], mit ms. Vermerk »*Unkorrigiertes Manuskript*«, »*Vertraulich!*« und Paraphe »Z[ie]h[e]/Mr.«

Teilnehmer: Ludwig von Danwitz, Hugo Grüssen, Dr. Alfred Rapp, Dr. Wolfgang Wagner, Dr. August Wegener, Hans Wendt, Dr. Robert Strobel – Felix von Eckardt, Professor Dr. Ludwig Erhard, Dr. Hans Globke, Josef-Wilhelm Selbach[2], Heinz Starke, Theodor-Paul Ziehe

Beginn: 11.25 Uhr[3] Ende: 12.24 Uhr

Adenauer: Meine Herren, Sie wissen, daß ich am Montag [19. März 1962] nach Cadenabbia gehe[4]. Ich werde aber wohl – das ist ziemlich sicher – zur dritten Lesung des Haushalts zurückkommen[5]; ob ich dann nochmal weggehe, muß ich mal sehen.
Ich möchte heute über außenpolitische Dinge nicht mit Ihnen sprechen. Einige Herren von Ihnen waren ja in Genf[6]; bisher hat sich nichts gezeigt, das [einen] veranlassen könnte, seinen vorsichtigen Pessimismus irgendwie zu ändern über den Ausgang der ganzen Sache. Aber etwas anderes bedrückt uns innerhalb der Bundesregierung sehr, nicht nur innerhalb der Bundesregierung, sondern auch innerhalb der Länderregierungen: Das ist die innere Entwicklung bei uns bezüglich des Wertes der D-Mark, bezüglich der Preisentwicklung – das ist ja identisch –, aber bezüglich der damit zusammenhängenden Ausfuhrmöglichkeiten, und alle diese Befürchtungen werden hervorgerufen durch die Lohnbewegungen.
Sie wissen, wie es mit der Gewerkschaft Bau – Steine – Erden steht. In Nordrhein-Westfalen sieht man einem Streik im Bereich der chemischen Industrie entgegen, und im Hintergrund stehen Streikmöglichkeiten bezüglich Kohle und Stahl[7]. Meine Herren, Streikmöglichkeiten in diesem Umfange, wie sie jetzt in Nordrhein-Westfalen sich am Horizont zeigen, verhältnismäßig kurz vor der Landtagswahl[8], legen es wohl nahe, daß man versucht ist, sich zu fragen: Besteht da ein gewisser Zusammenhang? Darüber hinaus – die Landtagswahl in NRW ist sehr wichtig, das ist ganz klar – haben wir die ernste Sorge, daß durch Lohnsteigerungen unsere ganze wirtschaftliche Konstruktion – ich will mich vorsichtig ausdrücken – einen starken Stoß erleiden wird. Ich habe deswegen die beiden Kollegen, Herrn Erhard und Herrn Starke, gebeten, hierherzukommen, damit sie Ihnen diese Sorge im einzelnen darlegen, die uns innerhalb der Bundesregierung wirklich bedrückt.

Erhard: Meine Herren, ich habe schon bei der Haushaltsdebatte[9] die Daten auf den Tisch gelegt. ‹Ich will ja gar nicht dramatisieren, auch gar nicht die Vergangenheit betrachten, ob da bei der Vermögens- und Einkommensverteilung wirklich Maßstäbe göttlicher Gerechtigkeit vorgeherrscht haben, sondern ich nehme das politische, das ökonomische Datum von heute und die Gefahren, die Entwicklungen, die sich da abzeichnen. Schon seit dem 3. Quartal vorigen Jahres war es ganz offenkundig, daß die Produktivität in der deutschen Wirtschaft absinkt, die Leistung pro Mann, aber auch die Leistung pro Arbeitsstunden – gleichgültig, wie Sie das bezeichnen –; das Sozialprodukt, die Zuwachsraten sind rückläufig, also die Steigerungssätze sind rückläufig. Wir haben heute noch einen Produktivitätszuwachs von 3 1/2 Prozent, wie ich annehme und wie es sich für das 1. Quartal abzeichnet, einen Produktivitätszuwachs pro Arbeitsstunde, und wir haben 1960 und 1961 Lohnerhöhungen gehabt für die gesamte Summe an Lohn und Gehalt von 12,3 Prozent, auf die einzelnen Erwerbspersonen bezogen von 10,1 Prozent – also ein krasses Mißverhältnis zwischen Produktivitätssteigerung und Lohnerhöhung. Ich sage nicht, daß der Produktivitätszuwachs der einzige Maßstab für mögliche Lohn- und Gehaltserhöhungen ist, aber ein entscheidendes Faktum; man kann jedenfalls beide Dinge nicht auseinanderreißen, die Diskrepanz ist jedenfalls zu groß geworden, so daß Gefahr im Verzuge ist.›
Aber selbst wenn Sie vom Zahlenspiel absehen, dann ist doch evident, daß wir in der Lohnhöhe im Vergleich zu den hochentwickelten Industrieländern Europas mit ‹an die Spitze gekommen sind› in der Arbeitszeit und auch in der Arbeitszeitverkürzung, daß wir das Tempo nicht durchhalten können, wenn in anderen Ländern – und die Welt rückt ja immer enger zusammen, die Märkte werden offener, der Wettbewerb wird immer stärker –, wenn in anderen Ländern – siehe die Vereinigten Staaten, siehe Großbritannien – schon in den letzten Jahren, z. B. Großbritannien mit 3 1/2 Prozent Lohnerhöhungen gerechnet wurde, in Amerika auch ungefähr 2 bis 3 Prozent, und wir? Ja, die Forderungen der Gewerkschaften gehen doch bis 17, bis 18 Prozent; ich will das real nehmen, bei Metall waren es 10,8 Prozent, was rein kalkulatorisch die Verteuerung ausmacht. Auf den billigen Hinweis, daß doch die Lohnkostenquote innerhalb der einzelnen Branchen unterschiedlich ist und z. B. in der Chemie der Lohnanteil an Fertigprodukten nur 15 Prozent ausmacht, könnte man sagen, das ist eine Milchmädchenrechnung par excellence.
Denn alle Stoffe, die gebraucht werden – Fremdleistungen und Dienst-

leistungen –, erhöhen sich auch. Wenn eine Lohnerhöhung von 10 oder 12 Prozent sich durchgesetzt hat, dann trifft sie sozusagen die gesamte Fertigung und nicht nur, was für den einzelnen deutlich ist. Das wäre ein völlig falsches Bild und ist nicht nur bezogen auf die Lohnkostenquote. Wir können uns eine volkswirtschaftliche Kostensteigerung von 10 bis 11 Prozent einfach nicht leisten, wenn rund um uns herum im engsten Wettbewerb nur 3 Prozent gegeben werden.

Die Lage ist deshalb so schwierig: Wir hatten bisher einen gewissen Vorsprung – ich brauche die Gründe nicht zu untersuchen –, aber wir kommen ins Gedränge und stehen meiner Ansicht nach unmittelbar vor der Schwelle, wo ein Vorteil sich wandelt in einen Nachteil. Und was bedeutet das? Da komme ich zuerst auf die Außenhandelssituation zu sprechen. Ich will den Januar mit den kleinen Handelsüberschüssen gar nicht dramatisieren – man kann nicht von einem Monat aus schließen –, aber tendenziell ist schon 1961 deutlich geworden, daß die Überschüsse abnehmen[10]. Hinzu kommt, daß wir in der Zahlungsbilanz den Handelsbilanzüberschuß des Jahres 1961 von 6,2 Milliarden [DM] überkompensiert haben. Darüber hinaus sind 8 Milliarden [DM] im ganzen abgeflossen durch einmalige Zahlungen, Schuldenrückzahlungen, Währungsziehungen und dergleichen, so daß unsere Zahlungsbilanz schon passiv ist; das haben wir bewußt auf uns genommen, wir haben auch da internationale Solidarität gezeigt. Aber wenn unser deutscher Export rückläufig wird, dann droht eine große Gefahr; wir merken es schon auf den deutschen Märkten.

Ich sagte schon, der Gemeinsame Markt ist in Deutschland sehr viel lebendiger als etwa in anderen Ländern. Von allen sechs Mitgliedsstaaten der EWG ist unser Handel mit den übrigen Partnern geringer gestiegen als der der anderen Partner den übrigen Ländern gegenüber – und das von dem Land, von dem man geglaubt hat, daß es aufgrund seiner starken industriellen Potenz sozusagen alle anderen Partner in den Hintergrund drängen würde. Das hat sich nicht ereignet, sondern die anderen sind aufgerückt, und wir sind durch unsere Undiszipliniertheit eigentlich immer mehr ins [...] Hintertreffen will ich nicht sagen, aber der Fortschritt war bei uns nicht so groß. Man muß bedenken, was das bedeutet, wenn wir auf dem Weltmarkt nicht mehr so konkurrenzfähig sind und wenn auf dem Binnenmarkt der Zufluß von Waren immer stärker wird. Wir haben heute keine Möglichkeit mehr, uns dagegen abzuschirmen, denn da würde man sozusagen der inflationistischen Tendenz Tür und Tor öffnen.

Wir haben keine Devisenzwangswirtschaft mehr, sind in Gesetze inter-

nationaler Art eingespannt – nicht nur EWG, sondern GATT, OECD – und liegen offen da und müssen uns bewähren im Wettbewerb mit den anderen.
Ich will nur eine Wirkung erwähnen: Wir haben bisher bei unserer Verteidigung das ganze schwere Gerät vom Ausland gekauft mit erheblichen Aufwendungen, die wir leisten konnten dank unserer großen Handelsbilanzüberschüsse, dank unserer starken Wettbewerbsposition. Nehmen Sie an, das würde dahinschwinden, und auch ein Devisenvorrat, auch ein Goldvorrat ist keine unerschöpfliche Quelle auf die Dauer. Dann würde das sicher nicht bedeuten, daß wir in unseren Rüstungsanstrengungen nachlassen dürften, sondern wir müssen dann neben den laufenden Ausgaben für die Bundeswehr und neben dem, was wir im Innern so herstellen können – also das leichte Gerät, die üblichen Anschaffungen –, nochmals sehr erhebliche Investitionsmittel bereitstellen, um eine eigene Rüstungsindustrie aufzubauen. Die wäre natürlich unwirtschaftlich, denn eine Rüstungsindustrie kann man für ein so kleines Land wie Deutschland nicht aufbauen; aber wir müßten es tun und hätten kein Geld mehr, um uns das vom Ausland zu beschaffen. Das würde eine Belastung bedeuten neben den Erhöhungen für die Verteidigung, daß es überhaupt haushaltsmäßig gar nicht mehr darzustellen wäre.
‹Ich bin der Meinung, wir müssen aus sozialen Gründen der deutschen Hybris entgegenwirken. Wir müssen eine Politik treiben, die mit allen uns zur Verfügung stehenden Mitteln die Stabilität der Währung und der Preise sichert. Ich habe gesagt, wir sind schon etwas auf die schiefe Bahn geraten – das sind wir, ich gestehe das.›
Noch einige Zahlen: Ich sagte vorhin, wie die Zunahme von Lohn und Gehalt sich abzeichnet. Die Erträge der Unternehmen haben von 1960 auf 1961 gegenüber den 10,1 Prozent bei den Arbeitnehmern nur noch um 4,2 Prozent zugenommen und die Netto-Erträge nach Abzug der Steuern nur noch um 0,8 Prozent. D. h., das stagniert also, und die nicht entnommenen Gewinne – d. h., die Mittel, die für Investitionen bereitstehen – haben von 1960 auf 1961 um 18 Prozent abgenommen. Wir haben jetzt einen Anteil von Lohn und Gehalt am gesamten Volkseinkommen von 62,3 Prozent, haben also die scheinbar nicht durchdringbare Schallmauer von 60 Prozent jetzt überschritten. Man kann sich darüber freuen, aber alles in Maßen, und wir sind wirklich auf dem Wege, über die Maße hinwegzuspringen.
Ich habe da eine Besorgnis, daß das, was sich in Deutschland ereignet, politisch gewollt ist. Das ist kein soziales Anliegen, sondern dahinter

steht ein politischer Wille oder ein politisches Drängen. Aber wir sind auch darauf angewiesen, wie das Ausland über uns denkt, denn wir brauchen ja Freunde für unsere deutschen Anliegen, und ich bin der Meinung, es ist eine ganz schlechte Sache, wie wir uns benehmen. Natürlich, ein Konkurrent von außerhalb kann sagen, das ist eine großartige Sache, wenn Deutschland im Wettbewerb verliert; dann werden wir einspringen, das ist unser Vorteil.

Das ist die eine Seite, aber auf der andern Seite sagte man: ‹Was sind die Deutschen eigentlich für ein merkwürdiges Volk? Haben die keinen Sinn mehr für die richtigen Maße, für die richtigen Gewichte? Und wenn die sogar ihre eigene solide und gesunde Grundlage zerstören, wann bricht eigentlich die Hybris dann im politischen Bereich auf? Kann ein so undiszipliniertes Volk nicht mal zu Kurzschlußhandlungen kommen, die uns stören, die den Frieden und die Sicherheit der Welt gefährden?

Ich glaube, solche Äußerungen sind schon im Ausland laut geworden, und ich finde, das ist eine Sache, die wir auch sehr ernst nehmen müssen. Ich will nicht sagen – das steht mir nicht zu, dazu bin ich nicht befugt –, was die Bundesregierung im einzelnen unternehmen wird, aber ich glaube, die völlige, schrankenlose Freiheit der Tarifpartner wie bei uns besteht sonst in keinem andern europäischen Lande, die grenzt an Zügellosigkeit, und die Freiheit, wenn sie nicht mit Verantwortung gepaart ist, die wird, wie die Entwicklung in Deutschland zeigt, eben allzu leicht mißbraucht.

Das muß nicht bedeuten, daß man die Tarifordnung aufhebt, aber doch gewisse Filter müßte man einbauen, damit eben die staatspolitische Ordnung, die Ruhe, die Sicherheit und vor allen Dingen die soziale Sicherheit nicht gestört wird. Ich will nicht sagen, daß diese Entwicklung kommen muß; aber wenn wir nichts tun, ist Gefahr im Verzuge, und diese Entwicklung würde sich in erster Linie auf die Arbeitnehmer auswirken, denn ein Erlahmen der Wettbewerbskraft würde bedeuten, daß die sowieso ständig steigenden Einfuhren, und zwar die Fertigwareneinfuhren, allmählich den deutschen Markt überschwemmen. Ist es nicht verantwortungsbewußter, rechtzeitig das zu tun, was notwendig ist?

Wenn Sie bedenken, daß wir in unseren Sozialversicherungen Leistungen aufgebaut haben, die ausgerichtet sind auf den Zustand der absoluten Vollbeschäftigung, dann möchte ich mal sehen, was passieren würde, wenn auch nur ein Konjunkturrückgang von 10 Prozent eintreten würde. Sonst könnte man ja sagen, das ist nicht dramatisch, das sind konjunkturelle Schwankungen. Aber das wird bei uns dramatisch, weil wir uns auf Vollbeschäftigung eingerichtet haben und weil niemand

daran denkt, daß etwas anderes kommen könnte. Auch das psychologische Verhalten der Gewerkschaften zeigt das; die haben keine Angst mehr.〉
Wenn man in dem Fall also die Inflation nicht will – daß man sie nicht will, dazu bedarf es ja keiner Bekräftigung! –, dann muß man in diesen Prozeß in irgendeiner mäßigen Form eingreifen, und wir werden im Kabinett zu beraten haben, in welcher Weise das geschehen soll.

Adenauer: Ich möchte nur drei Sätze hinzufügen. 〈Ich habe mich immer so ausgesprochen, was die Freiheit der Tarifpartner angeht: Über der Freiheit der Tarifpartner steht das allgemeine Wohl. Die Tarifpartner sind nicht diejenigen Leute, die dem ganzen Volke verantwortlich sind; sie fühlen sich auch nicht dazu. Und ein zweiter Satz: Innerhalb der Gewerkschaften ist eine sehr bemerkenswerte Entwicklung in diesen 15 Jahren seit 1946 eingetreten. Früher hatte der Vorstand des DGB eine entscheidende Stelle; das war zu Zeiten Böcklers, und das war übergegangen auf Freitag[11]. Das ist vorbei. Entscheidend sind die Industriegewerkschaften, und diese haben, wie das verständlich ist, in erster Linie im Auge, was sie für ihre Leute herausschlagen können an Löhnen, ohne viel Rücksicht darauf zu nehmen, daß dann jede Lohnerhöhung bei ihnen von den anderen auch gefordert wird.〉 Unter dem Gesichtspunkt möchte ich auch sehr nachdrücklich darauf hinweisen, was es bedeuten würde, wenn in den Tarifvertrag für [IG] Bau – Steine – Erden die Bestimmung aufgenommen würde, daß die organisierten Arbeitnehmer in irgendeiner Weise bevorzugt würden; zur Zeit spricht man von einem Extra-Urlaubsgeld.

Meine Herren, das ist bisher zwar von den Arbeitgebern abgelehnt worden. Aber nach meinen Informationen sind die Arbeitgeber, die dort die Entscheidung getroffen haben, nicht so geschlossen. Wenn das durchkäme, würde selbstverständlich jede andere Gewerkschaft das auch für ihre Leute zu erreichen versuchen, und dann hätten die Gewerkschaften ein für sie eminent wichtiges Ziel erreicht: Sie würden ihren Bestand gesichert haben.

Die junge Generation unter den Arbeitnehmern ist nicht mehr so freudig in der Arbeiterbewegung; sie fühlen sich auch gar nicht so angesprochen, und deswegen treten sie nicht in der Weise ein, wie das früher gewesen ist. Natürlich, wenn es sich so auswirken würde, dann würden damit die Gewerkschaften ihre Zukunft gesichert haben.

Ein Drittes, meine Herren: die schweren Waffen zur Verteidigung. Eine Krisenindustrie aufzubauen, ist ganz außerordentlich schwer. Wo ist unsere Erfahrung? Ich habe vor kurzem vom Verteidigungsminister gehört[12], daß das ganze Militär englische Waffen viel weniger gern hat als amerikanische; alle sind überzeugt, die amerikanischen Geräte sind besser.

Meine Herren, eine Krisenindustrie aufzubauen, erfordert Zeit, das kann man nicht in einem Jahr machen. Da würde eine ganz unangenehme Lücke entstehen. Sowohl wenn wir auf Kredit kaufen müssen, wäre das unangenehm, wie wenn wir gar nichts kaufen könnten und wenn wir unsere Bundeswehr nicht entsprechend bewaffnen könnten. Das sind alles Gesichtspunkte, die mit hereinspielen.

Starke: Meine Herren, die Situation des Finanzministers ist ein wenig merkwürdig, weil ja die Kassandrarufe auch in den vergangenen Jahren immer wieder laut geworden sind; und sich glaubwürdig zu machen als Finanzminister ist in der Bundesrepublik gar nicht einfach. Ich bin deshalb sehr dankbar, daß der Herr Bundeskanzler mir Gelegenheit gegeben hat, heute hier etwas darüber zu sagen.

Tatsächlich ist die Lage nicht etwa gerade dramatisch und bedrohlich; aber man muß sie rechtzeitig erkennen. Erstens einmal ist doch die Aufgabenstellung für den Bund in den letzten Jahren so ganz anders geworden[13]. Wenn ich daran denke, welche ungeheuren Ausgabenblöcke die Verteidigung heute bildet und auch der soziale Haushalt; wenn wir daran denken, daß die Landwirtschaft uns noch mehr belastet durch die Hilfe zur Eingliederung in den europäischen Markt, daß wir auf dem Verkehrsgebiet außerordentliche Aufwendungen durchhalten, und dann noch die Entwicklungshilfe als fünfter Block dazukommt, dann ist das eine solche Veränderung in der Aufgabenstellung und damit zugleich im Ausgabenbedarf, daß sich hier schon eine große Verschiebung ergibt. Bei den Ländern sind die Aufgaben sehr wichtig, wie bei den Gemeinden, aber nicht so verändert wie beim Bund. Und bei den Einnahmen ist es so, daß am Anfang der Bund sich außergewöhnlich gut stand, weil die Umsatzsteuer zunächst diejenige war, die nun sehr stark anstieg. Als dann aber durch die große Beschäftigung die Lohnsteuer stieg und vor allem die gewinnabhängigen Steuern – Einkommen-, Körperschafts- und Gewerbesteuer –, ergab sich immer stärker, daß auf der einen Seite die Gemeinden und die Ländern vor allen Dingen diejenigen sind, die von den konjunkturbedingten hohen Steuereinnahmen am meisten erhielten, so daß sich die Einnahmenentwicklung deutlich unterscheidet von der Entwicklung bei den Aufgaben und demzufolge bei den Ausgaben. Das ist die Situation.

Nun ist sehr schnell eingetreten eine gewisse Friktion in der Entwicklung beim Bund durch die Auswirkungen des 13. August [1961]. Es ist

gesagt worden, im Haushalt sei vieles andere auch gestiegen; das ist ohne Zweifel der Fall. Es ist ja ein Übergangshaushalt; der ist aufgestellt worden, als man sich unter friedlichen Umständen wähnte. Dann kam der 13. August mit seinen Maßnahmen und die neuen Ausgaben dazu. Zeitlich mußten wir den Haushalt nun vor allem auch vom Tisch bekommen, weil der Haushalt 1963 noch schwieriger wird. Aber tatsächlich ist die Spitzenbelastung durch den Sprung in dem Verteidigungshaushalt gekommen. Die Spitze ist das Schwierige. So haben wir diesen Haushalt nicht ausgeglichen vorläufig, sondern nur ausgeglichen mit einem Länderbeitrag, der eben noch nicht unter Dach gebracht ist.
Nun zur Einnahmeentwicklung. Herr Professor Erhard hat gesprochen über das Wirtschaftswachstum, und für den Finanzminister ergeben sich daraus natürlich Folgerungen, die einfach unabweisbar sind, nämlich daß ein geringeres Wirtschaftswachstum noch keine Krise ist, aber Auswirkungen hat auf die Steuereinnahmen. Wir sprechen ja gar nicht von geringeren Steuereinnahmen, von weniger Steuern; wir sprechen nur von einem geringeren Wachsen der Steuereinnahmen, und das allein ist schon bedrohlich, weil wir uns daran gewöhnt haben, 8 bis 9 [Milliarden DM] pro Jahr bei Bund und Ländern an Steuermehreinnahmen zu haben. Das sind gewaltige Zahlen; die werden wir nicht mehr haben in Zukunft, weil eben das Wirtschaftswachstum langsamer wächst.
Ich habe es sogar in meiner Rede[14] so gesagt: Es ist notwendig, daß das Wirtschaftswachstum sich verlangsamt, denn wenn es weiter so hohe Prozentzahlen erbrächte, würde es kein nominales mehr sein, sondern ein reelles. Das Nominale würde dann weiter auseinanderklaffen zum Nachteil der breiten Schichten der Bevölkerung.
Das ist die Situation, und wir befassen uns mit dem Haushalt 1962, während tatsächlich drohend der Haushalt 1963 vor uns steht, der in der Ausgabenentwicklung und in der Einnahmenentwicklung außerordentlich schwierig ist. Denn 1963 wird das Jahr sein, in dem die Einnahmen nicht mehr so steigen. Und vergessen wir nicht, daß das besonders auch die Länder wieder betrifft, so daß man im Jahre 1963 nicht mehr das Bild haben wird, daß die Ländereinnahmen gut sind, beim Bund aber nicht, sondern bei beiden nicht.
Wir gehen davon aus, einen freiwilligen Beitrag der Länder zu erhalten, eine Vereinbarung zu erzielen, weil die Veränderung des Betrages an der Einkommensteuer usw. durch ein Gesetz gemacht werden müßte, das man dann für zwei Jahre verabschieden muß; denn nach Art. 106 [Grundgesetz] kann das erst nach zwei Jahren wieder geändert werden ohne verfassungsändernde Mehrheit.

Es ist schwer zu sagen, welchen Prozentsatz der Bund 1963 brauchen wird, sicherlich einen höheren als 1962. Deshalb das Bestreben, diese Vereinbarung zustande zu bringen, für die sich ja nun auch Anzeichen ergeben. Wir hatten eine Besprechung der Ministerpräsidenten[15] beim Herrn Bundeskanzler, und wir hoffen, daß es zu einer solchen Lösung kommt.

Die Hauptaufgabe besteht darin zu vermeiden, daß 1962 weitere Ausgaben kommen, denn sonst würde dieser noch nicht ausgeglichene Haushalt noch schwieriger werden. Wir haben eine Reihe von Fragen, die Flutkatastrophe[16], Berliner Fragen, Agrarfragen; dann kommt der Öffentliche Dienst, und der Öffentliche Dienst würde mit all dem, was er im Augenblick fordert bei Angestellten, Arbeitern und Beamten den Betrag von 1,6 bis 1,7 [Milliarden DM] nur für den Bund ergeben ohne die Post, d. h. also Bund und Bahn; der Bund würde die Bahn mittragen müssen. Das ist also die größte Sorge: die Ausgaben würden sich für 1963 wiederholen, und für 1963 stehen weitere Dinge vor uns.

Wir müssen also in der Finanzpolitik umdenken, von dem Nebeneinander und Alles-auf-einmal zu einem Nacheinander übergehen, weil wir aus den Jahren, wo alles ganz dringend war, doch wohl heraus sind. Wenn ich noch einmal anschließen darf an die Wettbewerbsfähigkeit der Wirtschaft, die Herr Professor Erhard erwähnte. Er hat gesagt, von den Löhnen wird sie angeknabbert, von den Sozialabgaben; es werden Gesetze vorbereitet, die sich auswirken, und wenn man das von den Steuern aus noch tut, so ist das ein weiterer Schritt in der Richtung der mangelnden Wettbewerbsfähigkeit. Auf die Folgen, die eintreten, hat Herr Professor Erhard hingewiesen.

Darüber hinaus ist das allgemeine Anwachsen der öffentlichen Haushalte eine weitere Gefahrenquelle für die Kaufkraft der Währung, und gerade hier muß man rechtzeitig wohl eine Wende vollziehen und sich nun an das halten, was Herr Professor Erhard sagte: die Verantwortung in der Freiheit. Mir scheint wesentlich, daß man sich das vor Augen hält. Hier möchte ich aus der Haushaltsdebatte im Parlament noch eines erwähnen: Es ist von der Opposition vorgetragen worden, die Preissteigerungen oder die Entwertung der Kaufkraft der D-Mark, soweit feststellbar, sei Schuld der Bundesregierung, weil sie nicht genügend getan habe[17]. Der Herr Bundeskanzler hat auf den bemerkenswerten Zwiespalt hingewiesen, der sich hier zeigt. Im Bundestag gibt man sich von der Opposition harmlos und ruhig und sagt, die Bundesregierung ist schuld; Herr Deist[18] hat von den genau bekannten ökonomischen Grenzen gesprochen, die man kenne bezüglich der Lohn- und Gehaltsentwicklung, und draußen geht nun also der Druck der Löhne nach oben weiter, so daß zwei verschiedene Linien hier verfolgt werden; sicherlich politisch geschickt dieses Zusammenspiel der Opposition im Parlament und der Gewerkschaften draußen. Man muß das deutlich sehen: Draußen drückt man die Dinge nach oben, obwohl die Wirtschaft an der Grenze angelangt ist, und im Parlament macht man dafür die Regierung verantwortlich. Das ist ein Spiel, das man durchschauen muß und dem die Regierung durch ihre Handlungen und auch durch aufklärende Tätigkeit eine Grenze setzen muß.

Adenauer: Meine Herren – Fragen bitte!

Rapp: ‹Wie denken denn Ihre Parteifreunde vom sogenannten linken Flügel darüber?›

Adenauer (und Professor *Erhard*): ‹Die denken genauso wie wir.›

Strobel: Darf man annehmen, daß diese überzeugend dargelegten Umstände dazu zwingen, die Forderungen der Beamten abzulehnen?

Adenauer: Ich glaube, man muß das Bild im ganzen sehen. Sicher wird ein großer Teil Ihrer Leser lieber lesen, daß der Beamte nicht mehr kriegt.

(*Rapp:* Das ist ganz verschieden!)

Natürlich, dort, wo eine Zeitung viele Beamte als Abonnenten hat, da wird man dafür sein – aber im allgemeinen ist es doch so. Aber ‹ich meine, man sollte das Bild im ganzen sehen. Die Erhöhung bei einer einzelnen Schicht, die ist ja nicht so schlimm; das Schlimme ist die allgemeine Erhöhung und daß eine Erhöhung automatisch die andere nach sich zieht. Dadurch ist die Gefahr so groß für unsere Währung. Sie ist wirklich groß. Ich kann Ihnen nur sagen, daß es eine drückende Entwicklung ist, die wir vor Augen sehen, drückender noch als die außenpolitischen Fragen, weil hier in kurzer Zeit so unmittelbar die Folgen eintreten werden. In dem Augenblick, in dem wir nicht mehr genügend exportieren können, können wir die Bude zumachen.›

Wir sind ein überbevölkertes Land. Wir haben keine Naturschätze. Kohle ist kein Schatz mehr, ist eher eine Last; wir müssen diesen Zweig am Leben halten, und das erfordert Aufwendungen, weil man nicht heute das schließen und morgen wieder aufmachen kann. Was haben wir sonst? Wenn Sie die Landwirtschaft betrachten: ein mittlerer Boden, mittlere Lagen vielfach; die Gebirgslagen sind unter mittel. Also ‹das einzige, was wir haben, ist die menschliche Arbeitskraft.

Was diese menschliche Arbeitskraft angeht, so – das ist eben noch nicht erwähnt worden, lassen Sie mich das erwähnen – muß man sich ernste Sorge über die Qualität der deutschen Arbeit machen. Das Sinken der

Qualität wird draußen – und das liegt in der Natur der Sache – mit Freuden gesehen. Die Jahre sind auch vorüber, wo »Made in Germany« etwas ganz Besonderes und ein Zeichen für Güte war. Das ist vorbei! Warum? Vielleicht mangelnde Ausbildung. Ich gehe sogar so weit zu sagen, das kann unsere schulische Ausbildung sein, wobei ich nicht die Volksschulen allein meine, sondern alle Schulen, auch die Fachschulen, die Universitäten auch. Wenn da nicht eine Wende kommt, dann wird der Deutsche, im Durchschnitt gesehen, in zehn Jahren nicht mehr an der Spitze stehen. Das wird sich dann auch wirtschaftlich ganz außerordentlich bitter zeigen. Ich kann also nur nochmals betonen: Wir sind buchstäblich ein armes Land, wir haben keine Naturschätze, wir haben keine gute Landwirtschaft, weil eben der Boden nicht genügend gut ist und das Klima nicht genügend ist, und wir haben nur die menschliche Arbeitskraft, und wir, die 52 Millionen Menschen, leben zusammengepreßt auf einem verhältnismäßig kleinen Raum.

Wenn wir also die Ausfuhr verlieren, dann wird über das ganze Volk eine Zeit kommen, die sehr ernst und sehr trübe ist. Und wenn wir nicht mehr konkurrenzfähig sind gegenüber dem Ausland, würden wir die Ausfuhr natürlich verlieren, das ist ganz klar. Kollege Erhard hat hingewiesen – das möchte ich unterstreichen – einmal darauf, daß die EWG, also der Gemeinsame Markt, bei uns sich schon sehr stark geltend macht.

Zweitens, meine Herren, hat er hingewiesen auf die Nachbarschaft mit Großbritannien, die der amerikanische Präsident ja erstrebt, wie er in seinem Brief an den Kongreß auch gesagt hat[19]; er will ja einen starken Zollabbau auch im Verhältnis der EWG haben, zum Teil sollen die Zölle ganz wegfallen. Das ist also eine neue, für uns sehr ernste Konkurrenz, meine Herren, und die Jahre des Überflusses sind vorbei. Im Alten Testament waren es sieben Jahre. Wir hatten elf bis zwölf, die liegen hinter uns.

Auf diesen Ernst für alle machen Sie bitte aufmerksam, und es handelt sich ja gar nicht allein um die Arbeitnehmer. Was haben die denn davon, wenn die Preise immer weiter steigen, und was haben sie davon, wenn der Export der Waren ins Ausland sinkt; dazu ist nötig, unsere Produktionsstätten einzuschränken. Herr Erhard hat auch und absolut richtig darauf hingewiesen, daß unsere ganze Sozialgesetzgebung aufgebaut ist auf einem Bilde, das man für ein Dauerbild hielt, und hat darauf hingewiesen, daß die Folgen gar nicht abzusehen sind, auch gerade für die Sozialgesetzgebung, wenn ein weiteres Herabsinken der Ausfuhr kommt.‹

Die ganze Situation ist also absolut ernst, so ernst, wie Sie sie sich nur denken können. Ich gebe darin den Herren recht: Es ist keine Katastrophe da, aber sie kann kommen. Es ist doch viel besser, man sieht das rechtzeitig, ehe es auftaucht, und trifft Maßnahmen dagegen, daß die Katastrophe nicht kommt, als daß man einfach die Hände in den Schoß legt und abwartet, bis die Katastrophe da ist.

Erhard: ‹Ich darf noch darauf hinweisen, es ist bei Deutschland besonders zu berücksichtigen, daß kein modernes Industrieland so eng mit der übrigen Welt verbunden ist, daß ein so großer Teil unserer deutschen Arbeit, das deutsche Sozialprodukt, von Ein- und Ausfuhr abhängig ist. Wenn Sie bedenken, daß wir ein Sozialprodukt von 320 bis 330 [Milliarden D-]Mark haben, dann sind wir mit 100 [Milliarden] vom Ausland abhängig. Das ist etwas ganz Exorbitantes, das hat kein anderes Land. Darum ist bei uns die Wettbewerbskraft so eine entscheidende Sache. So habe ich es auch immer wieder herausgestellt. Ich will sagen, die Beurteilung der Konjunktur kann man natürlich nicht in den luftleeren Raum stellen. An sich wäre die Auftriebskraft in Deutschland nicht erlahmt, und auch vom Weltmarkt her würden keine Kräfte ausgelöst werden, die Konjunktur zu drücken. Nein, wir zerstören unsere Konjunktur selbst, aus eigener Schuld, es sind nicht exogene Kräfte. Nicht etwa, weil Auftriebskräfte erlahmen, weil keine Investitionsmöglichkeiten und keine Bereitschaft dazu mehr bestünden, nein, das nicht. Die Konjunktur könnte jedenfalls viel gesicherter sein mit dem Blick auf die Zukunft, wenn wir sie nicht selbst zerstörten. Wir laufen wieder Gefahr, an unserer eigenen Hybris zugrunde zu gehen; das ist das Tragische in Deutschland, das müssen wir anscheinend immer wieder erleben.›

[(] Frage Dr. *Strobel,* ‹ob man die Tarifhoheit der Sozialpartner nicht einer gewissen Kontrolle unterwerfen könnte?[)]

Erhard: Der Meinung bin ich auch – um es deutlich zu sagen[20].›

Adenauer: Das tragen nicht die Gewerkschaften, nicht die Arbeitnehmer allein. Die Arbeitgeber haben in den letzten Jahren, in denen sie genügend Aufträge hatten, bereitwillig mitgemacht, weil sie dachten, da verdienen wir um so mehr. Ich glaube, das muß man auch sehr deutlich sagen, damit die Gewerkschaften nicht sagen: Uns, die Arbeitnehmer, macht man verantwortlich. – Das ist nicht der Fall. Genauso trifft die Arbeitgeber die Schuld.›

Rapp: Diese Kontrollierung der Tarifautonomie – ginge das durch Bundesgesetz?

Adenauer: Ach, lassen Sie uns darüber nicht sprechen; darüber macht sich jeder von uns Gedanken, und die Sache kommt schon seit geraumer Zeit auf uns zu. Aber darüber wollen wir jetzt nicht sprechen, sondern mir wäre viel lieber, man könnte die Tarifautonomie lassen, das wäre ja viel besser. Aber man ist verantwortungslos, das ist so typisch. Heute morgen lese ich, daß der erste Mann bei den Arbeitgebern im Bau[21] sagt: Leute, der Tarifautonomie droht Gefahr! Das ist der Mann, der die Tasche voll Aufträge hat und genau wie früher sagt, warum denn, laßt uns doch hier wirtschaften. Auch diese vollkommene Einseitigkeit! Er sieht nur seine Bauwirtschaft, sonst nichts. Also, wenn Sie schreiben – und ich bitte Sie zu schreiben –, schonen Sie die Arbeitgeber nicht, desto besser ist das auch bei den Arbeitnehmern.

Erhard: ‹Es ist ja auch nicht an eine Aufhebung der Autonomie gedacht, um es deutlich zu sagen, sondern zwischen der jetzigen Zügellosigkeit – man kann nicht mehr von Freiheit sprechen – bis zur Wiederaufhebung ist eine weite Strecke.›

Adenauer: Ich empfehle immer meinen Slogan: ‹Über der Tarifautonomie steht das Wohl des ganzen Volkes!›

Wegener: Ich glaube, in der Bevölkerung wird man weitgehend Verständnis für diese Dinge finden, aber wie kann man sie bei den Funktionären absetzen? Ich denke an eine Fernsehsendung zu Neujahr, da wurden wahllos Leute befragt; alle sagten, uns geht es gut, wenn es nur so bleibt. Erstaunlicherweise hört man sogar von Beamten: Wenn doch unsere Funktionäre aufhören würden mit ihren Forderungen. Also, ich glaube, da ist viel Verständnis, wenn man nur rankommt.

Adenauer: Ja, die Gewerkschaften und auch die Arbeitgeber sind sehr empfänglich für die öffentliche Meinung.

Rapp: Es wäre aber auch eine Aufgabe Ihrer Partei und Ihrer Abgeordneten, das unter die Leute zu bringen.

Adenauer: Ich habe bisher bei unseren Abgeordneten volles Verständnis für die ganze Entwicklung gefunden, das möchte ich nachdrücklich sagen, auch beim sogenannten linken Flügel.

Wagner: Sie haben zu Anfang von den Landtagswahlen hier gesprochen. Nach dem, was ich so gesehen und gehört habe, haben die Leute da zum Teil große Angst, daß es Streik geben könnte, weil sie genau wissen, wie unpopulär das wäre.

Adenauer: Ich weiß es nicht. Es ist doch zu merkwürdig, wenn Sie das gehört hätten, wie die Opposition in den beiden Tagen, in denen der Haushalt in der ersten Lesung war, sich verhalten hat; es war doch wirklich ein stilles Gesäusel nur. Sie waren ja alle nicht da, aber ich habe zwei Tage da ausgehalten und habe auch die Physiognomien studiert. Wenn

Sie das sehen und hören – eben hat auch Herr Erhard darauf hingewiesen –, wie da gesprochen worden ist, und dann gegenüberhalten die Forderungen der Gewerkschaften, die doch alle politisch sozialdemokratisch geführt werden – 203 sozialdemokratische Bundestagsabgeordnete, einschl[ießlich] der Berliner; davon sind 170 Mitglieder der Gewerkschaften, und, ich glaube, 23 sind führende Mitglieder der Gewerkschaften[22] –, dann besteht doch da naturgemäß eine sehr enge Verbindung, und ich kann mir nicht vorstellen, daß die Gewerkschaften der Fraktion über den Kopf wachsen; die gehen doch zusammen.

Und bei den Landtagswahlen – ja, ich weiß es nicht, die rechnen doch damit, daß es nicht zum Streik kommt, daß nachgegeben wird; damit rechnen sie, auch die Sozialdemokratische Partei, auch bezüglich der Landtagswahlen.

Und die Folgen von nicht unerheblichen Lohnsteigerungen werden sich erst zeigen bei der Beratung des nächsten Haushaltes; bis dahin wird dann, wie Herr Deist das gemacht hat, im Bundestag gesagt werden – er hat es ja wörtlich gesagt –: Das deutsche Volk hat Hitler und zwölf Jahre Herrschaft der CDU ertragen[23]. Er hat also Hitler und die Herrschaft der CDU auf eine Ebene gestellt – wörtlich. Nun wollen sie also diese zwölf Jahre diskreditieren. Auf dem Gebiet der Außenpolitik können sie es nicht mehr, weil sie die ja gebilligt haben. Auf dem Gebiet der Verteidigungspolitik haben sie dasselbe gemacht, ich erinnere an Hannover[24]. Also müssen sie jetzt durch Tatsachen zeigen, daß diese Regierung, die Koalitionsregierung, versagt, und deswegen schaffen sie dann auf dem Wege über die Gewerkschaften Situationen, die wirklich für das ganze deutsche Volk sehr gefährlich und auch für jeden einzelnen erkennbar sind.

Wenn z. B. bei erheblicher Preissteigerung der FDP-Redner oder der CDU-Redner oder der CSU-Redner sagen würde, daran sind die Gewerkschaften schuld, ‹ dann wird der davon betroffene Wähler sagen: Warum habt Ihr das denn zugelassen? Der wird nicht sagen: Tarifhoheit über alles, und wenn wir daran sterben sollten. Das ist ein solcher Blödsinn. Wieviel Prozent üben denn wirklich Einfluß bei den Arbeitnehmern [aus]? Wissen wir es? Von 22 Millionen Arbeitnehmern sind nur 5 Millionen aktive Arbeitnehmer in den Gewerkschaften, und diese 5 Millionen, von wem werden die kommandiert? Ich schätze, von 50 Bossen, mehr doch nicht, so daß tatsächlich das Geschick des deutschen Volkes in den Händen von wenigen Männern liegt, die bequem hier in diesen Raum hineingehen würden. Und dann betrachten Sie mal unsere Demokratie dagegen mit ihrem ganzen Apparat, von den Gemeinden angefangen bis obenhin, wie die öffentlich Rede und Antwort stehen müssen und letzten Endes eine Macht über ihnen steht, die nicht öffentlich ihre Gegengründe diskutiert, sondern die nur in engen Wänden Beschlüsse faßt.› Und dann kommen Abstimmungen – Sie wissen doch, wie es in Baden-Württemberg gewesen ist[25]. Ein reiner Hohn auf alle demokratischen Spielregeln! Wir reden immer von Demokratie – und wie wird es bei diesen Abstimmungen gemacht? Das ist doch ein Hohn auf jede Demokratie. Deswegen, sage ich, ist die Situation so ernst, und bei den Landtagswahlen wird man den Vertretern der Partei in der Bundesregierung sagen, und auch in Nordrhein-Westfalen: Warum habt Ihr das denn so mitgemacht? Oder: Seid Ihr so lahm und unentschlossen, daß Ihr nichts dagegen getan habt? Da wird man nicht sagen können, daran sind die Gewerkschaften schuld.

Erhard: ‹Das Wohl des deutschen Volkes steht über der Tarifautonomie – ich möchte noch dazu sagen: Die Stabilität der Währung steht über der Konjunktur und über der Beschäftigung; ehe wir da ins Schlampen kommen – dann soll in Gottes Namen die Konjunktur und die Beschäftigung rückläufig sein, nach dem Sprichwort: Wer nicht hören will, muß fühlen –, aber die Stabilität, das ist das Wohl des Volkes.›

von Danwitz: Ist es nicht immer so, daß auch von Gewerkschaften und Sozialdemokratie mit Zahlen operiert wird, die ein völlig anderes Bild künstlich erzeugen als in der Wirklichkeit vorhanden! Dieser Streit um die Statistik! Ist es nicht möglich, das zu objektivieren, irgendeine Instanz zu schaffen, die mit Autorität sagt, so und so verhält es sich tatsächlich bei uns in Deutschland; das und das ist der Produktivitätszuwachs, und wenn diese Zahlen durch eine unabhängige Autorität erklärt worden sind, die Bevölkerung eben genau weiß, nur so weit kann der Lohnzuwachs gehen?

Adenauer: Die Veröffentlichung der Bundesbank – die veröffentlicht doch alle Ziffern – hat ja gerade im Februar interessante Ziffern über das Sinken der Produktion gebracht, pro Mann und pro Tag, erschreckende Zahlen[26]. Ich hätte nur den Wunsch, daß die Bundesbank die wichtigsten Sachen in einer besonderen Anlage vielleicht zusammenstellte, weil es sehr schwer ist, durch ein solches Heft sich hindurchzuarbeiten.

Erhard: Im Grunde genommen ist da kein Unterschied, denn auch die Gewerkschaft veröffentlicht eigentlich keine anderen Zahlen. Wir machen die Statistik nicht, sondern die Bundesbank oder das Statistische Bundesamt. Das sind offizielle Zahlen, die werden gar nicht bestritten. Aber die Auslegung – das ist es; und wir müssen zu irgendeiner Instanz kommen – ich will keinen Namen nennen –, die mit einem hohen Rang und großer Autorität vor dem deutschen Volk, auch Persönlichkeiten, dann eben nicht in den einzelnen Streit sich einmischt, sondern sagt, das ist das Bild, das ist die Wahrheit.

Adenauer: Wogegen die führenden Gewerkschaften ihre Leute zu überzeugen versuchen und, wie es scheint, auch überzeugen – die sagen so: Nehmen Sie eine Aktiengesellschaft, deren Aktienstand 1949 so und so war; die Aktien stehen jetzt so und so, die haben einen solchen Gewinn gebracht; was schadet es denn, wenn sie nun jetzt eine Anzahl von Jahren keinen Gewinn machen! – Ich möchte darauf sagen: Wenn sie wirklich sonst pari sein würden, dann würden zwar keine Investitionen mehr gemacht werden, die Aktien würden fallen, aber das wäre nicht schlimm. Jedoch das Schlimme an dem Ganzen ist, daß infolge der Freizeit und infolge all der anderen Dinge, der Lohnsteigerungen, die Preise so steigen, was identisch ist mit der Kaufkraft der D-Mark, mit dem Wert der D-Mark und, was damit auch identisch ist, mit einer Absinkung unseres Exports. Das können wir einfach nicht ertragen. Auch ist eins nicht zu vergessen: Dadurch, daß die Unternehmungen so stark investiert haben, haben wir doch erst die Vollbeschäftigung; dadurch sind 8 Millionen Flüchtlinge in Brot und Arbeit gekommen.

(*Erhard:* 9 Millionen neue Arbeitsplätze!)

Das sollte man doch auch einmal sehr dick unterstreichen als wirklich gute Folge dieser Ausdehnung der Unternehmungen. Da kann man keinen Vorwurf daraus machen, daß sie sich reich gemacht haben. Nein, sie haben doch mindestens gleichzeitig auch dieses Mehr an Arbeitsplätzen geschaffen.

(*Erhard:* Und den Lebensstandard gehoben!)

Wenn Sie rückwärts denken und sich vorstellen, alle die armen Menschen, die als Vertriebene hier ankamen, wären nicht in Brot und Arbeit gekommen, wie es dann bei uns aussähe! Ich weiß nicht mehr, wo das veröffentlicht worden ist: ‹Als die sogenannten großen Drei zusammen waren[27] – Churchill, Stalin und Roosevelt –, sei sogar die Meinung geäußert worden, was das Vertreiben der Deutschen aus den anderen Gebieten angeht, ob man damit nicht einen großen Explosionsherd schaffen würde? Den haben wir eben nicht zur Entstehung kommen lassen! Und die Wirtschaft auch, sowohl durch die Arbeitnehmer, aber auch insbesondere dadurch, daß die Arbeitgeber nun ihre Werke ausgebaut und diese Arbeitsplätze geschaffen haben. Aber jetzt stehen wir wirklich vor dem beängstigenden Rückgang der Produktionskraft und vor dem beängstigenden Rückgang des Exports.›

Noch ein Wort möchte ich in dem Zusammenhang über die Sparer sagen. Wenn der Wert der D-Mark weiter sinkt – Gott sei Dank, daß das deutsche Volk trotz der ganzen blödsinnigen Zeit, in der wir leben, noch so viel Sparsinn hat. Aber wenn der Sparsinn getötet wird dadurch, daß durch eine Entwertung der D-Mark schließlich die Sparer sehen, wir kommen um unser Geld, wenn wir es zu den Sparkassen hinbringen, das wäre eine Katastrophe.

(*Strobel*: Siehe Bausparkassen!)

Gestern bekam ich einen Brief; ich dachte erst, ein unfreundlicher Brief, war aber freundlich. Es war angeheftet ein 100-Mark-Schein von 1922, der meinen Namen als Bürgermeister trug[28]. Ich bekomme manchmal solche Zusendungen. Hier war ein besonders freundlicher Begleitbrief. ‹Da kamen mir die ganzen Verhältnisse, die wir damals gehabt haben, lebendig vor Augen, welche schrecklichen Zustände eintreten, wenn der

Notgeldscheine der Stadt Köln (1917/18 und 1920), mit der Unterschrift von Oberbürgermeister Adenauer
(zu Dok. Nr. 13, Anm. 28)

Wert des Geldes sinkt und sinkt, und wie da gerade die Schichten der Bevölkerung – ich sage jetzt gar nicht die Bürger, sondern die Schichten, die die stabilsten und zuverlässigsten sind; auch nicht vom parteipolitischen Standpunkt betrachte ich das jetzt –, wie die ihr ganzes Vermögen loswurden und sich in der ganzen Folge ganz üble Situationen herausbildeten. Wenn die Inflation nicht vorangegangen wäre, hätten wir nach meiner Meinung nie den Nationalsozialismus bekommen. Deswegen sind wir gerade so ernst, wenn wir an die Entwicklung der kommenden Jahre denken.›

Rapp: Ich glaube, daß der Appell – es ist ja ein Appell – an die Vernunft bei den Älteren sehr rasch anklingen wird, weil die Älteren es ja erlebt haben. Alle sagen, immer noch weniger zu arbeiten, hat keinen Sinn. Die junge Generation, die aufgewachsen ist in der Fast-Selbstverständlichkeit des Wohlstandes, die nichts weiß von Arbeitslosigkeit und von Inflation, das sind auch die Jahrgänge, die nämlich die Arbeit in der Qualität verschlechtern; es sind überall die Jüngeren, die krankfeiern, schlechte Ware liefern. Da ist das Problem, an die Jüngeren heranzukommen.

Adenauer: ‹Das ist auch ein Erziehungsproblem; ich meine insofern – seien wir uns darüber doch klar –: Was man auf der Schule beigebracht bekommen hat an Fleiß und Ordnungsliebe und Respekt vor der Arbeit, das vergißt man doch sein ganzes Leben lang nicht. Aber wir wollen ja den armen Schülern und Kindern immer weniger Arbeit aufbürden! Wie ist denn jetzt der Unterricht? Von Mathematik und so weiter wissen sie mehr, als wir gelernt haben, das gebe ich zu – aber sonst? An der Universität Bonn hat man Kurse einrichten müssen von seiten der Universität, in denen die Leute, die immatrikuliert sind, Latein und Geschichte lernen, weil sie nichts wissen, wenn sie von der Oberschule kommen. Die junge Generation nimmt die Sache nicht so ernst, und deswegen muß ihr in der Schule ernste Arbeit beigebracht werden.›

von Danwitz: Außerdem brauchen sie nicht um Arbeitsplätze zu bangen!

Strobel: Herr Springer[29] hat ein gutes Mittel; er ist in Hamburg die scheinbar gesündeste Firma. Er gibt nämlich je nach Einkommen zum Beispiel der Sekretärin 200 DM extra im Jahr, und für jeden Tag, den sie krank war, zieht er 10 [D-]Mark ab[30]. Das führt dahin, daß manche lieber Urlaub nimmt, um gar nicht sagen zu müssen, sie sei krank.

Adenauer: Na, das kann so und so gehen. – Wenn Sie keine Fragen mehr haben, dann danke ich sehr und bitte, helfen Sie dem deutschen Volk – ich sage nicht *uns*, sondern helfen Sie dem deutschen Volk.

The New York Times.

ADOLPH S. OCHS, Publisher 1896-1935

PUBLISHED EVERY DAY IN THE YEAR BY THE NEW YORK TIMES COMPANY

ARTHUR HAYS SULZBERGER, *Chairman of the Board*
ORVIL E. DRYFOOS, *President and Publisher*
AMORY H. BRADFORD, *Vice President*   HARDING F. BANCROFT, *Secretary*
FRANCIS A. COX, *Treasurer*

Foreign Affairs

Looking West and East From Como-II

By C. L. SULZBERGER

CADENABBIA, Italy, April 6 — These days of his annual spring pilgrimage to the South old Chancellor Adenauer diverts himself by playing at bowls and, in the evening, listening to his daughter read detective stories aloud. But he finds the problems that follow him by telephone and teletype more engrossing than any fiction and of these the primordial problem is peace.

In his judgment there will not be war because Khrushchev does not want war or its risk. "There are two reasons for my conclusion," he says. "Remember Khrushchev is both a Russian nationalist and a Communist. As a Russian nationalist he finds himself following Stalin's enormous expansion of Russian power and as a Communist he finds himself following Lenin's development of Marxism.

Therefore he envisions for himself another role in history — creator of the Russian economy. He has no use for war. He sees that war would wreck the Soviet economy. And he sees that any war would be followed by an increasing menace of Red China."

Adenauer recalls that when he visited Moscow in 1955 he talked intimately with Khrushchev three times daily over a period of six days. The Soviet Premier spoke quite frankly about China and left his visitor with the impression he felt that no matter who won a third World War, Russia would be terribly weakened and, as a result, endangered by its Asiatic neighbor.

Always Self-Controlled

The Chancellor sees Khrushchev as both highly intelligent and "always very self-controlled." Yet he does not think his historic position can yet be measured. He is not optimistic about the chances of an international disarmament accord arising from the present Geneva meetings. He believes a contributing factor is that Khrushchev simply does not trust the United States and explains his analysis accordingly.

When Eisenhower and Dulles guided American foreign policy they were convinced of the "abominable aspect of communism." They were determined to block its advance at all points and even to liberate the satellites. However, this philosophical outlook has been modified as a result both of Khrushchev's revulsion against Stalinism and of the new approach of the Kennedy Administration in Washington. President Kennedy, Adenauer reasons, wants to talk as much as possible with Moscow in the hope of eventually reducing misunderstanding and seeking the basis of a modus vivendi. The trouble is Khrushchev does not yet take account of this essential change. He adheres to the earlier mistrust.

Adenauer in no sense criticizes Washington for trying another tactic. Indeed, he believes the Eisenhower-Dulles team would have attempted a policy similar to President Kennedy's had it been in office now. For communism is today more firmly established than a few years ago and is also showing a gradual trend towards relative liberalism. It is therefore time for a pragmatic endeavor like Mr. Kennedy's in the hopes that some day an "honest" accommodation will emanate from the Soviet side.

Improved Berlin Tone

In this atmosphere the "tone" of the Berlin crisis has recently improved, the Chancellor believes. But Russia's hold on East Berlin presents such excellent blackmail opportunities that there will be no genuine settlement there until an overall detente. That, he feels, is probably still many years away.

He regards Berlin and the reunification of Germany as "both human and national problems. If the people in East Berlin and the East Zone can only be enabled to lead a human life, worthy of a man, then the national problem of reunification will become much less acute."

Adenauer thinks Khrushchev has moved a considerable distance from what he calls "genuine communism," meaning the Stalinist variety. He feels that as Khrushchev sheds Stalinist dogma internally he may gradually come about to shedding Stalin's tough external policy.

Nevertheless, the aged Chancellor believes it will be a long time before such changes can take effect. During this period we must face the prospect of constant alarums and threats. To the East he sees troublesome clouds on the horizon; but he does not appear to think they will release their charge of storms. The ferment of change begins to alter a Russia increasingly preoccupied with China. If we remain steadfast and keep constant contact with our adversary, the day may yet come, he seems to think, for true relaxation and accord.

Bericht der »New York Times« vom 7. April 1962 über das am 2. April 1962 in Cadenabbia mit Cyrus L. Sulzberger geführte Informationsgespräch (zu Dok. Nr. 14, Anm. 6)

Nr. 14
13. April 1962: Informationsgespräch (Wortprotokoll)
ACDP, NL von Eckardt I-010-002/2, mit ms. Vermerk »*Unkorrigiertes Manuskript*«, »*Vertraulich!*« und Paraphe »Hi[lgendorf]«

Teilnehmer: Gardner Cowles[1], Edward M. Korry[2] – Felix von Eckardt, Fritz Hilgendorf, Hermann Kusterer

Beginn: 17.35 Uhr   Ende: 18.12 Uhr

Cowles erwähnt, er habe vor zwei Tagen Jean Monnet gesehen[3], der beste Grüße ausrichten lasse, nach dessen Meinung der Bundeskanzler der größte Staatsmann der Nachkriegszeit sei, weil er die Bedeutung der deutsch-französischen Einigkeit erkannt und dieses Problem geregelt habe.

Adenauer: Jean Monnet ist ein guter Freund von mir, ich schätze ihn auch sehr, wir haben uns beide gern; er ist dann vielleicht etwas romantisch. – Übrigens war Herr Nitze[4] (strategischer Berater Kennedys, Staatssekretär N[itze]) eben hier.

Cowles: Ein sehr guter Mann! Auch McNamara[5], die beiden sind ein gutes Gespann.

von Eckardt: Herr Bundeskanzler, es ist vereinbart, daß dies kein Interview ist, sondern ein reines Informationsgespräch.

Cowles: Herr Bundeskanzler, sind Sie zuversichtlich, daß die Engländer endgültig in den Gemeinsamen Markt kommen?

Adenauer: Darf ich vorweg eine Frage an Sie stellen: Glauben Sie, daß die Engländer es ernstlich wollen?

Cowles: Ja!

Adenauer: Sie sagen das so ernst und überzeugt! Aber soviel ich weiß, ist das bei den Engländern eine Generationsfrage; d. h., die ältere Generation, die noch das Commonwealth und sogar noch das Empire gekannt hat und dem große Bedeutung beilegte, ist doch kritisch. Die jüngere Generation – ich meine nicht die ganz junge –, die dem Commonwealth nie eine große Bedeutung beilegte, ist entschlossen, beizutreten. Ich wünsche, daß die jüngere Generation durchkommt[6].

Journalist: Herr Bundeskanzler, ich bin doch ziemlich überrascht über die offensichtliche Windstille, wie sie zur Zeit bei der Sowjetunion vorherrscht. Glauben Sie, daß das möglicherweise heißen kann, daß es zu einer weiteren Verbesserung der Beziehungen kommt? Oder halten Sie es eher für die Ruhe vor dem Sturm, nach der die Sowjets plötzlich irgendeine weitere Störung in Westeuropa hervorzurufen beabsichtigen?

Adenauer: Ich darf ja sehr offen zu Ihnen sprechen, sonst hat ein Gespräch keinen Zweck. Sowjetrußland kassiert von den Vereinigten Staaten ja fortwährend ein Angebot nach dem anderen. Das neueste Angebot[7] – Sie kennen es noch gar nicht, ich darf Ihnen auch noch nichts darüber sagen – verstehe ich nicht, sehr milde ausgedrückt. Der Russe, entsprechend seiner Taktik, versteht gar nicht, wenn man so freundlich zu ihm ist und immer wieder zu ihm kommt; das versteht der nicht, das hält der für Schwäche. Also das nenne ich keine Windstille jetzt. Die Position Sowjetrußlands ist in den Fragen Berlin und Deutschland in den letzten acht, neun Monaten immer besser geworden. Wenn Sowjetrußland irgendeine Aktion macht, dann würden die Vereinigten Staaten sich aufbäumen und würden sagen, das machen wir nicht mit, jetzt Hände davon weg! Aber so wie es jetzt läuft: erst Verhandlungen in Washington[8], dann Verhandlungen in Moskau[9], dann Verhandlungen in Genf[10], jetzt wieder Verhandlungen in Washington[11], kassiert der Russe überall etwas ein, d. h., er fühlt nur heraus, wo die Vereinigten Staaten eventuell bereit wären, ihm Konzessionen zu machen[12]. Was will er denn jetzt mehr?

Journalist: Herr Bundeskanzler, wenn ich nochmals zum Gemeinsamen Markt zurückkommen darf, zu den politischen Abmachungen: Halten Sie es für möglich, daß die Sechs sich in absehbarer Zukunft in dieser Hinsicht auf der Grundlage des Programms einigen können, über das Sie sich mit General de Gaulle geeinigt haben[13]?

Adenauer: Das Programm ist durch die Verhandlungen mit Fanfani[14] in Turin etwas geändert[15], nicht viel. Ich glaube, daß die Einigung auf dieser Basis im Laufe des Juni erfolgt. Darf ich Ihnen hier noch sagen, daß vom ersten Tage an – das liegt also schon zehn Jahre zurück – die Tendenz, zu der politischen Union zu kommen, sowohl bei Robert Schuman wie bei mir, bei De Gasperi[16] und bei Jean Monnet vorlag.

Journalist: Herr Bundeskanzler, wenn wir einmal annehmen, daß das Vereinigte Königreich in den Gemeinsamen Markt eintritt, glauben Sie – obwohl die beiden Dinge, die ich jetzt sage, vielleicht nicht als im Zusammenhang stehend aussehen –, daß dann Gelegenheit zu einer Lösung der Frage der Verfügungsgewalt über nukleare Waffen bestehen würde, die für Deutschland, für de Gaulle, für die Engländer und auch für die Vereinigten Staaten zufriedenstellend wäre, wenn das Vereinigte Königreich etwas von seiner Vorzugsstellung aufgäbe? Oder sagen wir: Wenn Frankreich sich Großbritannien in der augenblicklichen britischen Position anschlösse, wäre dann die Möglichkeit für eine Abmachung über eine NATO-Nuklearmacht gegeben, die für Frankreich, für de Gaulle zufriedenstellend und annehmbar wäre?

Adenauer: Ich glaube, man muß die Dinge doch etwas anders sehen als Sie es anscheinend Ihrer Frage zugrunde legen. Großbritannien hat seine nuklearen Waffen, in beschränktem Maße[17]; mag es sie behalten. De Gaulle wünscht für Frankreich nukleare Waffen zu haben[18]. Ich will nicht sagen, ich wünsche das auch, aber ich rege mich nicht darüber auf[19]. Ganz unabhängig davon ist die Frage der nuklearen Waffen für NATO. Das ersehen Sie am besten daraus, daß die Frage bestehen bleibt, auch wenn de Gaulle nukleare Waffen hat. Die Frage nukleare Waffen für NATO wird aller Wahrscheinlichkeit nach auf der NATO-Ratssitzung in Athen[20] im kommenden Monat einen guten Schritt weiterkommen. Die NATO-Mitglieder wissen zur Zeit nicht, wie viele nukleare Köpfe die Vereinigten Staaten auf ihren Gebieten haben; sie wissen nicht, welche Träger vorhanden sind, d. h., wie weit die nuklearen Waffen geschickt werden können. Die NATO-Mitglieder wissen nicht, ob die Vereinigten Staaten diese nuklearen Köpfe oder die Träger morgen von Europa wegholen. Das wird alles geregelt werden im Mai in der NATO-Ratssitzung in Athen. Dann kommt die weitere Frage: Nukleare Waffen für NATO. Da denken die Vereinigten Staaten ja daran, Polaris-U-Boote zur Verfügung zu stellen mit einer Anzahl von nuklearen Raketen[21]. Das ist das zweite Stadium.

Frage: Herr Bundeskanzler, ich habe doch den Eindruck, daß ein großer Teil des Problems zwischen Amerika und de Gaulle darin besteht, daß de Gaulle eben das Gefühl hat, daß die Briten eine besondere Beziehung zu Amerika haben, daß sie gewisse Vorzugsbeziehungen mit Amerika genießen. Wenn es gelänge, de Gaulle zu der Überzeugung zu bringen, daß die Franzosen in ihrem Verkehr zu Amerika mindestens auf einer Ebene mit Großbritannien stehen, wären meiner Ansicht nach wohl die anderen Probleme sehr viel leichter zu lösen. Halten Sie diese Auffassung für richtig? Oder was kann Amerika nach Ihrer Ansicht tun, um die Beziehungen mit de Gaulle zu verbessern?

Adenauer: Sie kennen de Gaulle offenbar nicht. Bei de Gaulle ist nicht Eifersucht auf Großbritannien wegen der näheren Beziehungen zu den Vereinigten Staaten das treibende Moment, warum er für Frankreich nukleare Waffen haben will. Das treibende Moment bei ihm ist nach meiner Überzeugung ein ganz anderes. Frankreich hat Algerien verloren. Algerien war keine Kolonie, Algerien war über hundert Jahre französisch. Herr Jouhaud[22] hat ja jetzt vor Gericht erklärt, er sei in Algerien geboren, und er wünsche in Algerien begraben zu werden. Die Trennung Algeriens von Frankreich wird noch für geraume Zeit viele Franzosen in ihrem Nationalgefühl, das stärker ist als unser Nationalgefühl, sehr bedrücken. Darum will de Gaulle den Franzosen und insbesondere der französischen Armee sagen können: Seht, wir – Frankreich – haben die neuesten und besten Waffen, weil er glaubt, daß dadurch das Nationalgefühl der Franzosen trotz des Verlustes von Algerien neu gestärkt wird.

Korry: Herr Bundeskanzler, darf ich eine Frage stellen: Vor zwei Jahren sagten Sie Mr. Cowles und mir[23], daß die Beziehungen zwischen Rot-China und der Sowjetunion für diese beiden Länder die größten Schwierigkeiten ergäben, die für die Entwicklung der sowjetischen Politik von größter Bedeutung seien. Wie sehen Sie die Sache heute? Wie glauben Sie, daß sich das weiter entwickeln wird, und wie, glauben Sie, wird sich diese Entwicklung auf die russische Außenpolitik auswirken?

Adenauer: Die Sache hat sich schneller entwickelt als ich gehofft hatte. Aber nun gibt es namentlich in Frankreich Ansichten – das hörte ich von James Reston[24], als er aus Paris kam, und ich folge jetzt dem, was Reston mir sagte –, nach denen Rußland ein irrender Bruder ist, den man an die Hand nehmen und zurückführen muß. Das ist falsch. Ich glaube, daß Sowjetrußland, ehe es aus dem Emporkommen Rot-Chinas die Konsequenzen zieht, versuchen wird, seine Stellung gegenüber Rot-China dadurch zu stärken, daß es Teile von Westeuropa, insbesondere die Bundesrepublik, unter seinen Einfluß bringt, so daß also eine Periode größeren kommunistischen Druckes durch Sowjetrußland höchstwahrscheinlich kommen wird. Erst wenn Sowjetrußland erkannt hat, daß es ihm nicht gelingt, Teile von Westeuropa, insbesondere uns, in seine Atmosphäre hineinzubekommen, und auf der anderen Seite Rot-China weiter drängt, wird Sowjetrußland die Konsequenzen ziehen, d. h., sich in der Hauptsache gegen Rot-China wenden. Es hat aber damit schon angefangen, indem es in Ostsibirien, also in einem sehr großen, unfruchtbaren Gebiet, das aber außerordentlich mineralreich ist und sehr große Wasserkräfte hat, das an Rot-China grenzt, in großem Maße beginnt, ein Industriegebiet zu erbauen und Städte anzulegen, um gegenüber einer etwaigen Infiltration von Rot-China her gerüstet zu sein[25].

Cowles: Herr Bundeskanzler, wird die Mauer in Berlin auf lange Sicht den Russen oder den Kommunisten helfen oder ihnen schaden?

Adenauer: Helfen! Das war eine böse Sache.

Cowles: Hätten wir sie gleich niederreißen sollen, als man angefangen hat zu bauen?

Adenauer: Sofort!

Korry: Herr Bundeskanzler, aus einigen der Dinge, die Sie heute gesagt haben, ziehe ich eigentlich den Schluß, daß Sie doch etwas sorgenvoll sind hinsichtlich der Dinge, die vielleicht in Washington passieren könnten, wenn diese Gespräche jetzt wiederaufgenommen werden?

Adenauer: Ja, ich fürchte, es passiert eben nichts; aber das ist dann eben zugunsten der Russen. Wenn ich mit jemandem verhandeln will, um einig zu werden, und ich mache ihm ein Angebot, und er sagt nein; und wenn ich dann nach 14 Tagen wiederkomme und mache ihm ein neues Angebot, aber noch besser als das vorige, und er sagt wieder nein; und wenn ich dann nach weiteren 14 Tagen noch einmal wiederkomme und mache wieder ein neues, noch besseres Angebot, dann hat der andere doch die Aufbesserungen der Angebote bei sich vereinnahmt, ohne etwas dafür bezahlt zu haben. Das macht mir Sorge.

Cowles: Sehr häufig wünsche ich, Herr Bundeskanzler, Sie würden für die Vereinigten Staaten die Verhandlungen führen.

Adenauer: Ich würde jedenfalls anders verhandeln mit Chruschtschow, das ist sicher. Ich war doch einmal sechs Tage in Moskau, im Jahre 1955, und wir waren pro Tag dreimal zusammen[26]. Wir haben so (mit erhobenen Fäusten) einander gegenübergestanden! Immerhin, er hat einen gewissen Respekt vor mir; ich habe ihm nichts geschenkt.

Verabschiedung mit guten Wünschen der Gäste für Gesundheit und Erfolg an den Bundeskanzler.

Nr. 15
11. Mai 1962: Informationsgespräch (Wortprotokoll)
StBKAH 02.26, mit ms. Vermerk »*Unkorrigiertes Manuskript*«, »*Streng vertraulich!*« und Paraphe »Z[ie]h[e]«

Teilnehmer: Joseph Alsop[1] – Felix von Eckardt, Heinz Weber, Theodor-Paul Ziehe

Beginn: 17.35 Uhr Ende: 18.45 Uhr

Alsop: Herr Bundeskanzler, wie sehen Sie in diesem Augenblick die allgemeine Lage innerhalb des westlichen Bündnisses?

Adenauer: Was ich Ihnen jetzt sage, das schreiben Sie bitte nicht – ich sage noch etwas anderes gleich –: Herr Professor Martino[2] (der Besucher, der vor Mr. Alsop den Raum verließ) ist Professor für Psychologie und Nervenphysiologie, und ich habe ihn gefragt, ob nicht die heutige Zeit für seine Forschungen besonders ergiebig sei – mit andern Worten: Mir kommt die ganze Welt ein bißchen durcheinander vor.

Sehen Sie aber, Mr. Alsop, weil ich dachte, daß Sie mich das fragen würden, habe ich hier für Sie hingelegt die »Neue Zürcher Zeitung« mit einem Artikel über meine Erklärungen in Berlin[3]; das ist das Beste, was ich darüber gelesen habe. Ich habe die Zeitung erst diesen Nachmittag gelesen.

Alsop: Herr Bundeskanzler, warum glauben Sie, daß gerade dieser Artikel, von dem Sie sprechen, der beste sei, der bisher über Ihre Berliner Erklärungen geschrieben worden ist?

Adenauer: Erstens war er der vollständigste. Die andern Artikel, insbesondere die der englischen und amerikanischen Presse, haben nichts davon gesagt, daß ich erklärt habe, die NATO-Sitzung in Athen[4] sei ausgezeichnet gewesen. Sie haben nichts davon gesagt, daß ich erklärt habe, die freie Welt könne ohne die Führung der Vereinigten Staaten nicht am Leben bleiben – davon haben sie alle nichts gebracht.

Nun ist Herr von Eckardt so klug gewesen und hat das alles stenographisch aufnehmen lassen, und Sie können von ihm jeden Einblick in dieses Stenogramm bekommen[5]. Ich habe das Stenogramm noch nicht gesehen, geschweige denn korrigiert.

Alsop: Ich hätte es sehr gern, wenn das möglich ist.

Adenauer: Aber, damit Sie überhaupt einmal sehen, wie da berichtet worden ist: Plötzlich steht – ich glaube gestern – in den englischen Zeitungen, ich hätte im Berliner Senat erklärt, England dürfe nicht Vollmitglied der Europäischen Wirtschaftsgemeinschaft werden, sondern nur

assoziiert⁶. Hier sitzt ein Zeuge der Besprechung im Berliner Senat: Auch nicht ein Wort davon ist gesprochen worden!
von Eckardt: Ich habe, ohne bei Ihnen anzufragen, auf das schärfste dementiert, was dann allerdings auch in London gut herausgekommen ist⁷.
Adenauer: Aber, Mister Alsop, ich möchte keinen neuen Streit haben, in der Presse auch nicht. Aber ich habe dem Präsidenten vor einigen Wochen schon geschrieben, mir schiene es richtig, wenn nicht eine Verhandlung an die andere sich anschließt mit den Russen, sondern wenn man da ein bißchen langsamer verführe und dafür sorgte, daß die Einigkeit mit den Bündnispartnern hergestellt würde vorher. Denn sehen Sie, nach meiner Meinung ist das wichtigste Faktum in der ganzen Auseinandersetzung mit dem Russen, daß die Einigkeit des Westens überall zutage tritt und daß der Russe nicht etwa glaubt, die Einigkeit würde Brüche bekommen. Das muß absolut vermieden werden.
Alsop: Wenn ich Sie richtig verstanden habe, Herr Bundeskanzler, richteten sich Ihre Bedenken gegen die Berlinverhandlungen nicht so sehr gegen die Tatsache der Gespräche als solche, sondern gegen den Versuch, diese Gespräche beschleunigt fortzuführen und insbesondere gegen den spezifischen Vorschlag über die Zugangswege⁸?
Adenauer: Nicht über den spezifischen Vorschlag der Zugangswege – da möchte ich Ihnen besonders meine Meinung noch sagen, die ich in Berlin nicht gesagt habe –, nein, meine Bedenken richten sich mehr gegen die Methode, daß ununterbrochen jetzt seit Monaten ohne Erfolg verhandelt wird. Rusk hat ja selbst in Canberra⁹ erklärt und anderswo – in Athen¹⁰ –, daß bisher kein Ergebnis eingetreten sei.
(von Eckardt: Er war auch sehr pessimistisch eigentlich über diese Gespräche!)
Nun korrigieren Sie mich eventuell, Herr von Eckardt, bei folgendem: Ich bin gefragt worden, ob ich glaube, daß diese Verhandlungen über die Kommission, oder wie Sie es nennen wollen, für die Zugangswege Erfolg haben würden. Ich habe gesagt, nein, das glaube ich nicht. Das ist alles, was ich dazu gesagt habe. Aber ich will Ihnen sagen, warum ich es nicht glaube: Ich kann mir nicht vorstellen, daß Schweden, Österreich und die Schweiz freiwillig in diese Position hineingehen¹¹.
Alsop: Ich halte selbst die Idee für monströs.
Adenauer: Also ich würde an deren Stelle die Finger davon lassen.
Alsop: Aber glauben Sie nicht, Herr Bundeskanzler, daß es auf jeden Fall falsch wäre, die Verantwortung für die Zugangsbehörde tatsächlich den Österreichern, den Schweizern und den Schweden zu übertragen? Selbst wenn sie es annähmen, wäre es falsch.

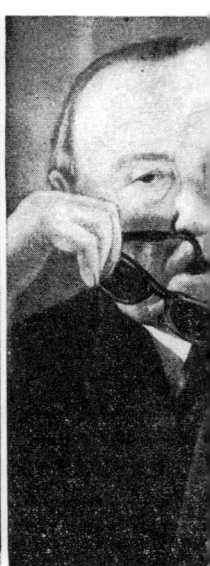

Adenauer: Noch vor wenigen Wochen haben auch die Vereinigten Staaten, als die Störungsflüge in diesen Korridoren kamen[12], behauptet: Wir haben das Recht hier durchzufliegen. – Also, ich verstehe es nicht!

Alsop: Wenn ich nicht falsch unterrichtet bin, würde ich sagen, der Grundsatz einer gewissen Art internationaler Kontrolle der Zugangswege wurde Ihnen vorgeschlagen, als Sie zusammen mit Außenminister Schröder in Washington waren, zuletzt im November[13]. Und wenn ich recht unterrichtet bin, hatten Sie damals als Prinzip gegen solches keine Einwendungen. Ihre Einwendungen richteten sich vielmehr gegen die Form des Vorschlags, der Ihnen dann vor Ihrem Urlaub nach Cadenabbia unterbreitet wurde, und zwar war das an einem Dienstag, und Sie wurden dann gebeten, dazu schon bis Donnerstag nachmittag Stellung zu nehmen?

Adenauer: Da muß ich mal meinen Kalender zur Hand nehmen...

(Folgt kurze klärende Unterhaltung zwischen Bu[ndes]ka[nzler], von Eckardt und Dolmetscher Weber.)

Ja, Sie haben recht – mir wurde dieses Papier[14] von Außenminister Schröder gezeigt an einem Donnerstag vor der Karwoche – das war...

(*von Eckardt:* Das kann einen Tag vorher schon eingetroffen sein.)

Bei der Berliner Pressekonferenz vom 7. Mai 1962, nach den Vorlagen in der Berlin-Ausgabe der »Welt« vom 8. Mai 1962 (zu Dok. Nr. 15, Anm. 3)

[...] ja, mir gezeigt am 19. April, und das schien mir so wichtig, daß ich gesagt habe, dazu müssen wir hören die Vorsitzenden der Bundestagsfraktionen, und die habe ich dann eingeladen auf Nachmittag 5 Uhr oder 6 Uhr an dem Donnerstag[15].

von Eckardt: Ich erinnere mich nicht, daß in dem Papier avisiert war, wann man von Ihnen eine Antwort erwartete. Das war auch nicht sozusagen: Wir wollen bis morgen wissen, ob Sie einverstanden sind. – Ich habe das Papier gesehen.

Adenauer: Aber ich glaube nicht, daß darin eine so kurze Frist gestellt war. Ich weiß es nicht. Es war aber sehr eilig, und deswegen habe ich am selben Tag, an dem ich es gesehen habe, die Fraktionsvorsitzenden zusammengeholt.

(Bemerkung Herr von Eckardt)

Herr von Eckardt erinnert mich daran, daß an dem Montag, der auf diesen Donnerstag folgte – d. h. am 23. April –, Rusk mit dem russischen Botschafter über diese Sache sprechen wollte. Und die drei Fraktionsvorsitzenden und ich hatten schwere Bedenken dagegen und haben Außenminister Schröder gebeten, das sofort nach drüben mitzuteilen.

Alsop: Ich mache Ihnen keinen Vorwurf.

Adenauer (lachend): Nein, ich will es nur genau festlegen. Jetzt weiß ich nicht, sind Sie Republikaner oder Demokrat?

Alsop: Ich bin Republikaner, aber ich habe... Also die Sache, die mich interessiert und überrascht, ist, daß angeblich zwischen der Grundsatzdiskussion über eine internationale Kontrolle, die wohl im November stattgefunden hat, und dem Auftauchen dieses außergewöhnlichen Papiers im April offensichtlich eine völlige Lücke liegt.

von Eckardt: Ich war in Washington nicht bei allen Gesprächen dabei; Sie haben den Präsidenten allein gesprochen; aber bei dem etwas größeren Kreis mit Herrn Rusk und Schröder war ich dabei. Daß da schon in präziser Form von Internationalisierung der Zufahrtswege die Rede war – das war nicht der Fall.

Adenauer: Also, im November war noch keine Rede von einer Internationalisierung der Wege.

von Eckardt: Darf ich hinzufügen: Soweit ich es in Erinnerung habe, war das Gesprächsthema, ob man sich auf Berlin konzentrieren sollte und über den Zugang sprechen sollte oder über den großen Kreis – und man einigte sich, über Berlin zu sprechen. Ich glaube, weiter sind die Gespräche damals in Washington, soweit ich dabei war, nicht gegangen.

Adenauer: Im November nicht und auch später noch nicht, denn die Russen haben dann die Störflüge gemacht, haben die Stanniolstreifen runtergehen lassen[16], und die Vereinigten Staaten haben erklärt: Wir haben das Recht, hier frei herzufliegen.

Alsop: Aber irgendwann nach dem November und vor dem 19. April muß ja über diesen Vorschlag oder über diese Idee einmal gesprochen worden sein, denn sie tauchte ja dann auf in Gromykos Memorandum in Genf[17]. Worum es mir geht, ist, festzustellen, daß die Idee als solche zwar in allgemeinen Umrissen, in allgemeinen Zügen erörtert worden war, daß dieser spezifische Vorschlag Ihnen aber erst am 19. April zum ersten Male vor Augen kam und daß Sie keine Vorwarnung erhielten, daß etwas Derartiges geplant sei.

Adenauer: Warten Sie einen Augenblick.

(Bu[ndes]ka[nzler] läßt sich telefonisch mit Herrn Osterheld[18] verbinden, die Unterhaltung wird ins Englische übersetzt:
Sie erinnern sich, daß in Lausanne ein Gespräch stattgefunden hat zwischen Herrn Schröder und Rusk. Herr Schröder hat darüber nach hier ein Telegramm geschickt. Er hatte gegen mehrere Punkte Herrn Rusks Bedenken geäußert. Gehörte zu diesen Punkten auch der Gedanke von Herrn Rusk, den Zugang nach Berlin einer internationalen Kontrolle zu

unterstellen? Also damals hat Herr Rusk Herrn Schröder schon gesprochen von dem Gedanken einer internationalen Kontrolle, und dagegen hat Herr Schröder Bedenken geäußert! Wann war das? – Am 11. März. Und ist dann der Gedanke in der Folge nochmal wieder erörtert worden oder erst in dem Papier, das wir am 19. April im Zimmer von Herrn von Brentano besprochen haben? – Ja, das war am 12. [oder 13.] April!) Also, die Sache ist so: Von einer internationalen Kontrolle hat Herr Rusk Herrn Schröder in Lausanne gesprochen am 11. März. Herr Schröder hat dagegen Bedenken geäußert. Und dann ist dieser Gedanke erst wieder aufgetaucht in dem Papier, das wir dann am 13. April, an dem Donnerstag, drüben im Bundeshaus besprochen haben.

Alsop: Aber in der allgemeinen Erörterung vom 11. März in Lausanne war doch bestimmt nicht die Rede von dieser, zumindest für mich, außergewöhnlichen Idee der Zusammensetzung von fünf westlichen, fünf östlichen und drei neutralen [Staaten]?

Adenauer: Nein, aber es war von einem »Gouverneursrat« die Rede.

Alsop: Und damals haben Herr Schröder oder Sie...

Adenauer: Schröder hat dagegen seine Bedenken geäußert.

Alsop: Also, ich glaube, wir haben jetzt, wenn man so sagen darf, den geschichtlichen Werdegang dieses Vorschlags klar vor Augen. Wie steht es denn jetzt mit dieser Idee? Ist sie aufgegeben worden?

Aus der »Frankfurter Rundschau« vom 14. April 1962
(zu Dok. Nr. 15, Anm. 8)

Adenauer (lachend): Nein – ich habe ja heute das neue Papier – ich werde Ihnen jetzt Bescheid sagen; wissen Sie, ich bin vorsichtig, mir geht zuviel im Kopf herum.
(Bu[ndes]ka[nzler] telefoniert mit Sekretärin, ihm ein bestimmtes Schriftstück zu bringen.)
Alsop: Unser Botschafter hat mir gesagt, daß die Idee, dieser Plan aufgeben, fallengelassen worden sei; das hat er mir in Berlin erzählt.
(Sekretärin erscheint und teilt mit, das Schriftstück sei nicht da, sei bei Herrn Krone[19]).
Adenauer: Also, ich habe ein neues Papier hier bekommen, das Herr Schröder bekommen hat durch Dowling; das wird jetzt geholt; da kann ich das feststellen. – Aber vielleicht können Sie inzwischen etwas anderes fragen.
Alsop: Wie würden Sie die Verhandlungen, die Gespräche über Berlin jetzt gestalten? Würden Sie sie im Augenblick ganz stoppen, oder würden Sie sie verlangsamen, oder würden Sie es den Russen überlassen, neue Vorschläge zu machen?
Adenauer: Ich würde sie mal verlangsamen und mal nachdenken über die ganze Sache und mit meinen Verbündeten mal sprechen und dann versuchen, wieder Vorschläge zu machen. – Herr Alsop, ich weiß ja nicht, was Sie aus dieser Sache machen[20]; da müssen wir gleich mal drüber sprechen. – Ich möchte Ihnen einen Satz sagen, den mir ein früherer Kommunist – nicht ein Deutscher – gesagt hat. ...
(Sekretärin bringt das Schriftstück. – Nach Durchlesen:)
Nein, über den Zugang soll noch weiter verhandelt werden; aber Einzelheiten sind uns darüber nicht mitgeteilt worden.
Alsop: Es dürfte doch feststehen, daß auf Grund Ihrer Einwände gegen dieses Verhältnis von 5 : 5 : 3 die Amerikaner diesen Vorschlag dann doch bestimmt nicht machen würden?!
Adenauer (lachend): Ich bin nicht sicher – ich weiß es nicht. Aber was das Bedenken angeht wegen einer indirekten Anerkennung der Zone: Ich wäre bereit, darauf zu verzichten, daß die Bundesrepublik einen Vertreter hat, wenn auch der Vertreter der Sowjetzone dann wegfällt. Ich würde auch die Zahl der Neutralen, der drei, vermehren, aber ich weiß keinen. Ich würde sie auf fünf vermehren, aber ich weiß keinen.
von Eckardt: Andere sind ja Neutralisten und keine Neutralen – das ist was anderes.
Alsop: Sie sind also immer noch gegen den Plan, Herr Bundeskanzler?
Adenauer (lachend): Er wird ja abgelehnt! Ich brauche mich gar nicht aufzuregen darüber. – Aber es gefällt mir nicht, Mister Alsop, daß die

drei Besatzungsmächte nun auf das Recht des freien Fluges verzichten. Das haben sie bisher doch immer standhaft festgehalten.

Alsop: Aber sie bekommen ja auch eine Gegenleistung, Herr Bundeskanzler, denn die Autobahnen, die andern Zufahrtswege, einschließlich der Kontrolle des zivilen Verkehrs unterliegen ja dann dieser allgemeinen Kontrolle, die bisher ausschließlich von der Ostzone ausgeübt wird.

Adenauer: Das steht noch nicht fest. Die Befugnisse stehen doch noch gar nicht im einzelnen fest. Auch der Vorschlag, der gemacht werden soll, steht auch noch nicht im einzelnen fest.

Aber, Mister Alsop, ich habe in Berlin jetzt gesagt und habe das namentlich in der zweiten Pressekonferenz[21] gesagt, wo sehr viele Journalisten aus dem Osten waren – nicht aus der Sowjetzone –, Tschechen, Polen, Bulgaren, Jugoslawen, Russen usw.: Wenn eine menschlichere Behandlung eintreten würde, wenn die Mauer wegkäme, wenn die Menschen von Westberlin mit denen aus Ostberlin und mit denen aus der Zone wieder verkehren könnten, dann würde eine Atmosphäre geschaffen, die alle politischen Fragen sehr viel leichter macht. Für mich, Mister Alsop, sind diese Fragen keine Fragen nationalen Prestiges; für mich sind sie menschliche Fragen, und was mir so bitter weh tut – auch jetzt wieder in Berlin habe ich das bitter empfunden –: daß diese Menschen da so leiden müssen; es sind doch 16 bis 17 Millionen von Menschen mitten im Herzen Europas.

Ich habe übrigens auch durch Schröder Rusk bitten lassen, doch diese Sachen mal mehr zur Sprache zu bringen in den Verhandlungen mit den Russen – das Menschliche! –, dann würden sich alle politischen Fragen viel leichter lösen lassen, wenn da etwas geschehen würde.

Alsop: Ich habe noch eine politische Frage, Herr Bundeskanzler. Ich bin sehr beunruhigt über die Verschlechterung des alten Partnerschaftsverhältnisses, das doch zwischen Ihrer Regierung und meiner Regierung bestand. Stimmt es, daß Sie darüber unterrichtet wurden, daß die Verhandlungen, die Gespräche mit den Sowjets über die Zugangsfrage fortgesetzt werden sollen, ohne daß man Ihnen nun aber gesagt hat, welcher Vorschlag den Sowjets unterbreitet werden soll?

Adenauer: Ja!

Alsop: Das ist doch kaum möglich?!

Adenauer: Also, Mister Alsop, ich will Ihnen mal folgendes sagen – aber wir müssen sprechen, was Sie aus all dem machen! –: Sehen Sie mal, dieses Papier vom 13. April, das ist in der »New York Times« plötzlich erschienen[22].

(Mr. Alsop bestätigt.)

Daraufhin hat Herr Rusk eine Note an uns gerichtet[23]: Der Präsident und ich sind auf das tiefste empört über diesen Vertrauensbruch, den Sie begangen haben, und wir überlegen uns, wie wir in Zukunft überhaupt unsere Konsultationen mit Ihnen gestalten sollen. – Auf diesen Brief hat unser Auswärtiges Amt, das überhaupt eine sehr weiche Feder schreibt, ‹...›[a] protestiert, aber in einer sehr freundlichen Form. Danach habe ich es erst erfahren, und dann habe ich angeordnet, daß ein Telegramm an Herrn Rusk von Schröder gerichtet würde[24], daß ich mit Empörung diesen Vorwurf zurückweise und daß mir in den mehr als zehn Jahren der Zusammenarbeit mit der amerikanischen Administration so etwas noch nicht widerfahren ist. Darauf haben wir eine schriftliche Antwort, glaube ich, gar nicht bekommen, sondern [es ist] nur gesagt worden, sie machten ja nicht der Bundesregierung den Vorwurf – ich weiß nicht, wem sie ihn sonst machen! Nun ist Präsident Kennedy von Salinger von hier aus unterrichtet worden über das Stenogramm dessen, was ich in Berlin gesagt habe, und darauf hat Kennedy gesagt, die ganze Sache sei nicht halb so schlimm wie berichtet worden wäre, und er hoffte, daß jetzt auch wieder Übereinstimmung herrsche.

von Eckardt: Ich war ganz glücklich, daß ich Herrn Salinger hier hatte; ich konnte es ihm ja zeigen!

Alsop: Wenn ich das sagen darf, so habe ich den Eindruck, daß diese ganzen jüngsten Ereignisse, zunächst mal diese plötzliche Erregung und diese übermäßige Erregung über Ihre Äußerungen in Berlin, daß diese unerfreuliche und unglückliche Episode der Veröffentlichung dieses Planes in der »New York Times« und dem Verhältnis 5 : 5 : 3 –, daß das alles doch nur darauf schließen läßt, daß die Kommunikation zwischen Ihrer Regierung und der amerikanischen Regierung nicht mehr funktioniert. Denn wenn sie noch funktioniert hätte, wäre es doch völlig ausgeschlossen gewesen, daß Sie aufgefordert werden, innerhalb [von] zwei Tagen Stellung zu nehmen zu einem neuartigen, komplizierten Plan dubiosen Charakters. Dann wäre es doch gar nicht zu dieser Eile und Hetze gekommen, die offensichtlich überall geherrscht hat. Es scheint doch einfach nicht mehr die Möglichkeit bestanden zu haben, in einem wirklichen Gespräch die Dinge aufzuklären.

Adenauer: Alles muß gelernt werden – nicht wahr, Mister Alsop!

Alsop: Was meinen Sie damit?

Adenauer: Das verstehen Sie doch (lachend) – das ist doch richtig, nicht wahr?!

Alsop: Herr Bundeskanzler, darf ich Sie – off the record! – fragen: Was sind das für Schwierigkeiten mit Herrn Grewe[25]? Ich verstehe das nicht!

Adenauer: Also, ich will Ihnen meine Meinung offen sagen: Grewe ist ein sehr kluger Mann, ein Mann, der sehr fleißig ist, der sehr viel weiß. Aber er ist auch nach meiner Meinung für Washington nicht der Richtige. Diese Meinung datiert nicht von jetzt, sondern die ist schon älter, und wir hatten auch, ehe dieser ganze Trubel kam, ein Revirement überlegt, das Herrn Grewe von Washington fortgeführt und an einen andern guten Posten gebracht hätte. – Er ist, wenn ich das noch sagen kann, er ist kein Kontaktmann.
Alsop: Dem stimme ich zu – aber was waren nun die Schwierigkeiten, was hat den ganzen Trubel ausgelöst?
Adenauer: Ich weiß es nicht!
Alsop: Aber wie wußten Sie überhaupt, daß diese Schwierigkeiten aufgetreten waren?
Adenauer: Die Schwierigkeiten sind aufgetreten durch die Indiskretion, und an der sind wir nicht beteiligt. Wir haben genau geprüft: Diese Nummer der »New York Times« ist des Montags erschienen; die hätte genehmigt werden müssen – diese Veröffentlichung – von dem zuständigen Chefredakteur. Sie wäre gedruckt worden des Samstags; der Chefredakteur war zufällig nicht anwesend. Die »New York Times« muß also schon zu der Zeit im Besitz der Nachricht gewesen sein, als ich auch davon hörte. – Das ist doch richtig so?
von Eckardt: Ich kenne die Untersuchung nicht so genau.
Alsop: Die Montagsausgabe wird am Samstag gedruckt.
Adenauer: Ja, aber der Chefredakteur war nicht da, und mir wurde gesagt, bei einer so wichtigen Indiskretion würde der Chefredakteur bei seinem Vertrauensmann im State Department angefragt haben: Darf ich so etwas auch bringen?
Alsop: Nein, das ist nicht richtig.
Adenauer: Das ist nicht richtig?
Alsop: Jeder sagt – wenn wir noch mal auf Grewe zurückkommen dürfen! –, alle Welt sagt, es hat Schwierigkeiten mit Herrn Grewe gegeben. Was ist eigentlich passiert? Hat die amerikanische Regierung nicht mehr mit ihm gesprochen?
Adenauer: Ach nein, da hat Herr Grewe mal eine Dummheit gemacht nach meiner Meinung, die aber hiermit gar nicht zusammenhängt. Er hat wegen der Rückgabe des deutschen Vermögens beim Präsidenten insistiert in einer etwas unglücklichen Weise[26].
von Eckardt: Außerdem war vorher mal ein Fernsehinterview[27], was Ärger verursacht hat; das war zu der Zeit, als Sie diese Koalitionsverhandlungen hier führten, als die Regierung noch nicht neu gebildet war;

da hat er ein Fernsehinterview gemacht, das im State Department wenig gefallen hat.

Alsop: Aber selbst wenn sie ihn nicht mehr leiden konnten – haben sie denn einfach nicht mehr mit ihm gesprochen? Was war denn eigentlich?

Adenauer: Sie haben ja erklärt, sie würden die Depeschen an uns nicht mehr Grewe übergeben zwecks Weiterleitung an uns, sondern an Dowling, damit Dowling sie uns gäbe. Warum? Ich weiß es nicht. – Also, wenn ich das früher gewußt hätte, ich hätte den Grewe sofort hierher gebeten und ihm gesagt: Jetzt geh' mal in Urlaub. Denn Grewe ist ein tüchtiger Mann, und es wäre ein großes Unrecht, wenn man jetzt dem Grewe diese ganze Geschichte anhängen wollte.

Alsop: Aber glauben Sie nicht auch, Herr Bundeskanzler, daß es eine wichtige Entscheidung für die beiden Regierungen wäre, diese ganzen Dinge jetzt einmal zu vergessen und die Verbindung, die Kontakte wiederherzustellen, wiederaufzunehmen?

Adenauer: Nach meiner Meinung, ja, unbedingt richtig – die Sache geht über das Ganze –, und was wir jetzt haben, macht nur dem Russen Freude!

Alsop: Ich habe die Frage noch, Herr Bundeskanzler: Wie stellen Sie sich wirklich zum Eintritt Großbritanniens in den Gemeinsamen Markt?

Adenauer: Ich bin dafür – mit einem Satz: Ich bin dafür!

Alsop: Ich glaube, General de Gaulle ist nicht dafür!

Adenauer: Das weiß ich nicht – ich will Ihnen offen erzählen, warum ich Ihnen das sagen kann. De Gaulle hat mir seinerzeit – er war ja mal in Chequers[28], und davon hat er mir erzählt, und hat mir gesagt, daß Macmillan ihm gesagt habe, seine Wiederwahl – also der Sieg der Konservativen Partei – hänge davon ab, daß Großbritannien in den Gemeinsamen Markt aufgenommen würde. Darauf habe ich de Gaulle gesagt, wenn das Ihnen Macmillan gesagt hat, dann glaube ich jetzt auch, daß sie wollen, und das meinte dann auch de Gaulle. – Das war im Winter[29].
Da hat aber de Gaulle kein Wort mehr gesagt, und ich natürlich auch nicht zu de Gaulle, daß wir da irgendwelche Schwierigkeiten machen sollten; nur eins – und ich glaube, das ist auch richtig –: Die müssen mit ihrem Commonwealth sich verständigen, wir können nicht in den Gemeinsamen Markt Kanada reinbekommen und Australien.

(*von Eckardt:* Neuseeland!)

Neuseeland wollen sie ja unbedingt reinhaben[30]! – Aber das ist deren Sorge.

von Eckardt: Es wäre nun noch die Frage zu stellen, wie weit Herr Alsop das nun verwenden will.

Alsop: Herr Bundeskanzler, das ist schwer zu sagen. Denn ich werde das erst in London verwerten, in London darüber schreiben. Ich darf Ihnen aber eins versichern, Herr Bundeskanzler: Das, was ich schreibe, wird Ihnen gefallen; denn ich stehe ganz auf Ihrer Seite.

von Eckardt: Das ist nicht das Kriterium allein.

Alsop: Ich gebe Ihnen meine Telefonnummer in England, und wenn ich das in London schreibe, kann ich das mit Ihnen besprechen.

Adenauer: Aber einen Wunsch habe ich – Sie möchten auch das Stenogramm von dem, was ich in Berlin gesagt habe, lesen.

(Bittet Herrn von Eckardt, das Stenogramm Herrn Alsop zugänglich zu machen, evtl. in Übersetzung. Herr von Eckardt weiß nicht, ob eine Übersetzung so schnell zu beschaffen ist, erwähnt aber, daß ein Exemplar Herr Dowling habe.)

Adenauer: Also Dowling hat es – der wird es sicher übersetzt haben.

Alsop: Ich werde morgen den Gesandten daraufhin ansprechen.

Adenauer: Aber mir liegt – wie Sie am Schluß auch gesagt haben –, mir liegt am Herzen, daß kein Streit übrigbleibt; wir können uns das nicht leisten!
Sehen Sie: Wie sieht jetzt der Westen aus? De Gaulle tut nicht mehr mit! Ich habe de Gaulle gebeten, er möchte doch seinen Botschafter Alphand an den Besprechungen in Washington wieder teilnehmen lassen[31]. Das geschieht dann auch jetzt.

(*von Eckardt:* Es sind kaum Besprechungen.)

Also, ich habe de Gaulle darum gebeten, und de Gaulle hat das dann getan. Aber er sagt, das Ganze hat ja doch keinen Sinn. Jetzt kommt der Krach mit uns, und Herr Gromyko tutti quanti – die reiben sich die Hände.

Übrigens möchte ich Ihnen auch das sagen – das ist auch angedeutet worden: Frankreich und wir spielten mit verteilten Rollen. Davon ist kein Wort wahr! Ich habe über diesen ganzen dummen Krach de Gaulle noch gar keine Mitteilung gemacht, auch nicht dem französischen Ministerpräsidenten[32].

Nr. 16
17. Mai 1962: Informationsgespräch (Wortprotokoll)
StBKAH 02.26, mit ms. Vermerk »*Unkorrigiertes Manuskript*« und Paraphe »Hi[lgendorf]«

Teilnehmer: René Lauret[1] – Günter Diehl, Fritz Hilgendorf

Beginn: 11.00 Uhr   Ende: 11.30 Uhr

Lauret: Herr Bundeskanzler, es ist für mich eine große Ehre, Sie hier sehen zu dürfen. Aber ich glaube, Sie sehen mich nicht zum ersten Male. Das war bei einem Essen für französische und ausländische Journalisten, das Sie damals in Paris arrangiert hatten[2].

Als Zeugnis der deutsch-französischen Verständigung darf ich Ihnen, Herr Bundeskanzler, hiermit mein Buch »Die Deutschen als Nachbarn«[3] in einer sehr gut gemachten Übersetzung überreichen.

Adenauer: Ich bin Ihnen sehr dankbar, Herr Lauret, dafür, daß Sie das Buch geschrieben haben und dafür, daß Sie mir diese Übersetzung bringen. Ich wünsche dem Buch eine möglichst große Verbreitung.

Lauret: Sie haben keine Zeit, solche Bücher zu lesen?

Adenauer: Ich hoffe doch, daß ich vielleicht mal darin lesen kann; das ist sogar sehr sicher.

Aber ich möchte den Augenblick, den Sie hier bei mir sind, benützen, um Ihnen zu sagen, daß man nach meiner Meinung die Beziehungen Frankreichs zu Deutschland wirklich nicht betrachten darf nur unter dem Gesichtspunkt des 17. Mai oder des 16. Mai oder des 18. Mai, sondern daß es sich dabei um einen historischen Vorgang handelt. Das ist die Absicht des deutschen Volkes, das ist die Absicht, glaube ich, des französischen Volkes. Es ist die Absicht von General de Gaulle, und es ist meine Absicht. Ich glaube, alle, die echten Freunde einer guten Freundschaft zwischen Frankreich und Deutschland, müssen immer wieder darauf hinweisen, daß das kein Tagesereignis ist und auch nicht dazu bestimmt, für den Tag Wirkungen auszuüben, sondern dazu bestimmt ist, für die Dauer zu wirken. Ich glaube, erst dann kann man es richtig sehen.

Lauret: Ich glaube, die Tendenzen in Frankreich sind momentan gut. Die Stimmung für Deutschland war in Frankreich früher ziemlich zurückhaltend und kommt erst seit etwa zehn, zwölf Jahren richtig auf, zum Teil durch den Einfluß der europäischen Bewegung.

Adenauer: Auch ich habe den ausdrücklichen Wunsch, daß es wirklich in die Tiefe geht, und Sie – jetzt spreche ich von Ihnen persönlich und

RENÉ LAURET

Die Deutschen als Nachbarn

REVISION EINES GESCHICHTSBILDES

Ein Beitrag
zur deutsch-französischen
Auseinandersetzung

Sonderveröffentlichung des
Deutsch-Französischen Instituts
Ludwigsburg

SEEWALD VERLAG STUTTGART

RENÉ LAURET · DIE DEUTSCHEN ALS NACHBARN

dem Kanzler der deutschen Bundesrepublik Konrad Adenauer, dem grossen Wegbereiter der deutsch-französischen Verständigung, der Verfasser

Bonn, den 17. 5. 62

Zu Dok. Nr. 16, Anm. 3

von Ihrer Tätigkeit – und die Politiker und de Gaulle oder ich müssen alles tun, daß es möglichst in die Breite geht. Natürlich, augenblicklich sind die Verhältnisse ziemlich schwierig.

Lauret: Es ist schwierig, weil solche Fragen wie England, Amerika bestehen, für uns Algerien. Die Algerienfrage ist für uns noch nicht gelöst[4].

Adenauer: Das ist eine schreckliche Frage, und es ist schrecklich, daß sie noch nicht gelöst ist. Natürlich werden auch bei Ihnen in Frankreich der Prozeß gegen Salan[5], das Urteil gegen Jouhaud[6] und was noch kommen wird, noch lange währen.

Lauret: Es ist schwierig, wenn man etwas liest von der Stimmung dieser Leute. Die französische Bevölkerung ist momentan absolut toll, die Leute sind verrückt geworden, absolut verrückt.

Adenauer: Nur in Frankreich?

Lauret: Die einen sagen, die Franzosen verstehen uns nicht, sie sind so verschieden von uns geworden. Sie haben geglaubt an die Möglichkeit eines französischen Algerien, und das ist nicht mehr möglich. Aber das wollen sie nicht verstehen.

Adenauer: Herr Lauret, wir sind eben in einer sehr schnellen und sehr ernsten Entwicklung, da bringt tatsächlich jeder Monat etwas anderes. Aber deswegen betone ich nochmals: Diese deutsch-französische Verständigung ist nicht für die Wirren des Tages bestimmt, sondern sie ist für die Dauer bestimmt, für Europa.

Lauret: Ich kann mich noch erinnern an die Zeit Stresemanns[7]; damals war ich schon in Berlin. Stresemann war wirklich ein großer Mann und hat wirklich gute Absichten gehabt und alles getan, was er konnte. Aber er konnte nicht viel tun, Briand[8] noch weniger. Sie sind beide früh gestorben. Aber ich war immer in seinen Pressekonferenzen. Stresemann hat wirklich sehr schön gesprochen.

Adenauer: Aber sehen Sie mal, Herr Lauret, es ist wirklich interessant: Stresemann und Briand konnten es nicht fertigbekommen[9], und Ihr General de Gaulle kriegt es fertig.

Lauret: Ja, ein Krieg hatte nicht genügt, aber zwei genügen jetzt.

Adenauer: Ich würde aber noch weiter gehen: Die Erkenntnis, daß die heutige Zeit über die europäischen Länder hinweggehen wird, wenn sie sich nicht fest zusammenschließen. Sehen Sie mal – ich sprach heute früh mit einem Herrn darüber[10] –: Vor 90 Jahren beherrschte Europa die Welt, aber schlechthin die Welt. Im Jahre 1900 waren die Vereinigten Staaten noch im Kolonialstatus; sie waren ein Schuldnerland. Und heute? Es gibt keine europäische Großmacht mehr! Es gibt die Vereinig-

ten Staaten als Großmacht, es gibt Sowjetrußland als Großmacht, und es gibt Rot-China als Großmacht.
Lauret: Und vielleicht bald Indien.
Adenauer: Nein, das glaube ich nicht.
Lauret: Sie haben dort die Masse der Bevölkerung, aber das genügt wohl nicht.
Adenauer: Ja, das genügt nicht. Wie mir ein guter Kenner sagte: Solange die Kuh in Indien heilig ist, ist nichts zu befürchten[11]. Aber die Drei! Rußland hat ungeheure innenpolitische Probleme, Amerika auch, Rot-China noch mehr. Innenpolitische Probleme können natürlich zu einer Entschärfung beitragen, sie können aber auch zu einer Verschärfung der Lage beitragen. Aber das eine ist sicher: Wenn die europäischen Länder nicht ihre Kraft zusammennehmen – ich denke jetzt nicht an die militärische Kraft –, dann geht die Weltgeschichte über die europäischen Länder hinweg.
Lauret: Ich habe immer gedacht, wenn alle europäischen Mächte, Frankreich, Deutschland, Italien usw. ihre Kolonien behalten hätten, wenn man sie nicht von ihnen weggenommen hätte, wenn alle kolonialen Völker sich verständigt hätten, hätte man Afrika vielleicht 50 Jahre länger behalten können, und das wäre sehr gut gewesen; denn die Völker, die wir da befreit haben, sind absolut nicht reif.
Adenauer: Wissen Sie, wer mir das mal sehr nachdrücklich gesagt hat? Albert Schweitzer, der Arzt[12]. Er hat mir gesagt: Das ist doch alles dummes Zeug! Die Afrikaner können einfach nicht sich selbst beherrschen. – Aber es ist geschehen und wird uns noch viel Sorge bereiten. Ich komme wieder auf das Buch zurück: Um so wichtiger ist es in diesen schwierigen Jahrzehnten, die noch kommen werden, daß die Westeuropäer, insbesondere Frankreich und Deutschland, zusammenhalten.
Lauret: Eine Tatsache, die man in Frankreich nicht veröffentlicht hätte vor ein paar Jahren: daß ein Senator aus dem Pariser Senat von seinen Wählern – gefressen wurde[13]!
Diehl: Das ist buchstäblich wahr.
Adenauer: Wir wollen nun aber nicht hoffen, daß diese Sitte weitergeht!
Lauret: In allen Ländern Afrikas ist das viel mehr als man glaubt.
Diehl: Da spielen magische Dinge eine Rolle; die anderen wollen sich die Kräfte aneignen.
Adenauer: Aber es bleibt Kannibalismus.
Lauret: Im Kongo ist es seit zwei Jahren auch häufig vorgekommen, daß Szenen des Kannibalismus beobachtet wurden.

Adenauer: Das ist der weiße Mann! Wo ist der weiße Mann? Dann ist noch ein Prozeß im Gange, der nach der Ansicht von Amerikanern schneller verläuft, als wir Europäer das wahrhaben wollen. Es ist die Verlagerung des Gewichts innerhalb der Vereinigten Staaten nach dem Pazifik zu, von Chikago angefangen, daß die Bevölkerungszahl dahin geht, sich dort vermehrt, was sich auch auf die Zusammensetzung des Kongresses auswirkt, was nach Ansicht der Chikagoer, die ja daran interessiert sind – das wurde mir namentlich in Chikago mal gesagt[14] –, die Rolle des Ostens in den Vereinigten Staaten, also New York usw. geringer werden läßt.

Lauret: Ich habe gehört, daß die jungen Amerikaner im Laufe des letzten Krieges nach Kalifornien und die westlichen Staaten gesiedelt sind, zum Teil, weil das Klima da annehmbarer ist, und das Land ist sehr schön. Das ist wie bei uns die Neigung nach dem Süden.

Adenauer: Chikago hat jetzt, glaube ich, fünf Millionen Einwohner und entwickelt sich durch die neue Kanalverbindung zu einem sehr großen Hafen. Da gehen im Innern des Landes auch Veränderungen vor sich, die sich eines Tages auch politisch zeigen werden. So leben wir in einer unruhigen Welt, in einer schrecklich unruhigen Welt, und wir wollen versuchen, daß wir alle einen kühlen Kopf behalten.

Lauret: Als ich zum ersten Male nach Deutschland kam – das war vor dem Kriege von 1914 –, war das ganz anders. Man kam nach Deutschland ohne Paß; ich hatte noch nicht einmal eine Identitätskarte. Ich war damals ein Jahr in Deutschland, ging von München nach Leipzig und dann nach England.

Diehl: Damals kam man noch mit der Visitenkarte aus.

Lauret: Ich hatte nicht einmal eine Visitenkarte, ich war zu jung, ich war damals Student.

Adenauer: Ja, das ist alles vorbei. Wir leben in einem bewaffneten Zeitalter.

Diehl: Damals gab es auch keine Devisenschwierigkeiten. Ein Zwanzigmarkstück in Gold war die beste Währung.

Lauret: Ja, wenn man mir 100 Francs schickte, bekam ich hier nur 80 Mark dafür beim Wechseln an der Post.

Adenauer: Ich war damals Beigeordneter der Stadt Köln[15] und lehnte es ab, mein Gehalt in Goldstücken zu bekommen, weil mir das zu schwer war, ich wollte lieber Scheine haben.

Lauret: Als ich das erste Mal nach dem Krieg nach Berlin kam, es war gerade in der großen Inflation 1923, da brauchte man einen vollen Handkoffer Banknoten, um einen Pelz zu bezahlen.

Adenauer: Ich war ja damals in Köln, und wir haben selbst Geld gedruckt[16]. Wenn es aber nachher zur Stadtkasse zurückkam, wurde das gar nicht mehr gezählt, sondern einfach in Säcken gewogen.
Lauret: Als man dann die Konsolidierung gemacht hat, war das von Luther[17] und Schacht[18] wirklich schön gemacht.
Adenauer: Ja, das war schön, das war auch eine große Tat. Aber zu welchem Unsinn der Mensch fähig ist, das zeigen die Jahre vorher. Vor einigen Tagen ist Luther gestorben, Schacht lebt aber noch in Düsseldorf.
Diehl: Er ist an einer Bank beteiligt.
Adenauer: Ja, er macht Geschäfte. Luther war mir ja lieber als Schacht. Jetzt, wo Sie das sagen, sehe ich beide, Luther und Schacht, noch in einer Sitzung des Reichskabinetts, wo ich als Gast war[19], die Rentenmark erörtern; ich sehe das Gesicht von Luther und das Gesicht von Schacht und diese ganze Szene vor mir.
Lauret erinnert sich, wie Schacht zu Hitler ging. Damals galt Schacht als Demokrat.
Adenauer: Luther hat nie einer Partei angehört.
Lauret: Er war Oberbürgermeister in Essen.
Adenauer: Er war vorher im Städtetag. Schacht war ja Demokrat, er gehörte der Demokratischen Partei an.
Lauret: Er war ein Freund von Georg Bernhard[20] und Wolff[21] und von all diesen Leuten.
Adenauer: Die beiden Herren von der »Vossischen Zeitung« und dem »Berliner Tageblatt«.
Diehl: Das war eher etwas links von der Mitte.
Adenauer: Das hatte mit Mitte weniger zu tun. Aber er betete die Macht an.
Lauret: Aber ein kluger Mensch!
Adenauer: Was heißt klug?
Lauret: Er verstand die Frage des Geldes sehr gut als Bankier.
Adenauer: Aber sehen Sie mal, wahrscheinlich wäre der ganze Nationalsozialismus viel schneller innerlich zerbrochen, wenn er keine guten Ratschläge bekommen hätte, der Hitler.
Lauret stimmt zu.
Adenauer: Was bedeutet der Rücktritt der fünf MRP-Minister[22]?
Lauret: Ich weiß nicht, ich habe das gestern erfahren. Ist das wegen der Debatten de Gaulles über Europa[23]?
Adenauer: Nach den Nachrichten, die ich bekommen habe, nein, sondern es ist mehr aus innerpolitischen Gründen mit Rücksicht auf kom-

mende Wahlen[24]. Ich habe gerade heute morgen einen Bericht gelesen unseres NATO-Botschafters[25] über eine Pressekonferenz de Gaulles und einen Bericht des Vertreters unseres Botschafters[26] beim Elysee – total entgegengesetzt! Ich weiß nicht, ob Sie das gelesen haben, Herr Diehl?
(*Diehl:* Noch nicht.)
Von Walther sagt: Sehr ernst, sehr ernst! – Knoke[27] sagt: Sehr viel milder als frühere Pressekonferenzen, die er gehabt hat zu diesen heiklen Problemen, sehr viel vernünftiger, der Ton ist sehr viel ruhiger. – Das sind nun beide deutsche Politiker, deutsche Diplomaten in Paris! Der eine sagt dies, der andere das.

Diehl: Ich glaube, es ist sicher ein neues Vokabular, wenn de Gaulle sozusagen von seiner Bescheidenheit Gebrauch macht. Man kann sagen, es war das erstemal überhaupt. Wenn man das gehört hat: Es war zweifellos sehr viel nuancierter als die früheren, rhetorisch sehr gut, weitfliegend. Ich glaube, daß die MRP einen Fehler gemacht hat; wenn man die Macht hat, soll man sie nicht so leicht aufgeben.

Adenauer: Sehen Sie, das habe ich auch gesagt, da so aus einem ganzen Haufen rauszugehen, das ist doch...

Diehl: Der General wird sie lächerlich machen, das werden wir bald sehen.

Lauret: Ich nehme an, die MRP war die erste Partei, die wirklich europäisch war. Jetzt stellen sich alle Parteien europäisch und fühlen sich nicht sehr gemütlich.

Adenauer: Ich will Ihnen mal was sagen, Herr Lauret: Man muß anfangen, das ist nach meiner Meinung immer das Notwendige. Man soll nicht sofort mit einem ganz fertigen Bild darangehen. Man soll anfangen.

Lauret: Die scheinen alle sehr schnell gehen zu wollen. Alle sprechen von einer übernationalen Organisation, und das geht nicht.

Adenauer: Das geht nicht so schnell.

Lauret: Niemand weiß, was das wäre. Was wäre diese übernationale Organisation? Was könnte sie machen? Ich glaube nicht, daß ich, wenn ich wählen könnte zwischen einer kleinen Mehrheit und einer großen Minderheit, wo sich aber eine große Macht befindet, für die erstere stimmte, es sei denn, es handelte sich um eine ganz kleine Frage.

Adenauer: Aber wenn es sich um eine wichtige Frage handelt, würden Sie sagen: Es tut mir sehr leid, aber...

Lauret: Wir sind noch nicht reif dafür.

Adenauer: In einem hat de Gaulle ja auch recht in seiner Rede: NATO ist gegen Deutschland gegründet worden[28]!

(*Diehl:* Das ist vollkommen richtig!) Damals brauchte man Island und alles, was so da war, und schloß das so zusammen. Allmählich soll die NATO nun gegen Sowjetrußland stehen. Das ist die Organisation, die aus dem Kriege gegen Deutschland stammt und bestimmt war, gegen eine Wiedererhebung Deutschlands, gegen eine bewaffnete Wiedererhebung vorzugehen. Die paßt nicht, da hat er recht. Wenn Sie mal mit dem Generalsekretär Stikker zusammenkommen und er Ihnen mal sein Herz ausschüttet [...] – wir sind gute Freunde, Stikker und ich[29], und ich helfe ihm, wo ich kann, er ist [ein] sehr ruhiger Mann, er ist auch ein Vertreter eines kleinen Landes – und erzählt, wie das da ist – also das da ist – also das ist – man darf nicht alles ... – der Perfektionismus ist nicht gut.

Lauret: Wir haben eine Vorliebe für die allgemeinen Formeln, aber man weiß nicht, was sie decken.

Adenauer: Und das sagt ein Journalist!

Lauret: Diese große Organisation hat niemals gesagt, was für Fragen sie diskutieren würde.

Adenauer: Aber die Hauptsache ist, daß sie diskutiert.

Lauret: Ja, eben. Und dann kommt auch die Differenz der Sprache, das ist sehr wichtig. Die Leute würden sich nicht verstehen, trotz der Dolmetscher. Natürlich, jetzt gibt es sehr gute Übersetzungen auf den großen Kongressen wie in New York und überall. Aber das genügt nicht. Die Leute müssen sich doch unterhalten können nach den Sitzungen eines Parlaments. Diese private Unterhaltung ist doch die Hauptsache.

Adenauer: Man weiß ja auch nie, ob in der Übersetzung ein Wort genau das wiedergibt, was es bei dem Sprecher in seiner Landessprache beinhaltet.

Lauret: Aber wieviele französische Deputierte können gut Deutsch? Wieviele deutsche Deputierte können gut Französisch? Vielleicht etwas mehr Deutsche, aber die Franzosen? Ich glaube, ein halbes Dutzend. Das ist auch ein großes Hindernis, man spricht nicht miteinander.

Adenauer: Aber es ist da, dieses Hindernis.

Nr. 17
8. Juni 1962: Informationsgespräch (Wortprotokoll)
StBKAH 02.26, mit ms. Vermerk »*Unkorrigiertes Manuskript*«, »*Streng vertraulich!*« und Paraphe »Hi[lgendorf]«

Teilnehmer: Frank H. Bartholomew[1], Thomas Raphael Curren[2] – Felix von Eckardt, Fritz Hilgendorf, Hermann Kusterer, Heribert Schnippenkötter[3]

Beginn: 12.05 Uhr[4]   Ende: 12.45 Uhr

Adenauer: Seien Sie gnädig mit mir!
(Heiterkeit)
Ich bekomme gerade heute diese Erinnerung an einen treuen Freund von mir: Kardinal Münch[5].
(Mr. B[artholomew) und Mr. C[urren] bedauern, daß Kardinal Münch bereits verstorben ist.)
Bartholomew: Herr Bundeskanzler, es sind drei Jahre, seitdem ich Sie das letzte Mal gesehen habe[6]. Ich erinnere mich sehr wohl an all das, was Sie mir damals zu sagen hatten. Die Dinge, auf die Sie damals schon hingewiesen haben, sind inzwischen Tatsache geworden, so daß ich heute neue Fragen an Sie habe.
Adenauer: Ich habe auch gesagt, ich kenne den Herrn schon, ich weiß also, daß er mit neuen Fragen kommt. Also bitte!
Bartholomew: Herr Bundeskanzler, die erste Frage ist, glaube ich, ganz natürlich. Ich möchte von Ihnen gern Ihre Ansicht erfahren über die Verschiedenheit in der Auffassung der Bundesregierung einerseits und der Auffassung der Vereinigten Staaten andererseits in bezug auf die Berlinfrage heute.
Adenauer: Jetzt wollen wir aber sehr genau sein: Verhandlungen oder Art der Verhandlungen; das ist ein Unterschied in der Methode. Man kann mit Verhandlungen einverstanden sein und kann sagen: Kann man nicht mal eine andere Methode wählen[7].
Nun wollen Sie ja sicher, daß ich offen zu Ihnen spreche, sonst hat es ja überhaupt keinen Zweck, miteinander zu sprechen. Aber ich möchte dann bitten, daß ich das, was ich zu sagen habe, nur zu Ihrer Information sage. Das ist um so notwendiger, als ja – ich will mich nicht rühmen – ich bei Ihrem Präsidenten angeregt hatte, man sollte etwas langsamer verhandeln und [dafür] sorgen, daß die Bündnispartner mitkommen könnten und auch einmal ihre Meinung sagen[8]. Das ist nicht etwa verletzte Eitelkeit, sondern nach meiner Überzeugung ist der Russe, sind Chruschtschow und seine Leute der Auffassung: Der Westen wird eines

Tages auseinanderfallen. Darauf hin arbeitet er und spekuliert er und zieht dann aus jeden Differenzen zwischen den Partnern des Westens die Hoffnung, daß eines Tages eben der Westen auseinanderfallen würde und daß darin für Sowjetrußland – das würde ja der Fall sein – ein großer Erfolg [be]stehen würde. Dieser Eindruck muß verhütet werden. Ich bin sehr glücklich, daß man sich diese Meinung offenbar in Washington auch zu eigen gemacht [hat], denn Sie wissen, daß Rusk jetzt kommt[9]. Er kommt nach Bonn, er geht nach Berlin, er geht nach London, er geht nach Paris, er geht nach Rom, und darüber bin ich sehr froh. Schon die Tatsache, daß er das tut, wird auf den Russen wirken.

Bartholomew: Wird die mögliche Hergabe eines Kredits an die Zone, der angeregt wurde, in Europa als eine praktische Methode für die Lösung dieser Probleme angesehen?

Adenauer: Ich habe gesagt, wir würden dieser Frage nähertreten, wenn wir dafür Vorteile für Berlin bekämen. Die Antwort ist schon da, heute morgen[10]. Die Sowjetzone bezeichnet das als eine politische Erpressung. Damit ist das schon erledigt.

Bartholomew: Herr Bundeskanzler, ich wäre Ihnen dankbar für Ihre Reaktion auf die geäußerte Auffassung von General de Gaulle für einen europäischen Pool nuklearer Waffen, deren Einsatz allein von Europa zu bestimmen wäre[11].

Adenauer: Soviel ich weiß, ist das ein amerikanischer Gedanke. De Gaulle wollte für Frankreich allein nukleare Waffen haben. Aber ich bin unterrichtet durch ein Gespräch mit Ihrem Botschafter Dowling[12], daß man in den Vereinigten Staaten erwägt, wenn sich Holland, Belgien, Italien und die Bundesrepublik einigen, daß dann diesen Vier nukleare Waffen zur Verfügung gestellt werden. Das sei noch nicht beschlossen in Amerika, aber das werde da positiv erwogen.

Bartholomew: Zum Einsatz ohne amerikanische Mitbestimmung?

[(*Bundeskanzler* nickt.)]

[*Adenauer:*] Nun muß ich aber folgendes sagen, meine Herren: Es gibt jetzt schon nukleare Waffen, die eine ganze Menge Geschütze der früheren Art ersetzen, die im Kampf gebraucht werden; und wahrscheinlich wird die Entwicklung weiter fortschreiten, so daß es auch Einmann-nukleare-Waffen [sic!] gibt, also nukleare Waffen in einem Format, daß sie mit einem Apparat von einem Mann bedient werden können. Die ganze Strategie, die ganze Entwicklung der Waffentechnik, der Bewaffnung, ist also in einem gewissen Fluß, und deswegen war ich auch nicht damit einverstanden – das habe ich auch Ihrem Unterstaatssekretär Ball[13] gesagt, als er bei mir war –, daß wir zustimmen sollten einem amerikanischen Vorschlag, daß kein anderer Staat, der jetzt noch keine nuklearen Waffen hat, jemals solche bekommen soll. Man kann nicht in die Zukunft sehen. Ich wiederhole dieses eine Beispiel mit der nuklearen Waffe, die die Artillerie ersetzt. Die ist schon da, wir haben sie auch von Amerika. Dann können Sie natürlich nicht, wenn es zu einem Kampf kommen sollte, vorher in Washington anfragen: Dürfen wir sie jetzt abschießen?

Journalist: Herr Bundeskanzler, das ist ein äußerst wichtiger Punkt, und ich bin Ihnen dankbar, daß Sie den näher ausgeführt haben.

Eine weitere Frage: Es scheint so, daß in einigen Elementen in Großbritannien und in gewissem Maße auch in den Vereinigten Staaten Furcht besteht über die möglichen Auswirkungen einer Achse Bonn–Paris im Hinblick auf unabhängige Aktionen in internationalen Fragen. Würden Sie dazu etwas sagen, Herr Bundeskanzler?

Adenauer: Ja, dazu will ich Ihnen gern etwas sagen. Zunächst, daß Herr Macmillan, als er von Washington zurückkam, der Presse erklärt hat, die beiden angelsächsischen Staaten hätten jetzt den Schutz der Freiheit in der Welt in die Hand genommen[14]. Ich habe nicht geschrien: Achse Washington–London!, und so soll man auch nicht schreien: Achse Bonn–Paris!

(Lachen)

Sehen Sie, Frankreich und Deutschland sind Nachbarstaaten. Wir haben eine lange gemeinsame Grenze, wir haben vielfach eine gemeinsame Geschichte. Wir haben in den letzten hundert Jahren, seit Napoleon[15], böse Kriege gegeneinander geführt. Ich lege größten Wert darauf, das habe ich seit dem Jahre 1925 getan[16], daß zwischen Deutschland und Frankreich eine sehr enge Freundschaft entsteht. Lange, ehe de Gaulle überhaupt eine Rolle gespielt hat, war das mein Wunsch aus der Geschichte heraus und aus dem Wunsch heraus, daß wir doch zu Europa kommen müßten. Aber Europa kann nicht bestehen, ohne daß Frankreich und Deutschland wirkliche Freunde sind, und das ist unser Bestreben.

Nun muß ich noch etwas hinzufügen[17]. Ganz roh gezeichnet, liegen die Sowjetunion, die Bundesrepublik und Frankreich nebeneinander. Frankreich und die S[owjet]U[nion] waren jahrzehntelang verbündet, und wir saßen mitten dazwischen. Als de Gaulle im Jahre 1944 Ministerpräsident wurde, ist er sofort nach Moskau gefahren und hat mit Moskau einen Vertrag gegen Deutschland geschlossen[18]. Er hat mir das selbst gesagt, als wir uns im Jahre 1958 zuerst gesprochen haben[19]. Da hat er mir gesagt, man habe damals in Frankreich die Furcht gehabt, Deutschland

würde eines Tages Revanche nehmen, und dagegen habe man Vorsorge treffen wollen durch eine Rückversicherung bei Sowjetrußland. Er habe aber eingesehen, daß Deutschland ein anderes Land geworden sei, und deswegen habe er auf den Vertrag verzichtet.
Der erste Gedanke der Montanunion, also der Union Eisen/Stahl, geht von Frankreich aus, von Robert Schuman[20]. Robert Schuman hat mir, als er mit dem Vorschlag kam, im Jahre 1950 einen Brief geschrieben und hat darin gesagt: In Frankreich bestehe immer noch die Furcht vor einer Revanche Deutschlands. Wenn Frankreich und Deutschland – das war der politische Sinn der Montanunion – ihre Produktion von Kohle und Stahl miteinander kontrollierten, dann könne keines der beiden Länder Kriegsvorbereitungen treffen, ohne daß das andere Land das sehe, und dadurch würde dann das politische Vertrauen zwischen Frankreich und Deutschland fest gegründet werden. Damit hat er recht. Das ist der Ausgangspunkt dieser ganzen europäischen Institutionen, dafür zu sorgen – herbeigeführt von Robert Schuman –, daß zwischen Frankreich und Deutschland ein gutes und freundschaftliches Verhältnis entsteht.
Nun noch ein Schlußsatz dazu. De Gaulle wird niemals mit der S[owjet]-U[nion] wieder in Verbindung treten gegen Deutschland. Aber eines Tages wird de Gaulle nicht mehr da sein. Die Kommunistische Partei in Frankreich ist die stärkste Partei in Frankreich zur Zeit[21]. Wir müssen an die Zukunft denken, und es muß eine so gute Freundschaft zwischen Frankreich und Deutschland hergestellt werden, daß auch später einmal eine mehr nach links gerichtete französische Regierung – sie muß sich auch nach dem Willen der Mehrheit des französischen Volkes richten – nicht mehr einen Vertrag mit der S[owjet]U[nion] gegen uns eingehen darf.
Sehen Sie, das ist die Achse Bonn – Paris, die habe ich Ihnen jetzt auseinandergesetzt. Eine gute, enge Freundschaft zwischen Frankreich und Deutschland liegt absolut im Interesse der Vereinigten Staaten. Denn wenn die deutsche Wirtschaftskraft in den russischen Einfluß geriete ohne Krieg, durch politische Vorgänge, dann könnte die S[owjet]-U[nion], verstärkt durch die deutsche Wirtschaftskraft, den Vereinigten Staaten auf dem Weltwirtschaftsmarkt die größten Schwierigkeiten machen durch Dumping auf gewissen Sektoren, die bei Ihnen Ihre ganze Wirtschaft gefährden würden.
Bartholomew: Herr Bundeskanzler, dies ist ein außerordentlich wichtiger Punkt. Würden Sie einige wörtliche Auszüge aus dem, was Sie gesagt haben, gestatten?
(*von Eckardt:* In der französischen Frage!)

Ich meine zur Verwendung durch UPI in den US und in den übrigen 103 Ländern, die von UPI bedient werden.

Adenauer: Das Stenogramm können Sie haben, und die Gedanken können Sie auch verwerten, aber bitte nicht wörtlich, sondern die Gedankengänge[22].

Bartholomew: Das wird zweifellos so geschehen, Herr Bundeskanzler. Ich halte diesen Punkt für außerordentlich wichtig. Vor allem glaube ich, daß er in den US nicht klar verstanden wird.

Adenauer: Das glaube ich auch, auch nicht bei den Deutschen!

(Lachen)

Aber Sie können meinen Namen ruhig nennen. Ich meine, die Sache ist doch vollkommen klar. Man braucht doch nur einen Blick auf die Karte zu werfen.

[(]*Bartholomew* stimmt zu.[)]

[*Bartholomew:*] Herr Bundeskanzler, gibt es sonst noch irgendwelche Punkte, die Sie, angeregt durch meine Fragen, zwar bisher noch nicht berührt haben, von denen Sie aber glauben, daß ich bei der Serie, die ich zu schreiben beabsichtige, sie mit Nutzen und wertvoll verwenden kann?

Adenauer: Wissen Sie, wir müssen mit der politischen Union Westeuropas anfangen. Belgien hat das verhindert, Spaak[23]. Es wird Ihnen vielleicht bekannt sein, daß ich vom 2. bis 8. Juli in Frankreich sein und eine Reihe von längeren Gesprächen mit de Gaulle haben werde[24]. Ich vertrete den Standpunkt, man solle mit der politischen Union anfangen[25]. Wenn nicht alle sechs es tun, nun, dann tun es drei; dann kommen die anderen schon nach. Aber man sollte anfangen! Das ist für die Stabilisierung der Weltlage von sehr großer Bedeutung, und es wäre – glauben Sie es mir – eine ganz falsche amerikanische Sicht des Ganzen, wenn man dort glauben würde, dadurch würde die amerikanische Politik gestört. Im Gegenteil! Dadurch wird die amerikanische Politik gefestigt. Deswegen würde ich mich sehr freuen, wenn Sie aus der Unterredung mit mir den Eindruck bekommen würden, daß diese Fragen doch von mir sehr ernst und gewissenhaft durchgearbeitet sind, daß sie wirklich wichtig sind und wertvoll sind für den Frieden in der Welt überhaupt und auch für die US.

Bartholomew: Herr Bundeskanzler, darf ich mich sehr herzlich bedanken und eine letzte Frage an Sie richten: Wie würden Sie sich die Modalitäten einer solchen politischen Union vorstellen? Welches wären die ersten und die wichtigsten Schritte, die dabei zu tun wären?

Adenauer: Der Anfang muß getan werden, die Entwicklung kommt dann von selbst. Ich wäre schon zufrieden, wenn die Staatschefs mehrere Male im Jahre zusammenkommen würden, um die ganzen politischen Fragen durchzusprechen, wenn die Außenminister mehrere Male im Jahre zusammenkämen, um das alles durchzusprechen, und die Minister für Kulturfragen und die für Sozialfragen. Man kann nicht sofort – wir haben auch Hypereuropäer – ein Parlament machen. Das braucht alles eine gewisse Zeit der Entwicklung. Sehen Sie mal, an der Europäischen Wirtschaftsgemeinschaft haben wir auch jahrelang gearbeitet, und jetzt ist sie in Ordnung. Alle diese Dinge brauchen Zeit, und man soll nicht glauben, man würde in den ersten 14 Tagen alles fertig haben. Aber anfangen soll man, damit der Gedanke nicht stirbt. Das europäische Parlament muß eines Tages auch kommen.

[(]Verabschiedung mit den Wünschen für den Bundeskanzler, ihn in wiederum drei Jahren genauso frisch wiederzusehen.[)]

upi 62 inland

- veroeffentlichung g e s p e r r t bis 19.30 uhr -
- (copyright 1962 by united press international) -
adenauer: freundschaft deutschland-frankreich im interesse der usa
untertitel: bonn hat keine (keine) wahl zwischen paris und washington - interview mit dem bundeskanzler

- - von upi-korrespondent frank h. bartholomew -

bonn, 11. juni (upi).- bundeskanzler konrad adenauer hat seiner festen ueberzeugung ausdruck gegeben, dass eine enge freundschaft zwischen deutschland und frankreich in keiner weise gegen die vereinigten staaten und die atlantische gemeinschaft gerichtet, sondern sogar in ihrem interesse sei. die auffassung verschiedener diplomatischer kreise, dass die bundesrepublik jetzt eine wahl treffen muesse zwischen der beharrenden politik des franzoesischen staatspraesidenten und der ''realitaeten anerkennenden'' linie der regierung kennedy in usa, wies der bundeskanzler scharf zurueck. ''eine gute, enge freundschaft zwischen frankreich und deutschland liegt absolut im interesse der vereinigten staaten'', sagte adenauer in einem interview mit dem vorsitzenden des aufsichtsrates der united press international, frank h. bartholomew.

es ist zu erwarten, dass adenauer die gleiche ansicht gegenueber dem amerikanischen aussenminister dean rusk vertreten wird, der am 21. juni in bonn erwartet wird. rusk soll meinungsverschiedenheiten zwischen der bundesrepublik und den usa beseitigen und sich ueberzeugen, ob washington grund zu der befuerchtung hat, dass die bundesrepublik sich von den usa ab- und frankreich zuwendet.

''als mr. macmillan aus washington zurueckkam, erklaerte die presse, die beiden angelsaechsischen staaten haetten jetzt den schutz der freiheit in der welt in die hand genommen'', sagte adenauer. ''ich habe nicht geschrien: achse washington-london(rufz), und so soll man auch nicht schreien: achse bonn-paris (rufz).''

f f f

- bitte s p e r r f r i s t und copyright beachten -

upi 62 ulr hi 1434 11.6.62

- veroeffentlichung g e s p e r r t bis 19.30 uhr -

(copyright 1962 by united press international)

adenauer (bonn/bartholomew) 62 zwei

''sehen sie'', sagte der 86jaehrige bundeskanzler, ''frankreich und deutschland sind nachbarstaaten. wir haben eine lange, gemeinsame grenze, wir haben vielfach eine gemeinsame geschichte. wir haben in den letzten hundert jahren, seit napoleon, boese kriege gegeneinander gefuehrt . ich lege groessten wert darauf, und das habe ich seit dem jahre 1925 getan, dass zwischen deutschland und frankreich eine sehr enge freundschaft entsteht. das war mein wunsch aus der geschichte heraus und aus dem wunsch heraus, dass wir doch zu europa kommen muessten. aber europa kann nicht bestehen, ohne dass frankreich und deutschland wirkliche freunde sind, und das ist unser bestreben.''

adenauer nahm einen bleistift und zeichnete auf der rueckseite eines aktendeckels die grenzen frankreichs, deutschlands und der sowjetunion. ''ganz roh gezeichnet, liegen die sowjetunion, die bundesrepublik und frankreich nebeneinander'', sagte er. ''frankreich und die sowjetunion waren jahrzehntelang verbuendet, und wir sassen mitten dazwischen.''

der bundeskanzler erinnerte daran, dass general de gaulle 1944 einen beistandspakt mit der sowjetunion abgeschlossen habe - aus der furcht heraus, dass deutschland eines tages revanche gegen frankreich nehmen koennte.

''de gaulle hat mir gesagt, er habe eingesehen, dass deutschland ein anderes land geworden sei, und deswegen habe er auf den vertrag verzichtet'', sagte adenauer. er fuegte hinzu: er sei ueberzeugt, dass de gaulle nie wieder einen solchen vertrag mit der sowjetunion gegen deutschland abschliessen werde. aber deutschland muesse an die zukunft denken: die freundschaft zwischen dem deutschen und dem franzoesischen volk muesse so gedeihen, dass auch kuenftige franzoesische regierungen -- notfalls auch mehr linksgerichtete -- nie wieder einen solchen vertrag abschliessen wuerden.

f f f

- bitte sperrfrist und copyright beachten -

upi 63 ulr hi 1440 11.6.62

v

upi 67 ausland

Zu Dok. Nr. 17

upi 64 inland

- veroeffentlichung g e s p e r r t bis 19.30 uhr -

(copyright 1962 by united press international)

adenauer (bonn/bartholomew) 62 drei

offensichtlich dachte adenauer daran, die freundschaft zwischen deutschland und frankreich fest zu fuegen, waehrend er in bonn und de gaulle in paris die politik bestimmen, so dass auch spaetere unvermeidliche aenderungen in beiden regierungen ihr nichts mehr anhaben koennen. ''sehen sie, das ist die 'achse bonn-paris' '', sagte er. ''wenn die deutsche wirtschaftskraft in den russischen einfluss geriete, ohne krieg, durch politische vorgaenge, dann koennte die sowjetunion, verstaerkt durch die deutsche wirtschaftskraft, den vereinigten staaten auf dem weltwirtschaftsmarkt die grossen schwierigkeiten machen, durch dumping auf gewissen sektoren. sie koennte in den usa die ganze wirtschaft gefaehrden.''

die anstrengung eines eben ueberstandenen parteitages war dem 86jaehrigen regierungschef der bundesrepublik nicht anzumerken. er schien voll der vitalitaet, die den politischen und wirtschaftlichen aufschwung der bundesrepublik gekennzeichnet hat.

adenauer sieht eine politische union europas mit einem europaeischen parlament, gewachsen auf der grundlage des gemeinsamen marktes, voraus. nur fuegte er einschraenkend hinzu, diese entwicklung werde zeit brauchen. in der ewg haetten sich nationen verbuendet. jetzt gelte es, eine politische einheit zu schaffen. er liess jedoch keinen zweifel daran, dass die politische einheit notfalls auch mit drei laendern beginnen koennte, falls die benelux-laender nicht ueberzeugt werden koennten. ein europaeisches parlament lasse sich vielleicht auch nicht so bald errichten. aber das grundproblem bleibe stets die existenz der sowjetunion und deutschlands -- sowie frankreichs-- nebeneinander in europa.

ende

- bitte sperrfrist und copyright beachten --

upi 64 uir hl 1445 11.6.62

Nr. 18
18. Juni 1962: Kanzler – Tee (Wortprotokoll)
StBKAH 02.26[1], mit ms. Vermerk »*Unkorrigiertes Manuskript*«, »*Streng vertraulich*« und Paraphe »Hi[lgendorf]«

Teilnehmer: Ludwig von Danwitz, Hugo Grüssen, Dr. Alfred Rapp, Dr. Max Schulze-Vorberg, Dietrich Schwarzkopf, Dr. Joachim Sobotta[2], Dr. Robert Strobel, Dr. Wolfgang Wagner, Dr. August Wegener, Hans Wendt – Dr. Heinrich Barth, Felix von Eckardt, Fritz Hilgendorf, Werner Krueger, Heribert Schnippenkötter

Beginn: 12.15 Uhr   Ende: 13.15 Uhr

Adenauer: Die Fernsehaufnahmen, meine Herren, hören gleich auf; man will nur die größten Zeitgenossen im Bilde festhalten[3]!
Ein Wort einleitend über den gestrigen Tag in Berlin[4]! Das war eine ganz großartige Kundgebung vor dem Schöneberger Rathaus, wie ich sie, soweit ich mich erinnere, noch nicht erlebt habe. Die Polizei schätzte die Zahl der Teilnehmer auf 150 000, entsprechend den Plätzen, die dafür reserviert waren, und auch in den Straßen, die von dem Platz wegführten; es war eine ganz großartige Stimmung. Ich dachte, wenn es vielen Bundesdeutschen doch mal etwas schlechter ginge, das wäre doch ganz gut. Das ist aber nur geflüstert, meine Herren, das ist nicht ausgesprochen. Jedenfalls war das eine großartige Sache.
Dann, meine Herren, möchte ich Ihnen einiges sagen über EWG, über drei, vier, fünf, sechs und so weiter, und was über mich alles gesagt worden ist, was ich behauptet hätte[5]. Zum Teil haben Sie das auch geschrieben, meine Herren! Ich habe es gar nicht irgendwie berichtigt, weil es mir sehr zupaß kam, was Sie alles über mich geschrieben haben. Denn das, was die Presse geschrieben hat, was ich gesagt haben soll oder plane, das macht doch die kleineren Staaten etwas hellhörig. Ich bin dafür, daß alle gleich behandelt werden, aber daß auch nicht einer den anderen lähmen soll. Das gehört mit dazu in einem Bündnis; in einem Vertragsverhältnis, in dem jeder die gleichen Rechte und die gleichen Pflichten hat, darf sich auch keiner als denjenigen betrachten, nach dem sich alles zu richten hat.
Was nun die europäische und politische Union angeht, so wären wir fertig mit ihr, wir hätten sie, wenn nicht Herr Spaak und Herr Luns[6] am 17. April plötzlich diese Widersprüche erhoben hätten[7]. Und da muß man sich die Frage vorlegen: Wenn man ein solches großes Werk angefangen hat – und wir haben es angefangen vor etwa zehn Jahren –, und

Notizen für die Rede zum Tag der Deutschen Einheit in Berlin (17. Juni 1962; zu Dok. Nr. 18, Anm. 4):

1) Vorgänge 17. 6. [19]53 / 2) Verschlechterungen seit 17. 6. [19]53 / 3) die Mauer 13. 8. [19]61 / die Ereignisse seit 13. 8. [19]61 / Freiheit / 1) Sinn der Freiheit / 2) Freiheit schließt Selbstbestimmung ein / 3) Beispiele aus der Geschichte / Polen – Elsaß-Lothringen 4) Aufforderung an die der Freiheit Beraubten (Zone) oder in der Freiheit Beschränkten (Berlin) / 5) Aufforderung an die Völker, die sich der Freiheit erfreuen – UNO –, insbesondere den Teil Deutschlands, der frei ist. / III Schluß / Vornehmlich Gründe der Menschlichkeit – Appell, die noch in Haft Befindlichen frei zu lassen. – 3 Alliierten / Unterschiede in der Methode.

wenn man das nun seinem vorläufigen Ende zuführen will durch einen neuen Akt, soll man dann, weil irgendeinem die Nase nicht paßt, die der andere hat, die Sache liegenlassen oder nicht? Ich bin der festen Überzeugung: Die anderen kommen schon nach, wenn man nur anfängt. Bei dem Gedanken der europäischen Politischen Union ist die Hauptsache der Anfang. Das weitere wird sich entwickeln. Es ist meine feste Überzeugung, daß diese Sechs auch eine moralische und eine politische Verpflichtung haben, sowohl anderen gegenüber als auch gegenüber ihren eigenen Ländern, auf dem Wege weiterzuschreiten, und nicht etwa nun einfach auf einmal die Sache liegenzulassen. Der Gedanke darf nicht auf Eis gelegt werden, denn sonst verfault er.

Ich möchte noch einmal die ganze Entwicklung in Ihr Gedächtnis zurückrufen. Im Jahre 1944 hat de Gaulle in Moskau einen Vertrag mit Sowjetrußland geschlossen[8], wie er mir selbst gesagt hat, weil er damals der Auffassung gewesen sei, daß Deutschland nach seiner Erstarkung Revanche nehmen würde. Im Jahre 1950 – ich glaube, ich vertue mich nicht in den Jahreszahlen – hat Robert Schuman, den ich gut kannte, mir den Entwurf zu einem Vertrag über die Montanunion geschickt, und er hat in dem Begleitbrief hinzugesetzt, daß zwischen den beiden Ländern Frankreich und Deutschland eine gegenseitige Furcht herrsche, es möchte wieder Krieg kommen[9]. Da die Produktion von Kohle und von Stahl, wenn sie plötzlich wüchse, ein unverkennbares Zeichen dafür sei, daß das betreffende Land Kriegsvorbereitungen treffe, halte er den Abschluß eines Vertrages – Montanunion –, in dem sowohl die Produktion an Kohle wie an Stahl aller Mitgliedsstaaten genau kontrolliert wird, für die sicherste Grundlage, um die gegenseitige Kriegsfurcht zu beseitigen. Dieser politische Grund war damals für mich bestimmend, in der Stunde, in der er mir den Montanunions-Vertrag durch einen besonderen Boten[10] hereinreichen ließ, mich dafür zu entschließen: Wir müssen das unter allen Umständen tun. Ich habe das damals durchgesetzt gegen den Willen unserer Industrie. Ich darf Sie daran erinnern, daß damals die gesamte Schwerindustrie, sowohl die Kohle als auch Eisen und Stahl, die größten Bedenken hatte gegen diese Montanunion. Ich habe es trotzdem durchgesetzt, weil das politische Ziel dieses Vertrages für mich so wichtig war, daß irgendwelche wirtschaftlichen Bedenken, die sich schließlich gegen alles vorbringen lassen, zurücktraten.

Dasselbe war dann in der Folge der Fall bei den weiteren europäischen Verträgen, auch bei der Europäischen Verteidigungsgemeinschaft, die dann nun leider Gottes in Frankreich gescheitert ist[11]. Wäre sie nicht gescheitert, würde vielleicht manches Problem, das sich jetzt in Zusam-

menhang mit der NATO stellt, viel leichter zu lösen sein. Bei der Europäischen Wirtschaftsgemeinschaft war genau dasselbe Ziel da: Wenn wir auch die Wirtschaftsgemeinschaft an sich begrüßen, weil die Räume bei der Entwicklung, die infolge des Krieges und nach dem Kriege in der Welt eingetreten ist, zu klein geworden waren, so war doch das politische Ziel dasjenige, was wir nie aus den Augen verloren haben. Nun zur Frage des politischen Zieles, der Europa-Union! Ich vertrete den Standpunkt, daß die Sechs, die damals mit der Montanunion begonnen haben, dann mit Euratom und dann mit der EWG, eine gewisse politische Verpflichtung haben, auf dem Wege weiterzuschreiten und zu dieser politischen Union zu kommen. Es ist ein sehr mühseliger Weg, der da gegangen wird. Da hat dieser dieses Bedenken, da hat jener jenes Bedenken. Aber das eine versichere ich Ihnen, meine Herren: Ministerialbürokratie gibt es nicht nur bei uns, die gibt es auch in anderen Ländern, und die Ministerialbürokratie – Gott, sie ist ja notwendig, aber man verflucht sie doch manchmal! So ‹ist›[a] es auch hier gegangen bei der Schaffung der politischen Union. Ich vertrete den Standpunkt, daß wir sie möglichst bald schaffen müssen, und ich bin fest davon überzeugt, wenn man nur energisch auf dem Weg bleibt, werden schließlich alle sechs Namen darunter stehen. Es sind ja Bedenken gekommen, jetzt, wo Großbritannien doch in die EWG eintreten wolle, solle man mit der Schaffung der politischen Union doch warten, bis Großbritannien in der EWG sei. Das leitet über zur EWG.
Bei der Schaffung der Europäischen Wirtschaftsgemeinschaft, auch bei dem Beitritt Englands, hat jeder der Staaten auch sein wirtschaftliches Interesse zu wahren. Wenn Sie daran denken, wie groß allein die Kohlenproduktion in Großbritannien ist – ich darf noch hinzusetzen: In Großbritannien sind alle Gruben verstaatlicht, die ganzen sozialen Lasten, die auf dem Bergbau ruhen, werden dort zur Hälfte aus Steuermitteln vom Staat bezahlt –, sie ist erheblich größer als bei uns. Wir haben doch jetzt die schweren Sorgen mit dem Industriegebiet hier, und jetzt diese Geschichten da wieder. Daß wir da sehr sorgsam verhandeln müssen, um uns vor Zusammenbrüchen wirtschaftlicher Natur zu schützen, die für uns unerträglich sind, das liegt in der Natur der Sache.
Aber es kommt noch ein weiteres hinzu, das dabei auch sehr vorsichtig überlegt werden muß. Ich habe mir heute einmal zusammenstellen lassen, wie die Abstimmungsverhältnisse in diesen verschiedenen Organisationen sind. Bei NATO ist Einstimmigkeit nötig. Nun, meine Herren, ich weiß nicht, ob Sie noch alle wissen, wie NATO entstanden ist. Sie ist entstanden aus dem Brüsseler Pakt[12], der gegen Deutschland geschlos-

sen war, und dann hat man alle atlantischen Gegner Deutschlands ohne weiteres zusammengepackt, und so ist nachher NATO geworden. Aber, nun hat also Island in der NATO soviel Stimmrecht wie die Vereinigten Staaten. Wenn Herr de Gaulle von einer Reform der NATO spricht[13], dann, glaube ich, geben an sich die Verhältnisse ihm recht. Ich verkenne keineswegs, daß diese Reform außerordentlich schwierig ist; aber in einem Verteidigungsvertrag – und das ist NATO –, zusammengesetzt aus so völlig dem Kräfteverhältnis nach ungleichen Mitgliedern, da ist die Einstimmigkeit wirklich eine Last. In der Montanunion ist in den meisten Fällen 5/6-Mehrheit zu Beschlüssen notwendig, für große Revisionen Einstimmigkeit. In der EWG hat man seit dem 1. Januar 1962 bei zahlreichen Entscheidungen – nicht bei allen – sogenannte qualifizierte Mehrheiten für erforderlich erklärt[14]. Die Stimmen werden gewogen; die drei großen Staaten haben je 4, die Benelux-Staaten zusammen 5 Stimmen. Für jede Entscheidung sind 12 Stimmen erforderlich, für die wichtigen Fragen weiterhin Einstimmigkeit. Bei EURATOM ist in allen spezifischen Atomfragen, einschließlich Forschung, Einstimmigkeit erforderlich, für die anderen Fragen qualifizierte Mehrheiten.

Was machen wir nun in der politischen Union? Was machen wir auch in der EWG? Darüber wird leider sehr wenig gesprochen und geschrieben. Wenn Großbritannien in die EWG eintritt – und ich habe in meiner Regierungserklärung laut und deutlich gesagt, daß ich den Eintritt von Großbritannien wünsche[15] –, dann werden nachfolgen Norwegen und Dänemark, Island, Irland und nach den Nachrichten von heute morgen wahrscheinlich noch Zypern[16]. Während jetzt die EWG aus 6 Ländern besteht, kommen dann 5 (6) hinzu. Wie soll da die Abstimmung erfolgen? Dazu kommen auch noch die zahlreichen assoziierten Länder. Wir haben jetzt 17 assoziierte Länder[17]. Die Verhandlungen mit der Türkei sind noch nicht abgeschlossen[18], die Türkei würde das 18. Land sein. Die EWG-Kommission, also die oberste Spitze – abgesehen vom Ministerrat –, hat 9 Mitglieder: die drei großen Staaten je 2, die Beneluxstaaten je 1. Die EWG hatte 1961 1860 Beamte und Angestellte, für 1962 hat sie 2175 Beamte und Angestellte angefordert. Ich glaube, es ist ganz gut, wenn man sich einmal klarmacht an dieser Zahl der Beamten und Angestellten, wie groß die Fülle der Geschäfte da ist und wie schwierig die Geschäfte da alle sind und daß man deswegen, wenn 5 neue Mitglieder hereinkommen, die ganzen Verhältnisse in Ruhe durchdenken muß. Man muß auch an sich selbst denken, man muß auch an diese Institution als solche denken. Ich weiß gar nicht, ob die eine solche Fülle neuer Arbeit überhaupt verkraften kann, das sage ich Ihnen ganz offen, meine Herren.

EURATOM[19] hatte 800 Beamte und Angestellte und will für 1962 1100 haben. Das wird Sie wahrscheinlich auch so erstaunen, wie es mich erstaunt.

Rapp: Nein, das erstaunt mich gar nicht, das sind gute Verwaltungsdirektoren; das ist ganz klar, daß die 1100 haben müssen, in zwei Jahren 1500, das ist ganz selbstverständlich.

Adenauer: Endlich mal ein sanfter Bürokrat! Der kriegt das aber aus seiner eigenen Redaktion: Er will einen größeren Apparat hier in Bonn haben.

Rapp: Eben nicht!

Strobel: Der ist schon arbeitsunfähig!

Adenauer: Aber auch das Verhältnis der Vollmitglieder und der assoziierten Mitglieder ist so schwankend, so wenig fest, daß diese ganzen europäischen Zusammenschlüsse mir wirklich insofern Sorge machen, als nichts geschehen darf, damit sie schließlich ganz so zum Ersticken kommen wie eine Ministerialbürokratie – oder wie eine Redaktion, meine Herren, die nur noch die Telegramme abdruckt.

Rapp: Die richtigen!

Adenauer: Oder die wichtigen! Das ist ein Unterschied.

(Lachen)

Sehen Sie, meine Herren, das sind die Sorgen, die wir haben, wobei ich aber nochmals betonen möchte: Ich bin für den Eintritt Großbritanniens in die EWG. Aber wir müssen auch das Interesse der EWG selbst berücksichtigen, damit sie nicht überlastet wird. Können wir – das ist die Frage, die sich auch erhebt, die kleinen Länder, die im Gefolge Großbritanniens nun auch herein wollen..., kann man das sofort machen oder nicht? Ich weiß es nicht. Man muß auch mit Herrn Hallstein einmal darüber sprechen, wie er sich diese ganze Organisation denkt[20], auch wenn er nicht mehr Präsident ist[21]. Er hat das Ganze von Anfang an geschaffen, und zwar mit sehr großem Erfolg und sehr großer Übersicht; aber er wird ja nicht immer der Präsident bleiben, es wird auch mal von einem anderen Lande ein Präsident gestellt werden; natürlich sind die Wünsche auch schon laut geworden.

Heute morgen lese ich im Nachrichtenspiegel I eine Erklärung, die der Lordsiegelbewahrer Heath[22] gegenüber dem »Observer« abgegeben hat. Diese Erklärung möchte ich Ihnen einmal vorlesen; nicht, als wenn Sie es noch nicht gelesen hätten, aber ich möchte einige Bemerkungen daran knüpfen und Ihr Gedächtnis auffrischen. Darin steht, Großbritannien strebe eine Annäherung zwischen Ost und West an.»Das versuchen wir zum Beispiel in der Berlinfrage. Es ist nur möglich, durch den Abbau

der Differenzen und die Steigerung des gegenseitigen Vertrauens die Art der Atmosphäre zu schaffen, in der die Wiedervereinigung Deutschlands möglich wird. Ich meine nicht, daß die politische Integration der Bundesrepublik mit Europa damit unverträglich sei.«
Ich darf Ihnen diesen letzten Satz noch einmal vorlesen: »Ich meine nicht, daß die politische Integration der Bundesrepublik mit Europa damit unverträglich sei. Ich hoffe, daß die Russen in dem Maße, wie das neue Europa heranwächst, schrittweise erkennen, daß damit die beste Sicherung gegen irgendeine Wiederholung der Katastrophen der letzten 50 Jahre gegeben ist. Dann mögen sie sich bereit finden anzuerkennen, daß Deutschland in einem vereinten Europa wiedervereint werden kann.«
Sehen Sie, meine Herren, das lehne ich ab, das lehne ich von Anfang bis zu Ende ab. Europa wird nicht von uns geschaffen und ist nicht, soweit man davon schon sprechen kann, geschaffen worden, um dadurch Sowjetrußland die Sicherheit zu geben, daß man uns vertrauen kann. Das ist nicht der Zweck der Schaffung Europas, und wer glaubt, daß die Russen durch die Integrierung Deutschlands in Europa beruhigt werden könnten – ich fürchte, der kennt die Mentalität der Russen schlecht. Die Russen gehen doch nach wie vor auf eins aus: Sie wollen in irgendeiner Form die Bundesrepublik in die russische Sphäre bringen, weil damit das wirtschaftliche Potential Sowjetrußlands, wenn das deutsche Potential dabei ist, stärker ist als das wirtschaftliche Potential der Vereinigten Staaten, und weil damit Sowjetrußland doch gerade auch den Vereinigten Staaten die größten Schwierigkeiten auf dem Weltmarkt durch Dumping und sonstige Sachen machen kann. Ich glaube, derjenige beurteilt die Politik Sowjetrußlands nicht richtig, der glaubt, daß Sowjetrußland beruhigt werden müsse vor der deutschen Gefahr.
Meine Herren, ich erinnere mich noch sehr lebhaft, wie Herr Lippmann[23] eine Unterredung mit Chruschtschow wiedergegeben hat[24], als Chruschtschow ihm gesagt hat, Deutschland könne er in einer Stunde wegputzen. Nun, das ist vielleicht ein bißchen übertrieben; aber in der Tat ist es doch wirklich so, daß die Bundesrepublik gegenüber dem heute so großen und mächtigen und starken Rußland an militärischer Macht sehr wenig bedeutet. Ich bedaure eigentlich, daß so etwas gesagt wird, denn das könnte nun bei den Russen angeführt werden als Beweis dafür, daß man in anderen Ländern Verständnis dafür habe, daß Deutschland, nun eingebettet in einem neuen Europa, keine Gefahr mehr darstellt. Ich meine, wer unter diesem Gesichtspunkt die heutige Entwicklung ansieht, der sieht sie nicht richtig.

Ich sage Ihnen das nicht, damit Sie nun flammende Artikel schreiben –
das werden Sie sowieso nicht tun –, die nun international sehr wirken.
Aber ich wäre Ihnen doch dankbar, wenn Sie etwas darauf hinweisen
wollten, daß man so die Schaffung des neuen Europa nicht sehen darf,
damit Sowjetrußland nun beruhigt wird. Daran ist gar nicht zu denken.
Strobel: Ist es nicht so, daß die Russen sich durch dieses neue Europa
eigentlich beunruhigt fühlen? Es wurde doch in den letzten Wochen
mehrmals gesagt, die EWG sei ein Zusammenschluß der imperialistischen und kapitalistischen Staaten[25].
Adenauer: Sicher, also genau das Gegenteil davon!
Rapp: Wenn die Schwierigkeiten beim Eintritt Englands und der
anderen Länder in die EWG für die EWG schon relativ groß sind, so
scheint doch die Ausdehnung der EWG auf die politische Gemeinschaft
der Sechs, auch wenn sie zustande kommen sollte, noch schwieriger zu
sein.
Adenauer: Das ist ja richtig. Aber in einer politischen Gemeinschaft
der Sechs gewöhnen sich erstmal die Sechs aneinander, und sie sagen, es
ist ganz gut, wenn wir unsere politischen Ansichten miteinander in Einklang bringen.
Ich möchte etwas sagen, was von UPI neulich etwas gekürzt verbreitet
worden ist[26]. Aber was ich Ihnen auch noch sagen möchte – ich bitte,
das nicht zu bringen; ich möchte Ihnen meine persönlichen Gedanken
noch einmal sagen, und das möchte ich nicht sofort gedruckt sehen –:
Ich habe mir vor einiger Zeit eine Zeittafel zusammenstellen lassen
über das Verhältnis Frankreich – Rußland. Das fing an mit dem Besuch –
vielleicht wird es dem einen oder anderen wieder einfallen – der französischen Flotte in Kronstadt[27]. Wenn Sie diese Zeittafel miteinander verfolgen, dann ist es überzeugend und eindrucksvoll, daß das [...] – übrigens
ist der erste Vertrag zwischen Sowjetrußland [sic!] und Frankreich
zustande gekommen ein Jahr nach dem Ausscheiden Bismarcks[28]! Und
Bismarck – Sie haben vielleicht auch das Buch gelesen »Der verheimlichte Bismarck«[29], das vor einiger Zeit erschienen ist – hat immer die
große Sorge gehabt – im Gegensatz zu Kaiser Wilhelm, sowohl dem I.
wie dem II.[30] – und davor gewarnt, daß Rußland eines Tages labil sein
werde. Er war gar nicht dafür, so eng mit Rußland zusammenzugehen.
Ich habe mir das nun einmal zusammenstellen lassen bis zum Jahre
1944[31]. Ich möchte hier nochmals betonen, daß de Gaulle mir aus freien
Stücken darüber gesprochen hat, welches seine Gründe für den Vertrag
mit Moskau damals waren und was wir seit der Zeit geschaffen haben.
Das Entscheidende gegenüber Sowjetrußland ist das Verhältnis Frank-

reich – Deutschland. Solange Frankreich – Deutschland eng zusammenhalten, ist der Damm für ein weiteres Vordringen Sowjetrußlands nach Westeuropa fest. Aber wenn die beiden Länder irgendwie einmal weniger fest zusammenstünden, dann ist wieder die Gefahr da. Ich bin überzeugt, meine Herren, solange de Gaulle da ist, wird der Fall nicht eintreten. Aber kein Mensch kann ganz absolut in die Zukunft hineinsehen. Es werden auch wieder andere Regierungen in Frankreich nach de Gaulle kommen.

Auch hier werden andere Regierungen kommen, meine Herren, obgleich Sie alle sehr enttäuscht waren, als ich neulich sagte, mit dem Jahr 1963 sei es zu früh, das käme noch nicht. Aber es werden mal andere Regierungen kommen, wann, das weiß niemand, sagen wir mal in 10 bis 15 Jahren, das weiß man alles nicht. Aber wenn man diese europäischen Tragödien bis in ihre Anfänge hinein verfolgt, wie ich es eben getan habe, als ich Kronstadt nannte, dann, glaube ich, muß man als Politiker, der doch verpflichtet ist, auch etwas für eine ferne Zukunft zu sorgen, mir darin recht geben, daß es eine unbedingte Notwendigkeit ist, Frankreich und Deutschland, ihre Völker, so nahe aneinanderzubringen – nicht etwa de Gaulle und mich, sondern die Völker –, daß der Gedanke, daß entweder Deutschland oder Frankreich sich Sowjetrußland irgendwie nähern könnten, für die Politiker gar nicht mehr in Frage kommt. Das muß nach meiner Überzeugung das Ziel der deutschen Politik sein. Jedenfalls habe ich mich seit Jahren davon leiten lassen und bleibe auch dabei.

Strobel: Herr Bundeskanzler, der Damm, von dem Sie eben sprachen, hält der, wie Sie oft dargelegt haben, nur dann, wenn er auch von Amerika gestützt wird?

Adenauer: Das ist selbstverständlich, das brauche ich gar nicht zu sagen. Aber wenn der Damm auseinanderfiele, könnte auch Amerika nichts mehr machen. Ich habe über diese Frage mit dem verstorbenen Foster Dulles mehrfach gesprochen; er war ganz meiner Meinung. Der Damm sichert uns – ich will nicht sagen, den Schutz Amerikas – die Hilfe Amerikas, und das Zusammenbrechen dieses Dammes würde eine Katastrophe für ganz Europa bedeuten.

Schulze-Vorberg: Professor Hallstein spricht sehr gern und mit Überzeugung von den politischen Auswirkungen der Europäischen Wirtschaftsgemeinschaft. Sind die eigentlich sehr gering, oder wie sehen Sie das, Herr Bundeskanzler?

Adenauer: Hallstein kommt morgen, dann werde ich ihm die Frage sofort stellen. Man lernte sich kennen, man hatte Verbindungen miteinander geschlossen, die wirken sich auch politisch aus. Aber echte politische Bindungen müssen noch dazukommen.

von Danwitz: Ist es nicht so, daß von seiten de Gaulles etwas mehr getan werden müßte für unsere politischen Bindungen. Gerade wenn de Gaulle das tun würde, würden ja die anderen Politiker in der EWG gezwungen werden, die politische Gemeinschaft mitzumachen.

Adenauer: De Gaulle war ja bereit, das ist ja das Tragische. Ich darf Sie erinnern, daß es im Juli vergangenen Jahres war, wie de Gaulle in der Redoute in Godesberg die Vorschläge gemacht hat[32], Vorschläge, die wir als sehr akzeptabel fanden, wir Sechs, die aber dann an die Bürokratie geraten sind. Diese tragische Weigerung will ich Ihnen hier gar nicht ausbreiten. Aber wir müssen Schluß machen mit dieser Geschichte. Die sechs Regierungschefs müssen wieder von neuem zusammentreten und sich über diese ganze Sache aussprechen, und ich hoffe, daß die Vernunft und das eigene Interesse obsiegt.

Strobel: War es nicht so, daß im Februar ein von den Franzosen ausgearbeiteter Plan[33] von General de Gaulle so stark korrigiert wurde, daß er sich nicht mehr hielt?

Adenauer: De Gaulle wollte mich ja in den ersten Monaten des Jahres sprechen; ich habe ihm Baden-Baden vorgeschlagen. Das einzige Hindernis, das damals bestand, war das folgende: Frankreich schlug vor, daß zu den Gebieten der gemeinsamen politischen Arbeit auch die Wirtschaft gehört und bejahte – mit Recht – die Montanunion und die EWG. Dann hat zwischen de Gaulle und mir – wir waren nicht allein, Schröder war dabei und Carstens[34] und noch mehrere, auch auf der anderen Seite – gerade über diese Frage: Soll die Wirtschaft dazugehören?, eine längere Diskussion[35] stattgefunden, die so verlaufen ist: Herr de Gaulle sagte mir, ich werde doch nicht bestreiten können, daß, wie die Welt nun einmal ist, alle Wirtschaft auch politische Folgen habe. Ich habe gesagt, das bestreite ich Ihnen nicht. Aber andererseits werden Sie mir nicht bestreiten können, wenn man nun wirtschaftliche Einrichtungen hat, wie die EWG, die ausgezeichnet arbeiten und auf die verschiedenen Regierungen den Einfluß ausüben können, den sie für richtig halten, nicht jeder für sich allein [...]. Aber wenn Sie Bedenken haben, der Ministerrat ist da, dann können Sie das sagen – dann würde es doch falsch sein, wenn man nun die [Einrichtungen] abbaute, weil man jetzt dieses Wort zu wählen hat.

Darauf hat de Gaulle gesagt: Da haben Sie recht. Dann haben wir uns darauf geeinigt, daß ausdrücklich hineingesetzt worden ist – das Wort »wirtschaftlich« blieb stehen –: Davon sollen die bestehenden Einrichtungen unberührt bleiben. Dem hat de Gaulle zugestimmt. Dann ist das in die bürokratischen Mühlen von neuem hineingekommen und geradezu verdorben worden. Wir hatten schon in Aussicht genommen für die zweite Hälfte dieses Monats in Rom zusammenzukommen, die ganzen europäischen Regierungschefs, um das fertigzumachen.

Journalist: Rechnen Sie damit, daß jetzt in Paris[36] ein neuer Ansatz in dieser Geschichte gemacht werden kann?

Adenauer: Paris ist so anstrengend für mich, daß ich mir nicht vorher schon bei Ihnen den Kopf zerbrechen möchte. Daß politische Gespräche kommen, dafür ist Zeit vorgesehen, sogar für mehrere; aber ich glaube nicht, daß es nötig ist, diese politischen Gespräche im einzelnen vorzubereiten. De Gaulle wird sich informieren, ich werde mich informieren; ich habe ja auch Herrn Schröder bei mir, und wir werden, wie ich glaube, diese Gespräche sehr gut miteinander führen können.

Wendt: Halten Sie weiter eine Konferenz der sechs Regierungschefs für nützlich?

Adenauer: Wenn ich Ihnen das jetzt sagen würde, wie ich mir das vorstelle, wäre das sehr falsch; deswegen sage ich das nicht.

Wendt: Aber der Widerstand des Herrn Spaak[37]?

Adenauer: Dann würde eben am Widerstand des Herrn Spaak die politische Einigung Westeuropas scheitern; das kann ich nicht einsehen.

Wendt: Man hat manchmal den Eindruck, daß er gern warten möchte, bis in England eine Labour-Regierung kommt.

Adenauer: Großbritannien hat, glaube ich, in zwei Jahren spätestens die Wahlen[38]; es kann jederzeit die Wahlen machen. Aber ich kenne nicht die Gedanken des Herrn Spaak.

Strobel: Würden Sie sagen, daß nach Ihrer Sicht von heute die politische Einigung Europas eher pragmatisch als institutionell möglich ist?

Adenauer: Man wird natürlich ein Abkommen unterzeichnen, das wird auch ratifiziert werden müssen. Aber ob das lediglich pragmatisch sein soll? Das liegt leider Gottes den Europäern weniger als den Engländern. Die Engländer haben nicht mal eine vorgeschriebene Verfassung und sind doch einig. Wenn ich mir das bei uns vorstelle!

von Danwitz: Könnte nicht Herr Rusk etwas tun, wenn er jetzt in Europa rumfährt[39], vor allem in Brüssel?

Adenauer: Bei Spaak, meinen Sie? Meine Herren, ich glaube, das machen die Europäer am besten unter sich. Das Ganze ist allmählich so dumm geworden. Aber Amerika interessiert sich sehr dafür, und zwar im positiven Sinne.

Wagner: Herr Bundeskanzler, Sie haben jetzt viele Einzelheiten gesagt, wie Sie sich das vorstellen. Wie ist Ihr Gesamtbild? Wie soll das Europa in ein paar Jahren aussehen? So ein engerer Kern von Staaten, die politisch miteinander verbunden sind, dann ein weiterer Kreis von Staaten, die wirtschaftlich auch noch miteinander verbunden sind? Ich frage das hauptsächlich in einer Beziehung: Es gibt nun zwei Staaten in Europa, die auch die Atomwaffe haben, und da taucht immer wieder die Frage auf, wie das auf die Dauer organisiert werden soll, ob irgendwie die Engländer und die Franzosen und wir noch irgendwie zusammenkommen sollen? Haben Sie darüber Vorstellungen?

Adenauer: Ich kann Ihnen nur den einen Rat geben: Sagen Sie niemandem in der Welt, wir wollten Atomwaffen haben! Denn wir sind nicht beliebt in der Welt! Das wissen wir doch alle ganz genau! Aber man muß wirklich manche Entwicklungen abwarten. Eine Entwicklung in so schwieriger Zeit und in so schwierigem Gelände bis zum letzten vorherzusehen und zu planen, das kann man gar nicht. Man muß aber einen Stoß abgeben, daß das vorangeht, dann kommt es schon weiter.

Schulze-Vorberg: Würden Sie eine politische Gemeinschaft Frankreich – Deutschland, wenn Spaak und Luns mit Gewalt nicht wollen, als einen solchen Stoß ansehen?

Adenauer: Ich würde sagen, eine politische Gemeinschaft der Sechs. Wer nicht sofort ratifiziert, der hat immer noch Zeit zu ratifizieren. – Sie sehen mich so zweifelnd an, Herr Schulze-Vorberg, sprechen Sie doch aus, was Sie meinen!

Schulze-Vorberg: Der Gedanke Frankreich – Deutschland, den Sie damit entwickelt haben, zeigt, wie wichtig diese Entwicklung ist. Frankreich und Deutschland auf der einen Seite, und auf der anderen Seite die Schwierigkeiten, die aus den kleinen Ländern kommen, die aber nach dem Prinzip der Einstimmigkeit oder der qualifizierten Mehrheiten allgemein in Europa verhindern würden, daß diese politische Gemeinschaft kommt. Wenn diese Länder dabei bleiben, dann bleibt auf der anderen Seite nur ein Weg: Wir machen es mit Frankreich, zwischen Frankreich und Deutschland, ohne die.

Adenauer: Das würde ich niemals sagen. Wenn ich von Frankreich und Deutschland spreche, meine ich nicht nur die politische Gemeinschaft, ich meine auch wirklich die menschliche Gemeinschaft dieser beiden Völker. Frankreich und Deutschland müssen eine solche enge Völkergemeinschaft haben, daß in keinem der beiden Länder nach zehn, zwanzig Jahren noch einmal der Gedanke kommen kann, etwas zu tun, was dem anderen schadet. Das muß auch jeder einsehen. Ich sage, wer die Geschichte etwas kennt, der wird mir darin beipflichten.

von Danwitz: Gewisse Hoffnungen dafür sind doch gegeben; die kulturellen Beziehungen sind denkbar günstig, man reist hin und her.

Adenauer: Erstens kann man das, was jetzt ist, weiter pflegen. Zweitens: Man soll auch die Jugend beider Länder zusammenbringen[40]. Man soll dabei an die kommende Generation denken, nicht an die jetzt lebende Generation, die so vieles erlebt hat. Aber die kommende Generation, die ja nichts erlebt hat, die muß man zusammenbringen, sie muß dieses Gefühl haben.

Neulich war Professor Heuss[41] bei mir und erzählte mir, daß die Stadt Straßburg der Stadt Stuttgart einen Besuch gemacht hat. Das sei ein sehr herzliches und großes Fest gewesen. Sehen Sie, meine Herren, wer vor 30 Jahren an so etwas gedacht hätte, daß Straßburg, wieder französisch geworden, Stuttgart einen solchen Besuch macht, dem hätte man doch gesagt, das ist verrückt. Aber auch eine solche Sache von Städten zueinander halte ich für ein sehr gutes Mittel, die Verbindung immer stärker, selbstverständlicher werden zu lassen, nicht als eine politische Sache, sondern als eine selbstverständliche Sache unter Nachbarvölkern, die gemeinsame Interessen haben.

von Danwitz: Würden denn die kleineren EWG-Staaten diesen Widerstand überhaupt aufgebracht haben, wenn sie nicht von einer anderen, größeren Macht dazu ermutigt worden wären?

(Gelächter)

Strobel: Wer das wohl sein kann?

Adenauer: Er sieht so unschuldig aus bei der Frage, daß ich denke, er ist ein Wissender. – Ich verstehe das wirklich nicht; das wäre vor zehn Jahren möglich gewesen. Wo wird man erkennen, welche Gefahr entsteht, wenn man einen solchen Gedanken zu lange liegenläßt und nicht wenigstens zum Beginn der Ausführung kommt?

von Danwitz: Herr Bundeskanzler, Sie haben vorhin über diese organisatorischen Schwierigkeiten gesprochen, über das Stimmenverhältnis usw. Wir haben bis jetzt nur immer etwas gehört über die wirtschaftlichen Schwierigkeiten, oder, wenn England der EWG beitrete, über die Frage der Commonwealth-Länder. Sind eigentlich diese anderen Fragen, Stimmenverhältnis usw., schon alle erörtert worden?

Adenauer: Nein, das kommt noch alles. Das ist auch in der Presse noch nicht erörtert worden; das sind sehr schwierige Fragen.

von Danwitz: Woher kommt dann dieser Optimismus, daß das bis Ende Juni alles vertragsreif wird?

Adenauer: Macmillan hat die Commonwealth-Länder auf den 11. September [1962] eingeladen[42], um ihnen das Ganze vorzulegen; aber über diese Sache ist noch gar nicht gesprochen worden.

Rapp: Und die Konferenz Ende dieses Monats in Brüssel[43] behandelt nur wirtschaftliche Fragen?

Adenauer: Sie meinen den Ministerrat der Montanunion oder der EWG?

von Danwitz: Die landwirtschaftlichen Einfuhren, nicht die Agrarmarktordnung für die Sechs, sondern die Einführung der Commonwealth-Länder.

Adenauer: Meine Herren, die EWG hat süße Früchte und bittere Früchte, das wird auch unsere Wirtschaft mal sehen; denn die Franzosen und die Italiener haben ja wirtschaftlich sehr aufgeholt, das kann man gar nicht bestreiten. Deutschland in der Welt voran, das...

Rapp: Da hat sich auch wirtschaftlich vieles geändert, und zwar sehr rasch.

von Danwitz: Es ist sehr nützlich, gelegentlich mal durch Italien zu fahren.

Rapp: Auch durch Frankreich!

von Danwitz: Mich beeindruckt die italienische Wirtschaft, weil sie so sehr aufgeholt hat.

Rapp: Auch für Frankreich haben sich die letzten Jahre sehr zur Gesundung ausgewirkt auf dem wirtschaftlichen Gebiete.

Schwarzkopf: Eine Frage in ganz anderer Weltrichtung: Was geschieht mit dem Irak? Heute morgen war zu lesen, daß Dr. Schirmer[44] nicht empfangen werde.

Adenauer: Das sind die politischen Dinge; erst kommt der Irak, dann kommt Ceylon, dann kommt Dahomey. Das ist natürlich die Frage der Hallstein-Doktrin[45]!

Rapp: Man hört umgekehrt, daß Konsulate allein nicht den Tatbestand der Anerkennung erfüllen.

Adenauer: Nun kommt hier hinzu, daß die Irak-Leute erklärt haben, sie würden die Delegation, die abgeschickt worden ist, um aufzuklären im Irak, nicht empfangen. Das ist ja doch etwas unfreundlich.

von Eckardt: Das kann man nicht gerade liebenswürdig nennen.

Adenauer: Ebenfalls muß ich ja sagen, was die Ceylonesen gesagt haben – ich weiß nicht, ob Sie das überhaupt gelesen haben –, war auch nicht freundlich. Ceylon hat am Wochenende einen Protest der Bundesregierung gegen diskriminierende Behandlung der B[undes]r[epublik] (durch Ignorierung bzw. Ablehnung von Einladungen in die Bundesrepublik) zurückgewiesen[46]. Ich habe von den Einladungen nichts gewußt; ich würde vorgezogen haben, vorher festzustellen, ob die Einladungen willkommen sind oder nicht.

von Eckardt: Das ist eine Sache, der man mal nachgehen muß. Die haben da ein Einladungsprogramm von etwa 3000 Ausländern im Jahr. Wir fragen immer vorher nach!
Adenauer: Na, Sie haben neulich einen Potentaten eingeladen[47]...
von Eckardt: Ich habe eingeladen? An Staatsbesuchen bin ich vollkommen unschuldig!
Adenauer: ... uns auf den Hals geladen.
von Eckardt: Diese Einladungen laufen nicht über das Presseamt.
Strobel: Sie sprachen von der Hallstein-Doktrin. Wird sich das nun noch verstärken?
Adenauer: Ich bin zu bange, ein Wort zu sagen, das muß ich ehrlich gestehen. Aber das ist der Anfang einer Entwicklung, das sieht ja doch jeder, einer Entwicklung, die vielleicht für uns schädlicher ist, als wenn man ... Aber einstweilen ist das ja noch sakrosankt. Wir können hier nur sagen:»In Gedanken nur gefiel ich mir, beim großen Gott, dies hier ist nie mein Ernst.« Das ist aus Wallenstein[48].
Rapp: Aber das ist kein sehr überzeugendes Beispiel!
Adenauer: Ich hatte auch Hallstein nicht mit Wallenstein verglichen!
Rapp: Herr Hallstein hat damit nichts zu tun!
Adenauer: Aber das Kind trägt seinen Namen!
Rapp: Ein Kind, das 7 Jahre gelebt hat, das ist immerhin ein Alter!
Adenauer: Aber man hat behauptet, das Kind trage zu Unrecht seinen Namen.
Rapp: Schuman-Plan ist auch nicht Schuman-Plan, sondern Monnet-Plan usw. usw.
Von Danwitz erinnert daran, wie das A[uswärtige]A[mt] den Hallstein-Plan im Bundestag vorgetragen habe. – Aber wie Professor Grewe in seinem Buch »Außenpolitik« das außerordentlich verschärft hat[49], daß er es zu einer Kernfrage der deutschen Außenpolitik gemacht hat, das ist dann sehr schwer zu sagen: Niemals, auf keinen Fall usw.
Adenauer: Ja, man hat Lieblingskinder.
(Lachen!)
Ich habe das auch gelesen; ich hätte es nicht geschrieben, denn alles fließt ja, meine Herren, das ist doch ganz klar!
Wagner: Minister Schröder hat der deutschen Politik ohnehin eine neue Aufgabe gestellt in Dortmund[50], er hat von Brückenschlag gesprochen...
Adenauer: War das in der Vorhalle?
Wagner: Nein, das war gedruckt!
Adenauer: Sie werden erstaunt sein, meine Herren: Ich habe gestern

in Berlin von Polen gesprochen und habe gesagt, Polen stände zwar auf der anderen Seite, stehe gegen uns, aber wir müßten Respekt davor haben, daß Polen nach 150 Jahren der Teilung wieder die nationale Einheit erworben habe und sie immer in der Stille gepflegt habe[51]. Ich war sehr erstaunt, meine Herren; ich dachte, ich würde ein paar Pfiffe bekommen – ich bekam Beifall!
(*von Eckardt:* Großer Beifall!)
... als ich von Polen da sprach.

Strobel: Ich versuchte vorhin eine Frage zu stellen, und Sie gaben mir deutlich zu verstehen, daß Sie darauf nicht antworten wollten. Die Frage betraf die Zufahrtsbehörde, die jetzt auf uns zufährt. Die Zufahrtsbehörde kommt jetzt auf uns zu, unter amerikanischer Führung.

Adenauer: Warten wir mal ab! Herr Rusk kommt ja am Donnerstag[52].

von Eckardt: Über Tage ist er noch vier Stunden in Berlin.

Adenauer: Ich werde ihn abends sehen an dem Fronleichnamstag; warten wir also bitte. Seien Sie nachsichtig, Herr Strobel. Vielleicht kann ich Ihnen, wenn er hier gewesen ist, etwas über die Zufahrtsstraße sagen. Jedenfalls hat man das amerikanische Flugzeug, in dem ich gestern geflogen bin, nicht attackiert[53]; mir ist wenigstens nichts davon bekannt geworden.

von Eckardt: Ich habe auch keine Schüsse festgestellt. Ich habe durch das Fenster zwar eine Maschine gesehen, da waren wir aber längst auf westdeutschem Gebiet.

Adenauer: Da waren Sie beruhigt!

von Eckardt: Außerdem war sie sehr hoch, sie ging, glaube ich, nach Düsseldorf; es sah sehr gemütlich aus.

Rapp (während der Verabschiedung): Wenn wir uns nach Rusk hier wiedersehen könnten, dann hätten wir sicher mehr Fragen!

Adenauer: Geben Sie mir diese Fragen doch vorher, dann kann ich Rusk sagen, ich bin das und das gefragt worden – das wäre doch sehr nett –, können Sie mir sagen, was ich darauf antworten soll?

Rapp: Soll ich Ihnen das Alibi geben?

Adenauer: Sie sind doch ein Volksgenosse von mir, dann können Sie das doch tun, mir ein Alibi geben!

Rapp: Jederzeit, Herr Bundeskanzler!
(Lachen – Verabschiedung)

Nr. 19
28. Juni 1962: Informationsgespräch (Wortprotokoll)
StBKAH 02.26, mit ms. Vermerk »*Unkorrigiertes Manuskript*«, »*Streng vertraulich!*« und Paraphe »Hi[lgendorf]«

Teilnehmer: James Bell, Klaus Dohrn[1], Charles D. Jackson[2] – Felix von Eckardt, Fritz Hilgendorf, Hermann Kusterer, Heribert Schnippenkötter

Beginn: 16.30 Uhr   Ende: 18.05 Uhr

Jackson: Herr Bundeskanzler, darf ich Ihnen zu Beginn zwei Dinge sagen: zunächst einmal Ihnen mit den bewegtesten Worten dafür danken, daß Sie mich heute empfangen. Das ist mir eine ganz große Ehre. Zweitens darf ich Ihnen vielleicht als nicht offizieller amerikanischer Staatsbürger, sondern als gewöhnlicher amerikanischer Staatsbürger sagen, daß ich der Meinung bin, daß alle Amerikaner eine ungeheure Dankesschuld an Sie abzutragen haben, und daß ich gleichzeitig hoffe, daß diese Dankesschuld Ihnen noch sehr, sehr lange zum Ausdruck gebracht werden kann.

Adenauer: Mr. Jackson, ich bin sehr gerührt über das, was Sie gesagt haben. Wenn ich so zurückdenke an all die Jahre, während denen ich nun die Verbindung mit den Vereinigten Staaten gehabt habe, dann komme ich dazu zu sagen: *Wir* haben eine sehr große Dankesschuld gegenüber dem Volk der Vereinigten Staaten, gegenüber Dulles und Eisenhower. Zuerst waren es Acheson[3] und Truman[4], dann waren es Dulles und Eisenhower, und jetzt arbeiten wir uns ein mit der neuen Administration Kennedy und Rusk.

Jackson: Herr Bundeskanzler, Sie sprachen gerade von John Foster Dulles. Ich erinnere mich noch sehr genau an ein Bild, das man nicht so leicht vergißt. Sie wissen vielleicht, daß Herr Präsident Eisenhower mich an Dulles ausgeliehen hatte für die Berliner Konferenz 1954[5]. Am Abend, als die Konferenz dann abgebrochen wurde und wir wieder ins Flugzeug nach Washington stiegen, sagte Dulles: Wir fliegen jetzt ab, aber wir müssen unbedingt in Köln Zwischenlandung machen, ich muß unbedingt den Bundeskanzler sehen. In Köln stieg er dann aus der Maschine aus[6], und Sie gingen so etwa 30 Minuten auf und ab, und wir guckten so durch die Fenster auf die zwei Großen der Welt – wirklich ein Bild, das nicht nur politische Freundschaft, sondern echte Freundschaft vermittelte.

Adenauer: Es war eine echte Freundschaft, die sich auf einer großen Übereinstimmung des inneren Denkens gründete. In dem Alter, in dem

Dulles und insbesondere ich waren, gewinnt man nicht so leicht wieder einen echten Freund; aber in Dulles habe ich noch einmal einen echten Freund gewonnen.

Jackson: Ich glaube, die Amerikaner beginnen zu verstehen, was Dulles repräsentierte. Es gab eine Zeit, wo es als »schick« galt, anti-Dulles zu sein; ich glaube, heute ist das nicht mehr »schick«.

Adenauer: Das kommt öfter in der Geschichte vor. Ich weiß, daß nicht jeder Dulles verstand und mit ihm fertig wurde. Aber wenn man nicht auf äußeres Benehmen sah, sondern auf den inneren Menschen, dann wurde man doch sehr gut freund mit ihm. Ich habe hier ein Bild von ihm, das ist aufgenommen worden, als er zuletzt hier war[7]. Ich erinnere mich auch noch des Tages, von dem Sie eben sprachen, da war er zum letzten Male hier.

(Das Bild wird geholt und gezeigt.)

Jackson: Herr Bundeskanzler, es ist doch zweifellos von Ihren Herren und meinen Herren schon gesagt worden, daß ich nicht etwa als Reporter hierhergekommen bin, um jedes Wort mitzukritzeln und noch in der Nacht eine Depesche loszujagen, sondern es ist vielmehr mein Wunsch, einmal wieder etwas in der Welt herumzufahren und bei den Großen der Welt meine Batterien etwas aufzuladen, denn ich bin ja sehr lange Zeit nicht auf Reisen gewesen. Ich war deswegen etwas glücklich dran, als ich jetzt zwei Wochen in London gewesen bin, als das Gespräch Macmillan – de Gaulle[8] zu Ende war. Ich hatte ein langes Gespräch mit Macmillan[9]. In der letzten Woche war ich dann in Paris[10], als die ersten Auswirkungen dieses Gesprächs zwischen Macmillan und de Gaulle langsam spürbar wurden. Außerdem war inzwischen der Besuch von Außenminister Rusk[11], und heute habe ich nun das Vergnügen, bei Ihnen zu sein. Es liegen ja bedeutsame Dinge in der Luft, der Gemeinsame Markt, die nukleare Frage. Alle möglichen Dinge stehen an, und ich würde es sehr begrüßen, wenn Sie, Herr Bundeskanzler, mir das sagen, was Sie gerne sagen wollen zu irgendeinem dieser aktuellen Themen.

Adenauer: Das würde ich sehr gerne tun, aber ich möchte zunächst eine Frage stellen: Was haben Sie denn gemerkt an aktuellen Folgen des Gesprächs zwischen Macmillan und de Gaulle?

Jackson: Ich darf das vielleicht etwas kurz, wenn auch umfassend darstellen: Ich hatte den ersten Eindruck, daß Macmillan glaubte, daß er de Gaulles allgemeine Haltung gegenüber dem britischen Eintritt in den Gemeinsamen Markt ändern konnte. Meine Frage an Macmillan war folgende: Das Kommuniqué, das nach dem Gespräch mit de Gaulle herausgekommen ist[12], war sehr allgemein, eigentlich ziemlich nichtssagend; es war in den allgemeinen Ausdrücken »hoffnungsvoll«, aber doch real unpräzise. Was können Sie, Macmillan, mir noch weiter zu diesem Gespräch sagen? Macmillan erwiderte, daß dieses Kommuniqué notwendigerweise unpräzise, allgemein und nichtssagend sein mußte, weil sie sich ja mehr in Allgemeinheiten unterhalten hätten und nicht etwa die Dinge bis zu den Bruchstellen hinter dem Komma durchdiskutiert hätten. De Gaulle habe ihm, Macmillan, gesagt, daß er sich doch an die Sechs recht gewöhnt habe. Das sei ein Klub, an den er sich gewöhnt habe, und daß er diesen Klub eigentlich sehr schätze. Unter diesen Sechs gebe es in Wirklichkeit nur zwei, die zählten, nämlich Sie und Ihr Land und de Gaulle und sein Land. De Gaulle sei über diese Angelegenheit auch ziemlich emotional gewesen, weil er das Gefühl hatte, daß Sie und de Gaulle in der Lage gewesen wären, etwas zu bauen, was seit Jahrhunderten nicht möglich gewesen sei, und daß das für die gesamte Menschheit sozusagen fertig und auch wirklich von Dauer sei, was Sie beide geschaffen hätten. Wenn ein britischer Beitritt dieses geschaffene Werk in Frage stellen würde, dann wolle er, de Gaulle, von einem britischen Beitritt nichts wissen.

Macmillan habe dann zu de Gaulle gesagt, daß er verstehe, was de Gaulle sage und warum er es sage. Ich habe noch hinzugefügt, daß er, wenn er sich in de Gaulles Position befände, vielleicht sogar genau dasselbe gesagt ‹hätte›[a]. Andererseits habe er, Macmillan, die Meinung, daß de Gaulle tatsächlich erkannt habe, daß einer der Gründe für die Schrecken, die über die Welt gekommen sind in der Vergangenheit – im Ersten und im Zweiten Weltkrieg –, doch der sei, daß Großbritannien kein fester Bestandteil des kontinentalen Europas gewesen sei und daß deswegen jetzt eine Garantie geschaffen werden sollte, daß das, was Sie, Herr Bundeskanzler, und de Gaulle geschaffen haben, auch wirklich erhalten bleibt, und daß es zu diesem Zweck nützlich wäre, wenn Großbritannien nicht etwa außerhalb stünde und schöne Reden führte, sondern aktiv mitarbeite und beteiligt sei an diesem nationalen Europa. Macmillan fügte gleich noch hinzu, daß er glaube, daß er de Gaulle verstanden habe.

Damit ist in wenigen Worten das gesagt, was in zwei Stunden Gespräch zwischen Macmillan und mir angesprochen worden ist, Dinge, die eigentlich recht bewegend waren. Es ist vielleicht eine kleine Indiskretion, wenn ich noch hinzufüge, daß Macmillan mir zum Schluß, als er mich an die Tür geleitete, sagte – ich möchte noch hinzufügen, daß ich Macmillan schon in Algier im Jahre 1943 kennengelernt habe, als er britischer politischer Beamter bei Eisenhower war[13] und wir dadurch eine gemeinsame persönliche Beziehung zueinander haben –: Ich bin jetzt 68, de Gaulle ist 72, der Bundeskanzler ist schon über 80, und es ist die Aufgabe von uns dreien, dafür zu sorgen, daß diese Aufgabe wirklich funktioniert; denn wenn wir drei es nicht tun, wird die nächste Generation nicht dazu in der Lage sein, nicht etwa, weil sie es nicht wollte, sondern einfach deswegen, weil sie es letztlich nicht versteht, und sie versteht es nicht, weil sie nicht all das mitgemacht hat, was wir drei mitgemacht haben.

Adenauer: Also, sehr offen gesprochen, folgendes: Herr Macmillan hat offenbar zu Ihnen etwas emotional gesprochen, und das ist eigentlich für einen Briten etwas Seltenes. Sie werden hören, daß ich sehr viel weniger emotional spreche, sondern sehr viel realer.

Nach meiner Meinung können die führenden Leute von Staaten wohl den ersten Schritt tun zur Annäherung zweier Länder, aber entscheidend ist, ob die Völker mitgehen, weil die leitenden Männer heute oder morgen verschwinden – das ist der Lauf der Welt –, und die Völker bleiben. Deswegen, so glaube ich, muß man sich fragen, ob das englische Volk bereit ist, zu Kontinentaleuropa zu gehören oder ob das englische Volk sich aus seiner jahrhundertealten Tradition her doch mehr oder weniger als ein besonderer Erdteil oder als eine Insel vor Europa fühlt.

Ich möchte hier einige Sätze aus einem Gespräch einschalten, das ich im Jahre 1953 mit Churchill gehabt habe[14]. Ich habe damals Churchill gefragt: Was würde der liebe Gott wohl sagen und tun, wenn er sähe, wie dumm und blöd es auf der Welt zugeht? Da sagte Churchill: Dann würde der liebe Gott nur noch Inseln schaffen und um jede Insel einen Kanal.

(Lachen)

Nun gehört zwar Winston Churchill zur älteren Generation in Großbritannien und auf der Welt, aber Sie ersehen daraus, wie typisch das ist. Ich habe ihm das auch gesagt: Das ist etwas zu britisch gedacht, und ich glaube, daß der liebe Gott etwas anders denken würde. Dieses Gespräch fiel mir dieser Tage ein. Aber es trifft etwas den Kern der Sache. Sehen Sie, Frankreich und Deutschland liegen auf einem Kontinent, haben eine Grenze. Unsere Kulturen sind sehr verwandt. Wir stammen eigentlich ja aus einer Wurzel. Unsere Kultur beruht letzten Endes auf der römischen Kultur, auf der lateinischen Kultur, während Großbritannien, nachdem es in dem großen Hundertjährigen Krieg mit Frankreich von Frankreich aus dem Kontinent vertrieben worden ist, sein ganzes Augenmerk der See gewidmet hat und dem, was jenseits der See vor sich ging. Daher muß man sich ja darüber klar sein, daß die geographischen Gegebenheiten und die geschichtliche Entwicklung, die ja auch die Menschen bilden, doch sehr viel leichter ein Zusammenwachsen zwischen Frankreich und Deutschland ermöglichen als ein Zusammenwachsen zwischen Großbritannien auf der einen Seite und Frankreich und Deutschland auf der anderen Seite.

Sehen Sie, der Gemeinsame Markt ist eine geschäftliche Angelegenheit. Da können Leute, die das Geschäft verstehen, sich ausrechnen, sie können überschauen, wie der Wegfall der Zollgrenzen zwischen den Ländern wirkt, ob er befruchtend [wirkt] oder nicht befruchtend wirkt. Ich halte es zunächst für etwas sehr übertrieben, daß jetzt die ganze Welt, einschließlich der Vereinigten Staaten, glaubt, daß der Gemeinsame Markt ein Allheilmittel wäre, das Wunder wirkt. Kein Gedanke! Der Gemeinsame Markt für Europa hat für die europäischen Länder das Neue, daß die Märkte größer werden. In den Vereinigten Staaten haben Sie einen großen Markt, für Sie käme etwas Derartiges überhaupt nicht in Frage. England hat die Verbindungen mit den zum Teil sehr großen Commonwealth-Ländern. Ob es also für England wirklich diese wirtschaftlichen Vorteile bringen wird, die man sich jetzt erhofft, das ist noch sehr zweifelhaft. Bei den bisherigen Beratungen wird – zum Teil von den Ministern und zum Teil in deren Verfolg auch von der Presse – sehr übertrieben. Es werden die noch bestehenden Schwierigkeiten – und die sind sehr groß – behandelt, als wenn sie gar nichts wären. Sie sind aber da, und es wird noch sehr langer Verhandlungen bedürfen bis weit in das Jahr 1963 hinein, ehe man sagen kann, England wird von allen Mitgliedern des Gemeinsamen Marktes aufgenommen[15].

Es kommt noch ein Weiteres hinzu. Ich verstehe recht gut die Engländer, die Bedenken haben. England hat ja nicht nur das Mutterland, sondern auch diese besondere wirtschaftliche Verbindung mit so großen Räumen wie Indien, Pakistan, Neuseeland, Australien, Kanada, um nur die größten zu nennen, und England hat dadurch auch großen politischen Einfluß in der Welt. Wenn ich Engländer wäre, würde ich mir sehr ruhig überlegen: Lohnt es sich für mich, für England, diese Märkte, die ich eben nannte, und damit den politischen Einfluß außerhalb Europas aufzugeben und dagegen den Austausch mit den Sechs einzutauschen? – Das ist eine Frage, über die man doch sehr verschiedener Meinung sein kann, und deswegen verstehe ich auch diejenigen Engländer, die sehr ruhig und sehr kühl an dieses ganze Problem herangehen und es lediglich als eine Sache betrachten, die im Hinblick auf die nächsten englischen Wahlen gemacht werden muß.

Ich möchte Ihnen noch etwas sagen – verzeihen Sie, wenn ich Ihnen eine

Vorlesung halte; aber das ist ein großes Problem, das kann man nicht mit einem Satz erledigen.

Frankreich und Deutschland liegen – zunächst Deutschland – an der Grenze des sowjetrussischen Einflusses. Sie wissen aus der Geschichte, daß schon zu Bismarcks Zeiten und in der ganzen Folgezeit zwischen Frankreich und dem damaligen zaristischen Rußland enge Bindungen bestanden[16], und Sie wissen auch, daß de Gaulle im Jahre 1944, als er Ministerpräsident geworden war, nach Moskau gefahren ist, um dort einen neuen Vertrag mit Moskau zu schließen[17]. Er hat mir selbst darüber gesprochen, warum er das getan habe, und hat gesagt, er habe das getan, weil er damals gefürchtet hätte, daß Deutschland, wenn es sich wieder erhole, revanchistische Gedanken haben würde, und dagegen habe er sich sichern wollen.

Nun, Frankreich hat den Deutschlandvertrag im Jahre 1954 unterschrieben[18], und darauf hat Sowjetrußland diesen Vertrag gekündigt[19]. Aus der Kündigung des Vertrages durch Rußland kann man schließen – das ist doch natürlich –, daß in der russischen politischen Gedankenwelt noch immer die Idee spukt, entweder Deutschland in seine Atmosphäre zu bekommen und dann Westeuropa zu beherrschen, oder mit Frankreich sehr intim zu werden und damit Deutschland zu beherrschen und Westeuropa auch.

Wenn Deutschland und Frankreich – und das ist die eigentliche Triebfeder meiner ganzen Politik – so eng zusammenwachsen – und zwar die Völker –, so daß, soweit der Mensch überhaupt in die Zukunft sehen kann, niemals eine deutsche Regierung oder eine französische Regierung es unternehmen kann, ein besonderes Verhältnis zu Rußland herzustellen, dann sind unsere beiden Länder, Frankreich und Deutschland, und Westeuropa gesichert gegenüber dem weiteren Vordringen Sowjetrußlands. Vergessen Sie nicht, daß die Idee zu diesem engen Zusammenschluß, zuerst zur Montanunion und dann zum Gemeinsamen Markt, von Frankreich ausgegangen ist[20], nicht etwa von den Niederlanden oder von Deutschland, und zwar aus der Erkenntnis: Wir müssen etwas schaffen, was uns Sicherheit gibt gegenüber Sowjetrußland. Das ist ein Gedanke, der natürlich die beiden Völker zwangsweise einfach nötigt, eng zusammenzuarbeiten. Das ist bei England nicht so der Fall. England ist lange nicht so gefährdet durch Sowjetrußland wie Deutschland und Frankreich. Mitten in diesem Problem Gemeinsamer Markt und dann eventuell politische Union steckt dieses ganz große Problem, nicht nur, wie schaffen wir uns große Märkte, sondern: Wie sichern wir uns gegenüber Sowjetrußland?

Ich möchte Ihnen noch einen Satz sagen, dann höre ich auf damit. Vor einigen Jahren waren wir bei de Gaulle zu vieren: de Gaulle, Eisenhower, Macmillan und ich[21]. Da sagte de Gaulle sehr nachdrücklich: Ich bin für die Wiedervereinigung Deutschlands, weil ich nicht wünsche, daß eines Tages die Russen am Rhein stehen. Das sagte er natürlich aus Sorge für Frankreich, nicht aus Liebe zu uns. Aber die Außenpolitik, die auf den Interessen des eigenen Landes beruht, ist die solideste.

Jackson: Herr Bundeskanzler, zunächst möchte ich Ihnen sagen, ich kann ja hier nicht etwa Agent oder Verkäufer für Großbritannien sein. Ich bin nur einfacher Amerikaner. Aber von allen größeren Ländern, die überhaupt irgendwo mitbetroffen sind, kommt Amerika eigentlich dem am nächsten, was man das Interesse (?) an dieser Angelegenheit nennen mag.

Adenauer: Das weiß ich nicht; ich komme darauf zurück.

Jackson: Nun ist es nicht meine Aufgabe zu schreiben, sondern überall zu riechen, wohin der Hase laufen will und laufen möchte. Ich glaube, daß Sie eines doch sehr stark bedenken sollten, Herr Bundeskanzler. Ich bin mit Ihnen einverstanden, daß Macmillan ungewöhnlich und vielleicht bezeichnenderweise emotional war in seinem Gespräch mit mir. Ich werde versuchen, so realistisch zu sein wie Sie. Ich habe jedenfalls vor zwei Wochen eine Sache in England gerochen, die ich in derselben Weise auch in Paris gerochen habe, nämlich, daß dieses England ein neues England ist, daß dort eine völlig andere Atmosphäre herrscht, die nicht vergleichbar ist mit dieser früheren Atmosphäre. Es ist weder das kleine England, noch ist es das Churchillsche Empire, von dem Sie vorhin gesprochen haben, sondern es ist hier ein neues England. Ich will kein Wortspiel machen, aber man könnte beinahe sagen, daß jedes andere Konversationsthema abgelöst wurde durch das neue Konversationsthema Gemeinsamer Markt. Der Taxifahrer, Herr Macmillan, der Liftboy, der Freund im Klub, alle sprechen sie darüber.

Adenauer: Die Wahlen stehen vor der Tür[22]!

Jackson: Jedenfalls ist der Gemeinsame Markt wirklich eine Herzensangelegenheit bei den Engländern geworden.

Adenauer: Das ist aber ganz neu.

von Eckardt: Das ist eine Portemonnaie-Angelegenheit, aber keine Herzensangelegenheit.

Adenauer: Bei allen Völkern!

Jackson: Auch bei uns! – Sie fragen, Herr Bundeskanzler, ob die Engländer aufrichtig sind. Ich kann das nicht garantieren.

Adenauer: Das habe ich nicht gefragt, ob die aufrichtig sind.

Jackson: Ich kann nur sagen, daß die Engländer als echte Realisten zwei Dinge wirklich sehen: zunächst einmal vom Geschäftlichen her, vom Geschäftsleben her, vom Wirtschaftlichen her die überragende Bedeutung der Mitgliedschaft Großbritanniens für England, wobei sie sich darüber klar sind, daß sie das vor fünf, sechs, sieben Jahren doch sehr viel leichter und schneller hätten haben können und heute eigentlich traurig darüber sind, daß sie das damals nicht getan haben, daß sie arrogant waren und sich als Insel bezeichnet haben, auf ihren Kanal stolz waren, und daß sie nun feststellen müssen, daß ihr Kanal, ob mit oder ohne Tunnel, nicht größer und breiter ist als der Rhein, der hier draußen vorbeifließt.

Zweitens: Die Engländer wollen genauso wenig sterben wie die Franzosen und die Deutschen sterben wollen. Sie sagen, daß sie und de Gaulle und das französische Volk und das deutsche Volk zusammenleben müssen als Volk und deswegen ineinander verkettet werden müssen. Das werde dazu beitragen, den Frieden zu erhalten und um die Sowjetunion dort zu halten, wo sie hingehört. Die Briten erklären, daß diese Verkettung noch um so stärker sein wird, wenn Großbritannien ebenfalls mit dabei ist und mit darin ist.

Ich darf noch zwei Dinge sagen. In England und in Frankreich habe ich festgestellt, daß Sie eine überragende Position in dieser faszinierenden und geradezu seltsamen Situation einnehmen. Ich glaube, ich übertreibe nicht, wenn ich sage, daß, wenn Sie in der nächsten Woche zu Herrn de Gaulle sagen[23]: Wir wollen die Engländer nicht –, daß dann die Engländer auch nicht reinkommen. Aber auch, wenn Sie ihm sagen: Ich glaube, es ist gut, sie zu haben –, dann werden sie auch reinkommen. Sie haben wirklich die Schlüsselstellung in dem Dreieck oder Viereck, wenn Sie die Amerikaner hinzuzählen, und Ihre Verantwortung ist in dieser Angelegenheit mindestens so groß wie die Verantwortung, die Sie jemals in irgendeiner anderen Frage getragen haben.

Ein zweiter Punkt, der auch vielleicht nicht emotional, aber idealistisch etwas vom amerikanischen Gesichtspunkt hat: Sie scheinen – das schließe ich aus Ihren Worten – doch so ein bißchen die Auffassung zu vertreten: Warum regt sich eigentlich alles so über diesen Gemeinsamen Markt auf, der doch eigentlich nur aus Tarifen, aus Zoll-Zusammenstreichungen und sonstigen Arrangements dieser Art besteht? Nun gibt es eine ganze Reihe von Amerikanern, die hier eine Vision vor sich sehen, daß nämlich durch den Gemeinsamen Markt und vor allem durch die Erweiterung des Gemeinsamen Marktes von sechs auf sieben, acht oder was weiß ich auf wieviele Länder es zu einem Markt kommt, der dann rund 250 [Millionen] Menschen umfaßt, der gesehen werden muß im Verhältnis zum imperialistischen und aggressiven Sowjetrußland. Es ist weder für uns noch für Frankreich noch für England noch für irgendein Land im Augenblick denkbar, in absehbarer Zukunft sich eine militärische Invasion aus dem sowjetischen Mutterland vorzustellen, weil das für uns einfach undenkbar ist. Aber die Entwicklung des Gemeinsamen Marktes einschließlich Großbritanniens und anderer Länder, die diesem britischen Beitritt folgen würden, würde eine solche Dynamik der Prosperität, des Wohlstandes nicht für einige wenige, sondern wirklich für den Deutschen, den Franzosen, den Engländern usw. mit sich bringen, eine Dynamik, die in einer Partnerschaft mit Amerika wirklich die psychologische Invasion des sowjetischen Mutterlandes auslösen könnte, wo man nicht mehr in der ‹Atmosphäre›[b] leben muß: Was machen die Russen hier? Was müssen wir dagegen tun? Kurz, wo wir uns nicht mehr die Köpfe zu zerbrechen brauchen über Entwicklungsländer und wie diese Dinge alle heißen. Ich kann mir eine Allianz in Lateinamerika vorstellen, aber nicht in Südostasien, mit anderen Worten, eine ganz große Allianz für den Frieden und den Wohlstand der kleinen Leute, und einen Magnetismus und eine dynamische Entwicklung, die tatsächlich eine solche psychologische Invasion des Herzstückes des sowjetischen Machtbereiches auslösen könnten.

Adenauer: Sie wollen doch, daß ich Ihnen offen antworte?

Jackson: Yes, Sir.

Adenauer: Also, nach meiner Meinung wird de Gaulle weder sagen: Ich bin dafür, noch wird er sagen: Ich bin dagegen. Ich werde weder sagen, ich bin dafür, noch, ich bin dagegen. Wir werden aber wahrscheinlich beide sagen, die Sache muß sehr genau geprüft werden. Denn bei allen diesen Ausführungen, auch wie Sie sie gemacht haben, übersehen Sie nach meiner Meinung eins: Es muß auch untersucht werden, ob nicht durch den Beitritt Englands in den Gemeinsamen Markt das, was jetzt geschaffen ist im Gemeinsamen Markt, nicht mehr weiterleben kann. Das müssen wir auch bedenken. Es ist nicht so, daß, je größer ein Territorium ist, es desto erfolgreicher ist. Das ist ein großer Irrtum. Sehen Sie, wir werden z. B. auf dem Gebiete der Kohle mit Großbritannien sehr große Schwierigkeiten haben – Deutschland –, wenn es in der Montanunion und in dem Gemeinsamen Markt ist. So gibt es eine ganze Reihe von Schwierigkeiten. Also ich meine, wir, die Verantwortlichen, müssen auch das alles unter dem Gesichtspunkt prüfen: Wird nicht das gefährdet, was wir erreicht haben?

Sie sprachen von dem psychologischen Eindruck auf die Russen. Also, daran glaube ich nicht, das sage ich Ihnen ganz offen. Der Gemeinsame Markt mag noch so groß sein und noch so prosperieren – ohne die Vereinigten Staaten sind wir gegenüber Sowjetrußland verloren. Sowjetrußland respektiert nur die Macht, nicht den Wohlstand. Natürlich wird der Russe auch versuchen, seinem Volk einen größeren Wohlstand zu verschaffen. Aber er hält doch den Kapitalismus für eine faule Geschichte, das wissen Sie doch. Mir hat Chruschtschow auch gesagt: Sie verfaulen, Sie sind nichts mehr wert[24]! Er hat allerdings hinzugefügt: Helfen Sie uns gegen Rot-China und gegen die USA. Aber die Russen lassen sich nicht imponieren durch den Wohlstand, und ich lasse mir auch nicht dadurch imponieren. Auf die reale Macht kommt es an, die von den Vereinigten Staaten durch die nuklearen Waffen beherrscht wird. Deswegen sind alle in Europa verloren, wenn wir Ihre Hilfe nicht haben. Davon gehen Sie bitte aus. Ob mit oder ohne Gemeinsamen Markt, ohne Ihre Hilfe sind wir verloren.

Ich darf folgendes sagen: Ich bin weder ein Freund noch ein Gegner eines solchen Unternehmens, sondern ich sage, das muß nach allen Richtungen hin sehr sorgfältig überlegt und geprüft werden, und das ist ganz klar. Wenn Sie sich jetzt fusionieren würden mit einer großen Zeitung, würden Sie auch sagen: Mal her mit den Büchern, und wir wollen jetzt mal überlegen, ob das ein gutes oder ein schlechtes Geschäft ist. Und nun noch folgendes: Was wollen die Vereinigten Staaten? Die Vereinigten Staaten wollen nicht, daß Australien, daß Kanada und Neuseeland im Gemeinsamen Markt sind, weil ihnen dann der Gemeinsame Markt zu groß ist. Ihre Administration will, daß beim Eintritt Englands in den Gemeinsamen Markt von vornherein festgelegt wird, wann Neuseeland, wann Kanada und wann Australien aus dem Ganzen ausscheidet. Das ist nicht von Journalisten geschrieben, sondern das ist mir von den Vereinigten Staaten amtlich mitgeteilt worden[25].
Also, sie haben ein sehr großes Interesse daran in Amerika, daß was zustande kommt, aber nicht zuviel. Und so müssen auch wir die Sache ganz real prüfen, und das werden wir auch tun. Wir haben das Interesse unserer Länder zu wahren, und wir haben ein Interesse, das jetzt Geschaffene zu wahren. Wir haben zu prüfen, ob das Interesse des jetzt Geschaffenen nun dafür spricht, das zu vergrößern, oder ob darin eine Gefahr liegt. Das ist der ganz einfache Tatbestand. Diese Prüfung wird noch geraume Zeit in Anspruch nehmen. Ich wundere mich über England, und da spreche ich auch den deutschen Außenminister nicht frei von einer Schuldfrage, von dem übertriebenen Optimismus, der gezeigt wird. Ich meine, man soll keinen übertriebenen Optimismus zeigen,

damit nicht hinterher eine Enttäuschung kommt. Das ist ein Geschäft, das noch sehr genaue Prüfung erfordert für Großbritannien und für uns, eine Prüfung, die nach meiner Schätzung mindestens noch ein dreiviertel Jahr in Anspruch nimmt.

Sie wissen ja auch, daß Macmillan auf den 11. September [1962] die Ministerpräsidenten der Commonwealth-Länder eingeladen hat[26]. Sie wissen auch, daß Menzies[27] dann ziemlich unhöflich gewesen ist, während der Ministerpräsident von Neuseeland[28] ablehnend, aber höflich war. Was aus dem Ministerpräsidenten von Kanada, Diefenbaker[29], wird, weiß ich nicht; was Kanada zu der ganzen Sache sagen wird, wissen wir nicht, weil Kanada gerade in den Wahlen steckte und eine neue Regierung bilden muß[30]. Das sind alles Faktoren, die man in Ruhe berücksichtigen muß, nicht emotional, da bin ich absolut gegen. Denn wenn man emotional politische Sachen macht, das lohnt sich in der Regel nicht, das muß man real machen.

Aber ich wiederhole nochmals, damit Sie keinen falschen Eindruck bekommen: Zur Zeit kann ich Ihnen weder sagen, England soll eintreten, noch kann ich Ihnen sagen, England soll nicht eintreten. Das hängt ab von den Präferenzen, die den Commonwealth-Ländern gewährt werden sollen. Sie spielen dabei eine große Rolle. Es hängt aber auch ab von den Bedingungen, die England eingehen muß, wenn es in den Gemeinsamen Markt eintritt. – Ich könnte Ihnen darüber noch stundenlang erzählen – aber Herr Bell schreibt ja die Artikel, nicht Sie!

Jackson: Herr Bundeskanzler, haben Sie andere Verabredungen, sollen wir Sie jetzt in Ruhe lassen?

Adenauer: Sie können ruhig noch sprechen. Ich habe noch andere Verabredungen. Wir haben uns unsere Meinungen ja ziemlich ausführlich gesagt, aber es wäre mir ziemlich interessant, wenn Sie einen Schlußspruch auch noch sagen würden.

Jackson: Herr Bundeskanzler, ich kann natürlich meine Kräfte mit Ihnen gar nicht messen. Was ich nur glaube, das wissen Sie. Aber einige Punkte darf ich vielleicht noch aufgreifen. Sie sprachen von der September-Sitzung der Commonwealth-Ministerpräsidenten. Ich glaube, daß Herr Macmillan eigentlich sehr gut weiß, was Sie sagten, daß das eigentlich keineswegs im September abgeschlossen sein kann, sondern bis 1963/64 andauern mag, und daß es aus politischen Gründen für ihn unangenehm würde, wenn schon ein Fait accompli geschaffen würde, wenn die Ministerpräsidenten des Commonwealth zusammentreten, denen er aufzeigen will, was ihm vor Augen schwebt. Sie sprachen von den Commonwealth-Ländern und dem Problem der Vereinigten Staaten. Ich war vor ein paar Wochen in Schweden, wo auch die Kanadier waren, die, nachdem sie ihren Routineprotest[31] losgelassen hatten, schließlich zugaben, sie würden schon klarkommen, wegen ihnen brauchten sich die anderen keine Sorgen zu machen. Kanada ist das eine Extrem, Neuseeland das andere, das zu 95 bzw. 97 Prozent von Großbritannien als Lieferant abhängig ist. Das ist ein solches Extrem, daß ich mir kaum vorstellen kann, daß da ein Arrangement gefunden werden kann. Andere Schwierigkeiten macht Australien, das weder das eine noch das andere Extrem teilt, sondern so in der Zwielichtzone sitzt. Herr Menzies hat vor ein bis zwei Monaten eine sehr unerfreuliche und unfreundliche Meinung über den Gemeinsamen Markt gesagt; inzwischen sagt er es nicht mehr. In einem Fernsehinterview hat er vor ein oder zwei Tagen gesagt, daß Australien sehr wohl werde überleben können, wenn es genügend Zeit habe, um sich an die neue Lage anzupassen. Sie haben mir dann auch so ein bißchen vorgeworfen oder mich angesprochen auf die Aufregung, diesen Optimismus, und Sie sagten, es wäre nicht gut, zuviel Optimismus zu zeigen, weil man sonst zu bitter enttäuscht werden könnte. Sie werden sicherlich mit mir einig gehen, daß man vor vier bis sechs Wochen einen recht schwarzen Pessimismus fand. Heute ist es Optimismus, nächste Woche ist es vielleicht wieder Pessimismus und dann wieder Optimismus. Der Grund dafür sind nicht die schwer arbeitenden Techniker in Brüssel und was sie erarbeiten, sondern der Grund liegt einfach darin, daß die Emotionen dieser Welt davon abhängen, ob Sie lächeln oder die Stirn runzeln, wenn Sie von Herrn de Gaulle rauskommen, oder ob de Gaulle die Stirn runzelt, wenn er Macmillan oder Sie gesehen hat, oder wie Macmillan sich benimmt, wenn er bei Ihnen war. Das mag sehr schön und gut sein. Aber es ist Tatsache, das französische Volk und das deutsche Volk haben gelernt, sich unbedingt – und ich glaube, das ist zu ihrem Vorteil – auf Ihre Weisheit und Entscheidungen zu verlassen. Sie blicken nicht nach Brüssel, sondern auf Sie und de Gaulle. Es kann sein, daß Macmillan inzwischen aus der Zeit des ‹Super-Mac›[c] heraus ist, aber trotzdem schaut man noch intensiv auf ihn. Ich darf noch sagen, daß das überzeugende Argument der Unterstützung, das ich [her]angezogen habe, nicht von Macmillan kommt, sondern von einem anderen Mann – und er ist ein emotionaler Mann –, nämlich von Gaitskell. Es ist wohl sicher, daß er die Labour-Pläne festlegt auf die Unterstützung des Gemeinsamen Marktes. Gaitskell ist ein Mann, der immerhin große politische Vorteile darin sehen könnte, in dem Gemeinsamen Markt, und das ist psychologisch für ihn, wie ich glaube, recht wichtig.

Ich darf nun hoffen, daß Sie einen wunderbaren Besuch in Paris haben werden, Herr Bundeskanzler, und daß soviel Sonne scheint, daß Ihnen gar nichts anderes übrigbleibt als zu lächeln, wenn Sie von Herrn de Gaulle herauskommen.

Adenauer: Also, ich werde lächeln. Es wird eine schöne Reise werden, anstrengend, aber schön, auch als das Ergebnis von vielen Jahren Arbeit, und ich glaube, daß das auch gegenüber dem Drängen der Sowjetunion sehr gut ist.

Jackson: Ich darf vielleicht noch hinzufügen, Herr Bundeskanzler, daß Sie es jetzt nicht als reinen Zufall betrachten dürfen, wenn Herr Chruschtschow nun für den Gemeinsamen Markt die gleichen häßlichen Worte findet[32], wie er sie früher für die NATO zu finden pflegte.

Adenauer: Auch jetzt noch!

Jackson: Jetzt hat er zwei »Feinde Nr. 1«!

Adenauer: Aber NATO ist wichtiger!

Jackson: NATO ist Macht![33]

SONDERPROGRAMM

Reise des Herrn Bundeskanzlers nach Frankreich vom 2. bis 8. Juli 1962

RÉPUBLIQUE FRANÇAISE
LIBERTÉ - ÉGALITÉ - FRATERNITÉ

LE PRÉSIDENT DU CONSEIL MUNICIPAL DE PARIS PRIE *Son Excellence le Docteur Konrad Adenauer* DE LUI FAIRE L'HONNEUR DE VENIR *déjeuner en l'Hôtel de Lauzun, 17 quai d'Anjou le mercredi 4 juillet 1962, à 13 heures*

R.S.V.P.
À L'HÔTEL DE VILLE
ARC. 98-10 – POSTE 312

Zum Staatsbesuch in Frankreich, 2.–8. Juli 1962
(zu Dok. Nr. 17, Anm. 24; Dok. Nr. 20, Anm. 32, 34, 35)

Programm
für den Frankreichbesuch des Herrn Bundeskanzlers Dr. Adenauer
vom 2. - 8. Juli 1962

Montag, den 2. Juli 62:

15,45 Uhr	Abfahrt vom Haus des Bundeskanzlers
16,2o Uhr	Abflug von Wahn
18,oo Uhr	Ankunft Orly
	- Der Herr Bundeskanzler wird von Präsident de Gaulle empfangen; Austausch kurzer Ansprachen von je 1 1/2 Minuten - Ehrenbataillon
18,15 Uhr	Abfahrt von Orly
	- vom Place de la Madeleine ab: Kavallerie-Eskorte -
19,oo Uhr	Ankunft im Palais des Quai d'Orsay, wo sich Präsident de Gaulle vom Herrn Bundeskanzler verabschiedet; der Herr Bundeskanzler und seine engste Begleitung werden im Palais des Quai d'Orsay Wohnung nehmen.
20,oo Uhr	Abendessen im kleinsten Kreise ohne Franzosen im Palais.

Dienstag, den 3. Juli 62:

10,oo Uhr - 12,oo Uhr	erste Besprechung des Herrn Bundeskanzlers mit Präsident de Gaulle im Elysée-Palast
13,15 Uhr	Frühstück, gegeben von Ministerpräsident Pompidou zu Ehren des Herrn Bundeskanzlers im Hotel Matignon
17,oo Uhr	Besuch des Louvre, wo in einem besonderen Raum die bedeutendsten Kunstschätze zusammengestellt sind.
20,15 Uhr	Abendessen, gegeben von Präsident de Gaulle zu Ehren des Herrn Bundeskanzlers im Elysée - Austausch von Ansprachen -
22,oo Uhr	Empfang von etwa 2000 Personen. Die wichtigsten Gäste werden dem Herrn Bundeskanzler in einem Sonderraum vorgestellt werden.

Mittwoch, den 4.Juli 62:

10,3o - 11,45 Uhr	zweite Besprechung des Herrn Bundeskanzlers mit Präsident de Gaulle
12,3o Uhr	Empfang im Rathaus, wohin sich der Herr Bundeskanzler zu Schiff begeben wird. - Austausch von Ansprachen vor etwa 2000 Personen -
13,15 Uhr	Frühstück, gegeben vom Pariser Stadtrat zu Ehren des Herrn Bundeskanzlers im Palais Lauzun.
16,3o Uhr	Abfahrt nach Versailles; - auf dem Weg dorthin Niederlegung eines Kranzes auf dem Grabmal des Unbekannten Soldaten - - im kleinen Theater von Versailles wird ein Konzert stattfinden -
20,oo Uhr	Abendessen des Herrn Bundeskanzlers zu Ehren von Präsident und Madame de Gaulle im Quai d'Orsay, etwa 80 Personen.
21,3o Uhr	Abfahrt zur Oper

Donnerstag, den 5.7.62:

im Laufe des Vormittags:	dritte Besprechung mit Präsident de Gaulle in größerem Kreise;
der übrige Tag ist frei	

Freitag, den 6.7.62:

vormittags:	Abfahrt nach Rouen im Sonderzug; dort Frühstück im Rathaus
nachmittags:	Abflug nach Bordeaux; dort Abendessen im kleinen Kreise.

Samstag, den 7.Juli 62:

vormittags: Stadtrundfahrt durch Bordeaux
Frühstück: Bankett zu Ehren des Herrn Bundeskanzlers, gegeben von der Stadt in größerem Kreis

gegen Abend: Abflug nach Reims
Abendessen im kleinen Kreise

Sonntag, den 8.Juli 62:

Präsident de Gaulle schließt sich dem Herrn Bundeskanzler wieder an.

9,oo Uhr	deutsch-französische Militärparade
10,3o Uhr	Besuch des Rathauses
11,3o Uhr	Hochamt in der Kathedrale
anschließend:	Bankett der Stadt Reims zu Ehren des Herrn Bundeskanzlers
Im Laufe des Nachmittags:	Rückflug des Herrn Bundeskanzlers vom Reims nach Wahn

Nr. 20
20. Juli 1962: Informationsgespräch (Wortprotokoll)

StBKAH 02.27, mit ms. Vermerk »*Unkorrigiertes Manuskript*«, »*Vertraulich!*« und Paraphe »Hi[lgendorf]«

Teilnehmer: Charles Hargrove – Karl-Günther von Hase[1], Fritz Hilgendorf, Heribert Schnippenkötter

Beginn: 17.45 Uhr[2] Ende: 18.25 Uhr

Adenauer: Was jetzt in London vor sich gegangen ist[3], ist mir ganz unverständlich. Da kann man ja nicht mehr von einer Umbildung des Kabinetts sprechen, sondern ...
Hargrove: Schlacht ... hat jemand gesagt.
Adenauer: Ich würde sagen: zusammengehauen. Ich bin schwer erschüttert darum, und ich will Ihnen auch den Grund sagen, warum ich so schwer erschüttert bin, in der Hauptsache, von allem Persönlichen abgesehen: Jede Schwächung des Westens kommt dem Osten zugute, und das ist doch ganz offenbar eine Schwächung des Westens.
Hargrove: Sie meinen die Tatsache, daß man das Kabinett umbilden mußte?
Adenauer: Die Art und Weise, in der sie das getan haben; er hat es doch mit Kanonen zusammengeschossen.
Hargrove: Auf der anderen Seite, glaube ich, war der Premierminister der Meinung, nur mit einer ganz neuen Regierung könnte er die vor ihm stehenden Aufgaben lösen.
Adenauer: Ich möchte jetzt gar nicht von Großbritannien sprechen, sondern ganz allgemein. Wenn man eine Regierung so stark umbildet, heißt das, die Leute, die bisher da waren, waren Schafsköpfe, das ist doch klar, oder sie taugten nichts. Und dann würde ich die neuen Leute ein bißchen besser empfehlen, nicht nur: 30, 31, 29 Jahre, Schnelläufer usw.[4]
Hargrove: Vielleicht haben Sie darin schon viele Erfahrungen, Herr Bundeskanzler?
Adenauer: Es tut mir um Macmillan aufrichtig menschlich leid. Er hat doch anscheinend die Nerven verloren. Das ist mir ganz unverständlich bei einem so ruhigen Manne, wie er ist. Ich habe ihn schon plötzlich in Erregung geraten sehen, aber dann faßt er sich auch schnell wieder; dies widerspricht so ganz seiner Persönlichkeit.
Hargrove: Ich glaube, daß die Dinge hier so ganz anders sind als bei uns.

Adenauer: Jetzt kommt auf einmal Gaitskell!
Hargrove: Sie haben vielleicht den Vorteil, Herr Bundeskanzler, daß Ihre Opposition ein bißchen vorsichtiger ist in der Außenpolitik als unsere.
Adenauer: Ja, ich bin etwas vorsichtiger, das ist richtig. Aber die Vorsicht ist doch allgemein auch eine britische Tugend!
Hargrove: Glauben Sie, Herr Bundeskanzler, daß Herr Gaitskell das so ausgesprochen hat[5], weil er seine innerparteilichen Schwierigkeiten irgendwie meistern muß?
Adenauer: Kennen Sie Gaitskell?
Hargrove: Nein.
Adenauer: Also, ich kenne ihn. Ich habe sogar einmal einer Sitzung des Schattenkabinetts beigewohnt[6], und zwar mit Wissen von Macmillan, und da habe ich von einer Reihe von Herren einen gewissen Eindruck bekommen. Gaitskell weiß, was er tut, und wenn er jetzt plötzlich diese Saiten anschlägt, die er in Brüssel angeschlagen hat, dann hat er offenbar geglaubt, damit in Großbritannien die öffentliche Meinung zu treffen.
Hargrove: Herr Bundeskanzler, darf ich eine Frage stellen: Ist es Ihr Eindruck, daß man nach dem, was Gaitskell gesagt hat, gewisse Hemmungen oder Vorbehalte haben kann gegenüber der Entschlossenheit Großbritanniens, sich an Europa wirtschaftlich und politisch anzuschließen?
Adenauer: Nein, das sage ich nicht. Ich sage, es muß sich zuerst wieder alles gefangen haben; auch die Konservative Partei muß sich gefangen haben. Nun ist die »Times« ja kein konservatives Blatt, sie steht ja drüber, ist unabhängig. Deswegen kann ich das um so ruhiger sagen: Ich habe die Hoffnung, daß sich in England möglichst schnell alles wieder fängt, daß der Eindruck entsteht, daß Macmillan sich fängt, daß die Konservative Partei sich fängt, daß die Konservative Partei und Macmillan auch übereinstimmen, daß wieder eine gute, starke Regierung da ist. Das ist mein dringender Wunsch.
Hargrove: Glauben Sie aber nicht, Herr Bundeskanzler, daß der Verlauf der Gespräche in Brüssel[7] auch eine Rolle dabei spielt? Ich meine, wenn sie sich zu sehr verzögern, dann sind die Schwierigkeiten für die britische Regierung auch erheblich größer.
Adenauer: Sie meinen, was Gaitskell gesagt hat?
Hargrove: Ja, aber auch die Verhandlungen und die Diskussionen und die Kontroversen in der öffentlichen Meinung.
Adenauer: Ich glaube, die Frage können Sie sich selbst beantworten:

Daß jetzt - so nehme ich wenigstens an - jeder einmal einige Tage oder Wochen wartet und zusieht, was es denn nun gibt.

Hargrove: Ich glaube, daß wir noch mehr fürchten. Wir fürchten, daß jetzt wirtschaftlich genau das Umgekehrte von dem gemacht wird, was Selwyn Lloyd[8] gemacht hat. Wie weit Maudling[9] dabei gehen wird und welche Wirkungen das haben wird, das müssen wir jetzt auch einmal abwarten. Aber Macmillan war doch mit Selwyn Lloyd befreundet. Der ist nun draußen, und Maudling ist dafür reingenommen worden, und sie haben doch beide verschiedene Auffassungen von der englischen Wirtschaft.

Adenauer: Wie wird es mit dem Pfund werden? Wie wird es sich beim Außenhandel gestalten?

Hargrove: Sie meinen, welche Wirkung die Außenhandelspolitik haben wird?

Adenauer: Sie stellen sehr unangenehme Fragen!

Hargrove: Nur, sie werden nicht veröffentlicht.

Adenauer: Ich kann nur sagen, soviel ich weiß, hat Maudling eine andere Ansicht über Wirtschaft und Außenwirtschaft als Selwyn Lloyd sie gehabt hat. Selwyn Lloyd hat versucht, das Pfund wieder zu heben, und das sind natürlich dann schwierige Maßnahmen, die eingeschlagen werden müssen. Und jetzt müssen wir sehen, was Maudling da nun macht.

Hargrove: Herr Bundeskanzler, ich habe den Eindruck, daß diese Kabinettsänderungen in England - obwohl Sie einen gewissen Vorbehalt gegenüber dieser britischen Entschlossenheit machten -, und nicht nur die Kabinettsänderungen, aber die Äußerungen Gaitskells dahin wirken können, daß England Vollmitglied in Europa wird.

Adenauer: Die Äußerungen von Gaitskell sind doch sehr deprimierend!

Hargrove: Glauben Sie, sie würden wirklich eine Rückwirkung auf einige Mitglieder der Sechs in deren Überzeugung haben?

Adenauer: Das wird, glaube ich, davon abhängen, wie sich nun die innere englische Politik weiterentwickelt und ob Aussicht besteht, daß die Labour Party irgendwie in die zukünftige Regierung kommt. Waren Sie denn nicht auch sehr überrascht?

Hargrove: Ja, ich war natürlich überrascht, wie wir alle, und ich glaube, bei de Gaulle hat es uns nicht so überrascht. Es war sehr schwer, ihn zu überzeugen, daß wir wirklich in diese europäische Einigung eintreten wollten - im vollen Sinne des Wortes.

Adenauer: Nein, nein, da tun Sie de Gaulle unrecht. Ich habe mit de

Gaulle darüber gesprochen[10], und wir waren uns beide darüber klar, daß es sehr wünschenswert sei, daß aber auch gewisse Sachen überhaupt noch nicht erörtert seien, die unbedingt erörtert werden müssen.

Hargrove: Ich meinte nur, vor dem Besuch Macmillans in Paris[11] war, glaube ich, der französische Staatspräsident nicht ganz überzeugt. Und das war dann der Vorteil dieses Besuches, dieser Besprechung zwischen de Gaulle und Macmillan.

Adenauer: De Gaulle hat mir gegenüber auch in der Vergangenheit niemals zum Ausdruck gebracht, daß er gegen die Aufnahme sei.

Hargrove: Nicht gegen die Aufnahme, aber daß er nicht völlig überzeugt war, daß die Briten alle die Verpflichtungen und was dazu gehörte, bei ihrem Eintritt übernehmen würden.

Adenauer: Nach seinem Besuch in Chequers[12] war er überzeugt. Nach diesem Besuch habe ich de Gaulle im Dezember gesprochen[13], und da war er davon überzeugt.

Hargrove: Glauben Sie, Herr Bundeskanzler, daß nach dieser Äußerung von Gaitskell Möglichkeiten einer erfolgreichen Konferenz der EWG-Staatsoberhäupter bestehen?

Adenauer: Sie wissen, daß ich in wenigen Tagen Herrn Spaak sehen werde[14].

Hargrove: Ich weiß. Aber er hat doch selbst den Wunsch geäußert, nach hier zu kommen, und diese Tatsache – vielleicht nur teilweise – beweist doch...

Adenauer: Das hat er mir schon vor dieser Sache gesagt. Aber ich glaube, er hat nicht gern, wenn das gesagt wird.

Hargrove: Aber jetzt scheint er auch von Gaitskell auf eine ziemlich paradoxe Weise überzeugt, daß man weitergehen muß.

Adenauer: Das ist ja eine merkwürdige Methode der Überzeugung! (Lachen)

Hargrove: Es gibt verschiedene Methoden!

Adenauer: Ganz offenbar ist Gaitskell doch der Auffassung, daß seine Meinung der der Mehrzahl der Wähler entspricht. Denn er ist Parteiführer, er denkt nur an die kommenden Wahlen[15], das ist klar, und wenn er jetzt so spricht, dann tut er das im Hinblick auf die kommenden Wahlen.

Hargrove: Er kann sich natürlich irren.

Adenauer: Natürlich kann er sich irren. Aber ich behaupte ja auch nicht, daß die Mehrzahl der Wähler so dächte, sondern ich habe nur gesagt, daß Gaitskell offenbar der Auffassung ist, daß er mit dem, was er gesagt hat, der Meinung des überwiegenden Teiles der Wähler entspreche.

Hargrove: Aber, Herr Bundeskanzler, ich glaube, es muß ein Unterschied gemacht werden zwischen diesem EWG-Beitritt und dem zur politischen Union, nicht insofern, daß die britische Regierung selbst einen Unterschied macht, weil, wie Mr. Heath erklärt hat[16], die Bereitschaft, der EWG beizutreten und darüber zu verhandeln, nichts damit gemeinsam habe, der politischen Union auch anzugehören.

Adenauer: Ich will Ihnen mal was sagen: Wenn ich Brite wäre, ich wüßte wahrhaftig nicht, was ich tun sollte.

Hargrove: In welchem Sinne, Herr Bundeskanzler?

Adenauer: Ob ich in diese europäische Angelegenheit hineingehen sollte oder nicht. Und als Europäer würde ich auch Gründe verstehen, warum ein Engländer nun nicht will. Als Europäer lege ich z. B. Wert darauf, daß das Commonwealth bestehen bleibt und daß der Einfluß Großbritanniens über Europa hinaus in diesen Commonwealth-Ländern bestehen bleibt; er kommt uns allen zugute.

Hargrove: Heißt das Ihrer Meinung nach, daß, wenn Großbritannien beitreten sollte, dann fast selbstverständlich eine Ablösung des Commonwealth erfolgen würde?

Adenauer: Mit der Zeit, ja, das liegt wohl auf der Hand.

Hargrove: Ist es wirklich im Interesse Europas oder der westlichen freien Welt im allgemeinen, daß dieser Beitritt erfolgt?

Adenauer: Ich kann nur wiederholen, was ich eben gesagt habe: Wenn ich mich in die ganze Situation Großbritanniens hineinversetze, aber auch in die Situation Europas, dann [wüßte] ich erstens nicht, was ich als Engländer tun würde, und ich weiß als Europäer nicht, was ich wünsche, daß England [es] tut. Ich möchte die Verbindung zwischen Großbritannien und den Commonwealth-Ländern, auch den weißen Commonwealth-Ländern, gern erhalten wissen.

Hargrove: Aber das ist, wenn wir beitreten sollen, auf die Dauer unmöglich.

Adenauer: Schon jetzt ist die Verbindung zwischen Kanada und den US so eng und der Wirtschaftsaustausch so intensiv; aber trotzdem fühlt sich ganz Kanada noch als Commonwealth-Land.

Hargrove: Und es ist vielleicht der Hauptgrund, warum Kanada so stur gegen den Beitritt ist[17], obwohl es gar keine Kraft hat, der amerikanischen Auffassung zu widerstehen.

Adenauer: Das ist etwas, was ich nicht recht verstehe von Kanada. Aber ich kenne Kanada zu wenig, um mir meine Meinung bilden zu können. Kanada ist ein großes und reiches Land; es hat traditionell die Verbindung zu Großbritannien; wenn also die Leute wollten, dann hätten sie doch was.

Hargrove: Ich glaube, es ist eine Frage an das Nationalbewußtsein der Kanadier. Sie sind jetzt schon wirtschaftlich so von den Amerikanern beeinflußt, daß sie fühlen, sie würden ihre nationale Identität als eine separate Nation ganz verlieren.

Adenauer: Das ist eine Gefahr.

Hargrove: Diese Frage ist aber vom britischen Standpunkt so überaus wichtig – so interpretiere ich die Auffassung unserer Regierung oder darf in meiner Verantwortung gegenüber der öffentlichen Meinung sagen –, daß, wenn diese Verhandlungen im Sande zu verlaufen scheinen, die Kontroverse und das Risiko noch schärfer werden, daß das ein Hauptthema einer Wahlkampagne wird und niemand zunutze kommt. Glauben Sie nicht, daß die Politiker, also die Regierungschefs, innerhalb ziemlich kurzer Zeit eingreifen und politische Entscheidungen treffen müssen, wo die Experten selbst nicht entscheiden können?

Adenauer: Sie meinen bei EWG?

(*H[argrove]* bejaht.)

Sehen Sie, da ist noch so vieles nicht klar, z. B. die Frage der Währung, dann die Frage der Stimmrechte. Dann ergibt sich die folgende Frage: Norwegen, Dänemark, Island und Irland haben einen Antrag auf Aufnahme in die EWG angekündigt[18], wenn England aufgenommen wird, so daß dann aus sechs elf werden. Da ist noch gar nicht der notwendige Umbau und die Stärkung der Brüsseler Organisation erörtert worden. Sehen Sie mal: Jetzt haben die 2100 Beamte; es sind jetzt 17 Assoziierte; dann kämen hinzu als Vollmitglieder Großbritannien und die eben genannten vier Länder. Das sind so gewaltige Veränderungen auch in der Struktur –,

(*Hargrove:* Das ist eine Verdoppelung!)

daß sicher noch eine Menge von Fragen zu erörtern sind.

Hargrove: Glauben Sie aber nicht trotzdem, Herr Bundeskanzler, daß eine prinzipielle Entscheidung ziemlich früh fallen könnte, ich meine vor der Commonwealth-Minister[präsidenten]konferenz[19]?

Adenauer: Das halte ich für ganz ausgeschlossen. Die kommen am 10. September [1962]. Die Sommerferien haben angefangen, die Parlamentsferien haben angefangen, es ist eine schlechte Zeit, um Verhandlungen vorwärtszutreiben.

Hargrove: Wann glauben Sie denn? Ist das voraussehbar?

Adenauer: Wann kommt die nächste britische Regierung?

(*H[argrove]* lacht.)

Wenn Sie mich fragen, wann das nach meiner Ansicht kommt, dann muß ich das fragen. Es tut mir wirklich leid, auch persönlich um Macmillan.

Hargrove: Vielleicht hat er sehr große Mühe, sich aus eigener Kraft zu regenerieren.
Adenauer: Ich weiß nicht, wie seine Partei ihn behandelt.
Hargrove: Glauben Sie deshalb noch mehr, daß die Besprechungen für Verhandlungen über eine politische Union weitergehen?
Adenauer: Ja, so oder so; wir müssen[20].
Hargrove: Ich meine, das ist noch ein weiteres Argument dafür.
Adenauer: Diese Frage der politischen Union kann man nicht auf Eis legen, dann verfault die Sache. Ich lasse mich bei all den Fragen davon leiten: Wie wirkt das auf Moskau? Wirkt das auf Moskau ermutigend, oder wirkt es auf Moskau entmutigend?
Hargrove: Ich glaube, die Frage ist von Anfang an beantwortet.
Adenauer: Diese Frage muß man sich doch bei der gespannten Lage in der Welt ständig stellen. – Wann kommt Sir Frank Roberts[21]? Ich kenne ihn gut.
von Hase: Ich glaube, Steel bleibt noch bis Ende dieses Jahres, dann käme er also am 1. Januar.
Adenauer: Der Wechsel der französischen Botschafter erfolgt jetzt zum 1. August[22].
Hargrove: Sie legen Wert auf diesen Wechsel? – Sie kennen Frank Roberts?
Adenauer: Sir Roberts ist ein sehr beweglicher Mann, ein sympathischer Mann.
Hargrove: Der keine Illusionen hat?
Adenauer: Wer von Moskau kommt, der hat auch keine Illusionen!
Hargrove: Glauben Sie, Herr Bundeskanzler, daß im Gegensatz zu den Verhandlungen über den Beitritt Großbritanniens zur EWG die politische Union sehr schnell kommen kann, natürlich wenn Herr Spaak anderer Meinung geworden ist?
Adenauer: Das Programm ist ja so, daß voraussichtlich die Regierungschefs bzw. Staatschefs in der zweiten Hälfte des September in Rom zusammenkommen[23], und dann wird sich das Weitere finden.
Hargrove: Ich meine, es gibt keine prinzipiellen Schwierigkeiten mehr?
Adenauer: Es sei denn, die Bürokratie macht welche! Vergessen Sie nicht, daß wir doch schon mehrfach einig waren, die Regierungschefs.
Hargrove: Wenn Herr Spaak glaubt, daß man die politische Union vorantreiben soll, dann bleibt doch nur wenig.
Adenauer: Dann wird sein näherer Kollege aus Benelux, Herr Luns, auch mitgehen. – Sie wissen, daß Norstad zurückgetreten ist[24]?

Hargrove: Ja, ich weiß. Wie interpretieren Sie das?
Adenauer: Norstad ist ein sehr kluger Mann, und ich habe ihn sehr geschätzt. Ich bedaure aufrichtig, daß er geht. Jeder Amerikaner, der nach hier kommt, muß hier viel lernen. Die europäischen Verhältnisse sind so verschieden von den amerikanischen, daß jeder seine Lehrzeit haben muß.
Hargrove: Das läßt vielleicht die Frage zu: Ist das ein Beweis dafür, daß die NATO doch ein bißchen zu reorganisieren sein wird?
Adenauer: NATO reorganisieren, das hält schwer [sic!].
Hargrove: Sie meinen das Mitspracherecht der europäischen Länder?
Adenauer: Sie haben ja jetzt Frankreich in den Atomklub aufgenommen[25].
Hargrove: Das ist eine Tatsache.
Adenauer: Und sie, Großbritannien, haben daraus auch noch die Konsequenzen gezogen.
Hargrove: Und die Amerikaner fangen an.
Adenauer: Sie sind schon mittendrin. Ich habe neulich schon gesagt[26] – ich weiß nicht, ob das in der evangelischen Kirche auch so ist, in der katholischen Kirche ist es so –, es heißt: Mein Bruder in Christus – und hier: der nächste Bruder in Atom!
Hargrove: Um diese Frage sehr kurz zu erwähnen: Ist es eine Tatsache, daß Deutschland nichts dagegen haben würde, daß Großbritannien und Frankreich ihre nuklearen Potentiale zusammenschmelzen sollen?
Adenauer: Erstens können Sie sich darauf verlassen, daß de Gaulle das nicht tut. Zweitens: Wenn er es tun würde, haben wir nichts dagegen. Aber wie ich de Gaulle zu kennen glaube, wird er das niemals tun.
Hargrove: Selbst wenn er bekommt, was er 1958 von den Amerikanern verlangt hat[27], durch uns oder über uns?
Adenauer: Ich weiß nicht, ob die Engländer das alles haben.
Hargrove: Wenn in Washington eine bestimmte Meinung wäre, dann haben wir wenig Auswahl in der Frage.
Adenauer: Ich glaube, daß der volle Besitz der nuklearen Waffengeheimnisse nur in Washington ist, vielleicht noch in Moskau.
Hargrove: Sie hatten nicht den Eindruck, daß General de Gaulle seine eigene Kontrolle über seine Force de ‹frappe›[a] zugunsten irgendeiner anderen Lösung aufgeben wird?
Adenauer: Wir haben überhaupt nicht über eine Force de ‹frappe›[b] gesprochen. Delikate Themen bei einem Freundschaftsbesuch soll man nicht ansprechen.
Dann berichten Sie mir mal, was denn die »Times« über den Regierungswechsel geschrieben hat. Ist sie damit einverstanden oder nicht?

von Hase: Ich habe den Eindruck, daß nur wenige Blätter – auch die »Times« ist ja unabhängig – den Regierungswechsel begrüßt haben, sie haben sich demgegenüber eigentlich recht kühl verhalten.
Hargrove: Sie haben gesagt, man könnte die Änderungen erst nach den Erfahrungen werten.
Adenauer: Aber die neuen Leute haben doch noch keine Erfahrung!
von Hase: Ich kenne eigentlich kein Blatt, das begeistert hinter dieser Änderung steht oder das Fazit gezogen hat und alles in einem gebilligt hat. Insbesondere die Entfernung von Selwyn Lloyd und von Watkinson[28] – das waren die beiden wichtigsten Persönlichkeiten – war das Traurigste dabei. Am meisten die von Selwyn Lloyd, der durch seine Maßnahmen eine Verbesserung der Situation herbeigeführt hatte. Wenn die englische Zahlungsbilanz heute besser ist, ist es das Verdienst von Selwyn Lloyd. Jetzt geht er, und Maudling hat eine andere wirtschaftliche Auffassung.
Hargrove: Nicht zu sprechen von seiner umstrittenen Situation in Europa.
[(]*von Hase* erinnert an Maudlings Haltung bei den Verhandlungen der OEEC[29].[)]
Adenauer: Daran habe ich jetzt nicht einmal gedacht; ich habe nur an die Wirtschaft in Großbritannien gedacht.
Hargrove: Aber beides hängt zusammen.
von Hase: Neben der rein politischen Wertung spielt es in England eine große Rolle, daß man das Vorgehen als unfair empfindet.
Adenauer: Ich weiß nicht, ob Sie gelesen haben: Als ein Privatsekretär eines Ministers das im Zug gelesen hat, zog er die Notbremse – das hat in einer deutschen Zeitung gestanden –, um sofort auszusteigen und zu seinem Minister gehen zu können.
von Hase: Herrlich sind auch die Spitznamen, die Macmillan zugelegt wurden, z. B. Mac the Knife[30], oder die herrliche Karikatur, in der man einen Löwen mit vollgefüttertem Bauch zeigt mit den Zügen von Macmillan, und dazu sieht man sieben leere Stühle, bei denen nur noch ein paar Knochen liegen, mit der Überschrift »Wohl etwas überfressen«.
Hargrove: Vielleicht glaubt der Premierminister, es macht nichts, wenn die Leute um ihn so unerfahren sind, weil er selbst die Hauptentscheidung trägt.
Adenauer: Das würde nicht einmal ein Chefredakteur sagen!
Hargrove: Aber ich hoffe, Herr Bundeskanzler, daß Ihr neuer Pressechef Ihnen gesagt hat, daß es einen Unterschied gibt zwischen Leitartikeln in der »Times« und Berichten von Korrespondenten!

Adenauer: Das habe ich gehört und dabei gedacht, da ist der Wunsch der Vater des Gedankens.

Hargrove: Ich wollte nicht, daß Sie glaubten, daß einige Meinungen, die in Leitartikeln geäußert wurden, von dem Korrespondenten immer gebilligt waren oder auch so ausgedrückt werden.

Adenauer: Mir waren manche unverständlich, das kann ich Ihnen ganz offen sagen, und ich fand sie auch unklug.

Hargrove: Leider war ich der Täter meines eigenen Verhängnisses, weil ich diese Artikel an Staatssekretär Globke auf seinen Wunsch nachgeschickt hatte.

Adenauer: Ich fand das Ganze auch etwas unklug. Ich bin ja noch nicht tot, ich kann also noch beißen!

Hargrove: Herr Bundeskanzler, Sie sehen noch besser aus als damals, als ich Sie das letzte Mal gesehen habe[31]. Bei Ihrer Reise durch Frankreich haben Sie sich offenbar sehr gut erholt.

Adenauer: Sie war außerordentlich anstrengend, natürlich auch nervlich. Ich war da ja einige Tage in verschiedenen Städten. Da habe ich einen sehr guten Eindruck gehabt: Erstens, die Popularität de Gaulles ist über jeden Zweifel erhaben. Zweitens, die Leute, auch in Bordeaux, in Rouen und in Paris sind voller Lebensgeist und schauen wirklich mit Zuversicht in die Zukunft. Ich kam in drei Städten mit jeweils mindestens 300 Leuten zusammen die mir vorgestellt wurden und mit denen ich sprechen konnte[32]; die sind noch mehr organisiert als die Deutschen organisiert sind.

Hargrove: Sie wissen, daß eine Zeitung, die nicht immer von Deutschland begeistert ist, vorgeschlagen hat: Warum könnte solch ein Besuch nicht in England stattfinden?

Adenauer: Das hat auch eine englische Zeitung geschrieben: Wie kommt es, daß die deutschen Panzer in England geschützt werden müssen von der Polizei[33], während in Frankreich von de Gaulle und mir gemeinsam eine Parade abgenommen wurde[34]?

Hargrove: Sie brauchen jetzt nicht mehr geschützt zu werden. Sie haben gelesen, daß in Wales eine Gegendemonstration zugunsten der deutschen Panzer stattgefunden hat.

von Hase: Eine englische Zeitung hat auch geschrieben: Um zu ermessen, wieviel weiter das deutsch-französische Verhältnis ist als das deutsch-englische, muß man sich vorstellen, was es in England geben würde, wenn auf dem Panzertruppen-Übungsplatz eine gemeinsame Parade wäre und später der Bischof von Canterbury einen Gottesdienst abhielte, an dem der Premierminister und der Bundeskanzler teilnähmen. Jeder Engländer kann sich von selbst an diesem Beispiel vorstellen, was das für ein Unterschied ist.

Adenauer: Und das hatte de Gaulle, glaube ich, alles persönlich überlegt; das war in Reims[35] eine ganz großartige Sache, sehr eindrucksvoll.

Hargrove: Hoffentlich kommt es bei uns dazu!

Adenauer: Demnächst – unter welcher Regierung denn?

Hargrove: Sie sind ein bißchen pessimistischer als ich!

Adenauer: Man darf doch fragen, unter welcher Regierung? Sie haben noch zwei Jahre Zeit bis zu den Wahlen!... Das kann manchmal auch ganz am Ende liegen.

Nr. 21
27. Juli 1962: Kanzler – Tee (Wortprotokoll)
StBKAH 02.27[1], mit ms. Vermerk »Unkorrigiertes Manuskript«, »Streng vertraulich!« und Paraphe »Hi[lgendorf]«

Teilnehmer: Dr. Herbert Kremp[2], Dr. Alfred Rapp, Georg Schröder, Dietrich Schwarzkopf, Dr. Joachim Sobotta, Dr. Robert Strobel, Hans Wendt – Karl-Günther von Hase, Fritz Hilgendorf, Werner Krueger, Heribert Schnippenkötter

Beginn: 12.20 Uhr[3]   Ende: 13.20 Uhr

Adenauer: Meine Herren, Sie möchten von mir etwas über den Besuch von Herrn Spaak[4] hören. Zuerst möchte ich Ihnen sagen, daß Spaak und ich Freunde sind – wir haben das festgestellt – seit dem Jahre 1948. Damals war im Haag eine Europakonferenz[5]. Wir haben uns immer wieder getroffen bei allen möglichen späteren Besprechungen, auch bei den europäischen Besprechungen, und wir haben immer gut miteinander gestanden – wahrscheinlich, weil wir beide vernünftige Menschen sind, meine Herren! Er wollte sich also einmal mit mir aussprechen, und es war eigentlich schade, daß wir nicht dazu gekommen sind, uns allein unter vier Augen einmal auszusprechen; ich glaube, das wäre noch besser gewesen. Ich hätte ihn dann fragen können, was eigentlich sein holländischer Kollege [Luns] für Reisen in der Welt herum macht[6] und was Herr Fanfani eigentlich macht[7].

Nun möchte ich Ihnen zunächst einmal erklären, wie diese ganze Sache mit der Europäischen Politischen Union in Gang gekommen ist. Vorgeschwebt hat uns das bei der Gründung der Montanunion[8]. Ich weiß nicht, ob ich Ihnen einmal erzählt habe, daß die Gründung der Montanunion ja einen rein politischen Grund hatte. Sie sollte nämlich bewirken, daß Deutschland und Frankreich sich gegenseitig kontrollieren, ob sich irgendwo Anzeichen einer Aufrüstung bemerkbar machten. Das würde sich dann zuerst bei Kohle und Eisen zeigen. Das hat Schuman mir damals geschrieben, und es ist ein Jammer, daß er so krank ist, daß ich ihn jetzt in Frankreich nicht besuchen konnte. Das war also dieser politische Zweck, ein gutes Verhältnis zwischen Frankreich und Deutschland herbeizuführen. Damals ist Großbritannien von Frankreich aus der Beitritt angeboten worden, von Anfang an. England hat das abgelehnt[9].

Nun kam die EWG. Die EWG hat gute Erfolge gehabt, die aber – darüber soll man sich vollkommen klar sein – zum Teil nicht durch diesen

Zusammenschluß zur EWG begründet sind, sondern durch die ganze Situation in der Welt. Wir wurden durch diese europäischen Verträge wieder umgangsfähig, auch auf wirtschaftlichem Gebiete. Das kam uns zunutze. Wir waren sehr zerstört. Das erinnert mich an ein Wort des ermordeten Rathenau[10], der einmal gesagt hat, daß Belgien die beste industrielle Produktion nach dem ersten [Welt]krieg haben würde, weil es am meisten zerstört sei und daher am modernsten sich neu aufbauen lasse. Ähnliches war auch bei uns der Fall, meine Herren. Auch der Wille der Bevölkerung, etwas zu schaffen, nachdem soviel zu Bruch gegangen war, war außerordentlich stark. Das war ein Antrieb, der mit der EWG eigentlich nur sehr lose zusammenhing.

In Frankreich hatte die wirtschaftliche Erholung, glaube ich, stark unter dem ständigen Regierungswechsel gelitten; seitdem der nicht mehr stattfindet, zieht die französische Industrie ja sehr stark an, und sie ist für uns ein erheblicher Konkurrent und wird ein noch stärkerer Konkurrent werden. In Italien waren die Regierungswechsel nicht so häufig wie in Frankreich, aber immerhin noch häufig genug. Aber auch in Italien ist seit einiger Zeit eine Aufwärtsbewegung der Industrie zu bemerken, so daß – darüber muß man sich vollkommen klar sein – die gegenseitige Konkurrenz innerhalb der EWG jetzt erheblich stärker sein wird als bisher. Wir werden also, so scheint mir, gar nicht damit rechnen dürfen, daß wir den Auftrieb wie in den vergangenen Jahren beibehalten werden, sondern wir werden uns vielleicht dem Zustand einer normalen Produktionssteigerung nähern.

Ich habe neulich einmal einige Herren gefragt[11], was sie wohl in der heutigen Lage der Welt bei uns für eine normale Produktionssteigerung halten würden. Man meint ja, die Produktion müsse immer wachsen; aber die Frage war, was sie für normal halten würden. Die Herren hatten sich das noch gar nicht überlegt. Aber ich glaube, das ist eine Frage, die der Überlegung wert ist. Ich hatte nun in einigen mir zugänglichen Büchern einmal nachgesehen. Danach hatte Deutschland vor dem ersten Kriege, vor 1914, einen Produktionszuwachs von 3 Prozent als normal. Ob das noch jetzt gilt, weiß ich nicht. Jedenfalls ist es notwendig, diese Frage einmal zu untersuchen.

Ich komme auf Spaak zurück. Wir hatten dann mit der EWG folgendes weiter erlebt: Seinerzeit gehörten die französischen Kolonien zum Mutterland, und sie kamen dadurch in die EWG hinein. Dann wurden sie selbständige Staaten, und nun konnte man sie nicht mehr hinaustun. Dadurch kamen die assoziierten Staaten, und wir haben jetzt mit Griechenland und der Türkei etwa 17 assoziierte Staaten[12]. Jetzt will England in die EWG, und für den Fall, daß England eintritt, haben Norwegen, Dänemark, Irland und Island sich auch schon angemeldet[13], so daß also aus den Sechs, die wir ursprünglich waren, dann ohne weiteres elf würden – wenn es dabei bliebe. Es sind aber auch gewisse Aussichten gemacht worden, nicht sofort, aber doch für die Zukunft, Griechenland und [der] Türkei, so daß der ursprüngliche Charakter der EWG, der beabsichtigte, den Kern Europas aneinanderzuschmieden und zusammenzufassen, dann vollkommen verwischt ist.

Die Politische Union sollte zuletzt kommen, aber es steht nirgendwo geschrieben, daß nun alle Mitglieder der EWG auch Mitglieder der Politischen Union sein müssen oder sein sollen. Macmillan hat noch am 17. Juni [1962] im Unterhaus erklärt[14], wenn Großbritannien in die EWG eintrete, bedeute das keineswegs, daß Großbritannien auch in die Politische Union eintreten würde. Die Schwierigkeiten, die noch bei den Verhandlungen mit Großbritannien bestehen, liegen auf der Hand. Das sind namentlich die Fragen der Präferenzen der Commonwealth-Länder, mit denen sich auch die Vereinigten Staaten beschäftigen, speziell Kennedy, wie er mir durch Dowling hat mitteilen lassen[15]. Auf alle Fälle werden sich die Verhandlungen über den Eintritt Großbritanniens in die EWG noch geraume Zeit hinziehen.

Sie wissen, daß am 10. September [1962] und an den darauffolgenden Tagen eine Commonwealth-Ministerpräsidentenkonferenz[16] von Macmillan eingeladen ist, die dann auch zu dem ganzen Problem Stellung nehmen soll. Sie wissen, was Menzies seinerzeit dazu gesagt hat[17]; Sie wissen auch, was Neuseeland darüber denkt[18], und Sie wissen, was Kanada darüber denkt[19]. Sie wollen Präferenzen haben auf eine möglichst lange Zeit, im Verhältnis zu und im Verkehr mit England und damit mit allen EWG-Ländern. Das bereitet den alten EWG-Ländern erhebliche Schwierigkeiten, namentlich was Weizen z. B. angeht, aber auch die Butter, also, im großen gesehen, Artikel auf dem Agrarmarkt. Ob sie überwunden werden können, weiß ich nicht, das kann kein Mensch im Augenblick sagen. Aber das kann man sagen: Es wird noch lange darüber verhandelt werden müssen.

Unser Standpunkt, speziell auch mein Standpunkt, ist, man muß das Gesuch Großbritanniens um Aufnahme sehr ernstlich prüfen als einen ernsthaft gemeinten Antrag, der natürlich auch unter dem Gesichtspunkt eines jeden einzelnen EWG-Landes geprüft werden muß: Schadet es dem, oder schadet es dem nicht? Darüber ist noch kaum ein Wort geäußert worden: Wird diese ungeheure Vergrößerung, namentlich wenn man an die Commonwealth-Länder denkt, des ganzen Raumes der EWG in ihrem heutigen Bestande schaden oder nutzen, oder weder das eine oder das andere? Wird sie das verdauen können? Dann komme ich auch zu folgenden Punkten: Zur Zeit werden in der Montanunion, in der EURATOM-Gemeinschaft und in der EWG etwa 5 000 Beamte beschäftigt. Das ist eine Ziffer, die nicht sehr häufig genannt wird. Aber man muß sich nur einmal vorstellen, was das bedeutet, 5 000 Beamte aus den verschiedensten Ländern!

Strobel: 5 000 sehr gut bezahlte Beamte.

Adenauer: Ach, die sind nicht mehr soviel besser bezahlt. Herr Hallstein hat mir neulich ein großes Klagelied – nicht über seine Person – darüber gesprochen[20], daß er die Leute, die er gern von hier aus dahin haben wollte, nicht kriegt. Früher wäre das eine Kleinigkeit gewesen, aber jetzt sei das längst nicht mehr so.

Diese Zahl wird natürlich zunehmen, und die Frage ist überhaupt noch nicht erörtert worden oder betrachtet worden: Wie kann der Apparat, der da schließlich zustande kommt, funktionsfähig erhalten werden? Je größer ein Apparat wird – das wissen Sie, meine Herren, genausogut wie ich –, desto schwieriger ist er in seiner ganzen Funktion. Das ist aber eine Frage, die untersucht werden muß, und man kann nur hoffen, daß sie eine Lösung findet.

Auch die Frage des Stimmenverhältnisses muß geprüft werden. In der Montanunion ist im allgemeinen die Einstimmigkeit Grundsatz. Jeder hat die gleiche Stimme, Luxemburg dieselbe wie Deutschland oder wie Frankreich, jedenfalls in den meisten Fällen. In der EWG hat man seit Beginn des Jahres gewisse Differenzierungen vereinbart. Einzelne Länder haben bis zu drei Stimmen, andere sind bei einer Stimme geblieben. Aber sie haben die drei Stimmen nicht immer, sondern nur bei gewissen Abstimmungen. Das ist eine sehr komplizierte Sache, meine Herren. Wenn nun aus sechs elf werden, dann muß natürlich diese interne Frage der Stimmen auch wieder neu geprüft werden, und das ist, wie Sie sich vorstellen können, eine sehr schwierige Frage, so daß also auch beim besten Willen von der Welt die Verhandlungen über den Eintritt Englands in die EWG noch eine geraume Zeit erfordern.

Nun komme ich zur Politischen Union. Jetzt vor einem Jahr, im Juli, kam ja de Gaulle ausgerechnet nach Bonn – wir hatten hier eine Sitzung der Regierungschefs[21] – und schlug vor, daß wir mit der Gründung der Politischen Union anfangen sollten. Wir waren alle hocherfreut darüber. Eine Kommission unter Vorsitz des Franzosen Fouchet wurde eingesetzt, die lange beraten hat[22]. Dann hatte de Gaulle gewisse Bedenken – ich will nicht in die Details gehen –, die ihn veranlaßten, mich um eine

Besprechung zu ersuchen, die dann in Baden-Baden stattgefunden hat[23]. Diese Besprechung in Baden-Baden ist damals sehr gut verlaufen. Im April dieses Jahres hat Herr Spaak dann Einspruch eingelegt gegen das bis dahin durchberatene Abkommen[24]. Er hat verlangt, daß erst der Eintritt Großbritanniens in die EWG erfolgt oder nicht erfolgt sein müsse, daß also Klarheit geschaffen werden müsse, und dann ist die Sache liegengeblieben. Herr Fanfani hat dann eine Besprechung mit de Gaulle in Turin angeregt[25]. Als ich in diesem Frühjahr am Comer See war, hat Fanfani mich aufgesucht[26] und gesagt, er sei mit de Gaulle vollkommen einig. Die Einigung paßte mir in einigen Nebensächlichkeiten nicht so sehr, aber ich habe gesagt, an uns soll es nicht fehlen, denn wir müssen mit der Politischen Union voranmachen, sonst werden wir unglaubwürdig, daß wir überhaupt eine Politische Union wollen.

Meine Herren, ich war nun, wie Sie wissen, sechs Tage in Frankreich und war bei de Gaulle[27]. Wir haben uns über die Politische Union unterhalten. Wir standen beide auf dem Standpunkt – um das vorwegzunehmen –, daß die Aufnahme Englands in die EWG sehr ernstlich geprüft werden müsse. Sowohl de Gaulle als auch ich waren derselben Meinung. Wir waren nicht ganz derselben Meinung bezüglich des Weitergehens der Politischen Union, weil diese arme Politische Union wirklich eine Schmerzensstraße hat zurücklegen müssen. Immer kam etwas dazwischen. Nun hatte aber Herr Fanfani mir einen Brief geschrieben[28], gerade ehe ich nach Frankreich fuhr, und einen inhaltsreichen Brief hatte er an Herrn de Gaulle geschrieben[29], in dem auch Herr Fanfani sich für ein Vorwärtsmachen aussprach. Daher mein Vorschlag: In der zweiten Septemberhälfte sollte – ursprünglich war die zweite Septemberhälfte vorgesehen – die Unterzeichnung des fertigen Vertrages in Rom stattfinden[30]. Wir wollten nicht in das Konzil[31] hineinkommen, das Anfang Oktober beginnt, deswegen die zweite Septemberhälfte. Ich habe dann vorgeschlagen, die Regierungs- bzw. Staatschefs sollten mit ihren Außenministern zu dieser Zeit in Rom zusammenkommen. Man sollte nun nicht Gott weiß wie lange vorher Briefe wechseln, sondern man sollte sich da über das aussprechen, was der eine auszusetzen hat oder was er nicht auszusetzen hat. In diesem Gespräch sollte man sehen, ob man die Sache fertigkriegt. De Gaulle hat dem zugestimmt.

Nun hatte Herr Spaak mich schon vorher wissen lassen, daß er mich gern einmal in der ganzen Sache sprechen wolle. Dann hat, wie Sie wissen, Herr Luns eine Reise zu Spaak angetreten und eine Reise zu Fanfani[32]. Herrn Luns' Spezialität ist es – meine Herren, ich will mich sehr diplomatisch ausdrücken –, auf den tiefsten Grund einer Sache zu gehen, und wenn man auf den tiefsten Grund einer Sache geht, z. B. bei einem stehenden Gewässer, dann kommt man gewöhnlich in Schlamm, und dann wird das Wasser getrübt. Also, das ist gar nicht immer so gut, wenn man auf den tiefsten Grund geht. Aber er liebt das zu tun, und Herr Spaak wollte mit mir darüber sprechen. Die Unterredung ist sehr harmonisch verlaufen. Herr Spaak hat auch gesagt, es wäre vielleicht gut gewesen, wenn er früher schon einmal zu mir gekommen wäre, und er scheint also – ich betone: er scheint, wir haben keine Abmachungen vorgenommen – nicht mehr daran festzuhalten, daß alle Mitglieder der EWG auch Mitglieder der Politischen Union werden müßten. Ich habe ausgeführt – das darf ich auch hier sagen –, daß die außenpolitische Situation in Mitteleuropa sich verschlechtert habe. Sie hat sich verschlechtert durch die fruchtlosen Abrüstungsverhandlungen. Sie hat sich auch verschlechtert oder kann sich verschlechtert haben durch die vorzeitige Entlassung von Norstad[33], wir wissen es noch nicht, aber innerhalb des NATO-Rates waren die Besorgnis und die Überraschung doch sehr groß, daß das so ganz plötzlich kam. In den nächsten drei, vier Wochen wird sich zeigen, ob damit wirklich Änderungen in der strategischen Auffassung verbunden sind oder nicht, ob Taylor[34], der der wichtigste Mann ist – nicht Lemnitzer[35], meine Herren, Lemnitzer ist in die NATO gekommen, um den Platz des Leiters der Stabschefs für Herrn Taylor freizumachen – Taylor ist seinerzeit unter Eisenhower aus dem militärischen Dienst ausgeschieden, weil er die damalige strategische Konzeption nicht glaubte vertreten zu können...

Schröder: Wie Sie ja auch nicht; ich meine den Radford-Bericht[36].

Adenauer: Die FAZ hat aus dem Buch[37] damals einen längeren Auszug gebracht, der natürlich unser großes Interesse fand. Weil sich die außenpolitische Situation in der Welt verschlechtert hat – daran kann man nicht vorübergehen –, erschien es mir richtig – und ich glaube, ich habe auch Herrn Spaak davon überzeugt – das brauchen Sie aber gar nicht zu schreiben; man soll nie sagen, daß man jemanden überzeugt habe, der Betreffende hat das nicht gern –, die Politische Union zunächst der Sechs in einem weiten Rahmen zu schaffen, daß wir aber politisch doch gemeinsam auftreten und daß wir dann auch in den US mehr Eindruck machen, als wenn jeder von uns seine eigene politische Meinung zur Geltung bringt. Auf alle Fälle wird das auch in Moskau mehr Eindruck machen, wenn nun endlich diese Politische Union auch zustande kommt und die Sache nicht immer wieder auf die lange Bank geschoben wird.

Herr Spaak ist also nicht mehr der Auffassung, daß alle Mitglieder der

EWG auch Mitglieder der Politischen Union sein müssen, so daß damit eigentlich der Grund entfällt, den er damals wegen Großbritannien angeführt hat. Er hat einen neuen Gedanken in die ganze Diskussion gebracht, indem er sagt, es sollte ein Beamtenausschuß[38], ohne Entscheidungsgewalt, für Auswärtiges, für Verteidigung und für Kultur geschaffen werden. Bei den bisherigen Beschlüssen des Fouchet-Ausschusses war ja vorgesehen, öfters periodisch Zusammenkünfte der Außenminister und der Verteidigungsminister sowie der Regierungschefs durchzuführen. Kultur haben wir Deutsche ja keine, wie Sie wissen, wenigstens beim Bund nicht[39]. Wie das gemacht wird, weiß ich noch nicht. Der nun vorgeschlagene Beamtenausschuß bereitet im Grunde genommen diese Zusammenkünfte vor. Das ist ein Vorschlag, der unbedingt verdient, daß man über ihn spricht, daß man ihn erörtert. Spaak stimmt dann auch wohl dem Gedanken zu, daß es in unser aller Interesse sei, wenn wir mit der Politischen Union möglichst voranmachen und nicht nur endlos reden in den Ausschüssen und in den Auswärtigen Ämtern. Er stimmte auch dem Gedanken zu, daß wir naturgemäß mehr Eindruck in der Welt machen, wenn wir die Politische Union hergestellt haben, als wenn wir sie nicht hergestellt haben; dann werden wir auch, wie ich fürchte, unglaubwürdig.

Inwieweit nun Herr Spaak durch vorherige Verhandlungen mit Luns irgendwelche Fesseln hat, das kann man ihn ja nicht fragen. Immerhin glaubt er, daß es ihm doch gelingen werde, sowohl Holland als auch Italien zur Zustimmung zu bekommen. Er hat diese Ansicht geäußert. Mehr kann ich darüber nicht sagen. Aber auch das möchte ich als Hintergrundinformation betrachten – nicht, daß das sofort von hier hinausgeht, denn sonst beeinträchtigen wir die Tätigkeit des Herrn Spaak gegenüber Italien und gegenüber Holland.

Meine Herren, das ist also das, was ich Ihnen über den Besuch von Herrn Spaak zu sagen habe. Wir werden jetzt sehen, wie die Auswärtigen Ämter, die diese ganzen Fragen bis September vorbereiten sollen, funktionieren werden. Da wir alle großes Vertrauen zu Auswärtigen Ämtern haben, insbesondere die deutsche Presse, werden Sie sicher davon überzeugt sein, daß sie sehr fruchtbare Arbeit liefern werden.

Strobel: Der Quai d'Orsay hat doch mitzureden. Ob der so ist?
Adenauer: Der Quai d'Orsay ist auch ein Auswärtiges Amt.
Schwarzkopf: Aber nicht so sehr!
Adenauer: Wieso?
Schwarzkopf: Als Apparat schon.
Schröder: Aber es ist natürlich eine Entscheidung de Gaulles.

Adenauer: Kann sein.

Schröder: Er hat ja die tiefe Abneigung gegen die Bürokratie. Ich meine, seine Formulierungen gegen die Techno- und Bürokraten von Brüssel haben an Deutlichkeit nichts zu wünschen übriggelassen. – Würden Sie zustimmen, daß dieses Ständige Büro nach Paris verlegt wird?

Adenauer: Dazu haben wir, auch Spaak, gar nicht so oder so Stellung genommen. Wir wollen mal sehen nach der Idee von Spaak mit einem solchen Beamtenausschuß, der keine Entscheidungsgewalt hat.

Schröder: Das verstehe ich nicht ganz, denn einen solchen Ausschuß haben wir doch praktisch schon, den Fouchet-Ausschuß, und was sich daraus entwickelte, war vorauszusehen.

Adenauer: Die wollen einen neuen Beamtenausschuß.

Schröder: Und Spaak scheint sich vorzustellen, daß das Leute sind, die ihren Charakter als Vertreter der Regierungen verlieren und Beamte dieses Hauses werden.

Adenauer: Da muß ich Ihnen folgendes sagen: Der Fouchet-Ausschuß hatte ja nur den Auftrag, eine Art Statut zu entwickeln, und in dem Statut, das er entwickelt hat, steht nichts von einem solchen Beamtenausschuß, sondern das ist ganz neu von Spaak da reingebracht worden, damit die Sache wenigstens anfängt, auch praktisch zu werden.

Wendt: Es brauchen aber keine nationalen Beamten zu sein oder sollen es nicht einmal sein, es können auch Wissenschaftler oder sonst prominente Leute sein.

Adenauer: Nein, er hat ausdrücklich gesagt, Beamte.

Sobotta: Und wer soll sie delegieren?

Adenauer: Die betreffenden Regierungen.

von Hase: Ich glaube, es ist eine ganz gute Kennzeichnung, daß dieser Ausschuß doch einen etwas kommunitären Charakter hat.

Schröder: Ich möchte mal aggressiv werden: Ihre Ausführungen über England haben mich privat nicht überzeugt. Daß die technischen Verhandlungen sich noch lange hinziehen, ist mir klar. Aber ich versuche immer zu ergründen – nicht Ihre Argumente, sondern Ihre nicht ausgesprochenen Argumente, Herr Bundeskanzler. Ich versuche, das zu verstehen. Sie zitieren meinethalben diese noch formal gedachte Erklärung des britischen Premierministers Macmillan im Unterhaus. Er wollte damit darlegen, daß sich England noch nicht verpflichtet hat. Heath hat aber vor der EWG und bei mehreren anderen Gelegenheiten klipp und klar gesagt, die Engländer wünschen Mitglied dieser politischen Vereinigung zu werden[40].

Adenauer: Das hat er aber jetzt nicht mehr gesagt, und ich könnte mir

denken, Herr Schröder, Herr Macmillan hat es im britischen Parlament leichter, wenn er nur mit wirtschaftlichen Sachen kommt, als wenn er mit europäisch-politischen Sachen kommt.
Schröder: Im Augenblick, das kann ich mir denken. Von der Taktik her würde ich das Argument völlig unterstützen. Ich frage mich nur manchmal: Möchten Sie im Grunde doch diese Politische Union – auch ohne England?
Adenauer: Das weiß ich wirklich nicht, meine Herren. Ich will Ihnen mal sagen, wie es denn mit England steht. England hat voraussichtlich im Herbst nächsten Jahres Wahlen[41]. Die Nachwahlen hat die Konservative Partei seit geraumer Zeit verloren. Soweit ich unterrichtet bin, ist das englische Wahlrecht so, daß der Zuwachs der Liberalen nicht etwa dazu führen wird, daß etwa eine Hilfspartei für die Konservativen da entsteht, sondern die fallen alle ins Leere, so daß sich also die Auseinandersetzung bei dem Wahlkampf zwischen den Konservativen und den Labour-Leuten abspielen wird. Nun wissen Sie von dieser Besprechung, die in Brüssel stattgefunden hat, und Sie wissen, daß es dort zu einer sehr scharfen Auseinandersetzung zwischen Gaitskell und Spaak gekommen ist[42].
Schröder: Ich habe erst nachträglich erfahren, daß ausgerechnet Wehner[43] sich anschließend sehr mit Gaitskell in die Haare gekriegt und ihm gesagt hat: Wir, die SPD, haben so stark dafür gefochten, England in die Sache hineinzubekommen.
Adenauer: Er hat gesagt: Die nächste Wahlparole in Deutschland machen Sie uns kaputt!
Schröder: So kann man das auch sagen.
Adenauer: Nein, nein, das hat er gesagt. Was Herrn Spaak gestern auch nicht bekannt war: In der vorigen Woche hat das britische Unterhausmitglied George-Brown, ein brillanter Redner, ein sehr kluger Mann, ein absoluter Vertrauensmann von Gaitskell – ich habe ihn einmal persönlich kennengelernt, als ich damals dem »Schattenkabinett« beiwohnte[44] –, in New York eine Rede gehalten – ich weiß nicht mehr, wie die Gesellschaft heißt, wir wollen das aber den Herren mitteilen –, in der er sich noch schärfer gegen den Beitritt Großbritanniens in die EWG ausgesprochen hat, als Gaitskell das tat, so daß das, was Gaitskell gesagt hat, nicht nur eine persönliche Exploration war – Gaitskell ist, soweit ich ihn kenne, ein Mann, der sehr bedachtsam ist, sehr ruhig –, sondern das ist die Meinung des größeren Teiles wenigstens der Labour Party.
Nun steht die Sache doch so: Die Wahl kommt. Das Parlament muß aufgelöst werden.

von Hase: In knapp zwei Jahren, von jetzt ab gerechnet.
Adenauer: In der Regel wird es schon einige Zeit vorher aufgelöst. Es werden da also Neuwahlen stattfinden. Diese Neuwahlen spielen sich in der Hauptsache ab zwischen Konservativen und Labour-Leuten. Die Konservativen sind zum großen Teil für den Eintritt in die EWG, nicht geschlossen, Herr Schröder, man schätzt, daß etwa 30 Prozent anderer Meinung seien.
Schröder: 30 bis 40 Abgeordnete.
Adenauer: Ich meinte jetzt nicht von den ganzen Wählern. Sie werden die letzten Tests gelesen haben. Während noch vor einigen Monaten 48 oder 47 Prozent der Befragten in Großbritannien für den Eintritt waren, sind es jetzt noch 27. So ist die Situation. Daß auch die konservative britische Regierung jetzt mit großer Vorsicht taktieren muß, liegt doch auf der Hand. Sie werden wohl auch gelesen haben, daß im australischen Kabinett großer Krach gewesen ist, weil der Verteidigungsminister gesagt hat, auch der Widerspruch Australiens sei nicht so schlimm. Dagegen hat Herr Menzies ja nun sehr kräftig vom Leder gezogen[45], wobei man sagen muß, daß Menzies doch im allgemeinen auch ein ruhiger Mensch ist.
Schröder: Hier geht es um den Weizenabsatz, um harte Tatsachen. Es gibt keine Ersatzmärkte. Aber ich meine, daß Sie es angesichts dieser innenpolitisch ungeklärten Lage und bei der Möglichkeit, die von allen Seiten ins Auge gefaßt wird, daß vielleicht Ende nächsten Jahres eine Labour-Regierung da ist, die auch auf dem Gebiet der Rüstung und der Außenpolitik Vorstellungen hat, die den unseren nicht entsprechen, doch lieber etwas schleppend und abwartend betrachten möchten. Oder?
Adenauer: Ich weiß es nicht. Ich habe mich mit dem Problem vom englischen Standpunkt her, so gut ich kann, beschäftigt. Ich muß Ihnen sagen, wenn ich Engländer wäre, ich wüßte auch nicht, was ich tun sollte. Denn sehen Sie mal, die Verbindungen, die Großbritannien durch das Commonwealth in die weite Welt hat, sind doch etwas wert. Man kann immer wieder sagen, das ist kein geschriebener Wert, und die sterben ab – einstweilen sind sie da, und es ist auch für Europa wertvoll, daß Großbritannien diese Verbindungen hat.
von Hase: Es ist ganz interessant, wie gestern gesagt wurde[46], was Gaitskell über die innere Anhänglichkeit sagte mit ihrer Einstellung gegenüber europäischen Ländern.
Adenauer: Da haben sie eine größere Einstellung. Dieser Streit kommt nachher in das parteipolitische Fahrwasser. Auf alle Fälle werden die Ver-

handlungen noch sehr lange dauern. Bei uns handelt es sich um die Politische Union. Die Frage ist: Soll man warten, bis eine Entscheidung gefallen ist oder nicht? Da stehe ich absolut auf dem Standpunkt, man soll nicht warten, weil sich ein baldiges Ende der Verhandlungen über einen Eintritt Großbritanniens in die EWG nicht abzeichnet.

Strobel: Es könnte sein, daß eine fest vollzogene Tatsache ebenso attraktiv wäre auf England wie der Erfolg der EWG gewirkt hat, wie ein Stimulans.

Rapp: Ich habe nicht den Eindruck, daß es dem Herrn Bundeskanzler angenehm wäre, wenn diese Tatsache so attraktiv wirken würde.

Adenauer: Wieso? Meinen Sie, ich hätte lieber eine Labour-Regierung? Sie haben doch gehört, was Herr Schröder eben gesagt hat. Als ich damals mit George-Brown zusammen war, sagte er mir – Gaitskell und alle die Herren waren dabei –, er würde im Falle eines Sieges Verteidigungsminister werden und dann dafür sorgen, daß mehr Truppen nach Deutschland kommen als jetzt. Aber *vor* der Wahl und *nach* der Wahl, meine Herren ... Aber ich glaube, Sie beurteilen meine Meinung nicht richtig.

Rapp: Ich kann mir nicht vorstellen, daß Sie sehr freudig berührt wären an dem Tag, an dem England in die Politische Union eintritt.

Adenauer: Warum nicht?

Rapp: Das würde, mit den ganzen Satelliten hintendran, den Kern doch wieder weiter aufweichen.

Adenauer: Da vertritt nun aber auch Spaak den Standpunkt, daß die nicht alle in die Politische Union hinein müssen. Er sagt auch, die Politische Union darf man nicht derartig ausweiten, daß überhaupt nichts Festes da ist.

von Hase: Dann gibt es ein klares Nein. Aber was Strobel sagt, daß das Vollzogene attraktiv sei und sich bisher bewahrheitet habe, ich glaube, das ist richtig.

Rapp: Aber was geschieht, wenn de Gaulle diesen Spaak'schen Vorschlag ablehnt?

Adenauer: Das kann ich Ihnen nicht sagen. Wir werden Herrn de Gaulle ja am 3. September hier sehen[47]. Im Programm ist eine Reihe von Besprechungen vorgesehen zwischen de Gaulle und mir allein, auch mit anderen zusammen, aber auch mehrere Besprechungen unter vier Augen, und bis dahin wird sich manches geklärt haben.

Schröder: Werden Sie auch die militärpolitischen Fragen unter vier Augen anschneiden?

Adenauer: Meine Herren, Norstad hätte mich neulich sehr gern aufgesucht, als er hier war. Aber ich konnte nicht, ich war immer besetzt, und er war zu besetzt. Er wird tatsächlich ausscheiden am 1. November [1962]. Er wird mich aber voraussichtlich in der nächsten Woche besuchen[48]. Er möchte mich gern einmal sprechen. Das ist aber nicht sein Abschiedsbesuch. Aber es könnte sein, daß ich nach dem Besuch klüger bin als ich jetzt bin, obgleich Norstad immer ein sehr loyaler Mann gewesen ist. Gegen seine Regierung wird er nicht boshaft oder indiskret sein. Wir stehen uns gut. Wir waren derselben Meinung in der Frage der nuklearen Bewaffnung von NATO. Immerhin wird man manches hören.

Kremp: Glauben Sie, Herr Bundeskanzler, daß die Chancen für eine nukleare Bewaffnung der NATO dadurch sehr gemindert worden sind?

Adenauer: Die Frage kann ich einfach nicht beantworten, ich weiß es nicht.

Strobel: Gesetzt es wäre so, dann wäre doch die Möglichkeit der Abschreckung vom europäischen Standpunkt aus sehr viel geringer, und die Russen könnten eines Tages in die Versuchung kommen, einen sogenannten konventionellen Krieg zu riskieren, selbst wenn er nur drei Tage dauert. Ein Stück des Gebietes besetzen sie, dann geben sie die Verhandlungen frei, Ulbricht hat 6 Millionen Einwohner mehr, und die Stimmung ist kaputt.

Adenauer: Sie brauchen nur Hamburg und München zu besetzen.

Schröder: Das ist doch in drei Tagen zu machen. Und dann sagen sie: Keine Verhandlungen! Sie geben die Hälfte zurück, und die Hälfte bleibt.

Adenauer: Ich würde empfehlen, mal die französische kommunistische Presse zu lesen, was da über den Wechsel gesagt ist, das ist sehr interessant; ich weiß nicht, ob Sie das wissen.

Schröder: Die MC 96[49], die amerikanische Forderung, die aus der Taylor-Doktrin erwachsen ist – Taylors Buch ist doch eine sehr konkrete amerikanische Forderung schon seit Monaten –, das richtet sich doch alles an Sie, Herr Bundeskanzler!

Adenauer: Herr Strauß glaubt nicht, daß eine Änderung kommt[50].

Rapp: Er *sagt* das.

Adenauer: Er hat mir geschrieben.

Rapp: Sogar geschrieben! Das ist etwas anderes, das ist etwas mehr!

Adenauer: Also, Norstad kommt nach dem 8. August zu mir. ... Meine Herren, ich habe das Wort »Fibag«[51] noch nicht gehört!

Schröder: Wir haben es zu oft gehört.

Strobel: Strauß sei durch die Sache Fibag ziemlich nervös geworden und glaube, daß noch Explosivstoff darin sei. – Aber es ist nichts mehr drin, für die Bayern schon gar nicht, die haben sehr robuste Anschauun-

gen, d. h., daß man schließlich für eine politische Änderung auch in Bayern eintritt. Es ist ein Vorstoß.
Adenauer: Also von Fibag wollen Sie nichts mehr hören? Fibag wird nicht mehr gefragt?
(Mehrfaches »Nein«.)
Rapp: Nur bei Herrn Augstein[52] und bei einigen Abgeordneten.
Adenauer: Mir kommt die Sache lange zum Halse raus. Etwas Blöderes habe ich auch politisch noch nicht erlebt.
Schröder: Und jetzt wird Kuby[53] das im »Stern« auswalzen. Es ist ein Gesetz im Journalismus, wenn sich dasselbe Thema über Monate hinzieht, steht es den Leuten bis zum Halse.
Rapp: Und wenn der Ausschuß am 4. [August] von neuem losgeht?
Strobel: Das liest kein Mensch mehr, das ist uninteressant.
Schröder: Da müßte jetzt die sexuelle Note kommen, sonst ist das nicht mehr interessant für die Leute.
Adenauer: Ich kann Herrn Strauß ja mal fragen, Sie hätten eine sexuelle Note verlangt, wie es damit wäre!
Schröder: Tun Sie das nicht! Sie wissen, er ist auf dem Ohr empfindlich. Lassen Sie es lieber!
Adenauer: Es freut mich, daß Sie davon genug haben; ich habe auch genug davon.
Rapp: Alles andere mit den Ausschüssen ist auch Unsinn, ob das nun ein Untersuchungsausschuß gegen Stammberger[54], Fränkel-Ausschuß[55], Frenzel-Ausschuß[56] usw. usw. ist, vollkommener Unsinn!
Adenauer: Ich höre so gern die öffentliche Meinung ungeschminkt!
Strobel: Ich glaube, wir sollten etwas tun, um unsere Justiz etwas zu reinigen, damit wir nicht immer wieder von denen drüben überfahren werden können.
Adenauer: Was heißt, wir sollten etwas tun, um sie zu reinigen?
Strobel: Wir könnten etwas machen. Man könnte die Drohung, die der Bundestag ausgesprochen hat[57], mit einer zusätzlichen Drohung verbinden: Wenn Ihr Euch nicht meldet, könnt Ihr Eure Posten verlieren ohne Pension.
Adenauer: Wer ist »ihr«?
Strobel: Die Richter. Es haben sich jetzt 143 gemeldet[58], ohne eine Gefahr zu laufen.
Adenauer: Glauben Sie, das wäre noch nicht genug?
Strobel: Es sind noch einige dabei.
Rapp: Strobel, Strobel! Warum sollen es nur die armen Richter sein? Die vielen Beamten? Wenn Sie so weitermachen, kommen Sie in eine zweite Entnazifizierung, zwangsläufig und absolut.

Adenauer: Da haben Sie vollkommen recht, da kommt die zweite Entnazifizierung.
Rapp: Wer im Dritten Reich [für] eine Zeitung geschrieben hat – und das kann man nachsehen, lieber Strobel –, ... ich halte mich da sehr zurück.
Adenauer: Mein zweiter Schwiegervater – Sie wissen, ich war zum zweiten Male verheiratet[59] – war Professor Zinsser[60] an der Universität Köln, und er hat sich zur Ruhe gesetzt in Tübingen. Er war immer ein Demokrat. Sein Vater ist nach Amerika ausgewandert [18]48, er ist da groß geworden und hat da seine Examen gemacht. Hier hatte er dann auf einmal einen nationalsozialistischen Einschlag, und ich habe ihn erstaunt gefragt: Wie kommst du dazu? – Da hat er mir zur Antwort gegeben: Durch die »Frankfurter Zeitung«[61]!
(Allgemeine Heiterkeit)
Aber das ist wahr. Er hat sogar einen Namen genannt, dessen großartige Artikel ihn dazu gebracht hätten. Der Herr lebt noch, also will ich ihn nicht nennen. Aber ich führe das an, denn danach könnten Sie auch unter die Journalisten gehen...
Strobel: Aber Ihr Schwiegervater hat doch nicht Todesurteile gefällt!
Adenauer: Aber er ist verdorben worden durch die Lektüre der »Frankfurter Zeitung«.
Strobel: Das will ich gar nicht bestreiten.
Rapp: Strobel, seien Sie vorsichtig mit dem Pluralismus! Wir sind allzumal Sünder und entbehren des Ruhmes.
Schröder: In dem Punkt hat er natürlich recht: Wenn die Handlung eben zum Tode von Menschen geführt hat, dann ist es schon etwas anderes. Ich habe aber in der Presse gesehen, daß heute auch angefangen wird, solche Fälle so zu beurteilen, in denen einfach das Kriegsstrafrecht ausgeübt wurde, und das finde ich ungeheuer gefährlich. Ich habe Fotokopien von zwei solchen Fällen gesehen. Wenn nämlich jemand nach einem Luftangriff plünderte, wäre er in England genauso kriegsrechtlich erschossen worden! Ich will damit nur sagen, daß aus der Sicht von heute Leute plötzlich anfangen, Folgen aus dem Kriegsstrafrecht human zu beurteilen; so geht es nicht. Etwas anderes ist es natürlich mit den im Kriege erlassenen Judenstrafrechts-Sachen.
Adenauer: Da haben Sie vollkommen recht. Aber nachher war es doch so, Herr Schröder, daß z. B. zwei Gestapo-Beamte, die beiden ältesten in einer Stadt, zusammentreten und ein Todesurteil aussprechen konnten. Ich habe mich damals sehr dafür interessieren müssen. Das würde man heute wirklich nicht mehr verstehen. Aber lassen wir das doch endlich

einmal! Sie glauben doch auch nicht, daß wir dadurch im Auslande gewinnen!

von Hase: Wir sind schon weit gegangen, indem wir erklärt haben, das [Bundes-]Archiv in Koblenz nimmt die Akten entgegen.

Adenauer: Wir gewinnen dadurch im Ausland nicht, wir verlieren nur.

Kremp: Wie hat sich die Bereitschaft in manchen Teilen des Auslandes erklärt, derartige Fälle, über die man jahrelang hinweggegangen ist, auf einmal ernst zu nehmen?

Adenauer: Das ist ein neuer Stoff. Aber wenn man bisher darüber weggegangen ist und es nun auf einmal ernst nimmt, dann sollen wir das auch machen ... Also, ich war dafür – das hat, glaube ich, in der Zeitung gestanden –, daß gegen Herrn Fränkel ein Disziplinarverfahren eingeleitet wurde, weil er diese seine Tätigkeit vor seiner Ernennung zum Generalbundesanwalt dem Bundesjustizministerium hätte mitteilen müssen. Er hätte sagen müssen: Ich war beim Reichsgericht, ich hatte die und die Aufgaben; ich mache Sie darauf aufmerksam, daß ich da war.

Strobel: Das hat er gesagt.

Adenauer: Nein, das hat er nicht gesagt.

Sobotta: Das Wort Nichtigkeitsbeschwerde hat er nicht in den Mund genommen; das hat Stammberger gestern erklärt, und das war entscheidend.

Adenauer: Also wenn ich an die Presse von damals denke – bitte sehr, Herr Strobel!

Strobel: Die »Frankfurter Zeitung« war doch etwas anderes als der »Stürmer«[62]!

Rapp: Wenn Sie konsequent sind, dann müssen Sie alles sagen.

Strobel: Es gibt läßliche Sünden und Todsünden.

Schröder: Rapp hat in diesem Punkt wirklich recht. Man kommt da plötzlich wieder in die Polemik: Hat man etwas getan, um das berühmte Schlimmere zu verhüten? Alles das sind hochaktuelle Dinge, genau das spielt sich nun ab.

Adenauer: Ich will Ihnen ein Geständnis ablegen über meine »strafbare Handlung«. Als die Gestapo Köln verlassen hatte und alle die so ziemlich weg waren, bin ich von Rhöndorf nach Köln gegangen. Es interessierte mich, einmal in das Haus der Gestapo zu gehen. Ich bin also da reingegangen, kein Mensch war da, alle Türen standen offen, alle Akten waren da. Da habe ich mir zur Erinnerung einen Bronzeleuchter[63] mitgenommen, der jetzt noch bei mir zu Hause steht und mich an jene Tage erinnert. Das war gemeiner Diebstahl, ist aber Gott sei Dank verjährt!

(Heiterkeit)

Also, meine Herren, lassen Sie uns doch auch ans Ausland denken. Glauben Sie wirklich nicht, daß man damit das Ansehen des deutschen Volkes stärkt, je mehr man im Dreck wühlt! Das sind jetzt 20 Jahre her, und kaum jemand kann in seinem Kopf noch die Vorgänge von damals reproduzieren, es sei denn, daß er nun wirklich in dem Kram dringestanden hat. Und was wollen Sie da machen? Ich will Ihnen mal was sagen: Unter unserem Offizierskorps kam auch eine Sorge auf – nicht unter früheren Nazis –; aber schließlich kann man das ja ausdehnen; das ganze war ein Nazikrieg, den wir da geführt haben.
Schröder: So argumentieren auch die Kommunisten: Hitlerische Generale!
Adenauer: Meine Herren, es ist hinterher wirklich was Schreckliches. Aber wenn die Sache mitten im Gange ist, spielt ein Menschenleben eine verflucht geringe Rolle. Also, Herr Strobel, Sie sind doch sonst ein milde denkender Mann.
Rapp: Er hat seine Galle noch, das ist der Unterschied.
Schröder: Die »Zeit« ist nun so oppositionell geworden. Das liegt alles an dem Einfluß von Bucerius, er ist so ein Kämpfer.
Strobel: Mit Bucerius habe ich schon sehr viel gekämpft.
Adenauer: Für ihn oder gegen ihn?
Strobel: Das ist ein natürlicher Gegensatz.
Rapp: Mit Maßen! Er ist bei der »Zeit« in der inneren Emigration.
Adenauer: Besteht eine gewisse Aussicht auf Beendigung dieser Vorgänge?
Rapp: Er hofft es nicht.
Adenauer: Welche Fragen haben Sie denn sonst an mich? Mit Fibag kann ich nicht dienen.
Kremp: Es ist von den westlichen Außenministern sehr unterschiedlich beurteilt worden, ob die S[owjet]U[nion] sich nun entschließen wird, den Separatfrieden mit Ulbricht zu machen[64]. Auch Herr Rusk hat gesagt, das stehe nicht unbedingt fest. Herr Schröder hat auch die Auffassung vertreten, daß es für die S[owjet]U[nion] sogar Nachteile gebe nach dem Abschluß eines Separatfriedensvertrages. Es hätte mich interessiert, wie Sie die Frage beurteilen.
Adenauer: Was soll ich Ihnen darauf antworten? Chruschtschow hat ihn ja immer und immer wieder angekündigt, und Chruschtschow muß eines Tages diese Ankündigung wahr machen, sonst verliert er bei seinen eigenen Leuten. Wann der Tag für ihn gekommen ist, d. h., wann er glaubt, er habe den Westen mit der Drohung nun genügend erpreßt, so daß weiter nichts mehr zu machen wäre, das kann ich Ihnen nicht sagen.

Aber daß das kommen kann, das ist ganz klar. Und daß Chruschtschow nicht umsonst immer diese Sache sagt, daß er sie eines Tages wahr machen wird, das ist auch meine Überzeugung, es sei denn, man bietet ihm etwas ganz Exorbitantes, so daß er vor seinen eigenen Leuten gerechtfertigt dasteht, wenn er darauf verzichtet; unter »seinen eigenen Leuten« verstehe ich namentlich die Satellitenstaaten. Aber ich bin um Berlin besorgt, das sage ich ganz offen. Ich weiß nicht, was Chruschtschow da alles noch machen wird. Er wird natürlich auch gepiesackt und gedrängt von Ulbricht und Konsorten, vielleicht auch von anderen Häuptern von Satellitenstaaten, die in einer ähnlichen Lage sind. Ich könnte mir z. B. denken, wenn in Polen auf einmal freie Wahlen wären, daß da ein Parlament gewählt würde, das ganz anders aussieht als jetzt die Herrschaft von Gomulka[65], vielleicht auch noch in anderen Satellitenstaaten. Aber ich kann nicht mehr sagen als die Herren in Genf Ihnen auch gesagt haben.

Fernsehansprache zum 13. August

[handschriftliche Einfügung:] Hier jetzt ist es nun her, seitdem

Am ~~Jahrestag der Errichtung~~ der Mauer in Berlin spreche ich nicht nur zu ~~den Berlinern in beiden~~ Teilen der Stadt sondern ~~zu~~ allen Deutschen, ja ich wende mich an alle, die ~~die~~ Freiheit lieben. Das Bild der Bernauer Straße im Norden Berlins, kurz nach dem 13. August 1961 steht mir vor den Augen. Die zum Ostsektor dieser Straße gehörenden Häuser waren erst in den unteren Geschossen vermauert, auch noch nicht völlig ~~zwangsgeräumt~~ von ihren Bewohnern. An vielen Fenstern standen damals Menschen. Ich sah, wie einige sich Tränen aus den Augen wischten, während andere ungeachtet der damit verbundenen Gefahr mir mit ihren Taschentüchern winkten.

Dieses Bild der stummen, weinenden und winkenden Menschen scheint mir sehr getreu die Stimmung widerzuspiegeln, die ~~seit dem August 1961~~ die Bewohner Ostberlins und der Zone beherrscht. Inzwischen sind die Fenster in der Bernauer Straße ganz zugemauert, ein Teil der Häuser ist abgerissen und alle Bewohner zwangsweise umgesiedelt. Selbst in den Nebenstraßen wurden die Häuser geräumt, aus denen noch ein Blick in das freie Berlin möglich war. Die Bernauer Straße ist auf ihrer östlichen Seite zu einem düsteren Mittelpunkt des Gefängnisses geworden, das man aus der

- 2 -

Aus dem Entwurf der Fernsehansprache vom 12. August 1962 zum Jahrestag der Errichtung der Berliner Mauer:
[oben korrigiert] Ein Jahr ist es nun her, seitdem die Mauer in Berlin errichtet wurde. Ich wende mich an die Bewohner Berlins, an alle Deutschen, an alle, die die Freiheit lieben.

Nr. 22
20. August 1962: Informationsgespräch (Wortprotokoll)
BPA, Pressearchiv F 30, mit ms. Vermerk »Unkorrigiertes Manuskript«, »Streng vertraulich!«, »Nicht zur Veröffentlichung bestimmt« und hs. Notiz »Ausschließlich zur pers. Unterrichtung«, ms. Paraphe »Hi[l]gendorf]«

Teilnehmer: Professor Dr. Max Ascoli[1] – Karl-Günther von Hase, Fritz Hilgendorf, Heribert Schnippenkötter, Heinz Weber

Beginn: 11.00 Uhr   Ende: 12.11 Uhr

Adenauer: Sie kommen an einem bewegten Tage zu mir[2], Herr Ascoli.

Ascoli: Ich weiß das, und ich bin Ihnen deswegen um so dankbarer, Herr Bundeskanzler, daß Sie mich in diesen Tagen empfangen können. Herr Bundeskanzler, Sie wurden wahrscheinlich unterrichtet über die Art, über den Charakter meiner Veröffentlichung, der Zeitschrift »Reporter«. Sie haben vielleicht gehört, daß diese Zeitschrift immer sehr freundschaftlich über Sie persönlich und über Deutschland berichtet hat, nicht etwa aus Gefühlen eines deutschen Patriotismus, sondern aus Gefühlen eines amerikanischen Patriotismus heraus.

Adenauer: Ja, und ich bin Ihnen sehr dankbar für das, was Ihre Zeitung da immer getan hat. Ich wünsche ja sehnlichst, daß auch die Welt und insbesondere Deutschland einmal die große Tat erkennt, die Amerika geleistet hat, als es uns geholfen hat, obwohl die Nationalsozialisten die Angreifer waren. Wir haben auch wirklich das Unsrige getan, wir haben getan, was wir tun können. Aber zur Zeit ist doch eine gewisse Trübung[3] eingetreten, und ich möchte bitten, daß Sie mir erlauben – es ist ja kein Interview –, daß ich einmal offen darüber mit Ihnen spreche.

von Hase: Es wird nichts veröffentlicht!

Ascoli: Ich wäre Ihnen sehr dankbar, Herr Bundeskanzler, wenn Sie freimütig zu mir sprechen könnten, denn ich sagte auch schon Staatssekretär von Hase, es handelt sich nicht um ein Interview, es wird nichts davon veröffentlicht. Diese Trübung, von der Sie gesprochen haben, Herr Bundeskanzler, gilt nicht nur für das amerikanische Verhältnis gegenüber Deutschland, sondern auch gegenüber Frankreich. Es ist in den Vereinigten Staaten eine gewisse Stimmung in gewissen Kreisen festzustellen, die wir als störend empfinden und die ich mich in meinen Veröffentlichungen im »Reporter« auch bemühe zu bekämpfen. Es handelt sich hier um Befürchtungen, um Vorbehalte, die immer wieder gegenüber diesen beiden europäischen Ländern und ihren Führern gemacht werden.

Adenauer: Darf ich zunächst einmal von dem sprechen, was sich gestern ereignet hat. Ich nehme an, der Tatbestand ist Ihnen bekannt, ich kann mich also kurz fassen. Dieser junge Mann (der 18jährige Ostberliner Bauarbeiter Peter Fechter[4]) hat über eine Stunde – er war im Unterleib und, glaube ich, auch im Kopf getroffen – blutend und schreiend gelegen. Auf der einen Seite der Mauer amerikanische Soldaten, auf der anderen Seite die Sowjetzonenpolizisten. Nach einer Stunde haben die Sowjetzonenpolizisten ihn weggeholt, und dann ist er gestorben. Auf beiden Seiten Hunderte von Zuhörern und Zuschauern, Zuhörern der Schreie, Zuschauern dieser schrecklichen Szene. Der amerikanische Offizier, der das Kommando hatte und den man gebeten hatte, ihn doch da wegzuholen, hat gesagt, das sei nicht ihre Aufgabe. – Das ist der Tatbestand. Daraufhin hat leider – ich betone das »leider« – ein Teil, wenn auch kein großer Teil der Westberliner Bevölkerung sich hinreißen lassen, einmal zu starken Worten gegenüber den Amerikanern und dann zu Tätlichkeiten gegenüber einem russischen Omnibus, der russische Soldaten brachte. Der Busführer hat Gott sei Dank sehr schnell kehrtgemacht und seine Soldaten in Sicherheit gebracht. Aber so etwas kann nun jeden Tag wieder passieren.

Ich möchte Ihnen in der Offenheit, von der ich eingangs sprach, auch die Gründe der Berliner sagen. Einmal ist es das Mitleid mit dem Menschen, der da liegt und stirbt, dem keiner hilft. Zweitens aber ist es die Sorge: Wird es uns nicht auch so ergehen? Werden die Amerikaner, wenn die Russen über uns herfallen, uns helfen? Da spielt es auch mit eine Rolle, daß es am 13. August des vergangenen Jahres 60 Stunden gedauert hat, bis der amerikanische Kommandant in der Lage war, einen sehr lahmen Protest abzugeben[5]. Das ist nicht vergessen.

Man muß dabei berücksichtigen, daß der sogenannte Ostsektor ja an sich nichts anderes ist als ein den Russen zur Besetzung übergebener Sektor, und das, was die Russen daraus gemacht haben, gegen das Besatzungsrecht der drei Westmächte verstieß. Also auch die Errichtung der Mauer und alles das verstieß dagegen. Und da ist nichts geschehen. Im Gegenteil, der damalige amerikanische Botschafter in Moskau, Herr Thompson, der jetzt im State Department in Washington ist, hat seinen Kollegen gesagt: Gott sei Dank, daß jetzt die Mauer da ist, dann haben wir mit diesem Strom von Flüchtlingen auch nichts mehr zu schaffen.

Ein Weiteres kommt hinzu: Sie kennen wahrscheinlich das Buch von Shirer[6], das ja ein Bestseller geworden ist. Bei uns sind viele Greueltaten geschehen, das ist wahr. Aber was in dem Buch von Shirer steht, ist nicht alles wahr, sondern dieses Buch ist sehr tendenziös geschrieben. Das

wird nun jetzt zurechtgemacht für eine Sendung drüben in den Vereinigten Staaten, die, glaube ich, insgesamt in 70 oder 80 Stücke zerschnitten, über die ganzen Vereinigten Staaten hinweggehen soll. Vielleicht darf ich auch noch sagen: Wir hören zu unserem Bedauern, daß unsere Soldaten von amerikanischen Soldaten zum Teil sehr schlecht behandelt werden. Ich habe eben aus dem Buch von Shirer gefunden, daß 78 halbstündige Wochensendungen gemacht werden. Hoffentlich wird das Publikum die Sache nachher satt kriegen, sonst ist das eine fortgesetzte Brunnenvergiftung. Es wird auch nicht etwa dieser Nationalsozialismus attackiert, den ich nicht irgendwie verteidige. Es ist Ihnen bekannt, daß ich nie etwas damit zu tun gehabt habe, daß ich unter dem Nationalsozialismus allerhand zu leiden gehabt habe[7]. Aber heute haben wir den 20. August 1962, und das ist zu Ende gegangen im Jahre 1945, vor über 17 Jahren! Und nach 17 Jahren wird jetzt das Verhältnis zwischen dem amerikanischen Volk und dem deutschen Volke künstlich vergiftet.
Mir gegenüber ist der Verdacht ausgesprochen worden – ich sage: der Verdacht, es ist nicht bewiesen, aber es spricht sehr vieles dafür –: Wer hat ein Interesse daran, das Verhältnis zwischen den Amerikanern und den Deutschen zu vergiften? Dieses Interesse hat der Russe und haben seine Hintermänner. Wenn dann – und damit schließe ich dann ab – der Herr Thompson, von dem ich eben sprach, der frühere Botschafter der US in Moskau[8], jetzt in Washington sagt, zwischen den US und Sowjetrußland bestehen keine Differenzen, die bestehen nur hinsichtlich anderer Völker, dann – nehmen Sie mir das nicht übel – ist das ein Zeichen einer solchen kompletten Unwissenheit, daß ich geradezu erschüttert darüber bin. Wem gilt der Angriff der Russen, mag er so herum geführt werden, mag er so herum geführt werden? Er gilt den Vereinigten Staaten! Ich war im Herbst 1955 in Moskau[9]. Damals hat mich Chruschtschow um Hilfe gegen die Vereinigten Staaten gebeten. Der ganze Kampf gilt doch nur den Vereinigten Staaten. Wer das in den Vereinigten [Staaten] nicht einsieht, dem ist nicht mehr zu helfen. Entschuldigen Sie, wenn ich das ein bißchen temperamentvoll sage, aber diese ganze Sache ergreift mich so tief, daß ich darüber nicht ruhig sprechen kann.

Ascoli: Ich bin auch sehr bewegt darüber.
Darf ich zu Ihnen in der gleichen Offenheit und Freimütigkeit sprechen, Herr Bundeskanzler? Darf ich Ihnen vielleicht den Rat geben, weder den Einfluß von Shirers Buch, noch den Einfluß von Thompson zu ernst zu nehmen? Ich glaube, jedes Land hat gewissermaßen das Recht, einige Leute zu produzieren, die nicht allzu gescheit, die nicht allzu intelligent sind, selbst wenn sie Positionen im öffentlichen Leben, Positionen von

einigem Einfluß erlangen. Ich glaube, es gibt noch etwas Besorgniserregenderes, etwas Ernsteres als diese Vergiftung der Beziehungen zwischen unseren beiden Völkern; solche Dinge werden immer wieder einmal vorkommen. Wie viele Bücher auch geschrieben werden, wie viele Fernsehprogramme auch gezeigt werden, Herr Bundeskanzler, ich glaube nicht, daß man daraus einen Hinweis entnehmen kann, wieweit die tatsächlich denkende Bevölkerung hiervon beeinflußt wird. Ich glaube, das Kriterium hierfür, die Reaktion des denkenden Teiles der Bevölkerung, ist die Reaktion auf große, einschneidende Ereignisse. Und hier bin ich genauso von der Leidenschaft, vom Temperament gepackt wie Sie es sind, wenn ich an die Ereignisse des Jahres 1961 im August zurückdenke.

Ich bin nach Berlin gefahren und habe sofort erkannt, daß das, was damals geschah, nicht gegen Berlin gerichtet war, nicht gegen Deutschland gerichtet war, sondern gegen die Vereinigten Staaten von Amerika gerichtet war. Ich fuhr nach Hause zurück. Ich schrieb einen Artikel darüber. Was mich dann erschüttert hat, war das große Unverständnis bei vielen, vielen Leuten, bei denen ich es nicht erwartet hätte. Ich fürchte fast, daß etwas Ähnliches geschehen könnte im Zusammenhang mit der jüngsten Rede von Chruschtschow[10]. Man will diese Rede abtun als Propaganda; sie ist falsch ausgelegt worden, sie ist nicht verstanden worden – man will sie einfach abtun.

Adenauer: Die Rede war aber sehr klar und deutlich! Und sehen Sie, nach meiner Meinung – ich bemühe mich, das zu tun – muß man alles, was sich unter den freien Völkern ereignet, unter dem Gesichtspunkt ansehen: Wie wirkt das auf Chruschtschow? Stärkt es seine Hoffnung, Sieger zu bleiben, oder nicht? Und alle diese Differenzen, die Unstimmigkeiten zwischen Washington und Paris, zwischen Washington und uns, diese schreckliche Sache, die stärkt die Hoffnung Chruschtschows, daß der freie Westen auseinanderfällt und daß er Herr Westeuropas wird – und dann, sage ich Ihnen, ist Amerika verloren!

Ascoli: Ich stimme mit Ihnen völlig überein, Herr Bundeskanzler. Es ist auch genau das, was ich immer gesagt und immer geschrieben habe: Ich glaube – um noch einmal auf die jüngste Chruschtschow-Rede zurückzukommen –, daß Chruschtschow in dieser Rede doch sehr klar zu erkennen gegeben hat: daß sich seine nächsten Bemühungen auf die Vereinten Nationen konzentrieren. Ich habe heute auch in einem Bericht über die jüngsten Ereignisse in Berlin gelesen, daß die Demonstranten in Berlin auch gerufen haben: Nieder mit den Vereinten Nationen! Chruschtschow muß erkannt haben, daß in der Vorstellungswelt sehr vieler amerikanischer Politiker und einflußreicher Persönlichkeiten die UN eine ganz besondere Rolle spielen. Es ist irgendwo eine weiche Stelle. Sie sind ein besonderes Lieblingskind mancher Amerikaner. Sie glauben an die UN, sie verlassen sich auf die UN, und ich glaube fast, sie gehen so weit, daß diese Liebe zu den UN die letzte Ausprägung des amerikanischen Isolationismus ist. Und wenn nun Chruschtschow sagt, daß eine Truppe von den UN nach Berlin gehen soll, dann ist das meiner Ansicht nach ein neuer Zug in seinem Spiel, der mindestens ebenso gefährlich in seinen Applikationen ist wie die Errichtung der Mauer.

Adenauer: Darf ich Ihnen noch etwas sagen, für dessen Richtigkeit ich nicht einstehen kann. Aber eine gewisse Wahrscheinlichkeit dafür ist gegeben, und wir müssen der Sache einmal nachgehen. Gestern sagte mir ein Holländer[11], ein kluger Mann, der keine amtliche Funktion hat, sie hätten ja wegen Neuguinea mit Sukarno[12] ein Abkommen gehabt. Hinter ihrem, der Holländer Rücken sei dann durch den Vorsitzenden der UNO, U Thant[13], ein Abkommen geschlossen worden zwischen Sukarno und den US – hinter dem Rücken der Holländer, zum Nachteil der Holländer! Ich kann Ihnen nur wiedergeben, was mir dieser Holländer berichtet hat, und wenn das wahr sein sollte, wird das natürlich das Vertrauen weder in die UNO noch das Vertrauen in die Vereinigten Staaten stärken. Es handelte sich also um ein für Sukarno günstiges Abkommen.

Ascoli: Es kann ja gar kein Vertrauen in die UN geben, denn tatsächlich hat man doch dort schon das Troika-System.

Adenauer: Ich bin einmal zugegen gewesen bei einer Unterredung – das war im Jahre 1959 – zwischen de Gaulle, Eisenhower und Macmillan[14]. Da hat de Gaulle den Herren mal vorgerechnet, in wie wenig Jahren die Mehrheit der Stimmen in den UN »farbige« Stimmen sind, und dann wehe den Weißen!

Ascoli: Ich glaube, man kann davon ausgehen, daß die Gefahr schon fast eine Gewißheit ist, daß Rußland nämlich auf der nächsten UN-Sitzung diesen Vorschlag machen wird, vielleicht sogar Chruschtschow persönlich, in Berlin statt der bisherigen Besatzungseinheiten eine UN-Garnison zu stationieren[15]. Vielleicht geht er von diesem Vorschlag auch wieder etwas zurück und kommt zu dem Vorschlag, den er vor etwa einem Monat in Moskau gemacht hat[16], daß wieder ein Troika-System in Berlin stationiert werden sollte. Die Frage, die mich beschäftigt, ist: Was werden die führenden Länder des Westens tun? Es ist eine sehr ernste Gefahr, und ich glaube, daß die Initiative von Europa ausgehen müßte, denn Europa steht ja hier auf dem Spiele, Europa ist betroffen, es geht um Europa, und Europa hätte dann auch die erste Welle des Angriffs zu ertragen, der dann gegen die US gerichtet wäre.

Adenauer: Ich habe gehört, daß Chruschtschow vorhabe, die amerikanischen Truppen als UNO-Truppen in Berlin zu akzeptieren.

Ascoli: Selbst das würde schon reichen.

Adenauer: Dann stehen sie unter dem Kommando der UNO.

Ascoli: Ich meine, das wäre dann die unkongruente Verwirklichung des Bibelwortes: Die Letzten werden die Ersten sein. Dann hätte man da die Truppen der UN, möglicherweise amerikanische Einheiten, unter dem Kommando eines Generals aus Ghana oder aus Nigeria.

Was Washington angeht, so brauche ich Ihnen nicht zu sagen, Herr Bundeskanzler, daß die Macht dort konzentriert ist wie in keinem anderen Lande. Es gibt nichts wie ein Foreign Office oder einen Quai d'Orsay oder ein Auswärtiges Amt in Washington; das ist alles ganz anders, und deswegen glaube ich, daß die Initiativen zu irgendwelchen Gegenaktionen und rechtzeitiger Planung hier von den europäischen Mitgliedern des Bündnisses ausgehen müssen, weil es ja hier auch um Europa und europäische Länder geht.

Adenauer: Sie wissen, daß Ihr Präsident sehr empfindlich ist?

Ascoli: Empfindlich worauf?

Adenauer: Gegen Tadel oder Korrektur.

Ascoli: Ich muß sagen, es ist zwar eine große Ehre, aber eine zweifelhafte Ehre, von einem Präsidenten gelesen zu werden, der dann alles gleich sehr empfindlich nimmt. Eisenhower war mir sehr viel lieber – er hat nie etwas gelesen!

Adenauer: Ich glaube, das geht zu weit.

Ascoli: Aber es gibt doch diplomatische Beziehungen zwischen den Staaten des Bündnisses, es gibt doch eine internationale Politik, es gibt doch Gremien, in denen man sich berät, sich konsultiert, versucht, auf die künftige Entwicklung einzugehen. Ich glaube – das war überhaupt der Sinn meiner ganzen bisherigen Ausführungen –, die Gefahr richtet sich nicht gegen Deutschland, nicht gegen Berlin, sondern gegen die Vereinigten Staaten von Amerika. Wenn man das Deutschlandproblem, das Berlinproblem vor die UN brächte, dann wäre das das denkbar ungeeignete Forum, vor dem diese Frage überhaupt erörtert werden könnte. Ich brauche Ihnen nicht zu sagen, Herr Bundeskanzler, wo die Gefahr brennt, wo sie am größten ist. Ich halte sie für noch größer als im vergangenen Jahr, und ich glaube, wir machen uns selbst etwas vor, wenn wir glauben, das Berlinproblem immer wieder hinausschieben, vertagen zu können bis zum Abschluß eines Friedensvertrages. Ich glaube, wir sind mit den Möglichkeiten ans Ende gekommen.

Adenauer: Ich will Ihnen sagen, nach meiner Auffassung ist die außenpolitische Lage, solange ich mich erinnern kann, also seit 13 Jahren, nicht so kritisch gewesen wie jetzt. Wissen Sie, warum? Weil niemand den Kurs der Vereinigten Staaten kennt! Sehen Sie mal: Plötzlich wird Norstad abserviert[17]; er hatte keine Ahnung davon. Er hatte wohl im Frühjahr sein Rücktrittsgesuch eingereicht. Er sollte aber weiter bleiben. Und dann wird Lemnitzer, der in vieler Hinsicht ein tüchtiger Mann ist, einfach ernannt, ohne daß einer gefragt wird von den ganzen Partnern der NATO. Deswegen hat es auch de Gaulle abgelehnt, seine Zustimmung zu geben, um damit nach außen zu zeigen, daß er mit dieser Art der Behandlung nicht einverstanden ist. Norstad hat Lemnitzer zu de Gaulle bringen müssen, und Norstad hat Lemnitzer de Gaulle dann vorgestellt. Darf ich eine Frage an Sie stellen: General Taylor hat im Senat seine Ansichten über [die] Strategie der Verteidigung klargelegt[18]. Daraufhin hat der amerikanische Senat einstimmig die Ernennung gutgeheißen. Was Taylor gesagt hat, ist, soviel ich weiß, nicht veröffentlicht worden. Könnte man das einmal bekommen? Ich glaube, für die ganze Welt, auch für die Russen, wäre es interessant, was Taylor im Senat gesagt hat.

Ascoli: Herr Bundeskanzler, ich würde mir darüber eigentlich kein Kopfzerbrechen machen; denn so wie die Sache in Washington ist, wissen sowieso schon viele Leute genau, was er gesagt hat. Sie haben doch eine gute Botschaft drüben!

Adenauer: Wir wissen es aber nicht!

Ascoli: In Washington wird die Meinung gemacht durch Indiskretionen!

(Lachen)
Die Politik ist dort kontrollierte Indiskretion.

Adenauer: Taylor hat doch dieses Buch[19] geschrieben, das Sie kennen, und die Frage ist doch: Hält er zu diesem Buch, oder wirft er es über Bord? Das ist für alle Europäer die einzige Frage, und darauf könnte man doch eine klare Antwort verlangen.

Ascoli: Herr Bundeskanzler, wenn ich ein persönliches Wort sagen darf: Ich habe großes Vertrauen in mein Heimatland. Ich bin kein geborener Amerikaner, ich bin geborener Italiener, und ich verdanke es Mussolini[20], daß Amerika meine Heimat geworden ist. Ich bin vor 30 Jahren ausgewandert, aber ich habe immer wieder festgestellt, Amerika ist doch irgendwie sehr rätselhaft, eine Sphinx, wie Churchill einmal gesagt hat. Aber es hat auch diesen unvorstellbaren Sinn für Freiheit, auf die jeder ein Recht hat, und es hat von diesem Recht Gebrauch gemacht, in sehr scharfer und zwingender Form zu sagen, was seiner Ansicht nach getan werden sollte, und ich glaube, mancher Alliierte könnte das auch so tun. Deswegen habe ich die Zuversicht, die Hoffnung und den Glauben, daß aus dieser Konfusion doch etwas Klares, Deutliches und Gutes entsteht.

Adenauer: Taylor war nun mit der damaligen Strategie nicht einverstanden, schied aus, schrieb ein Buch. Dieses Buch ist nach unser aller Auffassung für Europa tödlich. Jetzt wird er auf einmal der maßgebendste militärische Mann. Was läge da näher, als daß er sagte: Das Buch habe ich unter den damaligen Verhältnissen geschrieben; die Verhältnisse haben sich geändert, ich habe jetzt die und die Konzeption. Wenn er das sagte, dann würden auch die Russen sich das merken. Aber so sind das alles Ermutigungen für den Russen, und alles das, was so geschieht, ist eine große Freude für Herrn Chruschtschow, und der wird immer frecher und anmaßender.

Ascoli: Ich stimme voll und ganz mit Ihnen überein. Aber ich habe trotzdem die Zuversicht, daß sich das klären wird, und ich teile auch die Auffassung, die ein guter gemeinsamer Freund – wenn ich mich dieses Ausdrucks bedienen darf – hat, und zwar denke ich an Professor Kissinger. Es gibt vielleicht viele Dinge, die man weiß, über die man aber nicht spricht. In diesem Zusammenhang: Weil man auch nicht weiß, daß eine Person, um die es sich handelt, dann tatsächlich so handelt, sagt man diese Dinge selbst; ich denke hierbei an General Taylor. Aber es war bestimmt ein Fehler, es war falsch, daß man sich in ein solches Schweigen hüllte.

Wenn ich das sagen darf: Die Gefahr liegt nicht so sehr darin, daß Sie oder General de Gaulle nicht ganz Bescheid wissen über die amerikanische Verteidigungskonzeption. Die Gefahr liegt vielmehr darin, daß Chruschtschow nicht Bescheid weiß und zu falschen Schlußfolgerungen kommt. Aber ich glaube, es bahnt sich langsam eine Änderung an. Nach allem, was ich hörte und erfahren habe, glaube ich, man sollte den Vorstellungen, den Gedanken General Taylors nicht allzu große Bedeutung, man sollte ihnen kein Übergewicht beimessen. Denn für das, was ein Mann denkt und sagt und tut, ist doch das Milieu sehr wichtig, in dem er sich bewegt. Es ist ja ein Unterschied zwischen der Atmosphäre, in der sich vielleicht ein erboster, unzufriedener, entlassener General zusammen mit seinem Schreibgehilfen, der ihm seine Memoiren schreibt, befindet, und der, in der er jetzt arbeitet in einem Team mit allen anderen. Ich glaube also, Sie sollten deswegen die Ansichten über das, was Taylor selbst einmal geschrieben und gesagt hat, nicht überbewerten.

Adenauer: Aber wenn man dann einmal die Unruhe erzeugt hat, die Hoffnung bei den Russen, die Unruhe in Europa, dann darf man das auch nicht so als nichts ansehen, so ist die Sache auch nicht. Man hat an uns das Ansinnen gestellt, wir sollten unsere Truppen von 500 000 auf 750 000 aktive Soldaten vermehren[21]. Das würde für uns schon rein pekuniär vollkommen unmöglich sein. Dabei ist für jeden Militär klar, daß der Russe, der doch die nuklearen Waffen hat, sie dann anwenden wird, wenn er glaubt, damit zum Ziele zu kommen. Ich habe mit Eisenhower über die Sache gesprochen[22]. Sie hätten ihn mal hören sollen! Nein, nein, man soll die Sache nicht verharmlosen, das hat keinen Zweck. Man soll die Sache sehr ernst nehmen. Bei all diesen Sachen kann man nicht eine Entwicklung zum Guten abwarten, da muß sehr klar gedacht werden, und darin muß sehr klar gehandelt werden. Natürlich, es gibt Kriegsschauplätze – nehmen Sie einmal an, wie es in Korea war oder in Laos[23] war –, da verlohnt es sich nicht, mit nuklearen Waffen zu schießen, da wird mit konventionellen Waffen gekämpft. Aber das ist doch in Europa eine andere Sache.

Ascoli: Es ist richtig, ist stimme mit Ihnen überein, daß man in dieser Situation klar denken und klar handeln muß. In den Vereinigten Staaten ist es nun mal auf Grund der dortigen Regierungsform so, daß dieses klare Denken nicht immer und notwendigerweise von den Leuten kommt, die nun in der Regierung sind. Denken Sie beispielsweise einmal an die Erfahrungen in der Administration Eisenhower. Es ist auch eine weitere Erfahrung des amerikanischen politischen Lebens, daß es immer eine verhältnismäßig lange Zeit, oft eine schmerzliche Zeit braucht, bis eine neue Verwaltung sich in das neue Amt eingelebt hat, bis diese neue Regierung dann tatsächlich einmal ganz erkannt hat, über welche Macht sie verfügt und bis sie diese Macht richtig anwendet und einsetzt. Ich glaube aber, daß wir uns dem Ende dieser Übergangszeit allmählich nähern. Ich glaube auch, daß gerade Chruschtschows jüngste Rede dazu wesentlich beigetragen hat. Ich weiß, es ist nicht leicht, ein Verbündeter von Amerika zu sein. Das ist ebensowenig leicht, wie als Amerikaner im eigenen Lande als Publizist und Schriftsteller das zu denken und das, was man gedacht hat, auch zu veröffentlichen. Aber ich habe doch die Zuversicht, daß sich am Ende alles geben wird.

Adenauer: Also, helfen Sie uns?

Ascoli: Ich kann nur in meinem kleinen Bereich als Einzelmensch helfen und durch meine Veröffentlichungen. Ich werde das gerne tun. Aber meine Erfahrung ist auch gewesen, daß gute Bemühungen, gute Anstrengungen in Amerika nie umsonst sind.

Ich darf Ihnen zum Schluß vielleicht als Abschiedsgedanken eine Äußerung meines Freundes Benedetto Croce[24] zitieren, die er mir mit auf den

Weg gegeben hat, als ich 1931 nach Amerika ging. Er sagte mir damals: Die Vereinigten Staaten sind wie ein neapolitanisches Land; dort spielt sich das ganze Leben im Fenster ab, und das Fenster steht immer offen. Alle Leute können immer hören, was draußen vorgeht. Dadurch wird einem auch oft der Eindruck von einer großen Konfusion, eines Durcheinanders vermittelt, die aber in Wirklichkeit nicht besteht.

Adenauer: Ja, im Jahre 1931 hatte Amerika nicht die Verantwortung wie im Jahre 1962.

Montag, den 12. November 1962

9 Uhr 45	Frau Piper
11 Uhr 05	Präsident Gehlen
12 Uhr 05	Gespräch mit amerikanischen Journalisten
	Herr von Hase
	Herr Schnippenkötter
	Dolm. Weber
13 Uhr 10	Präsident Gehlen
13 Uhr 35	BM Krone
15 Uhr 35	Herr Bundeskanzler in die Vorstandsitzung
17 Uhr 25	Herr Bundeskanzler zurück ins Haus des Bundeskanzlers
17 Uhr 30	Senator Javits
	Dr. Osterheld
	Dolm. Weber
18 Uhr 25	Herr Bundeskanzler zum Bundespräsidenten
19 Uhr 40	BM Stammberger
	Bundesanwalt Kuhn

Zu Dok. Nr. 23

Nr. 23
12. November 1962: Informationsgespräch (Wortprotokoll)

StBKAH 02.29, mit ms. Vermerk »*Unkorrigiertes Manuskript*« und Paraphe
»Z[ie]h[e]«

Teilnehmer: Omer K. Anderson[1], Russel Braley[2], John A. Calcott[3], Robert Elegant[4], Peter Forbath, John Gibson, Sydney Gruson, Samuel Iker, Jack Koehler, Dr. Kurt Lachmann, Flora Lewis Gruson, Jesse Lukomski, David Nichol, Herman Nickel[5], Larry Rue, Daniel Schorr[6], Henry L. Trewhitt[7], J. Emlyn Williams, Kurt De Witt[8] – Karl-Günther von Hase, Heribert Schnippenkötter, Heinz Weber, Theodor-Paul Ziehe

Beginn: 12.05 Uhr[9]   Ende: vor 13.10 Uhr[10]

Adenauer: Meine Herren, es ist wirklich eine merkwürdige Zeit; lassen Sie mich ganz offen [mich] mit Ihnen unterhalten. Ich habe hier einen Artikel über die Contergan-Affäre in Lüttich[11]; das wird auch in einer Reihe von Pressestimmen des Auslandes – nicht aus Deutschland! – angeführt, daß wir eine Form der öffentlichen Meinungsbildung haben, die nun tatsächlich auch hier die Geschworenen ganz offenbar beeinflußt hat. Das ist in der Tat so. Über dieses Problem öffentliche Meinungsbildung habe ich mir in der vergangenen Woche weidlich den Kopf zerbrochen. Die öffentliche Meinungsbildung ist ja durch Rundfunk und Fernsehen so intensiv geworden – nicht mehr die Presse, die ist verhältnismäßig harmlos! –, aber Rundfunk und vor allem Fernsehen prägen heutzutage die öffentliche Meinung, so daß also die Bildung der öffentlichen Meinung nicht mehr, wie das früher gewesen ist, in den Händen einer Reihe von Zeitungen liegt, von denen die eine dieses Bild hat, die andere jenes Bild hat, so daß der Leser, der mehrere Zeitungen liest, doch daraus ersehen kann, daß die gleiche Sache oft, unter anderem Gesichtspunkt betrachtet, ganz anders aussieht[12]. Rundfunk und Fernsehen üben also auf die Bildung der öffentlichen Meinung einen schreckenerregenden Einfluß aus.
(*Zuruf:* Einen schlechten?)
Ich habe nicht gesagt »schlechten«, aber schreckenerregend, und ich meine, das müßte sich eigentlich auch jeder Journalist einmal klarmachen, daß doch die öffentliche Meinung – abgesehen von kleinen Orten bei uns, da hat das Fernsehen nicht den Einfluß – fest in der Hand des Fernsehens liegt. Zum Beispiel in dieser Sache, um die es sich hier bei uns jetzt handelt[13], weswegen ich Sie hierher gebeten habe, [daß] die Sendung »Panorama« – ich habe sie nicht gesehen, ich sehe überhaupt

kein Fernsehen[14], ich will mich frei halten, ich halte es mit den Zeitungen! – einen sehr großen Einfluß ausgeübt hat.
Nun, meine Herren, Sie wissen, daß wir das Legalitätsprinzip bei uns haben, bei der Staatsanwaltschaft. Das heißt, daß der Staatsanwalt, wenn der begründete Verdacht über das Begehen einer strafbaren Handlung aufkommt, verpflichtet ist, das zu untersuchen. Häufig kommt es natürlich vor, daß dem Staatsanwalt Anzeigen erstattet werden. Was er dann damit macht, das ist in großem Umfang seine Sache. Ich selbst, meine Herren, habe als junger Mann zwei Jahre lang das Dezernat einer Staatsanwaltschaft in Köln verwaltet[15] – das brauchen Sie aber nicht zu schreiben! –; etwas kenne ich das Geschäft, weiß aber, daß man viel dummes Zeug in solchen Anzeigen bekommt, die man dann zu den Akten legt. Aber wir hatten z. B. bei der Staatsanwaltschaft in Köln auch ein Pressereferat, und dort wurden die Zeitungen, die innerhalb des Gebietes dieser Staatsanwaltschaft erschienen, regelmäßig gelesen, und zwar daraufhin, ob strafbare Handlungen begangen wurden. Das ist also bei uns in Deutschland eine alte Tradition und hat mit Beschränkung der Pressefreiheit überhaupt gar nichts zu tun. Denn es ist ganz klar, kein Journalist wird für sich verlangen, daß er in der Presse strafbare Handlungen begehen kann, ohne dafür zur Rechenschaft gezogen zu werden. Nehmen Sie einmal an, es würde in irgendeiner Zeitung jetzt stehen, ich hätte meinen Vater oder meine Mutter ermordet – man weiß ja nicht, was einem heutzutage vorgeworfen wird –, dann würde der Mann sich doch unbedingt strafbar machen, der so etwas schreibt.
Nun hat die Bundesanwaltschaft, die namentlich beim Landesverrat zuständig ist, aus sich heraus, von niemandem dazu veranlaßt, gegen den »Spiegel« ein Verfahren wegen Landesverrat eingeleitet. Ich darf jetzt einen Satz sagen, meine Herren, den müssen Sie vergessen: Manche unserer Leute haben sich sehr dumm in der ganzen Sache benommen. Ich will Ihnen gleich einen Beweis dafür geben.
Die Bundesanwaltschaft hat also aus sich heraus das Verfahren eingeleitet[16] und hat dann, wie auch in andern Fällen, vom Bundesverteidigungsminister ein Gutachten darüber verlangt, ob in einem bestimmten Artikel des »Spiegel« ein Landesverrat zu erblicken sei[17]. Das Verteidigungsministerium hat einen Minister an der Spitze, hat einen Staatssekretär, hat Ministerialdirektoren, und es hat Regierungsdirektoren; es hat darunter ausgeprägte Juristen, und zwei solcher Juristen sind damit betraut worden, dieses Gutachten zu erstatten.
Wie Staatssekretär Hopf[18] mir gesagt hat [...] – den Sie übrigens wiedersehen werden als Staatssekretär, das nur nebenbei; er ist augenblicklich

krank, ich weiß nicht, ob er schon im Krankenhaus ist, er muß sich operieren lassen. Er hat im Sommer eine größere Operation hinter sich gebracht, und eine Nachoperation ist fällig, die wird er jetzt machen lassen, und dann werden Sie in Bälde das Vergnügen haben, ihn wiederzusehen. Ich freue mich auch daraufhin, daß er wieder da ist.
(*Zuruf*: Wiedersehen im Amt?)
Ja, selbstverständlich! Wo denn sonst?
(*Zuruf*: Vielleicht im Finanzministerium?)
Meine Herren, ich habe zuviel mit Journalisten zu tun gehabt; ich sollte mit Ihnen vorher ausmachen, ob off the record oder nicht. Wir wollen das nachher machen. Aber lassen Sie mich einmal ganz frei sprechen und nicht jedes Wort auf die Goldwaage legen.
Herr Hopf, der ein sehr kluger und gewissenhafter Mann ist und allgemein als solcher anerkannt ist, hat nun dieses Ersuchen auf Anfertigung dieses Gutachtens der Bundesanwaltschaft zwei juristischen Beamten seines Ministeriums übergeben. Als die das Gutachten angefertigt hatten und es ihm brachten, hat er es erst unterschrieben, nachdem die beiden es unterschrieben hatten, die beiden sollten zuerst unterschreiben, damit nicht irgendwie nachher gesagt werden würde, durch seine vorherige Unterschrift hätten die nun gar nicht anders gekonnt, als auch zu unterschreiben. Dann erst hat er das Gutachten seinem Minister gezeigt; er hat mir wörtlich gesagt: Der Minister hat das erste Blatt davon gelesen, mehr nicht. Dann hat der Minister gesagt zum Herrn Hopf, ihm übertrage er die ganze Sache.
Er wird ja sehr angegriffen, wie Sie wissen, und es war von ihm nicht unklug, daß er sich aus der Sache vollkommen heraushielt. Dann hat die Bundesanwaltschaft bei dem Ermittlungsrichter des Bundesgerichts – das ist eines unserer obersten Gerichte – beantragt: Haftbefehl gegen mehrere Personen, darunter gegen Augstein, und einen Durchsuchungsbefehl[19]. Der stammt also von richterlicher Seite, von einer Seite, auf die wir weder direkt noch indirekt auch nur den geringsten Einfluß haben. Und nun kommt wieder etwas Komisches in der ganzen Geschichte, was leider Gottes auch nicht gesagt worden ist. Der Bundesinnenminister hat zur Hilfe bei solchen Sachen das Bundeskriminalamt und die Bundessicherungsgruppe. Zwei Herren – ich weiß nicht, ob vom Bundeskriminalamt oder von der Sicherungsgruppe – haben in Düsseldorf einem Herren, der da aus einem Delikatessenladen herauskam, gesagt: Sie sind Augstein! Da hat der Mann gesagt: Ich bin nicht Augstein. – Doch, nun machen Sie keine Geschichten, Sie sind Augstein! Der Mann wieder: Hier stehen wir vor der Commerz- und Discontobank, die gan-

zen Herren kennen mich, am besten gehen wir rein. Worauf die Polizeibeamten gesagt haben: Machen Sie kein Aufsehen, wir gehen zur Polizei, und dann stellen wir das fest. Und dann hat sich ergeben, daß das nicht Augstein war, aber der Vertreter des »Spiegel« für Düsseldorf, der Anzeigenvertreter, glaube ich[20].

Nun haben sich die Polizei und die Bundesanwaltschaft verständlicherweise gesagt, wenn jetzt dieser Mann, den man fälschlich als Augstein angesprochen hat, ins nächste Telegrafen- oder Telefonamt geht, dann sagt er sofort seinem Herrn: Halt, hier ist ein Verfahren gegen Sie im Gange – und dem wollten die zuvorkommen und haben deswegen – und das ist unter Umständen möglich – sofort in der Nacht da zugegriffen. Das wissen Sie –, aber, meine Herren, die Beamten kamen schon zu spät. Sie mußten feststellen, daß ein früherer Oberst Wicht[21], der dem Bundesnachrichtendienst angehört und der in Hamburg sein Quartier hat, die Firma Augstein am 18. (Oktober) ins Bild gesetzt hat darüber, daß die Bundesanwaltschaft ein Verfahren gegen den »Spiegel« einleitet[22].

(*Journalist:* Das sagte ein früherer Oberst, er ist es nicht mehr?)
Er ist jedenfalls nicht aktiver Oberst, er untersteht nicht dem Verteidigungsminister.
Sie fragen so – wissen Sie, ich lese auch Kriminalromane! –, daß also dieser Oberst Wicht – und das ist nach meiner Meinung ein Skandal ersten Ranges – den Augstein benachrichtigt hatte und daß dann – das haben Sie ja gelesen als Veröffentlichung des Bundesanwalts[23] – Beweismaterial beiseite geschafft worden ist in dem Verlagshaus von Augstein und daß die Direktoren des »Spiegel« sich untereinander verständigt haben wegen ihrer Aussage. Das Komische ist, daß die beiden Beamten in Düsseldorf ausgerechnet an einen Mitarbeiter von Augstein geraten sind; ich habe im »Spiegel« die Bilder gesehen, die sind sich gar nicht ähnlich, der voreilig Gestellte und Augstein, so daß offenbar die Beamten keine Fotografie von Augstein gesehen hatten, sonst würden sie das gar nicht behauptet haben.
Und nun geht die Sache ihren Gang. Herrn Augstein wird sogar die Freiheit gelassen – Sie werden das gelesen haben –, aus dem Gefängnis heraus Artikel zu schreiben in dem neuen »Spiegel«[24]. Es wird, sobald ein Raum und die Papiere, die dort zu finden sind, durchgekämmt worden sind, der Raum zurückgegeben; aber die Bundesanwaltschaft hat von vornherein gesagt, diese Untersuchung wird, weil eben Material beiseite geschaffen worden ist nach dem 18. [Oktober], längere Zeit brauchen, um festzustellen, ob Augstein schuldig ist oder nicht schuldig ist.

Das ist der Tatbestand, über den nun die Sozialdemokraten die Hessen-Wahl[25] gewonnen haben – das hat ihnen sicher genützt. Unsere Leute in Hessen haben das vorhergesagt. Ob nun bei der CDU die Sache noch wirkt, kann ich nicht beurteilen, das weiß ich nicht. Aber ich möchte Ihnen sagen, meine Herren, mit Gestapo-Methoden hat das gar nichts zu tun. Ich bin zweimal von der Gestapo verhaftet worden[26] und weiß, wie das zugegangen ist bei der Gestapo. Erstens nahmen die niemals richterliche Haftbefehle vor, sondern die Gestapo hatte ganz freie Hand, einen zu verhaften oder nicht zu verhaften. Es gab auch keine Beschwerde dagegen. Aber mit Gestapo-Methoden hat das hier nichts zu tun und nach meiner Meinung auch nicht mit einer Beschneidung der Pressefreiheit.

Nun kommt die Sache hoch mit den Fahnen (Druckfahnen)[27]. Was haben die sehr korrekten Beamten – in dem Falle waren sie sehr korrekt – der Sicherungsgruppe getan? Sie finden da die Fahnen der neuen Nummer, also die ersten Abzüge, und die haben sie zusammengepackt, in einen Umschlag getan und sie dem Richter, der den Durchsuchungsbefehl gegeben hatte, übergeben. Der hat durchgesehen, ob die Fahnen irgendwie noch wiederum eine strafbare Handlung enthielten, was doch immerhin wichtig war, und da sie nichts enthielten, hat er sie wieder zurückgegeben, so daß die Nummer erschienen ist.

Was soll ich Ihnen weiter darüber sagen, meine Herren; am besten fragen Sie. Aber ich will Ihnen sagen damit, wie nun die öffentliche Meinung irregeleitet werden kann, und zwar über die ganze Welt hinaus, und ich habe Sie heute gerade zu mir gebeten, nicht nur wegen dieser Sache – ich wollte auch gern über meine Reise in die Vereinigten Staaten[28] mit Ihnen sprechen –; aber wir Deutschen – ich bin ja selbst ein Opfer davon – haben in der Vergangenheit diese willkürlichen Verhaftungen und Einsperrungen usw. zur Genüge kennengelernt, und deswegen nimmt man fast an, wir neigten dazu. Dabei glaube ich, meine Herren, daß wir weniger dazu neigen als manches andere Land, und daß bei Verhaftungen heute ein Richter bei uns äußerst vorsichtig ist, nicht immer, aber im allgemeinen doch äußerst vorsichtig ist. Ich betone nochmals: In diesem Verfahren sind die Haftbefehle erlassen von einem zuständigen Richter des obersten Bundesgerichts für derartige Fälle von Strafsachen.

Journalist: Glauben Sie, Herr Bundeskanzler, daß die »Spiegel«-Affäre Ihre Reise nach Amerika beeinflussen kann in Washington?

Adenauer: Wenn ich nun wieder unsere Zeitungen ansehe – ja. Und die »New York Herald Tribune« hat ja auch geschrieben wegen meiner

Nachfolgeschaft: Man könne mit Sorge daran denken, wenn ich mal einen Nachfolger habe[29]. Das ist ein Kompliment für mich! Jedenfalls ist es unangenehm und schadet auch uns Deutschen! Ich bin mir vollkommen im klaren darüber, daß in den Ländern der Welt Deutschland mit einem gewissen Argwohn betrachtet wird, ob wir nicht zu solchen Ausschreitungen, wie sie ja früher vorgekommen sind, neigten, und deswegen, glaube ich, sollten wir uns dagegen zur Wehr setzen.

Journalist: Eine Frage haben Sie noch nicht besprochen, die hat besondere Unruhe hervorgerufen, das ist die Sache Ahlers[30]!

Adenauer: Darauf komme ich. Das ist das Komischste, was es gibt. Verzeihen Sie, wenn ich das sage. Aber ich habe im Bundestag auch gesagt, wenn Ahlers in Hamburg verhaftet worden wäre – gegen ihn bestand ein richterlicher Haftbefehl! –, wäre das für ihn genauso unangenehm gewesen wie in Malaga[31].

Aber nun hängt die Sache so zusammen: Oberst Oster[32] und Ahlers sind Freunde. Sie waren früher beide in der Dienststelle Blank[33] tätig, die dem Verteidigungsministerium voranging. Herr Ahlers wollte sich erholen in Spanien und hat sich an Oster gewandt und ihn gebeten, ihm ein Hotel zu empfehlen. Herr Oster hat ihm ein Hotel bei Malaga empfohlen. Nun geht die Sicherungsgruppe in die Wohnung von Ahlers in Hamburg, um ihn zu verhaften, und sie hört da, der ist doch in Spanien, und zwar durch Vermittlung der deutschen Botschaft. Darauf hat die Sicherungsgruppe das Verteidigungsministerium bei Nacht und Nebel, tief in der Nacht, angerufen und hat das mitgeteilt. Dann wurde schließlich der Herr Oster angerufen, weil das gesagt worden war wegen der Vermittlung des Hotels. Der wurde also angerufen von Beamten des Verteidigungsministeriums, und er hat zur Antwort gegeben: Ich kenne nur die Stimme des Bundesverteidigungsministers.

Daraufhin hat man den Bundesverteidigungsminister aus dem Bett an den Apparat geholt, und der hat dann mit ihm gesprochen. Was hätte der nun sagen sollen? Er hat höchstwahrscheinlich dasselbe gesagt, was jeder sagen würde: Der Haftbefehl liegt vor, forschen Sie, ob er (Ahlers) – ich drücke mich ganz vorsichtig aus! – spazierengeht nach Tanger usw. Und da haben die Spanier – durchaus korrekt – zu dem Herrn Ahlers gesagt: Wir können dreierlei mit dir tun. Entweder können wir dich abschieben über die französische Grenze nach Frankreich oder aber wir können dir die Gelegenheit geben, daß du mit dem nächsten Flugzeug nach Deutschland kommst, oder aber es kann ein Auslieferungsverfahren eingeleitet werden, und das dauert gewöhnlich monatelang. Da hat, soviel ich unterrichtet bin, Ahlers gesagt, ihm wäre es am liebsten, wenn er mit dem nächsten Flugzeug nach Deutschland fliegen könnte. Das ist dann auch geschehen. Frau Ahlers[34] hat nie eine Rolle in der ganzen Sache gespielt. Wahrscheinlich hat sie ihren Mann nicht verlassen wollen, was ich verstehen kann. Dann ist Herr Ahlers auf dem Frankfurter Flughafen aufgrund richterlichen Haftbefehls verhaftet worden.

Also, was ich nicht verstehe, Augstein und die Sache mit Oster, und daß das alte Freunde waren, daß er dem das Hotel genannt hat und daß die Leute in Hamburg in der Wohnung von Ahlers den Ermittlungsbeamten gesagt haben: Der ist doch in Spanien, die Botschaft hat ihm doch das Hotel vermittelt.

Journalist: Wenn die sagen, die Botschaft hat das getan – warum ruft man nicht das Außenministerium an, warum gerade die beteiligten Ministerien?

Adenauer: Das kann ich Ihnen nicht sagen. Kann auch sein, daß das gesagt worden ist. Ich bin so bedrängt in der Arbeit, daß ich diesen Einzelheiten wirklich nicht nachgegangen bin. Es kann auch gesagt worden sein, der Oberst Oster hat ihm das Quartier besorgt, und dann hat man eben das Verteidigungsministerium angerufen.

Journalist: Herr Bundeskanzler, glauben Sie, wenn irgendein anderes Nachrichtenorgan diese Geschichte geschrieben hätte, nicht gerade der »Spiegel«, daß dann jemand verhaftet worden wäre? Und wenn das so ist, wie ist es zu erklären, daß im Zusammenhang mit einem ähnlichen Artikel, der in der »Deutschen Zeitung« erschienen ist[35], in dem ähnliche Informationen – wenn man von Geheimnissen sprechen kann – enthalten waren, nichts passiert ist?

Adenauer: Ob das in der »Deutschen Zeitung« erschienen ist, weiß ich nicht. Ich kann aber auch hier sagen, das Verteidigungsministerium war nicht die Stelle, die die Bundesanwaltschaft in Bewegung gesetzt hat. Und nun, was den »Spiegel« an sich angeht, der erschien bisher in einer Auflage von 500 000 Exemplaren, die neueste Nummer in 750 000 Exemplaren – Sie sehen also, wie man Reklame machen kann – unfreiwillig! Der »Spiegel« ist das Organ von manchen intellektuellen Kreisen und hat insofern eine Bedeutung, die über die Höhe der Auflagenziffer noch hinausgeht. Er wird auch im Ausland gelesen!

Journalist: Sie haben vorhin gesagt, man kann nicht jemand beschuldigen, Sie haben Ihren Vater oder Mutter ermordet, ohne Strafe zu gewärtigen – und im Bundestag kann man alles sagen?

Adenauer: Ich habe gesagt, in der Presse darf man nicht alles sagen. Wenn man z. B. in der Presse jemand gröblich beleidigt, dann kann man klagen, und dann wird der Redakteur verurteilt. Ich habe heute zu meiner Überraschung gelesen, daß einer zu 300 DM Geldstrafe verurteilt worden ist, weil er mich beleidigt hat[36]. Ich suche mich möglichst an Strafanzeigen vorbeizudrücken, weil es gar keinen Zweck hat. Aber wogegen ich mich wehre, das ist, daß bei uns in Deutschland die Pressefreiheit unterdrückt wird – das ist einfach nicht wahr, meine Herren!

Journalist: Meine Frage ist aber diese: Finden Sie es ganz korrekt, daß Sie im Bundestag schon Augstein und den »Spiegel« als Landesverräter[37]...

Adenauer: Haben Sie es genau gelesen? Was habe ich gesagt? – Ich habe nämlich meine Korrektur nicht gelesen, hatte keine Zeit. Meiner Erinnerung nach habe ich gesagt: Wenn einer, um Geld zu verdienen,

Entwurf der Rundfunk- und Fernsehansprache vom 23. November 1962 zur »Spiegel«-Affäre (zu Dok. Nr. 23)
Regierungskrise – Staatskrise – Vertrauenskrise im Inland und im Ausland. – Angelegenheit Strauß / Erklärung für uns erledigt – ob zwischen A[uswärtigem] A[mt] u. Verteidigungsministerium Angelegenheit für sich [...] – Vertrauenskrise: Spiegelaffaire (Politik des Spiegel / Angriffe gegen Strauß seit Beginn stärkeren Eintritts für nukleare Bewaffnung / nicht B[undes]R[epublik] *allein* – Landesverrat eines der schwersten Ver[brechen...]

Landesverrat begeht, dann finde ich das gemein – und das finde ich auch gemein!

Lewis Gruson: Wie schätzen Sie in diesem Zusammenhang die gestrige Wahl ein?

Adenauer: Das habe ich eben gesagt – davon haben die Sozialdemokraten den Gewinn!

Lewis Gruson: Dadurch mit?

Adenauer: Durch diese Sache sicher. Das können Sie aber in jeder deutschen Zeitung lesen. Damit aber da nun kein Irrtum entsteht: Ich behaupte keineswegs, daß deswegen das von der Sozialdemokratie gemacht worden ist!

[Ver]brechen – Zuchthaus – Einleitung durch Bundesanwalt – Artikel / Einforderung eines Gutachtens durch Bundesanwalt beim Verteidigungsministerium / nur Haftbefehle durch Bundesgerichtshof / Nur Durchsuchung[sbefehl] durch Bundesgerichtshof – Oberst Wicht B[undes]N[achrichten]D[ienst] / Notiz Bekker über [...] / Beweismaterial verschwunden. / Wer Wicht Anweisung gegeben hat, steht nicht fest. / Aber eine Krise (?) besonderer Bedeutung.

Journalist: Ein Teil der Aufregung betr[effend] Ahlers ist dadurch entstanden, daß so lange widersprechende Mitteilungen gemacht worden sind. Wäre es nicht möglich gewesen, diese Mitteilungen etwas früher zu machen und damit Aufregung zu ersparen?

Adenauer: Ich hätte es getan, sofort, und hätte gesagt, wie die Sache liegt.

Journalist: Auch in der Fragestunde im Bundestag?

Adenauer: Ja sicher – sobald ich gemerkt hätte, es ist eine Unruhe da, hätte ich das gesagt.

Journalist: Genug vom »Spiegel«! – Was erhoffen Sie in Washington?

Weitere *Frage* (ein anderer [Journalist]): Ob Sie eine ähnliche Erklä-

Interview / Döring – Corriere / am 15. 11. nachts – Interview teilweise vorlesen wegen Hintergrund des Ganzen – Erhard / SPD: Ich bin der Sünder, daher besonders geeignet als Verhandler – Erfolge bis 1965 / ausschlaggebend / Arbeit leisten –

rung in Washington abgeben werden, daß die Pressefreiheit in Deutschland nicht gefährdet ist?
Adenauer: Wenn ich im Nationalen Presseklub danach gefragt werde, werde ich die Erklärung abgeben[38]. Wir wollen mal so sagen: Was glauben Sie wohl, was zwischen den amerikanischen Herren und mir und zwischen Präsident Kennedy und mir besprochen werden wird? Irgendwo in einer Zeitung habe ich heute früh gelesen, wenn ich vor vier Wochen in Washington gewesen wäre, dann wären die Gesprächsthemen andere gewesen. Das ist richtig. Aber jetzt wird natürlich die Kubafrage[39] eine Rolle spielen. Denn alle freien Völker und insbesondere wir Europäer und wir Deutsche sind daran interessiert, daß nicht eine solche Bedrohung der Vereinigten Staaten von Sowjetrußland hergestellt wird, wie diese Kuba-Sache doch war und vielleicht noch ist – ich weiß es nicht. Sie wissen ja, die Bodenkontrolle ist noch nicht genehmigt.
Und wenn ich weiter fragen darf – das wird eine Rolle spielen, nehme ich an, das liegt mir wenigstens am Herzen –, einmal von amerikanischer Seite zu hören, wie sie über die Folgen des Angriffs von Rot-China gegen Indien[40] denken, in folgendem Zusammenhang insbesondere: Wird dadurch eine Entlastung Sowjetrußlands eintreten, das bisher doch wegen Rot-China besorgt war, oder nicht? Ich weiß es nicht; wir haben zuwenig genaue Verbindungen, um das beurteilen zu können. Aber: wird das eine große Verschiebung des Kraftfeldes in der Welt zur Folge haben oder nicht?
Neulich war die Schwester von Nehru[41] bei mir. Sie sagte mir, die ganze indische Philosophie sei durch das Vorgehen Rot-Chinas zerstört, und sie müssen sich jetzt gewissermaßen ein anderes geistiges Fundament suchen. Indien hat 400 [Millionen] Einwohner. Diese Dame machte einen sehr klugen Eindruck, auch mit dem, was sie gesagt hat; und wenn ein Volk von 400 [Millionen] Einwohnern in Asien seine bisherige geistige Einstellung zu den Dingen dieser Welt verliert, dann wird sich das auch irgendwie auswirken. Besonders würde mich interessieren die Wirkung des Vorgehens Rot-Chinas auf Sowjetrußland. Und endlich, meine Herren, liegt mir sehr am Herzen, einmal in Washington zu sprechen über eine Reorganisation der NATO.
Journalist: In welcher Richtung?
Adenauer: Generalsekretär Stikker hat kurz vor seiner Erkrankung ein ziemlich großes Programm darüber aufgestellt, wie er sich eine Reorganisation denkt[42]. Das kann die Unterlage sein für ein solches Gespräch.
Journalist: Und Berlin?
Adenauer: Selbstverständlich Berlin!

Journalist: Ist es wahr, daß Sie jetzt einverstanden sind mit einem Kontrollorgan mit Beteiligung der Sowjetzone?

Adenauer: Sie meinen diese Zugangsbehörde[43]? – Habe ich nie etwas gegen gehabt. Aber das soll man sich abkaufen lassen! Man soll nicht von vornherein sagen: Rußland, das kannst du haben, sondern man soll sich das abkaufen lassen – aber ich habe nichts dagegen!

Journalist: Was ergibt sich nach Ihrer Meinung für die zukünftigen Berlin- und Deutschlandverhandlungen für den Westen aus dem jüngsten Erfolg der amerikanischen Haltung in der Kubakrise?

Adenauer: Als Erfolg für uns alle?

(*Journalist:* Ja, was ergibt sich da?)

Das war eine sehr drastische Lehre für diejenigen, die zum Teil im Gegensatz zu dem Präsidenten glaubten, man solle nur immer weiter verhandeln, die Russen würden dann schon schließlich doch zur Vernunft kommen usw. Wenn Sie sich das überlegen, was das von Chruschtschow für ein Streich war – unmittelbar vor der Küste, 150 km etwa, eine russische Basis! –, stellen Sie sich mal vor, was das bedeutet!

Journalist: Glauben Sie, daß man nach dieser Situation – dem Zurückweichen der Russen – nun verhandeln sollte oder nicht verhandeln sollte?

Adenauer: Wollen Sie mir erst einmal sagen, wo der Russe zurückgewichen ist?

Journalist: In Kuba!

Adenauer: Was hat er da gemacht?

Journalist: Die Raketen –

Adenauer: Woher wissen Sie das?

Journalist verweist auf eine Erklärung...

Adenauer: Welches Recht haben denn die Amerikaner? Sie haben das Recht, Schiffe aus der Luft genau zu beobachten, darum herumzufahren und zu fotografieren. Auf den Schiffen liegen lange, röhrenförmige Gebilde, die zugedeckt sind...

Journalist: Herr Bundeskanzler, glauben Sie, daß jetzt eine Ost-West-Konferenz oder Ost-West-Gespräche stattfinden sollten über die Deutschland- oder die Berlinfrage?

Adenauer: Ich bin der Auffassung, meine Herren, daß verschiedene sehr gefährliche Punkte in der Welt vorhanden sind, gefährlich mit Bezug auf die Auslösung eines großen Konfliktes, und man sollte über diese Dinge zusammen sprechen.

Journalist: In welcher Form, Herr Bundeskanzler?

Adenauer: Sie meinen jetzt eine Gipfelkonferenz oder keine Gipfelkonferenz?

Journalist: Ja – oder die Außenminister!
Adenauer: Die Außenminister können ja gar nichts machen! Das ist doch allein Herr Chruschtschow, der nach wie vor entscheidend dafür ist. Man muß also irgendwie Chruschtschow mit zum Gespräch zu bringen suchen, auf irgendeine Weise.
Journalist: Allein mit Kennedy – oder mit andern?
Adenauer: Ich würde nie allein mit Chruschtschow sprechen!
Journalist: Das haben Sie doch schon getan[44]!
Adenauer: Nicht allein! Ich hatte immer einen Zeugen!
Journalist: Aber, zwei oder mehrere?
Adenauer: Ich weiß nicht, was Chruschtschow da will – ich würde darin nicht ängstlich sein!
Lachmann: Herr Bundeskanzler, Sie hatten in der letzten auswärtigen Debatte des Bundestages, an die Adresse der Sowjetunion gerichtet, gesagt, daß man über vieles reden könne, wenn die Verhältnisse, die Lebensbedingungen der Zone menschlich gestaltet würden – so ähnlich war wohl der Satz[45]. Sehen Sie jetzt eine Entwicklung in dieser Richtung, die solche Gespräche gestatten würde, ich meine eine Entwicklung innerhalb der Zone?
Adenauer: Ich habe noch hinzugefügt: Für mich sind nicht nationale Gesichtspunkte in erster Linie maßgebend, sondern menschliche Gesichtspunkte. Aber bisher hat sich nichts gezeigt in der Zone, was auf eine Berücksichtigung der menschlichen Gesichtspunkte schließen ließe. Aber diesen Standpunkt halte ich nach wie vor aufrecht.
Journalist: Herr Bundeskanzler, falls der Präsident nun etwas größere Verteidigungsanstrengungen Deutschlands wünschen wird, werden Sie auch diesem Wunsche entsprechen?
Adenauer: Was ich nun mit dem Präsidenten besprechen werde, das soll er von mir hören und nicht vorher in den Zeitungen lesen – ich bitte um Entschuldigung!
Journalist: Haben Sie im Verlauf der Vorbereitung für Ihre Reise irgendwelche Hinweise darauf erhalten, daß den amerikanischen Stellen an einer Zustimmung der Deutschen zu einer westlichen Verhandlungsposition in der Berlinfrage gelegen wäre?
Adenauer: Ich glaube, das versteht sich von selbst, daß natürlich den drei Westmächten daran liegt, wenn sie irgendwelche Vorschläge machen, daß sie doch die deutsche Ansicht dazu vorher hören und wenn möglich eine Zustimmung erhalten.
Journalist: Ich gehe selbstverständlich davon aus, daß bei solchen Vorschlägen die Stellungnahmen, die Ansichten der deutschen Seite gehört

werden. Aber die konkrete Frage, die ich stellen möchte: Liegt im Augenblick ein westlicher oder amerikanischer Vorschlag vor, zu dem die deutsche Bundesregierung um ihre Stellungnahme, um ihre Äußerung gebeten werden soll?

Adenauer: Ich glaube, Sie haben eben von der Zugangsbehörde gesprochen, das ist ganz zweifellos ein amerikanischer Gedanke; er ist noch nicht zu einem Vorschlag entwickelt. Aber es ist ein amerikanischer Gedanke, und über diesen amerikanischen Gedanken werde ich gern sprechen und ihn nicht unbedingt ablehnen; aber man muß etwas dafür bekommen – von den Russen, nicht von den Amerikanern!

Journalist: Zum Beispiel?

Adenauer: Zum Beispiel, daß die Leute in der Zone ein etwas freieres Leben führen dürfen und daß die Leute auch ausreisen dürfen, daß sie wirklich menschlich behandelt werden und nicht wie in irgendeinem Staat [...] – man muß heutzutage, glaube ich, vorsichtig sein –, wo die Leute noch gepreßt werden, das darf nicht sein. Etwas mehr Freiheit, etwas mehr menschliche Freiheit, meine Herren!

Lewis Gruson: Die Zeitungen in Washington sagen, daß in der Meinung der amerikanischen Regierung die Zeit jetzt reif sei, genau nach der Kuba-Affäre, Verhandlungen mit den Russen wieder vorzuschlagen. Was meinen Sie dazu?

Adenauer: Die Kuba-Affäre wird noch verhandelt. Da ist noch allerhand drin zu verhandeln, und da muß sich doch erst noch der gute Wille von Chruschtschow zeigen. Der zeigt sich doch in der Kontrolle, in der Frage der Bodenkontrolle. Glauben Sie denn, daß Chruschtschow sich die Mühe macht, das ganze Zeug heimlich nach Kuba zu transportieren, um dann ganz still wieder nach Hause zu gehen?

Journalist: Sie trauen den Russen nicht?

Adenauer: Nein, das verlangen die auch nicht. Im Gegenteil, die würden irre an mir werden, wenn ich sagte, ich vertraue ihnen! – Aber bedenken Sie das doch selbst. Sehen Sie einmal, was das für ein ungeheures Unternehmen war, diese 40 oder 60 Raketen nach Kuba zu transportieren, auf X Dampfern versteckt, dann dort die Basen anzulegen, die nuklearen Köpfe hinzubringen, und dann plötzlich einfach einzupacken, als wenn man ein Nachthemd und eine Zahnbürste einpackt, und wieder nach Hause zu fahren. Nein!

Journalist: Haben Sie Ihren Standpunkt über die Verteidigungskosten – die kommen wohl wieder zur Sprache in Washington[46] – etwas geändert?

Adenauer: Ich habe sie nachprüfen lassen, genau nachprüfen lassen!

Journalist: Und sind Sie schon zu einem Ergebnis gekommen?
Adenauer: Also: Wir werden tun, was wir tun können!
Journalist: Jedenfalls die Möglichkeit ist da, daß das Verteidigungsbudget doch noch mal erhöht wird?
Adenauer: Ja, es gibt aber ein Sprichwort: Wo du nicht bist, Herr Organist, da schweigen alle Flöten!
(Der Dolmetscher setzt bei der Übersetzung ins Englische hinzu: Der Organist ist das Geld!)
Aber es gibt noch ein anderes Beispiel: Sie müssen einmal berücksichtigen, in welchem Tempo wir diese Armee aufgebaut haben. Das sind jetzt rund 400 000 aktive Soldaten und die ganzen Reservisten. Dazu braucht man die entsprechenden Offiziere und Unteroffiziere. Eine wirklich gute Armee läßt sich nicht mit einer ungeheuren Schnelligkeit aufbauen, das ist nach meiner Überzeugung praktisch gar nicht möglich. Das ist nicht allein eine Geldfrage, sondern auch eine Frage des Personals.
Journalist: Glauben Sie, daß die Frage des nuklearen Potentials in Washington wieder zur Sprache kommen wird?
Adenauer: Das glaube ich sicher!
Lewis Gruson: Was ist Ihre Meinung bezüglich des Eintritts Großbritanniens in den Gemeinsamen Markt, und ob die Sieben eine nukleare Streitmacht aufbauen sollen?
Adenauer: Sie meinen den amerikanischen Vorschlag?
Lewis Gruson: Zwischen Amerikanern und Briten gibt es einige Unterschiede, aber die beiden haben sich...
Adenauer: Ich halte den amerikanischen Vorschlag[47] für eine gute Grundlage zu einer weiteren Diskussion.
Journalist: Herr Bundeskanzler, ich darf nochmals auf die Frage der Ost-West-Verhandlungen zurückkommen. Wenn ich Sie richtig verstanden habe, sind Sie nicht grundsätzlich gegen die Abhaltung solcher Verhandlungen oder Gespräche. Im Gegenteil, Sie haben sogar die Idee durchaus gutgeheißen, daß über diese Frage und möglicherweise über andere weltpolitische Fragen gesprochen wird. Meine Frage, die ich jetzt an Sie richten möchte, ist: Glauben Sie, daß an solchen Verhandlungen die Bundesrepublik teilnehmen sollte, und zwar unmittelbar am Verhandlungstisch?
Adenauer: Ich weiß jetzt nicht, welche Verhandlungen über welchen Gegenstand gemeint sind. Nur Verhandlungen über die deutsche Frage oder über allgemeine Weltprobleme?
Journalist: Ich denke jetzt vor allem an die Deutschland- und Berlinfrage.

Adenauer: Ich sage Ihnen ganz offen – aber das habe ich schon gesagt! –, ich möchte die Deutschland- und Berlinfrage nicht losgelöst von anderen Fragen für sich allein behandelt sehen. Denn man muß sich doch wirklich einmal klarmachen: Die Berlinfrage und die Deutschlandfrage sind ein Bestandteil des großen Kampfes des Kommunismus gegen die freie Welt, und daher sollte man nichts versuchen ohne einen allgemeinen Waffenstillstand wenigstens...

Journalist: Würde das heißen, daß Sie jetzt gegen neue Sondierungen über Berlin-Besprechungen sind?

Adenauer: Ja. Meine Damen und Herren, ich darf nur daran erinnern, daß Staatssekretär Rusk ja verschiedentlich erklärt hat, daß alle seine Besprechungen[48] ergebnislos gewesen sind, und man läuft die große Gefahr, wenn man in ein ergebnisloses Gespräch hereingeht und schneidet nur einen Gedanken an, den der Russe gern hört, den kassiert er sofort ein und nimmt ihn als zu seinen Gunsten erledigt an bei den nächsten Verhandlungen[49]. Bei einem unwilligen Gegner, wie der Russe es ist, der die Linie doch über den ganzen Erdbogen gespannt hat, muß man auf irgendeine Weise vorher wissen, daß er ernsthaft bereit ist, die Schwierigkeiten zu bereinigen; sonst haben solche Verhandlungen nur Erfolg für den andern, aus dem Grunde, den ich eben gesagt habe.

Journalist: Glauben Sie, daß in der jetzigen Situation die Russen mehr bereit sind, einen ernsthaften Beitrag zu solchen Verhandlungen zu leisten?

Adenauer: Warum sollten sie dazu bereit sein? Glauben Sie, daß die Sache mit Kuba von einer großen Friedensliebe der Russen zeugt? Ich glaube es nicht. Weiter: Die Russen verlangen doch auf alle Fälle, daß Kuba intakt bleibt als kommunistischer Staat, und dieses kommunistische Kuba inmitten Amerikas ist eine große Gefahr. Also, auf alle Fälle wird dann die ganze Sache für die Russen mit einem Erfolg abschließen – natürlich nicht mit dem großen Erfolg, aber doch mit einem gewissen Erfolg. Wir wissen ja aber noch gar nicht, ob sie alles abtransportiert haben. Das wissen Sie ja genau, welche Wahrnehmungen da gemacht worden sind!

Journalist: Wollen Sie sagen, die jetzt möglichen Berlin- und Deutschlandgespräche sollen nicht begrenzt werden? Aber wie soll ein weiterer Rahmen...

Adenauer: Auch andere Fragen! Sehen Sie mal, was ich eben gesagt habe: Bei einer so großen Auseinandersetzung – das ist doch wirklich eine große Auseinandersetzung zwischen dem Kommunismus und der freien Welt! – hängen schließlich alle Fragen zusammen, alle! Und man kann gar nicht erwarten, wenn man eine einzelne Frage da herausschneidet, daß darin eine Einigung erfolgt. Und darum: der Status quo, meine Herren! Das muß man mal abwarten!

Journalist: Verhandlungen, nachdem die Russen gezeigt haben, daß sie ein Interesse an friedlicher Regelung haben – wie, glauben Sie, Herr Bundeskanzler, könnten die Russen ein solches Interesse am besten zeigen, durch welche Schritte?

Adenauer: Nun, sie könnten anfangen z. B. dadurch, daß der Versuchsstopp kommt. Das wäre schon mal ein guter Anfang! Von entscheidender Bedeutung wäre die Frage der Kontrolle, überhaupt der Kontrolle der nuklearen Waffen. Da ist ja jetzt ein neuer Vorschlag gemacht worden, wonach Apparate aufgestellt werden sollen in versiegelten Räumen[50]. Also, wenn man bei den nuklearen Waffen wirklich sehen würde, daß die Russen bereit sind, zu einem Stopp zu kommen, dann wären wir ein großes Stück weiter. Denn die große Gefahr für die ganze Welt sind doch die nuklearen Waffen.

Journalist: Würde das bedeuten, daß Sie unter Umständen einem Plan zustimmen würden, daß nukleare Waffen nicht an Länder weitergegeben werden, die noch keine besitzen?

Adenauer: Das darf aber nicht bedeuten, daß sie nicht an Ländergruppen gegeben werden, wie z. B. NATO!

Journalist: Herr Bundeskanzler, es wird auch von anderer Seite argumentiert, daß die Kubakrise den Russen zum ersten Male gezeigt hat, daß die Amerikaner tatsächlich kampfbereit sind und nicht, wie Chruschtschow Kennedy immer verdächtigte, im entscheidenden Augenblick sich zurückziehen würden, und daß man deshalb sich leisten könnte, auch in der Berlinfrage, die Russen auf einen zukommen zu lassen, daß also das Risiko einer Berlinkrise zunächst einmal weniger ernst ist, und daß aus dem Grunde man sozusagen diese Berlin-Verhandlungen erst mal laufen lassen kann und sich nicht so intensiv darum zu bemühen hat, wie man es vorher getan hat. Was ist Ihre Reaktion auf diese Argumentation?

Adenauer: Zur Zeit sind die Berlin-Verhältnisse zwar nicht schön, aber tragbar. Und da nun anfangen zu verhandeln, ehe der Russe auf einem andern Gebiet eine wirklich ernstgemeinte Geste wenigstens gemacht hat, daß er den Frieden will? Sehen Sie, wenn die Kubafrage wirklich so bereinigt würde, wie Amerika das will – Sie wissen, daß Kennedy die Bodenkontrolle verlangt, da hat er vollkommen recht! –, dann werden wir mal sehen. Aber bisher ist das nicht konzediert!

Lewis Gruson: Die Russen sagen, das könnten sie nicht, weil es sich um kubanischen Boden handelt, und sie hätten keinen Einfluß.

Adenauer: Sie könnten aber auf kubanischem Boden die Raketen landen und die Basen anlegen! Oder haben sie das gegen den Willen von Castro⁵¹ getan? Dann wäre das doch gemein!

von Hase: Betr[effend] die Frage off the record oder nicht – ich glaube, es sind keine Bedenken. Aber bitte ohne ‹direktes Zitat›ᵃ⁾ – die Aussprüche nicht mit Anführungszeichen in direkter Rede wiedergeben⁵²!

Adenauer: Da war ein Punkt, bei dem Sie Bedenken hatten?

von Hase: Ja, betr[effend] den früheren Oberst Wicht!

Adenauer: Über die Zugangsbehörde sagen Sie möglichst wenig, auch mit Rücksicht auf Kennedy. Ich meine, das war ja ein Vorschlag von Kennedy zuerst, und Sie wissen, daß der zuerst mit einer gewissen Zurückhaltung aufgenommen worden ist, aber, meine Herren, ich finde diese Zurückhaltung nicht begründet. Ich würde dem zustimmen.

Journalist: Er ist ein bißchen verändert?

Adenauer: Vorschläge verändern sich immer!

Journalist: Drei vom Osten, drei vom Westen?

Adenauer: Wieviele, das steht noch gar nicht fest; aber jedenfalls müßten auch herein – das wäre mir lieb – Vertreter von neutralen Staaten, warum nicht⁵³?!

Journalist: Bedeutet das keine Anerkennung?

Adenauer: Ach, meine Herren – nein!

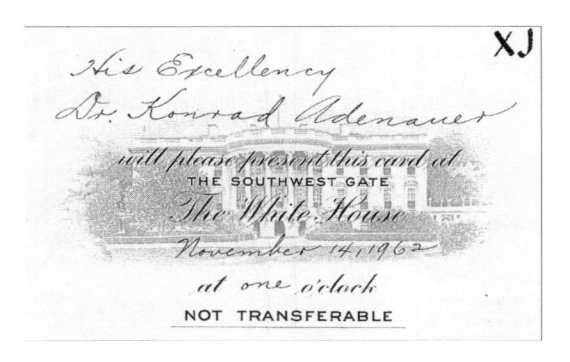

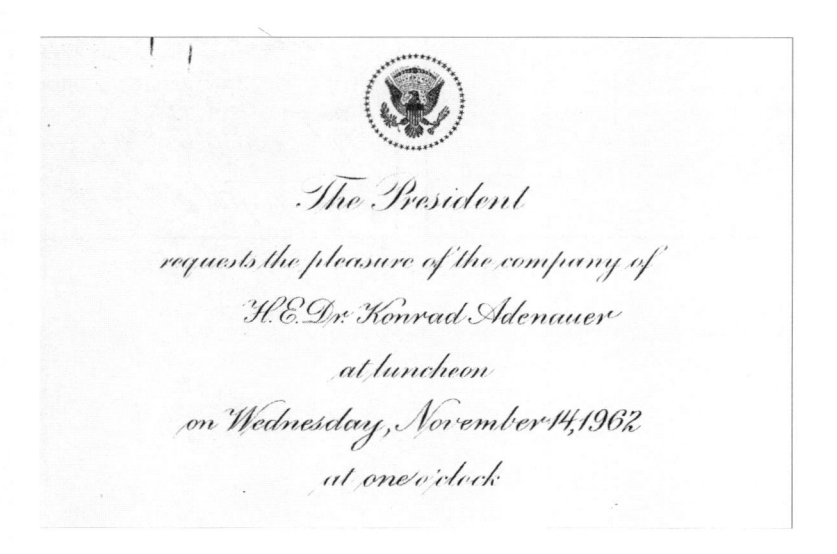

Zum Frühstück im Weißen Haus, gegeben von Präsident Kennedy zu Ehren Adenauers am 14. November 1962
(zu Dok. Nr. 23, Anm. 28)

LUNCHEON

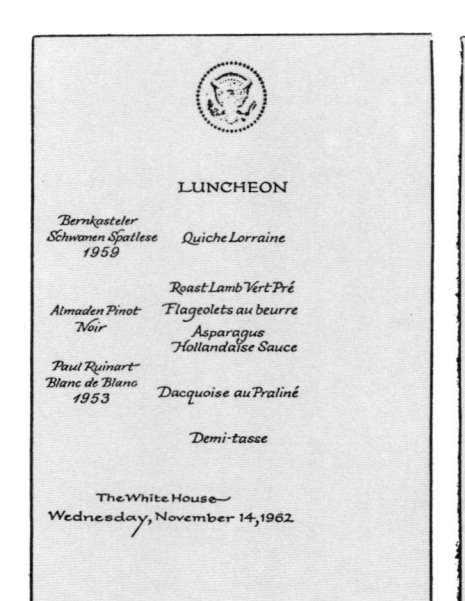

Bernkasteler
Schwanen Spätlese   Quiche Lorraine
1959

                      Roast Lamb Vert Pré
Almaden Pinot   Flageolets au beurre
Noir   Asparagus
                      Hollandaise Sauce
Paul Ruinart
Blanc de Blanc   Dacquoise au Praliné
1953

                      Demi-tasse

The White House
Wednesday, November 14, 1962

Notizen für die Tischrede vom 14. November 1962:
instinktive Tat US[A] / Acheson / freies Volk – Anschluß an freien Westen – starkes Europa – Atlantik – enge Verbindung / stärkste Grundlage – Kommuniqué […] Aussprache

Nr. 24
19. Dezember 1962: Kanzler – Tee (Wortprotokoll)
StBKAH 02.29[1], mit ms. Vermerk »*Unkorrigiertes Manuskript*«, »*Streng vertraulich!*« und Paraphe »Hi[lgendorf]«

Teilnehmer: Ludwig von Danwitz, Hugo Grüssen, Dr. Herbert Kremp, Dr. Alfred Rapp, Georg Schröder, Dr. Max Schulze-Vorberg, Dietrich Schwarzkopf, Dr. Joachim Sobotta, Dr. Robert Strobel, Dr. Wolfgang Wagner, Hans Wendt – Karl-Günther von Hase, Fritz Hilgendorf, Werner Krueger

Beginn: 17.05 Uhr[2]   Ende: 18.24 Uhr

Adenauer: Meine Herren, ich komme gerade aus einem kleinen Konzert – vielleicht haben Sie es hier oben gehört –, das mir ein Schülerchor aus Toulouse und ein Schülerchor aus Bonn zusammen brachten[3]. Das war für mich wie eine Bestätigung unserer gemeinsamen Arbeit, von Frankreich und uns, nun wirklich zusammenzuleben. Diese Schüler aus Toulouse sangen »Stille Nacht, heilige Nacht« ohne jeden Akzent auf deutsch, ganz hervorragend. Das war wirklich sehr nett, viel netter als eine Kabinettsbildung[4]!
(*Rapp:* Auch rascher!)
Eine Koalitionsbildung und eine Kabinettsbildung, meine Herren, das ist wie ein Rösselsprung. Man setzt sich hin mit einem Programm, und dann wird überlegt; dann wird der etwas so geschoben, der wird etwas so geschoben, der fällt dann ganz aus; von vornherein kann man das nie sagen. Sehr peinlich war mir die Indiskretion, die begangen worden war. Aber sie war ja noch milde, denn soviel ich weiß, hat die Presse am selben Abend noch nichts gebracht.
von Hase: In Agenturmeldungen.
(*Rapp:* Und der Rundfunk!)
Adenauer: Wir hatten in diesen beiden Kommissionen[5] alle die verschiedenen Kabinettslisten – es war ja nicht eine, sondern die eine war die letzte – eingesammelt, damit es nicht herauskäme. Aber es kam doch heraus, und das war für mich ja sehr unangenehm den Herren gegenüber, die nicht mehr im Kabinett sind. Aber ein Teil von den Herren hat sich mit einer sehr großen Gelassenheit und Größe damit abgefunden, z. B. Herr Wuermeling[6], auch andere Herren, die völlig überrascht davon waren, wie Herr Niederalt[7], der keine Ahnung davon hatte. Wenn ich nun die Liste des früheren Kabinetts mit der Liste des jetzigen vergleiche, dann glaube ich doch, daß wir schnellere Arbeit leisten werden, und ich glaube auch, daß die beiden Koalitionsfraktionen doch aus der ganzen

Geschichte den Schluß gezogen haben, daß man zusammenarbeiten muß, wenn man etwas schaffen will.
Rapp: Glauben Sie oder hoffen Sie es?
Adenauer: Was heißt glauben, was heißt hoffen, Herr Rapp! Ich glaube es, ja, ich habe den Eindruck, will ich sagen. Wir hatten ja heute die erste Kabinettssitzung, und ich kann nur sagen, daß der gesamte Eindruck für mich sehr gut war. Denn ich finde ja, daß ein Kabinett nicht einfach ein Zusammensein verschiedener Minister sein darf, sondern daß die Regierung ein besonderes Organ ist nach dem Grundgesetz, in dem ganzen Aufbau, und daß sie eine eigene Verantwortung hat, daß also ein Kabinettsmitglied nicht lediglich ein CDU-Mann oder ein CSU-Mann ist, sondern daß er eine eigene Verantwortung hat als Mitglied des Kabinetts, ebenso wie ich der Auffassung bin, daß ein Kabinett eine eigene Verantwortung hat, abgesehen von dem, was die es tragenden Parteien denken. Ich hatte heute morgen das Empfinden, als wenn die Herren so dächten wie ich auch, und ich hoffe und glaube, Herr Rapp – um ganz korrekt zu sein: ich hoffe *und* glaube –, daß sich auch bewahrheiten wird, was ich hoffe und glaube.

Aber, meine Herren, das Parlament gehört dazu. Sie kritisieren uns sehr gern; warum kritisieren Sie eigentlich nicht mal das Parlament? Sehen Sie mal, der frühere Justizminister [Stammberger] sagte mir, als er dieses Frühjahr den schweren Autounfall erlitt und im Krankenhaus gelegen habe, habe er es sehr schmerzlich empfunden, daß er nunmehr die Einführungsrede zu dem Urhebergesetz[8], das die Bundesregierung eingebracht hatte, nicht halten könnte. Die erste Lesung dieses Gesetzes hat aber bis heute auch noch nicht stattgefunden, so daß also bis heute diese Einführungsrede nicht hat gehalten werden können. So könnte ich Ihnen eine ganze Reihe von Gesetzentwürfen nennen, die den Schlaf, ob des Gerechten oder des Ungerechten – die Opposition wird sagen des Ungerechten, wir sagen des Gerechten –, auf alle Fälle den Schlaf schlafen beim Parlament, und die Sachen kommen nicht voran. Natürlich, wenn das Parlament die Sachen nicht in Behandlung nimmt – ich sage gar nicht, daß es das einfach akzeptieren soll, was eine Regierung vorlegt –, wenn es das nicht berät, kann natürlich auch nichts rauskommen. Gerade bei einer parlamentarischen Demokratie ist das Parlament und nicht die Regierung in erster Linie verantwortlich, daß nun wirklich etwas herauskommt und daß eine gute Arbeit geleistet wird[9].

Schulze-Vorberg: Träfe nicht diese Kritik sofort die Regierungsparteien, die gemeinsam die Mehrheit haben? Die können es doch im Parlament einfach durchsetzen.

Adenauer: Das Parlament hat einen Ältestenausschuß und hat seine eigenen Regeln, wie Sie wissen, hat Pausen von mehr oder minderer Länge. Die Fraktionen haben ihre sogenannten Arbeitsgruppen; darüber kann man auch so oder so denken. Dann sind die Bundestagsausschüsse da und das Plenum; der Apparat ist entsetzlich schwerfällig. Sicher, Sie haben recht, die könnten sich durchsetzen bei den Tagesordnungen. Aber es ist nun nicht gut, wenn der Gegensatz zwischen Opposition und Nicht-Opposition schon bei der Festsetzung der Tagesordnung zutage tritt; dann ist das die Obstruktion seitens der Opposition. Deswegen ist es im Ältestenrat, in dem gar nicht abgestimmt wird, sondern die Übereinstimmung festgestellt wird unter dem Vorsitz des Bundestagspräsidenten, ausgeschlossen, daß man sich einigt auf die Tagesordnung.

Strobel: Wenn ein Ausschuß oder die Ausschüsse, die in Betracht kommen, ein Gesetz so weit vorbereiten würden, daß es für die zweite Lesung reif ist, kann der Ältestenrat nicht viel machen.

Adenauer: Dann muß man in die erste Lesung kommen. Wir können ja kein Gesetz in die erste Lesung bringen; wir setzen ja die Tagesordnung nicht fest. Die erste Lesung, die Tagesordnung wird festgesetzt vom Parlament. Ich glaube wirklich, meine Herren, alle diejenigen, denen es ernst ist um die parlamentarische Demokratie, die sollten doch auch mal von dieser Seite aus die ganze Arbeit hier in Bonn betrachten. Das war in den beiden ersten Sessionen anders. Da war viel mehr Elan dahinter, und es wurde viel schneller gearbeitet.

(*Strobel:* Auch länger!)

Auch länger, und auch mehr! Da haben Sie auch recht. Das ist ein großer Kummer. Sehen Sie dieses eine Beispiel von Herrn Stammberger, das ich eben genannt habe. Im frühen Sommer hatte er diesen Autounfall; jetzt haben wir die zweite Hälfte Dezember! Damals hat er bedauert, daß er bei der ersten Lesung nicht dabei wäre, jetzt ist er noch nicht einmal mehr Minister, und die erste Lesung ist auch noch nicht gewesen. Im übrigen, meine Herren, ich habe meinem Herzen jetzt etwas Luft gemacht über das Parlament, denn ich habe mir einmal zusammenstellen lassen die Liste der Gesetzentwürfe, die bei uns, in der Regierung, verabschiedet worden sind und ans Parlament gegangen sind, und was daraus geworden ist. Ich will Ihnen das nicht geben, ich will mit dem Parlament keinen großen Krach anfangen. Man macht das ja lieber in den Fraktionen. Ich habe auch heute morgen im Kabinett darauf aufmerksam gemacht und gebeten, die Angehörigen der beiden Koalitionsfraktionen möchten in ihren Fraktionen dafür sorgen, daß die Sachen im Parlament nun wirklich einen Start bekommen und vorangehen. Hoffentlich hilft das was.

Schulze-Vorberg: Wir haben, scheint mir, mit einer großen Schwierigkeit zu rechnen: daß die entscheidenden Vorlagen in der nächsten Zeit nur mit der SPD gemacht werden können, das ganze Notstandsrecht[10] und auch das Sozialpaket[11]; beides ist ohne die SPD nicht denkbar.

Adenauer: Dann muß man vor allem die SPD vor die Entscheidung stellen. Weil man nicht wagt, überhaupt einen Gesetzentwurf zur Entscheidung zu stellen, weil man sagt, wir brauchen Zweidrittelmehrheit, und die bekommen wir nicht, dann handelt man falsch. Ich vertrete den Standpunkt: dann soll festgestellt werden, woran es liegt, daß wir z. B. kein Notstandsgesetz haben. Ich glaube kaum, daß es ein kultiviertes Volk auf der Erde gibt, das kein Notstandsgesetz hat, nur wir haben es nicht. Und die Folge ist ja, daß dieses Besatzungsrecht bestehen bleibt, daß wir also im Ernstfall überhaupt nicht mehr Herr unserer Entschließungen sind, sondern daß dann die Macht von den früheren Besatzungsmächten übernommen wird. Man stelle sich das vor, meine Herren, daß man es nicht einmal fertigkriegt, ein Notstandsgesetz zu machen!

Also ich möchte gern aus guten Gründen – meine Herren, nicht um zu hetzen, sondern aus guten Gründen, und ich meine jetzt, weil es mir ernst ist mit der parlamentarischen Demokratie – Ihre Aufmerksamkeit auch darauf lenken, daß eine Regierung nichts ausrichten kann, wenn das Parlament, das die Entscheidung hat, nicht die Sachen erledigt. Mag es sie so oder so erledigen; wenn es sie ablehnen will, dann soll es sie ablehnen, gut, dann weiß man wenigstens, woran man ist.

von Danwitz: Wie kann man denn die Ausschußarbeit im Hinblick auf ihre Unterbesetzung verbessern? Daran liegt es doch meistenteils. Es sind da vor allem Abgeordnete der CDU/CSU, die an den Ausschußsitzungen nicht regelmäßig teilnehmen.

Adenauer: Sie haben vollkommen recht. In diesem Raum haben wir uns vor einigen Tagen mit diesen Verhältnissen, mit der Besetzung der Arbeitskreise und der Ausschüsse beschäftigt[12]. Wir haben darüber gesprochen, wie das da ist und wie wenig gearbeitet wird.

Schröder: Herr Dahlgrün[13] hat mir vor ein paar Wochen mal sein Herz ausgeschüttet über den Wirtschaftsausschuß. Da er ein bescheidener Mann aus der Wirtschaft ist, hat er gedacht, man könne um 9 Uhr anfangen zu arbeiten; der Ausschußassistent und er waren allein, auch nicht ein Abgeordneter war so früh erschienen, und erst um Viertel nach zehn habe man mit der Arbeit beginnen können.

von Danwitz: Herr Bundeskanzler, Sie sagten, in der ersten und der zweiten Legislaturperiode sei das anders gewesen. Da gab es auch eine andere Diätenregelung[14].

Adenauer: Da haben Sie recht! Neulich – ich kann das hier intim sagen – bei der Sitzung, in der ich meine sogenannte Regierungserklärung[15] abgegeben habe – ich komme gleich darauf –, hat doch Herr Rasner namentliche Abstimmung beantragt, damit diejenigen, die weg waren, 50 DM abgezogen bekamen. Was sind das für Zustände! Nun, meine Herren, zu meiner sogenannten Regierungserklärung! Ich habe nur den Kopf geschüttelt. Hätte ich nach der Vereidigung der neuen Minister kein Wort gesagt, oh, wie wäre man über mich hergefallen. Nun wollte ich aber nicht den ganzen Rahmen wie bei einer Regierungserklärung zu Beginn einer neuen Session geben und habe wirklich nur einige Sätze gesagt. Da ging der Spektakel los, auch von meiner eigenen Fraktion, daß ich ihnen das nicht vorher mitgeteilt hätte. Dabei habe ich nicht ein Wort gesagt, was sie nicht vorher wußten.

Schulze-Vorberg: Diese Opposition...

Rapp: [...] ist doch überhaupt nicht so wichtig.

Adenauer: Mir hat das nicht weh getan, das sage ich ganz offen. Aber was mir weh tut, das ist, daß die Sache leidet; und die Sache leidet darunter, meine Herren, glauben Sie es mir. Wenn ich z. B. daran denke – zum Teil trifft es auch das frühere Kabinett, namentlich eine Persönlichkeit darin, die ihre guten Eigenschaften hat, die aber sehr schwer dazu zu bringen war, überhaupt einen Entschluß zu fassen –, was da noch liegt, was noch zukommt auf das Parlament zu dem, was es schon hat, und wie das alles geschafft werden soll, ich weiß es nicht.

Rapp: Alles, worauf es dabei ankommt, ist Angelegenheit der stärksten Fraktion und des Fraktionsführers.

Adenauer: Das liegt nicht in der Hand der Regierung.

Wagner: Aber Sie haben doch gewisse Beziehungen dazu.

Adenauer: Sie haben auch Beziehungen dazu. So ist es ja nun nicht, meine Herren. Ich beklage mich auch bitter darüber, das sage ich Ihnen nun auch, daß im Parlament nicht zügig gearbeitet wird. Ein Parlament, in dem nicht zügig gearbeitet wird, gräbt sich sein eigenes Grab.

Wagner: Glauben Sie, Herr Bundeskanzler, daß es genügt, nun moralisch an das Parlament zu appellieren, oder müßte man da vielleicht auch...

Adenauer: Hier fiel eben ein Wort darüber, was ich, ohne die Urheberschaft für mich in Anspruch zu nehmen, aber auch, ohne die Urheberschaft zu verraten, den Herren mal mitteilen werde. Es ist richtig, meine Herren, die Arbeitsmethode an sich im Parlament ist, sowohl was die Unterbrechungen angeht, als auch, was die Bezahlung angeht, wie es scheint, nicht gut.

Rapp: Die Bezahlung belohnt den, der nicht da ist, das ist gar kein Zweifel.

Schulze-Vorberg: Wie es in der Bundesrepublik üblich geworden ist dank der Opposition. Insofern ist das Parlament nicht sehr unterschieden vom üblichen Arbeitsprozeß.

Rapp: Die Pauschalen sind es beim Parlament, ohne Rücksicht darauf, was jemand tut. Je weniger er tut, desto mehr Geld hat er im Parlament.

von Danwitz: Es ist ja auch mit der namentlichen Abstimmung so, daß er das Geld nur einmal verliert. Das Mittel kann man um 10 Uhr anwenden, um 2 Uhr ist es bereits verbraucht.

Adenauer: Meine Herren, ich möchte Sie wirklich bitten, uns dabei etwas zu helfen, es ist nötig.

Rapp: Nachdem Sie erklärt haben, das neue, umgebildete Kabinett wäre anscheinend arbeitsfähiger als das bisherige, haben sich viele gewundert, daß Minister Balke[16] in dem Moment aussteigen mußte, als sein Ressort so ausgebaut werden soll, wie er es seit je gewünscht hat.

Adenauer: Meine Herren, ich habe eingangs schon gesagt, daß es bei einer Kabinetts‹bildung›ᵃ etwa wie beim Rösselsprung sei, oder wie Sie das nun nennen wollen. Da sind so viele Wünsche und so viele Überlegungen, daß man froh sein muß, wenn man die wirklich tragenden Ideen, Planungen, in der Zusammensetzung eines Kabinetts verwirklicht bekommt, und das, was dann da herum noch kreist, ja, meine Herren, das ist eine Sache der Politik der Koalition.

Wagner: War die Erweiterung der Kompetenzen eigentlich ein grundsätzlich überlegter Beschluß oder nur so ein rasches Ergebnis der Koalitionsverhandlungen?

Adenauer: Also, nehmen Sie das letztere mal an!

Schulze-Vorberg: Halten Sie es denn für praktischer?

Adenauer: Das kommt auf den Mann an.

Schulze-Vorberg: Herr Lenz[17] ist aber ein sehr kranker Mann!

Adenauer: Das kommt auf Herrn Lenz jetzt an, was er aus der Möglichkeit macht; wünschenswert wäre es, daß er was daraus macht, denn mir hat Herr Krekeler[18] mal sehr darüber geklagt, daß unser Atomministerium zu wenig tue, um die Atomfragen auch in der Wirtschaft zur Geltung zu bringen. Wir werden ja doch mal darauf zukommen, meine Herren, auf die Atomkraft. Krekeler sagte mir, daß die Deutschen darin sehr zurückhaltend wären, auch die deutsche Wirtschaft sei zurückhaltend; das kostet nämlich Geld.

Rapp: Die ist gar nicht so zurückhaltend, wenn sie das Geld vom Bund bekommt.

Adenauer: Nein, jetzt verstehen Sie mich falsch. Es gibt ja doch auch größere Untersuchungen bei den ganz großen Unternehmungen, die müssen die ja nun auch selbst bezahlen. Herr Krekeler behauptete mir gegenüber, daß in anderen Ländern die großen Wirtschaftskreise darin großzügiger dächten.

Rapp: Jetzt kommt erst einmal der große Kampf des Herrn Höcherl[19] oder eigentlich noch mehr des Herrn [Hölzl][20] über das Referat bzw. die Referate des Innenministeriums, die jetzt umgebaut sind.

Adenauer: Daran hat es aber bisher nicht gelegen.

Rapp: Aber jetzt, durch den Ausbau des Ministeriums.

Strobel: Bleibt vom Innenministerium denn noch etwas übrig, wenn das Kulturreferat und das Sportreferat weggehen?

Adenauer: Das Innenministerium hat einen ganz großen Arbeitskomplex, und ich muß hier sagen, Herr Höcherl hat auch viel geleistet in dem Innenministerium.

Schulze-Vorberg: Glauben Sie nicht, Herr Bundeskanzler, daß nach der Konstruktion des Grundgesetzes...

Adenauer: Die ist miserabel, das sage ich ganz offen!

Schulze-Vorberg: Aber es ist nun mal so, daß praktisch eine Ordnung mit den Ländern nicht eher zu Rande kommt als nach einer Neukonstruktion. Wie soll ein Minister ein Wissenschaftsministerium aufbauen bei der Haltung süddeutscher Föderalisten, die ihn für den halten, der den Zentralismus für sich gepachtet hat, wo doch ein solcher Aufbau nur in Zusammenhang mit den Ländern möglich ist.

Adenauer: Aber die Wissenschaft ist Gott sei Dank nicht so föderalistisch wie die Politiker. Ich sehe da gar kein Hindernis, namentlich auch nicht bei der Persönlichkeit des Herrn Lenz, der ja doch eine überall sehr gut gelittene Persönlichkeit ist und auch ein sehr gutes Benehmen hat und mit den Leuten fertig wird; das spielt dabei ja eine große Rolle. Meine Herren, Sie wissen ja, wie das Grundgesetz zustande gekommen ist. Sie wissen, daß wir im Parlamentarischen Rat eine Zeitlang den Standpunkt vertraten, das ganze Grundgesetz nicht zu erledigen in der Form, wie es, namentlich unter dem Druck Amerikas und Frankreichs, nicht unter dem Druck Englands, gestaltet wurde[21]. Wir sind dann doch davon abgekommen, weil man damals noch der Ansicht sein konnte, daß Berlin in wenigen Jahren zu uns zurückkehren würde, und für den Fall war ja die Schaffung einer neuen Verfassung vorgesehen. Aber wir haben damals sehr ernst überlegt, ob man die ganze Grundgesetzfrage einfach den Befreiern – so will ich sie mal nennen – vom Nationalsozialismus überlassen sollte. Dann sollen die es doch mal machen! So erbost waren wir damals über das, was die uns zumuteten in der Tendenz, die Länder zu stärken und die Zentrale zu schwächen.

Rapp: Aber einige der damaligen Länder haben ja fröhlich mitgemacht.

Adenauer: Ein Land...

[(*Rapp:* Ein Land war dagegen.)]

Adenauer: ...hat nicht dafür gestimmt[22].

Schulze-Vorberg: Die anderen haben fröhlich mitgemacht.

Adenauer: Sie haben das sehr fein ausgedrückt.

Aber, meine Herren, wir stehen ja vor dem Weihnachtsfest. Lassen Sie uns doch auch einmal betrachten, was wir nun trotz allem erreicht haben; das wollen wir doch auch würdigen. Wenn man bedenkt, daß nach einem Kriege wie diesem, nach einem solch furchtbaren Kampfe, nach einer solchen Zerstörung – und da die Schuld für den Krieg so ganz offenbar auf der deutschen Seite, auf der nationalsozialistischen Seite lag –, wenn man z. B. daran denkt, daß doch damals sehr ernst das Projekt schwebte, das ganze Industriegebiet zu internationalisieren, es den Vieren, Rußland einschließlich, zu unterstellen, dann müssen wir doch leidlich zufrieden sein.

Strobel: Das hätte damals niemand gedacht, daß das möglich sein werde, daß wir das erreichen, was wir erreicht haben; das war doch unvorstellbar.

Schulze-Vorberg: Das Erreichte bestreitet niemand, glaube ich, kein vernünftiger Mensch, daß es in diesen ganzen Jahren vorangegangen ist. Was uns aber seit praktisch einem Jahr Sorge macht, ist doch, daß sich auflösende Tendenzen zeigen im Staat, im Parlament – das haben Sie gerade charakterisiert –, in der Regierung. Die Bevölkerung spürt das. Das sind doch die Sorgen, nicht die Leistung, die unbestreitbar bleibt.

Adenauer: Ich habe mich gerade für diese Frage sehr interessiert. Ich habe auch mit Angehörigen nichtdeutscher Länder darüber gesprochen. Diese allgemeine Ermattungserscheinung nach dem Kriege und nach den Anstrengungen, die ja auch in anderen Ländern gemacht worden sind, um wieder in die Reihe zu kommen, ist eine nicht auf Deutschland beschränkte Erscheinung. Das mag auch zum Teil daran liegen, daß die technischen Fortschritte die Menschen so absorbieren und ihnen so wenig Zeit lassen, sich z. B. mal mit einem vernünftigen Buch hinzusetzen, geschweige mit einem Geschichtsbuch, so daß in unsere ganze Denkungsweise eine Verflachung eingetreten ist. Ich suche mir für Weihnachten gewöhnlich ein bestimmtes Buch aus, das ich möglichst viel verschenke. In diesem Jahr verschenke ich möglichst viel – ich will aber keine Reklame für das Buch machen – das Buch »Deutsche Geschichte« von Professor Stier[23]. Das ist ein allerdings ziemlich dicker Band, aber es ist die ganze Geschichte Deutschlands darin, und ich bin fest überzeugt, daß von den heutigen Deutschen nur ein ganz kleiner Kreis auch nur eine kleine Ahnung davon hat, nicht, was etwa vor 100 Jahren vorgegangen ist, sondern was vor 50 Jahren gewesen ist. Sie wissen meist nichts davon, wollen auch nichts davon wissen. Ich halte das Ganze für eine geistige Verarmung unserer Zeit.

Rapp: Ich glaube, Schulze-Vorberg hat eigentlich etwas anderes gemeint, diese aufwühlende Tendenz, nicht die Ermattung der Sattheit, sondern auch dort das Auseinandergehen eigentlich aller, jeder in seine Richtung verbannt, nur noch in seine Richtung. Das wird natürlich immer stärker.

Adenauer: Ich habe Herrn Schulze-Vorberg richtig verstanden; aber ich führte das darauf zurück, daß die Menschen heutzutage die inneren Zusammenhänge nicht mehr kennen und daß sie sich nicht dafür interessieren und daß nur die Kenntnis der Geschichte den Menschen lehrt, nun auch die inneren Zusammenhänge zu achten.

Schulze-Vorberg: Wenn ich verdeutlichen darf, was ich meinte: Wenn man sich vor zwei Jahren Europa angesehen hat, war Frankreich ein sich auflösender Staat, und wir standen ungewöhnlich stabil da. Heute: Bei uns sieht keiner, wo geht es weiter, während das französische Mutterland gefestigt dasteht, ein stabiles Parlament, eine stabile Regierung hat. Das sind die Verkehrungen, die in den letzten zwei Jahren vorgekommen sind.

Adenauer: Ich gehe nur in einem Teil dessen, was Sie sagen, mit Ihnen einig. Richtig ist, daß durch die Regierung de Gaulles Frankreich ein gefestigter Staat geworden ist und eine gefestigte Wirtschaft hat. Früher sahen wir nur zu gern uns auf dem französischen Hintergrund, und da zeichneten wir uns gegenüber diesem Hintergrund allerdings zu unserem Vorteil ab. Frankreich hat sich geändert, meine Herren, und jetzt – Sie haben darin recht – zeichnen wir uns nicht mehr ab vor dem Hintergrund. Der Hintergrund unseres französischen Nachbarlandes ist ein anderer geworden. Aber wenn Sie andere Länder nehmen, z. B. Großbritannien, dann können Sie das nicht behaupten, daß die letzten beiden Jahre etwa in Großbritannien eine starke Regierung, eine starke Partei und eine starke Arbeit gezeigt hätten; das ist das Unbestreitbare.

Schulze-Vorberg: Wir waren aber an die starke Regierung so gewöhnt!
Strobel: Er kommt einem bestimmten Thema immer näher!
Rapp: Wieso?

Adenauer: Das möchte ich auch mal gerne wissen. Nein, meine Herren, in Frankreich war es so. De Gaulle hat mir mal seine Ansichten darüber gesagt. Da waren etwa sechs kleinere Parteien, und wie in einem Karussell ging die Sache rund. Bald stellte die eine den Ministerpräsidenten, dann die andere, dann war die an der Reihe. So ging die Sache immer weiter zum Schaden von Frankreich und zum Schaden auch Europas. De Gaulle hat das durchgesetzt, meine Herren, und siehe da, er hat doch recht behalten. Ich habe, als ich im Sommer in Frankreich war[24] – ich denke jetzt nicht an Paris, sondern an die anderen Städte, in denen ich war –, das Gefühl gehabt, daß der Franzose, gleichgültig, welcher Partei er angehört, ein anderes Verhältnis zu seinem Staate hat als wir Deutsche. Ich kann Ihnen nicht sagen, in welchen besonderen Äußerungen das zutage tritt, aber man fühlte das. Was hat der Deutsche für ein Verhältnis zum Staat? Sie können es sich ja auch erklären, wenn Sie bedenken, was wir seit 1914/18 alles erlebt haben, jenen Krieg, dann die Weimarer Zeit, die aber lange nicht so schlecht war, wie sie gescholten worden ist; dann die nationalsozialistische Zeit, und dann diesen Krieg, der uns doch schwer mitgenommen hat mit seinen Zerstörungen und den Besatzungen. Auf einem solchen Boden wächst natürlich sehr schwer Liebe und Gefühl der Verpflichtung gegenüber dem Staat. Das finden Sie bei uns sehr selten, meine Herren, das Gefühl der inneren Verpflichtung gegenüber dem Staat, während Sie das in Frankreich finden.

Strobel: Der Deutsche will lieber geführt werden.

Schulze-Vorberg: Der Franzose auch.

Adenauer: Das weiß ich nicht mal so.

Rapp: Der Österreicher auch – nebenbei, Strobel!

Adenauer: Wie ist es Österreich gegangen, wie ist man mit ihm umgesprungen nach dem Kriege 1914/18! Wie hat man das alles auseinandergerissen und getrennt[25]. Und der Erfolg? Diese armen Österreicher haben noch immer keine Regierung; ich weiß jetzt gar nicht, wie lange die keine Regierung haben.

Schröder: Das ist selten, aber das fällt nicht auf, hier fiele das auf.

Adenauer: Aber dem denkenden Österreicher fällt es doch auf.

Schröder: Ich glaube, die wären ja glücklich, wenn keine da wäre.

Adenauer: Nein, sagen Sie das nicht. Ich habe gerade neulich Österreicher gesprochen[26], denen das doch ein sehr unbehagliches Gefühl ist.

von Danwitz: Jedenfalls schien die große Koalition in Bonn einen Augenblick lang beliebter zu sein als sie in Wien ist[27].

Strobel: In Wien ist kein Spannungsmoment mehr drin.

Adenauer: Vergessen Sie aber nicht, daß mit der großen Koalition untrennbar verbunden ist die Einführung des Mehrheitswahlrechts.

Strobel: Gerstenmaier[28] hat das bestritten. Er hat in einer Rede erklärt, warum sollte nicht auch ohne das Mehrheitswahlrecht...[29]

Adenauer: Das möchte ich sehr nachdrücklich sagen: Für mich kam die große Koalition überhaupt nur in Frage mit der gleichzeitigen Einführung des Mehrheitswahlrechts, damit wir in Deutschland das Zweiparteiensystem bekommen, und zwar im Interesse des Staates, meine Herren, damit eine Partei die Verantwortung trägt und eine die Opposition hat, und zwar zwei große Parteien. Das war auch für diejenigen, mit denen ich eher darüber gesprochen habe, untrennbar miteinander verbunden.

Strobel: Glauben Sie, daß die SPD-Führer, mit denen Sie gesprochen haben[30], sich ausgerechnet haben – und ein Hintergedanke spielt dabei immer mit –, mit einem Mehrheitswahlrecht könnten auch sie mal drankommen. Ohne diese Absicht können die das doch nicht machen.

Adenauer: Natürlich haben sie gerechnet. Ich habe auch gehört, welche Ziffern sie errechnet haben. Nach meiner Meinung haben sie falsch gerechnet. Sie haben eine Chance gesehen, die für sie besteht.

Rapp: Das glaube ich auch. Aber beide Parteien haben das merkwürdigerweise. Das ist doch seltsam.

Adenauer: Sie haben vollkommen recht. Die haben bei jedem Parteitag geschworen: Mehrheitswahlrecht! Und nachher kriegen sie kalte Füße. Und zwar haben die (einzelnen Abgeordneten) ihr Urteil gebildet von den Verhältnissen ihres Wahlkreises: Komme ich wieder – komme ich nicht wieder?

Schröder: Wenn ich als Ihrer Partei nicht Angehörender sagen darf – ich meine den Parteivorsitzenden der CDU –: Als Sie die absolute Mehrheit hatten, habe ich mit dem von mir hochgeschätzten Herrn Krone darüber gesprochen. Damals sind Sie in den Wahlkampf gegangen und haben auf dem Hamburger Parteitag[31] ausdrücklich in Ihr Programm aufgenommen die Forderung nach dem Mehrheitswahlrecht. Da habe ich mir erlaubt zu sagen: Ich verstehe nicht, jetzt haben Sie die absolute Mehrheit der Stimmen auch auf dieses Programm hin bekommen. Warum machen Sie es eigentlich nicht? Ich verstehe also nicht, wie man jetzt so verblüfft ist. Obwohl es Ihr Parteiprogramm ist, gehen die Backbankler [sic!] – das ist noch ein höflicher Ausdruck, es gibt auch den der Kümmerlinge – überall rum und sagen, das wäre eine undemokratische Sache usw. und reden unentwegt gegen die Beschlüsse ihrer Partei.

Adenauer: Wie Gerstenmaier auch!

Schulze-Vorberg: Sieht Gerstenmaier nicht ein, daß das Mehrheitswahlrecht die CDU ganz überwiegend zu einer katholischen Partei machen würde?

Adenauer: Das wäre total falsch.

Schulze-Vorberg: Sie glauben nicht, daß das so würde?

Adenauer: Ich habe gerade vor einigen Tagen mit Herrn Heck[32] einmal darüber gesprochen, der Wahlkreise kennt, die überwiegend protestantisch sind, und der auch Wahlkreise kennt, die überwiegend katholisch sind. Herr Heck ist ein sehr ruhiger Beurteiler und Beobachter und hat mir das aus Wahlkreisen, die er mit Namen nannte, auseinandergesetzt, daß das eine ganz falsche Annahme sei. Wir hatten übrigens auch vorgesehen, daß ein gewisser Prozentsatz der Stimmen, über den man sprechen müßte, auf eine Bundesliste entfallen sollte. Da könnte man dann irgendwelche gefährdeten Kandidaten, auf deren Wahl man Wert legen müßte, unterbringen. Also, meine Herren, das ist sehr komisch.

(Bei der Erörterung der Möglichkeiten eines Mehrheitswahlrechtes für Bayern nennt der *Bundeskanzler* die Zahl von 52 Sitzen der CSU im derzeitigen Bundestag.)

Wagner: Sie würden bei Mehrheitswahlen viel mehr bekommen.

Adenauer: Nordrhein-Westfalen hat hoch in die 70 CDU-Leute.

Schulze-Vorberg: Bei Mehrheitswahlen könnte es umgekehrt sein.

Adenauer: Man kann also nicht sagen, daß Bayern absolut wegweisend sei, das ist nicht richtig.

Schröder: Bayern sind doch schließlich auch Menschen!

Adenauer: Also, meine Herren, gut, wie man sich bettet, so liegt man; dann meinetwegen, wenn das deutsche Volk was weiß ich wünscht. Aber ich wünsche, daß in diesem Staat geordnete Verhältnisse kommen und daß eine wirklich führende Regierung kommt, und das ist im Grunde genommen nur möglich [...] – nun sagen Sie nur, ich hätte gegen die demokratische Koalition gesprochen, dann sage ich, das wäre nicht wahr. Richtig ist doch, daß z. B. in England viele Jahrzehnte hindurch die Konservativen und die liberale Partei das Schicksal abwechselnd bestimmten und daß Labour erst sehr spät und nach langer, langer Arbeit in die Höhe kam. Die Liberalen in England sind übrigens nicht gesunken wegen ihrer liberalen Eigenschaften. Ich habe darüber mal Winston Churchill gefragt, der ja früher Liberaler war. Er hat gesagt: Was die Liberalen früher an Besonderem hatten, das ist jetzt ein Kennzeichen jeder Partei. Sie haben also nichts Besonderes mehr. Ich will nun nicht sagen, daß das amerikanische Wahlrecht vorbildlich wäre, aber immerhin, da sind auch zwei Parteien. Bei uns ist ja doch auch – das hat sich gezeigt, wenn man daran denkt, wie der Bundestag im Jahre 1949 aussah – der Zug zum Zweiparteiensystem unverkennbar.

Rapp: Wenn ein Plebiszit darüber heute stattfände, bekäme dieses andere Wahlrecht 4/5-Mehrheit.

Adenauer: Glauben Sie?
Rapp: Etwa 80 Prozent der Wähler wählen heute schon eine der zwei Parteien.
Adenauer: Und dann könnten Sie so sagen: Dann wollen wir nur zwei Parteien haben.
Rapp: So ist es.
Adenauer: Das ist eine sehr gemeine Frage.
Rapp: Dann dürfen Sie sie nicht mehr stellen. Sie haben sich verpflichtet, sie nicht mehr zu stellen, solange die Koalition besteht.
Adenauer: Das Land mußte eine Regierung haben. Eine Minderheitsregierung ist ganz falsch nach meiner Auffassung, namentlich in einer so gefährlichen Zeit wie der unsrigen.
Aber darf ich Ihre Aufmerksamkeit einmal auf die letzte NATO-Ratstagung[33] lenken. Das ist doch eine sehr wichtige Frage. Sicher, Amerika hat sich sehr gefreut über den Erfolg[34], den es gegenüber Chruschtschow gehabt hat, und es fragt gar nicht mehr danach, wie es denn eigentlich kam, daß Chruschtschow vorher diesen Erfolg haben konnte. Danach sollte man sich ja auch einmal fragen, wie es möglich war, daß er diese 40 oder 60 großen Raketen da ruhig aufstellen konnte, und zwar ohne jede Tarnung. Ich habe die Fotografien gesehen, die Amerikaner haben sie mir gezeigt[35]. Vor allem aber ist es dann in Kuba so gewesen: Die Amerikaner haben in sehr großer Schnelligkeit 300 000 aktiver Soldaten ins Karibische Meer gebracht. Was wollte Sowjetrußland, was wollte Castro demgegenüber machen? Daß der Russe da nicht einen großen nuklearen Krieg entfesseln wollte – vielleicht hätte er es getan –, das konnte man annehmen. Die Soldaten Sowjetrußlands, die Panzer Sowjetrußlands, die Flugzeuge Sowjetrußlands, kurz und gut, alles das war Tausende von Kilometern entfernt. Also haben sich dort die konventionellen Waffen der Amerikaner als so übermächtig wirkend gezeigt, daß nun dieser relative Erfolg eingetreten ist; zu Ende ist die Sache ja noch nicht.
Aber die Erfahrungen, die man nun in Kuba gemacht hat, ohne weiteres auf Europa übertragen zu wollen, wo die Russen doch mit allem Drum und Dran an der Elbe und noch weiter im Herzen Europas stehen, das scheint uns nicht möglich. Ich bin überzeugt davon, daß in den nächsten Wochen, im Januar, diese Frage der Haltung, der Strategie in der NATO sicher sehr eingehend besprochen werden wird.
Übrigens höre ich, daß Stikker seine Arbeit am 29. Dezember [1962] wieder antreten will[36]. Es soll ihm relativ gut gehen. Ich würde mich sehr freuen, wenn er am 29. kommt, denn er hat gerade dieses Problem der

NATO-Strategie mit Norstad zusammen sehr eingehend studiert, und er ist ein wirklich echter Experte auf diesem Gebiet.
Rapp: Aber Kennedy hat ja doch gestern[37] in dieser Frage eigentlich genauso deutlich geredet wie McNamara in Paris[38]. Er hat sich fast vor der ganzen Öffentlichkeit festgelegt.
Adenauer: Also, Herr Rapp, ich habe Herrn Staatssekretär von Hase gebeten, mir den genauen Wortlaut der Rede Kennedys zu verschaffen. Die steht in den deutschen Zeitungen...
Rapp: ...weitgehend in den entscheidenden Passagen.
Adenauer: Das behaupten Sie. Aber in einer so wichtigen Sache muß man den genauen Wortlaut haben, keine Agenturtexte. Es stehen nämlich da verschiedene Fassungen in den einzelnen Zeitungen. In der »Kölnischen Rundschau« z. B. steht etwas, was sehr ernst für uns ist; in der »Welt« steht das anders, und es steht anders in der »Deutschen Zeitung«, und ich habe noch eine Zeitung gelesen, da steht es noch anders. In der »Kölnischen Rundschau« heißt es ungefähr: Berlin sei für die Vereinigten Staaten von der größten Bedeutung. Er verkenne nicht, daß für Chruschtschow die Zone von der größten Bedeutung sei[39]. So steht es wörtlich in der »Kölnischen Rundschau«. In der »Welt« steht es am ungenauesten. In der »Frankfurter [Allgemeinen]« steht es auch nicht genau, die habe ich auch gelesen, und ich habe das verglichen. Darum habe ich Herrn von Hase gebeten, den authentischen Text zu beschaffen. Über die atomarischen Waffen sprechen alle Zeitungen das gleiche: Keine Atomwaffen für die europäischen Länder, für die berühmten fünf, sechs, sieben Atommächte in Europa. Nun, die wollen wir ja auch nicht.
Als ich neulich in Amerika war, habe ich mit General Taylor gesprochen[40]. Er ist ein sehr verständiger Mann. Das Buch[41] hat er damals im ersten Ärger geschrieben.
Rapp: Aber die Äußerungen der Amerikaner sind so deutlich gewesen, jetzt noch durch den Präsidenten vor der Öffentlichkeit, und man sollte sich nicht täuschen, daß die es sehr ernst meinen.
Adenauer: Darüber soll man sich nicht täuschen, aber man soll die Sache im NATO-Rat sehr deutlich und nachdrücklich besprechen und soll nicht, was in Amerika gesagt ist, als Gottes Wort ansehen.
Rapp: Die Äußerungen Kennedys habe ich überall gesehen: Das reiche Westeuropa kann ja nicht in sich reich dahinleben, während wir die Anstrengungen haben. Das sind doch deutliche Worte.
Adenauer: Er hat auch von der Steuerermäßigung gesprochen. Er hat vor einem halben Jahr auch schon einmal von der Steuerermäßigung gesprochen[42]. Aber: In zwei Jahren ist um diese Zeit die Präsidenten-

wahl vorüber; es geht also auf die neue Präsidentenwahl[43] jetzt schon stramm los. Ich gebe Ihnen darin recht: Die Reden sowohl Kennedys wie insbesondere von McNamara, aber die letztere noch mehr, sind unangenehm und müssen von den Partnern der Vereinigten Staaten sehr genau durchgelesen und geprüft werden, und man muß darüber sehr ernst sprechen, und ich habe absichtlich eben das in dem einen Wort zusammengefaßt: Die Erfahrungen mit Kuba kann man nicht einfach auf Europa übertragen. Wenn 300 000 amerikanische Soldaten in Kuba gegenüber 15 000 russischen Soldaten, die da waren, und den Leuten von Fidel Castro einen tiefen Eindruck gemacht haben ... nun, hier stehen die russischen Soldaten ja ziemlich nahe von uns entfernt.

Grüssen: Aber ist es nicht so, daß jeder europäische Staat, jede europäische Regierung in dieser Frage eine andere Auffassung hat? Die Franzosen wollen das machen, die Engländer haben die Schwierigkeiten mit den Amerikanern. Müßte da nicht zuerst Einigkeit erzielt werden?

Adenauer: Meine Herren, de Gaulles Politik kennen Sie, und de Gaulle hat eben die Sorge, daß in Amerika schnell Änderungen in der Politik eintreten. Aber wir müssen uns darüber klar sein, daß wir Europäer ohne Amerika einfach verloren sind, und wir müssen deswegen versuchen, geeint die Amerikaner zu unserer Überzeugung, die, glaube ich, richtiger ist, zu bringen; das wird eine schwere Aufgabe der nächsten Monate sein.

Schröder: Das Mittelstreckenproblem der NATO, was sich da abzeichnet, heißt das konkret, man könnte die Amerikaner überzeugen, durch die Verstärkung der beweglichen Mittelstreckenraketen[44] ...

Adenauer: Selbstverständlich halte ich das für möglich. Haben Sie noch nie gehört, daß die Amerikaner ihre Meinung geändert hätten?

Wagner: Es gab mal einen Radford-Plan[45].

Adenauer: Ich dachte auch daran. Ich habe gestern mit Herrn Heusinger, der in Paris war, gesprochen[46]. Da kamen wir auch auf den Radford-Plan. Damals habe ich Heusinger nach Washington geschickt[47], und Heusinger fing davon an, nicht ohne Erfolg, meine Herren. Aber: aufpassen!

Wendt: Herr Taylor erwähnt übrigens in seinem Buch Sie und Herrn Heusinger als seine damaligen Verbündeten.

Adenauer: Taylor habe ich auch gesprochen, als ich jetzt drüben in Washington war, in Gegenwart von Präsident Kennedy, und was Taylor mir da gesagt hat, vertrug sich eigentlich gar nicht mit dem, was jetzt McNamara sagt. Taylor war damals verärgert, als er rausging aus der Administration Eisenhowers und schleunigst dieses Buch schrieb. Ich bin fest davon überzeugt – denn Taylor ist ein kluger Mann –, jetzt, wo er in der Verantwortung ist und wo er wahrscheinlich ruhiger ist als damals, würde er das Buch nicht noch einmal schreiben. Ich glaube, er hat das auch ausdrücklich widerrufen.

(Widerspruch *Wagner*: Er ist etwas abgerückt. Er hat nun nicht gesagt: Ich werde das niemals wieder tun, aber er ist doch etwas abgerückt.)

Rapp: Was Grüssen gesagt hat, ist freilich richtig. Was ist das, Einheitsfront europäischer NATO-Länder gegen amerikanische Konzeption? Dann holen eventuell Länder, die die Wehrpflicht abgeschafft haben und die ihre Divisionen NATO-fern halten, die Kastanien aus dem Feuer und beziehen dafür nachher noch die Prügel. Das ist nicht so einfach mit der Front der europäischen NATO-Staaten.

Adenauer: Meine Herren, ich sehe die Situation ernst an; aber Amerika hat schon mehr als einmal seine Ansichten gewechselt, und das jetzige ist ja nun doch ein Wechsel der bisherigen NATO-Strategie Amerikas.

[(*Strobel:* Hinweis auf die Umkehrung der Begriffe »Schwert« und »Schild«[48])]

Rapp: Der Grund ist doch klar. Damals war Amerika unbedroht von Atombomben, heute ist es bedroht. Man muß die Gefahr darin sehen, daß die Amerikaner einigen unserer Verbündeten durchaus ernsthafte Vorwürfe machen können, unabhängig von Schwert und Schild. Wenn natürlich jeder amerikanische Soldat eingezogen wird und jeder Engländer frei herumläuft, wird das für die Amerikaner einfach nicht tragbar sein.

Adenauer: Da ist was Richtiges dran. Aber da Amerika die führende Macht des Westens ist, muß man deren Leistungen erkennen. Sehen Sie, Amerika ist ja rasend in die Höhe gekommen. 1900 war die britische Flotte so groß wie die beiden nächstgroßen Flotten zusammengenommen. 1900 war das deutsche Heer das mächtigste Heer der Welt. 1900, meine Herren, war Amerika an das Ausland verschuldet. 1900 war Amerika ein Land, das aus dem Kolonialstatus in den Dauerstatus überging. Jetzt haben wir 1962, demnächst 1963. Was sind sechs Jahrzehnte in der Geschichte! Das ist nicht viel. Und wenn Sie daran denken: Wie war das erste Auftreten Amerikas mit Wilson[49] damals, im Jahre 1918, nach dem Ersten Weltkrieg?

Also, meine Herren, die Sache ist bitter, darüber müssen wir uns klar sein. Aber ich bin der Auffassung, daß McNamara, den ich an sich für einen klugen Mann halte … Natürlich, meine Herren, er ist ja kein Soldat, er ist ein hervorragender Organisator und ein sehr kluger Mann, mit dem ich gern zu tun habe, aber er ist kein Soldat. Als hervorragender Organisator ist er schuld, daß die amerikanische Armee diese Transportmittel gehabt hat, um die 300 000 Mann schleunigst hinübertransportieren zu können; das ist sein Verdienst. Aber wir müssen eben, ich meine, wir müssen ran, das zu tun in der Erfüllung unserer NATO-Pflichten, was wir tragen können; das ist richtig. Aber diese Ansicht der Amerikaner, die muß auch von allen Seiten beleuchtet werden.

Rapp: Was können wir eigentlich noch mehr geben in der Verpflichtung zur NATO an Geld oder Soldaten?

Adenauer: Das sind zwei Fragen, die in Betracht kommen. Einmal, das Einziehen von mehr Menschen schwächt unsere wirtschaftliche Kraft dadurch, daß die Menschen fehlen. Das fällt in Amerika total fort, weil die noch Arbeitslose haben. Dann kommt die direkte finanzielle Aufwendung. Da werden wir bei dem NATO-Schlüssel nicht so behandelt wie die anderen; wir werden schlechter behandelt als die andern.

Meine Herren, wir dürfen eins nie übersehen: daß Deutschland in den Augen des Auslandes immer noch als dasjenige Land gilt, das seinerzeit die ganze Geschichte durch den Nationalsozialismus angefangen hat. Wir vergessen es gern, aber die anderen vergessen es nicht, und wir müssen sehen, daß die Lasten, die Berechnungen auch gleichmäßig sind. Sehen Sie mal, die Engländer, die konservative Regierung hat die allgemeine Dienstpflicht abgeschafft[50], sie hat sie nicht wieder eingeführt, und ein Söldnerheer kostet unvergleichlich viel mehr als ein Nichtsöldnerheer, sagen wir mal bei der gleichen Kampfeinheit. Dann wird ausgerechnet, was die Engländer aufwenden. Dabei haben die Engländer ja noch die großen Interessen draußen, das wird auch berücksichtigt – und wir haben für dasselbe Geld eine größere Kampfkraft bereitgestellt. Nehmen Sie Italien. Italien wird am allerbesten behandelt, weil es sein Land zur Verfügung gestellt hat für einige Raketenbasen. Italien werden die ganzen Kriegsfolgelasten angerechnet; uns hat man nicht einmal die Aufwendungen für Berlin angerechnet. Da werden wir uns sehr ernst einsetzen müssen.

Strobel: Ist es denkbar, daß die amerikanische Regierung ernsthaft glaubt, wir könnten unsere Truppen um 40 oder 50 Prozent erhöhen – die Zahlen?

Adenauer: Nein, das ist ausgeschlossen, das glaubt auch die amerikanische Regierung nicht.

Rapp: Wirklich nicht? Das war doch ziemlich deutlich.

Adenauer: Ach, meine Herren, glauben Sie doch nicht, daß das so ernst gemeint ist.

Wagner: Es wäre, nebenbei gesagt, auch nicht gut, eben weil die anderen europäischen Völker immer noch daran denken, daß wir einmal eine ganz große Militärmacht gewesen sind.

Adenauer: Es kommt folgendes hinzu: Es genügt wirklich nicht, daß man 40 000 Mann eine Uniform anzieht und sagt, dann habe ich Soldaten, das ist dummes Zeug. Denn dann brauche ich etwas ganz anderes; ich brauche ein ordentliches Offizierskorps, die Lager, die Übungsplätze. Alles das ist dazu nötig. Man kann sich nicht einfach dahinstellen und sagen, es ist jetzt da.

Strobel: Aber eine gewisse Erhöhung halten die Amerikaner für möglich?

Adenauer: Das halten sie nach meiner Meinung nicht für möglich.

Kremp: Das scheint die Frage der Konzeption zu sein zwischen Deutschland und den Vereinigten Staaten. Bis zu dieser Zeit hieß es doch einmal, wir müssen uns in der Verteidigungskonzeption so verhalten, daß ein Krieg unmöglich gemacht wird. Jetzt auf einmal sollen durch die konventionellen Rüstungen doch irgendwie Vorbereitungen für einen Krieg getroffen werden. Da wird die Möglichkeit eines Krieges wieder eingeführt. Ist das nicht der entscheidende Unterschied zu früher?

Adenauer: Meine Herren, es ist sehr schwer, mit den Amerikanern zu verhandeln. Manchmal, und nach meiner Überzeugung denken die amerikanischen Militärs anders als die amerikanischen Zivilisten, wobei ich unter Zivilisten jetzt eine ganz bestimmte Kategorie meine, die da berät. Da sind auch Gespräche, genau wie damals bei dem Radford-Plan, auch die Gegensätze, und wir müssen – verzeihen Sie den Ausdruck – unsere Papiere in Ordnung haben; wir müssen nachweisen können, was wir tun und daß wir tatsächlich sehr viel tun, mehr tun als andere, und daß die Theorie der Amerikaner mit den konventionellen Waffen ... Da war z. B. ein Satz, den ich irgendwo gelesen habe: Die konventionellen Waffen müßten so sein, daß wir 90 Tage lang Widerstand leisten können. Meine Herren, wer so etwas sagt, der hat keine Ahnung davon, erstens, wie stark die konventionellen Truppen der Russen sind; zweitens, daß die Russen sich gar nicht scheuen werden, sofort auch mit nuklearen Waffen ranzugehen. Aber es ist beunruhigend, da gebe ich Ihnen ohne weiteres recht, und wir müssen da sehr intensiv aufklären.

Rapp: Wie ist eigentlich in dieser Frage die Haltung der Koalition, nicht nur die Ihrer Fraktion, sondern auch die der FDP in dieser Rüstungsfrage[51]?

Adenauer: Wir haben heute morgen diese Frage im Kabinett besprochen, da waren wir einer Meinung.
Rapp: Zeitweise war das bei der FDP-Fraktion nicht ganz klar.
Schulze-Vorberg: Könnte da nicht eine Nachfolge..., weil Mende wiederum nicht im Kabinett ist, und die Leute, die für die FDP im Kabinett sitzen, sprechen nicht für die Partei, sie haben nicht die Möglichkeit dazu.
Adenauer: Sie gehören der CSU an?
Schulze-Vorberg: Nein, ich gehöre auch keiner Partei an.
Adenauer: Wer gehört eigentlich einer Partei an? Na, ich will da keine Abstimmung haben.
Rapp: Einige schon! Es ist richtig – wenn Döring[52] doch eine andere Verteidigungskonzeption hat, können die Minister der FDP Ihnen erklären, was sie wollen.
Adenauer: Ich glaube aber nicht, daß Herr Döring eine andere Ansicht hat, das ist vorbei. Ich habe vorgestern mit Döring eine lange Aussprache gehabt; ich glaube nicht, daß Döring anderer Meinung ist.
Rapp: Warum ist eigentlich Döring nicht ins Kabinett gegangen?
Adenauer: Die Frage kann ich Ihnen nun wirklich nicht beantworten.
Schulze-Vorberg: Er wäre ein guter gesamtdeutscher Minister[53] gewesen.

87. Geburtstag Adenauers (5. Januar 1963)

Adenauer: Meine Herren, ich muß nach Wahn. Ich gehe absichtlich nach Wahn[54]. Ich finde es als ein Unrecht von der Sozialdemokratie, daß sie so gegen Strauß auftritt. Strauß hat sich nicht geschickt benommen[55], das habe ich ihm von vornherein gesagt, und wenn Strauß gesagt hätte: »Meine Herren, mir kam es darauf an, den Ahlers festzuhalten. Wenn ich dabei Vorschriften nicht beachtet habe oder übertreten habe, bitte ich um Entschuldigung. Mir war die Sache zu wichtig« – dann hätte wirklich kein Mensch was dagegen gesagt. Das hat er leider nicht gesagt. Aber deswegen einen Mann..., da kann man nun sagen, was man will gegen ihn, der in so verhältnismäßig wenigen Jahren diese Truppe, diese Wehrmacht aufgebaut hat – er hat gute Gehilfen dabei gehabt, aber immerhin, er war doch der treibende Motor. Allen Respekt davor! Es ist eine ungeheure Arbeit. Deswegen gehe ich auch nach Wahn. Die Wehrmacht bereitet ihm ein Abschiedsfest, und an dem möchte ich auch gerne teilnehmen. Deswegen müssen Sie mich jetzt entschuldigen. Ich nehme an, der eine oder andere von Ihnen wird auch da sein.

Montag, den 21. Januar 1963

9 Uhr 30	Präsident Hallstein Botschafter Blankenhorn
9 Uhr 55	Abfahrt vom Hotel Bristol zum Elysée
10 Uhr bis ca 12 Uhr 20	Beginn der Besprechungen zwischen dem Herrn Bundeskanzler und Herrn Präsident de Gaulle unter vier Augen Dolm: Kusterer und Maier
12 Uhr 20	Herr Bundeskanzler zog sich in einen für ihn vorgesehenen Raum im Elysée-Palast zurück
13 Uhr 10	Herr Bundeskanzler wird zu dem Frühstücksraum hingeleitet
13 Uhr 15	F r ü h s t ü c k , gegeben von Herrn Staatspräsident de Gaulle für Herrn Bundeskanzler - dunkler Anzug -

Teilnehmer:

Staatspräsident de Gaulle
Madame de Gaulle
Gesandter Maillard
Frau Maillard
Herr Gallichon , Frau Gallichon

Herr Bundeskanzler
Frau Reiners
Herr Ministerialdirigent Dr. Barth

Dolm. Kusterer

15 Uhr 55	Rückfahrt zum Hotel Bristol
15 Uhr 55	Abfahrt vom Hotel Bristol zum Elysée
16 Uhr	Fortsetzung der Besprechungen mit Herrn Staatspräsident de Gaulle im grösseren Kreise (s. anliegende Liste)
18 Uhr 15	Herr Bundeskanzler zurück im Hotel Bristol
18 Uhr 45	Herr Staatssekretär von Hase
20 Uhr 10	Abfahrt vom Hotel Bristol
20 Uhr 15	D i n e r gegeben von dem General de Gaulle im Elysée, dunkler Anzug (s. anl. Liste)

Zu Dok. Nr. 25

Dienstag, den 22. Januar 1963

9 Uhr 55	Abfahrt vom Hotel Bristol
1o Uhr bis 12 Uhr o5	Fortsetzung der Besprechung zwischen Herrn Staatspräsident de Gaulle und dem Herrn Bundeskanzler unter vier Augen im Elysée Dolm: Kusterer u. Maier
12 Uhr o6	Überreichung von Gedenkmünzen durch Herrn BK
12 Uhr 1o	Herr Bundeskanzler zurück im Hotel Bristol
13 Uhr o5	Abfahrt vom Hotel Bristol zur Residenz von Herrn Botschafter Blankenhorn
13 Uhr 15 bis ca 15 Uhr	F r ü h s t ü c k , gegeben in der Residenz von Herrn Botschafter Blankenhorn - dunkler Anzug - s. anl. Liste
15 Uhr 1o	Herr Bundeskanzler zurück im Hotel Bristol
17 Uhr 1o	Abfahrt vom Hotel Bristol zum Elysée
17 Uhr 15	Fortsetzung der Besprechung im erweitertem Kreis (S. Montag, den 21.1.63 - 16 Uhr)
17 Uhr 45	Unterzeichnung des deutsch-französischen Vertrages im Saale Murat (a c c o l a d e) - Presse - Fernsehen - - kurze Ansprachen von Präs. de Gaulle und BK
ca 18 Uhr	Fahrt des Herrn Bundeskanzlers zur Residenz von Herrn Botschafter Blankenhorn
18 Uhr 15	Gespräch mit Botschafter Blankenhorn
19 Uhr bis 19 Uhr 55	Empfang für französische Parlamentarier in der Botschafterresidenz (a. anl. Liste)
2o Uhr 1o	Herr Bundeskanzler zurück im Hotel Bristol
anschl.	Abendessen im kleinen Kreise
21 Uhr 45	Staatssekretär Prof. Carstens

Mittwoch, den 23. Januar 1963

9 Uhr 55	Abfahrt vom Hotel Bristol zum Elysée
1o Uhr bis 1o Uhr 4o	Gespräch unter vier Augen zwischen Herrn Staatspräsident de Gaulle und Herrn Bundeskanzler Dolm.: Herr Kusterer
anschl.	Verabschiedung der deutschen Delegation durch Herrn Staatspräsident de Gaulle
1o Uhr 45	Abfahrt vom Elysée zum Flugplatz Orly
1o Uhr 55	Eintreffen auf dem Flugplatz Orly
	Verabschiedung des Herrn Bundeskanzlers durch Herrn Premierminister Pompidou und Herrn Aussenminister Couve de Murville
11 Uhr 15	Abflug mit LUFTHANSA-Sondermaschine zum Flugplatz Wahn
12 Uhr 35	Eintreffen auf dem Flugplatz Wahn
	anschliessend Fahrt zum Bundeskanzleramt
13 Uhr 15	Eintreffen des Herrn Bundeskanzlers im Hause des Herrn Bundeskanzlers

Nr. 25
29. Januar 1963: Informationsgespräch (Wortprotokoll)
StBKAH 02.30, mit ms. Vermerk »*Unkorrigiertes Manuskript*«, »*Streng vertraulich!*« und Paraphe »Z[ie]h[e]«

Teilnehmer: Dr. Kurt Lachmann – Karl-Günther von Hase, Dr. Horst Osterheld, Heribert Schnippenkötter, Theodor-Paul Ziehe

Beginn: 10.10 Uhr[1]   Ende: 11.15 Uhr

Lachmann: Eine Frage, die Washington ganz besonders interessiert: Ob Sie glauben, daß die Welt heute besser ist als vor 50 Jahren und die Menschen mehr guten Willens, mehr christlicher Gesinnung sind als damals?

Adenauer: Heute haben wir 1963 – das war 1913, also ein Jahr vor dem Krieg 1914, der durch allgemeine Dummheit entstanden ist. Ich argumentiere so: Der Krieg 1914 ist nicht ausgebrochen durch Bosheit, sondern durch Dummheit[2]. Der zweite Krieg ist ausgebrochen durch Bosheit Hitlers und die Dummheit der andern, daß die den Hitler nicht rechtzeitig erkannt haben[3].

Lachmann: Und jetzt – nach dem ...

Adenauer (unterbrechend): Sind sie alle dumm! – Ich muß Ihnen wirklich sagen, Herr Lachmann, ich bin so erstaunt über den James Reston, über Alsop, über das, was angeblich im Weißen Haus gesagt worden ist – das ist ja alles dummes Zeug[4]. Ich spreche sehr offen.
Sehen Sie mal, ich habe im Sommer vergangenen Jahres Rusk, als er mich hier besuchte[5], folgendes gesagt: Wir wollen in ein engeres Verhältnis zu Frankreich treten; ist das vom Standpunkt der Vereinigten Staaten aus gut oder nicht gut?
Darauf hat mir Herr Rusk gesagt: Die Amerikaner werden immer in einem engeren Verhältnis zu England stehen, und deswegen wäre es gut, wenn Sie in einem engeren Verhältnis zu Frankreich stehen. Und als nach dem Besuch de Gaulles hier in Deutschland[6] der Gedanke, einen Vertrag[7] abzuschließen, nun Form gewann, da ist die amerikanische Botschaft ständig von allem unterrichtet worden.

Lachmann: Nun gab es ja diese Pressekonferenz[8] ...

Adenauer: Darauf komme ich jetzt gleich. Also, das möchte ich zunächst mal vorausschicken, daß Rusk das gesagt hat und daß die amerikanische Botschaft ständig unterrichtet worden ist. Ich könnte Ihnen ja den Herrn von der amerikanischen Botschaft nennen[9], der laufend unterrichtet worden ist; ich möchte es nicht, um den Herrn nicht vielleicht in Unannehmlichkeiten zu bringen. Dann hat bei Gelegenheit der NATO-Ratssitzung[10] in der ersten Hälfte Dezember [1962] eine längere Besprechung zwischen Couve und Schröder stattgefunden über den Vertrag, und, da zwischen den beiden Außenministern eine völlige Einigung erzielt war[11], habe ich Mitte Dezember Herrn de Gaulle geschrieben[12], ich schlüge vor, daß wir etwa im letzten Drittel Januar zusammenkämen in Paris, um den Vertrag nun zu unterschreiben. Damals hatte ich von den Äußerungen, die Herr de Gaulle auf der Pressekonferenz machen würde, ja keinen Schimmer. Ich weiß nicht einmal, ob damals schon bekannt war, daß eine Pressekonferenz am 14. Januar sein wird, das wußten wir gar nicht – also ein rein zufälliges zeitliches Zusammentreffen.

Lachmann: Nun hat sich durch die Erklärungen de Gaulles einiges geändert.

Adenauer: Ich will de Gaulle zunächst beiseite lassen und Ihnen sagen, daß ich durch das, was über die Bundesrepublik und über mich in Amerika gesagt wird, auch verletzt bin. Ich bin ein alter Freund Amerikas; ich habe seit jeher immer absolut zu Amerika gestanden. Sie wissen, wie ich mit Foster Dulles befreundet war; Sie wissen, daß ich mit Eisenhower befreundet bin; ich dachte, ich wäre auch mit Rusk und Kennedy befreundet – und jetzt fällt man über mich her, als wenn ich das Karnikkel bin; das ist ein so bitteres Unrecht, was mir geschieht – das möchte ich Ihnen als Amerikaner auch sagen. Und wenn gesagt wird aus dem Weißen Haus, es sei unmöglich, daß innerhalb der NATO zwei ein engeres Verhältnis hätten – nun, ich brauche nur hinzuweisen auf die Vereinigten Staaten und Großbritannien und auf das Polaris-Bahama-Abkommen[13]; die sind beide in der NATO, sowohl die Vereinigten Staaten wie England, und die schließen ganz ungeniert ein engeres Abkommen ab. Und wir – das sage ich Ihnen ebenso offen – waren etwas erstaunt darüber, wie andere NATO-Leute, daß man uns gar nichts vorher davon gesagt hat, sondern daß wir das erst nachträglich gehört haben, das haben wir nicht als gut empfunden. Aber daß die ein besonderes Abkommen schließen, gut, das kann man ihnen nicht verwehren.

Nun komme ich auf de Gaulle zurück. Gewisse Äußerungen de Gaulles über Großbritannien sind zurückzuführen – ich glaube, das wissen Sie – auf die Gegensätze zwischen de Gaulle und Macmillan, die sich an Rambouillet[14] und an Bahama entzündet haben. Herr Macmillan war unmittelbar vor den Bahamas in Rambouillet, und dort hat ihn de Gaulle aufgefordert, England solle doch seine atomare Kraft der Verteidigung Europas widmen. Darauf hat Macmillan nicht geantwortet, hat kein

Wort von Polaris gesagt, obwohl er, ich glaube am Tage darauf, nach den Bahamas abgeflogen ist und das Polaris-Abkommen beschlossen hat. Dadurch fühlt sich nun Herr de Gaulle verletzt und meint, das hätte Herr Macmillan ihm sagen müssen, daß er das vorhat. Sie müssen nun auch diese Dinge im Zusammenhang sehen. Was ich Ihnen jetzt gesagt habe, das ist nicht irgendeine Zeitungsmeldung, sondern Sie können sich denken, von wem ich das weiß; ich weiß es von Herrn de Gaulle.

Lachmann: Herr Macmillan stellt es etwas anders dar.

Adenauer: Macmillan hat in Liverpool eine Rede gehalten[15], die das anders darstellt. Ich sehe aber keine Veranlassung bei de Gaulle, warum er mir – wir haben über Rambouillet gar nicht gesprochen – eine falsche Darstellung hätte geben sollen. Ich war – das bitte ich aber keinesfalls in die Öffentlichkeit zu bringen – und bin auch jetzt noch der Überzeugung, daß Frankreich in der Polaris-Angelegenheit das letzte Wort ja gar nicht gesprochen hat, denn das Angebot, das Kennedy Macmillan gemacht hat, ist ein anderes als das, was er Frankreich gemacht hat. England ist aufgrund der Mitteilungen über atomare Geheimnisse, die es in den vergangenen Jahren von den Vereinigten Staaten bekommen hat, in der Lage, die nuklearen Köpfe für Polaris-Raketen herzustellen. Frankreich ist nicht in der Lage, weil es diese Geheimnisse nicht kennt, und ich habe das im Gefühl – ich habe aber darüber mit de Gaulle nicht gesprochen –, daß darüber noch ein Notenaustausch, eine Aussprache usw. folgen würde zwischen den Vereinigten Staaten und de Gaulle.

Aber was ich überhaupt nicht verstehe – ich muß Ihnen gegenüber auch einmal meinem Herzen Luft machen –: Warum auf einmal dieser Spektakel? Das erfüllt mich mit Sorge, was es für einen Spektakel einmal geben könnte, wenn eine ernstliche Krise käme – das ist doch noch keine ernstliche Krise –. Wie kann man hier sagen: Ihr müßt wählen zwischen Amerika und Frankreich. Und Herr Clay geht sogar hin und sagt: Wenn Ihr den Vertrag unterschreibt, dann gebt Ihr Berlin auf[16]. Was sind das alles für Redensarten! Das hat er unserem Botschafter gesagt. Was sind das alles für Redereien in so ernsten Angelegenheiten, und wie erschüttert man dadurch wirklich das Vertrauen! Das ist es, Herr Lachmann, was mich wirklich mit großer Sorge erfüllt. Das Porzellan, das NATO heißt und das EWG heißt usw., das ist alles so zart und so dünn, daß man das sehr sorgfältig behandeln muß und nicht so, wie wenn das eiserne Töpfe wären.

Lachmann: Was kann man jetzt tun, um die Einheit wirklich...

Adenauer: Ich will Ihnen gegenüber ganz offen sein mit dem, was ich sage. Ich habe dem Herrn de Gaulle gesagt, nach meiner Meinung ist das erste jetzt, Zeit zu gewinnen, damit die Erregung abklingt. Wenn in der Erregung Entschlüsse gefaßt werden, sind sie gewöhnlich falsch. Darauf hat mir Herr de Gaulle gesagt: Sie haben vollkommen recht. Er hat das nicht sofort gesagt, aber er hat es dann eingesehen. Er war auch erregt. Ich sagte ihm: Zeit gewinnen, damit wir aus der Erregung herauskommen. Das ist jetzt das Wichtigste von allem. Und daher auch die Vorschläge, die ja von unserer Seite in Brüssel gemacht werden, um Zeit zu gewinnen.

Lachmann: Glauben Sie, daß die Zeit diese sehr entschiedene Stellungnahme gegen die Einheit Europas, gegen den Beitritt Englands, gegen die atlantische Zusammenarbeit, die von de Gaulle stammt, überwinden könnte?

Adenauer: Erlauben Sie mal, was haben Sie de Gaulle unterstellt? Dreierlei: gegen die Einheit Europas, gegen den Beitritt Englands...

Lachmann: Gegen die Einheit Europas – damit meine ich das größere Europa, nicht die Sechs.

Adenauer: Erstens ist de Gaulle absolut für die Zusammenarbeit mit den Vereinigten Staaten, denn de Gaulle ist ebenso wie ich davon überzeugt, daß das Zusammenarbeiten mit den Vereinigten Staaten für Europa lebensnotwendig ist und lebensnotwendig für die Vereinigten Staaten. Das sieht de Gaulle genauso ein, wie ich es einsehe. Halten Sie den Mann doch nicht für dumm und borniert! Das ist ein sehr kluger Mann, der die Sache überlegt, der empfindlich ist und der empfindlich ist auch gegenüber Großbritannien.

Was Großbritannien angeht, sehen Sie mal, wir denken alle zu kurz: Haben Sie noch im Gedächtnis, daß Großbritannien zweimal den Eintritt in die EWG abgelehnt hat[17]? Hat man sich damals so aufgeregt? Haben wir geschrien: die Welt geht unter? Das haben wir nicht getan, sondern haben gedacht, warten wir mal ab – und das gilt auch jetzt für den Eintritt Großbritanniens in die EWG. Warten wir doch mal ab, aber keinen unnötigen Krach machen. Und ich sage Ihnen auch so offen: Wenn ich britischer Staatsmann wäre, ich wüßte gar nicht, ob ich in die EWG hineingime; ich wüßte nicht, ob ich nicht die großen Commonwealth-Staaten enger an mich heranzöge, mich enger mit denen verknüpfte und dann eine eigene Macht wäre.

Nun möchte ich Ihnen gegenüber noch folgendes sagen, was aber bitte sicher nicht in die Presse kommen darf: Vor einiger Zeit, im Sommer, war ja Eisenhower hier[18]. Da hat Eisenhower mir gesagt: Ich verstehe England nicht, weil es nicht die Commonwealth-Staaten [...] – genau das, was ich Ihnen eben gesagt habe, das hat mir auch Eisenhower gesagt, daß er das nicht verstünde. Bei der ganzen Sache, Herr Lachmann, spielt hier in England die kommende Wahl[19] herein; der Gegensatz zwischen den Konservativen und Labour, der hier auch eine Rolle spielt. Ich wünsche nicht, daß Labour die Wahl gewinnt, denn namentlich seitdem Gaitskell gestorben ist[20], muß man doch damit rechnen, daß innerhalb [der] Labour [Partei] sehr linksstehende Kräfte sich geltend machen werden, darum bin ich dafür, daß die Konservative Partei die Wahl gewinnt, so daß also nicht die geringste Animosität gegen Großbritannien bei mir vorliegt.

Und ich will Ihnen noch mehr sagen – ich muß etwas vorausschicken: Im Spätherbst oder im Winter 1961/62 hat de Gaulle Macmillan in Chequers besucht[21], und de Gaulle hat mir dann später, als wir uns in Paris einmal trafen[22], von diesem Besuch erzählt und hat mir gesagt, Macmillan habe ihm erklärt, wenn er damit nicht durchkäme, dann würde er nicht der zukünftige Ministerpräsident in Großbritannien sein. Dann haben wir darüber gesprochen, und ich habe Herrn de Gaulle damals schon gesagt, was immer mein Standpunkt war: Wir Deutschen müssen schon aus politischen Gründen wegen des Einflusses, den Großbritannien bei der Lösung der deutschen Fragen hat – das ist Berlin und die Wiedervereinigung –, dafür sein, daß Großbritannien in die EWG aufgenommen wird.

Natürlich wird man verhandeln müssen, und jeder wird etwas geben, und jeder wird etwas nehmen. De Gaulle hat mir damals gesagt, wenn eine Macht wie Großbritannien einen solchen Antrag stellt, dann ist man verpflichtet, diesen Antrag ernsthaft zu prüfen. Den Standpunkt, daß wir schon aus den politischen Gründen für die Aufnahme Großbritanniens sein müssen, habe ich auch im Bundestag vertreten, habe ich immer vertreten. Ich weiß gar nicht, was man jetzt von mir will. Das finde ich so komisch: Ich soll de Gaulle umstimmen. Ich habe Herrn Dowling gesagt[23], Sie haben doch so ausgezeichnete Botschafter in Paris und in London, Sie haben in Paris Herrn Bohlen[24], und in London den Herrn Bruce, was machen denn Ihre Botschafter? Können die sich nicht einmal bemühen? Warum soll ich mich bemühen?

Aber ich habe meinen Standpunkt gegenüber Herrn de Gaulle auch jetzt vertreten und ihm auch in der vorigen Woche gesagt, daß wir für die multilaterale NATO-Streitmacht seien, wir wollten da mitarbeiten. Das war nach dem Besuch von Ball[25]. Ich habe auch noch mit de Gaulle darüber gesprochen, wie man nun einen Ausweg aus der augenblicklichen Atmosphäre finden könne, um nun wieder zu vernünftigen Gesprächen zu kommen. Und der Vorschlag ist Ihnen ja nun bekannt. Aber wissen

Sie, wer in der ganzen Sache so furchtbar hetzt? Das ist Holland, das ist der Herr Luns[26]. Sehen Sie mal, Herr Luns ist schuld, daß wir noch nicht die Europäische Union, die Politische Union haben. Die hätten wir sonst bekommen auf den Vorschlag de Gaulles, damals Anfang 1962. Denn es war mir gelungen, dasjenige zu beseitigen, woran wir Anstoß nahmen, was de Gaulle vorgeschlagen hatte: daß die bestehenden europäischen Einrichtungen in die Union aufgenommen werden sollten.

Wir hatten damals eine Zusammenkunft in Baden-Baden[27], und de Gaulle hat dann zugestimmt. Ich habe ihm gesagt, wenn man da etwas hat, was gut funktioniert, und hier macht man etwas Neues, von dem man noch nicht weiß, wie es funktioniert, handelte man nicht klug, wenn man das gut Funktionierende von vornherein da hineinpacke. Da hat de Gaulle sich damit einverstanden erklärt. Damals hat Herr Luns dagegen gearbeitet, das kaputtgemacht, hat auch Herrn Spaak auf seine Seite gebracht[28]. Herr Spaak ist später zu mir gekommen[29], und ich habe mit ihm darüber gesprochen, und Herr Spaak hat mir damals gesagt, er bedaure sehr, daß er nicht zuerst zu mir gekommen sei statt zu Herrn Luns.

Lachmann: Herr Bundeskanzler, Sie haben nun den Vorschlag gemacht, Zeit zu gewinnen[30]. Glauben Sie, daß über das Gewinnen von Zeit hinaus sich die Aussicht auf eine Einigung und die Möglichkeit des Beitritts Englands dann ergeben wird?

Adenauer: Auch das will ich Ihnen sagen. Nach dem, was mir Herr Hallstein schon vor einiger Zeit gesagt hat[31], sind etwa 70 Prozent der Gegensätze erledigt, etwa 30 Prozent noch nicht; über die muß noch verhandelt werden. Aber wenn die Franzosen bei 70 Prozent zugestimmt haben, dann sehe ich nicht die Absicht, daß sie bei den letzten 30 Prozent einfach mit [einem] Nein die Sache kaputtmachen wollen. Wenn ich etwas kaputtmachen will, dann fange ich doch bei den ersten 50 Punkten an, aber nicht bei den letzten 30.

Lachmann: Was besonders erstaunt hat, war doch die Erklärung von General de Gaulle, daß England eben überhaupt nicht hineinpaßt nach Europa.

Adenauer: Nein, er hat gesagt, England habe gewählt: Europa oder Polaris. Das ist die Polarisgeschichte, die hat uns die ganze Sache so verdorben. Aber glauben Sie mir eins, Herr Lachmann, bei allen diplomatischen Streitigkeiten ist es so unbedingt nötig, daß man, wenn man sich einmal erhitzt hat, sich wieder abkühlt, ehe man fortfährt mit Verhandlungen.

(*Lachmann:* Und dazu wäre Polaris besonders geeignet?)

Nein, Polaris ist wohl entschieden. Aber ich bin überzeugt, daß eines Tages – ich habe nicht mit de Gaulle darüber gesprochen – zwischen Frankreich und Amerika auch in dieser Polaris-Sache eine Verständigung kommt. Das ist meine Meinung.
Damit Sie auch das Ganze sehen, darf ich eins sagen: Warum das Verhalten Frankreichs gegen NATO? Ich habe darüber mit de Gaulle – es sind sicher zwei Jahre her[32] – einmal gesprochen und habe ihm folgendes gesagt: Warum halten Sie Ihre Streitkräfte so zurück von NATO? Darauf hat er mir folgendes geantwortet: Was die französische Flotte angeht, so brauche ich die zur Sicherung der Verbindung zwischen Algier und dem Mutterland. – Sie dürfen nicht vergessen, daß in Algier damals noch der Krieg brannte. – Dann hat er mir etwas später über die Unterstellung der Armee unter NATO angedeutet, daß er gewissen Generälen nicht traue – er hat ja recht gehabt –, und wenn man die Generäle NATO unterstellte, dann gingen sie einem ganz aus der Hand.
Sie dürfen eins nicht übersehen bei dem Ganzen: Es war, und zwar durch das Verhalten de Gaulles in der Algiersache, bei einem Teil des Offizierskorps eine sehr de Gaulle-feindliche Stimmung aufgekommen. Ich las gerade gestern – deswegen denke ich so daran –, daß eine Gerichtsverhandlung stattfand und daß das letzte Attentat[33] gegen de Gaulle von einem Oberstleutnant, der in einem Ministerium – ich glaube Marine- oder Kriegsministerium – beschäftigt war, inszeniert worden ist. So war damals die Stimmung, und diese ganze französische Armee muß von unten herauf neu aufgebaut werden, sowohl dem Geiste nach wie der Bewaffnung nach. Sie ist zur Zeit keinen Schuß Pulver wert.
Und daher kann ich das auch verstehen, wie die Dinge nun damals standen, daß de Gaulle das Bestreben hatte, diese unruhigen Elemente innerhalb der Armee in der Hand zu behalten, damit sie sich nicht gegen ihn wandten.
Bedenken Sie mal: Wissen Sie, wo der Herr Bidault[34] wohnt? Ich darf es Ihnen verraten: in London. Und von London aus hat er dem Ministerpräsidenten Pompidou[35] einen in meinen Augen etwas großsprecherischen Brief geschrieben, was noch alles passieren wird. Und wissen Sie, wo Herr Soustelle[36] wohnt? In London! Und wissen Sie, daß diese Generale, und auch Bidault und Soustelle, aus Algier einen großen Haufen Geld mitgenommen haben? Die haben sich alle saniert und leben gar nicht schlecht in London. Das hat mir de Gaulle nicht gesagt, aber es ist mir von Paris von Stellen gesagt worden, die sich damit zu beschäftigen haben. Aber das ist ja an sich auch nicht gerade sehr angenehm, so etwas zu wissen.

Ich wiederhole nochmals, Herr Lachmann: Amerika und Europa sind gegenüber einer so großen Macht wie Sowjetrußland schicksalsmäßig verbunden. Das habe ich immer auch mit Foster Dulles besprochen, und keiner war unglücklicher über die Verhältnisse damals in Frankreich als Foster Dulles, weil da eine Regierung auf die andere folgte, und der Himmel wußte, was morgen sein mochte. Wenn nun jetzt mal diese Schwierigkeiten kommen, da soll man sorgen, daß wieder Ruhe eintritt. Nach meinen Nachrichten aus Brüssel[37] – das Ganze ist ja so komisch, wissen Sie; solche Diplomatengespräche, ich glaube, wenn ein unbeteiligter Dritter, gleichgültig ob Diplomat oder Nichtdiplomat, da zuhörte, der würde manchmal den Kopf schütteln, wie man da herumdoktert, und dann kommen Gegenanträge über dieses, über jenes, usw., statt einfach daran zu denken, was das Ziel ist: mit Anstand einige Wochen Zeit zu gewinnen!

Lachmann: Und dann wäre etwa im Frühjahr...

Adenauer: Dann würden die Verhandlungen in der EWG in Ruhe weitergehen[38]. Es könnten dann diese noch restierenden Punkte ruhig miteinander besprochen werden. Wenn Sie mich nun fragen: Wird dann Frankreich zustimmen?, dann kann ich Ihnen nur den Satz wiederholen, den ich eben schon gesagt habe: Wenn ich einen Vertrag nicht will, dann fange ich an bei den ersten 50 Punkten, die Sache kaputtzumachen, aber nicht bei den letzten 30. Denn wenn ich sie bei den letzten 30 kaputtmache, dann wird mir jeder sagen, das ist Absicht, denn sonst hätte die betreffende Macht nicht bei den ersten 70 Punkten die Sache mitgemacht.

Lachmann: Ja, das war ja einer der besonders verwirrenden oder beunruhigenden Umstände...

Adenauer: Das ist gekommen aus Rambouillet und Bahama, das war die Ursache.

Lachmann: Ich habe das persönlich besonders empfunden, als ich vorige Woche in Ost-Berlin war bei dem Parteitag der SED[39], wo auch Chruschtschow war und ich gleichzeitig aus Washington hörte, daß sich das ausschließliche Interesse auf den Bruch der Einheit in Westeuropa konzentriere, während doch im Osten gerade der Bruch zwischen China und Rußland vorexerziert wurde.

Adenauer: Der Chruschtschow lebt doch von der Hoffnung auf den Bruch im Westen. Davon lebt der Mann, und nach meiner Meinung muß jeder Staatsmann bei allem, was er tut, was irgendwie Bedeutung hat, sich zuerst fragen: Wie wirkt das auf Chruschtschow, auf Sowjetrußland? Stärkt es seine Hoffnungen oder mindert es seine Hoffnungen, daß der Westen doch einmal auseinandergeht. Was der Westen jetzt macht, ist eine kapitale Dummheit, die nur dem Chruschtschow zugute kommt. Der muß sich ja also vor Freude gar nicht zu fassen wissen[40]!

Lachmann: Glauben Sie denn nicht an die Möglichkeit einer Einigung zwischen Westeuropa und Rußland direkt?

Adenauer: So bald nicht! Ich wüßte nicht, wie. Sehen Sie mal, ich glaube nicht, daß Chruschtschow einen nuklearen Krieg will. Aber er kann immer per Unglück geschehen und kommen, notabene, damit Sie nicht meinen, ich unterschätze es. Aber ich glaube, daß für ihn (Chruschtschow) der innere wirtschaftliche Aufbau und gleichzeitig die nukleare und die konventionelle Aufrüstung so schwere Lasten sind, daß er sie nicht tragen kann, und daß wir gerade jetzt, wo die Last für Sowjetrußland immer drückender wird, wirklich sehr unklug handeln. Ich weiß nicht, ob Sie wissen, daß ein Zug durch Deutschland fährt von Moskau nach Paris und daß in diesem Zug öfter – ich weiß nicht, ob immer – auch einige Wagen sind, die direkt aus Moskau kommen. Ein Sohn von mir[41] ist neulich mit diesem Zug aus dem Industriegebiet gefahren bis Bonn, und der Zug hatte lange Verspätung. Deswegen hat er zufällig den bekommen. Er ist durch diese Wagen einmal hindurchgegangen und hat sich die Menschen einmal angesehen, die da saßen, die also von Moskau nach Paris fuhren. Etwas so erbärmliches in Kleidung, in Haltung, in allem kann man sich gar nicht vorstellen.

Und dieser Tage hat mir Herr Springer gesagt[42], daß er vor seinem Kollegium, vor seinen Herren, einen sehr ernstzunehmenden Vortrag[43] habe halten lassen, ernst sowohl dem Inhalt nach wie dem Vortragenden nach. Ich habe den Namen nicht, habe aber gebeten, mir den Vortrag zu schicken. Danach sei die wirtschaftliche Lage Rußlands so ausgesprochen schlecht geworden, daß eben Rußland diese Lasten, die ich Ihnen aufgezählt habe – einerseits wirtschaftlicher Aufstieg und auf der anderen Seite weitere Rüstung –, nicht verkraften kann.

Also, ich wiederhole, wenn wir uns zanken und streiten im Westen, das tut dann dem Chruschtschow gut; der sagt, nun noch ein Jahr oder zwei Jahre, dann habe ich es gepackt!

Lachmann: Hoffentlich führt das dann zu der baldigen Überwindung dieser Schwierigkeiten.

Adenauer: Dieser jetzigen Sache – ja! Ich kann nur den Kopf schütteln, wie vernünftige Leute sich so herumstreiten.

Lachmann: Darf ich auch eine etwas allgemeinere Frage stellen? Herr Bundeskanzler, würden Sie sagen, was war und ist der Leitstern Ihres politischen Handelns?

Adenauer: Der Leitstern meines politischen Handelns ist mindestens seit dem Jahre 1925: Anschluß an den Westen[44]. Ich will Ihnen auch sagen, wie ich auf das Jahr 1925 komme. Ich war damals Oberbürgermeister in Köln, und der passive Widerstand[45] war zusammengebrochen, mußte zusammenbrechen; Sie wissen, was ich damit meine. Es war eine solche Narrheit, ich kann es nicht anders bezeichnen; das habe ich auch dem damaligen Reichskanzler Cuno[46] gesagt, der ein guter Freund von mir war und der sehr stolz auf den passiven Widerstand war. Dem habe ich gesagt: Dann braucht man doch keine Soldaten mehr, dann setzt man sich auf die Erde und leistet passiven Widerstand, dann ist alles gut. Aber als der dann zusammengebrochen war und als ich mir dann vergegenwärtigte, daß doch Teile von Ostdeutschland nicht zu uns kommen würden trotz Oberschlesien usw. und daß Sowjetrußland durch den Krieg und durch die Hilfe der Westalliierten eine sehr starke Macht geworden war, da war mir völlig klar, daß dieses Land, das nun zwischen dem kommunistischen Osten und dem freien Westen lag, seinen Anschluß unbedingt an den freien Westen herbeiführen mußte.

Lachmann: Was das Datum betrifft, meinen Sie nicht vielleicht 1924? Der Widerstand ist 1923 zusammengebrochen.

Adenauer: Ja, dann wird es 1924 gewesen sein!

Lachmann: Dann hätte ich noch eine andere Frage: Wenn ein junger Politiker, der gerade beginnt, Sie fragen würde, was sind die Regeln, die man befolgen muß, um Erfolg zu haben, was würden Sie ihm da antworten?

Adenauer: Geschichte studieren, das würde ich zuerst sagen. Nicht einfach die Tagesereignisse auf sich wirken lassen allein, sondern nun zu sehen die geschichtlichen Kräfte, die Konstellationen hervorgerufen haben, und welche Konstellationen, und ob man diese Konstellationen ändern kann.

Sehen Sie einmal: 1900 war die englische Flotte doppelt so stark wie die beiden nächsten Flotten zusammen. Die Deutschen hatten das stärkste Heer auf der Welt. Amerika hatte noch nichts: Amerika kam fast, kann man sagen, aus dem Kolonialzeitalter, trat in das neue Zeitalter herein; aber es hatte keine auswärtige Politik – die hatte es nicht nötig zu betreiben –, also Amerika fing da erst an. Wenn Sie dann weiter vergleichen, wie es 1918 aussah, dann sehen Sie, daß dieses Deutschland zusammengebrochen war. Da sehen Sie, daß durch die Entwicklung der Flugzeuge die Bedeutung der Flotten doch wahrscheinlich in Zukunft sehr viel geringer werden würde, und Sie sehen, daß Amerika emporgekommen war an Weltbedeutung, und Sie sehen, daß Sowjetrußland eine unseren ganzen Anschauungen widersprechende und sehr beachtliche Macht geworden war, eine kommunistische Macht.

Da sehen Sie also eine vollkommene Änderung der Konstellation, die in 18 Jahren eingetreten ist, und eine solche Änderung der Konstellation, die so kam, geht nicht wieder in ein, zwei, drei Monaten oder Jahren weg. Man mußte sich also darauf einrichten, daß diese Änderungen der Weltkonstellationen sich noch weiter auswirken würden – und deswegen antworte ich auf Ihre Frage, wo soll ein junger Politiker anfangen: der soll einmal feststellen aus der Geschichte, wie die Konstellation geworden ist zu Beginn seiner politischen Wirksamkeit, und er soll sich darüber klar werden, daß, wenn da tiefgehende Änderungen eingetreten waren, die auch noch weiter wirken, [...] man sich da dementsprechend einrichten muß.

Lachmann: Und sonstige gute Ratschläge für ihn, was den Umgang mit Menschen betrifft?

Adenauer: Ja (lachend), man kann froh sein, wenn man Leute trifft, die einem zwar nicht alles sagen, die einen aber auch nicht belügen, und man muß von einem ausgehen, was ganz natürlich ist: daß jedes Land, wenn es eine vernünftige Außenpolitik treibt, dann ausgeht von seinem eigenen Interesse, daß es nicht aus Menschenliebe einem andern Land Opfer bringt. Das gibt es nicht, das wäre eine schlechte Politik, das wäre eine phantastische Politik, die hält nicht, sondern man muß erkennen das Interesse der verschiedenen Länder. Und ich habe mir erlaubt, eben diese Konstellationsänderung seit 1900 darzulegen, die liegt ganz klar zutage: auf der einen Seite der kommunistische Block im Entstehen begriffen, Sowjetrußland dann vollkommen dem Kommunismus, der Unfreiheit ergeben, und auf der anderen Seite die freien Völker. Und das war ja der große Gegensatz, und zwar ein Gegensatz, der doch die ganze Weltanschauung und das ganze Leben des Menschen bestimmt.

Lachmann: Herr Bundeskanzler, ich danke Ihnen sehr.

(Herr *von Hase* erklärt, was er mit Herrn Dr. Lachmann besprochen hat betr[effend] die Verwertung des Gesprächs[47]. Bei dieser Besprechung wird das Gespräch vom Herrn Bundeskanzler noch einmal aufgenommen.)

Adenauer: Ich glaubte, Ihnen gegenüber so sprechen zu sollen, frei von der Leber weg, wie ich denke. Da ist nämlich auch noch etwas: In der Außenpolitik ist die Wahrheit ein sehr wichtiger Faktor, ein positiver Faktor.

Lachmann: Weil man nicht immer glaubt...?

Adenauer: Nein, dann ist der andere sehr dumm, das muß er erkennen. Nein, weil man an Vertrauen verliert, wenn man auf einer Lüge ertappt wird. Lüge ist eine sehr schlechte Politik, eine sehr kostspielige Politik, denn im Grunde genommen beruht doch alles auf Vertrauen. Darf ich da mal von mir sprechen: Foster Dulles und Eisenhower hatten vollkommen Vertrauen zu mir. Warum? Weil ich mich bemüht habe, ihnen gegenüber immer völlig wahr zu sein und das, was ich dachte, ihnen auch zu sagen.

Lachmann: Und woran fehlt es jetzt?

Adenauer: Woran es jetzt fehlt? – Es geht eben alles sehr schnell: Dem Gedanken folgt zu schnell das Wort. Ich sage nicht: die Tat, aber das Wort; es folgt zu schnell. Bitte, unterscheiden Sie: Gedanke, Wort und Tat. Der Gedanke ist ja das Wichtigste; dafür muß ich Zeit haben. Wenn ich spreche, muß ich schon wissen, was ich will, auch in die Tat umzusetzen.

Lachmann: Aber grundsätzlich hat sich doch nichts geändert, weder in der Interessensituation, im Verhältnis der nationalen Interessen, noch in den Intentionen?

Adenauer: Nein, nur in den Menschen hat es sich verändert. Sie haben doch sicher Foster Dulles gekannt, und Sie wissen, daß gerade Foster Dulles ein Mann war, der seine Worte auch sehr ernst nahm.

Lachmann: Aber in der Politik selbst sehe ich keinen großen Unterschied in dem, was Kennedy/Rusk und was Eisenhower/Dulles getan haben in entscheidenden Momenten. Kuba...

Adenauer: Na, von Kuba wollen wir schweigen. Kuba sieht anders aus, als es dargestellt wird, fürchte ich, in den Vereinigten Staaten. Gestern war bei mir der Botschafter von Nikaragua zu einem Antrittsbesuch[48]. Sie wissen, daß Nikaragua ein treuer Gefolgsmann der Vereinigten Staaten ist. Dieser Botschafter ist ein Arzt von jetzt 67 Jahren, der auch an der Universität – sie werden wohl nur eine Universität haben – dort lange gelehrt hat, der einen sehr überlegenden Eindruck macht. Den habe ich gefragt: Wie beurteilen Sie Kuba? Glauben Sie, daß in Kuba noch Raketen sind? – Der sagte prompt: Ja! Er sagte, er kenne die großen Höhlen auf Kuba, namentlich am Meer, die geradezu einen aufforderten, dort etwas zu verstecken. Er setzte aber weiter hinzu, das Ansehen von Fidel Castro habe durch das Eingreifen der Vereinigten Staaten gelitten[49], weil die südamerikanischen Staaten und insbesondere auch die Kubaner sich sagten, offenbar waren die Vereinigten Staaten doch stärker, sonst wäre Sowjetrußland nicht zurückgegangen. Aber er sagte auch, daß Kuba nach wie vor eine sehr ernste Frage sei, und zwar wegen der Anwesenheit der sowjetischen Truppen da. Sie wissen doch, daß die noch da sind? Auch Rusk hat ja gerade das als ernste Angelegenheit bezeichnet[50].

Aber Sie sagen, es habe sich nichts geändert. – Das weiß ich nicht. Ich möchte aber da keine Vergleiche führen, die könnten mir irgendwie mißdeutet werden. Wir haben die jetzige Administration, mit der müssen wir arbeiten. Und die frühere Administration mit der jetzigen zu vergleichen, das hat keinen Zweck. Aber wenn z. B. Herr Reston in der »New York Times« einen solchen Blödsinn sagt – ich habe keinen andern Ausdruck –: Deutschland muß wählen zwischen Amerika und Frankreich!

Lachmann: Das ist nun aber nicht eine Erklärung der Regierung.

Adenauer: Wenn aber gesagt wird, das stimme mit den Ansichten des Weißen Hauses überein, und wenn Herr Alsop[51] jetzt mit denselben dummen Reden kommt – das ist doch einfach lächerlich, so etwas zu sagen, direkt lächerlich und beleidigend und auch unklug, dumm. Wenn man zu wählen hätte zwischen Frankreich und Amerika – ist doch klar, wen man wählen würde! Aber Frankreich ist auch nötig für die Einigung Europas. Herr de Gaulle hat nach den letzten Untersuchungen in Frankreich 67 Prozent der Bevölkerung hinter sich, und unter de Gaulle ist eine Stabilität in Frankreich eingetreten, die alle nur begrüßen können, nicht nur die Europäer, auch die Amerikaner.

Lachmann: Niemand denkt ja daran, de Gaulle nun beseitigen zu wollen. Es ist nur: Die anti-amerikanische oder anti-atlantische Absicht, die da in Erscheinung zu treten schien in diesen letzten Äußerungen, das ist doch...

Adenauer: Ja, wenn Sie sich vollkommen identifizieren mit England, dann haben Sie recht. Aber ich kann mir nicht denken, daß Amerika sich vollkommen mit England identifiziert; das kann ich mir nicht vorstellen.

Lachmann: Das war ja auch eine deutliche anti-amerikanische Spitze. Es war nicht nur das Mißverständnis oder der Ärger über Macmillan, sondern da war auch der Wunsch, völlig unabhängig von Amerika nun Europa aufzubauen.

Adenauer: Bitte sehr, wo hat das gestanden? – Im übrigen ist das ja ganz klar, daß Amerika immer gewollt hat, daß wir Europa aufbauen sollen.

Lachmann: Ja, in Zusammenarbeit und Freundschaft, aber nicht in Gegensatz...

Adenauer: Also, ich habe diese Äußerungen de Gaulles mehrfach gelesen. Ich habe sehr die Äußerungen über Großbritannien bedauert. Aber über Amerika – was hat er da gesagt?

von Hase: Er hat das auch nur geäußert zu dem Bahama-Abkommen.

Direkt grundsätzliche Ausführungen hat er nicht gemacht, nie die Amerikaner direkt angesprochen.

Lachmann: In bezug auf das atlantische...

Adenauer: Ich möchte Ihnen wirklich empfehlen, diese seine Äußerungen doch noch mal zu lesen; ich habe sie wiederholt gelesen und festgestellt, daß wenigstens die deutsche Presse sie verfälscht hat.

Lachmann: Das war jedenfalls auch der Eindruck in Amerika, daß er eine Spitze hineinträgt und einen Spalt eröffnet, der, wenn er weitergeht, gefährlich wird.

Adenauer: Erlauben Sie, ich nehme an, das wäre ein Eindruck. Aber sie haben doch einen Botschafter, Herrn Bohlen; dann konnte doch Amerika durch seinen Botschafter bei de Gaulle nun mal vorstellig werden: Was heißt das, was willst du? – Aber da geht man doch nicht sofort in die Zeitungen und macht ein großes Feuer; das ist doch jedenfalls nicht gut. – Sie sind der erste, mit dem ich mich über diese ganzen Dinge überhaupt offen ausspreche. Ich habe mich noch mit keinem Vertreter einer deutschen Zeitung offen über diese ganzen Fragen ausgesprochen, und ich spreche mit Ihnen so offen, weil ich die Hoffnung habe, dadurch zu der Beilegung der ganzen Geschichte mitzuwirken.

Lachmann: Ich würde das sehr begrüßen, auch für die Vereinigten Staaten, wenn es zur Beilegung käme.

Adenauer: Für uns alle! – Sie müssen das mal überlegen, was ich gesagt habe.

(Nach Absprache Herr von Hase/Dr. Lachmann über die Veröffentlichung:)

Das würde ich begrüßen – denn mir liegt daran, die Situation zu entschärfen und nicht, sie zu verschärfen!

Nr. 26
11. Februar 1963: Informationsgespräch
(Aufzeichnung vom 11. Februar 1963)
StBKAH 02.32, mit ms. Vermerk »Z A 5 - 20. A / 63«, hs. unterzeichnet »Kusterer«

Teilnehmer: James Bell – Dr. Hans Globke, Hermann Kusterer

Beginn: 13.00 Uhr   Ende: vor 13.20 Uhr[1]

Im Verlauf der Unterhaltung stellte Mr. *Bell* die Frage, ob der Herr Bundeskanzler glaube, daß in den vergangenen zwei bis drei Monaten irgendein Ereignis eingetreten sei, was ihn veranlassen könnte, länger als ursprünglich beabsichtigt Bundeskanzler zu bleiben.
Der Herr *Bundeskanzler* verneinte dies und bemerkte, es gebe so viele, die diesen Posten haben wollten[2], und man solle sie ruhig einmal lassen.
Mr. *Bell* fragte dann, ob der Herr Bundeskanzler glaube, daß durch die innenpolitische Entwicklung der vergangenen Woche die Aussichten Professor Erhards geringer geworden seien[3].
Der Herr *Bundeskanzler* erwiderte, hier denke er dasselbe wie Herr Bell. Mr. Schorr habe allerdings in seinem Interview[4] erklärt, er (der Herr Bundeskanzler) habe sich jetzt mit der Nachfolge durch Professor Erhard abgefunden. Dies sei nicht richtig.
Auf die Frage von Mr. *Bell*, wen der Herr Bundeskanzler von seinen Kollegen als für die Nachfolge qualifiziert halte, antwortete der Herr *Bundeskanzler*, es wäre einfacher für ihn zu sagen, wen er nicht für qualifiziert halte. Es gebe mehrere Nachfolgekandidaten, aber es müsse sich alles erst etwas stärker herauskristallisieren. Die Hauptsache sei, daß die seit 1949 betriebene Politik konsequent fortgeführt werde und es zu keinen Mißdeutungen oder Schwankungen komme.
Abschließend sagte der Herr *Bundeskanzler* noch ein Wort über de Gaulle. Man möge von de Gaulle sagen, was man wolle, man dürfe aber nicht meinen, de Gaulle könnte so dumm sein, nicht zu wissen, daß Europa und damit auch Frankreich ohne Amerika verloren wäre[5].

Aus der »Kölnischen Rundschau« vom 7. Februar 1963
(zu Dok. Nr. 26)

Nr. 27

11. März 1963: Informationsgespräch (Wortprotokoll)

StBKAH 02.30, mit ms. Vermerk »*Unkorrigiertes Manuskript*«, »*Streng off the record!*«, hs. Notiz »*Str[eng] vertraulich!*« und ms. Paraphe »Z[ie]h[e]«

Teilnehmer: Joseph Alsop – Karl-Günther von Hase, Hermann Kusterer, Heribert Schnippenkötter, Theodor-Paul Ziehe

Beginn: 11.00 Uhr   Ende: 12.10 Uhr

Alsop: Herr Bundeskanzler, vielleicht eine dumme Frage, aber ich möchte doch gern die offensichtliche Frage an Sie richten, die viele Amerikaner beunruhigt, und ich möchte gern die Antwort mit Ihren Worten auf diese Frage haben, nämlich: Wie bringen Sie die Verbindung zwischen der Bundesrepublik Deutschland und Amerika, die wir für so wesentlich halten, mit dem neuen deutsch-französischen Vertrag[1] in Übereinstimmung?

(*von Hase:* Ich darf zunächst sagen: Das Gespräch ist off the record – es wird nichts publiziert!)

Adenauer: Da habe ich erst mal eine Gegenfrage: Haben Sie den deutsch-französischen Vertrag gelesen?

Alsop: Ja!

Adenauer: Und haben Sie da eine Stelle gefunden, die irgendwie uns veranlassen könnte, von unseren bisherigen Verpflichtungen abzugehen?

Alsop: Nein – wenn ich so sagen soll –, es ist eigentlich keine einzelne Stelle, an der mir das aufgefallen wäre, sondern was eben die Amerikaner – und mich, wenn ich ehrlich sein soll – beunruhigt, ist die Frage, ob dieser Vertrag bedeutet, daß Deutschland eine französische Politik gegenüber Europa unterstützt, die von unserem Standpunkt, wie wir es sehen, sehr gefährlich wäre. Frankreich hat, wie wir wissen, seit Schaffung Europas immer eine protektionistische Politik getrieben. Das ist zweifellos nicht im deutschen Interesse, und was Amerika anbelangt, so würde gerade im Hinblick auf unser doch recht schwieriges Zahlungsbilanzproblem das die Lage wesentlich komplizieren, wenn Europa eine protektionistische Wirtschaftspolitik betreiben würde; dann würden unsere Bande mit Europa und infolgedessen auch mit Deutschland ziemlich unmittelbar gefährdet sein. Was jeder Amerikaner sich fragen muß im Hinblick auf diesen Vertrag: Ob Deutschland, um Frankreich gegenüber seinen guten Willen zu zeigen, Kompromisse schließen wird oder in seiner früheren Opposition gegen eine protektionistische Politik nachlassen wird und infolgedessen bald in Europa zu einer nach innen gerichteten und protektionistischen Politik kommen würde?

Adenauer: Ich möchte Ihnen zunächst zwei kleine Episoden sagen und dann eine Frage an Sie stellen. Wir waren am 21. Januar in Paris - heute vor sieben Wochen -, und dort habe ich mit de Gaulle sehr offen darüber gesprochen[2], daß wir den amerikanischen Vorschlag wegen Schaffung der multilateralen nuklearen Waffe nach Kräften unterstützen würden, während er bei seiner anderen Ansicht bleibt. Ja, das ist so, ich habe die Ansicht, er hat die Ansicht; wir haben darüber gesprochen, ich habe es angeschnitten. Ich habe gesagt, wir werden den amerikanischen Vorschlag unterstützen.

Eine zweite Episode: Im Laufe der Verhandlungen über den Eintritt Großbritanniens in die EWG war Frankreich mit England über einen Vorschlag übereingekommen[3], der für uns verheerend war, so daß ich mich bei der nächsten Zusammenkunft mit de Gaulle darüber beklagt habe[4]; ich habe gesagt, seine Unterhändler müßten auch an unsere Interessen denken. Da waren also Frankreich und England Hand in Hand, um unsere Landwirtschaft kaputtzumachen - das ist die protektion[istische] Wirtschaft.

Was ich Sie nun fragen möchte - zwei Fragen sind es -: Wie lange glauben Sie denn, daß die jetzigen wirtschaftlichen Schwierigkeiten in den Vereinigten Staaten noch anhalten werden? Das ist die eine Frage. Und die zweite Frage, die ich gern an Sie stellen möchte: Glauben Sie, daß man ein vereintes Europa schaffen könnte, ohne daß Frankreich und Deutschland ausgesöhnt [wären]? Das ist doch das Fundament überhaupt.

Man muß sich diesen deutsch-französischen Vertrag nun einmal überlegen mit dem Geschichtsbuch in der Hand, und dann werden Sie finden, daß seit Karl V.[5] vor 400 und soviel Jahren zwischen Frankreich und Deutschland unentwegt Spannungen und Auseinandersetzungen waren und teilweise Krieg. Und in den letzten hundert Jahren, nicht wahr! Sie wissen doch, wir haben die schweren Hitler-Lasten zu tragen. Wir haben dann den Krieg 1914/18 in Frankreich geführt - da sind alle Mächte aus purer Dummheit hineingekommen; bei dem Überfall auf Frankreich durch Hitler war es böser Wille. Immerhin, es waren zwei unmittelbare Kriege hintereinander. Dann war früher der Krieg 1870/71 gewesen, und dann war noch folgendes, Herr Alsop - ich denke jetzt an das Geschichtsbuch! -: Zwischen dem zaristischen Rußland und dem unter Preußen stehenden Deutschen Reich war Einigkeit und ein Vertrag gegen Frankreich[6]. Als Bismarck ausschied, als er entlassen wurde, war nach einem Jahr der Besuch der französischen Flotte in Kronstadt, und es folgte der Abschluß des Vertrages zwischen Frankreich und dem zaristischen Rußland gegen uns[7]. Und als de Gaulle 1944 Ministerpräsident wurde, ist er nach Moskau gefahren und hat den Vertrag mit dem kommunistischen Rußland gegen uns erneuert[8], und den haben die Russen gekündigt, nachdem Frankreich den Deutschlandvertrag unterschrieben hatte[9]. Und ich möchte, daß weder wir Deutsche ein Spielball zwischen Frankreich und Rußland werden noch daß Frankreich ein Spielball wird von Deutschland und Rußland, sondern ich möchte, daß Deutschland und Frankreich, die zusammen über 100 Millionen Menschen haben, einen festen Damm bilden gegenüber dem Druck vom Osten her, der noch viele Jahre andauern wird, um Westeuropa zu retten und zu schaffen – und dagegen kann eigentlich kein vernünftiger Mensch etwas sagen.

Alsop: Ich darf gleich sagen, Herr Bundeskanzler, daß ich zunächst einmal sehr viel weniger betrübt und bekümmert war über die Aktionen de Gaulles gegenüber England. Zweitens, zum Zeitpunkt, zu dem die Unterzeichnung stattfand, darf ich sagen, daß ich hoch erfreut war über den deutsch-französischen Vertrag. Aber das bringt uns von dem Punkt nicht hinweg, daß es ein zentraler Faktor für die Europäer selber und auch für das atlantische Verhältnis überhaupt ist, daß nunmehr eine europäische Politik entwickelt wird. Und die Franzosen wollen eine bestimmte Art europäischer Politik. Die Deutschen und die Europäer wollen eine andere Art europäischer Politik.

Ich glaube, es wäre doch sehr übertrieben, wenn man von einer akuten Krise in Amerika spräche, wirtschaftlich gesehen. Wir haben kleine Währungsschwierigkeiten; ich glaube, das ist einfach ein Symptom für den Erfolg unserer vorhergegangenen Bemühungen, Europa wiederaufzubauen und wieder ein neues Gleichgewicht in die Welt zu bringen. Aber es ist doch ganz offensichtlich, daß die europäische Politik, die die Franzosen wollen, angefangen mit der Landwirtschaftspolitik, es sehr schwierig machen würde, wenn nicht gar unmöglich machen würde, das atlantische Kettenglied und auch nur die deutsch-amerikanische Verbindung aufrechtzuerhalten. Das sind eben ganz einfach Tatsachen. Wir wissen, was die Franzosen wollen. Sie haben immer die Tendenz gezeigt, gewissermaßen tadele ich sie auch gar nicht, denn diese Tendenz beruht natürlich auf den französischen nationalen Interessen. Aber es ist eben doch die Schwierigkeit als solche vorauszusehen, und kritisch bzw. ausschlaggebend für uns ist, wie die deutsche Haltung zu diesen Fragen sein wird, insbesondere angefangen mit der europäischen Landwirtschaftspolitik.

Adenauer: In England arbeiten 4 Prozent der Bevölkerung in der Landwirtschaft, in Deutschland 13 Prozent, in Frankreich 26 Prozent. Wir müssen also da einen Ausweg suchen. Frankreich hat ein viel besseres Klima als wir und hat einen viel besseren Boden als wir. Daß die Bauern in Frankreich nun den Boden bearbeiten und produzieren, das ist doch ihr gutes Recht, ebenso wie es unser gutes Recht ist, auch unseren weniger guten Boden bei weniger gutem Klima doch möglichst zu fruktifizieren. Dann kommt bei uns etwas Weiteres hinzu: Sehen Sie, die Landwirtschaft bei uns in Deutschland ist ein soziologisches Element. In den Vereinigten Staaten haben Sie dieses außerordentlich weite Land. Wir haben ein kleines Land, und wir wollen nicht überall so Ballungsgebiete haben. Den Ausdruck »Ballungsgebiete« wird man auch in Amerika kennen – wie z. B. das Industriegebiet, wie die Gegend um Frankfurt herum, wie die Gegend um München oder Hamburg oder um Köln herum. Also, wir wollen alles tun, was wir können, damit nicht so viele Menschen zusammengeballt werden in diesem relativ kleinen Land, denn daraus entsteht nichts Gutes. Sie haben das nicht nötig, weil Sie diese großen Riesenflächen haben. Aber ich bin überzeugt, es lassen sich da Auswege finden.

Und sehen Sie einmal, wenn ich über England etwas sagen soll: England hat zweimal abgelehnt, in die EWG einzutreten[10]. Da hat sich doch kein Mensch darüber aufgeregt. Wir haben England gebeten einzutreten, noch ehe die Römischen Verträge geschlossen wurden, es möchte mittun. Es hat gesagt: Nein! – aber wer hat sich denn damals darüber aufgeregt? Und diese Sache mit de Gaulle jetzt ist ja eine Sache besonderer Art. Ich verfolge die amerikanische Presse, so gut ich kann, und ich weiß, wie Sie zu der ganzen Sache stehen – ich möchte ganz offen zu Ihnen sprechen: Macmillan war Mitte Dezember [1962] in Rambouillet[11], zwei Tage, und hat de Gaulle – de Gaulle hat mir das selbst alles gesagt! – ihm nun geklagt, daß er nicht weiterkomme mit der Konstruktion seiner nuklearen Bombe. Darauf hat de Gaulle ihm gesagt: Dann kommen Sie doch mit allem, was Sie haben, und stellen das der Europäischen Verteidigungsgemeinschaft zur Verfügung. Darauf hat Macmillan nicht geantwortet, hat aber auch nicht gesagt, daß er zwei Tage darauf von Präsident Kennedy die Polaris-Bombe verlangen wird[12] – und daß er das nicht gesagt hat – erklärt de Gaulle –, war bei dem Charakter des Gesprächs nicht richtig. Darauf war de Gaulle ärgerlich und hat nun diese Pressekonferenz vom 14. Januar gemacht[13], die ich von Anfang an sehr bedauert habe.

Der Besuch in Paris ging auf meine Anregung aus dem Dezember

zurück, und zwar hängt das so zusammen, ich muß weiter zurückgehen: Im Jahre 1961 war der deutsche Bundespräsident[14] in Frankreich und ist sehr honorig aufgenommen worden. Im Sommer [19]62 war ich in Frankreich[15] – Staatsbesuch, Paris und in einer Reihe von Städten mit dem Schluß in Reims – und bin von den Franzosen sehr gut aufgenommen worden. Im September 1962 war de Gaulle in Deutschland[16] und ist hier glänzend aufgenommen worden, und dann hat de Gaulle gesagt: Sollen wir nicht einen Vertrag schließen, um die Bande zwischen den beiden Völkern, die sich so sichtbar zeigen, zu festigen? Wir haben gesagt, ja. Dann haben der Ministerialdirektor Lucet[17] vom Quai d'Orsay und hier Ministerialdirektor Jansen[18] vom Auswärtigen Amt den Vertrag ausgearbeitet[19], und nun trafen Couve de Murville und Schröder im Dezember in Paris, als dort der NATO-Rat[20] tagte, zusammen und haben den Vertrag von beiden Seiten angesehen und eine Übereinkunft festgestellt[21]. Dann habe ich mich an die Franzosen gewandt[22] und gesagt: Ich schlage Ihnen vor, daß wir etwa im letzten Drittel Januar zusammenkommen, um den Vertrag abzuschließen. Da hat noch kein Mensch gedacht an diese schreckliche Pressekonferenz – das ist also ein reiner Zufall gewesen, den ich bedaure. Ich bedauere, daß das alles so gekommen ist.
Aber ich meine, man sollte doch weiter in die Zukunft sehen, und ich hatte nun de Gaulle, als ich in Paris war am 23. Januar, soweit, daß wir zusammen einen Übergang finden wollten, um wieder normale Verhandlungen mit Großbritannien herbeizuführen. Und das ist am 29. Januar durch die geringe Klugheit der daran Beteiligten verhindert worden[23].
Der Vorschlag, den ich de Gaulle gemacht habe, war folgender: Wir sollten uns von unserer Kommission einen Bericht anfertigen lassen über den Stand der ganzen Verhältnisse. Darüber würden vier Wochen vergehen; dann würde man den besprechen, und dann könnte man wieder in die normale Verhandlung mit den Engländern hineingehen. De Gaulle hat dem zugestimmt, hat sich bei mir bedankt, als ich abreiste, und hat gesagt, das ist ein sehr guter Rat.
Was hat man nun in Brüssel getan? – Da hat man sich darüber gezankt, ob England jetzt schon zu den Sechs mit gehören sollte, um den Bericht der Kommission zu verlangen. Es sollte nicht dazu gehören, und es bestand auch kein Anlaß, weder ein rechtlicher Anlaß noch ein sachlicher Anlaß. Daß die Engländer später den Bericht bekommen mußten, das war ganz klar. Und darüber ist die Sache nun auseinandergegangen. Manchmal greift man sich wirklich an den Kopf und fragt sich: Ist denn

der heilige Geist vollkommen von der Erde verschwunden – nicht nur wegen Brüssel, sondern auch wegen anderer Sachen. Daß z. B. der Papst[24] den Adschubei empfangen hat – also, die Welt ist ja verrückt. Aber deswegen soll man nicht den Mut und die Geduld verlieren!

Folgendes darf ich auch noch sagen: De Gaulle hat Ende Januar in Paris den Sozialrat der EWG gehabt[25], über 100 Personen; die haben zuerst gar nicht nach Paris gehen wollen – bittere Feindschaft! –, sie sind doch hingegangen. De Gaulle hat sich – das kann er ja! – sehr charmant denen gegenüber benommen, und die waren entzückt. De Gaulle hat ihnen gesagt: Sobald Großbritannien sich bereit erklärt, die in den Römischen Verträgen vorgesehenen Verpflichtungen zu erfüllen, besteht auf meiner Seite gar kein Hindernis, daß Großbritannien eintritt. Das hat er diesem Sozialrat [Roche][26] erzählt; der Vorsitzende [Roche] hat mir das jetzt erzählt, daß das so gewesen ist.

Die Welt ist augenblicklich nervös; sie sollte mehr Ruhe haben, da kämen die Sachen viel eher in Ordnung – auch diese lächerliche Sache mit England. Natürlich muß das in Ordnung kommen. Ich habe das auch Macmillan, als er bei mir war[27], absolut zugesagt, daß wir dafür eintreten würden. Aber je mehr man nun spektakelt und schreit, desto schlimmer ist es!

Nun möchte ich Ihnen noch etwas ganz persönlich sagen: In der vorigen Woche war General Lemnitzer hier[28]; er war drei Tage hier. Er hat viele Besprechungen gehabt. Er hat auch eine mit mir gehabt, die war nicht lang. Er hat auf dem Rückflug einem deutschen Begleitoffizier erklärt, er habe sich davon überzeugt, daß das deutsch-französische Abkommen von Nutzen für die NATO sei.

Alsop: Herr Bundeskanzler, vielleicht darf ich nochmals wiederholen: Ich bin völlig einverstanden mit jedem Wort, das Sie sagten. Der einzige Punkt, der mir Sorge macht, das ist die einzige Frage, die wollte ich stellen und die ist noch nicht ganz geklärt: Die Franzosen wollen, daß Europa eine ganz bestimmte Linie einschlägt für die wirtschaftliche Entwicklung, angefangen mit der gemeinsamen Landwirtschaftspolitik, und zwar die Linie, die auf die Dauer die atlantische Verbindung aufbrechen wird und die amerikanische militärische Anwesenheit in Europa gefährden wird. Nun sind die andern Europäer dagegen, aber bei dem Charakter de Gaulles wird es für sie schwierig sein, sich durchzusetzen. Wie wird in dieser Entwicklung die deutsche Haltung aussehen?

Adenauer: Also, wir haben ganz andere landwirtschaftliche Interessen als Frankreich – ganz andere! Zweitens: Auf einer Reihe von Gebieten, die jetzt schon im Gemeinsamen Markt sind, sind Franzosen und Deutsche die schärfsten Konkurrenten, so daß ja überhaupt gar nicht die Rede davon sein kann, daß Frankreich beabsichtige, eine bestimmte Wirtschaftspolitik in Europa einzuführen. Das höre ich jetzt zum ersten Mal von Ihnen.

Alsop: Ich zögere natürlich, Herr Bundeskanzler, gegen Sie irgendwelche Voraussagen zu machen; aber ich glaube, daß diese Frage sich tatsächlich ergeben wird, und zwar wird es anfangen mit der gemeinsamen Landwirtschaftspolitik – und als amerikanischer politischer Beobachter macht mir eben das sehr viel Sorge. Denn wenn unter dem Druck eines europäischen oder unter der Androhung eines europäischen Zusammenbruchs die anderen Europäer eine gemeinsame Landwirtschaftspolitik akzeptieren, wie die Franzosen sie wollen, dann würden Sie die Hälfte des amerikanischen Senats aufstehen sehen, der nach Handelsrepressalien schreit, und Sie werden ein Drittel des Senats aufstehen sehen, der schreit: Bringt unsere Jungens zurück, warum sollen wir die in dem undankbaren Europa lassen! Außerdem werden wir wieder eine Dollarkrise erleben. So werden wir auf ein absteigendes Gleis kommen. Das ist der einzige Aspekt, der mir Sorge macht, und das wird nicht nur die gemeinsame Landwirtschaftspolitik sein, sondern das wird nur der Anfang sein. Ich kenne die Franzosen gut; ich habe die größte Bewunderung für den großen Mann, der de Gaulle ja ist – ich bin sozusagen ein amerikanischer Gaullist –, aber die französische Politik war schon immer protektionistisch, und wir können ein enges amerikanisch-europäisches Verhältnis nicht aufrechterhalten, wenn Europa eine Mauer um sich baut.

Adenauer: Mister Alsop, die Franzosen haben einen Plan gemacht, einen Plan, in dem gewisse Ziele der Wirtschaft als erstrebenswert dargestellt werden. Ich bin kein Wirtschaftsfachmann; ich kann Ihnen nur das Urteil auch von deutschen Wirtschaftsfachleuten über diesen Plan wiedergeben, und das lautet, daß da viele Gedanken und viel Arbeit drinstecken. Aber das ist doch nicht unser Plan, und wir denken nicht daran, das zu unserem Plan zu machen! Ich versichere Ihnen: Wir denken gar nicht daran, mit den Franzosen zusammen einen landwirtschaftlichen Plan zu machen. Das können wir gar nicht, das liegt in der Natur der Sache, das geht überhaupt nicht, weil die viel bessere Produktionsbedingungen haben in der Landwirtschaft als wir, da können wir gar nicht gegen an. Hier klagen die Bauern viel mehr über die amerikanische Konkurrenz in landwirtschaftlichen Produkten mit ihren Hühnchen und Hähnchen[29], nicht wahr! Die klagen viel mehr, das können Sie hier fast auf jeder Bauernversammlung hören. Aber über Frankreich? Wir haben keine gemeinschaftliche landwirtschaftliche Planung und werden keine haben, und wir können das gar nicht - ausgeschlossen! Wissen Sie, wohin Foster Dulles die amerikanische landwirtschaftliche Produktion leiten wollte? - Nach Sowjetrußland, das hat er mir selbst einmal gesagt, natürlich vorausgesetzt, daß eine Verständigung mit Sowjetrußland stattfände; dann wollte er die landwirtschaftliche Überproduktion dahin leiten, weil die Russen ja wirklich die Produktion, das produzierte Getreide nötig haben.

Alsop: Ich möchte mich nicht zu sehr konzentrieren auf die Landwirtschaftspolitik, sondern was uns vor allem als Problem vor Augen schwebt, ist die allgemeine zukünftige Tendenz hier in Europa. Wenn ich richtig verstehe - ich bin kein Wirtschaftssachverständiger, und abgesehen von diesem Blödsinn, den die amerikanische Regierung wegen der Hähnchen gemacht hat; denn ich finde es immer dumm, wenn man sich über kleine Dinge zu sehr aufregt, anstatt sich nachher über die großen noch richtig aufregen zu können -, jedenfalls sieht es doch so aus, daß bislang, abgesehen von den Hähnchen, uns kein Schaden geschehen ist, und die deutsche Regierung besteht doch weiterhin darauf, daß es für Deutschland lebenswichtig ist, Handel mit dritten Ländern zu treiben, einschließlich Landwirtschaftsimporte aus Amerika. Die Franzosen wollen aus nationalistischen oder aus nationalen Gründen ja einen geschlossenen europäischen Markt haben. Nun gibt es für die gemeinsame Landwirtschaftspolitik schon ein Fundament, aber es gibt noch kein Dach darauf. Wenn das Dach weiterhin wegbleibt, ist das für uns kein Problem. Wenn ein französisches Dach daraufkäme, dann weiß ich nicht, was aus Amerika werden würde - und ich habe gerade in Bonn insbesondere bei den Technikern und Sachverständigen sehr häufig die Auffassung vertreten gefunden, daß es vernünftig wäre, erst mal einige Jahre abzuwarten und gar nichts zu tun. - Sagen Sie dasselbe?

Adenauer: Wieso - mit England gar nichts?

Alsop: Nein - hinsichtlich der Festsetzung der Landwirtschaftspolitik im Gemeinsamen Markt!

Adenauer: Die wird ja gar nicht gefestigt! Der Grüne Plan kostet uns Milliarden[30]. Wir müssen für unsere Landwirtschaft, damit die sich gegenüber der französischen halten kann, Gott weiß wieviel Geld aufwenden. Wenn ich Sie doch davon überzeugen könnte, daß wir nicht daran denken, weil es gegen die Natur der Sache ist, mit den Franzosen einen gemeinsamen Landwirtschaftsplan zu entwickeln! Daran denken wir nicht! Denn ich wiederhole: Das ist wider die Natur der Sache; wir würden dann diejenigen sein, die nachher platt auf der Erde liegen!

Alsop: Sind Sie, Herr Bundeskanzler, mit Ihren Sachverständigen einer Meinung, die mir gesagt haben, daß es wünschenswert wäre, wenn man ein Jahr oder zwei Jahre wartet, ehe die gemeinsame Landwirtschaftspolitik im Rahmen der EWG weiter ausgebaut wird?

Adenauer: Durchaus, durchaus! Ich bin überhaupt der Auffassung, daß man bei wirtschaftlichen Entwicklungen nicht eine übertriebene Schnelligkeit einlegen soll, sondern das geht oft ganz andere Bahnen, als der kluge Mensch sich das vorher gedacht hat. Aber das eine möchte ich nochmals sagen: Wir denken nicht im entferntesten daran, irgendwie Amerika zu schädigen!

Alsop: Dann brauchen wir uns ja keine Sorge zu machen! Ich darf vielleicht noch eines sagen, was hier in Bonn zu sagen, nicht immer sehr beliebt ist: Ich kenne Paris gut. Ich war der erste, der geschrieben hat, daß de Gaulle die Engländer nicht im Gemeinsamen Markt haben will. Ich glaube, daß die Franzosen sehr hart darauf bestehen werden und sogar so weit gehen werden, mit einem Zerschlagen des Gemeinsamen Marktes zu drohen, wenn sie nicht mit ihrer exklusiven Wirtschaftspolitik und wirtschaftlichen Richtung durchkommen. Deswegen glaube ich eben, daß das Problem, dem Sie sich eines Tages gegenübersehen werden, sehr schmerzlich sein kann. Ich bin [mir] über Ihren Weitblick im klaren. Ich habe nur die Gedanken, die wir uns machen, und die Sorgen zum Ausdruck gebracht. Deswegen muß ich diese Fragen stellen. Aber ich glaube, die Prüfung, in die Sie da vielleicht gehen, kann sehr hart werden.

Adenauer: Ich verstehe das nicht – ganz ehrlich; ich verstehe nicht, wie Sie zu diesen Ansichten kommen. Ich werde Ihnen noch schreiben darüber[31] – lassen Sie uns noch mal genau festlegen, was Sie sagten.

(Der Dolmetscher wiederholt die letzten Ausführungen von Mr. Alsop, daß er glaube, die Franzosen würden auf ihrer exklusiven Wirtschaftspolitik innerhalb der EWG ganz hart bestehen und sogar so weit gehen, mit einer Zerschlagung des Gemeinsamen Marktes zu drohen. Dann ergänzt Mr. Alsop:)

Alsop: Und ich darf noch eines hinzufügen: Ich hatte persönlich immer großes Vertrauen darin, daß auf deutscher Seite genügend Weitblick und Klugheit besteht, um diesen französischen Versuch zu bremsen. Ich glaube aber eben, daß dieser französische Versuch so weit gehen wird, daß sie sogar mit einem Zerschlagen des Gemeinsamen Marktes drohen werden – und deswegen fürchte ich, daß dann für Sie das Problem, dem Sie sich gegenübersehen, ein sehr schmerzliches sein könnte.

Adenauer: Also – was Sie sagen, ist für mich natürlich wertvoll, und ich werde Ihnen über diese letzte Frage schreiben, und zwar sehr ehrlich werde ich Ihnen schreiben.

Alsop: Sie sehen aber, warum wir uns zu Hause Sorge machen. Das Mißverständnis, wenn es ein solches gibt zwischen Deutschland und Amerika zur Zeit, ergibt sich meiner Ansicht nach im wesentlichen daraus, daß in Amerika und in Deutschland die französischen Absichten in der Zukunft unterschiedlich beurteilt werden, insbesondere hinsichtlich der weiteren Entwicklung Europas.

Adenauer: Das hängt aber mit dem deutsch-französischen Vertrag wahrhaftig nicht zusammen!

Alsop: Nur insoweit, als wir glauben, dieser Vertrag könnte von Frankreich genauso zur Beeinflussung Deutschlands wie von Deutschland zur Beeinflussung Frankreichs benutzt werden.

Adenauer: Und von Deutschland Einfluß auf Frankreich! Also, ich werde Ihnen darüber schreiben. Ich habe diese Gedanken bisher nicht in solcher Klarheit und Schärfe gehört! Deswegen werde ich Ihnen schreiben.

Nr. 28
30. Mai 1963: Informationsgespräch (Wortprotokoll)
BPA, mit ms. Vermerk »*Unkorrigiertes Manuskript*«, »*Streng vertraulich!*« und Paraphe »Z[ie]h[e]«

Teilnehmer: James Bell[1], Hedley Williams Donovan[2] – Karl-Günther von Hase, Hermann Kusterer, Heribert Schnippenkötter, Theodor-Paul Ziehe

Beginn: 16.30 Uhr   Ende: 17.27 Uhr

Adenauer (nach einleitenden persönlichen Begrüßungsworten): Wir verdanken »Life« sehr viel und insbesondere Mister Luce[3]. Eigentlich ist »Life« doch auch der unerreichte Prototyp von diesen ganzen Zeitschriften, die teils politisch, teils illustriert sind. Und jetzt muß ich etwas sagen, was Sie vielleicht auf den ersten Blick erstaunen wird: »Life« ist schuld, daß wir den »Spiegel« haben, denn als die Gebrüder Augstein den »Spiegel« gründeten, machten sie mir einen Besuch[4] und sagten, sie wollten eines Tages »Life« erreichen, das schwebte ihnen vor.

Donovan: Heute früh habe ich mit Herrn Bell gesprochen über einen Artikel, von dem ich glaube, daß es interessant wäre, wenn »Life« ihn vielleicht einmal bringen sollte, nämlich über die Auffassung von deutschen Geschichtsprofessoren, Journalisten, Korrespondenten usw., wie nach ihrer Ansicht heute in Deutschland ein annehmbarer und verantwortungsbewußter Patriotismus aussehen müßte, oder was als guter Ausdruck des deutschen Nationalgefühls gelten könnte, und eben auch die Frage zu behandeln, ob es eine konstruktive Art und Weise gibt, nach der man sich als Deutscher fühlen kann und dabei das Gefühl hat, daß es etwas anderes ist als z. B. ein Belgier oder Argentinier zu sein.

Adenauer: Darf ich dazu einige Ausführungen machen. Sehen Sie, Deutschland hat den Krieg 1914/18 verloren. An dem Krieg war Deutschland nicht schuld, war Frankreich nicht schuld und war eigentlich keiner schuld – nur waren sie alle sehr dumm, sonst hätte es diesen Krieg nicht gegeben[5]. Den Krieg hat Deutschland verloren. Gleichzeitig kamen mit dem Krieg die Vereinigten Staaten in die Geschichte herein; ich meine jetzt überhaupt in das Weltgeschehen. Wir hatten außerdem die erste Inflation, die eigentlich das Beste, was das deutsche Volk hatte – einen guten Mittelstand –, erledigte; alle die mittleren Vermögen wurden vernichtet. Das waren schwere geistige Wunden, die das deutsche Volk erlitt; die ganzen Autoritäten, Kaiser, Könige usw., alles war dahin infolge eines verlorenen Krieges, nicht etwa infolge einer Revolution. Dann haben wir uns mehr oder weniger gut dahingeschleppt von 1918 bis 1933.

Dann kam der Nationalsozialismus mit all seinen Schrecklichkeiten, und hier haben die anderen Völker durch ihre Dummheit den Nationalsozialismus emporkommen lassen. Im Jahre 1936 waren die Olympischen Spiele in Berlin[6]. Da sind alle andern Staaten vertreten gewesen und haben dem Hitler, obwohl der damals schon ein Verbrecher war, gehuldigt in einer Art, die für jeden anständigen Deutschen unmöglich war. Aber dadurch, daß diese Staaten alle nach Berlin zu den Olympischen Spielen kamen, empfangen wurden von Hitler usw., wurde Hitler auch in den Augen der Deutschen gewissermaßen legitimiert. Die Judenverfolgungen durch die Nazis hatten damals schon lange angefangen. Aber kein Mensch sprach davon, weder ein Amerikaner noch ein Engländer noch ein Franzose noch ein Belgier oder Holländer, kein Mensch sprach davon. Dann kam der zweite Krieg, der uns total durcheinandergebracht hat mit vollkommenem Zusammenbruch. Dann kamen die ersten Jahre der Besatzung, die ja nicht dazu angetan waren, ein deutsches Nationalgefühl entstehen zu lassen.

Ich sage Ihnen das alles, um darauf zweierlei zu stützen: Die älteren Leute, die das, was ich gesagt habe, zum Teil noch miterlebt haben, sind, ohne es zu wissen, doch noch nicht fähig gewesen, das innerlich alles zu bewältigen; und die jüngere Generation ist in Staatsverhältnissen aufgewachsen, erst im nationalsozialistischen Staat, dann in der Zeit danach, als alles zerstört war, die ebenfalls kein Nationalgefühl rechtfertigen. Das deutsche Volk muß ein gutes und berechtigtes Nationalgefühl erst wieder erwerben, es hat es noch nicht[7]. Die 35–45jährigen bei uns sind am schlechtesten dran: die 25–30jährigen und die 30–35jährigen sind schon viel besser dran. Es kommt noch hinzu, daß jedes Volk erst einmal die technischen Fortschritte verarbeiten muß, die den Menschen auch sehr durcheinanderrütteln, ich meine Fernsehen, Rundfunk und alle diese technischen Fortschritte[8], die sehr die Seele, das Empfinden und den Verstand durcheinanderrütteln, so daß ich glaube, noch bei keinem Volk ist das, was die Fortschritte der Technik gebracht haben, ganz bewältigt, weder bei Ihnen noch bei uns.

Donovan: Meinen Sie die geistige Bewältigung dieser Dinge?

Adenauer: Sehen Sie einmal alle die Nachrichten, die auf einen armen unglücklichen Menschen heute einstürmen! Nun muß man den Deutschen Zeit lassen, und Geduld muß man haben, dann bin ich überzeugt, dieses nationale Gefühl wird in einer gesunden Weise weiter wachsen. Aber es hat sich verändert. Es ist nicht mehr ein deutsches Nationalgefühl, sondern ein europäisches Nationalgefühl. Ich glaube, daß die junge Generation viel europäischer denkt, ohne Sinn für Landesgrenzen und

Nationalgeschichte der Länder – das ist ihnen total gleichgültig –, die denken schon sehr europäisch.

Donovan: Halten Sie das für gut?

Adenauer: Ja, das halte ich für sehr wertvoll für die Zukunft. Es hat sich auch in Europa so viel geändert – nehmen Sie Deutschland, aber auch andere Staaten –, so daß man auf die Vergangenheit nicht zuviel Neues aufbauen kann, da muß man schon die Zukunft mitnehmen – Europa, das ist auch für die Jugend viel besser!

Donovan: Interessant! – Ich habe gerade mit einem Geschichtsprofessor in Göttingen gesprochen und habe auch die Frage gestellt, ob dieses europäische Gefühl den traditionellen Patriotismus ersetzen könnte. Die Antwort hat mich eigentlich sehr berührt; er hat erwidert, er wolle nicht, daß die deutsche Geschichte ein Ende habe. Offensichtlich war er der Auffassung, daß dieses Aufgehen in Europa in gewissem Sinne das Ende einer ausgeprägt deutschen Geschichte wäre?

Adenauer: Das ist nach meiner Meinung eine falsche Auffassung. Sehen Sie, was sind jetzt noch Entfernungen, wie leicht werden die überwunden. Welcher Arbeiter dachte früher daran, mit dem Auto nach Frankreich oder Italien oder Spanien zu fahren? Jetzt ist das alles selbstverständlich. Und das halte ich für gut, damit braucht das nationale Gefühl nicht verlorenzugehen. Der Franzose wird nicht vergessen, daß er Franzose ist, der Deutsche nicht, daß er Deutscher ist; der Engländer wird sicher nicht vergessen, daß er Engländer ist. Aber sie werden doch in der Hauptsache an die Zukunft denken und an Europa denken. Wenn man an die Vergangenheit denkt, namentlich die jungen Leute, dann wären es doch arme...

(Hier brauchte der Bundeskanzler einen rheinischen Ausdruck; er sagte auch zum Dolmetscher: Das werden Sie wohl nicht übersetzen können.)

Sehen Sie, 1900 hatte England die größte Flotte der Welt, sie war größer als die beiden nächsten Flotten zusammen. 1900 hatte Deutschland die stärkste Armee der Welt. 1900 war Amerika ein Schuldnerland. Sollen wir an diese vergangenen Dinge jetzt weiter denken? Wenn ein junger Deutscher wirklich ernsthaft daran denkt, was vor 63 Jahren war, als Deutschland die stärkste Armee der Welt und eine dementsprechende politische Bedeutung hatte, dann ist die Gefahr groß, daß er entweder sehr traurig wird oder daß er sagt, das müssen wir wiederhaben. Die Zeiten haben sich ja so radikal verändert, vollkommen verändert seit 1900, daß man nur in die Zukunft flüchten kann. Die Engländer würden, wenn sie nicht immer daran dächten, daß sie einmal die größte Flotte der

Welt gehabt haben, wahrscheinlich heute auch eine andere Politik verfolgen. Man soll nicht zuviel an die Vergangenheit denken. Wir Deutschen und alle Europäer sind arm geworden; dann soll man nicht daran denken, wie schön das früher war, als wir reich waren, sondern soll daran denken, daß wir arm sind und daß wir jetzt unsere Kräfte anstrengen müssen, um diesen Kontinent in eine gute Verfassung zu bringen. – Aber ein Professor wird das vielleicht nicht so leicht hinnehmen!

Und sehen Sie, umgekehrt, denken Sie an die Zeiten, in denen die Amerikaner noch keine Außenpolitik trieben; sie schickten ja damals als Botschafter die Leute hinaus, die für die letzte Präsidentenwahl viel Geld gegeben hatten, weil es gleichgültig war, wen sie rausschickten. Aber wenn sich nun die Vereinigten Staaten nicht darüber klar geworden wären, daß sie die stärkste Macht der Welt geworden sind – sicherlich der freien Welt – und daß sie dementsprechend ihre Politik, ihr Leben und ihre Ansichten gestalten müßten – denn Politik geht doch aus Ansichten und Lebensweise hervor –, dann hätten sie den Isolationismus!

Donovan: Glauben Sie, Herr Bundeskanzler, daß diese Entwicklung des europäischen Ideals einen Rückschlag erlitten hat in den Verhandlungen mit England hinsichtlich des Gemeinsamen Marktes? Und wenn ja, wie glauben Sie, daß dieser Rückschlag wieder wettgemacht werden kann?

Adenauer: Meine Ansicht über den Gemeinsamen Markt will ich Ihnen ganz offen sagen – aber, bitte, *off the record*! Ich habe ja mit zu den Gründern gehört. Einen Gemeinsamen Markt kann man nur schaffen, wenn man im wesentlichen die gleichen Lebensbedingungen in den Ländern, die zum Gemeinsamen Markt gehören, schafft. Um ein Beispiel zu nennen: Wenn die Sozialpolitik in den verschiedenen Ländern total verschieden ist, dann werden, da Sozialpolitik teuer ist, auch die Gestehungskosten für die produzierten Güter ganz anders sein. Deswegen muß man bei der Harmonisierung im Gemeinsamen Markt auch die Gestaltung der sozialen Verhältnisse, der Arbeitsbedingungen, berücksichtigen und muß mit einer großen Behutsamkeit vorgehen – und die Kommission des Gemeinsamen Marktes hat nach meiner Meinung den Fehler gemacht, alles zu schnell zu machen.

Wenn man etwas zu schnell macht – trotz der Schwierigkeiten –, dann wird sich das zeigen, und ein Teil der Schwierigkeiten beruht in keiner Weise auf dem Beitritt oder Nichtbeitritt Englands, sondern beruht auf den Schwierigkeiten, die sich aus dem Verhältnis der Sechs zueinander ergeben, weil man in manchen Dingen zu schnell gewesen ist. Daß England hereinkommen muß, wenn es will, das ist allgemein akzeptiert. Das ist damals ein Malheur gewesen – Macmillan und de Gaulle –, Sie kennen die Geschichte mit Rambouillet[9], dann mit Nassau[10] – aber das geht vorüber. Jedoch die Schwierigkeiten, die da waren und die noch lange nicht vorbei sind, entstehen und sind zum großen Teil nach meiner Meinung dadurch entstanden, daß man zu schnell war.

Ich sprach eben von den sozialen Bedingungen, das sind immer die hauptsächlichsten Bedingungen, das sind die Löhne und die Arbeitszeit[11]. Die Löhne und die Arbeitszeit sind in großen Teilen des Gemeinsamen Marktes völlig verschieden. Sie sollen nach den Verträgen harmonisiert werden, und das muß doch sein, wenn die Sache Bestand haben soll. Das wissen sie alle, aber da wagt sich keiner heran, das ist ein zu heißes Eisen. Zum Beispiel: Bei uns arbeiten die Arbeiter am wenigsten in der Woche; in Holland arbeiten sie erheblich mehr, in Italien auch, und dadurch kommen Spannungen bei der ganzen Warenproduktion. Es ist schwierig, einen Gemeinsamen Markt dann zu schaffen, wenn die ökonomischen Grundlagen, die sozialen Grundlagen in den einzelnen Ländern so verschieden sind. Da muß man sehr viel Geduld haben und nicht aufgeben!

Donovan: Sind diese Unterschiede und Ungleichheiten zwischen Deutschland und England nicht viel kleiner als z. B. zwischen Deutschland und Italien?

Adenauer: Welche Unterschiede meinen Sie? – Die Engländer arbeiten doch noch weniger als die Deutschen, und die Engländer sind auch noch mehr davon überzeugt, daß alles Englische am besten ist. Aber um Ihnen ein Beispiel zu geben: In Holland kann man im Durchschnitt für halb soviel Geld leben wie in Deutschland. Das beruht zum Teil darauf, daß da mehr gearbeitet wird und daß die Regierung die Löhne irgendwie regulieren kann, daß sie nicht zu hoch werden. Das beruht aber auch darauf, daß wir alle diese Kriegslasten tragen müssen – und das ist sehr viel! – und die Aufrüstung.

Von uns wird natürlich verständlicherweise im Verhältnis mehr verlangt als etwa von Holland, so daß bei uns die Produktionskosten erheblich größer sind als in Holland. Wir müssen infolgedessen auch höhere Steuern zahlen. Zum Beispiel haben wir eine höhere Kaffeesteuer, von der alle wünschen, daß sie aufgehoben wird. Ich glaube, in Holland zahlt man gar keine Kaffeesteuer. Nun liegen die Länder dicht beieinander, sie sind im Gemeinsamen Markt, und das führt natürlich zu Schwierigkeiten. Herr Hallstein kommt dieser Tage zu mir[12]; ich will ihm meine Meinung darüber offen sagen – die sind zu schnell gewesen; qui va piano va sano – ein altes italienisches Sprichwort!

Donovan: Ein paar Tage später kriegen Sie noch einen anderen Besuch[13]!

Adenauer: Ja, aber ob ich mich mit dem andern Besuch über die Schwierigkeiten der Sechs unterhalten werde, das glaube ich nicht, da sind große und wichtige andere Fragen. Mit den Vereinigten Staaten haben wir aber jetzt doch eine große Übereinstimmung. Sehen Sie, wir sind sofort für die multilaterale Atommacht gewesen[14], und wenn jetzt de Gaulle und Frau de Gaulle in Washington einen Staatsbesuch machen[15], dann wird es uns auch hoffentlich verziehen werden, daß wir mit Frankreich den Vertrag abgeschlossen haben.

Donovan: Das scheint eine vernünftige Annahme zu sein!

Adenauer: Schon die Ankündigung von de Gaulle hat doch sehr gut gewirkt - also, das macht Frankreich immer sehr geschickt; das sagt man nicht auf einmal, da wird nicht lange geheim verhandelt, bis man das Datum hat, sondern zuerst wird lanciert, daß die Absicht besteht, das wird dann schon diskontiert - auch bei uns ist das sehr gut aufgenommen worden! -, und dann kommt die Festsetzung des Termins, die wird nochmals diskontiert, und dann kommt der Besuch, das ist dann die große Auszahlung - bildlich gesprochen!

Donovan: In »Life« haben wir ja den deutsch-französischen Vertrag als eine große staatsmännische Tat bezeichnet. Was uns allerdings weniger gefiel, das waren einige andere Dinge, die de Gaulle ungefähr zur gleichen Zeit tat.

Adenauer: Gott, es braucht doch nicht jeder hundertprozentig zur selben Zeit vollkommen zu sein, [man] kann auch mal einen Fehler machen. Aber das eine möchte ich Ihnen doch sagen: Ich hätte diese Pressekonferenz[16] nicht gemacht. Aber de Gaulle hatte Grund, über Macmillan verärgert zu sein; er hat mir die Einzelheiten auseinandergesetzt - ich kann das nicht wiedergeben -, er hat das ganz klargelegt. Aber wissen Sie, das geht ja alles vorüber. Wenn nur die sehr wichtigen Sachen in Ordnung gehen, die bleiben bestehen. Auch der Ärger geht vorüber.

Bell: Herr Bundeskanzler, als ich das letzte Mal bei Ihnen war, war gerade angekündigt worden, daß Adschubei zum Papst kommt[17]. Sie hielten das schon damals für eine schlechte Sache, auch wegen der Auswirkungen, die Sie auf die Wahlen befürchteten. Glauben Sie, daß Sie mit dieser Befürchtung recht hatten?

Adenauer: Hundertprozentig! Der Papst ist ein guter Seelsorger, aber ein schlechter Politiker.

Bell: Hoffen Sie, daß der nächste Papst[18] ein besserer Politiker sein wird?

Adenauer: Ja, sehen Sie, das Konklave hat doch den Papst gewählt. Wer steht Ihnen dafür, daß das nächste Konklave – mit allem Respekt zu sagen – klüger ist? Ich glaube jedoch, daß die Mitglieder des nächsten Konklaves gelernt haben aus der Wirkung, die dieser Empfang von Adschubei im Vatikan in Italien gehabt hat. Aber schließlich war ja Adschubei auch bei Kennedy[19].

Bell: Glauben Sie, Herr Bundeskanzler, daß es eine größere Veränderung in der Ostpolitik des Vatikans gibt?

Adenauer: Das glaube ich nicht. Diese Ostpolitik ist doch sehr vorsichtig und wahrscheinlich berechtigt. Heute morgen war ein Herr bei mir – ein Deutscher –, der in Polen für uns verhandelt hat[20]. Der erzählte mir folgendes: Der polnische Kultusminister sei mit ihm in seinem Zimmer ans Fenster getreten, von dem aus man einen Blick über viele Kirchen gehabt hätte, und der hätte ihm gesagt: Sehen Sie, die ganzen Leute, die in meinem Ministerium arbeiten, die gehen morgens vor acht Uhr in die Kirche und hören eine Messe, und dann kommen sie hier ins Ministerium arbeiten, und um vier Uhr nachmittags gehen sie wieder in die Kirche und bitten Gott um Verzeihung, daß sie das getan haben! Also, der Kultusminister hat das dem Deutschen gesagt: bitten Gott um Verzeihung!

Aber daraus geht folgendes hervor: Polen ist doch durch und durch christlich und antikommunistisch, und ich halte es für gut, wenn man dann da Verbindungen anknüpft, und ähnlich ist es auch mit Ungarn. Aber Polen ist ein Land mit absolut westlicher Kultur. – Also, die Sache mit dem Kultusminister ist doch gut!

Bell: Ich glaube, daß die Ostpolitik des Vatikans der Christlich-Demokratischen Partei in Italien geschadet hat. Glauben Sie, daß das auch in Deutschland für die Christlich-Demokratische Partei eine ungünstige Auswirkung hatte?

Adenauer: Die Niederlage einer Partei in dem einen Lande übt doch indirekt auch eine Wirkung auf die Partei mit den parallelen Zielen in einem andern Lande aus. Aber der Papst hat sich ein großes Verdienst dadurch erworben, daß er den Gegensatz zwischen Katholiken und Nichtkatholiken bei uns im Lande doch außerordentlich gemildert hat. Das ist für unsere Partei auch günstig.

Nr. 29
6. Juni 1963: Informationsgespräch (Wortprotokoll)
BPA, Pressearchiv F 30, mit ms. Vermerk »Unkorrigiertes Manuskript«, »Off the record!« und Paraphe »Hi[l]gendorf]«

Teilnehmer: Dr. Lorenz Stucki[1] – Karl-Günther von Hase, Fritz Hilgendorf, Heribert Schnippenkötter

Beginn: 12.15 Uhr   Ende: 13.04 Uhr

Adenauer: Fangen wir einmal umgekehrt an: Was gibt es Neues in der Welt?
Stucki: Sie bringen mich in Verlegenheit, wenn Sie so fragen; ich komme eben aus Berlin.
Adenauer: Da weiß ich auch Bescheid; aber ich möchte einmal von der Schweiz etwas hören.
Stucki: In der Schweiz geschieht nicht sehr viel. Eine Anti-Atomwaffen-Initiative haben wir abgelehnt[2]; aber die Atomwaffe haben wir im Lande trotzdem nicht und wahrscheinlich auch sehr lange nicht.
Adenauer: Ich finde, daß die Schweiz im ganzen eine sehr vernünftige Politik treibt; finden Sie nicht?
Stucki: Ich bin etwas skeptisch.
Adenauer: Das muß der Journalist sein. – Aber nun wollen Sie mich ja auch fragen.
Stucki: Herr Bundeskanzler, eine persönliche Frage: Ich denke, Sie werden doch bestimmt, wenn Sie die Regierungsführung abgeben, die Parteiführung in der CDU behalten?
Adenauer: Bis auf weiteres, ja[3].
Stucki: Und damit doch sicher einen wesentlichen Einfluß auf die deutsche Politik haben.
Adenauer: Sie müssen auch das Verhältnis zwischen Partei und Fraktion verstehen. Die Bundestagsfraktion – was ich durchaus verstehe und für richtig halte – hält ja auch auf eine gewisse Selbständigkeit, insbesondere auch in außenpolitischen Fragen; da kann eine Partei ja gar nicht so unterrichtet sein. Nun bin ich aber ja auch Mitglied der Fraktion; vielleicht, daß auch da... Aber das ist eigentlich etwas nebensächlich. Warum stellen Sie diese Frage an die Spitze?
Stucki: Deshalb, weil ich mir denke, es sind doch ziemlich dringliche Probleme, die für die Partei, die CDU, und damit auch für die Politik der CDU anstehen, und ich denke das insofern, als Ihr Einfluß noch wesentlich bleibt, auch im Sinne der Kontinuität.

Adenauer: Dafür wird auf alle Fälle gesorgt. Stetigkeit in der Politik ist mit die Hauptsache, um glaubhaft zu erscheinen. Also, keine Sprünge, kein Zickzack.

Stucki: Und Sie glauben, daß diese Stetigkeit nicht gefährdet ist?

Adenauer: Das glaube ich nicht.

Stucki: Wie sieht denn diese Stetigkeit in der Außenpolitik aus, wenn ich das provokativ sagen darf: Es ist doch ein heißes Problem zwischen der Gemeinschaft mit Frankreich und der Gemeinschaft mit Amerika da. Ist da nicht doch immer die Frage einer gewissen Unsicherheit?

Adenauer: Nein, ich glaube nicht. Ich glaube, daß da manche Mißverständnisse vorgekommen sind, die aber bereinigt sind. Ich glaube, daß man in den Vereinigten Staaten die Haltung Frankreichs in gewissen Dingen nun nicht gerade liebt, aber sie doch versteht, daß man durchaus auch versteht, daß wir mit Frankreich, unserem Nachbarland, diesen Vertrag[4] abgeschlossen haben. Also das sehe ich als ein überwundenes Stadium an.

Stucki: Das ist sehr erfreulich zu hören. – Wie sehen Sie den bevorstehenden Kennedy-Besuch[5] an? Was erwarten Sie davon?

Adenauer: Herr Kennedy hat gerade erklären lassen, daß er nur in der Paulskirche eine politische Rede halten werde[6]. Also, warten wir einmal ab!

Stucki: In Berlin nicht?

Adenauer: In den Nachrichten von heute steht das. Natürlich wird er in Berlin auch politisch sprechen[7], das ist ja ganz klar; aber er wird sehr klug überlegt sprechen.

Stucki: Herr Bundeskanzler, ich möchte vielleicht ein bißchen provokativ sein, nicht, um Ihnen Neuigkeiten zu erzählen, sondern um Ihre Ansichten zu hören. Es gibt doch von Frankreich aus ein gewisses Mißtrauen den Amerikanern gegenüber. Dem bin ich hier und in Berlin begegnet. Werden die Amerikaner, die die Doktrin der nuklearen Pause entwickelt haben, ihre Macht einsetzen? Schützt diese Macht Deutschland? General Gallois[8], der Propagandist der Force de frappe, mit dem ich mich vor ein paar Tagen darüber unterhalten habe, meinte, im Atomzeitalter ist ein Militärbündnis ein Fetzen Papier; keine Nation begehe Selbstmord für die andere.

Diese Stimmen des Mißtrauens, der Skepsis und der Unsicherheit gegen Amerika glaube ich auch hier in Deutschland, in der Bundesrepublik und in Berlin zu spüren. Um diese Provokation weiterzuführen: Wie geht es dann weiter? Ist die NATO noch in Ordnung? Gibt es ein Arrangement zwischen Washington und Moskau auf Kosten einer Fixierung der Trennung Deutschlands? Geht es mit Europa weiter?»Europa der Vaterländer« wirft doch die Deutschen auf das Vaterland zurück. Das gibt keine Zukunftsperspektiven, wie man sie vorher hatte, durch alle diese Unsicherheiten.

Adenauer: Ich glaube, Sie müssen etwas weiter gehen, Sie sehen die ganze Sache zu eng. Ich glaube, Sie müssen ausgehen von der Lage Sowjetrußlands. Es ist ganz klar, daß Sowjetrußland möglichst entweder Westdeutschland in seine Hände zu bekommen sucht oder den jetzigen Zustand stabilisieren will.

Nun sind aber seit dem Jahre 1945 Entwicklungen aufgetreten in Rußland und namentlich in Asien, die doch auch für Sowjetrußland von großer Bedeutung sind. Einmal haben die Satellitenstaaten dort das Gefühl, sie müssen selbständiger sein. Zweitens geht es mit dem Aufschwung der Wirtschaft in Sowjetrußland nicht so, wie man das gedacht hat. Drittens, Rot-China ist für Sowjetrußland höchst gefährlich. Dann kommt die Europafrage. Nun kann es ja sein, daß diese drei Fragen, die ich eben erwähnte, zusammengenommen für Sowjetrußland wichtiger erscheinen als die Europafrage. Das war zweifellos mal anders, aber die Entwicklung geht ja weiter.

Stucki: Gibt es andererseits nicht auch die Möglichkeit, daß die internen Schwierigkeiten der S[owjet]U[nion] – wobei ich mit intern auch den kommunistischen Block, also auch Rot-China, meine – u.U. eine aggressive Politik sogar begünstigen könnten? Denn wenn Moskau sich Erfolge holen kann, auch politische, wie es das in Kuba mit den Raketen versucht hat[9], dann steht es ja auch dem chinesischen Elan anders gegenüber und kann seine Autorität festigen.

Adenauer: Bleiben wir erst mal bei der Entwicklung der Wirtschaft in Sowjetrußland. Da ist die folgende Frage für Sowjetrußland sehr akut: Genügen die Fortschritte der Wirtschaft den Ansprüchen des russischen Volkes? Die Verhältnisse in Rußland zwischen dem Gebieter und dem Volk haben sich ja auch geändert. Die zweite Frage ist die: Wenn Rußland nuklear weiter aufrüsten will, kann es dann die mäßigen Fortschritte der Wirtschaft wenigstens in dem Maße weiterführen oder nicht? – so daß, wie ich glaube, wir alle, die wir am Weltfrieden interessiert sind, die Entwicklung in Rußland und in Asien zur Zeit mit größerer Aufmerksamkeit betrachten müssen als die kleinen Häkeleien in Europa.

Stucki: Ja, Sie haben recht. Immerhin – ich möchte das noch erwähnen –, ich habe mich kürzlich hier in Bonn mit einem guten Bekannten unterhalten, der mir ein eigentlich etwas alarmierendes Bild von der

Gefahr gezeichnet hat, daß hier in Westdeutschland ein Nationalismus akut werden könnte, und zwar aus diesen Gefühlen heraus: Niemand nimmt sich unserer nationalen Anliegen an; die Wiedervereinigung ist in völlig unreale Fernen gerückt – und alle diese Dinge.

Adenauer: Wer hat das gesagt, Freiherr von Guttenberg[10], der Bundestagsabgeordnete?

(*Dr. Stucki* bejaht.)

Da hat er wohl laut geträumt!

Stucki: Das hat mich beeindruckt. Er hat mir verschiedene Geschichten erzählt. Er sagte, dies ist eine nicht zu unterschätzende Gefahr.

Adenauer: Das halte ich für völlig falsch. Das ergibt sich doch auch ganz aus der Natur der Sache. Was würden denn die Deutschen vom Nationalismus haben? Nichts! Sie würden gar nichts davon haben; sie würden von den Russen geschluckt werden. Glaubt der Baron von Guttenberg, das wüßten unsere Deutschen nicht? Ich will Ihnen sagen: Durch das, was die Deutschen erlebt haben durch Sowjetrußland und durch den Nationalsozialismus, sind sie gegen diese Gefahr, von der Herr von Guttenberg redet, gefeit. Da mag noch irgendein uralter Nazi rumlaufen, Gott, die gibts bei Ihnen auch, die gibt es sogar auch in London.

Stucki: Die gibt es überall.

Adenauer: Aber die Gefahr ist in keiner Weise vorhanden.

Stucki: Ist die nicht bei der FDP vorhanden?

Adenauer: Wenn Sie mir mal sagen würden, was die FDP will, dann wäre ich Ihnen dankbar! Ich weiß es nicht. Da hat doch jeder eine besondere Meinung – und der Herr Mende wird niemals auf die Barrikaden gehen, darauf können Sie sich fest verlassen.

Stucki: Und Dehler?

Adenauer: Aber ich will Ihnen sagen, ich finde das von Herrn von Guttenberg unverantwortlich, so etwas zu sagen. Es ist nämlich ganz effektiv nicht wahr. Da macht Herr von Guttenberg, der an sich ein kluger Kerl ist, Blödsinn. Auch in der Sache Strauß[11] gebe ich ihm unrecht. Ich habe ja zwischen den beiden zu vermitteln versucht seinerzeit. Da ist Strauß bis an die Grenze des Zumutbaren gegangen, aber dem Guttenberg war es nicht genug. Also, da können Sie sich auf das verlassen, was ich Ihnen sage: Da ist gar keine Gefahr.

Stucki: Guttenberg hat das nur so im vertraulichen Gespräch gesagt...

Adenauer: Ich will es ihm nicht sagen, aber es ist Blödsinn.

Stucki: Ich habe das nicht in die Zeitung geschrieben.

von Hase: Die Landtagswahlen zeigen ja auch immer deutlicher die Abkehr vom Nationalsozialismus.
Adenauer: Also, darin brauchen Sie keine Gefahr sehen, Herr Dr. Stucki. Die ganze Welt ist schwankend, das will ich Ihnen doch sagen. Rot-China wird jetzt mindestens 650 [Millionen] Menschen haben, und es wächst weiter. Indien hat 400 [Millionen] Menschen. Wenn die Chinesen Indien weiter angreifen[12], dann wird in Asien eine sehr ernste Lage entstehen, denn dann wird das indische Volk sich gar nicht mehr wehren können, und dann würden die Rot-Chinesen ihre Herrschaft auf über 1 [Milliarde] Menschen ausdehnen, sie selbst und die Inder. Weiter ist die Gefahr in Laos[13], da geht es drunter und drüber, in Haiti[14] auch, das ist aber nicht so schlimm. Natürlich ist auch Kuba immer eine Gefahr. Also dieser östliche Teil der Erde ist zur Zeit sehr schwankend. Die Geschichten in Europa mit der EWG und alle diese Sachen sind lästig, aber nicht, um sich aufzuhängen. Deswegen: Das geht auch vorüber.
Stucki: Und diese Theorien von Gallois, diese Abwertung der NATO halten Sie nicht für eine Gefahr?
Adenauer: Ich finde, daß de Gaulle sich neuerdings mehr dem genähert hat: Er will die Force de frappe haben. Wenn England dasselbe haben will oder etwas Ähnliches, das ist denen egal. Also wenn England sie haben will, weshalb soll de Gaulle das nicht auch haben wollen? Darüber rege ich mich nicht auf.
Stucki: Und Sie glauben nicht, daß er das politisch benutzen will?
Adenauer: Zweifellos, auch innenpolitisch.
Stucki: Aber will er das nicht benutzen, um die Vormacht für ein kontinentales Europa zu erhalten?
Adenauer: Die französische Armee muß von Grund auf reformiert werden. Er hat doch auch schon proklamiert, daß er zu einer Söldnerarmee übergehen wolle[15]. Dadurch spart er Geld für die Force de frappe. Auch das wächst nicht von heute auf morgen. Also das regt mich nicht auf. Gefährlich sind nur die sehr unruhigen Völker in Asien. Wenn da etwas kommt, weiß man nicht, welcher Brand daraus entsteht.
Stucki: Und Lateinamerika?
Adenauer: Lateinamerika noch nicht. Aber da muß man sehr aufpassen, da haben Sie recht.
Stucki: Herr Bundeskanzler, wie kann es denn mit der europäischen Entwicklung gehen? Der Gemeinsame Markt funktioniert und entwikkelt sich, aber wie kann es mit der Politischen Union gehen?
Adenauer: Die Politische Union hätten wir, wenn nicht seinerzeit, vor

zwei Jahren, Belgien und Holland sich dagegen gewendet hätten[16]. Denn de Gaulle war von dem ursprünglichen Vorschlag, der eine Beseitigung der schon bestehenden europäischen Einrichtungen vorsah, abgerückt. Ich habe darüber in Baden-Baden[17] mit ihm gesprochen; er war dem, was man darüber sagen konnte, zugänglich und hat darauf verzichtet, und dann kamen auf einmal die Belgier und die Holländer.

Stucki: Warum kamen sie damit? Wegen England?

Adenauer: Sie sagten, wegen England. Dabei weiß ich gar nicht, ob England damals schon den Antrag gestellt hatte.

von Hase: Die Holländer sind eigentlich über die englischen Ansprüche noch hinausgegangen; sie waren englischer als England selber.

Stucki: Damals war das englische Beitrittsgesuch[18] noch gar nicht da.

Adenauer: Aber die Europäer sind eine komische Gesellschaft, die werden nur noch...

Stucki: Da möchte ich mein Land einschließen. – Aber wie kann es weitergehen? Es ist doch zur Zeit eine gewisse Unternehmungslust dazu da.

Adenauer: Sie fragen: Wie kann es weitergehen? Ich glaube, daß die nächsten Entscheidungen bei Sowjetrußland stehen.

Stucki: Inwiefern?

Adenauer: In der Frage der Abrüstung. Ich bin der Auffassung, wenn da nicht ein wirklicher Fortschritt gemacht wird, kommen wir aus dem Hetzen nicht heraus.

Stucki: Aber sind Sie optimistisch, daß es zu einer Abrüstung kommt?

Adenauer: Das wird wieder auf die Entwicklung in Rußland ankommen. Ich halte zunächst Chruschtschow für einen klugen Mann; ich kenne ihn; ich war sechs Tage in Moskau[19]. Ich halte ihn für einen klugen Mann und keinen Abenteurer. Er möchte gern die russische Wirtschaft in die Höhe bringen. Ob ihm das gelingt bei dieser kolossalen Konzentration, das ist für Rußland eine sehr schwierige Frage; ob es ihm weiter gelingt, wenn er nuklear weiter rüstet, weiß ich nicht.

Stucki: Und das Weltraumrennen[20] spielt da wohl auch eine Rolle.

Adenauer: Für Südamerika müssen die Amerikaner sorgen. Wir wollen gerne mitsorgen. In erster Linie die Amerikaner und in zweiter Linie wir Europäer. Denen müssen wir wirklich helfen, sie lassen sich auch helfen.

Stucki: Im Sinne der Allianz für den Fortschritt[21]?

von Hase: Das ist der Plan von Präsident Kennedy über die Zusammenarbeit.

Adenauer: Geben Sie den Leuten vernünftige Arbeit – auf den Namen kommt es gar nicht an –, und kaufen Sie ihnen ihre Produkte ab.

Stucki: Meine Frage vorhin betraf: Wie kann es weitergehen mit der europäischen Einigung, mit der politischen Einigung Europas?
Adenauer: Da gibt es auf wirtschaftlichem Gebiet noch so viel zu tun; da muß die EWG sich auch mal ransetzen. Die ganzen Sozialgesetze sollen doch alle harmonisiert werden. Das ist allerdings eine sehr schwere Aufgabe. Gestern hörte ich von unserer Gesundheitsministerin[22], daß – auch nach der EWG – die ganzen Arzneimittel harmonisiert werden müssen. Bitte, stellen Sie sich einmal vor, was das noch für eine Aufgabe ist. Da sollen sie doch mal rangehen! Das will ich auch Herrn Hallstein sagen, wenn er zu mir kommt[23]. Die haben noch so viel Arbeitsstoff, das wirklich mehr zu harmonisieren, zunächst die Wirtschaften der Sechs, damit die Politische Union erstellt werden kann. Zuerst muß die Harmonisierung der Wirtschaft in größerem Umfange als bisher vollendet sein. Aber es ist ja so – das finden Sie auch aus Ihrer Tätigkeit heraus –: Aufgaben und Ideen werden eine Zeitlang mit sehr großer Begeisterung in Angriff genommen. Dann kommt ein kleiner Mißerfolg oder irgend etwas, und dann wird man müder damit. Danach macht man eben einen neuen Anlauf. So ist es auch mit dem Europagedanken. Vor einigen Jahren war der Europagedanke sehr viel lebendiger als jetzt. Das tut mir sehr leid, ich bedaure das. Aber deswegen werden wir nicht nachlassen. Die Einigung Europas wird ganz sicher kommen, erzwungen durch die Veränderungen auf der Erdkugel, die vor sich gegangen sind.
Stucki: Also sehen Sie jetzt in naher Zukunft nicht einen neuen Anlauf in dieser Richtung?
Adenauer: Möglich ist das, ich weiß es nicht. Jetzt hat ja Professor Röpke[24] in Genf wieder einen ganz neuen Vorschlag gemacht; ich weiß nicht, ob Sie den gelesen haben.
Stucki: Röpke ist ein alter EWG-Gegner.
Adenauer: Das können Sie nicht sagen.
Stucki: Ich habe mich vor ein paar Monaten lange mit Röpke unterhalten.
Adenauer: Das können Sie wirklich nicht sagen. Ich habe Röpke seinerzeit gebeten, uns bei diesen Verhandlungen zu vertreten. Da hat er abgesagt, weil er nicht gut hört, und hat mir Herrn Hallstein empfohlen.
Stucki: Das hat er mir erzählt. Ich hatte aber den Eindruck, daß er seither seine Ansichten geändert hat.
Adenauer: Ein Professor ist nie hundertprozentig mit dem einverstanden, was ein anderer Professor sagt, das ist ganz klar; aber das darf man auch nicht so tragisch nehmen. Wer von den beiden schließlich recht hat, weiß man auch nicht.

Ich verstehe Sie ja. Sie sind Journalist, Sie wollen in Ihrer Zeitung natürlich wenigstens jeden Monat einmal etwas ganz Großes bringen. Wir sind aber in einer Periode, wo die Geduld und die stille Arbeit die Hauptsache sind.

Stucki: Das Publikum möchte natürlich eine gewisse Klarheit über die Entwicklungstendenzen haben, auch wenn sie nicht sehr dramatisch sind. Es möchte aber die Richtung wissen: Wo geht es hin? Das ist, glaube ich, die Aufgabe der Journalisten, zu versuchen, dem Publikum zu zeigen, in welche Richtung sie sich entwickeln.

Adenauer: Ich finde ja, daß die Schweizer Zeitungen ruhiger schreiben als unsere – nicht gerade die »Weltwoche«. Die »Weltwoche« ist temperamentvoll. Aber ich lese sie gern, so etwas Temperament tut einem oft sehr gut.

Stucki: Herr Bundeskanzler, wenn ich das auch noch fragen darf: Glauben Sie, daß es möglich ist, daß dieser deutsch-französische Freundschaftsvertrag in dem Sinne, wie Couve de Murville es angedeutet hat[25], als Muster einer politischen Einigung im Vorstadium sich weiterentwikkeln kann etwa in Richtung eines deutsch-italienischen Vertrages und entsprechend eines französisch-italienischen Vertrages usw.? Ist das zu erwarten?

Adenauer: In derselben Form glaube ich nicht. Denn hier sind doch besondere Gegebenheiten: Erstens die örtliche Nachbarschaft; zweitens der jahrhundertealte Kampf miteinander, der doch auch ein gewisses Interesse und Kenntnis des anderen schafft, und das Bestreben, aus dem Kampf einmal herauszukommen. Das wird bei anderen fehlen. Ich bin von einem deutschen Sozialdemokraten gefragt worden[26]: Sind Sie bereit, denselben Vertrag mit England abzuschließen? Darauf habe ich den Herrn gefragt: Glauben Sie, daß England dem zustimmen wird? – worauf er so offen war zu sagen: Nein, das wird es nicht tun. Das soll man also nicht schematisch übertragen. Es kommt noch etwas hinzu: Wir sind unmittelbare Nachbarn geworden von Rußland und den Satellitenstaaten. Dann kommt Frankreich. Wir beide zusammen, Frankreich und Deutschland, bilden einen viel stärkeren Damm gegenüber dem politischen Druck von Osten her, als wenn wir nicht zusammengehen. Sie werden ja auch wissen, daß die Russen zwei Noten an Paris gerichtet haben[27]. Namentlich in der letzten Note stand ja sehr deutlich, man sollte doch an die Vergangenheit denken usw., und das wollten wir auch verhüten.

Stucki: Und auch einen gegen den anderen auszuspielen. Das versuchen sie ja immer wieder.

Adenauer: Das gibt es jetzt nicht mehr.
Stucki: Aber gibt es nicht ein Ausspielen England gegen Frankreich oder England gegen Deutschland?
Adenauer: Da gönnt keiner dem anderen, in Europa eine besondere Rolle zu spielen. Wir Deutschen sind dazu nicht in der Lage wegen der Vergangenheit der letzten Jahre, seit 1933. Da mögen die beiden... Ich will Ihnen mal etwas sagen – aber das ist nicht für die Presse bestimmt! –: Im Jahre 1900 war die englische Flotte größer als die beiden nächsten Flotten zusammengenommen. Es gab noch keine Flugzeuge. England beherrschte durch diese Flotte die Welt. Nun ist das vorbei – und ehe ein Volk gelernt hat, daß etwas vorbei ist, muß es manche Erfahrungen sammeln!
Stucki: Die Engländer haben eine ganze Menge gelernt.
Adenauer: Haben sie gelernt?
Stucki: In ihrem kolonialen Bereich doch sehr viel.
Adenauer: Ich glaube, sie meinen noch immer, sie wären ein Empire.
Stucki: Von manchen Engländern glaube ich das nicht.
Adenauer: Ich glaube, ja. Ich glaube, wenn die Engländer sich einmal darüber klargeworden sind, daß sie eben diese Flotte nicht mehr haben, dann wird ihre Politik eine andere werden. Jetzt nicht mit der EWG, das lasse ich mal beiseite. Aber sie wollen sich doch ungefähr neben die Weltmacht Amerika stellen, und die Amerikaner machen das mit, solange wie es geht, aber wie lange, weiß man auch nicht.
Stucki: Machen es die Amerikaner mit?
Adenauer: Ich weiß es nicht.
Stucki: Der Nassau-Vertrag[28] war doch eine Absage.
Adenauer: Das kann ich nicht sagen. Das hat doch Macmillan verlangt, das ist doch keine amerikanische Lösung.
Stucki: Aber doch, weil er die Skybolt-Rakete nicht gekriegt hat.
Adenauer: Die Skybolt-Sache[29] wäre höchstwahrscheinlich freigegeben worden. Bis dahin hat Amerika England den ganzen Kram bezahlt, und das wollten die Amerikaner nicht mehr. Sie haben gesagt, zahlt Ihr wenigstens die Hälfte, und das war den Engländern auch noch zu teuer. Dann haben sie die Polaris-Sache verlangt, und sie haben zugestanden bekommen, daß sie sich im Falle eines nationalen Notstandes aus allen Bindungen herausziehen können.
Stucki: Wäre dann eine entsprechende Lösung nicht mit Frankreich möglich?
Adenauer: Wie kann ich Ihnen das sagen – ich bin weder de Gaulle noch das französische Volk.

Stucki: Herr Bundeskanzler, das bringt mich auf die multilaterale Nuklearwaffe der NATO[30]. Sehen Sie darin einen militärischen Sinn oder primär einen politischen?

Adenauer: Beides, politisch und militärisch. Ich hoffe, daß das Militärische sich noch entwickeln wird, das Politische ist schon da.

Stucki: Und worin besteht das?

Adenauer: Nun, in der engeren Bindung der Amerikaner hier an uns.

Stucki: Aber wenn es nur Deutschland und Amerika sind?

Adenauer: Die anderen können ja doch hinzukommen. Wenn sie es nicht tun wollen, dann lassen sie es bleiben. Wissen Sie, ich vertrete den Standpunkt, auch in der Politik: Wenn ein anderer nicht will, dann laß ihn doch; er kommt später doch schon. Aber ihn zu drängen, ist ganz falsch; er kommt schon, nur ein bißchen Geduld.

Stucki: Herr Bundeskanzler, etwas möchte ich noch erwähnen. Das ist aus verschiedenen Gesprächen entstanden, in denen die Leute sagten – und das hat mir eingeleuchtet –: Wie bedauerlich, daß Präsident Kennedy nicht in Tempelhof landet, weil das ja eine symbolische Bedeutung hat[31].

Adenauer: Das ist eine einfache Sache: Die Maschine von Kennedy kann da nicht landen, die kann nur in Tegel landen.

Stucki: Aber muß er denn mit *der* Maschine nach Berlin?

Adenauer: Ich kann doch Kennedy nicht vorschreiben, er solle deswegen eine andere Maschine nehmen. Von dort fliegt er doch nach England[32]. Dann müßte er also von hier aus mit einer anderen Maschine nach Tempelhof fliegen; von dort müßte er wieder hierher zurückfliegen, um seine Maschine zu bekommen. Er ist doch der erste amerikanische Präsident, der nach Berlin kommt. Da soll man doch auch einmal zufrieden sein, wenn er schließlich auch nicht auf dem Tempelhofer Feld landet. Die Berliner können wirklich danken, daß er kommt, denn das wird ihm von den Russen übel angekreidet werden.

Stucki: Herr Bundeskanzler, teilen Sie den Verdacht der Franzosen – eine Zeitlang sah es ja so aus – eines gewissen Arrangements mit den Russen –, die Ihnen doch den Eisernen Vorhang und die Mauer fixierten, also in dem Sinne, wie Sie vorher sagten, das Ziel der Russen sei, die Dinge in Europa zu stabilisieren –, zu dem Washington vielleicht [aus] irgendwelchen Gründen die Hand bietet?

Adenauer: Ich habe noch etwas hinzugesetzt: Wir müssen abwarten, ob Rußland in der Lage ist, eine Front gegenüber dem Westen zu halten. Dazu würde es in der Lage sein, wenn es das Fixierte hält, wenn es in der Lage wäre, seine Bevölkerung besser zu kleiden, zu ernähren usw., die

Wirtschaft in die Höhe zu bringen, und gleichzeitig gegenüber Asien aufzurüsten. Aber das müssen wir abwarten. Ich weiß nicht, ob Ihnen bekannt ist, daß die letzte Ernte in Rußland sehr schlecht war, nicht wegen des schlechten Wetters, sondern weil sie zuwenig Menschen haben. Sie bringen jetzt die Leute aus den Industriestädten wieder auf das Land, damit sie dort für Nahrung sorgen. Also die Lage für Rußland ist schon eine sehr schwierige. Ich vertrete den Standpunkt, wir können den Russen doch nicht zu verstehen geben: Seht doch bitte ein, daß eure Lage schwierig ist. Wir müssen doch abwarten, ob die Russen das am eigenen Leibe spüren und daraus die Konsequenzen ziehen. Diese Pause muß man eben durchstehen; da darf man nicht die Geduld verlieren, da muß man warten.

Stucki: Die Russen suchen aber diesen Zustand zu fixieren.

Adenauer: Ja sicher; da muß man eben jetzt diesen Zustand lassen und warten, wie die Entwicklung in Rußland werden wird.

Stucki: Wie, glauben Sie, daß sich das in der Zone auswirkt?

Adenauer: Das hängt ja alles zusammen. Jetzt hat, glaube ich, die »Times« einen blöden Artikel geschrieben über die Zone, der in der »Welt« von gestern mit einigen kritischen Bemerkungen wiedergegeben war[33].

Stucki: Wie beurteilen Sie die internen Dinge, die Situation der CDU gegenüber der SPD?

Adenauer: Die SPD und die CDU unterscheiden sich in sehr wesentlichen Dingen, und das wird auch rechtzeitig vor der nächsten Wahl seitens der CDU herausgestellt werden. Ich bin gar nicht so besorgt über den Ausgang der Wahlen im Jahre 1965[34]. Natürlich: Für jede Wahl muß gearbeitet werden, und in so kritischen Zeiten erst recht.

Stucki: In welcher Form?

Adenauer: Die Bevölkerung aufklären! Die Sozialdemokraten sind ja amerikanischer als die Amerikaner; da können sie nichts bieten!

Stucki: Aber das macht doch die Entwicklung sehr schwierig?

Adenauer: Es bleibt aber genug übrig. Sicher, es ist richtig, man kann eine Wahl nicht allein davon bestreiten, daß man sagt, die haben früher so und so gesagt. Aber man kann doch fragen: Wie werden sie sich denn in Zukunft stellen. Da ist von großer Bedeutung, was Herr Brenner[35] erklärt hat und was sein Vertreter, Herr Wöhrle[36], und noch ein anderer, Eichel oder wie er heißt[37], gesagt haben[38]. Und die Gewerkschaften sind doch das Fundament der SPD, nicht der Vorderbänkler im Bundestag[39].

Stucki: Und Sie glauben, daß dieser Schwenkung der SPD nicht zu trauen ist?

Adenauer: Erlauben Sie mal, ich sage so: Ganz sicher gibt es Leute im Bundestag, SPD-Leute, die das glauben, was sie sagen. Es gibt aber ziemlich sicher eine ganze Reihe, die es nicht glauben. Und die Gewerkschaften sind das tragende Fundament für die SPD, und Brenner und seine Leute sagen das ja ganz offen, daß sie etwas ganz anderes wollen. Also, da finden Sie doch einen solchen Gegensatz zwischen dem, was hier gesagt wird, und dem, was die zu ihren Leuten sagen. Das spricht doch nicht für die Glaubwürdigkeit einer Partei.

Stucki: Herr Bundeskanzler, wenn ich zum Schluß noch eine etwas schwierige Frage stellen darf: Es ist seinerzeit doch sehr viel über die Gegensätze zwischen Ihnen und Minister Erhard geschrieben worden, über die Probleme der Nachfolgekandidatur und diese Dinge. Wenn ich Sie fragen dürfte, wie Sie das heute sehen?

Adenauer: Darüber habe ich in meiner Fraktion gesprochen[40], damit ist die Sache für mich erledigt.

Stucki: Sie sind also nicht besorgt über die Dinge?

Adenauer: Ich kann Ihnen nur sagen, ich habe darüber in der Fraktion gesprochen, damit ist die Sache für mich erledigt. Sie können nun nicht verlangen, daß ich darüber jetzt etwas sage. Ich wüßte auch nicht, was ich Ihnen sagen sollte.

Entwurf der Ansprache des Bundeskanzlers beim Abendessen zu Ehren von Präsident Kennedy am 23. Juni 1963 (zu Dok. Nr. 28-30):
Herr Präsident! Zum ersten Male weilen Sie als Präsident der Vereinigten Staaten in unserm Land. Es ist dem deutschen Volk, für das ich spreche, ein aus dankbarem Herzen kommendes Bedürfnis, Ihnen als dem obersten Repräsentanten von Herzen zu danken für die Menschlichkeit, die Großherzigkeit und die Klugheit, die die Vereinigten Staaten nach dem Zusammenbruch Deutschlands gezeigt haben, als sie an der Spitze der Sieger im Weltkrieg [...]

[…] für die Ideale der Freiheit und der Menschlichkeit eintraten. Ihr Volk vor allem hat damals erkannt, daß Frieden und Freiheit auch für die besiegten Völker gelten müssen, wenn dem Frieden und der Freiheit auf der Erde wieder eine dauernde Heimstatt bereitet werden sollte. Ihr Volk hat damals eine Tat verrichtet, die die Geschichte der Menschheit mit goldenen Lettern verzeichnen wird. Uns Deutschen […]

[…] ist es dadurch ermöglicht worden, unser zerstörtes Land wieder aufzubauen; uns ist damit die Möglichkeit geschenkt worden, auch unsern Teil beizutragen zur Ächtung des Krieges, zur Herbeiführung eines wahren Friedens auf unserer so leidgeprüften Erde. Seien Sie überzeugt, Herr Präsident, daß diese Gedanken die Leitgedanken des deutschen Volkes bei seiner Arbeit in den Jahren seit 1945 […]

[…] waren und immer bleiben werden. Noch ist dies Ziel nicht erreicht, noch durchziehen Spannungen, unerhört verschärft und gefährlicher gemacht durch die unvorstellbare Reichweite und die unvorstellbare furchtbare Wirkung der modernen Waffen. Ich verschließe nicht die Augen vor den Gefahren, die allen Völkern auf der Erde drohen. Aber die Völker und ihre Führer […]

[…] haben diese Gefahren erkannt. Diese Erkenntnis sollte ein Schutz vor diesen Gefahren sein und sie wird es sein. – Ihr großes Land, Herr Präsident, hat die Führung in dem Ringen um wirkliche Sicherheit, um den wirklichen Frieden auf der Erde übernommen. Seien Sie überzeugt davon, Herr Präsident, daß das deutsche Volk weiß, daß grade ihm die Pflicht obliegt, für den Frieden einzutreten, und seien Sie überzeugt, daß das […]

[…] deutsche Volk dieser Pflicht eingedenk alles tun wird, was es kann, diese Pflicht zu erfüllen. Ich bitte Sie, meine verehrten Anwesenden, sich zu erheben in Dankbarkeit für unsern verehrten Gast, den Präsidenten Kennedy, und das amerikanische Volk, dem wir soviel verdanken.

Berlin

ish FROYA mish	I am proud
in daim FRY-en bear-LEAN tsu zine,	to be in free Berlin,
dair SHTAT,	the city
dee ine LOISH-tendess zim-BOWL IST,	which is a shining symbol,
nisht NOOR fear oy-RO-pah,	not only for Europe
zondarn fear dee GANTSA VELT.	but for the whole world.
ear MOOT	Your courage
oont ee-ra OUSE-dow-ar	and your perseverance
hab⟨t⟩ dee VORTA	have made the words
"ish bin ine bear-LEAN-ar"	"I am a Berliner"
tsu inem SHTOLT-sen be-KENT-niss	a proud declaration.
VAIR-den lassn	(the rest of the verb)

These translations are somewhat literal. The German is a very good free translation of what the President wrote on Tuesday, June 18.

Originalvorlage der Berliner Rede John F. Kennedys vom 26. Juni 1963
(zu Dok. Nr. 29, Anm. 7)

Arrival in Germany

ish MURSH-ta daim DOICHN FOLKA — I would like to bring to the German people

dee HAIRTS-lishen GREE-sa — the hearty greeting

MY-nar ah-may-ree-CAH-nishen MIT-beergar — of my American fellow citizens,

EE-bar-bringen, — (verb from the first line)

fon DAY-nen — of whom

milly-OH-nen — millions

DOY-char APF-shtamoonk zint. — are of German origin.

ALA ah-may-ree-CAH-nar — All Americans

MESSN dair ENG-en — see the close

oont AN-halten-den FROINT-shaft — and binding friendship

oont tsu-ZAMMEN-AR-bite — and cooperation

tsvishen OONZA-ren BUY-den FURL-carn — between our two people

dee GRUR-sta be-DOY-toonk BUY. — as having the greatest importance.

ess FROIT mish — I am proud

HERE tsu zine, — to be here,

oont ish DANKA EE-nen — and I thank you

fear ee-ren HAIRTS-lishen emp-FANK. — for your hearty welcome.

These translations are somewhat literal. The German is a very good free translation of what the President wrote on Tuesday, June 18.

THE WHITE HOUSE
WASHINGTON

July 21 1963

My dear Dr. Adenauer –

How can I thank you for that most beautiful porcelain vase – which the President brought so carefully up to Hyannis for me? I do love porcelain so much – and have never seen such a superb urn with its myriad roses. I know just where I will place it in the White House when I return there – (I will selfishly keep it here with me all summer – it gives me such pleasure to look at) It will outshine everything else in the room but it will always be one of my greatest treasures.

Nach dem Besuch des amerikanischen Präsidenten in Deutschland:
Dankschreiben von Jacqueline Kennedy an Adenauer vom 21. Juli 1963

And how thoughtful of you to remember John and Caroline — Their doll and toy car are their favorite toys now — I consider it the highest compliment to German workmanship that my son has as yet been unable to demolish the car! It will break his heart when he does.

You are so kind to write me about the paperweight — You know it is not worthy to be in the same room as the incredible Augsburg boat you gave my husband — the only one of his beloved ship models that I have loved as much as he does! — Usually I am so glad when he takes them to his office — but I will be so sad if he takes that precious object there.

Since he has been home — I have relived with him every minute of his trip to Germany — how I wish I could have been there. It was an historic

3)

THE WHITE HOUSE
WASHINGTON

thing — which will never happen again for him — and I am so glad that he could share those days with you.

There is a photograph — which I am sure you must have seen — of you and he standing at attention. I find it the most moving picture and it symbolizes for me all the things I think about you both.

I thank you again with all my heart for your great thoughtfulness to all of us — and send you my most profound good wishes for the future —

Sincerely
Jacqueline Kennedy

Nr. 30
1. Juli 1963: Informationsgespräch (Wortprotokoll)
StBKAH 02.31, mit ms. Vermerk »*Unkorrigiertes Manuskript*«, »*Streng vertraulich!*« und Paraphe »Z[ie]h[e]«

Teilnehmer: John M. Hightower[1] – Karl-Günther von Hase, Hermann Kusterer, Heribert Schnippenkötter, Theodor-Paul Ziehe

Beginn: 12.25 Uhr[2]   Ende: 13.20 Uhr

(Nach Überreichung des schriftlich ausgearbeiteten Interviews, d. h. der schriftlichen Beantwortung der vorher eingereichten Fragen[3] – kurze Besprechung darüber.)
Hightower: Herr Bundeskanzler, ich weiß nicht, ob Sie mir vielleicht doch einen gewissen Eindruck, eine Bewertung oder Auswertung der Gespräche mit Präsident Kennedy[4] geben wollen?
Adenauer: Sehr gern; aber ich muß doch etwas unterdrücken, weil Sie von der Presse kommen. Nicht nur, weil Sie das bringen würden, sondern er hat auch über die Presse gesprochen.
(*von Hase:* Nur Gutes, Herr Bundeskanzler.)
Also – Sie bringen das bitte nicht wörtlich; da müssen Sie für einstehen, Herr von Hase. Aber auf die Frage ist das die richtige Antwort. Er hat mir gesagt, aus der Presse bekäme man ein anderes Bild, als wenn man Deutschland sähe.
Hightower: Das ist sehr richtig, und das gilt im übrigen für jedes Land. Wir sind nun einmal eingeengt in die Grenzen der Worte und die Grenzen unserer eigenen Anschauung.
(*Adenauer:* Das war sehr klug gesagt.)
Ich muß auch sagen – das ist mein erster Besuch in Bonn, das zweite Mal, daß ich in Deutschland und Frankfurt bin –, ich finde doch sehr vieles hier, was ich beim Lesen der Presse nicht erkenne. Aber obwohl man sich doch weitgehend verlassen muß auf alles, was an Mitteilungsmitteln zur Verfügung steht, einschließlich Fernsehen und Rundfunk, gibt es eben doch keinen echten Ersatz für die Reise, wie der Präsident das selbst gesagt hat.
Adenauer: Das ist sehr richtig; es gibt keinen rechten Ersatz. Das ist ein sehr gutes Wort, und ich habe von Präsident Kennedy den Eindruck, daß er mit ganz anderen Eindrücken von uns Abschied genommen hat, als den Ansichten, die er hatte, als er ankam. Eins fiel mir so auf vom ersten Tage an, als die Leute alle so freundlich aussahen, und das war auch sehr interessant, daß die Deutschen – es waren ja sehr viele Men-

schen da - alle wirklich so herzlich und freundlich waren gegenüber Ihrem Präsidenten und damit gegenüber den Vereinigten Staaten, so daß ich mir vorstellen kann, das hat auf den Präsidenten einen guten Eindruck gemacht.

Hightower: Es hat auf jeden Fall auf mich einen sehr guten Eindruck gemacht. Ich habe den größten Teil im Fernsehen gesehen, und ich weiß auch von Leuten aus der Umgebung des Präsidenten, daß das den Präsidenten sehr beeindruckt hat. Eins der konkreten Ergebnisse dieser Reise ist, wenn ich das richtig verstehe, die Erstellung einer unmittelbaren Verbindung zwischen dem Führer des amerikanischen Volkes und dem deutschen Volk[5].

Adenauer: Ja!

Hightower: Vielleicht darf ich noch auf einen konkreten Punkt der Außenpolitik zu sprechen kommen. Sie wissen, daß für [uns], die wir vom Schreiben über die Außenpolitik leben müssen, diese auswärtige Politik nicht zu einfach sein darf, nicht zu einfach aussehen darf.

Adenauer: Warum? Weil Sie da nichts zu schreiben haben?

Hightower: Ich würde mich aber freuen, Herr Bundeskanzler, wenn Sie etwas über Ihren Eindruck sagen würden, wie denn die Sache der multilateralen Streitmacht[6] steht, die wir im übrigen auch im Interview angeschnitten haben[7]?

Adenauer: Da ist in Aussicht genommen, demnächst in Washington über die technischen Einzelheiten usw. eine Besprechung abzuhalten.

Hightower: Glauben Sie, daß es hier vielleicht etwas Konkretes erst in etwa zwei bis drei Jahren geben wird? Glauben Sie, daß es eine Verzögerung etwa in dieser Größenordnung geben könnte?

Adenauer: Meinen Sie jetzt in technischer Hinsicht oder was das Vertragswerk angeht?

Hightower: In bezug auf den Vertrag.

Adenauer: Nein, das glaube ich nicht. Ich bedaure zwar, daß man sich in London nicht verständigt hat. Aber ich finde - nach den Nachrichten wenigstens -, daß die Haltung Großbritanniens nicht mehr so stark ablehnend ist wie bisher[8]. Nun wird Präsident Kennedy ja jetzt mit Italien auch darüber sprechen[9], und wir müssen das auch abwarten. Übrigens hat auch Frankreich neulich gar nicht so ablehnend darüber gesprochen - ich glaube, das war doch de Gaulle selbst?

von Hase: Ja, er hat eine Bemerkung gemacht, die es durchaus als möglich erscheinen ließ, daß Frankreich die Sache etwas positiver betrachtet. Auf dieser Reise, in der Provinz[10] hat er das gesagt.

Hightower: Wenn Sie davon sprechen, daß die Franzosen positiver dazu stehen könnten, meinen Sie doch sicher nicht, daß die Franzosen etwa für eine eigene französische Beteiligung an der multilateralen Streitmacht eintreten?

von Hase: Nein, das ist nicht direkt zum Ausdruck gebracht worden. Aber die Gesamteinstellung Frankreichs zu diesem Projekt ist von de Gaulle auf dieser Reise weniger ablehnend dargestellt worden.

Adenauer: Nicht so negativ wie Großbritannien!

von Hase: Die Briten sind ja nach den neuesten Meldungen aus London weiter sehr zurückhaltend.

Adenauer: Ja, nicht so absolut »Nein«. Aber sie sind noch sehr zurückhaltend. Man muß die Haltung Großbritanniens auch verstehen. Großbritannien hat ja nun eine eigene nukleare Waffe, und Winston Churchill hat neulich in einer öffentlichen Erklärung gesagt, daß Großbritannien unter allen Umständen diese selbständige nukleare Waffe behalten möchte[11]. Nun wissen Sie, die britische Regierung ist augenblick[lich] innenpolitisch in einer sehr schwierigen Situation, und die Parlamentswahlen[12] werden doch spätestens im Herbst nächsten Jahres sein müssen – also, die britische Regierung wird etwas lavieren müssen.

Hightower: Ich darf vielleicht einen Punkt noch etwas weiterführen, der in diesem Zusammenhang auch im Interview angeklungen ist, und zwar wird in Washington sehr oft ganz allgemein unter den Leuten die Frage erörtert, ob eine derartige multilaterale Streitmacht wirklich das Problem der nuklearen Waffen löst, soweit Deutschland betroffen ist? Oder ob eine derartige Streitmacht eben vielleicht doch nicht eine ganz adäquate Antwort auf das Problem selbst ist? Die Frage geht natürlich auf den Punkt zu, wie denn die Realität hier in Deutschland ist, ob dieses Projekt der multilateralen Streitmacht als Alternative für eine deutsche nationale nukleare Streitmacht auch wirklich der Mühe wert und wirklich geeignet ist. Ich kann mir vorstellen, daß Ihre Antwort im Interview[13] natürlich nicht so ausführlich sein kann, obwohl die Antwort impliziert mit drinsteckt. Aber ich möchte diese Frage hier off the record doch noch etwas spezifischer stellen.

Adenauer: Ich glaube, daß die Schaffung einer solchen multilateralen Streitmacht den Ansprüchen Genüge tut, die Europa und die Bundesrepublik an die Vereinigten Staaten stellen müssen, nämlich dafür Sorge zu tragen, daß die Anwendung der nuklearen Waffen von der richtigen Stelle aus im richtigen Zeitpunkt sichergestellt ist, so daß infolgedessen für uns nicht das Bedürfnis besteht, uns auf dieses sehr schwierige Gebiet zu begeben. Wir haben ja nichts, und wir wissen ganz genau, daß, um auf dem Gebiet zu einem Erfolg zu kommen, viel, viel Zeit und viel, viel Geld nötig ist.

Hightower: Wenn ich Sie richtig verstanden habe, erklären Sie in Beantwortung der ersten Frage, daß Ihrer Auffassung nach die große Leistung der vergangenen Jahre darin besteht, daß die Bundesrepublik in die Gemeinschaft Europa, in die Gemeinschaft der westlichen Völker integriert worden ist. Könnten Sie vielleicht etwas spezifischer die Ereignisse nennen, die Ihnen gerade in diesem Zusammenhang entscheidend erscheinen?

Adenauer: Nun, das sind so viele Ereignisse; das ist eine fortlaufende Serie von Abkommen, von Verhandlungen, von Begegnungen – zunächst mit Acheson/Truman, später mit Dulles/Eisenhower, jetzt mit Kennedy –, also, das ist eine Entwicklung, in der es natürlich einzelne, besonders wichtige Verträge gibt. Aber es kommt ja nicht nur darauf an, daß Verträge geschlossen werden, sondern daß Verträge auch ausgeführt werden, und diese Verträge sind eben ausgeführt worden. Die Aufnahme Deutschlands in NATO z. B. ist von größter Bedeutung.

Hightower: Vom amerikanischen Gesichtspunkt aus liegt wohl einer der wichtigsten Punkte zeitlich noch weiter zurück, das ist die Gegenaktion gegen die Berliner Blockade, die Luftbrücke also[14], nämlich das Maß an Verpflichtung, das in dieser Gegenaktion lag und damit auch in den Anstrengungen, die im Rahmen dieser Gegenaktion unternommen wurden. Das hat zweifellos sehr viel zu tun mit der Haltung, die sich dann von amerikanischer Seite herauskristallisierte, bei der Behandlung der Berlin- und Deutschlandfrage überhaupt?

Adenauer: Wie ich ja eben sagte, ein solches Zusammenwachsen, Zusammenkommen, das ist eine Frage der ständigen Verhandlungen und gemeinsamen Bewältigung von immer neu auftretenden Situationen, also etwas Lebendiges, das sich immer weiterentwickelt.

Hightower: Sind Sie zuversichtlich, Herr Bundeskanzler, daß dieser Prozeß auch in der Zukunft weitergehen wird? Denn das ist ja ein großer Teil des Problems, mit dem sich gerade Präsident Kennedy herumschlagen muß, daß nämlich, wenn dieses Zusammenwachsen weitergeht, das Verhältnis unter den westlichen Nationen noch sehr viel enger werden muß und möglicherweise sogar auch das Zusammenwachsen schneller kommen muß.

Adenauer: Dieser Prozeß bringt das nach meiner Meinung von selbst mit sich durch immer neu auftretende Probleme, die gemeinsam gelöst werden müssen.

Hightower: In drei Tagen, Herr Bundeskanzler, werden Sie ja mit Präsident de Gaulle Gespräche führen[15]. Ich glaube, es gibt viele von uns in Amerika, die sich eben doch die Frage stellen, an welcher Stelle denn nun in diesem Prozeß de Gaulle hineinpaßt. Ist er gegen diesen Prozeß? Wünscht er eine begrenzte Zusammenarbeit mit dem, was inzwischen geschaffen wurde? Oder, was ist eigentlich das Ziel, das de Gaulle verfolgt? Könnten Sie mir vielleicht sagen, Herr Bundeskanzler, wie Sie selbst an die Gespräche mit de Gaulle herangehen?

Adenauer: Zunächst möchte ich folgendes sagen: Ich werde in drei Tagen mit de Gaulle über NATO und die Vereinigten Staaten sprechen. Ich habe vor mehreren Tagen mit Präsident Kennedy über de Gaulle und über Frankreich gesprochen, wobei diese Termine unabhängig festgesetzt worden sind, unabhängig der eine vom andern, ebenso wie im Januar unabhängig voneinander festgesetzt war der Termin meiner Reise nach Paris zur Unterschrift des Vertrages[16] und die Pressekonferenz de Gaulles dann am 14. [Januar 1963][17] und die Sitzung in Brüssel am 29. [Januar][18] – alle unabhängig voneinander festgesetzt. Das sage ich, damit man da nicht etwas hineingeheimnißt, was gar nicht der Fall ist.

Hightower: Jedenfalls neigen die Ereignisse dazu, Herr Bundeskanzler, Sie sozusagen zu dem Angelpunkt dieser ganzen Geschichte zu machen.

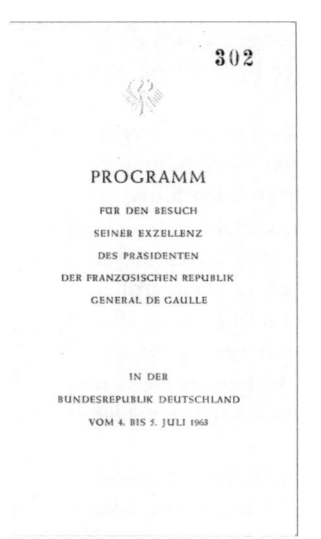

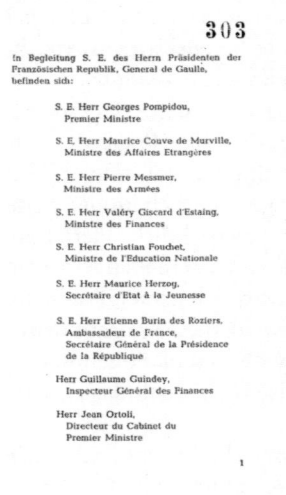

Zum Konsultationsbesuch des französischen Staatspräsidenten in Bonn, 4./5. Juli 1963
(zu Dok. Nr. 30, Anm. 15)

Adenauer: Bin ich aber gar nicht – ich bin ein Mitspieler. Wobei ich jetzt nicht an ein Glücksspiel dachte, sondern an ein Fußballspiel. Also ich will Ihnen etwas sagen über de Gaulle: Nach meiner Meinung beurteilt jedenfalls ein Teil der amerikanischen Presse weder de Gaulle noch die Situation de Gaulles in Frankreich richtig. Jeder von uns ist fest davon überzeugt, daß wir uns ohne die Vereinigten Staaten gegen Rußland nicht halten können. Davon ist de Gaulle genauso überzeugt wie ich, und darum ist der Gedanke in den Vereinigten Staaten, der da ausgesprochen worden ist, de Gaulle wünsche, daß die Vereinigten Staaten Europa verlassen sollten, totaler Unsinn.

Und nun müssen Sie mal die Situation de Gaulles in Frankreich betrachten. Dabei müssen Sie unterscheiden die Situation de Gaulles gegenüber der Zivilbevölkerung und seine Situation gegenüber der bewaffneten Macht. Ein sehr großer Teil der französischen Armee – und die Flotte war auch daran beteiligt – kämpfte seit Jahr und Tag in Algerien. Nun hat de Gaulle klugerweise mit Algerien Frieden geschlossen, und Frankreich ist dafür eingetreten, daß Frankreich sich aus Algerien zurückzieht[19]. Die meisten zivilen Leute in Frankreich haben verstanden, daß das notwendig und genau richtig war; aber viele Offiziere haben das nicht verstanden, und daher kam es – und das ist vielleicht auch noch jetzt so –, daß ein erheblicher Teil der Offiziere gegen de Gaulle stand und de Gaulle dafür sorgen mußte, daß ihm die bewaffnete Macht nicht aus den Händen kam, denn dann wäre er erledigt. Daraus erklärt sich – ich weiß das von de Gaulle selbst! – ein großer Teil der Haltung de Gaulles gegenüber NATO. Das war nicht die Ablehnung von NATO, sondern das war die Sorge: Ich darf nicht die französischen Truppen in die Hände von NATO geben und habe dann nichts mehr, worüber ich zu sagen habe.

(Zu Herrn St[aatssekretär] von Hase:)
Aber hier vorsichtig! – Darüber müssen wir nachher mal sprechen.

(Zum Besucher:)
Haben Sie mich verstanden?

Hightower: Ja, ich habe es verstanden!

Adenauer: Und Sie dürfen noch eins bei der Prüfung der ganzen Situation in Frankreich nicht übersehen: Die Kommunisten sind sehr stark dort[20]!

Hightower: 25 Prozent!
Adenauer: Mehr, mehr!
Hightower: Das gibt mir einen Einblick in die Position von de Gaulle, den ich vorher nie hatte. Das bedeutet dann wohl auch, Herr Bundeskanzler, daß Sie der Auffassung sind, daß die Verpflichtung de Gaulles zum Atlantischen Bündnis und zur NATO außer Frage, außer Zweifel steht?
Adenauer: Ja!
Hightower: Dann sind Sie also der Auffassung, Herr Bundeskanzler, daß die Schwierigkeiten und die Spaltung im Bündnis hier mehr scheinbar ist als wirklich?
Adenauer: Ich würde überhaupt den Ausdruck »Spaltung im Bündnis« nicht gebrauchen. Es besteht keine Spaltung, es besteht wirklich keine! Und im Ernstfall wird nach meiner Meinung die französische Macht voll auf seiten NATOs sein und gegen die Russen – aber vollkommen. Ich darf noch etwas sagen: England hat eine eigene Atommacht – kein Mensch regt sich darüber auf. De Gaulle muß gegenüber seinem Volk und namentlich auch gegenüber seiner Armee als gleichwertig neben England dastehen, und das ist mit ein wesentlicher Grund dafür, warum er nun auch – was England ja hat – eine eigene nukleare Macht haben will. Die ist nicht groß, aber er will sagen können: Wir haben sie auch!
Hightower: Was die Amerikaner bei den Plänen de Gaulles sehr beunruhigt und erschreckt hat, ist auch die Tatsache, daß sie eben auch das Gefühl haben, daß, wenn de Gaulle das tut, dann auch innerhalb Deutschlands ein gewisser Druck wachsen würde, auch für Deutschland eine eigene nukleare Streitmacht zu haben. Für die Leute, die nicht in der Regierung, aber doch an Stellen sind, wo sie die öffentliche Meinung beeinflussen können, ist das etwas, was ihnen sehr viel Sorge macht. Wenn Sie hierüber noch etwas sagen können, wäre ich Ihnen dankbar.
Adenauer: Das will ich sehr gern tun. Bei einer Besprechung im Lancaster House in London[21] – auch Dulles und M[endés France][22] waren da – habe ich für die Bundesrepublik die Erklärung abgegeben, daß wir auf die Herstellung der ABC-Waffen verzichten. Darauf hat Foster Dulles gesagt: Das gilt aber wie alle völkerrechtlichen Verpflichtungen nur rebus sic stantibus[23]. – Aber das behalten Sie für sich! – Wir haben ja doch nur ein Interesse, nämlich das Interesse, daß die nuklearen Waffen Amerikas oder die multilaterale Waffe – wie ich eben schon sagte – im richtigen Augenblick funktioniert; mehr wollen wir nicht. Und da uns das gewährleistet zu sein scheint, haben wir gar nicht die Absicht, irgendwie multilaterale nukleare Waffen uns anzuschaffen; wir denken

gar nicht daran. Und da es zwischen Frankreich und Deutschland durch unseren Vertrag wohl niemals wieder einen Krieg geben wird, brauchen wir auch die französische Atomwaffe nicht zu fürchten.

Hightower: Sie sind also der Auffassung, Herr Bundeskanzler, daß dieser Vertrag als ein Instrument der Versöhnung ein Verhältnis besiegelt hat, das uns allen nützlich ist, für uns alle gut ist?

Adenauer: Ja, und das habe ich Ihnen auch darin (im Interview) geschrieben[24]. Sehen Sie, das zaristische Rußland hat jahrzehntelang mit Deutschland einen Vertrag gehabt gegen Frankreich. Als Bismarck ausgeschieden war, hat das zaristische Rußland einen Vertrag mit Frankreich geschlossen gegen Deutschland[25], und als de Gaulle 1944 Ministerpräsident war, ist er nach Moskau gefahren, um diesen Vertrag zu erneuern: Frankreich/Sowjetrußland gegen uns[26]. Das ist vorbei; durch unseren Vertrag ist das vorbei, und Frankreich und Deutschland – die Nachbarn sind, was man nie vergessen soll – liegen nun als Barriere gegenüber dem Ostblock vor Westeuropa.

Hightower: Das ist eine Politik, die, wenn ich richtig verstehe, Herr Bundeskanzler, Ihrer festen Überzeugung nach ganz breit im deutschen Volke ruht und infolgedessen auch auf einer festen Basis ruht, die sich nicht mehr ändern wird?

Adenauer: Auch im französischen Volk!

Hightower: Ich habe vorhin die Uhr klingen hören und möchte die mir gegebene Zeit nicht überschreiten. Aber ich möchte fragen, ob Sie mir irgend etwas sagen können über Ihre persönlichen Pläne für das nächste Jahr, oder ob Aussicht besteht, daß Sie nach Amerika kommen?

Adenauer: Das letztere kann ich nicht beantworten. Aber hier, das können Sie (zum Dolmetscher) vorlesen.

(Dolmetscher liest einen Passus aus dem schriftl[ichen] Interview vor[27]. Anschließend Unterhaltung darüber, ob man an einer bestimmten Stelle bei der Übersetzung ins Englische das Wort »Memoiren« anwenden könne.)

Hightower: Ich verstehe, was Sie meinen. Was Herr Hull[28] damals gemacht hat, der ja die längste Zeit Außenminister war, hat er ja in zwei Bänden niedergeschrieben. Aber das ist praktisch nur ein Zeitablauf dessen, was alles passiert ist in dieser Zeit. Damit ist aber nicht das einbezogen, was Sie vorhaben, nämlich, daß Sie nicht nur die Ereignisse beschreiben wollen, sondern auch den Geist und die Philosophie, die diesen Dingen zugrunde liegen.

Adenauer: Zum Beispiel, ich habe, um meine Politik besser verständlich zu machen, sprechen müssen von der Lage de Gaulles in Frankreich.

Das sind also keine Memoiren, sondern das sind Erinnerungen, die auch meine inneren – wie soll ich sagen – Überlegungen klarlegen.

Hightower: Ich darf vielleicht noch eine Frage stellen; wenn sie Ihnen zu [in]diskret ist, übergehen Sie sie einfach: Haben Sie nach Ihrem Rücktritt vor, noch in der Innenpolitik besonders aktiv zu bleiben oder innenpolitisch noch eine offizielle Stellung zu bekleiden? Es gibt in Europa ja ein System, das ich nicht ganz verstehe: daß häufig führende Persönlichkeiten gleichzeitig in der Regierung und in einer parteipolitischen Position tätig sind. Die Pläne, wie Sie sie mir darlegten, deuten für mich etwas darauf hin, daß Sie vor allem daran denken, im internationalen Bereich für die Bundesrepublik tätig zu sein – wenn man das so nennen darf –, durch Reisen und ähnliches. Meine Frage: Haben Sie vor, auch innenpolitisch noch eine offizielle Position auszuüben?

Adenauer: Die wichtigste Frage für Deutschland und nach meiner Meinung auch für Europa und die atlantische Welt ist, daß Deutschland nicht seine jetzige Situation verläßt. Weil das so wichtig ist und ich daran mitgearbeitet habe, möchte ich darauf sehr mein Augenmerk richten. In welcher Form? – Das wird sich zeigen[29]. Aber andere politische Fragen interessieren mich wohl weniger.

Hightower: Herr Bundeskanzler, eine letzte Frage: Möchten Sie etwas sagen zu der Tätigkeit oder zu dem Besuch von Chruschtschow in Ostberlin[30]?

Adenauer: Er war nach meiner Meinung wenig beeindruckend.

Hightower: Ihr Eindruck stimmt sicher, Herr Bundeskanzler, und Chruschtschow benahm sich eigentlich so, als sei er so etwas traurig und verwirrt darüber.

Adenauer: Der ist nicht leicht zu verwirren. Das überlegt der ganz genau, das ist ein sehr kluger Mann.

Hightower: Glauben Sie, daß sein Problem mit den Rot-Chinesen ernsthafter Natur ist?

Adenauer: Ja, das ist ernsthaft, genau wie es ein sehr ernstes Problem ist, das uns alle angeht.

Hightower: Ein Problem, aus dem wir etwas Vorteil ziehen sollten, das wir ausnutzen sollten? Oder ein Problem, gegen das wir uns schützen müssen?

Adenauer: Aus dem wir Vorteil haben werden.

Hightower: Das wir aber, nehme ich an, nicht mit übermäßigem Optimismus im jetzigen Augenblick betrachten sollen?

Adenauer: Ich beobachte diese Vorgänge seit acht Jahren. 1955 war ich in Moskau[31]. Seit 1955 warte ich auf diese Entwicklung.

Hightower: Und das ist auch so gelaufen, wie Sie es erwartet haben? – Erwarten Sie weitere Vorteile daraus in den nächsten zwei bis drei Jahren? Der Vorteil für den Westen ist mir noch nicht ganz klar.

Adenauer: Oh – sehen Sie: Sowjetrußland muß sich doch auch rüsten gegen Rot-China, und gegen Rot-China rüsten, gegen den Westen rüsten, seine Wirtschaft aufbauen – das geht über die Kraft[32]. Das Weitere muß sich finden. Die Entwicklung ist übrigens schneller gekommen, als ich erwartete.

Nr. 31
2. Juli 1963: Kanzler – Tee (Wortprotokoll)

StBKAH 02.31, mit ms. Vermerk »*Unkorrigiertes Manuskript*« und Paraphe »Hi[lgendorf]«

Teilnehmer: Ludwig von Danwitz, Otto W. Diepholz[1], Wolfdietrich Gerdes[2], Franz Hange[3], Dr. Wolfgang Höpker[4], Dr. Ley[5], Hans Reiser[6], Heinz Reuter[7], Georg Schröder, Dr. Joachim Sobotta, Werner Titzrath[8], Norbert Tönnies[9], Dr. August Wegener, Dr. Ernst Weisenfeld[10], Hans Wendt, Rudolf Woller[11] – Karl-Günther von Hase, Fritz Hilgendorf, Dr. Hans-Joachim Hille[12], Heribert Schnippenkötter, Dr. Ulrich Wirth[13]

Beginn: 12.22 Uhr   Ende: 13.10 Uhr

Adenauer: Meine Herren, ich hatte Sie hierher gebeten, ehe übermorgen der Besuch von Präsident de Gaulle stattfindet[14], um Ihnen einige Worte dazu zu sagen.

Als Kennedy in Berlin abgeflogen war, sprachen mich einige ausländische Journalisten sofort an und zogen eine Parallele Kennedy-Besuch[15]/ de Gaulle-Besuch. Da habe ich den Herren folgendes gesagt[16]: Der Besuch de Gaulles ist ein Arbeitsbesuch im Rahmen einer großen Zahl von in Zukunft stattfindenden Arbeitsbesuchen, und zwar der erste, und zudem bringt der französische Staatschef ja eine ganze Reihe von Herren mit; auch Herr Pompidou kommt mit. Die weiteren Begleiter sind Ihnen, wie mir Herr von Hase eben sagt, bereits bekannt. Ich sagte, das ist der erste einer in Zukunft stattfindenden ganzen Reihe von Besuchen und Austauschen im Rahmen des deutsch-französischen Vertrages. Kennedys Besuch war etwas ganz anderes; es war sein erster Besuch in Deutschland. Er war zwar zum zweiten Male in Deutschland, aber es war sein erster Besuch in Deutschland. Er war damals als Student mal hier gewesen[17] und hat damals nicht die besten Eindrücke bekommen. Wenn man zurückrechnet, wie alt er ist und wann er damals hier gewesen ist, kann man sich alles andere denken. Es war mitten in der Nazizeit. Damals ist er gerade in München gewesen, und ich könnte mir vorstellen, daß er davon nicht begeistert war. Aber das war sein erster Besuch. Wenn man nun überhaupt irgendwelche Vergleiche ziehen will, muß man den jetzigen Besuch Kennedys und den Besuch de Gaulles im vorigen Jahre[18] hier einander gegenüberstellen. Aber ich finde, derartige Parallelen soll man gar nicht ziehen, es hat keinen Zweck, meine Herren, sondern man soll die Dinge real sehen. Real betrachtet – und das ist auch die Ansicht von Kennedy, mit dem ich über unser deutsch-französisches

Verhältnis gesprochen habe – ist dieses deutsch-französische Verhältnis für ein werdendes Europa die Grundlage.

Wenn Sie sich nur einmal vorstellen, es wäre nicht zu dieser Aussöhnung zwischen Deutschland und Frankreich gekommen, dann hätte die ganze bisherige Europapolitik gar nicht getrieben werden können. Wenn Sie, meine Herren, sich einmal in Gedanken zurückversetzen in die ersten Jahre nach 1945, nach unserem Zusammenbruch, dann werden Sie sich erinnern, wie da doch von Rußland und von Frankreich sehr ernsthaft der Gedanke ventiliert wurde, in Deutschland eine zentrale Gewalt überhaupt nicht mehr entstehen zu lassen, also dieses Deutschland aufzuteilen in eine Reihe von Stücken. Ich darf Sie auch daran erinnern, daß damals der Plan ventiliert wurde, das Industriegebiet – Kohle bedeutete damals noch etwas – zu internationalisieren, und daß sich damals gerade Rußland und Frankreich für diese Internationalisierung einsetzten[19]. Da werden Sie mir recht geben: Ohne eine Aussöhnung mit Frankreich ist ein Europa undenkbar.

Das war auch der Gedanke von Robert Schuman, den man nicht oft genug in dem Zusammenhang erwähnen kann, als er den Vorschlag der Montanunion machte[20]. Er schrieb mir damals einen privaten Brief neben einem offiziellen Brief, in dem er sagte: Bei uns besteht eine große Sorge und ein großes Mißtrauen gegenüber Deutschland, wenn es sich wieder erholt hat. Unsere Leute fürchten, daß sich Deutschland dann an Frankreich rächen wird. So schrieb er in dem Brief, Aufrüstung zeige sich zuerst bei der Kohleproduktion und bei der Produktion von Eisen und Stahl, die ja im Zusammenhang stehen. Wenn wir daher, so fuhr er fort, eine Einrichtung schaffen, die es ermöglicht, daß das eine Volk eine plötzliche Steigerung der Produktion von Eisen und Stahl bei dem anderen wahrnimmt und umgekehrt, dann ist das das beste Mittel, um gegenseitiges Mißtrauen aus dem Weg zu räumen.

Ich sage Ihnen das so ausführlich, meine Herren, damit Sie sehen, wie die Anfänge dieses Zusammengehens überhaupt gewesen sind von Deutschland und Frankreich und daß damals natürlich in Frankreich eine außerordentlich große Sorge herrschte, was sich zwischen den Deutschen und den Franzosen im Laufe der Entwicklung weiter ereignen könnte. Wenn Sie das betrachten, meine Herren, dann werden Sie, glaube ich, mit mir darin übereinstimmen, daß ohne diese Aussöhnung zwischen Frankreich und Deutschland kein Europa geschaffen werden konnte.

Wenn Deutschland und Frankreich sich nicht ausgesöhnt hätten, dann hätte – ganz sicher, meine Herren – Amerika darauf gedrungen, daß sie sich aussöhnen. Auch Churchill hat in der Rede, die er im Jahre 1946, glaube ich, in Zürich gehalten hat[21], von der notwendigen Aussöhnung zwischen Frankreich und Deutschland gesprochen. Ich wiederhole: Wäre das nicht geschehen durch die Initiative von weitsichtigen Franzosen und durch die Initiative auch von deutscher Seite, dann hätte Amerika, das ja immer ein starkes Europa haben wollte — ich habe mit Foster Dulles mehr als einmal über dieses Thema gesprochen —, darauf gedrungen, daß Frankreich und Deutschland sich aussöhnten, weil sonst eben die Schaffung von Europa nicht möglich ist.

Daher halte ich es für total falsch, wenn man — das geschieht leider Gottes von nicht-amtlichen Herren in Amerika — einen Gegensatz findet zwischen unserem Verhältnis zu Frankreich und unserem Verhältnis zu Amerika. Ich habe dieser Tage darüber gesprochen mit einem sehr wichtigen nicht-amtlichen Herrn aus Amerika[22] und habe ihm das auch einmal klargelegt, und er war so offen und hat mir gesagt: Unter dem Gesichtspunkt habe ich die ganze Sache noch nicht betrachtet. Sie, meine Herren, möchte ich bitten, helfen Sie uns, daß bei den Deutschen nicht die Meinung entsteht, das bedeute einen Gegensatz, ein entweder Frankreich oder Amerika. Das würde dann auch in andere Länder gehen, wo es nicht schon ist. Das darf in keiner Weise geschehen, meine Herren, und ich möchte Ihnen das sehr nachdrücklich sagen; keinesfalls würde eine solche Meinung richtig sein, sondern Amerika müßte — lassen Sie mich das immer wiederholen —, da es ein starkes und einiges Europa haben will, darauf dringen, daß zwischen Deutschland und Frankreich eine Versöhnung stattfindet, wenn sie nicht schon lange stattgefunden hätte, weil ohne das die Schaffung von Europa nicht möglich ist.

Wie sich nun der Besuch abspielen wird, darüber kann ich Ihnen noch nichts sagen, weil ich es selbst nicht weiß. Sie kennen die Liste der Herren, die aus Frankreich mitkommen, und wir werden in der Weise sprechen, daß mehrere Gruppen gebildet werden, die bestimmte Themen, die in ihr Gebiet fallen, verhandeln und daß zum Schluß eine allgemeine Zusammenkunft stattfindet. De Gaulle und ich werden für einige Stunden miteinander sprechen[23]. Das versteht sich eigentlich ganz von selbst, da liegt nichts Besonderes drin, und ich hoffe nur, daß wir auf allen Punkten, die angeschnitten werden, weiterkommen.

Jetzt möchte ich Ihnen, meine Herren, noch ein Wort sagen, das Sie aber bitte nicht bringen wollen. Präsident Kennedy fragte mich, als er erst ganz kurz hier war[24]: Was ist eigentlich mit Europa los? In England die Geschichte[25], in Italien keine feste Regierung[26], die Holländer sind jetzt seit Wochen ohne Regierung[27], in Griechenland diese Geschichte[28], in der Türkei ist es auch nicht so extra[29]. Er sah also von drüben her mit Unruhe dieses unruhige Europa. Woher das manchmal kommt, weiß der liebe Himmel. Aber es ist so, und es ist nicht das erste Mal. Aber mit einem Male fangen die Völker an, unruhig zu werden, oder besser gesagt, die Politiker. Jeder, der es mit Europa gut meint, muß das Seine tun, damit die Völker wieder Ruhe bekommen und damit Amerika sein Vertrauen zu Europa auch wirklich behält.

Ich bin leider nicht in der Lage, Ihnen viel zu sagen von dem, was Kennedy und ich miteinander besprochen haben; aber um dieses Thema, das ich Ihnen gesagt habe, drehte sich manches.

Nun war Präsident Kennedy in London[30], wie Sie wissen. Es ist ja ganz klar, daß sich der englische Premierminister in diesem Augenblick nicht um die multilaterale Streitmacht unterhalten kann; damit würde er der Opposition ja geradezu einen Bissen in den Hals geben.

In Italien scheint Präsident Kennedy nicht so empfangen worden zu sein, wie er es verdient hätte[31]. Warum, das weiß der liebe Himmel, ich weiß es nicht.

Hier ist der Besuch ja glänzend verlaufen, und Herr Kennedy war immer wieder erfreut über die freundlichen Gesichter der Leute, die ihn begrüßten, und er war sehr froh darüber, es hat ihm sehr gutgetan, und er meinte, daß man durch Augenschein manchmal einen anderen Eindruck bekäme als durch das Lesen von Zeitungen! Das werden Sie auch verstehen, meine Herren, und ich habe ihn darin bestärkt. Er meinte aber seine amerikanischen Zeitungen, nicht Rundfunk und Fernsehen. Das kann ich verstehen. Ich bin ja auch nicht immer glücklich über ihre Zeitungen; warum sollen andere glücklich über ihre Zeitungen sein.

Es wird natürlich ein umfangreiches Kommuniqué herausgegeben werden[32]. Ob eine Pressekonferenz stattfindet? Das wird wohl auch wahrscheinlich der Fall sein[33]. Das nähere Programm müssen wir noch mit Herrn de Gaulle besprechen.

Wenn Sie jetzt eine Frage haben, und ich kann sie Ihnen beantworten, bitte! Aber ich habe eine Bitte: Ziehen Sie um Himmels willen keine Parallelen! Kennedy hat nichts davon, und wir wollen doch de Gaulle nicht verärgern. Es ist ja auch nicht richtig, Parallelen zu ziehen. Es ist eben ein ganz anderer Anlaß, der de Gaulle hierherführt. Sonst müßten Sie schon zurückdenken, wie die Hamburger und wie das Industriegebiet im vorigen Jahre de Gaulle begrüßt haben[34].

von Hase: Ich wollte noch einmal wiederholen, daß es auch protokollarisch ganz klar als Arbeitsbesuch gekennzeichnet ist, daß also sozusagen nichts dazu getan wird, bekanntzugeben, wann und wo der Präsident seinen Anfahrtsweg hat[35].

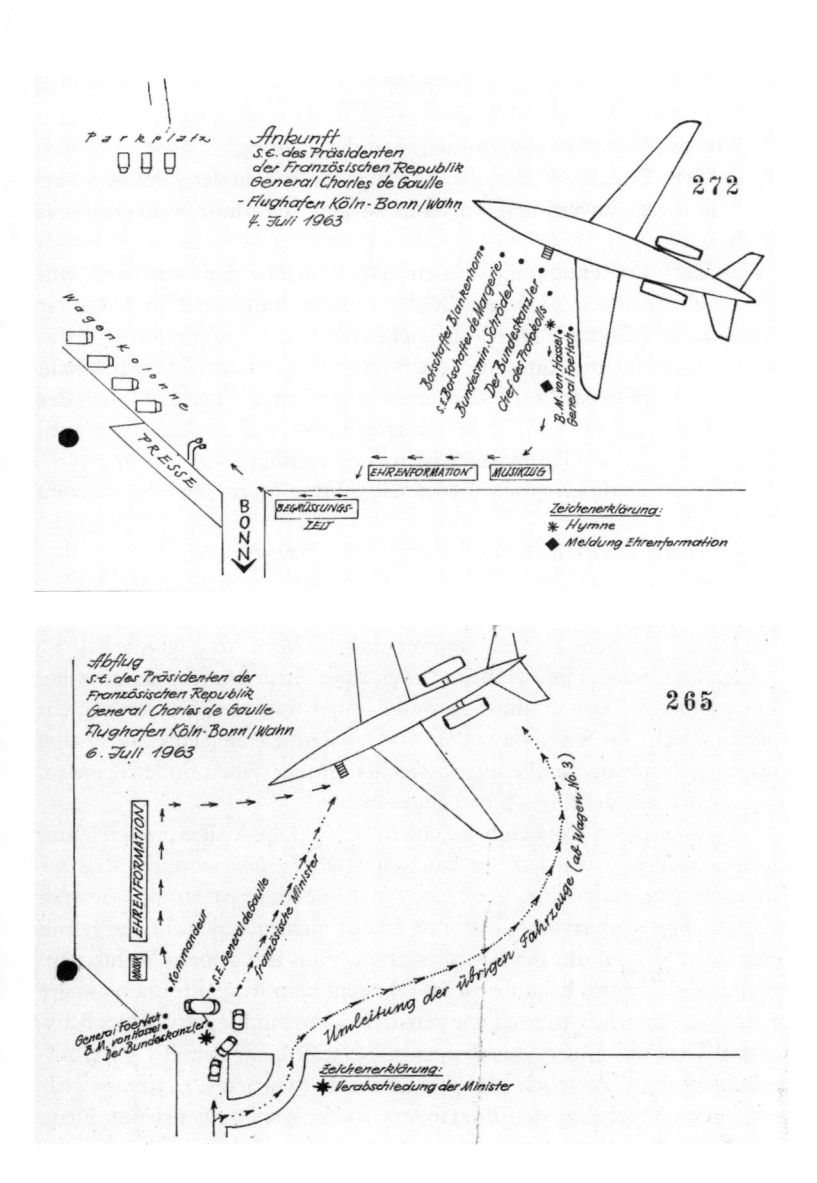

Aus den Unterlagen zum de Gaulle-Besuch in Bonn
(zu Dok. Nr. 31, Anm. 35)

Adenauer: Das steht ja heute schon in der Zeitung!
von Hase: Es stimmt aber, glaube ich, nicht, was in der Zeitung steht.
Adenauer: Dann müssen wir dafür sorgen, daß die Zeitungen recht behalten.
von Hase: Das entspricht ja auch dem Wunsche der Franzosen, daß das so behandelt wird. Da besteht also Einverständnis, daß man das gar nicht mit der Elle des Kennedy-Besuches messen kann, sondern daß das in einer ganz anderen Kategorie stattfindet. Über den technischen Ablauf der vier Arbeitskreise[36] sind die Herren unterrichtet. Über den Inhalt der Besprechungspunkte kann man natürlich heute noch nichts sagen, weil darüber erst mit den Franzosen gesprochen werden soll.
Adenauer: Darüber spricht heute nachmittag Herr Schröder mit den Franzosen.
(Nach einer Zwischenbemerkung von *Schröder*)
Sie haben heute morgen schon in einem Artikel angefangen zu vergleichen[37]!
Schröder: Ich habe als Staatsbürger ein paar Vorschläge gemacht!
Adenauer: Soweit bin ich beim Lesen Ihres Artikels nicht gekommen.
von Danwitz: Das ungünstige Bild Europas ergibt sich ja wohl nicht zuletzt durch die Stagnation der EWG. Glauben Sie, daß Sie in den Gesprächen mit de Gaulle irgendwelchen guten Willen finden werden, über diese Krise der EWG hinwegzukommen?
Adenauer: Nein, das glaube ich nicht; ich glaube, daß wir auch kaum darüber sprechen werden. Sie müssen doch berücksichtigen, daß die Situation Englands eine ganz andere geworden ist in den letzten Wochen. Die Konservative Partei ist in sich nicht gerade sehr einig, und Macmillan, der Führer der Konservativen, muß mit seinem Wahlkampf anfangen, und dann haben sie kein Ohr und kein Auge für noch andere Probleme. Natürlich werden wir versuchen, die Fühlung zwischen Brüssel und Großbritannien, das ja auch die erste Macht der EFTA ist, aufrechtzuerhalten. Aber ich glaube nicht, daß man jetzt..., man würde nach meiner Meinung den Engländern damit keinen Dienst tun. Denn die Labour Party ist ja ganz anderer Ansicht. Sie wird sich sofort wieder darauf stürzen. Es wird zu viel gewählt, meine Herren! Das ist richtig. Man sollte alle Wahlen an einem Tage abhalten!
Schröder: Kommt nun als Reaktion aus Paris nach der Absprache zwischen Kennedy und Macmillan, daß es vorteilhaft sei, das Thema multilaterale Streitkräfte ruhen zu lassen, das Gefühl, damit ist das beendet?
Adenauer: Nein, das halte ich für nicht richtig, das ist damit nicht beendet. Aber sehen Sie, das ist genau dasselbe wie England und die

EWG. Sie wissen, daß Labour gegen jede nukleare Geschichte ist. In dem Augenblick, in dem jetzt Macmillan sagte, wir sind geneigt, das zu machen, würde er der Labour Party wieder Munition liefern, um ihn zu bekämpfen. Ich glaube, daß die Besprechungen und die Untersuchungen ruhig weitergehen werden, und zwar in Washington.

Schröder: Darf ich mir noch eine Ergänzungsfrage erlauben: Nach den Besprechungen, die Präsident Kennedy am Montag mit Ihnen hier in Bonn hatte[38], war doch die Erklärung aus Washington, jetzt sei das Thema multilaterale Streitmacht bis auf weiteres nicht mehr akut[39]. In dem Zusammenhang fiel mir auf, daß ein amerikanischer Journalist von Bonn aus berichtete, in der »New York Herald Tribune« meinte, Sie, Herr Bundeskanzler, hätten in Ihrem Gespräch Herrn Kennedy gesagt, daß Sie nicht auf Ideen, falls es sie überhaupt geben sollte, eingehen würden, sich an de Gaulles französischen Atomplänen zu beteiligen. Nachdem Sie diese Versicherung gegeben hätten, sei für Kennedy eigentlich auch sein politisches Interesse an der multilateralen Macht nicht mehr so vorhanden. Ist das reine Phantasie?

Adenauer: Im Gegenteil, unreine Phantasie! Wir haben darüber gesprochen, wo die technischen Verhandlungen jetzt am besten weitergehen sollten, und da habe ich gesagt, in Washington, weil da doch die besten Fachleute für die ganze Sache sehr viel leichter zu haben sind, und dabei sind wir auch verblieben.

Schröder: Aber die Frage einer Atommacht außerhalb der amerikanischen Konzeption ist nicht aufgetaucht?

Adenauer: Wen meinen Sie jetzt mit »außerhalb«? Das ist eine europäische Atommacht.

Schröder: Das meine ich natürlich nicht.

Adenauer: Meine Herren, merken Sie denn nicht, wenn Sie die Sache mal genau überlegen, daß Frankreich vielfach dem Beispiel Großbritanniens folgt? Wenn Großbritannien eine eigene Atommacht hat, will Frankreich auch eine eigene Atommacht haben; ich meine jetzt wirklich Frankreich, nicht de Gaulle etwa. Nach unseren Informationen ist das Anliegen, eine eigene Atommacht zu haben, ein Anliegen des größten Teiles des französischen Volkes, und wenn Sie das in den Einzelheiten verfolgen, dann finden Sie das vielfach, daß eben Frankreich nicht hinter England zurückstehen will. Wir sind da bescheidener.
Eines möchte ich Ihnen noch sagen, meine Herren: Herr Kennedy schätzt Herrn de Gaulle sehr. Das hat er mir mit sehr klaren Worten gesagt. – Sie sehen mich so zweifelnd an, Herr Schröder.

Schröder: Nein, durchaus nicht. Weil aber gesagt wurde, de Gaulle sei ein schwieriger Mann.

Adenauer: Ja, Gott, das wird er selbst nicht bestreiten. Aber Herr Macmillan ist auch nicht gerade sehr leicht zu nehmen, ist auch ein schwieriger Mann. Es gibt so viele schwierige Männer in der Welt.

Wendt: Hat denn Herr Kennedy zu erkennen gegeben, wann und unter welchen Umständen er mit dem von ihm so geschätzten Herrn de Gaulle in Fühlung treten will?

Adenauer: Vielleicht ist er schon in Fühlung.

Wendt: Durch Bundy[40]?

Adenauer: Ich bin der Auffassung, in absehbarer Zeit wird ein Besuch de Gaulles drüben stattfinden. Aber machen Sie nicht zuviel davon, sonst geht de Gaulle nicht hin; aber die Natur der Dinge erfordert das, und ich finde ja, meine Herren, daß die in den Dingen selbst liegende Kraft doch das Wesentliche immer ist, nicht, was die Leute drumrum reden. – Mich würde jetzt z. B. viel mehr beschäftigen, wenn Sie mich etwas nach Chruschtschow gefragt hätten.

Journalist: Führt die Frage der Herausnahme der französischen Flotte aus dem NATO-Kommando[41] ohne Konsultation zu einem leichten Monitum in den nächsten Tagen, wenn de Gaulle hier ist?

Adenauer: Also, meine Herren, wenn Sie es genau nehmen, brauchten wir nicht konsultiert zu werden, denn die Urkunden, die ausgetauscht werden, werden wahrscheinlich heute oder morgen ausgetauscht werden[42]. Von da an besteht die Konsultationspflicht. Natürlich wird diese Frage im Gespräch zwischen Herrn de Gaulle und mir eine Rolle spielen.

Hange: Wird auch die Frage der Politischen Union, der ins Stocken geratenen Gespräche, eine Rolle spielen?

Adenauer: Darf ich jetzt einmal in Ihr Gedächtnis zurückrufen, wie das mit der Politischen Union angefangen hat: Vor zwei Jahren in Godesberg kam plötzlich Herr de Gaulle mit dem Vorschlag einer Politischen Union[43]. Der Vorschlag war an sich gut bis auf einen Punkt: Er wollte die schon bestehenden europäischen Institutionen in Luxemburg und in Brüssel in der Politischen Union aufgehen lassen. Das habe ich nicht für richtig gehalten; denn was nun mal funktioniert, das soll man ruhig weiter funktionieren lassen, und man soll nicht so schnell mit Neuem dabei sein. Ich habe mich dann mit de Gaulle – vielleicht erinnern Sie sich dessen – in Baden-Baden[44] getroffen, und Herr de Gaulle hat das auch eingesehen und hat seinen Vorschlag entsprechend geändert. Und dann kam das Malheur von Holland her und von Belgien her, und zwar erklärten Holland und Belgien: Ohne Großbritannien machen wir keine Politische Union[45]. Damals schwebten meiner Erinnerung nach noch gar keine

2. Juli 1963

Verhandlungen Großbritanniens über seinen Eintritt in die EWG. Großbritannien hatte schon zweimal abgelehnt, überhaupt solche Verhandlungen zu führen. Wir haben dann einen letzten Versuch gemacht mit Fanfani[46]. Es war vorgesehen, daß die Regierungschefs in Rom zusammenkommen sollten. Wir haben dann – de Gaulle hat das getan, und ich habe das getan – Herrn Fanfani gebeten, die Regierungschefs der Sechs einmal nach Rom einzuladen, um zu sehen, ob wir dann über diese Frage der Politischen Union weiterkämen. Herr Fanfani hat das nachher bestritten; es ist aber doch richtig. Meine Herren, ein Politiker muß manchmal etwas bestreiten, was wahr ist. Fanfani hat es aber abgelehnt, das zu tun, und damit sind wir in der Sache steckengeblieben.

Nachdem nun die Verhandlungen mit England wegen seines Eintritts in die EWG einmal angefangen hatten – ich will gar nicht untersuchen, wer die Schuld trägt –, konnte ich nach den Gesprächen, die ich im Januar mit de Gaulle in Paris gehabt habe, bestimmt annehmen, daß am 29. Januar in Brüssel[47] diese Sache mit England in Ordnung käme. Sie ist nicht in Ordnung gekommen, und ich verstehe wirklich nicht, warum man so wenig geschmeidig ist, wobei ich Ihnen nicht sagen darf und kann, wer der Mann ist, den ich meine[48]. Die Sache ist steckengeblieben.

Sie wissen, daß England die Wahlen vor sich hat[49], wenn auch erst in einem Jahr, und Sie wissen, wie Labour zu der ganzen Sache steht. Wir würden damit jetzt also gar nicht weiterkommen, denn jetzt müssen wir auch abwarten, bis das Verhältnis in England in Ordnung gebracht werden kann, und dazu müssen wir die Wahl abwarten. Wenn die Konservativen gewinnen, wissen wir Bescheid. Wenn Labour gewinnt, dann können wir nur die Hoffnung haben, daß manchmal eine Partei, wenn sie an die Macht kommt, anders redet und handelt als vorher, wenn sie in der Opposition ist.

Also, es kommt jetzt ein gewisser Stillstand in der europäischen Politik. Wir müssen nur sorgen, daß die EWG weiter gut funktioniert und daß die Montanunion weiter gut funktioniert, damit wir im gegebenen Augenblick wieder von neuem anfangen können.

von Danwitz: Zu diesen gut funktionierenden Sachen gehört wohl nicht das Problem der Landwirtschaft innerhalb der Sechs?

Adenauer: Das ist sogar eine große Sorge für uns[50]. Ich halte für notwendig, daß man versucht, dort einen Modus zu finden. Frankreich beschäftigt 27 Prozent seiner Einwohner in der Landwirtschaft. In der Bundesrepublik sind 12 bis 13 Prozent unserer Bevölkerung in der Landwirtschaft tätig. England – das habe ich zufällig im Kopf – hat 4 Prozent seiner Einwohner in der Landwirtschaft; Luxemburg spielt natürlich keine Rolle, und in Holland und in Belgien sind es auch nicht viel. Der Preis für landwirtschaftliche Erzeugnisse, namentlich für Weizen, spielt eine sehr große Rolle. Das ist eine sehr schwierige Frage.

Ich wollte jetzt einmal sagen, was Herr Schwarz[51] im Kabinett immer gesagt hat: Als wir die Römischen Verträge geschlossen haben, war der französische Weizen so teuer wie der deutsche. Dann hat aber Frankreich den Franc in der Folge mehrfach abgewertet, und darum ist das Getreide soviel billiger geworden, und daher kommt dieses Mißverhältnis, das wir zu beseitigen versuchen müssen.

von Danwitz: Herr Schwarz meint ja, daß sich das im Laufe der Zeit ausgleichen würde, und zwar durch eine natürliche Abwertung. Aber wahrscheinlich eilt doch die Sache mehr.

Adenauer: Ja, wer wertet ab? Werten die andern ab? Werten wir ab? Ich würde wünschen, keiner wertet ab; das bringt immer Durcheinander.

Journalist: Ist es nicht so, daß der deutsche Getreidepreis für die ganze Gemeinschaft verbindlich werden sollte, so daß dann in Frankreich ein stärkerer Anreiz für die Getreideproduktion geschaffen würde? Oder fürchtete man, daß es dann zu einer Getreideschwemme käme, die alles ins Wanken bringt? Oder was wäre die Konsequenz?

Adenauer: Da haben Sie völlig recht. Die Konsequenz wäre, daß wir Schwierigkeiten mit Amerika bekämen; denn Amerika will doch seine überschüssigen Agrarprodukte in den EWG-Raum hineinbringen, und dann würden wir von da eine Überschwemmung bekommen, die auch unangenehm wäre[52].

(Nach einer Anregung von *von Hase*)
Das wollen wir uns verwahren bis nach der Konferenz! – Herr von Hase wünschte, ich möchte ein Wort sagen über das Jugendwerk[53], so will ich es einmal nennen, in dem ganzen Vertragswerk. Das ist sehr gut vorbereitet, und da werden wir einen großen Schritt weiterkommen – wie ich hoffe!

Journalist: Wie sehen Sie die Lage im Ostblock nach dem Chruschtschow-Besuch in Ost-Berlin[54]?

Adenauer: Seit dem Jahre 1955, seit ich in Moskau war[55], glaube ich, daß der Druck von Rot-China eines Tages doch so stark sein wird, daß Sowjetrußland seine Politik einer Revision unterziehen muß.

Journalist: Wem gegenüber, dem Westen?

Adenauer: Überhaupt. Sehen Sie einmal, meine Herren, die Lage Rußlands: Rußland rüstet stark gegen die westlichen Völker, Rot-China rüstet auch stark und ganz zweifellos doch auch gegen Sowjetrußland. Und Rußland will eine Wirtschaft aufbauen. Das zusammen ist etwas Riesiges, das wahrscheinlich über die Kraft eines Volkes geht. Diese Dinge mit Rot-China haben sich schneller entwickelt, als ich es geglaubt habe.

Journalist: Von der FDP ist jetzt wieder der Herter-Plan[56] in die Diskussion geworfen worden, man sollte da wieder anknüpfen.

von Hase: Der sogenannte Friedensplan von Genf[57] sollte etwas modifiziert und zur Grundlage für Verhandlungen über die Deutschlandfrage gemacht werden.

Adenauer: Und was wollen Sie von mir hören?

Journalist: Ich meine, ob Sie auch der Ansicht sind, daß man da – aus 1959 – wieder anknüpfen könnte?

Adenauer: Ich weiß nicht, meine Herren, ob man an alte Sachen wieder anknüpfen sollte. Sehen Sie, die Dinge ändern sich so in vier Jahren; heute haben wir das Jahr 1963. Ich glaube, man wird die Entwicklung in Rußland selbst, die ich eben kurz gekennzeichnet habe, eben sehr sorgfältig beobachten müssen und dann je nach dem versuchen, irgendwie mit dem Osten Fragen zu bereinigen.

Journalist: Das Aktuelle im Vordergrund: Wir haben in letzter Zeit doch immer das Problem gesehen, daß endlich einmal die West-Berliner auch ihre Leute in Ost-Berlin besuchen können. Man hört aber darüber nichts mehr in letzter Zeit.

Adenauer: Sie haben doch gehört, was Chruschtschow gesagt hat: Er habe Freude an der Mauer. Das ist natürlich auch eine Frage für die [...] Natur der anderen Seite.

Journalist: Aber das würde doch die Sache auf menschlicher Seite in Berlin verschärfen. Man sieht aber nicht, daß da was weitergeht.

Adenauer: Das schließt aber nicht aus, daß darüber gesprochen wird, auch wenn Sie nichts davon hören[58].

Wendt: Von amerikanischer Seite ist ja jetzt gesagt worden, die EWG und auch wir trieben zuviel Osthandel. Finden Sie das auch? Oder finden Sie, daß darin Möglichkeiten lägen, die Haltung Sowjetrußlands uns gegenüber etwas zu beeinflussen?

Adenauer: Ich habe für Mitte Juli eine Konferenz von Firmen oder von Herren eingeladen, die über den Osthandel Bescheid wissen, um über diese Fragen zu sprechen[59]. Bei dem Osthandel muß man ja auch immer berücksichtigen, daß er eine politische Seite hat und daß man da nicht sagen kann, eine Milliarde [DM] ist gleich einer Milliarde, sondern es kommt darauf an, welche Güter für 1 Milliarde geliefert werden und was die für den Empfänger bedeuten. Über diese Fragen, die ich eben skizziert habe, möchte ich mich einmal mit den Herren, die da sehr im Bilde sind, unterhalten.

Journalist: Kennedy hat das nicht angeschnitten in dem Sinne, daß er denke, wir trieben zuviel Osthandel?

Adenauer: Nein, bei mir nicht. Ich wüßte auch nicht, daß er sie bei einem anderen angeschnitten hätte.

Journalist: Die Amerikaner wünschen doch auch, daß wir unser Verhältnis zum Osten gemäß ihren Bemühungen entspannen. Also könnten sie eigentlich nicht wünschen, daß wir Entspannungsmöglichkeiten außer acht lassen.

Adenauer: Ja, meine Herren, der Osthandel! Die Russen können ja nichts liefern, was wir brauchen, oder sehr wenig, was wir wirklich brauchen können. In der Tat kann doch der Handel mit Rußland nur ein Tauschhandel sein zwischen Rußland und uns, weil Rußland ja nicht dem ganzen Welthandel angeschlossen ist; das ist ein reiner Tauschhandel.

Journalist: Sie sehen da also keine größeren Möglichkeiten weiterzukommen?

Adenauer: Nein, ich glaube nicht. Aber ich möchte mir kein endgültiges Urteil bilden, ehe ich diese Konferenz gehabt haben werde.

Journalist: Sie legten uns vorhin quasi die Frage nach Chruschtschow in den Mund. Darf ich sie jetzt aussprechen, Herr Bundeskanzler?

Adenauer: Was bedeutet es, daß die anderen Häuptlinge[60] so schnell abgereist sind? Wir wissen es nicht. Vielleicht wissen Sie mehr.

Journalist: Chruschtschow will ja heute um 16 Uhr offen reden[61].

Adenauer: Es ist aber schon merkwürdig, daß er erst heute redet. Ach Gott, meine Herren, Chruschtschow ist auch in keiner angenehmen Position; das darf man sich nicht vorstellen. Denn die Aufgaben, die ich eben skizziert habe: stark zu sein gegenüber Rot-China, stark zu sein gegenüber Amerika und den anderen freien Ländern, dazu eine eigene Wirtschaft aufzubauen, das ist eine ganz ungeheuer schwere Sache.

Journalist: Gradl[62] hat ja gestern gemeint, man bräuchte trotz der Reaktion auf seine letzte Rede das nicht zu überschätzen, das wäre eine Unmutsaktion im letzten Moment. Man müßte abwarten, was er real sagen wird heute abend in der Werner-Seelenbinder-Halle.

Adenauer: Ja, warten wir mal ab!

Schröder: Noch einmal zurück: Hatte ich Sie recht verstanden, man müsse die innere Entwicklung in der S[owjet]U[nion] abwarten, als die Frage des Wiederaufgreifens des Herter-Plans kam? Verstehe ich das richtig dahin, daß Sie meinen, zumindest in diesem Jahr ist kein Spielraum für deutsch-sowjetische Besprechungen über die größeren Probleme der deutsch-sowjetischen Beziehungen?

Adenauer: Meine Herren, für Chruschtschow ist seine Hoffnung, daß der Westen auseinanderbricht, ungeheuer wichtig, und ich glaube, alles, was wir tun, damit solche Anzeichen nicht kommen, vor allem auch, daß sie nicht überbewertet werden, das ist das Beste, was wir jetzt tun können. Daß eine Durststrecke jetzt wieder kommt, das ist mir vollkommen klar. Aber keine Ungeduld zeigen! Ich meine, was die Berliner angeht, so hat Kennedy doch so starke Worte in Berlin gesprochen[63], wie sie die Sprache nur hat, und das hat auch ganz auf die Berliner gewirkt, das konnte man denen ansehen. Aber, meine Herren, Sie wissen ja, daß diese Auseinandersetzung zwischen Rot-China und Sowjetrußland im vollen Gange ist. Die wollen wir doch mal jetzt abwarten.

Journalist: Könnte sich der Stillstand in der Europapolitik nicht auch negativ auswirken?

Adenauer: Sicher; deswegen bin ich ja so betrübt, daß es in Europa so aussieht. Denn diese Europäer, das ist eine komische Gesellschaft. Wenn diese Europäer sich mehr untereinander vertrügen! Warum z. B. das in Griechenland? Warum z. B. in der Türkei? In der Türkei war es ja grausam, daß das alles so gekommen ist. Ich wünschte auch, die italienische Regierung stände fest. Ich wünschte auch, in Großbritannien wäre es anders, dann sähe manches ganz anders aus.

Journalist: Sie glauben nicht, daß die Bereitschaft der Briten vergrößert werden könnte, sich der Integration wieder zuzuwenden, eben dadurch, daß im EWG-Raum weitergemacht würde, daß man mit Frankreich eine Beschleunigung der Integration in diesem Raum erreichen könnte, um den Anreiz für die Briten wieder zu erhöhen?

Adenauer: Wie meinen Sie das?

Journalist: Die Frage nach der Politischen Union oder einer ähnlichen Form.

Adenauer: Sehen Sie, man darf nicht mehr die Gefahr riskieren, daß einer von den Sechs nein sagt zu der Politischen Union. Das hat damals Holland getan, auch Belgien. Herr Spaak war nachher bei mir[64] und sagte: Ich bedauere, daß ich nicht zuerst bei Ihnen gewesen bin, daß ich zuerst nach Holland gegangen bin.

Journalist: Hatte das nicht seinen Grund in bestimmten Widerständen Frankreichs, insbesondere de Gaulles, gegen Formen der Integration, d. h. also, die parlamentarische Demokratie in Europa zu erhalten?

Adenauer: Ach, darüber haben wir ja gar nicht gesprochen. Die haben einfach erklärt: Ohne England – nein! Dann war die Sache aus.

Journalist: War es nicht so, daß die mißtrauisch geworden waren gegenüber möglichen Vorstellungen, die sich unter dem Wort Hegemonialbestrebungen versteckten?

Adenauer: Ich will Ihnen mal was sagen, meine Herren: Ganz sicher ist man bei einer Reihe von Stellen mißtrauisch gegenüber Frankreich wegen der angeblichen Hegemonialbestrebungen. Aber keiner der Betreffenden hat sich klargemacht, daß, wenn nun England in der EWG ist, eine Verständigung zwischen Frankreich und England, die eine solche Hegemonie in Europa erbringen würde, daß sie wirklich etwas schwer tragbar wäre. Man muß doch die ganze Sache durchdenken. Es ist nicht nur eine Hegemoniebildung durch Frankreich möglich, und dann will man England als Gegenstück bilden; wenn man das will, wenn es dazu kommt, dann ist es auch möglich, daß eine Verständigung zwischen England und Frankreich kommt.

Journalist: Wäre das nicht ein Argument, den Stillstand in der Europapolitik nicht einfach hinzunehmen, sondern den Versuch zu machen, im EWG-Raum unter den gegebenen Verhältnissen das möglichst Erreichbare anzustreben?

Adenauer: Sie übersehen dabei eins: daß zur Annahme dieses Plans Einstimmigkeit gehört, daß also Belgien oder Holland durch ein Nein einen Plan einfach wieder erledigen könnten, und man darf wirklich nicht dieses Ziel, das wir haben, das nach meiner Meinung auch de Gaulle hat, nicht dadurch entwerten, daß man alle zwei, drei Jahre durch ein Nein das scheitern läßt; dann kriegt man es nie mehr fertig.

von Hase: Ich glaube, daß diese Ausführungen als Hintergrundmaterial für die Berichterstattung über Vorbereitung und Durchführung des Besuches gedacht sind, daß aber die Gedanken ohne Quellenangabe und ohne Direktzitat verwendet werden können, wobei man andeuten kann, daß die Gedanken aus dem Bundeskanzleramt kommen.

Journalist: Auch für Meldungen?

von Hase: Ja, aber ohne Quellenangabe, ohne Direktzitat, aber mit dem Hinweis: aus dem Bundeskanzleramt, also als Hintergrundmaterial.

Nr. 32
22.Juli 1963: Informationsgespräch (Wortprotokoll)
StBKAH 02.31, mit ms. Vermerk »*Unkorrigiertes Manuskript*« und Paraphe »Hi[lgendorf]«

Teilnehmer: Cyrus L. Sulzberger – Karl-Günther von Hase, Fritz Hilgendorf, Hermann Kusterer, Heribert Schnippenkötter

Beginn: 16.35 Uhr[1]   Ende: 17.40 Uhr

Bundeskanzler verweist auf einen Artikel Sulzbergers in der »Welt« vom Mittwoch, 17.Juli 1963, der irrtümlicherweise mit dem Kopfbild des Onkels von Sulzberger erschien[2]. – Also unverändert! Wie geht es Ihrem Onkel[3]?
Sulzberger: Nicht gut. Er ist seit einigen Jahren krank, und es wird einfach nicht wieder ganz gut.
Adenauer: Er ist in Connecticut?
(Sulzberger bejaht.)
Ich war ja einmal bei ihm zum Frühstück, als ich bei [Dannie N.] Heineman war[4].
Also, mit der Hauptsache des Artikels bin ich einverstanden, »...wohin treiben die Schollen?«. So steht es über dem Artikel.
(Die Überschriften lauten: »Das Eis beginnt zu tauen – aber wohin treiben die Schollen?«)
Aber ich bin nicht ganz einverstanden.
Sulzberger: Womit sind Sie nicht ganz einverstanden?
Adenauer: Sie beurteilen de Gaulle nicht hundertprozentig richtig, und zwar berücksichtigen Sie nach meiner Meinung zu wenig die Schwierigkeiten, die de Gaulle im Lande hat. Wenn de Gaulle jetzt die ganze französische Macht der NATO unterstellt, wäre er in Frankreich erledigt, und das ist für die Beurteilung der französischen Politik von entscheidender Bedeutung. Wenn ich mir vorstelle, de Gaulle wäre nicht da – dann hätten wir in Frankreich ein vollkommenes Durcheinander.
Sulzberger: Ich darf vielleicht fragen, Herr Bundeskanzler – ich weiß nicht, hoffentlich nehmen Sie es nicht als eine eitle und egozentrische Frage auf –: Haben Sie mein Buch über de Gaulle gelesen[5]?
Adenauer: Nein, ich habe es in Händen gehabt, ich habe es nicht gelesen. Ich verstehe zu wenig Englisch, um es lesen zu können.
Sulzberger: Es gibt eine französische Übersetzung.
Adenauer: Dann kann ich es lesen.
(Zu St[aatssekretär] von Hase gewandt)
Dann möchte ich das einmal haben.

Sulzberger: Darf ich mir erlauben, es Ihnen zu schicken?
Adenauer: Dann schreiben Sie bitte ein Wort hinein.
Sulzberger (legt ein Photo des Kanzlers aus dem Jahre 1952 vor[6]): Von vor 11 Jahren. Ich würde mich riesig freuen – wenn ich mir die Bitte erlauben darf –, wenn Sie mir etwas darauf schreiben würden.
(Die Bitte wird später erfüllt.)
Ich bin absolut einer Meinung mit Ihnen, wenn Sie die Frage stellen, was in Europa geschehen wäre ohne de Gaulle. Manchmal muß man ja einen kleinen Preis zahlen, um einen großen Vorteil haben zu können, d. h., man muß sich – sagen wir – mit manchen Ärgerlichkeiten abfinden, wenn man gewisse Dinge erreichen will.
Adenauer: Oder – ich drücke es einmal so aus –: Wie sähe es denn in der Welt aus, wenn Ihr Wunsch in Erfüllung ginge?
Darf ich zu diesem Artikel noch etwas sagen – ich glaube, ich habe es Ihnen erzählt, aber ich möchte es in Ihr Gedächtnis zurückrufen –: Im Jahre 1955 war ich in Moskau. Chruschtschow sagte mir da in sehr ernstem Tone – Bulganin war noch dabei, aber sprach nicht mehr –, er würde mit Rot-China nicht fertig. Er führte das aus, und zwar in so ernstem Tone, daß ich mir diese Unterredung immer wieder vorgehalten habe und mir sagte, daher wird einmal das Nachlassen des Druckes von Sowjetrußland auch auf uns kommen. Ich habe das zuerst – welcher Amerikaner war das? – [Schorr][7] gesagt, und er meinte, ich sei der erste, der ihm das gesagt habe.
Und jetzt weiß ich nicht, ob Amerika den richtigen Weg gehen wird. Die Amerikaner, England und Rußland unterstützen Indien. Warum? Pakistan hat daraufhin erklärt, wenn Pakistan von Indien angegriffen würde, würde eine große asiatische Macht ihm beistehen. Nun schwebt da die Sache mit Kaschmir. Die Atmosphäre da ist also heiß. Ich werfe die Frage nur auf. Ich kann mir selbst auch noch keine richtige Meinung darüber bilden. Aber natürlich wird dadurch der Druck auf die Sowjetunion von seiten Rot-Chinas gemildert.
Ich weiß nicht, ob man in diesem ganzen Zusammenhang betrachten muß, was die Russen jetzt mit Ostsibirien machen. Ostsibirien ist seit 1858 russisch, vorher war es chinesisch. Ostsibirien umfaßt 7 [Millionen] qkm; die Vereinigten Staaten umfassen 9,3 [Millionen] qkm; Rot-China umfaßt 9,5 [Millionen] qkm. Die Russen haben Ostsibirien zum militärischen Territorium und zum verbotenen Gebiet erklärt, es kann also kein Fremder dahin. Sie bauen dort große Kraftwerke. Es sind ungeheure Wasserkräfte da. Das Klima ist sehr schlecht. Das Land ist sehr reich an Metall. Die Russen bauen dort Städte und verschicken ihre Leute

zwangsweise dorthin. Wenn die Russen Ostsibirien nach ihren Plänen einigermaßen ausgebaut haben werden, ist dort ein großer, neuer Schwerpunkt entstanden. Dann hat Rot-China gegen sich das verstärkte Rußland, das bisher nach dort, nach seiner Grenze zu, nicht stark war; es hat gegen sich das von den Vereinigten Staaten und von Rußland unterstützte Indien; es hat für sich Pakistan. Ich weiß nicht, inwieweit die Entwicklung der amerikanischen Politik Sowjetrußland gestatten wird, seine Kräfte gegenüber Rot-China weiterzuentwickeln. Sehen Sie, das sind die »Eisschollen, die treiben«!

Sulzberger: Herr Bundeskanzler, ich weiß nicht, ob Sie mir gestatten werden, Ihnen einige Fragen vorzulegen, mit denen ich versuchen möchte, Ihre eigene Karriere, Ihre eigene Laufbahn in Verbindung zu bringen zur Geschichte.

Adenauer: Bitte.

Sulzberger: Die erste Frage: Gibt es Ihrer Auffassung nach oder Ihrem Empfinden nach eine Leistung, die Sie wirklich während Ihrer Amtszeit erzielt haben – ich weiß, es gibt eine Unzahl von solchen Leistungen –, gibt es für Ihre Betrachtungsweise eine Sache, die sozusagen als ein Denkmal geradezu dasteht?

Adenauer: Vielleicht zwei. Das eine ist folgendes: Bei der ersten Bundestagswahl 1949 konnte die CDU/CSU mit der SPD gehen, und sie konnte mit der damaligen FDP und der Deutschen Partei gehen, um eine Mehrheit zu bilden. In meiner Partei waren starke Bestrebungen, namentlich unterstützt von dem Ministerpräsidenten Arnold[8] von Nordrhein-Westfalen, mit den Sozialdemokraten zusammenzugehen. Ich habe damals durchgesetzt in einer Besprechung von etwa 20 Personen in meinem Hause in Rhöndorf[9], daß die CDU/CSU beschlossen hat, nicht mit den Sozialdemokraten zu gehen, weil uns die Haltung der Sozialdemokraten gegenüber den russischen Fragen schlecht zu sein schien. Dadurch ist also die Politik der ganzen folgenden Zeit bestimmt worden bis zum Eintritt in NATO usw.

Die zweite Sache ist der Vertrag mit Frankreich. Mit Frankreich zusammen können wir Deutsche in der äußeren Politik einen großen Einfluß ausüben, ohne Frankreich nicht.

Sulzberger: Darf ich mir vielleicht die gegenteilige Frage erlauben, ob Sie rückblickend über all die Jahre irgend etwas finden, was Sie als einen Fehlschlag bezeichnen können, etwas, was Sie sich erträumt, erhofft hatten, was aber nicht in die Wirklichkeit umgesetzt werden konnte und infolgedessen als ein Fehlschlag angesehen werden muß?

Adenauer: Die Frage habe ich mir noch nicht gestellt. Das klingt sehr vermessen, aber es ist Tatsache. – Das sind ja die beiden wichtigsten Probleme für die Deutschen: Anschluß an den Westen und Verhinderung, nachdem wir den Anschluß hatten, daß irgendwie etwas in der Außenpolitik mit uns gemacht werden könnte. Darauf beruht ja alles andere, und wenn man an irgendwelchen anderen Geschichten – zweitrangig oder drittrangig – einen Fehlschlag erlitten hat, dann fällt das demgegenüber nicht ins Gewicht. Ich meine, in einer Periode, in der alles fließt, kommt es darauf an, ob man von Anfang an die richtige Richtung eingeschlagen und sie gesichert hat; das ist das entscheidende.

Sulzberger: Meine Frage, die ich jetzt als Außenseiter an Sie stelle, als einer, der von außen auf die Sache blickt und den es doch sehr stark beeindruckt, als außerordentlich wichtig [...], daß eine große Leistung für Sie doch eigentlich darin zu erblicken sein müßte, ist jetzt: Empfinden Sie das auch so, daß es Ihnen gelungen ist, Deutschland in eine echte und lebendige Demokratie zu verwandeln? Haben Sie das Gefühl, daß Deutschland eine lebendige Demokratie ist?

Adenauer: Das Gefühl habe ich. Aber ich will Ihnen erklären, wie das alles gekommen ist. Der Mißerfolg des Nationalsozialismus war so eklatant, und seine ganzen Verbrechen dazu waren für das deutsche Volk eine so heilsame Lehre, daß eine Diktatur etwas völlig Falsches und Unmögliches sei, daß daraus ganz von selbst nun der demokratische Gedanke, der doch früher in Deutschland gewesen ist, wieder lebendig und stark wurde. Man mußte nur aufpassen, daß auch in der Öffentlichkeit der demokratische Gedanke in der richtigen Weise immer dem Volk klargemacht wurde.

Sehen Sie mal, Demokratie kann man nicht nach dem Katechismus lehren. Man muß nur sorgen, daß dem Volk klar wird, was Demokratie ist, dann besinnt es sich wieder auf seine demokratischen Grundsätze. Übrigens, wenn wir Amerika nicht gehabt hätten, und zwar zuerst die Regierung Truman und Acheson, dann Eisenhower und Foster Dulles, hätten wir nichts von alledem erreicht.

Sulzberger: Herr Bundeskanzler, darf ich vielleicht noch die Frage stellen, ob Sie glauben, daß in Deutschland selbst Gefahren für die Demokratie, entweder von links oder von rechts, ruhen und schlafen?

Adenauer: Nein.

Sulzberger: Herr Bundeskanzler, hoffentlich sind Sie mir nicht böse, wenn ich diese Frage stelle; aber ich darf vielleicht trotzdem so mutig sein, sie zu stellen: Haben Sie nach einem so langen aktiven Leben in der Öffentlichkeit schon irgendwelche Überlegungen angestellt, wie Sie nun Ihre Zeit nach dem Ausscheiden aus diesem Amt verwenden wollen,

entweder Memoiren schreiben, reisen, Vorträge halten, Gartenpflege treiben, Bilder sammeln, mit den Enkelkindern spielen – haben Sie irgendeinen ganz besonderen Traum, was Sie dann tun möchten als Hauptbeschäftigung, wenn ich so sagen darf?
Adenauer: Als erstes möchte ich meine Memoiren[10] schreiben. Zweitens möchte ich die Autorität, die ich nun einmal habe, überall dort einsetzen, wo es nötig ist, damit unsere stetige Politik weitergeht.
Sulzberger: Also sozusagen als Altmeister der Politik – wenn ich so sagen darf?
Adenauer: Ja. Denn das Wichtigste in der deutschen Politik ist auch Stetigkeit, damit wir das Vertrauen der anderen Länder behalten.
Sulzberger: Herr Bundeskanzler, noch eine Frage: Ärgert Sie eigentlich oder langweilt Sie der Gedanke des Schreibens, des tatsächlichen Schreibens der Memoiren? Ich habe oft mit de Gaulle über diese Frage gesprochen, wie er eigentlich an das Schreiben von Memoiren herangeht[11]. Er hat mir immer wieder gesagt, es ist eine harte Arbeit; es ist mit viel Arbeit verbunden, wenn man es tun muß. Aber er hatte eben das Gefühl, daß man es tun muß. Meine Frage also an Sie: Freuen Sie sich darauf, oder ist es so eine gewisse Abscheu davor?
Adenauer: Also ich schicke folgendes voraus: Ich habe in all den Jahren bisher kaum etwas aufgeschrieben. Aber ich habe viel Material da, so daß ich glaube, ehrlich bleiben zu können. Ich habe mir kaum jemals etwas aufgeschrieben, weil ich fürchtete, daß man bei geringerem zeitlichem Abstand die Dinge nicht richtig beurteilen wird. Ich glaube, sie jetzt richtig beurteilen zu können, und im Grunde genommen freue ich mich darauf, daß ich die Geschichte mal loswerde, daß ich auch meinem Volke helfen kann.
Sehen Sie mal: De Gaulle wollte wieder in die Politik, als er seine Memoiren schrieb. Da kann ich verstehen, daß ihm die Beschäftigung mit dem Früheren unangenehm und lästig war. Aber ich will ja nur von Fall zu Fall einmal meinen politischen Einfluß geltend machen und fürchte nur, daß man mir nicht Ruhe genug läßt, meine Memoiren zu schreiben. Ich möchte wirklich etwas Gutes, etwas Ausgewogenes schreiben.
Herr von Hase gibt mir diese Zeilen.
(Zu Dolmetscher Kusterer: Das können Sie auch vorlesen.)
Kusterer: (Die Notiz von St[aatssekretär] von Hase lautet:) Ihren eigenen Anteil an der Festigung und dem Erfolg der Demokratie in Deutschland haben Sie m. E. zu wenig betont.
Sulzberger: Ich bin einer Meinung mit Herrn von Hase. Ich glaube,

rückblickend auf diesen sehr langen Zeitraum würden die meisten überlegenden Amerikaner wahrscheinlich die Tatsache der Festigung der deutschen Demokratie als die Leistung Nr. 1 herausstellen. Ich weiß nicht, ob Herr von Hase da mit mir einverstanden ist, aber ich glaube, die meisten Amerikaner würden das tun.

Adenauer: Darf ich folgendes sagen – das erste vergessen Sie bitte –: Dr. Schumacher[12] war ein eingefleischter Nationalist, und ich war von Kindesbeinen an ein eingefleischter Demokrat, und ich habe nichts anderes getan als gehandelt, wie meine innere Anschauung es mir vorschrieb.

Sulzberger: Herr Bundeskanzler, ich weiß nicht, ob Sie mit mir einverstanden sind – das ist auch eine indiskrete Sache gerade bei all den Verdiensten und der Persönlichkeit von Schumacher –: Es geht ja der Spruch, daß ein Mensch, der einen Arm oder ein Bein verliert, damit auch einen Teil seiner Seele verliert. Das bedeutet natürlich nicht, daß tatsächlich ein Teil verlorengeht. Aber die Persönlichkeit verändert sich, und vielleicht ist das ein verständlicher und materieller Grund für die Gewalttätigkeit.

Adenauer: Es war ja nicht nur der Verlust des Gliedes, sondern er hat immer ungeheure Schmerzen gehabt, und die ständigen Schmerzen verändern den Charakter.

Sulzberger: Eine andere Frage, Herr Bundeskanzler, wenn ich darf: In all diesen Jahren, in denen Sie wirklich die beherrschende Gestalt in Deutschland waren: Wer war der Größte, den Sie in dieser Zeit kennengelernt haben?

Adenauer: Von den Nichtdeutschen?

Fragesteller: Deutscher oder Ausländer.

Adenauer: Ja, ich schwanke jetzt zwischen Truman und Foster Dulles. Ich kenne Foster Dulles besser als Truman, und deswegen würde ich sagen, Foster Dulles.

Sulzberger: Herr Bundeskanzler, jetzt werde ich ganz indiskret. Das ist das Indiskreteste, was man einen Menschen überhaupt fragen kann. Aber ich meine es wirklich ganz ehrlich. Es ist ein Thema, das mich immer schon fasziniert hat. Ich habe vor drei oder vier Jahren auch ein Buch darüber geschrieben[13]. Das Thema heißt »Tod«. Ich bin ja ein sehr viel jüngerer Mann als Sie an Jahren, aber jeder Mensch denkt ja nun auch an den Tod. Jeder empfindsame Mensch beschäftigt sich ja mit dem Phänomen überhaupt. Ich weiß nicht, ob Sie mir ganz philosophisch sagen wollen oder können, was Ihrer Meinung nach der Tod ist.

Adenauer: Wenn ich Ihnen das sagen könnte! Das kann kein Mensch sagen. Aber ich möchte Ihnen etwas anderes sagen. Es ist vielleicht ein

Geschenk Gottes, daß ich sehr wenig, wenn überhaupt, Furcht kenne. Daher stehe ich dem Gedanken an den Tod auch ziemlich gleichmütig gegenüber. Ich kann mir nicht vorstellen, daß nun das, was wir den Geist und die Seele eines Menschen nennen, daß das Leben mit dem Tode einfach ein Nichts wird. Irgendwie wird es auch existent bleiben, wie, das wissen wir Menschen nicht, aber ich denke, daß es sein wird. Sehen Sie mal, das Werden des Lebens ist ein ebenso großes Geheimnis wie der Tod. Wir können weder das eine erklären noch das andere.

Sulzberger: Ich möchte, daß Sie mir nicht böse sind, Herr Bundeskanzler, daß ich solche Fragen stelle. Aber es ist für mich eigentlich so, daß letzten Endes derartige Fragen wichtiger sind als irgend etwas anderes, weil sie einem mehr das Gespür für eine historische Gestalt vermitteln, wenn man mit solchen Fragen etwas über die Politik als solche hinausgeht.

Adenauer: Mein oberstes Gesetz war immer etwas, was mein Vater[14] uns eingeprägt hat: Seine Pflicht erfüllen[15]!

Sulzberger: Herr Bundeskanzler, wenn Sie mir eine letzte Frage erlauben: Gibt es irgendeinen Herzenswunsch, den Sie als junger Mensch gehegt haben und den Sie noch nicht erfüllen konnten? Etwa ein Theaterstück schreiben oder ein Bild malen oder in ein ganz bestimmtes Land reisen, was Sie noch nicht tun konnten trotz all dem Außergewöhnlichen, was Sie getan haben?

Adenauer: Jetzt werden Sie sehr erstaunt über meine Antwort sein. Mein Traum war, als Notar auf dem Lande leben zu können[16], mit meiner Familie, mit einem ausreichenden Einkommen, ohne viel Arbeit!

(Allgemeine Heiterkeit)

Sulzberger: Da kann man sagen, Gott sei Dank ist dieser Traum nicht in Erfüllung gegangen!

Adenauer: Ja, der Mensch will, aber er hat keine Macht über sich. Es wird ihm etwas über die Schultern gelegt, und das muß er tragen. Ja, nun, Herr Sulzberger, da steht ja allerhand drin, das ist eine Beichte. Ehe Sie etwas bringen, wollen Sie sich mit Herrn von Hase besprechen.

Sulzberger: Herr Bundeskanzler, ich muß allerdings in einer halben Stunde nach Brüssel abreisen. Aber vielleicht können wir draußen kurz sprechen. Ich werde morgen Herrn Spaak kurz sehen.

Adenauer: Bringen Sie ihn zur Vernunft!

Sulzberger: Ich will es morgen versuchen.

Es ist eben so, daß häufig eine große politische Gestalt als Mensch etwas in Vergessenheit gerät, und ich möchte eigentlich mein Volk daran erinnern, daß Sie, Herr Bundeskanzler, auch als Mensch da sind und nicht nur als großer europäischer Politiker und als große Kraft in Deutschland.

von Hase: Darf ich einen Vorschlag machen. Es besteht kein Zeitdruck zur Veröffentlichung dieser Fragen, weil sie keine aktuellen Realitäten enthalten. Auf der anderen Seite enthalten sie sehr persönliche Fragen und sehr persönliche Aussagen von Ihnen und auch einige Punkte, die vielleicht innenpolitisch im jetzigen Zeitpunkt von einer gewissen Wirkung sind. Deswegen scheint es mir keine unbillige Bitte an Herrn Sulzberger, wenn er, vielleicht über mich, Ihnen den Text doch noch einmal zeigt, bevor er veröffentlicht wird.

Sulzberger: Es ist so, daß der Terminplan doch ziemlich fest ist. Am Samstag soll dieser Artikel über Sie erscheinen, das heißt mit anderen Worten, Mittwoch muß er geschrieben sein, Donnerstag muß er rübergehen[17]. Nun reise ich heute abend nach Belgien und werde daher praktisch dauernd unterwegs sein.

Zweitens habe ich eine Frage an Sie, Herr Bundeskanzler. Ich hatte die Ehre, von Ihnen gekannt zu sein und empfangen zu werden in vielen Jahren. Ich glaube, Ihr Vertrauen niemals betrogen zu haben, weder im tatsächlichen, präzisen Sinne noch auch im implizierten Sinne. Meine Frage und Bitte an Sie, Herr Bundeskanzler: Ob Sie sich meinem Urteil anvertrauen würden?

Adenauer: Ich möchte nur das ganz Persönliche nicht gebracht haben.

[(] *Von Hase* macht darauf aufmerksam, das Gespräch nicht als Interview zu betrachten.[)]

Sulzberger: Es ist nicht als Interview gedacht, nicht als Fotografie, sondern als Portrait in den Farben, wie ein Maler sie etwa bringt.

Adenauer: Jetzt komme ich um meine Fragen, jetzt fährt er weg! Wo ist der Artikel aus der »Welt«?

von Hase: Wollen wir so verbleiben: Keine direkten Zitate, und die persönlichen Dinge sollen zurückbleiben.

Sulzberger: Herr von Hase ist ein sehr treuer Hüter!

Adenauer: Ja, das ist er auch. Aber zu Ihrem Artikel in der »Welt« möchte ich nur ein Wort noch sagen: In der nächsten Zeit muß mit sehr großer Aufmerksamkeit und Behutsamkeit gehandelt werden. – Wie kann man nur so ein Bild dareinsetzen! (Kopfbild des Onkels von Sulzberger zur Illustration seines Artikels)

Sulzberger: Ich habe meinem Onkel gestern geschrieben und ihm gesagt, ich möchte mich von meinem Onkel scheiden lassen, weil ich ein solch schlechtes Bild von ihm und noch dazu zusammen mit einem Artikel von mir noch nie gesehen habe.

Adenauer: Ich habe den Kopf geschüttelt! Aber warum ärgern Sie den Kennedy?

Sulzberger: Ich möchte der Antwort nicht ausweichen, aber zuvor wissen, warum Sie mir diese Frage stellen.
Adenauer: Weil ich sah, wie er sich ärgerte.
Sulzberger: Ganz offen gesagt, sind es, glaube ich, zwei Gründe im Zusammenhang mit den Dingen, die ich schreibe: Erstens glaube ich, daß der Präsident der Auffassung ist, daß ich de Gaulles Argumentation stärker zuneige als der Präsident für gerechtfertigt hält; zweitens war ich hinsichtlich der multilateralen Streitmacht skeptischer als der Präsident für gerechtfertigt hält. Das war, glaube ich, das Wesentliche. Er war immer sehr nett zu mir in all den Jahren; aber ich könnte mir denken, daß er sich darüber geärgert hat.
Adenauer: Noch eine dritte Frage: Was halten Sie von mehreren Beratern des Präsidenten, insbesondere von Herrn Rostow[18] und Bundy?
Sulzberger: Bundy hat einen sehr viel umfangreicheren Einfluß als Rostow. Ich glaube, daß der Einfluß von Rostow an Bedeutung verloren hat in den vergangenen zwei Jahren, und man könnte beinahe die Verringerung des Einflusses von Rostow in unmittelbare Verbindung setzen zur Vergrößerung der Zahl seiner öffentlichen Reden. Aber ich halte ihn für einen intelligenten Menschen, sehr viel stärker in der Theorie. Bundy ist ein hartgekochter, intelligenter, realistischer Politiker. Ich glaube, er ist jederzeit bereit, seine Meinung zu ändern, selbst wenn er sich den Anschein gibt, von einem Argument überzeugt zu sein. Wenn man ihm ein besseres Argument liefern kann, wird er sich diesem anschließen. Ich habe große Achtung vor Bundy, obwohl es nun zufällig so ist, daß er in den letzten Monaten nicht einer Meinung gewesen ist [sic!].
Adenauer: Wissen Sie, das Auf und Ab in der Umgebung des Präsidenten ist mir etwas unheimlich.
Sulzberger: Sie meinen die Veränderung mit dem Auf und Ab bei den Beratern?
(Bu[ndes]ka[nzler] bejaht.)
Ich glaube nicht, daß sich hier viele Veränderungen abspielen. Im wesentlichen sind da Sorensen[19], mehr für Innenpolitik, und dann der Bruder Bob, außer der unmittelbar im Kreise vorhandenen Familie. Offiziell, aber auch persönlicher Natur ist sicher, daß McNamara einen sehr gleichmäßig großen Einfluß gehalten hat.
Adenauer: Frau Shriver[20], die hier war, macht einen guten Eindruck.
Sulzberger: Auch die Fürstin Radziwill[21]. Ich kenne sie gut; Mrs. Shriver kenne ich weniger.
Adenauer: Sie ist sehr zurückhaltend und klug.
Sulzberger: Aber es ist eine attraktive und interessante politische Familie.

Adenauer: Aber der Vater[22] hat doch am meisten zu sagen, nicht die Mutter[23]?

Sulzberger: Das ist richtig. Der Vater der Mutter[24], der Großvater mütterlicherseits also, war die erste politische Figur in der Familie. Er war Bürgermeister in Boston und hatte dort die recht starke irische politische »Garde«. Die Yacht des Präsidenten trägt noch den Namen des Großvaters.

von Hase: Er hat, glaube ich, zwei. Die eine ist nach dem Großvater mütterlicherseits und die andere nach seinem Großvater väterlicherseits[25] benannt.

Nr. 33
5. August 1963: Informationsgespräch (Wortprotokoll)
StBKAH 02.31, mit ms. Vermerk »*Unkorrigiertes Manuskript*«, »*Vertraulich!*«
und Paraphe »Z[ie]h[e]«

Teilnehmer: Gaston Coblentz – Karl-Günther von Hase, Theodor-Paul Ziehe

Beginn: 16.50 Uhr[1]   Ende: 17.20 Uhr

(Zu Beginn wurde die neue Tätigkeit des Besuchers[2], die außerhalb seiner bisherigen journalistischen Tätigkeit liegt, besprochen. Zur politischen Lage übergehend, äußerte der Kanzler schwere Besorgnisse:)
[*Adenauer:*] Man kann eine neue Ära in der Weltpolitik nicht ausgerechnet in Moskau beginnen[3]. Warum nicht in Washington? Ob russische Kommunisten oder chinesische Kommunisten – beides seien unsere Hauptgegner. Man helfe nur Chruschtschow gegenüber den Rot-Chinesen. Wenn man in ein anderes Land fahren will, um zu verhandeln, dann müsse man das Land genau kennen, sonst macht man zu viel[e] Fehler. Ein guter Kenner russischer Verhältnisse habe ihm gesagt, man muß die Dialektik der Russen genau kennen und genau in ihrer »Sprache« sprechen. Nur ein Beispiel:
Nehmen Sie mal das Moskauer Abkommen zur Hand, da steht in Art. 4: »Die Dauer dieses Vertrages ist unbegrenzt. Jede Partei soll *in Ausübung ihrer nationalen Souveränität* das Recht zum Rücktritt von dem Vertrag haben ... usw.«[4] – Da steht also drin, daß jedes beigetretene Land »in Ausübung seiner nationalen Souveränität« das Recht zum Rücktritt hat. Da steckt also eine Anerkennung schon drin.
Das ist doch typisch für die Russen – beim Eintritt ist keine Rede davon; nur hinten im Vertrag, da steht so etwas Wichtiges. Das haben alle überlesen. Die Russen bringen etwas ganz Wichtiges entweder am Schluß, oder in einem Nebensatz bringen sie es unter, wo man es nicht vermutet.
Coblentz: Und was für Antworten haben Sie auf Ihre Bedenken bekommen?
Adenauer: Sie seien jetzt so weit gegangen, sie könnten in Moskau keine Erklärung mehr abgeben; aber am 12. August [1963], bei der Verhandlung vor dem Senat[5], soll dann darüber gesprochen werden. Sehen Sie, das ist auch nicht klug. Ich würde doch, wenn ich wirklich eine Änderung will, heute nicht unterschreiben. Was machen die Russen für ein Tamtam – Rusk geht hin, der englische Außenminister geht hin –, das Ganze wird durch Fernsehen über die ganze Welt verbreitet – im

Kreml wird die Sache gemacht, wo die Russen groß aufmarschieren. Damit erscheint Rußland wieder bei allen Kommunisten der Welt als der Papst, der jetzt den Kommunismus regiert. Warum das alles? Das ist unverständlich.

(*von Hase:* Rusk geht auch drei Tage auf die Krim!)
Rusk bleibt da, um einige Dinge zu besprechen, wobei er todsicher reingelegt wird.

Coblentz: Erklären Sie sich das durch eine Verwirrung oder eine Schwäche der westlichen Seite?

Adenauer: Ich will Ihnen etwas sagen: Macmillan ist im Unterhaus mit der Nachricht, daß das dort unterzeichnet wird, mit Jubel empfangen worden. Das war der erste Erfolg in dieser grausamen Zeit für ihn. Und die Wahlen in England sind im Herbst nächsten Jahres[6], und die Präsidentschaftswahl in den Vereinigten Staaten ist am 8. November nächsten Jahres[7] – also, da muß etwas geschehen.

Coblentz: Aber die Frage bleibt, ob in dieser Form und auf diese Weise bis November nächsten Jahres, also nach 15 Monaten noch, für die Wahl eine effektive Hilfe geleistet wird?

Adenauer: Erlauben Sie mal, der Chruschtschow hat ein vollkommenes Programm bekanntgegeben, was er alles noch haben will. Das geht noch ein ganzes Jahr weiter. – Also, allmählich kriegen Sie doch so ein Jucken in der Hand – wollen Sie einen Federhalter haben? Wissen Sie, ein Journalist ist wie ein Künstler, das muß angeboren sein, und ich meine, Ihre Hand müßte geradezu zucken. Ich habe natürlich mit keinem Journalisten gesprochen!

Coblentz: Das ist völlig klar!

(Nach erneuter Behandlung persönlicher Angelegenheiten...)

Coblentz: Vielen Dank, und ich hoffe, wieder im Herbst nach Bonn zu kommen. Hoffentlich wird dann das politische Bild irgendwie etwas besser sein.

Adenauer: Nein, das glaube ich nicht; das wird noch geraume Zeit so bleiben, das politische Bild – denken Sie an die beiden Wahlen, die da kommen.

Coblentz: Ja, sehen Sie in der amerikanischen Politik auf republikanischer Seite – Sie haben das sicher gehört –, die zweite Heirat hat dem Rockefeller[8] doch wirklich geschadet. Und welchen anderen Kandidaten haben wir?

Adenauer: Na, Nixon hat doch gewonnen[9]?

Coblentz: Aber welche Chancen hat er denn?

Adenauer: Das wird auf Eisenhower ankommen!

Coblentz: Glandis ... (Scotch?)[10], ein ausgezeichneter Mann, ein kluger, konservativer Mann, erstklassige Familie – ich würde ihn persönlich als den besten möglichen republikanischen Kandidaten ansehen. Aber ob er Chancen hat, wo er so wenig bekannt ist, innerhalb eines Jahres genügend bekannt zu sein – das ist kaum möglich. R... ist eine völlig unbekannte Person[11]; Erfahrung im Ausland – er weiß überhaupt nicht, was das bedeutet. Also, es ist wirklich nichts – und es ist einfach so: Irgendwelche Herren haben nicht die geringste Chance, Kennedy abzusetzen. Das größte Problem – man spürt das –, besonders auch das nächste Mal, ist das Rassenproblem[12]; das beschäftigt die Leute mehr als alles andere.

Adenauer: Das hat mir Kennedy auch gesagt. Er sagte mir, im allgemeinen wählt Amerika seinen Präsidenten zum zweiten Male, wenn

Aus der »Frankfurter Rundschau« vom 2. August 1963
(zu Dok. Nr. 33, Anm. 3)

nicht etwas Unerwartetes passiert – und das Unerwartete ist jetzt das Auftauchen der Rassenfrage, das durch beide Parteien geht. Wenn also Präsident Kennedy sich für die Schwarzen erklärt, weiß man nicht, wie viele weiße Wähler er verliert und wie viel[e] schwarze er gewinnt. Das ist natürlich die große Frage.

Coblentz: Ich glaube, das Rassenproblem hat solche Ausmaße angenommen in Amerika, daß diese Moskau-Geschichte jetzt viel zuwenig Beachtung gefunden hat, als sie in anderer Zeit gefunden hätte, weil wir jeden Tag denselben Skandal haben, Demonstrationen, Polizeieinsätze in Birmingham, Chikago oder New York.

Adenauer: Man hat mir gesagt, 700 Schwarze wären im Gefängnis wegen irgendwelcher Geschichten.

Coblentz: Das Wichtigste ist, daß sich das jetzt in den nördlichen Teil des Landes verbreitet hat. Das ist eigentlich das Neue der letzten sechs Monate. Mit sehr wenig Ausnahmen hat dieses Problem diese Formen angenommen wie noch nie nördlich von Kentucky und Tennessee. Man hat das Rassenproblem gehabt, aber nicht in dieser Form. Jetzt ist alles durchdrungen von dem Problem.

Adenauer: Schrecklich, es ist auch ein ekelhaftes Problem.

Coblentz: Trotzdem habe ich so viel Vertrauen in diese amerikanische Demokratie – ich bin völlig überzeugt, daß wir der Sache gerecht werden. Dieses Problem wird irgendwie in einem guten Sinne gelöst. Man weiß, das muß im Sinne einer demokratischen Lösung gemacht werden.

Adenauer: Nur glaube ich nicht, daß sie ein solches Problem, das so verzwickt ist, auf einmal lösen können; das kann nur allmählich gelöst werden. Es muß gelöst werden, da haben Sie vollkommen recht.

Coblentz: Ich weiß nicht, ob die Fähigkeit dieses großen Landes groß genug ist, das Problem zu lösen.

Adenauer: Ihr oberster Richter Warren[13] sagte mir einmal, nach seiner Meinung würde die Lösung erfolgen durch den Militärdienst.

Coblentz: Das war der große Anfang, aber das fing schon während des Zweiten Weltkrieges an. In gewissen Teilen der Streitkräfte wurde damit der Anfang gemacht. Ich habe folgendes erlebt: Während des Krieges – um zu zeigen, wie weit wir schon seit 1943 gekommen sind – war ich 1942 ein Pilot. In Alabama machte ich Training. Es gab ein Negergeschwader mit einem Dutzend Flugzeugen. Einer dieser Piloten von Alabama mußte eine Notlandung machen auf unserem Flugplatz in Mississippi, wo wir gerade waren. Und die Amerikaner – alles Weiße, die in den Südstaaten waren – haben abgelehnt, entgegen der militärischen Ordnung, das Flugzeug von diesem Negerpiloten zu bedienen, dem

Piloten irgendwie zu helfen. Das war 1942. Aber das geschieht nicht mehr im Militärdienst, das gibts nicht mehr; diese Tage sind vorbei. Aber damals war das so stark noch ausgeprägt gegenüber diesem armen Menschen, der dem Tode entronnen war und dort landete. Also ein Fortschritt ist doch gemacht worden, das geschieht nicht mehr.

Adenauer: Sehen Sie, Amerika ist und bleibt ein Führungsland. Deswegen haben wir das Interesse, daß die inneren Zwistigkeiten, die in jedem Lande sind, in Amerika möglichst gering sind, damit es die Außenpolitik geschlossen und aufmerksam verfolgt.

Nr. 34
13. August 1963: Informationsgespräch (Wortprotokoll)
StBKAH 02.31, mit ms. Vermerk »*Unkorrigiertes Manuskript*«, »*Vertraulich*« und Paraphe »Hi[lgendorf]«

Teilnehmer: Professor Dr. Klaus Epstein[1] – Karl-Günther von Hase, Fritz Hilgendorf

Beginn: 17.50 Uhr[2]   Ende: 18.55 Uhr

Adenauer: Sie waren ein Jahr in Deutschland?
Epstein: Ich bin jetzt ein Jahr in Deutschland.
Adenauer: Ein schwer zu erkennendes Land?
Epstein: Ich bin schon öfter hier gewesen. Ich bin Spezialist für deutsche Geschichte in Amerika. Ich fühle mich hier schon sehr heimisch.
Adenauer: Für welchen Abschnitt der deutschen Geschichte?
Epstein: Ich habe ein Buch über Matthias Erzberger[3] geschrieben, den Sie sicher noch persönlich gut gekannt haben.
Adenauer: Den habe ich gekannt; ich war nie sein Freund[4].
Epstein: Das weiß ich.
Adenauer: Das wissen Sie?
Epstein: Er hat wohl am Ende seines Lebens wenige Freunde in der Partei gehabt.
Adenauer: Er war zu sehr darauf aus, selbst zu glänzen.
Epstein: Das hängt doch mit seiner ganzen Abstammung zusammen. Er war doch ein Parvenü – im schlechten Sinne des Wortes.
Adenauer: War er nicht Volksschullehrer gewesen?
Epstein: Ja, kurz; das war seine einzige Ausbildung.
Adenauer: Meinen Sie, heutzutage hätten die Parlamentarier mehr Ausbildung?
Epstein: Wenn sie es bis zum Finanzminister bringen, werden sie im allgemeinen mehr als Volksschulbildung haben.
Adenauer: Kann sein. Ich habe mehrfach den Gedanken geäußert, eigentlich sollte man vorschreiben durch Gesetz, daß jeder, der als Kandidat z. B. für den Bundestag aufgestellt wird, vorher ein kurzes Examen zu bestehen hat.
Epstein: Was für ein Examen sollte das sein?
Adenauer: Wenigstens über die ganz allgemeinen Kenntnisse der Verfassung und auch etwas von den Parteien. Aber es werden ja doch – bei Ihnen wird es nicht viel anders sein – unglaubliche Leute aufgestellt. Und was hat ein Abgeordneter für eine Möglichkeit, auch eine schlechte Wir-

kung auszuüben! – Was halten Sie von dem Gedanken? – Dabei wäre vielleicht auch noch der Erfolg der, daß manche sich nicht aufstellen ließen.

Epstein: Man ist doch immer überrascht in der Demokratie, wie klein das Niveau der meisten Parlamentarier ist und wie gut im großen und ganzen doch die Resultate sind; wenigstens spüre ich das bei meinen Kongreßleuten zu Hause immer. Wenn man sie sich einzeln ansieht, ist man oft erschreckt. Wenn man die Gesamtleistung in der Außen- und Innenpolitik ansieht, dann ist man doch überrascht, daß aus so Kleinem so Großes herauskommen kann.

Adenauer: Aber nun mal vorsichtig, bitte! Ich habe mit de Gaulle mal über diese Frage des Parlamentarismus gesprochen. Er sagte, die Probleme, die unsere Zeit bringt, sind zu schwer für ein Parlament, und deswegen müßten sie eben in andere Hände gelegt werden. – In dem Gedanken steht etwas Wahres. Gehen Sie doch einmal in ein Parlament! Gehen Sie einmal in Ihren Kongreß! Gehen Sie einmal hier in den Bundestag und erleben, wie es da bei den wichtigsten Entscheidungen aussieht, wer dann da ist!
Was nun die Erfolge angeht – sehen Sie, der Krieg 1914 war doch eine kapitale Dummheit aller Beteiligten! Wir hatten doch gar keine Veranlassung, Krieg zu führen.

Epstein: An dem die Parlamente ja relativ unbeteiligt waren, denn die haben doch in keinem Lande einen wesentlichen Einfluß auf die Außenpolitik ausgeübt, am allerwenigsten im kaiserlichen Deutschland.

Adenauer: Da weiß ich nicht, ob Sie recht haben; d. h., Sie haben recht und haben nicht recht. Die Parlamente hätten aber Einfluß ausüben können!

Epstein: Das glaube ich auch. Und schlimmer als die nichtparlamentarischen Herren hätten sie es doch wahrscheinlich nicht gemacht.

Adenauer: Auf alle Fälle hätten sie Einfluß ausüben können, und wenn ein Parlament die Möglichkeit hat, Einfluß auszuüben und nicht davon Gebrauch macht in so schwieriger Sache, dann begeht es eine Sünde.

Epstein: Das meine ich auch. Geht nun Ihre Skepsis gegen parlamentarische Demokratie so weit, daß Sie gewisse Verfassungsänderungen erhoffen oder erwünschen?

Adenauer: Ich habe soeben schon einen Teilwunsch gesagt für die Kandidatenaufstellung. Wenn wir hier in Deutschland Analphabeten hätten, könnte ein solcher doch unbeschadet aufgestellt werden. – Sie können von den Gedanken so nebenbei Gebrauch machen. – Das ist ein Wunsch von mir. Der zweite Wunsch: eine wirkliche Zweite Kammer. Was wir jetzt haben, ist keine Zweite Kammer.

Ich bin noch Mitglied des Preußischen Herrenhauses gewesen[5], und zwar als Oberbürgermeister von Köln. Da mußte man vom König ernannt werden. Ich kann Ihnen aber nur sagen, daß ich an die Sitzungen des Herrenhauses eine sehr gute Erinnerung habe. Die waren gut, offen und frei.

Ich will Ihnen nun etwas erzählen, das an das Vorhergehende anschließt. Der letzte deutsche Botschafter in London vor dem Kriege war der Fürst Lichnowsky[6]. Der hatte nun irgend etwas gesagt oder getan – ich weiß nicht mehr was –, aber das Preußische Herrenhaus konnte nach seinem Statut Leute ausschließen, die im Herrenhaus waren, auch wenn sie aufgrund der Standesherrschaft berechtigt waren, darin zu sein. Gegen den Fürsten Lichnowsky wurde der Antrag auf Ausschluß gestellt, weil er irgendwie als Botschafter völlig versagt hätte oder so ähnlich. Die Verhandlung hat einen ganzen Tag gedauert. Vielleicht ist Ihnen der Name Oldenburg-Januschau[7] bekannt; der hat sehr gegen den Fürsten, also für den Ausschluß gesprochen, während die unmittelbar vom König Ernannten dafür waren, daß man einen so hohen Herrn nicht ausschlösse. Und nun kommt der Clou: Zum Schluß der ganzen Geschichte trat auch irgendein schlesischer Grande auf und sagte: Ich bin Gutsnachbar von dem Fürsten Lichnowsky, ich kenne ihn von Kindesbeinen an, ich kenne seine ganze Entwicklung. Ich kann Ihnen erklären, daß der gar nicht weiß, was er sagt. – Stellen Sie sich das einmal vor!

Epstein: Hatte der nicht vergessen, die Kriegserklärung entgegenzunehmen?

Adenauer: Das war wieder etwas anderes. Aber daß im Herrenhaus gesagt wird, der letzte Botschafter, den das Deutsche Reich in London hatte, ist so dumm, daß er nicht weiß, was er sagt!

Epstein: Jetzt möchte ich Sie etwas anderes fragen. Als Historiker habe ich mich sehr mit der Weimarer Republik beschäftigt, und bei dem Vergleich kommt man ja nie aus dem Staunen heraus, wieviel besser es in der Bonner Republik gegangen ist.

Adenauer: Das ist mir aber neu!

Epstein: Inwieweit sind die Hauptentscheidungen, die die Bundesrepublik geprägt haben, zwangsläufig gewesen? Inwieweit sind sie Ihre persönliche Entscheidung gewesen, die ein anderer Bundeskanzler vielleicht anders getroffen hätte?

Adenauer: Die wichtigste Entscheidung war nach meiner Meinung eine Entscheidung, die ganz im Anfang innerhalb unserer Partei gefällt worden ist: Große Koalition oder nicht[8]? Und ich war absolut dagegen! Der Führer der Leute, die dafür waren, war der Ministerpräsident

Arnold, auch ein CDU-Mann, ein braver Mann. Wenn wir damals eine Große Koalition mit den Sozialdemokraten geschlossen hätten, dann wäre diese ganze Politik des Anschlusses an den Westen vorbei gewesen, so daß das also die grundlegende Entscheidung für die ganze folgende Periode war, zu der sich die Sozialdemokraten ja neuerdings auch bekannt haben, aber erst nach sehr geraumer Zeit. Wenn Sie in unseren Parlamentsberichten gelesen haben, dann werden Sie da auch gefunden haben, daß wir da auch schwere und große Auseinandersetzungen mit den Sozialdemokraten gehabt haben. Ich erinnere noch daran, daß Schumacher mich einmal den »Kanzler der Alliierten« genannt hat[9], weil ich für das Petersberger Abkommen[10] war und er nicht mit dem Westen zusammengehen wollte. Das war aber die entscheidende Sache.

Epstein: Ist Schumacher in diese ungewöhnliche Position durch seinen krankhaften Nationalismus hineingetrieben worden, weil er in der Opposition war, oder hätte er sich vielleicht anders verhalten innerhalb einer Großen Koalition?

Adenauer: Nein, so waren wir damals noch nicht, ich meine so, daß man Opposition um der Opposition willen macht. Nein, das ist es nicht gewesen. Nein, da war eine gewisse Abneigung gegen die kapitalistischen Alliierten.

Epstein: Und diese Grundentscheidung von damals hätte auch anders ausfallen können?

Adenauer: Oh ja! Die Entscheidung ist gefallen in meinem Hause in Rhöndorf in einem Kreise von etwa 20 Leuten, die eingeladen waren.

Epstein: Damals gab es eine starke Minderheit, Arnold und Altmeier[11], die für die Große Koalition waren?

Adenauer: Es waren einige Herren unter Führung von Arnold, die für eine Große Koalition waren, während ich absolut dagegen war.

Epstein: Aus vorwiegend außenpolitischen Gründen?

Adenauer: Aus zwei Gründen. Einmal hatte ich während der Weimarer Republik gesehen, daß das Zentrum damals, wenn es in eine Große Koalition ging, immer die Kosten bezahlen mußte. Deshalb bin ich z.B. nicht Reichskanzler geworden, weil die Deutsche Volkspartei nicht in die Koalition eintreten wollte und eine Regierung, bestehend aus Sozialdemokratie, Zentrum und den Demokraten, mir zu stark nach links gerichtet war[12]. Ich habe damals mit Herrn Scholz[13], dem Leiter der Deutschen Volkspartei, gesprochen und ihn auch gebeten, in die Regierung einzutreten, dann würde ich annehmen, Reichskanzler zu werden. Das hat die Deutsche Volkspartei abgelehnt. Es war alles schon vorbereitet für mich: Empfang bei Hindenburg[14], Ernennung und Depesche durch das Reichstagsbüro. Ich habe gesagt, nein, ich tue das nicht. Daraus habe ich gelernt, daß bei einer Koalition mit den Sozialdemokraten wir immer mehr nach links gezogen wurden als die nach rechts. Dann hatte aber auch schon die Frage der zukünftigen Politik in dem Wahlkampf eine große Rolle gespielt. Damals hat Herr Schumacher – Herr von Hase, das müssen Sie gelegentlich einmal feststellen – in Köln, ich glaube auf dem Alten Markt, eine Rede gehalten[15], von der ich damals schon gesagt habe, die bringt uns in Köln den...

Epstein: Was hat er damals gesagt?

Adenauer: Er war ein Nationalist. Er war ein solcher Nationalist, daß er von den Amerikanern verlangt hat, sie müßten 60 Divisionen aufstellen, die sofort losmarschieren. Ich war mir doch darüber klar, daß wir ein besiegtes Volk waren, und da standen Leute uns gegenüber, die Alliierte gewesen waren und die noch alliiert waren und daß deswegen sehr mit Vorsicht und sehr behutsam, Schritt für Schritt, Geschichte gemacht werden mußte.

Epstein: Die außenpolitische Unzuverlässigkeit der SPD war Ihnen schon im Jahre 1949 klar?

Adenauer: Ja. Damals hatten wir ja auch noch Kommunisten, die ja zu den Russen strebten. Das war also noch lange nicht so klar, wie es später geworden ist. Gestern sahen wir noch in einem Film[16], wie Max Reimann[17] auf das Pult stürzte.

Epstein: Welche anderen Grundentscheidungen hätten anders getroffen werden können nach dieser ersten Grundentscheidung, von der doch sehr viel abgehangen hat?

Adenauer: Die wichtigeren Entscheidungen, die dann folgten, waren eine Konsequenz dieser Entscheidung.

Epstein: Und nachdem der erste Schritt richtig gemacht worden war, waren die späteren Schritte relativ einfach?

Adenauer: Nein, das waren sie gar nicht, sondern sehr schwer. Aber nach meiner Überzeugung ist die Stetigkeit in der Politik, sowohl für das Volk selbst wie auch für unsere früheren Feinde, von der größten Bedeutung; denn die Deutschen standen ja auch mit Recht in dem Ruf des hin und her und her und hin. So etwas wie den Nationalsozialismus hätte doch keiner draußen für möglich gehalten; ich hätte es auch nicht für möglich gehalten. Aber dann her und hin, und dann wurden wir ganz abgeschrieben. Deswegen half uns nur eine absolute Stetigkeit.

Epstein: Sie haben nun alles erreicht, was möglich war, mit der Ausnahme der Wiedervereinigung. Ist die überhaupt je möglich gewesen seit 1949? Halten Sie sie heute für möglich?

Adenauer: Nein, sie wäre nicht möglich gewesen seit 1949. Aber wenn wir klug sind und Geduld haben, wird es eines Tages nach meiner Überzeugung doch dazu kommen. Übrigens war jetzt eine verdammte Klippe zu umschiffen bei diesem Moskauer Vertrag[18].
Epstein: Aber da haben Sie sich doch voll durchgesetzt?
Adenauer: Ja.
Epstein: Ich habe nun oft in meinen Gesprächen hier in Deutschland die sicher irrige Meinung angetroffen, eine mögliche Wiedervereinigungschance wäre 1952/53 verpaßt worden[19]. Ich halte das für eine Legende. Aber: Hätte man mehr tun können, um diese Legende zu verhindern?
Adenauer: Ich war 1955 in Moskau[20], sechs Tage lang. Da war ich jeden Tag zwei- bis dreimal mit Chruschtschow und Bulganin zusammen. Wir haben sehr erregte Gespräche gehabt, sehr oft, und es war ein guter Anfang. Aber vielleicht wäre eine Möglichkeit gewesen in den folgenden Jahren, wenn nicht dann plötzlich Schwierigkeiten aufgetaucht wären, auch hier bei uns – ich möchte nicht im einzelnen darauf eingehen – [...] gegen eine Verständigung mit den Russen. Das hat die vielleicht kleine Möglichkeit, die da war, zerstört.
Epstein: 1955?
Adenauer: Nach 1955.
Epstein: Also Querulanten?
Adenauer: Nein. Ich will Ihnen sagen, was war. Ich war absolut für Wiederherstellung diplomatischer Beziehungen zu Sowjetrußland. Es gab aber sehr einflußreiche Leute hier, die dagegen waren. Auch das Außenministerium war dagegen. Ich habe infolgedessen in Moskau sagen müssen: Ich tue das! Das haben natürlich die Russen gemerkt. Also das war noch gar nicht so klar, geschweige denn in den Jahren vorher. Denn wenn wir sogar nicht einmal die Herstellung diplomatischer Beziehungen zu Rußland wollten, dann kann man doch nicht von Wiedervereinigung sprechen!
Epstein: Und heute bleibt uns nur übrig, Geduld zu zeigen und zu hoffen, daß der Kommunismus zusammenklappen wird?
Adenauer: Das wird nicht so schnell gehen. Ich wäre schon zufrieden – und ich habe das wiederholt öffentlich erklärt –, wenn eine Übergangslösung gefunden wird. Merkwürdigerweise haben die Russen – so wird immer behauptet, anscheinend mit Recht – doch vor den Deutschen eine gewisse Angst.
Epstein: Das ist doch ein schrecklicher Anachronismus, daß das noch eine Rolle spielt.

Adenauer: Es ist aber so. Ich habe wiederholt erklärt, ich bin für die Wiedervereinigung nicht in erster Linie aus nationalen Gründen, sondern aus menschlichen Gründen, und ich bin bereit zu verzichten auf jede Stärkung unseres Potentials durch die Wiedervereinigung, wenn nur die Menschen dort so leben können wie sie wollen. Darauf haben die Russen keine Antwort gegeben.

Epstein: Aber wenn ein bißchen mehr Freiheit in der Ostzone gegeben wird, werden die Leute dort sofort die Wiedervereinigung mit Westdeutschland verlangen?

Adenauer: Es würde am Schluß dieser Periode von, sagen wir, zehn Jahren stehen müssen, diese Abstimmung, ob sie es wollen oder nicht wollen; aber bis dahin nicht. Das würde ich den Russen konzedieren[21].

Epstein: Aber das wäre doch der russische Verzicht auf die Ostzone mit zehnjähriger Verzögerung. Denn Ulbricht und Genossen würden doch in jeder freien Abstimmung hinweggefegt.

Adenauer: Ja, erlauben Sie einmal, was hat denn die Zone für einen Zweck, für einen Sinn für Sowjetrußland? Es sind 17 [Millionen] Menschen, hinzu kommen 2 [Millionen] in Berlin, dann sind es also 19 [Millionen]. Die Russen haben jetzt 220 [Millionen] Einwohner. Also, was ist das denn! Das hat doch nur den Sinn, daß sie ein Werkzeug in der Hand haben, um Deutschland und die verbündeten Mächte in Verlegenheit zu bringen, indem sie da Schwierigkeiten machen. Und mein Gedanke ist der, daß im Laufe von 10 Jahren doch nun eine allgemeine Beruhigung eingetreten sein würde, so daß die Russen gar nicht einen entscheidenden Wert darauf legen, diese 17 oder 19 [Millionen] Deutsche bei sich zu haben. Das ist doch die Quintessenz; diese 17 [Millionen] kosten die Russen doch auch allerhand.

Epstein: Aber wenn die Russen ihren Ulbricht fallenlassen, dann werden ja alle anderen Satelliten ins Wackeln kommen?

Adenauer: Nein. Ich glaube, daß Leute wie Gomulka und die Leute in der Tschechoslowakei und auch z. B. in Jugoslawien es ablehnen würden, mit Ulbricht auf eine Stufe gestellt zu werden. Aber auch da geht doch eine langsame Entwicklung nach größerer Selbständigkeit unaufhaltsam weiter.

Epstein: Und als Resultat einer allgemeinen Entschärfung der Weltlage nach zehn Jahren oder auch einer längeren Zeit glauben Sie…?

Adenauer: Sagen wir, nach zehn Jahren könnte ich mir vorstellen, daß der Besitz für Rußland keinen Zweck mehr hat. Jetzt ist das ein Pfand, mit dessen Besitz es möglichst viel bei anderen Sachen herauspressen will, und ich denke, in zehn Jahren ist eine Beruhigung eingetreten, so daß solche Pfänder von Rußland gar nicht mehr gebraucht werden.

Epstein: Eine andere Frage betrifft die Demokratisierung Westdeutschlands. Ich nehme nicht an der Schnüffelei von alten Nazis teil, wie das oft von Amerikanern der Fall ist. Aber auf der anderen Seite habe ich doch den Eindruck, staatsbürgerliches Verantwortungsgefühl und alle diese demokratischen Tugenden sind doch in der Bundesrepublik noch ein wenig unterentwickelt?
Adenauer: Und wie ist das denn in Amerika?
Epstein: In Amerika im allgemeinen kümmert sich eine größere Schicht um das öffentliche Wohl.
Adenauer: Dann lesen Sie die Schrift von Conant[22] über das Schulwesen in Amerika!
Epstein: Das habe ich getan.
Adenauer: Dann können Sie nicht die Behauptung aufstellen, daß sich dort eine größere Schicht um das öffentliche Wohl kümmert.
Epstein: Das würde ich doch sagen; die politisch interessierte Elite in Amerika ist größer als dieselbe Schicht hier in Deutschland.
Adenauer: Also, das bestreite ich Ihnen absolut. Sie sind nicht der erste, dem ich das sage. Ich denke an den Film von Schorr gestern[23]. Dem habe ich auch gesagt: Nun hören Sie auf mit Ihrer Demokratie! War die Prohibition[24] etwa eine demokratische Maßnahme?
Epstein: Das war eine lächerliche Sache, die glücklicherweise korrigiert worden ist.
Adenauer: Ist Ihre ärztliche Versorgung etwa demokratisch?
Epstein: Die gilt als rückständig.
Adenauer: Ist Ihre Versorgung im Alter etwa demokratisch?
Epstein: Da sind wir um 50 Jahre zurück.
Adenauer: Ist Ihr Schulwesen etwa demokratisch?
Epstein: Das würde ich Conant sagen.
Adenauer: Lesen Sie Conant. Ich kenne ihn sehr gut. Er ist ein zuverlässiger Mann mit einem objektiven Urteil. Lesen Sie seine Schrift!
Epstein: Er wollte seine Leser aufrütteln und hat absichtlich übertrieben. Das muß man oft für propagandistische Zwecke tun.
Adenauer: Das liegt aber Conant gar nicht.
Epstein: Ich weiß, aber er hat doch auch Mitarbeiter, die seine Resultate ein bißchen populär frisieren.
Adenauer: Darf ich das Herrn Conant schreiben[25], daß Sie diese Ansicht haben?
Epstein: Das dürfen Sie gerne tun.
Adenauer: Aber worin erblicken Sie denn Demokratie? Erblicken Sie die nur im Wählen?

Epstein: Nein. Aber darin, daß maßgebliche Leute, Rechtsanwälte, Geschäftsleute, Ärzte usw., mit einer Selbstverständlichkeit starke politische Interessen haben, daß sie sich um das öffentliche Wohl kümmern, während die berufliche Spezialisierung viel weiter ist.

Adenauer: Wo sind denn die Ergebnisse dieses Sich-Kümmerns? Ihr Präsident hat mir sein Herz mal ausgeschüttet über das mangelnde soziale Empfinden in Amerika. Sehr gründlich hat er das getan. Ist das denn Demokratie? Nach meiner Meinung nicht! Ich meine, Sie präzisieren den Ausdruck Demokratie jetzt zu sehr. Demokratie liegt doch nicht nur darin, ob eine Anzahl Ärzte und Rechtsanwälte in der Politik tätig sind, sondern auch darin, daß sozial gesorgt wird, daß für die große Masse der Leute, der Menschen gesorgt wird. Ich will Ihnen sagen, was mir ein Amerikaner einmal gesagt hat: Wer in Amerika alt ist und krank, das ist ein ganz armer Teufel.

Epstein: Das ist leider der Fall.

Adenauer: Das ist er bei uns nicht.

Epstein: Vielleicht darf ich noch einmal präzisieren, was ich darunter verstehe. Hier in Deutschland ist es üblich, in der Provinz auf die Bonzen in Bonn da oben zu schimpfen, auf das, was die mal wieder angerichtet haben. In Amerika schimpft man natürlich auch auf die Regierung, aber man schimpft auf »unsere« Regierung, für die »wir« mitverantwortlich sind, die »wir« drängen müssen, daß sie etwas anders handelt.

Adenauer: Wer ist jetzt »wir«?

Epstein: »Wir« sind diese Schichten von Professoren, Ärzten, Rechtsanwälten usw., die ich genannt habe. Wir sind uns ja ziemlich einig darüber, die große Masse des Volkes ist am öffentlichen Wohl in keinem Lande interessiert.

Adenauer: Da sind Sie aber sehr im Irrglauben, was unser Land angeht! Das kann ich wirklich nicht zugeben, daß Sie darin recht haben. Unser Volk ist sehr empfindlich, ungemein empfindlich und viel empfindlicher als das amerikanische Volk gegenüber seinen eigenen Bonzen.

Epstein: Man schimpft und meckert und man ringt die Hände und sagt, im Grunde ist das ja die Aufgabe der Leute da oben.

Adenauer: Wo?

Epstein: Hier in Deutschland habe ich das andauernd angetroffen.

Adenauer: Aber hören Sie doch einmal: Wollen Sie sich nicht einmal die Wahlbeteiligung in Deutschland zusammenstellen lassen bei den Bundestagswahlen seit 1949[26]? Da haben Sie doch den besten Beweis dafür, ob das Volk demokratisch empfindet oder nicht. Die Wahlbeteiligung ist bei uns immens größer als bei Ihnen.

von Hase: Sie ist um mindestens 20 Prozent höher.

Epstein: Bei uns liegt sie um 60 Prozent, bei Ihnen zwischen 80 und 90 Prozent.

Adenauer: Das ist doch ein Zeichen von politischem Interesse und von demokratischem Empfinden.

Epstein: Der Deutsche tut seine Pflicht und Schuldigkeit, und dazu gehören auch Wahlen.

Adenauer: Es ist gut, wenn er seine demokratische Pflicht und Schuldigkeit tut. Nein, das ist wirklich ein Irrtum von Ihnen, Herr Professor, und ich bedaure sehr, daß Sie einem solchen Irrtum anheimfallen. Ich bin nicht der Auffassung, daß nicht geschimpft werden soll. Das macht gar nichts, das ist oft sehr gut, manchmal überflüssig, aber es ist ganz gut. Aber die Leute an die Wahlurne zu kriegen und die Leute für bestimmte Sachen da stimmen zu lassen, das ist doch Demokratie.

Epstein: Halten Sie das wirklich für wünschenswert, daß die unpolitischen Menschen, die nichts von der Sache verstehen, auch unbedingt immer zur Wahlurne gehen?

Adenauer: Hören Sie, sagen Sie das um Gottes willen nicht laut! Denn das ist ja eine Diktatur, die Sie damit aussprechen.

Epstein: Nein!

Adenauer: Doch! Bei Ihnen fängt der politisch gebildete Mensch, wie es scheint, beim Professor an. Bei mir nicht! Ich habe Angst vor jedem Professor, der da reinkommt, aber im Ernst. Und dann die Ärzte! Was verstehen die Ärzte? Hören Sie, schon als ich Student war, trieben wir Politik. In meinem Elternhaus trieben wir Politik, auf dem Gymnasium trieben wir Politik[27]! Aber nicht zu knapp! Aber was Sie da sagen, man soll die Leute nicht wählen lassen – nein, man soll sie heranbilden!

Epstein: Sie sind ein weit besserer Demokrat als ich, das muß ich Ihnen zugestehen.

Adenauer: Das bin ich auch, im Ernst. Ich war immer ein Demokrat, immer, solange ich zurückdenken kann. Ich sage Ihnen, als ich in Obertertia war, hatten wir die heißesten Kämpfe in der Klasse. Damals waren die Wahlen für das Stadtparlament[28], und da konnten wir uns nun natürlich selbst ein Urteil darüber bilden. Das waren Liberale und Zentrum, und wir verprügelten uns gegenseitig nach allen Regeln der Kunst. Wir waren auch als Wahlschlepper tätig. Damals waren noch öffentliche Wahlen, es wurde offen gewählt. Die Leute mußten die Namen derer angeben, die sie gewählt hatten. Und wir schleppten die Leute heran, als Gymnasiasten, als Obertertianer taten wir das.

Es ist so die Idee entstanden, als wenn der Deutsche so ganz unpolitisch und undemokratisch wäre. Das ist total falsch! Sie müssen einmal folgendes bedenken, Herr Professor: Sehen Sie, bis zum Jahre 1914 war Preußen in Deutschland maßgebend[29]. Preußen wurde geführt vom Osten her, ein Fehler Bismarcks, der dadurch innere Politik schlecht gemacht hat, daß er das Sozialistengesetz erlassen hat und den Kulturkampf und der dadurch verhindert hat, daß sich hier im Westen eine große liberale Partei gebildet hat, der die meisten Sozialdemokraten und die meisten Zentrumsleute beigetreten wären, und dann hätten wir ein Gegengewicht gehabt gegen den zu starken Konservatismus im Osten. Dann kam der Krieg. Der Krieg wurde verloren. Die ganzen Monarchien verschwanden, die ganzen Autoritäten verschwanden. Das war kein allmählicher Übergang. Und was das Schlimmste war, es kam eine Inflation, die namentlich die mittleren Schichten entwurzelte, so daß wir sozusagen keinen gesunden Mittelstand mehr hatten. Das war in der Weimarer Republik, die dann kam. Gott, gut war sie nicht, aber auch so schlecht war sie nicht, wie viele Leute glauben.

Dann kam der Nationalsozialismus. Und warum ist er hochgekommen? Durch die Feigheit der Nichtnationalsozialisten – und durch die Amerikaner, die Franzosen und die Engländer! Dadurch ist es gekommen. Ich war nie Nationalsozialist. Ich wurde rausgeschmissen, und es ist mir sehr schlecht gegangen[30]. Davon will ich aber hier nicht sprechen. Aber, als die Olympischen Spiele 1936 waren, da hat man dem Hitler, diesem Mörder, gehuldigt von den Nationen, die ich jetzt nannte, an der Spitze übrigens die Engländer[31]. Dann kam die Besetzung des linken Rheinufers[32]. Da hat Hitler den Befehl an seine Soldaten ausgegeben: Wenn Widerstand kommt, zurück! Die Franzosen haben in London angefragt, ob sie Widerstand leisten sollten. London hat gesagt: Nein. Ich war damals aus Köln vertrieben, ich wohnte etwas mehr rheinaufwärts als Bonn. Ich war felsenfest davon überzeugt an diesem Tag: Wenn die Westmächte sich das gefallen lassen, dann ist Hitler von der Morschheit der Westmächte und von seiner überragenden Kraft so überzeugt, daß ein Krieg unausweichlich ist. Damals ist die Entscheidung gefallen, und da haben sicher Deutsche schuld mit, aber auch die sogenannten freien Mächte, die haben auch mit schuld daran, dadurch, daß sie das nicht von vornherein erkannt haben.

Epstein: Damals sind die entscheidenden Fehler gemacht worden. Jetzt darf ich noch eine letzte Frage stellen: Was für Wolken sehen Sie heute noch an dem Horizont des deutsch-amerikanischen Verhältnisses, nachdem die Sache des Moskauer Vertrages jetzt glücklich aus der Welt geschafft worden ist?

Adenauer: Augenblicklich gar keine.
Epstein: Gar keine?
Adenauer: Ich wiederhole: Im Augenblick keine. Ich habe nur etwas, das will ich Ihnen auch sagen, und zwar, wie es mit den Russen ist. Die Russen haben erstens die Rüstung gegenüber dem freien Westen zu tragen, zweitens gegenüber Rot-China, und drittens haben sie ihre eigene Wirtschaft zu entwickeln. Sie haben die Industrialisierung von Ostsibirien in Angriff genommen[33]. Ich weiß nicht, ob Sie davon etwas wissen.
Epstein: Ich habe das aufmerksam verfolgt.
Adenauer: Das ist eine ungeheuer weite Landschaft von 9 [Millionen] qkm; die USA sind 12 [Millionen] qkm groß. Ostsibirien hat die größte Wasserkraft Sowjetrußlands, hat schlechtes Klima und schlechten Boden, aber fabelhafte Metalle. Dort soll jetzt das größte Industriezentrum aufgebaut werden. Das Gebiet ist zum militärischen Verbotsterrain erklärt worden. Die Leute werden zwangsweise dahin geschickt. Das sind also die Lasten, die Rußland zu tragen hat. Auf der anderen Seite steht Rot-China. Ich fürchte, daß man auf der Seite des Westens und insbesondere auf der Seite Amerikas zu früh den Russen entgegenkommt. Die müssen noch viel kleiner werden. Aber nicht so früh! Die müssen ihre Ohnmacht oder ihre Unfähigkeit, diese drei Aufgaben zu lösen, erst erkennen, damit sie dann die eine Aufgabe, d. h. die Rüstung gegenüber dem Westen, drangeben.
Die amerikanischen Herren und ihre Damen waren jetzt in Moskau. Da ist folgendes passiert, ich weiß es von einem der Amerikaner[34]. Sie fuhren durch Moskau. Ein Bus mit jungen Russen kam ihnen entgegen. Die jungen Russen haben etwas geschrien, und die Amerikaner haben ihnen freudig gewinkt; sie dachten, sie wären da hoch willkommen. Dann haben sie erst gefragt, was die jungen Russen gerufen haben. Da wurde ihnen gesagt, die haben gerufen: Da kommen die Amerikaner – es lebe Sowjetrußland!
Sehen Sie, das ist so etwas, es ist eine Kleinigkeit. Das ist aber authentisch. Und es ist für mich so bezeichnend. Amerika kennt nicht die russische Geschichte. Amerika kennt nicht das Leben unter einem Diktator und weiß nicht, wie das Leben unter einem Diktator den Menschen beeindruckt. Es gibt ein Buch »Das russische Perpetuum mobile«[35], das müßten wir eigentlich Herrn Professor Epstein einmal besorgen, und es gibt ein Buch von Ingrim[36] »Hitlers glücklichster Tag«; so hat Hitler den Tag genannt, an dem er sich mit England verständigte.
Epstein: Das Flottenabkommen von 1935[37].
Adenauer: »Mein schönster Tag«! Die beiden Bücher müssen Sie

lesen, damit Sie auch sehen, daß man, wenn solch riesige Evolutionen und Revolutionen eintreten, sehr vorsichtig sein muß und nicht zu früh...

Epstein: Sie sind für eine Politik des Zögerns gegenüber dem Ostblock oder möchten nicht direkt drängen, um die russischen Schwierigkeiten zu verschlimmern?

Adenauer: Wieso? Dadurch verschlimmere ich sie doch nicht. Ich würde am liebsten haben, wenn die Russen und die Chinesen sich gegenseitig an den Hals kriegen. Aber ich möchte auch, daß Sowjetrußland klarer erkennt, daß es diese drei Aufgaben zusammen nicht lösen kann. Aber in demselben Augenblick, in dem der Westen uneinig ist, schöpfen die Russen wieder neue Hoffnung und sagen, wir kriegen es doch fertig. Also, mit der größten Behutsamkeit und mit sehr klarer Überlegung des Zieles muß jetzt die russische Politik und die Politik gegenüber Rot-China betrachtet werden. Es war mir von vornherein klar, bis dieser Augenblick gekommen ist – und auf diesen Augenblick, auf diesen Wandel rechne ich seit einem Gespräch mit Chruschtschow im Jahre 1955, in dem er mir von Rot-China und seinen Sorgen schon sprach, als ich in Moskau war –, muß man Geduld haben, um Gottes willen Geduld haben und nicht zu früh denken, nun ist der Frühling da, nun ist alles wieder gut. Noch lange nicht! Und wenn es noch zehn, zwanzig Jahre dauert, dann hat die Menschheit Glück.

Ich hoffe, daß ich Sie etwas in Unruhe versetzt habe, Herr Professor.

Epstein dankt und bestellt Grüße von seinem Freund Professor Kissinger, die der Bundeskanzler herzlich zu erwidern bittet.

Donnerstag, den 15. August 1963

11 Uhr	BM Krone	
11 Uhr 45	Bildhauer Eichler	
12 Uhr 25	BM Heck	
16 Uhr 40	Koreanischer Botschafter Abschiedsbesuch Dr. Osterheld Dolm. Weber	
17 Uhr 05	Herr Witta Herr Kaaf (Ausstattung der Räume des Herrn Bundeskanzlers im Bundeshaus	
17 Uhr 20	Mr. Schorr - Informationsgespräch StS. v. Hase, Dolm. Weber Herr Hilgendorf (Stenogr.)	
18 Uhr 25	Vizepräsident Dr. Dehler (auf eigenen Wunsch vor seiner Reise nach Moskau)	
18 Uhr 55	Mr. Schorr - Fortsetzung des Informationsgesprächs Dolm. Weber Herr Hilgendorf	
19 Uhr	dazu: StS. v. Hase	
19 Uhr 35	StS. v. Hase - allein	

Zu Dok. Nr. 35

Nr. 35
15. August 1963: Informationsgespräch (Wortprotokoll)
StBKAH 02.31, mit ms. Vermerk »*Unkorrigiertes Manuskript*«, »*Vertraulich*« und Paraphe »Hi[lgendorf]«

Teilnehmer: Daniel Schorr – Karl-Günther von Hase, Fritz Hilgendorf, Heinz Weber

Beginn: 17.20 Uhr	Unterbrechung: 18.25 Uhr
Fortsetzung: 18.58 Uhr	Ende: 19.34 Uhr

Adenauer: Herr Schorr, ich war dieser Tage in aller Ruhe in diesem wundervollen Hause, das unsere Bundeswehr in Godesberg hat, in dem Hause Rigal[1]. Da sah man noch, was doch früher an Geld hier war. Ein schönes, altes Haus mit einem herrlichen Park mitten in Godesberg. Dort hat man mir Stücke von einem Film vorgeführt, der über mich gedreht werden soll[2], und ich wollte als Gegenstück dazu zunächst Ihren Film noch einmal sehen[3]. Ich möchte Ihnen nun zunächst mein Kompliment machen, wie geschickt Sie das gemacht haben.

Schorr: Ich kann nur sagen, das haben Sie gemacht. Ich habe in England darüber gelesen. Keine Zeitung sagte, das hat CBS gut gemacht, aber: Wie geschickt hat das Adenauer gemacht!

Adenauer: Nein. Sie haben den ganzen Aufbau, das Hören mit dem Sehen richtig verteilt. Das haben Sie sehr geschickt gemacht, und ich wollte Ihnen noch einmal mein Kompliment dazu sagen – bis auf den Schluß. Daran sind Sie nicht schuld, Herr Schorr, sondern daran ist das Presse- und Informationsamt schuld.

Schorr: Nein, das bin ich schuld. Das ist meine eigene Meinung.

Adenauer: Aber Sie haben es dem Presse- und Informationsamt zugeschickt.

Schorr: Dieser Schluß ist aber meine eigene Meinung.

von Hase: Der strittige Punkt in dieser Frage ist der: Herr Schorr hat beim Presse- und Informationsamt angefragt, ob er noch eine zusätzliche Ansicht zu dem Film schreiben könnte. Wir kannten den Film, kannten allerdings nicht diesen Schluß von Herrn Schorr, weil das seine eigene Sache war. Wir waren zu der Überzeugung gekommen, die Sache ist so gut, und es besteht jetzt vielleicht die Gefahr, daß dieser schöne Film in diese damals schwierige Situation zu sehr hineingezogen wird, und wir wollen lieber das Gute halten, was wir hier haben. Ich möchte besonders auch Herrn Diehl hier noch einmal in Schutz nehmen. Es hat sich, glaube ich, bei Ihnen die Vorstellung verdichtet, daß

Herr Diehl das irgendwie gemacht hätte. Er hat ganz sicher eine gute Absicht damit verfolgt.

Adenauer: Mir ist berichtet worden, daß Herr Schorr gefragt hat, ob Sie damit einverstanden wären, und daß Sie sich damit einverstanden erklärt hätten.

Schorr: Das wage ich niemals ein Presseamt zu fragen.

Adenauer: Wenn Sie das jetzt sehen, sind Sie dann noch mit dem Schluß einverstanden?

Schorr: Mehr und mehr. Das Schlußwort war: Ein Vertrag mit Frankreich[4], mit de Gaulle soll das größte Monument sein aus der Adenauer-Ära. Ich war ein bißchen stolz darauf.

Adenauer: Ich meine, Sie als Amerikaner müßten eigentlich dieses deutsch-französische Verhältnis im großen und ganzen mit denselben Augen ansehen wie ich. Denn es zeigt sich da immer mehr, daß nur dieses feste Zusammengehen von Frankreich und Deutschland gegenüber den Russen, gegenüber dem Osten und gegenüber dem übrigen Europa den festen Halt gibt. Wenn Sie sich vorstellen, Herr Schorr, Frankreich und Deutschland lebten noch in der Meinung voneinander wie nach dem Zusammenbruch, dann gäbe es kein Europa, dann würde es nie eins geben. Es ist doch ganz klar, meine ich, auch im Interesse der Vereinigten Staaten, daß dieser Erdteil, Europa, wenn wir es überhaupt einen Erdteil nennen wollen – wir sind doch nur ein kleiner Teil der Erde –, nicht in die Hände der Russen fällt.

Schorr: Da bin ich mit Ihnen einer Meinung. Aber das ist nicht die Frage, die gestellt ist. Wenn Sie sagen, es ist von sehr großem Gewicht, daß Deutschland und Frankreich befreundet sind, so ist das klar. Aber es handelt sich um zwei Tendenzen, so kann man sagen. Das eine ist die de Gaulle-Tendenz von einem geschlossenen Europa, und das andere ist die anglo-sächsische Tendenz, wie de Gaulle sagt, die ein bißchen weiter geht, und in der Mitte steht Deutschland.

Adenauer: Nein, Herr Schorr, ich glaube, Sie müssen dieses Europa doch mehr mit historischen, geschichtlichen Augen sehen. Sie sind ein junges Land, ein frisches Land. Zu Ihnen gingen frische Elemente aus Europa hinüber. Wir Europäer haben in den Ländern schon feste Konturen, und mit die festesten Konturen hat Frankreich und hat Deutschland. Die Engländer wissen noch nicht, wohin sie eigentlich gehen. Ich will Ihnen, Herr Schorr, einmal ganz offen eine Vorlesung halten. Zu Beginn dieses Jahrhunderts hatte doch England eine Flotte, die größer war als die beiden nächsten Flotten der Welt zusammengenommen. Damals gab es noch keine Flugzeuge. Wer die Meere beherrschte, der beherrschte die Welt, und das tat England. Amerika war damals im Übergang vom Kolonialland zu einem modernen Staat. Amerika war damals noch ein Schuldnerland. Preußen-Deutschland hatte das stärkste Heer der Welt. Und wie ist nun alles gekommen? Die Amerikaner sind mit einer furchtbaren Kraft in die Höhe geschossen. Die Engländer sind von ihrer Höhe völlig heruntergekommen. Die Deutschen hatten alles verloren und krabbeln sich langsam wieder in die Höhe. Dabei hat ihnen Amerika geholfen. Die Franzosen waren vollkommen durcheinander. Ich weiß nicht, wie viel[e] Regierungen die Franzosen seit 1945 gehabt haben, aber es war überhaupt nichts mit ihnen anzufangen. Nun steht da Rußland auf. Rußland war zu Beginn dieses Jahrhunderts weit, weit weg. Bismarck hat schon in seinen Angstträumen daran gedacht, daß eines Tages Rußland an der Elbe stehen könnte[5].

Wenn Sie nun sehen, wie es damals war und wie es jetzt ist, wie sich alles entwickelt hat und wie diese Kräfte, die die Änderung herbeigeführt haben, ja noch lange nicht zur Ruhe gekommen sind, dann ist es eine absolute Notwendigkeit, diesen Teil Westeuropas gegenüber Sowjetrußland abzuriegeln, nicht nur mit Waffen, auch gegen den Kalten Krieg und gegen Infizierungen. Diese Aufgabe kann England wegen seiner geographischen Lage ja gar nicht erfüllen. In der Tat, die geographische Lage Englands, die früher einmal sein großer Vorzug war, bringt es jetzt mit sich, daß es das kontinentale Europa gegenüber Rußland nicht schützen kann.

Schorr: Aber Amerika kann es.

Adenauer: Amerika kann es nur dann, wenn dieses Europa nicht zerfällt. In dem Augenblick, in dem zum Beispiel die Bundesrepublik in die russische Atmosphäre käme, wäre das für Amerika eine äußerst gefährliche Situation.

Schorr: Aber sicher.

Adenauer: Und wenn wir dann kommunistisch infiltriert würden, würde Frankreich sicher kommunistisch infiltriert werden, und dann wäre ganz Europa kommunistisch. Das würde für die Russen dann den großen Vorzug haben, daß dadurch ihre Macht gegen Rot-China stärker würde, das dürfen Sie nicht vergessen. Wenn Rußland die 105 Millionen Einwohner in Frankreich und Deutschland und dazu noch die Italiener in seine Atmosphäre hineinbekäme, dann wäre seine Position gegenüber Rot-China auf viele Jahre hinaus gefestigt. Daher sind wir immer noch bedroht. Und bedroht ist der Kontinent, nicht die Insel. Deswegen kann auch England mit den Russen ein intimeres Verhältnis unterhalten als wir das können. An England liegt ihnen ja gar nicht viel. England hat

mehr oder weniger seine großen Kolonien verloren, also den Russen liegt nichts daran. Ihnen liegt wohl an Frankreich und Deutschland, namentlich an Deutschland wegen des Druckes auf den Kontinent, den sie dadurch ausüben können.
Wenn Sie dann weiter daran denken, Herr Schorr, daß durch Jahrzehnte hindurch zwischen Preußen-Deutschland, dem Deutschen Reich, vorher Preußen, und dem zaristischen Rußland ein enges Bündnis war gegen Frankreich, und daß ein Jahr nach dem Ausscheiden Bismarcks die Sache sich drehte und die Russen ein enges Bündnis mit Frankreich schlossen, zuerst das zaristische Rußland, später das kommunistische Rußland, gegen Deutschland[6], dann sehen Sie, daß die europäische Situation mit diejenige ist, die, ich will nicht sagen, gefährdet ist, die aber doch festgehalten werden muß. Das kann Großbritannien gar nicht wegen seiner insularen Lage. Großbritannien hat in diesen ganzen Auseinandersetzungen nur eine Rolle am Rande zu spielen. Ich wünsche, daß es sie spielen möchte, notabene, aber es kann nicht die Entscheidung herbeiführen.
Schorr: Aber dazu kommt der heutzutage doch praktische Zustand. Zum Beispiel, die Bundesrepublik einigt sich mit Amerika auf einen Panzerwagen. Dann ist Paris böse. Die Bundesrepublik unterzeichnet den Atomteststopp-Vertrag[7] – Paris ist böse[8].
Adenauer: Ich will Ihnen einmal wörtlich wiederholen, was ich Herrn Fulbright gesagt habe[9]: Ihnen gefällt de Gaulle nicht, er gefällt Amerika nicht, er gefällt auch vielen Deutschen nicht. Aber die Hauptsache ist, daß er den Franzosen gefällt. – Das ist doch richtig, nicht wahr?
Schorr: Das erkennen wir an.
Adenauer: Und infolgedessen müssen wir den Wert dieser Persönlichkeit bemessen nach dem Einfluß, den er auf Frankreich ausübt. Er hat dieses Frankreich doch wieder konsolidiert. Seine Wirtschaft geht in die Höhe, er hat ihm wieder Ansehen verschafft. Das stärkt indirekt auch wieder Europa. Mein Grundsatz ist folgender, Herr Schorr: Wenn die Nase eines Mannes mir nicht gefällt, so ist das ganz gleichgültig, wenn er nur seinen eigenen Leuten gefällt.
Schorr: Wir haben jetzt von de Gaulle und Frankreich gesprochen. Darf ich jetzt von Deutschland sprechen. Wenn de Gaulle Frankreich gefällt – gut; aber wir sprechen jetzt von der Politik der Bundesrepublik. Muß die Bundesrepublik alles das stützen, was de Gaulle tut, oder nicht? Ist es eine gute Idee, besondere Beziehungen zwischen Paris und Bonn zu haben? Damit kommen wir zu dem, was ich im Schlußwort des Films gesagt habe. Da habe ich meine Meinung dahin geäußert, daß die Idee

von besonderen Beziehungen zwischen Paris und Bonn nicht bleiben kann.

Adenauer: Weil wir Nachbarn sind und von derselben Gefahr bedroht werden! Lieber Herr Schorr, wenn zwei Menschen, die einen Besitz haben, beide an einem Fluß liegen oder am Meer, dessen Wogen immer an ihrem Besitz nagen, dann müssen sie beide gegenüber dieser Gefahr doch besonders zusammenhalten. Wir sind doch gegenüber Rußland viel mehr gefährdet als England.

Schorr: Holland ist auch Nachbar, Belgien ist auch Nachbar.

Adenauer: Das sind doch die Kleinen, die machen den Kohl nicht fett. Sehen Sie, Herr Schorr, wir haben in der Bundesrepublik schätzungsweise 20 000 russische und sowjetzonale Spione.

Schorr: Ich habe ein Programm darüber gemacht, eine halbe Stunde, über Spionage in der Bundesrepublik.

Adenauer: Aber was ich gar nicht verstanden habe, ist, daß man in Amerika überhaupt geglaubt hat, das gehe gegen Amerika. Sehen Sie, Herr Schorr, de Gaulle ist doch viel zu klug, um nicht zu wissen, daß ohne Amerika Europa mit Frankreich verloren ist. Das weiß doch jedes politische Kind, das weiß auch de Gaulle. Aber die Politik de Gaulles imponiert ihnen, und er kriegt auf diese Weise viel größere Konzessionen, als wenn er immer nur wie ein dressierter Hund Männchen macht.

Schorr: Sie finden die Politik de Gaulles im allgemeinen gut?

Adenauer: De Gaulle hat Frankreich konsolidiert. In Frankreich waren die Kommunisten die zweitstärkste Partei. Nachdem de Gaulle kam, sagten mir Franzosen: Die Kommunisten sind die einzige Partei, die auf die Barrikaden geht bei uns in Frankreich. Es war doch einmal so, daß tatsächlich in Frankreich der Bürgerkrieg vor der Tür stand, die Kommunisten gegen die Armee. Das ist doch jetzt, soweit ein Mensch denken kann, vorbei, und das ist für die ganze Welt ein Segen.

Schorr: Das war seine innere Politik. Aber seine internationale Politik?

Adenauer: Wenn er das mit der Force de frappe fertigkriegt, dann lassen Sie ihn doch. Das macht er doch nie gegen den Westen. Sie machen einen Unterschied zwischen der Behandlung Englands und Frankreichs. Sie haben Frankreich nicht dasselbe angeboten, was Sie Macmillan in Nassau angeboten haben[10]. Das haben Sie in der Welt verbreitet, aber das war nicht wahr. Sie haben angeboten oder nicht angeboten – das hat Macmillan von Ihnen verlangt – die Polaris-Rakete, weil er die nuklearen Köpfe darauf machen wollte. Dann haben Sie dasselbe de Gaulle angeboten, der nicht die nuklearen Köpfe machen wollte. Das ist doch ein gewaltiger Unterschied.

By DANIEL SCHORR

AN OLD WARRIOR LOOKS BACK

Germany's retiring Chancellor Adenauer tells his unique story of a lifetime in politics.

Zu Dok. Nr. 35, Anm. 12

Schorr: Sie haben teilweise schon auf meine erste Frage geantwortet. Ich wollte Sie fragen – mit einem Auge auf den Artikel, den ich jetzt unter Ihrem Namen schreibe...
Adenauer: Auf diese Weise interviewt der mich!
von Hase: Das hat Herr Schorr schon vorher gesagt. Er möchte gern aufgrund des gesamten Materials des seinerzeitigen Interviews[11], das ja im Film nur zum Teil verwendet wurde, das aber über die achtstündige Sitzung wörtlich vorliegt, unter Ergänzung von einigen Fragen, die er heute stellen wird, in der Form schreiben, wie er es eben sagte[12].
Adenauer: Aber ich möchte, gerade weil ich den Film jetzt gesehen habe, sagen, daß mir der Schluß unklar ist. Er ist nicht richtig, und das bedauere ich.
von Hase: Das soll auch jetzt verlängert werden.
Adenauer: Aber nicht in derselben Richtung! Ich meine, Sie haben da wirklich eine so gute Sache gemacht, aber der Schluß – da hatten Sie noch nicht genügend Abstand. Sie hatten sich über die Franzosen geärgert. Gott, wenn ich über alle Menschen, die mich ärgern, Böses schreiben sollte, würde ich gar nicht mehr freundlich werden. Aber da waren Sie verärgert. Das merkt man ganz genau aus dem Film heraus aufsteigen: Jetzt will ich es denen mal geben!
Schorr: Nicht ich, mein Kameramann war verärgert. Es dauerte Stunden, das kleine Stück zu machen. Das ist nicht politisch.
Adenauer: Der Schluß dieses Films – darf ich das einmal ganz offen sagen – steht nicht auf derselben Höhe wie der andere Teil.

Schorr: Das heißt, die anderen Teile sind »Adenauer«, und der Schluß ist »Schorr«.

Adenauer: Das wußte ich, daß Sie sich das nicht entgehen lassen würden. Und jetzt erwartet er von mir, daß ich sage: Nein, um Gottes willen! Nein; ich will einmal so sagen: Schorr stand dem ersten Teil schon aus weiterer Entfernung gegenüber und zeigt infolgedessen die Proportionen richtiger. Den letzten Teil sah er aus der allernächsten Nähe, und da hat er die Proportionen noch nicht ganz klar.

Schorr: Das gebe ich zu in dem Sinne, was ich gesagt habe, sollte ich auch heute sagen, und was ich zum Schluß gesagt habe von dem Pariser Vertrag, das sollte jetzt ein bißchen mehr zeitgemäß gemacht werden. Sie haben recht, daß das, was darüber gesagt wird, was heute geschieht, ein bißchen weniger historisch ist; aber daß es falsch ist, das ist etwas anderes.

Adenauer: Nein, Sie haben sich über einen Tagesbericht mokiert.

Schorr: Das gebe ich zu.

Adenauer: Sehen Sie, Herr Schorr, ich habe mir nie Notizen gemacht für meine Memoiren[13].

Schorr (auf die Niederschrift des derzeitigen Interviews weisend): Hier haben Sie Notizen für Ihre Memoiren!

Adenauer: Ich habe nie ein Tagebuch geführt[14] über die Eindrücke des Tages, weil ich immer fürchtete, die Eindrücke des Tages sind nicht die richtigen oder nicht ganz richtig. Wenn ich das nun einmal konsolidiere und niederschreibe, dann besehe ich es wieder mit den gleichen Augen, mit denen ich es damals gesehen habe, und nicht so, wie ich jetzt die Geschichte ansehe. Ich glaube, daran ist etwas Richtiges.

Schorr: Sie haben schon teilweise auf meine erste Frage geantwortet. Ich darf darauf zurückkommen.

von Hase: Wenn ich vielleicht noch die Erläuterung zu Ende bringen darf: Herr Schorr möchte auch einen Artikel für die »Sunday Evening Post« schreiben. Dieser Artikel soll den Untertitel haben: »Erzählt durch Dr. Konrad Adenauer an Daniel Schorr«, und er wird Ihnen vorher vorgelegt, so daß Sie also alles ändern können. Dazu möchte Herr Schorr das Band aus dem Film benutzen und es mit den Fragen ergänzen, die er jetzt stellt.

Adenauer: Ich will nichts geändert haben, ich will nicht ändern, was Herr Schorr da schreibt. Das ist keine Schmeichelei, sondern dafür respektiere ich ihn zu sehr. Ich will ihm nur sagen, wie ich heute Dinge sehe, die vor zwei Jahren passiert sind. Sehen Sie, das ist vielleicht der Unterschied zwischen Ihrer Arbeit und meiner Arbeit. Sie sind Journalist.

»Jour« heißt »der Tag«. Sie müssen sofort schreiben, am selben Tage geht die Sache los. Ich darf das nicht machen. Ich muß sich das bei mir setzen lassen, und wenn sich das gesetzt hat, dann treten vielleicht die wichtigen Züge anders hervor als an dem Tage, wo ich etwas getan habe. Das ist nichts Verletzendes, aber das ist der Unterschied zwischen Ihrer Arbeit und meiner.
Schorr: Das ist auch ein Kompliment! Aber weil ich sicher sein will, daß das Ihre Meinungen sind, was dort geschrieben wird, und weil das unter Ihrem Namen stehen soll, darum wollte ich Sie das sehen und eventuell korrigieren lassen, weil ich alles das zusammenfassen will, was Sie schon gesagt haben, zusammenfassen will auch mit den kleinen Sätzen aus Cadenabbia[15]. Auch darin stehen schon interessante Sachen. Vielleicht haben aber Sie etwas gesagt, das Sie jetzt anders sehen. Wenn es ein Interview ist, habe ich das geschrieben. Aber es ist »erzählt von Dr. Konrad Adenauer«, und dann muß er das lesen und muß seine Zustimmung geben. Ich kann nicht namens Dr. Adenauers sprechen. Deswegen wollte ich heute ein bißchen offen sprechen.
Die Antwort wird geschrieben, und dazu kann ich vielleicht ein bißchen machen, weil es ein größerer Artikel von 3[000]–4000 Wörtern wird. Vielleicht werde ich auch etwas schreiben, was Sie gar nicht gesagt haben, von dem ich aber glaube, daß Sie das meinen. Wenn Sie es dann nicht meinen, können wir streichen, oder Sie können etwas ändern. Dabei können Sie auch sehen, wie die Form und die Art des Artikels ist und können auch da korrigieren. Wir wollen das im Oktober, eine Woche nach Ihrem Rücktritt, publizieren. Deswegen wollte ich fragen, ob Sie jetzt schon sozusagen als freier Mensch sprechen können, weil das vorher nicht veröffentlicht wird.
Adenauer: Noch nicht, ich bin noch kein freier Mensch. Ich weiß ja auch nicht, ob ich als freier Mensch anders denke wie jetzt. Ich will einmal so sagen: Als freier Mensch werde ich vielleicht anders sprechen, das ist ja klar. Ich muß jetzt Rücksichten nehmen. Ich sitze ja hier mit geschlossenem Mund.
Schorr: Nicht ganz!
Adenauer: Aber doch zum großen Teil. Denn das Theater, das ich augenblicklich hier erlebe [...] – nicht bei Ihnen, sondern bei uns!
Schorr: Deswegen wollte ich Sie fragen, und Sie haben teilweise schon darauf geantwortet: Wenn Sie alles aus den letzten 14 Jahren wiederholen könnten, was würden Sie anders machen? Ich wollte zum Beispiel fragen nach dem ganzen Vertrag mit Frankreich. Darauf haben Sie aber schon geantwortet, da würden Sie präzise dasselbe machen. Aber zum Beispiel die deutsche Verfassung?

Adenauer: Die ist sehr schlecht! Die haben die Amerikaner und die Franzosen uns aufgezwungen.

Schorr: Würden Sie das heute auch akzeptieren?

Adenauer: Ich würde heute so handeln wie damals auch. Nein, jetzt muß ich Ihnen sagen, wie damals die Sache lag. Die Franzosen und die Amerikaner wollten die Zentralgewalt möglichst schwach machen und die Länder möglichst stark. Deswegen haben sie auch die Länder zuerst wieder geschaffen, und der Bund folgte erst später. Damals haben alle Parteien im Parlamentarischen Rat, abgesehen von den Kommunisten, – nicht öffentlich – vor der Frage gestanden, ob sie nicht den Alliierten sagen sollen: Nein, wir haben euren Auftrag, wir können aber aufgrund dieses Auftrages und bei dieser Begrenzung nichts Vollständiges machen[16].

Wir haben das nicht getan, und zwar aus folgendem Grunde: Damals waren die meisten Menschen, auch wir, der Auffassung, die Frage der Wiedervereinigung würde in zwei, drei, vier, fünf Jahren gelöst werden, und deshalb haben wir in die Präambel zum Grundgesetz geschrieben, daß dann eine konstituierende Versammlung neu gewählt werden sollte, die eine Verfassung schüfe. Wir haben das, was wir nun gemacht haben, absichtlich nicht »Verfassung« genannt, sondern »Grundgesetz«. Wir waren also der Auffassung, wir haben jetzt zu wählen: Voraussichtlich können wir in drei, vier, fünf Jahren eine Verfassung machen, frei, wie wir sie wollen und wie wir sie für richtig halten – oder sollen wir sie vorläufig so machen, wie wir sie nicht für richtig halten, und weiter unter dem Besatzungsstatut bleiben? Da schien uns das Grundgesetz als das kleinere Übel, weil wir glaubten, es würde in einigen Jahren durch eine Verfassung abgelöst werden können. Das war damals die Situation. Wenn Sie mich nun jetzt fragen, ob ich damals richtig gehandelt habe, würde ich diese Frage bejahen. Aber die Annahme, die wir damals hatten, daß wir schon bald zu einer wirklichen Verfassung kämen, hat sich nicht bewahrheitet, weil der Lauf der Geschichte es nicht zugelassen hat.

Schorr: Sie haben viele Sorgen gehabt mit der ganzen Frage der Nazis, Sorge mit der öffentlichen Meinung im Ausland. Sie haben 1949 gesagt, wir können nicht zwei Klassen von Deutschen haben, wir können nicht regieren ohne die, die auch Nazis gewesen sind[17]. Jetzt, nach dem Eichmann-Prozeß[18] und der Wirkung der öffentlichen Meinung im Ausland, würden Sie die Frage der früheren Nazis etwas anders anfassen?

Adenauer: Nein. Ich will Ihnen auch sagen, warum nicht. Wir hätten dann ja die Nazis zu neuem Leben erweckt. Wir hätten sie in ein Ghetto eingesperrt, und sie hätten dann einen nationalsozialistischen Geist aus-

gekocht, und wer weiß, wohin das geführt hätte, wir wissen es nicht. Aber wenn ich den nationalsozialistischen Geist töten wollte, dann mußte den Menschen, die damals gefehlt haben – nicht allen –, doch der Weg geöffnet werden zu einem anderen Dasein, zu einer anderen Auffassung des Staates.
Schorr: Aber heute müssen Sie sich immer verteidigen, z. B. in der ganzen Geschichte vom »Spiegel«[19].
Adenauer: Also hören Sie doch damit auf!
Schorr: Ich spreche nicht von der ganzen Sache vom »Spiegel«.
(Forts[etzung] in Übersetzung [aus dem Englischen]:)
[*Dolmetscher*]: Herr Schorr wollte folgendes zum Ausdruck bringen: Er nimmt den »Spiegel«-Fall nur als Beispiel. Da wurde ein Mann verhaftet von jemandem, von dem sich herausstellte, daß er früher der SS angehörte. Nun steht die Sache, die an sich unbedeutend ist, plötzlich im Vordergrund. So kommen immer wieder Fälle vor, in denen die Aufmerksamkeit von der eigentlichen Frage, um die es geht, abgelenkt wird, weil irgendwo wieder ein früherer Nazi hochkam und man da auf der Hut sein muß, z. B. im Falle Fränkel.
Adenauer: Wenn ich Strauß gewesen wäre, würde ich dem Bundestag gesagt haben: Ja, ich habe den Mann verhaften lassen, weil ich bange war, er würde nach Tanger gehen, und dann wäre er weg gewesen. Wenn ich dabei irgendwelche gesetzlichen Bestimmungen überschritten habe, tut mir das sehr leid. Ich habe das getan zum allgemeinen Besten. Ich garantiere Ihnen, dem Herrn Strauß hätten dann alle zugestimmt. Gerade der »Spiegel«-Fall mit Strauß ist dadurch gekommen, daß Herr Strauß, der sonst ein so kluger Kerl ist, da die Unwahrheit gesagt hat. Warum hat er das getan? Ich hätte die Wahrheit gesagt. Ich hätte mich nicht vor den Bundestag hingestellt und gelogen. Ich hätte vor dem Bundestag die Wahrheit gesagt, erstens an sich, zweitens, weil das klug ist: die Wahrheit zu sagen, als [zu] lügen, man kommt damit viel weiter. Hätte Strauß gesagt, ich bitte um Entschuldigung, es tut mir sehr leid, aber ich habe aus den besten Motiven gehandelt, dann würde kein Hahn mehr danach krähen.
Schorr: Gibt [es] etwas aus den 14 Jahren, was Sie hätten anders machen können?
Adenauer: Ich könnte manches anders machen.
Schorr: Was würden Sie als Ihre größten Erfolge in den 14 Jahren bezeichnen?
Adenauer: Meine größten Erfolge sind zwei: Einmal, es ist mir gelungen, das Vertrauen der Amerikaner zu gewinnen. Das beruhte zum größ-

ten Teil darauf, daß Eisenhower und Dulles in ihrer ganzen Denkweise sehr stark mit meiner übereinstimmten. Ich bin aber der Überzeugung, wenn Truman am Ruder geblieben wäre und Acheson, so wäre ich mit ihnen auch übereingekommen, denn Truman schätze ich außerordentlich hoch und Dean Acheson auch. Das ist der eine Erfolg. Der zweite Erfolg ist die Versöhnung mit Frankreich.

Schorr: Sie haben das Vertrauen der Amerikaner gewonnen. Haben aber die Amerikaner auch Ihr Vertrauen gewonnen?

Adenauer: Da muß man die Frage etwas anders stellen. Selbstverständlich hat Amerika mein Vertrauen gewonnen. Aber Amerika hat einen Mangel, der mit seiner Jugend zusammenhängt. Es sieht Dinge zu sehr nur von seinem Standpunkt aus, und das hängt mit der Jugend zusammen. Nehmen Sie einen jungen Menschen, einen Mann von 25/30 Jahren. Der sieht die Dinge nur von seinem Standpunkt aus an. Ihm kommt gar nicht in den Sinn, daß auch ein anderer Standpunkt, von dem die Sache etwas anders aussieht, genauso berechtigt ist wie sein eigener. An dem Fehler leidet Amerika wegen seiner Jugend. Das tut mir deswegen besonders leid, weil dadurch Amerika in der Welt vielfach nicht den Rang erhält, den es verdient.

Schorr: Können Sie dafür konkrete Beispiele nennen?

Adenauer: Darüber muß ich nachdenken. Z. B. die Behandlung Sowjetrußlands. Sie trauen denen zuviel. Wir kennen die Russen. Bei Dulles spielte das Ethische eine große Rolle.

Schorr: Aber Dulles war auch Amerikaner.

Adenauer: Ja, deswegen sind doch nicht alle Amerikaner gleich; das wäre sehr schlimm, sondern es kommt immer darauf an. Dulles war eine wirklich einmalige Persönlichkeit. Truman ist auch eine einmalige Persönlichkeit.

Schorr: Sie sprachen jetzt allgemein von Kennedy?

Adenauer: Nicht einmal von Kennedy. Aber bleiben wir mal ruhig bei Kennedy. Sehen Sie, Herr Kennedy wechselt sehr viel in seinen Beratern, und jeder Berater will es dann noch besser machen als sein Vorgänger. Ich weiß nicht, ob das sehr richtig ist. Ich schätze von den Beratern Kennedys vor allen Dingen McNamara. Mit ihm kann ich sehr gut sprechen.

Schorr: Das hat er auch gefunden!

Adenauer: Auch mit Rusk. Rusk und ich waren an dem letzten Samstag [10. August 1963] wirklich beide glücklich, und bei dem Essen war eine so allgemeine frohe Stimmung, weil wir offen miteinander gesprochen haben[20].

Schorr: Ich habe den Eindruck – wenn es falsch ist, können Sie es

sagen -, daß Sie im allgemeinen sehr wenig Vertrauen haben, ich will nicht sagen in Amerika, aber in unsere Regierung. Heute geht alles gut. Wenn dann morgen z.B. eine Reduzierung unserer Truppen in Berlin herauskommt, dann sehen Sie...
Adenauer: Das war ein grober Fehler, daß die 600 Mann dort abgezogen werden sollen[21]. Ich habe gesagt, nehmt meinetwegen noch 600 Mann hierhin, aber nehmt sie nicht von Berlin fort. Ich habe auch gesagt, nun hat Präsident Kennedy mit seinem Besuch sich die große Mühe gegeben, er hat in Berlin einen Bombenerfolg gehabt, und jetzt reduzieren Sie Ihre Truppen in Europa um insgesamt 50000, und ausgerechnet 600 Mann nehmen Sie von Berlin fort. Nehmt bei uns meinetwegen 1200 weg, aber laßt die in Berlin, denn sonst bringt Ihr dadurch Kennedy um seinen ganzen Eindruck in Berlin. Die Berliner Frage ist eine emotionale Frage der Berliner.
Schorr: Aber warum, meinen Sie, tut Kennedy das?
Adenauer: Das wird er gar nicht gewußt haben, das kann er gar nicht gewußt haben.
Schorr: Aber was meinen Sie, warum tut die Regierung das?
Adenauer: Weil das rein schematisch gemacht wird und unpolitisch. Da haben sie sich hingesetzt, 50000 Mann sollten es sein, da haben sie da so viel weggenommen und da so viel; Militärs sind nun einmal so.
Schorr: Sie glauben nicht, daß das ein Arrangement mit den Russen ist?
Adenauer: Nein, das glaube ich nicht. Aber es wurde nachgesagt, von den Berlinern sei sofort gesagt worden, das macht er Chruschtschow zuliebe. Ich hoffe, daß es nicht durchgeführt wird.
Schorr: In unserem Film haben Sie über Kennedy sehr vorsichtig gesprochen, aber das war als Bundeskanzler, das mußten Sie tun. Wie würden Sie als früherer Bundeskanzler Kennedy sehen?
Adenauer: Ich muß etwas vorausschicken: Als Sie in Amerika Ihre Verfassung machten, wurde hineingeschrieben, daß Ihr Präsident alle vier Jahre neu gewählt wird. Nun ist die Wahl des Präsidenten eine interne Angelegenheit Amerikas. Aber jetzt schon - ich habe mit Kennedy darüber gesprochen - sehen die Amerikaner ein, daß vier Jahre zu wenig sind; denn ein neuer Präsident muß sich ein Jahr einlernen, und im letzten Jahr denkt er schon wieder an die Neuwahlen.
Schorr: Er kann einmal wiedergewählt werden.
Adenauer: Dann denkt er aber wieder an die Wahlen. Sehen Sie, Kennedy hat nur ein Plus von 150000 Stimmen gehabt. Ich will damit sagen: Sie müssen Ihre Verfassung ändern und den Präsidenten auf acht Jahre wählen.

Schorr: Aber Kennedy als Persönlichkeit? Sie sprechen immer gut von Truman und Eisenhower, und von Kennedy sagen Sie immer, er ist jung.
Adenauer: Das ist doch nicht so jung, er ist jetzt 46. Ich sage ja zu Ihnen auch nicht, Sie sind zu jung. Ich war mit 46 Oberbürgermeister von Köln, und das war ja auch eine ganz nette Stellung. Also das Alter macht gar nichts aus. Man unterstellt mir, daß ich Kennedy nicht traue, wie Sie das z. B. eben sagten. Gar kein Gedanke daran! Ich glaube, daß der Mann sein Wort hält. – Es hat ja noch einige Zeit, bis dies gedruckt wird. – Ich glaube, er bleibt jetzt bei seinen letzten Beratern einige Zeit. – Wissen Sie, worauf das zurückzuführen ist? Er hat sich früher nie mit Außenpolitik beschäftigt.
Schorr: Ein bißchen doch. Er hat als Senator große Reden über Algerien gehalten[22].
Adenauer: Glauben Sie, das war sehr gut?
Schorr: Dann hat er die Politik der Sowjetunion verfolgt. Er hatte gesagt, daß Algerien frei sein müsse.
Adenauer: Die können doch gar nicht frei sein.
Schorr: Dann gehen Sie mit der Politik von de Gaulle.
Adenauer: Wie die Sache damals war, mußte er diese Politik machen. Aber, das ist alles zu überstürzt. Wenn ich die Herrschaften sehe, wie sie zu mir kommen: Die Algerier haben doch eine fast europäische Ausbildung gehabt, aber nehmen Sie einmal die Leute vom Kongo und wo sie herkommen. Das ist doch nun übertrieben, daß die in der UNO genauso eine Stimme haben wie die Großmächte. Aber das ist nun einmal da. In Ihrem Lande war das – wie soll ich es ausdrücken? – etwas zu sehr prinzipiell und nicht pragmatisch genug.
Schorr: Sie haben von Ihren zwei Erfolgen gesprochen, Amerika und Frankreich.
Adenauer: Und Amerika unterschreiben Sie, Frankreich nicht.
Schorr: Ich glaube, Sie haben einen ganz großen Erfolg mit Frankreich gehabt, ganz groß. Aber vielleicht zu groß. Ich meine, wie Sie gehandelt haben, das war sehr gut. Aber plötzlich kam de Gaulle mit seiner Pressekonferenz[23], und da wurden die ganzen Akzente ein bißchen verschoben.
Adenauer: Also, ich hätte diese Pressekonferenz da nicht abgehalten. Wissen Sie, wie das Ganze gekommen ist? Das hat de Gaulle mir selbst erzählt. Macmillan ist bei ihm gewesen[24] und hat geklagt, daß die Amerikaner ihm nicht weiterhelfen. Die Amerikaner gaben ihm ja das Geld, um seine Raketensache zu machen. Da hat de Gaulle ihm gesagt: Dann stellen Sie das ganze Material der europäischen Verteidigung zur Verfü-

gung. Darauf hat Macmillan keine Antwort gegeben. 24 Stunden später fuhr er nach Nassau[25] und hat da die Polaris-Rakete verlangt. Daß er de Gaulle nicht gesagt, daß er am übernächsten Tag fahre, und die ganze Sache nicht mit ihm erörtert hat – das hat er ihm verschwiegen –, das hat de Gaulle furchtbar geärgert. Das hat de Gaulle mir selbst gesagt. Acht Tage nach der Pressekonferenz, als ich in Paris[26] war und ihm gesagt habe: Das hilft doch alles nichts, die Sache muß in Ordnung kommen – ich will Ihnen jedes Wort wiedergeben, das er gesagt hat –, da hat er geantwortet: Das sehe ich ein, aber ich muß doch mein Gesicht behalten. Das habe ich bejaht und habe ihm dann folgendes zu tun vorgeschlagen: Die Ministerpräsidentenkonferenz fordert einen Bericht von der Kommission über die Lage an. Darüber werden vier Wochen vergehen. Dann wird der Bericht vier Wochen studiert werden. Die Engländer kriegen ihn dann auch.

Dann sind acht Wochen ins Land gegangen – und dann denkt keiner mehr an die ganze Sache. Da hat de Gaulle gesagt: Ich danke Ihnen, damit bin ich vollkommen einverstanden. Als ich dann aus dem Elysee rausging, brachte er mich zur Tür und sagte noch einmal: Ich danke Ihnen für diesen Rat. Und was haben die Leute in Brüssel gemacht? Wenn ich daran denke, kann ich geradezu wütend werden[27]. Da haben die Engländer gesagt, auch sie forderten den Bericht der Kommission. Darauf hat Couve de Murville gesagt, er habe nur den Auftrag für die Sechs. Da haben sie sich so auseinandergezankt, daß sie ohne Ergebnis auseinandergingen. Man hätte die ganze Gesellschaft bei Brot und Wasser einsperren sollen, bis sie sich geeinigt hat.

Schorr: Ich habe viel Schlechtes über de Gaulle gehört, aber nicht so Schlechtes, wie Sie jetzt über de Gaulle sprechen.

Adenauer: Schlecht? Ich habe doch gar nicht schlecht gesprochen!

Schorr: Sie meinen, seine ganze Politik und diese Pressekonferenz seien nur so gekommen, weil er plötzlich böse geworden ist.

Adenauer: Ich habe das Wort »nur« nicht gesagt. Ich habe gesagt, das ist dadurch beeinflußt worden, daß er dadurch verstimmt war, daß Macmillan sich ihm gegenüber nicht fair benommen habe.

Schorr: Und zweitens: Er wollte nur sein Gesicht wahren.

Adenauer: Nein! Ach, wie können Sie das sagen. Das will doch jeder Staatsmann. Wenn welche Krach gehabt haben und man legt den Krach bei, dann will jeder sein Gesicht wahren und nicht als der Sünder dastehen; das ist doch so klar wie etwas.

Schorr: Aber wenn de Gaulle so handelt, habe ich den Eindruck, daß er sich sagt, Macmillan hat gelogen, der kommt nicht in die EWG. Macht man denn so Politik, wenn man an einem Tag böse ist?

(Fortsetzung nach etwa halbstündiger Unterbrechung[28])

Adenauer: Ich darf da wieder anfangen, wo wir soeben unterbrochen haben. Sehen Sie, jetzt waren Sie ungerecht gegen de Gaulle.
Schorr: Sie waren ungerecht!
Adenauer: Nein, ich nicht; ich habe alles das wiedergegeben, was sich abgespielt hat. Ich möchte das noch einmal wiederholen. Ich möchte, daß Sie auch de Gaulle klar sehen. Wissen Sie, wie wir uns kennengelernt haben?
Schorr: Ja, das haben Sie schon einmal erzählt.
Adenauer: Also, Macmillan kommt zu ihm nach Rambouillet, bleibt mehrere Tage mit ihm zusammen. Hauptgegenstand der ganzen Besprechung war die Frage der nuklearen Bewaffnung. Klage Macmillans, daß er mit seiner Skybolt nicht weiterkäme, weil die Amerikaner ablehnten – was sie bis dahin getan hatten –, alles Geld dafür zu bezahlen. Darauf sagte ihm de Gaulle: Dann stellen Sie doch Ihre ganzen Erfahrungen und Ihr ganzes Material der Verteidigung Europas zur Verfügung. Das war vielleicht von de Gaulle auch ein Test, ob nun wirklich den Engländern an Europa soviel lag. Darauf gibt ihm Macmillan keine Antwort. Er verabschiedet sich von ihm und fliegt 24 Stunden später nach Nassau. Dort macht ihm Kennedy zwei Vorschläge. Der eine: Skybolt sollte er weitermachen, aber er müßte die Hälfte bezahlen. Das zweite weiß ich nicht mehr. Darauf verlangt Macmillan die Polaris-Sache, und das sagt ihm Kennedy zu. Kennedy bietet dann Frankreich auch die Polaris-Sache an, aber nur die Rakete, natürlich mit Treibstoff gefüllt, aber ohne Sprengkopf. Eine Rakete ohne Sprengkopf nützt verdammt wenig, nicht wahr. Die Franzosen konnten die Sprengköpfe nicht machen. Die Engländer konnten die Sprengköpfe machen auf Grund der Erfahrungen, der Feststellungen, die die Amerikaner gemacht haben.
Sie müssen sich nun einmal in die Lage de Gaulles versetzen: Erstens, Macmillan sagt ihm nichts davon. Zweitens, die Amerikaner behaupten, sie hätten Frankreich und England gleich behandelt; das war nicht wahr. Nun hat dann de Gaulle diese Pressekonferenz gegeben. Ich wiederhole: Ich hätte das nicht getan. Er hatte sich aber über diese Sachen so geärgert.
Jetzt kommt der Kladderadatsch mit England über die EWG. Das hat er ja da gesagt. Ich komme dann hin und sage ihm: Hören Sie mal, das geht nicht, die Sache muß beigelegt werden. Mit England muß verhandelt werden, und wenn England das tut, was alle tun müssen, dann muß England aufgenommen werden. Das hat er mir schon 1 1/2 Jahre früher

gesagt, als die Engländer sich zuerst gemeldet haben. Da hat er gesagt: England ist eine so große Macht, sein Gesuch muß fair geprüft werden. Ich sagte also de Gaulle: Das muß in Ordnung kommen. Ich machte ihm also einen Vorschlag. Er sagte: Ich muß doch auch mein Gesicht wahren. Das werden Sie immer finden, auch bei mir, wenn Streit war; jeder will sein Gesicht behalten, auch wenn er nachgibt, auch wenn er unrecht hat. Ich sagte darauf: Lassen Sie uns doch folgendes machen: Wir fordern von der Kommission einen Bericht ein.»Wir«, darunter verstehe ich die Sechs, denn die Engländer hatten ja kein Recht gegenüber der Kommission, einen Bericht zu verlangen, sondern nur wir Sechs. Dafür brauchen wir vier Wochen. Zum Studium des Berichtes brauchen wir weitere vier Wochen. Dann sind acht Wochen vorüber, dann denkt kein Mensch mehr an diesen Zwischenfall, und dann kann ruhig mit England weiterverhandelt werden.

Schorr: Sie und de Gaulle sprachen von Sechs, nicht von Sieben?

Adenauer: Natürlich von Sechs.

Schorr: Aber Schröder ist dann nach Brüssel gegangen?

Adenauer: Was in Brüssel dann passiert ist: Da haben die Engländer verlangt – für den 29. Januar war die Sitzung festgesetzt; ich habe de Gaulle ja auch gesagt, auf der Sitzung kann man das machen –, daß sie mit zu denen gehörten, die den Bericht anfordern; und Couve de Murville sagte: Nein, das kann ich nicht, dazu habe ich keinen Auftrag. Ich würde als Engländer gesagt haben: Ich bekomme den Bericht auch nachher. Unisono hätte er die Antwort bekommen: Ja. Aber warum er, der Engländer, nun darauf bestand, daß er von der Kommission, die ihm doch als ein Dritter gegenüberstand – die anderen Sechs waren die Auftraggeber, die obere Instanz der Kommission –, und warum die ganze Gesellschaft dann sich darüber den ganzen Tag zerredet und gezankt hat und schließlich auseinanderging, ohne daß was rauskommt, das ist mir unverständlich.

Schorr: Aber wenn Erhard und Schröder wußten, daß Sie mit de Gaulle verhandelten wegen der Sechs?

Adenauer: In Paris war Schröder ja dabei.

Schorr: Wie konnten Erhard und Schröder denn in Brüssel verlangen, daß sieben ... (den Bericht anfordern).

Adenauer: Sie sind den Engländern beigetreten. Schröder war bei den Verhandlungen in Paris mit de Gaulle zugegen. Ich hätte gewettet, daß die Sache am 29. Januar in Ordnung käme.

Schorr: Sie haben von zwei Erfolgen gesprochen. Was sehen Sie heute als Fehler an, die Sie in den 14 Jahren gemacht haben[29]?

Adenauer: Meine Fehler? Vielleicht haben wir etwas zu sehr vernachlässigt: das Geistige, und wir haben das Materielle zu sehr betont.
Schorr: Aber das haben Sie doch nicht getan!
Adenauer: Aber ich habe es doch verantwortet. Aber auch da will ich Ihnen sagen, wie alles hat auch das seine zwei Seiten. Nach meiner Überzeugung war es für das deutsche Volk nach der einen Seite nicht gut, daß der wirtschaftliche Aufstieg so schnell war; das verträgt der Mensch nicht.
Schorr: Das ist aber nicht zu bremsen.
Adenauer: Auf der anderen Seite hat es uns davor geschützt, daß der Kommunismus bei uns weiter vorgedrungen ist.
Schorr: Sie sagen also, das war auch kein Fehler.
Adenauer: Das kann man schwer entscheiden. Sehen Sie mal, gerade das Ausland sagt uns doch nach, daß wir zu materiell waren.
Schorr: Aber eine Person kann ein Land, ein Volk nicht geistig machen; das geschieht oder geschieht nicht. Ich spreche von Ihnen aus als Bundeskanzler.
Adenauer: Doch. Sehen Sie, auch im Parlament hat man doch um die Stimmen der Wähler gestritten, und wenn Sie dem Wähler sagen: Willst du ein schönes Sofa haben, oder willst du ein paar gute Bücher haben? Dann sagt der Wähler: Gib mir mal das Sofa[30]!
Schorr: Sehen Sie andere Fehler? War es ein Fehler, 1955 nach Moskau zu reisen[31]?
Adenauer: Nein, das war sehr gut. Nein, das war kein Fehler, das war wirklich kein Fehler. – Ja, andere Fehler? Auch, die liegen erst so kurze Zeit zurück, darüber wollen wir später einmal sprechen.
Schorr: Als »früherer Bundeskanzler« – nicht als Bundeskanzler – können Sie erklären: Was ist in der letzten Zeit in der ganzen Frage des Rücktritts geschehen? Warum hat das so lange gedauert? Wie sehen Sie Erhard jetzt? Was erwarten Sie von Erhard als Bundeskanzler?
Adenauer: Die Fragen kann ich Ihnen nicht beantworten. Ich will Ihnen aber folgendes sagen – aber bitte, schreiben Sie das nicht.
Schorr: Es wird nichts geschrieben, wozu Sie nicht Ihre Zustimmung geben.
Adenauer: Wenn man mir jetzt die Leitung einer chemischen Fabrik antrüge, würde ich sagen, davon verstehe ich nichts, da lasse ich die Finger von. Ein Wirtschaftler ist kein Politiker. Sie finden sehr selten – denken Sie selbst einmal darüber nach –, daß sich das wirtschaftliche Denken und das politische Denken in einem Menschen wirklich in der richtigen Weise vereinen. Wenn ich zurückdenke, dann war ein sehr großer

Wirtschaftler, der zugleich sehr politisch dachte, August Thyssen[32], nicht Fritz Thyssen[33], der Vater, der die ganze Firma gegründet hatte, mit 3000 Talern Kapital hat er angefangen[34]; das hat er mir erzählt. Der Mann war ein hervorragender Wirtschaftler, und er dachte politisch gut. Er war ein Freund von mir. Er war viel älter als ich. Wir waren aber miteinander befreundet. Dann: Wo haben wir das noch mehr gehabt? Bei meinem Freund Pferdmenges[35]. Der war ein hervorragender Wirtschaftler und ein guter Politiker. Das finden Sie aber furchtbar selten zusammen. Vielleicht ist es noch Herr Flick[36].

Schorr: Das sind schon drei.

Adenauer: Ja, aber das ist doch wenig in X Jahrzehnten! August Thyssen ist doch Jahrzehnte tot.

Schorr: Aber Sie glauben noch immer, daß Erhard kein sehr großer Politiker ist?

Adenauer: Ich glaube, daß er das selbst nicht glaubt. Das habe ich auch so offen gesagt: Er ist ein guter Wirtschaftler, aber kein Politiker. Und das wirtschaftliche Denken und das politische Denken sind selten zusammen. Das war auch so bei sehr wenigen Gewerkschaftlern, z. B. bei Böckler, dem damaligen Führer der Gewerkschaften. Ich kannte ihn, er war Stadtverordneter, als ich Oberbürgermeister war[37]. Der Mann konnte vom Standpunkt der Arbeitnehmer aus wirtschaftlich denken, aber auch politisch denken. Denken Sie selbst einmal nach, wie selten das ist. Ich würde auch z. B. niemals einem großen Arzt anvertrauen, politisch zu arbeiten.

Schorr: Erwarten Sie ⟨in der Zukunft Schwierigkeiten, etwa⟩ᵃ eine Katastrophe für Deutschland?

Adenauer: Nein. Dafür ist das Ganze doch zu sehr gefügt, das erwarte ich nicht. Die Wirtschaft in Deutschland und in der EWG, auch bei Ihnen in den Vereinigten Staaten, geht einen mäßigen Aufstieg, einen ruhigeren Weg. Daß wir einen Krieg kriegen, glaube ich auch nicht. Aber man kann politische Schlappen einstecken, die nachher sehr, sehr bitter bezahlt werden müssen.

Schorr: Was kann passieren?

Adenauer: Ja, ich will Ihnen einmal folgendes sagen: Im Auswärtigen Amt – ich nenne keine Namen – war man gar nicht abgeneigt, ohne weiteres, ohne die Erklärung, die Rusk im Senat abgegeben hat[38], zuzustimmen, und dann wäre die Aufwertung der Zone eingetreten. Sehen Sie, auch wenn es eines Tages so kommen sollte, daß Rußland sagt: Soviel ist mir die ganze Zone nicht wert; wir wollen uns verständigen unter den und den Umständen – die Kommunisten in der Zone, die wollen natürlich am Ruder bleiben, und wir haben ein Interesse daran, die Abhängigkeit der Zonenleute von Sowjetrußland bestehen zu lassen. Deswegen wäre, wenn dieses Moskauer Abkommen ohne diese Erklärung von Rusk im Senat angenommen worden wäre...

Schorr: Aber Rusk war doch schon bereit dazu. Und ist das etwas ganz anderes als das, was Präsident Kennedy gesagt hatte[39]?

Adenauer: Aber hören Sie, ist Ihnen das ernst?

Schorr: Ganz!

Adenauer: Dann will ich Ihnen nur folgendes sagen: Die Vereinigten Staaten hatten 1962 in Genf etwas Ähnliches, aber ganz anderes vorgeschlagen[40], nämlich die Hinterlegung bei einer Depositarmacht, nicht bei dreien, weil sie genau wußten, daß dann diese Depositarmacht Amerika wurde, doch nicht Sowjetrußland.

Schorr: Auch nicht ein neutrales Land?

Adenauer: Das ist übrigens nicht richtig.

von Hase: Das ist nicht bezeichnet, daß es eine neutrale Macht ist; da steht nur »Depositarmacht«.

Schorr: Ich war in Genf, und da wurde von einem neutralen Land gesprochen.

Adenauer: Das war die Änderung, und ganz entscheidend war die Änderung in Art. 4 über den Austritt[41]. Da waren die Worte hinzugesetzt: Jeder kann austreten auf Grund seiner nationalen Souveränität. Diese Worte waren früher nicht drin.

Schorr: Das meine ich nicht. Sie sagen, Sie könnten nicht zustimmen ohne die Erklärung, die Rusk im Senat gemacht hatte. Ich frage nun: War das viel anders, diese Erklärung von Rusk, als das, was Kennedy schon in seiner Pressekonferenz gesagt hat?

Adenauer: Das kann ich Ihnen nicht sagen, das weiß ich nicht. Den Wortlaut der Pressekonferenz habe ich nicht so im Kopf.

von Hase: Das war eigentlich sehr viel weitergehend.

Adenauer: Aber das ist doch etwas anderes, ob so etwas im Senat offiziell gesagt wird.

von Hase: Was Rusk gesagt hat, das geht viel weiter als das, was Kennedy gesagt hat; es ist im Senat gesagt [worden], insbesondere in bezug darauf, daß die Zone an den Möglichkeiten des Vertrages nicht teilnimmt; das ist der entscheidende Satz in der Konferenz.

Schorr: Ich war in Genf. Da hieß es: Wenn wir einen Vertrag machen, können wir nicht Depositarmacht sein.

Adenauer: Warum nicht? Sie können doch nicht annehmen, daß ein neutrales Land die Entscheidung darüber bekommen sollte: annehmen oder nicht annehmen.

Schorr: Nein, diese Entscheidung nicht. Depositarmacht ist eine ganz andere Sache.
[(] *Von Hase* verliest aus »Europa-Archiv« Nr. 20 verschiedene Stellen[42]. Dazu bemerkt[)]
Schorr: Das ist also offengelassen, es kann genausogut ein neutraler Staat sein.
Adenauer: Aber warum hat man denn jetzt die drei dazu bestimmt?
Schorr: Das hat ... schon erklärt: Die Möglichkeit war nicht zu erkennen in Moskau [...] über die Depositierung.
Adenauer: Bei uns dreht es sich ja doch um die Zone. Wenn Rusk nicht diese Erklärung abgegeben hätte, und wenn das weitergegangen wäre, und das hätte die Zone ja gewollt, sich darauf zu stürzen, sie hätte es in Moskau hinterlegt, Moskau hätte das den anderen mitgeteilt, und dann wäre ihre nationale Souveränität anerkannt gewesen.
Schorr: Aber Vertrag bleibt Vertrag. Es ist jetzt ganz verändert. Wenn Rusk gesagt hat, es ist nicht so, es ist anders – was in dem Vertrag steht, steht doch noch in dem Vertrag!
Adenauer: Aber sie haben auch erklärt: Wir erkennen die Zone nicht an. Das steht doch nicht in dem Vertrag.
Schorr: Das hat Kennedy schon gesagt.
von Hase: Jetzt ist das durch die Rusk-Erklärung erweitert worden auf dritte Staaten, und das Beitrittsverhältnis der Zone ist dahin qualifiziert worden, daß sie nur die Pflichten in der ganzen Sache zu beobachten hat, aber keine Rechte aus dem Vertragsmechanismus ableiten kann. Das ist also schon erheblich weitergehend, und in der Notifikation gegenüber allen dritten Staaten [bekanntgemacht].
Adenauer: Ich hätte nicht zugestimmt.
Schorr: Sie mußten zustimmen!
Adenauer: Ich hätte nicht zugestimmt.
Schorr: Können Sie sich vorstellen, daß die Bundesrepublik nicht zustimmt?
Adenauer: Ich will Ihnen einmal etwas sagen, Herr Schorr – wir sprechen ja hier intim –: Wenn nicht die Verständigung mit Rusk erfolgt wäre, und der Bundestag wäre dafür gewesen, dann wäre ich sofort zurückgetreten. Das hätte ich niemals mitgemacht. Ich war fest entschlossen, a tempo zurückzutreten.
Schorr: War das zum ersten Male in den 14 Jahren, daß Sie entschlossen waren zurückzutreten?
Adenauer: Ja, ich habe unsere außenpolitische Situation niemals so kritisch angesehen wie in den vergangenen 14 Tagen; ich war ganz krank

davon. Und, Herr Schorr, ich sage Ihnen noch einmal: Ich war fest entschlossen – ich habe das auch im Kabinett gesagt –, a tempo zurückzutreten, um darauf aufmerksam zu machen, was geschieht.

Schorr: Haben Sie das noch schlimmer gefunden als im April letzten Jahres das ganze Geschehnis über die Zugangsbehörde[43]? Das war auch eine Krise.

Adenauer: Ach, die war nicht so schlimm.

Schorr: Dies haben Sie schlimmer gefunden?

Adenauer: Das habe ich schlimmer gefunden, weil das unserer ganzen bisherigen Politik und der amerikanischen Politik vollkommen entgegengesetzt war, und zwar dieser Art. 4 »auf Grund ihrer nationalen Souveränität« – Worte, die vollkommen überflüssig waren.

Schorr: Das habe ich auch gefunden. Ich habe auch mit Rusk darüber gesprochen. Ich habe gesagt, wenn die vier Worte wegfallen ... Sie sind es nicht, der Artikel bleibt. Warum sind sie da? Da hat er mir erklärt: Es ist so: Rußland wollte ursprünglich keinen Art. 4. Rußland sagte, wir schreiben einen Vertrag. Wenn alle einen Vertrag überflüssig finden, dann ist er gekündigt. Dann haben sie gesagt, sie brauchten einen solchen Artikel. Wenn einer zurücktreten wolle von einem Vertrag, dann müsse auch eine Klausel darin stehen, wie das gemacht wird. Hat er das Ihnen auch erklärt, wie das gekommen ist?

Adenauer: Das hat doch gar nichts damit zu tun. Wenn Sie die vier Worte streichen, hatte Rußland doch seinen Willen.

Schorr: Das habe ich Rusk auch gesagt. Ich habe gesagt: Was bedeuten diese Worte?

Adenauer: Ich will Ihnen sagen, da sind die Amerikaner in den Verhandlungen reingefallen, und wie weit die Gegensätze zwischen Harriman[44] und Rusk gehen, weiß ich nicht, darüber können Sie mir mehr sagen.

Schorr: Ich weiß nicht mehr. Wenn ich einmal nach Washington fahre, vielleicht.

Erwarten Sie in der nächsten Zukunft noch wieder andere Sorgen, Krisen über Verhandlungen mit Rußland in der ganzen Sache? Ist das ganz vorbei, oder kommt das wieder?

Adenauer: Nein, diese Sache nicht. Aber nun wird ja die Frage des Nichtangriffsvertrages[45] kommen. Da bin ich auch absolut dagegen. NATO ist ein Verteidigungspakt, und, wissen Sie, die Amerikaner sagen: Wir haben uns vergeblich den Kopf zerbrochen, warum die Russen einen Nichtangriffspakt haben wollen. Das kann ich Ihnen sehr leicht erklären: Der Westen ist in weiten Gebieten faul geworden und bourgeois verfettet. Norwegen hat seine Dienstzeit heruntergesetzt, Italien und Belgien auch, und dann können wir sie auch nicht aufrechterhalten, die verlängerte Dienstzeit von 18 Monaten. Das würde bedeuten, daß die Leute sagen: Wenn ihr doch einen Nichtangriffspakt schließt, dann glaubt ihr das doch. Warum dann diese furchtbare Rüstung? Und das will doch Chruschtschow, die Uneinigkeit. Er will, daß der Westen saumselig wird, träge und faul.

Schorr: Ich habe eine Frage über Chruschtschow und Ihre Meinung über ihn. Sie waren sehr klug in der ganzen Frage Rußland – China. Schon 1960 haben Sie in Cadenabbia gesagt[46], das wird eine große Sache sein zwischen der S[owjet]U[nion] und China. Aber was ich jetzt nicht verstehe – wie sehen Sie es: Müssen wir jetzt Chruschtschow gegen China stützen?

Adenauer: Nein, nein, es sind beides Heuchler! Lassen Sie die Räuber sich gegenseitig an den Hals kommen. Ich habe Furcht, daß die Amerikaner Chruschtschow gegenüber mit Rücksicht auf Rot-China zu sehr entgegenkommen. Es muß den Russen noch schlechter gehen. Er muß sich noch viel mehr darüber klar werden, daß er sich überfressen hat, daß er diese Aufgaben nicht lösen kann: gegenüber dem Westen, seine Wirtschaft entwickeln und gegenüber Rot-China, nicht nur durch eine schlechte Ernte, durch drei schlechte Ernten! Gar nicht zu schnell! Das ist eine Gelegenheit für den Westen, die nie mehr wiederkommt, und die muß man sehr ruhig und klar überlegen. Wenn Sie einen Konkurrenten haben, einen Gegner, und Sie sehen, dessen Geschäfte gehen schlecht, dann laufen Sie doch nicht hin und sagen: Hier hast du Geschäftskapital; dann lassen Sie ihn doch runtergehen.

Schorr: Aber wenn der Konkurrent eine Atombombe hat, ist das etwas anders.

Adenauer: Weil der Russe genau weiß, daß der Amerikaner doppelt so viele Atombomben hat, und weil er auch überzeugt ist, daß der Amerikaner davon Gebrauch macht und daß damit Rußland vernichtet wird. Das ist ein gefährliches Spiel, aber das müssen sie eben spielen.

Schorr: Habe ich Sie richtig verstanden, daß Ihre Ostpolitik[47] ihre Grenzen hat, daß Sie in der Ostpolitik nicht zu weit gehen wollen?

Adenauer: Ich sage, auf das Tempo kommt es an. McNamara und ich waren uns darüber einig[48], daß wir noch stärker rüsten müßten als bisher. Wenn die Leute in der NATO glauben, Gott, der Russe ist nicht so gefährlich und man muß ihm jetzt helfen, dann geht die ganze Rüstung kaputt, auch bei Ihnen in Amerika. Das ist doch die große Gefahr.

Schorr: Das ist immer unsere Gefahr, wenn wir abrüsten. Sie sind

immer für Abrüsten gewesen; aber wie kann man abrüsten ohne diese Gefahr?
Adenauer: Zur richtigen Zeit!
Schorr: Eine technische Frage: Die Zeitschrift, für die ich den Artikel jetzt vorbereite, plant zwei Monate voraus, also jetzt für die Nummer Mitte Oktober.
Adenauer: Ach, die armen Leute!
Schorr: Deshalb geht meine Frage dahin: Können wir damit rechnen, wenn das etwa am 20. Oktober [1963] publiziert wird, sind Sie nicht mehr Bundeskanzler? Ist das so klar?
Bu[ndes]ka[nzler] bejaht.
Schorr: Können Sie etwas sagen über Ihre weiteren Pläne? Ich habe gelesen, daß Sie eine große Reise durch Deutschland machen wollen.
Adenauer: Ach, dummes Zeug! Nein, ich muß ein paar Besuche machen[49]. Ich werde z. B. nach Berlin[50] gehen, solange ich noch Bundeskanzler bin. Ich lade den Bundesrat dahin ein und einen Teil des Bundestages, ich kann ihn nicht ganz einladen. Der Bundespräsident veranstaltet eine große Geschichte[51]. Reisen in Deutschland, einige mache ich, nicht viele, für meine Partei, wenn ich nicht mehr Bundeskanzler bin.
Schorr: Werden Sie sich auch am Wahlkampf in zwei Jahren[52] beteiligen?
Adenauer: Im allgemeinen haben mich Wahlkämpfe sehr erfrischt.
Schorr: Und Weltreisen?
Adenauer: Auch das ist dummes Zeug.
Schorr: Das ist nur eine Idee von Dufhues[53]?
Adenauer: Was soll ich denn auf einer Weltreise?
Schorr: Werden Sie noch einmal nach Amerika fahren[54]?
Adenauer: Aus welchem Anlaß? Was soll ich denn da? Aber ich werde noch einmal zum Papst fahren[55].
Schorr: Nach Ihrem Rücktritt oder vorher?
Adenauer: Das werde ich noch vor meinem Rücktritt machen.
Schorr: Sie kennen ihn nicht?
Adenauer: Doch, ich kenne ihn seit Jahren. Als er Pro-Staatssekretär war, als er Erzbischof in Mailand war, hat er mich in Cadenabbia besucht[56].
Schorr: Werden Sie jetzt Ihre Memoiren[57] schreiben?
Adenauer: Da werde ich mich rangeben müssen.
Schorr: Das verlangt die ... von Ihnen. Und Sie bleiben im Bundestag[58]?
Adenauer: Ja, einstweilen sicher.

Schorr: Und den Vorsitz der CDU behalten Sie noch ein oder zwei Jahre[59]?

Adenauer: Das muß sich alles finden. Ich bin gar nicht dafür, große Pläne weit im voraus zu machen. Ich bin dann freier als Sie.

Schorr: Das sind Sie schon jetzt. – Sie bekommen den Artikel in ein paar Wochen. Ich werde nicht all das sagen, was Sie jetzt gesagt haben, und wenn Sie mit dem einen oder anderen nicht übereinstimmen, können Sie streichen, und das bleibt dann alles unser Geheimnis. Dann kommt noch eine Stunde Film in Cadenabbia.

[(]Verabschiedung[)]

Am 15. September 1963 in Cadenabbia, mit Gerhard Schröder, Heinrich Krone, Ludwig Erhard und Heinrich von Brentano (v. l. n. r.)

Abschiedsgesuch vom 10. Oktober 1963:
An den Bundespräsidenten der Bundesrepublik Deutschland, Herrn
Dr. H. Lübke.
Sehr verehrter Herr Bundespräsident! Hiermit erkläre ich meinen Rücktritt vom Amt des Bundeskanzlers der Bundesrepublik Deutschland mit Ablauf des 15. Oktober 1963.
In besonderer Verehrung bin ich Ihr sehr ergebener Adenauer

Nr. 36
11. Oktober 1963: Informationsgespräch (Wortprotokoll)

StBKAH 02.31, mit ms. Vermerk »*Unkorrigiertes Manuskript*«, »*Vertraulich*« und Paraphe »Z[ie]h[e]/Ga[lla][1]«

Teilnehmer: Erich Eggeling[2], Franz Hange – Erika Galla, Karl-Günther von Hase, Theodor-Paul Ziehe

Beginn: 13.25 Uhr   Ende: 13.57 Uhr

Eggeling: Herr Bundeskanzler, ich möchte mich recht herzlich bedanken, daß Sie heute nochmals Zeit für mich haben an einem Tag, der wirklich historisch ist, nachdem Sie heute morgen den wichtigen Brief dem Bundespräsidenten übergeben haben[3]. Ich dachte noch so daran, als ich hierherflog, für uns als dpa geht ja eine Epoche, ein Einschnitt zu Ende, der viel länger ist als Ihre Kanzlerschaft, denn unsere Zusammenarbeit fing ja praktisch 1945 an.

Adenauer: Dessen erinnere ich mich noch sehr genau, und man muß tatsächlich die Zeit auseinanderhalten, 1945–49 und dann nach 1949. Damals, in den Jahren 1945 bis 1949, war es doch sehr schwer – ich meine, auch für die Presse war es sehr schwer.

Eggeling: Ich erinnere mich, daß ich das Vergnügen hatte, Ihnen nach dem Krieg zuerst zu begegnen im Juni oder Juli 1946 nach einer Sitzung des Zonenbeirates[4] in Hamburg; da begegneten wir uns im Garten der Reemtsma-Villa am Zickzackweg. Da fragten Sie noch – Herr Kausch[5] war mit dabei –: Was meinen Sie denn, was kann man eigentlich mit Herrn Schumacher wohl besprechen, was halten Sie von dem? Das ist mir immer im Gedächtnis geblieben. Ich fand überhaupt – das fiel mir heute ein –, daß diese ersten politischen Begegnungen in der Britischen Zone im Zonenbeirat immer im Zickzackweg ausklangen, das war symbolisch für jene Zeit.

Adenauer: Ja – Schumacher, wissen Sie, als die Gefahr für Berlin auf einmal sehr groß war – ich war noch nicht Bundeskanzler, das war lange vorher –, so daß ich mich kurz entschlossen in meinen Wagen gesetzt habe und zu Schumacher nach Hannover[6] gefahren bin, damit unsere Parteien in der Berlin-Sache gemeinsam handelten. Das ist mir aber nicht gelungen, zu Herrn Schumacher vorzudringen; ich bin abgewiesen worden, er ließ sich nicht sprechen. Ich bin dann wieder nach Hause gefahren. Sie sehen daraus – deswegen erwähne ich das auch –, daß in wirklich entscheidenden Fragen die Parteiinteressen nicht übereinstimmten. Aber drüben hat man es erkannt; das war, als Neumann[7] in Berlin auftrat. Ich bin gestern aus Berlin zurückgekommen[8], da fiel auch der Name

Neumann. Der hat gar keine Rolle gespielt, das war ein biederer Mann. Da wurden auch noch zwei andere Namen genannt, die damals in Berlin eine große Rolle spielten. Jetzt hat sich ja das politische Gewicht oder das Angesicht der Politiker sehr geändert gegen damals.

Eggeling: Ja, zweifellos, Herr Bundeskanzler. Dann liegt mir noch am Herzen, Ihnen zu danken für alles Interesse, das Sie unserer Arbeit immer entgegengebracht haben. Wir haben praktisch sozusagen im Schatten der Entwicklung der Bundesrepublik versucht aufzubauen. Wir erleben es ja zum erstenmal in Deutschland, daß wir eine Agentur haben, die unabhängig arbeitet und die versucht – Sie haben es einmal gesagt –, für alle da zu sein. Das war nicht immer ganz einfach.

(*Adenauer:* Sie waren so der Nachfolger vom Deutschen Telegraphenbüro.)

Wir haben es immer sehr dankbar empfunden, Herr Bundeskanzler, daß Sie und Ihre Partei diese Aufgabe, als unabhängige Agentur zu wirken, immer geachtet und respektiert haben. Ich erfülle hier noch einen Wunsch. Gestern telefonierte ich mit Herrn Frenzel[9] in Augsburg von der »Augsburger Allgemeinen Zeitung«, der bei uns im Aufsichtsrat Vorsitzender des Redaktionskomitees ist und der mich gebeten hat, Ihnen einen besonderen Gruß und Dank auszurichten.

Adenauer: Vielen Dank. Wenn Sie ihn wiedersehen, sagen Sie ihm, ich hätte Respekt vor ihm. Mehr kann ich nicht sagen.

Eggeling: Er erinnerte an die ersten großen Reisen, bei denen er immer mit dabeigewesen ist.

Adenauer: Ich bin damals in einem Jahr 100 000 km mit einem alten Horch gefahren, der war wie eine Kanone[10].

(*Eggeling:* Hatten Sie denn auch Pneus genug, das war damals sehr schwierig?)

Ja, wenn man daran denkt, wie glücklich ich war, daß ich durch die Güte von Herrn [Dresbach][11] eine neue Aktentasche bekam, ich brauche sie jetzt noch, die war mit der Hand gemacht in seinem Oberbergischen Kreis. Und wie glücklich man war, wenn man seiner Familie ein paar Kieler Sprotten mitbringen konnte aus Kiel.

In Berlin ist es ja augenblicklich kritisch[12]. Dieser Zusammenstoß zwischen den Amerikanern und den Russen geht ja unentwegt weiter. Das fing gestern um 10 Uhr an, und dann war eine Pause, und heute geht es weiter.

Eggeling: War das nicht mehr eine Begleitmusik zu Ihrem Besuch in Berlin?

Adenauer: Nein. Ich hatte ja ein Flugzeug von den Amerikanern, das störte mich nicht. Nein, nein, das ist schon seit Wochen, sagten mir die Kommandanten. Seit Wochen sind fortwährend Belästigungen und Störungen; man läßt die Leute mit den Autos stundenlang warten ohne sichtbaren Grund. Man will offenbar, so meinten die Herren gestern in Berlin, die Störungen hervorrufen. Für die Amerikaner steht ja allerhand an Ansehen auf dem Spiel. Aber nachdem der Herr Chruschtschow Weizen von Amerika gekauft hat[13], muß er ja seinen Leuten nachweisen, daß er nach wie vor ein mächtiger Mann ist. So habe ich es mir immer vorgestellt, daß, wenn mal wirklich eine Entspannung käme, der Chruschtschow vorher eine große Schweinerei macht, um seinen Leuten zu zeigen: Ich bin der mächtige Mann. Unter dem Gesichtspunkt sehe ich auch diese ganze Geschichte mit den Konvois. Ich hoffe ja, daß nichts daraus entsteht. Aber Chruschtschows Ansehen hat ja bei seiner Bevölkerung gelitten zweifellos durch die Weizenkäufe, und er will zeigen, daß er die Macht hat.

Hange: Das paßt doch nun gar nicht zu dem Entspannungsgespräch. Gromyko war doch mit Kennedy zusammen[14].

Adenauer: Wenn Sie mich vorher gefragt hätten [...] - wie ich das dem Nachfolger von Dulles vor 6-7 Monaten vorhergesagt habe[15], daß die Verschärfung kommen würde, sobald auf der anderen Seite eine Lokkerung eintreten würde.

Eggeling: Die Russen haben das doch oft gezeigt, daß sie auf der einen Seite konziliant waren, und auf der anderen Ecke passiert etwas Häßliches.

Adenauer: Die Amerikaner verstehe ich nicht. Man soll eben nie als erster zu den Russen gehen. Aber die Situation jetzt, na, das wird keine große Geschichte geben. Aber Sie sagen mit Recht, Herr Hange, wie paßt das alles zusammen? Ich hoffe, daß die Amerikaner sich auch mal zur Wehr setzen. Ich bin ja gar nicht gegen die Lieferung von Weizen an die Russen, aber ich hätte gewünscht - ich meine, Weizen gegen Gold zu liefern, ist nichts Humanitäres, sondern das ist politisch. Ich hätte gewünscht, daß man gleichzeitig von den Russen verlangt hätte, die Mauer in Berlin zu entfernen. Aber so sind die Russen immer die Nehmenden.

von Hase: Haben Sie gehört, was Nixon gesagt hat: Die Weizenverkäufe wären der größte Fehler Kennedys[16].

Hange: Man sagt andererseits aber auch, an sich sei das eine gute Sache, daß man ihnen das Gold wegnimmt.

Adenauer: Glauben Sie, daß er das deswegen verkauft hat? Ich sehe die Sache überhaupt in viel weiterem Umfang an, weil ich seit

1955 darauf wartete, daß das einmal kommt. Das ist der Druck von Rot-China, der die Russen zwingt, in Ost-Sibirien tätig zu werden gegenüber der Integration der Chinesen; das sind die erweiterten Lebensansprüche der Russen und die Aufrüstung gegenüber dem Westen. Das zusammen ist den Russen zuviel, und deswegen meine ich, man muß den Russen in eine Lage bringen, daß er in der Tat, nicht in Worten gegenüber dem Westen entspannt. Das ist so meine politische Ansicht. Aber jetzt kriegen die Amerikaner auch die Antwort. Das ist doch eine Unverschämtheit. Die Amerikaner reden von Entspannung, und die Russen in Berlin sind alles andere als für Entspannung.

Eggeling: Diese Dinge werden dem Nixon-Kreis in Amerika entschieden Auftrieb geben.

Adenauer: Ja, das sind die Wahlsachen. Aber das ist Sache der Amerikaner, wen sie wählen, das geht uns nichts an. Aber die Position der Russen ist so, daß sie, wenn sie nicht zu vorzeitig die Hilfe bekommen, dann verhandeln würden über Tage, über andere Sachen, nicht über Weizenverkäufe. Sie wollen ja auch die chemischen Fabriken haben. Das ist die zweite Frage, eine ungemein wichtige Frage, weil sie davon Kunstdünger haben wollen und Stoffe. Aber sie wollen nicht bezahlen; sie wollen das zehn Jahre auf Kredit haben. Und nun finden sie welche. Es kann sein, daß eine englische Firma schon den Vertrag abgeschlossen hat – zehn Jahre auf Kredit. Welcher vernünftig denkende Mensch würde Rußland zehn Jahre Kredit geben? Nein, die ganze Situation, glaube ich, verdient eine sehr aufmerksame Betrachtung. Deswegen bin ich auch dafür, daß dieser ganze Komplex in NATO besprochen wird. Denn NATO hat ja nach einem Gutachten der drei Weisen[17] [vom] Jahre 1956 das Recht, auch die wirtschaftspolitischen Fragen in seinen Bereich zu ziehen. Und ich halte es für falsch, wenn der eine so handelt und der andere so. Das ist immer der große Vorteil der Russen.

Eggeling: Ja, das ist das Handicap der Demokratie, daß die noch dazu dann im Bündnis nur so hart sind wie das schwächste Glied in der Kette.

Adenauer: Das ganze Problem ist: Kann Sowjetrußland mit seiner jetzigen Wirtschaftskraft diese Aufgaben erfüllen oder nicht, und soll man sie unterstützen? Und wenn man zu dem Ergebnis kommt, aus eigener Kraft kann es das nicht, dann halte ich es für ganz falsch, wenn man Sowjetrußland das gibt, ehe es Beweise seines guten Willens gegeben hat. Das ist ein Unfug. Das sind doch wie zwei Konkurrenten. Würde denn ein Konkurrent dem andern Konkurrenten Darlehen geben, wenn es ihm schlecht geht? Ich glaube nicht.

Eggeling: Aber es ist leider so, daß auf der andern Seite auch wieder Konkurrenten stehen. Wenn der eine es nicht tut, tut's der andere.

Adenauer: Dafür haben wir ja die NATO.
Hange: Bei der Röhren-Sache[18] ist es doch gelungen. Damals schien es, als seien die Engländer bereit, in die Lücke einzutreten. Dann haben sie es aber nicht getan.
Adenauer: Wenn alle zusammenhalten würden – die kleinen Länder haben ja nichts zu bieten. Aber wenn England und Deutschland und Frankreich zusammenhalten würden.
Eggeling: Und Kanada – denken Sie an Industrie usw.
Adenauer: Ich denke an die ganzen Sachen – Industrie und auch chemische Dinge.
Eggeling: Das sind praktisch nur die vier Länder.
Adenauer: Ich sagte dieser Tage dem Herrn Smirnow[19]: Sie verwechseln mich mit dem Herrn Beitz[20](?), weil er mir von den »schönen Geschäften« sprach.
Eggeling: Ich darf daraus den Schluß ziehen, daß Sie, wenn Sie dieses Haus verlassen, nicht nach amerikanischem Beispiel die Interessen eines großen Industrieunternehmens übernehmen, sondern in Ihrem Geschäft bleiben!
Adenauer: Ich kann mich nicht mehr ändern, nach meinem ganzen bisherigen Leben. Ich möchte nur, daß endlich einmal Deutschland vereinigt würde und frei wäre.
Ich war gestern in Berlin – auf der Straße die ganze Bevölkerung, von den Kindern angefangen, unendlich viele Frauen. Könnten Sie Frauen weinen sehen? Die weinten, weil ich weggehe. Das ist doch Angst! Also, die Leute leben doch in Angst, und das ist schrecklich, wenn Millionen Deutsche in Angst leben. – Aber die Presse – ich greife jetzt nicht dpa an – hat in den letzten Wochen von all den Vorfällen auf der Autobahn nichts gebracht.
Eggeling: Da haben die Amerikaner offenbar mit Informationen zurückgehalten.
Hange: Gestern konnten sie nicht anders; da mußten sie es zugeben.
Adenauer: McGhee[21] hat in Nürnberg gesagt: Was ist denn da Schlimmes, wenn ein Auto mal drei Stunden wartet. Jetzt hat der Russe es ihnen beigebracht!
Eggeling: Mit solchen Äußerungen sollte man vorsichtig sein.
Herr Bundeskanzler, darf ich etwas zudringlich etwas Zupackendes fragen? Sie haben in den letzten Wochen so viele Interviews gegeben[22]. Welche Frage ist Ihnen eigentlich noch nicht gestellt worden, die Sie gestellt gesehen haben würden?
Adenauer: Ich wünsche nur immer gefragt zu werden: Wie ist die

wirtschaftliche Lage Rußlands. Das ist für mich das Wichtigste. Ich gehe damit schlafen und stehe damit auf. Wir werden keinen nuklearen Krieg bekommen, das glaube ich nicht, aber jeder große Krieg mit konventionellen Waffen wird enden in einem nuklearen Krieg, und das wäre alles schrecklich. Deswegen, meine ich, sind wir verpflichtet, wenn es eine Möglichkeit gibt, die ganze Sache aus der Welt zu schaffen, dann soll man es tun.

Ich möchte noch eins sagen: Als der Bund gegründet wurde im Jahre 1949, da war in Rußland noch eine echte Einheit vor uns, die war da, und Chruschtschow hat noch im Jahre 1955 mir vorgehalten[23], daß 15 [Millionen] Tote von ihnen nicht vergessen werden könnten. Aber jetzt ist der Wert der Bundesrepublik für Rußland, der Besitzwert, ein ganz anderer. Jetzt ist in der Zwischenzeit die Wirtschaft in der Bundesrepublik so gewachsen, so erstarkt, daß, wenn Sowjetrußland die deutsche Wirtschaft auf dem Wege über die Wiedervereinigung in die Hand bekommt, es wirtschaftlich stärker wäre als Amerika, und wenn dann Frankreich und Italien denselben Weg gehen würden – und Sie wissen, daß dort starke kommunistische Parteien sind –, dann ist Sowjetrußland die wirtschaftlich mächtigste Macht der Welt, und dann würde auch sein Widerstand gegenüber Rot-China ein ganz anderer werden können als jetzt. Daher hat der Besitz der Bundesrepublik augenblicklich eine solche Bedeutung. Wir müssen umgekehrt darüber klar sein, welchen Wert wir haben und wie infolgedessen Sowjetrußland darauf aus ist, uns zu kriegen. Die Amerikaner können sich so furchtbar schwer in die Lage und Mentalität eines anderen Volkes versetzen, das liegt natürlich auch etwas an ihrer Gutherzigkeit.

Eggeling: Und sie sind noch nicht lange genug in dem großen politischen Geschäft drin.

Adenauer: Nein. 1900 war die englische Flotte die größte Flotte der Welt. Es gab keine Flugzeuge, England beherrschte die Welt. Deutschland hatte die stärkste Armee der Welt und beherrschte damit politisch Europa. Und in Amerika konnte man um 1900 von einer Flotte und einer Armee nicht sprechen, es hatte überhaupt keine auswärtige Politik. Das hat sich in den 60 Jahren alles geändert.

Eggeling: Aber sie haben diese auswärtige Politik angefangen ohne eine diplomatisch-politische Erfahrung und Tradition.

Adenauer: Das haben sie eben nicht, das ist ein Irrtum. Sehen Sie, der Vater von Truman war ein reicher Bankier[24]. Er hatte im Wahlkampf die Demokraten mit Geld unterstützt. Infolgedessen wurde er Botschafter in London. Die britische Regierung hat wegen seines sehr robusten Auftretens dort mehrfach gebeten, ihn abzuberufen; das geschah aber nicht, und von Außenpolitik wußte er nichts. Es war doch immer so Usus in Amerika, daß derjenige, der die Partei, die dann siegte, bei der Wahl unterstützte, einen Botschafterposten bekam. Jetzt ist das nicht mehr so. Aber mit jedem Präsidenten kommt jetzt eine ganze Ära von Professoren, die die Politik machen. Ein Professor kann noch so klug sein und noch soviel wissen, in der Außenpolitik beruht der Erfolg darauf, wirklich jedes Steinchen auf dem anderen Steinchen aufzubauen. Ich streite den Amerikanern gar nicht ihre Gutherzigkeit ab. Auch gegen uns – wenn man an den Krieg denkt –, sie waren schnell versöhnt. Wie lange hat der Krieg gedauert, und im Jahre 1953 bin ich in Amerika aufgenommen worden[25], auch in Washington, durch ganz Amerika! Ich bin der treueste Freund und Bundesgenosse gewesen von jeher. Sie vergessen leicht. Aber in der Außenpolitik? Nehmen Sie an, Sie machen ein Gesetz ... oder ein Sozialgesetz; das können Sie so machen oder so machen; Sie können es auch wieder ändern, wenn Sie sehen, man hat dort einen Fehler gemacht. In der Außenpolitik nicht! Wenn man in der Außenpolitik Fehler macht, die wirken nach. Und deswegen ist gerade in der Außenpolitik Können, Wissen und Tradition außerordentlich wichtig.

Hange: Sie sprachen von Fehlern in der Außenpolitik. Ich darf auf den deutsch-französischen Vertrag[26] hinweisen. Gestern ist eine Entscheidung im Bundestags-Verteidigungsausschuß gewesen[27]. Die Abstimmung 13 gegen 12 Stimmen zeigt doch wieder eine Tendenz gegen den deutsch-französischen Vertrag. Ich könnte mir denken, daß eines Tages die Franzosen sagen, was sollen wir den Deutschen nachlaufen...

Adenauer: Wir haben schon in den logistischen Sachen einen Fall gehabt. Da trifft unser Ministerium die Schuld. Das hatte [mit] den Amerikanern verhandelt und die Franzosen nicht benachrichtigt, und die Verpflichtung der Konsultation verlangt natürlich, daß ich während der Verhandlungen den anderen befrage über seine Meinung. Es handelte sich um Sachen, die in Frankreich liegen – das bitte ich aber ganz für sich zu behalten. Nachher sagten die Deutschen, wir müssen das jetzt mal den Franzosen sagen, und dann baten die Amerikaner noch, es doch noch nicht zu tun.

Hange: Da sind die in Paris natürlich sauer. Aber sie werden doch künftig ihre Aufgabe darin sehen, dem deutsch-französischen Vertrag das Gewicht zu geben, das er verdient.

Adenauer: Er ist für Europa absolut notwendig. Das müßten die Amerikaner einsehen. Die richten sich aber sehr nach England, und England ist ja augenblicklich in einem bedauernswerten Zustand. Die Konservative Partei gespalten; in der Labour Party sind ganz sicher gewisse Gruppen drin, die von unserem Standpunkt aus betrachtet nicht etwa als Sozialisten angesehen werden müßten, sondern als Kommunisten; Macmillan wird nun operiert, er liegt danieder; der Parteikongreß der Konservativen[28] sollte in der nächsten Woche beginnen. Stellen Sie sich die Situation vor, und im nächsten Herbst müssen sie die Wahlen des Parlaments durchführen[29]. Also England fällt höchstwahrscheinlich für die europäische Politik für die nächsten 12 Monate aus. Da wird sich keine Partei festlegen, um der anderen keinen Wahlstoff zu geben.

Abgesehen davon – in der »Welt« war ein guter Artikel und auch in der »Frankfurter Allgemeinen« –, die Engländer haben noch nicht erkannt, was ihre Aufgabe ist. Sie meinen noch, sie wären ein ungeheuer großes Reich. Das sind sie nicht mehr. Die Flotte hat keinen Zweck mehr. Indien haben sie verloren. Die Dominien machen sich alle mehr oder weniger selbständig. Ein Empire sind sie nicht mehr, schließlich sind sie nur noch eine Insel vor den Toren Europas. Das ist hart! Wenn man denkt – England wollte ja auch einmal Frankreich beherrschen, vor 100 Jahren –; es hat sich zurückgezogen, hat sich dem Meere zugewandt und auch große Erfolge und Großes erreicht. Das ist jetzt vorbei. Die Engländer sind auf längere Sicht gesehen in einer ungemein schwierigen Situation, und für uns ist das traurig, daß sie jetzt tatsächlich demnächst ausfallen.

Hange: Deswegen müssen wir vielleicht größeren Wert auf die Zusammenarbeit mit Frankreich legen.

Adenauer: Wir liegen dicht an dicht. Das Schicksal Deutschlands ist das Schicksal Frankreichs gegenüber dem Osten, und das Schicksal Frankreichs ist das Schicksal Deutschlands. Darüber kann man gar kein Wort verlieren.

Montag, den 14. Oktober 1963

9 Uhr	Pontifikalmesse für Volk und Vaterland, besonders zur Überwindung der Spaltung Deutschlands Apostol. Nuntius Bafile Bonner Münsterbasilika
10 Uhr 10	beim Zahnarzt Dr. Vollmar
10 Uhr 30	Herr Bott (persönlicher Referent von Prof. Heuß) überreicht ein Buch von Prof. Heuß
10 Uhr 40	StS. v. Hase
11 Uhr bis 12 Uhr	Empfang, gegeben von der Bundespressekonferenz für den Herrn Bundeskanzler - Redoute -
12 Uhr 15	Botschafter Shinnar Dr. Osterheld Herr Weber
12 Uhr 40	Botschafter Roberts Dr. Osterheld Herr Weber
~~12 Uhr 40~~	
13 Uhr 05	Frühstück zu Ehren von StS. Globke
15 Uhr	BM Lücke Überreichung des Bundesverdienstordens
16 Uhr 40	BM Stücklen Überreichung des Bundesverdienstordens
17 Uhr 05	Abfahrt zur Villa Hammerschmid
17 Uhr 10	Abfahrt zusammen mit dem Herrn Bundespräsidenten zur Beethovenhalle
bis 19 Uhr 30	Abschiedsempfang, gegeben von dem Herrn Bundespräsidenten für den Herrn Bundeskanzler

Aus dem Terminkalender

Dienstag, den 15. Oktober 1963

9 Uhr 30	Übergabe der neuen Räume des Herrn Bundeskanzlers im Bundesratsflügel
10 Uhr	Abschiedssitzung der Fraktion
11 Uhr 15	Herr Bundeskanzler zurück ins Haus des Bundeskanzlers
11 Uhr 20	StS. Globke
12 Uhr	Verabschiedung des Bundeskanzlers vor dem Plenum
13 Uhr 15	Herr Bundeskanzler zurück ins Haus des Bundeskanzlers
	Abschreiten einer Ehrenformation des Bundesgrenzschutz
13 Uhr 25	Frühstück im Familienkreis
17 Uhr	Verabschiedung des Kabinetts beim Bundespräsidenten
18 Uhr 10	zurück ins Haus des Bundeskanzlers
20 Uhr	Abendessen beim Bundestagspräsidenten Gerstenmaier Bad Godesberg, Dollendorferstr.

Aus den Notizen für die Abschiedsrede als Bundeskanzler vor dem Deutschen Bundestag (15. Oktober 1963):
Dank an Gerstenmaier / Dank an Bundestag / Dank dem ganzen deutschen Volke – Stetigkeit in der politischen Haltung wesentlich, um das verlorene Vertrauen im Inland und im Ausland wiederzugewinnen. – Stetigkeit Grundlage konstruktive Mißtrauen / Dank dem Parl[amentarischen] Rat – Katz / [Ergänzung unten] Wirtschaft etc. soziale Fragen / Mein Dank gilt Ihnen, gilt dem deutschen Volke, dem ich meine Kraft widmen werde bis zuletzt.

2

Vertrauen im
Inlande und im
Auslande wieder-
zugewinnen.

Stetigkeit Grund-
lage Standpunkt:
kein Mißtrauen
durch dauernd Wort-
bruch – Trotz

X [illegible]
[illegible]

6.

Mein Dank gilt Ihnen, gilt dem deutschen Volke, dem ich meine Kraft widmen werde bis zuletzt.

Bildteil

Felix von Eckardt

Karl-Günther von Hase

Bei einem Empfang der DIMITAG-Gemeinschaft in der Redoute,
Bad Godesberg (20. Oktober 1961)

Mit Max Schulze-Vorberg

24. Februar 1962: Besuch von Robert und Edward Kennedy in Bonn
(v.l.n.r.: Dean Rusk, Edward und Robert Kennedy, Heinz Weber)

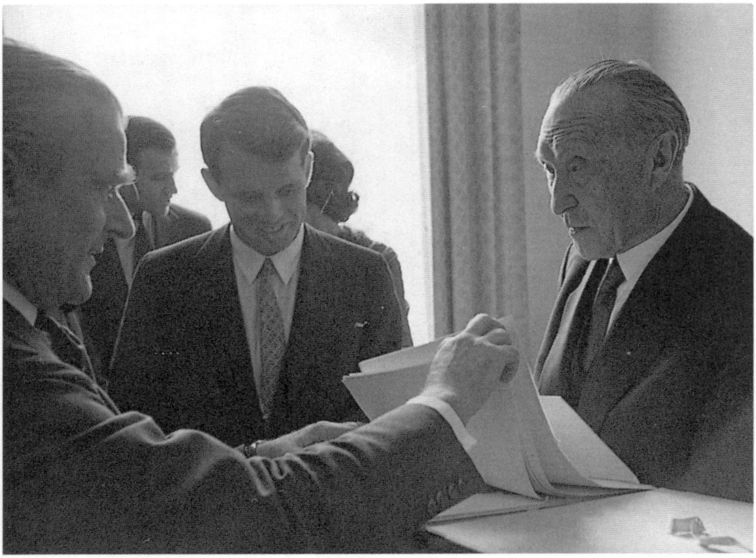

19. November 1961, Flughafen Köln-Wahn: Vor dem Abflug in die USA, mit Ludwig Erhard und Gerhard Schröder

22. Juni 1962: Dean Rusk in Bonn

2. Juli 1962: Eintreffen in Paris

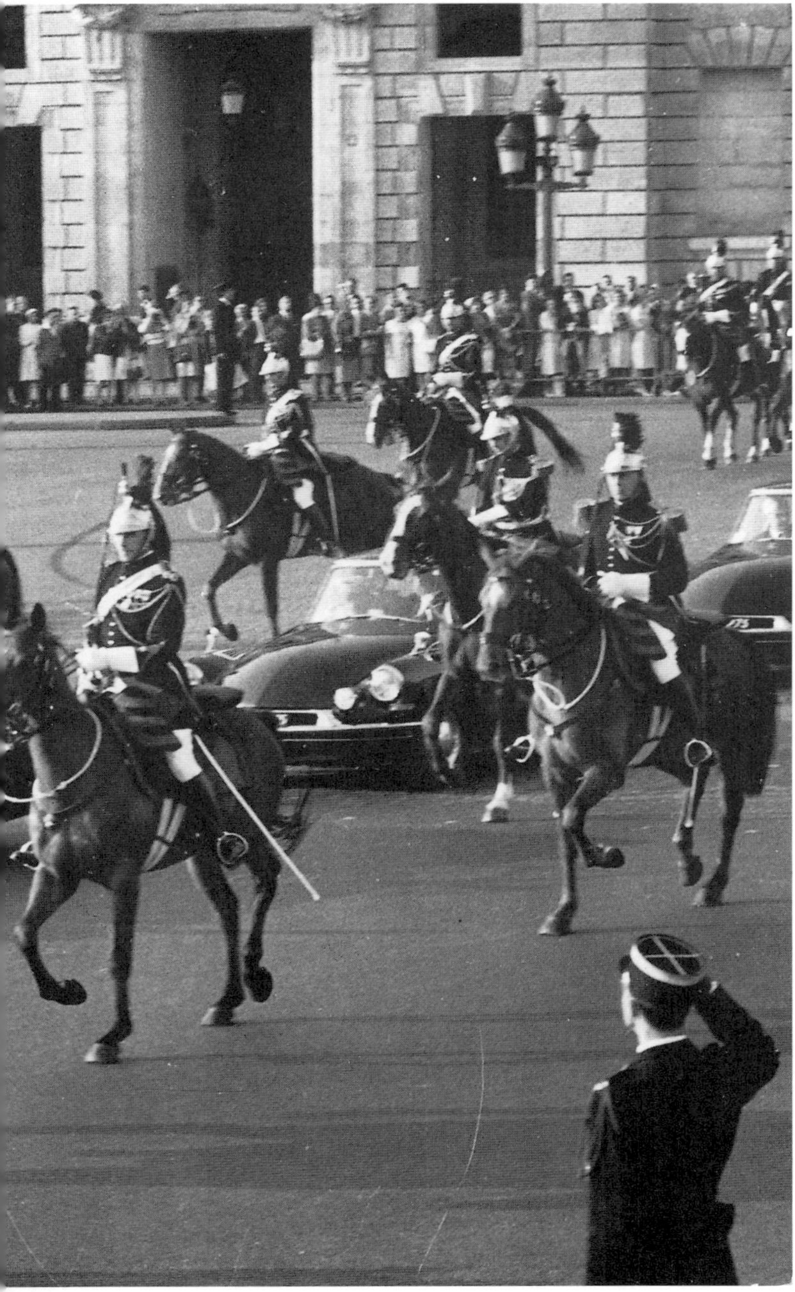

3. Juli 1962: Vor dem Elysee-Palast

Vor dem Hotel Matignon (Paris), mit François Seydoux,
Maurice Couve de Murville, André François-Poncet und Georges Pompidou
(v.l.n.r.; 3. Juli 1962)

In der Kathedrale von Reims (8. Juli 1962)

Charles de Gaulle am 5. September 1962 in Rhöndorf –
rechts Paul Adenauer und Ria Reiners

30. Oktober 1962: Mit Vijaya Lakshmi Pandit

15. November 1962: Vor dem Weißen Haus, neben Adenauer seine Tochter
Libet Werhahn – neben Kennedy seine Frau Jacqueline und Dean Rusk

oben: Adenauer stellt Bundespräsident Lübke
die neuen Mitglieder seines Kabinetts vor – Ewald Bucher, Rainer Barzel,
Werner Dollinger, Rolf Dahlgrün, Alois Niederalt, Hans Lenz und
Bruno Heck (v.l.n.r.; 13. Dezember 1962)
unten: Unterzeichnung des deutsch-französischen Vertrages im Elysee-Palast
(22. Januar 1963)

23. Juni 1963: John F. Kennedy in Köln

4. Juli 1963: Plenarsitzung der französischen und deutschen Delegationen im Großen Kabinettssaal des Palais Schaumburg

5. Juli 1963: Vor Schloß Ernich

5. Juli 1963: Abschied von Charles de Gaulle auf dem Flugplatz Köln-Wahn rechts: Neben Adenauer Rolf Dahlgrün. Ludwig Erhard und Walter Scheel (v.l.n.r.)

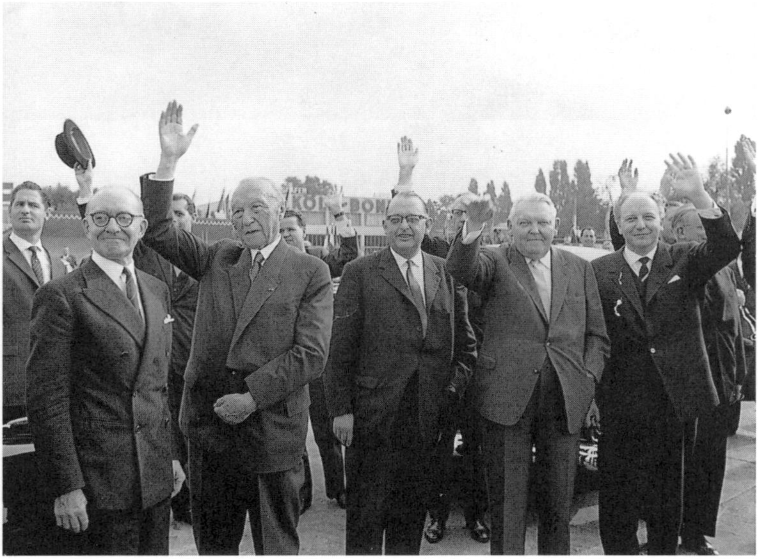

15. Oktober 1963: Mit Heinrich Lübke und Ludwig Erhard

Willy
Brandt

Heinrich
von Brentano

Wolfgang
Döring

Karl Theodor
Freiherr zu Guttenberg

Hermann
Höcherl

Heinrich
Krone

Elisabeth Schwarzhaupt

Franz Josef Strauß

Kommentar

Nr. 1
a ⟨ ⟩ Vom Bearb. korrigiert aus »Gruppen«.
b ⟨ ⟩ ... aus »241«; vgl. Anm. 5.
c ⟨ ⟩ ... aus »66«; vgl. a.a.O.
1 Dort auch die Unterlagen zur Vorbereitung des Gesprächs und zur anschließenden Diskussion um Gesprächsverlauf und -ergebnis: »Der Herr Bundeskanzler hat das von Mr. Hargrove vorgelegte Manuskript vom 20.9.1961 *nicht* genehmigt« (aus einem internen Vermerk des Kanzleramtes vom 15.12.1961). Das deswegen vereinbarte ›erneute Gespräch‹ fand am 13.12.1961 statt; vgl. Nr. 5.
2 Heinz *Weber* (geb. 1924), 1951–1989 Chefdolmetscher im Auswärtigen Amt.
3 Charles *Hargrove* (geb. 1922), 1948–1950 stellvertretender Chefredakteur für Auslandsnachrichten bei der »Times« (London), 1950–1953 deren stellvertretender Korrespondent in Paris, dann Korrespondent in Berlin (1953/54) und in Bonn (1960–1966). – Nachweis früherer Teilnahme an Adenauers Teegesprächen (mit weiteren biographischen Angaben): 1959–1961, S. 439, 465. – Zu diesem Gespräch mit Hargrove der Hinweis bei Hanns Jürgen *Küsters*, Konrad Adenauer, die Presse, der Rundfunk und das Fernsehen, S. 26.
4 Hans-Heinrich *Herwarth von Bittenfeld* (geb. 1904), 1949–1951 Leiter des Arbeitsstabes Protokoll im Bundeskanzleramt und zugleich im Bundespräsidialamt, 1951–1955 Protokollchef des Auswärtigen Amts, 1955–1961 Botschafter in London, 1961–1965 Staatssekretär im Bundespräsidialamt, 1965–1969 Botschafter in Rom. – Das zuvor letzte in StBKAH nachweisbare Gespräch Adenauer–Herwarth hatte am 15.2.1961 stattgefunden (Besucherliste).
5 Ergebnis der vierten Bundestagswahlen vom 17.9.1961 (mit den Vergleichswerten vom 15. 9. 1957):
CDU 35,8 (39,7) %, CSU 9,5 (10,5) %, (CDU/CSU = 242 Mandate), SPD 36,2 (31,8) % (= 190), FDP 12,8 (7,7) % (= 67), Sonstige 4,8 (7,1) %; vgl. Rudolf *Morsey*, Die Bundesrepublik Deutschland, S. 250.
Zu den anschließenden Koalitionsverhandlungen und zur Bildung des vierten Kabinetts Adenauer (nach CDU/CSU–FDP-Vereinbarung vom 2.11.1961 am 14.11.1961 abgeschlossen) vgl. Gerhard *Loewenberg*, Parlamentarismus, S. 304-307; Wolfgang F. *Dexheimer*, Koalitionsverhandlungen in Bonn, S. 28–73; Erich *Mende*, Die schwierige Regierungsbildung 1961, passim; Daniel *Koerfer*, Kampf ums Kanzleramt, S. 555-609, und Hans-Peter *Schwarz*, Adenauer. Der Staatsmann, S. 671-699.
6 Heinrich *von Brentano* (1904–1964), Dr. jur., 1949–1964 MdB (CDU), 1949–

1955 und 1961-1964 Vorsitzender der CDU/CSU-Fraktion, 1955-1961 Außenminister.
7   Hans *Globke* (1898-1973), Dr. jur., ab 1949 im Bundeskanzleramt, ab 1950 Ministerialdirektor, 1953-1963 Staatssekretär im Bundeskanzleramt. – Adenauer hatte sich am 20.9.1961 zunächst mit von Brentano (ab 11.15 Uhr), dann auch mit Globke beraten (ab 11.20 Uhr); Besucherliste.
8   Nach der Errichtung der Berliner Mauer am 13.8.1961; zu Ereignisablauf, zur Bewertung durch Adenauer und zur umfangreichen Literatur vgl. seine »Teegespräche 1959-1961«, S. 540-554, 763-770. Dazu jetzt ergänzend: Hans-Peter *Schwarz*, a.a.O., S. 660-669.
Zum Mauerbau auch die Erinnerungen Adenauers in einem kurz nach dem Ausscheiden aus dem Kanzleramt geführten Gespräch: »Bürgermeister Brandt hat mir damals erzählt, daß er sich sofort an den amerikanischen Offizier in Berlin gewandt hat, daß er aber erst nach 60 Stunden eine Auskunft bekommen hat. ... Die Russen haben die Verträge gebrochen, haben die Mauer aufgeführt. Das durften sie nicht tun. Sie haben den Verkehr gesperrt; das durften sie nicht tun. Und die Amerikaner und die anderen haben sich das gefallen lassen. ... Weil sie zu lau waren. 60 Stunden dem Bürgermeister überhaupt keine Auskunft zu geben – Sie können sich denken, wie verzweifelt die Deutschen waren« (aus seinem Informationsgespräch mit Marguerite *Higgins* vom 30.10.1963; Wortprotokoll in StBKAH 02.32).
9   Walter *Ulbricht* (1893-1973), 1949-1960 1. Stellvertreter des Vorsitzenden des DDR-Ministerrates, 1950-1953 SED-Generalsekretär, 1953-1971 1. Sekretär des Zentralkomitees der SED, seit 1960 Vorsitzender des Nationalen Verteidigungsrates, 1960-1973 des Staatsrates.
10 Zur Wahlkampfstrategie der FDP und ihrer Verhandlungsführung während der Regierungsbildung vgl. Erich *Mende*, Die neue Freiheit, S. 642-663. Vgl. a. Daniel *Koerfer*, a.a.O., S. 555-609.
11 Die in Adenauers »Teegesprächen« häufigen Rückbezüge zu den unter dem Nationalsozialismus gemachten Erfahrungen sind aus dem Sachregister ersichtlich (Stichwort »Nationalsozialismus«). Vgl. a. Adenauer im Dritten Reich, passim.
12 Hierzu die grundlegenden Erklärungen und Vereinbarungen in: Dokumente zur Berlin-Frage 1945-1966, S. 1-59. Vgl. a. die Ausführungen zur »Entstehung des Viermächtestatus Berlins« bei Alois *Riklin*, Das Berlinproblem, S. 19-39, und Dieter *Mahncke*, Berlin im geteilten Deutschland, S. 33-39.
13 Der Gesprächspartner konnte nicht nachgewiesen werden.
14 Zur Präsenz des Bundestages in Berlin (2. und 3. Wahlperiode: je 4 Plenarsitzungen, 1961-1965 nur noch eine) die Übersicht im Datenhandbuch, S. 651.
15 Als Berliner Stadtkommandanten amtierten 1961 Generalmajor Sir Rohan *Delacombe* (Großbritannien), General Jean *Lacomme* (Frankreich) und Generalmajor Albert *Watson* (USA). Ihre Protestschreiben (gleichen Wortlauts) hatten sie

am 15.8.1961 dem sowjetischen Stadtkommandanten, Oberst Andrej I. *Solowjew*, übermittelt; Druck: Dokumente zur Deutschlandpolitik, IV/7, S. 43f.
16 »Drinnen und draußen wird gesündigt« (nach Horaz).
17 Vgl. Hans-Peter *Schwarz* (Hrsg.), Berlinkrise und Mauerbau, passim. Vgl. a. Horst *Osterheld*, »Ich gehe nicht leichten Herzens...«, S. 50-66 (S. 63f. zum Berlin-Aufenthalt Adenauers am 22.8.1961).
18 Ernst *Lemmer* (1898-1970), 1952-1970 MdB (CDU), ab 1956 Bundesminister in verschiedenen Ressorts (-1957 Post, 1957-1962 Gesamtdeutsche Fragen, 1964/65 Vertriebene), 1956-1961 Vorsitzender der CDU in Berlin. - Zu den Vorkommnissen vom 13.8.1961 (auch zu den hier erwähnten Telefonaten) seine Darstellung: Manches war doch anders, S. 372.
19 Zur Sitzung des CDU-Bundesvorstands (19.9.1961, 11.15-13.15 und 13.50-16.00 Uhr; Besucherliste) die Angaben bei Hans-Peter *Schwarz*, a.a.O., S. 674.
20 Adenauer bezieht sich damit auf die FDP-Wahlkampfführung (auch mit dem Slogan »Für die CDU - ohne Adenauer!«) und die tags zuvor öffentlich erfolgte Festlegung der Liberalen auf die Kanzler-Nachfolge durch Ludwig *Erhard*; vgl. Erich *Mende*, a.a.O., S. 646f., und Daniel *Koerfer*, a.a.O., S. 563f.
21 Otto Fürst *von Bismarck* (1815-1898), preußischer Ministerpräsident (1862-1890) und Reichskanzler (1871-1890). Die ihm hier zugeschriebene Äußerung läßt sich als »Bismarck-Zitat« nicht verifizieren.
22 In diesem Zeitraum wurden auch andere Versionen verbreitet; so berichtete die »Frankfurter Allgemeine« am 26.9.1961 über ein BBC-Interview Adenauers, »... er habe nicht die Absicht, noch einmal vier Jahre im Amt zu bleiben, falls er wieder zum Bundeskanzler gewählt werden sollte. Er fügte hinzu: ›Ich habe jetzt genug‹.« - Zu diesem entscheidenden Aspekt der beiden letzten Kanzlerjahre Adenauers vgl. Nr. 23, Anm. 29; Nr. 26, Anm. 4.
23 Dean *Rusk* (geb. 1909), 1946-1952 Leiter der Fernost-Abteilung im amerikanischen Außenministeriums 1952-1960 Präsident der Rockefeller Foundation, 1961-1969 Außenminister.
24 Andrej Andrejewitsch *Gromyko* (1909-1989), 1956 Mitglied des ZK der KPdSU (ab 1973 Mitglied des Politbüros), seit 1957 sowjetischer Außenminister. Nach der Außenministerkonferenz der drei Westmächte (Washington, 15./16.9.1961) trafen Gromyko und Rusk am 21., 27. und 30.9.1961 in New York zu Sondierungsgesprächen über Deutschlandpolitik und Berlinfrage zusammen; vgl. AdG, Jg. 31 (1961), S. 9336, 9384.
25 Nikita Sergejewitsch *Chruschtschow* (1894-1971), 1939-1964 Mitglied des Politbüros und 1952-1966 des Präsidiums des ZK der KPdSU, ab 1953 deren Erster Sekretär, 1958 zugleich Vorsitzender des Ministerrats, 1964 seiner Staats- und Parteiämter enthoben, schied 1966 aus dem ZK der KPdSU aus.
26 Adenauer erhielt nach den Bundestagswahlen 1961 mehrere derartige Briefe aus der Bevölkerung; dazu die Belege in StBKAH 10.44.

27 S. oben Anm. 22.
28 Die 5. Bundestagswahlen fanden am 9.9.1965 statt; vgl. Nr. 29, Anm. 34. – »Den Wahlkampf 1965 beabsichtige ich nicht, für meine Partei zu führen. Ich werde daher mein Amt als Bundeskanzler so rechtzeitig niederlegen, daß mein Nachfolger in diesem Amte eingearbeitet ist, dies zu tun« (Adenauer am 8.11.1961 an Heinrich *Krone*, gleichlautend auch an Erich *Mende*; vgl. Konrad Adenauer, Dokumente aus vier Epochen, S. 174); hierzu die Abb. auf S. 21.
29 Sir Winston Leonard Spencer *Churchill* (1874–1965), 1940–1945 und 1951–1955 britischer Premierminister.
30 Sir Brian Hubert *Robertson*, Baron of *Oakridge* (1896–1974), 1945–1947 stellvertretender Militärgouverneur, 1947–1949 Militärgouverneur der britischen Zone, 1949/50 Hoher Kommissar Großbritanniens in Deutschland, 1950–1953 Oberbefehlshaber der britischen Luftstreitkräfte im Nahen Osten, 1953–1961 Präsident der staatlichen britischen Transportkommission. – Das im Beisein von Horst *Osterheld* geführte Gespräch Adenauer–Robertson datiert vom 12.9.1961 (Besucherliste).
31 Churchill hatte zum 10.5.1940, mit Beginn der deutschen Weltkriegsoffensive im Westen, ein Koalitionskabinett von Konservativen und Labour Party gebildet, das bis zum 23.5.1945 Bestand hatte.
32 Premierminister *Macmillan* hatte am 31.7.1961 vor dem Unterhaus die Aufnahme von Verhandlungen über einen EWG-Beitritt Großbritanniens angekündigt; nach Übergabe des förmlichen Gesuchs an den EWG-Ministerrat (10.8.1961) wurden die Beitrittsverhandlungen am 10.10.1961 in Paris eröffnet; vgl. Harold *Macmillan*, At the End of the Day, S. 1-32. Vgl. a. EA, Jg. 16 (1961), S. 471-473; Jg. 17 (1962), S. 469-483. – Zu den wichtigsten Stationen (Fortschritten und Rückschlägen) des in diesem Band dokumentierten weiteren Verfahrens Nr. 15 (Anm. 30), 17 (Anm. 23), 18 (Anm. 15, 22, 42), 19 (Anm. 15), 20 (Anm. 7), 21 (Anm. 14), 25 (Anm. 8, 26, 38).
33 Walter *Hallstein* (1901–1982), Prof. Dr. jur., 1950 Staatssekretär für auswärtige Angelegenheiten im Bundeskanzleramt, 1950/51 Leiter der deutschen Delegation bei den Verhandlungen über den EGKS-Vertrag, 1951–1957 Staatssekretär im Auswärtigen Amt, 1958–1967 Präsident der EWG-Kommission, 1968–1974 Präsident der Europäischen Bewegung, 1969–1972 MdB (CDU). – Hallstein wurde am 21.9.1961 vom Kanzler empfangen; vgl. Horst *Osterheld*, a.a.O., S. 71.
34 Anspielung auf die britische »Appeasement«-Politik gegenüber dem Dritten Reich, Chamberlains Godesberger Verhandlungen mit Hitler (22./23.9.1938) und das anschließende Münchener Abkommen zur Abtretung der sudetendeutschen Gebiete an Deutschland (29.9.1938); vgl. Adenauer im Dritten Reich, S. 339f., 635.
35 Nach Veröffentlichung einer entsprechenden Erklärung zur Wiederaufnahme sowjetischer Kernwaffenversuche durch die Agentur TASS am

Anmerkungen zu Nr. 1-2   503

30./31.8.1961; vgl. AdG, Jg. 31 (1961), S. 9308-9310. – Zur Explosion einer sowjetischen 50-Megatonnen-Bombe am 30.10.1961 die Angaben a.a.O., S. 9438f.

Nr. 2

a ⟨ ⟩ Vgl. Nr. 1, Anm. c.

1   Hermann *Kusterer* (geb. 1927), 1951-1971 Dolmetscher im Auswärtigen Amt, dolmetschte in dieser Zeit fast alle Gespräche Adenauers mit de Gaulle, seit 1972 Leiter des Sprachendienstes.

2   Robert Harley *Estabrook* (geb. 1918), ab 1946 Kolumnist, 1953-1962 Herausgeber, 1962-1971 diplomatischer Auslandskorrespondent der »Washington Post«.

3   Flora *Lewis Gruson*, 1956-1958 Osteuropa-Korrespondentin der »Washington Post« in Prag und Warschau, leitete 1958-1965 deren Büros in Bonn und London, 1965/66 in New York, 1967-1972 das Zeitungssyndikat »Newsday« der »New York Times« in Paris und 1972-1980 das dortige Büro der »New York Times«, seit 1980 deren außenpolitische Kolumnistin. Nachweis früherer Teilnahme an Adenauers Teegesprächen (mit weiteren biographischen Angaben): 1955-1958, S. 313; 1959-1961, S. 215, 303.

4   Felix *von Eckardt* (1903-1979), 1952-1955 und 1956-1962 Leiter des Presse- und Informationsamtes der Bundesregierung (ab 1958 als Staatssekretär), 1955/56 Ständiger Beobachter bei den Vereinten Nationen, 1962-1965 Bevollmächtigter der Bundesrepublik Deutschland in Berlin, 1965-1969 MdB (CDU).

5   Gesprächsbeginn laut Vorlage: 10.00 Uhr; Korrektur anhand der Besucherliste.

6   Hierzu vgl. Adenauers Ausführungen vom 15. und 18.9.1961 vor der Bundespressekonferenz; dazu die Unterlagen in StBKAH 02.25.

7   Gemeint ist das sowjetische Berlin-Ultimatum vom 27.11.1958, in dem die Sowjetunion die Entmilitarisierung und Umwandlung Berlins zur freien Stadt gefordert hatte – andernfalls werde sie ihre dortigen Rechte auf die DDR übertragen; dazu Adenauers »Teegespräche 1959-1961«, S. 6f., 594.

8   So in einer Rede vom 8.9.1961 (anläßlich des Moskau-Besuches des indischen Ministerpräsidenten Nehru); vgl. den Wortlaut in: Dokumente zur Deutschlandpolitik, IV/7, S. 391-396.

9   11.5.-20.6. und 13.7.-5.8.1959: Genfer Deutschlandkonferenz der Außenminister der Vier Großmächte, unter Beteiligung deutscher Beraterdelegationen; vgl. »Teegespräche 1959-1961«, S. 47-52, 76-80, 86-95.

10   Die sowjetisch-amerikanischen Abrüstungsverhandlungen waren am 6.9.1961 in New York wiederaufgenommen worden – am 20.9.1961 legten die beiden Weltmächte der UNO-Vollversammlung hierzu eine gemeinsame Grundsatzerklärung vor; vgl. AdG, Jg. 31 (1961), S. 9343f.

11   Paul Henri *Spaak* (1899-1972), Dr. jur., 1946-1949, 1954-1957, 1961-1966

belgischer Außenminister, 1938/39, 1946, 1947-1949 Ministerpräsident, 1949-1951 Präsident der Beratenden Versammlung des Europarats, 1952-1954 Präsident der Gemeinsamen Versammlung der EGKS, 1957-1961 NATO-Generalsekretär (Nachfolger ab 21.4.1961: Dirk Uipko *Stikker*).

12 Nach einem Gespräch Spaaks mit Chruschtschow am 19.9.1961; dazu seine Memoiren eines Europäers, S. 514-520. Dort (S. 516f.) auch der Wortlaut des nachfolgend erwähnten Berichts, den er am 21.9.1961 dem Ständigen NATO-Rat vorlegte.

13 Kurt *Oppler* (1902-1981), Dr. jur., Botschafter in Island (ab 1952), Norwegen (ab 1956), Belgien (ab 1959) und Kanada (1963-1967).

14 Charles *de Gaulle* (1890-1970), 1944/45 Chef der Provisorischen Regierung Frankreichs, 1945/46 Ministerpräsident, 1947-1953 Vorsitzender der Sammlungsbewegung »Rassemblement du Peuple Français« (RPF), 1958 Berufung zum Ministerpräsidenten, 1958-1969 Staatspräsident.

15 Dazu die Ausführungen de Gaulles in einer Pressekonferenz vom 25.3.1959; vgl. »Teegespräche 1959-1961«, S. 78, 616. Vgl. a. die begriffsgeschichtlichen Erläuterungen bei Gabriele *Latte*, Die französische Europapolitik, S. 150-154.

16 In seiner außenpolitischen Situations- und Konstellationsanalyse der letzten Amtsjahre geht Adenauer häufiger auf den sowjetisch-chinesischen Konflikt ein, so in Nr. 7, 9, 30, 32. Dazu grundsätzlich Ernst *Majonica*, Adenauer und China, in: Konrad Adenauer und seine Zeit, Bd. 1, S. 680-697.

17 Jossif Wissarionowitsch *Stalin*, eigentlich *Dschugaschwili* (1879-1953), 1922-1953 Generalsekretär des ZK der KPdSU, seit 1941 Vorsitzender des Rats der Volkskommissare, 1943 Marschall, ab 1946 Vorsitzender des Ministerrats.

18 Vgl. Nr. 1, Anm. 5.

19 Hayato *Ikeda* (1899-1965), 1960-1964 japanischer Ministerpräsident.

20 Shigeru *Yoshida* (1878-1967), 1945-1947 und 1948-1952 japanischer Außenminister, 1946/47 und 1948-1954 Ministerpräsident und Vorsitzender der Liberalen Partei. - Zur Übermittlung der Glückwunschtelegramme durch den japanischen Botschafter Narita vgl. Horst *Osterheld*, »Ich gehe nicht leichten Herzens...«, S. 71.

21 Bundeswahlgesetz vom 7.5.1956 (BGBl. I, S. 383); vgl. Eckhard *Jesse*, Wahlrecht zwischen Kontinuität und Reform S. 103-110.

22 Vgl. Nr. 1, Anm. 10, 20.

23 Bei den zweiten Bundestagswahlen vom 6.9.1953 hatten CDU und CSU 243 Mandate erreicht.

24 Franz Josef *Strauß* (1915-1988), 1949-1978 MdB (CSU), 1953-1957 und 1963-1966 Vorsitzender der CSU-Landesgruppe im Deutschen Bundestag, stellvertretender Vorsitzender der CDU/CSU-Fraktion, Bundesminister für besondere Aufgaben (1953-1955), für Atomfragen (1955/56), für Verteidigung (1956-1962) und für Finanzen (1966-1969), ab 1961 CSU-Vorsitzender, ab 1978 bayerischer Ministerpräsident.

25 Vgl. Franz Josef *Strauß*, Die Erinnerungen, S. 397-410.
26 Zum organisatorischen Neuaufbau der SPD ab 1945 die zahlreichen Angaben bei Kurt *Klotzbach*, Der Weg zur Staatspartei.
27 Auf die Organisations- und Finanzierungsprobleme der Union in ihrer Gründungsphase geht ein: Horstwalter *Heitzer*, Die CDU in der britischen Zone, u. a. S. 328-337.
28 Lyndon Baines *Johnson* (1908-1973), 1949-1961 Senator von Texas (Demokrat), 1961-1963 Vizepräsident, 1963-1969 Präsident der Vereinigten Staaten von Amerika.
29 Begleitet von General Clay, hatte sich Johnson vom 19.-21.8.1961 in Berlin aufgehalten. - ». . . Botschafter Grewe hat mir das später berichtet, daß bei den Überlegungen in Washington ich gebeten würde, Herrn Johnson nicht zu begleiten. Diese Erwägungen, daß durch mein Kommen die Gefahr eines Aufstandes in der Zone stärker würde, das war für mich der Grund, nun zunächst zu warten, bis eine gewisse Beruhigung wenigstens da eingetreten ist« (»Teegespräche 1959-1961«, S. 770).
30 Vgl. Nr. 1, Anm. 22, 27.
31 Willy *Brandt* (1913-1992), 1949-1957 und ab 1969 MdB (SPD), 1957-1966 Regierender Bürgermeister von Berlin, 1964-1987 SPD-Parteivorsitzender, 1966-1969 Außenminister, 1969-1974 Bundeskanzler.
32 Vgl. Willy *Brandt*, Erinnerungen, S. 55-65. Zu seiner damaligen Position vgl. a. Diethelm *Prowe*, Der Brief Kennedys an Brandt vom 18.8.1961, passim.
33 Ähnlich die Beurteilung Adenauers in Nr. 12 (bei Anm. 42).

Nr. 3
a ⟨ ⟩ Vom Bearb. korrigiert aus »steht«.
1 Fritz *Hilgendorf* (1906-1977), 1954-1971 Stenograph im Dienst des Presse- und Informationsamtes der Bundesregierung.
2 Joseph Wright *Alsop* (geb. 1910), 1946-1958 Kolumnist der »New York Herald Tribune«, veröffentlichte seit 1946 gemeinsam mit seinem Bruder Stewart Alsop, seit 1958 in alleiniger Regie den von zahlreichen amerikanischen Zeitungen übernommenen Leitartikel »Matter of Fact« (Erscheinen dreimal wöchentlich). - Nachweis früherer Teilnahme an Adenauers Teegesprächen (mit weiteren biographischen Angaben): 1955-1958, S. 220, 250. Zu diesem Gespräch Adenauer-Alsop Hinweise bei Peter *Siebenmorgen*, Gezeitenwechsel, S. 335f.
3 Nach Abschluß der Koalitionsverhandlungen am 2.11.1961 war Adenauer am 7.11.1961 erneut zum Bundeskanzler gewählt worden (258 Ja-Stimmen, 206 Nein-Stimmen; 1949-1953-1957: 202 : 142, 305 : 148, 274 : 193); vgl. Datenhandbuch, S. 294f.
Die Vereidigung und der Amtsantritt seines neuen Kabinetts erfolgten am 14.11.1961 - die Regierungserklärung verlas am 29.11.1961 für den erkrankten

Kanzler dessen Stellvertreter, Ludwig Erhard. Zum Ereignisablauf dieser Wochen Daniel *Koerfer*, Kampf ums Kanzleramt, S. 603-609, und Hans-Peter *Schwarz*, Adenauer. Der Staatsmann, S. 695-710.
4   Vgl. Nr. 2, Anm. 7.
5   Bezieht sich auf die Abrechnung mit dem Personenkult um Josef Stalin auf dem XXII. Parteikongreß der KPdSU (17.-31.10.1961; 30.10.: Beschluß zur Entfernung der einbalsamierten Leiche Stalins aus dem Mausoleum am Roten Platz); vgl. »Teegespräche 1959-1961«, S. 541, 765.
6   Nach dem Putsch türkischer Militärs vom 27.5.1960 waren am 26.10.1961 Parlamentswahlen durchgeführt worden; der daraufhin von Staatspräsident General *Gürsel* mit der Regierungsbildung beauftragte Vorsitzende der Republikanischen Volkspartei, Ismet *Inönü*, hob in seiner Regierungserklärung vom 19.11.1961 die NATO-Bündnistreue besonders hervor (vgl. AdG, Jg. 31 [1961], S. 9415f., 9496).
Adenauer am 7.2.1962 – kurz vor dem gescheiterten Militärputsch vom 22.2.1962 – vor dem Bundesvorstand seiner Partei: »Wenn Sie an die weitere NATO-Front denken, brauche ich nur auf die Türkei hinzuweisen mit einer politisierten Armee. Und die politisierte türkische Armee ist ein sehr wenig brauchbares Instrument« (Adenauer-Reden, S. 435).
7   Konstandinos *Karamanlis* (geb. 1907), griechischer Ministerpräsident (1955-1963, 1974-1980), 1963-1974 im Exil in Paris, 1980-1985 Staatspräsident.
8   Bei den griechischen Parlamentswahlen vom 29.10.1961 hatte die von Karamanlis geführte Nationale Radikale Union 176 Sitze erreicht (Vereinigtes Zentrum: 100, Demokratische Agrarfront: 24); vgl. AdG, a.a.O., S. 9492.
9   Der zuvor letzte Versuch eines Attentats auf de Gaulle war am 8.9.1961 gescheitert; vgl. Chronologie de la vie du General de Gaulle, S. 210. Vgl. a. Nr. 25, Anm. 33.
10 Zur Lösung des Algerienkonflikts hatte de Gaulle tags zuvor, am 7.11.1961 auf Korsika, auf die Alternative hingewiesen: algerische Selbstbestimmung in Kooperation mit Frankreich oder › Umsiedlung unserer Mitbürger in bestimmte Gegenden‹; vgl. AdG, a.a.O., S. 9444. Vgl. a. die übersichtliche Gesamtdarstellung: Bernard *Droz*/Evelyne *Lever*, Histoire de la Guerre d'Algérie 1954-1962, Paris ²1984. – Zur weiteren Entwicklung Nr. 9, Anm. 13.
11 Wahrscheinlich gemeint: ein Besuch des Ministerpräsidenten *Fanfani* und seines Außenministers *Segni* Anfang August 1961 in Moskau, der der Verbesserung der sowjetisch-italienischen Beziehungen diente; vgl. AdG, a.a.O., S. 9268.
12 »... die Interessen der militaristischen und revanchistischen Kräfte Westdeutschlands. Der Erzdämon, der diese Politik bestimmt, ist Kanzler Adenauer«; Chruschtschow in seiner Schlußrede vom 27.10.1961 vor dem Parteitag der KPdSU, nach dem Wortlaut in: AdG, a.a.O., S. 9425.
13 Dazu grundlegend Hans-Peter *Schwarz*, Adenauer und die Kernwaffen, passim. Vgl. a. Ulrich *de Maizière*, Zur Mitwirkung der Bundesrepublik Deutschland

an der Nuklearstrategie der NATO (1955-1972). Beitrag eines Zeitzeugen, in: Karl Dietrich *Bracher*/Manfred *Funke*/Hans-Peter *Schwarz* (Hrsg.), Deutschland zwischen Krieg und Frieden, S. 277-290. – Hierzu auch Nr. 4, Anm. 33.

14 Bezieht sich auf den Verzicht eindeutiger Vorkehrungen in den Deutschland- und Berlin-Vereinbarungen der Großmächte vom Frühsommer/Sommer 1945 (so in der dritten Deklaration vom 5.6.1945 über die Zoneneinteilung und Sektoreneinteilung von Groß-Berlin). Dazu die Unterlagen in: Dokumente zur Berlin-Frage 1944-1966, S. 12-18. Vgl. a. Nr. 1, Anm. 12. Wie hier argumentiert Adenauer auch in Nr. 8 (bei Anm. 41), Nr. 12 (bei Anm. 12).

15 Auch bei seinem nächsten Gespräch mit de Gaulle, am 9.12.1961 in Paris (vgl. Nr. 4, Anm. 27), wies Adenauer darauf hin, daß der »bekannte Meinungsunterschied zwischen Frankreich einerseits und den angelsächsischen Mächten andererseits ... natürlich das Vertrauen der Berliner, vielleicht sogar der Deutschen insgesamt schwäche« (Erinnerungen 1959-1963, S. 121). Dazu vgl. Hans-Peter *Schwarz*, Die Ära Adenauer 1957-1963, S. 243.

16 Getreideverkäufe Kanadas sind für 1961 nur an die Volksrepublik China nachweisbar (AdG, a.a.O., S. 9102, 9563). Vgl. Nr. 36, Anm. 13.

17 Llewellyn E. *Thompson* (1904-1972), 1957-1962 und 1967-1969 amerikanischer Botschafter in Moskau, 1962-1967 außenpolitischer Berater und Sonderbotschafter der Präsidenten Kennedy und Johnson.

18 Thompsons Sondierungsgespräche mit dem sowjetischen Außenminister Gromyko hatte Präsident Kennedy in einer Pressekonferenz vom 30.8.1961 angekündigt; vgl. Dokumente zur Deutschlandpolitik, IV/7, S. 287. Dazu vgl. a. Nr. 4, 5, 8 (Anm. 23), Nr. 9 (Anm. 7), Nr. 11 (Anm. 19).

19 John Fitzgerald *Kennedy* (1917-1963), 1953-1961 Senator für Massachusetts (Demokrat), 1961-1963 Präsident der Vereinigten Staaten von Amerika, am 22.11.1963 ermordet.

20 Beim USA-Aufenthalt Adenauers vom 19.–22.11.1961; vgl. Horst *Osterheld*, »Ich gehe nicht leichten Herzens...«, S. 85-87, und Hans-Peter *Schwarz*, Adenauer. Der Staatsmann, S. 703-707. Dazu auch die Unterlagen in: JFK Library, President's Office Files: Germany-Security, Box 116a, Folder 21), sowie in: Harry S. Truman Library, Papers of Dean Acheson; vgl. Nr. 5, Anm. 15.

21 So in einer Rundfunk- und Fernsehansprache des amerikanischen Präsidenten vom 25.7.1961; vgl. Public Papers, 1961, S. 533-539.

22 Das Bundeskabinett beschloß am 8.12.1961 die Verlängerung des Grundwehrdienstes von 12 auf 18 Monate; vgl. Bulletin, Nr. 230 vom 9.12.1961, S. 2161. – Dazu auch der Bericht (»Warum 18 Monate Dienstzeit?«) über ein Gespräch mit dem Generalinspekteur der Bundeswehr, General *Foertsch*, den Adelbert *Weinstein* am 11.12.1961 in der »Frankfurter Allgemeinen« veröffentlichte. Vgl. Nr. 4 (bei Anm. 32).

23 Hans *Kroll* (1898-1967), Dr. phil., 1950-1953 Leiter der Gruppe Ost-West und Interzonenhandel im Bundeswirtschaftsministerium, 1953-1955 Botschafter in Belgrad, 1955-1958 in Tokio, 1958-1962 in Moskau.

24 Kroll hielt sich vom 14.–16.11.1961 in Bonn auf; zur Berichterstattung seine Lebenserinnerungen, S. 532-535. Vgl. a. Horst *Osterheld*, a.a.O., S. 84, und Hans-Peter *Schwarz*, a.a.O., S. 702. Dazu auch die Angaben in Nr. 4.
25 Der sowjetisch-albanische Konflikt führte zum Abbruch der diplomatischen Beziehungen am 10.12.1961; vgl. Curt *Gasteyger*, Das neue Schisma im Ostblock, in: EA, Jg. 17 (1962), S. 213-224. Vgl. a. Nr. 12, Anm. 8.
26 In einer Note vom 30.10.1961 hatte die Sowjetunion Finnland Konsultationen zur gegenseitigen Grenzsicherung vorgeschlagen und darin, in besonders aggressiver Wortwahl, die Bundesrepublik »zum Herd der Kriegsgefahr in Europa« erklärt; Druck: Dokumente zur Deutschlandpolitik, IV/7, S. 910-915.
27 Andrej Andrejewitsch *Smirnow* (1905–1982), 1955/56 sowjetischer Botschafter in Wien, 1956–1966 in Bonn, 1966–1969 in Ankara, 1969–1973 einer der Stellvertretenden Außenminister der Sowjetunion.
28 Das zuvor letzte mit Kroll geführte Gespräch datiert vom 1.9.1961; dazu dessen Lebenserinnerungen, S. 516.
29 Eine Begegnung Adenauer–Chruschtschow kam nicht mehr zustande.

Nr. 4
1 Theodor-Paul *Ziehe* (1901–1978), 1950–1968 Stenograph im Presse- und Informationsamt der Bundesregierung.
2 Zu Richard *Bailey* und dem von ihm vertretenen amerikanischen Presseorgan (in den Teilnehmerlisten nicht genannt) konnten keine Angaben ermittelt werden.
3 James *Bell* (1917–1992), 1961–1966 »Time«-Korrespondent in Bonn (mit einjährigem Aufenthalt in Paris), 1966–1968 in New York, 1968/69 in London.
4 Gaston *Coblentz*, langjähriger Bonner Korrespondent der »New York Herald Tribune«. – Nachweis früherer Teilnahme an Adenauers Teegesprächen (mit weiteren biographischen Angaben): 1950–1954, S. 435; 1959–1961, S. 116, 152.
5 Zu Peter *Forbath* und dem von ihm vertretenen amerikanischen Presseorgan (in den Teilnehmerlisten nicht genannt) konnten keine Angaben ermittelt werden.
6 John *Gibson*, Auslandskorrespondent des »Wall Street Journal«.
7 Sydney *Gruson* (geb. 1916), ab 1944 Reporter, später Auslandskorrespondent der »New York Times«, ab 1958 deren Bonner Korrespondent. Nachweis früherer Teilnahme an Adenauers Teegesprächen (mit weiteren biographischen Angaben): 1955–1958, S. 313; 1959–1961, S. 215, 258. Zur Charakterisierung seiner Adenauer-Kontakte vgl. Nr. 10, Anm. 39.
Grusons Bericht über dieses Informationsgespräch (»... the talk he regularly holds with American reporters prior to a visit to the United States...«; vgl. Nr. 3, Anm. 20) erschien in der »New York Times« vom 17.11.1961 (»Adenauer wants U. S. to eliminate NATO Atom Club«); daraus die Auszüge in Anm. 25, 29, 31.

8 Samuel *Iker*, Berichterstatter des American Forces Network (AFN).
9 Jack *Koehler*, Korrespondent der Associated Press (AP), Washington.
10 Kurt *Lachmann* (1899–1985), Dr. phil., seit 1945 Redakteur von »US News and World Report«, 1952–1964 deren Bonner Korrespondent. Nachweis früherer Teilnahme an Adenauers Teegesprächen (mit weiteren biographischen Angaben): 1955–1958, S. 5; 1959–1961, S. 126.
11 Wellington *Long* (1924–1987), 1954–1956 Leiter des Bonner Büros von »Newsweek«, 1959–1979 Korrespondent für United Press International in Bonn, Washington, Moskau und wieder Bonn, seit 1979 als freier Journalist in Bonn tätig; langjähriger Präsident des Vereins der Ausländischen Presse in Deutschland. – Nachweis früherer Teilnahme an Adenauers Teegesprächen (mit weiteren biographischen Angaben): 1950–1954, S. 435.
12 Jesse M. *Lukomski* (geb. 1921), amerikanischer Wirtschaftswissenschaftler und Journalist, langjähriger Korrespondent in Bonn, arbeitete zunächst für »Business International«, dann für das »Journal of Commerce«; Autor einer Biographie Ludwig Erhards (Der Mensch und der Politiker, Düsseldorf–Wien 1965).
13 David M. *Nichol* (geb. 1911), Redakteur der »Daily News« (Chicago), für die er ab 1949 aus Bonn berichtete.
14 Larry *Rue* (1893–1965), ab 1939 Auslandskorrespondent der »Chicago Tribune«.
15 J. Emlyn *Williams* (geb. 1896), seit 1945 Korrespondent für den »Christian Science Monitor« in Berlin, anschließend in Bonn. Nachweis früherer Teilnahme an Adenauers Teegesprächen (mit weiteren biographischen Angaben): 1950–1954, S. 435, 488; 1955–1958, S. 299, 304.
16 Heinrich *Barth* (geb. 1914), Dr. jur., 1960–1963 Ministerialdirigent und persönlicher Referent Adenauers im Bundeskanzleramt, 1963–1969 Staatssekretär im Bundesministerium für Gesundheitswesen.
17 Wilhelm G. *Grewe* (geb. 1911), Prof. Dr. jur., 1951/52 Delegationsleiter bei den Verhandlungen über den Deutschland-Vertrag, 1953–1955 kommissarischer Leiter der Rechtsabteilung im Auswärtigen Amt, dort 1955–1958 Leiter der Politischen Abteilung, 1958–1962 Botschafter in den USA, 1962 bei der NATO, 1971–1976 in Japan.
18 Gesprächsbeginn laut Vorlage: 18.00 Uhr; Korrektur anhand der Besucherliste.
19 Vgl. Nr. 3, Anm. 20.
20 Am 9.11.1961. Bei diesem Gespräch stimmte Chruschtschow »... meiner Ansicht zu, daß bei der Regelung der Berlin-Frage und bei Abschluß eines Friedensvertrages auf die nationalen Gefühle des deutschen Volkes Rücksicht genommen werden müsse. ... Ich sage Ihnen in aller Offenheit und Aufrichtigkeit: Die endgültige Versöhnung des deutschen und des sowjetischen Volkes würde die Krönung meiner außenpolitischen Lebensarbeit bedeuten. Ich wäre glücklich, wenn ich dieses Versöhnungswerk mit Ihrem Bundeskanzler persön-

lich zuwege brächte«; aus dem ausführlichen Bericht *Krolls* in seinen Lebenserinnerungen, S. 525-528 (hier S. 526). Vgl. a. Peter *Siebenmorgen,* Gezeitenwechsel, S. 341.

21 Llewellyn E. *Thompson* (vgl. Nr. 3, Anm. 17). – Sir Frank Kenyon *Roberts* (geb. 1907), 1951-1954 stellvertretender britischer Unterstaatssekretär für Deutschland-Fragen, Botschafter in Jugoslawien (1954-1957), in Moskau (1960-1962) und in Bonn (1963-1968). – Maurice *Dejean* (geb. 1899), 1952/53 französischer Sonderbotschafter in Japan, 1953/54 Commissaire Général in Indochina, 1953/54 Conseiller Diplomatique seiner Regierung, ab 1955 an der Botschaft in Moskau.

22 Vgl. Nr. 3, Anm. 24.

23 Vgl. Nr. 3, Anm. 18.

24 Maurice *Couve de Murville* (geb. 1907), 1945 Generaldirektor der Politischen Abteilung des französischen Außenministeriums, 1950-1955 Botschafter in Kairo, 1955/56 in Washington, 1956-1958 in Bonn, 1958-1968 Außenminister, 1968/69 Ministerpräsident.

25 Die nächste Konferenz der drei westlichen Außenminister mit ihrem deutschen Amtskollegen (ab 14.11.1961: Gerhard *Schröder* in der Nachfolge von Heinrich *von Brentano*) fand am 11./12.12.1961 in Paris statt; vgl. Nr. 5, 6. Hierzu und zum folgenden Wortwechsel die zentralen Sätze im Gruson-Bericht: »The most important task facing the Allies is to restore unity among them. This takes priority over the resumption of the exploratory talks with the Soviet Union on the Berlin problem« (s. oben Anm. 7).

26 Vgl. P[aul] B[otta], Westliche Plattform. Deutsche Minimalforderungen für künftige Berlin-Verhandlungen, im »Rheinischen Merkur« vom 17.11.1961.

27 Nach einer Lungenentzündung Adenauers (Aufenthalt in Rhöndorf vom 24.11. – 4.12.1961) kam der Paris-Besuch erst am 9.12.1961 zustande; vgl. Nr. 5, Anm. 3.

28 Sir Harold *Macmillan,* Earl of *Stockton* (1894-1987), 1924-1929 und 1931-1964 Abgeordneter des britischen Unterhauses (Konservative Partei) Minister für Luftfahrt (1945), für Wohnungsbau und innere Verwaltung (1951-1954), für Verteidigung (1954/55), 1955 Außenminister, 1955-1957 Schatzkanzler, 1957-1963 Premierminister und Parteiführer der Konservativen. Zu Adenauers nächster Begegnung mit dem britischen Premierminister (bei dessen Bonn-Besuch vom 9.1.1962) vgl. Nr. 8.

29 Dazu Gruson in der »New York Times«: »The theory that the East German Communist regime could be undermined in contacts between East and West Germany is ›completely false‹. Any attempted uprisings, Dr. Adenauer said, would be ›bloodily suppressed‹ by the twenty Soviet and nine East German divisions in East Germany« (s. oben Anm. 7).

30 Zur Korrespondenz Kennedy-Adenauer im Herbst 1961 die Belege in: JFK Library, President's Office Files: Germany-Security, Box 117, Folder 7. – Vgl. a.

Wilhelm G. *Grewe*, Rückblenden, S. 508-511, und Hans-Peter *Schwarz*, a.a.O., S. 694-703.
31 Vgl. Nr. 3, Anm. 21. – Zum nachfolgenden der entsprechende Passus in der Gruson-Veröffentlichung vom 17.11.1961: »Negotiations must be held with the Soviet Union but they must be well prepared because the Russians ›will not negotiate seriously with a weak partner‹« (s. oben Anm. 7).
32 Vgl. Nr. 3, Anm. 22.
33 Vgl. Nr. 3, Anm. 13. – Zur offiziellen deutschen Position die am 29.11.1961 von Ludwig *Erhard* verlesene Regierungserklärung: »Nach Auffassung der Bundesregierung sollte der Plan einer NATO-Atom-Streitmacht baldmöglichst verwirklicht werden. Die Aufstellung einer solchen Streitmacht ist erforderlich, um die Streitkräfte der NATO in ihrer Abwehrkraft auf die gleiche waffentechnische Stufe zu heben, auf der sich der Gegner befindet. Mit dieser Forderung entkräftet die Bundesregierung zugleich den Vorwurf, atomare Waffen für sich selbst erwerben zu wollen. Die Bundesregierung hat diese Forderung niemals erhoben«; Stenographische Berichte, Bd. 50, S. 32.
34 Wahrscheinlich gemeint: Adenauers Rede vom 14.3.1960 vor dem »Council on Foreign Relations« in New York; dazu das Manuskript in StBKAH 02.21. – Auf Adenauers ab Frühjahr 1960 vertretene nuklearstrategische Position geht näher ein: Hans-Peter *Schwarz*, a.a.O., S. 552f.
35 Adolf *Heusinger* (1897–1982), seit 1950 militärischer Berater des Bundeskanzlers, 1952 Leiter der Militärabteilung der Dienststelle Blank, 1955 Vorsitzender des militärischen Führungsrates im Bundesministerium für Verteidigung, 1957 Leiter der Abteilung Gesamtstreitkräfte, 1957–1961 Generalinspekteur der Bundeswehr.
36 Zu den Kontakten Adenauer–Heusinger, u. a. am 5.5.1960, vgl. Hans-Peter *Schwarz*, a.a.O., S. 553.
37 Lauris *Norstad* (1907–1988), 1951 Oberkommandierender der amerikanischen Luftstreitkräfte in Europa, 1953–1956 der atlantischen Luftstreitkräfte, 1956–1962 der NATO-Streitkräfte, Supreme Allied Commander, Europe (SACEUR).
38 Der Norstad-Plan vom Herbst 1960 sah die Unterstellung amerikanischer Nuklearsprengköpfe unter die Verfügungsgewalt der NATO vor; vgl. Adenauers »Teegespräche 1959–1961«, S. 402, 719f. Vgl. a. Hans-Peter *Schwarz*, a.a.O., S. 578-581.
39 Aus den amerikanischen Präsidentschaftswahlen vom 8.11.1960 war für die Demokraten John F. *Kennedy* als Sieger über den republikanischen Kandidaten Richard M. *Nixon* hervorgegangen; vgl. Nr. 24, Anm. 43.
40 Dwight David *Eisenhower* (1890–1969), 1945 Oberbefehlshaber der amerikanischen Besatzungstruppen in Deutschland, 1945–1947 Generalstabschef des Heeres, 1950–1952 Oberkommandierender der NATO-Streitkräfte, 1953–1961 Präsident der Vereinigten Staaten von Amerika.

41 Vgl. Nr. 3, Anm. 5, 12.
42 Vgl. Nr. 3, Anm. 3.
43 Vgl. Nr. 2, Anm. 15.

Nr. 5
a ⟨ ⟩ Vom Bearb. korrigiert aus »und«.
1 Gesprächsbeginn laut Vorlage: 16.30 Uhr; Korrektur anhand der Besucherliste.
2 In der Vorlage hierzu keine Angabe; Ergänzung anhand der Besucherliste, dort der Anschlußtermin »17.35 Uhr StS von Eckardt – allein –«.
3 Zur Begegnung mit *de Gaulle* am 9.12.1961 in Paris (vgl. Nr. 4, Anm. 27) Adenauers ausführliche Darstellung in den Erinnerungen 1959–1963, S. 119-135. Vgl. a. Heinrich *Krone*, Aufzeichnungen, S. 165; Horst *Osterheld*, »Ich gehe nicht leichten Herzens...«, S. 91, und Hans-Peter *Schwarz*, Adenauer. Der Staatsmann, S. 732f.
4 Vgl. Nr. 1, Anm. 24.
5 Vgl. Nr. 3, Anm. 18.
6 Vgl. Nr. 3, Anm. 26.
7 Die sowjetische Parteizeitung »Prawda« hatte am 1.12.1961 Österreich vor dem damals erörterten EWG-Beitritt gewarnt, der gegen das Neutralitätsgebot des Staatsvertrages von 1955 verstoße; vgl. AdG, Jg. 31 (1961), S. 9521.
8 In einer Erklärung vom 12.12.1961 hatte die Sowjetunion Dänemark »auf die für die Sache des Friedens gefährlichen Folgen einer politisch-militärischen Zusammenarbeit ... mit der BRD aufmerksam gemacht«; Wortlaut: Dokumente zur Deutschlandpolitik, IV/7, S. 1131f. Den Kontext analysiert: Falk *Bomsdorf*, Sicherheit im Norden Europas. Die Sicherheitspolitik der fünf nordischen Staaten und die Nordeuropapolitik der Sowjetunion, Baden-Baden 1989.
9 Rede des sowjetischen Ministerpräsidenten auf dem 5. Kongreß des Weltgewerkschaftsbundes in Moskau (9.12.1961); Wortlaut: a.a.O., S. 1115-1121.
10 Michail Alexejewitsch *Menschikow* (geb. 1902), sowjetischer Botschafter in Indien (1953–1957) und Washington (1958–1962, im Januar 1962 von Anatoly Dobrynin abgelöst).
Menschikow hatte am 11.12.1961 in Washington erklärt, daß beim weiteren Beharren der Westmächte auf ihren Berliner Besatzungsrechten »überhaupt keine Verhandlungsbasis gegeben sein wird«; vgl. Joachim *Drogmann*, Chronik 1961, S. 196.
11 Mit einer Note vom 12.12.1961 hatte die Sowjetunion von den USA die Auslieferung des »Kriegsverbrechers« General Heusinger verlangt; vgl. AdG, a.a.O., S. 9541f. Dort auch der Hinweis auf die sofortige Zurückweisung der Note durch das State Department; »Dieses plumpe und lächerliche Propagandamanöver ist nicht wert, daß man von ihm überhaupt Notiz nimmt...«.
12 Hervé *Alphand* (geb. 1907), 1959–1965 französischer Botschafter in Washington, 1965–1972 Generalsekretär im Außenministerium.

13 Vgl. Nr. 4, Anm. 25.
14 Tagung des NATO-Ministerrats in Paris (13.-15.12.1961); dazu das Kommuniqué in: Dokumente zur Deutschlandpolitik, a.a.O., S. 1169-1171.
15 Vgl. Nr. 3, Anm. 20. - In Washington war Adenauer auch mit Dean *Acheson* (vgl. Nr. 19, Anm. 3) zusammengekommen. Zum Gespräch vom 21.11.1961 dessen für die dominierenden Themen dieses Zeitraums und dieses Teegesprächs aufschlußreiche Aufzeichnung in: Harry S. Truman Library, Papers of Dean Acheson: »He started out by a very gloomy description of the world. The Russians, he said, were discouragingly powerful. They had 20 divisions in East Germany, 9 East German divisions, and 70 more Russian divisions near by. When I asked about the figures, he said they were authentic. Thus nothing could be done against them with conventional power. Nuclear power must not be used. Therefore, we must negotiate. ... The great trouble with the West, he indicated, was disunity. He was going to see Macmillan and de Gaulle in an effort to restore unity. With unity and strong American leadership a successful negotiation was possible. ... I asked whether the Chancellor thought Mr. Krushchev believed that we could use nuclear weapons over the Berlin issue. The Chancellor answered that while we must not use these weapons, we must not tell Krushchev we would not do so.« - A.a.O. auch ein Schreiben des amerikanischen Außenministers der Jahre 1949-1953 an Marshall D. *Shulman* (Russian Research Center, Harvard University) vom 23.11.1961: »Adenauer is here (leaves today). He asked me to call on him yesterday. I found him much changed since April last - - aged, shrunken, slower, and, so I thought, confused.«
16 Vgl. Nr. 2, Anm. 7.
17 Vgl. Nr. 2, Anm. 9.
18 Im Anschluß an die Konferenz von Malta einigten sich auf der Jalta-Konferenz (4.-11.2.1945) *Churchill*, *Roosevelt* und *Stalin* u. a. über die Besetzung und Zoneneinteilung Deutschlands; vgl. Foreign Relations of the United States. Diplomatic Papers: The Conferences at Malta and Yalta 1945, Washington 1955.
19 Franklin Delano *Roosevelt* (1882-1945), 1933-1945 Präsident der Vereinigten Staaten von Amerika.
20 Zu den französischen Reaktionen der Auszug aus einem Bericht der »Agence France Press« im »Rheinischen Merkur« vom 15.12.1961.
21 Vgl. den Artikel »Differenzen in Paris erzwingen Nachtsitzung der Außenminister. Gegensatz Frankreich-USA verhärtet« in der »Welt« vom 13.12.1961.
22 Vgl. Nr. 4, Anm. 20.
23 Hierzu die Meldung »Erlitt Chruschtschow leichten Schlaganfall?« in der »Kölnischen Rundschau« vom 12.12.1961.
24 Gemeint ist die Bonner Konferenz der EWG-Staats- und Regierungschefs vom 18.7.1961, die zu einer Einigung über verstärkte politische und kulturelle Zusammenarbeit führte; Wortlaut der Erklärungen: Heinrich *Siegler* (Hrsg.), Europäische politische Einigung, S. 110-112.

25 Der in Bonn beschlossene Entwurf eines europäischen politischen Statuts war in einer von Christian *Fouchet* (vgl. Nr. 10, Anm. 22) geleiteten Studienkommission ausgearbeitet und am 2.11.1961 vorgelegt worden (sog. »Fouchet-Plan I«); Wortlaut und Textvergleich mit dem zweiten Entwurf vom 18.1.1962: EA, Jg. 19 (1964), D 466.

26 Zur niederländischen und auch belgischen Position, die stark an der Berücksichtigung britischer Interessen orientiert war, vgl. Paul-Henri *Spaak*, Memoiren eines Europäers, S. 535f. Dazu auch Nr. 17, Anm. 23; Nr. 25, Anm. 26.

27 Die nächste Außenministerkonferenz der EWG-Staaten kam am 17.4.1962 in Paris zustande; vgl. Nr. 17, Anm. 23.

28 Vgl. Nr. 4, Anm. 38.

29 Dirk Uipko *Stikker* (1897–1979), 1948–1952 niederländischer Außenminister, 1952–1958 Botschafter in London, 1958–1961 bei der NATO, 1961–1964 deren Generalsekretär.

30 Dazu Hans-Peter *Schwarz*, Adenauer. Der Staatsmann, S. 706f.

31 Zur Diskussion um die Bereitstellung U-Boot-gestützter »Polaris«-Raketen durch die USA an die NATO vgl. Adenauers »Teegespräche 1959–1961«, S. 292, 351, 402, 690, 709, 719f. Dazu die weiteren Angaben in Nr. 14 (bei Anm. 21).

32 Zum Koalitionsvertrag (den »Die Welt« am 6.11.1961 veröffentlichte) und zum Koalitionsausschuß die Angaben bei Erich *Mende*, Die neue Freiheit, S. 653-657.

33 Erich *Ollenhauer* (1901–1963), 1949–1963 MdB, 1952–1963 Vorsitzender der SPD und ihrer Bundestagsfraktion.

34 Dazu Ollenhauers Ausführungen während der Bundestags-Aussprache vom 6.12.1961 über die Regierungserklärung vom 29.11.1961; vgl. Stenographische Berichte, Bd. 50, S. 123-125.

Nr. 6

1 Ludwig *von Danwitz* (1910–1981), 1956–1975 Leiter des WDR-Studio Bonn. – Nachweis früherer Teilnahme an Adenauers Teegesprächen (mit weiteren biographischen Angaben): 1950–1954, S. 5, 12, 146, 168, 171, 184, 199, 365, 407, 414, 422, 488; 1955–1958, S. 31; 1959–1961, S. 165, 179, 196, 225, 236, 309, 326, 341, 371, 420, 482, 534, 540.

2 Hugo *Grüssen* (1914–1965), seit 1948 Bonner Korrespondent u. a. des »Mannheimer Morgen«, der »Ruhr-Nachrichten« (Dortmund), der »Hessischen Allgemeinen« (Kassel) und der »Allgemeinen Zeitung« (Mainz). Nachweis früherer Teilnahme an Adenauers Teegesprächen (mit weiteren biographischen Angaben): 1950–1954, S. 5, 12, 126, 146, 168, 171, 184, 199, 365, 414, 422, 435, 488; 1959–1961, S. 165, 179, 196, 225, 326, 341, 371, 404, 420, 472.

3 Alfred *Rapp* (1903–1991), Dr. phil., 1950–1975 Bonner Korrespondent der »Frankfurter Allgemeinen«, 1953–1965 Vorsitzender des Deutschen Presseclubs.

Anmerkungen zu Nr. 6   515

Nachweis früherer Teilnahme an Adenauers Teegesprächen (mit weiteren biographischen Angaben): 1950–1954, S. 5, 12, 126, 146, 168, 171, 199, 365, 407, 414, 422, 435; 1955–1958, S. 31, 44, 156; 1959–1961, S. 165, 179, 196, 225, 236, 309, 326, 341, 371, 493, 534.

4 Georg *Schröder* (1905–1987), 1948–1950 Chefredakteur der »Norddeutschen Zeitung« (Hannover), leitete dann die Büros der »Welt« in Hannover (1950–1953) und Bonn (1953–1973). – Nachweis früherer Teilnahme an Adenauers Teegesprächen (mit weiteren biographischen Angaben): 1955–1958, S. 31, 44, 102; 1959–1961, S. 165, 179, 196, 236, 309, 326, 341, 371, 404, 420, 472, 534, 540.

5 Max *Schulze-Vorberg* (geb. 1919), Dr. jur., seit 1948 journalistisch tätig, langjähriger Bonner Korrespondent des Bayerischen Rundfunks, 1965–1976 MdB (CSU). – Nachweis früherer Teilnahme an Adenauers Teegesprächen (mit weiteren biographischen Angaben): 1950–1954, S. 126, 146, 168, 171, 184, 199, 365, 414, 422, 475, 488; 1959–1961, S. 165, 179, 196, 225, 277, 309, 326, 341, 371, 472, 493. Schulze-Vorberg hat über *diesen* »Kanzler-Tee«, anhand des hier erstmals vollständig veröffentlichten Wortprotokolls, ausführlich selbst berichtet; dazu sein Artikel »›Über Brüssel also nicht voreilig gackern‹« im »General-Anzeiger« (Bonn) vom 14./15.12.1991.

6 Robert *Strobel* (geb. 1898), Dr. jur., 1947–1968 Korrespondent für »Die Zeit« (Hamburg), zunächst in Frankfurt/Main, ab 1949 in Bonn, bis 1969 zugleich für die »Frankfurter Neue Presse«, die »Stuttgarter Nachrichten« und die »Badische Zeitung« (Freiburg/Breisgau). – Nachweis früherer Teilnahme an Adenauers Teegesprächen (mit weiteren biographischen Angaben): 1950–1954, S. 5, 12, 126, 146, 168, 171, 184, 199, 365, 407, 414, 422, 435, 460, 475, 488, 540; 1955–1958, S. 31, 44, 102, 178; 1959–1961, S. 165, 179, 196, 225, 236, 309, 326, 341, 371, 404, 420, 472, 493, 534.

7 Wolfgang *Wagner* (geb. 1925), Dr. phil., 1948–1971 freier Journalist in Bonn, ab 1971 Chefredakteur der »Hannoverschen Allgemeinen Zeitung«, seit 1972 Herausgeber des »Europa-Archivs«. – Nachweis früherer Teilnahme an Adenauers Teegesprächen (mit weiteren biographischen Angaben): 1950–1954, S. 475; 1959–1961, S. 165, 179, 196, 225, 236, 309, 326, 341, 371, 404, 420, 472, 493, 534, 540.

8 Hans *Wendt* (geb. 1903), ab 1956 diplomatischer Korrespondent der »Kölnischen Rundschau«, zugleich Bonner Korrespondent des Österreichischen Rundfunks, 1962 Europa-Korrespondent der Deutschen Welle und stellvertretender Leiter des Studio Bonn. – Nachweis früherer Teilnahme an Adenauers Teegesprächen (mit weiteren biographischen Angaben): 1950–1954, S. 12, 126, 168, 171, 184, 199, 365, 414, 422, 475, 488, 540; 1959–1961, S. 165, 179, 196, 225, 236, 326, 341, 371, 404, 420, 472, 493.

9 Werner *Krueger* (geb. 1915), ab 1950 im Presse- und Informationsamt der

Bundesregierung, 1952–1954 und 1956–1966 Stellvertretender Leiter des Presse- und Informationsamtes in der Funktion des stellvertretenden Regierungssprechers, 1954–1956 Chefredakteur der Abteilung Fernsehen beim NWDR Hamburg/Köln, seit 1961 Ministerialdirektor, 1967–1969 Beauftragter für den Aufbau des Planungsstabes im Bundeskanzleramt.
10 Gesprächsbeginn laut Vorlage: 12.00 Uhr; Korrektur anhand der Besucherliste. – Ein Hinweis auf dieses Informationsgespräch bei Peter *Siebenmorgen*, Gezeitenwechsel, S. 338.
11 Adolf *Bengsch* (1921–1979), Dr. theol., ab 1959 Weihbischof, ab August 1961 als Nachfolger von Kardinal Döpfner Bischof von Berlin, 1962 Erzbischof, 1967 Kardinal. – Nach einer Fahrt durch die Tschechoslowakei und durch Österreich war Bengsch am 7.12.1961 von Papst Johannes XXIII. zu einer Privataudienz empfangen worden; dazu eine Meldung im »Rheinischen Merkur« vom 8.12.1961.
Hier und im nachfolgenden bezieht sich Adenauer vermutlich auf Informationen, die er unmittelbar vor diesem Teegespräch vom Leiter des Katholischen Büros in Bonn, Prälat Wilhelm *Wissing*, erhalten hatte (dessen Termin beim Kanzler: 14.12.1961, ab 11.30 Uhr; Besucherliste).
12 Otto *Spülbeck* (1904–1970), Dr. theol., ab 1955 Generalvikar der Diözese Meißen, ab 1958 Bischof von Meißen.
Bei den biographischen Angaben zu Spülbeck und den anderen hier verwendeten Materialien stützt sich der Bearb. auf schriftl. Mitteilungen von Prof. Dr. Ulrich *von Hehl* (Kommission für Zeitgeschichte, Forschungsstelle Bonn) vom 13.7.1992.
13 Julius *Döpfner* (1913–1976), Dr. theol., Bischof von Würzburg (1948) und Berlin (1957), 1958 Kardinal, ab 1961 Erzbischof von München und Freising, ab 1965 Vorsitzender der Deutschen Bischofskonferenz.
14 Dazu berichtete das »Petrusblatt« am 17.12.1961: »Die ›katholischen Bischöfe der Tschechoslowakei‹ hätten, so behauptet die amtliche tschechische Nachrichtenagentur, einen Hirtenbrief herausgegeben, in dem von einer ›Bedrohung‹ der tschechischen Grenze durch die Bundesrepublik die Rede sei. Es dürfte sich dabei um ein Schreiben der von der Regierung den meisten ... Bistümern aufgezwungenen Kapitularvikare handeln.«
15 Nach dem Tod des Erzbischofs von Olmütz, Josef Matocha, war im November 1961 »›der bisherige Generalvikar‹ Josef Glogar zum Kapitularvikar gewählt« worden; die hierzu am 26.11.1961 im »Petrusblatt« erschienene Meldung ist mit dem Hinweis versehen: »... Glogar ist nicht im Päpstlichen Jahrbuch 1961 verzeichnet.« – Nach einer Amnestie durch Staatspräsident Novotny setzten die CSSR-Behörden erst Anfang Oktober 1963 den seit 1949 internierten Erzbischof von Prag, Josef Beran, und weitere vier Bischöfe auf freien Fuß; dazu die Angaben in der »Politisch-Sozialen Korrespondenz«, Nr. 20 vom 15.10.1963.
16 Vgl. Nr. 5, Anm. 14. – Adenauers kritische Bewertung kommt noch deutli-

Anmerkungen zu Nr. 6   517

cher in einem am 18.12.1961 mit Piers *Anderton* und Daniel *Schorr* geführten Informationsgespräch zum Ausdruck (das ansonsten viele Parallelen mit *diesem* und dem nachfolgenden Teegespräch aufweist und daher nicht im Dokumententeil erscheint). Dort die Sätze: »Chruschtschow versucht doch immer und namentlich vor NATO-Sitzungen die Westmächte durcheinander zu bringen, und die sind glänzend darauf reingefallen. Ich bin wirklich empört über den Verlauf dieser Konferenz« (aus dem in BPA, Pressearchiv F 30, erhaltenen Wortprotokoll).

17 Der französische Außenminister hatte kurz zuvor vor dem französischen Senat erklärt, »Frankreich halte eine gründliche Vorbereitung von Verhandlungen, wenn sie nützlich sein sollen, für unerläßlich. Es müsse die Aussicht bestehen, daß sie nicht sofort zum Scheitern verurteilt sind« (»Rheinischer Merkur« vom 15.12.1961).

18 Senator Klein (s. u.) hatte am 5.12.1961 vor dem »Verein Berliner Kaufleute und Industrieller e. V.« über die Berlin-Bindung an den Bund referiert: »Er erhebe ›allerschärfsten Einspruch‹ gegen Vorschläge, Bundesbehörden aus Berlin nach Westdeutschland zu verlegen. Ein neues Berlin-Statut, das vom Westen mit der Sowjetunion ausgehandelt werde, sei in jedem Fall schädlich. ... Wenn man klar ausspreche, daß Berlin ein Land der Bundesrepublik unter Besatzungsrecht sei, liege die Unmöglichkeit von Verhandlungen über die ›Freie Stadt‹ Berlin auf der Hand. Die Bindung West-Berlins an die Bundesrepublik stehe nicht im Gegensatz zum Besatzungsschutz« (nach einem Bericht des »Tagesspiegel« vom 6.12.1961).

19 Günter Robert *Klein* (1900–1963), Dr. jur., 1954–1961 Mitglied des Berliner Abgeordnetenhauses (SPD), 1955–1961 Senator für Bundesangelegenheiten sowie für das Post- und Fernmeldewesen (am 19.12.1961 zurückgetreten; Nachfolger: Klaus *Schütz*), 1961–1963 MdB. – Die Begegnung Adenauer–Klein datiert vom 7.12.1961 (Besucherliste).

20 Nach Einleitung der Berlin-Blockade durch die Sowjetunion am 24.6.1948 richteten die Westmächte am 26.6.1948 zur Sicherstellung der Versorgung die Luftbrücke ein; anschließende Berlin-Aufenthalte Adenauers am 23.11.1948 und 12.5.1949. Dazu die Belege in seinen »Briefen 1947–1949«, S. 369, 452, 622, 669. Vgl. a. Nr. 30 (bei Anm. 14).

21 Vgl. Nr. 4, Anm. 27.

22 Hierzu und zum nachfolgenden vgl. Nr. 5, Anm. 7-11.

23 Vgl. Nr. 3, Anm. 20. – Ähnlich wie hier äußerte sich Adenauer auch in einer am 18.12.1961 vor dem Verein Unions-Presse gehaltenen Rede: »Das geht so weit, daß z. B. Präsident Kennedy, als ich vor wenigen Wochen in Washington war, sich bei mir beklagte über die Haltung gewisser deutscher Zeitungen. ... und Rusk hat sich nachher, gesondert von Kennedy, auch darüber beklagt« (StBKAH 02.25).

24 Adolf *Eichmann* (1906–1962), ab 1934 Leiter des Judenreferats im Reichssi-

cherheitshauptamt in Berlin, 1941 SS-Obersturmbannführer, organisierte bis 1945 die Massentötung von Juden, 1946 Flucht aus einem amerikanischen Lager nach Argentinien, dort 1960 von israelischen Geheimagenten entdeckt und nach Israel entführt, nach dem Todesurteil vom 15.12.1961 am 1.6.1962 hingerichtet; dazu die ausführlichen Angaben in den »Teegesprächen 1959-1961«, S. 722f., 744, 752. Die dort nachgewiesene Literatur wird jetzt ergänzt durch: Peter Z. *Malkin*, Ich jagte Eichmann. Der Bericht des israelischen Geheimagenten, der den Organisator der »Endlösung« gefangen nahm, München 1991.
Adenauer geht auf den Prozeß erneut in Nr. 10, 12, 35 ein.
25 Außenministerkonferenz der drei Westmächte und der Bundesrepublik (zu Berlinfrage und Deutschlandpolitik), 5.-7.8.1961 in Paris; vgl. a.a.O., S. 764.
26 »... erklärte de Gaulle [am 9.12.1961; vgl. Nr. 4, Anm. 27], daß nach seiner Ansicht jetzt schon Berlin in der Hand der Russen sein würde, wenn man ihnen am 13. August mit Gewalt entgegengetreten wäre«; vgl. Konrad *Adenauer*, Erinnerungen 1959-1963, S. 123.
27 Vgl. Nr. 4, Anm. 20.
28 Zu den direkten Kontakten *de Gaulle-Kennedy* in diesem Zeitraum nur nachweisbar: ein Schreiben des französischen Staatspräsidenten zur Berlin-Frage vom 21.10.1961; Druck: Charles *de Gaulle*, Lettres, Notes et Carnets 1961-1963, S. 155-158.
29 Vgl. Nr. 2, Anm. 9.
30 Zur Rede des amerikanischen Außenministers vor der Pariser NATO-Konferenz (13.12.1961) die Angaben in AdG, Jg. 31 (1961), S. 9547. - Adenauer geht auf Rusks Ausführungen weiter unten näher ein.
31 John Foster *Dulles* (1888-1959), 1953-1959 amerikanischer Außenminister. - Zu Kontakten, Kooperation und auch Konflikten zwischen Dulles und Adenauer die maßgebliche neue Analyse in: Hans-Peter *Schwarz*, Adenauer. Der Staatsmann.
32 Nach dem Duktus der nachfolgenden beiden Absätze gibt Adenauer den Inhalt dieses Telegramms (in anderer Überlieferung nicht nachgewiesen) weitgehend ungekürzt wieder, wenn auch nicht ausdrücklich als Zitat.
33 Zum Gespräch *von Eckardt-Rusk* konnten keine weiteren Angaben ermittelt werden. - Adenauer war mit dem amerikanischen Außenminister während des USA-Aufenthaltes (vgl. Nr. 3, Anm. 20) mehrfach zusammengekommen, u. a. am 19.11.1961 gleich nach dem Eintreffen, am 20.11. im Beisein Kennedys und Schröders, mehrfach auch am Rande des Geschehens (Sonderprogramm in StBKAH 04.12).
34 Jean *Monnet* (1888-1979), 1950 maßgeblich beteiligt an der Konzeption des Schuman-Plans, 1952-1955 erster Präsident der Hohen Behörde der EGKS, 1956 Gründer und Vorsitzender des Aktionskomitees für die Vereinigten Staaten von Europa.
35 Gemeint ist Max *Kohnstamm* (geb. 1914), ab 1952 Sekretär der Hohen

Behörde der EGKS in Luxemburg, ab 1956 Sekretär des Monnet-Komitees für die Vereinigten Staaten in Europa. – Zu seinen am 12./13.12.1961 in Bonn geführten Gesprächen, neben Schröder u. a. auch mit Kurt Birrenbach, Franz Etzel, Heinrich Krone und Herbert Wehner, ist in der Fondation Jean Monnet pour l'Europe eine »Note à l'attention de M. Monnet« erhalten; schriftl. Mitteilung des Sekretärs der Fondation, Dr. Martin *Nathusius*, an den Bearb. vom 21.5.1990.

36 »Die die Einigung Europas betreffenden Probleme, sowohl im politischen wie im wirtschaftlichen Bereich, wurden ebenfalls diskutiert. Dieses Gespräch hat zu der Schlußfolgerung geführt, daß über die Gesamtheit dieser Probleme eine völlige Einheit der Ansichten besteht«; aus dem Kommuniqué vom 9.12.1961, zit. nach: Bulletin, Nr. 231 vom 12.12.1961, S. 2169. Vgl. a. Konrad *Adenauer*, Erinnerungen 1959–1963, S. 133.

37 Gemeint ist der Übergang in die zweite Stufe des Gemeinsamen Marktes, der mit der Einigung auf 12 Verordnungen zur Gestaltung des Gemeinsamen Agrarmarktes vom EWG-Ministerrat am 13./14.1.1962 rückwirkend zum 1.1.1962 beschlossen wurde; vgl. AdG, Jg. 32 (1962), S. 9609-9611. Dazu auch Nr. 8, Anm. 20; Nr. 18 (bei Anm. 14).

38 Unter dem Verdacht des Landesverrats waren am 11.12.1961 ein in Bonn stationierter Oberst der Bundeswehr und ein Mitarbeiter der Wehrbereichsverwaltung in Hannover verhaftet worden; dazu der Bericht »Die Hintergründe der Bonner Spionagefälle werden untersucht« in der »Frankfurter Allgemeinen« vom 13.12.1961.

39 Vgl. Nr. 3, Anm. 3.

40 Am 14.12.1961, 10.00 Uhr (Besucherliste).

41 Zum Jurastudium Adenauers an den Universitäten Freiburg/Breisgau, München und Bonn (1894–1897) vgl. Hans-Peter *Schwarz*, Adenauer. Der Aufstieg, S. 93-101. Vgl. a. Adenauer im Dritten Reich, S. 431, 675.

42 Vgl. Nr. 5, Anm. 25, 26.

43 Der UNO-Sicherheitsrat hatte Ende November 1961 den amtierenden Generalsekretär *U Thant* beauftragt, alle ausländischen Söldner und politischen Berater in Katanga (heute Shaba, Provinz von Zaire) notfalls mit Waffengewalt entfernen zu lassen; vgl. AdG, Jg. 31 (1961), S. 9521f.

44 Zur britischen Afrika-Politik in diesem Zeitraum, auch zu den innerparteilichen Konflikten der britischen Konservativen, Angaben bei Nigel *Fisher*, Harold Macmillan, S. 283-286. Vgl. a. Harold *Macmillan,* At the End of the Day, S. 279-286.

45 Sir Alexander *Douglas-Home* (geb. 1903), 1931–1945, 1950/51 und 1963–1974 Mitglied des britischen Unterhauses (Konservative Partei), 1951–1963 Mitglied des Oberhauses, 1955–1960 Commonwealth-Minister, 1960–1963 Außenminister, 1963/64 Premierminister, 1970–1974 Außen- und Commonwealth-Minister.

Nr. 7
1 James Barrett *Reston* (geb. 1909), ab 1937 Berichterstatter für die Associated Press in London, ab 1939 Mitarbeiter, 1953-1964 Leiter des Washingtoner Büros, Kolumnist und Mitglied der Geschäftsführung der »New York Times«; Pulitzer-Preise 1945 und 1957. Nachweis früherer Teilnahme an Adenauers Teegesprächen (mit weiteren biographischen Angaben): 1955-1958, S. 237.
2 Richard Fulton *Reston*. – Seine Teilnahme ist in der Besucherliste nicht vermerkt, wird aber im Wortprotokoll eingangs erwähnt.
3 Die Bedeutung, die Adenauer diesem Gespräch durch den privaten Rahmen und durch den besonderen Zeitpunkt (Samstagnachmittag!) beimaß, ist auch daran zu erkennen, daß Adenauer in seinem internen CDU-Lagebericht vom 7.2.1962 (Adenauer-Reden, S. 440) wie auch später in seinen Erinnerungen (1959-1963, S. 137) auf die Reston-Unterredung verweist.
4 Bezieht sich auf die Besetzung des Rheinlandes, zunächst, ab März 1945, durch die amerikanische, dann durch die britische Besatzungsmacht (Wechsel 21.6.1945). Zu den damaligen Kontakten Adenauers, vor und während der erneuten Amtstätigkeit als Kölner Oberbürgermeister (4.5.–6.10.1945), Hans Peter *Mensing*, »... daß sich die Fama...«, passim.
5 Vgl. Nr. 5, Anm. 14; Nr. 6, Anm. 16.
6 Reston geht auf das *de Gaulle*-Gespräch weiter unten näher ein (vgl. S. 63 f., 66).
7 Vgl. Nr. 4, Anm. 27.
8 Michel *Debré* (geb. 1912), 1958/59 französischer Justizminister, 1959-1962 Ministerpräsident, 1966-1968 Wirtschafts- und Finanz-, 1968/69 Außen-, 1969-1973 Verteidigungsminister.
9 Gerhard *Schröder* (1910-1989), Dr. jur., 1949-1980 MdB (CDU), ab 1953 Bundesminister in verschiedenen Ressorts (-1961 des Innern, 1961-1966 des Auswärtigen, 1966-1969 für Verteidigung), ab 1969 stellvertretender CDU-Vorsitzender, 1969-1980 Vorsitzender des Auswärtigen Ausschusses des Deutschen Bundestages.
10 Nach dem Terminkalender hatten die Vier-Augen-Gespräche de Gaulle–Adenauer (jeweils im Beisein der Dolmetscher *Kusterer* und Jean *Meyer*) von ca. 11.00-13.00 und 15.30-ca. 17.45 Uhr gedauert; um 17.45 Uhr war Ministerpräsident Debré hinzugezogen worden, ab 18.00 Uhr nahmen auch die Außenminister ›und weitere Herren (u. a. Dr. Osterheld)‹ teil (vor der Abfahrt vom Elysee zum Flugplatz Orly, ca. 18.30 Uhr).
11 Vgl. Nr. 1, Anm. 24; Nr. 3, Anm. 18.
12 Vgl. Nr. 6, Anm. 36.
13 Vgl. Nr. 5, Anm. 7-11.
14 Vgl. Nr. 6, Anm. 37.
15 Vgl. Nr. 5, Anm. 27.

16 Vgl. Nr. 3, Anm. 10. – Adenauer bezieht sich hier auf den Putschversuch in Algerien, den am 22.4.1961 die Ex-Generäle Challe, Jouhaud, Zeller und Salan unternommen hatten und der am 25.4.1961 weitgehend unblutig beendet worden war; vgl. AdG, Jg. 31 (1961), S. 9057-9060.
17 Die entsprechende UNO-Resolution erreichte am 14.12.1959 nicht die erforderliche Zweidrittelmehrheit (Abstimmungsboykott Frankreichs); vgl. AdG, Jg. 29 (1959), S. 8111.
18 Am 27./28.8.1959; vgl. »Unserem Vaterlande zugute«, S. 288, 464.
19 Henry Cabot *Lodge*; vgl. Nr. 33, Anm. 10.
20 David Kirkpatrick *Bruce* (1898-1977), 1952/53 stellvertretender amerikanischer Außenminister, 1953/54 Ständiger Vertreter bei der Hohen Behörde der EGKS, 1957-1959 Botschafter in Bonn, 1961-1969 in London. Zu den nachfolgend erwähnten Kontakten Bruce–*von Eckardt* ein Hinweis in dessen Lebenserinnerungen: Ein unordentliches Leben, S. 624.
21 Vertrag über die Beziehungen zwischen der Bundesrepublik Deutschland und den drei Westmächten (Deutschland- oder auch Generalvertrag), unterzeichnet am 26.5.1952 in Bonn; zur Aushandlung des Vertrages, seiner Paraphierung, Unterzeichnung und Ratifizierung die zahlreichen Angaben in Adenauers »Briefen 1951-1953« sowie in den Kabinettsprotokollen der Bundesregierung, Bd. 5: 1952, bearb. von Kai *von Jena*, Boppard/Rhein 1989. – S. unten Anm. 23.
22 Vgl. Nr. 3, Anm. 20.
23 Vgl. Die Vertragswerke von Bonn und Paris vom Mai 1952. Dokumente und Berichte des Europa-Archivs, Bd. 10, Frankfurt/Main 1952; dort die Formulierungen zur Wiedervereinigung in der Präambel (S. 8), in Art. 2 (ebd.) und in Art. 7 (S. 9f.), die Regelung der Dreimächte-Rechte in Berlin in Art. 2 (1).
24 Adenauers Moskau-Reise vom 8. – 14.9.1955 führte zur Aufnahme diplomatischer Beziehungen und zur Entlassung der deutschen Kriegsgefangenen; vgl. Konrad *Adenauer*, Erinnerungen 1953-1955 (S. 447-450, 487-556) und seine »Teegespräche 1955-1958« (S. 5-30, 363-370). Dazu auch Hans-Peter *Schwarz*, Adenauer. Der Staatsmann, S. 207-222.
25 Nikolai Alexandrowitsch *Bulganin* (1895-1975), 1947-1949 und 1952-1955 sowjetischer Verteidigungsminister, 1947-1953 Stellvertretender, 1953-1955 Erster Stellvertreter, ab 1955 Vorsitzender des Ministerrats, 1958 seiner Ämter enthoben, 1961 aus dem ZK ausgeschlossen.
26 Vgl. Nr. 2, Anm. 16. Zur Beschäftigung mit diesem Themenkomplex in *diesem* Zeitraum auch die Lagebeurteilung Adenauers in seinen Ausführungen vor dem CDU-Bundesvorstand vom 11.12.1961; daraus die Auszüge bei Anneliese *Poppinga*, Konrad Adenauer. Geschichtsverständnis, S. 254.
27 Die Erschließung der Sowjetrepubliken in Ost- und Westsibirien, Zentralasien und Kasachstan – also der an die Volksrepublik China angrenzenden Gebiete – ging auf Pläne für den wirtschaftlichen Neuaufbau zurück, die Ende Mai 1961 veröffentlicht worden waren; vgl. AdG, Jg. 31 (1961), S. 9221-9223. –

Auf die nachfolgend erwähnte Artikelserie des »Figaro« verweist Adenauer auch in seinen Erinnerungen 1959–1963, S. 121f. Vgl. a. seine Angaben in Nr. 12 (bei Anm. 5).

28 Am 14./15.9.1958 in Colombey-les-deux-Eglises; vgl. Konrad *Adenauer*, Erinnerungen 1955–1959, S. 424-433, und Hans-Peter *Schwarz*, Adenauer. Der Staatsmann, S. 443-457.

29 Vgl. Dieter *Friede*, Das russische Perpetuum mobile, Würzburg 1959; dazu »Teegespräche 1959–1961«, S. 339. Vgl. a. Nr. 18, Anm. 29.

30 Klaus *Mehnert* (1906–1984), Prof. Dr. phil., Politologe und Publizist, langjähriger Redakteur und Mitherausgeber von »Christ und Welt«, ab 1951 Chefredakteur der Zeitschrift »Osteuropa«, 1961–1972 Institutsdirektor an der Technischen Hochschule Aachen. – »Der Sowjetmensch« (Stuttgart 1958) ist mit seiner Widmung – »Dem Kanzler der Deutschen …« – in der Bibliothek des Pavillons neben dem Adenauerhaus erhalten.

31 Vgl. Nr. 2, Anm. 9.

32 Dazu der Kanzler am 13.12.1961 im Kabinett: »… von einer politischen Bindung Berlins an die Bundesrepublik wollten alle Alliierten nichts wissen und weiter, daß wir mit dem Abschluß eines neuen Status für Westberlin rechnen müßten« (Tagebucheintragung Heinrich *Krones* vom 15.12.1961, zit. nach seinen Aufzeichnungen, S. 165).
Zur vorherigen Erörterung der Berlinfrage zwischen *Kennedy* und Adenauer im November 1961 in Washington (vgl. Nr. 3, Anm. 20) die Angaben bei Hans-Peter *Schwarz*, a.a.O., S. 703f. Zu diesen Besprechungen auch das Kommuniqué vom 22.11.1961 im Bulletin, Nr. 219 vom 24.11.1961, S. 2049f. Auf die Entwicklung der amerikanischen Berlin-Position nach dem Mauerbau geht ausführlich ein: Walther *Stützle*, Kennedy und Adenauer, passim.

33 Zu den zahlreichen Grenzkonflikten dieses Zeitraums die Angaben bei Joachim *Drogmann*, Chronik 1961, S. 179-197.

34 »Adenauer bevorzugte sogar für den Fall einer Blockade Berlins eine Seeblockade als Antwort und plädierte – nachdem er über deren mögliche militärische Folgen aufgeklärt worden war – dafür, dieser ein umfassendes Embargo gegen den Ostblock vorzuschalten« (Hans-Peter *Schwarz*, Adenauer und die Kernwaffen, S. 588). – Hierzu ausführlicher Adenauers Erläuterungen in Nr. 9 (bei Anm. 28).

Nr. 8

a ⟨ ⟩ Vom Bearb. korrigiert aus »was«.

1 B. *Baker*, Auslandskorrespondent des »Daily Telegraph« (London).

2 R. *Knox*, Mitarbeiter des »Guardian« (London).

3 Colin *Lawson*, Auslandskorrespondent des »Daily Express« (London). Lawsons erste Adenauer-Kontakte datieren vom Sommer 1945; er gehörte damals als Major der britischen Militärregierung für die Nordrheinprovinz an und war am 6.10.1945 Augenzeuge der Entlassung Adenauers durch Militärgouverneur

Anmerkungen zu Nr. 8 523

John Barraclough; dazu sein Bericht »The dictatorial dismissal that made Dr. Adenauer forever suspicious«, in »The Times« vom 1.12.1980.

4 Basil Kingsley *Martin* (1897–1969), 1931–1960 Chefredakteur des »New Statesman«, arbeitete auch für den »Manchester Guardian«, »Daily Telegraph« und »Daily Mirror«. – Nachweis früherer Teilnahme an Adenauers Teegesprächen (mit weiteren biographischen Angaben): 1955–1958, S. 192.

5 Reginald *Peck* (geb. 1906), ab 1961 Korrespondent, Redakteur des »Sunday Telegraph«.

6 Terence *Prittie* (geb. 1913), 1946–1963 Deutschland-Korrespondent des »Manchester Guardian«, anschließend dessen diplomatischer Korrespondent, trat mit mehreren Veröffentlichungen über Adenauer und die deutsche Nachkriegsgeschichte hervor (u. a. Konrad Adenauer 1876–1967, Chikago 1971 und London 1972; Konrad Adenauer, Vier Epochen deutscher Geschichte, Stuttgart ^{2}1972). – Nachweis früherer Teilnahme an Adenauers Teegesprächen (mit weiteren biographischen Angaben): 1950–1954, S. 434, 488. Zu Prittie vgl. a. Nr. 9, Anm. 33.

7 Karl *Robson* (1906–1984), nach 1945 langjähriger Korrespondent des »New Chronicle« (London), ab 1956 für den »Economist« (London) in Bonn tätig. Nachweis früherer Teilnahme an Adenauers Teegesprächen (mit weiteren biographischen Angaben): 1950–1954, S. 398, 435; 1955–1958, S. 244.

8 David James *Sells*, Anfang der 60er Jahre Mitarbeiter der Nachrichtenagentur Reuters, danach – noch 1992 – als BBC-Reporter tätig.

9 Anthony *Terry* (geb. 1913), nach 1945 für Kemsley Newspapers Korrespondent in Wien, nahm an diesem Informationsgespräch als Vertreter der »Sunday Times« teil.

10 George *Vine* (geb. 1919), ab 1956 Bonner Berichterstatter, ab 1970 Chefreporter der britischen Nachrichtenagentur Reuter; veröffentlichte u. a.: Der geteilte Siegfried. Ein Brite erfährt Deutschland, Düsseldorf–Wien 1969.

11 F. D. *Walker*, BBC-Berichterstatter (nach Auskunft der Britischen Botschaft/Bonn vom 27.7.1992 vermutlich freiberuflich tätig).

12 Günter *Diehl* (geb. 1916), 1952–1956 Pressesprecher des Auswärtigen Amtes, 1960–1966 Leiter der Auslandsabteilung des Presse- und Informationsamtes der Bundesregierung, 1966/67 Leiter des Planungsstabs des Auswärtigen Amtes, 1967–1969 Chef des Presse- und Informationsamtes der Bundesregierung, 1970–1977 Botschafter in Indien, 1977–1981 in Japan.

13 Arbeitsräume Walter *Hallsteins* während seiner Amtszeit als Staatssekretär für auswärtige Angelegenheiten im Bundeskanzleramt (1950).

14 Gesprächsbeginn laut Vorlage: 16.30 Uhr; Korrektur anhand der Besucherliste.

15 Vorausgegangen war eine der Besucherliste beiliegende Empfehlung Felix *von Eckardts*, zur »Pflege der deutsch-englischen Beziehungen ... vor dem Besuch von Premierminister Macmillan einen kleinen Kreis britischer Korrespondenten zum Tee bei sich [zu] empfangen«. Zu diesem Informationsgespräch der Hinweis bei Peter *Siebenmorgen*, Gezeitenwechsel, S. 335.

16 Zum Bonn-Besuch *Macmillans* (8./9.1.1962) dessen Erinnerungen: At the End of the Day, S. 163 (»This was not really necessary except as a matter of courtesy; but Chancellor Adenauer seemed to attach importance to these interchanges.«) Vgl. a. die Angaben bei Horst Osterheld, »Ich gehe nicht leichten Herzens...«, S. 95; dazu auch das Kommuniqué vom 9.1.1962 im Bulletin, Nr. 7 vom 11.1.1962, S. 57.
17 Wegen der britischen Stationierungskosten in der Bundesrepublik (1961: ca. 230 Millionen £) hatte sich der NATO-Rat im Oktober 1961 für Devisenhilfen an Großbritannien ausgesprochen; vgl. AdG, Jg. 31 (1961), S. 9424f. In den Verhandlungen Adenauer–Macmillan wurden deswegen u. a. »zusätzliche Rüstungskäufe beträchtlichen Umfangs« vereinbart (nach dem Kommuniqué; s. oben Anm. 16).
18 Vgl. Nr. 13, Anm. 13.
19 Zum Stand der Berlin-Verhandlungen beim Jahreswechsel 1961/62 hatte Adenauer kurz zuvor im Interview mit der »Politisch-Sozialen Korrespondenz« erklärt: »Auch von uns aus wäre es für Berlin bis zur Wiedervereinigung am besten, wenn alles so bliebe, wie es war. Aber da die Sowjets nun einmal eine neue Regelung erreichen wollen, ist es besser, mit ihnen darüber zu reden. Unser Ziel wird es dabei sein, neue Zusicherungen für die Freiheit der Zufahrtswege nach Berlin zu erhalten, damit die Berliner mit Vertrauen in die Zukunft sehen können, und selbstverständlich muß auch diese schändliche Mauer wieder weg, mit der die Kommunisten seit dem August Ost-Berlin von West-Berlin abgetrennt haben. Ich bin überzeugt, daß wir irgendwann zu Anfang des neuen Jahres zu Verhandlungen kommen werden; auf den Monat kommt es dabei nicht an« (Bulletin, Nr. 1 vom 3.1.1962, S. 6). S. unten Anm. 37.
20 Vgl. Nr. 6, Anm. 37. – Nach den Beschlüssen des EWG-Ministerrats vom 13./14.1.1962 erklärte Adenauer am 17.1.1962 im Deutschen Bundestag: »Damit ist ein entscheidender Schritt zur Herbeiführung der wirtschaftlichen Einheit Europas getan worden. Daher wird der Eintritt in diese zweite Phase eines der wichtigsten Ereignisse in der europäischen Geschichte in den letzten Jahrhunderten werden. ... Der vor drei Tagen vollzogene Eintritt in die zweite Etappe des Gemeinsamen Markts ist aber auch ein politisches Ereignis ersten Ranges in der weltweiten Auseinandersetzung zwischen den freiheitlichen Ländern und dem sowjetisch-kommunistischen Block. Die Tatsache, daß es gelungen ist, die widerstreitenden wirtschaftlichen Interessen der Partner zu vereinigen und einen für die Gesamtheit grundlegenden Beschluß zu fassen, widerlegt die kommunistische These von der inneren Schwäche der übrigen Welt und von der angeblichen selbstzerstörerischen Politik ihrer wirtschaftlichen Gruppen. Er zeigt, daß in Europa ein Kraftfeld besteht, das wohl in der Lage ist, dem Vordringen des Kommunismus Einhalt zu gebieten«; vgl. Stenographische Berichte, Bd. 50, S. 176f. Hierzu auch die Abb. auf S. 78-80.
21 Vgl. Nr. 6, Anm. 16.

Anmerkungen zu Nr. 8   525

22 Oliver *Cromwell* (1599-1658), 1653-1658 Lordprotektor Großbritanniens.
23 Nach den Kontakten vom Herbst 1961 (vgl. Nr. 3, Anm. 18) waren diese Sondierungsgespräche über die Berlin-Frage am 2.1.1962 wiederaufgenommen worden; vgl. AdG, Jg. 32 (1962), S. 9605. Dort (S. 9648) auch die Angaben zur Fortführung am 1.2.1962. Vgl. Nr. 9 (bei Anm. 7) sowie die ausführlichen Angaben bei Walther *Stützle*, Kennedy und Adenauer, S. 192-194.
24 Vgl. Nr. 1, Anm. 24. – Hier auch angesprochen: die kurz zuvor erfolgte Ablösung des sowjetischen Botschafters in Washington, *Menschikow*, durch Anatoly *Dobrynin* (geb. 1910), 1957-1960 stellvertretender UNO-Generalsekretär, 1962-1986 im genannten Amt, ab 1971 Mitglied des ZK der KPdSU.
25 Vgl. Nr. 5, Anm. 7-11.
26 Adenauer bezieht sich auf einen Artikel der »Welt« vom 8.1.1962, in dem über eine Begegnung des amerikanischen Präsidenten mit seinem Berlin-Sonderbeauftragten, General *Clay*, berichtet worden war; Wortlaut des Kennedy-Statements: Public Papers, 1962, S. 4.
27 John Selwyn Brooke *Lloyd*, Lord *Selwyn-Lloyd of Wirral* (1904-1978), ab 1945 Abgeordneter des britischen Unterhauses (Konservative Partei), 1955-1960 Außenminister, 1960-1962 Schatzkanzler, 1963/64 Lord-Siegelbewahrer.
28 Adenauer meint die am 7.1.1962 in der Sendereihe »Wo uns der Schuh drückt« ausgestrahlte Rundfunkrede des Regierenden Bürgermeisters; Wortlaut: Pressedienst des Landes Berlin, Nr. 5 vom 6.1.1962 (schriftl. Mitteilung von Klaus-Henning *Rosen*/Bundesministerium des Innern, Arbeitsstab Neue Länder, an den Bearb. vom 3.7.1992). Aus diesem Zeitraum auch nachweisbar: Äußerungen *Brandts* aus Anlaß eines Berlin-Besuches des britischen Außenministers Lord *Home* am 9./10.1.1962, nach denen – so Brandt – »in Verhandlungen über Berlin Wege für eine zeitweilige Lösung erörtert werden sollten, um wenigstens einige der grausamsten Auswirkungen der Mauer zu beseitigen, indem ein geregelter Personenverkehr und Kontakte innerhalb der Stadt ermöglicht würden«; vgl. AdG, Jg. 32 (1962), S. 9605. Vgl. a. sein Gespräch mit dem »Spiegel« in der Ausgabe des Magazins vom 10.1.1962; Wortlaut: Dokumente zur Deutschlandpolitik, IV/8, S. 20-29.
29 Hierzu der britisch-französische Gedankenaustausch und Notenwechsel über die französischen Vorschläge für die westeuropäischen Kohlen-, Eisen- und Stahlindustrien vom Mai/Juni 1950, in: EA, Jg. 5 (1950), S. 3167-3174.
30 Robert *Schuman* (1886-1963; geboren in Luxemburg als Sohn lothringischer Eltern, bis 1919 deutscher, ab 1919 französischer Staatsbürger), 1948 französischer Ministerpräsident, 1948-1952 Außenminister, 1955 Präsident der Europäischen Bewegung, 1958-1960 erster Präsident des Europäischen Parlaments. – Druck und Abb. der für die von ihm ergriffene EGKS-Initiative entscheidenden Schriftstücke vom 7./8.5.1950: »Briefe 1949-1951«, S. 208-215, 508-510.
31 Hugh Todd *Gaitskell* (1906-1963), 1947-1950 britischer Minister für Brenn- und Kraftstoffversorgung, 1950 Wirtschaftsminister, 1950/51 Schatzkanzler,

1955–1963 Vorsitzender der Labour-Partei und Oppositionsführer im Unterhaus.

32 Dazu »Die Welt« am 9.1.1962, in ihrem Bericht über dieses Journalistengespräch: »Die Meinung des britischen Oppositionsführers Gaitskell [geäußert während seines Berlin-Aufenthaltes vom 3. – 6.1.1962], die Sowjetzonenregierung de jure an einem Abkommen über die Zufahrtswege zu beteiligen, lehnte Adenauer ab, da dies einer völkerrechtlichen Anerkennung gleichkäme und gegen die deutsch-alliierten Verträge verstoßen würde.« Mit ähnlichen Vorschlägen des Labour-Politikers hatte sich Adenauer bereits in einem am 11.4.1957 mit Kingsley *Martin* geführten Informationsgespräch kritisch auseinandergesetzt; vgl. »Teegespräche 1955–1958«, S. 192f.

33 Dieser Artikel konnte nicht nachgewiesen werden.

34 Vgl. Nr. 7, Anm. 21, 23.

35 Am 18.4.1958: »16 Uhr 10 Mr. Gaitskell, Lord Henderson, Mr. Brown, Mr. Younger, Mr. Noel Baker« (Terminkalender).

36 Gemeint ist: *George–Brown*, Baron *of Jevington* (geb. 1914 als George Alfred *Brown*), 1945–1970 Mitglied des britischen Unterhauses (Labour), 1951–1953 und 1960–1964 Vertreter Großbritanniens beim Europarat, 1964–1966 Wirtschaftsminister, 1966–1968 Außenminister.

37 Das Memorandum der Sowjetregierung an die Bundesregierung vom 27.12.1961 zur Deutschland- und Berlinfrage schlug eine Verbesserung der bilateralen Beziehungen auf der Grundlage der Teilung Deutschlands vor; Wortlaut (u. a.): Dokumente zur Deutschlandpolitik, IV/7, S. 1211-1222. Über die nachfolgende Stellungnahme Adenauers berichtete am 9.1.1962 ausführlich »Die Welt«; hierzu der Artikel »Adenauer: Das sowjetische Memorandum enthält nichts neues« (s. oben Anm. 32.).
Die Bundesregierung antwortete mit einer Denkschrift vom 21.1.1962; Wortlaut (u. a.): Dokumente zur Deutschlandpolitik, IV/8, S. 162-171. Dazu Adenauers Angaben in Nr. 10.

38 Zur Übergabe durch den Leiter der Deutschlandabteilung im sowjetischen Außenministerium, *Iljitschow*, und zur Bewertung des Dokuments vgl. Hans *Kroll*, Lebenserinnerungen, S. 537-539.

39 Zu diesem auch in den Vorjahren üblichen Verfahren der sowjetischen Deutschlandpolitik der Hinweis *Krolls* (a.a.O., S. 539) auf die »Überlassung der Denkschrift zur vertraulichen Kenntnisnahme an die Regierungen in Washington, London und Paris«.

40 Vgl. Nr. 4, Anm. 27.

41 So *Kennedy* in seiner Radio- und Fernsehansprache zur Berlin-Krise vom 25.7.1961 und in seinen Pressekonferenzen vom 10.8. und 11.10.1961; vgl. Public Papers, 1961, S. 533-539, 553-560 und 656-663.

42 Vgl. Nr. 5, Anm. 18.

43 An diesem Gespräch (8.1.1962, ab 17.30 Uhr) nahmen teil: Karl *Carstens*,

Felix *von Eckardt*, Karl-Günther *von Hase*, Horst *Osterheld*, Gerhard *Schröder* und Heinz *Weber* (Besucherliste).
44 Vgl. Hellmut *Holthaus*, Geschichten aus der Zachurei, Freiburg/Breisgau 1959. – Dazu auch Adenauers »Teegespräche 1959–1961«, S. 383.
45 Vgl. *ders.*, Neue Geschichten aus der Zachurei, Frankfurt/Main 1961.

Nr. 9

1 Otto *Fuerbringer* (geb. 1911), ab 1932 Reporter des »St. Louis Post Dispatch«, ab 1942 in führenden Funktionen beim Magazin »Time«, ab 1946 Senior Editor, ab 1951 Assistant Managing Director, 1960–1968 Managing Director, 1968–1975 Vizepräsident von »Time Inc.« – Zu diesem mit Bell und Fuerbringer geführten Adenauer-Gespräch Hinweise bei Peter *Siebenmorgen*, Gezeitenwechsel, S. 340, 342.
2 Ein Kurzbericht über dieses Informationsgespräch erschien in der »Time«-Ausgabe vom 23.2.1962 (»... West German Chancellor ... told a recent visitor«); s. unten Anm. 30.
In diesem Zeitraum hielt sich Adenauer öffentlich sehr zurück und betrieb auch seine Pressepolitik äußerst diskret; nach seinem ersten Herzinfarkt hatte er sich vom 22.1. – 2.2.1962 in Rhöndorf aufgehalten (vgl. Hans-Peter *Schwarz*, Adenauer. Der Staatsmann, S. 710f.). Einer der ersten wichtigen Termine nach der Rückkehr nach Bonn: die Teilnahme an der Sitzung des CDU-Bundesvorstandes vom 7.2.1962. Sein dortiger Lagebericht (in: Adenauer-Reden, S. 431-441) ist zum Vergleich der nachfolgenden Ausführungen heranzuziehen.
3 Vgl. Nr. 8, Anm. 30.
4 In dieser Rundfunk- und Fernsehansprache vom 5.2.1962 hatte sich der französische Staatspräsident erneut gegen die politische Integration, aber für einen Zusammenschluß der europäischen Staaten ausgesprochen, »damit nach und nach auf beiden Seiten des Rheins, der Alpen und vielleicht des Kanals ein politisches, wirtschaftliches, kulturelles und militärisches Ganzes entsteht, das mächtigste, wohlhabendste und einflußreichste der Welt«; zit. nach Heinrich *Siegler* (Hrsg.), Europäische politische Einigung, S. 127.
5 Vgl. Nr. 5, Anm. 27.
6 Vgl. Nr. 3, Anm. 18.
7 Vgl. Nr. 3, Anm. 18; Nr. 8, Anm. 23. – Zum damaligen Stand der Verhandlungen Präsident *Kennedys* Ausführungen in seiner Pressekonferenz vom 31.1.1962; vgl. Public Papers, 1962, S. 90-97.
8 Dazu vgl. Frank *Roberts*, Dealing with Dictators, S. 222-234.
9 Mit dieser Jahreszahl bezieht sich Adenauer vermutlich auf den Tod Josef Stalins (5.3.1953) und die damit verknüpften Hoffnungen auf weltpolitischen Wandel.
10 Vgl. Nr. 7, Anm. 24.
11 Vgl. Nr. 1, Anm. 15. – Nachfolger des dort genannten französischen Stadtkommandanten *Lacomme* ab 28.2.1962: Divisionsgeneral Edouard *Kleber*.

12 Lucius Dubignon *Clay* (1897–1978), 1945–1947 stellvertretender, 1947–1949 Militärgouverneur der amerikanischen Zone, 1948 nach der Berlin-Blokkade Initiator der Berliner Luftbrücke, 1961–1963 Berlin-Beauftragter des amerikanischen Präsidenten.
13 Vgl. Nr. 3, Anm. 10; Nr. 7, Anm. 16. – In seiner Rede vom 5.2.1962 (s. oben Anm. 4) hatte *de Gaulle* versichert, der Friede in Algerien stehe unmittelbar bevor; notfalls werde er wieder zu außergewöhnlichen Mitteln greifen. Am 11.2.1962 begannen in St. Julien-en-Genevois die französisch-algerischen Friedensverhandlungen, die ab 7.3.1962 in Evian-les-Bains fortgeführt wurden und zum Waffenstillstandsabkommen vom 18.3.1962 führten; vgl. Jérôme *Hélie*, Les accords d'Evian – Histoire de la paix en Algerie, Paris 1992, passim.
14 Vgl. Nr. 4, Anm. 27.
15 Bei einer Anti-OAS-Demonstration kam es an diesem Tag in Paris zu blutigen Zusammenstößen (8 Todesopfer); vgl. AdG, Jg. 32 (1962), S. 9668. – Vgl. a. Nr. 10, Anm. 30.
16 »Auf einer Silvesterfeier in Berlins Maison de France hatten französische Offiziere im Beisein des französischen Stadtkommandanten General Lacomme ihre Sympathie für die Ziele der OAS dadurch bekundet, daß sie aus Servietten kleine Trompeten drehten und darauf das OAS-Signal ›Algé-rie Fran-çaise‹ bliesen« (aus einer Meldung des »Spiegel« vom 7.2.1962). – Der zuvor erwähnte Informant dürfte gewesen sein: der Berliner CDU-Politiker Johann Baptist *Gradl* (vgl. Nr. 31, Anm. 62), den Adenauer am 7.2.1962 empfangen hatte (ab 17.10 Uhr; Besucherliste).
17 Am 5.2.1962, 17.30 Uhr (Terminkalender Jean Monnet): schriftl. Mitteilung des Sekretärs der Fondation Jean Monnet pour l'Europe, Dr. Martin *Nathusius*, an den Bearb. vom 21.5.1990.
18 Alexei Iwanowitsch *Adschubei* (geb. 1924; verheiratet mit einer Tochter Chruschtschows), 1959–1964 Chefredakteur der »Iswestija«, Mitglied des Obersten Sowjet, gehörte zum engsten Beraterstab Chruschtschows, ab 1961 Mitglied des ZK der KPdSU. – Adschubei hatte am 30.1.1962 Präsident Kennedy besucht (nachdem ihn der amerikanische Präsident bereits im November 1961 zu einem Interview empfangen hatte; vgl. Dokumente zur Deutschlandpolitik, IV/7, S. 985-998) und bei dieser Gelegenheit Kennedys Pressesprecher zu einem Moskau-Besuch eingeladen; vgl. AdG, a.a.O., S. 9648.
19 Pierre *Salinger* (geb. 1925), Pressesprecher von Senator und Präsident Kennedy (1959–1961 bzw. 1961–1963). – Hier angesprochen: seine Begegnung mit dem sowjetischen Pressechef *Charlamow* am 29.1.1962 in Paris; vgl. a.a.O.
20 Das Telegramm des Botschafters konnte nicht nachgewiesen werden.
21 Der Besuch des Chefredakteurs der »Literaturnaja gaseta« beim Kanzler kam, soweit ersichtlich, nicht zustande.
22 Fjodor Michajlowitsch Dostojewskij (1821–1881), russischer Schriftsteller.
23 Die nächste Begegnung Adenauer–*Smirnow* datiert vom 6.6.1962; vgl. Nr. 17, Anm. 7.

24 Vgl. Nr. 7, Anm. 26.
25 Vgl. Nr. 7.
26 Jawaharlal (genannt Pandit) *Nehru* (1889-1964), 1929 und 1936 Präsident des Indian National Congress, mehrfach von der britischen Kolonialmacht inhaftiert, nach der Unabhängigkeitserklärung Indiens 1947-1964 Premierminister, Außen- sowie zeitweise Verteidigungsminister.
27 Wahrscheinlich gemeint: Nehrus Besprechungen mit Chruschtschow im September 1961 in Moskau, in denen er sich der sowjetischen Position annäherte, »daß die Tatsache der Existenz zweier deutscher Staaten im Augenblick nicht ignoriert werden« könne; nach dem Kommuniqué vom 11.9.1961 in: Dokumente zur Deutschlandpolitik, IV/7, S. 414f.
28 Vermutlich gemeint: die Begegnung Adenauer–*Rusk* vom 10.8.1961 in Cadenabbia; dazu Horst *Osterheld*, »Ich gehe nicht leichten Herzens...«, S. 47, und die ausführlichen Angaben zum Gesprächsverlauf bei Hans-Peter *Schwarz*, a.a.O., S. 658f.
29 Vgl. Nr. 7, Anm. 34.
30 Zum nachfolgenden der entsprechende Passus im »Time«-Bericht vom 23.2.1962: »If people in Africa were treated like people in Central Europa, there would be an enormous outcry.... It would cause a great crisis and speeches in the U.N. Yet 16 million Germans live under completely intolerable conditions in East Germany, and no one takes any notice« (s. oben Anm. 2).
31 Dies die erste Erwähnung der Lage auf Kuba in den »Teegesprächen 1961-1963«; zur Vorgeschichte der im Oktober 1962 ausgebrochenen Kuba-Krise (vgl. Nr. 23), besonders zum Abbruch der diplomatischen Beziehungen zu den USA (3.1.1961) und zu deren gescheiterten Invasionsversuch vom April 1961, die Angaben in Adenauers »Teegesprächen 1959-1961«, S. 347, 530, 707, 759.
32 Dazu Kennedys »Annual Message to the Congress on the State of the Union« vom 11.1.1962, in: Presidential Papers, 1962, S. 5-14.
33 Terence *Prittie*, Germany divided. The Legacy of the Nazi Era. With a foreword by Ivone *Kirkpatrick*, Boston 1960; London 1961.

Nr. 10
1 Gesprächsbeginn laut Vorlage: 11.00 Uhr; Korrektur anhand der Besucherliste. – Zu diesem Informationsgespräch (unter Verwendung des Wortprotokolls) Peter *Siebenmorgen*, Gezeitenwechsel, S. 336, 342.
2 Sidney *Gruson*, Bonn and the Russians. Many pressures keep Adenauer from giving a straight ›No‹ in reply to the Soviet Overtures, in: »New York Times« vom 18.2.1962. – In der gleichen Ausgabe veröffentlichte Gruson auch den Artikel: »New name gains stature in Bonn. Dufhues latest Candidate to succeed Adenauer« (vgl. Nr. 26, Anm. 2).
3, 4 Vgl. Nr. 8, Anm. 37.
5 Erich *Mende* (geb. 1916), Dr. jur., 1949-1980 MdB (FDP, ab 1970 CDU),

1957-1963 Fraktionsvorsitzender, 1960-1968 Parteivorsitzender, 1963-1966- Stellvertreter des Bundeskanzlers und Bundesminister für gesamtdeutsche Fragen. – Zu seiner damaligen deutschlandpolitischen Position: Von Wende zu Wende, S. 22-25.

6 Vgl. Hans *Kroll*, Lebenserinnerungen, S. 538f.

7 Mende hatte am Montag an einer »Besprechung über Koalitionspolitik« (Besucherliste) teilgenommen; dazu seine Ausführungen in: Von Wende zu Wende, S. 28.

8 Thomas *Dehler* (1897-1967), Dr. jur., 1949-1967 MdB (FDP), 1949-1953 Bundesminister der Justiz, 1953-1957 Vorsitzender der FDP-Bundestagsfraktion, 1954-1957 FDP-Bundesvorsitzender, 1960-1967 Vizepräsident des Deutschen Bundestages.

9 Anläßlich einer Tagung des FDP-Bundesvorstandes und der Bundestagsfraktion am 13.2.1962 in Berlin. Zu den in diesem Zeitraum vertretenen deutschland- und außenpolitischen Auffassungen Dehlers die Angaben bei Friedrich *Klingl*, »Das ganze Deutschland soll es sein!«, S. 335-337.

10 Dazu vgl. *von Brentanos* Schreiben an Adenauer vom 5.10.1961; Druck: Arnulf *Baring*, Sehr verehrter Herr Bundeskanzler!, S. 351f.

11 Zum Strauß-Papier vom Oktober 1961 die Angaben bei Hans-Peter *Schwarz*, Adenauer. Der Staatsmann, S. 681f.; vgl. a. Franz Josef *Strauß*, Die Erinnerungen, S. 397-410.

12 Vgl. Nr. 8, Anm. 23; Nr. 9, Anm. 7.

13 Vermutlich gemeint: Henry *Kissinger*; vgl. Anm. 26.

14 Den am 8.2.1962 erhobenen sowjetischen Anspruch auf alleinige Nutzung der drei Berliner Luftkorridore durch ihre Maschinen hatten sich die Westmächte in den Folgetagen mit vermehrten Militärflügen widersetzt; vgl. Joachim *Drogmann*, Chronik 1962, S. 173. Dazu auch ein Aide-mémoire der drei Westmächte vom 15.2.1962 an die Sowjetregierung in: Dokumente zur Deutschlandpolitik, IV/8, S. 153f.

15 Christoper *Steel* (1903-1973), 1950-1952 britischer Gesandter in Washington, 1953-1957 Vertreter bei der NATO, 1957-1963 Botschafter in Bonn. – Der hier angesprochene Vorfall (Belästigung durch sowjetische MIG-Düsenjäger) datiert vom 14.2.1962; vgl. Joachim *Drogmann*, a.a.O., S. 174.

16 Walter C. *Dowling* (1905-1977), 1959-1963 amerikanischer Botschafter in Bonn, zugleich Leiter der amerikanischen Militärmission in Berlin. – Nach den Besucherlisten hatte Adenauer Dowling am 5., 12. und 18.12.1961 empfangen.

17 Vgl. Nr. 9, Anm. 18.

18 Zum Baden-Badener Treffen mit *de Gaulle* (15.2.1962) Adenauers ausführliche Darstellung in seinen Erinnerungen 1959-1963, S. 136-150; vgl. a. Horst *Osterheld*, »Ich gehe nicht leichten Herzens...«, S. 97-99, und Hans-Peter *Schwarz*, a.a.O., S. 734-736. Auf die Gesprächsergebnisse geht Adenauer in Nr. 12, 14, 18, 21, 25 näher ein.

Anmerkungen zu Nr. 10   531

19 Die Genfer Abrüstungskonferenz nahm, nach Vorbesprechungen der Außenminister der USA, der Sowjetunion und Großbritanniens (also ohne Frankreich, das auch weiterhin die »Politik des leeren Stuhls« verfolgte), am 14.3.1962 ihre Arbeit auf. Ihr gehörten je 5 Staaten des Westens (mit der genannten Ausnahme) und des Ostblocks sowie 8 Vertreter bündnisfreier Staaten an. Auftrag der Konferenz war es, Vorschläge für atomwaffenfreie Zonen, für ein Verbot der Atomwaffenstationierung im Weltraum, für die Reduzierung des Atomwaffenarsenals und für eine Konvention gegen die Weiterverbreitung von Nuklearwaffen zu erarbeiten. (Nach Erweiterung der 18er-Konferenz um 8 Mitglieder - 1969 - wurde die Bundesrepublik am 1.1.1975 in das Komitee aufgenommen.) Zu Vorbereitung und Verlauf der ersten Verhandlungsphasen die zahlreichen Belege in: Dokumente zur Deutschlandpolitik, IV/8.
20 Vgl. Nr. 5, Anm. 24, 25; s. unten, Anm. 22.
21 Bezieht sich vermutlich auf die zuvor letzte deutsche Kreditvergabe an Indien (170 Millionen DM im September 1961); vgl. AdG, Jg. 31 (1961), S. 9333.
22 Christian *Fouchet* (1911-1974), 1958-1962 französischer Botschafter in Kopenhagen und Vorsitzender des Sachverständigenausschusses zur Ausarbeitung der Statuten für eine politische Union Europas, 1962 zunächst Hoher Kommissar in Algerien, dann Leiter der Abteilung ›Information‹ im persönlichen Kabinett von Premierminister Pompidou.
Der Fouchet-Ausschuß kam am 19./20.2.1962 in Paris erneut zusammen, um auf der Grundlage der Vereinbarungen von Baden-Baden ein neues Statut für die politische Union Europas auszuarbeiten; zu der jetzt einsetzenden Verhandlungsphase die ausführliche Darstellung bei Wilhelm Werner *Arnolds*, Die Entstehung, S. 220-230. Vgl. a. Nr. 17, Anm. 23.
23 Am 9.9.1960; dazu die Angaben bei Hans-Peter *Schwarz*, a.a.O., S. 576-580. Vgl. a. Adenauers »Teegespräche 1959-1961«, S. 720 (mit den weiterführenden Literaturhinweisen).
24 Vgl. Nr. 4, Anm. 38.
25 Der NATO-Generalsekretär hatte am 6.2.1962 ein Gespräch mit Präsident *Kennedy* über die Ausrüstung der westeuropäischen Streitkräfte mit Kernwaffen geführt; dazu Kennedys Ausführungen in seiner Pressekonferenz vom 7.2.1962 in: Public Papers, 1962, S. 120-127.
26 Henry Alfred *Kissinger* (geb. 1923), Prof. Dr. phil., lehrt seit 1954 an der Harvard-Universität in Cambridge (Massachusetts), Berater der Präsidenten Eisenhower, Kennedy und Nixon, 1973-1977 amerikanischer Außenminister. Kissinger hatte kurz zuvor Bonn besucht und am 16.2.1962 auch ein längeres Gespräch mit dem Bundeskanzler geführt; dazu die telegraphischen Berichte von Botschafter Dowling in: JFK Library, President's Office Files: Germany-Security, Box 117, Folder 8. Dort u. a. der Hinweis:»Kissinger began conversation by telling Chancellor that he understood latter was concerned about vulnerability of

the United States retaliatory force. He was only part-time consultant to US Government, under no obligation to defend American policies, and Chancellor should therefore understand that everything presented to him in endorsement of these policies reflected Kissinger's personal views.«
Zu dieser Begegnung auch Horst *Osterheld*, a.a.O., S. 100, und Hans-Peter *Schwarz*, a.a.O., S. 734.

27 Dazu die Aussagen des Verteidigungsministers in einem Fernsehinterview mit Peter *von Zahn* am 4.12.1961; vgl. Dokumente zur Deutschlandpolitik, IV/7, S. 1051-1057.

28 Vgl. Konrad *Adenauer*, a.a.O., S. 140f. Vgl. a. seine Ausführungen in Nr. 30 (bei Anm. 19).

29 Die algerische Regierung war Ende August 1961 umgebildet, Ministerpräsident Ferhat *Abbas* durch Ben Youssef Ben *Khedda* ersetzt worden; vgl. AdG, a.a.O., S. 9306.

30 Die Opfer der Anti-OAS-Demonstration (vgl. Nr. 9, Anm. 15) waren am 13.2.1962 beigesetzt worden; vgl. AdG, Jg. 32 (1962), S. 9675.

31 Gemeint ist der niederländisch-indonesische Westguinea-Konflikt, der Mitte Januar 1962 zu einem Seegefecht geführt hatte; vgl. Bernhard *Dahm*, Indonesien, S. 23. Zur Beilegung des Konflikts Nr. 21, Anm. 6.

32 Nach Bildung der Republik Kongo aus der früheren Kolonie Belgisch-Kongo (30.6.1960) hatten sich mit der Aufnahme diplomatischer Beziehungen (27.12.1961) die Kontakte zum ehemaligen Mutterland normalisiert; vgl. AdG, a.a.O., S. 9580f.

33 Vgl. Nr. 1, Anm. 15.

34 Vgl. Nr. 2, Anm. 7.

35 John *Glenn* (geb. 1921), Astronaut, umkreiste am 20.2.1962 als erster Amerikaner die Erde. – Vgl. Nr. 29, Anm. 20.

36 Dazu *Grewes* eigene Angaben in seinen Rückblenden, S. 533-535.

37 Tete Harens *Tetens*, in Berlin gebürtiger Zeitungsverleger, 1933/34 Inhaftierung durch die Nationalsozialisten, anschließend über die Schweiz in die USA emigriert, gehörte 1940–1947 einer amerikanischen Kommission zur Untersuchung von Kriegsverbrechen an. – Mit Tetens hatte sich Adenauer bereits in seinem Informationsgespräch vom 10.3.1953 auseinandergesetzt; vgl. »Teegespräche 1950–1954«, S. 419f., 730.
Nachfolgend erwähnt: eine Rezension seines Buches »The new Germany and the old Nazis« (New York 1961), die Herbert *Mitgang* am 28.11.1961 in der »New York Times« veröffentlicht hatte. In der Besprechung u. a. der Passus: »This accusation is substantiated with names, ranks and SS numbers – from yesterday and today. For example, Dr. Hans Globke, Secretary of State in the Chancellery now, served under the Nazis as the top official in the Office for Jewish Affairs in the Ministry of the Interior. From where does the author get his information? He cites the carefully kept records of the Nazi regime and the published reports in many West German newspapers today.«

38 Cyrus Leo *Sulzberger* (geb. 1912), führender Kolumnist der »New York Times«, 1944–1954 Leiter ihres Auslandsdienstes; erhielt 1951 den Pulitzer-Preis. – Nachweis früherer Teilnahme an Adenauers Teegesprächen (mit weiteren biographischen Angaben): 1950–1954, S. 304; 1955–1958, S. 100, 212; 1959–1961, S. 271.
Adenauer erwähnt hier auch seinen Onkel: Arthur Hays *Sulzberger* (1891–1968), 1935–1961 Verlagsleiter der »New York Times«; Nachfolger ab 1963: sein Sohn Arthur Ochs *Sulzberger* (geb. 1926); vgl. Nr. 32, Anm. 5.

39 *Kennedy* »had an absolute obsession about the reporting of a married couple working for the New York Times in Germany, as you know, Sidney Gruson and Flora Lewis. Flora Lewis wrote for the Washington Post, and Sidney Gruson wrote for the New York Times. John F. Kennedy believed that these people were up to some kind of mischief with malice in their hearts to do him in or to discredit the Administration ... he believed that these two reporters were actually serving the interests of the German government as opposed to the interests of their own governments« (aus der Befragung von Peter *Lisagor* in: JFK Library, Oral History Program: Press Panel). Dazu Flora *Lewis* in einer schriftl. Mitteilung an den Bearb. vom 6.7.1992: »I do remember that in one talk with the Chancellor, he complained about our work being unfair or unfavorable to Germany, and we told him that Kennedy complained even more on the opposite side. That seemed to surprise but reassure him. If I remember correctly, he said something to the effect that if both complained, it must mean that the reports were balanced.«

40 Vgl. Nr. 3, Anm. 20.

41 Robert F. *Kennedy* (1925–1968), Bruder und engster Berater von John F. Kennedy, 1961–1964 amerikanischer Justizminister, ab 1964 Senator für New York, am 6.6.1968 ermordet. – Er wie auch der jüngere Präsidenten-Bruder Edward Kennedy hielten sich am 24./25.2.1962 zu Beratungen mit Adenauer in Bonn auf; dazu die Photos auf S. 474 f. und die ausführlichen Angaben bei Horst *Osterheld*, a.a.O., S. 99–103. Vgl. a. Hans-Peter *Schwarz*, a.a.O., S. 740.
Im Anschluß an seine Weltreise und die Begegnung mit dem Kanzler veröffentlichte Robert F. Kennedy das Buch »Gerechte Freunde und tapfere Feinde«, das er im September 1962 auch Adenauer übermittelte; dort die Widmung »Für Bundeskanzler Adenauer – der uns allen eine Lehre erteilt hat, wie man ein gerechter Freund und ein tapferer Feind ist – von einem Bewunderer...«. Hierzu die Unterlagen in: JFK Library, Robert F. Kennedy Papers, Attorney General's General Correspondence, Box 1.

42 Möglicherweise gemeint: die von Adenauer hier überspitzt charakterisierten Ausführungen *Rusks* in einer Pressekonferenz vom 18.10.1961; Wortlaut: Dokumente zur Deutschlandpolitik, IV/7, S. 855–861.

43 Vgl. Nr. 7, Anm. 24.

44 August Albert Joseph *Vanistendael* (geb. 1917), Vertreter der christlichen Gewerkschaftsbewegung Belgiens (IFCTU). – Die Begegnung datiert vom 15.1.1962 (Besucherliste).

45 Gemeint ist: der Präsident der Deputiertenkammer von Venezuela, Rafael *Caldera*, den Adenauer am 2.2.1962 empfangen hatte (Besucherliste); dazu vgl. a. Horst *Osterheld*, a.a.O., S. 99.
46 Konferenz der Außenminister der Organisation Amerikanischer Staaten (OAS) vom 22.–31.1.1962 in Punta del Este (Uruguay); vgl. AdG, a.a.O., S. 9656–9659.
47 Zu den Konflikten zwischen Adenauer und Gerhard *Schröder* die zahlreichen Angaben bei Hans-Peter *Schwarz*, a.a.O.; vgl. a. Schröders eigene Darstellung: Menschen, die man nicht vergißt: Konrad Adenauer (Erinnerungen 1945–1963), in: »Rheinischer Merkur/Christ und Welt«, Nr. 24-27 (10.6.–1.7.1988).
48 Vgl. Nr. 15, 17, 19, 20, 23, 26, 27, 28, 30, 32, 33. – Neben den in dieser Edition vor allem dokumentierten vertraulichen und bisher nicht veröffentlichten Hintergrundgesprächen mit anglo-amerikanischen Journalisten und Publizisten führte Adenauer in den letzten 1 1/2 Amtsjahren regelmäßig auch Gespräche mit französischen Pressevertretern, über die im Nachbarland anschließend ausführlich berichtet wurde. Hierzu das am 5.3.1962 mit Hubert *Beuve-Méry*/»Le Monde« geführte Interview (vgl. Nr. 12, Anm. 20) sowie die häufigeren Befragungen durch Paul *Maugain* (France I), zu denen sich die Belege in StBKAH 16.31, 16.32 finden. Exemplarisch für diese Unterredungen: das unter Nr. 16 abgedruckte Wortprotokoll des Gedankenaustauschs mit René *Lauret*.
49 Vgl. Nr. 6, Anm. 24.
50 Derartige Tendenzen veranlaßten Adenauer, zur »Woche der Brüderlichkeit« am 9.3.1962 in der »Allgemeinen Wochenzeitung der Juden in Deutschland« ein Grußwort zu veröffentlichen: »... denke ich besonders an unser Verhältnis zum jüdischen Volk und zu unseren jüdischen Mitbürgern, denen in der Zeit des Nationalsozialismus so namenloses Leid zugefügt worden ist. Es bedarf hier andauernder ernster Bemühungen und großer Liebeskräfte, um neue Bindungen zu ermöglichen und endgültige Versöhnung zu erreichen.«
51 Im Prozeß vor dem Landgericht Münster waren am 19.2.1962 die Urteile gegen die Ärzte Heinz *Baumkötter* und Alois *Gabele* ergangen; hierzu die Dokumentation in: Justiz und NS-Verbrechen, Bd. XVIII, S. 215–332.
52 Hendrik George *van Dam* (1906–1973), ab 1950 Generalsekretär des Zentralrates der Juden in Deutschland.
53 Nahum *Goldmann* (1894–1982), 1949–1978 Präsident des Jüdischen Weltkongresses, 1952 maßgeblich an der Aushandlung des Wiedergutmachungs-Abkommens der Bundesrepublik mit Israel beteiligt, 1956–1968 Präsident der Zionistischen Weltorganisation.
54 David *Ben Gurion* (1886–1973), 1930–1965 Vorsitzender der Arbeiterpartei ›Mapai‹, 1948–1953 und 1955–1963 israelischer Ministerpräsident, daneben wiederholt auch Verteidigungsminister.
55 Wiedergutmachungsabkommen zwischen Israel und der Bundesrepublik Deutschland, am 10.9.1952 in Luxemburg von Adenauer und vom israelischen

Außenminister Moshe *Sharett* unterzeichnet; dazu Adenauers Erinnerungen (1953-1955, S. 155-160) und seine »Briefe 1951-1953«, S. 269f., 597. – 1962 jährte sich die Unterzeichnung zum zehnten Mal; Adenauer schrieb aus diesem Anlaß in der »Allgemeinen Wochenzeitung der Juden in Deutschland« (7.9.1962): »Es war ein sehr wichtiger Tag nicht nur für die deutsch-jüdischen Beziehungen, sondern auch für die Stellung Deutschlands in der freien Welt ... Mit Genugtuung darf ich heute feststellen, daß die Bundesrepublik Deutschland, die vor 10 Jahren von ihr übernommenen Verpflichtungen erfüllt hat. Damit ist eine gute Voraussetzung für eine stetig sich bessernde Gestaltung der Beziehungen zwischen dem deutschen Volke und dem Judentum geschaffen worden.«

Nr. 11
1 Dietrich *Schwarzkopf* (geb. 1928), 1955-1962 Bonner Korrespondent des »Tagesspiegel« (Berlin), 1962-1966 Bonner Studioleiter des Deutschlandfunks, 1966-1974 Programmdirektor des NDR (Abteilung Fernsehen), 1974-1978 stellvertretender NDR-Intendant, seit 1978 Programmdirektor der ARD. Nachweis früherer Teilnahme an Adenauers Teegesprächen (mit weiteren biographischen Angaben): 1959-1961, S. 326, 341, 371, 404, 420, 472.
2 August *Wegener* (1904-1987), Dr. phil., 1948-1970 Inhaber und Chefredakteur des Christlich-Demokratischen Pressedienstes (CDP) in Bonn. Nachweis früherer Teilnahme an Adenauers Teegesprächen (mit weiteren biographischen Angaben): 1950-1954, S. 5, 12, 126, 146, 168, 171, 184, 199, 365, 407, 414, 422, 435, 488; 1959-1961, S. 326, 341, 371, 404, 420, 472, 493, 534.
3 Gesprächsbeginn laut Vorlage: 12.00 Uhr; Korrektur anhand der Besucherliste.
4 »Die Situation, in der Sie sich befinden, muß geklärt werden. Dazu ist Ihre persönliche Anwesenheit in Bonn nötig. Sie haben von Herrn Staatssekretär Carstens eine entsprechende Aufforderung erhalten. Ich erwarte, daß Sie dieser Aufforderung sofort nachkommen und sich jeder öffentlichen Erklärung bis dahin enthalten« (Telegramm Adenauers an Botschafter *Kroll*, veröffentlicht im Bulletin, Nr. 44 vom 3.3.1962, S. 375).
Zum Hintergrund der Affäre (es war kolportiert worden, der deutsche Botschafter in Moskau befürworte weitgehende Konzessionen an die Sowjetunion, um deutschlandpolitische Fortschritte zu erleichtern; s. unten Anm. 7, 13) vgl. seine eigenen Lebenserinnerungen, S. 549-557. Vgl. a. Heinrich *Krone*, Aufzeichnungen, S. 167f.; Wilhelm G. *Grewe*, Rückblenden, S. 527f.; Horst *Osterheld*, »Ich gehe nicht leichten Herzens...«, S. 104, und (unter Verwendung dieses Wortprotokolls) Peter *Siebenmorgen*, Gezeitenwechsel, S. 339-343.
Aus dem Vorgang ergab sich die Ablösung Krolls durch den bisherigen Leiter der Ostabteilung des Auswärtigen Amtes, Dr. Horst *Gröpper* (sowjetisches Agrément am 13.9.1962).
5 Reinhard *Appel* (geb. 1927), 1946-1971 Redakteur der »Stuttgarter Zeitung«,

1963–1973 ZDF-Moderator, 1973–1976 Intendant des Deutschlandfunks, 1976–1988 ZDF-Chefredakteur. – Zum »Kreis von Herrn Appel«, weiter unten auch »Montagsgesellschaft« genannt, die Angaben von Hans *Kroll,* a.a.O., S. 551f.

6 Fred *Luchsinger* (geb. 1921), Dr. phil., 1955–1963 Bonner Korrespondent der »Neuen Zürcher Zeitung«, 1968–1984 deren Chefredakteur. – Luchsinger war am 1.3.1962 (ab 11.55 Uhr) vom Kanzler empfangen worden (Besucherliste).

7 In dem Artikel »Neue Affäre um Botschafter Kroll« (»Neue Zürcher Zeitung« vom 2.3.1962) hatte Luchsinger auf den klaren Gegensatz der angeblichen Äußerungen Krolls zum Konzept der Bundesregierung hingewiesen; ihm erscheine es rätselhaft, warum der Botschafter noch immer von Bonn protegiert werde, und er frage sich, ob Kroll der Hintergründigkeit der sowjetischen Außenpolitik gewachsen sei.

8 Am 9./10.2.1962; vgl. Hans *Kroll,* a.a.O., S. 546 und – aus der Sicht eines weiteren Teilnehmers – Wilhelm G. *Grewe,* a.a.O., S. 527f.

9 Adenauer hatte sich am Abend des 1.3.1962 zunächst mit Hans *Globke* und Heinrich *Krone,* danach mit Heinrich *Barth* beraten (Besucherliste).

10 Bei der Übergabe der deutschen Denkschrift vom 21.2.1962 (vgl. Nr. 8, Anm. 37); dazu Hans *Kroll,* a.a.O., S. 553.

11 Halvard *Lange* (1902–1970), 1946–1965 norwegischer Außenminister. – Zu einer Begegnung Adenauer–Lange (der sich kurz zuvor gegen den schwedischen Vorschlag zur Bildung einer atomwaffenfreien Zone gewandt hatte) kam es am 9.5.1962 in Bonn (Besucherliste), u. a. auch wegen des am 28.2.1962 gefaßten norwegischen Beschlusses, die EWG-Vollmitgliedschaft zu beantragen; vgl. AdG, Jg. 32 (1962), S. 9707f.

12 Bezieht sich auf eine Stellungnahme des schwedischen Ministerpräsidenten Tage *Erlander* vom 17.2.1962; vgl. AdG, a.a.O., S. 9690.

13 Georg *Schröder* hatte in der »Welt« am 17. und 27.2.1962 »die Behauptung verbreitet, ich träte für eine Anerkennung der Oder-Neiße-Linie, für die Aufnahme der Bundesrepublik und der SBZ in die Vereinten Nationen, für eine politische Trennung zwischen Berlin und der Bundesrepublik, für eine Demilitarisierung Berlins und schließlich für eine deutsch-sowjetische Verständigung ›um jeden Preis, koste es was es wolle‹, ein« (aus der Richtigstellung *Krolls* in seinen Lebenserinnerungen, S. 552f.)

14 Vgl. Nr. 4, Anm. 20.

15 Nach Ankündigung *Kennedys* in einer Rundfunk- und Fernsehansprache (»Nuclear Testing and Disarmament«), in der Nacht zum 3.3.1962; vgl. Public Papers, 1962, S. 186-191.

16 Zur Außenministerkonferenz der drei Atommächte vor Beginn der Abrüstungskonferenz; vgl. Nr. 10, Anm. 19.

17 Vgl. Nr. 1, Anm. 35.

18 Mit Stüber sind kleine Münzen gemeint.

19 Vgl. Nr. 8, Anm. 23; Nr. 9, Anm. 7. – Die nächste Begegnung dieser Art kam am 6.3.1962 zustande (AdG, a.a.O., S. 9730).
20 In Genf wurde Außenminister *Schröder* am 13.3.1962 über die dortigen Verhandlungen von seinen amerikanischen Amtskollegen informiert; zu den anschließenden Informations- und Abstimmungsproblemen zwischen Kanzleramt und Auswärtigem Amt die Rekonstruktion in Nr. 15.
21 Am 26./27.2.1962 in Moskau; dazu das Kommuniqué vom 28.2.1962 in: Dokumente zur Deutschlandpolitik, IV/8, S. 200f.
22 Vgl. Nr. 10, Anm. 22.
23 Vgl. Nr. 5, Anm. 27.
24 Vgl. Nr. 9, Anm. 13, 15; Nr. 10, Anm. 30.
25 Dazu die EWG-Lagebeurteilung Walter *Hallsteins* in seiner tags zuvor vor dem Wirtschafts- und Sozialausschuß in Brüssel gehaltenen Rede (Europäische Reden, S. 327-340).
26 Vgl. Nr. 6, Anm. 37.
27 Vgl. Nr. 1, Anm. 32.
28 In einer Botschaft an den amerikanischen Kongreß vom 25.1.1962; vgl. Public Papers, 1962, S. 68-76.
29 So in dem Artikel »Was will de Gaulle? Widersprüche und Mißverständnisse in seiner Europa-Politik«, den P[aul] B[otta] am 16.2.1962 im »Rheinischen Merkur« veröffentlicht hatte. – Als Protagonist der »Atlantischen Union« hatte Franz Josef *Strauß* in einer am 27.11.1961 in der Georgetown-University (Washington D.C.) gehaltenen Vorlesung den Aufbau eines solchen Bündnisses aller NATO-Staaten angeregt; es solle politische Behörden mit übernationalen Machtbefugnissen besitzen und wirtschaftlich auf einem Atlantischen Gemeinsamen Markt beruhen (vgl. AdG; Jg. 31 [1961], S. 9518). Dazu die Kritik Adenauers in seinen Ausführungen vom 7.2.1962 vor dem CDU-Bundesvorstand; vgl. Adenauer-Reden, S. 435.
30 Das Europäische Parlament (hervorgegangen aus der 1952 gegründeten Gemeinsamen Versammlung der EGKS) entstand mit Inkrafttreten der EWG- und Euratom-Verträge Anfang 1958. Die Mitglieder (142, ab 1973 198) wurden zunächst von den nationalen Parlamenten bestimmt und 1979 erstmals in den mittlerweile neun Mitgliedsstaaten direkt gewählt.
31 Nach Bildung einer sog. »Mitte-Links«-Regierung durch Ministerpräsident *Fanfani* am 21.2.1962; vgl. AdG, a.a.O., S. 9686f.
32 Heinz *Starke* (geb. 1911), Dr. jur., 1953-1980 MdB (FDP, ab 1970 CSU), 1961/62 Bundesfinanzminister. – Zu seiner Beurteilung durch Adenauer vgl. »Unserem Vaterlande zugute«, S. 323, 327-329.
33 Nach der Regierungsbildung vom Herbst 1961 (vgl. Nr. 3, Anm. 3) waren aus ihrem Ressort ausgeschieden: Außenminister *von Brentano*, Justizminister Fritz *Schäffer*, Finanzminister Franz *Etzel*. Adenauer dürfte sich hier vor allem auf ersteren beziehen; hierzu Darstellung und Dokumentation zum Rücktritt von Brentanos bei Arnulf *Baring*, Sehr verehrter Herr Bundeskanzler!, S. 341-391.

34 Mitte Februar 1962 hatte sich Arbeitsminister *Blank* mit den Sozialpolitikern der Koalitionsfraktionen darauf verständigt, diese Reform mit der »der Krankenversicherung und [der] Neuordnung des Kindergeldrechts als Einheit« zu behandeln; hierzu ein Bericht der »Welt« vom 17.2.1962. – Die Lohnfortzahlung wurde erst von der Großen Koalition verwirklicht; das entsprechende Gesetz vom 12.7.1969 trat am 1.8.1969 in Kraft. Zu den anderen sozialpolitischen Vorhaben der vierten Regierung Adenauer s. unten Anm. 48; vgl. a. Nr. 24, Anm. 11.
35 Paul *Adenauer* (geb. 1923), Dr. rer. pol., Prälat, in diesem Zeitraum Dozent am Katholisch-Sozialen Institut in Bad Honnef, ab 1963 Direktor des Katholischen Zentralinstituts für Ehe- und Familienfragen, 1969–1976 Pfarrer in Schildgen.
»Die Welt« hatte am 28.2.1962 über »wirtschaftspolitische Empfehlungen Paul Adenauers« berichtet: »Die Errichtung einer Geldwertkommission hat der Sohn des Bundeskanzlers, Paul Adenauer, vorgeschlagen. Sie soll, wie er in der Fachzeitschrift ›Die Sparkasse‹ ausführt, aus allgemein anerkannten Sachverständigen bestehen, die von der Bundesregierung in Zusammenarbeit mit der Bundesbank und den Sozialpartnern berufen werden. Der Sohn des Bundeskanzlers greift damit einen Vorschlag von Bundeswirtschaftsminister Prof. Erhard auf, der vor Jahren am Widerstand des Kanzlers scheiterte. Paul Adenauer, der katholische Priester ist, zieht mit seinen Vorschlägen die Nutzanwendung aus dem vom Papst erlassenen Weltrundschreiben ›Mater et Magistra‹ für die Wirtschaftspolitik in der Bundesrepublik.«
36 Ludwig *Erhard* (1897–1977), Prof. Dr. rer. pol., 1948/49 Direktor der Verwaltung für Wirtschaft des Vereinigten Wirtschaftsgebiets, 1949–1977 MdB (CDU), 1949–1963 Bundeswirtschaftsminister (ab 1957 Stellvertreter des Bundeskanzlers), 1963–1966 Bundeskanzler, 1966/67 CDU-Bundesvorsitzender. – Zur Beurteilung Erhards (der kurz darauf an einem Teegespräch teilnahm; vgl. Nr. 13) durch Adenauer die Anspielungen in Nr. 35 (vor Anm. 32).
37 Hans *Böckler* (1895–1951), 1924–1928, ab 1945 erneut Mitglied der Kölner Stadtverordnetenversammlung (SPD), 1928–1933 MdR, 1949–1951 DGB-Vorsitzender.
Hier angesprochen: die starke Einflußnahme Böcklers – in enger Abstimmung mit Adenauer – auf das Zustandekommen des Gesetzes über die Mitbestimmung der Arbeitnehmer in den Aufsichtsräten und Vorständen der Unternehmen des Bergbaus und der Eisen und Stahl erzeugenden Industrie; dazu die zahlreichen Belege in Adenauers »Briefen 1949–1951«.
38 Mit den in den Vormonaten erhobenen Tarifforderungen hatte sich Adenauer bereits in seinem Lagebericht vom 7.2.1962 auseinandergesetzt: »Sie wissen, daß es dem Bundeskabinett gelungen ist, den Haushaltsplan für das Jahr 1962 – er ist inzwischen beim Bundesrat – mit Müh und Not auf die Beine zu stellen. Wenn nun diese Forderungen bei den Beamten und Behördenangestellten erfüllt werden müssen, dann liegt unser Haushaltsplan glatt auf der Nase.

Dann werden wir möglicherweise zu einer Steuererhöhung gezwungen werden« (Adenauer-Reden, S. 436).

39 In den Tarifverhandlungen der Vorwochen hatte u. a. die IG Metall 10% Lohn- und Gehaltserhöhung gefordert (Ergebnis: 6% rückwirkend ab 1.1.1962, bei Umstellung der Bemessung der Urlaubsdauer von Betriebszugehörigkeit auf Lebensalter; schriftl. Mitteilung der IG Metall Pressestelle, Frankfurt/Main, an den Bearb. vom 2.7.1992). Hierzu und zu den damals diskutierten Streiks auch die zahlreichen Angaben bei Gerhard *Beier,* Willi Richter, S. 662-673.

40 Hierzu und zum nachfolgenden die ausführlichen Angaben in den sozial- und wirtschaftspolitischen Erörterungen des »Teegesprächs« vom 16.3.1962; vgl. Nr. 13.

41 Hier in der Vorlage »im Umfang«. – Wahrscheinlich gemeint: Jagdveranstaltungen mit deutschen Industriellen in Ungarn, über die in diesem Zeitraum gelegentlich in der Presse berichtet wurde.

42 Während *von Eckardts* Tätigkeit als Chefredakteur des Bremer »Weser-Kuriers« (1946–1951). Er vertrat die Interessen dieser Region auch als MdB 1965–1969.

43 Dieses Beispiel nennt Adenauer auch in seinem Bericht vom 7.2.1962; vgl. Adenauer-Reden, S. 436.

44 Deswegen wurde am 16.4.1962 eine deutsch-italienische Vereinbarung über die Anwerbung und Vermittlung von italienischen Arbeitskräften getroffen; vgl. Regierung Adenauer 1949–1963, S. 254. Dort (S. 70) auch eine Übersicht über die Anzahl ausländischer Arbeitnehmer im Bundesgebiet: 1954 – 70.097; 1960 – 276.188; 1961 – 503.509; 1962 – 650.346.

45 Zur damaligen Außenhandelssituation Ludwig *Erhards* Ausführungen in Nr. 13, dort auch Anm. 10.

46 Bezieht sich auf die Flutkatastrophe vom 16./17.2.1962, die im norddeutschen Küstengebiet und besonders in Hamburg schwere Schäden angerichtet und insgesamt ca. 300 Todesopfer gefordert hatte; Wortlaut eines danach an die Regierungschefs der betroffenen Bundesländer gerichteten Adenauer-Telegramms: Bulletin, Nr. 35 vom 20.2.1962, S. 286.

47 Paul *Nevermann* (1902–1979), Dr. jur., 1946–1974 Mitglied der Hamburger Bürgerschaft (SPD), 1961–1965 Erster Bürgermeister und Senatspräsident, 1966–1970 Vorsitzender des SPD-Landesverbandes Hamburg. – Das Gespräch Adenauer–Nevermann datiert vom 27.2.1962, ab 16.45 Uhr (Besucherliste).

48 Das Gesetz zur Änderung des Jugendarbeitsschutzgesetzes wurde vom Deutschen Bundestag am 9.5.1962 verabschiedet und trat am 20.7.1962 in Kraft (BGBl. I, S. 449); danach durften Jugendliche im Friseurhandwerk – bei Freizeitausgleich am Montag bis 13.00 Uhr – an Samstagen bis 18.00 Uhr beschäftigt werden.

49 Erik *Blumenfeld* (geb. 1915), 1958–1968 Landesvorsitzender des CDU-Landesverbandes Hamburg, 1961–1980 MdB, 1967 Vorsitzender im politischen

Ausschuß der Westeuropäischen Union, 1970 im politischen Ausschuß der Beratenden Versammlung des Europarates, seit 1973 Abgeordneter des Europa-Parlaments.

50 Gerd *Bucerius* (geb. 1906), Dr. jur., ab 1946 Herausgeber der Wochenzeitung »Die Zeit«, 1948–1970 Verleger der Illustrierten »Der Stern«, 1949–1962 MdB (CDU), legte am 8.2.1962 wegen der in Anm. 53 nachgewiesenen Veröffentlichung sein Mandat nieder; dazu seine Darstellung und Dokumentation in: Der Adenauer, S. 97-100. Vgl. a. Daniel *Koerfer*, Kampf ums Kanzleramt, S. 691.

51 Dazu der Beschluß des CDU-Bundesvorstands a.a.O., S. 98; vgl. a. AdG, Jg. 32 (1962), S. 9668.

52 Nicht nachgewiesen.

53 Ausgabe des Magazins vom 14.1.1962, in dem der Artikel »Brennt in der Hölle wirklich Feuer?« erschienen war, der wegen der verlegerischen Verantwortung von Bucerius den Konflikt ausgelöst hatte; dazu seine Angaben a.a.O., S. 97f. – Zur nachfolgenden Bewertung des »Stern« vgl. Hanns Jürgen *Küsters*, Konrad Adenauer, die Presse, der Rundfunk und das Fernsehen, S. 21.

54 Heinrich *Krone* (1895–1989), Dr. phil., 1949–1969 MdB (CDU), 1951–1955 Geschäftsführer der CDU/CSU-Bundestagsfraktion, 1955–1961 ihr Vorsitzender, 1958–1964 stellvertretender Vorsitzender der CDU, 1961–1966 Bundesminister für besondere Aufgaben (u. a. für Berlin-Fragen und Angelegenheiten des Bundesverteidigungsrates), 1967–1969 Sonderberater des Bundeskanzlers.

55 CDU-Ergebnisse bei den Bundestagswahlen in Hamburg: 1949 – 19,8 %; 1953 – 36,7 %; 1957 – 37,4 %; 1961 – 31,9 %.

56 Anastas Iwanowitsch *Mikojan* (1895–1978), 1955–1964 einer der Ersten Stellvertretenden Ministerpräsidenten der Sowjetunion, 1964/65 als Vorsitzender des Präsidiums des Obersten Sowjets Staatsoberhaupt. – Mikojan hielt sich Anfang März 1962 in der DDR auf und besuchte bei der Gelegenheit die Leipziger Messe; dazu der Auszug seiner dort am 5.3.1962 gehaltenen Rede in: Dokumente zur Deutschlandpolitik, IV/8, S. 222f.

57 25.–29.4.1958, aus Anlaß der Unterzeichnung des deutsch-sowjetischen Handelsabkommens und Konsularvertrages; vgl. »Teegespräche 1955–1958«, S. 263, 463.

58 Karl *Marx* (1818–1883), Philosoph und Politiker. – Zum nachfolgenden vgl. Adenauers Ausführungen im Gespräch mit Cyrus L. *Sulzberger* vom 2.4.1962: »The Russians venerate Marx as the founder of communism. Yet Marx imagined a classless, stateless society. The present Russian social system is one of the omnipotence of the state, the exact reverse of Marx« (Cyrus L. *Sulzberger*, The Last of the Giants, S. 867).

Nr. 12
1   Gesprächsbeginn laut Vorlage: 16.15 Uhr; Korrektur anhand der Besucherliste.
2   Vgl. Nr. 11, Anm. 4.
3   Vgl. Nr. 2, Anm. 16.
4   Dazu die Angaben in Adenauers »Teegesprächen 1959–1961«, S. 765.
5   Vgl. Nr. 7, Anm. 27.
6   Vgl. Nr. 3, Anm. 16.
7   Vgl. Nr. 3, Anm. 25.
8   »Im Juni 1961 verließen die sowjetischen Unterseeboote Valona, den strategisch wichtigen Stützpunkt an der Adria« (Curt *Gasteyger*, Das neue Schisma im Ostblock, in: EA, Jg. 17 [1962], S. 219). – Die Entfremdung der beiden sozialistischen Staaten (vgl. Nr. 3, Anm. 25) hatte zuvor auch verstärkt: der Abschluß eines Handels- und Zusammenarbeitsabkommen zwischen Albanien und der Volksrepublik China; vgl. AdG, Jg. 32 (1962), S. 9636.
9   Vgl. Nr. 11, Anm. 15.
10 Vgl. Nr. 7.
11 Unter Bezug auf diese Gesprächspassage berichtete die »Deutsche Zeitung« am 14.3.1962 über Adenauers Unterredung mit *Lachmann*: »Ohne Adenauer direkt zu zitieren, berichtet U. S. News and World Report über den Inhalt des Gesprächs weiter, der Bundeskanzler rechne mit einer Periode harten sowjetischen Drucks in Europa, weil der sowjetische Regierungschef Chruschtschow seine Position in Europa festigen wolle, bevor er sich dem Problem Rotchina zuwende.«
12 Vgl. Nr. 3, Anm. 14.
13 Vgl. Nr. 3, Anm. 18; Nr. 8, Anm. 23; Nr. 10, Anm. 12; Nr. 11, Anm. 19.
14 Vertrag von Rapallo vom 16.4.1922, der außen-, militär- und handelspolitisch (bei gegenseitigem Reparationsverzicht) die deutsch-sowjetischen Beziehungen nach dem Ersten Weltkrieg normalisierte.
15 Vgl. Nr. 10, Anm. 9. – Im nachfolgenden bezieht sich Adenauer auf die Kontroverse um den sowjetisch-deutschen Notenwechsel vom Dezember 1961/Februar 1962. Vgl. Nr. 8, Anm. 37; Nr. 10.
16 Vgl. Nr. 10, Anm. 41.
17 Will *Rasner* (1920–1971), 1953–1971 MdB (CDU), 1955–1971 Parlamentarischer Geschäftsführer der CDU/CSU-Bundestagsfraktion.
18 Vgl. Nr. 10, Anm. 16.
19 Vgl. Nr. 11, Anm. 16.
20 Dazu auch Adenauers Interview vom 5.3.1962 mit Hubert *Beuve-Méry*, das am 10.3.1962 in »Le Monde« veröffentlicht wurde; vgl. den Auszug in: Dokumente zur Deutschlandpolitik, IV/8, S. 218-221.
21 Vgl. Nr. 10, Anm. 18.
22 Gemeint ist der 1834 gegründete Deutsche Zollverein; Adenauer verwen-

dete dieses historische Argument häufiger, hierfür ein Beleg in seinen »Teegesprächen 1959–1961«, S. 362.
23 Vgl. Nr. 8, Anm. 30.
24 Vgl. Nr. 3, Anm. 10; Nr. 10, Anm. 28.
25 Hierzu und zum nachfolgenden vgl. Nr. 4, Anm. 38; Nr. 10, Anm. 23, 26.
26 Dazu die eigenen Angaben des Verteidigungsministers im Kapitel »Strategie im Wandel« seiner Erinnerungen, S. 355-368.
27 Pierre Auguste *Messmer* (geb. 1916), französischer Hochkommissar in Kamerun (1956–1958), in Französisch Äquatorialafrika (1958) und in Französisch Westafrika (1958/59), ab 1960 Verteidigungsminister, 1972–1974 Premierminister.
Zu den Kontakten Strauß–Messmer (der sich am 23.1.1962 in Bonn aufgehalten hatte; vgl. AdG, a.a.O., S. 9628) die Hinweise a.a.O., S. 317f.
28 Vgl. Nr. 3, Anm. 20.
29 John Jay *McCloy* (1895–1989), Dr. jur., 1947 Präsident der Weltbank, 1949–1952 Hoher Kommissar der USA in Deutschland, 1953–1965 in der Wirtschaft tätig, 1961 Leiter der zentralen Abrüstungsbehörde.
30 Dazu keine Angaben in der maßgeblichen neuen McCloy-Biographie: Kai *Bird*, The Chairman.
31 Die zuvor letzte Begegnung Adenauer–McCloy datiert vom 4.1.1962. Zu diesem Gespräch (»on the status of Berlin«) vgl. Kai *Bird*, a.a.O., S. 520f.
32 Fritz *Berg* (1901–1979), Fabrikant, Inhaber eines Unternehmens der Stahl-, Eisen- und Metallwarenindustrie in Altena/Westfalen, 1949–1971 Präsidiumsvorsitzender des BDI, 1957–1960 auch Vorsitzender des Conseil des Fédérations Industrielles d'Europe.
33 Hermann Josef *Abs* (geb. 1901), 1951–1953 Leiter der deutschen Delegation bei der Londoner Schuldenkonferenz, 1957–1967 Mitglied und Sprecher des Vorstands der Deutschen Bank AG, 1967–1976 Vorsitzender des Aufsichtsrats, seitdem Ehrenvorsitzender. – Adenauer nutzte seine eigenen Kontakte zu Abs in diesem Zeitraum vor allem zur Erörterung wirtschaftspolitischer Themen: »...mit einem Teil der Ausführungen von Herrn Erhard (vgl. Nr. 13, Anm. 20) nicht einverstanden bin. Seit geraumer Zeit habe ich die Entwicklung unserer Wirtschaft pessimistisch betrachtet und daraus auch kein Hehl gemacht. Noch im Januar d. Js. hat mich Herr Erhard gebeten, ich möchte doch nicht pessimistisch über die Entwicklung unserer Wirtschaft sprechen. Es bestünde kein Anlaß zur Sorge. Vor geraumer Zeit habe ich für mich persönlich meine Gedanken über die Schaffung eines die wirtschaftliche Entwicklung in der Bundesrepublik beobachtenden Gremiums niedergeschrieben. Ich denke an ein Gremium von 40 bis 60 Leuten, in dem auch die Stimmen der Konsumenten und der Sparer zu Gehör kommen. ... Mir geht es gut. Wenn nicht die leidige Politik und die leidige Wirtschaft wären, ginge es mir noch besser« (Schreiben vom 24.3.1962 in StBKAH 10.06).

34 Gemeint sein könnten: John F. *Kennedys* Ausführungen in seiner Pressekonferenz vom 21.2.1962 (in: Public Papers, 1962, S. 151-157) oder die von seinem Bruder Robert am 22.2.1962 in Berlin überbrachte Botschaft (in: Dokumente zur Deutschlandpolitik, IV/8, S. 175).
35 Vgl. Nr. 6, Anm. 24. – Zu dieser Bewertung des Prozesses Adenauer nahezu wortgleich in seinen »Teegesprächen 1959–1961«, S. 554.
36 Theodor Erich *Oberländer* (geb. 1905), Dr. agr., Dr. rer. pol., 1953–1955 MdB (BHE), 1953–1960 Bundesminister für Vertriebene, Flüchtlinge und Kriegsgeschädigte, 1954/55 Bundesvorsitzender des BHE, 1955 Austritt, 1956 Eintritt in die CDU, 1957–1961 und 1963–1965 MdB (CDU). – Zum nachfolgenden vgl. »Teegespräche 1959–1961«, S. 199-201, 208, 232, 632, 658-660, 670f.
37 Dazu ausführlich Daniel *Koerfer*, Kampf ums Kanzleramt, S. 434-436, und Hans-Peter *Schwarz*, Adenauer. Der Staatsmann, S. 528-530.
38 Friedrich *Middelhauve* (1896–1966), Dr. phil., 1946 Mitbegründer der nordrhein-westfälischen FDP und deren langjähriger Landesverbandsvorsitzender, 1949–1954 MdB, 1954–1956 nordrhein-westfälischer Minister für Wirtschaft und Verkehr und stellvertretender Ministerpräsident.
39 Paul Wilhelm *Wenger* (1912–1983), seit 1948 Bonner Redakteur des »Rheinischen Merkur« (Köln).
Nachweis früherer Teilnahme an Adenauers Teegesprächen (mit weiteren biographischen Angaben): 1950–1954, S. 146, 168, 171, 184, 199, 422, 475.
40 Die jüdische Bevölkerung von Lemberg in der Ukraine wurde während der deutschen Besetzung (1941–1944) in Vernichtungslager deportiert; hierzu Adenauers »Teegespräche 1959–1961«, S. 208, 660.
41 Stephan *Bandera*, ukrainischer Nationalist, dessen Anhänger nach Beginn des deutschen Rußlandfeldzuges (22.6.1941) in Lemberg einen »Ukrainischen Staat« proklamiert hatten. Seine Ermordung (1959 in München) nahm die Bundesregierung am 23.4.1963 zum Anlaß für eine Verbalnote an die Sowjetregierung (vgl. AdG, Jg. 33 [1963], S. 10537).
Zu Bandera vgl. Das Deutsche Reich und der Zweite Weltkrieg, Bd. 5, 1. Halbband, hrsg. vom *Militärgeschichtlichen Forschungsamt*, Stuttgart 1988, S. 94, und Alexander *Dallin*, Deutsche Herrschaft in Rußland 1941–1945, Düsseldorf 1958, S. 126. Dort (S. 122) auch die Angaben zu der hier ebenfalls erwähnten ukrainischen »Legion Nachtigall«, der Oberländer 1940–1943 als Ostexperte angehört und mit der er 1941 am Einmarsch in Ostgalizien teilgenommen hatte.
42 Zur nachfolgenden Bewertung der Olympischen Spiele in Berlin und Kiel (1.8. – 16.8.1936) vgl. Adenauer im Dritten Reich, S. 296f.; vgl. a. »Teegespräche 1955–1958«, S. 96. Eine ähnliche Aussage auch in Nr. 28.
43 Zur materiellen Notlage Adenauers und seiner Familie nach der Amtsenthebung und offiziellen Entlassung als Kölner Oberbürgermeister (12./13.3. bzw. 17.7.1933) die zahlreichen Belege in: Adenauer im Dritten Reich.
44 Auguste Amalie Julie, genannt *Gussie Adenauer* geb. *Zinsser* (1895–1948). –

Das hier geschilderte Ereignis datiert vom Juni 1934; dazu die Angaben a.a.O., S. 571f.

45 Dannie N. *Heineman* (1872-1962), amerikanischer Industrieller deutschjüdischer Abstammung, 1905-1955 Generaldirektor des belgischen Elektrokonzerns Sofina, 1907 erstmals mit Adenauer zusammengetroffen, ihm dann jahrzehntelang in enger Freundschaft verbunden.
Adenauer würdigt den amerikanischen Freund häufig, wie in der »Rhöndorfer Ausgabe« vielfach belegt. *Dieser* Erwähnung ist besondere Bedeutung beizumessen, da Heineman kurz zuvor in New York verstorben war. An seinem Todestag (31.1.1962) richtete Adenauer einen letzten umfangreichen Brief an ihn, der nach historischen Reflexionen und Reminiszenzen mit diesen Sätzen ausklingt: »Die außenpolitische Situation ist ja augenblicklich sehr wenig durchsichtig. Man weiß nicht, was in Rußland vor sich geht. Man weiß nicht, wie die Dinge in Frankreich sich entwickeln werden. Man muß sich also in größter Geduld fassen und namentlich dafür sorgen, daß die eigenen Landsleute nicht irgendwelche Dummheiten machen. Ich meine den Vorschlag einiger Herren, die Bundesrepublik solle, natürlich mit Kenntnis ihrer Verbündeten, direkte Verhandlungen mit der Sowjet-Union führen« (StBKAH 10.45).

46 Vgl. Nr. 10, Anm. 55.

47 Johann *Hamspohn* (1840-1926), 1872-1885 Stadtverordneter in Köln, 1881-1888 MdR, leitete 1902-1907 die Union Elektricitäts-Gesellschaft AG, 1910-1926 im Vorstand der AEG.

48 Vgl. Dannie N. *Heineman*, Skizze eines neuen Europa. Vortrag gehalten in der Mitgliederversammlung des Vereins der Freunde und Förderer der Universität Köln im Hansasaal des Rathauses am 28.11.1930, Köln 1930. Dazu die Angaben bei Hans-Peter *Schwarz*, Adenauer. Der Aufstieg, S. 301-304.

49 Gemeint sein könnte, weil mit Heineman in engerer Verbindung: Colonel Edward M. *House* (1856-1938), auch einflußreicher Berater des amerikanischen Präsidenten Woodrow Wilson, 1919 an den Waffenstillstands- und Friedensverhandlungen in Paris beteiligt. – Nach Auskunft von James H. *Heineman* in einem Schreiben vom 26.6.1992 (»I feel that K. A. had mixed up a couple of events«) kommen auch in Frage: George S. *Messersmith* (1883-1960; 1919-1929 amerikanischer Konsul in Antwerpen, 1930-1934 Generalkonsul in Berlin, 1937-1940 Assistant Secretary of State) oder Sam *Rosenman*, »one of Franklin Roosevelt's speech writers«.

50 »Dannie N. Heineman would spin in his grave if he was ever considered a Republican. ... was born a Southerner just after the end of the Civil War. The South, at that time, was understandably anti-Lincoln and anti-republican. D.N.H. was too much of an intellectual liberal of the old school to be anything but a Democrat« (schriftl. Mitteilung von James H. *Heineman* an den Bearb. vom 2.7.1990).

51 Alois *Kraus* (1863-1953), Prof. Dr. phil., ab 1905 Privatdozent, 1916-1931

(emeritiert) außerordentlicher Universitätsprofessor für Wirtschaftsgeographie in Frankfurt/Main (veröffentlichte u. a. den 1907 erschienenen »Versuch einer Geschichte der Handels- und Wirtschaftsgeographie«). – Im nachfolgenden auch erwähnt: seine Tochter Hertha *Kraus* (1897–1968), 1923–1933 Stadtdirektorin (SPD) im Wohlfahrtsamt der Stadt Köln, 1933 in die USA emigriert, ab 1936 Professor of Social Economy an der Universität Bryn Mawr.
Zu den von Adenauer hier angesprochenen Kontakten zu jüdischen Persönlichkeiten zahlreiche Belege in seinen bereits edierten »Briefen 1945–1953«. Hierzu ergänzend die Angaben in seinem späten Briefwerk: ».. . habe ich in den zwanziger Jahren die Bestrebungen des ›Pro-Palästina-Komitees in Deutschland‹ unterstützt« (am 13.10.1965 an Heinrich *Grüber*; StBKAH II/24); ».. . war übrigens als Oberbürgermeister der Stadt Köln in der zionistischen Bewegung« (am 2.6.1966 an Winfried *Martini*; a.a.O., II/29).
52 So auch Adenauers Angaben in seinen Erinnerungen 1953–1955, S. 157.
53 Möglicherweise gemeint, weil mit der Adenauer-Biographie gut vertraut: Hans *Globke*, Heinrich *Krone* oder auch Karl *Carstens*, die während der Vortage häufiger mit dem Kanzler zusammengekommen waren.
54 Paul *Martini* (1889–1964), Prof. Dr. med., Ordinarius für Innere Medizin an der Universität Bonn (ab 1932), 1953/54 deren Rektor, einer der ärztlichen Berater Adenauers.

Nr. 13
1 Parallelüberlieferung im Archiv der Ludwig-Erhard-Stiftung (Bonn), NE 335; danach der Teildruck der im nachfolgenden mit ‹ › markierten Passagen bei Max *Schulze-Vorberg*, Das Wohl des Volkes, passim. Vgl. a. dessen ausführliche Angaben in: Des Kanzlers Teegespräche, S. 200-202, und die Hinweise bei Daniel *Koerfer*, Kampf ums Kanzleramt, S. 628-630. Koerfer verwendet ebenfalls den zu diesem Teegespräch auch erhaltenen Informationsbrief Wolfgang *Wagners* vom 16.3.1962 (S. 1.: »Vor einer Einschränkung der Tarifautonomie«).
2 Josef-Wilhelm *Selbach* (geb. 1915), 1950–1969 im Bundeskanzleramt, u. a. Leiter des Persönlichen Büros des Bundeskanzlers, 1963–1967 Persönlicher Referent Adenauers, 1969–1983 Vizepräsident des Bundesrechnungshofes.
3 Gesprächsbeginn laut Vorlage: 11.15 Uhr; Korrektur anhand der Besucherliste.
4 Zum Urlaub in Norditalien (19.3.–9.4., 14.4.–2.5.1962) die Angaben bei Horst *Osterheld*, »Ich gehe nicht leichten Herzens...«, S. 105-111. Näheres zu den dortigen politischen Aktivitäten in Nr. 14. – Vgl. a. Günter *Buchstab* (Hrsg.), Konrad Adenauer in Cadenabbia, S. 66f.
5 Anläßlich der 2. Lesung am 10.4.1962 (Erörterung des Einzelplans Bundeskanzleramt) gab Adenauer eine Erklärung zur Außen- und Wirtschaftspolitik ab (vgl. Stenographische Berichte, Bd. 50, S. 961-966) – die 3. Lesung und Verabschiedung des Bundeshaushaltes 1962 erfolgte am 12.4.1962 (a.a.O., S. 1067-1145).

6 Vgl. Nr. 10, Anm. 19.
7 Vgl. Nr. 11, Anm. 39.
8 Bei den nordrhein-westfälischen Landtagswahlen vom 8.7.1962 erzielten: CDU 46,4 % (1958: 50,5 %), SPD 43,3 % (39,2 %), FDP 6,8 % (7,1 %). – Wegen seines Staatsbesuches in Frankreich (vgl. Nr. 17, Anm. 24) konnte Adenauer nicht zur Wahl gehen; er bat daher das Wahlamt bei der Stadtverwaltung Bad Honnef »um Ausstellung und Zusendung eines Briefwahlscheines. ... Die mir zugestellte gelbe Wahlbenachrichtigungskarte Nr. 908 füge ich hier bei« (StBKAH 10.46).
9 Vom 14.3.1962 (1. Lesung); vgl. Stenographische Berichte, Bd. 50, S. 674-678.
10 Ausfuhrüberschuß 1961: 6,6 Milliarden DM (1960: 5,2); vgl. AdG, Jg. 32 (1962), S. 9636. Der Vergleichswert 1962: 3,5 (nach Regierung Adenauer 1949–1953, S. 416).
11 Walter *Freitag* (1889–1958), 1947–1952 Vorsitzender der IG Metall (erst in der britischen Zone, dann in der Bundesrepublik), 1949–1953 MdB (SPD), 1952–1956 DGB-Bundesvorsitzender.
12 Die zuvor letzte Begegnung Adenauer–*Strauß* datiert vom 8.3.1962; s. unten Anm. 15.
13 Entwicklungen der Haushaltsausgaben des Bundes im Vergleich der Jahre 1960 (Rumpfhaushaltsjahr), 1961 und 1962 (jeweils Kalenderjahr), in Millionen DM:

Verteidigungslasten	8.219 – 12.901 – 17.250;
Sozialleistungen	9.683 – 13.868 – 14.511;
Wirtschaftsförderung	2.892 – 3.944 – 4.502;
Wiedergutmachung, Entschädigungen	1.331 – 2.147 – 2.171;
Gesamtausgaben	33.090 – 52.260 – 57.948

(vgl. Regierung Adenauer 1949–1963, S. 498).
14 Vom 14.3.1962; vgl. Stenographische Berichte, Bd. 50, S. 683-688.
15 Am 8.3.1962, ab 10.00 Uhr, im Beisein der Bundesminister *Erhard, Höcherl, Krone, von Merkatz, Schröder, Starke* und *Strauß* (nach einer Vorbesprechung im Kreis der Ministerpräsidenten der CDU/CSU-geführten Bundesländer; Besucherliste). Zu dieser Besprechung (»die zur Übereinstimmung über die Einrichtung der zivilen Verteidigung« führte) Adenauers dpa-Interview vom 14.3.1962 (StBKAH 16.31).
16 Vgl. Nr. 11, Anm. 46.
17 Dazu die Rede des SPD-Haushaltsexperten Erwin *Schoettle* vom 14.3.1962 in: Stenographische Berichte, Bd. 50, S. 637-645.
18 Heinrich *Deist* (1902–1964), Dr. rer. pol., ab 1949 Vertrauensmann der Gewerkschaften in der Stahltreuhändervereinigung, ab 1951 Aufsichtsratsvorsitzender des Bochumer Vereins für Gußstahlfabrikation AG, 1953–1964 MdB (SPD). – Sein Beitrag zur 1. Lesung: a.a.O., S. 664-673; s. unten Anm. 23.

19 Dazu *Kennedys* »Special Message to the Congress on Foreign Trade Policy« vom 25.1.1962, in: Public Papers, 1962, S. 68-76.
20 Noch deutlicher brachte der Bundeswirtschaftsminister seine Auffassungen kurz darauf zum Ausdruck: in seiner berühmten Rundfunkansprache »Maßhalten!« vom 21.3.1962. Darin die zentralen Sätze: »Wir haben offenkundig das Gefühl für das Mögliche verloren und schicken uns an, eine Sozialpolitik zu betreiben, die vielleicht das Gute will, aber mit Gewißheit das Böse – nämlich die Zerstörung einer guten Ordnung – schafft. So manches Mal frage ich mich wirklich, ob denn dieses deutsche Volk mit wachsendem Wohlstand immer weniger ansprechbar, immer weniger bereit ist, die Wahrheit zu hören«; nach dem Wortlaut in: Ludwig Erhard. Gedanken aus fünf Jahrzehnten, S. 729-737 (hier S. 733). Adenauers Bewertung ist aus Nr. 12, Anm. 33 ersichtlich.
Zu der durch Erhard ausgelösten Diskussion, besonders auch zur gewerkschaftlichen Gegenposition und zur Unternehmer-Reaktion, vgl. den Wortlaut der von Kurt *Wessel* geleiteten Fernsehdiskussion vom 2.4.1962, an der für den DGB Willi *Richter* und für die Bundesvereinigung Deutscher Arbeitgeberverbände Hans-Constantin *Paulssen* teilnahmen, bei: Gerhard *Beier*, Willi Richter, S. 463-486. Dazu wiederum die Stellungnahme Erhards vom 5.4.1962 vor dem Bundestag; vgl. Stenographische Berichte, Bd. 50, S. 811.
21 Karl *Pfeiffer* (1901–1976), Dr. jur., 1961–1968 Präsident des Hauptverbandes der Deutschen Bauindustrie.
22 Dazu die genauen Angaben (mit Vergleichswerten für die anderen Fraktionen; SPD = 179, CDU/CSU = 41; FDP = 3) im Datenhandbuch, S. 206. Vgl. a. Nr. 29 (bei Anm. 39).
23 »Und wir tragen seit 12 Jahren das Schicksal einer CDU-Regierung, deren Aufgabe es gewesen wäre, die Grundlagen für eine solche Einordnung zu schaffen« (so der entsprechende, von CDU/CSU-Zwischenrufen begleitete Satz im – möglicherweise redaktionell überarbeiteten – Stenographischen Bericht; s. oben Anm. 18 – S. 665).
24 Zum SPD-Parteitag vom 21.–25.11.1960 in Hannover die Angaben bei Kurt *Klotzbach*, Der Weg zur Staatspartei, S. 497-503.
25 Vgl. Nr. 11, Anm. 39.
26 »Vor einigen Tagen [5.2.1962] war Herr Blessing bei mir – er kommt von Zeit zu Zeit zu mir, um mir einen allgemeinen Bericht über die Situation sowie über die Bundesbank zu geben –, der mir sagte, die Konjunktur habe sich ganz allgemein abgeflacht, die Spaltung zwischen dem Angebot und der Nachfrage sei geringer geworden«; Adenauer am 7.2.1962 vor dem CDU-Bundesvorstand (Adenauer-Reden, S. 436). – Die vom Kanzler hier angesprochenen Zahlenangaben im Monatsbericht der Deutschen Bundesbank, Jg. 14 (1962), Nr. 2 (abgeschlossen am 28.2.1962), S. 90-94.
27 Vgl. Nr. 5, Anm. 18.
28 Gemeint ist ein Schreiben des Kreisverbandes Düsseldorf im »Bund der Berli-

ner und Freunde Berlins« vom 12.3.1962: »... möchte Ihnen zu Ihrem Urlaub in die südlichen Gefilde ein kleines Präsent mit antikem Charakter überreichen dürfen. Diese alte Geldnote stammt aus dem Nachlaß meines verstorbenen Vaters und trägt eine Unterschrift, die Ihnen sicherlich nicht fremd erscheint« (StBKAH 10.46). Hierzu die Abb. auf S. 168 und die weiteren Angaben Adenauers in Nr. 16 (bei Anm. 16).
29 Axel Cäsar *Springer* (1912–1986), Zeitungs-, Zeitschriften- und Buchverleger, u. a. des »Hamburger Abendblattes« (1948), der »Bild«-Zeitung (1952), der Tageszeitung »Die Welt« (1953), und der »Berliner Morgenpost« (1960).
30 Hierzu keine weiteren Angaben: »Die innerbetrieblichen Sozialleistungen der Axel Springer Verlag AG sind nicht Gegenstand der Veröffentlichung und werden daher von uns nicht archiviert«; schriftl. Mitteilung der Leitung Textarchiv der Axel Springer Verlag AG an den Bearb. vom 31.3.1992.

Nr. 14
1 Gardner *Cowles*, Herausgeber des amerikanischen Magazins »Look«. – Im weiteren Verlauf seiner Europa-Reise interviewte Cowles am 20.4.1962 auch *Chruschtschow*; vgl. die Auszüge in: Dokumente zur Deutschlandpolitik, IV/8, S. 431-435.
2 Edward Malcom *Korry* (geb. 1922), 1955–1960 European Editor des amerikanischen Magazins »Look«, 1960–1963 zunächst Assistent von Gardner Cowles, dann Präsident von Cowles Magazine and Broadcasting Inc., 1963–1967 Botschafter in Äthiopien, 1967–1971 in Chile, seit 1972 als Berater in der Industrie tätig.
Nachweis früherer Teilnahme an Adenauers Teegesprächen (mit weiteren biographischen Angaben): 1955–1958, S. 197. – Seine Teilnahme ist in der Besucherliste nicht vermerkt, wird aber im Wortprotokoll eingangs erwähnt.
3 Am 11.4.1962, 17.30 Uhr (Terminkalender Jean Monnet); schriftl. Mitteilung des Sekretärs der Fondation Jean Monnet pour l'Europe, Dr. Martin *Nathusius*, an den Bearb. vom 21.5.1990.
4 Paul Henry *Nitze* (geb. 1907), 1961–1963 Leiter der Abteilung für Angelegenheiten der Internationalen Sicherheit im amerikanischen Verteidigungsministerium, 1963–1967 amerikanischer Marineminister, seit 1981 Leiter der amerikanischen Verhandlungsdelegation bei den INF-Verhandlungen in Genf.
5 Robert Strange *McNamara* (geb. 1916), 1960 Präsident der Ford Motors Co., 1961–1968 amerikanischer Verteidigungsminister. – Adenauer charakterisiert seine Beziehung zu ihm in Nr. 35 (bei Anm. 20).
6 In einem am 2.4.1962 in Cadenabbia geführten Informationsgespräch mit Cyrus L. *Sulzberger* hatte Adenauer hierzu anderslautend ausgeführt: »I'm not yet sure they'll come in. Certainly we cannot accept the Commonwealth into the Market. That would end our political objective by making it no longer a European grouping. When Kennedy recently spoke of U. S. interests in the Common

Market, some people began to call for an Atlantic community. But that is not possible. Partnership, yes; but not a community. That would kill the European idea. And I think Kennedy sees this also, that he agrees with my point of view«; vgl. Cyrus L. *Sulzberger*, The Last of the Giants, S. 868. Zu diesem Interview auch die Berichte in der »Welt« vom 4.4.1962 und in der »New York Times« vom 7.4.1962; dazu die Abb. auf S. 170..

7 Wahrscheinlich gemeint: das Schreiben des sowjetischen Ministerpräsidenten an den britischen Premierminister vom 12.4.1962, in dem Chruschtschow auf einen gemeinsamen Appell der USA und Großbritanniens vom 10.4.1962 einging; Wortlaut: Dokumente zur Deutschlandpolitik, IV/8, S. 407-411.

8 Vgl. Nr. 1, Anm. 24.

9 Vgl. Nr. 3, Anm. 18; Nr. 8, Anm. 23; Nr. 9, Anm. 7; Nr. 11, Anm. 19.

10 Vgl. Nr. 10, Anm. 19.

11 Ein Hinweis auf die sowjetisch-amerikanischen Gespräche vom 16., 23. und 27.4.1962 bei Wilhelm G. *Grewe*, Rückblenden, S. 549.

12 Dazu auch die Ausführungen im *Sulzberger*-Gespräch vom 2.4.1962: »Khrushchev doesn't trust the United States. This brings me to President Kennedy and his policy. This differs from what it was in the days of Eisenhower and Dulles. Then it was based on a conviction of the abominable aspect of communism, a conviction that communism must not be permitted to expand anywhere, that the aim should be to liberate the satellites. Khrushchev doesn't yet really believe the United States now wants to coexist. This makes it difficult for Kennedy to apply his policy of talking with the Russians as much as possible in the hopes of reducing misunderstanding. Khrushchev is still influenced by this reaction to the former policy. This may diminish, of course, as mistrust is eliminated« (wie Anm. 6, S. 867).

13 Vgl. Nr. 10, Anm. 18.

14 Amintore *Fanfani* (geb. 1908), 1954-1957 und 1973-1975 Parteisekretär der »Democrazia Cristiana«, 1954, 1958/59, 1962/63, 1982/83 und 1987 italienischer Ministerpräsident, 1965-1968 Außenminister.

15 Nach den Besprechungen Fanfanis mit *de Gaulle* am 4.4.1962 in Turin, die zu der gemeinsamen Erklärung führten, »daß die bereits bestehenden Bande zwischen den Ländern der Europäischen Gemeinschaft verstärkt und auf politischem Gebiet ergänzt werden müssen« (nach dem Kommuniqué in: AdG, Jg. 32 [1962], S. 9796). Ähnlich das Ergebnis der anschließenden Beratungen Adenauers mit dem italienischen Ministerpräsidenten, am 7.4.1962 in Cadenabbia; dazu Hans-Peter *Schwarz*, Adenauer. Der Staatsmann, S. 736f.

16 Alcide *De Gasperi* (1881-1954; bis 1918 österreichischer, nach 1918 italienischer Staatsbürger), Politiker des »Partito Popolare Italiano« ab 1919, der »Democrazia Cristiana« ab 1942/43, 1944/45 Außenminister, 1946-1953 Ministerpräsident.

17 Vgl. Robert O'*Neill*, Großbritannien und die atomare Abschreckung, passim.
18 Dazu die Literaturangaben in Adenauers »Teegespräche 1959–1961«, S. 627, und bei Georges-Henri *Soutou*, Die Nuklearpolitik der Vierten Republik, S. 605. Vgl. a. Nr. 17, Anm. 11; Nr. 20, Anm. 27.
19 »...let me stress that we do not want such weapons for Germany and I don't think there will ever be an agreement to grant them to Germany« (wie Anm. 6, S. 868).
20 Zur NATO-Ministerratstagung vom 4.–6.5.1962 in Athen das Kommuniqué in: Dokumente zur Deutschlandpolitik, a.a.O., S. 483-486. Zu Ablauf und Ergebnissen auch Walther *Stützle*, Kennedy und Adenauer, S. 223-225. – Dazu Adenauers Bewertung in Nr. 15 (bei Anm. 4); vgl. a. Nr. 16, Anm. 29.
21 Vgl. Nr. 5, Anm. 31.
22 Edmond *Jouhaud* (geb. 1905), in Algerien gebürtiger französischer General, Chef der OAS in Oran, am 25.3.1962 vom Hohen Militärgericht in Paris zum Tode verurteilt, am 28.11.1962 von Staatspräsident de Gaulle zu lebenslänglichem Gefängnis begnadigt.
23 Nach der Besucherliste des Bundeskanzlers vermutlich gemeint: ein am 13.3.1960 in New York geführtes Gespräch (während Adenauers USA-Aufenthalt vom 12. – 24.3.1960), zu dem keine Aufzeichnung überliefert ist.
24 Vgl. Nr. 7.
25 Vgl. Nr. 7, Anm. 27.
26 Vgl. Nr. 7, Anm. 24.

Nr. 15
a ‹...› Hier ausgelassen »gegen«.
1 *Alsops* Bericht über dieses Gespräch erschien am 14.5.1962 in der »New York Herald Tribune«; daraus die Auszüge in AdG, Jg. 32 (1962), S. 9860. – S. unten Anm. 20, 23, 24.
2 Gemeint ist: der Antrittsbesuch des Präsidenten des Europäischen Parlaments, Präsident Gaetano *Martino* (Besucherliste).
3 Adenauer hatte am 7./8.5.1962 Berlin besucht, dort Gespräche mit General Clay geführt, an einer Senatssitzung sowie an einer Ehrung des 1961 verstorbenen Bundesministers Kaiser teilgenommen. Bei einer Pressekonferenz im Haus des Vereins Berliner Kaufleute (7.5.1962) hatte er zu den Erfolgsaussichten weiterer sowjetisch-amerikanischer Verhandlungen bzw. der Berlin-Sondierungen der USA sehr skeptisch Stellung genommen und vor der verklausulierten Anerkennung des SED-Regimes gewarnt. Hierzu die Schilderung (besonders auch der dadurch ausgelösten intensiven internationalen Diskussion) bei Horst *Osterheld*, »Ich gehe nicht leichten Herzens...«, S. 111-114, und Hans-Peter *Schwarz*, Adenauer. Der Staatsmann, S. 748f.
Zu den hierzu erschienenen Presseberichten ist in StBKAH 12.56 eine eigene

Dokumentation erhalten; auf die hier erwähnte Veröffentlichung der »Neuen Zürcher Zeitung« vom 10.5.1962 verweist Hans-Peter *Schwarz*, a.a.O., S. 749.
4   Vgl. Nr. 14, Anm. 20.
5   Hierzu die Vorlagen in StBKAH 02.26. – Der Bundespressechef hatte hierzu ausführlich bereits am 9.5.1962 vor der Presse in Bonn Stellung genommen; dazu der Auszug aus seinen Erläuterungen in: Dokumente zur Deutschlandpolitik, IV/8, S. 497-503.
6   So der Bericht von Colin *Lawson* im »Daily Express« vom 10.5.1962 (»He aims at German-French Axis. ... opposes full British membership of the Common Market«).
7   Zu den Bemühungen *von Eckardts* um Richtigstellung und Bereinigung der Situation ein Bericht der »Welt« vom 10.5.1962 (»Botschafter baten um Aufklärung«). Der Wissensstand, über den die besonders involvierte *amerikanische* Administration verfügte, ist ersichtlich aus den Unterlagen in: JFK Library, President's Office Files: Germany-Security, Box 116a, Folder 24; dort u. a. ein telegraphischer Bericht vom 9.5.1962: »Chancellor Konrad Adenauer is displeased with the United States refusal to go along with his idea of making the North Atlantic Treaty Organization (NATO) an independent nuclear power, informed sources speculated today. That is the reason he has cracked the facade of western unity in the talks with the Soviet Union on Berlin, some sources believe. Their reasoning is that the 86-year-old Chancellor decided to show the administration of President Kennedy that it cannot disregard his wishes with impunity.«
8   Vorschlag des amerikanischen Außenministers *Rusk* vom 27.2.1962 für die Bildung einer internationalen Zugangsbehörde, die den freien Zugang nach Berlin überwachen sollte; Wortlaut seiner Ausführungen in einer SFB- und NDR-Pressekonferenz sowie seiner Präzisierungen vom 1.3.1962: Dokumente zur Deutschlandpolitik, a.a.O., S. 192-199, 202f. Dort auch die zahlreichen Belege für die Diskussion der Folgewochen (vgl. a.a.O., nach dem Register, Stichwort Berlin, Verbindungswege). Vgl. a. die Angaben zur Genesis dieses Modells (in Vorschlägen Kennedys ab 1959) bei Dieter *Mahncke*, Berlin im geteilten Deutschland, S. 197-199, und Walther *Stützle*, Kennedy und Adenauer, S. 194-196.
9   Anläßlich einer Außenministerkonferenz der im Pazifik-Pakt verbündeten ANZUS-Staaten (Australia, New Zealand, United States) am 8./9.5.1962; vgl. AdG, Jg. 32 (1962), S. 9853.
10 Vor Beginn der dortigen NATO-Konferenz (vgl. Nr. 14, Anm. 20) war *Rusk* am 3.5.1962 mit seinem deutschen Amtskollegen *Schröder* zusammengekommen; dazu die Verlautbarung a.a.O., S. 9846.
11 »Der Gedanke ist der: Fünf Oststaaten – Sie wissen, was ich darunter verstehe –, fünf Weststaaten. Natürlich werden in entscheidenden Fällen die fünf so stimmen, und die fünf werden so stimmen. Ich kann mir nicht vorstellen, daß da einer aus der Reihe bricht. Dann sollen die drei neutralen Staaten die Entscheidung treffen, wie man so schön sagt, und zwar sollen das Schweden, die Schweiz

und Österreich sein. Ich habe dann gesagt – ich wiederhole das hier –: Ich glaube nicht, daß, wenn man Schweden, die Schweiz und Österreich fragen würde, bist du geneigt, diese Aufgabe in die Hand zu nehmen, daß man mit Freuden ja sagen würde. Die werden sich hüten, ja zu sagen, denn sie kommen ja nur in Schwierigkeiten internationaler Art hinein...«; Adenauer am 8.5.1962 in Berlin, zit. nach: Dokumente zur Deutschlandpolitik, a.a.O., S. 488. Hierzu auch die Angaben bei Hans *Buchheim*, Deutschlandpolitik, S. 113.

12 Vgl. Nr. 10, Anm. 14.

13 Vgl. Nr. 3, Anm. 20.

14 Gemeint ist der amerikanische Vorschlag für die weiteren Verhandlungen mit der Sowjetunion, der nach Übergabe an Botschafter *Grewe* (9.4.1962) und Übermittlung durch ihn nach Bonn (dazu dessen Rückblenden, S. 549) am 12.4.1962 vom Außenminister dem Kanzler vorgelegt worden war; vgl. Hans-Peter *Schwarz*, Adenauer. Der Staatsmann, S. 743f.

15 Gespräch mit Heinrich *von Brentano*, Erich *Mende* und Erich *Ollenhauer*, im Beisein von Karl *Carstens*, Werner *Dollinger*, Heinrich *Krone* und Gerhard *Schröder* am 12.4.1962, ab 16.35 Uhr (Besucherliste). – »Ich glaube nicht, daß einer von diesen etwa der ›New York Times‹, die am 16. April die Sache veröffentlicht hat [s. unten Anm. 22], das hat zukommen lassen. Und dann ist das Papier auf unsere Veranlassung noch dem Bürgermeister Brandt gezeigt worden, der gerade in Bonn war, weil es sich um Berlin handelte« (Adenauer am 12.5.1962; s. unten Anm. 18).

Adenauers Irrtum bei der Datumsangabe wird im weiteren Verlauf des Gesprächs, aufgrund zwischenzeitlich eingeholter Informationen, korrigiert.

16 Störmaßnahmen in den Berliner Luftkorridoren zur Behinderung der Radarkontrollen und Funkkontakte (erstmals am 9.3.1962); vgl. Joachim *Drogmann*, Chronik 1962, S. 180.

17 Vermutlich gemeint: eine Vorlage für das am 13.3.1962 in Genf geführte Gespräch Gerhard *Schröders* mit dem sowjetischen Außenminister bzw. dessen dabei vorgetragene »lange Darlegung der sowjetischen Berlin-Auffassungen«; vgl. AdG, Jg. 32 (1962), S. 9736f.

18 Horst *Osterheld* (geb. 1919), Dr. jur., seit 1951 im Auswärtigen Amt, 1960–1969 Leiter des außenpolitischen Büros im Bundeskanzleramt, 1969–1971 Botschafter in Chile, 1979–1984 Ministerialdirektor im Bundespräsidialamt.

Zum nachfolgenden Adenauer etwas ausführlicher im Informationsgespräch mit Lester *Markel* (Herausgeber der »New York Times«) vom 12.5.1962: »Das Gespräch [Schröder-Rusk; vgl. Nr. 11, Anm. 20] war nicht sehr lange. Schröder hat gegen gewisse Punkte, namentlich auch wegen dieser Einrichtung einer Zugangskontrolle, Bedenken erhoben. Dann ist nichts weiter erfolgt, bis Mitte April ein Papier kam von Washington mit mehr detaillierten Gedanken über den Inhalt zukünftiger Gespräche mit Sowjetrußland« (aus dem Wortprotokoll in StBKAH 02.26, das ansonsten sehr viele Parallelen mit dem hier abgedruckten Dokument aufweist und daher nicht in der Edition erscheint).

19 Hierzu eine Tagebucheintragung Heinrich *Krones* vom 14.4.1962: »Mag sein, daß das Papier der Amerikaner nichts enthält, das nicht schon in irgendeiner Form mit den Sowjets besprochen worden ist, so bleibe ich dabei, daß diese Gesamtdarstellung ein eigenes und größeres Gewicht hat. Die Summe der Teile wird hier zu einem Diskussionsangebot im Ganzen. Ich will hier nicht weiter darauf eingehen, wo im Sachlichen meine größten Bedenken liegen. Die Amerikaner sind nicht mehr die Amerikaner, die sie vor Jahren waren. Man will sich verständigen, und das geht eben nicht anders als auf dem Rücken der Deutschen. Auf die Dauer geht es aber auch auf Kosten des Westens und der Vereinigten Staaten« (Aufzeichnungen S. 169).

20 In *Alsops* Bericht vom 14.5.1962 (s. oben, Anm. 1) der Hinweis, daß »... alle Einzelheiten dieses Gesprächs mit Adenauer off the record [waren,] mit Ausnahme des einzigen unvermeidbaren Zugeständnisses, daß der deutsch-amerikanische Meinungsaustausch zumindest seit einiger Zeit beinahe völlig unterbrochen gewesen sei« (zit. nach der vom Presse- und Informationsamt am 16.5.1962 angefertigten Übersetzung; StBKAH 02.26). S. unten Anm. 23, 24.

21 Bei einem Empfang des Vereins der Auslandspresse am 8.5.1962 (ab 16.40 Uhr) im Maison de France am Kurfürstendamm; dazu die Unterlagen in StBKAH 16.31. Vgl. a. Dokumente zur Deutschlandpolitik, IV/8, S. 488f.

22 In einem Bericht Sidney *Grusons* in der »New York Times. International Edition« vom 14.4.1962; Wortlaut: a.a.O., S. 412f.

23, 24 Dazu Alsop: »Nach der berühmten Bonner Indiskretion über die amerikanischen Berlin-Vorschläge sandte Außenminister Rusk dem deutschen Außenminister Schröder ein Protesttelegramm, dessen heftige Sprache nur noch durch seinen selbstgerechten Ton übertroffen wurde. Außenminister Schröder schickte eine gemäßigte Antwort, aber als Bundeskanzler Adenauer das Telegramm sah, erklärte er es für ungehörig und unannehmbar. Die Rusk-Botschaft hinterließ eine tiefe Wunde, die lange brauchen wird, um zu heilen« (wie Anm. 20).

25 Nach den von *Grewe* selbst beschriebenen und dokumentierten Vorkommnissen (vgl. a.a.O., S. 545-563; 561: »Was ich – in meinem Inneren – am Verhalten des Kanzlers zu kritisieren hatte, war demnach eine taktisch-politische Ermessensfrage einerseits und ein Formfehler andererseits...«) gab Außenminister *Schröder* am 5.6.1962 seine Ablösung durch den bisherigen Leiter der deutschen UNO-Beobachterdelegation, Karl Heinrich *Knappstein*, bekannt (vgl. AdG, Jg. 32 [1962], S. 9896). Zum Ereignisablauf auch: Walther *Stützle*, Kennedy und Adenauer, S. 213-220.

26 Dazu Wilhelm G. *Grewe*, a.a.O., S. 535-545; vgl. a. Hans-Dieter *Kreikamp*, Deutsches Vermögen in den Vereinigten Staaten, S. 229, 234-237. – Zum damaligen Stand der Verhandlungen um die Rückgabe des durch die USA beschlagnahmten Vermögens auch eine Stellungnahme von Außenminister Schröder im Deutschen Bundestag (12.4.1962); vgl. Stenographische Berichte, Bd. 50, S. 1067f.

27 Bezieht sich auf Fernsehgespräche Grewes mit den republikanischen Politikern Kenneth *Keating* und Robert E. *Ellsworth* vom 10. und 23.9.1961 sowie auf einen Auftritt in der ABC-Sendung »Issues and answers« vom 8.10.1961; dazu Wilhelm G. *Grewe*, a.a.O., S. 498-505.
28 Anläßlich des Staatsbesuches des französischen Staatspräsidenten in Großbritannien vom 5.-8.4.1960 (Macmillan-Gespräch am 6.4.1960); vgl. »Teegespräche 1959-1961«, S. 667f.
29 Vgl. Nr. 4, Anm. 27. - Wiedergabe der entsprechenden Gesprächspassage in Adenauers Erinnerungen 1959-1963, S. 129.
30 Bei den am 29./30.5.1962 in Brüssel fortgesetzten Beitrittsverhandlungen nahm Großbritannien besondere Rücksicht auf die neuseeländischen Interessen; vgl. AdG, Jg. 32 (1962), S. 9887.
31 Auch bei der nächsten Begegnung mit de Gaulle am 5.7.1962 (vgl. Nr. 17, Anm. 24) trug Adenauer »erneut die Bitte vor, daß der französische Vertreter in Washington sich wieder an den Botschaftergesprächen beteiligen möge. Ich sagte de Gaulle, daß ich diese Bitte ihm nicht nur deshalb unterbreitete, weil Washington dies wünsche, sondern weil es im allgemeinen Interesse liege. Botschafter Alphand, der Vertreter Frankreichs in Washington, sei ein sehr guter Mann, und wenn er bei den Beratungen zugegen sei, würden dadurch die europäischen Interessen sehr gestärkt« (Konrad *Adenauer*, Erinnerungen 1959-1963, S. 172).
32 Nach dem Rücktritt Michel *Debrés* seit dem 15.4.1962 in diesem Amt: Georges *Pompidou* (vgl. Nr. 25, Anm. 35]).

Nr. 16
1 René *Lauret*, bis 1952 außenpolitischer Redakteur von »Le Monde«, danach freier Journalist, bedeutender Leitartikler der französischen Provinzpresse.
2 Die *erste* Begegnung Adenauer-Lauret datiert vom 12.10.1950; dazu der Vorzimmervermerk auf einem Empfehlungsschreiben von Kurt Freiherr *von Lersner* vom 2.10.1950 aus Paris: »Lauret's Einfluß ist hier bedeutend. Er hat uns des öfteren gute Dienste geleistet...« (StBKAH 10.04).
3 Vgl. René *Lauret*, Die Deutschen als Nachbarn. Revision eines Geschichtsbildes. Ein Beitrag zur deutsch-französischen Auseinandersetzung, Stuttgart 1962. - Das in der Bibliothek Adenauers erhaltene Exemplar trägt die Widmung: »... dem Kanzler der Deutschen Bundesrepublik, Konrad Adenauer, dem großen Wegbereiter der deutsch-französischen Verständigung.«
4 Vgl. Nr. 9, Anm. 13.
5 Raoul Albin Louis *Salan* (1899-1984), ab 1956 französischer Befehlshaber in Algerien, dort im Juni 1958 zum Generaldelegierten ernannt, 1960 wegen Kritik an de Gaulles Algerienpolitik in den Ruhestand versetzt, 1961 maßgeblich beteiligt an der Gründung und Leitung der Geheimorganisation OAS, am 23.5.1962 zu lebenslänglichem Gefängnis verurteilt, 1968 begnadigt, 1982 rehabilitiert.

6 Vgl. Nr. 14, Anm. 22.

7 Gustav *Stresemann* (1879-1929), 1907-1912 und 1914-1918 MdR (Nationalliberale Partei), 1918 Mitbegründer, bis zu seinem Tode Parteivorsitzender der DVP, 1923 Reichskanzler, 1923-1929 Reichsaußenminister.

8 Aristide *Briand* (1862-1932), französischer Ministerpräsident (1909, 1911/12, 1915-1917, 1921/22, 1925, 1926, 1929) und Außenminister (1926-1932).

9 Vgl. Karl Dietrich *Erdmann*, Stresemann und Adenauer – zwei Wege deutscher Politik, in: Horst *Fuhrmann*/Hans Eberhard *Mayer*/Klaus *Wriedt* (Hrsg.), Aus Reichsgeschichte und Nordischer Geschichte. Karl Jordan zum 65. Geburtstag, Stuttgart 1972, S. 397-410. Vgl. a. Winfried *Becker*, Von Stresemann zu Adenauer. Deutschland im Spannungsfeld von Großmachtstreben und europäischer Einigung, in: Jahrbuch für westdeutsche Landesgeschichte, Jg. 13 (1987), S. 257-278.

10 Der Gesprächspartner konnte nicht nachgewiesen werden, da der Lauret-Termin in der Besucherliste dieses Tages als erster erscheint.

11 Adenauers Informant könnte der an den Informationsgesprächen regelmäßig beteiligte Asien-Experte Günter *Diehl* (späterer Botschafter in Indien) gewesen sein.

12 Albert *Schweitzer* (1875-1965), Dr. med., evangelischer Theologe, Kulturphilosoph und Musiker, gründete 1913 als Missionsarzt ein Tropenhospital in Lambarene (Gabun), erhielt 1952 den Friedens-Nobelpreis. – Die Begegnung Adenauer-Schweitzer datiert vom 11.11.1955; vgl. »Teegespräche 1955-1958«, S. 452.

13 Hierfür konnte kein Beleg ermittelt werden.

14 Während seiner USA-Aufenthalte vom 6.-18.4.1953 und 8.-15.6.1956 besuchte Adenauer am 14.4.1953 und 15.6.1956 auch Chicago (Terminkalender).

15 Vgl. Everhard *Kleinertz*, Konrad Adenauer als Beigeordneter der Stadt Köln (1906-1917), passim.

16 Vgl. Nr. 13, Anm. 28.

17 Hans *Luther* (1879-1962), Dr. jur., Reichsminister für Ernährung (1922/23) und für Finanzen (1923/24), 1925/26 Reichskanzler, 1930-1933 Reichsbankpräsident, 1933-1937 Botschafter in Washington, leitete 1953/54 im Auftrage Adenauers den Sachverständigenausschuß für die Neugliederung des Bundesgebietes.

18 Hjalmar *Schacht* (1877-1970), Dr. phil., 1924-1929 und 1933-1939 Reichsbankpräsident, 1934-1937 Reichswirtschaftsminister, 1937-1944 Reichsminister ohne Geschäftsbereich, 1947 in einem Entnazifizierungsverfahren zu achtjährigem Arbeitslager verurteilt, 1950 Haftentlassung, danach Tätigkeit als Bankier und Finanzberater.

19 Adenauer meint die Besprechung des Rhein-Ruhr-Ausschusses des Reichskabinetts mit Vertretern des besetzten Gebiets und der Landesregierungen von

Bayern, Hessen und Preußen, die am 6.12.1923 im Reichstagsgebäude stattgefunden hatte (Verhandlungsthemen: Gründung einer rheinischen Notenbank; Einlösung des städtischen Notgeldes); vgl. Die Kabinette Marx I und II, Bd. 1 (November 1923 – Juni 1924), bearb. von Günter *Abramowski*, in: Akten der Reichskanzlei. Weimarer Republik, hrsg. von Hans *Booms* und Karl Dietrich *Erdmann*, Boppard/Rhein 1973, S. 50-55.

20 George *Bernhard* (1875–1944), 1914–1930 Chefredakteur der »Vossischen Zeitung«, ab 1927 Vorstandsmitglied der DDP, 1928–1930 MdR, 1933 nach Dänemark, 1941 in die USA emigriert.

21 Theodor *Wolff* (1868–1943), 1906–1933 Chefredakteur des »Berliner Tageblatt«, 1918 Gründungsmitglied der DDP (1927 Parteiaustritt), 1933/34 über die Schweiz nach Frankreich emigriert, 1943 an die Gestapo ausgeliefert, Tod nach Aufenthalten in den Konzentrationslagern Oranienburg und Sachsenhausen.

22, 23 Nach einer Pressekonferenz *de Gaulles* im Elysee-Palast (Hauptthemen: politische Organisation Europas, Deutschland- und Berlinfrage, atlantische Allianz, Algerien; vgl. Konrad *Adenauer*, Erinnerungen 1959–1963, S. 161) waren am 16.5.1962 5 Minister des Mouvement Républicain Populaire (u. a. Pierre Pflimlin und Maurice Schumann) zurückgetreten; vgl. AdG, Jg. 32 (1962), S. 9860–9862.

– Zur MRP, der 1944 gegründeten katholischen Partei Frankreichs, Robert *Bichet*, La démocratie chrétienne en France. Le Mouvement Républicain Populaire, Besançon 1980.

24 Die nächsten Wahlen in die französische Nationalversammlung fanden am 18./25.11.1962 statt und stärkten das Bündnis von Gaullisten und Links-Gaullisten (Union pour la Nouvelle République – Union Démocratique du Travail) beträchtlich (229 statt bisher 165 Sitze); vgl. AdG, a.a.O., S. 10266f.

25 Gebhardt *von Walther* (1902–1982), Dr. jur., 1951–1955 Botschaftsrat, 1955/56 Gesandter in Paris, Botschafter in Mexiko (1956–1958), Brasilien (1958/59), in der Türkei (1962–1966) und in der Sowjetunion (1966–1968), 1959–1962 Ständiger Vertreter bei der NATO in Paris.

26 Herbert *Blankenhorn* (1904–1991), 1949–1951 Leiter der Verbindungsstelle zur Alliierten Hohen Kommission im Bundeskanzleramt, 1951–1955 Leiter der Politischen Abteilung des Auswärtigen Amtes, 1955–1959 Vertreter bei der NATO, Botschafter in Paris (1958–1963), Rom (1963–1965) und London (1965–1969).

27 Karl Hermann *Knoke* (geb. 1909), seit 1950 im Auswärtigen Dienst, Gesandter in Moskau (1958–1960) und Paris (1960–1965), Botschafter in den Niederlanden (1965–1968), Israel (1968–1971) und in Brasilien (1971–1973).

28 Die Nordatlantische Verteidigungsgemeinschaft war am 4.4.1949 in Washington durch die drei Westmächte, die Beneluxstaaten, Dänemark, Norwegen, Irland, Italien, Kanada und Portugal gegründet worden; Wortlaut des Atlantikpaktes: EA, Jg. 4 (1949), S. 2071-2073.

29 Zu den damaligen Kontakten ein Schreiben *Stikkers* an Adenauer vom

16.4.1962, in dem der NATO-Generalsekretär über die Vorbereitungen der Ministerratstagung in Athen (vgl. Nr. 14, Anm. 20) berichtet hatte: »Ich habe nun meinerseits eine Ausarbeitung über Verteidigungsfragen gemacht, die ich der Konferenz in Athen vorlegen werde. In ihr mußte ich selbstverständlich auch die negative Haltung der französischen Regierung erwähnen. Trotzdem hoffe ich, Formulierungen gefunden zu haben, denen auch die französische Regierung wird zustimmen können. Es sollte möglich sein, hierdurch eine Verschärfung der Gegensätze zu vermeiden und den Franzosen das Zusammengehen mit den anderen Verbündeten zu ermöglichen, damit wir in Athen tatsächlich auch den nächsten Schritt in den Verteidigungsfragen tun können« (Durchschlag in: NL Stikker, Algemeen Rijksarchief, 's-Gravenhage). Vgl. a. Adenauers Tischrede anläßlich seines Besuches in Bonn am 11.1.1962: »Ich bin sehr froh, daß die NATO Herrn Stikker als Generalsekretär hat, und ich hoffe, daß er all dieser Schwierigkeiten Herr wird. Ich möchte Ihnen versichern, Herr Generalsekretär Stikker, daß die Bundesrepublik hundertprozentig hinter der NATO und hinter Ihnen steht, und daß Sie sich immer auf uns verlassen können« (a.a.O.).

Nr. 17
1   Frank H. *Bartholomew* (1898–1985), ab 1955 Präsident von United Press, nach der Fusion mit International News Service (INS) zu United Press International (UPI) 1958–1962 deren Präsident, 1962–1972 Vorsitzender des Board. Nachweis früherer Teilnahme an Adenauers Teegesprächen (mit weiteren biographischen Angaben): 1959–1961, S. 66–85. Zur anschließenden publizistischen Auswertung *dieses* Gespräches s. unten Anm. 22.
2   Thomas Raphael *Curren* (geb. 1901), ab 1958 Vizepräsident von United Press International (UPI).
3   Heribert *Schnippenkötter* (geb. 1924), Persönlicher Referent des Staatssekretärs des Bundeskanzleramtes (1951/52) und der Regierungssprecher (1952–1962), 1962/63 Pressereferent des Bundeskanzleramtes, 1964–1968 des Bundesministeriums für Familie und Jugend, 1968–1975 Chef vom Dienst im Presse- und Informationsamt der Bundesregierung.
4   Gesprächsbeginn laut Vorlage: 12.00 Uhr; Korrektur anhand der Besucherliste.
5   Aloys *Muench* (1889–1962), ab 1946 Apostolischer Visitator für die katholische Kirche Deutschlands, ab 1951 Apostolischer Nuntius in Deutschland, ab 1959 Kurienkardinal. – Adenauer bezieht sich hier auf ein Schreiben von Bischof L. F. *Dworschak* (Fargo, Dakota), dem er am 25.6.1962 antwortete: Münch, im Februar 1962 verstorben, »ist hier unvergessen, insbesondere ich bewahre ihm ein gutes Andenken« (StBKAH 10.45). Vgl. a. das offizielle Beileidstelegramm des Kanzlers im Bulletin, Nr. 35 vom 20.2.1962, S. 296.
6   Beim Informationsgespräch vom 12.6.1959; s. oben Anm. 1.
7   Mit dieser Formulierung charakterisiert Adenauer einen bedeutenden

deutschland- und außenpolitischen Vorstoß jener Tage; am 6.6.1962 hatte er dem sowjetischen Botschafter *Smirnow* den sog. »Burgfriedens«-Vorschlag eines zehnjährigen Stillhalteabkommens unterbreitet: »Sollte man nicht einmal ernsthaft überlegen, zwischen den beiden Ländern – also der Sowjetunion und der Bundesrepublik Deutschland – für zehn Jahre eine Art Waffenstillstand, natürlich im übertragenen Sinne, zu schließen. Dies würde bedeuten, die Dinge während dieser Zeitspanne so zu lassen, wie sie sich jetzt darböten. Allerdings müsse dafür gesorgt werden, daß die Menschen in der DDR freier leben könnten, als es jetzt der Fall sei. In einer Periode von zehn Jahren könne eine Atmosphäre der Beruhigung eintreten, es könne ferner ein Verhältnis zwischen den beiden Ländern geschaffen werden, welches vor allem auf gegenseitiger Achtung beruhe. Die Bundesregierung respektiere die Sowjetunion und ihre Rechte, erwarte allerdings auch Gegenseitigkeit in dieser Beziehung. Man solle sich auf beiden Seiten einmal bemühen, zehn Jahre lang wirklich normale Verhältnisse eintreten zu lassen. Dann würde es auch mit der Verständigung über die strittigen, noch ungeklärten Fragen viel leichter werden« (aus einer Aufzeichnung des Auswärtigen Amtes, zit. nach: Die Auswärtige Politik, S. 472f.). Zu diesem Vorgang (der Anfang Oktober 1963, kurz vor dem Kanzlerrücktritt, publik wurde) vgl. Heinrich *Krone*, Aufzeichnungen, S. 169f.; Horst *Osterheld*, »Ich gehe nicht leichten Herzens...«, S. 121-123, und Hans-Peter *Schwarz*, Adenauer. Der Staatsmann. S. 750. Vgl. a. Nr. 34, Anm. 21.

8 Dazu das Schreiben des Kanzlers an den Präsidenten vom 14.4.1962 (»... bitte Sie ... dringend, zunächst eine Verhandlungspause einzulegen...«) in: JFK Library, President's Office Files: Germany-Security, Box 117, Folder 8. Zum damaligen Briefwechsel Adenauer–Kennedy auch Horst *Osterheld*, a.a.O., S. 114f.

9 Im Rahmen seiner Europareise vom 19. – 28.6.1962 besuchte der amerikanische Außenminister am 21./22.6.1962 auch Bonn; dazu die Angaben bei Horst *Osterheld*, a.a.O., S. 128f., und Hans-Peter *Schwarz*, a.a.O., S. 750.

10 Note der Sowjetunion an die drei Westmächte vom 7.6.1962; Wortlaut: Dokumente zur Deutschlandpolitik, IV/8, S. 629. – Zur zuvor erwähnten Kredit-Diskussion vgl. die am 4.6.1962 auf dem 11. CDU-Bundesparteitag in Dortmund gehaltene Rede Gerhard *Schröders*; daraus der Auszug a.a.O., S. 611-615, hier S. 613.

11 In seiner Pressekonferenz vom 15.5.1962 (vgl. Nr. 16, Anm. 22, 23) hatte de Gaulle für eine *eigenständige* französische Atommacht plädiert. – Zur Entwicklung der Nuklearrüstung Frankreichs die übersichtliche Darstellung (mit Hinweisen auf die weiterführende Literatur) bei Walter *Schütze*, Die Bedeutung der französischen Kernwaffen, passim; vgl. a. Nr. 20, Anm. 27. Zu den nuklearstrategischen Überlegungen Adenauers in diesem Zeitraum Hans-Peter *Schwarz*, Adenauer und die Kernwaffen, S. 588f.

12 Zum Gespräch Adenauer–*Dowling* vom 14.5.1962 Horst *Osterheld*, a.a.O., S. 113f., und Hans-Peter *Schwarz*, Adenauer. Der Staatsmann, S. 749.

13 George W. *Ball* (geb. 1909), 1961 Unterstaatssekretär für Wirtschaftsfragen im amerikanischen Außenministerium, 1961–1966 stellvertretender amerikanischer Außenminister. – Die Begegnung Adenauer–Ball datiert vom 23.5.1962 (Besucherliste); zu dem hier erörterten Themenkomplex seine ausführliche Darstellung in: Disziplin der Macht, S. 217f. Auf ein anderes Gesprächsdetail geht Adenauer in Nr. 27, Anm. 29 ein.

14 Zu den Besprechungen *Kennedy–Macmillan* vom 29.4.1962 das Kommuniqué in: Dokumente zur Deutschlandpolitik, IV/8, S. 470f.

15 *Napoleon* I. (1769–1821), 1804–1814/15 Kaiser der Franzosen.

16 Gemeint sind die Verhandlungen, die Adenauer gemeinsam mit Paul *Silverberg* und Hugo *Stinnes* am 9./10.1.*1924* in der Berliner Reichskanzlei zu Fragen wirtschaftlicher Zusammenarbeit zwischen Frankreich und Deutschland führte; vgl. seine »Briefe 1945–1947« (S. 435) und »1949–1951« (S. 209, 511). Hierzu auch seine Ausführungen in Nr. 25 (bei Anm. 44).

17 Zur nachfolgenden Gesprächspassage in der anschließenden UPI-Veröffentlichung (s. unten Anm. 22) der ergänzende Hinweis: »Adenauer nahm einen Bleistift und zeichnete auf der Rückseite eines Aktendeckels die Grenzen Frankreichs, Deutschlands und der Sowjetunion. ›Ganz roh gezeichnet‹ ...«

18 Französisch-sowjetischer Bündnis- und Beistandsvertrag vom 10.12.1944; vgl. EA, Jg. 2 (1947), S. 1046. – Zur Annullierung des Vertrages (1954) vgl. Nr. 19, Anm. 19; zur weiteren Verwendung dieses geschichtlichen Verweises durch Adenauer Nr. 18, 19, 30.

19 Vgl. Nr. 7, Anm. 28.

20 Vgl. Nr. 8, Anm. 30.

21 Bei den November-Wahlen 1962 erhöhte sich die Sitzzahl der PCF von 10 auf 41. Zur Situation der Partei in der V. Republik Frank *Wende* (Hrsg.), Lexikon zur Geschichte der Parteien in Europa, S. 184. Vgl. a. den Hinweis in Nr. 30 (bei Anm. 20).

22 Der UPI-Bericht über dieses Informationsgespräch (dazu die Abb. auf S. 202 f.) wurde u. a. am 12.6.1962 von der Tageszeitung »Die Welt« veröffentlicht: »Kanzler betont Freundschaft mit Paris. ›Neuen Vertrag Frankreichs mit den Sowjets verhindern‹.« – Ein von Bartholomew namentlich gezeichneter Artikel erschien ebenfalls am 12.6.1962 in der »New York Herald Tribune« (»Adenauer assures US of NATO relations«).

23 Auf der EWG-Außenministerkonferenz vom 17.4.1962 hatten die Benelux-Staaten ihre Zustimmung zur Europäischen Politischen Union (wie im Fouchet-Plan II konzipiert) vom Beitritt Großbritanniens abhängig gemacht; vgl. Paul-Henri *Spaak*, Memoiren eines Europäers, S. 538–542. – »Der Schwarze Dienstag für Europa« wird ausführlich dargestellt von Horst *Osterheld*, a.a.O., S. 115–117, und Hans-Peter *Schwarz*, a.a.O., S. 737, 753. Vgl. a. Nr. 18 (bei Anm. 7); Nr. 25 (bei Anm. 28).

Zu dieser Gesprächspassage der in Anm. 22 erwähnte Bericht der »New York

Herald Tribune«: »Dr. Adenauer thinks the biggest block to political unity is Paul-Henri Spaak of Belgium, but if the littler countries cannot be won over, political unity could start with three countries and the others could come in later.«
24 »... tritt nun die gesamte Außenpolitik des Frühsommers 1962 unter die Glanzlichter des Staatsbesuchs in Frankreich« (2.-8.7.1962), so Hans-Peter *Schwarz*, a.a.O., S. 757 (-764). Grundlegend: Konrad *Adenauer*, Erinnerungen 1959-1963, S. 158-174; Herbert *Blankenhorn*, Verständnis und Verständigung, S. 427f, und Horst *Osterheld*, a.a.O., S. 130-135. Zum Ablauf auch: Theo M. *Loch*, Adenauer – de Gaulle. Bilanz der Staatsbesuche, S. 9-71. – Über Erlebnisse und Ergebnisse berichtet Adenauer in Nr. 20, 21.
25 Zur Vorbereitung des Frankreich-Besuchs veröffentlichte »Le Figaro« am 29.6.1962 den Exclusiv-Artikel Adenauers »L'union de l'Europe est une nécessité pour les Européens«: »La politique européenne s'est développée jusqu'ici de manière encourageante. Quand furent signés les traités de Rome, il y a quelques années, nous savions que bien des difficultés opposeraient encore à leur mise en pratique. Aujourd'hui, on peut affirmer avec satisfaction qu'il a toujours été possible de les surmonter. L'unification économique de l'Europe, y compris l'Angleterre, se poursuit sans trêve. Toutefois, nous restons attaché à l'idée première que l'objectif à atteindre est une communauté politique, fondée sur la coopération économique.«

Nr. 18
a ⟨ ⟩ Vom Bearb. korrigiert aus »hat«.
1 Zu diesem Kanzlertee auch ein Informationsbrief Wolfgang *Wagners*, den Daniel *Koerfer* (Kampf ums Kanzleramt, S. 658) verwendet: »... erklärte ... ganz beiläufig, er beabsichtige keineswegs, 1963 als Bundeskanzler zurückzutreten«; für diese Aussage im Wortprotokoll *kein* Beleg. – Ausführliche Angaben auch bei Max *Schulze-Vorberg*, Streng vertraulich »geflüstert«. Adenauer 1962 über die Bundesdeutschen und Europa, im »General-Anzeiger« (Bonn) vom 23.6.1992.
2 Joachim *Sobotta* (geb. 1932), 1959-1963 Redakteur der »Deutschen Zeitung«, ab 1963 der »Rheinischen Post«, deren langjähriger Chefredakteur.
3 Hierzu in der Besucherliste des Bundeskanzlers der Hinweis »Pressegespräch, zu Beginn Stummfilmaufnahmen für ›Kanzlerporträt‹«.
4 Adenauer hatte am 17.6.1962 erstmals *in Berlin* an den Feierlichkeiten und der Kundgebung zum »Tag der deutschen Einheit« teilgenommen; Wortlaut seiner Rede (mit dem eigenhändigen Entwurf; hierzu die Abb. auf S. 205) in StBKAH 02.26.
5 Vgl. Nr. 17, Anm. 22.
6 Joseph Marie Antoine Hubert *Luns* (geb. 1911), Dr. jur., 1952-1971 niederländischer Außenminister (1952-1956 ohne Portefeuille), 1971-1984 NATO-Generalsekretär.
7 Vgl. Nr. 17, Anm. 23.

8 Vgl. Nr. 17, Anm. 18.
9 Vgl. Nr. 8, Anm. 30.
10 Robert *Mischlich* (geb. 1910), 1946-1950 Mitarbeiter Robert Schumans im französischen Finanz- bzw. Außenministerium, danach Präsident des Cour d'Appel des Oberlandesgerichtes Colmar. – Zum Ablauf der Ereignisse vom Mai 1950 vgl. seine Erinnerungen: Une mission secrète à Bonn, Lausanne 1986.
11 Zur Ablehnung des EVG-Vertrages durch die französische Nationalversammlung am 30.8.1954 vgl. Konrad *Adenauer*, Erinnerungen 1953-1955, S. 270-304; Herbert *Blankenhorn*, Verständnis und Verständigung, S. 194f.; Adenauers »Teegespräche 1950-1954«, S. 767f., und Hans-Peter *Schwarz*, Adenauer. Der Staatsmann, S. 140-143.
12 Vgl. Nr. 16, Anm. 28.
13 Vgl. Nr. 16, Anm. 22, 23.
14 Vgl. Nr. 6, Anm. 37.
15 Dieser Schlüsselsatz vom 29.11.1961 in: Stenographische Berichte, Bd. 50, S. 30. – Nach den deutsch-britischen Verstimmungen vom Mai 1962 (vgl. Nr. 15, Anm. 6, 7) stellte Adenauer in diesen Tagen seine Beitrittsposition häufiger klar, so in dem am 25.6.1962 mit dem »Daily Telegraph« – Korrespondenten Blake *Baker* geführten Interview, über das dessen Blatt am Folgetag berichtete (»Hope of Britain as full six member«).
16 Das norwegische Beitrittsgesuch datiert vom 2.5.1962, das dänische vom 31.7.1961, das irische vom 22.10.1962 (Beitritt Dänemarks und Irlands 1973, der norwegische nach Referendum gescheitert). Zypern stellte einen Aufnahmeantrag erst 1990, ist der EWG aber seit 1972 durch ein Assoziierungsabkommen verbunden.
Ein Gesuch Irlands – hier ebenfalls erwähnt – ist für diesen Zeitraum nicht nachweisbar; nach dem Scheitern späterer Beitrittsverhandlungen schloß das NATO- und EFTA-Mitglied am 22.7.1972 einen Handelsvertrag mit EG ab.
17 Zur »assoziations- und handelspolitischen Praxis der Gemeinschaft..., besonders im Falle der Assoziation von 17 afrikanischen Staaten und Madagaskar«, die Angaben bei Walter *Hallstein*, Die Europäische Gemeinschaft, S. 251.
18 Am 24.7.1962 beauftragte der EWG-Ministerrat die EWG-Kommission, mit der Türkei über eine Zollunion zu verhandeln – das Assoziierungsabkommen wurde 1963 abgeschlossen.
19 Zu Vertragsgrundlage (25.3.1957), Gründung (1.1.1958), organisatorischem Aufbau und Zielsetzung der Europäischen Atomgemeinschaft Peter *Weilemann*, Die Anfänge, passim.
20 Zu einem längeren Abendgespräch empfing Adenauer *Hallstein* am 26.6.1962 (Besucherliste). Die damalige Lagebeurteilung des Präsidenten geht aus seinen Ausführungen vom 22.6.1962 in Paris vor der Association de la Presse Diplomatique (in seinen Europäischen Reden, S. 360-368) hervor. – Adenauer erinnert an das Gespräch in Nr. 25 (bei Anm. 31).

21 Nachfolger Hallsteins als Präsident der EWG-Kommission: Jean *Rey* (1967–1970).

22 Sir Edward *Heath* (geb. 1916), seit 1950 Mitglied des britischen Unterhauses (Konservative Partei), 1959/60 britischer Arbeitsminister, 1960–1963 Lordsiegelbewahrer, 1961–1963 Unterhändler für Großbritanniens EWG-Beitritt (deswegen Mitte Juni 1962 in Bonn), 1970–1974 Premierminister. – Aus diesem Zeitraum lediglich nachgewiesen: seine Erläuterungen zur britischen EWG-Position vom 7.6.1962 vor dem Unterhaus; vgl. AdG, Jg. 32 (1962), S. 9903.

23 Walter *Lippmann* (1889–1974), 1931–1963 führender Kolumnist der »New York Herald Tribune«, schrieb dann für die »Washington Post« und »Newsweek«; erhielt 1962 den Pulitzer-Preis.
Nachweis früherer Teilnahme an Adenauers Teegesprächen (mit weiteren biographischen Angaben): 1950–1954, S. 497; 1959–1961, S. 26.

24 Am 24.10.1958; dazu die Angaben in »Teegespräche 1955–1958«, S. 318, 481.

25 So in einer Rede *Chruschtschows* vom 30.5.1962; vgl. AdG, a.a.O., S. 987f. Vgl. a. Nr. 19 (bei Anm. 32).

26 Vgl. Nr. 17, Anm. 17, 22.

27 »Ein ›Lieblingsstück‹ zu dieser Zeit war der französische Flottenbesuch in Kronstadt [Juli] 1890. Der spielte eine sehr große Rolle und wurde immer wieder angezogen, um das Cauchemar von Adenauer, nämlich eine Zusammenarbeit zwischen Frankreich und Rußland gegen die Bundesrepublik, zu beschwören bzw. zu vertreiben«, so Karl-Günther *von Hase* in: Hans-Peter *Schwarz* (Hrsg.), Adenauers Regierungsstil, S. 167.

28 Gemeint ist der vier Jahre nach dem Rücktritt Bismarcks, also 1894 geschlossene ›Zweibund‹ zwischen Frankreich und Rußland – auch dies eine Stereotype Adenauerscher Argumentation; vgl. Nr. 19 (bei Anm. 16), 30 (bei Anm. 25). Zu dieser Gesprächspassage die vergleichbaren Ausführungen Adenauers in einer Sitzung des Bundesparteiausschusses der CDU vom 13.7.1962; daraus die Auszüge bei Anneliese *Poppinga*, Konrad Adenauer. Geschichtsverständnis, S. 240.

29 Dieter *Friede*, Der verheimlichte Bismarck, Würzburg 1960. – Zum Interesse Adenauers an ›diesem obskuren Verfasser‹ Hinweise bei Hans-Peter *Schwarz*, Adenauer. Der Staatsmann, S. 705, 923. Vgl. a. Nr. 7, Anm. 29.

30 *Wilhelm I.* (1797–1888), seit 1861 König von Preußen, am 18.1.1871 in Versailles zum Deutschen Kaiser ausgerufen. – *Wilhelm II.* (1859–1941), 1888–1918 Deutscher Kaiser, König von Preußen.

31 Vgl. Nr. 17, Anm. 18.

32 Am 18.7.1961; vgl. Nr. 5, Anm. 24.

33 Vgl. Nr. 10, Anm. 22; zur nachfolgend in Erinnerung gebrachten Begegnung mit *de Gaulle* in Baden-Baden vgl. Nr. 10, Anm. 18.

34 Karl *Carstens* (1914–1992), Prof. Dr. jur., 1954/55 Leiter der Ständigen Vertretung der Bundesrepublik beim Europarat, 1955–1958 der Europa-Abteilung

im Auswärtigen Amt, 1958–1960 der Politischen Abteilung, 1960–1966 Staatssekretär, 1967 in gleicher Funktion im Bundesministerium der Verteidigung, 1968/69 Chef des Bundeskanzleramtes, 1972–1979 MdB (CDU), 1973–1976 Vorsitzender der CDU/CSU-Bundestagsfraktion, 1976–1979 Bundestagspräsident, 1979–1984 Bundespräsident.

35 Am 15.2.1962 nachmittags, bis ca. 18.40 Uhr, auch mit Charles Ernest *Lucet* und den Dolmetschern *Kusterer* und *Meyer* ohnehin (Sonderprogramm in StBKAH 04.13).

36 Vgl. Nr. 17, Anm. 24.

37 Vgl. Nr. 17, Anm. 23.

38 Die nächsten britischen Unterhauswahlen vom 15.10.1964 wurden von der Labour Partei gewonnen (317 Sitze, bisher 258; Konservative 303-365; Liberale 9-6). Danach neuer Premierminister (erstmals für Labour seit Clement *Attlee* [1945–1951]): Harold *Wilson*; die Ressorts Außenpolitik, Verteidigung und Wirtschaft übernahmen Gordon *Walker*, Denis *Healey* und George *Brown*.

39 Vgl. Nr. 17, Anm. 9.

40 Dieses besondere Anliegen der Aussöhnungspolitik wurde 1963 mit der Schaffung des Deutsch-Französischen Jugendwerkes verwirklicht, dessen Sitz seither – unweit des Adenauerhauses – Rhöndorf ist; vgl. Nr. 31, Anm. 53.

41 Theodor *Heuss* (1884–1963), Prof. Dr. rer. pol., 1948/49 FDP-Vorsitzender und Mitglied des Parlamentarischen Rats (Fraktionsvorsitzender), 1949–1959 Bundespräsident. – Die Begegnung datiert vom 6.6.1962; vgl. »Unserem Vaterlande zugute«, S. 327, 479.

Zu den von Adenauer nachfolgend angesprochenen deutsch-französischen Städtepartnerschaften eine Übersicht im Bulletin, Nr. 21 vom 1.2.1963, S. 176.

42 Die Premierminister-Konferenz der Staaten des britischen Commonwealth (10.–19.9.1962) sprach sich gegen den EWG-Beitritt unter den bis dahin ausgehandelten Konditionen aus. Zu den Ergebnissen und Auswirkungen der Bericht von Kenneth *Younger* in: EA, Jg. 17 (1962), S. 687-692. Vgl. a. Harold *Macmillan*, At the End of the Day, S.113f., 128-138, 524-550.

43 EWG-Ministerratssitzung vom 19./20.6.1962; vgl. EA, a.a.O., Z 151.

44 Hans *Schirmer* (geb. 1911), Dr. phil., 1950–1955 und 1966–1968 Leiter der Auslandsabteilung im Presse- und Informationsamt der Bundesregierung, 1955–1962 zuerst Botschaftsrat in Kairo, dann Generalkonsul in Hongkong, 1962–1966 im Auswärtigen Amt, Botschafter in Australien (1968–1970) und in Wien (1970–1974). – Zu seiner hier erwähnten, gescheiterten Mission (10.–20.6.1962), nach Abschluß eines Konsulats-Abkommens Irak–DDR am 24.5.1962, ein Bericht in der »Welt« vom 20.6.1962.

45 Die »Hallstein-Doktrin« definierte den Grundsatz deutscher Außenpolitik, »daß die Bundesregierung ... die Aufnahme diplomatischer Beziehungen mit der ›DDR‹ durch dritte Staaten als einen unfreundlichen Akt ansehen würde, da er geeignet wäre, die Spaltung Deutschlands zu vertiefen« (Adenauer 1955). Hierzu

die ausführlichen Angaben und Literaturhinweise in seinen »Teegesprächen 1955-1958«, S. 207, 440f.

46 Ceylon hatte nahezu zeitgleich mit der Gewährung westdeutscher Entwicklungshilfe (Regierungsabkommen vom 18.4.1962) auch offizielle Kontakte mit der DDR aufgenommen; vgl. AdG, a.a.O., S. 9835.

47 Im Juni 1962 beim Kanzler: der Präsident von Mali, *Keita* (7.6.); der Staatspräsident der Elfenbeinküste, *Houphouet-Boigny* (15.6.). Hierzu die Angaben in den Besucherlisten.

48 Korrekter Wortlaut des Zitats: »Beim großen Gott des Himmels! Es war nicht / Mein Ernst, beschloßne Sache war es nie. / In dem Gedanken bloß gefiel ich mir; / Die Freiheit reizte mich und das Vermögen« (Friedrich *Schiller*, Wallensteins Lager, 4. Auftritt, Zeile 146-149, zit. nach der in der Adenauer-Bibliothek erhaltenen Ausgabe: Sämtliche Werke, 2. Band, hrsg. von Gerhard *Fricke* und Herbert G. *Göpfert*, München ³1962, S. 414).

49 Vgl. Wilhelm G. *Grewe*, Deutsche Außenpolitik, S. 148-154, 160-163, 414, 421.

50 Vgl. Nr. 17, Anm. 10.

51 »Die Geschichte kennt Beispiele, in denen ein Volk seine Freiheit und seine Einheit nach langer, langer Zeit wieder gewonnen hat. Erst nach 150 Jahren hat die polnische Nation ihre volle Einheit zurückgewonnen. Wenn Polen auch zur Zeit gegen uns steht, so müssen wir uns doch ein Beispiel nehmen an einem so starken, von einem festen Willen getragenen Nationalgefühl, das endlich doch sein Ziel erreicht hat« (wie Anm. 4).

52 Vgl. Nr. 17, Anm. 9.

53 Vgl. Nr. 10, Anm. 14, 15.

Nr. 19

a 〈 〉 Vom Bearb. korrigiert aus »habe«.

b 〈 〉 ... aus »Hemisphäre«.

c 〈 〉 ... aus »Supermarktes«.

1 Klaus *Dohrn* (1909-1979), 1932/33 Korrespondent deutscher Zeitungen in Rom, bis 1938 politisch-publizistische Tätigkeit in Österreich, danach in der Emigration, ab 1942 in den USA, nach 1945 Europakorrespondent von »Time« und »Life«.

2 Charles D. *Jackson* (geb. 1902), Dr. jur., ab 1937 Generalmanager, ab 1940 Präsident der Verlagsgesellschaft »Time« Inc., ab 1945 Vizepräsident der International »Time-Life« Inc., 1951 Präsident des amerikanischen »Komitees für ein freies Europa«, 1952-1954 persönlicher Referent von Präsident Eisenhower (der bald darauf ebenfalls Bonn besuchte; vgl. Nr. 22, Anm. 22).

Zu diesem Gespräch mit Adenauer leitete *Jackson* am 11.7.1962 dem »Time«-Verlag einen vertraulichen Bericht zu. Seitens des amerikanischen Medienkonzerns übermittelte am 2.8.1962 John L. *Steele* Präsident *Kennedy* diese Aufzeichnungen (»They need not be returned. The British and Germans, of course, do not know of their existence«); vgl. JFK Library, President's Office Files: Germany-Security, Box 116a, Folder 24. – S. unten Anm. 9, 10, 33.

3   Dean *Acheson* (1893–1971), 1949–1953 amerikanischer Außenminister, in den 60er Jahren politischer Berater der Präsidenten Kennedy und Johnson. Adenauer stand auch 1961–1963 in regelmäßiger Verbindung mit Acheson; vgl. Nr. 5, Anm. 15; Nr. 25, Anm. 4.

4   Harry Spencer *Truman* (1884–1972), 1934–1944 Senator für Missouri (Demokrat), 1945–1953 Präsident der Vereinigten Staaten von Amerika.

5   Vier-Mächte-Außenministerkonferenz über Deutschland in Berlin (25.1.–18.2.1954); dazu Hermann-Josef *Rupieper*, Die Berliner Außenministerkonferenz von 1954 und die Frage der deutschen Einheit, in: VfZ, Jg. 34 (1986), S. 427-453.

6   Am 18.2.1954; vgl. Konrad *Adenauer*, Erinnerungen 1953–1955, S. 259-264.

7   Am 7./8.2.1959; vgl. Hans-Peter *Schwarz*, Adenauer. Der Staatsmann, S. 492-494.

8   Zur Begegnung des französischen Staatspräsidenten mit dem britischen Premierminister (2./3.6.1962) das Kommuniqué in: AdG, Jg. 32 (1962), S. 9896. Hintergrundinformationen erhielt Adenauer während des Frankreich-Besuches im Gespräch mit de Gaulle; vgl. seine Erinnerungen 1959–1963, S. 163-165. Vgl. a. Harold *Macmillan*, At the End of the Day, S. 119-122.

9, 10   »... that the Prime Minister had been extremely concerned about the matter of Great Britain's entry into the Common Market and what might be called the psychological obstacles which he had discerned in General de Gaulle's attitude and which conceivably might have some rub-off on the Chancellor's attitude« – so die Angaben über das *Macmillan*-Gespräch im *Jackson*-Bericht (s. oben Anm. 2). Dort auch ausführliche Informationen zu den in Paris geführten Gesprächen, u. a. mit Georges *Pompidou*: »However, he added, ›it should be noted that while the Common Market is still very new and all its aspects have not yet jelled, it is nonetheless in existence today and certain rules and requirements have been accepted by all six and have been in operation for a year or two, which is why it is impossible for us today to make exceptions for the British without making exceptions for all. Six or seven years ago, before things had begun to crystallize, it might have been possible to make some special exceptions for the British‹.«

11   Vgl. Nr. 17, Anm. 8.

12   Vgl. Anm. 8.

13   Gemeint ist *Macmillans* Tätigkeit als britischer Minister im Hauptquartier der Alliierten in Nordwestafrika, mit Sitz in Algier; dazu seine Memoiren: The Blast of War, 1939–1945, London 1967.

14   Beim London-Aufenthalt vom 14.–16.5.1953; dazu Adenauers Erinnerungen 1953–1955 (S. 205-208) und Hans-Peter *Schwarz*, a.a.O., S. 72-74.

15 Vgl. Nr. 1, Anm. 32. – Der Beitritt erfolgte 1973, im Zuge der EWG-»Norderweiterung« (vgl. Nr. 18, Anm. 16).
16 Vgl. Nr. 18, Anm. 28.
17 Vgl. Nr. 17, Anm. 18.
18 Am 23.10.1954; vgl. Adenauers »Teegespräche 1950–1954«, S. 552-569, 683, 772-775.
19 Wortlaut der sowjetischen Note vom 20.12.1954 zur Annullierung des sowjetisch-französischen Bündnisvertrages im Falle einer Ratifizierung der Pariser Abkommen: AdG, Jg. 24 (1954), S. 4919f.
20 Vgl. Nr. 8, Anm. 30.
21 Gipfelkonferenz der drei Westmächte in Paris, mit deutscher Beteiligung, vom 19. – 21.12.1959 in Paris; vgl. Konrad *Adenauer*, Erinnerungen 1959–1963, S. 23-28; »Unserem Vaterlande zugute«, S. 296, und Hans-Peter *Schwarz*, a.a.O., S. 539.
22 Vgl. Nr. 18, Anm. 38.
23 Vgl. Nr. 17, Anm. 24.
24 Vgl. Nr. 7, Anm. 24.
25 Die amerikanische Haltung dürfte Dean *Rusk* dem Kanzler am 21./22.6.1962 erläutert haben; vgl. Nr. 17, Anm. 9.
26 Vgl. Nr. 18, Anm. 42.
27 Sir Robert Gordon *Menzies* (1894–1978), 1939–1941 und 1949–1966 australischer Premierminister. – Er hatte dieses Thema am 20.6.1962 mit Präsident Kennedy und Rusk (vor dessen Abreise nach Europa; s. oben Anm. 25) in Washington erörtert.
28 Keith Jacka *Holyoake* (1904–1983), 1957 und 1960–1972 neuseeländischer Ministerpräsident.
29 John *Diefenbaker* (1895–1979), 1957–1963 kanadischer Ministerpräsident.
30 Diefenbakers konservative Regierungspartei hatte die kanadischen Parlamentswahlen vom 18.6.1962 trotz erheblicher Mandatsverluste (118; 1958: 208) gewonnen; vgl. AdG, Jg. 32 (1962), S. 9922.
31 Kanada hatte in einer am 22.3.1962 an den UNO-Generalsekretär gerichteten Note Abrüstungsvorschläge des schwedischen Außenministers *Undén* abgelehnt; vgl. AdG, a.a.O., S. 9755f.
32 Vgl. Nr. 18, Anm. 25.
33 Hierzu auch der in Anm. 2 nachgewiesene Jackson-Bericht: »He then added that the Russians have no respect for prosperity. They respect only power and the only power in the West was America because of its atomic weapons. Without American power Germany and Europe are lost with or without the Common Market. He added that he considered NATO infinitely more important than EEC«.

Nr. 20
a, b ⟨ ⟩ Vom Bearb. korrigiert aus »France«.
1   Karl-Günther *von Hase* (geb. 1917), 1951-1962 Tätigkeit im Auswärtigen Amt, u. a. Sprecher des Auswärtigen Amtes, 1962-1967 Staatssekretär und Leiter des Presse- und Informationsamtes der Bundesregierung, 1967-1969 Staatssekretär im Bundesministerium für Verteidigung, 1970-1977 Botschafter in Großbritannien, 1977-1982 ZDF-Intendant.
Als Nachfolger Felix *von Eckardts* (ab 1.7.1962) nahm von Hase am 20.7.1962 erstmals an einem Informationsgespräch Adenauers teil; vor dem Wechsel im Amt hatte Adenauer Staatssekretär *Globke* gefragt: »Überlegen Sie sich, bitte, ob nicht auch Herr Knappstein außer Herrn Hase als Nachfolger von Herrn von Eckardt in Frage kommt. Oder halten Sie ihn für geeigneter als Nachfolger Grewe's in Washington?« (Schreiben vom 19.3.1962 in StBKAH 10.45); vgl. Nr. 15, Anm. 25.
2   Gesprächsbeginn laut Vorlage: 17.30 Uhr; Korrektur anhand der Besucherliste.
3   Premierminister *Macmillan* hatte zum 13.7.1962 eine umfassende Regierungsumbildung vorgenommen, insgesamt 17 Minister entlassen und die meisten von ihnen durch jüngere ersetzt, u. a. Innenminister *Butler* durch Henry *Brooke*, Schatzkanzler *Lloyd* durch Reginald *Maudling* und Verteidigungsminister *Watkinson* durch Peter *Thorneycroft*; vgl. Harold *Macmillan*, At the End of the Day, S. 84-109.
4   Zu den Veränderungen im einzelnen das Kapitel »The July Massacre« bei Nigel *Fisher*, Harold Macmillan, S. 271-280.
5   Bezieht sich auf Ausführungen des britischen Oppositionsführers bei einer Europa-Tagung der Sozialistischen Internationalen am 15./16.7.1962 in Brüssel; vgl. AdG, Jg. 32 (1962), S. 9985.
6   Vgl. Nr. 8, Anm. 35.
7   Die Beitrittsverhandlungen führten am 21.7.1962 zu einer agrarpolitischen Übereinkunft zwischen dem EWG-Ministerrat und Großbritannien (vgl. a.a.O., S. 9996), wurden aber am 5.8.1962 unterbrochen und bis Oktober 1962 vertagt. Zum damals erreichten Verhandlungsstand die ausführlichen Angaben a.a.O., S. 10024-10026.
8   »Die Politik des bisherigen Schatzkanzlers werde fortgesetzt werden. Der Premierminister habe aber scheinbar den Eindruck gehabt, daß Selwyn Lloyd diese Politik im Lande nicht wirksam durchzusetzen verstanden habe und es auch versäumt habe, eine konstruktive Einkommenspolitik zu formulieren«, so die »Times« (zit. a.a.O., S. 9985) in ihrer Beurteilung dieses Ressortwechsels; vgl. a. Nigel *Fisher*, a.a.O., S. 277.
9   Reginald *Maudling* (1917-1979), ab 1950 Mitglied des britischen Unterhauses (Konservative Partei), Minister für Versorgung (1955-1957), für Handel (1959-1961) und für Kolonien (1961/62), 1962-1964 Schatzkanzler, 1970-1972 Innenminister.

10 Vgl. Nr. 17, Anm. 24.
11 Vgl. Nr. 19, Anm. 8.
12 Vgl. Nr. 15, Anm. 28.
13 Vgl. Nr. 4, Anm. 27.
14 Am 26.7.1962; zu diesen Besprechungen mit dem belgischen Außenminister dessen Erinnerungen eines Europäers; S. 546; Horst *Osterheld*, »Ich gehe nicht leichten Herzens...«, S. 136f., und Hans-Peter *Schwarz*, Adenauer. Der Staatsmann, S. 763. Zu den Gesprächsergebnissen s. unten Anm. 20, Nr. 21 (Anm. 38), Nr. 25 (bei Anm. 29).
15 Vgl. Nr. 18, Anm. 38.
16 Vgl. Nr. 18, Anm. 22.
17 Zur kanadischen EWG-Position das Kommuniqué über Gespräche *Macmillans* mit *Diefenbaker* am 30.4./1.5.1962 in Ottawa; vgl. AdG, a.a.O., S. 9842.
18 Vgl. Nr. 18, Anm. 16.
19 Vgl. Nr. 18, Anm. 42.
20 Dazu ausführlich Adenauers Angaben zu dem am 3.7.1962 in Paris mit *de Gaulle* geführten ersten Gespräch (vgl. Nr. 17, Anm. 24), in seinen Erinnerungen 1959–1963, S. 159. – Der weiteren Forcierung diente der am 26.7.1962 Adenauer vorgelegte Vorschlag Spaaks für die Schaffung einer Politischen Kommission; s. oben Anm. 14.
21 Die Ernennung von Frank *Roberts* zum Nachfolger von Christopher *Steel* war am 11.6.1962 von Königin Elisabeth II. gebilligt worden; vgl. seine eigenen Erinnerungen: Dealing with Dictators, S. 235-245, 252. – Steels Abschiedsbesuch beim Kanzler: 18.1.1963 (Besucherliste).
22 Die Bundesregierung hatte am 19.7.1962 ihr Agrément zur Ernennung von Roland Jaquin *de Margerie* zum neuen französischen Botschafter gegeben (in der Nachfolge von François *Seydoux*); vgl. AdG, a.a.O., S. 9999.
23 Die Konferenz kam nicht zustande; dazu vgl. a. Nr. 21 (bei Anm. 30).
24 Am 25.7.1962 ernannte der Nordatlantikrat General *Lemnitzer* als Nachfolger *Norstads* zum Oberkommandierenden der Alliierten Streitkräfte in Europa; der für November 1962 vorgesehene Wechsel wurde wegen der weltpolitischen Ereignisse vom Herbst 1962 auf Anfang 1963 verschoben. Hierzu auch die Angaben in Nr. 21, 22.
25 Nach den USA (1945), der Sowjetunion (1949) und Großbritannien (1952) hatte sich 1960 auch Frankreich mit seinen Atombombenversuchen vom 13.2., 1.4. und 27.12.1960 als Nuklearmacht etabliert; vgl. Karl *Kaiser*, Kernwaffen als Faktor der internationalen Politik, in: ders./Hans-Peter *Schwarz* (Hrsg.), Weltpolitik, S. 102-118, hier S. 115f.
26 In Adenauers Reden dieses Zeitraums (StBKAH 02.26, 02.27) konnte eine derartige Aussage nicht nachgewiesen werden.
27 Auf de Gaulles »...im Sommer 1958 unternommene[n] Versuch, Präsident Eisenhower und Premierminister Macmillan für die Schaffung eines Dreier-

Direktoriums der westlichen Atommächte als weltpolitisch-strategisches Führungsorgan der NATO zu gewinnen« verweist Walter *Schütze*, Die Bedeutung der französischen Kernwaffen, S. 46. Vgl. a. Georges-Henri *Soutou*, Die Nuklearpolitik, S. 610.

28 Harold Arthur *Watkinson* (geb. 1910), seit 1950 Abgeordneter im britischen Unterhaus (Konservative Partei), 1952–1955 Parlamentarischer Staatssekretär im Ministerium für Arbeit und nationalen Wehrdienst, 1955–1959 Minister für Luftfahrt, 1959–1962 Verteidigungsminister.

29 Die Konvention zur Umwandlung der OEEC in die OECD war am 14.12.1960 von 18 europäischen Staaten, den USA und Kanada in Paris unterzeichnet worden; vgl. EA, Jg. 16 (1961), D 91 – D 100.

30 Dazu vgl. Harold *Macmillan*, a.a.O., S. 102.

31 Beim Teegespräch vom 8.1.1962; vgl. Nr. 8.

32, 34, 35 Die wichtigsten Stationen des Staatsbesuches neben den Begegnungen mit de Gaulle (vgl. Nr. 17, Anm. 24) sind aus der Abb. auf S. 233-236 ersichtlich.

33 Seit dem Frühjahr 1961 nutzte die Bundeswehr – im Rahmen von NATO-Vereinbarungen – Panzerübungsplätze und andere Ausbildungseinrichtungen in Großbritannien; vgl. AdG, Jg. 31 (1961), S. 9057.

Nr. 21

1 Zu diesem Kanzlertee auch eine Aufzeichnung von Georg *Schröder*, die Daniel *Koerfer* (Kampf ums Kanzleramt, S. 663) verwendet: »[Adenauer] sprach lange über die Europapolitik, aber in so simplen Formulierungen und mit solchen Scheinargumenten, als wenn er die CDU-Fraktion vor sich hätte. Immerhin eins war doch sehr bemerkenswert: Noch nie habe ich so klar von Adenauer gehört, daß er die Engländer nicht in der politischen Union haben will und in der EWG nur, wenn es sich nicht vermeiden läßt. Natürlich hat er das nicht ausgesprochen und schon gar nicht in dieser Form. Aber das war der Rede langer Sinn.«

2 Herbert *Kremp* (geb. 1928), Dr. phil., Redakteur der »Rheinischen Post« (ab 1963 Chefredakteur) und der »Welt«, deren langjähriger Chefredakteur und Chefkorrespondent.

3 Gesprächsbeginn laut Vorlage: 12.15 Uhr; Korrektur anhand der Besucherliste.

4 Vgl. Nr. 20, Anm. 14, 20.

5 Europa-Kongreß vom 7.–10.5.1948 in Den Haag; vgl. Konrad *Adenauer*, Erinnerungen 1945–1953, S. 136f.

6 Die niederländische Außenpolitik war in diesem Zeitraum besonders mit den Vorbereitungen des Vertrages mit Indonesien über Westguinea befaßt, der unter Mitwirkung der Vereinten Nationen am 15.8.1962 unterzeichnet wurde; vgl. Bernhard *Dahm*, Indonesien, S. 23. Vgl. a. Nr. 22 (bei Anm. 12).

7 Verhandlungen des italienischen Außenministers im Sommer 1962: mit

Dean Rusk am 23./24.6.1962 (vgl. Nr. 17, Anm. 9) und mehrfach mit dem Ersten Stellvertretenden Ministerpräsidenten der Sowjetunion, Kossygin, während dessen Italien-Aufenthalts vom 18.–29.6.1962; vgl. AdG, Jg. 32 (1962), S. 9960.

8 Vgl. Nr. 8, Anm. 30.

9 Vgl. Nr. 8, Anm. 29.

10 Emil *Rathenau* (1867–1922), ab 1899 im Vorstand der AEG (ab 1915 deren Präsident), baute 1914/15 im preußischen Kriegsministerium die Kriegsrohstoffabteilung auf, 1921 Reichswiederaufbauminister, 1922 Reichsaußenminister, am 24.6.1922 ermordet.

11 Adenauer bezieht sich vermutlich auf den Kanzlertee vom 16.3.1962; vgl. Nr. 13. Vgl. a. Nr. 11.

12, 13 Vgl. Nr. 18, Anm. 16-18.

14 Vermutlich gemeint: eine Erklärung dieses Inhalts, die *Macmillan* am 17.7.1962 vor dem Unterhaus abgegeben hatte; vgl. AdG, a.a.O., S. 9989.

15 Adenauers zuvor letzte Begegnung mit dem amerikanischen Botschafter datiert vom 22.6.1962 (Besucherliste), nachdem Präsident *Kennedy* am 15. und 20.6.1962 mit den Premierministern von Neuseeland und Australien auch die Beitrittsfrage erörtert hatte; vgl. Public Papers, 1962, S. 498, 502.
Zum Gespräch mit *Dowling* auch Adenauers Erinnerungen 1959–1963, S. 164.

16 Vgl. Nr. 18, Anm. 42.

17 Vgl. Nr. 19, Anm. 27. – Hierzu weiter unten (bei Anm. 45) nähere Angaben Adenauers.

18 Vgl. Nr. 19 (bei Anm. 28).

19 Vgl. Nr. 20, Anm. 17.

20 Vgl. Nr. 18, Anm. 20.

21 Vgl. Nr. 5, Anm. 24.

22 Vgl. Nr. 5, Anm. 25; Nr. 10, Anm. 22; Nr. 17, Anm. 23.

23 Vgl. Nr. 10, Anm. 18.

24 Vgl. Nr. 17, Anm. 23.

25, 26 Vgl. Nr. 14, Anm. 13.

27 Vgl. Nr. 17, Anm. 24.

28 Nicht nachgewiesen.

29 Schreiben des italienischen Ministerpräsidenten vom 28.6.1962 (zur Beschleunigung der EWG-Verhandlungen mit Großbritannien), auf das der französische Staatspräsident am 10.7.1962 antwortete; Druck der Entgegnung: Charles *de Gaulle*, Lettres, Notes et Carnets 1961–1963, S. 246f. – Zu dieser Korrespondenz auch die Hinweise Adenauers in seinen Erinnerungen a.a.O., S. 160, 162.

30 Vgl. Nr. 20, Anm. 23.

31 Das 21. ökumenische Konzil (Vaticanum II, von Papst Johannes XXIII. am 25.1.1959 angekündigt) fand in insgesamt 4 Sitzungsperioden vom 11.10.1962 – 21.11.1964 statt.

32 Zur Begegnung *Spaak-Luns* am 24.7.1962 in Brüssel die Angaben in: AdG, a.a.O., S. 10007.
33 Vgl. Nr. 20, Anm. 24.
34 Maxwell Davenport *Taylor* (1901-1987), 1955-1959 Stabschef des amerikanischen Heeres, 1961/62 Berater Präsident Kennedys, 1962-1964 Vorsitzender der Vereinigten Stabschefs.
35 Lyman L. *Lemnitzer* (1899-1988), 1959-1960 Stabschef der amerikanischen Armee, 1960-1962 Vorsitzender der Vereinigten Stabschefs, 1963-1969 Oberster alliierter Befehlshaber in Europa (SACEUR).
36 Arthur William *Radford* (1896-1973), 1949 Oberbefehlshaber der amerikanischen Marine im Pazifik, 1953-1957 Joint Chief of Staff. – Zu seinem im Juli 1956 bekanntgewordenen Plan einer erheblichen Reduzierung der amerikanischen Streitkräfte zugunsten stärkerer Atomarbewaffnung vgl. Konrad *Adenauer*, Erinnerungen 1955-1959 (S. 197-214) und seine »Teegespräche 1955-1958« (S. 102, 399).
37 1960 erstmals erschienen: Maxwell D. *Taylor*, The uncertain trumpet (dt. Ausgabe 1962: Und so die Posaune undeutlichen Ton gibt, wer wird sich zum Streit rüsten?); dazu die Angaben bei Franz Josef *Strauß*, Die Erinnerungen, S. 363. – Den von Adenauer erwähnten Auszug veröffentlichte die »Frankfurter Allgemeine« am 25.7.1962.
38 Das neue Konzept Spaaks lief hinaus auf die »Bildung eines Gremiums von ›drei Weisen‹, welche die Interessen der Gemeinschaft gegenüber den nationalen Regierungen vertreten, gleichzeitig aber auch Ausführungsorgan des Ministerrats sein sollten«; vgl. Horst *Osterheld*, »Ich gehe nicht leichten Herzens...«, S. 137. Hierzu auch Spaaks Schreiben an de Gaulle vom 24.7.1962 in seinen Erinnerungen eines Europäers, S. 543-545.
39 Bezieht sich auf die grundgesetzlich geregelte Kulturhoheit der Länder.
40 Vgl. Nr. 18, Anm. 22.
41 Vgl. Nr. 18, Anm. 38.
42 Vgl. Nr. 20, Anm. 5.
43 Herbert *Wehner* (1906-1990), 1949-1983 MdB (SPD; 1969-1983 Fraktionsvorsitzender), bis 1966 Vorsitzender des Ausschusses für gesamtdeutsche und Berliner Fragen, 1958-1973 Stellvertretender Vorsitzender der SPD, 1966-1969 Bundesminister für gesamtdeutsche Fragen.
44 Vgl. Nr. 8, Anm. 35.
45 Vgl. Nr. 19, Anm. 27.
46 Vermutlich bei den Besprechungen mit dem belgischen Außenminister Spaak; vgl. Nr. 20, Anm. 14.
47 Beim Staatsbesuch des französischen Staatspräsidenten in Deutschland vom 4.-9.9.1962; dazu Konrad *Adenauer*, Erinnerungen 1959-1963, S. 177-184; Horst *Osterheld*, a.a.O., S. 139-144; Hans-Peter *Schwarz*, Adenauer. Der Staatsmann, S. 765-768. Zum Ablauf auch Theo M. *Loch*, Adenauer – de Gaulle.

Bilanz der Staatsbesuche, S. 72-117. – Zu den Stationen im einzelnen Nr. 31, Anm. 34.

48 Der Besuch von General *Norstad* kam erst am 16.8.1962 zustande (Besucherliste).

49 Zur Direktive MC [Military Commitee] 96 die Angaben bei Catherine Mc Ardle *Kelleher*, Germany and the politics of nuclear weapons, New York–London 1975. Zum damaligen offiziellen Kenntnisstand die Erklärung *von Hases* vom 1.8.1962, »das neue NATO-Planungskonzept MC 96 sei bisher noch nicht vom NATO-Rat erörtert worden; deshalb existiere es sozusagen für die Bundesregierung noch nicht« (Bulletin, Nr. 142 vom 4.8.1962, S. 1217).

50 Vgl. Franz Josef *Strauß*, Die Erinnerungen, S. 373, 376-378.

51 FIBAG = Finanzbau-Aktiengesellschaft. – Wegen öffentlicher Kritik an den Verstrickungen von Franz Josef *Strauß* in die Planung eines Bauprojekts zur Errichtung von Unterkünften für die amerikanischen Streitkräfte hatte der Bundestag den sog. FIBAG-Untersuchungsausschuß eingesetzt (erste bzw. letzte Sitzung: 28.3.1962–30.8.1962); vgl. Datenhandbuch, S. 621. Vgl. a. Daniel *Koerfer*, Kampf ums Kanzleramt, S. 658f.

52 Rudolf *Augstein* (geb. 1923), seit 1947 Herausgeber des Nachrichtenmagazins »Der Spiegel«.

53 Erich *Kuby* (geb. 1910), Journalist und Schriftsteller. – Seine Artikelserie über die FIBAG-Affäre, »Sein Freund, der Herr Minister«, erschien in den »Stern«-Ausgaben Nr. 28-36 (1962).

54 Wolfgang *Stammberger* (1920–1982), Dr. jur., 1953–1969 MdB (FDP, ab 1964 SPD), 1961/62 Bundesjustizminister (FDP).

55 Wolfgang *Fränkel* (geb. 1905), 1951–1962 Bundesanwalt am Bundesgerichtshof, 1962 (März – Juli) Generalbundesanwalt. – Fränkel war am 11.7.1962 in den Ruhestand versetzt worden, nachdem Einzelheiten über seine Tätigkeit bei der Reichsanwaltschaft beim Reichsgericht (1940–1945) bekannt geworden waren; vgl. Bulletin, Nr. 126 vom 13.7.1962, S. 1094. Dazu auch die Erläuterungen *von Hases* vom 25.7.1962 vor der Presse in Bonn, in: Dokumente zur Deutschlandpolitik, IV/8, S. 884-887.

56 Alfred *Frenzel* (1899–1968), 1953–1960 MdB (SPD), 1960 wegen Spionage verhaftet. – Dazu die Einzelheiten in Adenauers »Teegesprächen 1959–1961«, S. 330-332, 334, 701-703.

57, 58 Wegen der Bestimmungen des am 1.7.1962 in Kraft getretenen Richter-Gesetzes vom 8.9.1961 (BGBl. I, S. 1665) und des darin genannten Stichtages (30.6.1962) hatten insgesamt 143 Richter und Staatsanwälte ihre Entlassung aus dem Staatsdienst beantragt, die aufgrund ihrer Tätigkeit im Dritten Reich als belastet galten; dazu die ausführliche Berichterstattung der »Frankfurter Allgemeinen« vom 7.7.1962.

Mit »Drohung« gemeint: die Entschließung des Deutschen Bundestages vom 14.6.1961, derzufolge er, »wenn es notwendig [wird], eine grundgesetzliche Entscheidung treffen wird, daß jeder Richter und Staatsanwalt, der ein unverantwortliches und unmenschliches Todesurteil mitverschuldete, sein Amt verliert«; vgl. Stenographische Berichte, Bd. 52, S. 2784.

59 In erster, 1904 geschlossener Ehe mit Emma *Weyer* (1880–1916) – in zweiter (1919) mit Gussie *Zinsser* (1895–1948).

60 Ferdinand *Zinsser* (1865–1952; Vater von Gussie Adenauer), Prof. Dr. med., ab 1919 Ordinarius für Dermatologie und Leiter der Dermatologischen Klinik der Universität Köln. – Sein Vater, Friedrich Christian *Zinsser* (1837–1904; Dr. med., um 1848 in die USA emigriert, dort praktischer Arzt in New York) hatte 1864 in New York die ebenfalls in Deutschland geborene Auguste *Balser* (1838–1884) geheiratet. Nach Deutschland zurückgekehrt, heiratete Ferdinand Zinsser seinerseits 1895 in Wiesbaden seine Base Wilhelmine *Tourelle* (Enkelin von Wilhelm *Zinsser* [1803–1885, ab 1823 Lehrer in Oberflörsheim/Kreis Worms]).

Bei der nachfolgenden Bewertung der ab 1933 eingenommenen Haltung Zinssers ist zu bedenken, daß er seine Kontakte zu Vertretern des nationalsozialistischen Regimes nutzte, um seinen Schwiegersohn und dessen Familie während der Verfolgungs- und Leidenszeit zu unterstützen und zu schützen; dazu die zahlreichen Belege in: Adenauer im Dritten Reich.

61 Dazu Günther *Gillessen*, Auf verlorenem Posten. Die Frankfurter Zeitung im Dritten Reich, Berlin 1987.

62 1923–1945 erschienene antisemitische Zeitung der NSDAP, gegründet von Julius Streicher.

63 Hierzu ausführlicher Adenauer in seinen Erinnerungen 1945–1953, S. 21.

64 Zu entsprechenden Andeutungen *Chruschtschows* in einem Gespräch vom 13.7.1962 mit amerikanischen Journalisten (vgl. Dokumente zur Deutschlandpolitik, IV/8, S. 843–848, hier S. 847) hatte Präsident *Kennedy* in seiner Pressekonferenz vom 23.7.1962 Stellung genommen (a.a.O., S. 882–884). Die Position der Bundesregierung hatte Staatssekretär *von Hase* am 25.7.1962 verdeutlicht (s. oben Anm. 55).

65 Wladyslaw *Gomulka* (1905–1982), 1956–1970 Erster Sekretär des ZK der Vereinigten Polnischen Arbeiterpartei, 1957–1971 Mitglied des Staatsrates, 1971 Ausschluß aus dem ZK.

Nr. 22

1 Max *Ascoli* (geb. 1898), Prof. Dr. jur., in Italien gebürtiger Schriftsteller und Publizist, 1931 in die USA emigriert (1939 naturalisiert), ab 1949 Herausgeber der liberalen Wochenzeitung »The Reporter«.

2 Andere Termine Adenauers am 20.8.1962: Besprechungen mit Felix *von Eckardt* und Karl-Günther *von Hase* (ab 12.15 Uhr) sowie mit Hans *Globke* (ab 12.52) – jeweils wohl wegen der in Anm. 4 angesprochenen Ereignisse –; Teilnahme an einer Vorstandssitzung der CDU/CSU-Bundestagsfraktion (ab 15.30

Uhr); Unterredung mit dem amerikanischen Botschafter *Dowling* (ab 19.15 Uhr; Besucherliste).

3 Zum damaligen Stand der amerikanisch-deutschen Beziehungen (im Zeichen der Intensivierung des deutsch-französischen Dialogs) Walther *Stützle*, Kennedy und Adenauer, S. 234-240. – Zu einer gewissen Eintrübung hatten auch die in Anm. 21 genannten Forderungen geführt.

4 Peter *Fechter* (1944-1962), Ostberliner Bauarbeiter, der am 17.8.1962 bei einem Fluchtversuch an der Berliner Mauer erschossen wurde. – Nach diesem Verstoß gegen »elementare Regeln menschlichen Zusammenlebens«, aus Furcht vor weiteren Opfern der »unmenschlichen Absperrungsmethoden an der Berliner Sektorengrenze«, wandte sich Adenauer am 28.8.1962 an Nikita *Chruschtschow*; Wortlaut seines Schreibens: Dokumente zur Deutschlandpolitik, IV/8, S. 976. (Mit Begleitschreiben desselben Tages setzte Adenauer auch *Kennedy* von dem Vorgang in Kenntnis; vgl. JFK Library, President's Office Files: Germany-Security, Box 116, Folder 24).
Hierzu und zu den nachfolgend erwähnten Vorkommnissen vom 18.8.1962 auch die Angaben bei Joachim *Drogmann*, Chronik 1962, S. 215.

5 Vgl. Nr. 1, Anm. 15.

6 William L. *Shirer* (geb. 1904), amerikanischer Publizist, in den 30er Jahren Korrespondent in Wien und Berlin, langjähriger CBS-Kommentator; veröffentlichte u. a. (hier angesprochen): The Rise and Fall of the Third Reich. A History of Nazi German; dt. Ausgabe: Aufstieg und Fall des Dritten Reichs, Köln–Berlin 1961 (mit dem Vorwort von Golo *Mann*).

7 Vgl. Adenauer im Dritten Reich, passim.

8 Präsident Kennedy hatte am 5.7.1962 die Ernennung Foy D. *Kohlers* zum neuen Botschafter in Moskau bekanntgegeben – *Thompson* wurde im September 1962 Nachfolger Charles *Bohlens* als Sonderberater des State Department für sowjetische Angelegenheiten; vgl. AdG, Jg. 32 (1962), S. 9964, 10136.

9 Vgl. Nr. 7, Anm. 24.

10 Rede des sowjetischen Ministerpräsidenten vom 18.8.1962 (bei einem Empfang für Kosmonauten), in der sich auch die Formulierung findet, »daß wir allen Völkern das Recht zuerkennen, die soziale und politische Ordnung selber zu wählen«; Wortlaut in: Dokumente zur Deutschlandpolitik, a.a.O., S. 951-953.

11 Nicht nachgewiesen, da die Besucherliste für *Sonntag*, den 19.8.1962, keine Angaben enthält.

12 Ahmed *Sukarno* (1901-1974), 1945-1967 indonesischer Staatspräsident, 1956-1966 zugleich Regierungschef. – Zum hier erwähnten Abkommen vgl. Nr. 21, Anm. 6.

13 Sithu *U Thant* (1909-1974), ab 1957 ständiger Vertreter Birmas bei den UN, 1961-1971 UNO-Generalsekretär.

14 Zur Pariser Gipfelkonferenz vom 19.-21.12.1959 der Hinweis in Nr. 19, Anm. 21.

15 Bei Beginn der 17. Session der UNO-Vollversammlung (18.9.-20.12.1962) erklärte Chruschtschow in einem Interview mit dem belgischen Politiker Raymond *Scheyven*: »Wenn es tatsächlich zu einer Verlegung von UNO-Truppen nach West-Berlin kommen sollte, dann nehmen wir auch für uns das Recht in Anspruch, als Garantiemacht am Schutz einer freien Stadt West-Berlin beteiligt zu sein« (Dokumente zur Deutschlandpolitik, a.a.O., S. 1092-1095, hier S. 1095).

16 In einer Rede des sowjetischen Ministerpräsidenten auf dem »Weltkongreß für allgemeine Abrüstung und Frieden« (10.7.1962); vgl. a.a.O., S. 827-829.

17 Vgl. Nr. 20, Anm. 24. - Zur nachfolgend angesprochenen französischen Bewertung des Wechsels im NATO-Oberbefehl vgl. Charles *de Gaulle*, Lettres, Notes et Carnets, 1961-1963, S. 250, 253.

18 In einer Erklärung vom 9.8.1962 vor dem Senatskomitee für die Streitkräfte; dazu die Stellungnahme der Bundesregierung vom Folgetag (»... keinen Zweifel daran ..., daß das Bündnisgebiet in seiner Gesamtheit mit den gleichen Waffen verteidigt wird...«) in den Dokumenten zur Deutschlandpolitik, a.a.O., S. 920.

19 Vgl. Nr. 21, Anm. 37.

20 Benito *Mussolini* (1883-1945), begründete 1919 die faschistische Partei Italiens, 1922-1943 Ministerpräsident, 1943 Entmachtung und Haft, anschließend Befreiung durch deutsche Truppen, 1945 von kommunistischen Partisanen erschossen.

21 Derartige, angeblich amerikanische Forderungen hatte Pressechef *von Hase* bereits am 1.8.1962 für »unrealistisch und daher unrealisierbar, und zwar aus finanziellen, wirtschaftlichen und personellen Gründen«, erklärt; vgl. AdG, Jg. 32 (1962), S. 10016.

22 Am 2.8.1962; vgl. Horst *Osterheld*, »Ich gehe nicht leichten Herzens...«, S. 137.

23 Die Unterzeichnung mehrerer Abkommen über die Neutralisierung von Laos (23.7.1962 in Genf) hatte kurz zuvor den mehrjährigen Bürgerkrieg beendet; dazu vgl. a. Nr. 29, Anm. 13. - Zum zuvor erwähnten Koreakrieg (der nach Ausbruch am 25.6.1950 durch das Waffenstillstandsabkommen von Panmunjon - 27.7.1953 - beendet worden war) die zahlreichen Angaben in Adenauers »Teegespräche 1950-1954«.

24 Benedetto *Croce* (1866-1952), italienischer Philosoph und Politiker, 1920/21 Unterrichtsminister, 1943 Neubegründer der italienischen liberalen Partei und deren Vorsitzender bis 1947.

Nr. 23

a ⟨ ⟩ Vom Bearb. korrigiert aus »direkte Votierung« (*von Hase* dürfte für die amerikanischen Journalisten das englische Wort »quotation« verwendet haben).

1 Omer K. *Anderson*, Bonner Korrespondent für »Stars and Stripes« und die amerikanische Nachrichtenagentur NANA. - Nachweis früherer Teilnahme an Adenauers Teegesprächen (mit weiteren biographischen Angaben): 1950-1954, S. 391, 488.

2   Russel *Braley*, Auslandskorrespondent der »New York Daily News«.
3   John Anthony *Calcott* (geb. 1937), 1960–1963 Bonner UPI-Korrespondent, 1963–1990 für seine Agentur in Genf tätig.
4   Robert *Elegant*, Auslandskorrespondent des amerikanischen Nachrichtenmagazins »Newsweek«.
5   Herman *Nickel* (geb. 1928), in Berlin gebürtiger amerikanischer Journalist, 1946/47 Reporter der »Neuen Zeitung« in Berlin, dort danach für die Hohe Kommission der USA tätig, leitete 1956–1958 die Forschungsgruppe der Foreign Policy Association, ab 1958 Korrespondent des Magazins »Time« (u. a. in London und Johannesburg), 1966–1969 dessen Bonner Büroleiter, ab 1977 Mitherausgeber des Magazins »Fortune«, 1982–1986 Botschafter in Pretoria.
6   Daniel Louis *Schorr* (geb. 1916), 1946–1953 freier Korrespondent der »New York Times«, des »Christian Science Monitor« und des »London Daily Mirror«, 1953–1976 Berichterstatter für CBS News. – Nachweis früherer Teilnahme an Adenauers Teegesprächen (mit weiteren biographischen Angaben): 1959–1961, S. 251. Besonders intensiv und ergiebig sein Gespräch mit Adenauer vom 15.8.1963 (Nr. 35).
7   Henry L. *Trewhitt*, außenpolitischer Berichterstatter der »Baltimore Sun«.
8   Kurt *De Witt* (geb. 1913), in Bonn gebürtiger amerikanischer Journalist, 1937 in die USA emigriert, kam 1944 mit der amerikanischen Armee nach Europa, bis 1949 Mitglied der Spionageabwehr, ab 1956 Mitarbeiter von »Radio Free Europe«, 1961–1978 Korrespondent des Senders in Bonn.
9   Gesprächsbeginn laut Vorlage: 12.00 Uhr; Korrektur anhand der Besucherliste.
10 Die in der Vorlage enthaltene Angabe (13.15 Uhr) wurde aufgrund des in der Besucherliste genannten Anschlußtermins (»13 Uhr 10 Präsident Gehlen«) korrigiert.
11 In Lüttich war eine Mutter freigesprochen worden, die ihr »Contergan«-Baby getötet hatte; vgl. »Rheinischer Merkur« vom 16.11.1962. (1962 ein dominierendes Thema besonders auch in Deutschland: die Mißbildungen an Gliedmaßen von Neugeborenen, deren Mütter während der ersten Schwangerschaftsmonate das Schlaf- und Beruhigungsmittel Thalidomid bzw. Contergan eingenommen hatten.)
12 Hierzu, unter Verwendung dieser Passage, Hanns Jürgen *Küsters*, Konrad Adenauer, die Presse, der Rundfunk und das Fernsehen, S. 137.
13 Gemeint ist die »Spiegel«-Affäre, die durch eine Veröffentlichung des Magazins vom 10.10.1962 – angeblicher Verrat militärischer Geheimnisse im Artikel »Bedingt – abwehrbereit« über die NATO-Übung »Fallex 62« – ausgelöst worden war und sich am 26.10.1962 durch die Durchsuchung der Redaktionsräume und die anschließende Verhaftung des Herausgebers *Augstein* und mehrerer Redakteure verschärft hatte. Die Situation der dadurch hervorgerufenen Regierungskrise: 19.11. Rücktritt der FDP-Minister, Anfang Dezember Verhandlungen

zur Schaffung einer Großen Koalition abgebrochen, 13.12.1962 Bildung der
5. Regierung Adenauer auf der bisherigen Koalitionsbasis, ohne Verteidigungsminister *Strauß* (Nachfolger: Kai-Uwe *von Hassel*).
Vgl. David *Schoenbaum*, »Ein Abgrund von Landesverrat«, passim; Jürgen *Seifert* (Hrsg.), Die Spiegel-Affäre, passim; Ronald F. *Bunn*, German Politics and the Spiegel-Affair, passim; Anselm *Doering-Manteuffel*, Die Bundesrepublik, S. 239-246 (mit Hinweisen auf die weiterführende Literatur). Maßgeblich für die Bewertung des Adenauer-Verhaltens während dieser Wochen: Hans-Peter *Schwarz*, Adenauer. Der Staatsmann, S. 769-810; Daniel *Koerfer*, Kampf ums Kanzleramt, S. 675-706. – Adenauer geht in Nr. 24 (bei Anm. 55) und Nr. 35 (bei Anm. 19) erneut auf die Affäre ein.
14 Auf Adenauers Einstellung zum Fernsehen geht näher ein: Hanns Jürgen *Küsters*, a.a.O., S. 28.
15 12.12.1901–10.10.1903; vgl. Everhard *Kleinertz*, Konrad Adenauer als Beigeordneter der Stadt Köln, S. 647.
16, 17 In dem am 5.8.1966 verkündeten Urteil des Bundesverfassungsgerichts zum »Verfahren über die Verfassungsbeschwerde der Spiegel-Verlag Rudolf Augstein GmbH & Co« heißt es hierzu: »Bereits am selben oder am folgenden Tage leitete der Generalbundesanwalt gegen den Herausgeber und einige Redakteure des Nachrichtenmagazins ein Ermittlungsverfahren wegen Landesverrats ein. Er erbat ein Gutachten vom Bundesverteidigungsministerium, das der in diesem Ministerium tätige damalige Oberregierungsrat Dr. Wunder erstattete. Nach dem Eingang des Gutachtens und nach eingehenden Vorbesprechungen mit dem Gutachter und dem damaligen Staatssekretär im Bundesverteidigungsministerium Hopf erwirkte der Generalbundesanwalt am 23. Oktober 1962 richterliche Durchsuchungsbefehle und Haftbefehle gegen Augstein und Ahlers«; aus den Entscheidungen des Bundesverfassungsgerichts, Bd. 20, Tübingen 1967, S. 162-230. Vgl. a. die vollständige Veröffentlichung des Urteils im »Spiegel«, Nr. 35 (1966), S. 59-88, hier S. 59.
18 Volkmar *Hopf* (geb. 1906), 1951–1955 im Bundesinnenministerium, 1955–1959 Leiter der Finanz- und Haushaltsabteilung des Bundesministeriums für Verteidigung, 1959–1964 dessen Staatssekretär, 1964–1971 Präsident des Bundesrechnungshofs. – Das Gespräch datiert vom 31.10.1962, ab 21.05 Uhr (Besucherliste).
19 Wortlaut des Durchsuchungsbefehls vom 23.10.1962 a.a.O., S. 59f.
20 »Ohne Zweifel handelt es sich dabei um den um 18.30 Uhr vorübergehend festgenommenen 53jährigen Verlags-Angehörigen Erich Fischer, der mit dem 38jährigen ›Spiegel‹-Gründer Rudolf Augstein nicht die geringste Ähnlichkeit hat«; aus dem Artikel »Sie kamen in der Nacht« im »Spiegel« Nr. 45 (1962), S. 55-84, hier S. 74 (mit den Abbildungen auf S. 78).
21 Adolf *Wicht* (geb. 1910), seit 1952 Mitarbeiter im Bundesnachrichtendienst (BND), 1958 als Generalstabsoffizier in die Bundeswehr übernommen (bis 1968), zuletzt Leiter einer BND-Dienststelle in Hamburg.

22 Zur Rolle Wichts Hans-Peter *Schwarz*, a.a.O., S. 783, 788f. Vgl. a. die Hinweise in: *ders.* (Hrsg.), Konrad Adenauers Regierungsstil, S. 69f., 74f.
23 Auszüge aus der Erklärung der Bundesanwaltschaft vom 3.11.1962 in: AdG, Jg. 32 (1962), S. 10240.
24 Gemeint ist die Ausgabe des Nachrichtenmagazins vom 7.11.1962; vgl. Anm. 20.
25 Bei den hessischen Landtagswahlen vom 11.11.1962 hatte die SPD 50,8 % (1958: 46,9 %) erzielt, die CDU 28,8 % (32,0 %), die FDP 11,4 % (9,5 %), das Wahlbündnis BHE/GB/GDP 6,3 % (7,4 %).
26 Nach dem »Röhm-Putsch« (30.6.-2.7.1934) und nach dem gescheiterten Attentat auf Hitler (23.8.-26.11.1944); vgl. Adenauer im Dritten Reich, S. 218, 409-428, 573f., 666-674.
27 »Der Hauptkommissar erschien beim Chef vom Dienst Matthiesen: ›Der neue Spiegel kann erscheinen unter der Bedingung, daß uns die Druckfahnen sämtlicher Artikel und Meldungen des nächsten Heftes vorgelegt werden. Es muß gewährleistet werden, daß der Spiegel im neuen Heft keine weitere Straftat begeht‹« (wie Anm. 20). Hierzu auch die Fragestunde des Deutschen Bundestages vom 7.11.1962, mit der Stellungnahme von Bundesinnenminister *Höcherl*; vgl. Stenographische Berichte, Bd. 51, S. 1957-1959.
28 Zum USA-Aufenthalt am 14./15.11.1962 und zu den in Washington mit Präsident *Kennedy* geführten Gesprächen (zeitweise im Beisein der Außenminister *Rusk* und *Schröder*) die Angaben bei Heinrich *Krone*, Aufzeichnungen, S. 172, und Hans-Peter *Schwarz*, Adenauer. Der Staatsmann, S. 773f. – Die Reise war zunächst für die Vorwoche geplant, dann aber in brieflicher Abstimmung Kennedy-Adenauer verschoben worden, vor allem wegen der Kuba-Krise (s. unten Anm. 39); dazu die Unterlagen in: JFK Library, President's Office Files: Germany-Security, Box 117, Folder 14 (daraus die Abb. auf S. 296).
29 Hierzu sind in StBKAH 12.55 umfangreiche Materialsammlungen erhalten: »Pressestimmen zur Frage der Bundeskanzlernachfolge Sept./Okt. 1962« und »Zum angekündigten Rücktritt des Herrn Bundeskanzlers im Herbst 1963, ... Spätherbst 1962«, jeweils vom Presse- und Informationsamt der Bundesregierung für Adenauer zusammengestellt; vgl. Nr. 26, Anm. 4.
30 Conrad *Ahlers* (1922-1980), 1962-1966 stellvertretender Chefredakteur des »Spiegel«, 1966-1969 stellvertretender Leiter des Presse- und Informationsamtes der Bundesregierung, 1969-1972 Staatssekretär und Leiter des Presse- und Informationsamtes, 1972-1980 MdB (SPD). – Ahlers (als Militärexperte seines Magazins verantwortlich für die Fallex-Veröffentlichung) war in der Nacht vom 26. auf den 27.10.1962 in seinem spanischen Urlaubsort Torremolinos von der dortigen Polizei festgenommen und am 28.10.1962 auf dem Flughafen Frankfurt/Main verhaftet worden; vgl. David *Schoenbaum*, a.a.O., S. 87-93.
31 Zu der noch später vertretenen Auffassung, Ahlers' Verhaftung in Spanien sei notwendig gewesen, weil er sich nach Tanger habe absetzen wollen, ein

Ahlers-Brief an Adenauer vom 2.1.1964: »... war meine Urlaubsreise einschließlich der Rückfahrt bereits gebucht, bevor der Foertsch-Artikel überhaupt geschrieben war, und auch der Abstecher zum Besuch einer Freundin meiner Frau nach Rabbat war sehr frühzeitig geplant gewesen. Die Reise von Malaga nach Rabbat sollte in der Tat über Tanger führen – es gibt keinen anderen Weg außer mit dem Flugzeug –, aber sie sollte nur drei Tage dauern. Die genauen Daten und Anschriften für diesen Urlaub waren sowohl meinen Kindern, die ja in Hamburg geblieben waren, als auch meinem Sekretariat und damit auch der Bundesanwaltschaft bekannt. Schließlich, sehr verehrter Herr Bundeskanzler: ich wüßte wirklich nicht, wie ich für meine Familie und mich in Nordafrika den Lebensunterhalt hätte bestreiten sollen« (StBKAH II/12).
32 Achim H. *Oster* (1914–1983), 1957–1964 Militärattaché an der deutschen Botschaft in Madrid.
33 Theodor *Blank* (1905–1972), 1949–1972 MdB (CDU), 1950–1955 Beauftragter des Bundeskanzlers für die mit der Vermehrung der alliierten Truppen zusammenhängenden Fragen, Bundesminister für Verteidigung (1955/56) und für Arbeit und Sozialordnung (1957–1965). – Der Dienststelle Blank hatte Ahlers 1952–1954 als Pressereferent angehört; dazu die zahlreichen Angaben bei Horst O. *Walker*, Das Presse- und Informationsamt.
34 Heilwig *Ahlers*; s. oben Anm. 31.
35 Zur Berichterstattung der »Deutschen Zeitung« wie auch anderer Presseorgane über das »Fallex«-Manöver die Hinweise von David *Schoenbaum*, a.a.O., S. 65-68.
36 Dazu eine Meldung im »Hamburger Echo« vom 10.11.1962, derzufolge die Redakteure Dr. Rolf *Hinder* und Gerhard *Bednarski* »im Januar 1960 in der damals in Göttingen erschienenen Zeitschrift ›Der Ruf‹ ... eine Parodie auf das christliche Glaubensbekenntnis veröffentlicht [hatten], in dem der Bundeskanzler als ›der allmächtige Schöpfer der Bundeswehr und der NATO‹ und Bundesverteidigungsminister Strauß als ›sein geistiger, von Atomen und Raketen besessener Sohn‹ bezeichnet worden waren«.
37 »[Adenauer:] Ich möchte hier an alle Parteien und an das ganze deutsche Volk folgende Bitte richten. / (Anhaltende lebhafte Zurufe von der SPD.) / Es ist Landesverrat ausgeübt worden – das ist sehr wahrscheinlich / (fortdauernde Zurufe von der SPD) / von einem Manne, der eine Macht, eine journalistische Macht in Händen hatte. Ich stehe auf dem Standpunkt: je mehr Macht, auch journalistische Macht, jemand in Händen hat, / (Abg. Wehner: ... ist nicht so pingelig!) / desto mehr ist er dazu verpflichtet, / (Abg. Wehner: Nicht so pingelig zu sein!) / die Grenzen zu wahren, die die Liebe zum Volk – ... Nun, meine Damen und Herren, / (anhaltende Zurufe von der SPD) / wir haben / (fortgesetzte Zurufe von der SPD) / einen Abgrund von Landesverrat im Lande. / (Abg. Seuffert: Wer sagt das?) / – Ich sage das. / (Laute Rufe von der SPD: Aha! So? – Abg. Seuffert: Ist das ein schwebendes Verfahren oder nicht?) / Denn,

meine Damen und Herren, / (Zuruf des Abg. Seuffert) / wenn von einem Blatt, das in einer Auflage von 500 000 Exemplaren erscheint, systematisch, um Geld zu verdienen, Landesverrat getrieben wird — — ...«; Auszug aus dem Protokoll der Bundestagssitzung vom 7.11.1962 (Stenographische Berichte, Bd. 51, S. 1982, 1984).

38 Wortlaut dieser Erklärung vom 14.11.1962 (»Die Presse in Deutschland ist frei«): Bulletin, Nr. 14 vom 17.11.1962, S. 1817f. – Zu amerikanischen Reaktionen auf die »Spiegel«-Affäre ist in der JFK Library (President's Office Files: Germany-Security, Box 117, Folder 1) ein undatierter, nicht gezeichneter Vermerk vom Spätherbst 1962 erhalten: »A potentially dangerous situation exists whereby the U. S. Government could wind up right in the middle of the current German fracas over the jailing of editors of ›Der Spiegel‹, Germany's leading news magazine. Shortly before leaving on his trip to the U. S. Chancellor Adenauer announced in the German Parliament that ›anyone advertising in this treasonable magazine is no friend of his‹. Travel Service's ›VISIT USA‹ ads are scheduled to run in ›Der Spiegel‹ beginning January 9, 1963.
There are dangers in running the ads and dangers in pulling them. We believe the safest course is to be guided by the recommendations of the State Department and are meeting with them. The matter has been called to the personal attention of William R. Tyler, Assistant Secretary of State for European Affairs, for policy guidance.«

39 Nach Errichtung sowjetischer Raketenbasen auf Kuba hatten die USA am 22.10.1962 eine Seeblockade gegen den Inselstaat verhängt. Zur Bewertung durch Adenauer vgl. Hans-Peter *Schwarz*, a.a.O., S. 771-773 – zur umfangreichen Literatur die bibliographischen Angaben in: Dokumente zur Deutschlandpolitik, IV/8, S. 1075f. Dazu ergänzend Bernd *Greiner*, Kuba-Krise. 13 Tage im Oktober. Analyse, Dokumente, Zeitzeugen, Nördlingen 1988, sowie – aus sowjetischer Sicht – Andrej *Gromyko*, Erinnerungen, München 1989; Anatolij Iwanowitsch *Gribkow*, Operation »Anadyr«, Berlin 1992.
Zum Ausbruch der Krise hatte Adenauer am 26.10.1962 in einer Rundfunk- und Fernsehansprache Stellung genommen: »Die Krise in Kuba ist die gefährlichste Bedrohung des Weltfriedens seit 1945. Man kann nicht davon sprechen, daß eine Entspannung bereits eingetreten sei. Man kann nur erwarten und mit daran arbeiten, daß eines Tages doch eine Entspannung kommen wird. Die Vereinigten Staaten von Amerika konnten und durften nicht zulassen, daß in ihrer fast unmittelbaren Nähe der Diktator Castro sein Herrschaftsgebiet auf Verlangen der Sowjetunion zur Errichtung von Raketenbasen hergab, durch die der Panama-Kanal, Teile von Südamerika und entscheidend wichtige Teile der Vereinigten Staaten aufs schwerste gefährdet wurden« (Bulletin, Nr. 202 vom 30.10.1962, S. 1701). Vgl. Nr. 24, Anm. 34.

40 Zum Grenzkonflikt Volksrepublik China – Indien (nach ersten schweren Zusammenstößen am 10.10.1962) die Dokumentation in: AdG, a.a.O., S. 10212-10216. Vgl. a. Nr. 29 (bei Anm. 12).

41 Vijaya Lakshmi *Pandit* (1900–1990), indische Botschafterin in der Sowjetunion (1947–1949) und in den USA (1949–1952), leitete 1946–1949 und 1963 die indischen UNO-Delegationen, 1953/54 erste Präsidentin der UNO-Generalversammlung.
Adenauer hatte Frau *Pandit*, die u. a. wegen der Grundsteinlegung der »Indischen Zentrale in Europa« (Düsseldorf) nach Deutschland gekommen war, am 30.10.1962 empfangen. Zu dem mit ihr geführten Gespräch auch Adenauers Ausführungen in einem am 21.12.1962 mit Vertretern der Hearst-Presse geführten Informationsgespräch: »... sagte mir, wenn die Rotchinesen über ein gewisses Maß hinaus eindringen in Indien, dann würde ganz Asien kommunistisch werden, und das würde ja sicher mit sich bringen, daß innerhalb der kommunistischen Welt das politische, aber auch das andere Übergewicht Rotchinas über Sowjetrußland sich hier bemerkbar machen wird« (StBKAH 02.29).
42 Zu den NATO-Reformplänen Stikkers (mit dem Adenauer am 16.9.1962 in Cadenabbia zusammengekommen war; vgl. Horst *Osterheld*, »Ich gehe nicht leichten Herzens...«, S. 146) hatte der Kanzler bereits in einer Regierungserklärung vom 9.10.1962 Stellung genommen; vgl. Stenographische Berichte, Bd. 51, S. 1632–1639, hier S. 1637.
43 Vgl. Nr. 15, Anm. 8. – Zu dieser Passage die »New York Herald Tribune« in ihrem am 13.11.1962 veröffentlichten Bericht über das Informationsgespräch: »... the Chancellor said he was not against this in principle but that if the West was to agree to such an agency, the Communists would have to give something in return«. Hierzu auch die Tagebucheintragung Heinrich *Krones* vom 9.10.1962: »Im Gespräch mit dem Kanzler stellte dieser Brandt die Frage, was zu antworten sei, wenn die Freiheit Berlins unter Anerkennung des Zonenregimes zu erreichen sei. Die Frage wurde nicht beantwortet. Wir stehen vor ernsten Entscheidungen. Wir werden vieles schlucken müssen. Schon jetzt legen die Amerikaner uns nahe, doch an der realen Existenz Pankows nicht vorbeizugehen« (Aufzeichnungen, S. 171).
44 Vgl. Nr. 7, Anm. 24.
45 »Ich erkläre erneut, daß die Bundesregierung bereit ist, über vieles mit sich reden zu lassen, wenn unsere Brüder in der Zone ihr Leben so einrichten können, wie sie es wollen« (wie Anm. 42 – S. 1639). – Zum nachfolgenden auch der in Anm. 43 nachgewiesene amerikanische Pressebericht: »The price, he said, would be that the people in East Germany be granted greater freedom and be permitted to leave East Germany whenever they feel like it. He said there were no signs that the Communists were willing to grant greater human liberties to the 17 million East German people«.
46 Adenauer hierzu in seinem brieflichen Bericht vom 20.11.1962 an *de Gaulle*: »Präsident Kennedy drängte sehr darauf, den Beitrag der europäischen Verbündeten zur Verteidigung des Westens in der NATO zu erhöhen. Er führte aus, daß ihm besonders daran liege, daß die konventionellen Streitkräfte in Europa erheb-

lich verstärkt und modernisiert werden, um der Sowjet-Union gegenüber politisch stärker auftreten zu können. Die Ziele, die der NATO-Rat vereinbart hat, sollten nun auch tatsächlich erreicht werden, und alle NATO-Länder, einschließlich der Bundesrepublik, müßten ihr Äußerstes tun, um die Vorwärtsstrategie zu ermöglichen.
Daneben drängte Präsident Kennedy sehr auf größere Rüstungskäufe der Bundesrepublik in den USA als Ausgleich für die Zahlungsbilanzschwierigkeiten, die durch die Stationierung von fünf US-Divisionen in Deutschland entstehen« (nach dem in StBKAH 10.45 erhaltenen Entwurf des Schreibens; daraus weitere Auszüge in Nr. 24, Anm. 35; Nr. 25, Anm. 12, 49).

47 Bezieht sich auf ein Konzept, das Kennedys Sicherheitsberater McGeorge *Bundy* am 27.9.1962 auf der Generalversammlung der Internationalen Atlantischen Gesellschaft in Kopenhagen erläutert (vgl. EA, Jg. 17 [1962], S. 212) und zu dem er am 16.10.1962 weitere Auskünfte in einem Interview mit dem Deutschen Fernsehen gegeben hatte; vgl. Bulletin, Nr. 195 vom 19.10.1962, S. 1645f. Vgl. a. McGeorge *Bundy*, Danger and Survival. Choices about the bomb in first 50 years, New York 1988.

48 Vgl. Nr. 1 (Anm. 24); Nr. 12 (bei Anm. 19).

49 Hierzu Anfang 1992, nach Veröffentlichung durch das State Department, bekanntgeworden: ein Briefwechsel *Chruschtschow–Kennedy* vom 10./14.12.1962, in dem sehr pointiert auch Adenauer angesprochen wird. Nach dem Vorschlag des sowjetischen Ministerpräsidenten und Parteichefs, im Anschluß an die Kuba-Krise auch › die deutsche Frage zu lösen‹ (»Should really you and we – two great states – submit, willingly or unwillingly, our policy, the interests of our states to the old-aged man who morally and physically is with one foot in grave?«) antwortete der amerikanische Präsident: »... that the interests of our two countries are toys in the hands of Chancellor Adenauer seems to me to miss entirely the true nature of the problem which confronts us in Central Europe.« Beide Schreiben mit umfangreicher weiterer Korrespondenz aus dem Herbst 1962 in: Problems of Communism. Special Issue – Spring 1992, Vol. XLI, passim, hier S. 116, 120.

50 Vermutlich gemeint: die in einer »Iswestija«-Veröffentlichung vom 10.11.1962 genauer beschriebenen, neu entwickelten sowjetischen Geräte für die Registrierung unterirdischer Kernwaffenexplosionen; vgl. AdG, a.a.O., S. 10233f.

51 Fidel *Castro Ruz* (geb. 1927), seit 1959 Ministerpräsident Kubas.

52 Ein ausführlicher Bericht über dieses Teegespräch erschien am 13.11.1962 in der »Welt«: »Adenauer: Staatssekretär Hopf bald wieder im Amt.« Dort der Absatz zu dem nachfolgend von Pressechef *von Hase* angesprochenen Punkt: »Im Zusammenhang mit der › Spiegel‹ -Affäre teilte der Kanzler mit, der verhaftete Oberst Wicht habe zum Bundesnachrichtendienst (Organisation Gehlen) gehört. Er gab damit in Bonn umlaufenden Vermutungen neue Nahrung, die von einer Rivalität der deutschen Geheimdienste sprechen, in die auch der › Spiegel‹

verwickelt sei. Der Bundesnachrichtendienst, der von dem ehemaligen General Gehlen geleitet wird, untersteht dem Bundeskanzleramt.«
53 Vgl. Nr. 15, Anm. 11.

Nr. 24
a ⟨ ⟩ Vom Bearb. korrigiert aus »...sitzung«.
1 Zu diesem Kanzlertee auch eine Aufzeichnung Georg *Schröders*, die Daniel *Koerfer* verwendet (Kampf ums Kanzleramt, S. 706); vgl. a. Terence *Prittie*, Konrad Adenauer, S. 426.
2 Gesprächsbeginn laut Vorlage: 17.15 Uhr; Korrektur anhand der Besucherliste.
3 Dazu die Angabe in der Besucherliste »16 Uhr 30 deutsch-französischer Schülerchor«.
4 Vgl. Nr. 23, Anm. 13. – Zur letzten Regierungsbildung Adenauers die ausführlichen Angaben bei Gerhard *Loewenberg*, Parlamentarismus, S. 307-311; Daniel *Koerfer*, Kampf ums Kanzleramt, S. 685-706, und Hans-Peter *Schwarz*, Adenauer. Der Staatsmann, S. 791-810. S. unten Anm. 30.
5 Zum Zustandekommen der neuen Koalitionsvereinbarung CDU/CSU–FDP und den in den Vorwochen diskutierten personellen Alternativen Daniel *Koerfer*, a.a.O., S. 702-705; vgl. a. Erich *Mende*, Von Wende zu Wende, S. 84-88.
6 Franz-Josef *Wuermeling* (1900–1986), Dr. rer. pol., 1949–1969 MdB (CDU), 1949/50 kurzfristig Staatssekretär im Bundeskanzleramt, 1953–1962 Bundesminister für Familien- und Jugendfragen. – Sein Nachfolger ab 14.12.1962: Bruno *Heck*.
7 Alois *Niederalt* (geb. 1911), 1953–1969 MdB (CSU), 1961/62 stellvertretender Vorsitzender der CSU-Landesgruppe, 1962–1966 Bundesminister für Angelegenheiten des Bundesrates und der Länder (ab 14.12.1962 Nachfolger von Hans-Joachim *von Merkatz*).
8 Ihren Entwurf für ein Gesetz über Urheberrecht und verwandte Schutzrechte hatte die Bundesregierung am 23.3.1962 dem Bundestag vorgelegt; nach Verabschiedung am 25.5.1965 wurde es am 15.9.1965 verkündet (BGBl. I, S. 1273).
9 Zur Gesetzgebungsarbeit in der 4. Wahlperiode (mit insgesamt 427 verabschiedeten Gesetzen; 1., 2. und 3. Periode: 545, 507 und 424) die ausführlichen Angaben im Datenhandbuch, S. 680-682. – Grundlegend für die Bewertung der parlamentarischen Arbeit durch den Kanzler: Rudolf *Morsey*, Konrad Adenauer und der Deutsche Bundestag, passim.
10 Erst durch die Große Koalition unter Bundeskanzler Kiesinger verwirklicht: die mit dem 17. Gesetz zur Ergänzung des Grundgesetzes am 30. Mai 1968 vom Bundestag verabschiedete Notstandsverfassung mit Regelungen für den äußeren, inneren und Katastrophennotstand. In der 4. Legislaturperiode kamen lediglich zustande: die sog. »einfachen«, nicht verfassungsändernden Notstandsgesetze vom 24.8. und 9.9.1965 für Zivilschutz und Aufrechterhaltung der Versorgung (Sicherstellungsgesetze; BGBl. I, S. 1225, 1232, 1240).

11 Die im Sozialpaket zusammengefaßten Reformvorhaben (gesetzliche Krankenversicherung, Lohnfortzahlung bei Krankheit, Mutterschutz und Kindergeldregelung) wurden vom 4. Deutschen Bundestag nur teilweise realisiert; vgl. BGBl. I, S. 329 (Rentenversicherungs-Änderungsgesetz, vom Bundestag am 19.3.1964 verabschiedet, verkündet am 25.5.1964) und BGBl. I, S. 912 (Gesetz zur Änderung und Ergänzung des Mutterschutzgesetzes und der Reichsversicherungsordnung, 25.6. bzw. 24.8.1965). Vgl. Albert *Müller*, Von der Sozialreform zum Sozialpaket, in: Hans-Joachim *Netzer* (Hrsg.), Adenauer und die Folgen, S. 171-185.

12 Vermutlich gemeint: die Sitzung des CDU-Parteipräsidiums vom 14.12.1962, ab 16.10 Uhr (Besucherliste).

13 Rolf *Dahlgrün* (1908-1969), Dr. jur., 1957-1969 MdB (FDP), 1962-1966 Bundesminister der Finanzen (ab 14.12.1962 Nachfolger von Heinz *Starke*).

14 Monatliche Gesamtbezüge für Bundestagsabgeordnete: 1949-1951 = 1.950,- DM; 1951-1954 = 2.030,- DM; 1954-1958 = 2.380,- DM; 1958-1960 = 2.900,- DM; 1960 = 2.970,- DM; 1961/62 = 3.070,- DM (vgl. Datenhandbuch, S. 981).

15 Anläßlich des Ministerwechsels hatte Adenauer am 14.12.1963 eine Erklärung abgegeben, die er vor allem der Bedeutung des Parlaments und der noch ausstehenden Gesetzgebungsarbeit widmete; vgl. Stenographische Berichte, Bd. 52, S. 2333f. (Dort kein Hinweis auf den nachfolgend erwähnten Rasner-Antrag.)

16 Siegfried *Balke* (1902-1984), Dr.-Ing., Bundesminister für das Post- und Fernmeldewesen (1953-1956), für Atomfragen (1956/57), für Atomkernenergie und Wasserwirtschaft (1957-1961) und für Atomkernenergie (1961/62), 1957-1969 MdB (CSU), 1964-1969 Präsident der Bundesvereinigung der Deutschen Arbeitgeberverbände.

17 Hans *Lenz* (1907-1968), 1953-1967 MdB (FDP), 1957-1961 stellvertretender Vorsitzender der FDP-Fraktion, 1961/62 Bundesschatzminister, 1962-1965 Bundesminister für wissenschaftliche Forschung (ab 14.12.1962 Nachfolger von Siegfried *Balke* in dessen umbenanntem Ressort).

18 Heinz L. *Krekeler* (geb. 1906), Dr. phil., 1950/51 Generalkonsul in New York, 1951-1955 Geschäftsträger in Washington, 1955-1958 dort Botschafter, 1958-1964 Mitglied der Euratom-Kommission.

19 Hermann *Höcherl* (1912-1989), 1953-1976 MdB (CSU), 1957-1961 Vorsitzender der CSU-Landesgruppe und stellvertretender CDU/CSU-Fraktionsvorsitzender, 1961-1965 Bundesminister des Innern, 1965-1969 für Ernährung, Landwirtschaft und Forsten.

20 Hier in der Vorlage »Hözl«. Gemeint ist: Josef *Hölzl* (geb. 1901), Prof. Dr. jur., 1960-1965 Staatssekretär im Bundesministerium des Innern. – Die hier angesprochenen Veränderungen in der Organisationsstruktur des Innenministeriums ergaben sich auch aus der Neubesetzung der Stelle des zweiten beamteten Staatssekretärs mit dem Wechsel von Georg *Anders* zu Hans *Schäfer* am 1.11.1962.

21 Zu den alliierten Eingriffen in die Beratungen des Parlamentarischen Rates die Belege in Adenauers »Briefen 1947-1949«; vgl. a. Rudolf *Morsey*, Die letzte Krise im Parlamentarischen Rat und ihre Bewältigung (März/April 1949), in: Dieter *Schwab* u. a. (Hrsg.), Staat, Kirche, Wissenschaft in einer pluralistischen Gesellschaft. Festschrift zum 65. Geburtstag von Paul Mikat, Berlin 1990, S. 393-410.
22 Bezieht sich auf die Ablehnung des Grundgesetzes durch den bayerischen Landtag am 20.5.1949.
23 Hans-Erich *Stier* (1902-1979), Prof. Dr. phil., Althistoriker an den Universitäten Berlin und Münster, 1946-1970 MdL in Nordrhein-Westfalen (CDU), langjähriger Vorsitzender des Kulturpolitischen Ausschusses der CDU-Bundespartei, 1952 Mitbegründer des Evangelischen Arbeitskreises der CDU. – Hier erwähnt: seine Deutsche Geschichte im Rahmen der Weltgeschichte. Von den Anfängen bis zur Gegenwart, Berlin–Darmstadt–Wien 1958. Zu diesem Titel und anderer von Adenauer bevorzugter historischer Literatur der Hinweis von Anneliese *Poppinga*, Konrad Adenauer. Geschichtsverständnis, S. 41, 230.
24 Vgl. Nr. 17, Anm. 24; Nr. 20, Anm. 32.
25 Durch die Auflösung der Donaumonarchie in den Verträgen von Saint-Germain-en-Laye (10.9.1919) und Trianon (4.6.1920).
26 In den Besucherlisten dieses Zeitraums hierzu lediglich nachweisbar: ein am 10.10.1962 (16.30 Uhr) für Adenauer gegebenes »Ständchen der Hoch- und Deutschmeister, Wien«. – Mit (deutsch-)österreichischen Problemen beschäftigte sich Adenauer intensiver in seinem am 31.7.1959 mit Klaus *Emmerich* und Otto *Schulmeister* geführten Informationsgespräch; vgl. »Teegespräche 1959–1961«, S. 97-115.
27 Die seit 1945 amtierenden ÖVP-SPÖ-Koalitionen hatten bis 1970 Bestand (danach bis 1983 Alleinregierung der SPÖ). In diesem Zeitraum, nach den österreichischen Nationalratswahlen vom 18.11.1962, nur geschäftsführend tätig: die Große Koalition unter Alfons *Gorbach* (ÖVP), der zum 27.3.1963 eine neue, der bisherigen weitgehend entsprechende Regierung zusammenstellen konnte; vgl. AdG, Jg. 32 (1962), S. 10004, 10308.
28 Eugen *Gerstenmaier* (1906-1986), Dr. theol. habil., 1945 Gründer und bis 1951 Leiter des Hilfswerks der EKD, 1949-1969 MdB (CDU), 1954-1969 Präsident des Deutschen Bundestages, 1956-1969 Stellvertretender Vorsitzender der CDU.
29 Zur damaligen Wahlrechtsdiskussion Gerstenmaiers eigener Hinweis in: Streit und Friede hat seine Zeit, S. 484. Dazu auch die grundlegende Analyse von Eckhard *Jesse*, Wahlrecht zwischen Kontinuität und Reform, passim.
30 Während der am 4.12.1962 auch im Beisein des Kanzlers geführten Koalitionsverhandlungen CDU/CSU – SPD (vertreten durch Fritz *Erler*, Erich *Ollenhauer* und Herbert *Wehner*); dazu ausführlich Otto B. *Roegele*, Die Bemühungen um eine Große Koalition in Bonn. Der erste Anlauf im Jahre 1962; in: Richard

Wisser (Hrsg.), Politik als Gedanke und Tat, Mainz 1967, S. 215-235; Klaus *Gotto*, Der Versuch einer Großen Koalition 1962, passim; Daniel *Koerfer*, a.a.O., S. 694-702. Vgl. a. Hans-Peter *Schwarz*, a.a.O., S. 805f.
31 Gemeint ist der 7. CDU-Bundesparteitag vom 11.–15.5.1957 in Hamburg. Zur damaligen Wahlrechtsdiskussion in der CDU vgl. Adenauer: »Wir haben wirklich etwas geschaffen«, S. 1267-1277.
32 Bruno *Heck* (1917–1989), Dr. phil., 1952–1958 Bundesgeschäftsführer der CDU, 1957–1976 MdB, 1962–1968 Bundesminister für Familie und Jugend (s. oben Anm. 6), 1967–1971 CDU-Generalsekretär, 1968–1989 Vorsitzender der Konrad-Adenauer-Stiftung.
33 Konferenz der Außen-, Verteidigungs- und Finanzminister der NATO-Staaten vom 13.–15.12.1962 in Paris; dazu das Kommuniqué in: Dokumente zur Deutschlandpolitik, IV/8, S. 1497f.
34 Die Kuba-Krise (vgl. Nr. 23, Anm. 39) wurde nach Einlenken der Sowjetunion am 28.10.1962 (Bereitschaft Chruschtschows zum Rückzug der Raketen und zur Demontage der Abschußrampen auf Kuba) im Januar 1963 durch eine gemeinsame Note der Sowjetunion und der USA an UNO-Generalsekretär U Thant offiziell beendet; vgl. AdG, Jg. 33 (1963), S. 10351.
35 Während Adenauers USA-Aufenthalt im November 1962; vgl. Nr. 23, Anm. 18. – »Besondere Bedeutung während der Unterredungen hatte die Kuba-Frage«, so Adenauer am 20.11.1962 an *de Gaulle*: »Ich hatte den Eindruck, daß die Sowjet-Union, ihre Absichten, ihre Unwahrhaftigkeit, Hinterhältigkeit, in Washington sehr viel besser durchschaut werden, als das vor Kuba der Fall war. Man hatte sich in Washington darauf gefaßt gemacht, daß nach der Rede von Präsident Kennedy ein atomarer Schlag gegen Washington erfolgen würde. In den Schulen waren die Kinder darauf hingewiesen worden. Das Vorgehen der Sowjet-Union in Kuba hat, wie mir scheint, den europäischen Westen und die Vereinigten Staaten sehr viel näher zusammengebracht« (StBKAH 10.45; vgl. Nr. 23, Anm. 46).
36 Eine der ersten Amtshandlungen nach längerer Erkrankung: *Stikkers* Besuch bei Adenauer am 4.1.1963 in Bonn, vgl. a.a.O., S. 10340.
37 In einem Fernsehinterview des amerikanischen Präsidenten vom 17.12.1962; dazu der Wortlaut in: Public Papers, 1962, S. 889-903, Auszüge in: Dokumente zur Deutschlandpolitik, IV/8, S. 1500f.
38 Der amerikanische Verteidigungsminister hatte am 14.12.1962, im Rahmen der NATO-Konferenz (s. oben Anm. 33), zur Frage der europäischen Beteiligung an einer multilateralen Nuklearstreitmacht Stellung genommen. »...sollte eine solche Schlagkraft in Mittelstreckenraketen bestehen, die auf schnellen Schiffen oder U-Booten an den europäischen Küsten stationiert wären«; zit. nach AdG, a.a.O., S. 10309 (s. unten Anm. 44). Auf die von *McNamara* 1962 vertretene Position und ihren Stellenwert für die nuklearstrategische NATO-Diskussion auch ein Hinweis bei Helga *Haftendorn*, Entstehung und Bedeutung des Harmel-Berichtes der NATO von 1967, in: VfZ, Jg. 40 (1992), S. 169-221, hier S. 171.

39 Adenauer bezieht sich auf den Bericht »Macmillan–Kennedy unter vier Augen« der »Kölnischen Rundschau« vom 19.12.1962: »In seinem Interview mit drei großen amerikanischen Fernsehgesellschaften [s. oben Anm. 37] hatte Kennedy seine Gewißheit ausgesprochen, der sowjetische Ministerpräsident Chruschtschow werde künftig in Berlin vorsichtiger vorgehen, weil er erkannt habe, daß die Anwesenheit der Amerikaner in dieser Stadt ein lebenswichtiges Interesse der USA ist. Gleichzeitig ließ Kennedy jedoch keinen Zweifel daran, daß nach seiner Meinung Chruschtschow ein ›sehr lebenswichtiges Interesse‹ an der Sowjetzone habe und in jedem Falle versuchen werde, das Ulbricht-Regime zu stützen.«

In diesem Artikel auch angesprochen: Die vom 18.–21.12.1962 in Nassau auf den britischen Bahamas geführten Verhandlungen Kennedy–Macmillan, deren Ergebnis – der ›Pakt von Nassau‹ zur Ersetzung von Skybolt– durch Polarisraketen (dazu das Kommuniqué in: Dokumente zur Deutschlandpolitik, IV/8, S. 1505f; vgl. a. Harold *Macmillan*, At the End of the Day, S. 553-555) – die internationale Politik der Folgewochen stark beeinflußte; vgl. Nr. 25, Anm. 8.

40 Am 15.11.1962, anläßlich eines in der Residenz des deutschen Botschafters in Washington gegebenen Abendempfangs des Bundeskanzlers (nach dem Sonderprogamm in StBKAH 04.13).

41 Vgl. Nr. 21, Anm. 37.

42 Hierzu Kennedys »Statement ... on the New Tax Depreciation Schedules« vom 12.7.1962, in: Public Papers, 1962, S. 553.

43 Die amerikanischen Präsidentschaftswahlen vom 3.11.1964 gewann für die Demokraten Lyndon B. *Johnson* (42,4 Millionen Stimmen; Kennedy 1960: 34,3 Millionen) – sein republikanischer Gegenkandidat *Goldwater* erzielte 26,7 Millionen Stimmen (Nixon 1960: 34,1 Millionen).

44 Dazu der amerikanische Verteidigungsminister in Paris (s. oben Anm. 33, 38): »Nach amerikanischer Auffassung sollte eine solche Schlagkraft in Mittelstreckenraketen bestehen, die auf schnellen Schiffen oder U-Booten an den europäischen Küsten stationiert wären. Diese Schlagkraft sollte zum größten Teil von den Europäern finanziert, produziert und bemannt werden.«

45 Vgl. Nr. 21, Anm. 36.

46 Gespräch Adenauer–*Heusinger* vom 18.12.1962, ab 10.30 Uhr (Besucherliste). Über eine weitere Begegnung am 28.12.1962 in Rhöndorf berichtet Horst *Osterheld*, »Ich gehe nicht leichten Herzens...«, S. 168f.

47 Zur Mission Heusingers (Juli 1956) die Angaben bei Konrad *Adenauer*, Erinnerungen 1955–1959, S. 206, 211f., und (aus der Sicht eines Beteiligten) Ulrich *de Maizière*, In der Pflicht, S. 199f.

48 In der in den 50er Jahren entwickelten NATO-Strategie »war der Bundeswehr und den anderen Landstreitkräften an der mitteleuropäischen Front die Rolle eines ›Schildes‹ zugedacht, während die strategischen Luftstreitkräfte der USA, aber auch die für den Einsatz der atomaren Gefechtsfeldwaffen vorbereite-

ten taktischen Luftflotten und Raketenbataillone, als › Schwert‹ dienen sollten«; vgl. Hans-Peter *Schwarz*, Die Ära Adenauer 1957-1963, S. 357.

49 Thomas Woodrow *Wilson* (1856-1924), 1913-1921 Präsident der Vereinigten Staaten von Amerika.

50 Im November 1960 waren in Großbritannien zum letzten mal Rekruten zum obligatorischen Militärdienst (mit zweijähriger Dienstzeit) einberufen worden; vgl. AdG, Jg. 30 (1960), S. 8767.

51 Dazu die Ausführungen Erich *Mendes* in der außenpolitischen Bundestagsdebatte vom 11.10.1962, in: Stenographische Berichte, Bd. 51, S. 1689-1697, hier S. 1694f.

52 Wolfgang *Döring* (1919-1963), 1957-1973 MdB (FDP), 1961 stellvertretender Fraktionsvorsitzender, 1962 stellvertretender FDP-Bundesvorsitzender. – Döring war am 17.12.1962 (ab 18.50 Uhr) vom Kanzler empfangen worden (Besucherliste). Zu seiner heftigen Kontroverse mit Adenauer wegen der »Spiegel«-Affäre und während der anschließenden Regierungsbildung die Angaben bei Hans-Peter *Schwarz*, a.a.O., S. 776f., 785, 790, 801; zum Tod Dörings (17.1.1963) Erich *Mende*, a.a.O., S. 93-97.

53 In der Nachfolge von Ernst *Lemmer* hatte Rainer *Barzel* dieses Ressort am 14.12.1962 übernommen.

54 Zum Abendessen und anschließendem Zapfenstreich zu Ehren von Franz Josef *Strauß* (a.a.O.). – Die Basis weiterer bundespolitischer Aktivität wurde am 22.1.1963 mit der Wahl von Strauß zum Vorsitzenden der CSU-Landesgruppe (zuvor: Werner *Dollinger*) und damit zum Stellvertreter des Unions-Fraktionsvorsitzenden *von Brentano* gelegt; zum Fortgang dieser Karriere seine Erinnerungen, S. 411-565.

55 Vgl. Nr. 23, Anm. 13. Hierzu vgl. a. Adenauers Ausführungen in Nr. 35 (bei Anm. 19).

Nr. 25

1 Gesprächsbeginn laut Vorlage: 10.00 Uhr; Korrektur anhand der Besucherliste.

2 Zu Vorgeschichte und Ausbruch des Ersten Weltkriegs (der in diesem Zeitraum intensiv erörtert wurde, nachdem 1961 Fritz *Fischer* veröffentlicht hatte: Griff nach der Weltmacht. Die Kriegszielpolitik des kaiserlichen Deutschland 1914-1918) jetzt: Gregor *Schöllgen* (Hrsg.), Flucht in den Krieg? Die Außenpolitik des kaiserlichen Deutschland, Darmstadt 1991.

3 Ähnliche Bewertungen in: Adenauer im Dritten Reich, u. a. S. 291f., 339f.

4 »Wir hörten, daß scharfe Artikel Restons und Alsops [nach dem zentralen Ereignis der Vorwoche; s. unten Anm. 7] von Kennedy beziehungsweise seiner Umgebung inszeniert worden seien« (Horst *Osterheld*, »Ich gehe nicht leichten Herzens...«, S. 194).

Von der amerikanischen Kritik hatte Adenauer schon zuvor durch ein Telegramm Dean *Achesons* erfahren: »If anyone can affect Gen[eral] de Gaulle's decision, your are surely that person. I urge you to disuade him from the disastrous course of breaking off negotiations with the British on their application to Common Market. His indicated course will destroy the unity of Europe and of the West which you have so brilliantly and patiently worked to bring close to its pinacle« (18.1.1963). Er antwortete dem amerikanischen Außenminister der Jahre 1949-1953 am 28.1.1963: »Nun, ich habe Außenminister Rusk, als er mich im vergangenen Sommer besuchte, mitgeteilt, daß wir beabsichtigten, mit Frankreich eine engere Bindung einzugehen; ich fragte ihn, ob die Vereinigten Staaten dagegen Bedenken hätten. Herr Rusk antwortete mir damals, daß die Vereinigten Staaten selbstverständlich keine Bedenken hätten, daß sie eine enge Bindung zwischen Deutschland und Frankreich vielmehr warm begrüßten und daß sie selbst ja mit Großbritannien besondere Bindungen hätten. Als die Vorverhandlungen über den Vertrag zwischen der Bundesrepublik Deutschland und Frankreich dann begannen, wurde die amerikanische Botschaft in Bonn laufend unterrichtet. Der Vertrag war für die amerikanische Regierung also keine Überraschung. ... Inzwischen hat sich die Lage verschärft. Ich bin deshalb mehr denn je dafür, daß sich die Gemüter erst wieder beruhigen müssen, damit man die Dinge im rechten Verhältnis sieht. Durch Erregung und gegenseitige Vorwürfe kommt man nicht weiter« (nach den Vorlagen in: Harry S. Truman Library – Papers of Dean Acheson).

5   Vgl. Nr. 17, Anm. 9.
6   Vgl. Nr. 21, Anm. 47.
7   Am 22.1.1963 von Adenauer und de Gaulle in Paris unterzeichnet (17.45 Uhr im Saal Murat des Elysee-Palastes): der Vertrag über die deutsch-französische Zusammenarbeit mit grundlegenden Regelungen für außenpolitische Konsultation und Zusammenarbeit in der Verteidigungspolitik, in Erziehungs- und Jugendfragen; Wortlaut: EA, Jg. 18 (1963), D 83 – D 86. Zur Bewertung des Dokuments und zum Ablauf des Staatsbesuches (20.-23.1.1963) Konrad *Adenauer*, Erinnerungen 1959-1963, S. 198-212; Herbert *Blankenhorn*, Verständnis und Verständigung, S. 433-440; Horst *Osterheld*, a.a.O., S. 188-193; Hans-Peter *Schwarz*, Adenauer. Der Staatsmann, S. 810-826.
Zur Entstehungsgeschichte: die aus Arbeitspapieren Adenauers zusammengestellte Übersicht in seinen Erinnerungen, a.a.O., S. 192-198. Vgl. a. Thomas *Jansen*, Die Entstehung, passim; Wilhelm Werner *Arnolds*, Die Entstehung, passim; Hans-Peter *Schwarz*, Präsident de Gaulle, Bundeskanzler Adenauer und die Entstehung des Elysée-Vertrages, passim; Pierre *Maillard*, De Gaulle und Deutschland, S. 263-285. Zum Stellenwert (Vorbedingungen und Auswirkungen) des Vertragswerks auch Hans-Peter *Schwarz* (Hrsg.), Adenauer und Frankreich, passim. – Vgl. a. Nr. 29, Anm. 4.
8   Pressekonferenz des französischen Präsidenten vom 14.1.1963 zum Themenkomplex: EWG-Erweiterung; Bahamas-Abkommen (vgl. Nr. 24, Anm. 39);

nationale Atomstreitmacht Frankreichs; Zusammenarbeit mit Deutschland; Abrüstung. Wortlaut: EA, a.a.O., D 87 – D 94. Dazu die zahlreichen Angaben in der in Anm. 7 genannten Literatur.
Für die außenpolitische Entwicklung dieses Zeitraums besonders markant: de Gaulles Forderung nach unbefristeter Vertagung der Beitrittsverhandlungen mit Großbritannien: »Man muß verstehen, daß der Beitritt Großbritanniens und jener Staaten die gesamten Anpassungen, Verständigungen, die Kompensationen und die Bestimmungen, die bereits unter den Sechs getroffen wurden, einer völligen Änderung unterziehen würde, weil alle diese Staaten, wie auch Großbritannien, sehr bedeutsame Besonderheiten haben. Es müßte dann ein ganz anderer Gemeinsamer Markt in Erwägung gezogen werden. ... Es ist vorauszusehen, daß der Zusammenhalt all dieser sehr zahlreichen und verschiedenartigen Mitglieder jenen Problemen nicht lange gewachsen wäre, und schließlich würde es dann zu einem Koloß von atlantischer Gemeinschaft in amerikanischer Abhängigkeit und unter amerikanischer Führung kommen, der die Europa-Gemeinschaft aufsaugen würde« (a.a.O., D 89); s. unten Anm. 26.

9 Der amerikanische Gesprächspartner konnte mit den zur Verfügung stehenden deutschen und amerikanischen Unterlagen nicht nachgewiesen werden. – In der JFK Library, President's Office Files: Germany-Security, Box 117, Folder 2 aus diesem Zeitraum hierzu lediglich erhalten: ein namentlich nicht gezeichneter, Kennedy am 23.1.1963 unterbreiteter Vorschlag für einen »Possible Comment on Franco-German Treaty«: »We must all hope that the great reconciliation of France and Germany will never become an apple of discord for others. ... We value our close relations with France, as with other leading nations of the Free World. But neither we nor any other nation in NATO can afford to have our friendship used in a way that affects the legitimate interests of others. It remains to be seen whether this new arrangement will limit the ability of Germany to follow her own policy of close cooperation with other friends.«

10 Vgl. Nr. 24, Anm. 33.

11 Am 16./17.12.1962 in Paris; vgl. Konrad *Adenauer*, a.a.O., S. 198.

12 Brief Adenauers vom 21.12.1962, auf den de Gaulle am 22.12.1962 antwortete: »Je vous remercie des voeux que vous avez bien voulu m'exprimer et vous adresse, à mon tour, ceux que je forme pour votre bonheur personnel et pour l'avenir du peuple allemand, aujourd'hui associé au peuple français dans une communauté de destin. Qui, l'année qui s'achève aura été décisive pour nos deux peuples, puisqu'elle aura permis de jeter les bases d'une coopération fructueuse entre eux. Mais il reste beaucoup à faire. Aussi ai-je le ferme espoir que nous pourrons, l'un et l'autre, au cours de l'année qui vient, accomplir de nouveaux progrès vers l'objectif que nous nous sommes fixé«; Charles *de Gaulle*, Lettres, Notes et Carnets, 1961–1963, S. 285f. Zur entscheidenden Vorbereitungsphase des Elysée-Vertrages Adenauer bereits in seinem Schreiben vom 20.11.1962: »Ich freue mich darauf, über alle o. a. Punkte mit Ihnen sprechen zu können, wenn wir

demnächst zusammentreffen, um die Fragen zu erörtern, die unsere beiden Länder angehen. Ich hoffe, daß es uns gelingen wird, bei der Organisation der engen Zusammenarbeit zwischen unseren Völkern und Regierungen bald entscheidende Fortschritte zu machen« (StBKAH 10.45; vgl. Nr. 23, Anm. 46).
13 Vgl. Nr. 24, Anm. 39.
14 Zur Begegnung des britischen Premierministers mit dem französischen Staatspräsidenten (15./16.12.1962) das Kommuniqué in: EA, a.a.O., D 30. Dazu auch das anschließende Schreiben de Gaulles an *Macmillan* vom 21.12.1962 (a.a.O., S. 285) und dessen Darstellung: At the End of the Day, S. 340, 345-355.
15 Am 21.1.1963; daraus die Auszüge in: AdG, Jg. 33 (1963), S. 10372. Vgl. a. Konrad *Adenauer*, a.a.O., S. 204.
16 Zur damaligen Lagebeurteilung *Clays* sein am 27.2.1963 veröffentlichtes Gespräch mit dem »Spiegel«; Wortlaut auch in: Dokumente zur Deutschlandpolitik, IV/9, S. 133-144.
17 Vgl. Nr. 8, Anm. 29. – Diese Gesprächspassage wurde in dem am 5.2.1963 in der »Welt« erschienenen Bericht über das *Lachmann*-Gespräch so wiedergegeben: »Hat man sich darüber groß aufgeregt? Haben die Leute gerufen: › Die Welt geht in Stücke?‹ Nein. Wir dachten damals, es sei besser, eine Weile zu warten. Das sollte man auch jetzt tun....« Hierzu auch ein Privatbrief des Kanzlers aus diesem Zeitraum: »Die Auffassung, daß wir zwischen Großbritannien und Frankreich wählen müßten, vermag ich in keiner Weise zu teilen. Ich bin für den Beitritt Großbritanniens in die EWG. Aber man vergißt völlig, daß Großbritannien zweimal abgelehnt hat einzutreten und daß es die Freihandelszone gegen die EWG gegründet hat. Außerdem hat es mit den Vereinigten Staaten das Nassau-Abkommen geschlossen, ohne irgendeinem Partner vorher Mitteilung davon zu machen. Sie sehen also, daß ein Benehmen, wie es sich unter Partnern gehört, manchem sehr leicht verziehen wird«; Adenauer am 19.1.1963 an Ernst *Majonica* (der dieses Schreiben mit anderer Adenauer-Korrespondenz freundlicherweise für die Editionsarbeit der StBKAH zur Verfügung stellte).
18 Vgl. Nr. 22, Anm. 22.
19 Vgl. Nr. 18, Anm. 38.
20 Am 18.1.1963; *Gaitskells* Nachfolger als Oppositionsführer (ab 14.2.1963): Harold *Wilson*.
21 Beim Staatsbesuch de Gaulles in Großbritannien vom 24.–26.11.1961 (Macmillan-Gespräch am 25.11.1961); vgl. Harold *Macmillan*, Pointing the Way, S. 410-428. Vgl. a. Nr. 27 (bei Anm. 3).
22 Vgl. Nr. 4, Anm. 27. Dazu die entsprechenden Angaben in Adenauers Erinnerungen, a.a.O., S. 123f.
23 Beim Gespräch mit dem amerikanischen Botschafter am 24.1.1963 (Besucherliste). – Zür anschließenden Besprechung Adenauer–*Dowling* vom 4.2.1963 die Angaben bei Hans-Peter *Schwarz*, a.a.O., S. 823f.
24 Charles Eustis *Bohlen* (1904–1974), 1953–1957 amerikanischer Botschafter

in Moskau, 1959–1962 Berater des Außenministeriums für die Beziehungen zur Sowjetunion, 1962–1968 Botschafter in Paris.

25 Zum Besuch des amerikanischen Staatssekretärs in Bonn (13.–15.1.1963) und den dabei geführten Gesprächen (»auf die Bonns grundsätzliches Einverständnis mit der multilateralen Streitmacht folgte«) vgl. *Balls* eigene Darstellung: Disziplin der Macht, S. 218. Vgl. a. Horst *Osterheld*, a.a.O., S. 179f., und Hans-Peter *Schwarz*, a.a.O., S. 812-814.

26 Nahezu zeitgleich mit diesem Informationsgespräch vom 29.1.1963 wurden nach einer Sitzung des EWG-Ministerrats in Brüssel die Beitrittsverhandlungen mit Großbritannien › sine die‹ suspendiert. Wegen dieser Entwicklung, die schon nach der Pressekonferenz de Gaulles (s. oben Anm. 8) zu befürchten war, hatten sich der niederländische Außenminister *Luns* wie auch sein belgischer Amtskollege *Spaak* mehrfach äußerst besorgt geäußert und z. T. auch polemische Kritik am Freundschaftsvertrag geübt; vgl. Paul-Henri *Spaak*, Memoiren eines Europäers, S. 566-570. Vgl. a. »Unserem Vaterlande zugute«, S. 330, 481. Ausführlich geht Adenauer auf diese Ereignisse in Nr. 35 (nach Anm. 27) ein.

27 Vgl. Nr. 10, Anm. 18.

28 Vgl. Nr. 17, Anm. 23.

29 Vgl. Nr. 20, Anm. 14.

30 Vermutlich gemeint: Adenauers Ausführungen vom 24.1.1963 vor dem Auswärtigen Ausschuß des Deutschen Bundestages, über die am 25.1.1963 u. a. die »Stuttgarter Zeitung« berichtet hatte. – Bereits am 20.1.1963 hatte sich Adenauer in diesem Sinne an Hans *Globke* gewandt: »Die Angelegenheit Beitritt Englands in die EWG spitzt sich derartig zu, daß sie offensichtlich von Gegnern des Zusammenschlusses zwischen Frankreich und Deutschland benutzt wird, um diesen zu hintertreiben. Wie wir aus der ganzen Sache herauskommen, übersehe ich noch nicht. Jedenfalls, die Zeitungsüberschriften, in denen mein Einfluß auf de Gaulle hervorgehoben wird, sind nicht dazu angetan, ihn nachgiebiger zu stimmen. Ich glaube, daß es dringend notwendig ist, Zeit zu gewinnen« (StBKAH 10.47).

31 Vgl. Nr. 18, Anm. 20.

32 Unterredung mit de Gaulle am 9.2.1961 (im Elysee-Palast); dazu Konrad *Adenauer*, a. a. O., S. 80-88 (hier S. 80f.).

33 Das letzte Attentat gegen de Gaulle war am 22.8.1962 verübt worden (während einer Fahrt nach Colombey-les-deux-Eglises) – am 14./15.2.1963 scheiterte auch der insgesamt 10. Attentatsversuch; vgl. Chronologie de la vie du Général de Gaulle, S. 224, 233.

34 Georges *Bidault* (1899–1983), französischer Außenminister (1944–1946, 1947/48 und 1953/54) und Ministerpräsident (1946 und 1949/50), Gegner der Algerienpolitik de Gaulles, wurde Chef des Nationalen Widerstandsrates, 1963 Exil in Brasilien, 1968 Rückkehr nach Frankreich. – Nach dem Attentat vom August 1962 hatte Bidault erklärt: »Patrioten haben ... eine Widerstandsaktion

unternommen, die es zum Ziel hatte, Frankreich von einem meineidigen Diktator zu befreien...«; vgl. AdG, Jg. 32 (1962), S. 10053.
Bidault nahm noch 1963 brieflich Verbindung mit Adenauer auf (vgl. Hans-Peter *Schwarz*, a.a.O., S. 135) – dieser urteilte in einem Schreiben vom 4.3.1966 an Axel Cäsar *Springer*, »daß Bidault bei den verschiedenen Verhandlungen, die ich mit ihm gehabt habe, als er Minister war, sich als entschiedener Gegner Deutschlands gezeigt hat« (StBKAH II/30).
35 Georges *Pompidou* (1911-1974), 1958/59 Kabinettschef de Gaulles, 1962-1968 französischer Premierminister, 1969-1974 Staatspräsident.
36 Jacques Emile *Soustelle* (geb. 1912), 1959/60 französischer Sonderminister für Sahara-Fragen, Überseegebiete und Atomenergie, flüchtete als Gegner der Algerienpolitik de Gaulles im April 1961 ins Ausland, 1968 Amnestie und Rückkehr nach Paris.
37 S. oben Anm. 26. – Über Interna des Informationsprozesses im inneren Kreis des Kanzleramtes berichtet Horst *Osterheld*, a.a.O., S. 194-196.
38 Erst nach dem Rücktritt de Gaulles als französischer Staatspräsident (28.4.1969), auf der EWG-, dann EG-Gipfelkonferenz von Den Haag (1./2.12.1969), wurde die grundlegende Übereinkunft zum Beitritt Großbritanniens erzielt.
39 VI. SED-Parteitag vom 15.-21.1.1963; dazu die Dokumentation (mit den Auszügen aus der Chruschtschow-Rede vom 16.1.1963) in: AdG, Jg. 33 (1963), S. 10361-10366.
40 »... welche Freude es für Chruschtschow ist, wenn der Westen sich zankt«, so Adenauer ebenfalls am 29.1.1963 an Theodor *Heuss*; vgl. »Unserem Vaterlande zugute«, S. 330.
41 Keiner der vom Bearb. befragten Adenauer-Söhne, Konrad (geb. 1906), Max (geb. 1910), Paul (geb. 1923) und Georg (geb. 1932), kann sich an die nachfolgend wiedergegebenen Beobachtungen erinnern.
42 Am 25.1.1963 (Besucherliste).
43 Nicht nachgewiesen (»scheint nicht veröffentlicht worden zu sein«; schriftl. Mitteilung der Leitung des Textarchivs der Axel Springer Verlag AG an den Bearb. vom 31.3.1992).
44 Vgl. Nr. 17, Anm. 16.
45 Vgl. Marie-Luise *Recker*, Adenauer und die englische Besatzungsmacht (1918-1926), in: Hugo *Stehkämper* (Hrsg.), Konrad Adenauer, S. 99-121, 669-682.
46 Wilhelm *Cuno* (1876-1933), Dr. jur., 1918-1922 und ab 1926 Leiter der HAPAG, 1922/23 Reichskanzler (parteilos). Cuno war Initiator des Rotary-Clubs Köln, dem Adenauer seit 1928 angehörte; vgl. Adenauer im Dritten Reich, S. 531.
47 Vgl. Anm. 17.
48 Der Antrittsbesuch des am 9.1.1963 akkreditierten neuen nicaraguanischen

Botschafters, Dr. Germán *Castillo*, datiert vom 28.1.1963 (ab 17.00 Uhr; Besucherliste).
49 Vgl. Nr. 23, Anm. 39; Nr. 24, Anm. 34. – Zum nachfolgenden die im Brief vom 20.11.1962 an de Gaulle enthaltenen Angaben Adenauers zu seinen Gesprächen in Washington vom November 1962: »Präsident Kennedy und Staatssekretär Rusk erkannten auch klar, welche Gefahr das kommunistische Kuba, auch wenn jetzt eine Verständigung erfolge, in Zukunft für die kommunistische Infiltration weiterer südamerikanischer Staaten haben werde. Ich schlug Präsident Kennedy vor, den Plan einer Gründung einer Organisation, ähnlich der OECD, für Südamerika prüfen zu lassen, bei der die südamerikanischen Staaten auf der einen Seite und die Vereinigten Staaten auf der anderen Seite stehen würden« (s. oben Anm. 12).
50 In einem Fernsehinterview des amerikanischen Außenministers vom 27.1.1963; vgl. AdG, a.a.O., S. 10384.
51 Zur Position *Alsops* das Informationsgespräch vom 11.3.1963; vgl. Nr. 27.

Nr. 26
1 In der Vorlage hierzu keine Angabe; Ergänzung anhand der Besucherliste, dort der Anschlußtermin »13 Uhr 20 StS. Globke – allein«.
2 Als Kanzlernachfolger 1962/63 neben Ludwig *Erhard* im Gespräch bzw. ins Gespräch gebracht (nach einer vom »Spiegel« am 9.10.1963 veröffentlichten EMNID-Umfrage): Heinrich *von Brentano*, Josef-Hermann *Dufhues* (vgl. Nr. 10, Anm. 2), Eugen *Gerstenmaier*, Kai Uwe *von Hassel*, Kurt Georg *Kiesinger* und Gerhard *Schröder*; vgl. Daniel *Koerfer*, Kampf ums Kanzleramt, S. 727-751, und Hans-Peter *Schwarz*, Adenauer. Der Staatsmann, S. 828-832. Vgl. a. Nr. 29, Anm. 40.
3 Der Konflikt Adenauer-Erhard hatte sich Anfang Februar weiter verschärft, u. a. wegen eines am 2.2.1963 mit Hans Ulrich *Kempski* (»Süddeutsche Zeitung«) geführten Interviews des Bundeswirtschaftsministers und durch dessen öffentliche Kritik am Kanzler bei der DIHT-Vollversammlung vom 5.2.1963 in Bad Godesberg; vgl. Daniel *Koerfer*, a.a.O., S. 718-723 und Hans-Peter *Schwarz*, a.a.O., S. 826.
4 Gespräch mit Daniel *Schorr* vom 10.2.1963; dazu der Bericht »Plaudereien aus dem Nähkästchen« in der »Welt« vom 11.2.1963. Dort der entsprechende Passus: »Die aktuelle Politik blitzte auf, als Adenauer die Frage nach dem Ende seiner Kanzlerschaft mit den Worten abtat: ›Mein Rücktritt ist an keinen bestimmten Tag im Kalender gebunden.‹ Aber das war nur ein kurzer Augenblick.« – Aus einem bereits im Dezember 1962 geführten Schorr-Interview hatte »Die Welt« am 18.12.1962 zitiert: »›Kalendermäßig steht mein Rücktritt gar nicht fest. Zweitens ist die politische Lage so unübersehbar, und man weiß nicht, was das Jahr 1963 bringen wird‹.«
5 Vgl. Nr. 25.

Nr. 27

1 Vgl. Nr. 25, Anm. 7.
2 Zum Gespräch mit *de Gaulle* am 21.1.1963 Adenauers Erinnerungen 1959-1963, S. 199-204.
3 Vgl. Nr. 25, Anm. 21.
4 Vgl. Nr. 4, Anm. 27. – Dazu die entsprechenden Angaben a.a.O., S. 129-131.
5 *Karl V.* (1500-1558), als Karl I. spanischer König (1516-1556), 1519-1556 Römischer König, 1530-1556 Kaiser. – Zum Interesse Adenauers an dieser historischen Figur vgl. Adenauer im Dritten Reich, S. 271, 598.
6 Gemeint ist der 1887 geschlossene (1890 nicht erneuerte) ›Rückversicherungsvertrag‹ zwischen Deutschland und Rußland, mit dem sich beide Mächte bei Angriff durch Dritte ›wohlwollende Neutralität‹ zusicherten.
7 Vgl. Nr. 18, Anm. 28.
8 Vgl. Nr. 17, Anm. 18.
9 Vgl. Nr. 19, Anm. 19.
10 Vgl. Nr. 8, Anm. 29; Nr. 25, Anm. 17.
11 Vgl. Nr. 25, Anm. 14.
12 Vgl. Nr. 24, Anm. 39.
13 Vgl. Nr. 25, Anm. 8.
14 Heinrich *Lübke* (1894-1972), 1947-1952 nordrhein-westfälischer Minister für Ernährung, Landwirtschaft und Forsten, 1949/50 und 1953-1959 MdB (CDU), 1953-1959 Bundesminister für Ernährung, Landwirtschaft und Forsten, 1959-1969 Bundespräsident. – Zum Staatsbesuch Lübkes in Frankreich (20.-23.6.1961) die Angaben und Redeauszüge in AdG, Jg. 31 (1961), S. 9175f.
15 Vgl. Nr. 17, Anm. 24.
16 Vgl. Nr. 21, Anm. 47.
17 Charles Ernest *Lucet* (geb. 1910), ab 1955 Ministre-Conseil in der französischen Botschaft in Washington, 1959-1965 Ministerialdirektor im französischen Außenministerium (Directeur des Affaires politiques), ab 1965 Botschafter in Washington.
18 Josef *Jansen* (1909-1966), 1956-1960 Gesandter an der Botschaft in Paris, 1960-1963 Abteilungsleiter im Auswärtigen Amt, danach an der Botschaft beim Heiligen Stuhl.
19 Dazu, in Auswertung der zeitgeschichtlichen Unterlagen seines Vaters, Thomas *Jansen*, Die Entstehung, passim, hier besonders S. 266f.
20 Vgl. Nr. 24, Anm. 33.
21 Vgl. Nr. 25, Anm. 11.
22 Vgl. Nr. 25, Anm. 12.
23 Vgl. Nr. 25, Anm. 26.
24 *Johannes XXIII.*, zuvor Angelo Guiseppe *Roncalli* (1881-1963), 1944-1952 Nuntius in Paris, 1952-1958 Ständiger Beobachter des Vatikans bei der UNESCO, 1953 Kardinal und Patriarch von Venedig und Aquileja, 1958-1963

Papst. – Er hatte dem Schwiegersohn Chruschtschows und »Iswestija«-Chefredakteur am 7.3.1963 eine Privataudienz gewährt; vgl. AdG, Jg. 33 (1963), S. 10456. Vgl. a. Adenauers Bewertung des Vorgangs in Nr. 28 (bei Anm. 17).
25 Hierzu in den europageschichtlichen Dokumentationen wie in der Chronologie de la vie du Général de Gaulle keine Angaben.
26 Hier in der Vorlage »Rosch«. Gemeint ist: Emile *Roche* (geb. 1893), der als Präsident des Wirtschafts- und Sozialausschusses der EWG am 4.3.1963 (11 Uhr) seinen Antrittsbesuch bei Adenauer abgestattet hatte (Besucherliste).
27 Vgl. Nr. 8, Anm. 16.
28 Am 6.3.1963 (Besucherliste); vgl. Horst *Osterheld*, »Ich gehe nicht leichten Herzens...«, S. 207.
29 Die EWG-Agrarminister beschlossen am 30.5.1963 zur Abschirmung der europäischen Landwirtschaft eine Erhöhung der Einfuhrabgaben für gefrorenes amerikanisches Geflügel (von 52 auf 57 Pfennig pro Pfund; sog. »Hähnchenkrieg«); vgl. AdG, a.a.O., S. 10597.
Diese Frage war bereits im Vorjahr in einem Briefwechsel *Kennedy* (8.6.) – Adenauer (18.6.1962) erörtert worden; dabei hatte der Kanzler versichert: »Ich habe mich dieser Angelegenheit persönlich angenommen. Schon nach meinen Gesprächen mit Botschafter Dowling und Unterstaatssekretär Ball [vgl. Nr. 17, Anm. 13] habe ich die zuständigen Bundesministerien angewiesen, alle Möglichkeiten auszuschöpfen, die die genannte Verordnung für eine Verringerung der Abschöpfungsbeträge bietet. Das Bundeskabinett wird sich in Kürze mit dieser Frage beschäftigen. Die Ermächtigung zu einer Verringerung der vom Rat der Europäischen Wirtschaftsgemeinschaft beschlossenen Abschöpfungsbeträge kann allerdings nur von der Kommission dieser Gemeinschaft erteilt werden. Über die Entwicklung dieser Angelegenheit werde ich Sie weiter unterrichten« (JFK Library, President's Office Files: Germany-Security, Box 116a, Folder 24).
30 Im jährlich vorgelegten, 1963 am 1.2. dem Bundestag zugeleiteten »Grünen Plan« berichtete die Bundesregierung zwischen 1956–1970 zusammenfassend über die Maßnahmen zur Förderung der Landwirtschaft; von 1956–1963 steigerte sich der Gesamtbetrag auf ca. 12 Millarden DM; vgl. Regierung Adenauer 1949–1963, S. 366–368.
31 Das Schreiben ist in StBKAH nicht nachweisbar.

Nr. 28
1 *Bells* Teilnahme ist in der Besucherliste nicht vermerkt, wird aber im Wortprotokoll eingangs erwähnt.
2 Hedley Williams *Donovan* (geb. 1914), 1949–1964 Editing Director, 1964–1979 Editor-in-chief des »Time«-Verlages.
3 Henry Robinson *Luce* (1898–1967), in China gebürtiger amerikanischer Verleger, 1923 Mitbegründer des Magazins »Time«, 1930 der Wirtschaftszeitschrift »Fortune«, schuf 1936 die Illustrierte »Life«; 1935 Heirat mit der Publizistin, Diplomatin und Politikerin Clare *Boothe-Luce* (1903–1987).

Beim Kanzlerrücktritt bezeichnete Luce Adenauer als »den Architekten des gewaltigen Neubaus seiner Nation, den Wohltäter unserer jüdisch-christlichen Kultur, meinen guten Freund« (»Der Spiegel« vom 9.10.1963, S. 117).

4 Wahrscheinlich gemeint: der Besuch Rudolf *Augsteins* in Rhöndorf im Spätsommer 1948, der der Vorbereitung der »Spiegel«-Titelgeschichte »Es gibt nur einen Adenauer« in der Ausgabe vom 16.10.1948 diente; vgl. Adenauers »Briefe 1947-1949«, S. 328-330, 610.
An diese erste Begegnung erinnerte Augstein in der Adenauer-Ausgabe seines Magazins vom Herbst 1963 (s. oben Anm. 3, S. 66): »... unternahm ich eine Rundreise, um militärische Fachleute über ihre Ansichten zu befragen, ob und wie die drei Westzonen im Konfliktfall verteidigt werden könnten.... Am Schluß besuchte ich den damaligen Präsidenten des Parlamentarischen Rates...«. Besuche des hier ebenfalls angesprochenen Rechtsanwalts Dr. Josef *Augstein* (1909-1984) bei Adenauer sind lediglich für den 17.5.1954 und 9.12.1966 nachweisbar.
5 Vgl. Nr. 25, Anm. 2.
6 Druck der nachfolgenden Passage: Adenauer im Dritten Reich, S. 296f. Vgl. a. Nr. 12, Anm. 42.
7 Dazu Heinz *Hürten*, Der Patriotismus Adenauers, passim.
8 Dazu Hanns Jürgen *Küsters*, Konrad Adenauer, die Presse, der Rundfunk und das Fernsehen, passim.
9 Vgl. Nr. 25, Anm. 14.
10 Vgl. Nr. 24, Anm. 39.
11 Dazu die Ausführungen Adenauers in Nr. 13. Im längerfristigen Vergleich der sozialpolitischen Vorstellungen und Vorschläge dazu auch: Günther *Schulz*, Konrad Adenauers gesellschaftspolitische Vorstellungen (erscheint demnächst in Bd. 12 der »Rhöndorfer Gespräche«).
12 Am 14.6.1963, 11.50 Uhr (Besucherliste). – *Hallstein* hatte wenige Tage zuvor, unabhängig von den hier dargelegten Details des Einigungsprozesses, die Grundlagen und politischen Zielsetzungen des Europakonzeptes in Erinnerung gerufen; dazu seine Ansprache aus Anlaß der Verleihung des Karlspreises der Stadt Aachen, die am 23.5.1963 demonstrativ an den Briten Edward *Heath* erfolgte (Europäische Reden, S. 430-433).
Zu den von Adenauer erörterten sozialpolitischen Europafragen Walter *Hallstein*, Die Europäische Gemeinschaft, S. 167-176.
13 Staatsbesuch von Präsident *Kennedy* in der Bundesrepublik vom 23.-26.6.1963. Dazu Konrad *Adenauer*, Erinnerungen 1959-1963, S. 222f.; Theodore Ć. *Sorensen*, Kennedy, S. 600f.; Horst *Osterheld*, »Ich gehe nicht leichten Herzens...«, S. 225-233; Willy *Brandt*, Erinnerungen, S. 70f.; Hans-Peter *Schwarz*, Adenauer. Der Staatsmann, S. 844-846. Vgl. a. die näheren Angaben in Nr. 30, 31.
Adenauer hatte im Januar 1963 von Kennedys Absicht einer Rom-Reise erfahren

und den Präsidenten daraufhin brieflich zu einem mehrtägigen »Arbeitsbesuch« in Bonn eingeladen; zu Vorbereitung und Verlauf der Reise die Unterlagen in: JFK Library, President's Office Files: Germany-Security, Box 117, Folder 15.

14 Ein deswegen kurz zuvor an Kennedy gerichtetes Adenauer-Schreiben hatte Pressechef *von Hase* Anfang Mai 1963 so kommentiert: »Die Bundesregierung habe ihre technischen Bedenken zurückgestellt. Ausschlaggebend dafür sei die Empfehlung gewesen, die die militärtechnischen Experten auf Grund der deutsch-amerikanischen Besprechungen gegeben hätten. Das Projekt einer Atomstreitmacht der NATO hänge aber auch davon ab, wie viele der anderen NATO-Partner sich beteiligen würden. ... Ob der geplanten Atomstreitmacht auch auf dem Festland stationierte Raketenbasen eingegliedert werden können, sei eine akademische Frage, da zu zur Zeit keine einsatzbereiten Feststoffraketen gebe, die auf dem Lande stationiert werden könnten. Das sei auch einer der Gründe gewesen, weshalb die Bundesregierung sich für die Beteiligung an der vorgesehenen Überwasserstreitmacht entschlossen habe«; zit. nach AdG, Jg. 33 (1963), S. 10564. Dazu auch Adenauers Ausführungen in Nr. 29 (bei Anm. 30); vgl. a. Nr. 30, Anm. 7.

15 Der USA-Besuch des französischen Staatspräsidenten und seiner Frau Yvonne *de Gaulle,* geb. Vendroux (1900–1979), kam nicht zustande. Erst anläßlich der Beisetzungsfeierlichkeiten für John F. Kennedy (15.11.1963) hielt sich de Gaulle in den Staaten auf; vgl. Chronologie de la vie du Général de Gaulle, S. 244.

16 Vgl. Nr. 25, Anm. 8.

17 Vgl. Nr. 27, Anm. 24.

18 Nachfolger von Johannes XXIII. (nach dessen Tod am 3.6.1963) ab 21.6.1963: Papst *Paul VI.,* vorher Giovanni Battista *Montini* (1897–1978), ab 1954 Erzbischof von Mailand, 1958 Kardinal. – Vgl. Nr. 35, Anm. 55, 56.

19 Vgl. Nr. 9, Anm. 18.

20 Als neuernannter deutscher Botschafter für Spanien am 30.5.1963 (11.30 Uhr; Besucherliste) bei Adenauer: Helmut *Allardt* (1907–1987), Dr. jur., 1952 in den Auswärtigen Dienst eingetreten, 1954–1958 Botschafter in Indonesien, 1958–1960 als Generaldirektor Chef der EWG-Abteilung »überseeische Länder und Gebiete«, leitete 1961–1963 die handelspolitische Abteilung des Auswärtigen Amtes, danach Botschafter in Spanien (1963–1968) und in der Sowjetunion (1968–1972).

Von Adenauer hier erwähnt: die 1962/63 in Warschau geführten Wirtschaftsverhandlungen, die zur Unterzeichnung des deutsch-polnischen Handelsabkommens durch Allardt und den stellvertretenden Außenhandelsminister Franciszek Modrzewski am 7.3.1963 in Bonn führten; dazu ein Bericht in der »Frankfurter Allgemeinen« vom 8.3.1963.

Nr. 29

1 Lorenz *Stucki*, Dr. phil., Chefredakteur der »Weltwoche« (Zürich), veröffentlichte u. a.: Gebändigte Macht / Gezügelte Freiheit. Ein Leitfaden durch die Demokratie, Bremen 1960; Gefährdetes Ostasien, Bern und Stuttgart 1960.

2 Durch eine Eidgenössische Volksabstimmung am 26.5.1963; vgl. EA, Jg. 18 (1963), Z 130f.

3 Adenauer behielt den CDU-Parteivorsitz bis 1966 bei (nach Wiederwahl durch die Parteitage von Hannover, 14.-17.3.1964, und Düsseldorf, 28.-31.5.1965) und wurde dann, mit der Übernahme des Amtes durch Ludwig *Erhard* auf dem Bonner Parteitag vom 21.-23.3.1966, Ehrenvorsitzender; vgl. Hans-Peter *Schwarz*, Adenauer. Der Staatsmann, S. 915-923. Vgl. a. Nr. 30, Anm. 27, 29; Nr. 35, Anm. 58.

4 Vgl. Nr. 25, Anm. 7. – Der Deutsche Bundestag hatte den deutsch-französischen Vertrag am 25.4.1963 in 1. Lesung, am 16.5.1963 in 2. und 3. Lesung beraten und ratifiziert, dies nach Erweiterung um eine Präambel: ». . . mit der Feststellung, daß durch diesen Vertrag die Rechte und Pflichten aus den von der Bundesrepublik Deutschland abgeschlossenen multilateralen Verträgen unberührt bleiben; mit dem Willen, durch die Anwendung dieses Vertrages die großen Ziele zu fördern, die die Bundesrepublik Deutschland in Gemeinschaft mit den anderen ihr verbündeten Staaten seit Jahren anstrebt und die ihre Politik bestimmen, nämlich die Erhaltung und Festigung des Zusammenschlusses der freien Völker, insbesondere einer engen Partnerschaft zwischen Europa und den Vereinigten Staaten von Amerika . . .«.
Vgl. Stenographische Berichte, Bd. 53, S. 3417-3445 (-3419: Erklärung Adenauers), 3742-3754 (3753f.: Schlußwort des Kanzlers). Nach der Ratifizierung durch die französische Nationalversammlung (13.6.) und Zustimmung des Senats (20.6.1963) trat der Vertrag am 2.7.1963 in Kraft (Verkündung der Gesetze im Bundesgesetzblatt am 26.6.1963 – Nr. 19, S. 705 – und im Journal officiel de la République Française am 27.6.1963 – S. 5659 –). Vgl. Nr. 31, Anm. 42.

5 Vgl. Nr. 28, Anm. 13.

6 Der amerikanische Präsident stellte seine Frankfurter Paulskirchen-Rede vom 25.6.1963 unter das Motto »Partner für die Sicherung des Friedens und der Freiheit«; Originalwortlaut: Public Papers, 1962, S. 516-521 – dt. Text im Bulletin, Nr. 109 vom 26.6.1963, S. 969-973. Vgl. a. Adenauers Hinweis im de Gaulle-Gespräch vom 4.7.1963 in seinen Erinnerungen 1959-1963, S. 222.

7 Am 26.6.1963 hielt *Kennedy* bei einer Massenkundgebung auf dem Rudolph-Wilde-Platz vor dem Rathaus in Berlin-Schöneberg seine historische Berlin-Rede, die – von Theodore C. Sorensen konzipiert – in dem Satz gipfelte: »Alle Menschen, wo immer sie leben mögen, sind Bürger dieser Stadt West-Berlin, und deshalb bin ich als freier Mann stolz darauf, sagen zu können: Ich bin ein Berliner!« (hierzu der Auszug aus dem Redemanuskript auf S. 371f.); Originalwortlaut a.a.O., S. 524 – deutscher Text a.a.O., Nr. 110 vom 27.6.1963, S. 983f. Dazu Diethelm *Prowe*, »Ich bin ein Berliner«, passim.

8 Pierre *Gallois* (geb. 1911), General der französischen Luftwaffe, 1954–1957 im Stab von General Norstad (mit strategischen Studien beauftragt), 1957 Cadre de Réserve, Autor der 1960 erschienenen »Stratégie à l'ère nucléaire«.
Zu seiner Einschätzung der NATO der bereits in Nr. 19 (Anm. 2) zitierte C. D. *Jackson*-Bericht vom Juli 1962: »As General Gallois says, ›Supposing the Russians are attacking Denmark and the Danes call on NATO to throw some atomic bombs at the Russians. In the NATO Council which must act unanimously, the Turks will say, Oh no, no, no, Denmark is not worth having the Russians send bombs on Turkey‹.«
9 Vgl. Nr. 23, Anm. 39; Nr. 24, Anm. 34.
10 Karl Theodor Freiherr *von und zu Guttenberg* (1921–1972), 1957–1972 MdB (CSU), 1967–1969 Parlamentarischer Staatssekretär im Bundeskanzleramt. – Die ihm hier zugeschriebenen deutschlandpolitischen Bewertungen konnten in dieser Deutlichkeit nicht nachgewiesen werden (auch nicht in den Ausführungen zum »deutschen Problem«, die er 1964 in seinem ›Plädoyer für eine mutige Politik‹ publizierte: Wenn der Westen will, S. 172–215). In anderem Kontext hatte er kurz zuvor eine eigenständige politische Positionsbestimmung vorgenommen – mit seiner Forderung nach einer »Neuen Strategie für die Union« (»Die CDU/CSU muß die Wandlungen der Sozialdemokratie ernst nehmen«) im »Rheinischen Merkur« vom 19.4.1963.
11 Der »Rheinische Merkur« hatte am 1.2.1963 berichtet: »... vernahm die deutsche Öffentlichkeit im Dezember mit ergrimmtem Staunen, daß es einer Gruppe in der CSU gelungen war, gegen den CSU-Bundestagsabgeordneten Freiherrn zu Guttenberg ein Verfahren wegen parteischädigenden Verhaltens – begangen durch diskrete Kontakte zur SPD während der Koalitionskrise, und zwar auf Bitten des Bundeskanzlers – durchzusetzen«. – *Von Guttenberg* stimmte 1963 gegen die Wiederwahl von Franz Josef *Strauß* zum CSU-Landesvorsitzenden. Zu den vor allem in den unterschiedlichen außenpolitischen Vorstellungen begründeten Konflikten zwischen beiden Politikern die eigene Darstellung *Guttenbergs* (Fußnoten, S. 38–94) und die von *Strauß* in dessen Erinnerungen (S. 402f.).
12 Vg. Nr. 23, Anm. 40.
13 Nach der 1962 in Genf gefundenen Lösung des Laos-Konflikts (vgl. Nr. 22, Anm. 23) waren Anfang April 1963 in Nord-Laos Kämpfe zwischen neutralistischen und kommunistischen (Pathet-Lao-) Truppen ausgebrochen, die nach einem Waffenstillstandsabkommen vom 14.4.1963 andauerten und am 23.4.1963 vorläufig beendet werden konnten; vgl. EA, Jg. 18 (1963), Z 96f., 197f.
14 Unter dem Regime des Diktators *Duvalier* (1957–1971 Präsident von Haiti) war es in den Vorwochen zu scharfen innenpolitischen Auseinandersetzungen und zu einem Konflikt mit der Dominikanischen Republik gekommen, der durch die Vermittlung der Organisation Amerikanischer Staaten Ende April 1963 beigelegt wurde; zu Vorgeschichte und Ereignisablauf vgl. AdG, Jg. 33 (1963), S. 10606f.

15 Das Konzept der französischen Militärpolitik und besonders der eigenständigen Nuklearstrategie hatte Verteidigungsminister *Messmer* im Mai 1963 in der ›Revue de la Défense Nationale‹ dargelegt; daraus die Auszüge in AdG, a.a.O., S. 10563. Vgl. a. Walter *Schütze*, Die Bedeutung der französischen Kernwaffen, S. 4-7.

16 Nach dieser Datierung Adenauers vermutlich gemeint: die Vorbehalte der Benelux-Staaten gegenüber der französischen Europapolitik, die im Mai 1961 der niederländische Außenminister *Luns* besonders deutlich artikuliert hatte (vgl. AdG, Jg. 31 (1961), S. 9090). Zu den belgischen Bedenken gegenüber den dann anschließend entwickelten Fouchet-Plänen (vgl. Nr. 5, Anm. 25) vgl. Paul-Henri *Spaak*, Memoiren eines Europäers, S. 531-549.

17 Vgl. Nr. 10, Anm. 18. Dazu die entsprechenden Angaben zum Gesprächsverlauf in Adenauers Erinnerungen 1959-1963, S. 141-143.

18 Vgl. Nr. 1, Anm. 32.

19 Vgl. Nr. 7, Anm. 24.

20 Vor der in Nr. 10 (Anm. 35) erwähnten Erdumkreisung des Amerikaners *Glenn* waren der Sowjetunion am 12.4. und 6.8.1961 die *ersten* bemannten Weltraumflüge (mit den Astronauten Jurij *Gagarin* und German *Titow*) geglückt; zu den anderen Unternehmen und zum Stand der Weltraumforschung (bis 31.12.1962) die tabellarische Übersicht in AdG, Jg. 33 (1963), S. 10340-10342.

21 Bereits von der Administration Eisenhower konzipiert, strebte die »Allianz für den Fortschritt« die wirtschaftliche Förderung der unterentwickelten Länder Lateinamerikas an (maßgebliches Dokument: die von John F. Kennedy angeregte »Charta von Punta del Este« vom 17.8.1961); vgl. Ernst-Otto *Czempiel*/Carl-Christoph *Schweitzer*, Weltpolitik der USA nach 1945, S. 89, 261f., 303.

22 Elisabeth *Schwarzhaupt* (1901-1986), Dr. jur., 1953-1969 MdB (CDU), 1961-1966 Bundesminister für Gesundheitswesen. – Mit ihrem Staatssekretär Walter *Bargatzky* war sie am 5.6.1963 (ab 10.55 Uhr) vom Kanzler empfangen worden (Besucherliste). Zu dem hier angesprochenen Themenkomplex nahm Adenauer kurz darauf ausführlich auf dem 66. Deutschen Ärztetag in Mannheim (29.6.1963) Stellung; dazu sein Redemanuskript in StBKAH 02.30 und ein Bericht der »Welt« vom 1.7.1963 (»Adenauer ruft die Ärzte zur Mitverantwortung auf«).

23 Vgl. Nr. 28, Anm. 12.

24 Wilhelm *Röpke* (1899-1966), Prof. Dr. rer. pol., 1929-1934 Ordinarius an der Universität Marburg, über die Türkei in die Schweiz emigriert, seit 1937 Direktor des Institut Universitaire de Hautes Etudes Internationales, beeinflußte die wirtschafts- und gesellschaftspolitische Reformdiskussion in der Nachkriegszeit. – In seinem am 8.4.1962 in der »Neuen Zürcher Zeitung« erschienenen Artikel »Unorthodoxe Gedanken über die EWG« hatte Röpke die Frage aufgeworfen: »... ist es nicht weit vernünftiger, statt der institutionellen Wirtschaftsintegration Europas mit ihrem Großraumcharakter den Weg einer allgemeinen Handelsbefreiung ohne supranationale Wirtschaftspolitik zu gehen...?«

Zu der nachfolgend erwähnten Konsultation Röpkes wegen der EGKS-Verhandlungsführung (1950) der entsprechende Hinweis in *Adenauers* Erinnerungen 1945-1953, S. 337.

25 In einer Erklärung des französischen Außenministers vom 15.5.1963 vor dem Außenpolitischen Ausschuß der Nationalversammlung; vgl. Konrad *Adenauer*, Erinnerungen 1959-1963, S. 217.

26 Gelegenheit zu Gesprächen mit Oppositionspolitikern hatte am 17.5.1963 bei einem großen Abendempfang des Bundeskanzlers bestanden; vgl. »Unserem Vaterlande zugute«, S. 483.

27 Protestnoten der Sowjetunion gegen den deutsch-französischen Freundschaftsvertrag (»der ... zutiefst den Interessen des Friedens und der Sicherheit, vor allem der europäischen Völker, widerspricht«) vom 5.2. und 17.5.1963; Wortlaut: Dokumente zur Deutschlandpolitik, IV/9, S. 92-98, 353-356.

28 Vgl. Nr. 24, Anm. 39; Nr. 25, Anm. 13.

29 Dazu die Angaben in Adenauers »Teegesprächen 1959-1961«, S. 685.

30 Vgl. Nr. 28, Anm. 14. Zu den auch hierzu am 24.6.1963 geführten Gesprächen Adenauer-Kennedy heißt es im Kommuniqué ». . . erörterten die Pläne für eine multilaterale, mit Mittelstreckenraketen ausgerüstete Seestreitmacht. Die multilaterale Organisation wird als ein gutes Mittel angesehen, zum Nutzen aller Mitglieder des Bündnisses die Anstrengungen für die Verteidigung zusammenzufassen. Sie bestätigten ihre Vereinbarung, nach Kräften dafür zu sorgen, daß eine derartige Streitmacht verwirklicht wird. Sie stimmten auch darin überein, daß die Besprechungen mit anderen interessierten Regierungen über die Grundsatzfragen einer solchen Streitmacht fortgesetzt werden sollten« (Bulletin, Nr. 109 vom 26.6.1963, S. 971).

31 Kennedy traf am 26.6.1963 - dem 15. Jahrestag der Eröffnung der Luftbrücke (auf die sich Stucki hier bezieht) - auf dem Flughafen Tegel ein. Fragen nach seinem Berlin-Aufenthalt beantwortete der Präsident am 24.6.1963 bei einer Pressekonferenz im Auswärtigen Amt in Bonn; vgl. Bulletin, Nr. 110 vom 27.6.1963, S. 987-990, hier S. 989.

32 Die weiteren Stationen der Europareise des amerikanischen Präsidenten: Irland (27.-29.6.), Großbritannien (29./30.6.), Italien (1./2.6.; 2.6.1963: Audienz bei Papst Paul VI.); vgl. Public Papers, 1963, S. 531-557. Vgl. a. Nr. 30, Anm. 8, 9.

33 Dazu der Bericht »›Times‹: Die Straßen sind sauber ... Ein britischer Korrespondent über die Verhältnisse in Mitteldeutschland«, den »Die Welt« am 5.6.1963 veröffentlicht hatte.

34 Ergebnis der fünften Bundestagswahlen vom 9.9.1965: CDU 38,1 %, CSU 9,5 % (CDU/CSU = 245 Mandate), SPD 39,3 % (= 202), FDP 9,5 % (= 49), Sonstige 3,6 %. (Die Vergleichswerte für 1957 und 1961 in Nr. 1, Anm. 5.)
Adenauers Erststimmenanteil im Wahlkreis Bonn: 59,6 %. Die Vergleichswerte 1949 - 1953 - 1957 - 1961: 54,9 % - 68,8 % - 68,5 % - 60,3 %.

35 Otto *Brenner* (1907-1972), 1952-1956 gleichberechtigter und 1956-1972 alleiniger Vorsitzender der IG Metall.

36 Alois *Wöhrle* (1903–1985), ab 1919 Mitglied des Deutschen Metallarbeiter-Verbandes, 1950–1956 geschäftsführendes Vorstandsmitglied, 1956–1968 2. Vorsitzender der IG Metall.
37 Gemeint ist: Erwin *Essl* (geb. 1910), seit 1924 Mitglied des Deutschen Metallarbeiter-Verbandes, 1949 Delegierter des DGB-Gründungskongresses, leitete 1950–1975 den IGM-Bezirk München.
38 Adenauer bezieht sich auf öffentliche Kontroversen während des Metallarbeiterstreiks in Baden-Württemberg vom 29.4.–10.5.1963, auf den der Arbeitgeberverband der Metallverarbeitenden Industrie mit einem Aussperrungsbeschluß reagiert hatte (nach der gewerkschaftlichen Forderung nach 8% Lohn- und Gehaltserhöhung schließlich ausgehandelt: 5% ab 1.4.1963, 2% ab 1.4.1964); vgl. AdG, a.a.O., S. 10561f.
39 Vgl. Nr. 13, Anm. 22.
40 Gemeint sind die Sitzungen der CDU/CSU-Bundestagsfraktion und ihres Vorstandes vom 22./23.4.1963, in denen die definitive Entscheidung für Ludwig *Erhard* als Kanzlernachfolger gefallen war: »Der Kanzler wehrte sich. Ich habe ihn bedauert. Er kämpfte gegen E[rhard]. Das war und ist sein Recht. Nicht alles, was er für seinen Standpunkt sagte, war sachlich und gerecht. Auch nicht klug«; aus einer Tagebucheintragung Heinrich *Krones*, zit. nach: Andreas *Krone*, Konrad Adenauer – wie ihn wenige sahen, S. 44. Dazu die ausführlichen Angaben bei Daniel *Koerfer*, Kampf ums Kanzleramt, S. 742-745; Horst *Osterheld*, »Ich gehe nicht leichten Herzens...«, S. 209-213, und Hans-Peter *Schwarz*, Adenauer. Der Staatsmann, S. 836-838.

Nr. 30
1 John M. *Hightower* (geb. 1909), diplomatischer Korrespondent der Associated Press (AP), Washington, für die amerikanischen Medien maßgeblicher Berichterstatter von den großen internationalen Konferenzen der 50er Jahre (u. a. Berlin 1954, Genf 1955); erhielt 1951 den Pulitzer-Preis für internationale Reportage.
2 Gesprächsbeginn laut Vorlage: 12.15 Uhr; Korrektur anhand der Besucherliste.
3 Veröffentlichung dieses Interviews im Bulletin, Nr. 14 vom 3.7.1963, S. 1021f.: »Unauflöslicher Damm gegen die Bedrohung Europas. Die deutschfranzösische Freundschaft ist Voraussetzung für jegliche Form von europäischer Zusammenarbeit – Stellungnahme des Bundeskanzlers zu internationalen Fragen«; daraus die Auszüge in Anm. 7, 24, 27.
4 Vgl. Nr. 28, Anm. 13.
5 *Kennedy* hatte während seines Deutschland-Aufenthaltes direkte Fühlungnahme mit dem Bundeskanzler für den Fall neuer internationaler Entwicklungen zugesichert. Bereits am 16.3.1962 war die direkte Telefonverbindung zwischen dem Weißen Haus und dem Palais Schaumburg erstmals genutzt worden. Zu

diesem Telefonat Kennedy–Adenauer die Mitschrift in: JFK Library, President's Office Files: Germany-Security, Box 117, Folder 8.

6   Vgl. Nr. 29, Anm. 30.

7   Der entsprechende Passus im Bulletin: »Die Bundesrepublik erstrebt keine nationale Verfügungsgewalt über atomare Waffen. Die Bundesregierung hat das Projekt der multilateralen, mit Mittelstreckenraketen ausgerüsteten Seestreitmacht begrüßt. Sie ist bereit, im Rahmen ihrer Möglichkeiten, daran teilzunehmen. Ich glaube nicht, daß andere NATO-Staaten dem Beispiel Frankreichs folgen werden« (s. oben Anm. 3).

8   Bei den Gesprächen Kennedy–*Macmillan* vom 29./30.6.1963 (vgl. Nr. 29, Anm. 32) waren sich beide »darüber einig, ... solche Erörterungen würden die Vorschläge für eine multilaterale Seestreitmacht einschließen, unbeschadet der Frage einer britischen Beteiligung an einer solchen Streitmacht«; nach dem Kommuniqué in AdG, Jg. 33 (1963), S. 10668. Vgl. a. Harold *Macmillan*, At the End of the Day, S. 471-475, und die Ausführungen des britischen Premierministers vom 3.7.1963 vor dem Unterhaus; daraus die Auszüge in Dokumente zur Deutschlandpolitik, IV/9, S. 549f.

9   Vgl. EA, Jg. 18 (1963), Z 162.

10 Reise *de Gaulles* nach Charente, Charente-Maritime, Deux-Sèvres und Vienne (12.-16.6.1963); vgl. Chronologie de la vie du Général de Gaulle, S. 237f.

11 Hierzu der Bericht der »Times« vom 3.5.1963 über eine Botschaft *Churchills* an das Jahrestreffen der Primrose League (»Diese tödlichen Waffen sind in unseren Händen sicherer denn in irgendwelchen anderen«; zit. n. AdG, a.a.O., S. 10555f.).

12 Vgl. Nr. 18, Anm. 38.

13 Vgl. Anm. 7.

14 Vgl. Nr. 6, Anm. 20.

15 Beim ersten der im Freundschaftsvertrag vereinbarten Konsultationsbesuche des französischen Staatspräsidenten in Bonn am 4./5.7.1963. Dazu Konrad *Adenauer*, Erinnerungen 1959-1963, S. 221-230; Horst *Osterheld*, »Ich gehe nicht leichten Herzens...«, S. 233-237; und Hans-Peter *Schwarz*, Adenauer. Der Staatsmann, S. 844, 846f. Vgl. a. die zahlreichen Angaben in Nr. 31.

16 Vgl. Nr. 25, Anm. 7; Nr. 29, Anm. 4.

17 Vgl. Nr. 25, Anm. 8.

18 Vgl. Nr. 25, Anm. 26.

19 Vgl. Nr. 10 (bei Anm. 28). Zum nachfolgenden vgl. a. den anonym veröffentlichten Beitrag: Die französische Armee – gestern und morgen. Die Umgestaltung der französischen Streitkräfte für die nukleare Kriegführung, in: EA, Jg. 18 (1963), S. 1-12.

20 Vgl. Nr. 17, Anm. 21.

21 Am 2.10.1954, während der Londoner Neun-Mächte-Konferenz (28.9.-3.10.1954), die die Grundlagen für Westintegration und Wehrbeitrag der

Bundesrepublik schuf; vgl. »Teegespräche 1955-1958«, S. 540-551, 767f. (mit den Angaben zur umfangreichen Literatur).
22 Pierre *Mendès-France* (1907–1983), Dr. jur., 1932–1940 und 1945–1958 Abgeordneter der französischen Nationalversammlung (Radikalsozialist), 1954/55 Ministerpräsident, 1955–1957 Staatsminister im Kabinett.
23 Der entsprechende Passus in Adenauers Erinnerungen 1953–1955 (S. 347): »... daß ich im Namen der Bundesrepublik Deutschland eine Verzichterklärung auf die Herstellung der sogenannten ABC-Waffen im eigenen Lande und auf die Herstellung einer Reihe weiterer schwerer Waffen abgab ... [Dulles:] › Herr Bundeskanzler, Sie haben soeben erklärt, daß die Bundesrepublik Deutschland auf die Herstellung von ABC-Waffen im eigenen Lande verzichten wolle. Sie haben diese Erklärung doch so gemeint, daß sie – wie alle völkerrechtlichen Erklärungen und Verpflichtungen – nur rebus sic stantibus gilt!‹ Ich gab ihm zur Antwort, ebenfalls mit lauter Stimme: › Sie haben meine Erklärung richtig interpretiert!‹ ... der einzige wirklich › einsame Entschluß‹, den ich während meiner Kanzlerjahre faßte, war der zur Abgabe dieser Verzichterklärung.« – Dieser Vorgang (zu dem sich Adenauer während der Memoirenarbeit brieflich Auskünfte bei Herbert *Blankenhorn* und Walter *Hallstein* einholte; dazu die Unterlagen in StBKAH II/24) wurde in der Adenauer-Literatur häufig behandelt; zum neuesten Stand vgl. Hans-Peter *Schwarz*, a.a.O., S. 156-159.
24 Adenauer im Bulletin: »Der Vertrag beendet eine Auseinandersetzung, die über vier Jahrhunderte gedauert hat. Das gibt dem Vertrag seinen geschichtlichen Rang. Seit dem Beginn unserer politischen Arbeit in der Bundesrepublik war es unsere Absicht, zwischen Deutschland und Frankreich eine dauernde Freundschaft zu begründen und zu verhindern, daß jemals wieder das eine Land gegen das andere ausgespielt werden kann. Beide Länder bilden heute einen unauflöslichen Damm gegen die Bedrohung Europas aus dem Osten. Diese Freundschaft ist auch die Voraussetzung für jegliche Form von europäischer Zusammenarbeit. Sie ist der Garant des Friedens in Europa« (s. oben Anm. 3).
25 Vgl. Nr. 18, Anm. 28.
26 Vgl. Nr. 17, Anm. 18.
27 »Die laufenden Geschäfte lassen mir noch wenig Zeit für persönliche Pläne für die Zukunft. Meine politische Tätigkeit nach meinem Rücktritt wird der weiteren Festigung meines politischen Lebenswerks dienen – der Eingliederung Deutschlands in die Gemeinschaft der freien Völker. › Erinnerungen‹ möchte ich schreiben und auch auf Reisen meinem Lande, wenn das nötig und gewünscht ist, weiter nützlich sein« (s. oben Anm. 3). – Zu Lebzeiten Adenauers wurden die dreibändigen »Erinnerungen 1945–1959« fertiggestellt, posthum erschienen 1968 »Fragmente« für den Zeitraum der letzten vier Jahre im Amt; grundlegend für konzeptionellen Ansatz und Durchführung der Memoiren-Arbeit: die in Anm. 29 genannte Literatur. Vgl. a. die Hinweise in Nr. 35 (bei Anm. 13, 57).
28 Cordell *Hull* (1871–1955), 1933–1944 amerikanischer Außenminister. – Seine zweibändigen »Memoirs« erschienen 1948 in New York.

29 Seine Situation nach dem Ausscheiden aus dem Kanzleramt beschreibt Adenauer in einem Privatbrief an Brita *Roemer*, Luxemburg, vom 25.3.1964: »So eigenartig es klingt, ich brauche, seitdem ich nicht mehr Bundeskanzler bin, soviel Zeit zur Arbeit wie früher, weil die Arbeit für mich dadurch schwieriger geworden ist, daß ich keinen großen Apparat mehr zur Verfügung habe« (von der Adressatin, einer Cousine seiner Kinder aus erster Ehe, für diese Edition freundlicherweise zur Verfügung gestellt). Zu den politischen Aktivitäten nach dem Ausscheiden aus dem Kanzleramt vgl. Anneliese *Poppinga*, Meine Erinnerungen, passim, und Hans-Peter *Schwarz*, a.a.O., S. 869-988. Vgl. a. Nr. 29, Anm. 3; Nr. 35, Anm. 58.

30 Aus Anlaß des 70. Geburtstages von Walter *Ulbricht*; Wortlaut der am 2.7.1963 in der Werner-Seelenbinder-Halle gehaltenen Rede *Chruschtschows*: Dokumente zur Deutschlandpolitik, IV/9, S. 490-507.

31 Vgl. Nr. 7, Anm. 24.

32 Vgl. Nr. 2, Anm. 16; Nr. 7, Anm. 26.

Nr. 31

1 Otto W. *Diepholz* (geb. 1929), Mitarbeiter der »Frankfurter Allgemeinen«, 1973-1991 Redakteur der »Heute«-Sendung des ZDF.

2 Wolfdietrich *Gerdes* (geb. 1924), 1950-1966 Bonner Korrespondent des Südwestfunks, anschließend in Baden-Baden tätig. – Nachweis früherer Teilnahme an Adenauers Teegesprächen (mit weiteren biographischen Angaben): 1950-1954, S. 146, 168, 171, 184, 199, 422.

3 Franz *Hange* (geb. 1921), ab 1949 dpa-Chefkorrespondent in Bonn, ständiger journalistischer Begleiter Adenauers bei Auslandsreisen, 1965-1969 Referent im Bundeskanzleramt, ab 1969 im Presse- und Informationsamt der Bundesregierung, dort ab Oktober 1982 Leiter des Büros Chef vom Dienst, Ministerialrat. Nachweis früherer Teilnahme an Adenauers Teegesprächen (mit weiteren biographischen Angaben): 1950-1954, S. 5, 12, 17, 24, 27, 31, 34, 38, 42, 46, 49, 53, 121, 126, 146, 168, 171, 184, 199, 365, 407, 414, 422, 435, 475, 488.

4 Wolfgang *Höpker* (geb. 1928), Dr. rer. pol., 1948 Mitbegründer, ab 1958 Bonner Korrespondent von »Christ und Welt«, ab 1971 der »Deutschen Zeitung/Christ und Welt«, ab 1980 außenpolitischer Kommentator des »Rheinischen Merkur/Christ und Welt«.
Seine am 2.7.1963 gewonnenen Eindrücke verarbeitete Höpker in dem am 13.9.1963 in seiner Wochenzeitung erschienenen Artikel »Adenauer wird beschäftigt bleiben«.

5 Willy *Ley*, Dr., Mitarbeiter des Deutschen Zeitungsdienstes.

6 Hans *Reiser* (1929-1983), 1958-1962 im Bonner Büro der »Welt«, ab 1962 für die »Süddeutsche Zeitung« tätig. 1964-1971 deren Bonner Büroleiter, ab 1971 Ressortleiter Innenpolitik, ab 1976 Mitglied der Chefredaktion.

7 Heinz *Reuter* (geb. 1914), 1952-1955 Bonner Korrespondent der Wochenzei-

tung »Echo der Zeit«, 1955–1960 Redakteur, 1960–1978 Chefredakteur des »Deutschland-Union-Dienst« (DUD).
Auf Ergebnisse des Gesprächs vom 2.7.1963 stützte sich Reuter in seinem Kommentar »Der gemeinsame Weg hat begonnen« im DUD vom 5.7.1963 (Jg. 17, Nr. 125, S. 1f.); hierzu die schriftl. Auskünfte Reuters an den Bearb. vom 29.6.1992.

8   Werner *Titzrath* (1928–1983), ab 1952 Bonner Korrespondent für das »Hamburger Abendblatt« (1969–1983 dessen Chefredakteur), ab 1963 bei der »Bild«-Zeitung in Hamburg, 1966–1968 Ressortchef Innenpolitik der »Welt«.

9   Norbert *Tönnies* (1914–1971), 1949–1964 Bonner Korrespondent der »Düsseldorfer Nachrichten« und für den »General-Anzeiger« (Bonn), danach Pressereferent im Bundesministerium für gesamtdeutsche Fragen (ab 1964) und im Bundesministerium für Verteidigung (1968–1971). – Nachweis früherer Teilnahme an Adenauers Teegesprächen (mit weiteren biographischen Angaben): 1950–1954, S. 126, 365, 414, 422, 475, 488, 540; 1955–1958, S. 102, 178.

10   Ernst *Weisenfeld* (geb. 1913), Dr. phil., langjähriger Pariser Korrespondent für die »Westdeutsche Allgemeine« (Essen) und den NWDR, ab 1956 für die »Welt«, 1962 maßgeblich am Aufbau des Bonner ARD-Fernsehstudios beteiligt, ab 1970 ARD-Hörfunkkorrespondent, ab 1978 Leiter des ARD-Fernsehstudios in Paris.

11   Rudolf *Woller* (geb. 1922), 1950–1962 politischer und parlamentarischer Korrespondent mehrerer Zeitungen und Zeitschriften in Bonn, dort ab 1962 Studioleiter des ZDF, 1971–1976 ZDF-Chefredakteur.

12   Hans-Joachim *Hille* (geb. 1921), Dr. phil., ab 1952 im diplomatischen Dienst, 1955–1958 Legationsrat an der Botschaft in Paris, ab 1958 im Pressereferat des Auswärtigen Amtes, 1961–1964 dessen Leiter, später u. a. Botschafter in Ecuador (1971–1974), Ägypten (1979–1981) und Peru (1982–1986).

13   Ulrich *Wirth* (geb. 1918), Dr. phil., 1950 Redakteur der »Süddeutschen Zeitung« (München), 1951–1958 deren Korrespondent in Bonn, 1958–1971 Chef vom Dienst im Presse- und Informationsamt der Bundesregierung, 1971–1973 Leiter der Zentralredaktion der Auslandsabteilung.
Nachweis früherer Teilnahme an Adenauers Teegesprächen (mit weiteren biographischen Angaben): 1950–1954, S. 414.

14   Vgl. Nr. 30, Anm. 15.

15   Vgl. Nr. 28, Anm. 13, 14; Nr. 29, Anm. 6, 7, 31.

16   Am 26.6.1963 auf dem Flughafen Tegel (Abflug Kennedys 17.30 Uhr, der des Kanzlers nach Köln-Wahn 17.45 Uhr; nach dem in StBKAH 04.14 erhaltenen Sonderprogramm).

17   John F. *Kennedy* hielt sich während der Londoner Botschafterjahre seines Vaters (1937–1940; vgl. Nr. 32, Anm. 22) mehrfach in Europa auf: »Jack watched restlessly while Europe girded for war. Eager to see the tension points at first hand, he won permission from Harvard to spend the second semester in Europe, and crossed the Atlantic late in the winter of 193[8] just before the Nazis swallo-

wed the rest of Czechoslovakia.... During his grand tour of Europe on the eve of the war, he used the American embassies as stopping-off places and observations posts« (James McGregor *Burns*, John Kennedy, A political profile, New York 1959, S. 37).
Im Reisepass Kennedys findet sich ein Sichtvermerk des deutschen Generalkonsulats New York (»zur ... Einreise in das Reichsgebiet«) bereits vom 21.6.1937; dort auch die Stempeleintragungen der Deutschen Verkehrs-Credit-Bank A.G. (Wechselstube München Hbf.) und der Münchener American Express-Filiale vom 17. und 19.8.1937 (schriftl. Mitteilung von Reference Archivist Maura *Porter*/JFK Library, Boston, an den Bearb. vom 15.7.1992).

18 Zum Staatsbesuch *de Gaulles* vom September 1962 vgl. Nr. 21, Anm. 47; s. unten Anm. 34.

19 Dazu Darstellung und Dokumentation bei Rolf *Steininger*, Die Ruhrfrage 1945/46 und die Entstehung des Landes Nordrhein-Westfalen. Britische, französische und amerikanische Akten, Düsseldorf 1988.

20 Vgl. Nr. 8, Anm. 30.

21 Am 19.9.1946; Wortlaut: Winston S. *Churchill*, The Sinews of Peace. Postwar Speeches, Cambridge 1949, S. 197-199. Zum inhaltlichen Kontext dieses Dokuments mit den außen- und europapolitischen Ausführungen Adenauers in seiner Kölner Rede vom 24.3.1946 (in: Adenauer-Reden, S. 82-106) vgl. Hanns Jürgen *Küsters*/Hans Peter *Mensing*, Konrad Adenauer zur politischen Lage, S. 295.

22 Wahrscheinlich gemeint: John M. *Hightower*; vgl. Nr. 30.

23 Neben den Konsultationen im Beisein der Ressortchefs und im erweiterten Kreis fanden Vier-Augen-Gespräche Adenauer–de Gaulle am 4.7. (ca. 11.30 – ca. 13.00 Uhr) und am 5.7. (15.20 – 15.45 Uhr) statt; dazu und zum Ablauf der anderen Beratungen das Sonderprogramm in StBKAH 04.15 (daraus die Abb. auf S. 380-382). S. unten Anm. 36.
Zum Inhalt der Gespräche Konrad *Adenauer*, Erinnerungen 1959–1963, S. 221-230. Auf die vom Kanzler verwendeten Aufzeichnungen stützt sich auch Hans-Peter *Schwarz*, Adenauer. Der Staatsmann, S. 844, 846.

24 Nach dem Eintreffen des amerikanischen Präsidenten am 23.6.1963 (9.50 Uhr) auf dem Flugplatz Köln-Wahn, evtl. während der gemeinsamen Fahrt nach Köln (dort anschließend: Empfang im Rathaus und Besuch einer Messe im Dom; wie Anm. 16).

25 Gemeint ist die durch den Rücktritt des Heeresministers John D. *Profumo* (5.6.1963, nach Bekanntwerden seiner Affäre mit dem Fotomodell Christine Keeler) ausgelöste sicherheitspolitische Kontroverse in Großbritannien, in deren Verlauf auch der Rücktritt des Premierministers gefordert worden war (Unterhausdebatte vom 17./18.6.1963: Vertrauensvotum für Macmillan mit 321 : 252 Stimmen); vgl. EA, Jg. 18 (1963), Z 138f., 151.

26 Die italienischen Parlamentswahlen vom 28./29.4.1963 hatten zu erhebli-

chen Stimmenverlusten der regierenden ›Democrazia Cristiana‹ und zum Rücktritt der Koalitionsregierung *Fanfani* geführt; seit dem 21.6.1963 im Amt: ein von Giovanni *Leone* gebildetes Minderheitskabinett der DC. Vgl. a.a.O., Z 106, 152f.

27 Die langwierige Regierungsbildung nach den niederländischen Parlamentswahlen vom 15.5.1963 wurde erst am 24.7.1963 mit der Vereidigung des neuen Kabinetts *Marijnen* abgeschlossen; vgl. a.a.O., Z 117f., 172.

28 Ministerpräsident *Karamanlis* war am 11.6.1963 zurückgetreten (wegen des von ihm nicht gebilligten Staatsbesuchs von König *Paul* in Großbritannien). Ab 19.6.1963 im Amt: eine Übergangsregierung unter dem bisherigen Handelsminister Panayotis *Pipinelis*; vgl. a.a.O., Z 138, 151.

29 Nach einem gescheiterten Militärputsch (20./21.5.) und der Umbildung des türkischen Kabinetts vom 15.6.1963; vgl. a.a.O., Z 132, 143.

30 Vgl. Nr. 29, Anm. 32; Nr. 30, Anm. 8.

31 Vgl. Nr. 29, Anm. 32.

32 Das Kommuniqué über die Besprechungen Adenauer–de Gaulle vom 4./5.7.1963 enthält ausführliche Angaben zu den Themen: Europäische Gemeinschaften; Agrarpolitik; GATT-Verhandlungen; militärische Zusammenarbeit; Erziehungswesen und Jugendwerk; Wortlaut: a.a.O., D 377f.

33 Kurze Erklärungen vor der Presse gaben die beiden Staatsmänner am 4.7.1963 (13.05–13.25 Uhr) bei Fernsehaufnahmen auf der Terrasse vor den Hallstein-Räumen des Palais Schaumburg ab (Sonderprogramm). Ausführlicher die Erläuterungen *von Hases* bei einem Presse-»Briefing« am Abend des gleichen Tages im Presse- und Informationsamt; dazu das Manuskript in StBKAH 02.31. Zum Ergebnis der Konsultationen das Interview Gerhard *Schröder – Ludwig von Danwitz* vom 7.7.1963; Wortlaut im Bulletin, Nr. 118 vom 9.7.1963 (S. 1059f.).

34 Vgl. Nr. 21, Anm. 47. – Die wichtigsten Stationen des de Gaulle-Staatsbesuches vom September 1962, nach den Gesprächen in Bonn (am 5.9. auch in Rhöndorf; dazu die Abb. auf S. 483): 6.9. Dampferfahrt auf der »Deutschland« von Köln nach Düsseldorf und Duisburg (dort Besuch der August-Thyssen-Hütte); 7.9. in Hamburg u. a. Ansprache vor der Führungsakademie der Bundeswehr; 8.9. in München Rede über die französisch-bayerische Verbundenheit; 9.9. im Beisein Adenauers Ansprache an die Jugend im Schloßhof von Ludwigsburg: »Ich beglückwünsche Sie ..., junge Deutsche zu sein, das heißt, Kinder eines großen Volkes«; anschließend von Stuttgart aus Rückflug nach Frankreich. Vgl. Theo M. *Loch*, Adenauer–de Gaulle. Bilanz der Staatsbesuche, S. 72–117. Wortlaut der Reden: Bulletin, Nr. 167f. vom 8./11.9.1962, S. 1418, 1426f.

35 Hierzu, aus den detaillierten Planungsunterlagen in StBKAH 04.15, die Abb. auf S. 391.

36 Gemeint sind die Beratungen zwischen den Fachministern beider Länder (in den Ressorts Äußeres, Verteidigung, Nationale Erziehung bzw. Familien- und Jugendfragen sowie Landwirtschaft). Daneben fanden am 4.7. (16.30–18.30 Uhr)

und 5.7.1963 (10.15–12.30 Uhr) im Großen Kabinettssaal des Palais Schaumburg Plenarsitzungen beider Delegationen statt; zum Ablauf die Angaben bei Horst Osterheld, »Ich gehe nicht leichten Herzens...«, S. 235f.

37 Vgl. Georg *Schröder*, Das Ziel bleibt Europa. Versuchsballons aus Paris – Fünf Aufgaben für heute – Ein Programm des Atlantik-Instituts, in der »Welt« vom 2.7.1963.

38 Unterredung Adenauer–*Kennedy* vom 24.6.1963 (9.30–11.30 Uhr; Sonderprogramm in StBKAH 04.14); zu dem hier erwähnten Gesprächsgegenstand vgl. Nr. 29, Anm. 30. Vgl. a. Nr. 28, Anm. 14.

39 Vgl. Nr. 29, Anm. 30.

40 McGeorge *Bundy* (geb. 1919), 1961–1966 Sonderberater der amerikanischen Präsidenten für Fragen der nationalen Sicherheit. – Zum Einfluß Bundys auf Kennedy der Hinweis Adenauers im Gespräch mit de Gaulle vom 4.7.1963; vgl. seine Erinnerungen 1959–1963; S. 223.

Zu den nachfolgend erwähnten Reiseplänen de Gaulles vgl. Nr. 27, Anm. 15.

41 Dazu eine Notiz de Gaulles »au sujet du commandement suprême allié en Atlantique« vom 21.3.1963: »Etant donné que la France se réserve à elle même en temps de guerre, comme en temps de paix, la disposition de sa flotte et qu'elle l'a notifié à ses alliés, cette affaire est une mauvaise farce à laquelle il doit être mis fin. Question à régler définitivement au prochain Conseil de défense« (Lettres, Notes et Carnets, 1961–1963, S. 324).

Den entsprechenden Beschluß gab die französische Regierung am 21.6.1963 bekannt; vgl. AdG, Jg. 33 (1963), S. 10649.

42 Die Ratifizierungsurkunden zum deutsch-französischen Vertrag wurden am 2.7.1963 im Auswärtigen Amt zwischen Außenminister *Schröder* und Botschafter *de Margerie* ausgetauscht; vgl. Bulletin, Nr. 115 vom 4.7.1963 (S. 1029).

43 Vgl. Nr. 5, Anm. 24.

44 Vgl. Nr. 10, Anm. 18.

45 Vgl. Nr. 17, Anm. 23.

46 Vgl. Nr. 14, Anm. 15.

47 Vgl. Nr. 25, Anm. 26.

48 Gemeint sein könnten: Paul-Henri *Spaak* oder Joseph *Luns*; vgl. a.a.O.

49 Vgl. Nr. 18, Anm. 38.

50 Zum nachfolgenden die vergleichbaren Aussagen Adenauers in Nr. 27. Auf die Situation in der Landwirtschaft und deren europäische Anpassungsprobleme war Adenauer in den Vorwochen häufiger auch öffentlich eingegangen, so z. B. bei seinen Auftritten während des niedersächsischen Landtagswahlkampfes (vor den Wahlen vom 19.5.1963); dazu die Berichte in StBKAH 16.32.

51 Werner *Schwarz* (1900–1982), 1953–1965 MdB (CDU), 1959–1969 Bundesminister für Ernährung, Landwirtschaft und Forsten. – Schwarz hatte am Vormittag des 2.7.1963 gemeinsam mit den Bundesministern *von Hassel*, *Heck* und *Schröder* sowie den Staatssekretären *Carstens*, *Globke* und *von Hase* an längeren Beratungen im Kanzleramt teilgenommen (Besucherliste).

Zur Einschätzung der hier erörterten Fragen durch den Landwirtschaftsminister seine Stellungnahmen in der agrarpolitischen Bundestagsdebatte vom 13.2.1963; vgl. Stenographische Berichte, Bd. 52, S. 2720-2722, 2767-2769.
52 Vgl. Nr. 27, Anm. 29.
53 Vgl. Nr. 18, Anm. 40. – Das Abkommen über die Gründung des bilateralen Jugendwerkes wurde am 5.7.1963 (10.15 Uhr) unterzeichnet.
54 Vgl. Nr. 30, Anm. 30.
55 Vgl. Nr. 7, Anm. 24.
56 Christian Archibald *Herter* (1895-1966), 1956-1959 Unterstaatssekretär im amerikanischen Außenministerium, 1959-1961 Außenminister, 1962-1966 Sonderberater der Präsidenten Kennedy und Johnson für Handelsfragen. – Herter hatte am 14.5.1959 in Genf ein »Stufenprogramm zur Regelung der Fragen der Wiedervereinigung Deutschlands und der Sicherheit in Europa« vorgelegt. Der Journalist bezieht sich hier auf die am 1.7.1963 auf dem XIV. Bundesparteitag der FDP von ihrem Vorsitzenden Erich *Mende* gehaltene Rede; daraus der Auszug in: Dokumente zur Deutschlandpolitik, IV/9, S. 481-490, hier S. 484.
57 Vgl. Nr. 2, Anm. 9.
58 In diesem Sinne wurde 1963 zwischen dem Berliner Senatsrat Horst *Korber* und Staatssekretär Erich *Wendt* (auf Weisung des stellvertretenden Vorsitzenden des DDR-Ministerrats, Alexander *Abusch*) ein erstes Passierschein-Abkommen ausgehandelt, das West-Berlinern den Besuch ihrer Verwandten im Ostteil der Stadt ermöglichte; Unterzeichnung des Protokolls am 17.12.1963. Zum Zustandekommen die Angaben bei Joachim *Drogmann*, Chronik 1963, S. 228f. Vgl. a. Dokumente zur Berlin-Frage 1944-1966, S. 572-578, und Hans *Buchheim*, Deutschlandpolitik, S. 116-122.
59 Beim »Osthandelsgespräch« vom 18.7.1963, u. a. im Beisein der Bundesminister *Dahlgrün*, *Erhard* und *Schröder*; dazu ein Hinweis bei Horst *Osterheld*, a.a.O., S. 238.
60 An den Ost-Berliner Feierlichkeiten (vgl. Nr. 30, Anm. 30) hatten auch die polnischen, tschechischen, ungarischen und bulgarischen Parteichefs Gomulka, Novotny, Kadar und Schiwkow teilgenommen; vgl. AdG, a.a.O., S. 10672.
61 Vgl. Nr. 30, Anm. 30.
62 Johann Baptist *Gradl* (1904-1988), Dr. rer. pol., 1945 Mitbegründer der Union in Berlin und in der SBZ, 1947-1970 geschäftsführendes Vorstandsmitglied, 1957-1980 MdB, Bundesminister für Vertriebene, Flüchtlinge und Kriegsgeschädigte (1965/66) und für gesamtdeutsche Fragen (1966), ab 1970 Vorsitzender der Exil-CDU.
63 Vgl. Nr. 29, Anm. 7.
64 Vgl. Nr. 20, Anm. 14; Nr. 21, Anm. 38.

Nr. 32
1   Gesprächsbeginn laut Vorlage: 16.30 Uhr; Korrektur anhand der Besucherliste. – Zu dieser Unterredung mit dem amerikanischen Publizisten (»an exceptionally interesting an agreeable talk«) vgl. *Sulzbergers* eigene Aufzeichnung in: The Last of the Giants, S. 999-1001. Daraus die Auszüge in Anm. 9, 10, 13. Zum Vergleich ist ebenfalls heranzuziehen: Adenauers Grundsatzansprache auf dem Festakt anläßlich der 10. Sommertagung des Politischen Clubs an der Evangelischen Akademie Tutzing, in der er kurz zuvor zu den meisten der mit Sulzberger erörterten Themen, u. a. zum ausführlicher behandelten sowjetisch-chinesischen Konflikt, Stellung genommen hatte (19.7.1963); dazu das Manuskript in StBKAH 02.31.
Ebenfalls auf dieser Tutzinger Tagung hielt Egon *Bahr* am 15.7.1963 seinen außen-, besonders ostpolitisch bedeutenden Vortrag über den später von der sozial-liberalen Koalition unter Willy *Brandt* intensivierten »Wandel durch Annäherung«; Wortlaut: Dokumente zur Deutschlandpolitik, IV/9, S. 572-575.
2   Gemeint ist der Artikel »Das Eis beginnt zu tauen – aber wohin treiben die Schollen? Sulzberger über die drei Kalten Kriege der Weltpolitik«, den die »Welt« am 17.7.1963 veröffentlicht hatte. Dort der Passus: »Von dem jedermann so unangenehm vertrauten kalten Krieg zwischen Ost und West sind wir so in den Bann geschlagen, daß die anderen beiden wichtigen Auseinandersetzungen manchmal in den Schatten rücken. Die eine ist der kalte Krieg Ost gegen Ost, in dem die Sowjetunion und China um die Herrschaft über den internationalen Kommunismus streiten. Die zweite ist der kalte Krieg West gegen West, in dem Frankreich mit den englischsprechenden Nationen um die zukünftige Gestalt Europas ringt.«
3   Zu Arthur Hays *Sulzberger* sowie zur Familiengeschichte Sulzbergers insgesamt vgl. seine Veröffentlichung: A long row of Candles. Memoirs and diaries (1934–1954), Toronto 1969, S. 1-6. Vgl. a. die zahlreichen Angaben bei *Meyer Berger*, The Story of the New York Times, New York 1951.
4   Am 18.6.1955, während des USA-Aufenthalts vom 12.–19.6.1955 (Terminkalender).
5   Cyrus L. *Sulzberger*, The Test: De Gaulle and Algeria, New York 1962. – Dazu ein Dank- und Anerkennungsschreiben *de Gaulles* an den Autor in: Lettres, Notes et Carnets, 1961–1963, S. 305.
6   Zur damaligen Unterredung Adenauer–Sulzberger (9.6.1952) vgl. »Teegespräche 1950–1954«, S. 304-310.
7   Hier in der Vorlage »Schurrow«. Nach der inhaltlichen Ausrichtung dieser Passage meint Adenauer das am 9.5.1960 mit Daniel *Schorr* und Ernest *Leiser* geführte Informationsgespräch; vgl. »Teegespräche 1959–1961«, S. 251-257.
8   Karl *Arnold* (1901–1958), 1947–1956 Ministerpräsident von Nordrhein-Westfalen, 1956–1958 stellvertretender Parteivorsitzender der CDU, 1957/58 MdB, 1958 Vorsitzender der Christlich-Demokratischen Arbeitnehmerschaft (CDA).

9 Vgl. Rudolf *Morsey*, Die Rhöndorfer Weichenstellung am 21. August 1949. Neue Quellen zur Vorgeschichte der Koalitions- und Regierungsbildung nach der Wahl zum ersten Deutschen Bundestag, in: VfZ, Jg. 28 (1980), S. 508-542. Vgl. a. Hans-Peter *Schwarz*. Adenauer. Der Aufstieg, S. 624-627. Hierzu auch der Hinweis in Nr. 34 (bei Anm. 8).
Diese Gesprächspassage gibt Sulzberger so wieder: »After the first Bundestag election in 1949, the CDU–CSU (Christian-Socialist bloc) had the possibility of joining with the Socialists and with the FDP and Deutschepartei. It was a temptation to join the Socialists. I was able to prevail upon a meeting of twenty of our party leaders at my Rhöndorf house and persuade them that we should not join with the Socialists because the attitude of Dr. Schumacher and of other leaders toward Russia was unsatisfactory. This, in the end, determined our policy for all subsequent years including our membership in NATO« (s. oben Anm. 1).
10 Vgl. Nr. 30, Anm. 27. – Das entsprechende Adenauer-Zitat bei Sulzberger: »I want to write my memoirs. Secondly, I want to use the authority I have to insure the preservation of the policies I wish, acting as a kind of elder statesman. The most important thing in German policy is to insure its consistency and to stabilize it« (s. oben Anm. 1).
11 Damals lagen vor: L'appel 1940–1942 (Paris 1954; Der Ruf, Frankfurt/Main–Berlin 1955) und L'unité 1942–1944 (Paris 1956), das 1961 zusammen mit Le salut 1944–1946 (Paris 1959) in Übersetzung erschien (Memoiren 1942–46. Die Einheit – das Heil). Zu den späteren Veröffentlichungen (für diesen Zeitraum: Memoiren der Hoffnung. Die Wiedergeburt 1958–1962, Wien–München–Zürich 1971) und zum Gesamtwerk de Gaulles vgl. Index des themes de l'œuvre du Général de Gaulle. Document Etabli par l'Institut Charles-de-Gaulle, Paris 1978.
12 Kurt *Schumacher* (1895–1952), Dr. rer. pol., 1946–1952 Vorsitzender der SPD, 1949–1952 MdB (Fraktionsvorsitzender). – Auf die Konflikte mit Schumacher geht Adenauer in Nr. 34 (bei Anm. 15) und Nr. 36 (bei Anm. 6) näher ein.
13 Cyrus L. *Sulzberger*, My brother death, New York 1959. Zur nachfolgenden Adenauer-Antwort die Parallelüberlieferung: »No human knows that answer. If I could tell you that – but no one can. It is perhaps a gift of God that I myself have little if any fear. I think of death with equanimity. I cannot imagine that the soul, which is our life, could fade to nothing when death comes. Somehow it must continue to exist. Man is not permitted to know how – but it must. Because the origins of life, life itself, is as much of a mystery as death and we are unable to explain either phenomenon. The highest commandment has always been that which others hand on to us – to do one's duty« (s. oben Anm. 1).
14 Johann Conrad *Adenauer* (1833–1906), nach der Entlassung aus dem Militärdienst Beamter in der Justizverwaltung Köln, 1873 Appellationsgerichts-Sekretär, 1883–1906 Kanzleirat.
15 Hierzu vgl. die Handlungsmaximen Adenauers; Abb. in: Adenauer im Dritten Reich, S. 323.

16 Ähnlich die Erinnerung Adenauers auf der 1961 erschienenen Schallplattenaufnahme »Aus meinem Leben«: »Während meiner ganzen Referendarzeit schwebte mir als Endziel vor, Notar auf dem Lande zu werden, in einer schönen Gegend und mit nicht zu viel Arbeit.«
17 Ausführlicher berichtete *Sulzberger* über dieses Gespräch in dem am 27.7.1963 in der »New York Times« erschienenen Bericht »The old man looks in the mirror«; Rückbezüge auch in seinem am 15.10.1963 von der »Times« veröffentlichten Artikel »A monument writes its own inscription«.
18 Walt Whitman *Rostow* (geb. 1916), 1961 stellvertretender Sonderberater von Präsident Kennedy für Angelegenheiten der nationalen Sicherheit, 1961–1966 Berater und Vorsitzender des politischen Planungsstabes im amerikanischen Außenministerium, 1966–1969 Sonderberater des amerikanischen Präsidenten für Fragen der nationalen Sicherheit.
Zu seiner Stellung im Stab Kennedys und zur Bedeutung der anderen Berater vgl. Lester *Danzer*, The Kennedy Circle, Washington, D.C. 1961, passim.
19 Theodore C. *Sorensen* (geb. 1928), 1953–1961 Assistent von Senator Kennedy, 1961–1964 Sonderberater der Präsidenten Kennedy und Johnson.
20 Pamela *Shriver*, Ehefrau von Robert Sargent *Shriver* (geb. 1915), eines engen Vertrauten von Präsident Kennedy (1948–1961 Executive Director der Joseph P. Kennedy jr. Foundation, ab 1961 Direktor des amerikanischen Peace Corps).
21 Caroline Lee Fürstin *Radziwill*, geb. *Bouvier* (geb. 1933; jüngere Schwester von Jacqueline Kennedy), Schauspielerin, 1953–1958 verheiratet mit Michael Temple Canfield, 1959–1974 mit Stanislaus Radziwill.
22 Joseph Patrick *Kennedy* (1888–1969), amerikanischer Bankier, Reeder und Politiker, 1937–1940 Botschafter in London.
23 Rose Fitzgerald *Kennedy* (geb. 1890).
24 John Francis *Fitzgerald* (1863–1950), 1906, 1907 und 1910–1914 Bürgermeister von Boston, Herausgeber der Wochenzeitung »The Republic«. – Nach ihm benannt: die Kennedy-Yacht »Honey Fitz«.
25 Patrick Joseph *Kennedy* (1858–1929).

Nr. 33
1 Gesprächsbeginn laut Vorlage: 16.30 Uhr; Korrektur anhand der Besucherliste.
2 Keine Angaben.
3 Gemeint ist das am 25.7.1963 in Moskau paraphierte, dort am 5.8.1963 zwischen den USA, Großbritannien und der Sowjetunion abgeschlossene Atomteststopp-Abkommen (über das Verbot von Kernwaffenversuchen in der Atmosphäre, im Weltraum und unter Wasser), dem die DDR am 8.8., die Bundesrepublik am 19.8.1963 beitrat; Wortlaut: Dokumente zur Deutschlandpolitik, IV/9, S. 608–610. Vgl. a. Beate *Kohler*, Der Vertrag über die Nichtverbreitung von Kernwaffen und das Problem der Sicherheitsgarantie. Rüstungsbeschränkung und Sicherheit, Frankfurt/Main 1972, passim.

Adenauer war über das Abkommen am Vormittag des 5.8. vom amerikanischen Verteidigungsminister *McNamara* informiert worden. Zu diesem zweistündigen Gespräch (im Beisein des Gesandten Martin *Hillenbrand*, von Hans *Globke*, Horst *Osterheld*, Heinz *Weber*, zeitweise auch Karl-Günther *von Hase*) vgl. Horst *Osterheld*, »Ich gehe nicht leichten Herzens...«, S. 240-253, und Hans-Peter *Schwarz*, Adenauer. Der Staatsmann, S. 848f. Zum Abkommen auch Heinrich *Krone*, Aufzeichnungen, S. 176-180, und die Ausführungen Adenauers in Nr. 35.

4 Vollständiger Wortlaut dieses Artikels: »Dieser Vertrag hat unbegrenzte Geltungsdauer. Jede Vertragspartei ist in Ausübung ihrer nationalen Souveränität berechtigt, von dem Vertrag zurückzutreten, wenn sie feststellt, daß durch außergewöhnliche, den Gegenstand dieses Vertrags berührende Ereignisse eine Gefährdung der lebenswichtigen Interessen ihres Landes eingetreten ist. Sie zeigt diesen Rücktritt allen anderen Vertragsparteien drei Monate im voraus an«; vgl. Dokumente zur Deutschlandpolitik, a.a.O., S. 609.

5 Gemeint ist die Sitzung des Außenpolitischen Ausschusses des amerikanischen Senats, vor dem Dean Rusk am 12.8.1963 das Vertragswerk erläuterte, u. a. mit dem Hinweis: »Die ostdeutschen Behörden werden den Vertrag in Moskau unterzeichnen. Die Sowjetunion kann uns von diesem Akt in Kenntnis setzen. Es besteht für uns jedoch keine Verpflichtung, diese Mitteilung zu akzeptieren, und wir haben auch nicht die Absicht, dies zu tun – das ostdeutsche Regime aber würde sich selbst verpflichtet haben, sich an die Bestimmungen des Vertrages zu halten. Durch dieses Verfahren stellen wir nicht nur sicher, daß keine stillschweigende Anerkennung gefolgert werden kann, sondern wir behalten uns auch unser Recht vor, Einspruch zu erheben, wenn später das ostdeutsche Regime versuchen sollte, aufgrund des Vertrages Privilegien geltend zu machen, wie etwa die Stimmabgabe auf oder die Beteiligung an einer gemäß Artikel zwei einberufenen Konferenz«; vgl. a.a.O., S. 624f.

6 Vgl. Nr. 18, Anm. 38.

7 Zu den amerikanischen Präsidentschaftswahlen vom 3.11.1964 vgl. Nr. 24, Anm. 43.

8 Nelson Aldrich *Rockefeller* (1908-1979), 1952-1958 Berater von Präsident Eisenhower, 1953/54 Unterstaatssekretär im amerikanischen Gesundheitsministerium, 1959-1975 Gouverneur des Staates New York, 1974-1977 Vizepräsident unter Präsident Ford. – Seine erste Ehe mit Mary Todhunter Clark war im März 1962 geschieden worden; am 1.4.1963 hatte er Margaretta F. Murphy geheiratet.

9 Richard Milhous *Nixon* (geb. 1913), 1951-1953 Senator für Kalifornien (Republikaner), 1953-1960 Vizepräsident, 1968-1972 Präsident der Vereinigten Staaten von Amerika.

10 Gemeint ist (weil 1963/64 als republikanischer Präsidentschaftskandidat an den ›Primaries‹ beteiligt): Henry Cabot *Lodge* (1902-1985), 1937-1942 und 1946-1982 Senator für Massachusetts, 1953-1960 USA-Vertreter bei der UNO, dann Botschafter in Saigon (1963/64 und 1965-1967) und Bonn (1968/69).

11 Gemeint ist: George Wilcken *Romney* (geb. 1907), 1963-1969 Gouverneur von Michigan (Republikaner); vgl. Clark R. *Mollenhoff*, George Romney, New York 1968.

12 Anfang Mai 1963 war es in Birmingham (Alabama) zu Massendemonstrationen der amerikanischen Farbigen gegen die Rassentrennung gekommen (unter der Führung von Pfarrer Martin Luther King). Auch nach Präsident Kennedys Rundfunk- und Fernsehansprache »on Civil Rights«, in der er sich am 11.6.1963 für die Gleichstellung der unterprivilegierten Bevölkerungsteile ausgesprochen hatte (Wortlaut: Public Papers, 1963, S. 468-470), und nach der Übermittlung eines neuen Bürgerrechtsprogramms an den Kongreß (19.6.; vgl. a.a.O., S. 483-493) hielten die Unruhen an. Höhepunkt der Protestbewegung 1963: der Marsch von 200 000 schwarzen und weißen Amerikanern nach Washington am 28.8.1963. Dazu die Dokumentation in: AdG, Jg. 33 (1963), S. 10683-10688, 10761.

13 Earl *Warren* (1891-1974), 1943-1953 Gouverneur von Kalifornien (Republikaner), 1953-1969 Oberster Bundesrichter der USA.
Seine Begegnung mit Adenauer in Bonn datiert vom 20.8.1959; vgl. »Unserem Vaterlande zugute«, S. 288.

Nr. 34

1 Klaus *Epstein* (1927-1967; Sohn des Historikers Fritz Theodor *Epstein*), Prof. Dr. phil.; 1934 mit seinen Eltern in die Niederlande, 1937 in die USA emigriert, 1945-1960 an der Harvard University, 1961/62 Gastprofessor an der Universität Bonn, 1963-1967 Ordinarius an der Brown University/Providence.
Seine Beiträge zur Adenauer-Forschung (u. a.): Germany after Adenauer. New York 1964; The Adenauer era in German history, in: Stephen R. *Graubard* (Hrsg.), A new Europe?, London 1964, S. 105-139; Rückblick auf die Ära Adenauer, in: EA, Jg. 19 (1964), S. 655-662; Adenauer and Rhenish separatism, in: Review of Politics, Vol. 29 (1967), S. 536-545 (dt.: Adenauer 1918-1924, in: GWU, Jg. 19 [1968], S. 553-561). Vgl. a. die Zusammenfassung seines Rezensionswerks in: Klaus Epstein. Geschichte und Geschichtswissenschaft im 20. Jahrhundert. Ein Leitfaden, hrsg. von Eberhard *Pikart*, Detlef *Junker* und Gerhard *Hufnagel*, Frankfurt/Main – Berlin 1972.

2 Gesprächsbeginn laut Vorlage: 17.30 Uhr; Korrektur anhand der Besucherliste.

3 Matthias *Erzberger* (1875-1921), 1903-1921 MdR (Zentrum), 1918 Vorsitzender der Waffenstillstandskommission, 1919/20 Reichsfinanzminister, am 26.8.1921 ermordet. – Vgl. Klaus *Epstein*, Matthias Erzberger und das Dilemma der deutschen Demokratie (amerikanische Originalausgabe Princeton/New Jersey 1959; dt. Ausgabe Berlin 1962).

4 Zu den Kontakten der beiden Zentrumspolitiker Erzberger und Adenauer die zahlreichen Angaben bei Rudolf *Morsey*, Die Deutsche Zentrumspartei 1917-1923, Düsseldorf 1966.

5 Mit seiner Wahl zum Oberbürgermeister von Köln (18.9.1917; Verleihung des Titels durch Wilhelm II. am 21.10.1917) gehörte Adenauer als ›infolge von Präsentation berufenes Mitglied‹ auch dem Preußischen Herrenhaus an (Gruppe 6: »Aus denjenigen Städten, welchen das Präsentationsrecht durch Königliche Verleihung beigelegt worden ist«); vgl. Handbuch über den Königlich-Preußischen Hof und Staat für das Jahr 1918, Berlin 1918, S. 177-187.

6 Karl Max Fürst *von Lichnowsky* (1860-1928), 1912-1914 Botschafter in London, langjähriges Mitglied des preußischen Herrenhauses (Ausschluß 1918 nach Bekanntwerden seiner geheimen, 1916 verfaßten Denkschrift »Meine Londoner Mission«). – Zum nachfolgenden seine »Eingabe an das preußische Herrenhaus« (Berlin, 20.4.1918), in: ders., Meine Londoner Mission 1912-1914 und Eingabe an das preußische Herrenhaus, Berlin 1919; vgl. a. Zwei deutsche Fürsten zur Kriegsschuldfrage. Lichnowsky und Eulenburg und der Ausbruch des Ersten Weltkriegs. Eine Dokumentation von John C. G. *Röhl*, Düsseldorf 1971.

7 Elard *von Oldenburg-Januschau* (1855-1937), langjähriges Mitglied des preußischen Herrenhauses, 1902-1912 und 1930-1932 MdR (zuletzt für die DNVP).

8 Vgl. Nr. 32, Anm. 9.

9 In der Nachtsitzung des Deutschen Bundestages vom 24./25.11.1949; vgl. Rudolf *Morsey*, Konrad Adenauer und der Deutsche Bundestag, S. 25f.

10 Vom 22.11.1949. Dazu Adenauers »Briefe 1949-1951«, S. 462-464; Horst *Lademacher*/Walter *Mühlhausen* (Hrsg.), Sicherheit – Kontrolle – Souveränität. Das Petersberger Abkommen vom 22.11.1949. Eine Dokumentation, Melsungen 1985; Adenauer und die Hohen Kommissare 1949-1951, Bd. 1, hrsg. von Hans-Peter *Schwarz* in Verbindung mit Reiner *Pommerin*, bearb. von Frank-Lothar *Kroll* und Manfred *Nebelin*, München 1989, S. 1-75.

11 Peter *Altmeier* (1899-1977), 1947-1969 Ministerpräsident von Rheinland-Pfalz, 1947-1966 Vorsitzender des dortigen CDU-Landesverbandes.

12 Dazu und zum nachfolgenden vgl. Hugo *Stehkämper*, Konrad Adenauer und das Reichskanzleramt während der Weimarer Zeit, in: ders. (Hrsg.), Konrad Adenauer, S. 405-431, 773-785.

13 Ernst *Scholz* (1874-1932), Dr. jur., 1920/21 Reichswirtschaftsminister, 1921-1932 MdR (DVP, ab 1924 Fraktionsvorsitzender), 1929-1931 DVP-Vorsitzender.

14 Paul *von Beneckendorff und von Hindenburg* (1847-1934), 1916-1919 Chef des Generalstabes des Feldheeres und der Obersten Heeresleitung, 1925-1934 Reichspräsident.

15 Kölner Wahlkampfrede des SPD-Vorsitzenden vom 24.7.1949, zu der im AdsD/Bestand Kurt Schumacher keine Unterlagen erhalten sind. Nach einer schriftl. Mitteilung von Dr. Willy *Albrecht* (Friedrich-Ebert-Stiftung, Bonn) an den Bearb. vom 24.6.1992 dürfte diese Rede zumindest teilweise wortgleich mit einer tags zuvor in Koblenz gehaltenen sein; darin u. a. die Sätze: »Ich habe den

Namen des Herrn Adenauer seit mehr als 3 Jahren nicht mehr öffentlich, weder schriftlich noch mündlich genannt. Ich habe nicht an die Existenz von Herrn Adenauer geglaubt, ich habe gedacht, das sei ein propagandistisches Vorurteil des alliiert-kontrollierten Rundfunks. Aber er war da. ... Herr Adenauer hat ein zu reserviertes Verhältnis zur Wahrheit und zur Ehrlichkeit, als daß ein Gespräch darüber von Nutzen sein könnte« (a.a.O., Nr. 48).

16 12.8.1963, 16.35 Uhr »Vorführung des CBS-Films von Herrn Schorr und Vorführung des Rohmaterials des Vogel-Handwerk-Films...« (Besucherliste). Mit der zweiten Produktion gemeint (nach schriftl. Mitteilung von Dr. E. *Büttner*/Bundesarchiv an den Bearb. vom 22.7.1992): der 1966 freigegebene Film »90 Jahre deutscher Geschichte – 90 Jahre Konrad Adenauer«, den für die Insel-Film-GmbH & Co (München) deren Inhaber Norbert *Handwerk* und Rolf Vogel erarbeitet hatten. – Rolf *Vogel* (geb. 1921), 1948–1955 Zeitungs- und Rundfunkkorrespondent, 1955–1959 Bonner Korrespondent des Saarländischen Rundfunks, seit 1965 Herausgeber der »Deutschland-Berichte«.

17 Max *Reimann* (1898–1977), 1948–1956 KPD-Vorsitzender, 1948/49 Mitglied des Parlamentarischen Rats, 1949–1953 MdB.

18 Vgl. Nr. 33, Anm. 3.

19 Epstein bezieht sich auf die ab 1952 geführte Diskussion um die sowjetische Notenoffensive (nach dem am 10.3.1952 den drei Westmächten übermittelten »Entwurf für einen Friedensvertrag mit Deutschland«); dazu vgl. Konrad *Adenauer*, Erinnerungen 1953–1955, S. 66–73; seine »Teegespräche 1950–1954« (S. 226–235, 675–677) und »Briefe 1951–1953« (S. 196–198, 558f. – mit der weiterführenden Literatur).

20 Vgl. Nr. 7, Anm. 24.

21 Vgl. Nr. 17, Anm. 7. – Adenauer hatte auf dieses Konzept auch in seinen im Juni/Juli 1963 mit *Kennedy* und *de Gaulle* geführten Gesprächen hingewiesen; vgl. seine Erinnerungen 1959–1963, S. 225. Dazu auch Hans-Peter *Schwarz*, Adenauer. Der Staatsmann, S. 844, 846. Hierzu auch sein Hinweis in einem am 15.10.1963 gesendeten ZDF-Interview (vom 3.10.1963): »...ich habe den Versuch gemacht im Jahre 1962. Ich habe damals Herrn Chruschtschow einen Brief geschrieben, an ihn persönlich, und habe ihn gefragt, ob wir nicht einen Burgfrieden für 10 Jahre schließen sollten und nach 10 Jahren dann eine Abstimmung erfolgen könnte, Voraussetzung, daß es auch während der 10 Jahre für die Menschen in der Sowjetzone größere Freiheiten, größere Freiheiten gäbe als jetzt. Der Brief ist nie beantwortet worden.« Dazu die Stellungnahme des sowjetischen Außenministeriums vom 11.10.1963: »Im Jahre 1962 hat Bundeskanzler Adenauer kein persönliches Schreiben mit dem genannten Vorschlag an N. S. Chruschtschow gerichtet. Was den Vorschlag Adenauers zum Abschluß eines solchen Burgfriedens für 10 Jahre betrifft, so sehen die Tatsachen folgendermaßen aus: Am 6. Juni 1962 lud Adenauer den sowjetischen Botschafter in Bonn, A. A. Smirnov, in seinen Amtssitz, Palais Schaumburg, ein und erklärte im Laufe

des Gesprächs zu den Beziehungen zwischen der deutschen Bundesrepublik und der Sowjetunion: All das, was er, Adenauer, dem Botschafter jetzt sagen werde, bitte er, nur die Regierung der UdSSR wissen zu lassen und diese Fragen weder im westdeutschen Außenministerium und um so weniger in Gesprächen mit Pressevertretern zu berühren. Der Kanzler sagte weiter, er wolle Gedanken darlegen, die er seit langem erwäge und über die er vorläufig mit niemandem außer Globke gesprochen habe. Er bat dann, folgendes Nikita Chruschtschow zu übermitteln...«. Beide Texte zit. nach Dokumente zur Deutschlandpolitik, IV/9, S. 750, 781f.

22 James Bryant *Conant* (1893–1978), 1953–1955 Hoher Kommissar der USA in Deutschland, 1955–1957 Botschafter in Bonn.
Von Adenauer hier erwähnt: seine 1959 erschienene Veröffentlichung »The American High School today«.

23 Dazu die ausführlichen Angaben in Nr. 35.

24 Staatliches Verbot von Herstellung, Transport und Verkauf alkoholischer Getränke, das in den USA von 1920–1933 galt.

25 Nicht nachgewiesen.

26 1949: 78,5 %; 1953: 86,0 %; 1957: 87,8 %; 1961: 87,7 %; vgl. Datenhandbuch, S. 28.

27, 29 Zur nachfolgenden Gesprächspassage die Angaben bei Hans-Peter *Schwarz*, Adenauer. Der Staatsmann, S. 610. – Dazu ergänzend Adenauer im biographischen Rückblick seines Interviews mit der »Bild«-Zeitung vom 22.12.1965: »Er war ja sehr umstritten, Otto von Bismarck. Außenpolitisch war er es nicht. Aber hier bei uns im Westen hatte er wegen des Kulturkampfes viele Gegner. Von diesem Kulturkampf macht sich die heutige Welt keine Vorstellung mehr. Sie werden sicher erstaunt sein, zu hören, daß in der Eifel namentlich – anderswo ging das gar nicht – die nichtzugelassenen Geistlichen in der Verkleidung von Bauern in die Dörfer gingen. In den Dörfern hatte die Bevölkerung Wachen aufgestellt. Sie sollten warnen, wenn Gendarmen auftauchten. Die Messe wurde in einer Scheune gelesen. Ich erinnere mich auch daran, wie empört meine Brüder und ich waren wegen der Sozialistengesetzgebung. Auf Grund dieses Gesetzes konnte man Deutsche aus dem Lande weisen. Ich entsinne mich, daß es damals Fotografien gab, die zeigten, wie am Heiligen Abend in Leipzig Sozialisten in ihrer Wohnung vor dem brennenden Christbaum verhaftet, abgeführt und später ausgewiesen wurden. Das rief bei uns – wir waren damals 12, 13, 14 Jahre alt – und in diesem Alter ist man sehr empfindlich – sehr ungünstige Eindrücke hervor« (StBKAH 02.36).

28 Adenauer besuchte die Obertertia des Apostelgymnasiums Köln von Ostern 1889 – Ostern 1890; demnach bezieht er sich auf die Stadtverordnetenwahl vom November 1889, bei der in der II. Klasse 5 Anhänger der Liberalen, keiner des Zentrums, in der III. Klasse 1 der Liberalen, 4 des Zentrums gewählt wurden; vgl. Die Stadt Cöln im ersten Jahrhundert unter Preußischer Herrschaft, hrsg. von der *Stadt Cöln*, Erster Bd., II. Teil, Cöln 1916, S. 64f.

Aus den zeitgenössischen Unterlagen »geht hervor, daß vor allem die Anhänger des Zentrums regen Anteil am Wahlgeschäft nahmen. Über Wahlschlepper [nachfolgend erwähnt] war konkret nichts zu ermitteln«; schriftl. Mitteilung von Dr. Manfred *Groten*, Historisches Archiv der Stadt Köln, an den Bearb. vom 16.6.1992. Zum damaligen Wahlrecht (»Ich hätte z. B. nie den kühnen Plan haben dürfen, einmal in eine Regierungsstelle zu kommen, weil ich katholisch war und Rheinländer, ganz aussichtslos!«) die Ausführungen Adenauers in einem Interview vom 17. Februar 1966, mit Will *McBride* (»Twen«); dazu das Manuskript in StBKAH 02.37.

30 Vgl. Adenauer im Dritten Reich, passim.

31 Vgl. Nr. 12, Anm. 42; Nr. 28 (bei Anm. 6).

32 Zum Einmarsch der deutschen Wehrmacht in das entmilitarisierte Rheinland am 7.3.1936, den Adenauer in Unkel am Rhein erlebte: Adenauer im Dritten Reich, S. 291f.

33 Vgl. Nr. 7, Anm. 27.

34 Aus der Sowjetunion kommend (u. a. von Gesprächen mit Chruschtschow am Schwarzen Meer), hatte am 10./11.8.1963 der amerikanische Außenminister *Rusk* Bonn besucht (dazu Horst *Osterheld*, »Ich gehe nicht leichten Herzens...«, S. 248-250); Mitglieder seiner Delegation (u. a.): Senator *Fulbright*, Botschafter *Thompson* und Gesandter *Stelle*.

35 Vgl. Nr. 7, Anm. 29.

36 Franz Robert *Ingrim* (1895-1964), Dr. jur., amerikanischer Publizist österreichischer Herkunft, 1938-1947 in der Emigration, ab 1947 wohnhaft in der Schweiz, nach 1950 als Mitarbeiter des »Rheinischen Merkur« und von »Christ und Welt« an den sicherheitspolitischen Diskussionen der Ära Adenauer beteiligt. – Hier erwähnt: seine 1962 erschienene Veröffentlichung »Hitlers glücklichster Tag: London, am 18. Juni 1935«; das in Adenauers Bibliothek erhaltene Exemplar trägt die Widmung »Dem hochverehrten Bundeskanzler Konrad Adenauer, der all das hat ausbaden müssen..., Chardonne/Vd. Sept. 1962«.

37 Deutsch-britisches Abkommen vom 18.6.1935 über die gegenseitigen Flottenstärken.

Nr. 35

a ‹ › Textergänzung am Rande der Manuskriptseite.

1 Villa von Rigal in Bad Godesberg (Kurfürstenallee), 1849 erbaut von Freiherr Ludwig Maximilian *von Rigal-Grunland*, nach 1945 für Besatzungszwecke beschlagnahmt, 1962-1970 vom Bundeswehramt genutzt, 1982-1984 zur Botschaft der Volksrepublik China ausgebaut; schriftl. Mitteilung von Stadtamtsrat *Kleinpass* (Stadtarchiv Bonn) an den Bearb. vom 25.3.1992.

2, 3 Vgl. Nr. 34, Anm. 16.

4 Vgl. Nr. 25, Anm. 7; Nr. 29, Anm. 4.

5 Als Bismarck-Zitat ist eine derartige Äußerung (die in Abwandlungen gele-

gentlich auch Adenauer zugeschrieben wird, ebenfalls ohne exakte Textgrundlage) nicht nachweisbar. Eine Variante des Diktums (de Gaulle 1960) nennt Hans-Peter *Schwarz*, Adenauer. Der Staatsmann, S. 753.

6   Vgl. Nr. 18, Anm. 28; Nr. 17, Anm. 18.

7   Vgl. Nr. 33, Anm. 3.

8   *De Gaulle* hatte in einer Pressekonferenz vom 29.7.1963 den Beitritt Frankreichs zum Teststopp-Abkommen abgelehnt; »Ohne zu verkennen, daß das Moskauer Abkommen für niemanden unerfreulich ist – jedenfalls nicht für uns –, muß man doch klar sehen, daß es an der furchtbaren Bedrohung nichts ändert, der die Welt durch die Atomrüstungen der beiden Rivalen ausgesetzt ist, und insbesondere die Völker, die keine Atomrüstung haben. Es ist eine Tatsache, daß alle beide über genügend Mittel verfügen, um die ganze Welt zu vernichten, und es ist ebenfalls eine Tatsache, daß keiner von ihnen daran denkt, darauf zu verzichten«; zit. nach AdG, Jg. 33 (1963), S. 10724. Hierzu auch die Schreiben des Staatspräsidenten an *Macmillan* und *Kennedy* vom 4.8.1963 in seinen Lettres, Notes et Carnets, 1961–1963, S. 355-358.

9   James William *Fulbright* (geb. 1905), Dr. jur., 1944–1974 Senator von Arkansas, 1945–1974 Mitglied des amerikanischen Senats (Demokrat), 1959–1974 Vorsitzender des Außenpolitischen Senats-Ausschusses. – Zu seinen Begegnungen mit Adenauer am 10./11.8.1963 der Hinweis in Nr. 34, Anm. 34.

10   Vgl. Nr. 24, Anm. 39.

11   Vom 21.–24.8.1962; dazu die Unterlagen in StBKAH 02.27.

12   Vgl. Daniel *Schorr*, An old Warrior looks back. Germany's retiring Chancellor Adenauer tells his unique story of a lifetime in politics, in der Ausgabe der »Saturday Evening Post« vom 19.10.1963. Dazu die Abb. auf S. 435.

13   Vgl. Nr. 30, Anm. 27.

14   Im Nachlaß Adenauers sind Tagebucheintragungen nur aus dem Jahre 1917 und vom 13.9.1933 erhalten; vgl. Adenauer im Dritten Reich, S. 174, 549. – Zu diesem Detail des Gesprächs die Fassung in Schorrs Veröffentlichung vom Oktober 1963: »I have kept no diary ... The lack of personal notes was not neglect, but intent. I do not trust the impressions formed in the heat of the day's events. But I have a good memory and can reconstruct much« (wie Anm. 12).

15   Bei CBS-Aufnahmen und zwei Gesprächen mit Schorr am 2./3.6.1960 (Besucherliste).

16   Vgl. Nr. 24, Anm. 21.

17   In dieser Eindeutigkeit ist eine derartige Aussage nicht nachweisbar. Zu der damals vertretenen Position Adenauers vgl. seine erste Regierungserklärung vom 20.9.1949: »Wenn die Bundesregierung so entschlossen ist, dort, wo es ihr vertretbar erscheint, Vergangenes vergangen sein zu lassen, in der Überzeugung, daß viele für subjektiv nicht schwerwiegende Schuld gebüßt haben, so ist sie andererseits doch unbedingt entschlossen, aus der Vergangenheit die nötigen Lehren gegenüber allen denjenigen zu ziehen, die an der Existenz unseres Staates

rütteln, ... mögen sie nun zum Rechtsradikalismus oder zum Linksradikalismus zu rechnen sein« (Adenauer-Reden, S. 163).

18 Vgl. Nr. 6, Anm. 24.
19 Vgl. Nr. 23.
20 Vgl. Nr. 34, Anm. 34.
21 General James *Polk* (amerikanischer Stadtkommandant in Berlin) hatte am 10.8.1963 die Reduzierung der Berlin-Brigade von 6000 auf 5400 Mann angekündigt; vgl. Joachim *Drogmann*, Chronik 1963, S. 206.
22 Bei Cyrus L. *Sulzberger* (The Last of the Giants, S. 409) ein Hinweis vom 9.7.1957 auf »Senator Kennedy's recent speech [3.7.1957] demanding American intervention to secure Algerian independence«; vgl. a. AdG, Jg. 27 (1957), S. 6525.
23 Vgl. Nr. 25, Anm. 8.
24 Vgl. Nr. 25, Anm. 14.
25 Vgl. Nr. 25, Anm. 13.
26 Vgl. Nr. 25, Anm. 7.
27 Vgl. Nr. 25, Anm. 26.
28 In dieser Pause empfing Adenauer Thomas *Dehler* (»auf eigenen Wunsch, vor seiner Reise nach Moskau«; Besucherliste).
29 Zum nachfolgenden, unter Verwendung dieser Gesprächspassage, Hans Peter *Mensing*, Quellenforschung zur Adenauerzeit. Schwerpunkte – Resultate – Defizite, in: Anselm *Doering-Manteuffel* (Hrsg.), Adenauerzeit (erscheint demnächst als Bd. 13 der »Rhöndorfer Gespräche«). – Auf die hier beschriebenen Tendenzen und Fehlentwicklungen hat Adenauer in seinen als Kanzler und CDU-Parteivorsitzender gehaltenen Reden sehr häufig eindringlich hingewiesen; ein Beispiel in den Adenauer-Reden, S. 324-327.
30 Hierzu der entsprechende Passus im Artikel der »Saturday Evening Post«: »To some extent Adenauer blames himself for West Germany's rampant materialism. Vying with the Socialists for popular support, he says, the government would ask the voter, ›Do you want a nice sofa or would you rather have a couple of good books?‹ And when the voter chose the sofa, he got it. Today, Adenauer thinks, there are enough sofas, but not enough classrooms or teachers« (s. oben Anm. 12).
31 Vgl. Nr. 7, Anm. 24.
32 August *Thyssen* (1842–1926), gründete 1871 die Thyssen & Co KG, 1890 die August Thyssen-Hütte AG in Duisburg.
33 Fritz *Thyssen* (1873–1951), leitete 1926–1939 den Thyssen-Konzern, 1928–1936 Vorsitzender der Internationalen Rohstahlgemeinschaft, 1933 der NSDAP beigetreten, 1939 in die Schweiz, 1940 nach Frankreich emigriert, dort verhaftet und nach Deutschland ausgeliefert, in die Konzentrationslager Oranienburg und Buchenwald verbracht.
34 »Der von Adenauer genannte Betrag von 3000 Taler Kapital ist nicht ganz

korrekt; August Thyssen hat sich 1871 in Mülheim mit einem Eigenkapital von 35.000 Talern selbständig gemacht, das durch seinen Vater in gleicher Höhe aufgestockt wurde«; schriftl. Mitteilung von Dr. Carl-Friedrich *Baumann* (Archiv der Thyssen AG, Duisburg) an den Bearb. vom 7.5.1992.

35 Robert *Pferdmenges* (1880-1962), Dr. rer. pol. h.c., 1931-1955 Teilhaber des Privat-Bankhauses Sal. Oppenheim jr. & Cie (1938-1947 Fa. Pferdmenges & Co), 1947-1949 Mitglied des Wirtschaftsrates (CDU), 1950-1962 MdB.

36 Friedrich *Flick* (1883-1972), begründete den nach ihm benannten Konzern der Eisen- und Stahlindustrie, nach 1933 Wehrwirtschaftsführer und NSDAP-Mitglied, 1945 interniert, 1947 wegen des Einsatzes von Zwangsarbeitern von einem amerikanischen Militärgericht zu siebenjähriger Haft verurteilt, 1950 entlassen. – Zur Charakterisierung von Flick und Pferdmenges ein Adenauer-Brief an Dannie N. *Heineman* vom 18.6.1933 in: Adenauer im Dritten Reich, S. 138f.

37 Vgl. Nr. 11, Anm. 37.

38 Vgl. Nr. 33, Anm. 5. Dazu auch die Angaben bei Horst *Osterheld*, »Ich gehe nicht leichten Herzens...«, S. 251. Dort (S. 252) auch der Hinweis auf Adenauers heftige Reaktion auf den Moskauer Vertrag in der Kabinettssitzung vom 12.8.1963: »Wenn die Mehrheit der Koalitionsparteien für den Vertrag gewesen wäre, so wie er war, wäre ich sofort zurückgetreten ... Wenn ich für meine Auffassung keine Mehrheit bekommen hätte, hätte ich mein Amt umgehend niedergelegt, schon um zu dokumentieren, wie wichtig diese Sache ist«; dazu auch Heinrich *Krones* Tagebucheintragung vom 13.8.1963 in seinen Aufzeichnungen, S. 179.

39 In einer Pressekonferenz des amerikanischen Präsidenten vom 1.8.1963 sowie in seiner Botschaft an den Senat vom 8.8.1963; Wortlaut: Public Papers, 1963, S. 612-619, 622f.

40 Gemeint ist: der am 18.4.1962 der Genfer Abrüstungskonferenz (vgl. Nr. 10, Anm. 19) vorgelegte amerikanische Entwurf über die ›Grundzüge einer allgemeinen und vollständigen Abrüstung‹; vgl. AdG, Jg. 32 (1962), S. 9825f.

41 Vgl. Nr. 33, Anm. 4.

42 Nach dieser Quellenangabe bezieht sich *von Hase* auf den Beitrag von David E. *Mark*, Die weltpolitischen Auswirkungen des Moskauer Vertrags vom 5.8.1963, in: EA, Jg. 18 (1963), S. 747-762.

43 Bezieht sich auf die ab Frühjahr 1962 erörterte Schaffung einer internationalen Zugangsbehörde für die Zugangswege nach West-Berlin, unter Einbeziehung beider deutscher Staaten; vgl. Nr. 15, Anm. 8, 11.

44 William Averell *Harriman* (1891-1986), 1942-1946 amerikanischer Botschafter in Moskau, 1955-1959 Gouverneur des Staates New York, 1961-1963 Unterstaatssekretär für Fernostfragen im State Department, 1961 und 1965-1968 Sonderbotschafter der Präsidenten Kennedy und Johnson. Gemeinsam mit dem britischen Sonderbeauftragten Lord *Hailsham* hatte Harriman in den Vorwochen in Moskau das Teststopp-Abkommen ausgehandelt; vgl. Horst *Osterheld*, a.a.O., S. 240.

45 Grundlage der hierzu im Sommer 1963 geführten Diskussion: eine Sowjetnote vom 8.4.1963 an die Regierungen der USA, Großbritanniens und der Bundesrepublik; Wortlaut: Dokumente zur Deutschlandpolitik, IV/9, S. 248-255. Zu der daran anschließenden Diskussion und den entsprechenden Aussagen im Kommuniqué über die Moskauer Drei-Mächte-Verhandlungen vom 25.7.1963 (a.a.O., S. 578) hatte Staatssekretär *von Hase* am 31.7.1963 Stellung genommen; vgl. das Protokoll a.a.O., S. 579-585.

46 S. oben Anm. 15.

47 Vgl. Peter *Siebenmorgen*, Gezeitenwechsel, passim.

48 Am 5.8.1963; vgl. Nr. 33, Anm. 3.

49 Ausführliche Angaben zu den Terminverpflichtungen und Aktivitäten Adenauers vor dem Ausscheiden aus dem Kanzleramt in: »Unserem Vaterlande zugute«, S. 485; vgl. a. Horst *Osterheld*, a.a.O., S. 254-270, und Hans-Peter *Schwarz*, a.a.O., S. 853-868.

50 Am 9./10.10.1963 (27. offizieller Berlin-Besuch seit 1950). Adenauer wurde bei dieser Gelegenheit in einem Festakt im Rathaus Schöneberg die Ehrenbürgerwürde verliehen; vgl. Joachim *Drogmann*, a.a.O., S. 214f. Hierzu auch Adenauers Angaben in Nr. 36 (bei Anm. 8).

51 Am 11.10.1963 übergab Adenauer Heinrich *Lübke* sein Rücktrittsschreiben (vgl. die Abb. auf S. 454) – dieser gab den offiziellen Abschiedsempfang am 14.10.1963.

52 Vgl. Nr. 29, Anm. 34. – Zum Wahlkampf 1965 und zur anschließenden Regierungsbildung Hans-Peter *Schwarz*, a.a.O., S. 909-915; s. unten Anm. 58.

53 Josef-Hermann *Dufhues* (1908-1971), 1946/47 und 1950-1971 MdL (CDU) in Nordrhein-Westfalen, dort 1958-1962 Innenminister, 1959-1971 Vorsitzender des CDU-Landesverbandes Westfalen, 1962-1966 erster Geschäftsführender Vorsitzender der CDU-Bundespartei.

54 Eine im Frühsommer 1965 geplante USA-Reise Adenauers (vorgeschlagen von Botschafter *Knappstein* am 29.3.1965) kam wegen besonderer Umstände nicht zustande: »Auf der Rückreise von Cadenabbia verunglückte der ›Rheingold‹-Express, in dem ich war [7.5.1965: Zusammenstoß mit einem Sattelschlepper], und ich trug einen Schock davon, der mich zwang, einige Wochen der Arbeit fernzubleiben. In der Zwischenzeit ist nun unsere Bundestagswahl so nahe herangekommen, daß ich mit Arbeit überhäuft bin. Es tut mir sehr leid, nicht nach Amerika kommen zu können. Ich hätte es sehr gerne getan« (aus einem Schreiben an den Botschafter vom 11.6.1965; StBKAH II/20).

55 Zum Staatsbesuch des Bundeskanzlers im Vatikan (16.-18.9.1963) vgl. Horst *Osterheld*, a.a.O., S. 255f., und Hans-Peter *Schwarz*, a.a.O., S. 857. – Dazu und zum anschließenden inoffiziellen Besuch in Rom auch die zahlreichen Unterlagen in StBKAH 12.54.

56 Am 11.9.1958 (Besucherliste).

57 Vgl. Nr. 30, Anm. 27.

58 »Ich habe mir vorgenommen, aus meiner Funktion als Abgeordneter heraus und mit meinem Erfahrungsschatz auch der künftigen Bundesregierung zur Verfügung zu stehen, wenn man es von mir wünscht. Ich möchte so auch unserem Volk nützlich sein, so lange es mir vergönnt ist« (aus einem am 11.10.1963 veröffentlichten Interview mit Erich *Wagner*, dem Direktor der »Dimitag«-Gemeinschaft mittlerer Tageszeitungen e. V.; StBKAH 12.31).
In diesem Sinne, durchaus kritisch gegenüber seinem Amtsnachfolger *Erhard*, veröffentlichte Adenauer aus Anlaß der Bundestagswahlen 1965: Möglichkeiten einer Koalition. Erfahrungen mit vier Regierungen, in: Die Politische Meinung, Jg. 10 (1965), H. 108, S. 13-17.
59 Vgl. Nr. 29, Anm. 3.

Nr. 36
1 Erika *Galla* (geb. 1924), seit 1952 Mitarbeiterin im Büro Chef vom Dienst des Presse- und Informationsamtes der Bundesregierung.
2 Erich *Eggeling* (1902–1984), ab 1949 Leiter der Inlandsredaktion, Chef des aktuellen Nachrichtendienstes und stellvertretender Chefredakteur, 1959–1967 Chefredakteur der Deutschen Presse-Agentur (dpa).
3 Vgl. Nr. 35, Anm. 51.
4 Zonenbeirat für die britisch besetzte Zone (Konstituierende Sitzung: 6.3.1946; letzte Tagung: 29.6.1948); zu den dortigen Aktivitäten Adenauers – seinen Kontakten, Korrespondenzen und Anträgen – die zahlreichen Belege in seinen »Briefen 1945–1949«.
5 Hans-Joachim *Kausch* (1907–1974), Dr., nach 1945 Chefredakteur des Deutschen Pressedienstes (dpd), ab 1950 im Berliner Büro der Tageszeitung »Die Welt«.
Nachweis früherer Teilnahme an Adenauers Teegesprächen (mit weiteren biographischen Angaben): 1950–1954, S. 5, 12, 126, 146, 168, 171, 184, 199, 255, 365, 407, 414, 435, 460, 488.
6 Vermutlich gemeint: Adenauers Besprechung mit Fritz *Heine*, Fritz *Henßler* und Erich *Ollenhauer*, die am 17.6.1948 in der SPD-Parteizentrale in Hannover zustande kam und an der *Schumacher* wegen Krankheit nicht teilnehmen konnte; vgl. Konrad *Adenauer*, Erinnerungen 1945–1953, S. 142f.
7 Franz *Neumann* (1904–1974), 1946–1958 Vorsitzender des West-Berliner SPD-Landesverbandes, 1946–1960 Mitglied des Abgeordnetenhauses (Fraktionsvorsitzender), 1949–1969 MdB.
8 Vgl. Nr. 35, Anm. 50.
9 Curt *Frenzel* (1900–1970), 1945–1970 Lizenzträger, Verleger und Chefredakteur der »Schwäbischen Landeszeitung« (ab 1959: »Augsburger Allgemeine Zeitung«).
10 Dazu die Erinnerungen Heinrich *Schumachers* (1946–1949 Fahrer Adenauers) bei Paul *Weymar*, Adenauer, S. 292f.

11 In der Vorlage »Drews«. Gemeint ist: August *Dresbach* (1894–1968), Dr. phil., Redakteur der »Kölnischen Zeitung« (1925–1939) und der »Frankfurter Zeitung« (1941–1943), 1945–1951 Landrat in Gummersbach, 1949–1965 MdB (CDU). – Eigene Erinnerungen an »Erlebnisse mit Konrad Adenauer (Regieren, das hatte er gelernt)« veröffentlichte Dresbach kurz vor dem Kanzlerrücktritt im »Sonntagsblatt« vom 13.10.1963.

12 Am Autobahn-Kontrollpunkt Marienborn hatten am 10.10.1963 sowjetische Posten amerikanische Militärkonvois an der Weiterfahrt nach Berlin und in die Bundesrepublik gehindert; hierzu und zu den Konflikten der Folgetage Joachim *Drogmann*, Chronik 1963, S. 215f.

13 Präsident *Kennedy* hatte am 9.10.1963 den Verkauf von Weizen aus amerikanischen Überschußbeständen an die Sowjetunion genehmigt; vgl. AdG, Jg. 33 (1963), S. 10846f.

14 Am 10.10.1963; vgl. a.a.O., S. 10848f.

15 Die letzte Begegnung mit Christian *Herter* datiert vom 18.7.1963 (Besucherliste).

16 Die Aussage des republikanischen Präsidentschaftskandidaten konnte nicht nachgewiesen werden.

17 Der »Rat der Weisen« (das 1951 eingerichtete Exekutivbüro des nichtständigen Komitees des Nordatlantikrates) koordinierte die NATO-Rüstungsprogramme; ihm gehörten 1956 an: Halvard *Lange*, Gaetano *Martino* und Lester *Pearson*, die damals das Konzept einer auch nicht-militärischen Zusammenarbeit der Bündnispartner erarbeiteten; vgl. Franz *Herre*, Ein geistiger Generalstab des Westens, in: »Rheinischer Merkur« vom 2.3.1962.

18 Die Bundesrepublik hatte am 18.12.1962 nach einer entsprechenden Empfehlung des NATO-Rates ein Ausfuhrverbot für Pipeline-Röhren an die Sowjetunion verhängt; vgl. Hans-Peter *Schwarz*, Adenauer. Der Staatsmann, S. 814. – Zum »Röhren-Embargo«, das die »Verstärkung des militärischen Potentials der Sowjetunion« verhindern sollte, auch eine Erklärung von Außenminister Schröder vom 3.4.1963, im Bulletin, Nr. 63 vom 5.4.1963 (S. 555).

19 Vermutlich bei einem Abendessen, das Adenauer am 10.10.1963 in den Räumen des Kanzleramtes für das Diplomatische Corps gegeben hatte (Besucherliste).

20 Berthold *Beitz* (geb. 1913), 1953–1967 Generalbevollmächtigter bei Krupp, ab 1970 Aufsichtsratsvorsitzender verschiedener Großunternehmen. – Zur Verbindung Adenauer–Beitz und zu dessen 1960/61 geführten Verhandlungen (die der Vorbereitung des am 7.3.1963 abgeschlossenen deutsch-polnischen Handelsabkommens dienten, vgl. Nr. 28, Anm. 20) Adenauers »Teegespräche 1959–1961«, S. 414, 420f., 490, 724f., 727.

21 George C. *McGhee* (geb. 1912), 1961–1963 Unterstaatssekretär im amerikanischen Außenministerium, 1963–1968 Botschafter in Bonn. – Wortlaut seiner hier erwähnten Rede vom 9.10.1963 in: Dokumente zur Deutschlandpolitik,

IV/9, S. 772-780. An seine »Begegnungen mit Adenauer (Mai-August 1963)« erinnert McGhee in: Botschafter in Deutschland, S. 51-73.
22 In StBKAH 16.32 u. a. dokumentiert: Adenauers ausführliches Gespräch mit Peter *Boenisch* vom 4.10.1963, »das längste Interview, das die Bild-Zeitung jemals veröffentlicht hat« (am 11.10.1963); ein Exklusivinterview mit Henri *de Kergolay*, das »Le Figaro« am 5.10.1963 veröffentlichte; das am 8.10.1963 mit Ernst *Weisenfeld* geführte Fernsehinterview. Vgl. a. Nr. 35, Anm. 58.
23 Vgl. Nr. 7, Anm. 24.
24 Trumans Vater (John Anderson *Truman* [1851-1914]) war Farmer. Adenauer meint den Vater von John F. Kennedy, Joseph Patrick *Kennedy* (vgl. Nr. 32, Anm. 22).
25 Zum ersten USA-Aufenthalt Adenauers (6.-18.4.1953) vgl. seine Erinnerungen 1945-1953, S. 564-589, und »Briefe 1951-1953«, S. 353-357.
26 Vgl. Nr. 25, Anm. 7; Nr. 29, Anm. 4.
27 Nach telef. Auskunft der Wissenschaftlichen Dienste des Deutschen Bundestages vom 17.7.1992 hatte der Ausschuß für Verteidigung in seiner 56. Sitzung vom 10.10.1963 *ausschließlich* den einzigen Tagesordnungspunkt »Mittleres Kampfzonentransportflugzeug ›Transall C 160‹« behandelt.
28 Der britische Außenminister *Douglas-Home* hatte kurz vor dem Jahreskongreß der Konservativen Partei (9.-12.10.1963 in Blackpool) die Rücktrittserklärung von Premierminister *Macmillan* verlesen (der sich am 10.10.1963 einer Prostata-Operation unterziehen mußte); Nachfolger ab 19./20.10.1963: Douglas-Home. Hierzu das Abschlußkapitel »The Stroke of Fate« in: Harold *Macmillan*, At the End of the Day, S. 486-519.
29 Vgl. Nr. 18, Anm. 38.

Abkürzungen

AA	Auswärtiges Amt
a.a.O.	am angegebenen Ort
Abb.	Abbildung
ABC-Waffen	Atomare, biologische, chemische Waffen
Abg.	Abgeordneter
ACDP	Archiv für Christlich-Demokratische Politik der Konrad-Adenauer-Stiftung
AdG	Keesing's Archiv der Gegenwart
AdsD	Archiv der sozialen Demokratie
AFN	American Forces Network
AFP	Agence France-Presse
Anm.	Anmerkung
AP	Associated Press
ARD	Arbeitsgemeinschaft der öffentlich-rechtlichen Rundfunkanstalten der Bundesrepublik Deutschland
Art.	Artikel
BA	Bundesarchiv
BBC	British Broadcasting Corporation
Bd./Bde.	Band, Bände
BDI	Bundesverband der Deutschen Industrie
Bearb.	Bearbeiter
BGBl.	Bundesgesetzblatt
BHE	Block der Heimatvertriebenen und Entrechteten
BPA	Bundespresseamt; Presse- und Informationsamt der Bundesregierung
BVG	Bundesverfassungsgericht
CBS	Columbia Broadcasting System
CDP	Christlich-Demokratischer Pressedienst
CDU	Christlich-Demokratische Union Deutschlands
CIA	Central Intelligence Agency
CSU	Christlich-Soziale Union
DAG	Deutsche Angestellten-Gewerkschaft
DC	Democrazia Cristiana
DDP	Deutsche Demokratische Partei
DDR	Deutsche Demokratische Republik
ders.	derselbe

DGB	Deutscher Gewerkschaftsbund
DIHT	Deutscher Industrie- und Handelstag
Dimitag	Dienst mittlerer Tageszeitungen
DNVP	Deutschnationale Volkspartei
Dok.	Dokument
DP	Deutsche Partei
dpa	Deutsche Presse-Agentur
DStP	Deutsche Staatspartei
DVP	Deutsche Volkspartei
EA	Europa-Archiv
EEC	European Economic Community
EFTA	European Free Trade Association
EG	Europäische Gemeinschaft
EGKS	Europäische Gemeinschaft für Kohle und Stahl
EKD	Evangelische Kirche in Deutschland
EMNID	Erforschung der öffentlichen Meinung, Marktforschung, Nachrichten- und Informations-Dienst
Euratom	Europäische Atomgemeinschaft
EVG	Europäische Verteidigungsgemeinschaft
EWG	Europäische Wirtschaftsgemeinschaft
FAZ	Frankfurter Allgemeine, Zeitung für Deutschland
FBI	Federal Bureau of Investigation
FDP	Freie Demokratische Partei
FIBAG	Finanzbau-Aktiengesellschaft
FLN	Front de Libération Nationale
GATT	General Agreement of Tariffs and Trade
GB	Gesamtdeutscher Block
Gestapo	Geheime Staatspolizei
GG	Grundgesetz
GWU	Geschichte in Wissenschaft und Unterricht
H.	Heft
Hrsg.	Herausgeber
hs.	handschriftlich
IG	Industriegewerkschaft
INF	Intermediate-Range Nuclear Forces
JFK	John F. Kennedy
Jg.	Jahrgang
KPD	Kommunistische Partei Deutschlands
KPdSU	Kommunistische Partei der Sowjetunion
LDPD	Liberal-Demokratische Partei Deutschlands
MC	Military Committee
MdB	Mitglied des Bundestages

MdL	Mitglied des Landtages
MdR	Mitglied des Reichstages
MLF	Multilateral Force
ms.	maschinenschriftlich
NATO	North Atlantic Treaty Organization
NDR	Norddeutscher Rundfunk
NL	Nachlaß
NSDAP	Nationalsozialistische Deutsche Arbeiterpartei
NWDR	Nordwestdeutscher Rundfunk (-Verband)
OAS	Organisation de l'Armée Secrète
o. D.	ohne Datum
OECD	Organization for Economic Cooperation and Development
OEEC	Organization for European Economic Cooperation
ÖTV	Gewerkschaft Öffentliche Dienste, Transport und Verkehr
ÖVP	Österreichische Volkspartei
o. J.	ohne Jahr
PCF	Parti Communiste Français
RIAS	Rundfunk im amerikanischen Sektor (von Berlin)
RPF	Rassemblement du Peuple Français
SA	Sturmabteilung der NSDAP
SACEUR	Supreme Allied Commander Europe
SBZ	Sowjetisch Besetzte Zone
SEATO	South East Asia Treaty Organization
SED	Sozialistische Einheitspartei Deutschlands
SFB	Sender Freies Berlin
SJ	Societas Jesu
Sofina	Société Financière de Transports et d'Entreprises Industrielles
SPD	Sozialdemokratische Partei Deutschlands
SPÖ	Sozialistische Partei Österreichs
SS	Schutzstaffeln der NSDAP
StBKAH	Stiftung Bundeskanzler-Adenauer-Haus
TASS	Telegrafnoje Agenstwo Sowjetskowo Sojusa
UDR	Union des Démocrates pour la République
UdSSR	Union der Sozialistischen Sowjet-Republiken
UNESCO	United Nations Educational, Scientific and Cultural Organization
UN(O)	United Nations (Organization)
UNR	Union pour la Nouvelle République
UPI	United Press International
USA	United States of America
USIS	United States Information Service
VfZ	Vierteljahrshefte für Zeitgeschichte
vgl.	vergleiche

WDR	Westdeutscher Rundfunk
WEU	Westeuropäische Union
ZDF	Zweites Deutsches Fernsehen
ZK	Zentralkomitee
‹ ›	Textvarianten und Auslassungen
[ ]	Ergänzungen und Korrekturen des Bearbeiters

Quellen- und Literaturverzeichnis

Ungedruckte Quellen

Dokumente:

Stiftung Bundeskanzler-Adenauer-Haus, Bad Honnef-Rhöndorf
Nachlaß Konrad Adenauer
Bestand Dannie N. Heineman

Archiv für Christlich-Demokratische Politik der Konrad-Adenauer-Stiftung, Sankt Augustin
Nachlaß Felix von Eckardt

Presse- und Informationsamt der Bundesregierung, Bonn
Pressearchiv
Dokumentation

John F. Kennedy Library, Boston/Massachusetts
National Security Files
Oral History Program
President's Office Files
Robert F. Kennedy Papers

Harry S. Truman Library, Independence/Missouri
Papers of Dean Acheson

Schriftliche und mündliche Informationen:

Dr. Georg Adenauer, Schleiden
Dr. Konrad Adenauer, Köln
Dr. Max Adenauer, Köln
Dr. Paul Adenauer, Bergisch Gladbach
Dr. Gerd Albrecht, Deutsches Institut für Filmkunde, Frankfurt/Main
Dr. Willy Albrecht, Friedrich-Ebert-Stiftung, Bonn
American Forces Network, Frankfurt/Main
Reinhard Appel, Bonn
Dr. Carl-Friedrich Baumann, Archiv der Thyssen AG, Duisburg
Caroline Becker, Britische Botschaft (Presse- und Informationsabteilung), Bonn

Georg Bönisch, »Der Spiegel«, Düsseldorf
Botschaft der Republik Nicaragua, Bonn
Hedwig Brengmann-Domogalla M. A., Presse- und Informationsamt der Bundesregierung, Bonn
Dr. Werner Breunig, Landesarchiv Berlin
Ingrid Brzoska, IG Metall Pressestelle, Frankfurt/Main
Dr. E. Büttner, Bundesarchiv, Koblenz
Columbia Broadcasting System, Bonn
George H. Curtis, Harry S. Truman Library, Independence/Missouri
Deutsche Bundesbank, Frankfurt/Main
Kurt DeWitt
Subir Dutta, Botschaft der Republik Indien (Informationsabteilung), Bonn
Prof. Dr. Ernst Engelberg, Berlin-Treptow
»Frankfurter Allgemeine« (Archiv), Frankfurt/Main
Dr. Theodor Gehling, Politisches Archiv des Auswärtigen Amtes, Bonn
Prof. Dr. Wilhelm G. Grewe, Königswinter
Dr. Manfred Groten, Historisches Archiv der Stadt Köln
Anton Georg Grützner, Deutschland-Union-Dienst, Bonn
Hugo Haig-Thomas, Britische Botschaft (Presse- und Informationsabteilung), Bonn
Karl-Günther von Hase, Bonn
Prof. Dr. Ulrich von Hehl, Kommission für Zeitgeschichte, Forschungsstelle Bonn
James H. Heineman, New York/New York
Karin Hellwig, »Stern« (Leserbriefredaktion), Hamburg
Ministerialrat Hans Christian Hillner, Deutscher Bundestag (Parlamentsarchiv), Bonn
Marion Hoffmeyer, Verein der Ausländischen Presse in der Bundesrepublik Deutschland e. V., Bonn
Brigitte James, USIS Bonn – Reference Services, Bonn
Gabriele Jansen, Associated Press GmbH, Frankfurt/Main
William Johnson, John F. Kennedy Library, Boston/Massachusetts
Prof. Dr. Friedrich Kahlenberg, Bundesarchiv, Koblenz
Stadtamtsrat Kleinpass, Stadtarchiv Bonn
»Kölnische Rundschau« (Archiv), Köln
Günter Koeth M. A., Deutscher Bundestag (Parlamentsarchiv), Bonn
Flora Lewis, »The New York Times«, Paris
Ministerialrat Peter Limbach, Bundesministerium des Innern, Bonn
Dr. Martin Nathusius, Fondation Jean Monnet pour l'Europe, Lausanne
»The New York Times«, Bonn
Bernard Nuss, Französische Botschaft (Presseabteilung), Bonn
Dr. Jean-Paul Picaper, »Le Figaro«, Bonn

Maura Porter, John F. Kennedy Library, Boston/Massachusetts
Dorothea Ramroth, »Time«, Bonn
Dr. Heinz Jürgen Real, Bundesarchiv, Koblenz
Heinz Reuter, Bodenbach
Dr. Emil Ritter, Bundesarchiv, Koblenz
Silke Rosemann, Radio Free Europe/Radio Liberty, München
Klaus-Henning Rosen, Bundesministerium des Innern, Bonn
Wolf Schaedlich, Axel Springer Verlag AG (Textarchiv), Hamburg
Petra Spitz, USIS Bonn – Reference Services, Bonn
»Süddeutsche Zeitung« (Archiv), München
Jutta Temme, »Der Spiegel«, Hamburg
United Press International, Bonn
Herbert Weffer, Archiv des Rhein-Sieg-Kreises, Siegburg
Dr. Wolfram Werner, Bundesarchiv, Koblenz
Benedict K. Zobrist, Harry S. Truman Library, Independence/Missouri

Gedruckte Quellen und Literatur

Adenauer, Konrad: Erinnerungen, Bd. 1: 1945–1953; Bd. 2: 1953–1955; Bd. 3: 1955–1959; Bd. 4: 1959–1963. Fragmente, Stuttgart 1965–1968.

Adenauer, Briefe 1945–1947; 1947–1949; 1949–1951; 1951–1953; Heuss-Adenauer. »Unserem Vaterlande zugute«: Der Briefwechsel 1948–1963, hrsg. von *Rudolf Morsey* und *Hans-Peter Schwarz,* bearb. von *Hans Peter Mensing,* Berlin 1983, 1984, 1985, 1987, 1989.

Adenauer im Dritten Reich, hrsg. von *Rudolf Morsey* und *Hans-Peter Schwarz,* bearb. von *Hans Peter Mensing,* Berlin 1991.

Adenauer, Teegespräche 1950–1954; 1955–1958; 1959–1961, hrsg. von *Rudolf Morsey* und *Hans-Peter Schwarz,* bearb. von *Hanns Jürgen Küsters,* Berlin 1984, 1986 und 1988.

Adenauer: »Wir haben wirklich etwas geschaffen.« Die Protokolle des CDU-Bundesvorstandes 1953–1957, bearb. von *Günter Buchstab,* Düsseldorf 1990.

Adenauer-Studien I–V, hrsg. von *Rudolf Morsey* und *Konrad Repgen,* Mainz 1971, 1972, 1974, 1977 und 1986.

Konrad Adenauer. Dokumente aus vier Epochen deutscher Geschichte. Führer durch Ausstellung und Wohnhaus in Rhöndorf, Bad Honnef/Rhöndorf [5]1986.

Konrad Adenauer. Reden 1917–1967. Eine Auswahl, hrsg. von *Hans-Peter Schwarz,* Stuttgart 1975.

Konrad Adenauer und seine Zeit. Politik und Persönlichkeit des ersten Bundeskanzlers, Bd. 1: Beiträge von Weg- und Zeitgenossen; Bd. 2: Beiträge der

Wissenschaft, hrsg. von *Dieter Blumenwitz, Klaus Gotto, Hans Maier, Konrad Repgen* und *Hans-Peter Schwarz*, Stuttgart 1976.

Konrad Adenauer. Seine Zeit – sein Werk. [Katalog zur] Ausstellung aus Anlaß des 100. Geburtstages am 5. Januar 1976, bearb. von *Everhard Kleinertz* und *Hugo Stehkämper*, hrsg. vom *Historischen Archiv der Stadt Köln*, Köln 1976.

Akten der Reichskanzlei. Weimarer Republik, hrsg. von *Karl Dietrich Erdmann* und *Hans Booms*: Die Kabinette Marx I und II, 2 Bde., bearb. von *Günter Abramowski*, Boppard/Rhein 1973.

American Newspaper Journalists, 1926–1950, hrsg. von *Perry J. Ashley*, Detroit 1984.

Archiv der Gegenwart, Jg. 15–33 (1945–1963), Bonn-Wien-Zürich

Arnolds, Wilhelm Werner: Die Entstehung des deutsch-französischen Vertrages vom 22. Januar 1963 und seine Bedeutung für die Außen- und Europapolitik Konrad Adenauers, Diss. phil. Köln 1980.

Die Auswärtige Politik der Bundesrepublik Deutschland, hrsg. vom *Auswärtigen Amt* unter Mitwirkung eines wissenschaftlichen Beirats, Köln 1972.

Ball, George W.: Disziplin der Macht. Voraussetzungen für eine neue Weltordnung, Frankfurt/Main 1968.

Baring, Arnulf: Sehr verehrter Herr Bundeskanzler! Heinrich von Brentano im Briefwechsel mit Konrad Adenauer 1949–1964, Hamburg 1974.

Beier, Gerhard: Willi Richter. Ein Leben für die soziale Neuordnung, Köln 1978.

Berlin. Quellen und Dokumente 1945–1951, 2 Halbbde., hrsg. im Auftrage des *Senats von Berlin*, bearb. durch *Hans J. Reichhardt/Hanns U. Treutler/Albrecht Lampe*, Berlin 1964.

Bernecker, Walter L./Dotterweich, Volker (Hrsg.): Persönlichkeit und Politik in der Bundesrepublik Deutschland. Politische Porträts, 2 Bde., Göttingen 1982.

Bibliographie zur Geschichte der CDU und CSU 1945–1980, erstellt von *Gerhard Hahn*, Stuttgart 1982.

Biographien zur Zeitgeschichte seit 1945, hrsg. von *Wolf-Rüdiger Baumann/Gustav Fochler-Hauke*, Frankfurt/Main ²1985.

Biographisches Handbuch der deutschsprachigen Emigration nach 1933, Bd. 1: Politik, Wirtschaft, Öffentliches Leben; Bd. 2: The Arts, Science and Literature; Bd. 3: Gesamtregister, hrsg. vom *Institut für Zeitgeschichte*, München, und von der *Research Foundation for Jewish Immigration*, Inc., New York, München-New York-London-Paris 1980 und 1983.

Bird, Kai: The Chairman. John J. McCloy: The Making of the American Establishment, New York 1992.

Blankenhorn, Herbert: Verständnis und Verständigung. Blätter eines politischen Tagebuches 1949–1979, Frankfurt/Main-Berlin-Wien 1980.

Bohrmann, Hans/Englert, Marianne: Handbuch der Pressearchive, New York-London-Paris 1984.

Bracher, Karl Dietrich/Funke, Manfred/Schwarz, Hans-Peter (Hrsg.): Deutschland

zwischen Krieg und Frieden. Beiträge zur Politik und Kultur im 20. Jahrhundert, Düsseldorf 1990.
Brandt, Willy: Erinnerungen, Frankfurt/Main ³1989.
Bucerius, Gerd: Der Adenauer. Subjektive Beobachtungen eines unbequemen Weggenossen, Hamburg 1976.
Buchheim, Hans: Deutschlandpolitik 1949–1972. Der politisch-diplomatische Prozeß, Stuttgart 1984.
Buchstab, Günter (Hrsg.): Konrad Adenauer in Cadenabbia, Düsseldorf 1992.
Bulletin des Presse- und Informationsamtes der Bundesregierung, Jg. 1961–1963.
Bunn, Ronald F.: German Politics and the Spiegel-Affair. A Case Study of the Bonn System, Baton Rouge 1968.
Chronologie de la vie du Général de Gaulle. Document établi par l'Institut Charles-de-Gaulle, Paris ³1983.
Couve de Murville, Maurice: Außenpolitik 1958–1969, München 1973.
Czempiel, Ernst-Otto/Schweitzer, Carl-Christoph: Weltpolitik der USA nach 1945. Einführung und Dokumente, Opladen 1984.
Dahm, Bernhard: Indonesien – Epochen und Probleme, in: Aus Politik und Zeitgeschichte, B 26/67, S. 3–30.
Datenhandbuch zur Geschichte des Deutschen Bundestages 1949 bis 1982, hrsg. vom *Presse- und Informationszentrum des Deutschen Bundestages,* Bonn ³1984.
Datenhandbuch zur Geschichte des Deutschen Bundestages 1980 bis 1984. Fortschreibungs- und Ergänzungsband zum Datenhandbuch zur Geschichte des Deutschen Bundestages 1949 bis 1982, hrsg. von der *Verwaltung des Deutschen Bundestages,* Abteilung Wissenschaftliche Dokumentation, Baden-Baden 1986.
Dexheimer, Wolfgang F.: Koalitionsverhandlungen in Bonn 1961, 1965, 1969. Zur Willensbildung in Parteien und Fraktionen, Bonn 1973.
The Dictionary of National Biography, 1961–1970, hrsg. von *I. T. Williams/ C. S. Nicholls,* Oxford 1981.
Doering-Manteuffel, Anselm: Die Bundesrepublik Deutschland in der Ära Adenauer. Außenpolitik und innere Entwicklung 1949–1963, Darmstadt 1983.
Dokumente zur Berlin-Frage 1944–1966, hrsg. vom *Forschungsinstitut der Deutschen Gesellschaft für Auswärtige Politik* in Zusammenarbeit mit dem *Senat von Berlin,* München ⁴1987.
Dokumente zur Deutschlandpolitik, IV. Reihe/Bd. 7–9, hrsg. vom *Bundesministerium für innerdeutsche Beziehungen,* bearb. von *Gisela Biewer/Werner John/ Hannelore Nathan,* Frankfurt/Main 1976, 1977 und 1978.
Drogmann, Joachim: Chronik des Jahres 1961/1962/1963. Ereignisse in und um Berlin, in: Berlin in Geschichte und Gegenwart. Jahrbuch des Landesarchivs Berlin 1983/1984/1985, S. 115–200/165–248/165–230.
Eckardt, Felix von: Ein unordentliches Leben. Lebenserinnerungen, Düsseldorf-Wien 1967.

Ludwig Erhard. Gedanken aus fünf Jahrzehnten. Reden und Schriften, hrsg. von *Karl Hohmann,* Düsseldorf-Wien-New York 1988.

Europa-Archiv, Jg. 1–19 (1946–1964), Oberursel/Taunus, Frankfurt/Main.

Fischer, Heinz-Dietrich: Parteien und Presse in Deutschland seit 1945, Bremen 1971.

Fisher, Nigel: Harold Macmillan. A biography, London 1982.

de Gaulle, Charles: Lettres, Notes et Carnets. Janvier 1961–Décembre 1963, Paris 1986.

de Gaulle, Charles: Memoiren der Hoffnung. Die Wiedergeburt 1958–1962, Wien-München-Zürich 1971.

Gerstenmaier, Eugen: Streit und Friede hat seine Zeit. Ein Lebensbericht, Frankfurt/Main-Berlin-Wien 1981.

Geyer, Dietrich (Hrsg.): Osteuropa-Handbuch. Sowjetunion. Außenpolitik 1955–1973, Köln-Wien 1976.

Gotto, Klaus: Adenauers Deutschland- und Ostpolitik 1954–1963, in: Adenauer-Studien III, S. 3–91.

Gotto, Klaus: Der Versuch einer Großen Koalition 1962, in: Konrad Adenauer und seine Zeit, Bd. 2, S. 316–338.

Grewe, Wilhelm G.: Deutsche Außenpolitik der Nachkriegszeit, Stuttgart 1960.

Grewe, Wilhelm G.: Rückblenden 1976–1951. Aufzeichnungen eines Augenzeugen deutscher Außenpolitik von Adenauer bis Schmidt, Frankfurt/Main-Berlin-Wien 1979.

Hacker, Jens: Der Ostblock. Entstehung, Entwicklung und Struktur 1939–1980, Baden-Baden 1983.

Haftendorn, Helga: Sicherheit und Entspannung. Zur Außenpolitik der Bundesrepublik Deutschland 1955–1982, Baden-Baden 1983.

Hallstein, Walter: Die Europäische Gemeinschaft, Düsseldorf-Wien ^{5}1979.

Walter Hallstein. Europäische Reden, hrsg. von *Thomas Oppermann* unter Mitarbeit von *Joachim Kohler,* Stuttgart 1979.

Hase, Karl-Günther von (Hrsg.): Konrad Adenauer und die Presse. Rhöndorfer Gespräche, Bd. 9, Bonn 1988.

Heitzer, Horstwalter: Die CDU in der britischen Zone 1945–1949. Gründung, Organisation, Programm und Politik, Düsseldorf 1988.

Hildebrand, Klaus: Von Erhard zur Großen Koalition 1963–1969. Geschichte der Bundesrepublik Deutschland, Bd. 4, Stuttgart-Wiesbaden 1984.

Hürten, Heinz: Der Patriotismus Adenauers, in: *Hans Buchheim* (Hrsg.), Rhöndorfer Gespräche, Bd. 10, Bonn 1990, S. 17–33.

The International Who's who, 19.–47. Ausg., London 1955–1983.

Jansen, Thomas: Die Entstehung des deutsch-französischen Vertrages vom 22. Januar 1963, in: Konrad Adenauer und seine Zeit, Bd. 2, S. 249–271.

Jesse, Eckhard: Wahlrecht zwischen Kontinuität und Reform. Eine Analyse der Wahlsystemdiskussion und der Wahlrechtsänderungen in der Bundesrepublik Deutschland 1949–1983, Düsseldorf 1985.

Justiz und NS-Verbrechen. Sammlung deutscher Strafurteile wegen nationalsozialistischer Tötungsverbrechen 1945–1966, Bd. XVIII, bearb. von *Irene Sagel-Grande/H. H. Fuchs/C. F. Rüter,* Amsterdam 1978.

Kaiser, Karl/Schwarz, Hans-Peter (Hrsg.): Weltpolitik. Strukturen – Akteure – Perspektiven, Bonn 1985.

Kelleher, Catherine Mc Ardle: Germany and the Politics of Nuclear Weapons, New York-London 1975.

Kleinertz, Everhard: Konrad Adenauer als Beigeordneter der Stadt Köln (1906–1917), in: *Hugo Stehkämper* (Hrsg.), Konrad Adenauer, S. 33–78, 647–663.

Klingl, Friedrich: »Das ganze Deutschland soll es sein!« Thomas Dehler und die außenpolitischen Weichenstellungen der fünfziger Jahre. Eine Analyse der außenpolitischen Konzeption und des außenpolitischen Verhaltens Thomas Dehlers, München 1987.

Klotzbach, Kurt: Der Weg zur Staatspartei. Programmatik, praktische Politik und Organisation der deutschen Sozialdemokratie 1945 bis 1965, Berlin-Bonn 1982.

Koerfer, Daniel: Kampf ums Kanzleramt. Erhard und Adenauer, Stuttgart 1987.

Kreikamp, Hans-Dieter: Deutsches Vermögen in den Vereinigten Staaten. Die Auseinandersetzung um seine Rückführung als Aspekt der deutsch-amerikanischen Beziehungen 1952–1962, Stuttgart 1979.

Kroll, Hans: Lebenserinnerungen eines Botschafters, Köln ^{7}1968.

Krone, Andreas: Konrad Adenauer – wie ihn wenige sahen, in: Unitas. Monatsschrift des Verbandes der wissenschaftlichen katholischen Studentenvereine Unitas, Jg. 121 (1981), S. 41–48.

Krone, Heinrich: Aufzeichnungen zur Deutschland- und Ostpolitik 1954–1969, in: Adenauer-Studien III, S. 134–201.

Küsters, Hanns Jürgen: Die Gründung der Europäischen Wirtschaftsgemeinschaft, Baden-Baden 1982.

Küsters, Hanns Jürgen: Kanzler in der Krise. Journalistenberichte über Adenauers Hintergrundgespräche zwischen Berlin-Ultimatum und Bundespräsidentenwahl 1959, in: VfZ, Jg. 36 (1988), S. 733–768.

Küsters, Hanns Jürgen: Konrad Adenauer, die Presse, der Rundfunk und das Fernsehen, in: *Karl-Günther von Hase* (Hrsg.), Konrad Adenauer und die Presse, S. 13–31.

Küsters, Hanns Jürgen/Mensing, Hans Peter: Konrad Adenauer zur politischen Lage 1946–1949. Aus den Berichten des schweizerischen Generalkonsuls in Köln Franz-Rudolph v. Weiss. Dokumentation, in: VfZ, Jg. 32 (1984), S. 289–317.

Lacouture, Jean: De Gaulle, Bd. III: Le Soverain 1959–1970, Paris 1986.

Laitenberger, Volkhard: Ludwig Erhard. Der Nationalökonom als Politiker, Göttingen-Zürich 1986.

Latte, Gabriele: Die französische Europapolitik im Spiegel der Parlamentsdebatten (1950–1965), Berlin 1979.

Lemmer, Ernst: Manches war doch anders. Erinnerungen eines deutschen Demokraten, Frankfurt/Main 1968.

Loch, Theo M.: Adenauer – de Gaulle. Bilanz der Staatsbesuche, Bonn 1963.

Loewenberg, Gerhard: Parlamentarismus im politischen System der Bundesrepublik Deutschland, Tübingen 1969.

Macmillan, Harold: Pointing the Way 1959–1961, London 1972.

Macmillan, Harold: At the End of the Day 1961–1963, London 1973.

Mahnke, Dieter: Berlin im geteilten Deutschland, München-Wien 1973.

Maillard, Pierre: De Gaulle und Deutschland. Der unvollendete Traum, Bonn-Berlin 1991.

de Maizière, Ulrich: In der Pflicht. Lebensbericht eines deutschen Soldaten im 20. Jahrhundert, Herford-Bonn 1989.

Majonica, Ernst: Adenauer und China, in: Konrad Adenauer und seine Zeit, Bd. 1, S. 680–697.

McGhee, George: Botschafter in Deutschland 1963–1968, München 1989.

Medwedjew, Roy: Chruschtschow. Eine politische Biographie, Stuttgart-Herford 1984.

Mende, Erich: Die neue Freiheit 1945–1961, München-Berlin 1984.

Mende, Erich: Die schwierige Regierungsbildung 1961, in: Konrad Adenauer und seine Zeit, Bd. 1, S. 302–325.

Mende, Erich: Von Wende zu Wende 1962–1982, München 1986.

Mensing, Hans Peter: »... daß sich die Fama auch meiner mysteriösen Angelegenheit bemächtigt hat.« Neues zur Entlassung Adenauers als Kölner Nachkriegsoberbürgermeister im Herbst 1945, in: Geschichte im Westen, Jg. 3 (1988), S. 84–98.

Morsey, Rudolf: Die Bundesrepublik Deutschland. Entstehung und Entwicklung bis 1969, München 1987.

Morsey, Rudolf: Die Deutsche Zentrumspartei 1917–1923, Düsseldorf 1966.

Morsey, Rudolf: Konrad Adenauer und der Deutsche Bundestag, in: *Hans Buchheim* (Hrsg.), Rhöndorfer Gespräche, Bd. 8, Bonn 1986, S. 14–40.

Munzinger Archiv, Internationales Biographisches Archiv, Ravensburg.

Netzer, Hans-Joachim (Hrsg.): Adenauer und die Folgen. Siebzehn Vorträge über Probleme unseres Staates, München 1965.

Nikel, Ulrike (Hrsg.): Politiker der Bundesrepublik Deutschland. Persönlichkeiten des politischen Lebens seit 1949 von A bis Z, Düsseldorf 1985.

O'Neill, Robert: Großbritannien und die atomare Abschreckung, in: VfZ, Jg. 37 (1989), S. 595–604.

Osterheld, Horst: »Ich gehe nicht leichten Herzens...«. Adenauers letzte Kanzlerjahre – ein dokumentarischer Bericht, Mainz 1986.

Poppinga, Anneliese: Konrad Adenauer. Geschichtsverständnis, Weltanschauung und politische Praxis, Stuttgart 1975.

Poppinga, Anneliese: Meine Erinnerungen an Konrad Adenauer, Stuttgart 1970.

Prowe, Diethelm: Der Brief Kennedys an Brandt vom 18. August 1961. Eine zentrale Quelle zur Berliner Mauer und der Entstehung der Brandtschen Ostpolitik, in: VfZ, Jg. 33 (1985), S. 373–383.

Prowe, Diethelm: »Ich bin ein Berliner«. Kennedy, die Mauer und die »verteidigte Insel« West-Berlin im ausgehenden Kalten Krieg im Spiegel amerikanischer Akten, in: Berlin in Geschichte und Gegenwart. Jahrbuch des Landesarchivs Berlin 1989, S. 143–167.

Public Papers of the Presidents of the United States: John F. Kennedy, Containing the Public Messages, Speeches, and Statements of the President: January 20 to December 31, 1961; January 1 to December 1962; January 1 to November 22, 1963, Washington 1962, 1963 und 1964.

Recker, Marie-Luise: Adenauer und die englische Besatzungsmacht (1918–1926), in: *Hugo Stehkämper* (Hrsg.), Konrad Adenauer, S. 99–121, 669–682.

Regenten und Regierungen der Welt. Minister-Ploetz, T. II, Bd. 4: Neueste Zeit 1917/18–1964, bearb. von *Bertold Spuler,* Würzburg ²1964.

Regierung Adenauer 1949–1963, hrsg. vom *Presse- und Informationsamt der Bundesregierung,* Bonn 1963.

Riklin, Alois: Das Berlinproblem. Historisch-politische und völkerrechtliche Darstellung des Viermächtestatus, Köln 1964.

Roberts, Frank: Dealing with Dictators. The Destruction and Revival of Europe 1930–1970, London 1991.

Schoenbaum, David: Ein Abgrund von Landesverrat. Die Affäre um den »Spiegel«. Wien-München-Zürich 1968.

Schütze, Walter: Die Bedeutung der französischen Kernwaffen, in: Aus Politik und Zeitgeschichte, B 46/83, S. 3–16.

Schulze-Vorberg, Max: Das Wohl des Volkes: Stabilität. Konrad Adenauer und Ludwig Erhard mahnten gemeinsam – vor fast zwanzig Jahren, in: Orientierungen, Nr. 8 (1981), S. 40–44.

Schulze-Vorberg, Max: Des Kanzlers Teegespräche. Wenn »der Alte« sich vertraulich gab..., in: *Rudolf Pörtner* (Hrsg.), Kinderjahre der Bundesrepublik. Von der Trümmerzeit zum Wirtschaftswunder, Düsseldorf-Wien-New York 1989, S. 189–202.

Schwarz, Hans-Peter: Adenauer. Der Aufstieg: 1876–1952, Stuttgart 1986.

Schwarz, Hans-Peter: Adenauer. Der Staatsmann: 1952–1967, Stuttgart 1991.

Schwarz, Hans-Peter (Hrsg.): Adenauer und Frankreich. Die deutsch-französischen Beziehungen 1958–1969. Rhöndorfer Gespräche, Bd. 7, Bonn 1985.

Schwarz, Hans-Peter: Adenauer und die Kernwaffen, in: VfZ, Jg. 37 (1989), S. 567–593.

Schwarz, Hans-Peter (Hrsg.): Adenauers Regierungsstil. Rhöndorfer Gespräche, Bd. 11, Bonn 1991.

Schwarz, Hans-Peter (Hrsg.): Berlinkrise und Mauerbau. Rhöndorfer Gespräche, Bd. 6, Bonn 1985.

Schwarz, Hans-Peter: Die Ära Adenauer. Gründerjahre der Republik 1949–1957; Epochenwechsel 1957–1963. Geschichte der Bundesrepublik Deutschland, Bd. 2 und 3, Stuttgart-Wiesbaden 1981 und 1983.

Schwarz, Hans-Peter: Präsident de Gaulle, Bundeskanzler Adenauer und die Entstehung des Elysée-Vertrages, in: *ders./Karl Dietrich Bracher/Manfred Funke* (Hrsg.), Deutschland zwischen Krieg und Frieden, S. 212–220.

Seifert, Jürgen (Hrsg.): Die Spiegel-Affäre. Bd. 1: Die Staatsmacht und ihre Kontrolle; Bd. 2: Die Reaktion der Öffentlichkeit, Olten-Freiburg/Brsg. 1966.

Siebenmorgen, Peter: Gezeitenwechsel. Aufbruch zur Entspannungspolitik, Bonn 1990.

Siegler, Heinrich (Hrsg.): Europäische politische Einigung 1949–1968. Dokumentation von Vorschlägen und Stellungnahmen, Bonn-Wien-Zürich 1968.

Sorensen, Theodore C.: Kennedy, München 1965.

Soutou, Georges-Henri: Die Nuklearpolitik der Vierten Republik, in: VfZ, Jg. 37 (1989), S. 605–610.

Spaak, Paul-Henri: Memoiren eines Europäers, Hamburg 1969.

Stehkämper, Hugo (Hrsg.): Konrad Adenauer. Oberbürgermeister von Köln. Festgabe der Stadt Köln zum 100. Geburtstag ihres Ehrenbürgers am 5. Januar 1976, Köln 1976.

Stehkämper, Hugo: Konrad Adenauer und das Reichskanzleramt während der Weimarer Zeit, in: *ders.* (Hrsg.), Konrad Adenauer, S. 405–431, 773–785.

Steimel, Robert: Kölner Köpfe, Köln-Zollstock 1958.

Steimel, Robert: Mit Köln versippt, T. I und II, Köln-Zollstock 1955 und 1956.

Stenographische Berichte s. Verhandlungen des Deutschen Bundestages.

Stockhorst, Erich: Fünftausend Köpfe. Wer war was im Dritten Reich, Rheinhausen 1967.

Stöss, Richard (Hrsg.): Parteien-Handbuch. Die Parteien der Bundesrepublik Deutschland 1945–1980. Bd. I und II, Opladen 1983 und 1984.

Storbeck, Anna Christine: Die Regierungen des Bundes und der Länder seit 1945, München-Wien 1970.

Strauß, Franz Josef: Die Erinnerungen, Berlin 1989.

Stützle, Walther: Kennedy und Adenauer in der Berlin-Krise 1961–1962, Bonn-Bad Godesberg 1973.

Sulzberger, Cyrus L.: The Last of the Giants, New York 1970.

Taylor, Maxwell D.: Und so die Posaune undeutlichen Ton gibt, wer wird sich zum Streit rüsten?, Gütersloh 1962.

»Unserem Vaterlande zugute« s. Adenauer, Briefe.

Verhandlungen des Deutschen Bundestages. 4. Wahlperiode, Stenographische Berichte, Bde. 50–53, Bonn 1962, 1963.

Walker, Horst O.: Das Presse- und Informationsamt der Bundesregierung. Eine Untersuchung zu Fragen der Organisation, Koordination und Kontrolle der Presse- und Öffentlichkeitsarbeit der Bundesregierung, Frankfurt/Main 1982.

Weilemann, Peter: Die Anfänge der Europäischen Atomgemeinschaft. Zur Gründungsgeschichte von EURATOM 1955–1957, Baden-Baden 1983.
Wer ist wer? Das deutsche Who's who, XII.–XXX. Ausgabe von Degeners Wer ist's?, Berlin-Frankfurt/Main–Lübeck 1951–1991.
Weymar, Paul: Konrad Adenauer. Die autorisierte Biographie, München 1955.
Who's who 1951–1987, hrsg. von *Adam Black* und *Charles Black,* London 1951–1987.
Who's who 1951–1960, 1961–1970, 1971–1980, Vol. V–VII, hrsg. von *Adam Black* und *Charles Black,* London 1961, 1972 und 1981.
Who's who in America, 27.–45. Ausgabe, Chicago 1952–1986.
Who's who in France. Qui est qui en France, 1.–18. Ausgabe, hrsg. von *Jacques Lafitte,* Paris 1953–1985.
Who's who in World Jewry, hrsg. von *Harry Schmeidermann* und *Itzhan J. Carmin,* New York 1955.
Who was who in America, Vol. IV–VIII (1961–1985), Chikago 1968–1985.
Wistrich, Robert: Wer war wer im Dritten Reich. Anhänger, Mitläufer, Gegner aus Politik, Wirtschaft, Militär, Kunst und Wissenschaft, München 1983.
Zeitgeschichte in Lebensbildern. Aus dem deutschen Katholizismus des 19. Jahrhunderts, Bd. 1 und 2, hrsg. von *Rudolf Morsey,* Mainz 1973 und 1975; Bd. 3–6, hrsg. von *Jürgen Aretz, Rudolf Morsey* und *Anton Rauscher,* Mainz 1979, 1980, 1982 und 1984.

Zeitungen/Zeitschriften:

»Allgemeine Wochenzeitung der Juden in Deutschland«, Düsseldorf
»Bild«-Zeitung, Hamburg
»Christ und Welt«, Stuttgart
»Daily Express«, London
»Daily Telegraph«, London
»Deutsche Zeitung und Wirtschaftszeitung«, Köln
»Le Figaro«, Paris
»Frankfurter Allgemeine«. Zeitung für Deutschland, Frankfurt/Main
»Frankfurter Rundschau«, Frankfurt/Main
»General-Anzeiger«, Bonn
»Kölnische Rundschau«, Köln
»Life International«, New York
»Le Monde«, Paris
»Neue Zürcher Zeitung«, Zürich
»New York Herald Tribune«, Paris
»The New York Times«, New York

»Politische-Soziale Korrespondenz«, Bonn
»Rheinischer Merkur«, Köln
»Sonntagsblatt«, Hamburg
»Der Spiegel«, Hamburg
»Stern«, Hamburg
»Stuttgarter Zeitung«, Stuttgart
»Süddeutsche Zeitung«, München
»Der Tagesspiegel«, Berlin
»The Times«, London
»Die Welt«, Hamburg
»Die Weltwoche«, Zürich
»Die Zeit«, Hamburg

Nachweis der Abbildungen

Im folgenden nicht verzeichnete Abbildungen befinden sich im Nachlaß Konrad Adenauers.
Mit freundlicher Genehmigung stellten Bilder, Karikaturen und Materialien für den Abdruck zur Verfügung bzw. wurden entnommen aus:
Amtliches Handbuch des Deutschen Bundestages, 4. Wahlperiode. 1961, hrsg. vom Deutschen Bundestag, bearb. von der Bundestagsverwaltung: 493 f.
»Frankfurter Rundschau«: 181, 413 · John F. Kennedy Library (Boston/Massachusetts): 296, 371 f. · »Kölnische Rundschau«: 335 · Georg Munker (Bonn):492 · »The New York Times«: 170 · Presse- und Informationsamt der Bundesregierung, Bundesbildstelle, (Bonn): 470 f. · »Saturday Evening Post«: 435 · »Die Welt«: 178 f.

Personenregister

Fett gedruckte Zahlen weisen auf die biographischen Angaben im Kommentar hin.
Ursula Pinkus war an der Erstellung des Registers beteiligt.

Abbas, Ferhat 532
Abs, Hermann Josef 145, 542
Abusch, Alexander 611
Acheson, Dean 220, 296, 379, 404, 440, 513, 565, 588f.
Adenauer, August (Bruder) 619
Adenauer, Emma (erste Frau) 572
Adenauer, Johann Conrad (Vater) 407, 613
Adenauer, Johannes (Bruder) 619
Adenauer, Georg (Sohn) 328, 593
Adenauer, Gussie (zweite Frau) 149, 543, 572f.
Adenauer, Konrad (Sohn) 328, 593
Adenauer, Max (Sohn) 328, 593
Adenauer, Paul (Sohn) 128, 328, 483, 538, 593
Adschubei, Alexei 95, 104, 341, 351f., 528, 596
Ahlers, Conrad 282f., 286, 316, 577, 578, 579
Ahlers, Heilwig 283, 579
Allardt, Helmut 352, 598
Alphand, Hervé 37, 61, 187, 512, 554

Alsop, Joseph W. IX, 22, 24–28, 176–187, 320, 332, 336–338, 341–345, 505, 550, 553, 588, 594
Alsop, Stewart 505
Altmeier, Peter 419, 617
Anders, Georg 584
Anderson, Omer K. 277, 575
Anderton, Piers 517
Appel, Reinhard 120, 535f.
Arnold, Karl 403, 418f., 612
Ascoli, Max X, 266, 268–275, 573
Attlee, Clement 563
Augstein, Josef 346, 597
Augstein, Rudolf 260, 279f., 283f., 346, 572, 576f., 579, 597

Bahr, Egon 612
Bailey, Richard 29, 508
Baker, B. 74, 76f., 83, 85f., 88–90, 522, 561
Baker, Noel 526
Balke, Siegfried 302, 584
Ball, Georg W. 197, 324, 559, 592, 596
Balser, Auguste 573
Bandera, Stephan 147, 543

Bargatzky, Walter 601
Barraclough, John 522f.
Barth, Heinrich 6–8, 29, 45, 120, 204, 509, 536
Bartholomew, Frank H. 196f., 199–203, 557, 559
Barzel, Rainer 486, 588
Baumkötter, Heinz 118, 534
Bednarski, Gerhard 284, 579
Beitz, Berthold 459, 626
Bell, James 29, 92, 100, 220, 230, 334, 346, 351f., 508, 527, 596
Bengsch, Adolf 45, 516
Ben Gurion, David 118, 534
Beran, Josef 516
Berg, Fritz 145, 542
Bernhard, Georg 193, 556
Beuve-Méry, Hubert 534, 541
Bidault, Georges 326, 592, 593
Birrenbach, Kurt 519
Bismarck, Otto Fürst von 13, 139f., 211, 225, 337, 384, 426, 433, 501, 562, 619f.
Blank, Theodor 282, 511, 538, 579

Blankenhorn, Herbert 194, 556, 605
Blessing, Karl 547
Blumenfeld, Erik 133, 539f.
Böckler, Hans 128, 157, 447, 538
Boenisch, Peter 627
Bohlen, Charles E. 324, 333, 574, 591f.
Boothe-Luce, Clare 596
Braley, Russel 277, 576
Brandt, Willy 20, 85, 493, 500, 505, 525, 552, 581, 612
Brenner, Otto 363f., 602
Brentano, Heinrich von 8–10, 67, 72, 103, 133, 179, 181, 493, 499f., 510, 530, 537, 552, 588, 594
Briand, Aristide 190, 555
Brooke, Henry 567
Brown, Georg s. George-Brown
Bruce, David K. 65f., 324, 521
Bucerius, Gerd 133, 263, 540
Bucher, Ewald 486
Bulganin, Nikolai A. 67, 93, 402, 421, 521
Bundy, McGeorge 394, 409, 582, 610
Butler, Richard Austen 567

Calcott, John A. 277, 576
Caldera, Rafael 115, 534
Canfield, Michael 614
Carstens, Karl 213, 526, 535, 545, 552, 562f., 610
Castillo, Germán 331, 594
Castro, Fidel 294, 309, 311, 331, 580, 582

Challe, Maurice 521
Chamberlain, Arthur Neville 502
Charlamow, Michail 528
Chruschtschow, Nikita S. 13, 17f., 24–26, 29–32, 35–38, 40f., 46,52f., 55f., 61f., 67, 81f., 84f., 90f., 93, 95f., 102, 104, 114, 123, 125, 135–137, 175, 210, 229, 232, 263f., 268–271, 273f., 288–290, 293, 309f., 327f., 358, 385, 394, 396, 398f., 402, 411f., 421, 428, 441, 451, 457, 461, 501, 504, 506, 508–510, 512f., 517, 528f., 548f., 562, 573–575, 582, 586f., 593, 606, 618–620
Churchill, Winston L. S. 15, 39, 167, 223, 226, 272, 308, 378, 389, 502, 513, 604
Clark, Mary T. 615
Clay, Lucius D. 94, 322, 505, 525, 528, 550, 591
Coblentz, Gaston X, 29, 411–415, 508
Conant, James B. 423, 619
Couve de Murville, Maurice 31, 37, 45, 61, 105, 321, 340, 360, 443, 445, 481, 510, 517, 601f.,
Cowles, Gardner 171, 174f., 548
Croce, Benedetto 274f., 575
Cromwell, Oliver 82, 525
Cuno, Wilhelm 329, 593
Curren, Thomas R. 196, 557

Dahlgrün, Rolf 300, 486, 491, 584, 611
Dam, Hendrik George van 118, 534
Danwitz, Ludwig von X, 45, 48, 52, 57f., 120, 124, 128f., 131f., 151f., 166, 169, 204, 213f., 216–218, 297, 300, 302, 306, 387, 392, 395f., 514, 609
Debré, Michel 61, 554
De Gasperi, Alcide 172, 549
Dehler, Thomas 103, 356, 530, 622
Dejean, Maurice 29, 510
Deist, Heinrich 160, 165, 546
Delacombe, Rohan 12, 94, 500
DeWitt, Kurt 277, 576
Diefenbaker, John 230, 566, 568
Diehl, Günter 76, 82, 92, 95f., 100, 135, 141f., 148, 188, 191–195, 430f., 523, 555
Diepholz, Otto W. 387, 606
Dobrynin, Anatoly 179, 512, 525
Döpfner, Julius 45, 516
Döring, Wolfgang 286, 315, 494, 588
Dohrn, Klaus 220, 564
Dollinger, Werner 486, 552, 588
Donovan, Hedley W. 346–351, 596
Dostojewski, Fjodor M. 96, 528

Personenregister

Douglas-Home, Alexander 37, 59, 61, 75, 84 f., 411, **519**, 525, 627
Dowling, Walter C. 104, 141, 182, 186 f., 197, 250, 324, 530, 531 f., **558**, 570, 574, 591, 596
Dresbach, August 456, 625 f.
Dufhues, Josef-Hermann 452, 529, 594, **624**
Dulles, John F. X, 52, 63, 65, 112, 117, 212, 220 f., 321, 327, 331, 343, 379, 383, 389, 404, 406, 440, 518, 549, 605
Duvalier, François 600
Dworschak, L. F. 557

Eckardt, Felix von IX, XII, 17, 19, 22, 24, 29, 36, 40–42, 45, 47 f., 50, 52–60, 65 f., 69, 72, 74, 76 f., 82, 87–89, 101 f., 104, 110–113, 117–122, 127, 130 f., 133 f., 151 f., 171, 176–180, 182, 184, 186 f., 199 f., 204, 217–220, 226, 470, **503**, 512, 518, 521, 523, 527, 539, 551, 567, 573
Eggeling, Erich 455–460, **625**
Eichel s. Essl
Eichmann, Adolf VII, 48, 117, 145 f., 438, **517** f.
Eisenhower, Dwight D. X, 34, 43, 65, 117, 138, 143, 220, 222, 226, 270 f., 274, 311, 321, 323 f., 331, 379, 404, 412, 440, 442, **511**, 531, 564, 568, 601, 615

Elegant, Robert 277, 576
Elisabeth II. 568
Ellsworth, Robert E. 554
Emmerich, Klaus 585
Epstein, Fritz Theodor 616
Epstein, Klaus XIII, 416–428, **616**, 618
Erhard, Ludwig VII, XIII, 72, 128, 131, 151–157, 159–167, 286, 334 f., 364, 435, 445, 447, 453, 476, 491 f., 501, 506, 509, 511, 538, 539, 542, 546 f., 594, 599, 603, 611, 625
Erlander, Tage 536
Erler, Fritz 585
Erzberger, Matthias 416, 616
Essl, Erwin 363, **603**
Estabrook, Robert H. 17–20, 22, **503**
Etzel, Franz 519, 537

Fanfani, Amintore 172, 248, 252, 395, 506, 537, 549, 570, 609
Fechter, Peter 267, **574**
Fischer, Erich 577
Fischer, Fritz 588
Fitzpatrick, John Francis 410, **614**
Flick, Friedrich 447, **623**
Foertsch, Friedrich 507
Forbath, Peter 29, 277, 508
Ford, Gerald 615
Fouchet, Christian 107, 110, 125 f., 251, 255, 514, 531, 559, 601
Fränkel, Wolfgang 260, 262, 439, **572**

François-Poncet, André 481
Freitag, Walter 157, 546
Frenzel, Alfred 260, 572
Frenzel, Curt 456, **625**
Fuerbringer, Otto 92, 96, 99 f., **527**
Fulbright, James W. 433, 620, **621**

Gabele, Alois 118, 534
Gagarin, Jurij 601
Gaitskell, Hugh T. 86–88, 231, 238–240, 256–258, 324, **525** f., 567, 591
Galla, Erika 455, **625**
Gallois, Pierre 354, **600**
Gaulle, Charles de VII, 6, 17, 25–27, 35–38, 40, 42 f., 46, 48–50, 54–58, 60–68, 71, 89, 92–95, 105–107, 109 f., 112, 125, 136, 142 f., 172–174, 186 f., 188, 190, 193 f., 197–200, 206, 208, 211–214, 221–223, 225–228, 231 f., 234–236, 239 f., 244, 246 f., 251 f., 254, 258, 270, 272 f., 305 f., 311, 317–326, 332–334, 337–342, 344, 350 f., 357 f., 361, 377 f., 380–384, 387, 389–395, 399–402, 405, 417, 431, 433 f., 442–445, 478–480, 482 f., 488–490, 503, **504**, 506 f., 512 f., 518, 520, 527 f., 530 f., 537, 549 f., 554, 556, 558, 562, 565, 568–571, 581, 586, 588–595, 598 f., 604, 608–610, 612 f., 618, 621

Gaulle, Yvonne de 351, 598
Gehlen, Reinhard 576, 583
George-Brown, Baron of Jevington 87, 256, 258, 526, 563
Gerdes, Wolfdietrich 387, 606
Gerstenmaier, Eugen 307, **585**, 594
Gibson, John 29, 277, 508
Glenn, John 112, **532**, 601
Globke, Hans 8, 10, 151 f., 246, 334, 500, 532, 536, 545, 567, 573, 592, 594, 610, 615, 619
Glogar, Josef 516
Goldmann, Nahum 118, 534
Goldwater, Barry 587
Gomulka, Wladyslaw 264, 398, 422, **573**, 611
Gorbach, Alfons 585
Gradl, Johann Baptist 398, 528, **611**
Grewe, Wilhelm G. 29 f., 71, 112, 184–186, 218, **505**, **509**, 532, 552–554, 567
Gröpper, Horst 535
Gromyko, Andrej 13, 36 f., 61, 83, 93, 103, 105 f., 124, 138, 141 f., 180, 187, 457, **501**, 507, 552
Grüber, Heinrich 545
Grüssen, Hugo 45, 48, 120, 133, 151 f., 204, 297, 311 f., **514**
Gruson, Sydney IX, 29, 101–103, 106–118, 277, 508, 510 f., 529, 533, 553

Gürsel, Cemalal 506
Guttenberg, Karl Theodor Freiherr von und zu 356, 494, **600**
Hailsham, Quintin McGarel Hogg 623
Hallstein, Walter 16, 57, 209, 212, 217 f., 251, 325, 350, 359, **502**, 523, 537, 561–564, 597, 605, 609
Hamsphon, Johann 149, **544**
Handwerk, Norbert 618
Hange, Franz 387, 394, 455, 457, 459, 461 f., **606**
Hargrove, Charles IX, 6–16, 36, 38–44, 74, 76, 237–247, **499**
Harriman, W. Averell 450, **623**
Hase, Karl-Günther von IX, 237, 243, 245 f., 248, 255, 257 f., 262, 266, 276 f., 294, 297, 310, 320, 330, 332 f., 336, 346, 353, 358, 376–378, 382, 387, 390, 392, 396 f., 400 f., 405–408, 410–412, 416, 420, 425, 429 f., 435 f., 448 f., 455, 471, 527, **567**, 572 f., 575, 582, 598, 609 f., 615, 623 f.
Hassel, Kai Uwe von 577, 594, 610
Healey, Denis 563
Heath, Edward 209, 241, 255, **562**, 597
Heck, Bruno 308, 486, 583, **586**, 610
Heine, Fritz 625
Heineman, Dannie N. VIII, 149, 401, **544**, 623

Henderson, Arthur 526
Henßler, Fritz 625
Herter, Christian 397 f., 457, **611**, 626
Herwarth von Bittenfeld, Hans-Heinrich 9, **499**
Heusinger, Adolf 34, 37 f., 40, 46, 55 f., 62, 84, 143, 311, **511**, 512, 587
Heuss, Theodor VIII, XII, 216, **563**, 593
Higgins, Marguerite 500
Hightower, John M. 376–386, 389, **603**, 608
Hilgendorf, Fritz 22, 24, 45, 60, 76, 92, 171, 188, 204, 237, 248, 266, 297, 353, 387, 401, 416, 429 f., 505
Hille, Hans-Joachim 387, 607
Hillenbrandt, Martin 615
Hindenburg, Paul von Beneckendorff und von 419, **617**
Hinder, Rolf 284, 579
Hitler, Adolf VII, 82, 165, 193, 263, 320, 337, 347, 426 f., 502, 578, 620
Höcherl, Hermann 303, 495, 546, 578, **584**
Hölzl, Josef 303, **584**
Höpker, Wolfgang 387, 606
Holyoake, Keith Jacka 230, **566**, 570
Home, Lord s. Douglas-Home
Hopf, Volkmar 278 f., 577, 582
Houphouet-Boigny, Felix 564

Personenregister

House, Edward M. 544
Hull, Cordell 384, 605

Ikeda, Hayato 18, 504
Iker, Samuel 29, 277, 509
Iljitschow, I. I. 526
Ingrim, Franz Robert 427, 620
Inönü, Ismet 506

Jackson, Charles D. X, 220–223, 226–228, 230–232, 564 f., 566, 600
Jansen, Josef 340, 595
Johannes XXIII. 341, 351 f., 516, 570, 595 f., 598
Johnson, Lyndon B. 20, 36, 505, 507, 565, 587, 611, 614, 623
Jouhaud, Edmond 174, 190, 521, 550

Kadar, Janos 398, 611
Kaiser, Jakob 550
Karamanlis, Konstandinos 25, 506, 609
Karl V. 337, 595
Katz, Rudolf 465 f.
Kausch, Hans-Joachim 455, 625
Keating, Kenneth 554
Keeler, Christine 608
Keita, Madeira 564
Kempski, Hans Ulrich 594
Kennedy, Edward M. 474, 533
Kennedy, Jaqueline 373–375, 485, 614
Kennedy, John Fitzgerald VII f., X, 27, 29–31, 33 f., 38, 40, 43, 47 f., 50, 54 f., 66 f., 69, 71, 84, 87, 90, 99, 104 f., 112–115, 123, 126, 132, 136, 140–145, 162, 171, 177, 180 f., 184 f., 196, 220, 250, 271, 287, 289, 293–296, 310 f., 321 f., 331, 339, 351 f., 354, 358, 362, 365–377, 379 f., 387, 389 f., 392–394, 398 f., 408–410, 413 f., 424, 440–442, 444, 448 f., 457, 485, 487, 507, 510 f., 517 f., 522, 525–529, 531, 533, 536, 543, 547, 549, 551, 558 f., 564–566, 570 f., 573 f., 578, 581 f., 586–588, 590, 594, 596–599, 601–604, 607 f., 610 f., 614, 616, 618, 621–623, 626 f.
Kennedy, Joseph Patrick 410, 607 f., **614**, 627
Kennedy, Patrick Joseph 410, **614**
Kennedy, Robert Francis 113–115, 141, 409, 474, 533, 543
Kennedy, Rose Fitzgerald 410, **614**
Kergolay, Henri de 627
Khedda, Ben Youssef Ben 532
Kiesinger, Kurt Georg 583, 594
King, Martin Luther 616
Kissinger, Henry A. 103, 108, 273, 428, 530, **531**, 532
Kleber, Edouard 529
Klein, Günter Robert 46, 517

Knappstein, Karl Heinrich 322, 553, 567, 624
Knoke, Karl Hermann 194, 556
Knox, R. 74, 76, **522**
Koehler, Jack 29, 277, **509**
Kohler, Foy D. 574
Kohnstamm, Max 55, 518 f.
Korber, Horst 611
Korry, Edward M. 171, 174 f., 548
Kossygin, Alexej N. 570
Kraus, Alois 149 f., **544 f.**
Kraus, Hertha 150, 545
Krekeler, Heinz L. 302 f., 584
Kremp, Herbert 248, 259, 263, 297, 314, **569**
Kroll, Hans 27–32, 34 f., 41, 50, 88 f., 93, 95, 101, 104, 120–123, 135 f., 145, 507, 508, 510, 526, 528, 535 f.
Krone, Heinrich 21, 133, 182, 307, 453, 495, 502, 519, 522, 536, 540, 545 f., 552 f., 581, 603, 623
Krueger, Werner 45, 72, 204, 248, 297, **515 f.**
Kuby, Erich 260, 572
Kusterer, Hermann 17, 171, 220, 334, 336, 346, 376, 401, 405, **503**, 520, 563

Lachmann, Kurt IX, 29, 135–150, 277, 289, 320–333, **509**, 541, 591
Lacomme, Jean 12, 94, 500, 527
Lange, Halvard 121, 536, 626

Lauret, René 188–195, 534, **554**, **555**
Lawson, Colin 74, 76, 522 f., **551**
Leiser, Ernest 612
Lemmer, Ernst 12, **501**, **588**
Lemnitzer, Lyman L. 253, 272, 341, 568, **571**
Lenz, Hans 302 f., **486**, **584**
Leone, Giovanni 609
Leontiev (»Literaturnaja gaseta«) 96, 528
Lersner, Kurt Freiherr von **554**
Lewis Gruson, Flora IX, 17, 19, 22, 101–106, 108–111, 113, 115 f., 118 f., 277, 285, 290 f., 293, **503**, **533**
Ley, Willy 387, **606**
Lichnowsky, Karl Max Fürst von 418, **617**
Lincoln, Abraham **544**
Lippmann, Walter 210, **562**
Lisagor, Peter **533**
Lloyd, J. Selwyn 84, 239, 245, **525**, **567**
Lodge, Henry Cabot 413, 521, **615**
Long, Wellington 29, **509**
Luce, Henry R. 346, **596 f.**
Lucet, Charles Ernest 340, **563**, **595**
Luchsinger, Fred 120, 123, **536**
Lübke, Heinrich 340, 452, 454, 486, 492, **595**, **624**
Lukomski, Jesse M. 29, 277, **509**

Luns, Joseph 204, 215, 243, 248, 252, 254, 325, 560, 571, 592, 601, **610**
Luther, Hans 193, **555**

Macmillan, Harold VIII, 32, 43, 59 f., 75–77, 83, 186, 198, 202, 216, 221–223, 226 f., 230 f., 237–240, 242, 245 f., 250, 255 f., 270, 321 f., 324, 332, 339, 341, 350 f., 361, 390, 392–394, 412, 442–444, 502, 510, 513, 523 f., 549, 554, 559, 565, 567–570, 586 f., 591, 604, 608, 621, **627**
Majonica, Ernst **504**, **591**
Mann, Golo **574**
Margerie, Roland de 568, **610**
Marijnen, Victor G. M. 609
Markel, Lester **552**
Martin, Kingsley 74, 76, 523, **526**
Martini, Paul 150, **545**
Martini, Winfried **545**
Martino, Gaetano 176, 550, **626**
Marx, Karl 134, **540**
Matocha, Josef **516**
Matthiesen, Johannes **578**
Maudling, Reginald 239, 245, **567**
Maugain, Paul **534**
McBride, Will **620**
McCloy, John J. 144 f., **542**
McGhee, George C. 459, **626**

McNamara, Robert Strange 171, 310–313, 409, 440, 451, 548, 586, **615**
Mehnert, Klaus 69, **522**
Mende, Erich 21, 101–103, 179, 315, 356, 502, **529 f.**, 552, 588, **611**
Mendès-France, Pierre 383, **605**
Menschikow, Michail A. 37, 40, 46, 53, 62, 83 f., **512**, **525**
Menzies, Robert Gordon 230 f., 250, 257, **566**, **570**
Merkatz, Hans-Joachim von 546, **583**
Messersmith, George S. **544**
Messmer, Pierre Auguste 144, **542**, **601**
Meyer, Claus Heinrich XIII
Meyer, Jean 520, **563**
Middelhauve, Friedrich 147, **543**
Mikojan, Anastas I. 134, **540**
Mischlich, Robert 206, **561**
Mitgang, Herbert 112, **532**
Modrzewski, Franciszek **598**
Monnet, Jean 55, 95, 171 f., 218, 518, 519, 528, **548**
Münch, Alois 196, **557**
Murphy, Margaretta F. **615**
Mussolini, Benito 272, **575**

Personenregister

Napoleon I. 198, 202, 559
Narita, Katsushiro 504
Nehru, Jawaharlal 97, 107, 503, **529**
Neumann, Franz 455 f., **625**
Nevermann, Paul 132, **539**
Nichol, David M. 29, 277, **509**
Nickel, Herman 277, **576**
Niederalt, Alois 297, 486, **583**
Nitze, Paul H. 171, **548**
Nixon, Richard M. 412, 457 f., 511, 531, 587, **615**
Norstad, Lauris 34, 43, 107 f., 143, 243, 253, 258 f., 272, 310, **511**, 568, 572, 600
Novotny, Antonin 398, 516, 611

Oberländer, Theodor Erich 146–148, **543**
Oldenburg-Januschau, Elard von 418, **617**
Ollenhauer, Erich 44, 179, 514, 552, 585, 625
Oppler, Kurt 17, **504**
Oster, Achim H. 282 f., **579**
Osterheld, Horst 180 f., 320, 502, 520, 527, **552**, **615**

Pandit, Vijaya Lakshmi 287, 484, **581**
Paul, König von Griechenland 609
Paul VI. 351, 452, **598**, 602
Paulssen, Hans-Constantin 547

Pearson, Lester 626
Peck, Reginald 74, 76, **523**
Pfeiffer, Karl 164, 547
Pferdmenges, Robert VIII, 447, **623**
Pflimlin, Pierre 556
Pipinelis, Panayotis 609
Polk, James 622
Pompidou, Georges 187, 326, 387, 481, 531, 554, 565, **593**
Prittie, Terence 74, 76, 100, **523**
Profumo, John D. 608

Radford, Arthur W. 253, 311, 314, **571**
Radziwill, Caroline Lee 409, **614**
Radziwill, Stanislaus 614
Rapp, Alfred 45, 49, 53, 57–59, 120, 122 f., 127 f., 130, 132, 151 f., 161, 164, 169, 204, 209, 211, 217–219, 248, 258–263, 297 f., 301–310, 312 f., 315, **514 f.**
Rasner, Will 141, 301, **541**, 584
Rathenau, Walther 249, 570
Reimann, Max 420, **618**
Reiners, Ria 483
Reiser, Hans 387, **606**
Reston, James B. IX, 60 f., 63–71, 97, 136, 174, 320, 332 f., **520**, 588
Reston, Richard F. 60, 520
Reuter, Heinz 387, **600 f.**
Rey, Jean 562
Richter, Willy 547

Rigal-Grunland, Ludwig Maximilian von 430, 620
Roberts, Frank K. 29, 93, 243, 510, 568
Robertson, Brian H. 15 f., 502
Robson, Karl 74, 76, **523**
Roche, Emile 341, 596
Rockefeller, Nelson A. 412, 501, **615**
Roemer, Brita 606
Röpke, Wilhelm 359, **601 f.**
Romney, George W. 413, **616**
Roosevelt, Franklin D. 39, 149, 167, 513
Rosenman, Sam 544
Rostow, Walt W. 409, **614**
Rue, Larry 29, 277, **509**
Rusk, Dean 13, 29, 36 f., 52, 54 f., 61, 83, 98, 112, 114, 124, 142, 177, 179–181, 183 f., 197, 202, 214, 219, 220, 263, 292, 320 f., 331, 411 f., 440, 447–450, 474, 477, 485, 501, 517 f., 529, 533, 551–553, 558, 566, 570, 578, 589, 594, 615, 620

Salan, Raoul 190, 521, **554**
Salinger, Pierre 95, 184, **528**
Schacht, Hjalmar 193, **555**
Schäfer, Hans 584
Schäffer, Fritz 537
Scheel, Walter 491
Scheyven, Raymond 575
Schiller, Friedrich 564

Schirmer, Hans 217, 563
Schiwkow, Todor 398, 611
Schnippenkötter, Heribert 204, 220, 237, 248, 266, 276 f., 320, 336, 346, 353, 376, 387, 401, 557
Schoettle, Erwin 546
Scholz, Ernst 419, **617**
Schorr, Daniel IX, XIII, 277, 334, 402, 423, 429–453, 517, **576**, 612, 618, 621
Schröder, Georg 45, 47, 53–56, 58, 122, 248, 255–261, 263, 297, 300, 306–308, 311, 387, 393, **515**, 536, 569, 583
Schröder, Gerhard 61, 89, 121, 178–184, 213 f., 218, 263, 321, 340, 392, 445, 453, 476, 510, 518 f., **520**, 527, 534, 537, 546, 551–553, 558, 578, 594, 609–611, 626
Schütz, Klaus 517
Schulmeister, Otto 585
Schulze-Vorberg, Max X, 45, 47, 50, 57, 120 f., 128, 130 f., 204, 212, 215, 297 f., 300–306, 308, 315, 473, **515**, 560
Schumacher, Heinrich 625
Schumacher, Kurt 406, 419 f., 455, **613**, 617 f., 625
Schuman, Robert VIII, 86, 92, 143, 172, 199, 206, 218, 248, 388, 518, **525**, 561
Schumann, Maurice 556
Schwarz, Werner 78, 396, 610

Schwarzhaupt, Elisabeth 359, 496, **601**
Schwarzkopf, Dietrich 120, 204, 248, 254, 297, 535
Schweitzer, Albert 191, 555
Segni, Antonio 506, 569
Selbach, Josef-Wilhelm 151 f., **545**
Sells, David J. 74, 76, **523**
Seuffert, Walter 579 f.
Seydoux, François 481, 568
Sharett, Moshe 535
Shirer, William L. 267 f., 574
Shriver, Pamela 409, **614**
Shriver, Robert Sargent **614**
Shulman, Marshall D. 513
Silverberg, Paul 559
Smirnow, Andrej A. 28, 96, 459, **508**, 558, 618 f.
Sobotta, Joachim 204, 248, 255, 262, 297, 387, 560
Solowjew, Andrej I. 501
Sorensen, Theodore C. 409, 599, **614**
Soustelle, Jacques 326, 593
Spaak, Paul-Henri 17, 200, 204, 214 f., 240, 243, 248 f., 252–256, 258, 325, 399, 407, **503** f., 560, 568, 571, 592, 610
Springer, Axel Cäsar 169, 328, **548**
Spülbeck, Otto 45, **516**
Stalin, Jossif W. 18, 24, 28, 167, **504**, 506, 513, 527

Stammberger, Wolfgang 260, 262, 298 f., **572**
Starke, Heinz VII, 127, 151 f., 158–161, 537, 546, 584
Steel, Christopher 103, 243, **530**, 568
Steele, John L. 564 f.
Stelle, Charles C. 620
Stier, Hans-Erich 305, 585
Stikker, Dirk Uipko 43, 108, 143, 195, 287, 309 f., 504, **514**, 556 f., 581, 586
Stinnes, Hugo 559
Strauß, Franz Josef 19, 43, 76 f., 103, 107, 109, 143 f., 157 f., 259 f., 282, 284, 316, 356, 439, 496, **504**, 530, 537, 542, 546, 572, 577, 579, 588, 600
Streicher, Julius 573
Stresemann, Gustav 190, 555
Strobel, Robert X, 45, 49–52, 58 f., 120–125, 127, 129, 132 f., 151 f., 161, 163, 168 f., 204, 209, 211–214, 216, 219, 248, 251, 254, 258–263, 297, 299, 303–307, 312–314, **515**
Stucki, Lorenz 353–364, 599, 602
Sukarno, Ahmed 270, 574
Sulzberger, Cyrus L. IX, 113, 170, 401–410, 533, 540, 548 f., 612–614, 622
Sulzberger, Arthur Hays 113, 401, 408, 533, 612
Sulzberger, Arthur Ochs 533

Personenregister

Taylor, Maxwell D. 253, 259, 272 f., 310–312, 571
Terry, Anthony 74, 76, 523
Tetens, Tete Harens 112, 532
Thompson, Llewellyn E. 27, 29, 31 f., 36, 83, 93, 103–106, 124, 132, 138, 141 f., 267 f., 507, 510, 574, 620
Thorneycroft, Peter 567
Thyssen, August 446 f., 609, 622, 623
Thyssen, Fritz 447, 622
Titow, German 601
Titzrath, Werner 387, 607
Tönnies, Norbert 387, 607
Tourelle, Wilhelmine s. Zinsser
Trewhitt, Henry L. 277, 576
Truman, Harry S. 379, 404, 406, 440, 442, 460, 565
Truman, John A. 460, 627
Tyler, William R. 580

Ulbricht, Walter 10 f., 102, 125, 259, 263 f., 422, 500, 587, 606
Undén, Östen 566
U Thant, Sithu 270, 519, 574, 586

Vanistendael, August Albert Joseph 114 f., 536

Vine, George 74, 76, 84–86, 88–90, 523
Vogel, Rolf 618

Wagner, Erich 625
Wagner, Wolfgang 45, 49 f., 57 f., 151 f., 164, 204, 214 f., 218, 297, 301 f., 308, 311 f., 314, 515, 545, 560
Walker, F. D. 74, 76, 523
Walker, Gordon 563
Walther, Gebhardt von 194, 556
Warren, Earl 414, 616
Watkinson, Harold Arthur 245, 567, 569
Watson, Albert 12, 94, 111, 267, 500
Weber, Heinz 8 f., 22, 24, 29, 36, 60, 62, 75 f., 82, 92, 101, 176, 178, 266, 276 f., 429 f., 499, 527
Wegener, August 120, 127, 151 f., 164, 204, 387, 535
Wehner, Herbert 256, 519, 571, 579, 585
Weinstein, Adelbert 507
Weisenfeld, Ernst 387, 607, 627
Wendt, Erich 611
Wendt, Hans 45, 120, 151 f., 204, 214, 248, 255, 297, 311, 387, 397, 515
Wenger, Paul Wilhelm 147, 543
Werhahn, Libet 485
Wessel, Kurt 547

Weyer, Emma s. Adenauer
Wicht, Adolf 280, 294, 577 f., 582
Wilhelm I. 211, 562
Wilhelm II. 211, 562, 617
Williams, J. Emlyn 29, 277, 509
Wilson, Harold 563, 591
Wilson, T. Woodrow 312, 544, 588
Wirth, Ulrich 387, 607
Wissing, Wilhelm 516
Wöhrle, Alois 363, 603
Wolff, Theodor 193, 556
Woller, Rudolf 387, 607
Wuermeling, Franz-Josef 297, 583
Wunder (Oberregierungsrat) 577

Yoshida, Shigeru 18, 504
Younger, Kenneth 526, 563

Zahn, Peter von 532
Zeller, Marie-André 521
Ziehe, Theodor-Paul 29, 36, 76, 101, 120, 135, 151 f., 176, 277, 320, 336, 346, 376, 411, 455, 508
Zinsser, Ferdinand 261, 573
Zinsser, Friedrich Christian 573
Zinsser, Gussie s. Adenauer
Zinsser, Wilhelm 573
Zinsser, Wilhelmine 573

Sachregister

Das Register erschließt die vier Bände der Edition der Teegespräche (I=1950-1954; II=1955-1958; III=1959-1961; IV=1961-1963). Dagmar Boeddinghaus, Joachim Hack, Gabriele Herrig, Carmen Monschau, Anne Rüter und Marion Scheller waren an der Erstellung des Registers beteiligt.

Aachen II: 273, 378, 466; IV: 597
»Aachener Nachrichten« I: 408, 646; II: 118, 398
Abrüstung (s. a. Konferenzen, Genf)
– in Gesprächen und Verhandlungen
– – 1955-1958 II: 18, 21, 104, 113, 110-122, 127 f., 156, 192-196, 199, 208-210, 215, 232, 238, 251-254, 262-264, 285, 299, 301, 307 f., 319, 368, 387, 389, 408 f., 436, 449, 457
– – 1959-1961 III: 9, 11, 30, 32-34, 37, 42, 48-51, 60 f., 71, 73, 80, 85, 93-95, 105 f., 126 f., 141 f., 173 f., 183, 217, 222, 249, 256, 260-262, 270, 272, 278, 313, 320, 322 f., 332 f., 336, 338 f., 374 f., 407, 481 f., 499, 514, 526, 550, 596, 605, 623, 629 f., 649, 665, 680, 684, 703, 722, 745 f., 749, 759
– – 1961-1963 IV: 17 f., 27, 39, 51, 70, 106, 109, 121 f., 124 f., 136, 253, 358, 452 f., 503, 531, 536 f., 566, 590, 623
Ägypten (s. a. Suezkanal) I: 37, 106, 159, 430, 621, 640, 712, 731; II: 56, 129-131, 136, 156 f., 165 f., 189, 279, 400, 409, 422, 425, 432, 457, 469; III: 56, 62-65, 223, 270, 291, 614 f., 689
Agence France-Press (AFP) I: 613; III: 294, 638; IV: 513
Affären s. Fall...
Afghanistan III: 667, 670
Afrika (s. a. einzelne Staaten; Kolonialismus) I: 35, 418; II: 184, 215, 225, 280; III: 56, 221, 275, 385, 452-454, 458, 462, 482, 484, 638, 677, 735; IV: 58, 99, 191, 519, 529, 561
AHK s. Alliierte Hohe Kommission
Ahlener Programm s. CDU, Programme
Ahrenshausen I: 686
Albanien I: 616; II: 422, 475; III: 616; IV: 28, 135 f., 508, 541
Algerien, Algerienkrise und -krieg II: 212, 225 f., 274, 287, 448; III: 19, 64, 179 f., 315, 326, 347-349, 354, 388, 423 f., 429 f., 444, 462, 469, 529, 600, 614, 651, 680, 698, 700, 707 f., 722, 730, 759; IV: 25, 64 f., 94 f., 109-111, 125, 143, 173 f., 190, 326, 381 f., 442, 506, 520 f., 528, 532, 550, 554, 556, 592 f., 622
Algier II: 225 f., 275, 287, 467; III: 179, 342, 429, 444, 483, 616, 651; IV: 94, 109, 222, 565
Alleinvertretungsanspruch (s. a. »Hallstein-Doktrin«) II: 16, 23
Allensbach II: 187
»Allgemeine Wochenzeitung der Juden in Deutschland« IV: 534 f.
»Allgemeine Zeitung« I: 148, 408; IV: 514
Allgemeiner Deutscher Nachrichtendienst (ADN) I: 206, 208; III: 291, 666, 670; IV: 134
»Allianz für den Fortschritt« IV: 358, 601

Sachregister

Alliierte (Vier Siegermächte) I: 18, 21f., 27f., 31f., 36f., 55f., 68, 93, 121f., 129-131, 136, 138, 144, 146f., 158, 160, 167f., 190, 211, 215, 218, 238, 243, 262f., 284, 290f., 317f., 320, 327, 354, 401, 456, 484, 504, 522f., 607, 613f., 621, 625, 651, 663, 666, 673, 698, 723, 741, 751, 763f., 770, 776; II: 16f., 19, 85, 91, 126, 146, 193, 477; III: VII, 5f., 262, 277, 293, 298, 357, 389, 473, 540, 594, 627f., 641, 649, 763, 767
Alliierte (Drei Westmächte) s. AHK; Frankreich; Großbritannien; USA – dort Deutschland- und Berlinpolitik
Alliierte Hohe Kommission, Hohe Kommissare (AHK) I: 6, 9, 50, 53, 65, 126, 128, 130f., 138, 153, 200, 206, 211, 218, 221, 316, 400, 404, 412, 454f., 457, 536, 538, 546, 613, 649, 692; II: 393, 439; IV: 502, 542, 619
– Adenauer-Kontakte I: 31, 36, 40, 53, 146f., 151-153, 179, 181, 367, 396, 399, 400, 403f., 411, 556, 614f., 617, 621, 624f., 635, 655, 685
– Kontrollkommission, Kontrollrat I: 36, 68, 131, 230, 239, 325, 671, 678, 684f.,

American Forces Network (AFN) IV: 509
Amt Blank s. Der Beauftragte
Anglo-Iranian Oil Company I: 638; II: 434
Ankara III: 638; IV: 508
Antisemitismus, antisemitische Vorfälle III: 31, 176-178, 181, 255, 266f., 270, 359, 650, 680; IV: 117-119
»Appeasement«-Politik I: 300, 312; II: 101; IV: 16, 86, 90, 347, 426
Arabien, arabische Staaten I: 360f., 413, 489, 712, 732
Arabische Liga I: 712
Arbeitsgemeinschaft Freier Demokraten II: 387
Arbeitsgemeinschaft der öffentlich-rechtlichen Rundfunkanstalten der Bundesrepublik Deutschland (ARD) III: 744; IV: 535, 607
Argentinien I: 117, 246, 643; IV: 518
Asien (-Begriff Adenauers) I: 12, 18, 22f., 526, 530, 532, 547, 615, 764; III: 34f., 56, 218, 277, 300, 451, 454, 529, 638, 677; IV: 228, 355, 357, 402, 581
Assisi I: 98, 637
Associated Press (AP) I: 400f., 763; III: X, 392, 543; IV: 509, 520, 603
Assuan-Damm I: 731;

II: 105, 124, 131, 156, 165, 167, 400, 409f., III: 62-64, 690
Athen IV: 173, 176f., 550f., 557
Atlantikpakt s. NATO
»Atlantische Union« IV: 126, 537, 549
Atomteststopp (s. a. Verträge) IV: 3, 124, 293
Atomversuche III: 261, 316, 526f., 595f., 602, 613, 623, 649, 698, 751, 759; IV: 16, 25, 123f., 136, 502f., 568
Atomwaffen und Nuklearrüstung, -strategie (s. a. Bundeswehr; Multilateral Force) I: 760f., 764, 770; IV: 34, 43, 98, 104, 107-110, 121-124, 133, 136, 143f., 172f., 197f., 215, 221, 229, 244, 259, 274, 291, 293, 309-312, 314, 321f., 328, 339, 354, 383f., 451, 460, 502f., 506f., 511, 531, 550, 558, 566, 568f., 571, 582, 586f., 604f.,
Atomwaffenfreie Zone s. Rapacki-Plan
»Augsburger Allgemeine Zeitung« I: 701; IV: 456, 625
Auslandsbeziehungen Adenauers (s. a. Reisen)
– Belgien I: 81; II: 32, 374, 412; IV: 114f., 248, 252f., 533, 568, 571
– Frankreich I: 6, 9, 64, 74f., 79, 83f., 94, 122, 136, 294f., 229, 235-237,

Sachregister 657

278, 313, 326, 358, 391, 418, 450, 468-472, 489 f., 500 f., 503, 512, 542 f., 552-559, 576, 630, 677, 720, 726, 758, 773, 776; II: 45, 159-163, 168, 178, 225 f., 257 f., 274 f., 289, 291 f., 301 f., 320, 353, 357, 391, 395, 423, 472 f., 476; III: 19, 26, 32, 59 f., 133, 146, 180, 183, 265, 276, 284, 315, 328, 337, 343, 349, 361, 363, 390 f., 402, 460, 463, 468 f., 488, 494, 503, 563, 578 f., 599 f., 601, 639, 643, 653, 664, 682, 693 f., 697, 709, 737, 749 f., IV: VII, 32, 36, 38, 42, 46, 55 f., 57 f., 60-62, 66, 68, 71, 94 f., 105 f., 110, 142, 171, 188, 198, 200, 211, 227, 232-236, 239 f., 246 f., 251 f., 258, 317-319, 321-326, 337, 341, 358, 379-382, 387-391, 394 f., 442 f., 478-483, 488-491, 507, 512, 520, 522, 530 f., 546, 554, 560, 565, 569, 571, 581, 586, 590, 592-595, 599, 602, 609 f.,
– Großbritannien I: 85, 196 f., 136, 150 f., 170-178, 229, 235, 265, 298, 302, 315, 317, 399, 403, 460, 464-467, 501, 579, 586 f., 663, 744 f., 758; II: 167, 244, 246, 291, 294, 300, 455, 465, 475; III: 18, 24, 91, 95, 113, 132, 136-140, 152 f., 168, 244, 327 f., 337, 445, 448, 457, 461, 465 f., 469, 487, 602, 633, 635, 643, 675, 682, 726, 739, 743; IV: 15 f., 32, 74-76, 223, 502, 510, 520, 523 f., 526, 565
– Indien II: 105, 399; IV: 287, 484, 581
– Israel II: 62, 269 f., 614, 655, 683; IV: 118 f., 534 f.,
– Italien I: 81, 98; II: 101, 398, 402; III: 196, 354, 710; IV: 252, 395, 549
– Japan III: 453, 569; IV: 18, 504
– Luxemburg I: 315, 412; III: 350
– Niederlande IV: 270
– Österreich I: 471 f., II: 150 f., 154, 419; III: 97, 100, 108 f.; IV: 585
– Schweiz I: 132
– Sowjetunion (s. a. Moskau-Besuch) II: 107, 125, 148, 283 f., 307, 401, 462 f., III: 11 f., 309, 352, 407, 466, 550-552, 630 f., 695, 717, 739; IV: 67, 93, 96, 175, 229, 289, 459, 521, 528, 558, 618 f.,
– Türkei I: 550, 771
– USA I: 35, 99, 129 f., 229, 235, 277, 287, 348, 350, 353 f., 418, 494, 497, 531, 590, 594, 708, 726, 740, 749, 751, 756, 758, 766; II: 30, 88, 130, 199, 206, 223, 234, 238-241, 291, 301, 336 f., 391 f., 397, 411, 437, 446, 476; III: 7, 29, 34, 58, 63, 192 f., 105, 116-118, 121-124, 143 f., 146, 153-164, 176, 184, 189, 215-217, 229, 241, 249, 274 f., 328, 330, 337, 348, 366, 369 f., 372, 375, 378, 402 f., 457, 481 f., 485, 495, 502, 528 f., 540, 550, 574-577, 612 f., 622, 629, 641-643, 682 f., 691, 708 f., 713, 715, 744, 746 f., 759, 767 f.,; IV: VII, 27-31, 33, 38, 43, 47 f., 55, 65-67, 71, 103 f., 112-115, 117, 141, 144, 151, 171, 196 f., 212, 219 f., 274, 287, 295 f., 311 f., 320 f., 323 f., 331, 351, 354, 362, 365-370, 373-380, 387, 389 f., 392-394, 401, 428, 433, 439-441, 451, 461, 474-477, 485, 487, 507 f., 513, 518, 520, 522, 529-533, 542 f., 550, 555, 558 f., 566, 570, 578, 581 f., 586 f., 589, 592, 594, 596, 597 f., 602-604, 608, 610, 614-616, 620 f., 626

Auslandsschulden I: 18 f., 22, 25, 29-31, 36 f., 48, 117, 215, 267, 284, 483, 611, 613, 643, 672, 692, 751; III: 425 f.,

Außenhandel (s. a. Ost-West-Handel) IV: 129, 131, 154 f., 167, 539, 553

»Außenpolitik« I: 327, 703

Außenpolitische Lagebeurteilung Adenauers
– 1950 I: 17 f., 24 f.; III: 181 f.;
– 1951 I: 38 f., 42-44, 99 f., 127-128;

– 1952 I: 226-235, 298-301, 306, 345 f.;
– 1953 I: 447, 476-481, 505-509;
– 1954 I: 276, 529-535, 545, 547;
– 1955 II: 5-32;
– 1956 II: 55 f., 96-98, 120 f., 139, 250;
– 1957 II: 193-199, 263, 427;
– 1958 II: 250-254, 300 f., 318-320. 364; IV: 112;
– 1959 III: VII, 5-10, 38-43, 48-52, 105, 126, 145, 597 f., 607, 629, 638;
– 1960 III: VII f., 181 f., 217, 225, 256, 277-279, 321, 324, 364, 374 f., 671, 678 f., 676 f.;
– 1961 III: 419, 436 f., 441 f., 510-512, 524-526, 540 f., 544, 768-770; IV: 13, 17 f., 144, 507, 513, 517, 524;
– 1962 IV: 51, 83, 93, 112, 139 f., 172, 176, 210, 253, 263 f., 272, 287 f., 305, 524, 544, 560, 580 f., 586;
– 1963 IV: 340 f., 360, 411 f., 449 f., 589;
Australien I: 187, 642; II: 102; IV: 64, 186, 224, 229-231, 250, 257, 551, 566, 570
Auswärtiges Amt s. Bundesministerien

Bad Cannstatt I: 738
Bad Dürkheim III: 515 f.
Bad Ems I: 361, 713
Bad Godesberg I: 5, 9, 367, 405, 605, 722; II: 160; III: 234, 634, 671, 687, 718, 749; IV: 430, 472, 502
Bad Homburg I: 35, 620
Bad Honnef s. Honnef
Bad Kreuznach II: 301, 357, 476; III: 19, 26, 59, 184, 187, 349, 600, 651, 654
Baden I: 644; III: 162, 282
Baden-Baden I: 486 f., 752; II: 393; III: 637; IV: 105 f., 110, 252, 325, 358, 394, 530 f., 562
Baden-Württemberg (s. a. Südweststaat) I: 445, 454, 689, 737 f.; II: 284; III: 243, 478; IV: 129, 166, 603
Badenweiler I: 218
Badenweiler Marsch I: 549, 771
»Badische Zeitung« I: 149; II: 372; IV: 515
Bagdad-Pakt s. Verträge
Bahamas IV: 321, 327, 332, 587, 589
Baku III: 253, 256, 679
Balkanpakt s. Verträge
Balkanstaaten (s. a. einzelne Länder) I: 529, 542, 551
»Baltimore Sun« IV: 576
Bamberg III: 586
»Basler Nachrichten« I: 407, 409, 411
Bayerischer Rundfunk I: 149, 196, 245, 322, 393, 374, 621, 679, 721, 742;
II: 442, 444; III: 632; IV: 515
Bayerischer Wald I: 459
Bayern I: 19, 611, 620, 678, 689; II: 113, 187, 439; III: 164, 166, 199, 243, 282, 294, 434, 474 f., 478, 508, 731; IV: 259, 304, 308, 504, 556, 585, 609
Bayernpartei (BP) I: 286, 616, 635, 643, 678, 693, 731; II: 413
Beamte, öffentlicher Dienst I: 89, 341; II: 405; IV: 128 f., 160 f., 164, 538
Der Beauftragte des Bundeskanzlers für die mit der Vermehrung der alliierten Truppen zusammenhängenden Fragen (Amt Blank) I: 104, 271, 319, 492, 549, 617, 667; IV: 511, 579
Beirut I: 430, 732
Belgien (s. a. Auslandsbeziehungen) I: 7, 10, 27, 54 f., 62, 69, 81, 135, 181, 213, 237 f., 272, 278, 295, 331, 343, 428, 447, 469, 477, 491, 501, 526, 608, 622, 627-630, 632, 683, 685, 687, 694, 697, 754; II: 129, 215 f., 386, 392, 410, 418; III: 208, 369, 377, 408, 467, 529, 553, 640, 650, 722; IV: 25, 111, 197, 200, 204, 208, 214, 243, 248 f., 325, 358, 394, 396, 399 f., 434, 451, 503 f., 514, 532 f., 556, 559 f., 568, 571, 592, 601

Sachregister

Belgrad III: 617; IV: 507
Benelux-Staaten s. einzelne Staaten
Bereitschaftspolizei I: 19, 43, 612
Bergen-Belsen III: 191, 655
Berlin (s. a. DDR, Volksaufstand; Hauptstadtfrage) I: XVIII, 7 f., 20, 99, 109-111, 130, 137 f., 159, 163, 167, 188, 193 f., 199, 206 f., 209 f., 222, 229, 231, 243, 246, 264, 273 f., 283, 291, 307 f., 327-329, 336, 342, 346, 360, 396, 410, 449, 454-456, 458 f., 478, 494, 505, 516, 521 f., 525, 529-531, 533-533, 560, 606, 641, 649, 651, 657, 670 f., 686, 690, 696, 704, 707, 721, 740-742, 759, 762 f., 765-767, 769, 774; II: 10, 27-29, 38, 108, 137 f., 148, 169, 207, 276, 278, 281, 283, 286, 306, 413, 426, 466; III: 15-18, 21, 23, 98, 145, 150, 161 f., 165-167, 172 f., 177 f., 189 f., 192, 203, 205 f., 219, 229 f., 231, 233, 238 f., 249, 269, 281, 288 f., 297-299, 319, 355, 365, 439, 524, 541, 544, 546 f., 552 f., 588 f., 599, 626, 628, 647, 650, 661, 665, 673, 681, 689, 692, 698, 702, 707, 717, 739, 748, 756, 765-767, 769; IV: 94 f., 103, 121, 148 f., 176-179, 187, 190, 197, 209, 219, 264, 267, 291 f., 303, 322, 347, 353 f., 362, 371 f., 408, 441, 452, 455 f., 500 f., 503, 505, 528, 530, 543, 550-552, 559 f., 565, 574, 599, 602, 607, 621, 624
- Bevölkerung I: 454; IV: 11, 36 f., 39, 46, 49, 51, 69, 85, 183, 267, 397, 459, 524 f., 611
- Blockade und Luftbrücke III: 17, 51, 77, 79, 150, 170 f., 189, 231, 598; IV: 46, 379, 517
- 17. Juni 1953 I: 478, 750; IV: 205
- Mauerbau 1961 I: XIX; III: IX, 540-553, 763, 769; IV: VII, XI, 6 f., 10-12, 20, 26, 31, 35 f., 39, 49, 51 f., 99, 111, 125, 158 f., 174, 183, 205, 265, 267, 269 f., 362, 397, 500 f., 505, 518, 522, 524 f., 574
- Ost-Berlin I: 111, 231, 243, 328 f., 346, 396, 478, 641, 671; II: 42, 206 f., 397, 413, 427, 440 f., 450, 454; III: 30, 173, 221, 231, 238, 320, 512, 541, 551, 593, 602, 638, 670, 692, 707, 747; IV: 11, 134, 267, 327, 385, 396 f., 611
- Versorgungslage und Warenverkehr I: 167, 207-209, 671, 686, 742
- Viermächtestatus und völkerrechtliche Stellung I: 37, 115; II: VIII, 28, 304, 397, 474 f.; III: 6, 9, 47, 71 f., 77, 81, 165, 167-170, 174, 184, 191 f., 203, 217 f., 222 f., 229-231, 242, 260, 318-320, 364, 436 f., 471, 512, 540, 594, 661, 665, 669, 672 f., 677, 739, 746, 766; IV: 3, 10, 20, 25 f., 30, 51 f., 104 f., 137, 500, 507, 512, 517, 522, 526, 530, 542, 575, 581
- Zufahrtswege, Zugangsbehörde II: 10, 367; III: 51, 77, 170, 219, 231, 548, 648, 732, 767; IV: 10 f., 25, 39, 70, 87-90, 103, 137 f., 177, 184, 219, 287 f., 290, 294, 450, 456 f., 459, 524, 526, 530, 551 f., 623, 626
Berlin-Ultimatum (1958) II: VII, 305 f., 474 f., 482; III: VII, 32, 42, 72, 594, 636; IV: 17, 24, 38, 112, 503
»Berliner Montags-Echo« II: 48 f., 381
»Berliner Morgenpost« IV: 548
»Berliner Tageblatt« III: 459, 737; IV: 193, 556
Bermuda I: 503, 510, 759; II: 436
Besatzungsmächte s. Alliierte; Frankreich; Großbritannien; Sowjetunion; Vereinigte Staaten
Besatzungsstatut I: XIII, XIX, 21 f., 29, 31, 39, 53, 57, 74, 115 f., 118, 126, 139, 180, 195, 200, 202, 216, 218, 238, 258, 272,

281, 403, 426, 455, 496, 499, 546, 559, 563, 606, 611, 654, 663, 666, 672, 766, 773-775,
- Besatzungskosten I: 18, 113 f., 121 f., 130 f., 137, 189, 483
- Revision I: 7, 10, 19, 21, 25 f., 32, 36 f., 48, 606, 611, 615, 624, 626
Besatzungszonen I: 200, 204, 303, 500, 672; II: 271, 408, 477; III: 6; IV: 39, 90, 137, 502, 507, 513, 528
Betriebsverfassungsgesetz (s. a. Mitbestimmung) I: 219, 673, 686, 690, 695; IV: 538
»Bild«-Zeitung II: 71; III: 334, 544-546, 703, 766; IV: 548, 607, 619, 627
Bildungseinrichtungen, Bildungspolitik II: 111 f.; III: 177, 206-209, 267 f., 281, 376, 382; IV: 162, 169
Birmingham (USA) IV: 414, 616
Block der Heimatvertriebenen und Entrechteten (BHE) I: 404, 612, 643, 678, 689, 724, 754; II: 59, 152, 187, 373, 385, 405, 413, 420, 438; III: 676, 687, 698; IV: 543, 578
Böhmen III: 109, 624
»Bolschewik« I: 350, 709
Bonn (s. a. Hauptstadtfrage) I: 6, 9, 31, 64, 85,
109, 168, 174, 198, 206, 208, 232, 247, 249 f., 252, 254, 272, 293, 298, 316, 327, 348, 400, 412, 462, 471, 494, 505, 561, 606, 621, 635, 653, 655, 683, 688, 693, 695, 708, 714, 726, 750, 752, 770; II: VII, 28 f., 65, 67-72, 74 f., 77, 79 f., 85, 113, 121, 125 f., 145, 148, 159, 170, 177, 190 f., 260, 309, 314, 328, 354, 369, 386, 388, 397, 399, 401, 403, 407 f., 413, 423, 427, 430, 444 f., 447, 450, 462, 468 f., 480, 482; III: 31, 35, 44-46, 97-99, 125, 129, 131, 153 f., 156, 160, 178, 184, 188 f., 197, 204 f., 275, 285, 298, 300, 303 f., 328, 394, 404, 409 f., 417, 439 f., 441, 466 f., 475, 502, 518, 521, 538, 546, 593, 597, 602, 608 f., 613-615, 623, 634, 636, 639, 641 f., 653, 658, 667, 669, 674 f., 680, 692, 694, 696-698, 701, 709 f., 716, 721, 723-728, 735, 738, 740, 745 f., 748 f., 754, 761, 767; IV: 29 f., 42, 106, 197, 208, 328, 343, 355, 376, 380, 391, 393, 412, 426, 433 f., 474, 477, 508, 510, 513 f., 519, 521, 524, 533, 551 f., 557 f., 564, 572, 598 f., 602, 604, 616, 620
Bonner Bürgerverein III: 381
»Bonner Rundschau«
I: 206; II: 376; III: 290, 689
Bordeaux I: 76, 722; IV: 246
Brasilien I: 117, 643; II: 268; III: 493, 614, 748
Braunsberg-Goldap I: 485
Braunschweig III: 475
Bremen I: 90, 441, 446, 689, 726, 737 f.; II: 465; III: 166, 244, 741
»Bremer Nachrichten« III: 634
Bremerhaven III: 434
Breslau III: 502
Bretagne III: 447
Briefe, Briefwechsel Adenauers I: 69, 174, 533 f., 611, 613, 626, 630, 661, 663, 688, 724, 749, 755, 766; II: 33, 45, 52, 173-175, 187, 221, 367 f., 370, 373, 375, 385, 389, 406, 432, 466, 475 f.; III: 132, 159 f., 189, 192, 223, 309, 322, 335, 610, 622, 630, 633, 642, 645, 693, 697, 719, 739 f., 750; IV: 32 f., 177, 196, 199, 206, 252, 340, 344 f., 373-375, 388, 454, 510 f., 530, 535, 539, 542, 547 f., 556-558, 567, 574, 579, 581 f., 588-594, 596-598, 606, 623 f.
British Broadcasting Corporation (BBC) I: 744; II: 296; III: IX, 600, 751; IV: 501, 523
British European Airways (BEA) III: 140, 637
Brüssel (s. a. EWG) I: 27-

Sachregister

33, 54, 309, 540, 544-546, 548, 550 f., 558, 561, 615-617, 625, 697, 768 f., 773; II: 148, 300, 391, 401, 414; III: 153, 383, 401, 634, 640, 653, 668, 673; IV: 17, 56 f., 81 f., 90, 149, 214, 217, 231, 238, 256, 323, 327, 340 f., 380, 392, 394, 407, 443, 445, 515, 537, 554, 567, 571, 592
Brüsseler Pakt s. Verträge; s. a. NATO
Budapest III: 97
Bühlerhöhe II: 126
Buenos Aires I: 643
Bürgenstock I: 123, 580, 644
Bulgarien I: 542, 616; II: 407, 427; III: 13, 415, 553, 649; IV: 183, 611
Bundesanwaltschaft I: 130, 650; IV: 262, 278-280, 283, 285, 572, 577-579
Bundesarchiv IV: 262
Bundesbank, Bundesbankgesetz II: 205, 439; III: 343, 746; IV: 166, 547
Bundesfinanzhof I: 369, 378 f.
Bundesgerichtshof I: 650; IV: 279, 281, 285, 572
Bundesgrenzschutz I: 157; II: 114 f.
Bundeshaushalt I: 633, 635, 637; II: 404; III: 187, 412, 655, 671; IV: 81, 152 f., 155, 158-160, 164 f., 290 f., 538, 545 f.
Bundesjugendplan III: 208, 662

Bundesjugendring III: 178
Bundeskanzler, Bundeskanzleramt I: IX, XVI, XIX f., 86, 173, 213, 495, 607, 635, 755; II: 72, 77, 85 f., 141, 256; III: 170, 538, 606, 746; IV: 123, 400, 499 f., 502, 505, 509, 516, 523, 537, 543, 545, 552, 556 f., 563, 583, 593, 600, 606, 610, 626
Bundeskriminalamt IV: 279
Bundesminister, Bundesministerien
– für Angelegenheiten des Bundesrates IV: 297, 546, 583
– für Angelegenheiten des Marshallplanes I: 86, 131 f.
– für Arbeit und Sozialordnung II: 117; IV: 538, 579
– für Atomfragen bzw. Atomkernenergie II: 414, 302, 504, 584; IV: 302, 504, 584
– des Auswärtigen I: XX, 31, 52 f., 88-90, 134 f., 220-222, 244-247, 286, 322, 340 f., 359, 419, 493 f., 626, 634, 679, 692, 702, 770; II: 14, 152, 234, 366, 401, 476, 478; III: 20 f., 31, 46, 122, 129, 166, 190, 226, 270, 306, 309, 355, 385 f., 484, 519, 521, 637, 674, 746; IV: 29 f., 67, 103, 116, 121-123, 178-184, 213 f., 218, 229, 321, 340, 392,

421, 445, 447, 461, 499 f., 502 f., 509 f., 520, 523, 534, 535-537, 546, 551-553, 556, 562 f., 567, 595, 598, 602, 607, 609-611, 619, 626
– für Ernährung, Landwirtschaft und Forsten I: 457; IV: 78, 396, 584, 595, 609 f.
– für Familie – und Jugend I: 94 f., 754; II: 117, 169; III: 515, 757; IV: 297, 557, 583, 586, 609 f.
– der Finanzen I: 86 f., 165, 633; II: 90, 116, 392; III: 410; IV: VII, 127, 152, 158-161, 300, 504, 537, 546, 584, 611
– für gesamtdeutsche Fragen I: 457, 491; II: 463; III: 190; IV: 315, 501, 530, 571, 607, 611
– für Gesundheitswesen IV: 359, 509, 601
– des Innern I: 712; II: 478; III: 270; IV: 303, 520, 546, 577 f., 584
– der Justiz I: 715 f.; II: 417, 452; IV: 262, 298 f., 530, 537, 572
– für das Post- und Fernmeldewesen I: 496, 756; IV: 501
– der Verteidigung (s. a. Der Beauftragte) I: 492; II: 100, 374, 414, 417, 456, 459, 478; III: 290, 294; IV: 43, 76, 103, 107, 109, 143 f., 157 f., 280, 282-284, 316, 504, 511, 520,

532, 537, 542, 546, 563, 567, 572, 577, 579, 607, 609 f.
- für Vertriebene, Flüchtlinge und Kriegsgeschädigte I: 491; II: 233; IV: 500, 543, 611
- für Wirtschaft I: 86 f., 285, 353, 431, 457, 633; II: 17, 61 f., 90-92, 386, 392; III: 226 f., 728, 746; IV: VII, 152-167, 445, 507, 538, 542, 546, 594, 611
- für wissenschaftliche Forschung IV: 303, 584

Bundesnachrichtendienst (BND) II: 478; IV: 280, 285, 577, 582 f.

Bundespräsident, Bundespräsidialamt I: 186, 220, 322, 365, 368-370, 373-377, 380-382, 384, 388-390, 438-444, 464, 496, 607, 661, 665, 711 f., 715 f., 718 f.; II: 236, 478; III: 52, 149, 151, 159, 191, 268, 609 f., 617; IV: 340, 452, 454 f., 486, 492, 499, 552, 563, 595

Bundespresseamt s. Presse- und Informationsamt

Bundespressekonferenz (s. a. Pressekonferenzen) II: 72, 75-79, 177, 380, 386, 392, 406, 408, 431, 437, 458; IV: 503, 551

Bundesrat (s. a. Bund-Länder-Verhältnis) I: 30, 46, 98, 192, 279 f., 282, 289, 362, 369 f., 372, 377, 379, 383, 389, 395 f., 433, 435-441, 443-446, 456, 470 f., 546, 624, 637, 656, 660, 665, 687-689, 733, 737-740; II: 115 f., 390, 396, 439, 444; III: 167, 243 f., 288 f., 408, 424, 544, 674, 713; IV: 11, 417, 452, 538

Bundesregierung (s. a. Bundeskanzleramt; Bundesminister)
- Bundeskabinett I: 596, 623-626, 633, 656, 663, 672, 706, 713, 715 f., 754-756; II: 27, 52, 91 f., 110 f., 115-117, 123 f., 147, 152, 154, 163 f., 233, 236, 373, 415, 417-419, 437, 451 f.; III: 176, 221, 226 f., 241, 245, 332 f., 335, 346, 385, 410, 416, 425, 430 f., 434, 436, 484, 666, 668, 699, 703, 706, 723, 731, 743; IV: IX, 298 f., 301 f., 315, 396, 450, 486, 505, 507, 522, 538, 596, 623
- Regierungsbildungen
- - 1949 IV: 403, 612 f.
- - 1953 I: 490-496, 753 f., 756; II: 151 f.
- - 1957 II: 233, 236, 449, 452
- - 1961 IV: VII, 12 f., 19, 24, 35, 103, 128, 185, 499 f., 505 f., 514, 537
- - 1962 IV: VII, 297-299, 576 f., 583 f., 588

Bundesrundfunkgesetz III: 687, 689

Bundessicherheitsrat II: 478

Bundestag (s. a. einzelne Parteien, Bundestagsfraktionen; Diäten; Wahlen) I: 13-16, 29 f., 32, 34, 39, 44, 46, 51, 68, 72, 80, 85 f., 91 f., 94, 98, 119 f., 124, 142, 146, 150, 154 f., 159, 163-165, 170, 182, 184 f., 187, 190, 192, 195-197, 200, 212-220, 222, 226, 236, 245, 248, 255, 272 f., 275, 279 f., 282 f., 286, 289, 292 f., 307, 311, 323 f., 327, 329, 335, 339 f., 356-360, 362 f., 369-371, 376-379, 383, 386, 388-390, 395, 420, 424, 426, 429, 432 f., 436 f., 439-441, 455 f., 468, 475, 478, 488, 543, 545 f., 551, 609, 611, 618, 625, 627, 629, 634-637, 642-644, 647, 649, 652-656, 660, 662 f., 665, 667 f., 672-676, 682, 686, 689, 693, 696, 702, 705, 710 f., 713, 716 f., 722 f., 731-733, 740 f., 746, 749 f., 754 f., 765, 769-771, 774; II: 42, 85, 87, 100, 112, 114-116, 123, 188, 200, 202, 236, 281, 369, 372, 377, 383, 394, 396 f., 404 f., 426, 433, 439 f., 444, 449, 452, 461, 466; III: IX, 52, 131, 154, 166 f., 177, 188, 194, 197, 199, 231, 233, 235, 263, 283, 289, 332 f., 379, 385, 424, 435 f., 486, 521, 543, 631, 648, 654, 674, 684, 689, 698, 701, 703, 706,

Sachregister

732, 739, 745 f., 769;
IV: 105, 416 f., 452, 500
- Ausschüsse I: 19, 25 f.,
29, 31, 37, 88, 138, 146 f.,
436 f., 526, 654, 662, 673,
689, 737; II: 50, 95, 115 f.,
381, 394, 405; III: 130,
188, 197, 199, 332 f., 631,
701 f., 725; IV: 299 f., 461,
520, 592, 627
- Fraktionen s. einzelne
Parteien
- Gesetzgebung (s. a.
einzelne Gesetze) I: 636,
649, 653; II: 45 f., 95, 100,
200, 205, 369, 378-380,
383, 390, 394, 396 f.,
404 f., 417, 433, 437 f.;
III; 197, 211 f., 435, 648,
661-663, 667, 671, 677,
690, 703, 713, 732
IV: 132, 160, 163, 298-
300, 538-540, 572, 583 f.
- Sitzungen, Beschlüsse
und Entschließungen
I: 114 f., 117 f., 186, 192,
196, 271, 282, 304 f., 338,
610; II: 33, 83 f., 95, 373,
376, 433, 438, 458, 461;
III: 192, 203, 234, 241,
243, 245 f., 288, 298 f.,
321, 346 f., 617, 656, 689,
692, 707, 766; IV: 11, 44,
78-80, 152 f., 159 f., 164,
218, 260, 282-286, 289,
326, 419, 439, 449, 464-
467, 514, 524, 545 f., 547,
553, 572, 579 f., 588, 611,
617
- Untersuchungsaus-
schüsse
-- Fall Platow I: 653

-- John II: 40, 42, 377
-- Nr. 47 I: 220, 674
-- »Spiegel«-Affäre
(1951) I: 93, 635 f.
-- FIBAG IV: 259 f., 572
Bundesverband der
Deutschen Industrie
(BDI) I: 773; IV: 542
Bundesvereinigung Deut-
scher Arbeitgeberver-
bände (BDA) IV: 547
Bundesverfassungsge-
richt I: 124 f., 145, 191,
222 f., 283, 292, 360,
362 f., 365, 368-390, 395,
438-445, 644 f., 652 f.,
690, 694, 710 f., 715-719,
737; III: VII-IX, 15, 268 f.,
425, 472-478, 480, 507,
598, 682, 741-743, 755;
IV: 577
Bundesverteidigungsrat
II: 478
Bundeswehr (s. a. Wehr-
gesetzgebung; Wieder-
bewaffnung) II: 95, 100,
113 f., 144-147, 154, 168,
203, 209-211, 378 f., 396,
416 f., 442, 478; III: 206,
290, 333, 361, 448, 476,
486, 529, 531, 609, 625,
636, 650, 666, 718, 746;
IV: 25, 27, 34, 132, 155,
157 f., 291, 313 f., 316,
430, 451, 507, 519, 569
- Ausrüstung mit
Atomwaffen II: VII, 128,
144, 195, 200, 215, 242,
245, 357, 416, 437, 442,
461, 465, 477; IV: 121,
378, 383 f.
Bundeswirtschaftsrat
I: 123

Bund-Länder-Verhältnis
(s. a. Bundesrat) I: 19,
46, 98, 192, 282, 288 f.,
379, 437, 454, 624, 665;
III: 476-478, 508, 686,
743; IV: 159 f., 303
»Burgfriedensplan« s.
Pläne
Burma III: 667

Cadenabbia II: 331;
III: 46, 271, 277, 308, 354,
494, 540, 570, 582-585,
642, 683, 694, 749, 762,
765; IV: 152, 170, 178,
437, 451-453, 529, 548 f.,
581, 624
Camp David III: 145, 219,
637, 639
Canberra IV: 177
Canterbury I: 176 f.
Castrop-Rauxel I: 218
Celle III: 410, 418
Celle-Saint-Cloud I: 552 f.
Central Intelligence
Agency (CIA) II: 250,
370; III: 679, 759
Ceylon IV: 217, 564
Chartres I: 75
Chatham House I: 176 f.
Chequers III: 168; IV: 186,
240, 324
Chicago I: 311; II: 88, 391,
403; III: 457; IV: 192,
414, 555
»Chicago Tribune«
I: 352; IV: 509
Chichester I: 316 f.
China (Volksrepublik)
I: 18, 27, 134 f., 330, 353,
527, 532, 613, 641, 758,
764 f., 767; II: 23, 96,

108 f., 124, 135 f., 168, 230, 238, 357, 426; III: 9 f., 14 f., 27 f., 38, 40, 50, 58, 60, 85, 87 f., 91, 100, 104, 127 f., 131, 209, 226, 252, 255, 264, 271, 324, 336 f., 428, 440, 451, 453 f., 482, 484, 630, 632, 682, 703, 722, 730, 736; IV: 18, 28, 53, 66-68, 96 f., 114, 116, 135 f., 140, 174, 191, 287, 327, 355, 357, 385 f., 396-399, 402 f., 411, 427 f., 451, 458, 460, 504, 507, 521, 541, 580 f., 612
»Christian Science Monitor« II: 474; IV: 509, 576
Christlich-Demokratischer Pressedienst (CDP) I: 4, 148, 408; IV: 535
Christlich Demokratische Union Deutschlands (CDU) I: 20, 45, 95, 143, 196, 292, 456, 496, 612, 615, 621, 631, 670, 672, 677 f., 701, 710, 712, 731, 738, 754; II: 31, 43, 50, 136, 152, 186 f., 198, 202, 204, 220, 293, 321 f., 376, 378, 380, 382, 449; III: IX, 108, 193, 197, 212, 246, 275, 283, 304, 344, 380 f., 386, 413, 431 f., 473, 476, 497 f., 506 f., 515, 546, 609, 616, 637, 658, 670, 678, 681, 687 f., 698, 731, 745, 769; IV: 6, 10, 12, 18-20, 134, 140, 146, 165, 281, 352 f., 363, 403, 419, 453, 499, 504,

543, 562, 578, 584, 602, 612 f., 624
– Bundestagsfraktion (CDU/CSU) I: XX, 56, 623, 629, 636, 643, 716 f., 750; II: VII, 35 f., 51, 54, 60 f., 91, 112, 115, 169, 372 f., 381, 385 f., 396 f., 413, 438, 458 f., 461; III: VIII, 197-200, 309, 434-436, 507 f., 609, 617, 631, 659, 706, 709, 715, 725, 746, 755; IV: IX, 19, 21, 140 f., 179, 297-302, 353, 364, 500, 504, 540 f., 547, 552, 573, 583, 585, 588, 603, 623
– Bundesvorstand und Führungsgremien II: 60, 386; III: 194, 280, 709, 715; IV: IX, 12, 133, 353, 453, 501, 506, 520 f., 527, 537, 540, 547, 584, 599
– Landesverbände I: 618, 697; III: 194, 607; IV: 501, 539, 617, 624
– Parteitage I: 40, 344, 622, 707; II: 51, 91, 382, 392; III: 279, 481, 607, 677 f.; IV: 307, 558, 586, 599
– Programme, Programmdiskussion I: 123; III: 212, 386; IV: 307
Christlich-Soziale Union (CSU; s. a. Bayern; CDU, Bundestagsfraktion) I: 124, 143, 165, 292, 496, 731, 738; II: 61, 433, 449; III: IX, 198, 609, 633, 658, 731, 763,

769; IV: 19, 165, 308, 315, 356, 499, 504, 515, 583 f., 588, 600, 602, 613
Christliche Volkspartei (CVP; Saar) II: 433
»Christ und Welt« IV: 522, 606, 620
»Cleveland Plain Dealer« I: XIV
Coburg I: 413
Colombey-les-deux-Eglises II: 476; III: 19, 26, 32, 59, 180, 276, 349, 353, 402; 110, 522, 592
Columbia (District of) I: 64, 273, 678
Columbia Broadcasting System (CBS) II: 389-391, 450, 459; III: X; IV: 430, 574, 576, 618, 621
»Combat« I: 522, 763
Commonwealth I: 187, 398, 467, 472; II: 102, 413; III: 443 f., 460, 654, 729, 733, 735, 738, 754, 760 f.; IV: 86, 171, 186, 216 f., 224, 230, 241 f., 250, 257, 323, 548 f., 563
Conakry III: 666
Confédération Général du Travail (CGT) I: 696, 698
Coordination of security measures in international command (Cosmic) III: 332-334, 702
Côte d'Azur II: 294
Cuxhaven III: 650; IV: 130

Dänemark I: 551, 685 f., 768; II: 229, 416, 460,

505, 516f., 618, 635, 726, 760; IV: 37, 46, 55, 62, 67, 84, 242, 250, 512, 556, 561, 600
Dahome IV: 217
»Daily Express« I: 401; II: 437; IV: 522, 551
»Daily Mail« III: 56, 760
»Daily Mirror« IV: 523
»Daily News« IV: 509
»Daily Telegraph« II: 14, 57, 455; IV: 522f., 561
»Daily-Telegraph-Affäre« III: 56, 611
»Daily Worker« I: 401
Dallas IV: VIII
Danziger Bucht I: 485
Dekartellisierung (s. a. Kartellgesetz) I: 34, 49f., 55, 65, 139, 162, 197, 619, 668
Demilitarisierung s. Entmilitarisierung
Democrazia Cristiana III: 762; IV: 352, 549, 609
Demokratie (Grundsatzfragen) I: 93, 117, 255, 349, 389, 419, 476, 482, 519, 524, 723; II: 51f., 54, 310f.; III: 74f., 81, 252, 275, 508; IV: 404-406, 417, 423-425
Demokratische Partei Saar (DPS) I: 95, 363, 634, 636
Demokratische Partei (USA) I: 310, 349, 491, 706, 708, 754; II: 44f., 403; III: 202, 242, 296, 339, 342, 369, 406, 414, 495, 690f., 699, 704, 721;

IV: X, 149, 511, 544, 565, 587, 621
Demokratische Volkspartei (DVP) I: 612, 678, 689
Demontage I: 116, 354, 451; II: 291
Denkschriften s. Noten
Deutsch-Amerikanische Gesellschaft III: 339, 343
Deutsch-Englische Gesellschaft I: 466; III: 675
Deutsch-Französischer Vertrag (1963) IV: VII, IX, 317-326, 336f., 340f., 345, 351, 354, 360, 380, 384, 387-389, 403, 431, 433f., 437, 440, 461, 486
Deutsch-Französisches Jugendwerk IV: 216, 396, 563, 609, 611
Deutsche Afrika-Gesellschaft III: 695
»Deutsche Allgemeine Zeitung« III: 624
»Deutsche Bauernzeitung« III: 723
Deutsche Demokratische Partei (DDP) IV: 193, 419, 556
Deutsche Demokratische Republik (DDR; s. a. Berlin, 17. Juni, Mauerbau; SED) I: 7, 11, 22f., 25, 38f., 44f., 72, 83, 110f., 150, 154f., 190, 204, 213, 217, 234, 239, 242-244, 262, 275, 305, 323, 328f., 331, 335, 337, 342, 344, 394, 478, 506, 511, 516, 539, 616, 621, 623, 625, 627, 641, 654, 670,

676, 696, 739, 750-776; II: 7, 9-12, 16f., 19, 21f., 27-29, 40f., 34, 95, 97, 108f., 111, 113, 119, 126, 135-137, 152f., 169, 175, 183, 192-195, 198, 200f., 206f., 232, 237, 242, 247, 264, 276f., 279-282, 286f., 304, 306, 308, 317, 389, 393f., 404-406, 413, 440, 454, 459, 463, 468f., 470, 474f., 482; III: 7, 13, 16, 22, 32, 35f., 43, 50f., 57, 61, 79, 81, 92f., 95f., 130, 140, 148, 171, 174, 190f., 202f., 237f., 263, 298, 319, 342, 346, 415, 420f., 443, 451, 456, 491, 521, 540, 549, 553, 607, 617, 631, 689, 707, 758; IV: 45, 97, 121, 197, 363, 563f., 615
– auswärtige Beziehungen I: 39f., 112, 138, 150, 154, 204, 206f., 231, 243, 260, 266, 270, 291, 297, 299f., 306, 330, 394, 448f., 483, 485, 504, 522f., 526, 537, 621, 673, 751, 763, 776; II: 124, 308, 366f., 400, 440, 468; III: 93, 203, 689, 692
– »deutsch-deutsche Kontakte« (s. a. Wiedervereinigung) I: 39, 119, 154, 166, 206-211, 259, 266, 269, 299, 314, 383, 486, 490, 498, 504, 509, 520, 526, 536, 621, 625, 627, 658, 670f., 673, 687, 703, 750, 753, 767; IV: 32, 70

– Lage der Bevölkerung
I: 44, 243, 274, 291, 307,
314, 336, 341, 457, 478,
490, 535; II: 175, 276,
278, 463; III: IX, 80, 92,
162 f., 263, 293, 435, 513,
549, 644, 707, 747, 769;
IV: XI, 32, 98 f., 102, 122,
289 f., 422, 558, 581
– völkerrechtliche Anerkennung (s. a. »Hallstein-Doktrin«) II: 16,
135 f., 207, 276 f., 462;
III: VII, 71, 74, 81, 221,
263 f., 449, 512, 517, 521,
540, 630, 666, 748;
IV: 17, 20, 40, 87, 102,
145, 447-449, 581, 615
– Zonengrenze I: 283,
320, 328 458 f., 686 f.;
IV: 70
Deutsche Gemeinschaft
(DG) I: 612
Deutsche Nachrichtenagentur (DENA) II: 72
Deutsche Partei (DP)
I: 134, 143, 292, 363, 403,
496, 615, 631, 643, 664,
717, 731, 750, 754; III: 31,
35 f., 53, 60, 187, 372,
381, 413, 432, 438, 449,
461; III: 279, 431, 434,
687, 731; IV: 403, 613
Deutsche Presseagentur
(dpa) I: 4, 24, 31, 148,
408, 474, 633, 649, 663,
732; II: 70, 149, 364, 419;
III: 216, 674, 764;
IV: 456, 546, 606, 625
Deutsche Reichspartei
(DRP) I: 615
Deutsche Sozialdemokratische Partei (Saar)
I: 697
Deutsche Volkspartei
(DVP) IV: 419, 555, 617
Deutsche Welle III: 480,
744; IV: 515
»Deutsche Zeitung und
Wirtschaftszeitung«
I: 474; II: 401; III: 111,
188, 241, 369, 624 f., 655,
671, 673; IV: 283, 310,
541, 560, 579
Deutscher Bauernverband III: 410, 432, 723
Deutscher Bund III: 362,
445, 460, 712
Deutscher Gewerkschaftsbund (DGB) s.
Gewerkschaften
Deutscher Industrie- und
Handelstag (DIHT)
I: 431; II: 594
Deutscher Presseclub
I: 722; III: 667, 694, 714;
IV: 514
Deutscher Pressedienst
(dpd) IV: 625
Deutscher Sportbund
(DSB) III: 515, 519-521,
756 f.
Deutscher Städtetag
III: 742
Deutscher Turn- und
Sportbund (DTSB)
III: 756
Deutscher Zeitungsdienst I: 408, 474; II: 69;
IV: 606
Deutscher Zollverein
II: 179, 429 f., 464;
III: 133 f., 138, 388, 445,
460, 634, 712; IV: 142,
541
Deutsches Rotes Kreuz
(DRK) III: 490
Deutsches Telegraphenbüro IV: 456
Deutschland-Fernsehen
GmbH III: 687, 741
Deutschlandfunk (DLF)
III: 480, 648, 744;
IV: 535 f.
»Deutschland Union
Dienst« (DUD) I: 4, 408,
474, 604; IV: 607
Deutschlandlied s. Nationalhymne
Deutschlandvertrag
I: 151 f., 155, 159, 161,
168 f., 171, 179, 182, 189-
191, 195, 198, 213, 215,
218, 229, 232, 242, 247,
255 f., 261-264, 266-273,
275, 279 f., 294 f., 309,
315, 318, 332, 352, 365,
368 f., 393, 425, 436 f.,
450, 469, 489, 509, 532 f.,
541, 543, 560, 563, 567 f.,
654, 659, 666 f., 682-688,
690, 693-695, 697, 702,
707, 710 f., 717, 721,
731 f., 769 f., 774; II: 445;
III: 167, 425, 646 f., 728;
IV: 65, 87, 225, 338, 509,
521
– Einzelbestimmungen
I: 259 f., 262 f., 266, 269 f.,
275 f., 279, 326 f., 532,
540 f., 560, 684, 693, 766,
768; IV: 66, 521
– Finanzabkommen
I: 685 f., 751
– Ratifizierung I: 198,
256, 271, 273 f., 276,
279 f., 287 f., 295, 304,

309, 316 f., 356, 359-363,
393, 402, 407, 433, 494,
687 f., 721 f., 726, 732,
737, 740, 753
- Zusatzabkommen
I: 168, 182, 189, 198, 213,
215, 232, 238, 262, 279 f.,
288, 663, 683-685
Deutschmeister-Marsch
I: 549
Diäten-Regelung IV: 300-
302, 584
Dienst mittlerer Tages-
zeitungen (Dimitag)
I: 149, 408, 474; IV: 472,
625
Dienststelle Blank s. Der
Beauftragte
Dillenburg I: 698
»Diplomatische Korre-
spondenz« II: 119;
III: 33, 41, 243, 603, 674
»Diplomatischer Kurier«
I: 148
»Disengagement« II: 458;
III: VII, 21, 33, 41, 53, 94,
133, 137, 141 f., 609 f., 613,
619, 766; IV: 7 f., 35
Djakarta III: 665
Dominikanische Repu-
blik IV: 600
Dortmund I: 609; II: 153,
420; III: 498, 751;
IV: 218, 558
Dreibund s. Verträge
Dresden III: 512
»Drittes Reich« s. Natio-
nalsozialismus
Düsseldorf I: 86; II: 46,
53, 135, 137, 293; III: 16,
131, 228, 253, 505, 508,
515, 687, 757, 759;

IV: 193, 219, 279 f., 548,
581, 599, 609
»Düsseldorfer Nachrich-
ten« IV: 607
Duisburg IV: 609
Dumping III: 8, 29, 40, 90,
101; IV: 199, 210

»The Economist« II: 37 f.,
281, 376, 455, 468 f.;
IV: 523
Eden-Plan s. Pläne
Eichmann-Prozeß
III: 409, 481, 500, 536,
554, 723, 744, 752;
IV: VII, 48, 117, 145, 438,
517 f.
Eifel III: 410; IV: 619
»Eisenhower-Doktrin«
II: 447, 456
Eisenindustrie s. Kohle-
Stahl-Industrie
»Eiserner Vorhang« I: 44,
154, 158, 449; II: 9, 259,
456; III: 79, 178, 189, 318;
IV: 362
Elbe I: 108, 724; II: 18, 59;
III: 491; IV: 70, 309, 432
Elfenbeinküste IV: 564
Elsaß-Lothringen I: 73,
456; II: 81 f.; III: 53, 434,
501, 752; IV: 69, 205
Elysee-Vertrag s.
Deutsch-Französischer
Vertrag
Embargo I: 209 f.; II: 95,
393, 413; IV: 70 f., 98 f.,
522, 626
Emigration, Emigranten
IV: 150, 272, 532, 544 f.,
556, 564, 573, 601, 616,
620, 622

England s. Großbritan-
nien
Entflechtung s. Dekartel-
lisierung
Entnazifizierung I: 451;
III: 200 f., 232; IV: 260 f.,
438 f., 555, 621
Entspannung (Diskus-
sion und Vorschläge;
s. a. Abrüstung)
- 1955-1958 II: VII, 21,
127, 193 f., 199, 232, 247,
261 f., 264, 307, 391 f.
- 1959-1961 III: VII, 61,
80, 93, 126, 129, 191 f.,
217 f., 222, 407, 526
- 1961-1963 IV: 457 f.
Entstalinisierung II: 58,
106, 200 f., 212, 229, 365,
385, 393, 395, 413;
IV: 24, 28, 506, 527
Entwicklungshilfe II: 99,
106, 429; III: 290 f., 427,
454 f., 482-486, 518, 532,
667, 696, 713, 715, 736,
740, 743, 745 f.; IV: 158
Erforschung der öffentli-
chen Meinung, Markt-
forschung, Nachrich-
ten- und Informations-
dienst (EMNID) I: 723;
II: 136, 187, 413; IV: 594
»Erinnerungen« Adenau-
ers IV: 384 f., 404 f., 436,
452, 605, 613
Eschwege I: 328
Essen I: 114, 642; III: 194,
398, 689; IV: 193
»Eucharistischer Welt-
kongreß« III: 247, 676
Europa, Europa-Begriff
Adenauers I: 64, 81, 90,

98, 103, 106, 119, 120, 144, 150, 156, 169, 171, 190-192, 256-258, 269 f., 272, 275, 283, 301, 309, 317, 323 f., 359, 401 f., 406, 413, 415, 418, 428, 452, 497-499, 502, 525, 530, 532 f., 535, 537, 547, 606, 677, 688; II: 140 f., 188, 215, 217, 234, 391, 414, 430, 451, 484; III: 123, 210, 218, 279, 361 f., 387, 391, 452, 484, 617; IV: 347 f., 359, 388 f., 431, 524
- Europäische Integration, Einheit und Einigungsbestrebungen I: XIX, 35, 66, 119, 135, 150, 169 f., 175, 177, 183, 227, 230-232, 264 f., 275, 294 f., 298 f., 307, 313, 326, 331 f., 335-337, 341, 343, 345, 347, 350, 358, 393, 398, 420, 462 f., 477, 480, 482, 486, 498-500, 506 f., 509 f., 515 f., 524, 526, 532, 534 f., 537 f., 544, 566, 704, 706, 767 f.; II: 129 f., 140, 148 f., 181 f., 264 f., 426 f.; III: 104, 110, 133, 137, 146, 159, 183 f., 225, 274, 286, 301, 306 f., 362 f., 444-446, 453, 485, 506, 625, 674, 737 f.
- Frankreich s. dort
- Großbritannien s. dort
- Parlament s. Europäisches Parlament
- Politische Einigung s. Europäische Politische Union

- Sicherheitsfragen (s. a. EVG) I: 766, 769, 776; II: 13 f., 18-22, 424, 437, 440, 457, 459; III: 141, 146, 525, 527, 531, 544, 609, 619, 629, 640, 761
- Wirtschaft s. EWG
»Europa-Archiv« IV: 449, 515
Europarat (s. a. Straßburg) I: 6, 9 f., 23, 62, 91, 122, 175, 180 f., 199-201, 205, 236 f., 364, 452, 463, 503, 513-516, 606, 608, 613, 659, 669, 671, 677, 728, 743, 758, 761 f., 775; II: 180, 414, 430; III: 390, 496, 637, 688; IV: 504, 526, 540, 562
Europa-Union I: 218
»Europa der Vaterländer« III: 133, 364, 391, 464; IV: 94, 355
Europäische Atomgemeinschaft (Euratom) II: 140 f., 188, 215, 217, 234, 391, 401, 414 f., 428-430, 444, 451, 464, 484; III: 137, 225, 274, 467, 634; IV: 126, 208, 251, 537, 561
Europäische Gemeinschaft (EG) I: 58, 60, 414, 446, 495, 514, 517, 533, 684, 743; II: 561, 593
Europäische Gemeinschaft für Kohle und Stahl (EGKS) I: 13, 16, 34 f., 45, 49 f., 55, 57, 60-74, 76 f., 79 f., 82, 84, 94 f., 98, 101, 104, 116,

119, 122, 159 f., 169, 171 f., 177-179, 181-183, 197 f., 214, 227, 231, 237, 242, 269, 292, 295, 297, 326, 332, 342 f., 409, 412, 418, 427, 514, 544, 592, 608, 628, 630, 637, 660, 694, 704, 728, 743, 752, 761; II: 139, 157 f., 257, 273, 383, 397, 414, 428-430; III: 7, 112, 123, 137, 213 f., 225, 233, 274, 362, 467, 488; IV: 86, 92, 107, 126, 143, 198, 206-208, 213, 225, 228, 248, 251, 359, 388, 395, 502, 525, 561, 602
- Bundesrepublik I: 35, 60, 62, 64 f.; IV: 502
- Organe I: 50, 55, 57-63, 70 f., 76, 78, 80, 82 f., 90, 95, 98, 237, 291, 297, 332, 342, 414-417, 460, 514, 516, 545, 628, 629-631, 677 f., 683, 704, 706, 728, 755 f., 769; II: 451, 453, 464; IV: 504, 518 f., 521, 537
- Vertrag I: 57 f., 61 f., 78, 82, 578, 628, 630, 632, 634, 643, 662, 668, 704
Europäische Hochschule II: 321, 481 f.
Europäische Politische Union (s. a. Pläne, Fouchet) I: 427, 463, 486, 532, 545, 565, 592, 704 f., 726, 728 f., 743, 754, 761; II: 123, 226, 281, 310, 460; IV: 42, 57, 63, 80, 92, 106 f., 126, 142, 172,

200 f., 203 f., 206-208, 211, 213-215, 225, 241, 243, 248, 250-256, 258, 325, 357-359, 394 f., 399, 513 f., 531, 559 f., 569, 571
- Ad-hoc-Versammlung I: 412, 414-417, 427, 452, 460, 568, 592, 683, 704, 726, 728, 743

Europäische Verteidigungsgemeinschaft (EVG), Europaarmee (s. a. Wiederbewaffnung) I: 12-16, 18, 20, 22, 24, 28, 30-33, 35 f., 40, 100-106, 108, 112-114, 118 f., 137, 144, 147, 150-152, 155-157, 159 f., 166, 168-172, 175, 178-183, 187-193, 195 f., 198, 211, 213-215, 230-232, 238, 241 f., 248, 256-259, 264, 268-274, 278-282, 288-290, 292, 294-297, 304 f., 311, 313, 326, 332, 338, 343 f., 346 f., 350, 365, 368 f., 376, 391-395, 398, 400-402, 404, 407, 410-413, 416, 418, 420-422, 426 f., 435-437, 442 f., 445, 460 f., 468 f., 477, 480 f., 490, 492, 496, 500, 502, 505, 507, 517, 522-524, 528, 530, 532, 546, 548, 565 f., 608, 610 f., 613, 636, 640 f., 663-666, 671, 683, 685, 687, 689, 694 f., 704, 711, 717, 720, 725 f., 729, 753 f., 759, 767, 773, 776; II: 98, 139, 154, 174, 411; III: 118 f., 123, 625, 640

- Bundesrepublik I: 121, 130, 137, 142, 147, 150, 157 f., 166, 168-170, 175, 184, 188-191, 193-195, 197, 212 f., 217 f., 220 f., 232, 242, 257, 270 f., 273, 292, 295 f., 305, 318, 320, 338, 401 f., 420, 426 f., 442, 477, 479, 484, 506, 546, 549, 608, 610 f., 614-617, 620, 623, 654, 659, 663, 665-668, 671 f., 674, 683, 685 f., 688, 740
- Ratifizierung und Vertrag I: 198, 214 f., 256, 271 f., 274-276, 279-283, 287 f., 295-298, 304-307, 311-313, 333, 338, 344-347, 391-395, 407, 416, 418, 433, 450, 460 f., 470, 490, 494, 505, 661, 671, 682, 685, 687 f., 694, 696, 702, 705, 710, 713, 717, 721 f., 726, 729-732, 737 f., 740 f., 746, 754, 757, 767, 769 f.; II: 246
- Scheitern II: 90, 98, 181, 395, 424; III: 139, 148, 152, 625, 628; IV: 206, 561

Europäische Wirtschaftsgemeinschaft (EWG; s. a. Brüssel) II: 173 f., 186, 188, 215, 217, 234, 265 f., 299 f., 313, 391, 414 f., 428, 430 f., 445, 451, 464, 480; III: 7 f., 18 f., 91, 110 f., 139, 145, 181, 183 f., 225, 244, 286 f., 328, 337, 363, 383, 388, 417, 445 f., 468 f., 489, 505 f., 534, 599, 618, 668, 673, 675, 686, 761; IV: 58, 81, 92 f., 125-127, 139, 142, 154 f., 162, 201, 204, 207 f., 213, 224, 251, 357, 392, 513 f., 536 f., 549, 561, 571, 596
- Agrarmarkt II: 446, 467, 470, 489, 503; IV: 56, 62 f., 78 f., 250, 338 f., 341-344, 519, 524, 567, 596
- Assoziierungsabkommen III: 470, 739, 741; IV: 208 f., 242, 249, 561
- Großbritannien II: 174, 428; III: 137 f., 417, 443, 469 f., 737, 739, 760; IV: 16, 42, 57 f., 64, 90, 126, 171, 176 f., 186, 207-209, 211, 216, 221 f., 224, 226-230, 238-243, 249-252, 291, 323-325, 327, 337, 339, 344, 349 f., 358, 392, 394 f., 399 f., 443-445, 502, 548 f., 551, 554, 559-563, 565-567, 569 f., 589 f., 592 f.
- Gründung II: 178-182, 383, 428-431; III: 137, 226, 246, 488; IV: 560
- Kommission III: 18, 226 f., 241, 287, 599, 668, 685, 738; IV: 126, 208, 340, 349, 443, 445, 502, 561 f., 596
- Ministerrat II: 476, 480; II: 226, 243, 287, 684, 668, 673, 760; IV: 78, 107, 208, 213, 502, 519, 524, 561, 563, 567, 571, 592
- »Norderweiterung« IV: 208, 561, 566

Europäische Zahlungsunion (EZU) II: 430-432
Europäisches Parlament
I: 83, 342, 462 f.; II: 180 f.,
414, 430; III: 688;
IV: 126 f., 201, 525, 537,
540, 550
European Free Trade Association (EFTA)
II: 430, 432, 451, 475,
480; III: 110 f., 139, 145,
181, 184, 226, 228, 241,
243 f., 286, 416 f., 443,
445, 460, 465 f., 468,
505 f., 618, 625, 635 f.,
639, 653, 668, 674, 685,
712, 737, 754; IV: 392,
561, 591
Evangelische Kirchen s. Protestantismus
Evangelischer Arbeitskreis der CDU I: 677;
II: 418; IV: 585
EVG s. Europäische Verteidigungsgemeinschaft
Evian-les-Bains IV: 528
EWG s. Europäische Wirtschaftsgemeinschaft
Extremismus s. Links-, Rechtsradikalismus

Fall
– Fränkel IV: 392, 561, 591
– Globke II: 46 f., 380; III: 409 f., 722 f.; II: 532
– John II: 40-43, 377
– Naumann I: 399-402, 404, 406, 413, 471, 722-724
– Oberländer III: 199-201, 231, 670, 731;
IV: 146-148, 543
– Platow I: 145, 653
– Schmeisser I: 321-323, 701
»Fallex«-Manöver
IV: 576, 578 f.
Fédération Internationale Libre des Déportés et Internés de la Résistance (FILDIR)
III: 330 f., 701
Fernsehen, Fernsehstreit
III: 279, 424, 472, 475, 477-481, 728, 741 f.;
IV: 277 f., 577
»Le Figaro« I: 102; II: 460, 462; III: 712; IV: 40, 68, 522, 560, 627
Finanzbau-Aktiengesellschaft (FIBAG)
IV: 259 f., 263, 572
Finnland I: 19; II: 186;
III: 505, 751; IV: 28, 37, 508
Florenz II: 482
Florida III: 159
Flottenabkommen s. Verträge
Flutkatastrophe (1962)
IV: 132, 160, 539
Föderalismus (s. a. Bundesrat; Bund-Länder-Verhältnis) III: 408, 472 f., 475, 477-479;
IV: 303 f.
Föderalistische Union (FU) I: 286, 693, 717, 722, 731, 738
»Force de Frappe«
IV: 244, 354, 357, 434, 558

Ford of Dagenham
III: 426, 729
Foreign Press Association I: 662; II: 389
Formosa (Taiwan)
II: 426; III: 415; IV: 114
»Fortune« II: 402; IV: 576, 596
Fouchet-Plan I, II s. Pläne
»France Soir« IV: 40
»Franc Tireur« I: 522, 763
Franken III: 355
Frankfurt/Main I: 120,
131, 206, 341, 494, 635 f.,
643, 670, 673, 706; II: 85,
269; III: 285, 355, 409,
440; IV: 283, 339, 376,
578, 599
»Frankfurter Allgemeine Zeitung« I: 4, 69, 87, 94,
133, 148, 153, 187, 201,
205 f., 249, 367, 390, 408,
490 f., 630, 636, 649, 651,
665, 670, 694, 719, 753-755; II: 34, 184 f., 235,
375, 378, 380, 387, 401 f.,
407, 414, 416, 418, 422,
437, 439, 441, 447, 450 f.,
456, 461; III: 196, 373,
504, 601, 605, 609, 615,
617 f., 623, 629, 632, 634,
637 f., 644, 647, 650, 652,
655, 658 f., 662, 671-673,
675 f., 685, 692, 694, 696,
700-703, 705, 710, 713 f.,
716, 723, 727 f., 730 f.,
738, 742, 748, 751, 753,
755 f., 758, 761, 765 f.,
768; IV: 253, 310, 462,
501, 507, 514, 519, 571 f.,
598, 606
»Frankfurter Neue

Presse« I: 4, 408, 474; II: 419; III: 241, 673; IV: 515
»Frankfurter Rundschau« I: 85, 149, 245, 408, 474, 633, 674, 722, 726, 759; III: 676; IV: 181, 413
»Frankfurter Zeitung« IV: 261 f., 573, 626
Frankreich (s. a. AHK; Algerien; Auslandsbeziehungen; Besatzungszonen; Saarfrage) I: 38, 43, 49 f., 62, 68, 102, 107, 121, 136, 152-154, 156-158, 171, 214, 239, 264, 271, 278, 281, 295 f., 312, 336, 343, 357, 402, 450, 466, 477, 499, 517-519, 526, 543, 551, 608, 622, 628-630, 656, 683, 687, 697, 765; II: 5, 19, 32, 57-59, 90, 92, 131, 140 f., 144, 159, 181, 185, 197, 216, 225, 245 f., 252, 257 f., 260, 287, 291, 300, 302, 316, 368, 386, 392, 407 f., 415, 423, 429 f., 432, 448; III: 8, 11, 19, 29, 31 f., 40, 49, 51, 71, 73, 77, 79, 81, 111, 133 f., 138, 148, 166, 179, 208, 229, 251, 256 f., 274, 276 f., 310, 318, 359, 364, 367 f., 377 f., 383, 388, 390, 415, 417, 426, 444, 446, 448, 456, 467, 471, 482, 484, 491, 503, 506, 519, 598, 617, 633, 640, 646 f., 650, 678, 683, 712, 716, 734, 740; IV: 25, 31, 50, 53, 127, 191, 504, 510, 517, 527, 543, 558, 568
– Adenauer-Kontakte s. Auslandsbeziehungen
– Deutschland- und Berlinpolitik (s. a. Deutsch-Französischer Vertrag): I: XIX, 6 f., 9 f., 13, 27, 31, 40, 45, 69, 73 f., 90 f., 93-95, 100, 102 f., 105-109, 112 f., 116, 118 f., 122, 126, 129, 132, 144 f., 147, 161 f., 197, 200 f., 203-205, 212 f., 229, 233, 235, 257 f., 263, 270 f., 273, 280, 282, 293, 309, 315, 318, 332, 347 f., 351, 356, 358 f., 362, 391 f., 394 f., 401, 409 f., 412, 417-421, 428, 432, 436, 449-454, 460, 463, 465, 468, 470, 489 f., 492, 498, 500 f., 505 f., 510, 513, 522, 532, 535, 548-550, 552, 554, 556, 558 f., 564, 567 f., 606-608, 619 f., 630, 650, 664, 666, 669-672, 683, 685, 692, 708, 711 f., 720, 726, 728, 730, 732, 739 f., 743, 750, 753, 758, 768, 771-774, 776; II: 82, 88, 159, 203, 252, 257 f., 273 f., 290, 292, 297, 320, 466; III: 26, 39, 59 f., 90, 103 f., 132, 140, 145, 180 f., 184, 241, 307, 353, 362, 388, 390 f., 401 f., 445, 447, 463, 469, 487, 501, 536 f., 608, 693, 709, 719; IV: 26, 36, 38, 60-62, 94, 104, 171, 188-190, 198-200, 202 f., 211, 215 f., 223-227, 231-236, 297,
303 f., 339 f., 379-382, 438 f., 461 f., 478-483, 488-491, 507, 512, 518-520, 530 f., 546, 554, 559 f., 562 f., 565, 571, 573, 589 f., 595, 608-610
– Europa, europäische Organisationen I: 14, 135, 299, 331, 342, 499, 507, 514, 531, 545, 566, 704; II: 58, 115, 429; III: 110, 241, 286, 306, 349, 363, 388, 443 f., 463 f., 466, 503, 712, 733; IV: 42, 60, 106 f., 206, 527, 601
– Großbritannien I: 6, 10, 203, 235, 313, 317 f., 345, 398, 451, 490, 501, 566, 631, 670, 770, 776; II: 480; III: 229, 447, 668; IV: 63 f., 86, 172, 186, 221-223, 240, 248, 321-324, 332, 338 f., 344, 350 f., 444 f., 462, 507, 525, 554, 565, 568, 570, 589-591, 621
– UdSSR I: 14, 56, 112, 229, 243, 302, 332, 410, 419, 447, 449, 475 f., 501, 504, 506, 520 f., 531, 533, 543, 550, 609, 758, 766; III: 59, 528, 601, 678; IV: 13, 68, 102, 206, 211 f., 225, 360, 394, 602
– – Beistandspakt s. Verträge
– – Bündnisvertrag s. Verträge
– USA I: 105, 127 f., 143, 157, 203, 235, 345, 351, 358, 409, 451, 499-501,

566, 569, 670, 709, 757, 766, 776; III: 84, 102, 348; IV: 36, 93, 173, 187, 227, 229, 323, 334, 507, 513, 518, 568, 598, 621
- Innere Entwicklung, Parteien, Wahlen I: 13, 64, 76, 79, 81, 83 f., 90 f., 105, 153, 200, 211 f., 279, 313, 391 f., 431, 418, 463, 469 f., 486, 491, 498, 500 f., 503, 518, 631, 636, 655, 662, 669, 671, 696, 698, 704, 710, 720 f., 726, 740, 743, 747, 754, 757, 759, 768; II: 20, 32, 55, 225, 241, 274 f., 287, 289, 302, 310 f., 313, 319 f., 373, 383, 454, 466, 470, 476, 478, 480; III: 26, 39, 59, 61, 64, 91, 119, 134, 179 f., 315, 327, 347-349, 353, 371, 373, 401, 408, 429 f., 444, 456, 484, 613, 619, 652, 708; IV: 143, 190, 193 f., 199, 249, 305, 339, 357, 381 f., 401, 432-434, 460, 556, 559
- Nationalversammlung I: 101, 177 f., 212, 258, 295 f., 332, 347, 356, 362, 470, 498, 500, 505, 528, 542, 545 f., 562, 565, 608, 635, 662, 671, 683, 694, 704, 707, 729, 740, 746 f., 757, 759, 767, 776d; II: 159, 274, 287, 373, 395, 423, 472; III: 347, 352 f., 441, 607 f., 628, 634, 708; IV: 561, 599, 602, 605
- Senat I: 747; III: 614,

708; IV: 191, 517, 599
Französische Revolution (1789) II: 267; III: 104, 358
Freiburg/Breisgau IV: 519
»Freie Demokratische Korrespondenz« II: 43, 56, 378, 386
Freie Demokratische Partei (FDP) I: 34, 218, 403, 405 f., 612, 619, 633, 651, 663, 670, 678, 723, 725, 754; II: 33-37, 39 f., 43, 47, 49, 51, 53, 55-57, 59-61, 63 f., 115 f., 136 f., 187, 372-376, 380 f., 382, 386, 405, 413, 417, 432, 438, 449, 458, 464; III: 15, 61, 131, 203, 243, 279, 282 f., 507, 617, 658, 698, 731, 769; IV: 10, 12 f., 19, 43 f., 101, 102 f., 140, 165, 356, 397, 403, 499-501, 530, 537, 543, 546, 552, 563, 572, 578, 584, 588, 602, 611, 613
- Bundestagsfraktion I: 56, 143 f., 292, 363, 615 f., 631, 643, 716 f., 722, 731, 750; II: 37-39, 49, 52 f., 59 f., 63, 372, 380, 385-387, 395; III: 632, 656, 674, 682; IV: 12, 103, 179, 297-249, 314 f., 530, 547, 583
Freie Deutsche Jugend (FDJ) I: 109, 321, 657
Freie Presse II: 413
Freie Volkspartei (FVP) II: 110, 187, 387, 403, 405, 413, 432
»Freies Volk« III: 16, 598

Freihandelszone (s. a. European Free Trade Association) II: 234, 265, 300, 428
Freimaurer I: 246
Friedensvertrag
- mit Deutschland I: 22, 68 f., 91 f., 94 f., 140, 203, 218, 228, 230, 235, 264 f., 281, 325 f., 358, 476 f., 479, 482, 485, 509, 516, 541, 564, 567, 606, 614, 630, 635, 643, 655, 672, 675 f., 687, 689, 744, 763, 766, 774; III: 7 f., 13 f., 29, 31, 41, 94, 141, 155, 256, 299, 415, 442, 490, 496, 499, 512, 533, 601, 605, 630, 641, 647, 739, 769; IV: 88, 271, 509
- mit Japan I: 115, 140, 144, 161, 642, 651 f.
Friedland II: 366
Front de Libération Nationale (FLN) IV: 95

Gablonz III: 331
Gaitskell-Plan s. Pläne
Gaullisten, Gaullistische Partei (s. a. Union pour...) I: 90, 153, 313, 391, 469 f., 631, 655, 669, 698, 704, 720 f., 747, 757; IV: 556
»Gazette de Lausanne« I: 696
Geheime Staatspolizei (Gestapo) III: 398; IV: 281, 556
General Agreement on Tariffs and Trade (GATT) III: 123, 629; IV: 155, 609

Sachregister

»General-Anzeiger«
I: 474; IV: 435; III: 241,
410, 623, 679, 748;
IV: 607
Generalbundesanwalt s.
Bundesanwaltschaft
Generalvertrag s.
Deutschlandvertrag
Genf (s. a. Abrüstung;
Konferenzen) I: 458,
535, 703, 742, 764; II: 22,
29, 128, 299, 301, 307,
364, 366, 368, 457, 475 f.;
III: 9, 45, 47, 54, 63, 130,
145, 148, 167-170, 172,
250, 256, 264, 319 f.,
495 f., 499, 520, 595 f.,
602, 607, 616 f., 623, 625-
629, 631, 640 f., 646,
648 f., 665; IV: 124, 142,
152, 172, 180, 264, 359,
448, 503, 537, 548, 552,
575, 600, 611
Genfer Direktive II: 366,
368
Gesamtdeutsche Partei
(GDP) III: 687; IV: 578
Gesamtdeutsche Volks-
partei (GVP) III: 688
Gesamtdeutscher Block
(GB) s. Block der...
Geschichtsbewußtsein
und geschichtliche Bei-
spiele in der Argumen-
tation Adenauers I: 89-
91, 99, 184, 268, 293, 297,
300, 302, 434, 465, 498,
550; II: 84 f., 98, 129,
141 f., 179, 203, 219,
269 f., 290-297, 314-316;
III: 53, 56 f., 81, 103 f., 121,
133 f., 138, 194 f., 267 f.,
281 f., 285 f., 289, 307,
335, 356-358, 362, 376 f.,
385, 388 f., 396-401,
500 f.; IV: 23, 33 f., 69, 79,
81 f., 90, 140, 142 f., 148-
150, 168 f., 190, 193, 198 f.,
206, 211 f., 215, 223-226,
249, 275, 304-306, 312 f.,
320, 329 f., 337 f., 346-
349, 361, 384, 388, 416-
428, 431-433, 460, 462,
541 f., 564, 585, 595,
619 f.
Gesetzgebung s. Bundes-
regierung; Bundestag;
einzelne Gesetze
Gettysburg II: 336
Gewerbefreiheit I: 213
Gewerkschaften, Ge-
werkschaftsbewegung
I: 34, 40, 43-45, 80 f., 120,
123, 136, 288, 618 f., 625,
673; III: 185, 187, 193,
199, 290, 408 f., 412 f.,
654, 689; III: 193, 408 f.;
IV: 165-167, 363 f., 447
– Deutscher Gewerk-
schaftsbund (DGB)
I: 56, 80, 123, 164 f., 183,
219 f., 273, 283 f., 580,
618 f., 632, 644, 657, 664,
674, 686, 688, 690, 695;
III: 433 f., 654; IV: 157,
538, 547, 603
– Einzelgewerkschaften
I: 221, 303, 618 f.;
IV: 152 f., 157, 161, 163,
539, 546, 603
Ghana II: 280; III: 223,
452, 462, 735; IV: 271
Globke-Plan s. Pläne
Godesberger Programm
III: 234, 671, 688, 760
Görlitzer Abkommen s.
Verträge
Goslar I: 40, 622
»Grabenwahlsystem« s.
Wahlgesetze...
Grenzfragen s. Besat-
zungszonen; Neuglie-
derung; Oder-Neiße;
Zonengrenze
Griechenland I: 246, 409,
772; II: 146, 219; III: 426,
482, 653, 722 f., 729, 741,
745, 748; IV: 25, 249 f.,
389, 399, 506, 609
Großbritannien (s. a.
AHK; Auslandsbezie-
hungen) I: 14, 38, 43, 49,
55, 74, 91, 94 f., 113, 117,
121, 136, 151 f., 156, 171,
177, 201, 203, 239, 246 f.,
271, 278, 295 f., 300, 312,
320, 349, 399, 403, 409,
450-453, 466, 469 f., 472,
516, 519, 543, 545, 551,
621, 623, 627, 630, 632,
638, 640, 652, 656, 687,
697, 765, 767, 773; II: 5,
14, 32, 38, 51, 55, 57 f.,
90, 130, 135, 144 f., 202,
218 f., 234, 241, 248 f.,
252, 265, 279, 291, 300,
315 f., 318, 320, 368, 392,
407-409, 423, 430, 434,
453, 458, 463, 475, 477,
480; III: 8, 14, 29, 31, 39,
49, 52, 60, 77, 79, 84, 90,
94, 104, 111-114, 131, 133,
153, 157, 166, 171, 179 f.,
182, 185, 189, 208, 213,
219, 239, 265, 270, 277,
291, 299, 302, 310, 327,
349, 359, 367 f., 378, 389,

415 f., 424, 426, 445, 447 f., 457, 461, 463, 465, 467, 480 f., 482, 486, 491 f., 505 f., 519, 598, 605, 625, 633, 636, 640, 645-647, 649 f., 667, 679, 683, 690, 698, 734, 755, 760; IV: 115 f., 432, 510, 519, 549, 568 f., 587, 614
– Adenauer-Kontakte s. Auslandsbeziehungen
– Deutschland- und Berlinpolitik I: XIX, 7, 10, 27, 79, 85, 93, 100, 105 f., 109, 126 f., 129, 132, 144 f., 147, 161, 173-177, 189, 191, 195, 203, 212 f., 229, 233, 235, 257 f., 263, 270 f., 273, 288, 293, 298, 315-318, 393, 395, 400, 402, 404, 406, 412 f., 432, 445, 466, 469, 501, 556, 623, 631, 655, 660, 663, 666, 685 f., 692, 695, 722-724, 732, 743 f., 750, 758 f.; II: 244, 374, 388; III: 26, 123, 139, 175, 184, 191, 203, 229, 447, 450, 470; IV: 53 f., 74-77, 84 f., 94, 101, 104, 208 f., 303 f., 500 f., 522-526, 565
– Commonwealth s. dort
– Europa, europäische Organisationen I: 79, 107, 113, 172, 299, 331, 393, 398, 318, 477, 499, 508, 531, 662, 665, 672; II: 174, 383, 428; III: VIII, 90 f., 103, 132, 138, 184, 242, 274, 389, 443 f., 448, 460, 462, 466, 469 f.,

488 f., 504-506, 531, 675, 737, 739, 747, 753 f., 760 f.; IV: 16, 42, 57 f., 64, 86, 90, 126, 171 f., 176 f., 186, 207-209, 211, 214, 216, 221 f., 224, 226-230, 238-243, 249-252, 255-258, 291, 323-325, 327, 337, 339, 344, 349 f., 358, 392, 394 f., 399 f., 433-445, 502, 514, 525, 548 f., 551, 554, 559, 561-563, 565-567, 570, 589 f., 592 f.
– Frankreich I: 6, 10, 203, 235, 313, 317 f., 345, 398, 451, 490, 501, 566, 631, 670, 770, 776; II: 313; III: 229, 447, 668; IV: 63 f., 86, 172, 186, 221-223, 240, 248, 321-324, 332, 338 f., 350 f., 444 f., 462, 507, 525, 554, 565, 568, 570, 589-591
– UdSSR I: 106, 112, 229, 243, 302, 324, 332, 475 f., 485, 531, 547, 631, 702, 708, 746, 766; II: 58, 62, 86, 174, 388, 428; III: 12, 602, 605, 740; IV: 3, 13, 16, 93, 411 f.
– USA I: 127 f., 143, 235, 345, 467, 495, 661, 665, 766; II: 413, 457; III: 61, 641, 685; IV: 54, 162, 173, 198, 291, 320-322, 362, 377, 390, 392, 442-444, 461, 559, 587, 589, 602, 604
– Innere Entwicklung, Parteien, Wahlen I: 40, 43, 103, 105-107, 150, 172,

178, 303, 324, 350, 491 f., 609 f., 623, 631, 639, 655, 684, 702, 732, 745, 748, 753 f.; II: 51, 102, 265; III: 12, 39, 59, 89, 113, 115, 128, 132-134, 137, 141 f., 184, 360, 477, 488, 504, 531 f., 633, 637, 696, 733, 754; IV: VIII, 15, 59, 153, 186, 207, 214, 226, 231, 237-240, 245 f., 256-258, 305, 308, 313, 324, 378, 389, 392 f., 395 f., 412, 461 f., 502, 563, 567, 591, 608, 627
– Oberhaus I: 173, 316 f., 472 f., 748
– Unterhaus I: 173, 262, 349, 464, 467, 471-473, 623, 639, 655, 684, 708, 721, 745, 748, 754; II: 271, 457; III: 137, 274, 488, 504 f., 608, 660, 668, 709, 753, 760; IV: 250, 255, 502, 562, 570, 604, 608
Große Koalition IV: 306, 418-420, 538, 576 f., 583, 585 f.
Grotewohl-Brief (30.11.1950) I: 25, 27-29, 39, 56, 614-616, 621
Grüner Plan II: 187 f., 433; III: 432, 723; IV: 343, 596
Grundgesetz (s. a. Parlamentarischer Rat) I: 15, 19, 86 f., 115, 124, 154, 156, 163, 184, 186, 190-192, 196, 213, 216, 278, 289 f., 328, 362, 365, 365, 369-71, 373, 376, 379-385, 388-390, 440, 444,

Sachregister

454, 511, 517, 546, 560, 636, 656, 665, 667, 682, 687, 689, 693, 711, 716 f., 719, 762, 770, 774; II: 16, 45, 56, 147, 321, 438; III: 174, 385, 408, 472 f., 477, 647, 660, 663, 694, 742; IV: 52, 298, 303 f., 437 f., 583-585
- Einzelbestimmungen I: 184-186, 192, 213, 216, 371, 377; II: 85-87, 141; III: 166; IV: 159, 254, 438, 571
- Notstandsverfassung s. Notstand...
Grundstoffindustrie I: 123, 625
»Guardian« III: 531; IV: 100, 522
Guinea II: 313, 479; III: 220, 223, 232, 452, 455 f., 458 f., 666 f., 670

Den Haag I: 313, 462, 490, 514, 629, 752 f., 761; III: 534, 660; IV: 248, 569, 593
»Hähnchen-Krieg« IV: 392 f., 596
Haiti IV: 357, 600
»Hallstein-Doktrin« II: 207, 440, 450; III: 80, 114, 221, 443, 449, 617, 733; IV: 217 f., 563 f.
Hamburg I: XVIII, 24, 31, 312; II: 51, 272, 465; III: 35, 100, 166, 193, 244, 316, 415, 424, 472, 497 f., 546, 741, 743, 750; IV: 132-134, 169, 259, 280, 282 f., 307, 339, 390, 455, 539 f., 586, 609

»Hamburger Abendblatt« I: 4, 408; II: 72; III: 497, 698, 751; IV: 548, 607
»Hamburger Anzeiger« I: 408, 474
»Hamburger Echo« IV: 579
»Hamburger Freie Presse« I: 148, 646
Handelsabkommen und -verträge s. Interzonenhandel; Ost-West-Handel; Verträge
Handelsbilanzen III: 367 f., 378, 382, 416 f., 713
»Handelsblatt« II: 400; III: 241, 416, 673, 726
Handelsembargo s. Embargo
Hannover II: 278; III: 131, 191, 432, 530, 607, 676, 756, 760; IV: 165, 455, 519, 547, 599, 625
»Hannoversche Allgemeine Zeitung« I: 149, 408; IV: 515
Hauptstadtfrage (s. a. Berlin; Bonn) I: 93, 636; II: 84 f., 426; IV: 137
Havanna III: 707
Hawaii III: 279
Heidelberg I: 216 f., 221, 672; II: 236
Heidenheim II: 36
Heilbronn III: 768
Heilsarmee I: 76
Helmstedt IV: 88
Helmstedter Abkommen s. Verträge
Helsinki II: 432; III: 754
Hessen I: 20 f., 322, 611 f.,

620, 689, 737 f.; II: 466; III: 166, 316, 434, 472, 474, 478, 698, 711, 741, 755; IV: 281, 556, 578
»Hessische Allgemeine« I: 604; IV: 514
Hessischer Rundfunk III: 741
Hildesheim III: 343
Himmeroder Denkschrift I: 616
Hiroshima I: 723; III: 305
Hitlerjugend III: 208
Hof III: 355
Hohe Kommission, Hohe Kommissare s. AHK
Hohenfriedberger-Marsch I: 549
Holland s. Niederlande
Honnef (s. a. Rhöndorf) I: 549; IV: 546
Hsin Hua III: 325, 459, 699
»L'Humanité« I: 696

IG-Farbenindustrie I: 657
Indien (s. a. Auslandsbeziehungen) II: 100, 102, 106, 399 f., 457; III: 249, 264, 291, 404 f., 454, 482, 550, 660, 662, 667, 682, 736; IV: 97, 191, 224, 287, 357, 402, 462, 484, 502, 529, 531, 555, 580 f.
Indochina I: 18, 532, 538; II: 6, 287
Indonesien I: 270; III: 667; IV: 111, 532, 569, 574
Industriekontrolle s. Dekartellisierung

»Industriekurier« I: 474
Inflation I: 89 f.; IV: 168 f., 192 f.
Innerdeutscher Handel s. DDR, deutsch-deutsche Beziehungen; Verträge
»International News Service« I: 732, 760
Internationale Bank für Entwicklung und Wiederaufbau II: 409 f.
Internationale Ruhrbehörde s. Ruhrbehörde
Internationales Presseinstitut (London) I: 464, 744
Interviews und Presseerklärungen Adenauers (s. a. Pressekonferenzen) I: 693, 696, 718, 744; II: 233, 447 f., 450, 481; IV: IX, 334, 376-378, 384, 434, 459, 500, 503, 524, 534, 541, 546, 561, 594, 603, 619, 625, 627
Interzonenhandelsabkommen s. Verträge
Irak II: 131, 226; III: 614; IV: 217, 563
Iran I: 97, 106, 638; II: 192, 434 f., III: 404
Irland IV: 208, 242, 250, 556, 561, 602
Island II: 51; IV: 108, 195, 208, 242, 250, 504, 561
Israel (s. a. Auslandsbeziehungen; Judentum) I: 140, 142, 284 f., 361, 413, 422-425, 429, 431-434, 489, 652, 691, 712, 753; II: 156 f., 166, 247, 422, 463; III: 62, 64, 269 f., 409, 683; IV: 118 f., 149, 518, 534 f.
– Wiedergutmachungsabkommen s. Verträge
Istanbul III: 674
»Iswestija« III: 98, 669; IV: 528, 582, 596
Italien (s. a. Auslandsbeziehungen) I: 6 f., 10, 62, 69, 78, 81, 89, 98, 101 f., 114, 119, 131, 134 f., 158, 213, 238, 264, 299, 331, 344, 407, 409, 428, 463, 469, 475, 477, 486, 495-498, 499, 501, 514, 526, 551, 608, 622, 628, 630, 637, 651, 683, 687, 694, 753, 757, 761; II: 19 f., 101, 131, 164, 185 f., 197, 407, 430, 459, 463, 475; III: 8, 11, 26, 29 f., 40, 61, 90, 100, 110 f., 133, 138, 229, 353 f., 367 f., 377 f., 445 f., 465, 467, 484, 534-537, 640, 649, 657, 690, 762 f.; IV: 25, 81, 108, 127, 130, 191, 197, 217, 148, 252, 254, 313, 348, 350, 352, 377, 389 f., 399, 451, 460, 506, 537, 539, 549, 556, 569 f., 575, 602, 608 f.

Jalta s. Konferenzen
Jamaika III: 424
Japan I: 115, 140, 144, 161, 642 f., 651 f.; III: 5, 223, 245, 279, 439, 453 f., 664, 691; IV: 504
Jaunde III: 741
Jerusalem III: 744
Jordanien I: 753; II: 457

»Journal of Commerce« IV: 509
Judentum (s. a. Antisemitismus; Israel) I: 142, 361, 396, 429, 434, 652, 721; IV: 118 f., 147, 149 f., 534 f., 544 f.
Jugendarbeitsschutzgesetz IV: 132, 539
Jugoslawien I: 753, 772; IV: 282, 284, 450 f., III: 81, 120, 617; IV: 183, 422
St. Julien-en-Genevois IV: 528

Kabinett, Kabinettssitzungen s. Bundesregierung
Kaesong s. Konferenzen
Kairo I: 429; II: 279, 409; III: 493, 614
Kaiserslautern III: 513, 756
Kalifornien III: 215, 664
»Kalter Krieg« I: XIX, 44, 73, 84, 241, 274, 297, 299, 333, 336, 345 f., 351, 360, 419, 447, 449, 480 f., 502, 534, 537, 540; II: 12, 17, 61 f., 82, 200, 263, 319; III: 34 f., 40, 81, 90, 616, 702; IV: 114, 432, 612
»Kampf dem Atomtod« II: 465
Kanada I: 156, 288, 367, 767, 773; II: 108, 125, 163, 392, 407, 475; III: 184, 649, 653, 685; IV: 26, 64, 98, 135, 186, 224, 229-231, 241 f., 250,

459, 504, 507, 556, 566, 568 f.
Kannibalismus IV: 191
Kapitulation (1945; s. a. Kriegsereignisse) I: 213, 278, 336; II: 8, 84, 126, 408; III: 174, 357, 396
Karachi III: 638
Karlspreis der Stadt Aachen II: 273, 466; IV: 597
Karlsruhe I: 387, 389, 443; II: 36; III: 250, 474 f., 477 f., 677
Kartellgesetz I: 215 f., 672
Kasachstan II: 253; IV: 521
Kaschmir IV: 402
Kassel I: 664
Katanga IV: 58, 519
Katholische Arbeiterbewegung (KAB) I: 242; II: 439
Katholisches Büro (Bonn) IV: 516
Katholizismus (s. a. Päpste, Papsttum; Vatikan) I: 44, 298 f., II: 109, 203 f., 267, 282, 445; III: 92, 400; IV: 45, 307, 352, 516, 557, 620
Kaukasus IV: 147
Kehl I: 238
Kenia III: 487,747
Kentucky IV: 414
Kernenergie s. Atom...
»Ketteler Wacht« I: 132, 650
Kiel I: 252, 726; II: 112; III: 109 f., 250, 625, 650, 678; IV: 543
»Kieler Nachrichten« I: 252 f.; II: 34, 375

Kindergeld IV: 584
Kirchen s. Katholizismus; Protestantismus
Kirchentag (1951) I: 108-111, 641
Koalitionsparteien, -fraktionen s. Bundesregierung, Regierungsbildung; Bundestag; einzelne Parteien, Fraktionen
Köln I: XVIII, 244; II: 111, 258, 296 f., 356, 404, 472-474; III: 177, 181, 359, 377, 381, 398 f., 410, 414, 417, 502, 549, 561, 619, 628, 650, 688, 718; IV: 192, 220, 261, 278, 339, 420, 476, 487, 490, 607-609, 619 f.
– Adenauer als Oberbürgermeister
– – 1917-1933 I: XII, 302; II: 292 f., 314, 472 f., 481; III: 194 f., 283, 379, 401, 511, 519, 656 f.; IV: 149 f., 168, 193, 329, 418, 425 f., 442, 447, 543, 545, 617
– – 1945 II: 270 f., 292, 464, 472, 481; IV: 520, 522 f.
»Kölner Stadt-Anzeiger« I: 148, 645; II: 427
»Kölnische Rundschau« I: 4, 408, 460 f., 474, 551, 743, 771; II: 427, 461; III: 225, 668, 671, 758 f.; IV: 41, 310, 334, 513, 515, 587
Königgrätz II: 415; III: 624, 752

Königsberg I: 485
Kösener Senioren-Convents-Verband I: 88, 634
Kohle-Stahl-Industrie (s. a. EGKS) I: 35, 40, 41-51, 55, 57, 65-68, 70, 72 f., 77, 83, 101, 131, 162, 172, 177, 179, 197, 447, 472 f., 474 f., 480, 497, 544, 608, 619 f., 628, 630, 633, 637, 639, 650, 746, 748; IV: 199, 206, 228, 248, 388
Kohlenabkommen Bundesrepublik-DDR s. Verträge
Kolonialismus, Kolonien II: 182, 185, 215 f., 226; III: 451-463, 735; IV: 115, 191, 249, 361, 433, 532
Kommunismus, Kommunistische Parteien (s. a. einzelne Parteien) I: 21, 43, 135, 156, 158, 184, 186, 256, 273, 299 f., 321, 329, 338, 348 f., 351, 358, 497, 508 f., 537, 625, 664, 764; II: 12, 18-20, 97, 119 f., 138, 164, 213, 225, 239, 242, 262, 264, 290, 320 f., 427; III: 6, 8 f., 14 f., 27, 30, 40, 43, 47, 49 f., 58, 61, 86, 88, 106, 118, 120 f., 157, 162, 219, 221, 238, 252, 279, 292, 324, 341, 404, 428 f., 452, 455, 482-484, 486 f., 552; IV: 115, 125, 138, 292, 329 f., 432, 524, 547
Kommunistische Partei Deutschlands (KPD) I: 21, 119, 328, 612, 615,

643, 666, 678, 706, 711, 722, 731, 749; III: 268, 595, 598, 657, 683, 698; IV: 420, 438, 618
- Verbot (1956) III: 268, 598, 683

Kommunistische Partei der Sowjetunion (KPdSU) I: 413, 727; II: 93, 96 f., 304 f., 323, 365, 385, 395, 421, 438, 449, 454, 482; III: 407, 511, 526, 541, 601, 721, 732, 750, 765; IV: 34, 501, 504, 506, 525, 528

Konferenzen
- Baden-Baden (7./8.8.1953) I: 486; 743, 752
- Berlin (25.1.-18.2.1954) I: XVIII, 519-539, 750, 759, 762 f., 765-767, 769; III: 119, 628; IV: 220, 565, 603
- Bermuda (4.-7.12.1953) I: 503, 510, 559
- Bonn (23.-26.5.1952; s. a. Deutschlandvertrag) I: 272 f., 683, 688, 695, 699; (18.7.1961) III: 534, 761 f.; IV: 42, 106, 213, 251, 394, 513
- Brüssel (18./19.12.1950) I: 27-33, 615-617; (22.8.1954) I: 558, 773; (1956/57) II: 88, 391, 415, 445
- Genf (26.4.-21.7.1954) I: 535, 764; III: 119, 628; (17.-23.7.1955) II: 6-8, 13 f., 18, 22, 30, 34, 56, 128, 364, 366, 368 f., 373, 376, 389, 436; III: 258 f., 596; IV: 603; (1.7.-21.8.1958) II: 299, 475; (11.5.-20.6., 13.7.-5.8.1959) III: 45-47, 49, 51 f., 58, 76-81, 86, 89, 92, 95, 102, 106, 114 f., 168 f., 256, 607, 648 f.; IV: 17, 38, 50 f., 69, 397, 503; (ab 14.3.1962) IV: 106, 124, 136, 531, 537, 623
- Den Haag (7.-10.5.1948) IV: 248, 569; (20.10.1953) I: 752; (26.-28.11.1953) I: 753, 761
- Jalta (4.-11.2.1945) II: 30, 371; IV: 90, 513
- Kaesong (10.7.1951) I: 136, 651
- Lissabon (22.-25.2.1952) I: 171, 178-180, 182, 198, 211 f., 668, 770; II: 386
- London (25.11.-15.12.1947) I: 529 f., 766; (11.-13.5.1950) I: 7, 10, 66, 606; (28.2.1952) I: 117, 215, 267, 284, 643, 672; (17.-19.2.1952) I: 203, 670, 673, 699; (16.-18.10.1953) I: 753; (27.9.-3.10.1954) I: XVIII, 540-544, 548, 561 f., 568, 593, 767 f., 772, 774, 776; II: 135, 163, 412, 424; III: 112, 139, 153, 625; IV: 383, 604 f.
- Londoner Schuldenkonferenz (1952/53; s. a. Auslandsschulden) I: 643, 672, 691 f., 751; IV: 542
- Lugano (15.10.1953) I: 505, 749, 753, 758
- Malta (1945) IV: 39, 513
- Messina (1.-3.6.1955) II: 178, 429, 481
- Moskau (10.3.-24.4.1947) I: 670, 776
- New York (12.-14.9., 16.-18.9.1950) I: 21, 31 f., 38, 48, 105, 108, 128, 146, 611, 613, 685; (27./28.9.1955) II: 19, 368
- Ottawa (15.-20.9.1951) I: 659
- Paris (23.5.-20.6.1949) I: 529 f., 766; (18.4.1951) I: 57, 63 f., 67, 69, 73, 75 f., 79, 84, 628 f.; (5.3.-21.6.1951) I: 105, 135 f., 150, 538, 625, 638, 675, 767; (22.11.1951) I: 144, 151, 153, 155, 168-171, 659, 684; (27.-30.12.1951) I: 171, 179 f., 182; (26./27.1.1952) I: 188, 665, 668; (19./20.3.1952) I: 211, 671, 676 f.; (24./25.7.1952) I: 678, 703, 706; (23.-25.4.1953) I: 738; (12./13.5.1953) I: 460, 592, 743; (23.6.1953) I: 486, 743, 752; (11./12.12.1953) I: 503, 758; (14.-16.12.1953) I: 770 f.; II: 386; (19.-23.10.1954) I: XVIII, 552-569, 772-

774; (11.-14.12. 1956)
II: 424; (16.-19.12. 1957)
II: 246, 455 f.; III: 350,
708; (14.12. 1958)
III: 16, 157, 170, 598, 636;
(16.-18.12. 1958) II: 313,
479; (19.-21.12. 1959)
III: 161, 217, 260, 643;
IV: 226, 270, 566, 574;
(16.5. 1960) III: 210, 215,
223, 225, 228 f., 231, 236,
248 f., 253, 261, 263-265,
269, 271, 273 f., 277 f.,
299, 301, 683 f.;
(10./11.2. 1961) III: 390,
459 f., 465, 737; (5.-7.8.
1961) III: 540, 764;
IV: 49, 518; (11./12.12.
1961) IV: 37, 45 f., 50,
53 f., 59-62, 510; (13.12.
1961) IV: 38, 518;
(17.4.1962) IV: 125, 204,
514; (13.-15.12. 1962)
IV: 309, 321, 340
– Potsdam (1945) s.
Verträge
– Prag (20./21.10. 1950)
I: 28, 616
– Rom (5.11.1951)
I: 613; (24.-28.11. 1951)
I: 126, 128, 155, 656, 665;
(24./25.2. 1953) I: 407,
410 f., 413, 726, 729;
(22.9.-9.10. 1953) I: 514,
752, 761
– San Francisco (4.-8.9.
1951) I: 136, 651
– Straßburg (11.12.
1951) I: 169, 171 f., 175,
180-182, 659; (9.3. 1953)
I: 414, 460, 462 f., 728
– Viererkonferenz (ge-
plant 1951) I: 25, 27, 33,
38, 42-45, 48, 51 f., 56, 99,
614, 621
– Washington (5.-8.4.
1949) I: 611; (28.11.
1950) I: 12; (10.-14.9.
1951) I: 121 f., 136, 146,
150, 643, 648, 652, 654,
659, 665; (10.-14.7.
1953) I: 475, 482 f., 749,
751; (15./16.9. 1961)
IV: 501
– Wien (3./4.6. 1961)
III: 494 f., 749
Kongo II: 179, 183-185;
III: 452 f., 483 f., 735;
IV: 99, 111, 191, 442, 532
Konjunkturelle Entwick-
lung III: 371, 382, 710;
IV: 156, 163, 547
Konservative Partei
Großbritanniens I: 324,
491, 702, 753 f.; III: 39,
89, 113, 133, 137, 141 f.,
488, 504, 531, 633, 696,
733; IV: 87, 116, 186, 238,
256 f., 308, 313, 324, 392,
395, 462, 502, 510, 519,
525, 562 f., 567, 569, 627
Konstanz I: 250
Konsularvertrag Bundes-
republik – Sowjetunion
s. Verträge
Konzentrationslager
II: 295; IV: 556, 622
Konzil s. Vaticanum
Kopenhagen I: 606;
II: 388; III: 110; IV: 582
Korea, Koreakrieg I: 15,
18, 24, 27, 99, 102 f.,
112 f., 135, 312, 349, 354,
532, 538, 611, 613, 615,
638, 641 f., 651, 746, 764;
II: 6, 31; III: 278, 628;
IV: 274, 575
Korrespondenz Adenau-
ers s. Briefe
Krankenversicherung
IV: 583
Kriegsdienstverweige-
rung III: 206, 661
Kriegsereignisse
– 1914-1918 I: 75, 292,
320; II: 84, 89, 291, 294,
315; III: 108, 356, 532;
IV: 222, 306, 320, 337,
346, 417 f., 426, 588
– 1939-1945 I: 13 f., 160,
292 f., 302, 320, 342, 401,
467, 499, 676, 702, 760,
765; II: 9, 32, 84, 89, 98,
106, 114, 127, 146, 180,
203, 260, 290, 292, 297,
311, 420; III: 103, 327,
335, 357, 366, 442, 449,
489, 532, 694, 722;
IV: 15, 222, 306, 320, 337,
346, 502, 543
Kriegsgefangene, Kriegs-
gefangenschaft (s. a.
Moskau-Besuch) I: 76,
144, 161 f., 178, 497, 606,
663, 723; II: 7, 11, 14-15,
23, 47, 138, 366, 380,;
IV: 521
Kriegsverbrechen,
Kriegsverbrecherpro-
zesse I: 161 f., 218 f., 315-
318, 354, 361, 466, 469,
672, 698 f., 723; II: 481;
III: 650; IV: 118, 512,
517 f.
»Kronprinzenfrage« s.
Nachfolge...

Kronstadt IV: 211, 338, 562
Kuba, Kubakrise III: 347, 530, 707, 759; IV: VII, 99, 144, 287f., 290, 292-294, 309, 311, 331, 355, 357, 529, 578, 580, 582, 586, 594
Kulturkampf II: 142, 415; III: 282, 285; IV: 426, 619
Kultusministerkonferenz III: 518

Labour Partei I: 103, 150, 172, 324, 350, 491, 623, 639, 754; II: 265; III: 12, 39, 89, 128, 134, 141, 477, 504, 531, 633, 637, 754; IV: 86f., 214, 236, 238-240, 256-258, 308, 324, 392f., 395, 462, 502, 526, 563, 567, 591
Lancaster House III: 469, 487
Landwirtschaft, Landwirtschaftspolitik (s. a. EWG) I: 42, 46, 51, 74; III: 87, 410-412, 432f., 489; IV: 56, 58, 62f., 126, 158, 160-162, 338f., 341-344, 395f., 519, 596, 609-611
Laos III: 415, 529f., 759; IV: 74, 357, 575, 600
Lauenburg I: 458
Lastenausgleich I: 139, 239
Lausanne IV: 180f.
»Legion Nachtigall« IV: 147, 543
Leipzig, Leipziger Messe II: 278; III: 512, 518; IV: 192, 540, 619

Lemberg III: 208, 660; IV: 147, 543
Leonberg II: 36
Libau I: 605
Libanon I: 430, 732
Liberal Demokratische Partei Deutschlands (LDPD) II: 137, 413
»Libération« I: 696
Liberia II: 453, 735
»Life« II: 446; III: 108, 147, 616, 639; IV: 346, 564, 596
Limburg I: 659
Linksradikalismus I: 65, 498, 723; IV: 404, 622
Lissabon I: 171, 178-180, 182, 211f., 668, 770; II: 386
Litauen I: 485; III: 200
Literarische Interessen, Lektüre Adenauers I: 140f., 357, 652, 711; II: 108, 253, 266-268, 295, 402; III: 266, 383f., 395, 397, 491, 501, 715f.; IV: 68f., 91, 96, 99f., 134, 188f., 191, 211, 218, 249, 267f., 272f., 280, 304f., 423, 427, 522, 527, 533, 554, 562, 585, 620
»Literaturnaja gaseta« IV: 96, 528
Locarno s. Verträge
Liverpool IV: 322
Lohn- und Preisentwicklung s. Tarifverhandlungen
London (s. a. Konferenzen; Verträge) I: XVIII, 6f., 10, 27, 54, 66, 79, 85, 143, 150, 171f., 176f.,

182f., 187, 211f., 215, 235, 265, 267, 284, 324, 351, 354, 460, 464-466, 470, 472, 529, 540-544, 548, 561f., 568, 593, 609, 626, 662, 670, 672f., 676f., 699, 725, 743f., 751, 753, 766-768, 772, 774, 776; II: 14, 56f., 81, 128, 135, 209, 223, 228, 231, 244, 246, 263, 271, 296, 299, 302, 366, 386, 388f., 409f., 412, 414, 424f., 428, 434, 437, 442, 444, 449, 452, 455, 457, 465, 468, 475f.; III: 9, 18, 31, 34, 59f., 70, 104, 111, 124, 133, 136, 139, 142, 153, 162, 175f., 219, 224, 245, 300, 327f., 336, 343, 350, 447, 450, 459, 465, 468, 470, 479, 487f., 492, 506, 541, 596f., 603, 613, 625, 633, 635, 640f., 646, 648, 653, 666f., 675, 703, 733f., 738f., 751, 754, 756; IV: 16, 44, 60, 187, 197, 221, 237, 324, 326, 356, 377f., 383, 390, 418, 426, 526, 565
»Look« II: 436; IV: 548
Loreley-Treffen (1951) I: 132, 650
Los Angeles II: 454; III: 664, 678, 690
Lothringen (s. a. Elsaß-Lothringen) I: 447
Ludwigsburg IV: 609
»Lübecker Nachrichten« I: 149, 474
Lüttich I: 54, 629; IV: 277, 576

Lufthansa II: 137, 413; III: 554; IV: 145 f.
Lugano I: 505, 749, 753, 758
Luxemburg I: 7, 10, 60, 62, 69, 90-92, 135, 171, 181, 213, 237 f., 272, 278, 313, 315, 331, 343, 428, 469, 477, 501, 526, 608, 622, 628 f., 660, 677, 683, 685, 687, 697, 712, 746; II: 140, 185 f., 386, 391, 395, 415, 444; III: 233, 350, 467, 553, 640, 673; IV: 25, 119, 208, 251, 394, 396, 525, 535, 556, 559, 601
Luxemburger Abkommen s. Verträge, Wiedergutmachung

Madagaskar II: 184 f.; III: 741; IV: 561
Madrid I: 22; III: 666
Mainz III: 417, 502
Malaga IV: 282, 578
Mali IV: 564
Malta s. Konferenzen
»Manchester Guardian« II: 32, 57, 434, 468; IV: 523
Mannheim IV: 601
»Mannheimer Morgen« IV: 514
Margate I: 753
Maria Laach, Benediktiner-Kloster III: 718
Marly III: 26, 59, 601
Marokko III: 64, 349, 430, 483
Marxismus s. Kommunismus

»Maßhalte«-Appell Erhards (1962) IV: 156, 164, 169, 542, 547
Mauerbau s. Berlin
Mecklenburg IV: 39, 90
Mehlem I: 265, 279, 685
Meinungsumfragen (s. a. Allensbach; EMNID) I: 242, 678; II: 413
Memoranden s. Noten
Messina s. Konferenzen
Metz I: 90, 725
Mexiko II: 443
Militarismus (-kritik Adenauers) I: 319, 346, 480, 484, 525
Military Committee (MC)
– MC 70 III: 548, 701, 767
– MC 96 IV: 259, 572
Minnesota I: 677
Mißtrauensvotum, konstruktives I: 184 f.; II: 85 f., 380
Mitbestimmung (s. a. Betriebsverfassungsgesetz) I: 34, 56, 123, 164, 219, 618 f., 644, 657, 664, 673
»Le Monde« I: 468 f., 733, 764; II: 233, 365, 395, 450; III: 651; IV: 534, 541, 554
Montanunion s. EGKS
Morgenthau-Plan s. Pläne
Mosel (Kanalisierung) II: 81 f., 390, 415
Moskau (s. a. Konferenzen) I: 102, 203, 246, 260, 276 f., 287, 298, 394, 396,
406, 413, 482, 502, 670, 727, 776; II: 86, 105, 107-109, 124, 126, 175, 198, 216, 232, 240, 242, 247, 283, 305, 327, 363 f., 367, 369, 393, 400, 402, 428, 436, 444, 450, 460, 474 f., 482 III: VII, 8 f., 20, 69, 194, 196, 223, 237, 260-262, 289, 335, 338, 354, 373 f., 407, 415, 442, 452, 470, 489, 499, 524 f., 536, 550, 594, 601, 605 f., 613-615, 621, 646 f., 658, 662, 667, 669 f., 689, 692, 700, 704, 707, 714, 721 f., 730, 732 f., 739, 765; IV: 17, 27, 30, 32, 53 f., 62, 83, 88, 101 f., 104, 141, 172, 198, 206, 225, 243 f., 253, 267, 338, 354, 414, 427, 503, 506 f., 512, 529, 535, 537, 574, 614, 622
Moskau-Besuch Adenauers (1955) I: XIII; II: VII, 5-30, 93, 96 f., 138, 175, 201, 221, 229, 327, 363 f., 367, 369; III: 6, 14, 27, 49, 87, 129, 251, 262, 274, 641; IV: 67, 93, 114, 175, 268, 358, 385, 396, 402, 421, 428, 446, 460, 521
Mouvement Républicain Populaire (MRP) I: 754; II: 274, 302, 424, 454, 466, 476, 480; IV: 193 f., 556
Mülheim/Ruhr II: 375; IV: 622
München I: 164, 287, 300, 312; II: 26, 150, 187, 297, 404, 420, 433; III: 98,

109, 131, 134, 177, 204, 284, 319, 355, 418, 498, 502, 624, 633 IV: 192, 259, 339, 387, 519, 543, 608 f.
Münchener Abkommen s. Verträge
»Münchener Merkur« III: 623, 634, 696
Münster II: 203 f.; IV: 118, 534
Mürren II: 366; III: 153, 258, 641, 681
Multilateral Force (MLF) s. NATO
Musik, musikalische Interessen Adenauers II: 269 f.
Mutterschutz IV: 584

Nachfolge Adenauers im Kanzleramt II: 101, 202 f., 218 f., 397; III: 83 f., 275, 280; IV: VII, 12, 14 f., 20 f., 282, 334, 364, 446 f., 501 f., 529, 560, 578, 594, 603, 625
Naher Osten (s. a. einzelne Staaten) I: 640; II: 56, 62, 130, 159, 164, 166, 231, 240, 246, 279, 449, 456 f., 468; III: 61-64, 155, 269, 404
Nassau s. Verträge
National Broadcasting Company (NBC) II: 482; III: 612, 671, 675, 680
Nationalgefühl s. Patriotismus
Nationalhymne I: 7, 11, 176, 607, 661, 712

Nationalismus (-kritik Adenauers) I: 90, 109, 170; II: 134 f., 203; III: 191, 206, 252, 282, 285; IV: 356, 406, 419 f.
National Press Club III: 597, 669
Nationalsozialismus, »Drittes Reich« I: 88 f., 96, 114, 158, 170, 184 f., 239, 246, 323, 361, 399-401, 404-406, 419, 423, 434, 520, 634, 637, 712, 722 f., II: 32, 57, 84, 272, 292, 295-297, 315 f., III: 81, 88, 107 f., 121, 140, 195, 200 f., 266-268, 286, 356, 358, 360, 377, 396-398, 500, 553, 650, 655, 722 f., IV: VII f., 10, 20, 23, 81 f., 146-150, 169, 193, 260-262, 266, 268, 281, 303, 306, 313, 320, 347, 356 f., 387, 404, 420, 422, 500, 532, 534, 543 f., 572 f., 507, 621
– Erfahrungen und Verfolgung Adenauers II: 295-297, 317, 473 f.; III: 289, 398 f., 689, 718; IV: 148 f., 347, 426, 543 f., 573
Nationalsozialistische Deutsche Arbeiterpartei (NSDAP) I: 652; IV: 148, 573, 622 f.
NATO s. North Atlantic Treaty Organization
Nauheimer Kreis I: 28, 615
Naumann-Fall s. Fall...
Nebraska I: 677

Neu Delhi II: 401; III: 210, 660, 662
»Neue Rhein-Zeitung« III: 707
»Neue Zeit« I: 109; II: 469
»Neue Zeitung« I: 4, 149, 220 f., 408, 474, 674, 694, 696, 746; IV: 576
»Neue Zürcher Zeitung« I: XXI, 281, 557, 689; II: 267, 287 f., 365 f., 394, 401, 464, 470, 476; III: 210, 504, 621, 655, 658, 662, 694, 710, 729, 753; IV: 120, 176, 536, 551, 601
»Neuer Vorwärts« I: 187, 405, 725
»Neues Deutschland« II: 469; III: 707
»Neues Tageblatt« I: 474, 658
Neugliederung des Bundesgebietes I: 446, 739
Neuguinea IV: 270, 532, 569
Neuseeland I: 642; IV: 224, 229-231, 250, 551, 554, 566, 570
Neutralität, Neutralisierungsdiskussion (s. a. Noten, Sowjetunion) I: 28, 38 f., 43, 48, 73, 83, 99 f., 102 f., 118, 120, 135, 227, 229, 232 f., 239, 240-242, 298 f., 301, 330 f., 335, 476 f., 481 f., 507-509, 520 f., 524, 526, 739, 766; II: 435, 446; III: 287
New Hampshire I: 677
»New Statesman« II: 434; IV: 523

Sachregister

New York (s. a. Konferenzen) I: 21, 31 f., 38, 48, 54, 105, 108, 128, 146, 611, 613, 626, 685, 709, 776; II: 19, 88, 96, 169, 206, 209, 228, 258, 324, 368, 391, 408, 477, 482; III: 22, 117, 152, 170, 215, 269, 295, 317, 339, 341 f., 392, 395 f., 457 f., 502, 520 f., 598, 638 f., 651, 671, 683, 700; IV: 145, 192, 195, 256, 414, 501, 511, 543, 550
»New York Daily News« I: 352
»New York Herald Tribune« I: 352 f., 497; II: 99 f., 145, 365, 416, 447, 481; III: X, 524, 601, 608, 622, 646; IV: 281 f., 393, 505, 508, 550, 559 f., 562, 581
»The New York Times« I: 352 f., 392, 395, 764; II: 29, 101, 212 f., 309, 398 f., 440, 443, 448, 477-479, 481 f.; III: X, 386, 610, 685, 729, 766; IV: 94, 112 f., 116 f., 170, 183-185, 332, 503, 508, 510, 520, 529, 532 f., 549, 552 f., 576, 614
»News Chronicle« II: 170 f., 426 f., 455; IV: 523
»Newsday« IV: 503
»Newsweek« II: 409, 447; IV: 509, 562, 576
Nicaragua IV: 331, 593 f.
Nichtangriffspakt (Anregung 1963) IV: 450 f., 624

Niederlande (s. a. Auslandsbeziehungen) I: 7, 10, 62, 69, 81, 101, 113, 135, 181, 213, 237 f., 269, 278 f., 295 f., 304, 313 f., 331, 412, 415, 428, 469, 477, 501, 526, 608, 622, 628 f., 632, 683, 687 f., 697, 726; II: 6, 185 f., 386; III: 29, 57, 201, 208, 377, 446, 470, 534, 553, 611, 640; IV: 25, 42, 58, 107, 111 f., 130, 197, 204, 208, 225, 243, 248, 252, 254, 270, 325, 350, 358, 389, 394, 396, 399 f., 434, 514, 532, 556, 559 f., 569, 571, 592, 601, 609
Niedersachsen I: 140, 376, 404, 454, 651, 689, 724, 737; II: 220, 277 f., III: 248, 343, 434 f., 474 f., 676, 731, 741; IV: 610
Nigeria II: 280; III: 453, 462, 735; IV: 271
Nil I: 731; II: 409; III: 689
Nonnenwerth I: 327, 703
»Norddeutsche Zeitung« II: 371; IV: 515
Norddeutscher Bund III: 362, 712, 716; IV: 142
Norddeutscher Rundfunk (NDR) III: 332, 741; IV: 535, 551
Nordischer Rat II: 186, 432; III: 754
Nordrheinprovinz II: 464; IV: 522
Nordrhein-Westfalen I: 20, 406, 446, 689; II: VII, 47, 49, 53-55, 57, 60, 63, 113, 272, 372, 380,

382, 386; III: 250, 269, 472, 474 f., 478-480, 508, 731; IV: 146, 152, 166, 308, 543, 546, 595, 612, 624
Nordwestdeutscher Rundfunk (NWDR) I: 618; II: 429; III: 477, 743; IV: 516, 607
Norstad-Plan s. Pläne
North Atlantic Treaty Organization (NATO; s. a. Brüsseler Pakt) I: 12-14, 84, 104 f., 107, 112, 121, 155, 171, 188, 233, 278, 324, 392, 394, 436, 490, 513, 517, 530, 534, 543 f., 546, 548 f., 556, 560 f., 568, 620, 638, 671, 677, 686, 696, 708, 738, 769, 773 f.; II: 12, 19-22, 35, 61 f., 82 f., 98, 123, 144, 149, 157-159, 163 f., 168, 174 f., 197, 209 f., 216 f., 225, 235, 246, 250, 252-254, 258, 260, 300, 304, 306 f., 313, 318, 373, 386, 389 f., 414, 424, 427, 430, 435 f., 445, 447, 455 f., 458 f., 479; III: VII f., 13, 15, 18 f., 40, 43, 71, 73, 77 f., 89, 94, 101 f., 112 f., 127, 130, 137, 166, 168, 170, 181-184, 234, 301 f., 318, 328, 342, 350 f., 361, 402, 462, 467 f., 471, 486, 493 f., 516, 521, 527-531, 540, 548, 551, 609, 616, 652, 686, 692, 697, 702, 709 f., 719, 745 f., 749, 759, 767; IV: 17, 25, 27, 31, 34, 49,

64, 70, 81, 84, 89, 97, 107-110, 114, 143, 194, 207 f., 293, 311-313, 322, 326, 354, 357, 382 f., 450 f., 459, 506, 511, 513 f., 518, 537, 550 f., 556 f., 566, 575 f., 581, 586-588, 590, 600
– Atlantikrat, NATO-Rat I: 14, 147, 169, 179, 552, 563, 608, 613, 656, 659, 668, 771; II: 244 f., 251, 313, 348-351, 386, 390, 424, 455 f., 458, 479; III: 78 f., 112, 157, 278, 328, 342 f., 350 f., 494, 600, 636, 643, 647, 652, 665, 674, 705, 708, 745, 749; IV: 37, 53, 173, 176, 253, 309 f., 321, 340, 504, 524, 568, 572, 626
– Bundesrepublik und Mitgliedsstaaten I: XVIII, 107, 160, 193, 257, 435 f., 563 f., 567, 608, 663, 672, 754, 768, 771, 773-775; II: 82, 102, 174, 206, 250-253, 255, 258, 300, 448, 455-457, 459; III: 23, 28, 41, 84, 101, 169, 218, 245, 278, 351 f., 514, 540, 544; IV: 379, 403, 613
– Multilateral Force (MLF) III: VIII, 275, 530, 690, 720, 744 f., IV: 43, 173, 259, 291, 324, 337, 351, 362, 377 f., 390, 392 f., 409, 511, 531, 551, 586, 591 f., 598, 602, 604
– Rat der Weisen I: 168, 180 f., 188 f., 194, 659, 666; II: 390; IV: 458, 626

North Carolina II: 168
Norwegen I: 551, 685 f., 768; II: 456, 463; III: 505, 618, 635; IV: 67, 108, 121, 208, 242, 250, 451, 504, 536, 556, 561
Noten und Memoranden zur Deutschlandpolitik
– Bundesrepublik
– – Beziehung zu den Besatzungsmächten, Sicherheitsmemorandum (29. 8. 1950) I: 15 f., 21, 610
– – Sowjetunion (21.2. 1962) IV: 88 f., 101, 526, 541
– – Wiedervereinigung (29.5. 1953) I: 749; (2.9. 1956) II: 126, 408, 420;
– DDR (30.1. 1954) I: 522, 763
– Sowjetunion
– – 3.11. 1950 I: 616, 618
– – 10.3. 1952 I: 226-233, 239, 242, 244, 259 f., 325, 329 f., 332, 476, 482, 485, 675, 677, 684, 697, 702; II: 458; IV: 421, 618
– – 9.4. 1952 I: 260, 684, 702
– – 24.5. 1952 I: 281, 309, 336, 687, 689, 702
– – 4.8. 1953 I: 475, 749, 751
– – 15.8. 1953 I: 475-479, 428 f., 484-487, 504 f., 507, 748, 750 f.
– – 28.9. 1953 I: 753
– – 3.11. 1953 I: 501, 505, 758 f.
– – 26.11. 1953 I: 505, 759

– – 26.12. 1953 I: 759
– – 29.7. 1954 I: 543, 769
– – 4.8. 1954 I: 543, 769
– – 23.10. 1954 I: 568, 776
– – 13.11. 1954 I: 776
– – 16./20.12. 1954 II: 58, 385
– – 22.10. 1956 II: 152, 420
– – 27.11. 1958 (s. a. Berlin-Ultimatum) II: 305 f., 474 f., 482
– – 13.1. 1960 III: 204, 661
– – 13.2. 1961 III: 490, 492, 739 f.
– – 27.12. 1961 IV: 88 f., 101, 526, 541
– – 7.6. 1962 IV: 197, 558
– Westmächte
– – 22.12. 1950 I: 33, 618
– – 25.3. 1952 I: 227, 229-231, 243, 675, 684, 750
– – 13.5. 1952 I: 275, 684, 697
– – 10.7. 1952 I: 309, 324, 327, 702
– – 23.9. 1952 I: 750
– – 15.7.1953 I: 475, 749
– – 2.9. 1953 I: 749
– – 18.10. 1953 I: 488, 490, 753, 758
– – 10.9. 1954 I: 543, 568, 769, 776
– – 31.12. 1958 II: 322 f., 482
Notstandsfrage, Not-

Sachregister

standsgesetzgebung
I: 155-158, 168f., 290f.,
774; IV: 300, 583
Nürnberg I: 144, 220, 354;
III: 255, 497, 546, 750,
764; IV: 459
Nuklearrüstung, -strategie s. Atomwaffen

»Observer« IV: 209
Oberschlesien IV: 329
Oder-Neiße-Linie I: 39f.,
228, 230, 305-308, 360,
447, 467, 484f., 621, 677,
696, 746, 751; II: 81,
201f., 233, 389, 435,
450f.; III: 94, 140f., 148,
154, 319, 442, 490, 598,
725; IV: 536
Oebisfelde I: 686
Öffentlicher Dienst s.
Beamte
Österreich (s. a. Auslandsbeziehungen)
I: 364, 471f., 504, 515,
522, 529, 534, 549, 678,
714, 746f., 765f.;
II: 150f., 181, 188, 415,
419f., 430, 457; III: 106-
110, 114, 164, 299, 311,
362, 376, 461, 501, 505,
618, 623f., 635, 692, 712,
738, 747, 752, 762f.;
IV: 37, 46, 62, 84, 177,
306, 512, 516, 552, 585
– Staatsvertrag (1955)
II: 151, 420; III: 623;
IV: 512
Österreichische Volkspartei (ÖVP) II: 419;
III: 110, 762; IV: 585
Ohio II: 168

Oktoberrevolution
(1917) II: 460
Oldenburg III: 475
Olympische Spiele (Berlin und Kiel 1936)
II: 96; IV: 148f., 347, 426,
543
Oradour-sur-Glane
I: 395, 406, 722
Organisation Amerikanischer Staaten (OAS)
IV: 534, 600
Organisation de l'Armée
Secrète (OAS) IV: 94,
109, 111, 125, 528, 532,
550, 554
Organization for European Cooperation and
Development (OECD)
III: 532, 761; IV: 155, 569,
594
Organization for European Economic Cooperation (OEEC) II: 213,
428, 430, 451, 475, 480;
III: VIII, 18 599, 636, 653,
669, 685, 687, 761;
IV: 569
Oslo III: 494, 503, 749,
754
»Osservatore Romano«
III: 196
Ost-Berlin s. Berlin
Ostblock (s. a. Satellitenstaaten) I: 17, 128, 138,
147, 187, 210, 234f., 257,
260, 264, 266, 291, 297-
300, 306, 308, 326, 330,
344-347, 350, 396, 401,
413, 420, 447-449, 467,
502, 509, 515, 525f., 530,
535, 537f., 542, 547,

568f., 616, 623, 676, 702,
745f., 749, 765; II: 210,
231-233, 253, 262, 449;
IV: 18, 428, 522, 531
Ostpolitik I: 235; III: 196;
IV: 352, 451, 612
Ostsee I: 485
Ost-West-Handel (s. a.
Embargo) I: 274, 458,
536, 742, 766; II: 95, 393;
IV: 70f., 89, 139, 352,
397f., 540, 598, 611, 626
Ostsibirien s. Sibirien
Ostzone s. DDR
Ottawa I: 659; III: 738;
IV: 568

Päpste, Papsttum (s. a.
Vatikan) II: 109, 402,
445; III: 196, 247, 611,
658, 676; IV: 341, 351f.,
452, 516, 538, 570, 595f.,
598
Pakistan I: 551, 772; II: 83;
III: 143, 249, 385, 404-
406, 413, 720; IV: 224,
402f.
Pakt von Nassau s.
Verträge
Palästina I: 495
Panmunjon s. Verträge
Panslawismus I: 299, 302,
346,; II: 97, 110
Paris (s. a. Konferenzen;
Verträge) I: XVIII, 6, 10,
16, 27, 40f., 45, 50, 54f.,
57, 63f., 67-69, 73-77, 79,
81, 84, 90, 94, 99, 101,
105, 108, 118, 121, 135f.,
144, 150-153, 155, 166,
168-171, 177, 179f., 180,
182, 197f., 211, 226f.,

232, 236, 238, 243 f., 246 f., 259, 269, 278, 280, 284, 288, 291, 293, 300, 305, 313 f., 326, 347, 351, 357, 363, 391, 401, 407, 410, 442, 450, 460, 463, 470, 486, 503 f., 507 f., 510, 512 f., 538, 545, 552, 557, 560, 560, 563, 565, 568, 576-578, 592, 622, 625, 628 f., 636, 638, 643, 665 f., 668, 677, 683 f., 691, 696, 703, 737 f., 740, 743, 752, 758, 763, 766 f., 769-774; II: 6, 56 f., 81, 97, 154, 161, 178, 212, 239, 244, 251, 287, 313, 348-351, 386, 390, 423-425, 429, 455, 472, 475, 477, 480; III: 16, 18, 31 f., 51, 59, 68, 124, 139, 152 f., 160, 162, 168 f., 173, 180, 184, 203, 217, 239-241, 246, 248 f., 260, 265, 275, 277, 300, 315, 322, 324, 341, 364, 374, 390, 401, 417, 419, 429, 436, 444, 459, 463-465, 467, 470, 488, 493, 495, 504, 540, 598, 613, 636, 639 f., 642 f., 645, 647, 653, 665, 672, 682 f., 685, 693 f., 708, 716, 719, 725, 737 f., 739 f., 748, 761, 764; IV: 36, 38, 41, 47 f., 50, 59 f., 62, 94 f., 97, 111, 136, 174, 188, 194, 197, 214, 226, 246, 255, 269, 309-311, 317-319, 324, 339-341, 344, 392, 433 f., 443, 461, 478-481, 502, 507, 510, 512-514, 518, 526, 528, 550, 554, 561, 565 f., 569, 574, 586 f., 589 f.

Parlamentarischer Rat (s. a. Grundgesetz) I: XIV, 98, 156, 184, 186, 378; II: 72, 85 f., 116, 406; III: 304, 477, 647, 649, 693; IV: 303 f., 438, 465 f., 563, 585, 597, 618

Parti Communiste Français (PCF) I: 13, 64, 81, 102, 135, 153, 177, 305, 313, 336, 449, 477, 497, 537, 631, 655, 698, 757; II: 20, 225, 241, 274, 424, 476; III: 39, 456; IV: 199, 259, 382, 434, 460, 559

Parti Radical-Socialiste I: 720; II: 392, 453, 476, 480

Parti Social Chrétien (PSC) I: 754

Partito Communista Italiano (PCI) I: 102, 135, 158, 336, 477, 497, 537, 637, 757; II: 20; III: 127, 460

Partito Socialista Italiano (PSI) I: 757

Passierschein-Abkommen (1963) s. Verträge

Patriotismus, Nationalgefühl III: 183, 190, 206, 281, 283-286, 289, 355-357, 361-364, 376, 440, 512/513, 520; IV: 346-348

Pazifik III: 279

Pazifik-Pakt s. Verträge

Peking II: 460; III: 7, 128, 630, 699, 730

Petersberg (s. a. AHK) I: 31, 36, 40, 53, 615, 620; II: 85, 439; III: 11, 398

Petersberger Abkommen (22. 11. 1949) I: 104 f., 121, 611; II: 203, 439; IV: 419, 617

Pfalz III: 282, 410

Pläne und außenpolitische Neuordnungskonzepte
– Beyen (1953) I: 412, 726
– »Burgfrieden« (Adenauer 1962; s. a. Globke) IV: 422, 558, 618
– Deutschlandplan (SPD 1959) III: 43, 54, 606, 656, 686
– Eden (1954) I: 521, 763; II: 22
– Fouchet (1961/62) IV: 106 f., 110, 125 f., 213, 251, 254 f., 514, 531, 559, 601
– Gaitskell (1957) II: 192 f., 435
– Globke (1959) III: 189, 193, 606, 655, 695
– van der Goes van Naters (1953) I: 513, 564, 761
– Herter (1959) III: 145, 264, 638 f.; IV: 397 f., 611
– Morgenthau (1944) I: 348 f.; II: 291, 471
– Norstad (1960) III: 709, 719; IV: 34, 43, 107 f., 143, 511
– Ollenhauer (1957) II: 199, 437

- Pfleiderer (1952)
  I: 335, 705 f.
- Pleven s. EVG
- Radford (1956)
  II: 130, 168, 223, 399,
  406 f., 430; IV: 253, 311,
  314
- Rapacki (1957)
  II: 252 f., 458 f., 461;
  III: 21, 33, 37, 71 f., 78,
  127, 132, 192, 602-604
- Schumanplan s.
  EGKS
»Platow-Briefe« I: 653;
  II: 42
»Polaris«-Raketen III: 292,
  351, 690, 709, 719; IV: 43,
  173, 321 f., 325 f., 339,
  361, 434, 442 f., 514, 587
Polen I: 22, 39, 40, 234,
  297-300, 302, 306, 308,
  330, 466 f., 485, 516, 519,
  525, 542, 569, 616, 621,
  697, 746, 751, 762; II: 81,
  183, 199, 201 f., 216 f.,
  225, 232 f., 247, 282, 305,
  308, 420-422, 425, 435,
  459, 475; III: 32, 41, 81,
  94, 114, 119 f., 130 f., 140,
  148, 155, 163 f., 197, 263,
  335, 415, 420 f., 442 f.,
  449, 489 f., 553, 598, 628,
  643, 649, 722, 725, 727,
  747; IV: 70, 97, 102, 147,
  183, 205, 219, 264, 352,
  422, 564, 573, 598, 611,
  626
- Aufstand 1956 II: 108,
  152-154, 156, 158, 175,
  195, 242, 402, 427, 444
»Politisch-Soziale Korrespondenz« IV: 516, 524

Pommern IV: 39, 90, 137
Pontificium Collegium
  Russicum II: 109, 402 f.,
»Le Populaire« I: 158, 656
Portugal I: 181; III: 423,
  453, 486, 618, 635;
  IV: 556
Potsdam III: 162
Potsdamer Abkommen s.
  Verträge
Prag I: 28, 616; II: 309;
  III: 200
»Prawda« I: 480; II: 482;
  III: 92, 459; IV: 512
Preisentwicklung s. Tarifverhandlungen
»Die Presse« III: X, 98,
  620, 623
Presseclub (Bonn) II: 464;
  III: 714
Pressegesetz I: 321, 702
Pressekonferenzen Adenauers I: 673, 740;
  II: 173, 427; III: 196 f.,
  242, 635, 653, 658, 740;
  768; IV: IX, 176-179, 183,
  187, 550
Pressepolitik und -kritik
  Adenauers I: 118 f., 137,
  150, 154, 174 f., 206, 212,
  220, 227, 230, 245, 248,
  259, 268, 272, 274, 321-
  323, 352 f., 356 f., 402 f.,
  407, 414-416, 420, 435,
  460 f., 464-466, 488, 495,
  497, 503 f., 507, 510, 512,
  531, 566, 569; III: 57,
  239-242, 253, 314, 327,
  342, 420, 431, 500, 534;
  IV: IX f., 40, 47 f., 112 f.,
  116, 120-123, 133, 176,
  261, 263, 277 f., 283-287,

333, 360, 376, 381, 390,
  436 f., 527, 533 f., 579 f.,
Presse- und Informationsamt der Bundesregierung I: XIII-XX,
  XXII, XXIV f., 4, 148 f.,
  187, 202, 249-254, 296,
  352, 408, 654, 657 f., 758,
  763; II: VIII, 14, 65, 67,
  69-71, 73, 78 f., 119, 131,
  156, 170, 177, 190, 227,
  256, 308 f., 311, 364 f.,
  381, 406, 426, 434, 471,
  478; III: X, 20, 23 f., 44,
  165, 239, 392, 394, 521,
  636, 674, 704; IV: XII f.,
  7, 118, 218, 430 f., 503,
  505, 508, 515 f., 523, 550-
  553, 557, 563, 567, 578,
  606 f., 609, 625
Preußen I: 88, 115, 156-
  158, 376, 485, 656, 718;
  II: 415; III: 475, 624, 719;
  IV: 337, 426, 432 f., 556
»Preußen-Schlag« (1932)
  III: 399 f., 719
Preußisches Herrenhaus
  IV: 418, 617
Prohibition IV: 423, 619
Protestantismus I: 20,
  108-111, 641 f.; II: 282,
  286, 469; III: 92, 400;
  IV: 308
Prozesse
- Baumkötter/Gabele
  IV: 118, 534
- Bertram I: 627
- Eichmann s. dort
- Falkenhausen I: 51,
  54 f., 625
- Kemritz I: 130, 142,
  361, 649, 713

- Löser II: 43, 378
- Middelhauve/Wenger IV: 147
- Nürnberg I: 144, 220, 354
- Platow I: 145, 653, 660
- Oradour I: 395, 406, 722
- Reeder I: 54, 627
- Schirmeck I: 406, 725
- Schulze I: 170, 660
Punta del Este IV: 534, 601

Quibya I: 753

Radford-Plan s. Pläne
Radio Free Europe II: 26, 370; IV: 576
Radio Liberty II: 26, 370
Rambouillet III: VII, 306, 349, 468, 693, 697, 739; IV: 321 f., 327, 339, 350, 444
Rapacki-Plan s. Pläne
Rapallo s. Verträge
Rassemblement de Peuple Français (RPF) I: 609; IV: 504
Rassentrennung (USA) IV: 413 f., 616
Rat der Weisen s. NATO
Rat für gegenseitige Wirtschaftshilfe (RGW) s. Ostblock; Satellitenstaaten
Rechtsradikalismus I: 65, 163, 471, 498, 651 f., 723; IV: 404, 622
Recklinghausen I: 242
Reden Adenauers
- 1946 IV: 608

- 1950 I: 7, 10, 606
- 1951 I: 114, 176, 293, 308, 360, 642, 654, 659, 661 f., 693, 696
- 1952 I: 216 f., 221, 242, 342, 431, 672, 678, 693, 706 f., 746
- 1953 I: 507 f., 510, 512, 721 f., 731, 737 f., 744, 760; IV: 565
- 1954 I: 568, 776; II: 393
- 1956 II: 88, 139, 148, 153, 391 f., 414, 418, 420 f.
- 1957 II: 216, 444
- 1959 III: 48, 607
- 1960 III: 161, 281, 643, 687
- 1961 IV: 3, 78-80, 506, 511, 517, 521
- 1962 IV: 204 f., 218 f., 265, 282, 284-286, 289, 296, 520, 524, 527, 537, 539, 547, 557, 560, 562, 564, 579 f.
- 1963 IV: 365-370, 465-467, 592, 601, 612
Regensburg III: 540, 546, 763
Regierungsbildungen s. Bundesregierung
Regierungserklärungen Adenauers I: 665, 668, 753, 769; II: 374 f., 457; III: 663, 766; IV: 57, 78-80, 301, 505 f., 511, 514, 545, 561, 581, 621 f.
Reichsfinanzhof I: 369, 378
Reichsgericht I: 378; IV: 262, 572
Reichspräsident I: 718;

II: 293 f., 473; III: 356, 611, 711; IV: 419, 617
Reichsregierungen, Reichskanzler, Reichsminister der Weimarer Republik (s. a. dort) I: 184, 341, 718; II: 273, 291, 293, 466, 473; III: 475, 719; IV: 190, 193, 249, 329, 419 f., 555 f., 559, 570, 593, 616 f.
Reichswehr II: 83 f., 146 f.; III: 399
Reims IV: 247, 340, 482
Reisen- und Auslandsaufenthalte Adenauers
- Belgien II: 148, 418
- Frankreich (s. a. Vence) I: 57, 63 f., 69, 73, 75 f., 79, 84, 507 f., 510, 512 f., 628 f.; II: 159, 163, 168, 178, 423, 472; III: 265, 343, 402, 429, 468, 601, 682; IV: 32, 36, 38, 42, 46, 55 f., 200, 232-236, 246 f., 252, 306 f., 317-319, 322-324, 340, 395, 478-482, 507, 546, 560, 569, 589 f.
- Großbritannien I: 85, 150, 170-178, 302, 315, 460, 464-466, 471, 649, 655, 660, 662, 677, 743 f., II: 135, 244, 271, 465; III: 328, 448, 450, 465, 633, 635, 640, 734, 739
- Iran II: 192, 434
- Italien (s. a. Cadenabbia) I: 41, 81, 98, 649; II: 398, 402; III: 196, 657 f.; IV: 545, 624
- Japan III: 223, 279, 664

Sachregister

- Österreich II: 419 f.
- Schweiz s. Bürgenstock; Mürren
- Sowjetunion s. Moskau-Besuch
- Türkei I: 771
- USA I: 166, 286, 353 f., 432, 568, 740, 776; II: 88, 91, 206, 238, 391, 411, 437; III: 215 f., 222 f., 279, 481 f., 574-577, 664 683, 744, 746, 752; IV: 27-30, 47, 113, 116, 281, 295 f., 461, 476, 485, 550, 555, 578, 581 f., 612, 627
- Vatikan II: 109, 402; III: 196, 658; IV: 452, 624

Remer-Partei s. Sozialistische Reichspartei
Remilitarisierung s. Wiederbewaffnung
Rentenreform (1957) II: VII, 46, 419
Reparationen I: 131, 215
»The Reporter« III: 711; IV: 266, 573
Republikanische Partei (USA) I: 233 f., 287, 310, 348 f., 353, 356, 491, 693, 697, 706, 708, 754; II: 44 f., 403, 454, 476; III: 203, 242, 296, 339, 369, 406, 414, 495, 685, 691, 704, 721; IV: X, 149, 412 f., 511, 544, 587, 615 f.
Restitution s. Lastenausgleich
Reuters Ltd. I: 419 f., 435, 730; IV: 523
Rhein I: 108; II: 82 f.; III: 35, 52, 104, 291, 501, 609 f.

»Rheinische Post« I: 408; II: 380; IV: 560, 569
»Rheinische Zeitung« I: 119
»Rheinischer Merkur« I: 149, 474, 654; II: 136, 363, 413; III: 283, 699; IV: 31, 510, 513, 516 f., , 537, 543, 576, 600, 620, 626
Reinland, Rheinlandbesetzung III: 107, 398 f., 718 f.; IV: 426, 520, 620
Rheinland-Pfalz I: 117, 689; II: 439; III: 316, 475, 698; IV: 617
Rheinprovinz Preußens III: 475
Rhöndorf (s. a. Honnef) I: XX-XXII, 47, 296; II: 334, 344, 374, 376, 418, 482; III: 82, 149, 155, 396, 398 f., 578 f., 717; IV: XV, 60, 262, 483, 510, 527, 563, 587, 596, 609, 613
Rhöndorfer Konferenz (1949) IV: 403, 418 f., 612 f.
Richter-Gesetz IV: 572
Riga III: 616
Ring Christlich-Demokratischer Studenten (RCDS) III: 204 f., 757
Rio de Janeiro I: 643
»Röhm-Putsch« III: 689, 718; IV: 578
Röhren-Embargo IV: 459, 626
»Roll Back«-Strategie III: 119 f.
Rom (s. a. Konferenzen) I: 6, 10, 41, 114, 121, 126-128, 143 f., 155, 169, 176, 407, 410 f., 413, 462, 489, 514, 600, 613, 649, 656, 665, 726, 729, 752, 761; II: 108 f., 217, 398; IV: 125, 197, 214, 243, 252, 395, 597, 624
Römische Verträge s. EWG, Gründung
Rotary-Club IV: 593
Roquebrune II: 473
»Roter Stern« II: 214, 444
Rouen IV: 246
Rückgabe deutscher Vermögenswerte III: 216, 220, 665, 728; IV: 185, 553
Ruhrbehörde, Ruhrstatut I: 16, 35, 39 f., 43, 55, 57, 65-67, 72, 74, 79, 131, 610, 619, 628, 631, 637, 650
Ruhrgebiet I: 45, 50 f., 65; II: 317, 390; IV: 304
Ruhrkampf III: 401; IV: 329
»Ruhr-Nachrichten« I: 4, 149, 165, 604; IV: 514
Rumänien I: 542, 616; II: 157 f., 422, 475; III: 13, 415, 649
Rundfunk und Fernsehen s. einzelne Anstalten; Fernsehen
Rundfunk im amerikanischen Sektor (RIAS) I: 148, 342, 653

Saarbrücken I: 90, 342 f., 363 f., 453, 697, 706, 744; II: 473

Saarfrage, Saargebiet
I: XIX, 50, 55, 62, 68-71,
77 f., 90-92, 94-96,
115-117, 122, 199-206,
235-238, 291 f., 308 f.,
318, 343, 347 f., 358 f.,
363 f., 412, 417-419, 451-
454, 460 f., 463, 468-470,
489, 500, 513, 541 f., 552,
557, 559, 564-567, 606,
629 f., 634-636, 643,
669 f., 672, 677, 697,
706 f., 710 f., 726, 728 f.,
742, 744-746, 753, 768,
772, 774, 776
– Bundesrepublik I: 51,
77, 201, 204 f., 236 f., 267,
343, 347, 358 f., 412, 451,
468, 489, 500, 564, 567,
606 f., 630, 634, 636,
669 f., 706, 710 f., 729
– Europäisierungs-
Pläne I: 204, 206, 236 f.,
343, 669, 677, 708, 711,
740
– Frankreich I: 68, 70,
77, 90, 94, 96, 116 f., 122,
201-205, 236 f., 309, 343,
347, 358 f., 418, 451, 468,
489, 541, 559, 564-567,
606 f., 630, 634-636,
669 f., 677, 711, 730,
743 f., 746, 776
– Verhandlungen 1955-
1957, Saarstatut und
Saarvertrag II: VII, 45,
57, 82, 88, 92, 140, 159,
187, 208, 379, 389, 391,
415, 423 f.
Saargemünd I: 730
Sachsen IV: 39, 90, 137
Sadowa III: 108, 624

Sahara II: 184; III: 464,
738 f.
Saint-Germain-en-Laye
IV: 585
Saltsjöbaden III: 618
Salzburg I: 471, 747
San Franzisko (s. a. Kon-
ferenzen) I: 136, 651,
740; II: 403; III: 630, 664,
678; IV: 144
»Santa Maria«-Zwischen-
fall III: 421, 423, 727 f.
Satellitenstaaten (s. a.
Ostblock) II: 21, 25, 102,
109, 121, 124, 153, 158 f.,
166, 183, 195; IV: 49, 138,
355, 360, 422, 549
»Saturday Evening Post«
II: 446 f.; IV: 621 f.
Saudi-Arabien II: 131,
226; III: 463
Schirmeck I: 406, 725
Schleswig-Holstein I: 20,
385, 389, 689, 719, 741;
II: 50, 80, 137; III: 244,
508, 755
Schulen und Hochschu-
len s. Bildung...
Schulgeldfrage II: 113
Schuman-Plan s. EGKS
Schweden I: 276, 495,
543; II: 457, 463; III: 505,
519, 618, 635, 650, 754;
IV: 67, 121, 177, 231, 536,
551 f.
Schweigen I: 362, 712
Schweiz (s. a. Auslands-
beziehungen) I: 131 f.,
361, 446, 508, 543;
II: 181, 188, 430; III: 180,
229, 238, 281, 286 f., 327,
382, 389, 413, 416, 460 f.,

464, 505, 511, 514, 519,
618, 635, 687 f., 726;
IV: 131, 177, 353, 551 f.,
598
Schwerindustrie s. Koh-
le-Stahl...
Section Française de l'In-
ternationale Ouvrière
(SFIO) I: 688, 757;
II: 383, 454
Sedan III: 501, 752
»Seeblockade« IV: 70 f.,
98 f., 522
Sender Freies Berlin
(SFB) III: 288, 480;
IV: 551
Senegal III: 738
Separatismus II: 291
Sibirien II: 459; IV: 67 f.,
135, 402 f., 521
Sicherheitsvertrag (Dis-
kussion 1950/51) I: 21 f.,
26, 32, 53, 147
Siegen I: 234, 677
Siemens I: 342, 459
Skandinavien s. einzelne
Staaten
Skybolt-Raketen IV: 361,
444, 587
South East Asia Treaty
Organization (SEATO)
III: 301
Souveränität I: XVIII f., 19,
28, 93, 101 f., 104, 121,
128, 138, 266, 426, 486,
546 f., 552, 560, 672, 773;
II: VII, 220, 375, 424
Sowjetunion I: 84, 105,
112-114, 118 f., 147, 154 f.,
207, 218, 274-276, 288,
297 f., 397, 405, 425, 447,
466, 471, 477, 485 f.,

Sachregister

499 f., 509, 512, 528 f., 532, 534, 536, 538, 542, 566, 569, 606, 616, 639, 703, 745, 762-765, 770 f.; II: 8, 10 f., 13, 16, 18-21, 25, 35, 56-58, 61 f., 82, 93, 96-99, 101 f., 108-111, 121-126, 128, 130, 134, 152-154, 159, 163 f., 173, 193, 195-197, 210, 223-225, 232, 238 f., 242, 247, 250-253, 259 f., 262-264, 277, 282, 284 f., 296, 305, 316-318, 320, 364, 366, 367 f., 385, 413, 422, 436, 440, 453, 456, 475, 477, 482; III: VIII, 6, 8-10, 12, 14 f., 17, 28, 30 f., 32, 38, 40, 42, 50, 53, 57 f., 72, 77, 79, 85-88, 91-93, 95, 100 f., 103 f., 118 f., 131, 138, 148, 150, 190, 202, 215, 222 f., 225 f., 238 f., 255, 271, 290 f., 314, 324, 326, 335-337, 340, 407, 438, 443, 456, 466, 482, 484, 491, 506, 544, 548, 598, 621 f., 628, 662, 683, 694, 700, 702, 736, 752; IV: 191, 500-503, 506, 508, 543, 568 f., 614
- Deutschland- und Berlinpolitik (s. a. Noten) I: 8, 11, 29, 83, 102 f., 109, 111 f., 128, 135, 138, 150, 154, 158, 167, 170, 195, 227, 232 f., 239-243, 259 f., 266, 270, 274 f., 297-300, 305 f., 311, 330 f., 336 f., 339, 342, 394, 419, 421, 447-449, 458, 465, 480-485, 499, 501, 504, 508, 522, 524, 526, 533 f., 537, 547, 599, 620, 677 f., 732, 740, 742, 750 f.; III: 6 f., 9-11, 14, 16 f., 22-24, 27 f., 93, 105, 107, 124 f., 148, 175, 207 f., 222, 232, 262, 283, 366 f., 369 f., 394, 406, 427, 432 f., 441, 449 f., 463; III: 7, 11, 22 f., 29, 31, 39, 61, 93, 150, 157, 171, 191, 203, 223, 231, 288, 292, 311, 326, 346, 352, 391, 407, 437, 466, 470, 492, 496, 526, 551, 597 f., 626, 630, 645, 647, 660 f., 674, 669, 689, 692, 694-696, 709, 717, 722, 733, 766, 768; IV: XI, 23, 27, 29-32, 37 f., 40 f., 46 f., 51-56, 62, 84, 96 f., 101-105, 112, 121-123, 136-138, 140 f., 172, 182, 210 f., 263, 269-271, 292 f., 310, 327 f., 355, 385, 399, 432, 458, 500 f., 503, 509-512, 524, 526, 535 f., 550-553, 558, 573 f., 587, 602, 618 f., 624
- China I: 24, 532, 536, 767; II: 108, 254, 460; III: 27, 252, 730; IV: 18, 67 f., 96 f., 135 f., 174, 327, 355, 396-399, 402 f., 411, 427, 451, 460, 504
- Frankreich I: 14, 56, 112, 229, 243, 302, 332, 410, 419, 449, 475 f., 501, 504, 506, 520 f., 531, 533, 543, 550, 609, 639 f., 758, 766; III: 59, 528, 601, 678; IV: 13, 68, 102, 206, 211 f., 225, 360, 559, 566, 602
- Großbritannien I: 106, 112, 229, 243, 302, 324, 332, 457, 475 f., 485, 531, 547, 631, 702, 708, 746, 766; II: 58, 62, 86, 388, 428; III: 12, 466, 602, 605, 740; IV: 3, 13, 16, 93, 411 f.
- USA I: 5, 9, 43, 102, 112, 135, 138, 229, 232, 243, 276 f., 287, 300, 324, 328, 330, 332, 337, 346, 442, 447 f., 475 f., 479-481, 485, 497, 509, 521, 526 f., 530, 533, 547 f., 605, 676, 704, 738; II: 240 f., 255, 308, 393, 453, 460; III: 15, 29, 102, 126, 129, 254, 261, 263, 374, 407, 428, 437, 473, 492, 510 f., 629, 636, 749; 413, 17, 27, 31 f., 36, 53 f., 56, 51, 83, 93, 103-106, 124, 132, 138, 142, 145, 172, 175, 268, 354, 362, 441, 457, 501, 507, 525, 527 f., 549-553, 582, 624
- Westeuropa I: 72 f., 99, 104, 227, 300, 306, 336 f., 360, 449, 480 f., 497, 524, 529 f., 542, 611, 706; IV: 232
- Westmächte I: 38 f., 43 f., 159, 168 f., 195, 226 f., 231-233, 235, 260, 262-265, 288, 301, 319 f., 324-329, 331, 333 f., 341, 345 f., 349, 351, 393, 396, 449, 475 f., 478, 481-484, 486, 489 f., 497, 501, 505,

522-524, 527, 531, 534 f., 538 f., 549, 614, 616, 638, 675, 684, 687, 689, 702, 739, 748-751, 753, 755, 758 f., 764 f., 767, 769, 776; IV: 3, 82, 89, 93, 411, 503 f., 513, 517, 553, 558
– Innere Entwicklung, Wirtschaft und Versorgungslage I: 14, 16-18, 24, 98, 103 f., 106, 108, 136, 138, 213, 242, 276, 287, 298 f., 301, 307 f., 312, 320, 334, 342, 345 f., 350 f., 359, 393, 396, 406, 410, 447, 480-482, 484, 499, 502, 536 f., 639, 702, 709, 721, 725, 727; II: 17, 22 f., 96, 109 f., 123, 173 f., 196, 201, 209, 213, 222, 228 f., 231, 242, 253, 259, 263, 267, 459; III: 9, 13, 29 f., 37, 40 f., 49, 57 f., 60, 63, 85, 89 f., 92, 101, 132, 207-209, 262, 293, 313, 407, 437, 458, 540 f., 601, 721, 765; IV: 18, 26, 28, 52, 135, 328, 355, 358, 363 f., 386, 402 f., 427, 451, 457-460, 521

Sozialdemokratische Partei Deutschlands (SPD) I: 15, 20 f., 88, 92, 119, 169, 184, 191 f., 196, 213, 216 f., 239, 254, 256, 289 f., 292, 295, 299, 304, 317, 335, 337, 339-341, 360, 370, 374, 396, 405, 437, 441, 486, 523 f., 568, 609, 612, 619 f., 635, 665, 670, 678, 682, 686, 689, 693 f., 696, 702, 716, 722, 731, 750; II: 33, 49, 51-56, 59, 97, 100, 111, 114-116, 136, 187, 197, 204, 2220 f., 232, 242, 307, 380, 382, 384, 396, 404 f., 413, 437, 458 f., 465; III: IX, 15, 39, 61, 113 f., 134, 193 f., 204, 234, 242 f., 246, 332 f., 344-346, 356, 365, 431 f., 476, 530, 626, 634, 649, 658, 670 f., 686, 688, 698, 702, 706, 712, 731, 755, 760, 769; IV: 10, 14, 19 f., 44, 256, 281, 285 f., 363, 403, 426, 499, 505, 545, 547, 572, 578
– Adenauer-Kontakte und -Konflikte I: 18, 20 f., 33, 36, 45, 91, 132, 146 f., 154, 169, 195, 218, 308, 393, 405, 533 f., 556, 589, 620, 623, 654, 656, 696, 724, 753, 766; II: 29, 40, 115, 143, 169, 200, 306 f., 458 f., III: 109, 194, 283, 543, 763 f., IV: 286, 307, 360, 419 f., 455 f., 538 f., 579, 585, 602, 613, 617 f., 625
– Bundestagsfraktion I: 142, 177, 374 f., 386, 534, 643, 662, 664, 682, 696, 716-719, 738, 746; II: 377, 397, 465; III: 199, 242, 332, 334, 670, 674; IV: 160 f., 164 f., 179, 298-301, 364, 514, 546 f., 552, 571
»Sozialdemokratischer Pressedienst« I: 524, 711, 764; II: 384; III: 702

Sozialismus-Kritik Adenauers s. Gewerkschaften; SPD
Sozialistengesetze II: 219, 415; III: 282, 285, 356, 687; III: 426, 619
Sozialistische Einheitspartei (SED; s. a. DDR) I: 21, 109, 190, 241, 448 f., 458, 498, 721; II: 108, 278, 282, 470; III: 13, 202, 421, 513; IV: 11, 327, 500, 550, 593
Sozialistische Internationale I: 120, 643; IV: 567
Sozialistische Partei Österreichs (SPÖ) I: 471; II: 419; III: 109 f., 114; IV: 585
Sozialistische Reichspartei (SRP) I: 119, 145, 643; III: 268, 682 f.
– Verbot (1956) I: 376, 382, 385, 389, 652 f., 718; III: 682 f.
»Sozialpaket« IV: 300, 583 f.
Sozialpolitik, sozialpolitische Vorstellungen Adenauers (s. a. Lastenausgleich; Mitbestimmung; Rentenreform) II: 61; IV: 127-132, 155 f., 158, 162, 348 f., 538 f., 546 f., 583 f., 597
Spa III: 611
Spanien I: 286, 409, 495, 701, 755, 768; III: 5, 219, 650, 666; IV: 282, 348, 578
»Der Spiegel« I: 93, 321-324, 635, 701; II: 46, 135,

372, 380, 406, 412;
III: 107f., 605, 624, 627,
656, 662, 666, 670;
IV: 346, 525, 528, 572,
591, 594, 596f.
»Spiegel«-Affäre IV: VII,
277-287, 316, 439, 576-
580, 582, 588
Spionagefälle III: 330-334,
701-703; IV: 57, 434, 519,
572
Spreeberg I: 724
»Sputnik« II: 238, 244,
453; III: 9, 60, 337, 596
Staatsgerichtshof I: 376,
718
Städtepartnerschaften
IV: 216, 563
Stahlindustrie s. Kohle-
Stahl-Industrie
»Stahlpakt« s. Verträge
Stalin-Noten s. Noten
»Stars and Stripes«
IV: 575
Stationierungskosten
II: 90f., 392; III: 312f.,
355, 366f., 375, 715;
IV: 76f., 81, 524, 582
»Der Stern« III: 205, 524,
537, 661; IV: 133, 260,
540, 572
Steuben-Gesellschaft, -
Parade III: 502f., 752f.
Steuern, Steuergesetze
I: 87f., 165, 633; II: 187f.;
III: 187, 212f., 379, 381;
IV: 81, 129f., 158f., 350,
539
»St. Louis Post Dispatch«
III: X, 606f.; IV: 527
Stockholm III: 110, 618,
635, 750

Straßburg (s. a. Europa-
rat) I: 169, 171f., 175,
180-182, 238, 343, 414,
416f., 427, 460-463, 513,
564, 578, 592, 629, 706,
714, 725, 728; II: 180;
III: 688, 743; IV: 216
»Der Stürmer« IV: 262,
573
Stuttgart I: 439, 609;
II: 46, 49, 60, 63, 91,
380f., 387; III: 502;
IV: 216
»Stuttgarter Nachrich-
ten« I: 5, 9, 603; II: 372,
418; III: 623; IV: 515
»Stuttgarter Zeitung«
II: 66; IV: XIII, 536, 592
Sudan II: 56; III: 689
Sudetenland I: 309;
III: 331; IV: 502
Südafrika I: 131; III: 452,
654
Südamerika (s. a. einzelne
Staaten) II: 268; IV: 64,
111, 115, 228, 331f., 358,
580, 594
Südbaden I: 124f., 145
»Süddeutsche Zeitung«
I: 4, 408, 474, 604, 727;
II: 413, 418f.; III: 107,
247, 260, 264, 278, 623,
688, 701-703, 706, 713,
728, 744; IV: 594, 606f.
Süddeutscher Rundfunk
I: 148, 474, 674, 691;
II: 190f.
»Südkurier« I: 250f., 474,
680
Südschleswigscher Wäh-
lerverband (SSW) I: 719
Südtirol-Konflikt III: 534,
536, 762

Südwestfunk I: 148, 474,
654; II: 36, 389; IV: 606
Südweststaat (s. a. Ba-
den-Württemberg)
I: 20, 124, 242, 282, 644,
678, 689
Suezkanal I: 640; II: 56,
129, 156, 166f., 409f.;
III: 63
Suezkrise (1956) II: 129-
131, 156f., 164f., 192, 224,
246, 409-411, 422-424,
428, 432, 449; III: 62, 614
»Sunday Telegraph«
IV: 523
Supreme Headquarter of
the Allied Powers in
Europe (SHAPE) I: 314;
II: 197, 251, 407; IV: 511,
568, 571, 610
Syrien I: 712; II: 246;
III: 614

»Tägliche Rundschau«
I: 657
»Tag der deutschen Ein-
heit« IV: 204f., 560
»Tagesspiegel« I: 408,
715; III: 599; IV: 517, 535
Taiwan s. Formosa
Tanganjika III: 427, 729
Tanger IV: 282, 578
Tarifverhandlungen
III: 185-188, 382, 412,
508f., 654; IV: 128f., 153-
155, 157, 160f., 163-166,
538f., 545
»Taylor-Doktrin« III: 599;
IV: 259, 272f., 310f.
Tel Aviv II: 425; III: 744
Telegrafnoje Agenstwo
Sowjetskowo Sojusa

(TASS) I: 721; II: 16, 138, 174, 368, 401; III: 206, 459, 613, 630; IV: 502
Tennessee IV: 414
Thüringen IV: 39, 90
Fritz Thyssen Stiftung III: 213 f., 293 f., 663 f.
Tibet I: 18
»Time« II: 371; III: 108, 616; IV: 508, 527, 529, 564, 576, 596
»The Times« I: 296 f., 465, 522, 684, 695, 739, 763 f.; II: 32, 57, 365, 468, 476; III: X, 12, 86, 139, 450, 597, 637, 666, 691, 726, 729, 738-740, 755; IV: 6, 8 f., 36 f., 116, 238, 244 f., 363, 499, 523, 567, 602, 604, 614
Tirana III: 616
Tokio III: 300, 439, 569
Toulouse IV: 297
Trianon IV: 585
Trier I: 706
Triest I: 495, 753; III: 536
Troja II: 218 f.
Truppenvertrag s. Verträge
»Trybuna Ludu« II: 450
Tschechoslowakei I: 234, 297, 299 f., 302, 306, 330, 459, 465, 509, 516, 616, 762; II: 183, 216, 422, 435, 475; III: 41, 94, 141, 331 f., 451, 553, 598, 649, 701; IV: 45, 70, 97, 102, 183, 422, 516, 607, 611
Tucker's Town I: 759
Türkei I: 7, 10, 131, 367, 409, 550 f., 771 f.; II: 407; III: 94, 143, 404, 426, 482,
484, 690, 729, 745; IV: 25, 208, 249 f., 390, 399, 506, 561, 600, 609
Tunesien III: 349, 430, 483
Tunis I: 270
Turin I: 629; IV: 172, 252, 549
Tutzing IV: 612
»Twen« IV: 620

U-Boot-Waffen (s. Polaris) III: 338, 351, 375, 457, 709, 719
»U-2-Affäre« (1960) III: 253, 258, 271, 322, 334, 672, 679, 683
Uelzen III: 619
Ukraine IV: 26, 543
Ungarn I: 299 f., 306, 330; II: 66, 168, 183, 199, 217, 225, 231 f., 420-423, 463; III: 21, 94; IV: 539, 611
– Aufstand 1956 II: 152-154, 156-159, 166, 175, 195, 201, 242, 421, 423 f., 427 f., 444, 468; III: 163 f., 238, 355, 643 f.
»Union in Deutschland« (UiD) I: 4, 474, 645
Union Démocratique et Socialiste de la Résistance (UDSR) I: 655, 669
Union Démocratique de Travail (UDT) IV: 556
Union der Widerstandskämpfer für ein Vereinigtes Europa III: 660
Union pour la Nouvelle République (UNR) II: 476; III: 348; IV: 556
United Nations Educational, Scientific and Cultural Organization (UNESCO) I: 559
United Press (UP), United Press International (UPI) I: 151 f., 633, 682, 740; II: 67 f., 91, 228, 236, 375, 436, 448; III: 68, 70, 72, 595; IV: 200, 202 f., 211, 509, 557, 559, 575
Unkel III: 399, 718; IV: 620
UNO s. Vereinte Nationen
Ural III: 78; IV: 17, 35, 66
Urheberrecht IV: 298, 583
»US News and World Report« II: 389; III: 629; IV: 509, 541

Vacha I: 686
Vaticanum II IV: 252, 570
Vatikan (s. a. Päpste, Papsttum) I: 286, 349, 494, 692, 755; II: 111, 403, 445; III: 196, 247, 658, 676; IV: 352, 570, 624
Vence II: 257, 353, 460 f.; III: 266, 601
Venedig II: 391; III: 424
Venezuela IV: 115, 534
Verden/Aller I: 723
Verein der Ausländischen Presse III: 634, 705, 714; IV: 509, 553
Verein Berliner Kaufleute und Industrieller IV: 46, 517, 550
Verein Unions-Presse IV: 517
Vereinigte Arabische Re-

Sachregister

publik (VAR) s. Ägypten
Vereinigte Evangelisch-Lutherische Kirche Deutschlands (VELKD) I: 739
Vereinigte Staaten von Amerika (USA; s.a. AHK; Auslandsbeziehungen) I: 12, 14, 18 f., 22 f., 27, 38, 50, 56, 66, 84, 121, 126, 130, 151 f., 161, 169, 171, 173, 179 f., 239, 246 f., 271, 278, 282, 298, 308, 349, 353 f., 413, 446, 450, 452, 495, 512, 519, 545 f., 550, 615, 638, 642 f., 656, 687, 721, 753, 755, 757, 765, 767, 773; II: 5, 14, 23, 25, 32, 55 f., 61, 88, 90, 92, 94-98, 101-103, 105, 108, 131 f., 144 f., 149, 158, 163, 174, 195, 204 f., 208 f., 213, 215, 218, 220, 223 f., 231, 238 f., 242, 244, 246, 250 f., 254 f., 262, 265, 270, 284, 300, 304 f., 308, 315 f., 318, 368, 383, 392, 399, 407-409, 434, 453, 456, 463, 475, 477, 480; III: 5 f., 8-10, 13, 18, 21, 27, 34 f., 38-40, 42, 48-51, 57 f., 62, 68, 70, 79, 81, 87 f., 95, 103, 105, 118-121, 131, 133, 144-146, 158, 161, 163 f., 166, 172, 174, 177 f., 182 f., 189 f., 202 f., 208, 211, 213, 215, 220, 222 f., 226, 239, 242, 255-258, 277-279, 288, 291, 294 f., 300, 310 f., 315, 322, 324, 326-328, 333, 336, 341, 348-350, 359, 361, 378, 395, 406 f., 414 f., 417, 419, 434, 451, 462, 466, 468, 473, 481 f., 484 f., 494 f., 500, 510, 525, 528 f., 540, 544, 554, 574, 595 f., 598, 616, 633, 639, 649, 653, 664, 667, 680, 683, 685, 691 f., 700, 703, 705, 709, 728, 735, 744, 746, 751 f., 759, 767; IV: 191, 507, 548, 556, 568 f., 614
– Deutschland- und Berlinpolitik I: XIX, 28 f., 48, 93, 100, 103, 105, 109, 115, 127, 129, 139, 142, 160 f., 188 f., 191, 193, 195, 203, 213 f., 229, 233-235, 257 f., 263, 270 f., 273, 280, 288, 315, 336, 346-348, 350-356, 393, 395 f., 400, 402, 404, 406, 413, 419, 432, 435 f., 445, 501, 610, 617, 624, 626, 638, 651, 663, 666, 685 f., 692, 707, 709 f., 726, 742, 749-751, 758; II: 149, 478; III: VIII, 7, 11, 31, 43, 49, 77, 123, 140, 163, 166, 171, 173 f., 191, 219, 239, 299, 312, 318 f., 347, 436 f., 471, 491 f., 496, 499, 512, 526, 541, 574, 598 f., 646 f., 665, 674, 705, 715, 728, 767; IV: X, 27, 29-32, 53 f., 94, 97, 104, 111-114, 144 f., 177-185, 196 f., 266-268, 272, 289 f., 296, 303 f., 354, 362, 365, 380, 390, 399, 415, 438, 447 f., 500 f., 505, 508-510, 517, 522, 525 f., 529-533, 543, 550 f., 553, 558 f., 566, 573, 575, 578, 586 f., 591 f., 594, 596 f., 599, 602, 614 f., 621
– – Europa, europäische Organisationen I: 12, 14 f., 17 f., 22 f., 33, 43, 45, 55, 72 f., 76 f., 79, 99, 104, 112, 127, 135, 169, 211 f., 226 f., 233-235, 275, 299, 331, 342, 344-348, 356, 359 f., 393, 409, 418, 442, 477, 497, 501, 508, 527, 530 f., 534, 538, 565, 569, 615, 620, 623, 665, 672, 757; II: 44; III: 91, 107 f., 110, 120 f., 146, 241, 302 f.; IV: 162, 214, 227, 229, 250, 323, 342, 354, 396
– – Frankreich I: 105, 127 f., 143, 157, 203, 235, 345, 351, 358, 409, 419, 451, 499-501, 566, 569, 670, 709, 757, 766, 776; III: 102, 315; IV: 36, 93, 173, 198, 334, 354, 394, 507, 518, 568, 598
– – Großbritannien I: 127 f., 143, 235, 345, 467, 495, 661, 665, 710, 730, 766; II: 413; III: VIII, 61, 443, 641, 685, 709; IV: 54, 162, 291, 320-322, 362, 377, 390, 392, 434, 442-444, 461, 559, 586 f., 589, 604
– – UdSSR I: 5, 9, 43, 102, 112, 135, 138, 229,

Sachregister

232, 243, 276 f., 287, 300, 324, 328, 330, 332, 337, 346, 442, 447 f., 475 f., 479-481, 485, 497, 499, 521, 526 f., 530, 533, 547 f., 605, 676, 704, 738; II: 40 f., 255, 308, 393, 453, 460; III: 33, 37, 102, 121, 126, 129, 253, 261, 263, 374, 428, 473, 492, 511, 628 f., 639, 749; IV: 3, 13, 17, 27, 31 f., 36, 53 f., 56, 61, 83, 93, 95, 103-106, 124, 132, 138, 140-142, 145, 172, 268, 343, 362, 411 f., 441, 457, 501, 507, 525, 527 f., 550, 552, 573, 582, 626
– – Innere Entwicklung, Parteien, Wahlen I: 107, 113, 127, 169, 212, 226, 233 f., 240 f., 282, 287, 307, 310, 348 f., 353, 356 f., 359, 439 f., 491, 528, 613, 615, 638, 641, 671, 675, 689, 693, 697, 706-708; II: 32, 44 f., 51, 110 f., 116, 120, 129, 149, 156-158, 168, 204, 242, 272 f., 302, 379, 403, 422, 452; III: VIII, 11, 89, 115 f., 128, 132, 134 f., 143, 172 f., 175, 182, 184 f., 202 f., 216, 223, 239, 242, 255, 273, 277 f., 288, 295 f., 299, 305, 310 f., 314 f., 320, 326, 328, 338 f., 341, 358, 360, 369, 371, 385, 406, 414, 423, 463, 495, 638, 690 f., 696, 699 f., 704, 721; IV: VIII, 34, 99, 108, 143, 153, 192, 275,

308, 310 f., 313, 349, 409, 412-414, 423, 440 f., 458, 460 f., 511, 543, 587, 615 f., 619
– – Kongreß I: 280, 349, 351, 353, 442, 500, 528, 613, 620, 638, 671, 678, 721, 754, 757, 764; II: 251, 447; III: 255, 351, 406, 495, 544, 596, 614, 628, 653, 667, 679 f., 715, 721, 725, 727, 749, 753, 762 f., 770; IV: 143, 162, 417, 537, 617
– – Senat I: 352, 432 688, 721; II: 399; IV: 272, 342, 411, 447 f., 615, 621, 623
Vereinigung der Verfolgten des Naziregimes (VVN) III: 658
Vereinte Nationen (UNO) I: XVIII, 24, 30, 154, 159, 204, 230 f., 243 f., 308 f., 360, 405, 442, 458, 486, 520, 547, 613, 636, 638, 655 f., 676, 697, 742, 745, 760, 764, 770; II: 128, 165, 168, 195, 201, 209, 225, 258, 389, 399, 408-410, 422 f., 426, 435, 442, 444, 448, 452 f., 459, 461; III: 9, 13, 22 f., 51, 60, 77, 79, 93-95, 105, 158, 164, 182, 217, 223, 261, 273, 297, 311 f., 315, 317, 325, 336, 338, 386, 419, 436, 452, 462, 495, 499, 553, 595 f., 598, 600, 603, 608, 630, 667, 670, 696, 703, 727, 732, 735; IV: 58, 99, 269-271,

442, 503, 519, 521, 529, 536, 553, 566, 569, 574, 580, 586, 615
Verfassungen s. Grundgesetz; Weimarer Reichsverfassung
Verfassungsschutz I: 399, 402 f.; II: 40, 42
Versailles s. Verträge
Verträge, Abkommen, Pakte
– Ägyptisch-britischer Freundschaftsvertrag (1936) I: 37, 621, 640
– Atomteststopp-Abkommen (1963) IV: 411-414, 421, 426 f., 433, 448-450, 614 f., 621, 623
– Bagdadpakt (1955) III: 641
– Balkanpakt (1954) I: 551, 772
– Brüsseler Pakt (1948) I: 309, 540 f., 544-546, 548, 550 f., 561, 563, 697, 768 f., 771, 773, 775; II: 62, 386, 424; III: 153, 640; IV: 207 f.
– Deutschlandvertrag s. dort
– Dreibund (1882) III: 752, 769
– Flottenabkommen Deutsches Reich-Großbritannien (1935) I: 106, 639; IV: 427, 620
– Frankfurter Abkommen (1949) I: 206, 670
– Frankreich-Rußland (1894) IV: 211, 433, 562
– Französisch-sowjeti-

Sachregister

scher Beistandspakt (1935) I: 14, 609
– – Bündnisvertrag (1944) I: 501, 758; II: 58, 62, 385; IV: 198 f., 206, 211, 225, 338, 384, 559
– Freundschaftspakte Sowjetunion-Ostblockstaaten I: 325, 702, 765
– Görlitzer Abkommen (1950) I: 39 f., 621, 751
– Handelsabkommen und Konsularvertrag Bundesrepublik-Sowjetunion (1958) II: 263, 463; III: 397, 597, 696, 717
– Helmstedter Abkommen (1946) I: 207, 671
– Hitler-Stalin-Pakt (1939) III: 597
– Interzonenhandelsabkommen (1951) I: 206 f., 658, 571; II: 394, 431; III: 345, 548, 682, 706 f., 717
– Kohlenabkommen Bundesrepublik – DDR (1951) I: 206 f., 671
– Locarno (1925) I: 73, 83, 465, 467, 630, 745;
– Londoner Schuldenabkommen (1953) I: 284 f., 672, 692; III: 220, 666
– Münchener Abkommen (1938) I: 300, 312; III: 718; IV: 502
– Nassau (1962) IV: 321, 327, 332 f., 350, 361, 434, 443 f., 587, 589, 591
– New York (1949) II: 306, 477; III: 17 f., 77, 79, 162, 170, 189, 231, 598
– Panmunjon (1953) IV: 575
– Pariser Verträge (1954) I: 552-569, 636, 769, 772, 776; II: VII, 20, 35, 53, 138, 245, 365, 373, 375, 383, 395, 438; III: 139, 636; IV: 225
– Pariser Vorortsverträge (1919/20) IV: 306, 585
– Passierschein-Abkommen (1963) IV: 611
– Pazifik-Pakt (1951) IV: 551
– Petersberger Abkommen s. dort
– Potsdam (1945) I: 28, 159 f., 230, 281, 325, 476, 484-486, 520 f., 616, 643, 656, 702, 751; III: 692
– Rapallo (1922) I: 550, 771; IV: 140, 541
– Römische Verträge (1957) s. EWG, Gründung
– »Rückversicherungsvertrag« (1887) IV: 337, 384, 595
– »Stahlpakt« (1939) III: 763
– Truppenvertrag (1952) I: 147, 159, 190, 288, 560 f., 666, 672, 683
– Versailles (1919) I: 73, 354, 465, 636, 664, 745; II: 146, 168, 417; III: 399, 718
– Viermächte-Abkommen (1944/45) II: 304, 477; IV: 10
– Warschauer Pakt (1955) II: 156, 158, 166, 254, 422
– Wiedergutmachungsabkommen mit Israel (1952) I: 422-425, 429, 431-434, 712, 731; II: 247; IV: 118 f., 149, 534 f.
– Zweibund (1879) III: 501, 752; IV: 211, 562
Vertriebene, Vertriebenenverbände I: 113, 188, 193 f.; II: 81, 106; IV: 146 f., 167
Viermächte s. Alliierte
Viermächte-Abkommen s. Verträge
Viermächte-Kontrolle s. Besatzungsstatut
Völkerbund I: 636
Vogelsang (Lager) I: 238
Volksbund für Frieden und Freiheit I: 210, 671
Volksfront (Frankreich) II: 319 f.
Vorderer Orient s. Naher Osten
»Vorwärts« III: 530, 760
»Vossische Zeitung« IV: 193, 556

Wahlen
– Bundespräsidentenwahl (1959) I: XIX; III: VIII, 52, 609
– Bundestagswahlen
– – 1949 IV: 308, 403, 418 f., 540, 619

698 Sachregister

– – 1953 I: XVIII f., 92, 109, 132, 191, 304, 360, 401, 445 f., 454 f., 477-479, 481-484, 488 f., 491, 498, 688, 696, 711, 739, 752; II: 438; III: 434; IV: 19, 504, 540, 619
– – 1957 I: XIX; II: VII, 32, 36, 52, 56, 81, 83 f., 86, 148, 189, 197 f., 198, 200, 204, 206-209, 217, 227, 231, 247, 383, 417, 432, 437, 449; III: 337; IV: 10, 499, 540, 619
– – 1961 I: XIX; II: 322; III: IX, 31 f., 35, 89, 115, 134, 184, 193 f., 198, 279, 316, 318, 410, 418 f., 430 f., 485, 515, 523, 530, 550, 552, 554, 687, 695, 731, 750, 768 f.; IV: 3, 6, 9 f., 12-14, 18 f., 499-501, 540, 619
– – 1965 IV: 15, 21, 40, 363, 452, 502, 602, 624 f.
– Kommunal- und Landtagswahlen I: 20 f., 36, 78, 95, 116, 242, 498, 611 f., 620, 678, 724, 757; III: 198, 698; IV: 152, 165 f., 281, 285, 357, 546, 578, 610
– Wahlkämpfe I: 18, 454 f., 609, 749; II: VIII, 53, 83, 111, 189, 220, 242, 322, 373, 382, 441; III: 255, 279, 322, 431, 473, 497, 506, 541, 586, 714; IV: 3, 10, 307, 452, 500 f., 610, 624
Wahlgesetze, Wahlrechtsdiskussion I: 361, 456, 713, 740; II: VII, 50-52, 54, 372, 381, 397; IV: 19, 307-309, 504, 585 f., 620
Wales IV: 246
»Wall Street Journal« IV: 508
Warschau II: 309, 421, 425, 444; III: 131, 420, 442, 489, 632, 658, 725; IV: 598
Warschauer Ghetto III: 500, 752
Warschauer Pakt s. Verträge; s. a. Ostblock; Satellitenstaaten
Washington (s. a. Konferenzen) I: 6, 10, 12, 54 f., 121 f., 126-128, 136, 143 f., 146, 150, 237, 247, 286, 351-353, 432, 442, 470, 475, 482 f., 495, 499, 528, 531, 611, 642 f., 648, 652, 654, 659, 665, 678, 709, 740, 749, 751; II: 56 f., 90, 93, 129 f., 149, 182, 223, 237 f., 243, 337, 391, 393, 400, 413, 424, 437, 457, 475; III: VII, 31, 34, 47, 116, 145, 158, 169, 215, 219, 222 f., 237 f., 274, 313, 338, 343, 351, 406, 425, 457, 481, 495, 502, 527, 529, 541, 543, 576, 597 f., 604, 612, 638 f., 648, 669, 672, 685, 691, 707, 716, 728, 744, 759, 766, 770; IV: 29, 31 f., 37, 40, 43, 46, 55 f., 61, 65 f., 70 f., 83 f., 101, 108, 113 f., 116, 144 f., 172, 175, 178, 180, 185, 187, 197 f., 220, 244, 269, 271 f., 286, 290, 311, 320, 327, 354, 362, 377, 393, 411, 450, 461, 485, 501, 505, 512 f., 525 f., 537, 552, 554, 556, 567, 578, 587 f.
»Washington Post« II: 365; IV: 503, 533, 562
Wehrgesetzgebung, Wehrpflicht (s. a. Bundeswehr) I: 15, 184 f., 192, 283; II: 45, 95, 100, 147, 369, 378 f., 383, 390, 394, 396, 404 f., 417; IV: 312 f., 451, 507
Weichsel I: 320, 447
Weimarer Reichsverfassung I: 158, 718; II: 142, 415; III: 52, 356, 609, 711, 719
Weimarer Republik (s. a. Locarno; Rapallo; Reichspräsident; Reichsregierungen; Verfassungen) I: 158, 184 f., 290, 362; II: 83-85, 141 f., 290, 293, 415; III: 109, 356, 360, 385, 396, 413, 624, 719; IV: 10, 306, 346, 418-420, 426
»Weiße Rose« II: 474
»Die Welt« I: 4, 108 f., 151 f., 206, 368, 402, 408, 716, 755, 760; II: 35 f., 184 f., 370, 376, 402, 405, 431, 433, 439, 448; III: 43, 99, 169, 197, 211, 226, 327, 341, 343, 539, 604 f., 614 f., 644, 650 f., 654, 658, 694, 698, 701-706, 710, 713-715, 725,

Sachregister

727-729, 734, 738, 743, 751, 758; IV: 40, 47, 87, 122, 128, 131, 310, 363, 401, 408, 462, 513-515, 525f., 536, 638, 548f., 551, 559, 563, 569, 582, 591, 594, 601f., 606f., 610, 612, 625
»Welt am Sonntag« I: 460f., 724, 743
Weltbank II: 129-131, 156, 165; III: 62
Weltfestspiele der Jugend und Studenten für den Frieden I: 641
Weltkirchenrat I: 642
Weltkriege s. Kriegsereignisse
Weltraumflüge (s. a. Sputnik) IV: 112, 358, 532, 601
»Weltwoche« IV: 360, 598
»Weser-Kurier« I: 474, 659, 668; IV: 539
»Westdeutsche Allgemeine Zeitung« I: 4, 148; II: 72; IV: 607
»Westdeutsche Rundschau« II: 382
Westdeutscher Rundfunk I: 603; II: 429; III: 248, 480, 680, 741, 743; IV: 514
»Westdeutsches Tageblatt« I: 234, 677
Westeuropäische Union (WEU; s. a. Brüsseler Pakt) I: XVIII, 562f., 768, 771, 775; II: 12, 104, 128, 157, 159, 163f., 167, 200f., 210, 215, 235, 242, 245, 252, 399f., 424, 430,

451; III: 112f., 139, 245, 274, 448, 461, 466, 468-470, 487, 506, 640, 685, 688, 739f., 754; IV: 110, 540
Westfalen III: 475
»Westfalenpost« I: 149, 474, 612
»Westfälische Nachrichten« II: 256
Westmächte s. AHK; Frankreich; Großbritannien; Noten; USA
Wiederbewaffnung (s. a. Bundeswehr; EVG; NATO) I: XIX, 14f., 20, 28, 48, 99, 109, 121f., 144, 158, 166, 170, 186, 196f., 212, 272, 281, 291, 300, 304f., 318f., 346, 409f., 420f., 549, 609-611, 616f., 620, 623, 627, 636, 664f., 672, 677, 712, 716, 770; II: 22f., 28, 37, 67, 89-91, 115, 121; III: VIII, 37, 152, 292, 365, 529-531, 602, 636, 692, 720, 766
Wiedergutmachung s. Verträge
Wiedervereinigung in der nationalen und internationalen Diskussion (s. a. Noten) I: XIX, 22, 44, 83f., 118f., 128, 138, 147, 159, 229, 231f., 239f., 259, 263, 266, 270, 276, 291, 297-300, 302, 306-308, 330, 333, 335, 337f., 341, 346, 350, 449f., 466f., 477, 479, 484, 486, 506, 509, 516, 520f., 523, 526, 529, 532-

534, 539, 541, 559, 566f., 614, 616, 655, 676f., 684f., 689, 696f., 732, 739f., 749, 759, 763-766, 774; II: VII, 9, 13f., 18-21, 32, 34f., 53, 56f., 80f., 84, 97, 119, 126-128, 134, 136, 148, 152, 169, 192f., 195f., 199, 206f., 217, 222f., 247, 260, 264, 266, 281, 307, 322, 368, 376, 388f., 394, 408f., 418, 420, 427, 435, 437, 440, 445, 449, 453, 458; III: 5, 8-10, 12, 16, 32f., 47, 49, 51, 60f., 71, 74, 79f., 84, 105, 134f., 171, 184, 203, 217, 229f., 248f., 264, 320, 440, 472, 499, 512, 596, 598, 608, 617, 628, 640, 642f., 656, 694, 739; IV: XI, 20, 33, 39f., 51, 66, 69f., 87, 98, 121f., 137, 210, 219, 226, 356, 420-422, 438, 460, 521, 524, 564, 611
– Freie, gesamtdeutsche Wahlen I: 39, 118, 144, 151f., 154f., 162-164, 204, 218, 229, 232f., 239, 244, 259f., 275, 297-300, 325-327, 330, 477, 486, 490, 511, 516f., 530, 614, 621, 625, 627, 654-656, 673, 676, 684, 750, 753, 759, 767; III: 74, 596
– Gesamtdeutschland, gesamtdeutsche Regierung I: 227f., 230, 233, 235, 259f., 262-268, 275, 281, 325f., 450, 477f., 481, 490, 511, 516f.,

540 f., 560, 614, 677 f., 687, 767
– Nationale Streitkräfte I: 228, 230, 325 f., 476 f., 484, 675 f.
– Neue Verfassung I: 511, 517, 533
Wien I: 714; II: 142, 150 f., 154, 309, 419; III: 97-99, 101, 109, 114, 204, 355, 374, 494-496, 510 f., 513, 520, 524-526, 529, 620, 623, 689, 736, 749 f., 758; IV: 306
Wiesbaden I: 605 f.; IV: 3
Wirtschaftliche Aufbauvereinigung (WAV) I: 615
Wirtschaftspolitik und wirtschaftliche Entwicklung (s. a. Bundesminister für Wirtschaft) I: 42, 46, 51, 86, 92, 123 f., 128 f., 142, 168, 193 f., 197, 209, 221, 284, 353, 360 f., 506, 543, 549 f., 625, 633, 664; II: 95, 111 f., 278, 284, 457; III: 185, 187, 212, 367 f., 378, 412, 483, 655, 662, 671, 710, 713, 746, 755; IV: 129-131, 152-169, 538 f., 542, 545-547
»Wirtschaftspolitische Gesellschaft« I: 218, 673
Wirtschaftspolitischer Koordinierungsausschuß der Bundesregierung I: 46, 623 f.; II: 478
Wissenschaftsrat III: 208 f.
Württemberg-Baden (s. a. Baden-Württemberg) I: 20 f., 611 f., 620
Würzburg III: 515, 517, 532, 757

Yale-University II: 88, 391
Yalu I: 613

»Die Zeit« I: 4, 149, 234, 431 f., 677, 732; II: 372; III: 177, 200, 541 f., 603, 618, 650, 659, 686, 765; IV: 263, 515, 540
Zentralrat der Juden in Deutschland III: 650; IV: 117, 534
Zentralverband des deutschen Handwerks III: 687
Zentrum, Zentrumspolitiker I: 30, 96, 616, 636, 643, 693, 712, 722; II: 49, 204, 380, 413; III: 285, 401, 719; IV: 416, 419, 425 f., 616, 619 f.
Zolnierz Wolnosci II: 450
Zonengrenze s. DDR
Zürich II: 473; III: 762; IV: 389
Zweibund s. Verträge
Zweites Deutsches Fernsehen (ZDF) I: XIX; IV: 536, 567, 606
Zycie Warszawy II: 450
Zypern, Zypernkonflikt II: 56, 164, 166, 425, 450; IV: 208, 561

CIP-Kurztitelaufnahme der Deutschen Bibliothek

Adenauer, Konrad:
Adenauer/Stiftung Bundeskanzler-Adenauer-Haus.
Hrsg. von Rudolf Morsey und Hans-Peter Schwarz. –
Rhöndorfer Ausg. – Berlin: Siedler

NE: Adenauer, Konrad: [Sammlung]; HST

Teegespräche 1961-1963/bearb. von Hans Peter Mensing. – 1992
ISBN 3-88680-067-9 (Leinenausgabe)
ISBN 3-88680-068-7 (Ganzlederausgabe)

NE: Mensing, Hans Peter [Bearb.]

Der Siedler Verlag ist ein gemeinsames Unternehmen
der Verlagsgruppe Bertelsmann und von Wolf Jobst Siedler

© 1992 by Wolf Jobst Siedler Verlag GmbH, Berlin
Alle Rechte, auch das der fotomechanischen Wiedergabe, vorbehalten

Schutzumschlag, Einband und Typographie:
Brigitte und Hans Peter Willberg, Eppstein
Reproduktionen: Rembert Faesser, Berlin
Satz: Bongé + Partner, Berlin
Druck und Bindung: Franz Spiegel Buch GmbH, Ulm
Printed in Germany 1992
ISBN 3-88680-067-9 (Leinenausgabe)
ISBN 3-88680-068-7 (Ganzlederausgabe)

Die Forschungsarbeiten wurden durch die
Stiftung Volkswagenwerk, Hannover, unterstützt.